lonely planet

L'Ouest américain

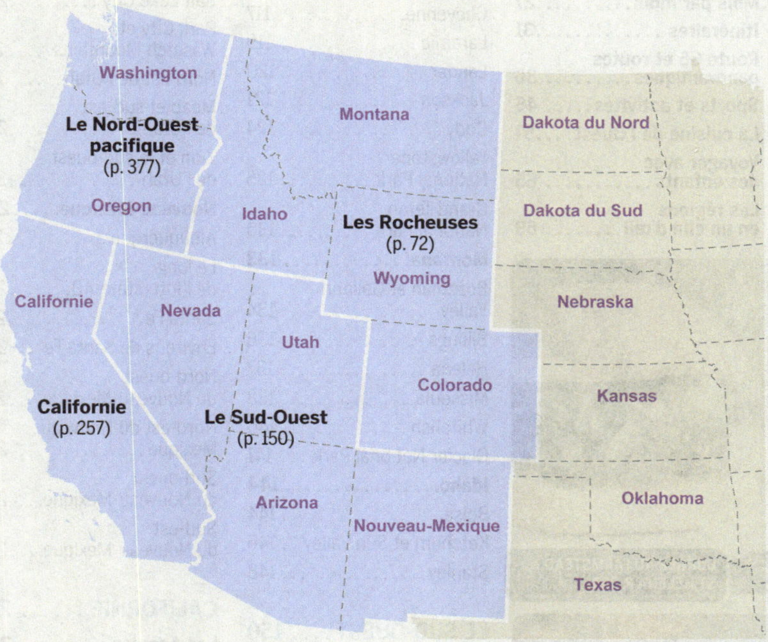

Anthony Ham, Amy C Balfour, Becky Ohlsen, Robert Balkovich, Greg Benchwick, Andrew Bender, Alison Bing, Celeste Brash, Stephanie d'Arc Taylor, Michael Grosberg, Ashley Harrell, John Hecht, Adam Karlin, MaSovaida Morgan, Christopher Pitts, Andrea Schulte-Peevers

PRÉPARER SON VOYAGE

BURGER AU FARMSTEAD, ST HELENA P. 353

ANDREW MONTGOMERY/LONELY PLANET ©

MOTARDS SUR LA ROUTE 66 P. 36

SKY NOIR PHOTOGRAPHY BY BILL DICKINSON/ GETTY IMAGES ©

SUR LA ROUTE

Sommaire

COMPRENDRE L'OUEST AMÉRICAIN

L'OUEST AMÉRICAIN PRATIQUE

COUPS DE PROJECTEUR

Bienvenue dans l'Ouest américain

L'Ouest américain fascine les voyageurs. Riches de l'histoire des Amérindiens, ces grands espaces et paysages fabuleux, propices à l'observation de la faune, offrent d'excellentes tables et des aventures au grand air.

Ivresse des grands espaces

Ici, les paysages sont grandioses, des sommets des Rocheuses à la côte Pacifique, en passant par les Grandes Plaines, les parcs nationaux de Glacier, Yellowstone et Grand Teton, peuplés par certains des animaux les plus emblématiques du pays – grizzlys, loups, wapitis et bisons. Sur la côte, l'ensoleillée San Diego et les plages rocheuses de l'Oregon ou de l'État de Washington ravissent les amateurs de surf, de kayak et de farniente. Enfin, les roches rouges, les gorges profondes, les déserts hérissés de cactus du Sud-Ouest et le Grand Canyon attendent les randonneurs et cyclistes, alors que les sommets enneigés des Rocheuses sont un paradis pour le ski et le snowboard. Que d'aventures !

Vin et cuisine locale

Tacos de poisson à San Diego, truite et viande de bison des Rocheuses, piments du Nouveau-Mexique ou saumon sauvage du Nord-Ouest pacifique : selon les principes du mouvement locavore né ici, la plupart des chefs et des consommateurs privilégient les ingrédients locaux. Dans l'industrie du vin, les domaines de Napa et Sonoma sont en passe de voler la vedette à ceux de l'État de Washington, de l'Oregon et du centre de la Californie.

Oasis urbaines

Chaque ville de l'Ouest a sa personnalité. En Californie, vous apprécierez la convivialité décontractée de San Diego, le glamour hollywoodien de Los Angeles et l'esprit à la fois geek et bohème de San Francisco. Plus au nord, à Seattle, technologies de pointe et productions locales font bon ménage. Denver célèbre les traditions et les activités de plein air, tandis que les patios soignés et les spas coquets donnent à Phoenix des airs d'irrésistible enfant gâtée. Amoureuse des arts, Santa Fe est un petit monde à elle seule. Enfin, à Las Vegas, on peut se marier en compagnie d'Elvis et jouer toutes ses économies au casino – le tout en un week-end.

L'histoire à portée de main

Découvrez une habitation troglodytique, explorez les ruines d'un poste du Pony Express, contemplez les falaises d'où les Indiens poussaient des troupeaux de buffles dans le vide, ou visitez une mission espagnole du XVIIIe siècle. Forts en ruine, anciens comptoirs, villes fantômes, *pueblos* en adobe, pétroglyphes gravés dans les rochers et les falaises... autant de sites qui vous permettront d'appréhender la riche histoire de l'Ouest, sans parler des excellents musées que compte la région.

Pourquoi j'aime l'Ouest américain

Par Anthony Ham, auteur

Je suis amoureux de cet endroit ! Cette histoire d'amour a débuté dans les Grandes Plaines, qui réunissent faune sauvage, paysages hors normes et émouvantes histoires amérindiennes auxquels j'ai succombé. Cela dit, l'esprit de l'Ouest américain réside autant dans les nouvelles technologies du Nord-Ouest pacifique que dans les canyons de roche ocre, ou dans le passé américain qu'on peut toucher du doigt dans l'Utah, le Nouveau-Mexique et l'Arizona.
Peu importe de quel côté des impressionnantes Rocheuses je me trouve, de la Californie au Colorado, j'en reviens toujours au même constat : cet endroit est splendide et extraordinaire.

Pour en savoir plus sur les auteurs, reportez-vous p. 520

Ci-dessus : Mesa Verde National Park (p. 113)

Ouest américain

San Francisco
Alcatraz, le Golden Gate et une sympathique scène culinaire (p. 323)
Yosemite National Park
Pics de granit et paysages irréels (p. 366)
Los Angeles
Paillettes, culture et sable chaud (p. 260)
Las Vegas
Casinos, kitsch et démesures (p. 154)
Zion National Park
Sentiers de randonnée exceptionnels (p 229)
Saguaro National Park
Forêt de cactus (p. 204)
Grand Canyon National Park
Splendeurs géologiques (p. 189)
Santa Fe
L'art y est roi (p. 237)
Mesa Verde National Park
Habitations troglodytiques (p. 113)
NEVADA
UTAH
COLORADO
KANSAS
CALIFORNIE
ARIZONA
NOUVEAU MEXIQUE
TEXAS
MEXIQUE

25 façons
de voir l'Ouest américain

1

Yellowstone National Park

1 Mais comment fait le doyen mondial des parcs nationaux (p. 125) pour rester numéro un ? Il a pour lui ses merveilles géologiques, entre geysers, sources fluorescentes, fumerolles et vasques de glaise bouillonnante. Et puis sa faune bien sûr : grizzlys, ours noirs, meutes de loups, wapitis, bisons et élans fréquentent assidûment ses quelque 9 000 km^2. Plantez votre tente dans le Grand Canyon de Yellowstone, observez la faune de Lamar Valley, admirez les cascades des Upper et Lower Falls, laissez-vous subjuguer par le geyser Old Faithful et partez en randonnée dans des paysages vierges et fumants ! En bas à gauche : Grand Prismatic Spring (p. 125)

San Francisco

2 La ville a certes connu des hauts et des bas, mais, aujourd'hui, elle est indiscutablement au mieux de sa forme. Avec ses quartiers attractifs et son atmosphère bohème, San Francisco (p. 323) invite à de longues journées de flânerie. Boutiques en tout genre, restaurants fabuleux et vie nocturne animée ravissent les voyageurs, qui ne manqueront pas de visiter la prison d'Alcatraz, de traverser le Golden Gate et de goûter les spécialités locales au Ferry Building (en photo ci-dessous). Sans oublier de prendre au moins une fois le tramway ! L'océan n'est jamais loin, on l'aperçoit souvent au détour d'une rue. Difficile de ne pas tomber sous le charme !

LORCEL/SHUTTERSTOCK ©

ELIZA SNOW/GETTY IMAGES ©

Grand Canyon National Park

3 L'immensité brute du Grand Canyon (p. 189) laisse bouche bée. Cette faille de 2 milliards d'années, qui révèle des secrets géologiques sans pareil, est une merveille naturelle faite de crêtes rocheuses où jouent soleil et ombre, de buttes rouges et d'oasis luxuriantes où serpente le Colorado. À pied, à vélo, en rafting ou à dos d'âne, vous aurez l'embarras du choix pour explorer le canyon. Vous pouvez aussi tout simplement vous asseoir au bord du Rim Trail et admirer la spectaculaire symphonie des couleurs.

Los Angeles

4 Terre d'asile des rêveurs – et des ambitieux –, cette grande ville côtière (p. 260) résonne d'une énergie particulière. Découvrez des secrets de tournage lors d'un circuit organisé, assistez à un concert au Walt Disney Concert Hall, ou promenez-vous dans les jardins et les galeries d'art du Getty Center (en photo ci-dessous). Pour observer les étoiles, rendez-vous au Griffith Observatory. Si vous préférez celles de Hollywood, dirigez-vous vers The Grove. Envie de vous faire tirer le portrait ? Aucun problème : une heure à la plage suffira pour vous donner le hâle typique de LA.

3

MATT MUNRO/LONELY PLANET ©

4

5

6

Routes côtières

5 En Californie, la Hwy 1 (p. 38 ; en photo ci-dessous), la Hwy 101 et la I-5 relient des petites stations balnéaires et certaines de plus grandes agglomérations, comme San Diego, Los Angeles et San Francisco, en longeant l'océan et des falaises vertigineuses. Depuis le Redwood National Park, la Hwy 101 descend vers le littoral battu par les vents de l'Oregon et vers l'État de Washington, où les fans de *Twilight* ne manqueront pas l'Ecola State Park et La Push. De l'autre côté de la Columbia River s'étendent les forêts humides de l'Olympic National Park.

Les déserts

6 Originaire du désert de Sonora, le cactus Saguaro est un emblème de l'Ouest américain, un dur à cuire rôdé à ces contrées aussi belles qu'hostiles. Cinq déserts – Sonora, Mojave, Chihuahua, Grand Bassin, plateau du Colorado – s'étirent à travers le Sud-Ouest et la Californie. Chacun a son propre climat et une variété surprenante de reptiles, de mammifères et de plantes adaptées au milieu. Vous en prendrez plein les yeux en vous baladant dans les espaces désertiques du Saguaro National Park (p. 204 ; en photo ci-dessus).

Santa Fe et Taos

7 Santa Fe (p. 237) est une ville à la fois historique et dynamique. Les amateurs d'art se pressent dans les galeries de Canyon Rd et du centre-ville depuis des années, tandis que les inaugurations dans le Railyard Arts District et les attractions de Meow Wolf à Midtown ont revivifié la scène locale. Musées, restaurants et magasins ne manquent pas, sur fond de ciel turquoise. Tout en adobe, Taos compte son lot de skieurs, d'écolos et de vedettes venues changer d'air dans les géonefs (*earthships*) qui parsèment le désert alentour (en photo ci-dessous).

Vignobles de Californie

8 Le Golden State compte plus de cent régions viticoles. Les collines couvertes de vignes des vallées de Napa (p. 351), de Sonoma et de la Russian River attirent les voyageurs au nord de San Francisco. Goûtez au confort d'un bungalow haut de gamme dans la très sophistiquée ville de Napa, pique-niquez dans les environs de la paisible Sonoma ou dégustez un pinot noir aux arômes subtils près de la Russian River. Plus au sud, les jolis vignobles groupés à l'est de Santa Barbara sont parfaits pour une excursion à la journée.

7

8

DANITA DELIMONT/ALAMY STOCK PHOTO ©

CRACKERCLIPS STOCK MEDIA/SHUTTERSTOCK ©

Yosemite National Park

9 Que vous marchiez dans les prairies parsemées de fleurs sauvages ou dans les vallées sculptées par les rivières et les glaciers, la nature se dévoile en toute majesté dans ce parc (p. 366) : cascades tonitruantes dévalant des falaises abruptes, énormes dômes granitiques d'El Cap et de Half Dome et séquoias géants qui tutoient le ciel… Pour les plus beaux panoramas, passez une nuit de pleine lune au Glacier Point ou, en été, empruntez la vertigineuse Tioga Rd.

Histoire et culture amérindiennes

10 Le Sud-Ouest est riche en sites amérindiens. Grimpez jusqu'aux habitations troglodytiques des Pueblos au Mesa Verde National Park (voir photo p. 113). Ou découvrez la vie des Amérindiens d'aujourd'hui à Pueblo de Taos ainsi que dans les réserves navajo et hopi en Arizona. Comme vous le verrez ici et dans les musées de la région, de nombreuses créations ont une portée religieuse. Les paniers, tapis et bijoux modernisent des traditions ancestrales – comme les poteries sur le thème de Harry Potter !

Seattle

11 À la pointe du progrès, cette ville du Pacific Rim (bord du Pacifique) a la faculté de faire des idées locales de grandes marques internationales. Seattle (p. 382) a gagné sa place au panthéon des "grandes" métropoles américaines grâce à sa scène musicale renommée, ses cafés indépendants, son penchant pour les nouvelles technologies et sa politique progressiste. Elle a su toutefois conserver son authenticité et cultive le goût pour des productions locales. À ce titre, le Pike Place Market (photo ci-dessus) est sans doute le meilleur marché du pays.

Glacier National Park

12 Au nombre de 150 en 1850, les glaciers du Glacier National Park (p. 141) ne sont plus que 26. Ce vaste parc national du Montana n'en mérite pas moins une visite. Les guerriers de l'asphalte s'attaqueront à la Going-to-the-Sun Road, superbe route panoramique de 80 km, les randonneurs aux 1 126 km de sentiers, et tous les amoureux de la nature observeront les wapitis, les ours, les grizzlys (à bonne distance) et la flore, avec ses arbres, ses fleurs sauvages, ses mousses et ses champignons.

Rocky Mountain National Park

13 Vu le nombre de camping-cars qui sillonnent la Trail Ridge Rd, on peut trouver le Rocky Mountain National Park (p. 93) un peu trop fréquenté. Mais une fois seul, le parc apparaît dans toute sa splendeur, sauvage et splendide. Des treks mémorables (Longs Peak Trail et Continental Divide Trail) aux excursions plus familiales (Calypso Falls), il y en a pour tous les niveaux et toutes les envies. Et ne soyez pas surpris d'entendre quelqu'un fredonner l'hymne patriotique *America the Beautiful* : c'est dans le Colorado qu'il a été écrit.

12

DENNIS_CASEY/GETTY IMAGES ©

13

14

15

San Juan Islands

14 Prendre un ferry pour les San Juan Islands (p. 401), paisible archipel au nord du Puget Sound, entre l'État de Washington et l'île de Vancouver (Canada), c'est faire un voyage dans le temps. Sur quelque 450 îles (simples promontoires rocheux pour la plupart), il n'en est guère qu'une soixantaine d'habitées, et quatre seulement à être desservies régulièrement par les ferries. Chacune a ses particularités, mais c'est la nature qui prédomine ici. Vélo, kayak, observation des orques et détente seront au programme.

Zion National Park et Bryce Canyon National Park

15 Les hautes falaises rouges du Zion National Park (p. 229) recèlent bien des trésors : cascades, gorges étroites et jardins suspendus. Vous êtes au point d'arrivée du vertigineux Angels Landing Trail – l'une des randonnées les plus périlleuses du pays. Profitez d'une excursion à la gorge Narrows, les pieds dans la rivière jusqu'au spectaculaire site de Wall Street. Ou rendez-vous au Bryce Canyon National Park (ci-dessus), pour photographier ces pointes rocheuses ocre évoquant une forêt magique à la Tolkien.

16

KRIS DAVIDSON/LONELY PLANET ©

17

18

Las Vegas

16 Vous pensiez avoir cerné l'Ouest et voilà que surgit Vegas (p. 154). Sous les néons du Strip, le "terrain de jeu de l'Amérique" en met plein les yeux avec ses spectacles de fontaines, son volcan en éruption ou sa tour Eiffel. Mais Vegas réserve ses attraits les plus dangereux aux cercles de jeu – des repaires hypnotiques où tout, dans un cadre ultraclimatisé et coloré, ne vise qu'un objectif : vous délester de votre argent. Les bons restaurants, les spectacles du Cirque du Soleil, la tyrolienne urbaine SlotZilla et le Mob Museum offrent une alternative judicieuse aux casinos.

Moab

17 À Moab (p. 221), capitale mondiale du VTT, le désert est fait d'un grès très particulier, le slickrock, auquel "collent" les pneus crantés. Sur des *trails* exigeants, les vététistes grimpent des pentes abruptes, zigzaguent entre les arbres et s'éclatent sur des pistes de 4x4 au cœur d'un paysage sauvage tout en canyons. Vous comprendrez pourquoi, à Moab, certains hôtels ont des douches pour les vélos. Il suffit d'une fois, et Moab vous rendra accro.

Columbia River Gorge

18 Comment pourrait-on se lasser des cascades ? Sculptée par le puissant fleuve au cœur de la chaîne des Cascades, la Columbia River Gorge (p. 424) est une merveille géologique. Marquant la frontière entre l'État de Washington au nord et l'Oregon au sud, cette gorge aux cascades incroyables offre un terrain de randonnée rêvé et de riches cultures fruitières (pommes, poires et cerises). Les amateurs de planche à voile ou de kitesurf rejoindront Hood River, petite ville des sports de l'extrême.

Ci-dessus à droite : Multnomah Falls (p. 424)

Portland

19 Portland (p. 410), grande ville accueillante et sympathique, est un repaire d'étudiants et d'artistes, de cyclistes, de hipsters et de militants écolos, de jeunes parents et de vieux hippies. On y trouve des restaurants de qualité, de la bonne musique, une vaste offre culturelle et un réel engagement dans le développement durable. Un seul problème : il faudra bien en partir un jour. Ci-dessous : le café Barista (p. 419)

Parcs à thème

20 La Californie ravira les amateurs de parcs de loisirs, qui font aussi bien dans la magie cinématographique aux Universal Studios Hollywood (p. 283 ; en photo), dans l'incontournable Disneyland (p. 286), que dans les manèges à sensations. Pensez aussi à Knott's Berry Farm (p. 287) qui fut le tout premier parc d'attractions du coin. Ci-dessous : dans l'univers des Simpsons, Universal Studios

Monument Valley et Canyon de Chelly

21 "Puissé-je marcher dans la beauté" est la dernière phrase d'une célèbre prière navajo. Monument Valley (ci-dessous), située dans la réserve des Navajos, illustre à merveille cette beauté, tout comme le Canyon de Chelly, où les cultivateurs travaillent encore la terre au pied d'anciens habitats troglodytiques. La beauté se niche aussi dans les échanges humains, du conférencier expliquant les subtilités des clans navajos au guide donnant ses conseils en matière de photo sous la lumière de l'Antelope Canyon.

Microbrasseries

22 Nées en Angleterre dans les années 1970, les microbrasseries se sont particulièrement développées dans l'Ouest américain. De Missoula à Moab, vous en trouverez au moins une dans chaque ville un tant soit peu agricole. Et les saveurs sont au rendez-vous ! Si vous allez du côté de Boulder pour faire de la randonnée, du VTT ou de l'escalade, surtout n'oubliez pas d'aller fêter vos exploits chez Avery (p. 89) devant l'une des 30 bières pression.

21

22

CASEYMARTIN/ GETTY IMAGES ©

LISSANDRA MELO/SHUTTERSTOCK

Sports d'hiver

23 Une poudreuse légère et douce, des paysages époustouflants, et tous les types de pistes imaginables : les domaines skiables de l'ouest des États-Unis sont fabuleux. Si Aspen (p. 101), Vail, Park City et Jackson Hole sont connus pour avoir les faveurs d'une riche clientèle internationale, les vrais fous de sport trouvent toujours le moyen de les honorer pour ce qu'elles ont de plus précieux : leur neige. Ci-dessus à gauche : Vail (p. 99)

Route 66

24 La "Mother Road" ("mère de toutes les routes" ; p. 36) des États-Unis, qui traverse la Californie, l'Arizona et le Nouveau-Mexique, est parsemée de vestiges rétro, de restos *drive-in*, de *diners* familiaux et de motels des années 1950. Et ce sont bien ces touches au kitsch assumé qui la rendent si mémorable. Voir les ânes se promener librement le long de la route, dormir au Wigwam Motel dans un tipi en béton, manger au Snow Cap Drive-In de Seligman (Arizona) et s'éblouir des néons de Tucumcari sont autant d'expériences inédites. En haut à droite : Wigwam Motel (p. 201)

Flagstaff

25 Sillonner l'Ouest américain sans une étape dans une ville de montagne relèverait du péché. Nombre d'entre elles sont implantées aux portes des plus beaux parcs nationaux du pays. S'il fallait n'en retenir qu'une seule, ce serait Flagstaff (p. 183), solidement campée sur le plateau du Colorado, dans le nord de l'Arizona. On peut y suivre une route de la bière, s'attabler dans des restaurants où tout est "de la ferme à l'assiette" et s'imprégner de l'esprit de la Route 66 dans le Museum Club. Et le Grand Canyon n'est qu'à 130 km au nord... En bas à droite : Lowell Observatory (p. 183)

L'essentiel

Pour plus d'informations, voir le chapitre *Ouest américain pratique* (p. 475)

Monnaie
Dollar américain ($)

Langues
Anglais, espagnol

Formalités
L'ESTA (p. 479) permet aux citoyens français, belges et suisses possédant un passeport électronique de se rendre aux États-Unis sans visa pour un séjour de 90 jours maximum. Les Canadiens peuvent s'y rendre munis de leur passeport.

Argent
DAB très répandus. Carte de crédit souvent indispensable pour réserver une chambre ou louer une voiture.

Téléphone portable
Hormis l'iPhone et certains Smartphones, la plupart des mobiles américains fonctionnent selon le système CDMA et non GSM comme en Europe ; vérifiez auprès de votre opérateur.

Heure locale
Heure des Rocheuses (UTC-7) ; heure du Pacifique (UTC-8).

Quand partir

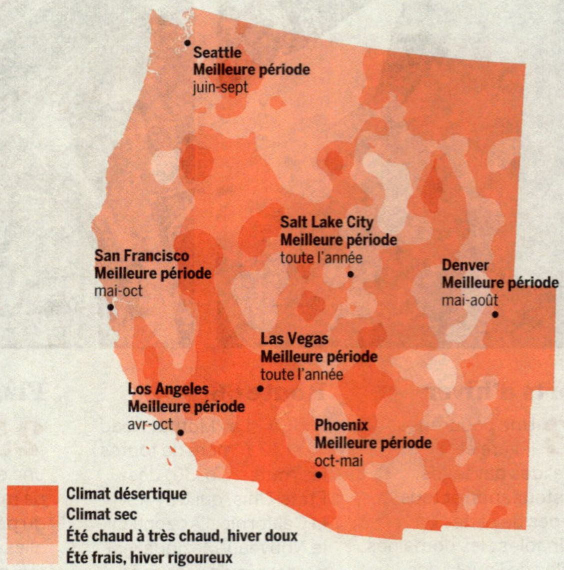

Haute saison
(juin-août, sept-avr)

- L'été (de juin à août), le mercure dépasse souvent les 38 °C, et les parcs nationaux sont à leur pic de fréquentation.
- L'hiver (de décembre à mars), filez vers les sommets et les stations, ou jouez les cow-boys dans les *dude ranches* du sud de l'Arizona.

Saisons intermédiaires
(avr-mai et sept-oct)

- Ciel souvent nuageux sur la côte sud (mai-juin).
- Les stations de montagne ferment au printemps.
- Températures plus douces, idéales pour visiter les parcs nationaux, mais certaines routes ferment lorsqu'il y a trop de neige.
- Fleurs de printemps, couleurs d'automne.

Basse saison
(nov-mars)

- Le prix des hébergements chute sur la côte.
- Jours d'hiver sombres, chutes de neige en montagne, plus fortes précipitations.

Sites Internet

Visit the USA (www.visittheusa.com). Le site officiel du tourisme aux États-Unis.

National Park Service (www.nps.gov). Tout sur les parcs et monuments nationaux.

Parcs.net (www.parcs.net). Guide des parcs nationaux de l'Ouest.

Recreation.gov (www.recreation.gov). Réservation de campings sur les terres gérées par l'État.

Roadside America (www.roadsideamerica.co). Routes et sites originaux.

Visit USA Comittee (www.office-tourisme-usa.com). Renseignements en français.

Lonely Planet (www.lonelyplanet.fr). Infos, forum et newsletter.

Numéros utiles

Pour appeler aux États-Unis, composez l'indicatif régional, suivi des 7 chiffres du numéro.

Indicatif des États-Unis	✆1
Indicatif pour l'étranger	✆011
État des routes	✆511
Renseignements locaux	✆411
Service national d'aide aux victimes de viol	✆800-656-4673
Urgences	✆911

Taux de change

Canada	1 $C	0,77 $
Suisse	1 FS	1 $
Mexique	10 MXN	0,53 $
Zone euro	1 €	1,12 $

Pour connaître les derniers taux de change, consultez le site www.xe.com.

Budget quotidien

Moins de 150 $

- Campings et auberges de jeunesse : 10-50 $
- Activités gratuites (plage, concerts dans les parcs)
- Marchés et *taquerías* : 6-15 $
- Bus, métro : 0-5 $

150-250 $

- Motels familiaux, chaînes hôtelières : 50-150 $
- Visite de musées, de parcs nationaux et d'État : 5-25 $
- Restaurants locaux : 10-35 $
- Location d'un véhicule bon marché : à partir de 20 $/jour

Plus de 250 $

- B&B, boutiques-hôtels, complexes : à partir de 175 $
- Repas dans un restaurant gastronomique, sans boisson : 30-100 $
- Engager un guide, aller à un spectacle : à partir de 100 $
- Location cabriolet ou SUV : à partir de 70 $/jour

Heures d'ouverture

Banques 8h30-16h30 lun-jeu, 8h30-17h30 ven (parfois 9h-12h sam)

Bars 17h-minuit dim-jeu, jusqu'à 2h ven et sam

Boutiques 10h-18h lun-sam, 12h-17h dim

Centres commerciaux 9h-21h

Discothèques 22h-2h jeu-sam

Postes 9h-17h lun-ven

Supermarchés 8h-20h, ouverts 24 h/24 pour certains

Arriver dans l'Ouest américain

Los Angeles International Airport Pour un taxi jusqu'au centre-ville, comptez 47 $. Les navettes collectives porte à porte coûtent au minimum 17 $. Des navettes gratuites rejoignent la Metro Green Line Aviation Station (Shuttle G) et le Metro Bus Center (Shuttle C). Les bus FlyAway jusqu'au centre-ville coûtent 9,75 $.

San Francisco Airport (SFO) Le BART (www.bart.gov) permet de rallier rapidement le centre-ville pour 8,95 $; des navettes porte à porte coûtent de 17 à 20 $, plus le pourboire ; le bus express à destination du Temporary Transbay Terminal vaut 2,50 $ avec SamTrans ; les taxis demandent entre 40 et 55 $, plus le pourboire.

Seattle-Tacoma International Airport Des trains pour le centre-ville partent du 4e niveau du parking (3,25 $, 30 minutes, fréquents) ; les bus qui font la navette (20 $ l'aller) s'arrêtent au 3e niveau du parking ; en taxi, comptez 55 $ pour le centre-ville (25 minutes).

Comment circuler

Avion Western USA possède un bon réseau intérieur qui vous permettra de gagner du temps pour aller d'une côte à l'autre.

Bus Moins cher et plus lent que le train, il convient pour rallier les villes non desservies par la compagnie ferroviaire Amtrak.

Train Service Amtrak souvent ralenti par des retards, mais pratique pour parcourir la côte pacifique. Lignes au départ de la région de San Francisco et de Los Angeles jusqu'à Chicago.

Voiture L'idéal pour quitter les zones urbaines et explorer les parcs nationaux et les coins reculés de l'Ouest.

Pour plus de détails sur les **transports**, reportez-vous p. 491.

Hébergement

Vous trouverez d'autres descriptifs d'hébergements dans les chapitres Sur la route (à partir de la p. 71).

Types d'hébergement

Hôtels Ils vont du plus modeste au plus luxueux. La plupart du temps, les chambres sont dotées de nombreux équipements, TV câblée et salle de bains privée. Beaucoup d'établissements disposent de bars, restaurants, piscines et salles de sport.

Motels Mode d'hébergement le plus courant aux États-Unis, les motels sont en général plus modestes que les hôtels. Les chambres disposent d'une entrée indépendante donnant sur le parking, certaines d'une kitchenette.

Bed & Breakfasts Souvent dans la catégorie moyenne, ces adresses accueillantes sont propices aux échanges.

Camping Des campements rudimentaires aux terrains payants tout équipés avec emplacements pour les tentes et les camping-cars, les Américains adorent vivre au grand air.

Dude ranches Les "ranchs hôteliers" offrent une plongée dans le Far West : l'hébergement va de pair avec des activités comme l'équitation, la pêche à la mouche, le VTT, etc. L'éventail est large, du plus rustique au plus luxueux.

PRIX DES CHAMBRES

Sauf mention contraire, les prix indiqués ne comprennent pas les taxes, qui dépassent généralement 10%.

$ moins de 150 $
(moins de 200 $ à San Francisco)

$$ 150–250 $
(200–350 $ à San Francisco)

$$$ plus de 250 $
(plus de 350 $ à San Francisco)

Auberges de jeunesse Dans les grandes villes, en particulier en Californie, dans le Nord-Ouest pacifique et le Sud-Ouest. Certaines sont affiliées à Hostelling International (dortoirs non mixtes).

Lodges Situés en général dans les parcs nationaux, ces hébergements sont à la fois rustiques et confortables.

Resorts Adaptés aux séjours de plusieurs jours, ces complexes hôteliers comportent souvent des piscines, terrains de golf, courts de tennis, etc.

Les meilleurs hébergements

Petits budgets

Des hôtels bon marché aux auberges de jeunesse animées, l'Ouest américain possède une large gamme d'hébergements de qualité à petits prix. S'y ajoutent à l'occasion chalets de camping, refuges de montagne et certains B&B.

- Yotel San Francisco (p. 339), San Francisco (Californie)
- Hotel Mayflower (p. 339), San Francisco (Californie)
- Hostel Fish (p. 81), Denver (Colorado)
- Shady Spruce Hostel (p. 139), Missoula (Montana)

En famille

Les familles trouveront facilement un hébergement adapté, qu'il s'agisse d'un complexe hôtelier, d'un ranch proposant diverses activités ou d'un établissement équipé pour faire satisfaire petits et grands. Dans les hôtels américains, beaucoup de chambres standard sont dotées de deux lits doubles.

➡ Vista Verde Guest Ranch (p. 96), Steamboat Springs (Colorado)

➡ Disney's Grand Californian Hotel & Spa (p. 287), Anaheim (Californie)

➡ Devil's Thumb Ranch (p. 98), Winter Park (Colorado)

➡ Cody Cowboy Village (p. 124), Cody (Wyoming)

B&B

Beaucoup de B&B sont des retraites romantiques haut de gamme aménagées dans d'anciennes maisons restaurées, gérées par des particuliers servant de savoureux petits-déjeuners. Leur décor s'inspire souvent d'un thème – victorien, rustique, Cap Cod –, tandis que le niveau de confort passe du simple au luxe extrême. Les tarifs tournent autour de 120 $, atteignant 200 à 350 $ pour les adresses les plus chics. Certains B&B exigent un nombre de nuitées minimum ; les enfants ne sont pas toujours admis et les animaux de compagnie sont en général interdits.

➡ C'est La Vie Inn (p. 423), Eugene (Oregon)

➡ Valley of the Gods B&B (p. 225), Mexican Hat (Utah)

➡ Queen Anne Bed & Breakfast Inn (p. 81), Denver (Colorado)

➡ Nagle Warren Mansion B&B (p. 118), Cheyenne (Wyoming)

➡ Briar Rose B&B (p. 88), Boulder (Colorado)

➡ Inn at Halona (p. 237), Zuni Pueblo (Nouveau-Mexique)

Lodges

Les parcs nationaux abritent de fabuleux lodges. Il faut compter environ 120 $ pour une chambre standard, les tarifs pouvant facilement doubler durant la haute saison. En dehors des campings, les lodges constituent la seule option pour loger au sein des parcs et sont souvent réservés très tôt. Le jour même, vous pouvez tout de même tenter votre chance en téléphonant : vous pourriez profiter d'une annulation. Outre un restaurant sur place, les lodges proposent souvent des activités.

➡ Timberline Lodge (p. 426), Mont Hood (Oregon)

➡ Vista Verde Guest Ranch (p. 96), Steamboat Springs (Colorado)

Timberline Lodge (p. 426), Oregon

➡ Sun Mountain Lodge (p. 405), Winthrop (Washington)

➡ El Tovar (p. 194), Grand Canyon (Arizona)

Réservations

Il est prudent de réserver tôt pour l'été, les vacances scolaires et les stations de ski, et jusqu'à un an avant pour les parcs nationaux les plus connus. Certains offices du tourisme locaux et fédéraux assurent les réservations hôtelières.

Hotwire (www.hotwire.com). L'un des meilleurs moteurs de recherche pour réserver un hôtel aux États-Unis.

Lonely Planet (lonelyplanet.com/hotels). Des descriptifs précis, des conseils et la possibilité de réserver en ligne.

National Park Service (www.nps.gov). Renseignements sur les parcs et monuments nationaux ; possibilité de réserver dans des campings.

Recreation.gov (www.recreation.gov). Réservations de camping pour les territoires gérés au niveau fédéral.

Envie de...

Parcs nationaux

Yellowstone Le premier parc national des États-Unis abrite lacs, geysers, cascades, sources et montagnes, et une faune des plus riches (p. 125).

Grand Canyon Deux milliards d'années d'histoire géologique à la beauté stupéfiante (p. 189).

Grand Teton Bisons qui broutent, grizzlys qui rôdent et sommets enneigés ciselés (p. 130).

Yosemite Entre les sommets d'El Capitan et du Half Dome, la Yosemite Valley est grandiose, comme la campagne verdoyante de la Sierra Nevada (p. 366).

Sud de l'Utah La diversité des formations géologiques de l'Utah appelle à visiter tous ses parcs : Arches, Canyonlands, Bryce, Zion, Capitol Reef (p. 224)...

Great Sand Dunes Vous pouvez vous frotter les yeux, cet océan de sable – un des sites les plus silencieux des États-Unis – n'est pas un mirage (p. 116).

Glacier Avec ses reliefs acérés, c'est l'un des parcs les plus spectaculaires des États-Unis (p. 141).

Rocky Mountain Dans le nord du Colorado, les Rocheuses abritent une riche faune sauvage dans des paysages somptueux (p. 93).

Géologie

Grand Canyon Un fleuve de 446 km fend des roches vieilles de 2 milliards d'années (p. 189).

Yellowstone National Park Ses geysers et ses bassins d'eau chaude couleur arc-en-ciel forment un spectacle éblouissant (p. 125).

Arches National Park Merveilles de grès à voir en voiture, à vélo ou à pied : arches, lames de roches et rochers défiant la gravité (p. 223).

White Sands National Monument Ces dunes immaculées font le bonheur des photographes et des amateurs de glisse sur sable (p. 252).

Carlsbad Caverns National Park Plongez dans les entrailles de la Terre et visitez la Big Room, véritable cathédrale au cœur d'un immense réseau de grottes (p. 256).

Chiricahua National Monument Le vent et la pluie ont ciselé la roche et sculpté un paysage de colonnes, de ponts et de rochers à l'équilibre improbable (p. 208).

Volcans Les mouvements de la croûte terrestre ont formé d'imposants volcans dans l'État de Washington, où vous pourrez randonner autour du mont Rainier ou visiter le mont Saint Helens (p. 408).

Dinosaur National Monument Touchez un os vieux de 150 millions d'années dans un des plus grands sites de dinosaures fossilisés d'Amérique du Nord (p. 219).

Yosemite National Park Ses montagnes de granit époustouflantes sont un défi pour les grimpeurs (p. 366).

Craters of the Moon Un stupéfiant paysage volcanique constellé de grottes et de tubes de lave, dans l'Idaho (p. 148).

Randonnées

Grand Canyon d'un versant à l'autre Cette randonnée de 27 km est un must (p. 193).

Red Rock Country Découvrez les vortex de Sedona, les *hoodoos* de Bryce Canyon ou les arches des parcs nationaux Arches et Canyonlands (p. 228).

Rocky Mountain National Park Un festival de montagnes, de cascades, de lacs glaciaires, de pistes et de sentiers (p. 93).

Wonderland Trail Le tour complet du mont Rainier offre des vues inouïes sur 150 km (p. 407).

Maroon Bells Entrez dans la carte postale typique du Colorado et arpentez les superbes sommets qu'on voit d'Aspen (p. 101).

En haut : Bison, Antelope Island State Park (p. 221)

En bas : Durango & Silverton Narrow Gauge Railroad (p. 114)

Zion National Park Canyons, jardins suspendus et ascensions ambitieuses en font une destination incontournable (p. 229).

Highline Trail Sur ce sentier du Glacier National Park, vous verrez des mouflons, des fleurs sauvages et des pics enneigés, ou un panorama sur les glaciers via un itinéraire secondaire (p. 142).

Pacific Crest Trail Ce parcours hors norme de 4 240 km va du Mexique au Canada (p. 52).

Half Dome L'ascension du célèbre dôme granitique dans le Yosemite National Park réserve des points de vue inouïs (p. 367).

Far West d'antan

Lincoln Historic Site La ville où Billy the Kid traînait ses bottes, à l'époque de la guerre du comté de Lincoln (p. 255).

Tombstone Célèbre pour la fusillade d'OK Corral, cette ville poussiéreuse abrite le Boothill Graveyard et le Bird Cage Theater (p. 207).

Whiskey Row Au centre de Prescott, une rangée de saloons de l'époque victorienne a survécu aux incendies, aux cinéastes et aux touristes (p. 180).

Pony Express La Hwy 50, "route la plus solitaire d'Amérique", traverse le Nevada en suivant la ligne du Pony Express (p. 169).

Virginia City La grève des mineurs d'argent du Comstock Lode et le récit semi-autobiographique de Mark Twain *À la dure* ont rendu célèbre cette ville minière (p. 166).

Durango & Silverton Narrow Gauge Railroad Une plongée dans le vieil Ouest avec le train à vapeur qui relie depuis 125 ans Durango à Silverton (p. 114).

Wyoming Territorial Prison Laramie (Wyoming) possède la seule prison où fut détenu le bandit Butch Cassidy (p. 119).

Garnet Ghost Town Bouillonnant d'activité durant la ruée vers l'or, cette ville émouvante du Montana est aujourd'hui déserte (p. 138).

Buffalo Bill Center of the West Le musée de Cody fait revivre cette figure emblématique du Far West (p. 124).

Histoire et cultures amérindiennes

Mesa Verde National Park Des habitations creusées dans les falaises il y a plus de 700 ans par les ancêtres des Pueblos (p. 113).

Indian Pueblo Cultural Center Une entrée en matière incontournable pour découvrir les 19 communautés pueblos du Nouveau-Mexique (p. 232).

Little Bighorn Acoma Pueblo Des guides amérindiens accompagnent les visiteurs à travers Sky City, un village du XIe siècle posé sur le sommet plat d'une *mesa* (p. 236).

Museum of Indian Arts & Culture Excellent panorama des origines et de l'histoire de tous les peuples amérindiens du Sud-Ouest (p. 235).

Little Bighorn Battlefield National Monument C'est sur ce champ de bataille que le général George Custer livra sa "dernière charge" contre les Sioux lakota (p. 138).

Chaco Canyon Cet important site archéologique est classé au patrimoine de l'Unesco (p. 248).

Petroglyph National Monument Contemplez quelque 23 000 pétroglyphes pluricentenaires (p. 232).

First Peoples Buffalo Jump State Park Explorez les anciens territoires de chasse au bison au nord du Montana (p. 444).

Cody À voir : le *pow-wow* des Shoshones à la mi-juin et le Plains Indian Museum (p. 124).

Vie sauvage

Yellowstone National Park L'une des plus belles destinations au monde pour la faune sauvage : ours, grizzlys, bisons et bien d'autres (p. 125).

Rocky Mountain National Park Élans, ours et environ un million de wapitis l'habitent (p. 93).

Glacier National Park Les ours parcourent ses étendues escarpées à la beauté sauvage (p. 141).

Bosque del Apache National Wildlife Refuge Plus de 100 000 oiseaux migrateurs s'y réfugient de fin novembre à mars (p. 250).

Antelope Island Quelque 600 bisons peuplent l'Antelope Island (Utah), aux côtés de centaines de milliers d'oiseaux migrateurs (p. 221).

Sud de l'Arizona La nature sauvage autour de Patagonia et Sierra Vista attire les ornithologues (p. 201).

Great Basin National Park Vous y croiserez des mouflons canadiens, des crotales et même des pumas, avec un peu de chance (p. 169).

Klamath Basin Assistez à la migration des pygargues à tête blanche en février, quand ces rapaces viennent chasser les oies sauvages (p. 365).

Bière artisanale

Ballard S'il ne faut citer qu'un seul endroit dans le Nord-Ouest, ce sera ce quartier branché de Seattle (p. 391).

Bend Cette ville de l'Oregon possède le plus grand nombre de brasseries par habitant de l'Ouest américain (p. 427).

Marble Brewery Avec sa vue sur les Sandia Mountains, le toit-terrasse est un bon endroit pour siroter une Red Ale (p. 235).

Salt Lake City Les brasseries artisanales et le nombre de pubs y sont en plein essor (p. 213).

Montana Plus de 70 brasseries artisanales sont réparties dans l'État, de Billings à Bozeman en passant par Helena (p. 136).

Snake River Brewing Co Une fantastique brasserie à Jackson, belle ville du Wyoming (p. 123).

Saveurs culinaires

San Francisco *Taquerías* et *trattorias*, restaurants vietnamiens de premier choix, marchés de producteurs et chefs novateurs (p. 323).

Chez Panisse Cuisine saisonnière locavore, initiée par Alice Waters dans les années 1970, à base de produits de la baie de San Francisco (p. 351).

Santa Fe Le Sud-Ouest met vos papilles en fête dans la capitale du Nouveau-Mexique (p. 237).

Las Vegas La gourmandise n'est pas le pire défaut de Sin City : entre grands chefs stars et saveurs du monde, on se régale (p. 161).

Food-trucks LA est à l'origine de la *food-truck*-mania, qui a gagné le monde entier.

Piments verts À déguster rôtis, ou cuits à l'étuvée et émincés sur des *enchiladas* et des cheeseburgers. Ils sont à l'honneur lors du Hatch Chile Festival (p. 29).

Mois par mois

LE TOP 5

Sundance Film Festival, janvier

Telluride Bluegrass Festival, juin

Burning Man, août

Great American Beer Festival, septembre

Halloween, octobre

Janvier

Skieurs et snowboardeurs affluent dans les stations de la région, mais certaines routes de montagne sont impraticables. Palm Springs et les déserts du Sud accueillent les visiteurs en quête de douceur climatique.

Rose Parade

Le jour de l'An, ce défilé de chars fleuris attire près de 700 000 spectateurs à Pasadena (Californie), il est suivi du Rose Bowl Game, célèbre match de football américain universitaire.

Sundance Film Festival

Fin janvier, une semaine durant, Park City (Utah) déroule le tapis rouge pour les réalisateurs de films indépendants, les acteurs et les passionnés de cinéma (p. 217).

National Cowboy Poetry Gathering

Les cow-boys se retrouvent à Elko (Nevada) pour une semaine de lecture de poèmes et de représentations folkloriques. Cette manifestation née en 1985 en a inspiré d'autres dans la région.

Nouvel An chinois

Fin janvier ou début février, vous pourrez assister à des célébrations colorées et à des festins dans chaque Chinatown (quartier chinois). La parade de San Francisco est encore plus festive que celle de New York, avec des chars, des pétards, des orchestres et des tonnes de bonne humeur.

Février

Ski à l'honneur dans les hauteurs. Les déserts de basse altitude se couvrent de fleurs, les baleines quittent la côte californienne et les ranchs du sud de l'Arizona vous invitent à monter en selle.

Carnaval au Colorado

Mardi gras en montagne à Breckenridge, avec, au programme : fête de rue, jazz live et danseurs endiablés.

Oregon Shakespeare Festival

À Ashland, des milliers d'amateurs de théâtre font dès février la fête avec Shakespeare. C'est alors parti pour 9 mois (oui, oui !) de pièces de grande qualité et de drames élisabéthains (p. 436).

Mars

Des hordes d'étudiants convergent vers les lacs de l'Arizona pour le Spring Break. Les familles font du ski, ou visitent des parcs dans les contrées plus chaudes.

Observation des baleines

Les baleines grises migrent vers le sud le long de la côte pacifique. Autour de Depoe Bay (Oregon), des guides présents sur les points de vue vous aideront à mieux les observer La migration vers le nord a lieu en juin.

Frozen Dead Guy Days

À Nederland (Colorado), cette fête met à l'honneur "Grandpa Bredo", une mascotte de la ville congelée par cryogénie. Au programme des festivités : courses de cercueils, bowlings à la dinde surgelée, plongeons dans l'eau gelée et bière à volonté.

M3F

À Phoenix, ce festival caritatif qui réunit de belles têtes d'affiche (on a pu y voir Beck, les Avett Brothers et Trombone Shorty) reverse tous ses bénéfices à des associations. Et c'est un bon endroit pour découvrir de petits groupes qui montent.

Avril

Les oiseaux migrateurs atteignent les réserves naturelles du sud de l'Arizona. Les fleurs sauvages émaillent les hauts déserts de Californie. Dans les stations de ski, c'est la fin de la saison : le prix des hébergements baisse légèrement.

Coachella Music & Arts Festival

Mi-avril, groupes de rock indépendant, DJ cultes, rappeurs superstars et divas de la pop animent ce festival musical près de Palm Springs, désormais organisé durant deux longs week-ends consécutifs.

Gathering of Nations

Plus de 3 000 danseurs et chanteurs amérindiens, des États-Unis et du Canada, participent à ce *pow-wow* fin avril, à Albuquerque (Nouveau-Mexique). Le marché indien rassemble plus de 800 artistes et artisans (p. 233).

Mai

C'est la période idéale pour se rendre dans la plupart des parcs nationaux. Les petits Américains ne sont pas encore en vacances, et la saison touristique ne commence pas avant le week-end du Memorial Day (le dernier week-end du mois).

Cinco de Mayo

On célèbre la victoire des forces mexicaines sur l'armée française à la bataille de Puebla, le 5 mai 1862, avec force margaritas, musique et réjouissances, notamment à Denver, Los Angeles et San Diego.

Bay to Breakers

Le troisième dimanche de mai, à San Francisco, des milliers de gens courent déguisés, nus et/ou bière à la main, de l'Embarcadero à l'Ocean Beach. Cette "course" remonte à 1912.

Boulder Creek Festival

On mange, on boit, on danse, on assiste à une course de canards en plastique, le tout sous un soleil radieux : l'été commence ici, dans les Rocheuses, le week-end du Memorial Day. Les festivités se terminent par Bolder Boulder, une course de 10 km marquée par un zeste de folie et une profusion de costumes (p. 88).

Juin

Début de la haute saison. Les cols escarpés rouvrent, la fonte des neiges gonfle les rivières et les montagnes sont tapissées de fleurs. Le June Gloom peut assombrir les plages de la Californie du Sud.

Pride Month

La communauté LGBT de Californie consacre tout le mois de juin à la fête : parades costumées, *coming-out parties*, concerts... Les célébrations les plus en vue ont lieu à San Francisco et à LA (lapride.org) (p. 345).

Telluride Bluegrass Festival

Mi-juin, savourez avec les festivaliers quatre jours de camping et les sons mélancoliques du bluegrass à Telluride (Colorado), nichée au cœur de superbes montagnes (p. 109).

Electric Daisy Carnival

C'est le plus grand festival au monde consacré à la dance : entre DJ, manèges et spectacles, la fête dure trois nuits sur le circuit automobile de Las Vegas Motor Speedway.

Custer's Last Stand

Le dernier week-end de juin a lieu une reconstitution de la bataille de Little Bighorn au Little Bighorn Battlefield National Monument, au sud-est de Billings, dans le Montana. L'événement est parfois drôle, parfois émouvant (p. 138).

Plains Indians Powwow

Aux environs de la mi-juin, les Shoshones et d'autres tribus des plaines du Nord se retrouvent à Cody (Wyoming), pour l'un des plus importants rassemblements d'Amérindiens dans l'Ouest américain.

Juillet

Les vacanciers envahissent plages, parcs et stations de montagne – réservez bien à l'avance et préparez-vous à affronter la foule si vous venez à cette période. Les déserts, brûlants, sont à éviter.

Independence Day

Toutes les communautés célèbrent, le 4 juillet, la naissance de l'Amérique par des rodéos, festivals, barbecues, parades et feux d'artifice.

Aspen Music Festival

Concerts classiques de premier ordre, orchestres estudiantins menés par des chefs prestigieux et musique à chaque coin de rue, voici le programme de début juillet à mi-août.

Oregon Brewers Festival

Quelque 85 000 amateurs de bières artisanales mangent, boivent et s'amusent sur les rives de la Willamette à Portland, le dernier week-end de juillet (p. 410).

Cheyenne Frontier Days

Dans le Wyoming, ce rodéo plus que centenaire célèbre les cow-boys américains et les légendes de l'Ouest avec capture au lasso, monte et défilé (p. 117).

World Series of Poker

Stars de Hollywood, footballeurs européens, joueurs professionnels et pourquoi pas vous : tout le monde vient à cet événement de Las Vegas pour se disputer des millions de dollars de juin à mi-juillet. Le tournoi principal se déroule mi-juillet.

Grand Teton Music Festival

Les raisons de visiter Jackson (Wyoming) ne manquent pas en été, et ce fabuleux festival de musique classique en est une. Il commence en juillet et se poursuit en août (p. 122).

Août

Dans tout le Sud-Ouest, foires artistiques, marchés et rassemblements cérémoniels initient aux cultures amérindiennes. Les rodéos attirent les foules dans l'Ouest, et les parcs nationaux sont bondés.

Santa Fe Indian Market

La fête de Santa Fe. Elle réunit, la troisième semaine d'août sur la Plaza, environ 1 100 artistes de quelque 220 tribus et *pueblos* différents (p. 239).

Perséides

Mi-août, cap sur les déserts du Sud. Les pluies de météores s'intensifient : c'est la période idéale pour voir des étoiles filantes. Plus de renseignements sur darksky.org.

Old Spanish Days Fiesta

En souvenir des pionniers et des éleveurs de bétail, Santa Barbara se met en fête début août : défilés, rodéos, expositions et ateliers artisanaux.

Hatch Chile Festival

Pendant le week-end du Labor Day (premier lundi de septembre), à Hatch (Nouveau-Mexique), les amateurs de piments verts se retrouvent pour une parade et des concours de mariachis et de mangeurs de *chile* (www.hatchchilefest.com).

Septembre

Labor Day (le premier lundi de septembre) marque la fin des congés d'été. C'est l'une des meilleures périodes pour visiter le Nord-Ouest pacifique, profiter des nuits fraîches et des journées ensoleillées. Les Rocheuses prennent les couleurs de l'automne.

Great American Beer Festival

Fin septembre ou début octobre, cette fête de la Bière à Denver, à laquelle participent 700 brasseries américaines, est si populaire qu'elle affiche complet avant son coup d'envoi. Plus de 3 500 bières sont proposées pendant ces 3 jours (p. 80).

Bumbershoot

Début septembre, le plus gros événement artistique et culturel de Seattle accueille musiciens, artistes, comédiens, écrivains et troupes de théâtre par centaines sur plusieurs scènes (p. 388).

Santa Fe Fiesta et Burning of Zozobra

L'ancêtre du Burning Man s'appelle Old Man Gloom ("le vieux mélancolique") et brûle chaque année en septembre depuis 1924 : c'est même le clou du spectacle lors de cette fête de 10 jours à Santa Fe (p. 240).

Octobre

Le spectacle automnal attire les voyageurs sur les routes du Colorado et du nord du Nouveau-Mexique. Attention aux goules, fantômes et autres fous de la fête à l'approche de Halloween, le 31 octobre !

Halloween

Des centaines de milliers de fêtards costumés sortent pour s'amuser et danser dans le quartier de West Hollywood à LA. Toute la journée, animations, concerts et activités pour les enfants.

Litquake

Lectures d'auteurs, débats et manifestations littéraires (www.litquake.org) s'enchaînent dans ce festival consacré aux arts et aux écrivains, dont une légendaire tournée littéraire des bars. Il a lieu à San Francisco, à la mi-octobre.

Sedona Arts Festival

Ce festival des beaux-arts rassemble au début du mois 125 artistes venus exposer bijoux, céramiques, verreries et sculptures à la Red Rock High School.

Novembre

Les températures chutent. Hormis pendant les vacances de Thanksgiving, les régions côtières, les déserts et les parcs sont pour la plupart moins fréquentés. La saison de ski démarre.

Día de los Muertos

Les 1er et 2 novembre, les communautés mexicaines honorent leurs morts par des défilés costumés, des crânes en sucre, des pique-niques dans les cimetières, des processions aux chandelles...

Thanksgiving

Le quatrième jeudi de novembre, les Américains se retrouvent en famille et entre amis pour un repas qui dure toute la journée – dinde rôtie, patates douces, sauce à la canneberge, vin, tarte à la citrouille et autres mets savoureux se succèdent. New York accueille une grande parade tandis qu'un match de football américain est diffusé à la télévision.

Wine Country Thanksgiving

Plus de 160 domaines viticoles de la Willamette Valley ouvrent leurs caves au public pendant 3 jours fin novembre.

Yellowstone Ski Festival

Les amateurs de glisse se retrouvent une semaine à West Yellowstone (www.skirunbikemt.com/yellowstone-ski-festival.html) pour Thanksgiving. Cette fête marque le coup d'envoi de la saison de ski de fond.

Décembre

Crèches et illuminations fleurissent un peu partout, les préparatifs de Noël vont bon train. Les réjouissances se poursuivent jusqu'à la Saint-Sylvestre. Foule et tarifs au plus haut dans les stations de ski.

Snow Daze

Vail (Colorado) inaugure la saison de ski par une semaine de festivités (village expo et concerts de groupes en vogue).

Nouvel An

À l'heure de célébrer la nouvelle année, il y a deux catégories d'Américains. Certains se joignent à la foule en liesse, d'autres prévoient une escapade loin de la frénésie. Quel que soit votre choix, organisez-vous bien à l'avance et attendez-vous à des tarifs élevés.

Itinéraires

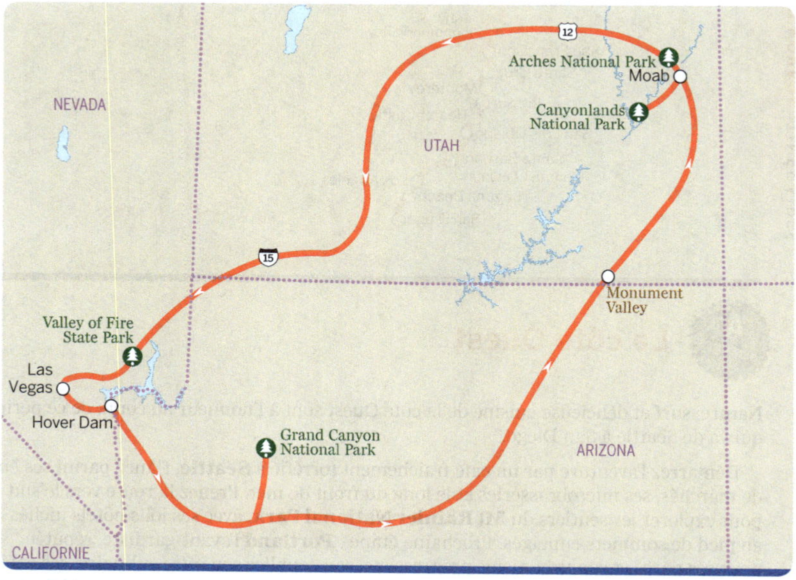

2 SEMAINES Le meilleur du Sud-Ouest

Les appareils photo seront de sortie lors de ce voyage, qui comprend les sites les plus emblématiques du Sud-Ouest américain. Vous traverserez la ville la plus célèbre, le plus grand canyon et le paysage rocheux rougeâtre le plus époustouflant de la région.

Partez de **Las Vegas**, où vous consacrerez quelques jours à arpenter le Strip. Prenez ensuite la direction de l'est, vous passerez le **Hoover Dam**, puis irez voir le **Grand Canyon**. Prenez deux jours pour explorer le parc le plus connu d'Amérique. Accordez-vous une expérience inoubliable en descendant son versant sud (South Rim) à dos de mule, et en passant la nuit au Phantom Ranch niché dans les profondeurs du canyon. De là, continuez au nord-est vers **Monument Valley** et ses paysages dignes d'un western hollywoodien, puis vers les parcs nationaux du sud-est de l'Utah, parmi les plus spectaculaires du pays. Partez en randonnée dans les canyons en fente de **Canyonlands National Park**, à VTT sur le circuit près de **Moab** ou photographiez le Balanced Rock de l'**Arches National Park**. Suivez l'ouest sur l'une des routes les plus spectaculaires, la Hwy 12, jusqu'à l'embranchement avec l'I-15. Mettez le cap vers le sud pour admirer le coucher de soleil au **Valley of Fire State Park**, avant de retourner à Las Vegas.

4 SEMAINES

La côte Ouest

Nature, surf et délicieuse cuisine de la côte Ouest sont à l'honneur au cours de ce périple qui va de Seattle à San Diego.

Démarrez l'aventure par un café fraîchement torréfié à **Seattle**, flânez parmi ses étals de marchés, ses microbrasseries et le long du front de mer. Prenez la route vers le sud pour explorer les sentiers du **Mt Rainier National Park**, avec ses jolis hôtels nichés au pied de sommets enneigés. Prochaine étape : **Portland** l'avant-gardiste, réputée pour ses parcs et son urbanisme progressiste, sans oublier son offre culinaire, ses cafés et sa vie nocturne. Admirez des cascades et savourez des produits frais en bord de route au cours d'un trajet vers l'est le long de la **Columbia River Gorge**, puis continuez vers le sud pour rejoindre le **Mt Hood** pour skier l'hiver ou randonner l'été. Ensuite, direction **Sisters** et ses trois pics culminant à plus de 3 000 m, puis les eaux bleues du **Crater Lake**. Écoutez Shakespeare dans le texte sous le soleil d'**Ashland** avant de quitter les montagnes pour la côte brumeuse. La Hwy 199 vous fait entrer en Californie. Les forêts millénaires des **Redwood National and State Parks** invitent au silence et à la marche.

Longez la côte vers le sud en traversant **Arcata** la branchée et **Eureka** avant de vous déconnecter sur la **Lost Coast**. Rejoignez ensuite la Hwy 1 et le comté de **Mendocino**, ses splendides caps et son littoral accidenté qui invitent à la promenade. L'intérieur des terres vous appelle pour déguster des crus dans des paysages de carte postale, ceux de la **Napa Valley** et de la **Sonoma Valley**, avant de gagner au sud les collines romantiques de **San Francisco**. De retour sur la panoramique Hwy 1, traversez **Santa Cruz**, paradis des surfeurs, **Monterey** nichée dans sa baie et **Big Sur**. En un rien de temps, vous voilà à **Hearst Castel** puis à **San Luis Obispo**, parmi les étudiants. Un parfum de Méditerranée vous attend à **Santa Barbara**, où vous pouvez faire du shopping et déguster du vin. À Ventura, embarquez sur un ferry pour la beauté sauvage des **Channel Islands**. Vous voilà arrivé à **Los Angeles** : vivez vos fantasmes hollywoodiens, et flânez à l'ombre des palmiers des quartiers les plus mythiques puis parcourez les collines escarpées de Griffith Park. Quand vous aurez pleinement profité de la Cité des Anges, mettez le cap au sud vers les falaises de **Laguna Beach** avant de rejoindre **San Diego**.

3 SEMAINES

L'ivresse des Rocheuses

Un maillot de bain, un VTT et des chaussures de randonnée font partie de votre arsenal pour ce périple en altitude, le long de la ligne de partage des eaux, la Continental Divide. Le ciel, les montagnes, les animaux, attendez-vous à tout voir en grand !

Passez vos deux premières journées à **Durango**, ville de montagne typique, à vous amuser dans ses brasseries et sur ses pistes de VTT. De là, la Million Dollar Hwy (Hwy 550) vous mène à travers les montagnes de San Juan, vous permettant de visiter en chemin **Silverton** et de piquer une tête dans les sources chaudes d'**Ouray**. Vous pourrez faire la fête en passant par **Telluride** – il y en a une presque chaque week-end en été. De Montrose, la Hwy 50 vous conduira vers l'est dans l'Arkansas River Valley et à **Salida** pour du rafting dans Brown's Canyon National Monument. La Hwy 24 se déroule ensuite au milieu des plus hauts sommets du Colorado. Concluez votre première semaine en beauté par une nuit dans la petite ville historique de **Breckenridge**.

Profitez d'une session de descente en bouée et d'un verre en happy hour à **Boulder** avant de rejoindre le **Rocky Mountain National Park** pour une randonnée à pied ou à cheval. Là, ne manquez pas d'emprunter la décoiffante Trail Ridge Rd pour profiter de la vue. Mettez le cap au nord sur la I-25. Dans le Wyoming, prenez la I-80 vers l'ouest pour rejoindre la Hwy 287 que vous suivrez jusqu'à **Lander**, haut lieu de l'escalade.

Poursuivez vers le nord jusqu'à **Jackson**, dont le grand parc est bordé d'élégantes boutiques et de saloons. C'est le lieu idéal pour un repas gastronomique ou une sortie en rafting sur la Snake River. Au nord, le **Grand Teton National Park** est propice à une journée de repos en bordure de lac ou à une séance de photos de bisons. Prochaine étape : le **Yellowstone National Park**, ses geysers, ours et sentiers de randonnée.

Commencez votre dernière semaine par un saut jusqu'à **Cody** pour un aperçu de la vie de Buffalo Bill et des cow-boys du Wyoming. Puis cap vers le nord sur la magnifique Beartooth Hwy ; vous la suivrez jusqu'au Montana puis prendrez la I-90 vers l'ouest jusqu'à **Bozeman** et **Missoula** pour faire quelques provisions avant la dernière étape. Ne manquez pas de visiter le **Glacier National Park**, tant qu'il abrite encore 26 glaciers. Terminez par l'incroyable Going-to-the-Sun Road (la route du Soleil).

BLAZG/SHUTTERSTOCK ©

En haut : Hearst Castle (p. 315), Californie centrale

En bas : Alcatraz (p. 335), San Francisco

4 SEMAINES Le meilleur de l'Ouest américain

De la côte californienne au Nord-Ouest pacifique en passant par les Rocheuses et les parcs nationaux : découvrez, en un mois, le meilleur de l'Ouest américain !

De **San Diego**, empruntez la Hwy 1 vers le nord en direction des villages côtiers de l'**Orange County**, véritable paradis du surf, en faisant un crochet par **Disneyland**. Rejoignez **Los Angeles** puis suivez la côte en profitant des splendides paysages, sans manquer de vous arrêter à **Santa Barbara**. Laissez-vous éblouir par la démesure du **Hearst Castle** avant de reprendre la route vers le nord à travers les forêts de **Big Sur**. Imprégnez-vous de l'atmosphère bohème de **San Francisco**, et explorez Alcatraz. Reprenez la Hwy 1 à la découverte des petites villes du nord de la côte californienne.

Arpentez les forêts primaires des **Redwood National and State Parks**, puis mettez le cap sur **Bend**, dans l'Oregon, pour les sports de plein air. Suivez la **Columbia River Gorge** vers l'ouest avant de vous arrêter à **Portland** pour profiter de ses brasseries. Grimpez au sommet de la Space Needle à **Seattle**, puis prenez la direction de l'est vers les grands espaces du Montana et le **Glacier National Park**. Continuez jusqu'au **Yellowstone National Park**, où jaillit le mythique Old Faithful et où les touristes viennent voir buffles, bisons, ours et loups. Admirez les pics du **Grand Teton National Park** avant de bifurquer vers le sud-est à travers les paysages de western du Wyoming.

Dans le Colorado, mettez-vous au diapason de **Boulder** la sportive puis découvrez les nouveaux lieux branchés de **Denver**. Prochaine étape : les villes minières du centre du Colorado, puis le **Great Sand Dunes National Park** et le **Mesa Verde National Park**. Juste au sud, au Nouveau-Mexique, **Taos** et **Santa Fe** sont des repaires d'artistes. Avalez un bon plat de *chili verde* à **Albuquerque** avant de suivre la Route 66 vers l'ouest jusqu'en Arizona, en marquant l'arrêt au **Meteor Crater**. Faites un crochet par le **Grand Canyon National Park, plus au nord**. Repartez vers l'ouest pour gagner **Las Vegas**, puis filez explorer le **Death Valley National Park**, le **Sequoia National Park** et le **Kings Canyon National Park**, pour finir par le **Yosemite National Park**. Il est temps de conclure par un bon repas arrosé d'un verre de vin californien à San Francisco.

Préparer son voyage

Route 66 et routes panoramiques

Si l'argent, l'or et autres minerais enfouis attirèrent les prospecteurs et les aventuriers dans l'Ouest aux XIXe et XXe siècles, ce sont désormais d'autres trésors, au-dessus du sol cette fois, qui séduisent les baroudeurs d'aujourd'hui : les routes panoramiques mythiques. Des pistes désertiques aux autoroutes côtières et des routes de montagne à l'emblématique "Mother Road", l'Ouest américain ne manque pas d'itinéraires de légende, à travers des paysages spectaculaires, qui attendent les voyageurs audacieux, pour des *road trips* mémorables.

Avant de partir

N'oubliez pas

➡ Préparez bien votre *road trip* et soyez prudent, surtout dans l'Ouest avec ses routes solitaires et sa météo imprévisible.

➡ Prévoyez une roue de secours, de l'outillage (cric, câbles de démarrage, grattoir à glace...) et une trousse de première urgence ; si vous louez une voiture, achetez un kit de sécurité.

➡ Ayez de bonnes cartes, notamment si vous vous écartez des grandes routes, et ne vous fiez pas aveuglément au GPS ou à votre téléphone.

➡ Faites des réserves d'eau, indispensables si vous tombez en panne dans le désert.

➡ Faites le plein d'essence régulièrement (les stations peuvent être rares et très éloignées).

➡ Ayez toujours sur vous votre permis de conduire et votre attestation d'assurance.

Route 66

Un motel constitué de wigwams (huttes amérindiennes), un cratère formé par une météorite en plein désert, une grande roue mue par l'énergie solaire dominant l'océan Pacifique..., le tronçon poussiéreux de la "Mother Road" (la "mère de toutes les routes") – l'autre nom de la Route 66 –, qui traverse la Californie, l'Arizona et le Nouveau-Mexique, est ponctué de curiosités. Vous serez souvent un peu loin de tout, hors des sentiers battus, et partout les gens du coin vous accueilleront chaleureusement.

Pourquoi partir

Histoire, paysages, ruban d'asphalte interminable : c'est cette combinaison qui rend un voyage sur la Route 66 si passionnant. Notez que l'I-40 et la Route 66 ne font plus qu'une sur une grande partie du Nouveau-Mexique et de l'Arizona.

Au Nouveau-Mexique, les néons de Tucumcari vous souhaitent la bienvenue dans l'Ouest. Un peu plus loin, à Santa Rosa, le **Blue Hole** (☎centre de plongée 575-472-3370, centre des visiteurs 575-472-3763 ;

Routes panoramiques

santarosabluehole.com ; 1085 Blue Hole Rd ; parking 5 $; ⌚baignade 10h-19h, plongée 8h-20h30) est un puits artésien où plonger, en plein désert. À Albuquerque, au Frontier (p. 234), le ragoût de chili vert vous donnera des forces pour rallier Gallup, où vous pourrez passer la nuit au **motel El Rancho** (☎505-863-9311 ; www.elranchohotel.com ; 1000 E Hwy 66 ; ch/ste à partir de 102/174 $, ch motel 88 $; P📶🏊), datant de 1937, qui eut pour hôte John Wayne.

En Arizona, quittez l'autoroute pour traverser le Petrified Forest National Park (p. 200). Vous aurez une vue imprenable sur le Painted Desert. Rejoignez ensuite la partie sud du parc, où des troncs d'arbres fossilisés, vieux de 225 millions d'années, sont regroupés en retrait de la route principale. Passez la nuit dans un tipi en béton à Holbrook (à l'ouest du parc). Prochaine étape, Winslow, pour dîner dans la **Turquoise Room** (☎928-289-2888 ; www.theturquoiseroom.net ; 305 E 2nd St, La Posada ; plats petit-déj et déj 10-14 $, dîner 22-34 $; ⌚7h-16h et 17h-21h) de l'hacienda La Posada. À l'est de Flagstaff, ne manquez pas le Meteor Crater (p. 201), un immense cratère au cœur d'un paysage désertique. De là, la Route 66 suit la voie ferrée jusqu'à Flagstaff et passe devant le Museum Club (p. 187), un relais routier où la country règne en maître. Plus loin surgit la charmante Williams, petite bourgade bordée de motels.

Seligman est un curieux village qui séduit avec ses motels rétro et son café routier, le Snow-Cap Drive In (p. 201). Des panneaux publicitaires vintage ponctuent la route vers les Grand Canyon Caverns. Là, un ascenseur vous emmène 21 étages plus bas à la découverte d'un réseau de grottes et vous dépose au motel souterrain. Autres haltes de choix ensuite : Hackberry et son General Store empli d'un bric-à-brac, le **musée de la Route 66** (☎928-753-9889 ; www.gokingman.com ; 120 W Andy Devine Ave ; tarif plein/senior/enfant 4/3 $/gratuit ; ⌚9h-17h, dernière entrée à 16h) à Kingman, et le village d'Oatman, où des *burros* (ânes) mendient des friandises dans la rue, sous un soleil de plomb.

Le soleil sera toujours au rendez-vous en Californie, où la Route 66 pénètre dans le désert de Mojave et traverse de petites villes fantômes annoncées par des bornes de chemin de fer solitaires. À Victorville, l'**Emma Jean's Holland Burger Cafe** (www.hollandburger.com) sert un Brian Burger bien pimenté. L'animation urbaine reprend aux abords de Pasadena, avant que la route débouche sur le Pacifique. Au Santa Monica Pier (p. 270), montez à bord de la grande roue pour admirer le coucher de soleil – et célébrer votre incroyable périple.

Quand partir

La période de mai à septembre est le meilleur moment pour un voyage sur la Route 66. Il fait chaud et vous pourrez profiter de toutes les activités de plein air.

Itinéraire

Cet itinéraire au départ de Tucumcari, au Nouveau-Mexique, va vers l'ouest et traverse l'Arizona et la Californie. Il suit presque toujours la I-40 jusqu'à Barstow (Californie). Après, la Route 66 rejoint au sud la I-15, traverse San Bernardino, puis bifurque à l'ouest vers Pasadena. Suivez la I-110 jusqu'à Santa Monica Blvd puis prenez la direction de l'ouest jusqu'à Santa Monica, au bord de l'océan.

Durée et distance

Durée : 2 ou 3 jours, mais mieux vaut en prévoir 6 pour bien en profiter.

Distance : 2 000 km environ, selon les tronçons choisis.

Pacific Coast Highway

Ajustez vos lunettes de soleil, ouvrez grand les vitres de votre voiture et mettez votre musique préférée à plein volume. C'est parti ! Les routes reliant le Canada au Mexique par la côte Ouest sont un bonheur, en particulier la sublimissime Pacific Coast Highway (PCH).

Pourquoi y aller

Ce voyage épique au fil de la côte Ouest, à travers la Californie, l'Oregon et l'État de Washington, donne à découvrir des cités cosmopolites, de petites bourgades de surf et de charmantes enclaves côtières. L'attrait principal en est le paysage : plages isolées, falaises battues par les vagues, collines, forêts de séquoias et d'eucalyptus… Autant de trésors pour les surfeurs, les kayakistes, les plongeurs et les randonneurs.

Les autoroutes côtières relient quelques-unes des cités les plus fascinantes de la côte Ouest. Citons d'abord, en Californie du Sud, San Diego la surfeuse, puis, en remontant vers le nord, Los Angeles la star, et San Francisco la geek. Tout là-haut dans le nord, vous ne regretterez pas un détour par Seattle et son ambiance alternative.

Si vous préférez éviter les zones urbaines, il est facile de s'en tenir aux tronçons qui les séparent. En Californie du Sud, la PCH suit les plages presque trop idylliques de l'Orange County et de Santa Barbara (la “Riviera américaine”). Plus au nord, la Highway (Hwy) 1 traverse Santa Cruz, ville universitaire et paradis des surfeurs, puis s'enfonce dans les forêts de séquoias de la côte de Big Sur, avant de continuer au nord de Mendocino. Au fil de la Highway 1, vous découvrirez la côte de l'Oregon, entre dunes de sable, stations balnéaires et villages de pêcheurs. Puis vous atteindrez, enfin, les terres sauvages

L'HISTOIRE DE LA ROUTE 66

Construite en 1926, la Route 66 reliait Chicago à Los Angeles tout en desservant les petites villes et les routes de campagne de huit États. Elle devint célèbre lors de la Grande Dépression, quand les fermiers du Dust Bowl (le “Bol de poussière” dans le Middle West) furent obligés d'émigrer vers l'Ouest et l'empruntèrent pour traverser les Grandes Plaines. Son surnom, “The Mother Road” (la “mère de toutes les routes”), apparaît en 1939 dans le roman de John Steinbeck, *Les Raisins de la colère*. Après la Seconde Guerre mondiale, ce fut la prospérité nouvelle qui incita les Américains à partir à l'aventure en voiture. En 1946, Nat King Cole enregistra “Get Your Kicks on Route 66”, donnant un charme supplémentaire à la route. Mais le système des autoroutes inter-États, instauré par le gouvernement fédéral, marque la fin de la Mother Road. La dernière ville sur la Route 66 à avoir été contournée par une autoroute inter-États fut Williams, en Arizona, en 1984. L'année suivante, la Route 66 n'avait plus d'existence officielle.

de l'Olympic Peninsula de l'État de Washington, couvertes de forêts pluviales primaires. Au large, les San Juan Islands sont desservies par des ferries.

Quand partir

Il n'y a pas de saison à éviter, bien qu'au nord, pluie et neige caractérisent l'hiver. La saison la plus fréquentée, de juin à août, n'est pas toujours la meilleure car, au début de l'été, des tronçons entiers de la côte sont noyés dans le brouillard (phénomène localement appelé "June Gloom"). Les saisons intermédiaires, avril-mai et septembre-octobre, peuvent être idéales, avec des journées ensoleillées, des nuits fraîches et, surtout, peu de monde.

Itinéraire

Le réseau d'autoroutes côtières s'étend sur près de 2 400 km, de la frontière canadienne à la frontière mexicaine (de la Colombie-Britannique à Tijuana). En Californie, la route côtière passe de la I-5 à la Highway 101 et à la Highway 1 (en cas de doute, revenez toujours vers la côte) avant de rallier la Highway 101 dans l'Oregon et l'État de Washington.

Durée et distance

Durée : comptez un minimum de 4 jours, car les ralentissements sont nombreux. Pour explorer en toute sérénité les sites, donnez-vous 10 à 14 jours.

Distance : environ 2 400 km.

Highway 89/89A : de Wickenburg à l'Oak Creek Canyon

La Highway 89 et son auxiliaire, la Highway 89A, traversent certaines des régions les plus spectaculaires et emblématiques de l'Arizona. Après Wickenburg, cet itinéraire suit le nord-est, en passant par les chaînes de montagnes Weaver et Mingus, avant de descendre vers Sedona et l'Oak Creek Canyon.

Pourquoi y aller

C'est notre itinéraire préféré en Arizona. Ce n'est peut-être pas le plus beau ni le plus spectaculaire, mais il vous transportera dans l'Old West (l'Ouest d'antan) comme si vous passiez les portes de l'histoire. Pour autant, la route n'est pas figée dans le XIXe siècle : promenades artistiques, route des vignobles, boutiques indépendantes stylées et restaurants ajoutent une touche bien actuelle.

Les férus d'histoires de cow-boys s'attarderont à Wickenburg dans un *dude ranch*. La Highway 89 sort de la ville via la Highway 93 et, peu après, entame l'ascension des Weaver Mountains, grimpant de 762 m en 6,4 km. La route cesse de grimper à Yarnell, théâtre d'un incendie dévastateur à l'été 2013, puis descend agréablement entre les buttes verdoyantes et les troupeaux de la Peeples Valley. De là, rendez-vous à Prescott, dans le fameux quartier de Whiskey Row, où se trouve l'historique Palace Saloon (p. 180). Thumb Butte est immanquable à l'ouest du centre-ville, et vous passerez devant les étranges rochers de Granite Dells en quittant la ville.

Suivez la Highway 89A jusqu'à Jerome, bien accroché au volant. Ce tronçon de route tout en lacet, au flanc du mont

Palace Saloon (p. 180), centre de l'Arizona

Mingus, demande de la concentration. Les plus courageux jetteront un coup d'œil à l'est sur la somptueuse Verde Valley. La route devient plus spectaculaire encore à l'approche de Jerome, ancienne cité minière accrochée au flanc de Cleopatra Hill. Galeries d'art, bars à vins, auberges originales et fantômes sont ici les principales curiosités. Tenez-vous au-dessus d'un puits de mine d'une profondeur de 582 m dans l'Audrey Headframe Park (p. 180), puis visitez le musée de la Mine au Jerome State Historic Park (p. 180), à côté.

La Highway 89A descend vers une autre cité minière, Clarkdale, pour rejoindre ensuite Old Town Cottonwood. Sur le chemin de Sedona, faites un détour par les vignobles de Page Springs Road ou arrivez par Cathedral Rock (p. 181) en prenant la Red Rock Loop Road. Sedona la bohème est l'endroit idéal pour se restaurer et découvrir l'artisanat navajo. Terminez l'itinéraire dans l'Oak Creek Canyon, où la rivière étincelle dans un écrin de verdure, à l'ombre d'immenses falaises de roche rouge.

Quand partir

Il faut éviter l'hiver à cause de la neige – il neige parfois même en avril ou en mai ! En été, vous ne tiendrez pas longtemps à Wickenburg qui, à basse altitude, se transforme en véritable four.

Itinéraire

De Wickenburg, suivez la Highway 93 jusqu'à la Highway 89, sur laquelle vous continuerez vers le nord jusqu'à Prescott. Au nord de la ville, prenez la Highway 89A pour Sedona.

Durée et distance

Durée : une demi-journée, mais il est bien plus plaisant de musarder 2 à 3 jours.

Distance : 216 km.

Million Dollar Highway

Reliant Ouray à Silverton dans le sud du Colorado, cette route qui grimpe à plus de 3 000 m constitue une fabuleuse balade à travers les montagnes des États-Unis. Cette section spectaculaire de l'US 550, qui fait partie de la San Juan Skyway (380 km), est surnommée la “route à un million de dollars” car l'empierrement contiendrait, dit-on, des minerais précieux. Quoi qu'il en soit, elle vaut tout l'or du monde en matière de paysages.

Pourquoi y aller

Une bande superbement asphaltée de 40 km serpente entre trois cols, présidant à des panoramas sur des pics enneigés, d'anciens chevalements des puits de mines, une gorge taillée dans le roc et des maisons victoriennes. Mais sa beauté n'a d'égale que le frisson de la conduite, car ici, la promenade du dimanche prend des allures de rallye avec des virages en épingles à cheveux et des tronçons de chaussée étroite à ras des rochers.

La charmante Ouray, située à près de 2 380 m d'altitude, est entourée de pics majestueux. Elle domine aussi l'Uncompahgre Gorge, un canyon abrupt réputé pour l'escalade sur glace. C'est l'occasion d'une belle randonnée ou d'un bain dans des sources chaudes de la petite bourgade. D'Ouray, la Million Dollar Highway – achevée en 1884 – s'accroche au flanc de la gorge, zigzaguant entre d'anciennes mines. Restez très vigilant : des cyclistes escaladent les cols de ce fin ruban de route. À Silverton, garez votre voiture et profitez de la vue sur les montagnes couvertes de trembles, ou regardez le train à vapeur de la Durango & Silverton Narrow Gauge Railroad (p. 114) entrer dans la ville.

Quand partir

L'été est la meilleure saison. En hiver, le col le plus haut est parfois fermé, et sur d'autres tronçons on a souvent besoin de chaînes. Même en été, on peut encore voir de la neige – pas sur la route toutefois.

Itinéraire

D'Ouray, suivez la Highway 550 en direction du sud pour Silverton.

Durée et distance

Durée : quelques heures suffisent, mais prévoyez la journée pour visiter les sites.

Distance : 40 km.

Beartooth Highway

La Beartooth Highway, qui tutoie les cieux, est, selon certains, le moyen le plus pratique pour rejoindre Yellowstone. Mais cette route panoramique absolument superbe est également l'occasion d'une des plus excitantes virées à moto de l'Ouest.

Pourquoi y aller

De Red Lodge (Montana), la Beartooth Highway remonte la vallée glaciaire de Rock Creek Canyon par une série de routes en lacet, s'élevant de manière stupéfiante de 1 520 m en quelques kilomètres. Arrêtez-vous au Rock Creek Vista Point Overlook pour profiter du panorama au cours d'une courte promenade (accessible en fauteuil roulant). La route continue de grimper jusqu'au haut plateau, passe la "Courbe de Mae West" et entre dans le Wyoming.

Les Twin Lakes ("lacs jumeaux") offrent une vue sur le cirque et sur le téléski qui rejoint une piste de printemps. Après une série de virages en épingles à cheveux, admirez au nord-ouest le Hellroaring Plateau et le Bears Tooth (3 632 m), pic de la "dent d'ours", très acéré. La route continue de grimper au milieu de la toundra montagneuse pour arriver au point culminant, le Beartooth Pass West Summit (3 337 m). Fin juin, ou même en juillet, des murs de neige de 4 m peuvent encore se dresser au bord de la route.

Après plusieurs autres lacs, la route descend : d'abord via Beartooth Butte, une énorme butte, vestige de la masse sédimentaire qui recouvrait tous les Beartooths, puis via d'excellents lieux de pêche à Clark's Fork. Elle repasse ensuite dans le Montana pour atteindre Cooke City par le Colter Pass, un col à 2 458 m. L'entrée nord-est du parc de Yellowstone est à 6 km de Cooke City.

Quand partir

Si vous désirez allier balade en voiture et randonnées, choisissez le mois d'août, idéal pour les activités de plein air. En général, la route est entièrement déneigée et ouverte à partir du Memorial Day (dernier lundi de mai) et jusqu'en septembre.

DÉTOUR PAR LA MILLION DOLLAR HIGHWAY

Par la route goudronnée, 80 km séparent Ouray de Telluride. Les plus téméraires au volant d'un 4x4 (indispensable) seront tentés par les 26 km de piste de gravier par le col de l'Imogene (Imogene Pass). Cette ancienne route minière franchit des torrents, longe des prairies montagneuses et escalade l'un des plus hauts cols de l'État. Elle passe aussi par une ancienne mine.
À savoir : comptez 3 heures par ce "raccourci" !

Itinéraire

De Red Lodge, prenez la Highway 212 vers l'ouest pour Cook City, Montana (la route fait des incursions dans le Wyoming).

Durée et distance

Durée : il est difficile d'aller très vite le long de la Beartooth Highway, tout en lacet ; prévoyez au moins la matinée ou l'après-midi.

Distance : 110 km.

Highway 12

Filant à travers des paysages très diversifiés, cette route de l'Utah traverse le cœur de l'État, serpentant entre des canyons isolés et très escarpés. Au passage, elle dessert plusieurs parcs nationaux et d'État, ainsi que plusieurs bons restaurants.

Pourquoi y aller

Dans le lointain sud de l'Utah, la Highway 12 invite à la grande aventure, avec ses canyons teintés de rouges, ses vastes déserts, ses forêts touffues et ses pics impressionnants. Le voyage commence au Bryce Canyon National Park, où les pointes de pierre or et vermillon donnent un avant-goût des couleurs sublimes à venir.

En allant vers l'est, le premier site d'intérêt est le **Kodachrome Basin State Park** (☎435-679-8562 ; www.stateparks.utah.gov/parks/kodachrome-basin ; 1905 S

Going-to-the-Sun Road (p. 142), Glacier National Park

Kodachrome State Park Rd ; à la sortie de Cottonwood Canyon Rd, Cannonville ; véhicule/piéton 8/4 $/jour ; ⏲6h-22h), littéralement jalonné de geysers pétrifiés et de dizaines de cheminées de grès rouge, rose et blanc – certaines atteignant presque 50 m. Traversez l'étroit Escalante puis, 12,8 km plus bas sur la route, arrêtez-vous pour admirer la vue au Head of the Rocks Overlook, au-dessus de l'Aquarius Plateau. Sous vos yeux s'étale un festival de couleurs, avec des mesas géantes, d'imposants dômes, de profonds canyons et des roches érodées.

Le Grand Staircase-Escalante National Monument (p. 227) voisin est le plus grand parc (7 689 km²) du Sud-Ouest. Dans le parc, la Lower Calf Creek Recreation Area, à côté de la Highway 12, dispose d'une aire de pique-nique et d'un camping. C'est le point de départ d'une randonnée circulaire (9,6 km) jusqu'aux impressionnantes Lower Calf Creek Falls, hautes de 38,4 m. Entre Escalante et Boulder, la crête acérée de Hogback Ridge est aussi saisissante.

Pour beaucoup, les lacets et les dunes de sable pétrifiées, entre Torrey et Boulder, sont les plus beaux tronçons de cette route. Mais ce n'est pas tout. À Boulder, vous pourrez faire une halte gastronomique, avec un repas à base de produits régionaux au Hell's Backbone Grill (p. 226), suivi d'une tarte maison au Burr Trail Grill & Outpost (p. 227). À moins que vous ne préfériez un plat typique et savoureux du Sud-Ouest au **Cafe Diablo** (☎435-425-3070 ; www.cafediablo.net ; 599 W Main St ; plats 20-36 $; ⏲15h-21h ; ✎), un peu plus loin au nord, à Torrey.

Quand partir

Pour bénéficier des meilleures conditions climatiques et d'une route sûre (notamment aux alentours de la Boulder Mountain, qui culmine à 3 353 m), élancez-vous sur la Highway 12 entre mai et octobre.

Itinéraire

De la US Highway 89 qui traverse l'Utah, passez sur la Highway 12 vers l'est et le Bryce Canyon National Park. La route oblique vers le nord à hauteur du Kodachrome Basin State Park, poursuivant jusqu'à Torrey.

Durée et distance

Durée : cet itinéraire de quelques heures sera bien mieux apprécié en 2 ou 3 jours.

Distance : 200 km.

High Road to Taos

Cette route secondaire du nord du Nouveau-Mexique, très pittoresque, relie Santa Fe à Taos, au fil d'un chapelet de villages en adobe et de paysages montagneux aux alentours des Truchas Peaks.

Pourquoi y aller

Santa Fe et Taos sont des villes charmantes, réputées pour leurs communautés artistiques et leur animation – galeries d'art, ateliers et musées compris. Elles sont reliées par une route tout aussi attrayante : la bien nommée High Road to Taos, à travers la montagne.

De Santa Fe, suivez la Highway 84/285 vers le nord. Sortez sur la Highway 503 en direction de Nambe, où vous pourrez marcher jusqu'aux cascades ou méditer au bord du lac du même nom. De là, la route mène vers le nord au village de Chimayo. Le Santuario de Chimayó (p. 245), chapelle aux deux tours en adobe aussi appelée "le Lourdes d'Amérique", fut construit en 1816 sur un emplacement réputé pour ses guérisons miraculeuses.

Près de Truchas, un village aux maisons en adobe centenaires jalonné de galeries d'art, vous découvrirez la **High Road Art Gallery** (☎505-689-2689 ; www.facebook.com/highroadartgallery ; 1642 Hwy 76 ; ⏲10h-17h, 10h-16h l'hiver). Cette coopérative sur la SR 676 propose toutes sortes d'œuvres d'artistes locaux. Au-dessus de la Highway 76, faites halte à l'**église San José de Gracia** (☎505-351-4360 ; Hwy 76, Las Trampas ; ⏲sur rdv), du XVIIIe siècle, notable pour ses peintures et sculptures anciennes bien conservées.

Vient ensuite Picuris Pueblo, qui fut l'un des plus puissants villages des Pueblos de la région. Le voyage se termine à Peñasco, porte d'accès à la Pecos Wilderness, et site du **Peñasco Theatre** (☎575-770-7597 ; www.penascotheatercollective.org ; 15046 Hwy 75), un théâtre expérimental créé en 1940. De là, les Highways 75 et 518 conduisent à Taos.

Quand partir

L'été est la meilleure période, mais les fleurs du printemps et les feuilles flamboyantes de l'automne ont aussi leur charme. La route étant montagneuse, l'hiver n'est pas recommandé.

Itinéraire

De Santa Fe, prenez la Highway 84/285 en direction du nord-ouest pour Pojoaque et tournez à droite sur la Highway 503, vers Nambe. Après la Highway 503, prenez la Highway 76 vers la Highway 75, puis la Highway 518 pour entrer dans Taos.

Durée et distance

Durée : une demi-journée suffit, mais pour visiter et faire des emplettes, accordez-vous la journée.

Distance : 137 km.

Going-to-the-Sun Road

La Going-to-the-Sun Road, de 80 km de long, est la seule route goudronnée à traverser d'un bout à l'autre le Glacier National Park, dans le Montana.

Pourquoi y aller

Pour les glaciers, les grizzlys et cette merveille du génie civil accrochée à la

LÉGENDE ET DISTINCTIONS

La Going-to-the-Sun Road doit son nom à la montagne Going-to-the-Sun. Une légende – plutôt une histoire créée dans les années 1880 – veut qu'un esprit ait enseigné l'art de la chasse aux hommes de la tribu Blackfeet (Pieds-Noirs) et leur ait laissé, avant de s'en retourner vers le soleil, une image de lui sur la montagne. Aujourd'hui, la route est la seule du pays à avoir à la fois le statut de monument historique (National Historic Landmark) et de monument du génie civil (National Civil Engineering Landmark).

AUTRES ROUTES PANORAMIQUES

Différentes routes pittoresques sont évoquées dans les chapitres régionaux de ce guide. En voici quelques-unes :

Turquoise Trail, Nouveau-Mexique. Cette route secondaire qui relie Tijeras, près d'Albuquerque, à Santa Fe, fut un axe commercial important durant des milliers d'années. Aujourd'hui, elle est jalonnée de galeries d'art, de boutiques vendant des bijoux ornés de turquoises, et d'un musée des mines. À la sortie de la I-40, prenez vers le nord la Highway 14 pour rejoindre la I-25. Consultez le site www.turquoisetrail.org.

Apache Trail, Arizona. La piste des Apaches (72 km), dans un environnement semi-désertique, n'a rien d'une balade pour chauffeur du dimanche. D'Apache Junction, à l'est de Phoenix, prenez la Highway 88, qui mène d'une cité fantôme (où les enfants s'amuseront) aux fleurs sauvages du Lost Dutchman State Park et à trois lacs salés.

The Loneliest Road. La Highway 50 traverse le Nevada, en s'étirant vers l'est depuis Fallon jusqu'au Great Basin National Park et à la frontière de l'Utah. Cette route isolée, "la plus solitaire d'Amérique", passe par une dune chantante, des stations du Pony Express et de petites cités minières. Middlegate Station (ancienne station de diligence) est une bonne étape pour un burger.

Eastern Sierra Scenic Byway, Californie. De Topaz Lake, prenez la Highway 395 vers le sud pour une virée au fil du versant oriental de l'imposante Sierra Nevada, qui se termine à Little Lake. La région compte des sommets de plus de 4 000 m, des lacs aux eaux d'un bleu métallique, des forêts de pins, des bassins désertiques et des sources chaudes.

montagne : la Going-to-the-Sun Road, terminée en 1933, qui s'enfonce dans un sublime paysage montagneux escarpé, franchissant en lacet le Continental Divide (ou Great Divide ; ligne de partage des eaux entre Atlantique et Pacifique), presque toujours enneigé. Le panorama sur les Grandes Plaines au loin a tout de fabuleux également.

Partant de l'entrée ouest du parc, la route longe le lac McDonald aux eaux miroitantes. Devant vous surgit le Garden Wall, cette arête de 2 743 m, épine dorsale du Continental Divide, qui constitue la limite entre les régions est et ouest du parc. La route le franchit par le col de Logan (2 026 m). De là, on peut randonner sur le Highline Trail, sentier de 12 km (aller) qui suit l'arête montagneuse du parc, ponctué de panoramas sur les vallées glaciaires, les pics en dents de scie et les prairies de fleurs à la vie sauvage extraordinaire. On peut apercevoir des chèvres des montagnes, des mouflons canadiens, des élans, peut-être même un grizzly ou un glouton. Après le col de Logan, la route continue vers le Jackson Glacier Overlook, un belvédère qui domine le glacier Jackson, l'un des emblèmes du parc… en train de fondre. Les experts estiment qu'avec le réchauffement climatique, tous les glaciers du parc auront disparu en 2030.

Quand partir

Cette route n'ouvre que tard au printemps. Elle ferme au début de l'automne en raison de la neige. La saison idéale pour la parcourir en entier va de mi-juin à mi-septembre.

Itinéraire

Depuis l'entrée ouest du parc, suivez la Going-to-the-Sun Road en direction de l'est, vers St Mary.

Durée et distance

Durée : tout dépend de la météo, mais ne comptez pas moins d'une demi-journée.

Distance : 80 km.

Historic Columbia River Highway

La végétation luxuriante et l'histoire des pionniers sont les grands attraits de la

US 30, cette route secondaire qui épouse parfaitement les méandres de la Columbia River Gorge, à l'est de Portland, dans l'Oregon.

Pourquoi y aller

Les innombrables cascades sont l'une des caractéristiques de cette route qui reliait Portland à The Dalles. Achevée en 1922, ce fut la première voie goudronnée du Nord-Ouest pacifique, pensée pour le plaisir de conduire et de prendre son temps : l'emplacement des points de vue a été choisi avec soin ; murs de pierre et ponts en arche viennent ici se fondre dans le paysage, magnifique.

Les différents sites font également écho à l'histoire. En 1805, Lewis et Clark empruntèrent cet itinéraire pour leur expédition vers l'océan Pacifique. Cinquante ans plus tard, les pionniers de l'Oregon Trail (la piste de l'Oregon) arrivaient aussi ici après leur long voyage à travers le pays pour une dernière étape des plus angoissantes : la traversée de la Columbia River, aux eaux traîtresses. Aujourd'hui, bien que certaines portions de la route d'origine soient fermées, ou remplacées par la US 84, on peut toujours circuler sur une bonne partie de la US 30. Certains des tronçons fermés sont réservés aux randonneurs et aux cyclistes.

Le Portland Women's Forum Park offre l'une des plus belles vues de la gorge. Juste à l'est, la Vista House, construite en 1916 en hommage aux pionniers de l'Oregon Trail, abrite un *centre des visiteurs ;* perchée sur Crown Point, c'est un beau point de vue et la limite ouest de la gorge. Admirez une ultime cascade, les Multnomah Falls, les plus hautes chutes de l'Oregon (190 m).

Quand partir

Les cascades sont grandioses de février à mai ; l'été est idéal pour les randonnées.

Itinéraire

Quittez la I-84 à l'est de Portland par la sortie 17, 28 ou 35. La section ouest de la nationale d'origine se termine aux Multnomah Falls. De là, passez sur la I-84 et continuez vers l'est jusqu'à la sortie 69 à Mosier, d'où vous pourrez regagner la Highway 30.

Durée et distance

Durée : prévoyez la journée.

Distance : 121 km.

Préparer son voyage

Sports et activités

Sportif du dimanche ou accro à l'effort, l'Ouest américain saura vous occuper, au grand air et dans des paysages époustouflants. Partez à la rencontre des colibris ou à l'assaut des rapides, surfez sur une poudreuse immaculée ou sur des vagues ourlées d'écume et randonnez à travers le canyon le plus célèbre au monde.

Le top des activités

Où faire le plein de nature

Rafting sur la Colorado River dans le Grand Canyon, Arizona

Randonnée jusqu'au sommet du Half Dome, Yosemite National Park, Californie

Vélo dans les Maroon Bells, Aspen, Colorado

Escalade dans le Joshua Tree National Park, Californie

Ascension à flanc de montagne jusqu'à Angels Landing, Zion National Park, Utah

Ski à Vail, Colorado

VTT à Moab, Utah

Kayak dans les San Juan Islands, Washington

Bains dans les sources chaudes d'Ojo Caliente, Nouveau-Mexique

Circuit de glacier en glacier, Glacier National Park, Montana

Où observer la faune

Ours dans le Glacier National Park, Montana

Bisons, grizzlis et loups dans le Yellowstone National Park, Wyoming

Wapitis et mouflons canadiens dans le Rocky Mountain National Park, Colorado

Oiseaux dans la Patagonia-Sonoita Creek Preserve, Arizona

Baleines et dauphins dans la baie de Monterey, Californie

Camping

Les endroits où planter sa tente sont nombreux. Le plus difficile est de choisir.

Aménagements et commodités

Camping sauvage (primitive/dispersed camping) Autorisé et gratuit dans les *national forests* (USFS) et sur les terrains du Bureau of Land Management (BLM). Parfois, espaces pour faire un feu mais pas d'autre équipement.

Terrains backcountry Un luxe de calme, réservé aux marcheurs itinérants sur les terres du domaine public. Souvent sur obtention d'un permis et sur réservation.

Campings aménagés Dans les parcs nationaux et les parcs d'État. Infrastructures plus développées pouvant comprendre accès à l'eau potable, toilettes, tables de pique-nique, barbecues, voire douches chaudes et laverie automatique.

Aires pour camping-cars (recreational vehicle, RV) De nombreux campings privés en sont dotés ; elles sont rares sur les terrains du domaine public.

Campings privés Accueillant essentiellement des caravanes, ils comportent aussi des bungalows familiaux et offrent douches chaudes, piscine, accès Wi-Fi. Les emplacements pour les tentes sont rares et souvent peu attrayants.

Tarifs et réservations

De nombreux campings, publics et privés, prennent des réservations. Certains toutefois appliquent la règle du "premier arrivé, premier servi".

La gamme des tarifs est large, du camping sauvage gratuit à plus de 50 $ la nuit sur une aire de services tout équipée pour les camping-cars.

Sur les sites Internet de ces organismes, vous pourrez faire votre recherche par région et en fonction des services désirés, vérifier la disponibilité et réserver en ligne :

Kampgrounds of America (koa.com). Réseau national de campings privés, plus chers mais tout équipés, en particulier pour les caravanes.

Recreation.gov (www.recreation.gov). Réservation d'emplacements et de bungalows sur les terrains fédéraux (parcs nationaux, forêts nationales, domaines du BLM).

ReserveAmerica (www.reserveamerica.com). Pour réserver dans les parcs d'États, les parcs régionaux et certains campings privés à travers toute l'Amérique du Nord. Numéros de téléphone différents selon l'État, voir sur le site.

Randonnée

La région est sillonnée de bons sentiers de randonnée. La plupart des grandes agglomérations possèdent au moins un parc de bonne superficie où sont aménagés des sentiers. Les parcs nationaux tout comme les National Monuments sont aussi de bonnes destinations pour des randonnées, petites et grandes. Si vous rêvez de nuits à la belle étoile au cœur de la nature, mieux vaut toutefois demander à l'avance votre permis *backcountry*, en particulier dans les endroits prisés comme le Grand Canyon qui délivrent en été un nombre de permis limité. Pour des treks plus longs, envisagez le Pacific Crest Trail (p. 52) ou le **Continental Divide Trail** (continentaldividetrail.org).

Renseignements

Le Guide de survie en milieu hostile de Chris McNab (2015), est un très bon guide de survie. Consultez aussi ces sites Internet :

American Hiking Society (americanhiking.org). Pour trouver des clubs de randonnée régionaux ou participer bénévolement à l'entretien des sentiers le temps de vos vacances.

Backpacker (www.backpacker.com). Un magazine national destiné aux randonneurs.

SummitPost (www.summitpost.org). Site dédié à l'escalade et à la varappe, avec des descriptifs détaillés des voies et forums.

Droits d'accès et permis

- Comptez 5 à 15 $ l'accès d'une journée dans un parc d'État ; marcheurs et cyclistes bénéficient souvent d'un tarif réduit, voire de la gratuité.
- Dans un parc national, il en coûte en moyenne 10 à 35 $ par véhicule pour sept jours consécutifs. Mais certains sont gratuits, et des journées de gratuité sont organisées : consultez le site des parcs nationaux (www.nps.gov/planyourvisit/fee-free-parks.htm).
- Le pass "America the Beautiful" (80 $) donne un accès illimité d'un an aux parcs et forêts fédéraux.
- Un *wilderness permit* est souvent requis pour les treks de plusieurs jours et certaines longues randonnées à la journée ; il est délivré aux postes de *rangers* et dans les centres d'accueil des parcs. Des quotas journaliers peuvent être instaurés en période de forte fréquentation (généralement de la fin du printemps au début de l'automne).
- Il est possible dans certains cas de réserver son *wilderness permit* à l'avance – une bonne idée pour les itinéraires très prisés (Half Dome, Mt Whitney par exemple), dont les permis sont parfois épuisés des mois à l'avance.
- Dans la forêt des alentours de Sedona (Arizona), les randonneurs doivent se procurer un Red Rock Pass (5/15 $ par jour/semaine), sauf s'ils possèdent déjà un pass "America the Beautiful".

Vélo

La petite reine a le vent en poupe aux États-Unis, où les villes ne cessent d'étendre leur réseau cyclable et leurs aménagements. Des *greenways* (voies vertes) de plus en plus nombreuses traversent zones urbaines et campagnes. Dans la moindre petite ville, vous trouverez des passionnés de vélo, ainsi que des prestataires proposant des circuits guidés pour tous les niveaux et toutes les envies.

Dans de nombreux États sont organisées des randonnées-événements de plusieurs

PARCS NATIONAUX DE L'OUEST AMÉRICAIN

NOM	POINTS FORTS	ACTIVITÉS	MEILLEURE PÉRIODE
Arches (p. 223)	Plus de 2 000 arches de grès	Routes panoramiques, randonnées à la journée	printemps, automne
Bryce Canyon (p. 228)	Cheminées de fée chatoyantes et sculptées par l'érosion	Grande et petite randonnée, équitation	printemps, automne
Canyonlands (p. 224)	Canyons, mesas et buttes comme au cinéma	Points de vue époustouflants, grande randonnée, rafting	printemps, automne
Carlsbad Caverns	Vaste réseau souterrain ; colonie de chauves-souris molosses	Spéléologie, grande randonnée	printemps, automne
Death Valley (vallée de la Mort) (p. 307)	Formidable désert écrasé de chaleur, à l'écosystème unique	Routes splendides, randonnée à la journée	printemps
Glacier (p. 141)	Paysages glacés impressionnants ; chèvres des Rocheuses	Petite et grande randonnée, routes panoramiques	été
Grand Canyon (p. 189)	Canyon légendaire, long de 446 km, et profond de quelque 1 600 m	Petite et grande randonnée, excursions à dos de mule, descente du Colorado	printemps-automne
Grand Teton (p. 130)	Sommets granitiques ; élans, bisons, loups	Petite et grande randonnée, escalade, pêche	été-automne
Great Basin (p. 169)	Montagnes arides, grottes et forêts	Randonnée à la journée et dans l'arrière-pays, routes pittoresques	été-automne
Mesa Verde (p. 113)	Habitats troglodytiques des Pueblos, sites historiques, mesas et canyons	Courtes randonnées	printemps-automne
Olympic (p. 396)	Forêts pluviales tempérées, prairies de montagne, Mt Olympus	Petite et grande randonnée	printemps-automne
Petrified Forest (p. 200)	Arbres fossilisés, pétroglyphes, Painted Desert	Randonnée à la journée	toute l'année
Redwood (p. 360)	Forêt de séquoias, des géants du monde végétal ; wapitis	Petite et grande randonnée	printemps-automne
Rocky Mountain (p. 93)	Hauts sommets, toundra de montagne, Continental Divide (ligne de partage des eaux) ; wapitis, mouflons, élans et castors	Petite et grande randonnée, ski de fond	été-hiver
Saguaro (p. 204)	Cactus Saguaro géants, désert	Petite et grande randonnée	automne-printemps
Sequoia/Kings Canyon (p. 369)	Séquoias, canyon de granit	Petite et grande randonnée, ski de fond	été-automne
Yellowstone (p. 125)	Geysers et sources chaudes, splendide canyon, faune surabondante	Petite et grande randonnée, vélo, ski de fond	toute l'année
Yosemite (p. 366)	Profonde vallée granitique, cascades, prairies de montagne	Petite et grande randonnée, escalade, ski	toute l'année
Zion (p. 229)	Immense canyon rouge sculpté par la Virgin River	Petite et grande randonnée, canyoning	automne-printemps

jours, à l'image de **Ride the Rockies** (www.ridetherockies.com) dans le Colorado, qui organise tout le nécessaire pour vous (notamment l'acheminement des bagages jusqu'au camping).

Dans le Colorado, Aspen est très prisée des cyclistes. Ces derniers apprécient aussi beaucoup, dans l'Arizona, le **Mt Lemmon** (www.fs.usda.gov/main/coronado), un sommet à 2 792 mètres à conquérir au terme d'une ascension éprouvante de 45 km depuis le Sonoran Desert. Il est également possible de louer des vélos dans le South Rim du Grand Canyon, dans Grand Canyon National Park (p. 193) : vous pourrez pédaler jusqu'à Hermit's Rest via la route panoramique Hermit Rd, ou bien rouler sur la **Greenway Trail** (www.nps.gov/grca/planyourvisit/bicycling.htm).

Le top du vélo en ville

San Francisco, Californie. Traversez le pont du Golden Gate le nez au vent pour rejoindre les paysages sublimes des Marin Headlands.

Boulder, Colorado. Une ville qui offre pléthore d'itinéraires cyclables, dont le Boulder Creek Trail et, pour les vététistes, le spot de Marshall Mesa.

Portland, Oregon. Un petit paradis pour les cyclistes, sur route ou tout-terrain, dans le Nord-Ouest pacifique.

Surf

La Californie est un rêve de surfeur. Vous aurez l'embarras du choix : ambiance bon enfant à **Santa Cruz,** vagues exigeantes d'**Ocean Beach** à San Francisco ou, à

FOUS DE VTT

Les fanatiques de VTT seront au nirvana à Crested Butte et Salida (Colorado), à Moab (Utah), à Bend (Otegon), à Ketchum (Idaho), à Helena et Big Sky Resort (Montana) et à Marin (Californie), où Gary Fisher et sa bande lancèrent la discipline en dévalant les versants rocailleux du mont Tamalpais sur des vélos bricolés maison. Dans le seul Montana, on compte plus de 60 pistes de VTT couvrant près de 2900 km. Pour en savoir plus sur les pistes et les séjours possibles, consultez les sites MTB Project (www.mtbproject.com) et BikePacking (bikepacking.com) – ce dernier est chaudement recommandé pour les expéditions longue distance sur des trails de légende comme le Colorado Trail et l'Arizona Trail. Quelques hauts lieux du VTT :

Kokopelli Trail, Utah L'une des meilleures pistes du Sud-Ouest : 228 km et une topographie variée, de Fruita (Colorado) à Moab (Utah).

Monarch Crest, Colorado (p. 103). Un trail de l'extrême, de 32 à 56 km, qui suit la Continental Divide (ligne de partage des eaux) et offre de beaux panoramas d'altitude. Près de Salida.

Sun Top Loop, Washington Sur les versants ouest de la chaîne des Cascades, 35 km d'ascensions exigeantes et de superbes points de vue sur le Mt Rainier.

Downieville Downhill, Californie (www.downievilleclassic.com). Il faut être en bonne forme pour se lancer sur cette piste sous les pins, non loin de Downieville, au pied de la Sierra Nevada dans la Tahoe National Forest. À vous falaises taillées par la rivière, forêts vénérables et 1 280 m de dénivelé en à peine 22 km.

McKenzie River Trail, Willamette National Forest, Oregon Du *single-track* de rêve pendant 40 km, à travers épaisses forêts et formations volcaniques. La ville de McKenzie est à 80 km à l'est d'Eugene.

Whole Enchilada, Utah (☎435-259-2444 ; www.utah.com/mountain-biking/the-whole-enchilada ; Sand Flats Rd, La Sal Mountains). La "totale" réunit quatre incroyables trails de Moab, pour 42 km de sensations et plus de 2 000 m de dénivelé, des forêts de montagne jusqu'au désert et son légendaire *slickrock*.

Angel Fire Bike Park, Nouveau-Mexique (www.angelfireresort.com ; 10 Miller Lane ; pass journée et billet de remontées adulte/enfant 7-12 ans 49/39 $; ⌚mi-mai à mi-oct). Plus de 96 km de pistes dans l'un des meilleurs parcs de VTT du Sud-Ouest.

50 km au nord, **Bolinas** la bohème. Au sud, vous profitez d'une houle puissante et du vent de Santa Ana à **San Diego**, à **La Jolla**, à **Malibu** et à **Santa Barbara**, qui offrent en prime une eau plus chaude et moins de requins type grand blanc. Les conditions sont optimales de septembre à novembre. Citons enfin la côte de l'Oregon et de l'État de Washington, ourlée de plages sauvages que viennent animer de petites communautés de surfeurs.

Les meilleurs spots de surf en Californie

Huntington Beach, Orange County (www.huntingtonbeachca.gov ; ⌚5h-22h ; P). La Mecque californienne des surfeurs, idéale pour sentir l'ambiance et prendre des cours, surtout l'hiver quand les vents sont plus doux.

Oceanside Beach, Oceanside. L'une des plus jolies plages du Sud californien, qui offre des vagues d'une très belle constance en été. Une plage familiale.

Rincon, Santa Barbara. Tous les grands champions ont surfé ici.

Steamer Lane et Pleasure Point, Santa Cruz. Pas moins de 11 *breaks* d'exception, dont des *point breaks* sur fond de roche, pour ces deux spots très sympathiques.

Swami's, Encinitas. En contrebas du Seacliff Roadside Park, cette plage de surfeurs très populaire offre plusieurs *breaks* et la garantie de surfer de belles vagues.

Renseignements

Surfer (www.surfermag.com). Une revue en ligne sortie d'Orange County qui réunit récits de voyage, tests de matériel, blogs d'actus et vidéos.

Surfline (www.surfline.com). Atlas très complet, webcams en direct et prévisions pour tout savoir des vagues de San Diego jusqu'à Maverick's Point.

Surfrider (www.surfrider.org). Association mondiale de surfeurs qui milite pour la protection des côtes et de l'océan.

Rafting

En Californie, la **Tuolumne** et l'**American River** bouillonnent de nombreux rapides de niveau modéré à extrême, et dans l'Idaho la Middle Fork of the Salmon River (p. 149) coche toutes les cases : faune abondante, rapides, riche patrimoine, cascades et sources chaudes. La **North Fork of the Owyhee**, qui coule du haut plateau du sud-ouest de l'Oregon jusqu'aux pâturages de l'Idaho, est également prisée, notamment pour ses hautes cheminées de fée (*hoodoos*). À Salida (Colorado), les rapides du **Brown's Canyon National Monument** sont parmi les plus appréciés des Américains. Dans l'Utah et plus précisément au nord de Moab, une descente paisible sur le **Colorado** permet d'admirer la vie sauvage, mais les plus aventuriers pourront lui préférer les rapides de classe V sur fond de roche rouge du Canyonlands National Park (p. 224). Autres bons spots : la Snake River près de Jackson, Wyoming (p. 121) et la Gallatin Valley dans le Montana (p. 134).

SPORTSTOCK/GETTY IMAGES ©

Rafting sur l'Arkansas River (p. 105), Colorado

Si vous voulez descendre le Colorado dans le Grand Canyon (un must), réservez au moins un an à l'avance. Et si vous ne courez pas après l'adrénaline, sachez que de nombreuses rivières offrent un cours tranquille où embarquer pour une paisible croisière – parfois même sur une bouée.

Canoë et kayak

Pour explorer des eaux plus calmes, rien de tel que le canoë-kayak. Les kayaks de mer se prêtent bien aux expéditions en mer et sur les Grands Lacs.

Toute la côte californienne ou presque est idéale pour de belles balades en kayak. **La Jolla** ainsi que les parcs d'État du littoral au nord de **Santa Barbara** sont des points de départ très appréciés. Dans le Nord-Ouest pacifique, les kayakistes seront à la fête dans les **San Juan Islands**, autour de l'**Olympic Peninsula** et dans le **Puget Sound.** À Sausalito, en Californie, des sorties en mer à la pleine lune sont organisées dans **Richardson Bay**. Comptez 32-40 $ les 2 heures de location. Les bons loueurs ne vous laisseront pas partir sans vous avoir informés des horaires des marées et des conditions météo.

Par ailleurs, vous pourrez pratiquer le kayak d'eau vive partout où il y a du rafting. Dans le Nord-Ouest pacifique, qui bénéficie des eaux de fonte dévalant de volcans au sommet enneigé, vous filerez sur l'onde de l'**Upper Sgakit River** en admirant des pygargues (aigles à tête blanche) ou glisserez au fond des canyons sauvages de la **Klickitat River**. Près de Portland, mettez le cap sur la **Clackamas** et la **North Santiam**. Pour pagayer en eaux vives et en ville, le Colorado n'a pas son pareil, et en particulier les *white-water parks* de **Salida** et de **Boulder**.

Renseignements

American Canoe Association (www.americancanoe.org). Cette association de promotion du canoë-kayak est une bonne source d'information.

American Whitewater (www.americanwhitewater.org). Défend une pratique responsable des sports d'eaux vives et la protection des rivières sauvages.

Canoe & Kayak (www.canoe-kayak-mag.fr). Magazine spécialisé.

Kayak Online (www.kayakonline.com). Conseils pour s'équiper et liens vers des fabricants de matériel, des écoles et des associations.

Ski et sports d'hiver

Ski, snowboard, raquettes, randonnée à skis de refuge en refuge, balades en autoneige, pistes de Coupe du monde, *superpipes* à 6,70 m et compétitions de ski-alpinisme : la réputation de la neige dans l'Ouest n'est plus à faire. La saison débute généralement en décembre pour se terminer vers la mi-avril, même si certaines stations ouvrent un peu plus longtemps. L'été, de nombreux domaines ouvrent leurs remontées aux vététistes et aux randonneurs et possèdent des parcs d'aventures. Les offres tout compris (avion, hôtel et forfaits) proposées par les domaines skiables, les agences de voyages et les sites de voyagistes sont souvent l'option la plus avantageuse si vous voulez skier.

Mais où que vous alliez, les sports d'hiver restent une activité onéreuse. La solution la plus avantageuse consiste à choisir un forfait plusieurs jours (ou, si possible, pour la saison) et des "petites" stations moins connues, comme **Alpine Meadows** (squawalpine.com) près du lac Tahoe, ou fréquentées seulement par les gens du coin, à l'image de Ski Santa Fe (p. 238) ou, dans le Colorado, de **Wolf Creek** (www.wolfcreekski.com).

Les meilleures stations de ski

Vail, Colorado (p. 99). Le plus grand domaine du Colorado (et le plus cher), réputé pour ses *back bowls* (combes hors pistes) que tout bon skieur rêve d'explorer une fois dans sa vie.

Aspen, Colorado (p. 101). Repaire de la jet-set et rêve de tout saisonnier accro au ski, les quatre sommets d'Aspen sont à la hauteur de leur réputation.

Sun Valley, Idaho (p. 147). Une légendaire station de l'Idaho, fréquentée par des célébrités depuis des années.

Jackson Hole, Wyoming (p. 121). La préférée des experts, avec des pistes parmi les plus abruptes des États-Unis.

Salt Lake City, Utah (p. 215). Les stations de Brighton, d'Alta, de Solitude et de Snowbird et leur fabuleux enneigement sont au rendez-vous.

Telluride, Colorado (p. 108). Plus de 1 300 m de dénivelé, 800 ha de domaine skiable, 760 cm de neige cumulés et des panoramas époustouflants.

Lake Tahoe, Californie (p. 374). Une bonne dizaine de stations où s'amuser, dont Heavenly Valley et Squaw Valley.

Taos, Nouveau-Mexique (p. 246). Changement de propriétaires et nouveautés sur les pistes (et ailleurs) dans cette station dynamique.

Silverton, Colorado (p. 112). Ici, pas de village ni de fashionistas en manteau de fourrure ; juste une yourte et des pistes de folie.

Big Sky, Montana (p. 134). Ambiance sans prétention ni files d'attente aux remontées : du plaisir à l'état pur sur 2 300 ha dévalant du sommet du Lone Peak.

Ski de fond et raquettes

La plupart des stations de ski alpin possèdent aussi des pistes de ski de fond. L'hiver, des parcs nationaux, des forêts nationales et des parcs urbains aménagent des itinéraires pour le ski de fond et les raquettes, ainsi que des patinoires.

Fondeurs et adeptes des raquettes, vous trouverez de superbes sentiers sur le domaine californien de **Royal Gorge**, la plus grande station de ski de fond d'Amérique du Nord, et dans l'État de

LES MEILLEURES RANDONNÉES DANS L'OUEST AMÉRICAIN

Demandez à dix personnes de vous conseiller une randonnée dans l'Ouest et vous obtiendrez 10 réponses différentes, tant les paysages sont variés et les distances immenses. Cela dit, vous ne pouvez pas vous tromper avec les suggestions suivantes.

South Kaibab/North Kaibab Trail, Grand Canyon, Arizona (p. 192). Une traversée du canyon sur plusieurs jours, qui descend sur les bords du Colorado avant de remonter sur le plateau.

Chasm Lake, Rocky Mountain National Park, Colorado (p. 93). L'ascension du Longs Peak (4 346 m) est déconseillée au marcheur occasionnel, mais un randonneur en bonne forme physique trouvera du plaisir à faire la boucle de 13 km jusqu'au Chasm Lake.

Angels Landing, Zion National Park, Utah (p. 229). Il faut avoir le cœur bien accroché pour avancer sur l'étroit sentier entre la roche et le précipice, mais le panorama sur Zion Canyon est la plus belle des récompenses. Comptez environ 9 km aller-retour.

Mt Washburn Trail, Yellowstone National Park, Wyoming (p. 127). Depuis Dunraven Pass, une randonnée au milieu des fleurs sauvages (voire de quelques mouflons ?) qui grimpe environ 5 km jusqu'au sommet du Mt Washburn (3 122 m).

Pacific Crest Trail (PCT; ☎916-285-1846 ; www.pcta.org). Du Canada au Mexique, le long de la chaîne des Cascades et de la Sierra Nevada, soit près de 4 300 km à travers 6 écozones.

Half Dome, Yosemite National Park, Californie (p. 366). Un projet qui semble dantesque, une expédition exigeante, mais la vue sur la Yosemite Valley et la fierté qu'on en retire le méritent amplement. Permis indispensable.

Enchanted Valley Trail, Olympic National Park, Washington (p. 397). Magnifiques panoramas montagnards, faune omniprésente et luxuriantes forêts pluviales, le tout en seulement 20 km aller-retour.

Great Northern Traverse, Glacier National Park, Montana (p. 141). Un trek de 90 km au cœur du pays des grizzlys, à travers la Continental Divide (ligne de partage des eaux).

The Big Loop, Chiricahua National Monument, Arizona (p. 208). "Grande boucle" de 15 km qui relie plusieurs sentiers au pied d'une véritable armée de piliers rocheux où se réfugièrent jadis des guerriers apaches.

Tahoe Rim Trail, Lake Tahoe, Californie (p. 374). Ce chemin de 265 km prend de la hauteur sur le lac dont il fait le tour, et dans lequel la Sierra se reflète.

Ruby Crest Trail, Nevada Un parcours très peu fréquenté de plus de 57 km à travers les hauteurs des Ruby Mountains, dans le Nevada.

GLADASSFANNY/GETTY IMAGES ©

En haut : Randonneurs sur le Bright Angel Trail (p. 192), Grand Canyon National Park, Nevada

En bas : Ski à Aspen (p. 101)

MAIS AUSSI...

ACTIVITÉS	OÙ ?	POURQUOI ?	SITES INTERNET
Randonnée équestre	*Ranchs* du sud de l'Arizona	Le Far West ! Notez qu'en été la plupart des ranchs ferment en raison de la chaleur	
	Grand Canyon South Rim, Arizona	Randonnées tranquilles dans la Kaibab National Forest, feux de camp	www.apachestables.com
	Yosemite National Park, Californie	Balades dans la Yosemite Valley, les Tuolumne Meadows et près de Wawona	www.travelyosemite.com
	Telluride, Colorado	On cavale ici dans la montagne en toute saison	www.ridewithroudy.com
	Durango, Colorado	Randonnées à la journée ou avec bivouac dans la Weminiuche Wilderness	www.vallecitolakeoutfitter.com
	Livingston, Montana	Randonnées équestres dans le Yellowstone National Park et l'Absaroka-Beartooth Wilderness	www.bearpawoutfittersmt.com
	Florence, Oregon	Promenades sur la plage	www.oregonhorsebackriding.com
	Jackson, Wyoming	Balades à cheval avec vue sur le Grand Teton	www.millironranch.net
Plongée	Blue Hole, près de Santa Rosa, Nouveau-Mexique	Puits artésien de 25 m dont les eaux azur conduisent dans une grotte immergée longue de 40 m	visitsantarosa.com
	La Jolla Underwater Park, Californie	Débutants bienvenus ; les snorkelers apprécient La Jolla Cove, non loin	www.sandiego.gov/lifeguards/beaches
	Channel Islands National Park, Californie	Îles côtières où explorer forêts de kelp (varech) et grottes sous-marines	www.nps.gov/chis
	Point Lobos State Reserve, Californie	Superbes plongées au départ du rivage : récifs peu profonds, grottes, otaries, phoques, loutres	www.pointlobos.org
	Puget Sound, Washington	Eaux limpides où évolue une faune d'une grande diversité (dont des poulpes géants !)	www.underwatersports.com
Montgolfière	Sedona, Arizona	Survol du *red-rock country* avec pique-nique	www.northernlightballoon.com
	Napa Wine Country, Californie	Ballons multicolores sur fond de vignobles	balloonrides.com ; napavalleyballoons.com

Washington à **Methow Valley**, aussi belle que peu fréquentée. Les skieurs de randonnée seront à la fête un peu partout dans la **Sierra Nevada**, parsemée de refuges. Un réseau d'une centaine de kilomètres de pistes, jalonnées de cinq refuges, vous attend également dans le Colorado et ses **San Juan Mountains** (www.sanjuanhuts.com) ; dans le centre des Rocheuses, la 10th Mountain Division Hut Association (www.huts.org) gère quant à elle une bonne trentaine de

À LA RENCONTRE DES CÉTACÉS

Aucun mammifère au monde n'effectue de plus longue migration que les baleines grises et les baleines à bosse : plus de 8 000 km de l'Arctique jusqu'au Mexique, et autant dans l'autre sens. La plupart passent au large du Nord-Ouest pacifique entre novembre et février, vers le sud, puis au retour entre mars et juin. Vous pourrez apercevoir des baleines grises le long des côtes californiennes de décembre à avril, tandis que les baleines bleues, les baleines à bosse et les cachalots sont de passage durant l'été et l'automne. Voici quelques-uns des meilleurs spots d'observation :

Depoe Bay et Newport, Oregon (p. 432). Bons prestataires spécialisés ; circuits en bateau.

Puget Sound et San Juan Islands, Washington (p. 401). Des orques ont élu domicile ici.

Point Reyes Lighthouse, Californie (p. 350). Passage de baleines grises en décembre-janvier.

Monterey, Californie (p. 318). On peut y voir des baleines toute l'année.

Channel Islands National Park, Californie (p. 313). Pour faire une sortie en bateau ou scruter l'horizon grâce à la longue-vue installée dans la tour du centre d'observation.

Cabrillo National Monument, Californie (p. 295). Le meilleur endroit à San Diego pour observer les baleines grises en migration de janvier à mars.

refuges de montagne. En hiver, le **South Rim du Grand Canyon** et la **Kaibab National Forest** voisine offrent de belles explorations.

Les stations de rangers du Great Basin National Park (p. 169) dans le Nevada prêtent gratuitement des bottes de neige aux randonneurs – la neige persiste jusqu'en juin.

Renseignements

Cross-Country Ski Areas Association (www.xcski.org). Un portail très exhaustif pour s'informer sur le matériel et la pratique du ski de fond et des raquettes dans toute l'Amérique du Nord.

Cross Country Skier (www.crosscountryskier.com). Magazine dédié au ski de fond, son actualité et ses meilleures destinations.

Liftopia (www.liftopia.com). Forfaits remontées mécaniques à prix réduits.

Open Snow (opensnow.com). Météo des pistes.

Powder (www.powder.com). Magazine pour skieurs.

Ski (www.skimag.com). Le site du magazine *Ski*.

SnoCountry Mountain Reports (www.snocountry.com). Bulletins d'enneigement pour l'Amérique du Nord, infos, calendrier des manifestations et liens vers les stations.

Escalade et canyoning

Les grimpeurs filent ventre à terre vers la Californie pour affronter les falaises, les dômes et les rochers du célébrissime **Yosemite National Park** (p. 366), où la saison s'étend d'avril à octobre. Ils sont nombreux également dans le **Joshua Tree National Park** (p. 304), autre destination de choix sous le soleil écrasant du désert sud-californien : dans un paysage de monolithes minéraux et d'arbres vénérables, 8 000 voies vous attendent, entre murs à pic, arêtes menaçantes et fissures à foison.
Les débutants ne sont pas oubliés, puisque dans ces deux parcs des prestataires proposent des cours et des ascensions avec guide.

Dans l'Utah, à l'orée du **Zion National Park**, des stages de canyoning pourront vous initier à l'art de la descente, dans un paysage spectaculaire de falaises abruptes et de canyons en fente. Les parcours les plus exigeants nécessitent une combinaison étanche pour affronter cascades mugissantes et bassins d'eau glacée.

Pour vous essayer à l'escalade sur glace, direction l'Ouray Ice Park (p. 107), à Ouray, sur la Million Dollar Hwy dans le sud-ouest du Colorado. Dans un étroit canyon en fente, des cascades gelées offrent des murs de 60 m de haut.

Quelques autres bons sites d'escalade :

Grand Teton National Park, Wyoming Pour tous les niveaux, du cours d'initiation pour débutant à l'expédition de deux jours menant au sommet du Grand Teton lui-même, pour une vue majestueuse à 4 197 m d'altitude.

Sinks Canyon et Wild Iris, Wyoming Certains des meilleurs sites d'escalade à l'est des Rocheuses, près de la localité de Lander.

Smith Rock, Oregon La Mecque de l'escalade sportive, où se trouve la première voie en 5.14 des États-Unis.

City of Rocks National Reserve, Idaho Plus de 500 voies à explorer sur des aiguilles de granit façonnées par le vent.

Bishop, Californie Cette bourgade assoupie dans l'est de la Sierra Nevada sert de camp de base vers l'Owens River Gorge et Buttermilk Hill, deux excellents sites d'escalade.

Red Rock Canyon, Nevada De l'escalade sur grès, à 15 km à l'ouest de Las Vegas.

Indian Creek, Utah Escalade en fissure sur grès, un rêve de grimpeur près de Moab.

Devil's Tower, Wyoming (www.nps.gov/deto ; WY-110 ; forfait semaine véhicule 25 $; ⌚24h/24, centre des visiteurs 8h-19h). La butte impressionnante vue dans *Rencontres du troisième type* fait partie des musts de tous les passionnés.

Eldorado Canyon, Colorado Un bon millier de voies sur plusieurs longueurs, à deux pas Boulder.

Flatirons, Colorado Sans être le meilleur spot autour de Boulder, ces impressionnants "fers à repasser" ont un pouvoir de séduction indéniable.

Renseignements

American Canyoneering Association (www.canyoneering.net). Un riche portail spécialisé, pour dénicher des stages, des associations locales et bien d'autres infos.

Climbing (www.climbing.com). L'expert de l'info sur l'escalade, depuis 1970.

CUSA (www.canyoneeringusa.com). Un petit bijou que ce guide du canyoning dans l'Utah.

SuperTopo (www.supertopo.com). Vente en ligne : guides d'escalades, topoguides téléchargeables et descriptions des voies.

Préparer son voyage

La cuisine de l'Ouest

Parler de "cuisine de l'Ouest" n'est pas tout à fait juste, tant les spécialités régionales sont nombreuses. Des gros steaks de l'Arizona aux *enchiladas* au *chile* vert du Nouveau-Mexique, en passant par le saumon grillé du Nord-Ouest pacifique et les tacos de poisson de San Diego, la nourriture est ici un voyage en soi.

Une journée à table

Petit-déjeuner

Comme partout aux États-Unis, le petit-déjeuner est un repas important dans l'Ouest. Copieuse assiette de *biscuits and gravy* (sorte de pâte à scone recouverte de sauce à la viande) dans un repas de cow-boys, sandwich muffin bacon-fromage-œuf pris au *drive-in* d'un fast-food ou opulent brunch dominical, les Américains sont attachés à ce moment fait d'œufs et de bacon, de gaufres et de galettes de pommes de terre, et arrosé de grands verres de jus d'orange. Sans oublier ce qui leur apparaît comme un droit inaliénable : du café bien chaud, à volonté.

Déjeuner

Après une pause-café en milieu de matinée, le salarié américain se contente d'un déjeuner rapide (parfois seulement 30 minutes) composé d'un sandwich, d'un hamburger ou d'une salade composée. Dans les grandes villes, comme à Los Angeles, on se plie souvent au "déjeuner d'affaires", où la conversation prend le pas sur l'assiette.

Bon à savoir

Les bonnes manières

Laissez 10-15% de pourboire pour le service, 20% (ou plus) lorsqu'il a été excellent.

On place généralement la serviette de table sur ses genoux.

Évitez de poser vos coudes sur la table.

Ne commencez pas à manger tant que tout le monde n'est pas servi.

Lors d'un repas plus solennel, il est d'usage d'attendre que l'hôte ait levé sa fourchette pour commencer.

Les spécialités à découvrir

Taco de poisson (San Diego, Californie)

Frito pie (Nouveau-Mexique)

Cheeseburger au *chile* vert (Nouveau-Mexique)

Taco navajo (nord-est de l'Arizona)

Hot dog (Tucson, Arizona)

Huîtres des Rocheuses (Colorado)

Burger de bison (Montana)

Dîner

En semaine, on prend le temps de dîner à table, généralement assez tôt, d'un repas souvent fait de restauration à emporter (pizza, cuisine chinoise) ou de plats préparés réchauffés au micro-ondes – vie professionnelle oblige. Au dessert, crèmes glacées, tartes et gâteaux sont souvent de la partie. Certaines familles se réunissent toujours le dimanche soir et invitent parents et amis autour d'un repas de fête. Barbecue et pique-nique le week-end sont également fréquents.

En-cas

En achetant des hot dogs ou des bretzels dans la rue, ou des tacos sur le bord de la route, vous avez une solution simple et pratique pour calmer vos petites faims – ne vous inquiétez pas, en général les fast-foods sont sûrs et les marchands ambulants sont contrôlés par les services de l'hygiène locaux. Les *drive-in* sont légion et l'on en trouve quasiment à toutes les sorties d'autoroute. Dans les fêtes et les foires de comté, vous pourrez goûter barbes à papa, *corn dogs*, pommes d'amour, *funnel cakes* et toutes sortes de spécialités régionales savoureuses. Les marchés fermiers et bio proposent souvent des plats préparés, plus sains.

Californie

Son étendue et ses nombreux microclimats font de la Californie la corne d'abondance de l'Amérique pour les fruits et légumes.

UN BURRITO AU PETIT-DÉJEUNER

Le burrito est un plat d'inspiration mexicaine qui s'est imposé dans l'ouest des États-Unis. Vous en trouverez dans les *diners* et les *delis* du Colorado, en Arizona et au bord des plages californiennes. De bien des façons, c'est le petit-déjeuner parfait : peu onéreux (moins de 6 $), plein de protéines (œufs, fromage, haricots), avec des fruits (avocat, tomate)... Il est aussi souvent préparé à emporter.

C'est aussi un carrefour pour les marchés asiatiques. Les ressources y sont impressionnantes : produits de l'océan – saumon sauvage, crabe de Dungeness et huîtres, entre autres –, denrées alimentaires présentes tout au long de l'année et productions artisanales comme le fromage, le pain, l'huile d'olive, le vin et le chocolat.

Au cours des années 1970 et 1980, des chefs d'exception comme Alice Waters et Wolfgang Puck lancèrent la "cuisine californienne", mettant en œuvre les meilleurs ingrédients locaux dans des plats simples et délicieux. L'afflux d'immigrants asiatiques, en particulier après la guerre du Vietnam, a enrichi les cultures culinaires urbaines avec l'apparition de quartiers chinois, coréens et japonais aux côtés de vastes enclaves de Mexicano-Américains, aux traditions culinaires vivaces. Enfin, la cuisine fusion est aussi un symbole de la culture gastronomique californienne.

La côte nord et les sierras

Dans les années 1970, les hippies de San Francisco ont migré vers l'intérieur des terres pour revenir à un mode de vie plus traditionnel et se sont mis à fabriquer des produits de base, tels le fromage ou le pain. Ils furent les premiers à adopter une politique antipesticides permettant la création d'une cuisine bio et saine.

Sur la côte nord, vous pourrez goûter à une cuisine influencée par les Ohlones et les Miwoks, deux tribus amérindiennes qui vivaient en grande partie de la cueillette. La pêche, la chasse et la confection de pain à base de farine de gland n'étaient pas leurs seuls atouts puisqu'ils s'occupaient aussi de potagers et cultivaient des terres tout le long de la côte. Cette région possède une nature riche en fleurs sauvages desquelles proviennent le miel et les mûres. Littoral oblige, le ramassage des coquillages et des crustacés ainsi que les exploitations (écoresponsables) de caviar et d'huîtres ne sont pas en reste. Les courageux chasseurs-cueilleurs ont réussi à identifier chaque plante de la région, de l'oseille des sierras aux algues de Mendocino, et ce même si les spots de cueillettes de champignons sauvages restent, encore aujourd'hui, un secret bien gardé.

TERRES AGRICOLES, CUEILLETTE ET POISSON

La diversité des reliefs et du climat – tempéré et humide sur la côte, avec des étés ensoleillés et des terres agricoles arides dans l'Est – permet la culture d'une grande variété de produits. Melons, raisins, pommes, poires, fraises, cerises et myrtilles n'en sont qu'une partie. On cultive aussi une kyrielle de légumes et de légumineuses : pommes de terre, lentilles, maïs, asperges et oignons doux... tous destinés à la consommation locale et à l'exportation.

L'humidité de la côte est favorable à la pousse d'espèces sauvages : champignons toute l'année, et fruits divers l'été, comme les baies.

Poissons, coquillages et crustacés font partie intégrante du régime alimentaire des habitants du Nord-Ouest. Selon les saisons, couteaux du Pacifique, moules, crevettes roses, thon albacore, crabe de Dungeness et esturgeon sont à l'honneur. Le saumon, qu'il soit cru, fumé ou grillé, reste l'un des mets les plus consommés de la région, dans des salades, quiches et sushis.

Zone de la baie de San Francisco

En 2017, San Francisco comptait près de 457 restaurants pour 100 000 foyers – le nombre le plus élevé par foyer dans tout le pays. Et des centaines de *food-trucks* autorisés sillonnent la ville.

Certains mets originaires de la ville ont su s'imposer au fil du temps. Tel est le cas du *cioppino* (ragoût de poissons et de fruits de mer, dont le crabe de Dungeness), des barres chocolatées créées par la famille Ghirardelli et du pain au levain. Le *dim sum* (*xiao che* en mandarin) est un ensemble de petites bouchées variées, servies lors de ce que l'on appelle ici *yum cha*, la version cantonaise du brunch. À San Francisco, il y a beaucoup d'adresses qui servent ce type de repas.

Les cuisines mexicaine, française et italienne se placent depuis longtemps parmi les favorites des habitants, et ce malgré la venue récente de nouveautés originaires d'ailleurs : les *izakaya* (bars japonais servant diverses sortes de petits plats), les tacos coréens, les *banh mi* (sandwichs vietnamiens à base de viande et de légumes marinés et servis dans une baguette) et l'*alfajor* (biscuit fourré à la crème d'origine arabo-argentine).

Californie du Sud

Los Angeles est depuis longtemps réputée pour ses grands chefs et ses propriétaires de restaurants célèbres, tels Robert H. Cobb (Brown Derby Restaurant), qui inventa la fameuse *Cobb salad* (laitue, tomate, œuf, poulet, bacon et roquefort), ou encore Wolfgang Puck qui ouvrit le (premier) très jet-set Spago en 1982.

Les amateurs de cuisine du monde trouveront leur bonheur à Los Angeles : *kalbi* (morceaux de côtes de bœuf marinés et grillés) à Koreatown, tacos *al pastor* (porc mariné frit) dans l'est de la ville, et *ramen* (bouillon et nouilles, avec ou sans viande) tout frais à Little Tokyo.

Plus au sud, les surfeurs traversent les villes de la Hwy 1, de Laguna Beach à La Jolla, en quête d'en-cas solides tels les *breakfast burritos* et les tacos au poisson. À ne pas manquer : un smoothie au Ruby's Shake Shack de Crystal Cove au sud de Newport Beach.

Le Nord-Ouest pacifique

James Beard (1903-1985), chef et auteur d'ouvrages culinaires natif de l'Oregon, était convaincu que plus les produits étaient préparés simplement, plus leurs saveurs étaient mises en valeur. Cette conviction a beaucoup influencé la cuisine du Nord-Ouest. Les habitants de la région ne considèrent pas leur cuisine comme branchée ou trop élaborée, mais ils apprécient malgré tout qu'on la trouve innovante, en particulier lorsqu'elle est écoresponsable.

Le Sud-Ouest

Hot dogs de Sonora, cheeseburgers au *chile* vert, *huevos rancheros* (œufs au plat servis

Hot dogs de Sonora, un classique du Sud-Ouest

sur une tortilla avec *salsa*), steaks juteux et buffets sans fin... De l'Arizona à Las Vegas en passant par le Nouveau-Mexique, l'Utah et le sud du Colorado, la cuisine du Sud-Ouest se veut généreuse.

Espagnols et Mexicains, qui jusqu'à la moitié du XIXe siècle contrôlaient un large territoire allant du Texas à la Californie, ont joué un rôle-clé dans ce qu'est la cuisine du Sud-Ouest aujourd'hui. L'excellente cuisine tex-mex, pour ne pas dire mexicaine, est donc ici à l'honneur.

Le nord du Nouveau-Mexique est connu pour ses sauces aux piments rouges ou verts qui assaisonnent œufs, *enchiladas*, tortillas, burritos, *chimichangas* (burritos frits), tacos et autres galettes de maïs aux garnitures variées (viande hachée, poulet, haricots...), en vente partout. Grillades et barbecues, accompagnés d'une bière, sont aussi très courants dans les menus du Sud-Ouest. En Arizona et au Nouveau-Mexique, il est possible de goûter à des plats amérindiens, lors des fêtes tribales, ou sur réservation. Non loin, Las Vegas est devenue quant à elle une salle de jeu cosmopolite pour les grands chefs de New York, de Los Angeles, et même de Paris, qui y ouvrent tous des filiales.

Cuisine du Mexique et du Nouveau-Mexique

La cuisine mexicaine est souvent très épicée : palais sensibles, goûtez avant de vous lancer ! En Arizona, la cuisine mexicaine est celle que l'on trouve dans le désert de Sonora, avec des spécialités comme la *carne seca* (viande séchée). Les plats sont accompagnés de purée de haricots, de riz et d'une tortilla de blé ou de maïs. Les habitants de Tucson considèrent leur ville comme la "capitale mondiale de la cuisine mexicaine". Même si on y sert des mets mexicains, les restaurants du Colorado sont bien moins connus que ceux des États voisins.

Bien que différente de la cuisine mexicaine, celle du Nouveau-Mexique y trouve ses racines. Les haricots sont servis entiers et non en purée, tandis que le *posole* (ragoût de maïs et de viande) remplace souvent le riz. La spécialité est la *carne adobada* (morceaux de porc marinés). Les piments ne sont pas tant utilisés comme condiment que comme ingrédient essentiel de pratiquement tous les plats. La ville de Hatch, au Nouveau-Mexique, est ainsi particulièrement connue pour ses piments verts. Pour avoir piments rouges et verts dans votre plat, demandez le "Christmas-style".

Cuisine amérindienne

Bien que très différente de celle que consommaient les Indiens avant la conquête espagnole, la cuisine amérindienne se démarque bien de la cuisine du Sud-Ouest. L'*Indian taco*, dont la recette fut créée par la tribu des Navajos, est un pain frit souvent recouvert de haricots, de viande, de tomates, de sauce piquante et de laitue. Le pain *horno*, difficile à mâcher, est cuit dans un four (*horno*) en adobe en forme de ruche, situé en extérieur. Après y avoir allumé et éteint un feu, on place le pain dans le *horno* et il cuit grâce à la chaleur restée à l'intérieur.

La plupart des plats amérindiens sont réalisés avec des produits cultivés localement, comme les pignons et les baies. Hormis durant les fêtes tribales, les *pow-wow*, les rodéos ou les fêtes des Pueblos – et dans les restaurants de casino –, ils peuvent être assez difficiles à trouver.

Dans le Sud-Ouest toutefois, des restaurants haut de gamme remettent la cuisine amérindienne au goût du jour et intègrent à des recettes "gourmet" contemporaines des ingrédients traditionnels, tels le maïs bleu, les champignons sauvages et le gibier.

Les Rocheuses

L'Idaho, le Montana et le Wyoming n'ont rien de très nouveau à ajouter au paysage culinaire de l'Ouest et vous y trouverez un petit peu de tout ce qu'il y a ailleurs. L'élevage occupant une part importante des économies locales, en particulier dans le Wyoming et le Montana, les steaks, burgers et ribs sont à l'honneur dans les restaurants. Avec le retour des troupeaux d'animaux sauvages dans les Grandes Plaines, on vous proposera souvent de l'élan ou du bison en plus du bœuf. Boise (Idaho) et Jackson (Wyoming) se targuent d'une offre culinaire très cosmopolite, avec des spécialités américaines et internationales.

LE TOP DES ADRESSES VÉGÉTARIENNES

Green New American Vegetarian (p. 176). Phoenix (Arizona).

Lovin' Spoonfuls (520-325-7766 ; www.lovinspoonfuls.com ; 2990 N Campbell Ave ; plats petit-déj et déj 7-10 $, dîner 9-14,25 $; 11h-2h lun-ven, 9h30-21h sam, 10h-15h dim ;). Tucson (*Arizona*).

Macy's (p. 186). Flagstaff (Arizona).

Greens (p. 343). San Francisco (Californie).

City O' City (303-831-6443 ; www.cityocitydenver.com ; 206 E 13th Ave ; plats 9-14 $; 7h-2h ; ; 0, 6, 10, 16) , Denver (Colorado).

Leaf (303-442-1485 ; www.leafvegetarianrestaurant.com ; 2010 16th St ; plats 13-18 $; 11h30-21h lun-jeu, 11h30-22h ven, 10h-22h sam, 10h-21h dim ; ; 204). Boulder (Colorado).

Sweet Melissa's (p. 120). Laramie (Wyoming).

Vous trouverez au moins un buffet asiatique dans la plupart des villes de taille moyenne, mais la fraîcheur et la qualité varient grandement.

Végétariens et véganes

Dans les grandes villes, la plupart des restaurants proposent au moins un plat végétarien, mais les tables spécialisées sont très rares. Heureusement, de plus en plus de bourgades même moyennes possèdent leur magasin bio. Dans les campagnes, la meilleure solution pour les végétariens consistera à faire leurs propres courses en vue d'un pique-nique.

Notez que la cuisine traditionnelle du Sud-Ouest intègre du saindoux dans la préparation des haricots, des *tamales* et *sopaipillas* (beignets) et des tortillas de blé (pas celles de maïs). Renseignez-vous : même le restaurant le plus modeste peut avoir une bonne marmite de haricots pintos nature qui n'attend que vous !

En haut : Huîtres de Californie

En bas : Cocktail margarita

Boissons

Chez les Américains, qui travaillent dur et aiment s'amuser, l'abstinence n'est pas de mise. Environ 56% des Américains consomment de l'alcool tous les mois.

Bière

La bière est aussi typiquement américaine que la Chevrolet, le base-ball et la tarte aux pommes (la fameuse *apple pie*). Selon un sondage réalisé par Gallup en 2016, parmi les Américains qui consomment de l'alcool, environ 43% préfèrent la bière, 32% le vin et 20% les alcools forts.

Bières locales et artisanales

Ce sont les immigrants allemands du XIXe siècle qui mirent au point des procédés permettant de fabriquer la bière en quantités importantes et de la diffuser sur tout le territoire. Microbrasseries et production de bière artisanale sont montées en flèche aux États-Unis durant ces dix dernières années. Les ventes de bières artisanales représentaient 13,2% du marché national de la bière en 2018, et ce chiffre grimpe chaque année. Le terme "*microbrew*" (bière de microbrasserie) est largement utilisé, et comprend généralement la bière de grandes marques comme Sam Adams et Sierra Nevada. Selon la Brewers Association, une véritable brasserie artisanale ne doit pas produire plus de 6 millions de tonneaux par an. Elle doit être indépendante et la bière fabriquée à base d'ingrédients traditionnels.

Depuis quelques années, il est ainsi possible de "boire local" à travers tout l'Ouest grâce aux microbrasseries qui émergent un peu partout, aussi bien dans les grandes villes que dans les plus petites.

BIÈRES LOCALES

Pour les communautés de l'Ouest qui vivent beaucoup au grand air, la microbrasserie du coin est un lieu où se détendre, échanger les nouvelles, retrouver des amis et déguster les bières de saison. Le seul Montana – qui ne figure pas vraiment parmi les États les plus peuplés – compte plus de 70 microbrasseries. Voici quelques-unes de nos adresses préférées dans l'Ouest :

Beaver Street Brewery (☎928-779-0079 ; www.beaverstreetbrewery.com ; 11 S Beaver St ; ⏲11h-23h dim-jeu, 11h-minuit ven-sam). Flagstaff (Arizona).

OHSO Brewery & Distillery (☎602-955-0358 ; www.ohsobrewery.com ; 4900 E Indian School Rd ; ⏲11h-tard lun-ven, 9h-tard sam-dim ; wifi). Phoenix (Arizona).

Black Shirt Brewing Co (p. 83). Denver (Colorado).

Mountain Sun (p. 89). Boulder (Colorado).

Steamworks Brewing (☎970-259-9200 ; www.steamworksbrewing.com ; 801 E 2nd Ave ; ⏲11h-minuit lun-jeu, 11h-2h ven-dim). Durango (Colorado).

Squatters Pub Brewery (www.squatters.com ; 147 W Broadway ; plats 10-24 $; ⏲11h-minuit lun-jeu, 11h-1h ven, 10h-1h sam, 10h-minuit dim). Salt Lake City (Utah).

Snake River Brewing Co (p. 123). Jackson (Wyoming).

North Coast Brewing Company (☎707-964-2739 ; www.northcoastbrewing.com ; 455 N Main St ; plats 17-25 $; ⏲restaurant 16h-22h dim-jeu, 16h-23h ven-sam, bar à partir de 14h tlj ; wifi). Fort Bragg (Californie).

Ecliptic Brewing (p. 419). Portland (Oregon).

Fremont Brewing Company (p. 391). Seattle (Washington).

White Dog Brewing (☎208-906-0609 ; www.whitedogbrewing.com ; 705 W Fulton St ; ⏲11h-22h dim-jeu, 11h-23h ven-sam). Boise (Idaho).

Ten Mile Creek Brewery (☎406-502-1382 ; 48 N Last Chance Gulch ; ⏲12h-20h). Helena (Montana).

Katabatic Brewing (☎406-333-2855 ; www.katabaticbrewing.com ; 117 W Park St ; ⏲12h-20h). Livingston (Montana).

Elles sont particulièrement appréciées dans les petites communautés proches des parcs nationaux, comme Moab, Flagstaff et Durango. Appelées *brewpubs* ou *taprooms*, ces brasseries servent généralement de la nourriture et proposent parfois une douzaine de bières différentes à la pression.

Vin

Quatrième producteur de vin au monde après l'Italie, la France et l'Espagne, les États-Unis comptent aujourd'hui quelque 9 000 domaines viticoles. Nombre de leurs vins gagnent désormais des prix dans de prestigieuses compétitions internationales. Comptez 12 $ pour une bouteille de vin correct.

Régions viticoles

Si, à l'heure actuelle, près de 90% de la production viticole américaine est californienne, il n'en demeure pas moins que les vins de l'Oregon et de l'État de Washington jouissent eux aussi d'une reconnaissance internationale.

Le nord de la Californie domine largement le tourisme viticole – concentré dans les vallées de Napa et de Sonoma –, mais d'autres régions comme la Willamette Valley dans l'Oregon, la côte centrale californienne et la région de Patagonia, en Arizona, sont aussi devenues des destinations prisées des amateurs de vigne et du vin.

Il existe d'excellents vins du Nouveau Monde, élaborés à partir d'une douzaine de cépages différents. Parmi les variétés de blanc les plus appréciées, citons le chardonnay et le sauvignon blanc ; en rouge, le cabernet sauvignon, le merlot, le pinot noir et le zinfandel comptent parmi les cépages les plus prisés.

Margaritas

Dans le Sud-Ouest, la tequila est reine, et la margarita est le cocktail de prédilection, presque un emblème de la région, en particulier au Nouveau-Mexique, dans l'Arizona et dans le sud-ouest du Colorado, à forte population hispanique. Le goût d'une margarita dépend de la qualité des ingrédients, à savoir tequila, liqueur d'agrumes (Grand Marnier, Triple Sec ou Cointreau) et, enfin, soit du citron vert pressé soit un mélange industriel du type Sweet & Sour.

On sert la margarita *frozen* (avec de la glace pilée), *on the rocks* (sur des glaçons) ou sans rien. La plupart des amateurs la boivent avec du sel. La recette traditionnelle est à base de citron vert, mais toutes sortes de variantes existent – à préférer *frozen*.

COCKTAILS VINTAGE

Aux États-Unis, la tendance est aux soirées rétro. On boit des cocktails de l'époque de la Prohibition et de nombreux bars font revivre l'esprit des Années folles (the Roaring Twenties) et des années 1930. Inspirés d'anciennes recettes comprenant spiritueux et élixirs, ces cocktails sont concoctés avec amour par des barmen élégamment vêtus.

Café

Si l'Amérique marche aujourd'hui à la caféine, le café n'a commencé à devenir vraiment à la mode qu'il y a quelque 25 ans. En cause : l'arrivée des Starbucks. C'est à Seattle, en 1971, au Pike Place Market, que Starbucks, devenu la plus grande chaîne de café au monde, a ouvert sa première enseigne. L'idée : proposer, dans un confortable "salon de café", une large variété de cafés du monde entier. En somme, un produit qui, de son contenu à son contenant, se révélait nettement plus raffiné et élaboré que les jus de chaussettes des *diners*, jusqu'alors omniprésents. Au début des années 1990, ces *coffehouses* spécialisés ont commencé à fleurir à travers tout le pays.

Préparer son voyage

Voyager avec des enfants

L'Ouest américain offre des distractions pour tous les âges : parcs d'attractions, aquariums, zoos, musées des sciences, activités à sensations fortes, promenades à vélo… La plupart des parcs proposent des sentiers de randonnée, expositions et programmes pour les familles.

Les enfants vont adorer...

Activités de plein air

Yellowstone National Park, Wyoming (p. 125). Puissants geysers, faune et flore pour des randonnées magnifiques.

Grand Canyon National Park, Arizona (p. 189). Émerveillez-vous à la vue d'une des plus grandes failles de la Terre, avant une randonnée, un exposé par les rangers et une balade à vélo.

Olympic National Park, Washington (p. 396). Explorez la nature sauvage et sublime de ce parc, l'une des rares zones au monde de forêt pluvieuse tempérée.

Zion National Park, Utah (p. 229). Navettes gratuites, accès à la rivière, crapahutage dans les rochers et randonnées pour tous les niveaux : de quoi satisfaire tous les âges.

Oak Creek Canyon, Arizona (p. 180). Glissez sur les rochers rouges du Slide Rock State Park, dans l'Arizona.

Moab, Utah (p. 221). VTT, rafting, escalade et pétroglyphes : les ados adorent.

San Diego, Californie (p. 291). Des plages superbes, parfaites pour faire du bodyboard ou simplement explorer les bassins naturels.

Great Sand Dunes National Park, Colorado (p. 116). Un cours d'eau à hauteur de cheville, au milieu de dunes de sable géantes : une pataugeoire de rêve pour les petits.

Limiter les dépenses

Restauration

L'industrie hôtelière américaine semble spécialement pensée pour les familles : les enfants sont des clients à part entière auxquels on propose des menus spéciaux aux portions plus petites et à prix réduit. Dans certains établissements, les enfants en dessous d'un certain âge mangent même gratuitement.

Hébergements

Motels et hôtels possèdent généralement des chambres avec deux grands lits, parfaits pour les familles. De nombreux hôtels possèdent des chambres communicantes. Il arrive que les enfants (jusqu'à 12, 16 ou 18 ans) ne paient pas.

Visites

Les enfants bénéficient souvent de réductions sur les circuits et les billets d'entrée et de transport, allant jusqu'à 50% du tarif adulte. Certains sites offrent des tarifs familles ; dans l'ensemble, les enfants de moins de 2 ans entrent gratuitement.

Transports

Les compagnies aériennes nationales ne facturent pas les billets des enfants de moins de 2 ans. Très rarement, certains complexes hôteliers proposent des offres "vols gratuits pour les enfants". Actuellement, les enfants de 2 à 12 ans qui voyagent avec un adulte payant bénéficient de -50% sur les tarifs les plus bas des trains Amtrak.

Parcs à thème

Disneyland, Californie (p. 286). Le royaume enchanté de Mickey, au centre de l'Orange County.

Legoland, Californie (☎760-918-5346 ; www.legoland.com/california ; 1 Legoland Dr ; tarif plein/3-12 ans à partir de 95/89 $; ⌚horaires variables, au moins 10h-17h toute l'année ; P 👪). Les plus jeunes adoreront les statues en Lego et les attractions tranquilles de ce parc de Carlsbad.

Universal Studios, Californie (p. 283). Un circuit en tram dans Los Angeles fait découvrir les lieux de tournage des films d'action hollywoodiens, des spectacles d'effets spéciaux et un plateau extérieur en activité.

Epic Discovery, Colorado (☎970-496-4910 ; breckepicdiscovery.com ; pass 1 journée Ultimate/Little Explorer 94/54 $; ⌚10h-18h juin-août, ven-dim seulement sept ; 👪). Un éco-parc d'aventures, près de Vail et Breckenridge.

Aquariums et zoos

Arizona-Sonora Desert Museum, Arizona (p. 202). Coyotes, cactus et autres espèces du milieu désertique passionnent les enfants. À Tucson.

Monterey Bay Aquarium, Californie (p. 319). Des créatures des profondeurs évoluent dans cet aquarium jouxtant la plus grande réserve marine de la côte centrale de Californie.

Aquarium of the Pacific, Californie (p. 270). À Long Beach, cet aquarium high-tech abrite des espèces de toute la côte pacifique, des eaux tièdes de la Basse-Californie aux eaux glaciales du Nord. Vous y découvrirez aussi un lagon des requins.

San Diego Zoo, Californie (p. 294). Ce vaste zoo accueille plus de 3 700 petits et grands animaux. Il soutient aussi d'excellents programmes de protection des animaux.

Jours de pluie

Musées de Los Angeles, Californie. Découvrez les étoiles au Griffith Observatory (p. 266), les os de dinosaures au Natural History Museum de Los Angeles (p. 265) et au La Brea Tar Pits (p. 267), puis les installations interactives du très divertissant California Science Center (p. 265).

Musées de San Francisco, Californie. L'Exploratorium (p. 326) et ses expositions interactives ou la California Academy of Science (p. 337) tournée vers l'écologie passionnent les enfants.

Pacific Science Center, Washington (p. 388). Ce centre scientifique, dans Seattle, propose de fascinantes expositions interactives, une salle IMAX, un planétarium et des spectacles laser.

New Mexico Museum of Natural History & Science, Nouveau-Mexique (p. 233). Dans ce musée d'Albuquerque, il ne faut pas manquer les dinosaures du Jurassique rassemblés dans le Age of Supergiants.

Denver Museum of Nature & Science, Colorado (p. 80). Des fossiles de l'âge glaciaire jusqu'à l'aventure spatiale, avec cinéma IMAX et planétarium en prime.

Mini Time Machine Museum of Miniatures, Arizona (p. 205). Même s'il pleut rarement à Tucson, visitez ce fascinant musée renfermant de minuscules maisons et mises en scène complexes.

Museum of the Rockies, Montana (p. 134). Admirez le plus grand squelette de T. Rex jamais mis au jour, ainsi que de nombreux fossiles de dinosaures et un planétarium, à Bozeman.

Région par région

Rocheuses

Les États des Rocheuses (Colorado, Idaho, Montana et Wyoming) ont beaucoup à offrir aux familles, mais les distances sont tellement grandes qu'il faut bien planifier son séjour pour éviter les trajets interminables.

L'État du Colorado est un gigantesque terrain de jeu : musées et parcs aquatiques à Denver (p. 77), tyroliennes et balades à cheval dans les Rocheuses, rafting près de Buena Vista (p. 105) et Salida (p. 103), maisons troglodytes à Mesa Verde (p. 113) et stations de ski dans tout le pays.

Dans l'Idaho, on peut pratiquer le ski à Sun Valley (p. 147) et le rafting à côté de Stanley (p. 149) ; les fans de volcans seront aux anges au Craters of the Moon National Monument & Preserve (p. 148).

Dans le Wyoming, on peut observer élans, grizzlys, bisons dans le Yellowstone National Park (p. 125), et y faire du rafting en famille. Jackson (p. 121) offre toutes sortes d'activités adaptées aux familles.

Sud-Ouest

L'attrait du Sud-Ouest est peut-être moins évident pour les familles, et les longues distances pourront décourager certains voyageurs, surtout s'ils sont accompagnés de jeunes enfants. Mais si votre famille a soif d'aventure, cette région est idéale pour les amateurs de grand air : VTT, exploration de canyons et paysages incroyables dignes de romans de *fantasy*.

On peut faire de la randonnée dans le Grand Canyon (p. 189), se baigner à Oak Creek (p. 180) et admirer les cactus Saguaros (p. 204) dans les environs de Tucson. Les parcs aquatiques, les ranchs et les villes fantômes devraient aussi séduire les petits. Les parcs nationaux de l'Utah abritent des formations terrestres intrigantes et merveilleuses, tandis que Las Vegas (p. 154) offre un choix surprenant d'activités et de loisirs convenant aux enfants.

Californie

La Californie semble modelée pour les enfants. On peut comparer les empreintes de main des stars à Hollywood (p. 265), observer les fosses de goudron de La Brea (p. 267) et profiter de la plage à Santa Monica (p. 270) ou San Diego (p. 291). Il existe de fantastiques visites de studios pour découvrir les coulisses du cinéma, qui occupe une place si particulière dans le cœur des enfants. Le Warner Bros Studio Tour (p. 271) met à l'honneur les héros du grand écran, de Harry Potter à Batman, tandis que les studios d'Universal (p. 283) offrent une balade parmi tous les films pour enfants que les vôtres ont adorés. Et bien sûr, il y a les parcs à thème, avec en tête le célébrissime Disneyland (p. 286).

Nord-Ouest pacifique

Le Nord-Ouest pacifique – du cocktail soleil, sable et surf de la côte aux versants enneigés à l'intérieur des terres – est une destination ludique et excitante pour les familles. Les enfants vont adorer explorer les nombreux musées conçus pour eux, les parcs d'attractions, les zoos et les safaris animaliers. Les parcs nationaux et d'État organisent souvent des expositions ou des activités pour les familles, et l'observation des baleines remporte toujours un franc succès. La région compte aussi de nombreux hôtels, restaurants, boutiques, aires de jeux et même des skateparks adaptés aux enfants. Vous n'aurez pas de mal à occuper vos petits, le seul risque étant qu'ils ne veuillent plus repartir.

Portland (Oregon) est une ville très agréable pour les familles, qui compte des

Côté enfants

Tu peux répéter ?

Stoked	Très excité
Danger dog	Hot-dog amélioré, très populaire à Los Angeles
Pop	Soda, boisson sans alcool
Jojos	Potatoes dans le Nord-Ouest pacifique

Tu le savais ?

- À la naissance, un bébé grizzly pèse seulement 500 grammes.
- À Bozeman (Montana) se trouve le plus gros crâne de T. Rex du monde.

Tu as goûté ?

Taco au poisson La rencontre entre la Californie et le Mexique.

Randonnée dans le Yellowstone National Park (p. 125), Wyomir

musées interactifs adaptés aux enfants, de vastes parcs, l'Oregon Zoo (p. 413), l'Oaks Amusement Park (p. 418) et de nombreuses autres activités et attractions. Seattle n'est pas en reste, avec des zoos et des aquariums, des musées fantastiques et le formidable Seattle Center (p. 383). Ajoutez à cela les sports d'hiver, l'observation des baleines et toutes sortes de parcs à thème et aquatiques et vous obtiendrez l'une des destinations les plus réjouissantes pour les familles dans tous les États-Unis.

Bon à savoir

➡ Tout au long de ce guide, repérez le pictogramme 👪, signalant les adresses adaptées aux familles.

➡ On trouve facilement des aires de jeux dans la plupart des villes – demandez à votre hôtel.

➡ Certains hôtels et motels proposent des lits pliants ou berceaux d'appoint moyennant un petit supplément. Attention, certains établissements sont réservés aux adultes ; renseignez-vous au moment de réserver.

➡ Certains complexes hôteliers proposent un service de baby-sitting ; sinon, demandez de l'aide à la réception ou au concierge. Exigez toujours des baby-sitters agréés et liés par contrat, et demandez le tarif horaire par enfant et si transport et repas sont en supplément.

➡ Les restaurants fournissent généralement des chaises hautes et rehausseurs, parfois des crayons et des puzzles.Vous pourrez demander s'il est possible d'avoir une petite portion d'un plat (vérifiez le prix), ou de partager un plat normal en deux assiettes pour les enfants.

➡ La plupart des offices du tourisme pourront vous donner une liste des infrastructures de garde d'enfants, loisirs, services médicaux, etc.

➡ Beaucoup de toilettes publiques sont équipées de tables à langer et des équipements "familiaux" mixtes apparaissent dans les aéroports.

➡ Les agences de location de voitures devraient pouvoir vous fournir des sièges-autos adaptés, car ils sont obligatoires dans tous les États, mais il faut faire la demande au moment de la réservation (comptez environ 12 $/jour en supplément).

➡ Pour que vos enfants apprennent l'anglais en s'amusant, offrez-leur le guide de conversation Lonely Planet Junior (8-12 ans).

Les régions en un clin d'œil

Quelle image vous vient à l'esprit lorsque l'on évoque l'Ouest américain ? Les cactus saguaros, le Grand Canyon ? Ces clichés sont typiques du sud de l'Arizona, mais il y a bien d'autres choses à découvrir, et pour tous les goûts : les forêts luxuriantes du Nord-Ouest pacifique, Yellowstone, le Grand Teton et les Grandes Plaines du Wyoming, les plages californiennes baignées de soleil, les sentiers épiques des Rocheuses, les buttes rouges et les *hoodoos* fragiles de l'Utah…

Les voyageurs férus de culture pourront visiter les sites amérindiens de l'Arizona et du Nouveau-Mexique. Les *fashionistas* et les gourmets trouveront de quoi se faire plaisir à Los Angeles, Phoenix, San Francisco, Denver et Seattle, riches de boutiques haut de gamme et de restaurants raffinés. Vous êtes passionné d'histoire ? Mesa Verde dans le Colorado, les missions espagnoles de la Californie et les innombrables villes historiques de l'Ouest n'attendent que vous. Et si l'envie de faire des folies vous prend, deux mots seulement : Las Vegas.

Les Rocheuses

Activités de plein air
Culture de l'Ouest
Paysages

Une kyrielle d'activités

Les Rocheuses sont une destination de choix pour le ski, la randonnée, l'escalade et le vélo. Chacun y trouve son bonheur, grâce à un incroyable éventail de parcs, de sentiers et de refuges dans l'arrière-pays.

Les cow-boys modernes

Les échos du Far-West résonnent encore dans le Montana et le Wyoming. Leurs habitants sont épris de liberté, amoureux des Rocheuses, et on les voit le plus souvent en tenue de sport, un VTT à proximité, en train de déguster une bière artisanale à la terrasse d'un café. Ici, on sait s'amuser et profiter d'un rythme de vie paisible.

La montagne au sommet

Destination idéale pour un bol d'air pur, les Rocheuses dessinent des cimes ciselées et des rivières cristallines où évoluent pumas, ours, bisons et loups. Ici se trouvent les parcs nationaux de Yellowstone, Grand Teton et Glacier.

p. 72

Le Sud-Ouest

Panoramas
Culture amérindienne
Gastronomie

Des paysages de feu

Entre autres merveilles géographiques situées à l'intérieur et autour des parcs nationaux et forêts, le Sud-Ouest est célèbre pour son spectaculaire Grand Canyon et pour les roches rouges de Monument Valley, Moab et Sedona.

Pueblos et réserves

Visiter les territoires hopi et navajo ou l'un des 19 *pueblos* que compte le Nouveau-Mexique constitue une excellente initiation à la culture amérindienne. C'est l'occasion rêvée d'apprécier et d'acheter des produits artisanaux amérindiens.

De bons plats

À vous les *enchiladas* de poulet au chili au Nouveau-Mexique, le hot dog de Tucson ou la truite grillée dans l'Utah. À Vegas, vous pourrez manger jusqu'à plus faim sans vous ruiner à l'un des buffets démesurés de la ville. À moins de préférer des expériences plus gastronomiques à l'écart du Strip.

p. 150

Californie

Plages
Activités de plein air
Gastronomie et vin

Beautés littorales

La Californie offre plus de 1 280 km de côtes, des plages sauvages du nord aux étendues de sable bondées au sud, idéales pour la pratique du surf et du kayak ou pour se promener simplement les pieds dans l'eau.

Sports à profusion

Dévaler à skis les pentes enneigées, filer sur des rapides en rafting, explorer les îles côtières en kayak, marcher en pleine nature près des cascades ou pratiquer l'escalade dans le désert : ce ne sont pas les activités qui manquent en Californie !

Appétissant terroir

Sol fertile, chefs talentueux et soif insatiable de nouveauté font de la Californie une destination culinaire de choix. Arpentez ses marchés, dégustez pinot et chardonnay et profitez dans votre assiette de produits tout droit sortis du potager ou de la ferme.

p. 257

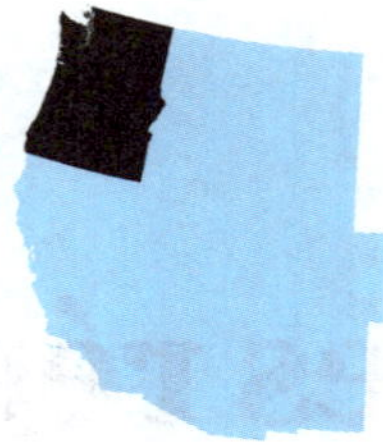

Le Nord-Ouest pacifique

Cyclotourisme
Gastronomie et vin
Parcs nationaux

Le vélo à l'honneur

Enfourchez votre vélo afin de découvrir les paisibles et vallonnées San Juan Islands, longez les falaises côtières de l'Oregon sur la Hwy 101 ou sillonnez les nombreuses pistes cyclables de Portland.

Le paradis des locavores et des œnophiles

Le Nord-Ouest pacifique met toujours en avant sa gastronomie. À Portland et Seattle, les chefs associent le poisson des eaux locales aux légumes récoltés dans les vallées entourant la Columbia River. Côté vins, seuls les crus californiens dépassent en qualité ceux de l'État de Washington.

Grands espaces

Explorez quatre parcs nationaux, dont trois créés à l'orée du XXe siècle – Olympic, Mount Rainier et Crater Lake –, et un plus récent, North Cascades, fondé en 1968.

p. 377

Sur la route

Washington
Le Nord-Ouest pacifique
(p. 377)
Montana
Dakota du Nord
Oregon
Idaho
Les Rocheuses
(p. 72)
Dakota du Sud
Wyoming
Californie
Nevada
Nebraska
Utah
Colorado
Kansas
Californie
(p. 257)
Le Sud-Ouest
(p. 150)
Arizona
Nouveau-Mexique
Oklahoma
Texas

Les Rocheuses

Dans ce chapitre ➡

Le top des restaurants

- Frasca (p. 89)
- Follow Yer' Nose BBQ (p. 135)
- Snake River Grill (p. 123)
- Sweet Melissa's (p. 120)

Le top des hébergements

- Broadmoor (p. 105)
- Nagle Warren Mansion Bed & Breakfast (p. 118)
- Mill House (p. 120)
- Wort Hotel (p. 122)

Pourquoi y aller

Bienvenue dans l'Amérique épique et gigantesque ! Que ce soit dans le Colorado, le Wyoming, le Montana ou l'Idaho, les grandes plaines de l'Ouest américain se heurtent à la spectaculaire chaîne des Rocheuses (*Rocky Mountains*, ou *Rockies*). Bientôt, vous ne saurez plus combien de fois vous avez levé la tête et contemplé, bouche bée, tant de beauté.

L'histoire amérindienne de la région anime encore ces paysages où des tribus vécurent et chassèrent pendant des milliers d'années, sur une terre aujourd'hui parsemée de poignants mémoriaux de batailles. Pour le reste, les Rocheuses se caractérisent par des villes et des bourgades branchées, de Boise à Jackson, et de Missoula à Denver.

Difficile ici, au royaume des grizzlys, des loups, des caribous et des bisons, de résister à l'appel de la nature. Les parcs nationaux de Yellowstone, des Rocheuses, des monts Teton et de Glacier sont tout simplement extraordinaires, tandis que les moyens de les explorer semblent sans limites.

Quand partir

Denver

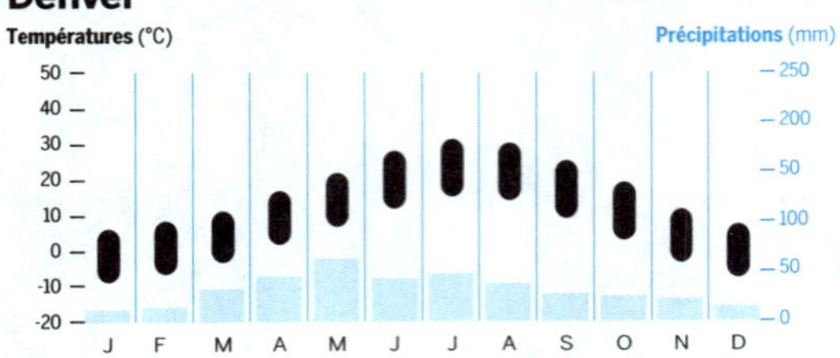

Juin-août Longues journées estivales propices au vélo, à la randonnée, à la visite de marchés…

Sept-oct Chute des prix de l'hébergement et du nombre de touristes.

Jan-mars Sommets enneigés, ski dans la poudreuse et soirées animées.

Histoire

Avant l'arrivée des trappeurs français et des Espagnols à la fin du XVIIIe siècle, de nombreuses tribus amérindiennes vivaient dans les Rocheuses (*Rocky Mountains*), notamment les Nez-Percés, les Shoshones, les Crows, les Lakotas et les Utes. Ce qui n'empêcha nullement la colonisation européenne ; différents pays commencèrent à revendiquer, à défendre, à acheter et à vendre ces territoires qu'ils appelaient "non réclamés".

Lors du rachat de la Louisiane aux Français en 1803, le jeune gouvernement américain acquit toutes les terres entre le Mississippi et la ligne de partage des eaux (Continental Divide), ce qui équivalait à un bon tiers des États-Unis actuels. Il missionna une expédition, conduite par Meriwether Lewis et William Clark, pour cartographier cette zone et mesurer la teneur du terrain acheté. Leur périple couvrit près de 13 000 km, en deux ans et demi, et les récits de leurs découvertes ouvrirent la voie à d'autres aventuriers et à un début de ruée vers l'Ouest.

Jusqu'au XXe siècle, les convois de pionniers se succédèrent à travers les montagnes. L'achèvement de la ligne de chemin de fer transcontinentale dans le sud du Wyoming, à la fin des années 1860, accéléra ce processus.

Afin de libérer de l'espace pour les colons, les États-Unis chassèrent les Espagnols, les Britanniques et, lors de ce qui demeure une sombre page de leur histoire, anéantirent la majorité des Indiens. Le gouvernement

LES ROCHEUSES EN...

Deux semaines

Débutez votre odyssée dans les Rocheuses par **Denver** (p. 77) et ses environs. Vous pourrez descendre des rapides en bouée, faire du shopping vintage ou du vélo dans la ville de **Boulder** (p. 86), puis vous attabler à la terrasse d'un café pour profiter de l'ambiance. Admirez la vue du **Rocky Mountain National Park** (p. 93) avant de prendre l'I-70 vers l'ouest pour profiter des montagnes entourant **Breckenridge** (p. 98), qui abritent les meilleures pistes pour débutants du Colorado. Rendez-vous à **Steamboat Springs** (p. 95), véritable paradis du VTT, avant d'entrer dans le Wyoming.

Goûtez à la vie provinciale des plaines dans la ville de **Cheyenne** (p. 117), puis faites escale à **Lander** (p. 120) site d'escalade privilégié. Continuez vers le nord-ouest jusqu'à la très chic **Jackson** (p. 121) et au superbe **Grand Teton National Park** (p. 130) avant de rejoindre le **Yellowstone National Park** (p. 125). Réservez au moins trois jours à l'exploration de cette merveille naturelle truffée de geysers.

Entrez dans le Montana et dirigez-vous tranquillement vers le nord-ouest de l'État en vous arrêtant à **Bozeman** (p. 134) et à **Missoula** (p. 138). Terminez votre périple dans l'Idaho en découvrant la culture basque à **Boise** (p. 144), capitale de l'État.

Un mois

Suivez l'itinéraire précédent, mais complétez-le d'un tour dans le sud-ouest du Colorado, région viticole en pleine expansion, avant de visiter le Wyoming. Explorez les pistes de 4x4 des environs d'**Ouray** (p. 107). Profitez de votre passage dans la région pour découvrir le **Mesa Verde National Park** (p. 113) et ses habitats troglodytes.

Dans le Montana, pourquoi ne pas visiter le **Glacier National Park** (p. 141) avant que ses glaciers ne disparaissent ? Dans l'Idaho, vous profiterez plus longtemps des plaisirs de **Sun Valley** (p. 146), et prendrez le temps d'explorer les boutiques, les pubs et les excellents restaurants de **Ketchum** (p. 146). Vous pourrez également parcourir en voiture quelques-unes des superbes petites routes panoramiques de la région. Un must : la Hwy 75 entre **Sun Valley** et **Stanley** (p. 148). Ce superbe village de montagne installé sur les larges berges de la Salmon River est au cœur de la forêt nationale. Stanley est aussi un lieu d'exception pour la pêche à la truite et pour ses parcours de rafting de niveau moyen à très difficile.

Prenez la Hwy 21 (la Ponderosa Pine Scenic Byway) de Stanley à **Boise** (p. 144). Cette route panoramique vous fera traverser des kilomètres de forêts de pins ponderosa. Vous trouverez des campings isolés le long de la rivière, certains avec des bassins alimentés par des sources chaudes naturelles.

À ne pas manquer

1 L'emblématique **Yellowstone National Park** (p. 125), peuplé de bisons, de loups et de grizzlys et jalonné de sources chaudes et de geysers.

2 Une halte à **Aspen** (p. 101), première destination festive du Colorado, à l'atmosphère mi-chic, mi-rustique.

3 Les parcours de randonnée et d'escalade dans les espaces sauvages et escarpés du **Grand Teton National Park** (p. 130).

4 Les plaisirs qu'offre **Boulder** (p. 86), haut lieu des sports de plein air.

5 Un tour des villes typiques du Far West de la chaîne de San Juan, dans le **sud du Colorado** (p. 106).

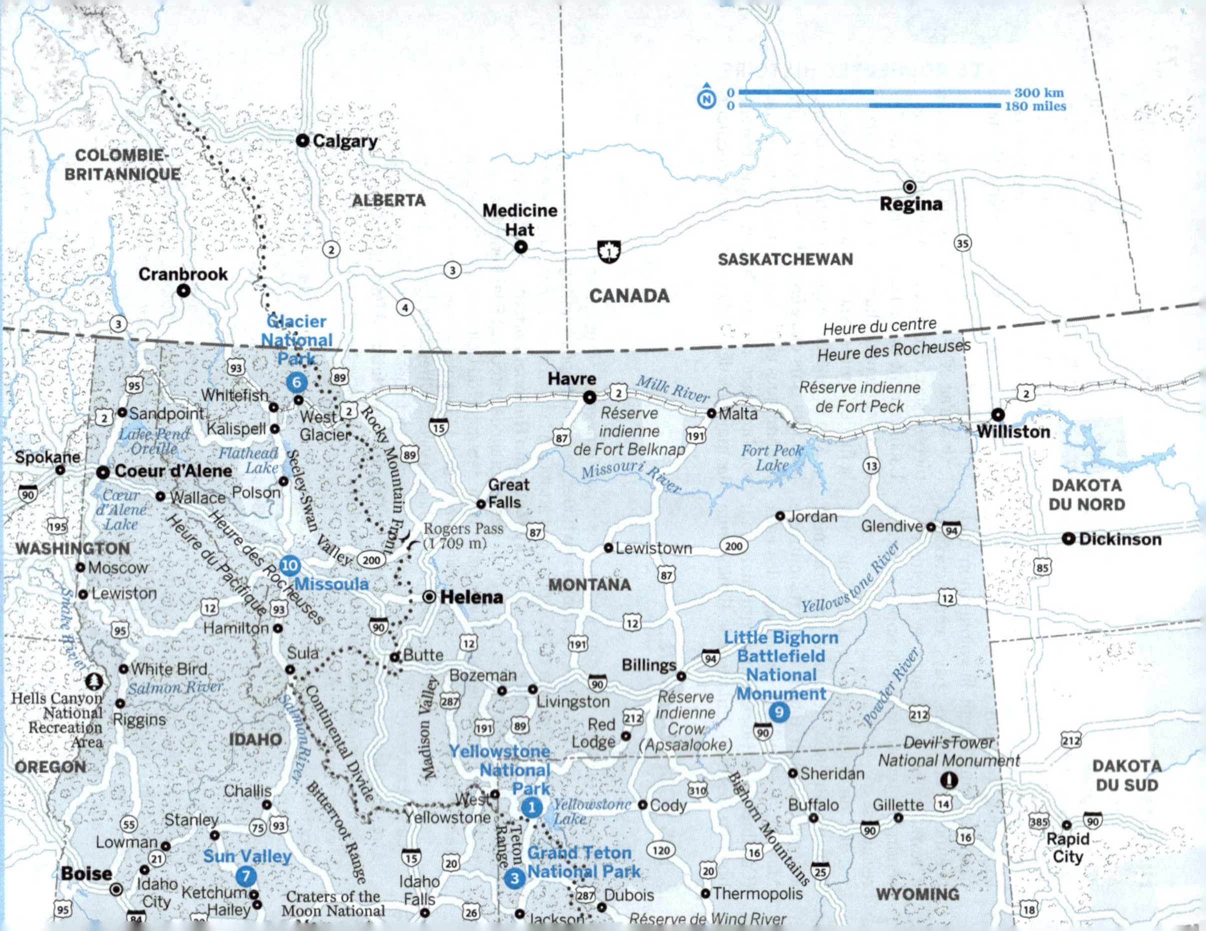

6 Une promenade dans la splendeur immaculée du **Glacier National Park** (p. 141) au gré de la spectaculaire Going-to-the-Sun Road, qui traverse le parc.

7 Du ski parmi les célébrités à **Sun Valley** (p. 146), destination hivernale privilégiée des habitants de l'Idaho.

8 Le **Rocky Mountain National Park** (p. 93), où atteindre des sommets majestueux en train ou par la route.

9 Le **Little Bighorn Battlefield National Monument** (p. 130) qui commémore le souvenir d'une bataille épique pour la possession de l'Ouest américain.

10 **Missoula** (p. 138), charmante ville du Montana, branchée et décontractée, où coule une rivière.

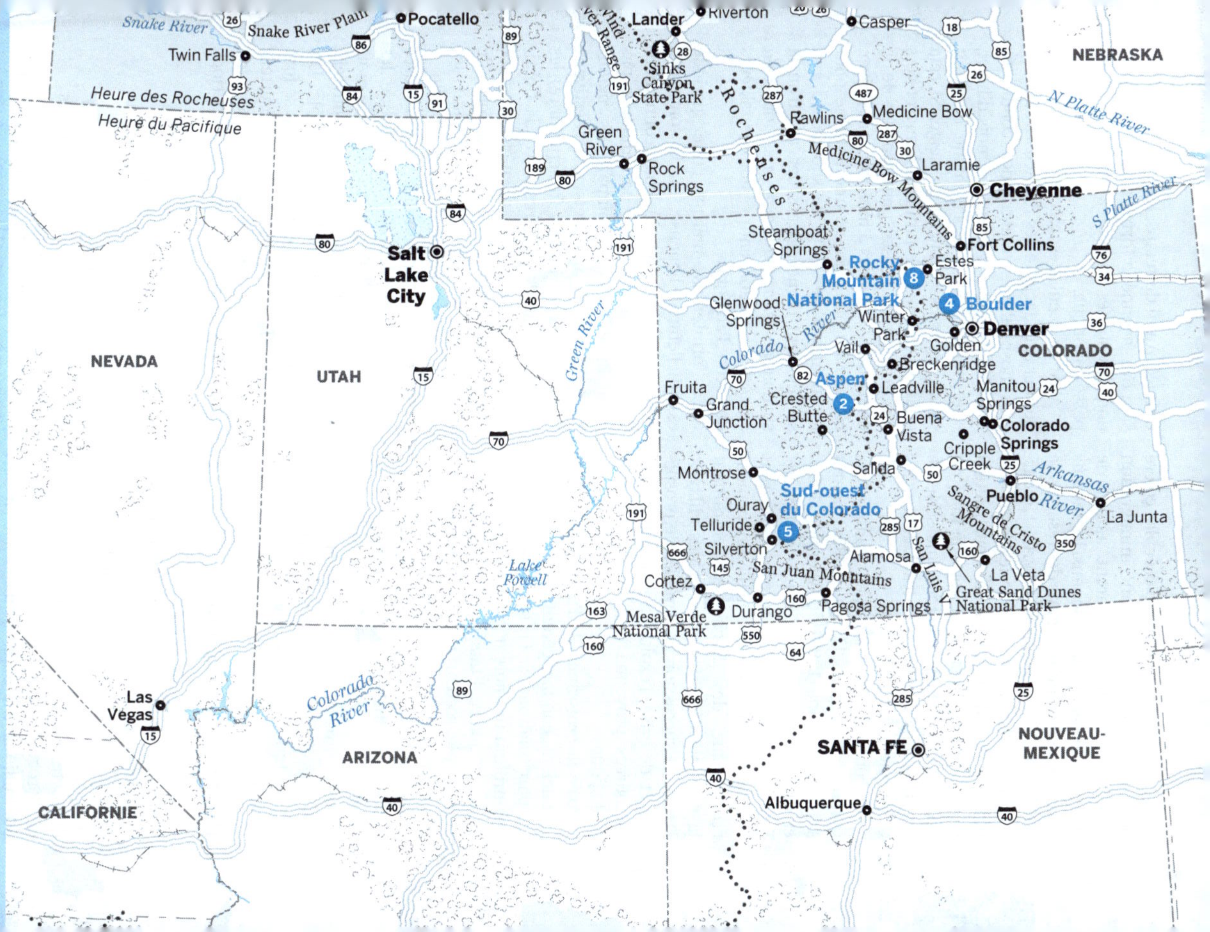

signa des traités pour apaiser la colère des tribus, confrontées à une immigration massive de colons. Ce furent autant de marchés de dupes : au fil des ans, les Indiens se trouvèrent cantonnés dans des réserves se réduisant comme peau de chagrin. L'incursion des chercheurs d'or sur les territoires indiens du Montana et la construction par l'armée américaine de forts le long du Bozeman Trail déclenchèrent une série de guerres, notamment avec les Lakotas, les Cheyennes et les Arapahos.

La course à l'or et à l'argent conduisit le Colorado à intégrer l'Union en 1876, bientôt suivi du Montana (1889), du Wyoming (1890) et de l'Idaho (1890). L'industrie minière, l'élevage et l'exploitation forestière jouèrent un rôle déterminant dans le développement économique des Rocheuses, entraînant la multiplication des villes et des villages. Dans une succession de périodes de prospérité et de crise, l'exploitation intensive des ressources provoqua des bouleversements écologiques.

Avec la croissance de l'après-guerre, des vacanciers commencèrent à affluer dans les parcs nationaux. Le tourisme constitue aujourd'hui un moteur économique majeur dans les quatre États de l'Ouest, suivi de près par le secteur militaire, particulièrement présent dans le Colorado.

Ces dernières années, les bouleversements politiques ont mis en péril de nombreuses zones protégées des Rocheuses. Certains groupes d'intérêt font pression pour développer l'extraction de ressources sur les terres fédérales, ce qui pourrait en limiter l'accès au public.

Géographie et climat

S'étendant de la Colombie-Britannique (Canada) au nord du Nouveau-Mexique, les Rocheuses sont la plus grande chaîne de montagnes d'Amérique du Nord. Elles sont constituées de plus de 100 chaînes distinctes, dont la plupart s'élevèrent lors de l'orogenèse laramienne, il y a quelque 80 millions d'années, quand un morceau de croûte océanique glissa sous le plateau continental nord-américain. Ce mouvement de plaques donna naissance aux montagnes Rocheuses, accolées, voire juxtaposées – comme avec le chevauchement de Lewis dans le Glacier National Park, où un bloc de roches du précambrien de plusieurs kilomètres d'épaisseur fut poussé sur près de 80 km au-dessus de roches plus jeunes du Crétacé. Au fil du temps, les glaciers et l'érosion ont façonné la forme actuelle des pics, dont les strates rocheuses révèlent le long passé chaotique.

Avec le recul des glaciers à la fin du dernier âge glaciaire, les Rocheuses se firent plus hospitalières, malgré des conditions toujours extrêmes. Durant les mois d'hiver, une grande partie de la chaîne disparaît sous une épaisse couche de neige. Si cela oblige les grands mammifères à migrer vers des zones plus basses pour trouver de la nourriture – ou alors à hiberner tout l'hiver, comme les ours –, c'est une aubaine pour les amateurs de ski et de snowboard, qui se délectent d'une neige si légère qu'on la surnomme "*champagne powder*" ou "*cold smoke*" – de quoi rendre jaloux les skieurs de la côte Pacifique.

Le printemps marque une période essentiellement boueuse, où la fonte des neiges s'accompagne du bourgeonnement des arbres feuillus. L'été ne s'annonce pas avant fin juin dans la plupart des régions montagneuses. Aux brefs mois estivaux (généralement de juillet à fin septembre), les prairies d'altitude se parent, avec la floraison, des couleurs de l'arc-en-ciel. Propice aux loisirs, cette période voit une foule de randonneurs et de cyclistes investir les sentiers – en particulier dans le Colorado.

La neige peut s'inviter dans les Rocheuses à tout moment de l'année, bien que les premiers flocons voltigent au début du mois d'octobre, lorsque les versants se couvrent du tapis doré des feuilles de tremble. Les journées restent clémentes, les nuits se font fraîches et la plupart des touristes désertent les lieux quand s'annonce la rentrée scolaire. C'est sans doute la meilleure période pour venir.

ℹ Comment s'y rendre et circuler

Le seul grand aéroport (p. 85) de la région des Rocheuses est celui de Denver. De plus petits appareils décollent aussi de Denver et de Colorado Springs vers Jackson (Wyoming), Boise (Idaho), Bozeman (Montana) ou Aspen (Colorado). Pour se rendre dans le nord et l'ouest des Rocheuses, mieux vaut atterrir à Salt Lake City, dans l'Utah.

Deux lignes ferroviaires **Amtrak** (www.amtrak.com) traversent la région. L'*Empire Builder* circule tous les jours depuis Seattle ou Portland vers Chicago avec 12 arrêts dans le Montana (notamment à Whitefish, East Glacier et West Glacier) et un arrêt à Sandpoint dans l'Idaho.

Les bus **Greyhound** (☎214-849-8100 ; www.greyhound.com) desservent plusieurs destinations dans les Rocheuses, mais une voiture est nécessaire pour réellement découvrir la région.

COLORADO

Pistes de poudreuse interminables, possibilités d'aventures au grand air, scènes culinaire et artistique étonnamment cosmopolites, ensoleillement de 300 jours par an... le Colorado est remarquable par sa diversité, sa beauté et sa majesté.

Renseignements

Bureau of Land Management Colorado (BLM ; ☎303-239-3600, 800-877-8339 ; www.co.blm.gov ; 2850 Youngfield St, Lakewood ; 8h30-16h lun-ven ; 28). Renseignements sur les sites historiques, les sentiers et autres.

Camping USA (www.camping-usa.com). Excellente ressource, avec une base de données recensant plus de 12 000 campings.

Colorado Parks & Wildlife (CPW ; carte p. 78 ; ☎303-297-1192 ; cpw.state.co.us ; 1313 Sherman St, Denver ; 8h-17h lun-ven). Gère plus de 40 parcs nationaux et plus de 300 zones naturelles ; s'occupe des réservations pour les campings.

Colorado Road & Traffic Conditions (☎511 ; www.codot.gov ; 24h/24). Informations à jour concernant les conditions de circulation sur les routes et autoroutes du Colorado ; cartes du réseau cyclable disponibles.

Colorado Travel & Tourism Authority (☎800-265-6723 ; www.colorado.com). Renseignements détaillés sur les sites touristiques, les activités et autres curiosités de l'État.

Denver

Denver, qui compte aujourd'hui plus de 700 000 habitants, est en plein essor. C'est même l'une des villes qui se développent le plus rapidement aux États-Unis. Elle est connue pour son climat ensoleillé et sa population branchée, ainsi que pour ses bons bars et restaurants et sa scène artistique et musicale plutôt dynamique.

Comme toutes les villes parvenues à maturité, Denver, seule grande métropole du Colorado à des kilomètres à la ronde, affiche une identité bien marquée dans chacun de ses quartiers.

Pour l'art, les magasins et le *street art*, ralliez River North (RiNo). Highlands et Lower Highlands (LoHi) sont le domaine des boutiques et des restaurants plus classiques, tandis que South Broadway est 100% avant-gardiste. Au centre, on trouve les joyeux bars de Lower Downtown (LoDo), le cœur historique de Five Points, le quartier des arts de Santa Fe (Santa Fe Arts District) et la zone branchée de Cherry Creek. Toute la ville bénéficie d'un excellent réseau de pistes cyclables et de parcs.

À moins de 2 heures de route, vous trouverez de vastes zones naturelles sauvages, des pistes de ski de classe mondiale, des chemins de randonnée et bien d'autres choses.

À voir et à faire

Denver Art Museum MUSÉE
(DAM ; carte p. 78 ; ☎720-865-5000 ; www.denverartmuseum.org ; 100 W 14th Ave ; adulte/enfant 13 $/gratuit, 1er sam du mois entrée libre ; 10h-17h mar-jeu et sam-dim, 10h-20h ven ; P ; 0, 52).

LE COLORADO EN BREF

Surnom Centennial State (État du centenaire des États-Unis)

Population 5,7 millions d'habitants

Superficie 270 000 km²

Capitale Denver (693 100 hab.)

Autres villes Boulder (97 385 hab.), Colorado Springs (445 830 hab.)

TVA 2,9% (taxe d'État) plus les taxes propres à chaque ville

Lieu de naissance de Ouray, chef ute (1833-1880), l'écrivain John Fante (1909-1983), Trey Parker, créateur de South Park (né en 1969), l'actrice Amy Adams (née en 1974)

Sommets de plus de 4 200 m 53, 54 ou 58 (selon les avis)

Politique Tantôt démocrate, tantôt républicain

Célèbre pour son ensoleillement (300 jours par an), ses vignobles d'altitude et la plus longue descente de ski des États-Unis continentaux.

Souvenir le plus kitsch Un ouvre-bouteille en sabot de cerf

Distances routières Denver-Vail : 161 km, Boulder-Rocky Mountain National Park : 61 km

Denver

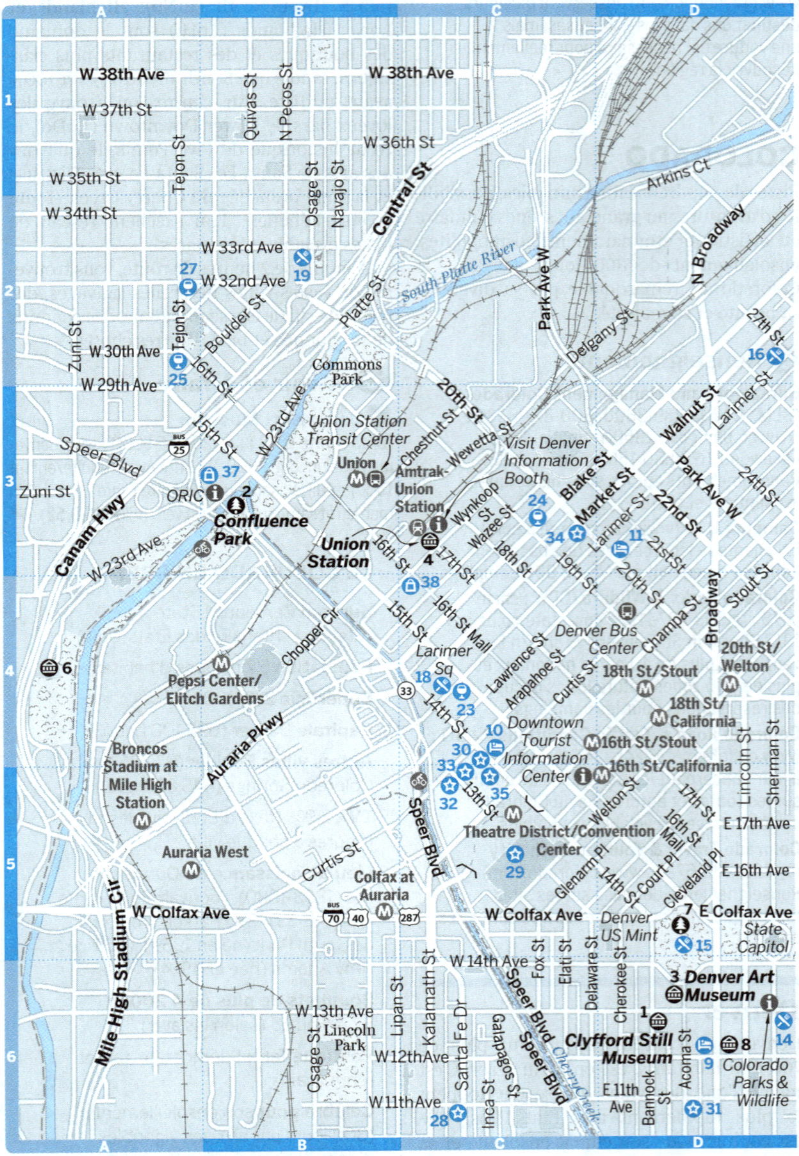

Le Denver Art Museum (DAM) s'enorgueillit de l'une des plus importantes collections d'art amérindien du pays et d'expositions temporaires multimédias allant des trésors de l'art britannique aux costumes de *Star Wars*. La partie consacrée à l'Ouest américain de la collection permanente mérite sa réputation. Loin d'être un musée d'art vieillot et indigeste, il organise notamment des expositions interactives fort appréciées des enfants.

♥ **Confluence Park** PARC

(carte p. 78 ; 2200 15th St ; 👪 ; 🚌10, 28, 32, 44). 🌿 Ce parc, situé à la confluence de Cherry

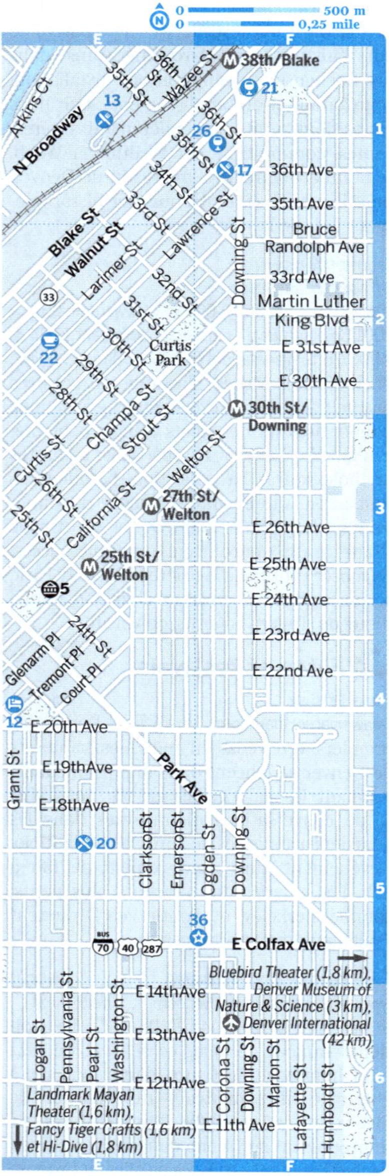

Creek et de South Platte River, est le lieu de rendez-vous favori des amateurs de soleil. C'est l'endroit parfait pour un pique-nique dans l'après-midi. Petite section de descente en kayak et en canoë gonflable. Les familles apprécient également la petite plage et les zones d'eau peu profonde, propices aux jeux.

Denver

Les incontournables

1 Clyfford Still Museum D6
2 Confluence Park B3
3 Denver Art Museum D6
4 Union Station C3

À voir

5 Blair-Caldwell African American Museum E3
6 Children's Museum Denver Marisco Campus A4
7 Civic Center Park D5
8 History Colorado Center D6

Où se loger

9 Art – a Hotel D6
Crawford Hotel .... (voir 4)
10 Curtis C4
11 Hostel Fish D3
12 Queen Anne Bed & Breakfast Inn E4

Où se restaurer

13 Acorn E1
14 City O' City D6
15 Civic Center Eats D5
16 Denver Central Market D2
17 Hop Alley F1
18 Rioja C4
19 Root Down B2
20 Steuben's Food Service E5

Où prendre un verre et faire la fête

21 Black Shirt Brewing Co F1
22 Crema Coffee House E2
23 Crú C4
24 Falling Rock Tap House C3
25 Linger A2
26 Tracks F1
27 Williams & Graham A2

Où sortir

28 Colorado Ballet C6
29 Colorado Convention Center C5
30 Colorado Symphony Orchestra C4
31 Curious Theatre D6
32 Denver Center for the Performing Arts C5
33 Denver Performing Arts Complex C5
34 El Chapultepec C3
35 Ellie Caulkins Opera House C5
36 Ogden Theatre F5
Opera Colorado .... (voir 35)

Achats

37 REI B3
38 Tattered Cover Bookstore C4

Children's Museum Denver Marisco Campus MUSÉE

(carte p. 78 ; ☎303-433-7444 ; www.mychildsmuseum.org ; 2121 Children's Museum Dr ; 14 $; ⏲9h-16h lun, mar, jeu et ven, 9h-19h30 mer, 10h-17h sam-dim ; 🚻 ; 🚌10). Voici l'un des sites les plus courus de la ville... du moins, par les plus jeunes. Signalons la structure d'escalade fermée à trois niveaux (casques fournis), les cours pratiques de cuisine, le studio d'artiste de 700 m², l'atelier de fabrication numérique, le circuit de billes grandeur nature et l'immense espace extérieur de jeux avec zones pour grimper, creuser et s'éclabousser. Enfin, une partie ludique est conçue tout exprès pour les "rampeurs" et les "néo-marcheurs".

♥ **Clyfford Still Museum** MUSÉE

(carte p. 78 ; ☎720-354-4880 ; www.clyffordstillmuseum.org ; 1250 Bannock St ; adulte/enfant 10 $/gratuit ; ⏲10h-17h mar-jeu, sam-dim, 10h-20h ven ; 🚻 ; 🚌0, 52). Entièrement dévolu au travail de l'artiste américain Clyfford Still (1904-1980), ce musée fascinant présente plus de 2 400 œuvres (95% de son œuvre) de ce maître de l'expressionnisme abstrait. La ville a construit un musée en son honneur, car l'artiste avait laissé un testament dans lequel il insistait pour que son travail fût exposé dans un espace unique. Des visites guidées gratuites sont proposées en semaine ; consultez le site Internet pour en connaître les dates et les horaires.

History Colorado Center MUSÉE

(carte p. 78 ; ☎303-447-8679 ; www.historycoloradocenter.org ; 1200 Broadway ; adulte/enfant 14/8 $; ⏲10h-17h ; P🚻 ; 🚌0, 10). Ce charmant petit musée introduit le visiteur aussi bien aux racines historiques qu'aux exploits technologiques du Colorado. Y prennent place des expositions interactives, dont une borne mobile aux allures de machine à voyager dans le temps, que l'on déplace sur une carte géante de l'État, à la découverte des principaux événements de l'histoire du *Centennial State*. Des lectures de contes pour les bambins et des sessions pour le public à handicap sensoriel sont régulièrement proposées le matin avant l'ouverture du musée.

Blair-Caldwell African American Museum MUSÉE

(carte p. 78 ; ☎720-865-2401 ; history.denverlibrary.org/blair ; 2401 Welton St, 3e niv. ; ⏲12h-20h lun et mer, 10h-18h mar, jeu et ven, 9h-17h sam ; P🚻 ; 🚌43, 🚊D). GRATUIT Aménagé au 3e niveau d'une bibliothèque municipale, ce musée multimédia offre une excellente vue d'ensemble sur l'histoire des Afro-Américains dans les Rocheuses – immigration, installation, ségrégation et accomplissements. Certaines expositions sont particulièrement intéressantes, comme celle sur Wellington Webb, le premier maire afro-américain de Denver, ou celle sur Five Points, quartier historiquement noir de la ville.

Denver Museum of Nature & Science MUSÉE

(DMNS ; ☎303-370-6000 ; www.dmns.org ; 2001 Colorado Blvd ; musée adulte/enfant 19/14 $, IMAX 7/6 $, planétarium 5/4 $; ⏲9h-17h ; P🚻 ; 🚌20, 32, 40). Musée classique de sciences naturelles avec d'excellentes expositions temporaires sur des sujets comme la biomécanique des insectes, Pompéi ou les créatures mythologiques. La collection permanente, tout aussi intéressante, présente des dinosaures. Le **cinéma IMAX** et le **Gates Planetarium** rencontrent un franc succès. Le musée est situé à la lisière est de City Park, ce qui permet de profiter d'un bon pique-nique ou d'aller visiter le zoo voisin.

Fêtes et festivals

First Friday CULTUREL

(www.rivernorthart.com). GRATUIT Tous les premiers vendredis du mois, les habitants de Denver se lancent dans une promenade, écumant les galeries au gré de bons vins et de conversations distrayantes dans les quartiers artistiques de Santa Fe et de RiNo. L'événement dure généralement de 18h à 22h. Les galeries des quartiers plus petits, comme Berkeley et South Pearl, ouvrent également leurs portes ces soirs-là.

Five Points Jazz Festival MUSIQUE

(www.artsandvenuesdenver.com ; Welton St ; ⏲mai ; 🚻 ; 🚌12, 28, 43, 🚊D). GRATUIT Le troisième samedi de mai, ce festival de jazz rend hommage, le temps d'une journée, à l'héritage afro-américain du quartier de Five Points et à ses clubs. Plus de 50 groupes se produisent sur scène dans Welton Street. La fête s'adresse à tous les publics, et propose notamment plusieurs activités adaptées aux enfants : fabrication d'instruments, cercle de tambours, maquillage.

Great American Beer Festival BIÈRE

(☎303-447-0816 ; www.greatamericanbeerfestival.com ; 700 14th St ; 85 $; ⏲sept ou oct ; 🚌101 D-Line, 101 H-Line, 🚌1, 8, 19, 48, 🚊D, F, H). Le

VAUT LE DÉTOUR

RANDONNÉES À LA JOURNÉE

Il y a littéralement des centaines de parcours de randonnée à une heure maximum de Denver.

Golden Gate Canyon State Park (303-582-3707 ; www.cpw.state.co.us ; 92 Crawford Gulch Rd ; entrée 7 $, camping 20-26 $; 5h-22h ;). Sis à mi-chemin entre Golden et Nederland, cet immense parc de 4 856 ha compte de nombreux sentiers de randonnée et sites d'escalade.

Staunton State Park (303-816-0912 ; cpw.state.co.us/placestogo/parks ; 12102 S Elk Creek Rd ; forfait individuel/voiture 4/8 $; 7h-21h ;). Le plus récent des parcs du Colorado s'étend sur le site d'un ranch historique à quelque 65 km à l'ouest de Denver. Ses sommets vont de 2 469 m à 3 048 m, avec des paysages très variés – des prairies verdoyantes aux spectaculaires falaises de granit.

Waterton Canyon (303-634-3745 ; www.denverwater.org/recreation/waterton-canyon-strontia-springs-reservoir ; 11300 Waterton Rd ; 30 min avant l'aube-30 min après le crépuscule ;). Au sud de Denver, juste à l'ouest du Chatfield Reservoir, ce beau canyon est traversé par un sentier sans difficulté de 10,5 km qui mène au Strontia Springs Dam.

Buffalo Creek Mountain Bike Area (www.frmbp.org ; 18268 S Buffalo Creek Rd, Pine ; 7h-19h ;). Si vous êtes féru de VTT sur les étroits chemins de montagne, vous serez comblé par ce domaine, qui compte quelque 64 km de pistes cyclables, y compris les parties du Colorado Trail ouvertes aux vélos.

Colorado compte davantage de microbrasseries par personne que n'importe quel autre État américain, et cette fête ultrapopulaire affiche complet bien avant de démarrer. Plus de 500 brasseries y sont représentées, des grands noms aux brasseurs amateurs. Seul le **Colorado Convention Center** (carte p. 78 ; 303-228-8000 ; www.denverconvention.com ; 700 14th St ; ; 1, 8, 19, 48, D, F, H) est assez vaste pour accueillir ces brasseurs et leurs bières généreuses.

Où se loger

Hostel Fish AUBERGE DE JEUNESSE $
(carte p. 78 ; 303-954-0962 ; www.hostelfish.com ; 1217 20th St ; dort/ch à partir de 40/190 $; ; 38). Cette auberge de jeunesse branchée est le paradis des voyageurs à petit budget. Les dortoirs thématiques – Aspen, Graffiti et Vintage Biker – sont sophistiqués, chics et impeccables (matelas épais, couettes moelleuses, stations de recharge et casiers individuels). Ils peuvent accueillir 5 à 10 personnes en lits superposés. Entre la cuisine commune et les tournées des bars, vous n'aurez aucun mal à vous faire de nouveaux amis.

Queen Anne Bed & Breakfast Inn B&B $$
(carte p. 78 ; 303-296-6666 ; www.queenanne-bnb.com ; 2147 Tremont Pl ; ch/ste à partir de 165/230 $; ; 28, 32). Avec ses parties communes baignées de musique douce, son joli jardin et ses dégustations de vin en soirée, ce B&B écologique est romantique à souhait. Il est aménagé dans deux attrayantes maisons victoriennes de la fin des années 1800 et les chambres – meubles d'époque, bains à remous privatifs et belles peintures murales – ont toutes une personnalité différente.

Crawford Hotel HÔTEL $$$
(carte p. 78 ; 855-362-5098 ; www.thecrawfordhotel.com ; 1701 Wynkoop St, Union Station ; ch à partir de 290 $, ste à partir de 529 $; ; 55L, 72L, 120L, FF2, A, B, C, E, W). Établi dans la gare historique d'Union Station (p. 86), le Crawford incarne l'incroyable métamorphose de Denver. Les chambres, luxueuses, ont de hauts plafonds et des touches rétro, dont des têtes de lit Art déco ou des baignoires à pattes de lion. Le service est irréprochable et le Terminal, le bar de la gare, participe à la bonne ambiance. À quelques pas de l'hôtel, la ligne A du métro léger RTD relie directement l'aéroport (p. 85).

Curtis HÔTEL $$$
(carte p. 78 ; 303-571-0300 ; www.thecurtis.com ; 1405 Curtis St ; ch 309-449 $; ; 9, 10, 15, 20, 28, 32, 38, 43, 44). Le Curtis vous plongera dans un monde merveilleux à la Warhol ; chacun de ses 13 niveaux à thème

est dédié à une facette de la culture pop américaine. Les chambres sont spacieuses et très modernes. Le sens du détail - qu'il s'agisse du service ou de la décoration - est une priorité ici. Bien que géré par le Doubletree, cet hôtel est unique en son genre au cœur du centre-ville.

Art – a Hotel BOUTIQUE-HÔTEL **$$$**
(carte p. 78 ; 303-572-8000 ; www.thearthotel.com ; 1201 Broadway ; ch à partir de 400 $; ; 0, 6, 10, 52). Comme son nom le laisse augurer, cet hôtel, en plus de compter son lot de curieuses œuvres d'art, aussi bien dans les chambres que dans les salles communes, fait honneur à son emplacement, tout proche du Denver Art Museum (p. 77). Les chambres sont modernes et de bonne taille. Le grand patio, ouvert à tous, se révèle idéal pour un cocktail lors de l'*happy hour*, avec ses braseros et sa vue splendide.

Où se restaurer

La scène culinaire de Denver est florissante, de nouveaux restaurants, cafés et *food trucks* apparaissent régulièrement. Le centre-ville n'a pas son pareil en matière de choix, même si certains des meilleurs restaurants de la ville sont à découvrir à pied dans les quartiers de LoHi, RiNo, South Broadway, Uptown et Five Points. En périphérie, la ville d'Aurora compte les meilleures tables ethniques de Denver. Consultez www.5280.com pour connaître les dernières ouvertures.

Denver Central Market AIRE DE RESTAURATION **$**
(carte p. 78 ; www.denvercentralmarket.com ; 2669 Larimer St ; 8h-21h dim-jeu, 8h-22h ven-sam ; 44, 48). Installé dans un entrepôt restauré, ce marché gourmand vous éblouira par le nombre et la variété de ses étals et échoppes. Optez pour un sandwich ou une assiette de pâtes faits maison, une pizza cuite au feu de bois ou encore des tacos à manger sur le pouce. Sinon, contentez-vous de prendre un cocktail au bar et de déambuler entre les stands de fruits et de chocolats. Les clients s'installent à de grandes tables communes ou en terrasse côté rue.

Civic Center Eats FOOD-TRUCKS **$**
(carte p. 78 ; 303-861-4633 ; www.civiccenterconservancy.org ; angle Broadway et Colfax Ave, Civic Center Park ; plats 5-10 $; 11h-14h mar-jeu mai-oct ; ; 0, 9, 10, 52). Quand le temps se réchauffe, le **Civic Center Park** est idéal pour déjeuner. Vous y trouverez un large choix de *food trucks* - des grillades aux pizzas, en passant par les sushis et les plats indiens - et pourrez profiter des tables à disposition. Des groupes jouent de la musique *live*, tandis que des employés prennent leur pause-déjeuner sur l'herbe : voici Denver sous son meilleur jour.

Hop Alley CHINOIS **$$**
(carte p. 78 ; 720-379-8340 ; www.hopalleydenver.com ; 3500 Larimer St ; plats 10-25 $; 17h30-22h30 lun-sam ; ; 12, 44). Hop Alley était le surnom injurieux donné au misérable quartier de Chinatown à Denver jusque dans les années 1880, quand une émeute raciale et l'adoption de lois contre les Chinois dispersèrent la communauté. Le sobriquet a été repris par ce petit restaurant animé, aménagé dans une ancienne usine de sauce soja. On y sert des plats chinois typiques, relevés d'une touche d'originalité, et des cocktails tout aussi créatifs aux noms tirés de l'astrologie chinoise.

Acorn AMÉRICAIN **$$$**
(carte p. 78 ; 720-542-3721 ; www.denveracorn.com ; 3350 Brighton Blvd, Source ; plats 14-30 $; 11h30-22h lun-sam, 17h30-22h dim ; ; 12, 20, 48). Le four à bois et le grill sont le centre de toutes les attentions dans ce superbe restaurant. Ici, les repas sont présentés sous forme de petites assiettes créatives à partager. Cornichons frits, broccolinis cuits au feu de bois, pozole au porc fumé..., la carte, saisonnière, connaît un beau succès. Si les prix du soir vous semblent trop élevés, venez vous restaurer en milieu de journée (entre 14h30 et 17h30) - la carte est moins fournie, mais plus abordable.

Rioja AMÉRICAIN MODERNE **$$$**
(carte p. 78 ; 303-820-2282 ; www.riojadenver.com ; 1431 Larimer St ; plats 20-40 $; 11h30-14h30 mer-ven, 10h-14h30 sam-dim, 17h-22h tlj ; ; 10, 28, 32, 38, 44). L'un des restaurants les plus novateurs de Denver. Chic et animé, le Rioja n'en est pas moins empreint d'une certaine décontraction. Il a pour spécialité une cuisine moderne pleine de saveur, inspirée de plats traditionnels italiens et espagnols.

Root Down AMÉRICAIN MODERNE **$$$**
(carte p. 78 ; 303-993-4200 ; www.rootdowndenver.com ; 1600 W 33rd Ave ; petites assiettes 8-19 $, plats 14-35 $; 17h-22h dim-jeu, 17h-23h ven-sam, 11h-14h ven, 10h-14h30 sam-dim ; ; 19, 52). Installé dans une ancienne station-service,

le Root est réputé pour sa cuisine fusion de haut vol, préparée dans le respect d'une éthique écologique. Les produits viennent de la ferme et la carte change à chaque saison ; avec un peu de chance, votre visite coïncidera avec le falafel de patate douce ou les burgers à l'agneau du Colorado. Mets végétariens, vegétaliens, crus ou sans gluten également.

Où prendre un verre et faire la fête

Plusieurs quartiers de Denver ont la faveur des noctambules. Uptown est apprécié de la communauté gay et des jeunes adultes, LoDo ne manque pas de bars sportifs bruyants où l'alcool coule à flots, RiNo attire les hipsters, LoHi est fréquenté par une foule éclectique, tandis que South Broadway et Colfax sont le domaine des amateurs de vintage.

Black Shirt Brewing Co BRASSERIE

(carte p. 78 ; 303-993-2799 ; www.blackshirt-brewingco.com ; 3719 Walnut St ; 11h-22h dim-jeu, 11h-minuit ven-sam ; ; 12, 44, A). La carte de cette brasserie très appréciée ne comporte que des bières rousses artisanales, dont le brassage dure de deux mois à trois ans. Elles sont si délicates que les brasseurs ont élaboré des verres obliques pour en développer tous les arômes. La musique *live* est ici de mise, tout comme la bonne chère – pizzas cuites au feu de bois et salades composées.

Crema Coffee House CAFÉ

(carte p. 78 ; 720-284-9648 ; www.cremacoffee-house.net ; 2862 Larimer St ; 7h-17h ; ; 44). Noah Price, créateur de mode devenu maître ès cafés, prend son métier à cœur. Il sélectionne, prépare et sert l'un des meilleurs cafés de Denver. L'expresso et le café allongé sont divins, mais le succès de cette adresse tient surtout au café au lait d'avoine, aux thés glacés légers et à la carte incroyablement variée – des keftas marocaines aux sandwichs au beurre de cacahuète, gelée et fromage de chèvre.

Williams & Graham BAR À COCKTAILS

(carte p. 78 ; 303-997-8886 ; www.williams-andgraham.com ; 3160 Tejon St ; 17h-1h ; 32, 44). On entre par une fausse librairie dans ce lieu évoquant les établissements clandestins chics de naguère (les fameux "speakeasy"), décoré de bois patiné, d'éléments en laiton brillant, de lampes anciennes et de plafonds en aluminium. Des mixologistes parés de tablier préparent avec adresse des cocktails inventifs.

Linger LOUNGE

(carte p. 78 ; 303-993-3120 ; www.lingerdenver.com ; 2030 W 30th Ave ; 11h30-14h30 et 16h-22h mar-jeu, 11h30-14h30 et 16h-23h ven, 10h-14h30 et 16h-23h sam, 10h-14h30 dim ; 28, 32, 44). Cet immense établissement de LoHi occupe l'ancienne morgue Olinger. Le soir, le "O" de son enseigne est éteint pour ne plus laisser affiché que "Linger" ("s'attarde" en français). Le bar, aménagé sur le toit éclairé de nuit, est égayé d'une réplique du camping-car du film d'Ivan Reitman, *Les Bleus* (*Stripes* ; 1981), avec Bill Murray.

Tracks GAY

(carte p. 78 ; 303-863-7326 ; www.tracksdenver.com ; 3500 Walnut St ; 21h-2h ven-sam, horaires variables dim-jeu ; 44, A). Le meilleur club gay de Denver offre une programmation épatante, dont une soirée réservée aux plus de 18 ans le jeudi et des spectacles de drag-queens le vendredi. L'endroit privilégie clairement les jeunes et jolis garçons, avec de la bonne musique et un cadre à la hauteur. Le samedi est *la* soirée dance de la semaine. Gratuit avant 22h, puis 10 $ l'entrée.

Falling Rock Tap House BAR

(carte p. 78 ; 303-293-8338 ; www.fallingrock-taphouse.com ; 1919 Blake St ; 11h-2h ; 0, 15, 20). Chaque triomphe des Colorado Rockies est salué avec enthousiasme et célébré autour d'une bière. Il y en a ici plus de 80 à la pression au comptoir, ainsi que quelque 150 en bouteille à la carte, et l'ensemble inclut toutes les productions locales. Soit l'endroit incontournable pour boire une mousse en centre-ville.

Crú BAR À VINS

(carte p. 78 ; 303-893-9463 ; www.cruawinebar.com ; 1442 Larimer St ; 14h-minuit lun-jeu, 12h-2h ven-sam, 10h30-15h dim ; 10, 28, 32, 38, 44). Cet élégant bar à vins de Larimer Square est décoré d'étiquettes de grands crus et d'un mur de bouteilles, le tout agrémenté d'un éclairage tamisé et d'une musique d'ambiance. Son cadre est très personnalisé, pourtant il s'agit bien d'une chaîne (avec d'autres filiales à Dallas et Austin). L'*happy hour* (16h-18h30 du lundi au vendredi) consiste en des réductions de 3 $ sur les plateaux dégustation de vin et sur certains en-cas, comme les moules et les beignets au fromage de chèvre.

HORS DES SENTIERS BATTUS

CONCERT À RED ROCKS

Le **Red Rocks Amphitheatre** (303-697-4939 ; www.redrocksonline.com ; 18300 W Alameda Pkwy, Morrison ; 5h-23h ;) est pris en étau entre des rochers de grès rouge de 122 m de haut, à 24 km au sud-ouest de Denver. L'acoustique y est si bonne que de nombreux artistes viennent y enregistrer leurs albums live. L'amphithéâtre de 9 000 places offre une vue remarquable et attire de grands noms de la musique pendant tout l'été. Voir son artiste préféré se produire à Red Rocks, c'est assister à un spectacle sur une des scènes les plus exceptionnelles du monde. Beaucoup de voyageurs viennent au Colorado spécialement pour ce lieu.

☆ Où sortir

La ville fourmille d'idées de sorties. Partout vous trouverez de la musique live et des spectacles, des clubs de jazz intimes à l'immense centre des arts de la scène de Denver (Denver Performing Arts Complex, ci-dessous). C'est l'une des rares villes du pays avec des équipes de première ligue dans quatre sports différents (base-ball, hockey, football américain et basket-ball), ainsi que des équipes professionnelles de football et de crosse. Sans compter les comédies, les films, la danse, les spectacles tout public et les festivals annuels.

Denver Performing Arts Complex SPECTACLES

(carte p. 78 ; 720-865-4220 ; www.artscomplex.com ; angle 14th St et Champa St). Cet immense complexe occupe quatre pâtés de maisons et comprend 10 grandes salles, dont l'ancien **Ellie Caulkins Opera House** et le Boettcher Concert Hall. Il accueille également l'orchestre symphonique (ci-contre), l'**Opera Colorado** (carte p. 79 ; 303-468-2030 ; www.operacolorado.org ; billetterie 10h-17h lun-ven ; ; 9, 15, 28, 32, 38, 43, 44) et le **Colorado Ballet** (carte p. 78 ; 303-837-8888 ; www.coloradoballet.org ; 1075 Santa Fe Dr ; billetterie 9h-17h lun-ven ; ; 1, 9), ainsi que le **Denver Center for the Performing Arts** (carte p. 78 ; 303-893-4100 ; www.denvercenter.org ; 1101 13th St ; billetterie 10h-18h lun-sam et 1h avant chaque spectacle ; ; 9, 15, 28, 32, 38, 43, 44).

Curious Theatre THÉÂTRE

(carte p. 78 ; 303-623-0524 ; www.curioustheatre.org ; 1080 Acoma St ; billetterie 14h-18h mar-sam ; 0, 6, 52). "*No guts, no story*" (sans audace, pas d'histoire), telle est la devise de cette troupe de théâtre primée, qui a investi une ancienne église. Les pièces frappent fort, avec des histoires intenses sur fond d'injustice sociale : discrimination, immigration, sexisme... À l'issue de la représentation, les acteurs discutent de la pièce avec le public. Billets à partir de 18 $.

El Chapultepec JAZZ

(carte p. 78 ; 303-295-9126 ; www.thepeclodo.com ; 1962 Market St ; 7h-1h, musique à partir de 21h ; 38). Ce petit bar enfumé à l'ancienne attire des amateurs de jazz de tous horizons. Depuis son ouverture en 1951, Frank Sinatra, Tony Bennett et Ella Fitzgerald s'y sont notamment produits, ainsi que les Rolling Stones. Tous les soirs, un des groupes de jazz du coin joue sur la scène, mais on ne sait jamais lequel à l'avance.

Hi-Dive MUSIQUE LIVE

(303-733-0230 ; www.hi-dive.com ; 7 S Broadway ; 0). Les stars de rock locales et les groupes indé en tournée se produisent sur la scène du Hi-Dive, un établissement au cœur de la scène musicale de Denver. Pendant les gros concerts, la musique est assourdissante, le public serré comme des sardines et l'atmosphère moite à souhait.

Ogden Theatre MUSIQUE LIVE

(carte p. 78 ; 303-832-1874 ; www.ogdentheatre.com ; 935 E Colfax Ave ; billetterie 10h-14h sam, 1h avant l'ouverture des portes les jours de spectacles ; 15). L'Ogden Theatre a une histoire décousue. Bâti en 1917, il fut un temps livré à la décrépitude au point de manquer d'être rasé au début des années 1990, mais il figure désormais au Registre national des lieux historiques. Il a accueilli des concerts de stars comme Lady Gaga ou Edward Sharpe & the Magnetic Zeros.

Colorado Symphony Orchestra MUSIQUE CLASSIQUE

(CSO ; carte p. 78 ; 303-623-7876 ; www.coloradosymphony.org ; 1000 14th St, Boettcher Concert Hall ; billetterie 10h-18h lun-ven, 12h-18h sam ; ; 9, 15, 28, 32, 38, 43, 44). Au sein du Denver Performing Arts Complex (ci-contre), c'est dans le Boettcher Concert Hall que se produit ce célèbre orchestre symphonique. Il interprète des chefs-d'œuvre pendant une saison de 21 semaines, et y donne des concerts destinés à un public plus large. Il joue ainsi la bande-son de films à succès dont sont projetés des extraits, comme *La La Land* ou *Harry Potter et le prisonnier d'Azkaban*.

Bluebird Theater MUSIQUE LIVE
(303-377-1666 ; www.bluebirdtheater.net ; 3317 E Colfax Ave ; ; 15). L'entrée générale et le placement debout sont la norme dans cette salle de taille moyenne. Elle offre une excellente acoustique et une vue plongeante sur la scène depuis le balcon. C'est le dernier lieu de passage de groupes en chemin vers la gloire – les Lumineers et DeVotchKa s'y sont ainsi produits.

Landmark Mayan Theatre CINÉMA
(303-744-6799 ; www.landmarktheatres.com ; 110 Broadway ; ; 0). Ici, point de stéréo moderne ni d'écran géant ; cette salle de cinéma des années 1930, conçue dans le style néo-maya Art déco (Mayan Revival style), n'en est pas moins le meilleur endroit de Denver pour aller voir un film indépendant. Le cadre est à la fois romantique et chargé d'histoire et, cerise sur le gâteau, il y a un café-lounge.

Achats

Tattered Cover Bookstore LIVRES
(carte p. 78 ; 303-436-1070 ; www.tatteredcover.com ; 1628 16th St ; 7h-21h lun-ven, 9h-21h sam, 10h-18h dim ; ; 10, 19, 28, 32, 44, MallRide). Librairie indépendante, offrant de nombreux fauteuils où s'installer pour feuilleter les livres. Débordant d'ouvrages neufs et d'occasion, elle possède un rayon bien fourni de guides touristiques régionaux et de livres sur les États et le folklore de l'Ouest américain. Une seconde boutique, plus petite, se trouve dans Colfax près de City Park.

REI SPORTS ET PLEIN AIR
(Recreational Equipment Incorporated ; carte p. 78 ; 303-756-3100 ; www.rei.com ; 1416 Platte St ; 9h-21h lun-sam, 9h-19h dim ; ; 10, 28, 32, 44). Outre d'excellents équipements pour tous les sports de plein air, le magasin dispose d'un service de location, de cartes et d'un mur d'escalade.

Fancy Tiger Crafts ART ET ARTISANAT
(303-733-3855 ; www.fancytigercrafts.com ; 59 Broadway ; 10h-19h lun et mer-sam, 10h-21h mar, 11h-18h dim ; ; 0). Fancy Tiger Crafts est une mercerie branchée pour les âmes créatrices de Denver. Bel assortiment de tissus, de laines et de livres. Des cours sont donnés dans l'arrière-boutique (certains sont animés par Jessica, experte en patchwork).

Renseignements

Les événements sont très bien recensés sur le site Internet de l'office du tourisme (www.denver.org).

Downtown Tourist Information Center (Office du tourisme du centre-ville ; carte p. 78 ; 303-892-1505 ; www.denver.org ; 1575 California St ; 9h-18h lun-ven, 9h-17h sam, 10h-14h dim mai-oct, 9h-17h lun-ven, 9h-14h sam, 10h-14h dim nov-avr ; 9, 15, 20, MallRide, D, F, H). En arrivant en ville, dirigez-vous vers cet office du tourisme situé juste en retrait du centre commercial 16th Street Mall. C'est le plus central et le plus important de Denver. Vous pourrez y faire le plein de prospectus, chercher des informations touristiques en ligne et obtenir des renseignements fiables. Une petite boutique y vend aussi des objets souvenirs de qualité.

ORIC (Outdoor Recreation Information Center ; carte p. 78 ; ligne principale du REI 303-756-3100 ; www.oriconline.org ; 1416 Platte St ; horaires variables ; ; 10, 28, 32, 44). Avant de partir en excursion, passez au comptoir de l'ORIC, installé dans l'enceinte du magasin REI. Il fournit des cartes et des renseignements détaillés pour l'organisation de votre voyage et votre sécurité. Le comptoir est tenu par des bénévoles et les horaires sont aléatoires, mais il devrait être ouvert si vous venez pendant le week-end, dans l'après-midi.

Visit Denver Information Booth (carte p. 78 ; 303-317-0629 ; www.visitdenver.com ; Union Station ; 9h-17h30 lun-sam, 10h-14h dim ; ; A). Comptoir d'information dans la gare d'Union Station ; le personnel compétent vous aidera à organiser votre après-midi ou votre semaine.

Depuis/vers Denver

AVION

Le **Denver International Airport** (DIA ; 303-342-2000 ; www.flydenver.com ; 8500 Peña Blvd ; 24h/24 ; ; A) est un important pôle aérien et l'un des aéroports les plus fréquentés du pays. Une navette relie le terminal aux trois halls (le hall C est à environ 1,5 km du terminal).

L'aéroport de Denver (DIA) est à 38,5 km du centre-ville. Prenez l'I-70 et la sortie 238 (Peña Blvd). De là, comptez 19 km jusqu'au terminal principal. Vous verrez le toit en fibre de verre couverte de Teflon se dresser en vis-à-vis des montagnes au loin. Un train RTD (p. 86) vous conduira de l'aéroport à la gare d'Union Station.

BUS

Plusieurs lignes de bus Greyhound parcourent le Front Range et les routes transcontinentales. Tous les bus font halte au **Denver Bus Center** (gare routière ; carte p. 78 ; ☎303-293-6555 ; 1055 19th St ; ⏲6h-minuit ; 📶 ; 🚌8, 48).

L'**Epic Mountain Express** (☎800-525-6363 ; www.epicmountainexpress.com ; 8500 Peña Blvd, Denver International Airport ; 📶 👪 ; 🚆A) assure la liaison entre l'aéroport de Denver (DIA), le centre-ville de Denver (Downtown Denver) ou Morrison et le Summit County, en particulier Breckenridge et Keystone (adulte/enfant 66/35 $, 2 heures 30), ainsi que Vail (adulte/enfant 84/44 $, 3 heures).

La **Colorado Springs Shuttle** (☎877-587-3456 ; www.coloradoshuttle.com ; 8500 Peña Blvd, Denver International Airport ; 📶 👪 ; 🚆A) fait la navette entre l'aéroport et Colorado Springs (adulte/enfant 50/25 $, 2 heures).

Les bus du Regional Transportation District (RTD ; carte p. 78 ; ☎303-299-6000 ; www.rtd-denver.com ; 1600 Blake St ; 🚌10, 19, 28, 32, 44, MallRide) pour Boulder (Route FF1, 4,50 $) assurent de fréquentes liaisons depuis Union Station (ci-dessous). Les vélos sont acceptés dans la soute. Pour rejoindre Golden, prendre le bus n°16L (4,50 $), qui s'arrête à l'angle de Colfax et Broadway.

TRAIN

Amtrak (☎800-872-7245 ; www.amtrak.com) assure la liaison ferroviaire quotidienne du *California Zephyr* entre Chicago (121-325 $, 19 heures) et San Francisco (144-446 $, 33 heures), avec un arrêt à la gare d'**Union Station** (carte p. 78 ; ☎303-592-6712 ; www.unionstationindenver.com ; 1701 Wynkoop St ; 🅿 ; 🚌55L, 72L,120L, FF2, 🚆A, B, C, E, W) de Denver, superbement restaurée.

Comment circuler

DEPUIS/VERS L'AÉROPORT

À l'aéroport international de Denver (DIA), un Ground Transportation Center (centre de transports terrestres) bénéficie d'un emplacement central au 5e niveau du terminal, près du retrait des bagages. Toutes les compagnies de transport y ont un guichet, tandis que les passagers peuvent prendre des vans, des navettes et des taxis juste à l'extérieur.

Les navettes d'hôtel gratuites sont le moyen le plus économique de rallier/quitter l'aéroport. Vous pourrez vous procurer leur numéro de téléphone au Ground Transportation Center.

Le métro léger (ligne A ; 10,50 $, 45 minutes) **RTD** (ci-dessus) fait la liaison entre l'aéroport de Denver et Downtown, en desservant les banlieues de Denver au passage.

Une course de taxi pour le centre de Denver coûte environ 60 $, pourboire non compris. Les prestataires Lyft et Uber sont tous deux prisés.

Il existe aussi plusieurs compagnies de navettes d'aéroport, comme **SuperShuttle** (☎800-258-3826 ; www.supershuttle.com ; ⏲24h/24; 🚆A), ainsi que des limousines. Par ailleurs, des navettes desservent fréquemment le Front Range et les montagnes/domaines skiables depuis l'aéroport.

TAXI

Deux principales compagnies de taxis assurent un service de porte à porte à Denver. Les services de VTC ont un succès énorme.

Metro Taxi (☎303-333-3333 ; www.metrotaxidenver.com ; ⏲24h/24)

Yellow Cab (☎303-777-7777 ; www.denveryellowcab.com ; ⏲24h/24)

TRANSPORTS PUBLICS

Le Regional Transportation District assure les transports publics dans la région de Denver et Boulder (billet local/régional 3/5,25 $). Le site Internet donne les horaires, les lignes et les tarifs, et permet de planifier ses trajets.

VÉLO

Denver compte quantité de pistes cyclables en ville et un excellent réseau d'itinéraires pour quitter la ville. Citons notamment les parcours le long du Platte River Parkway, le Cherry Creek Bike Path et le réseau qui rejoint Golden (2 heures environ). Les sites de Bike Denver (www.bikedenver.org) et City of Denver (www.denvergov.org) fournissent des renseignements exhaustifs sur le vélo à Denver, ainsi que des cartes des pistes cyclables de la ville à télécharger. Lyft et Jump proposent des vélos en libre-service accessibles depuis l'application.

B-Cycle (☎303-825-3325 ; www.denverbcycle.com ; abonnement 1 journée 9 $; ⏲5h-minuit ; 👪). Cette entreprise de vélos en libre-service possède plus de 80 stations à Denver. Le tarif journalier permet des trajets illimités, par sessions de 30 minutes maximum.

Boulder

Boulder est associée à moult stéréotypes. On la qualifie de "hippie", de "yuppie", de "prétentieuse", mais aussi "de plus bel endroit sur Terre". Comme nombre de préjugés, ceux-ci recèlent souvent au moins une once de vérité. Avant tout, et quoi qu'on en dise, il fait bon vivre à Boulder.

Au centre de tout figure le campus de l'université du Colorado, avec ses pelouses impeccables et ses hauts bâtiments en pierre. L'ambiance universitaire se ressent en outre dans les expositions, les concerts, les cercles de joueurs de tambours et les débats intellectuels de haut vol.

Au-delà du campus, la ville est constituée d'un charmant ensemble d'enclaves commerçantes, comme la zone piétonne de Pearl Street Mall, mais aussi de sentiers de randonnée, de parcs et de maisons victoriennes centenaires.

À la lisière de l'agglomération s'étend l'un des meilleurs réseaux de parcs des États-Unis, avec une floppée d'activités de plein air à portée de main.

Chautauqua Park PARC
(303-442-3282 ; www.chautauqua.com ; 900 Baseline Rd ; HOP 2). Ce parc historique est le point de départ vers le plus beau coin de nature de la ville : les Flatirons. Vous y croiserez de nombreux pique-niqueurs, installés sur ses grandes pelouses, ainsi que des randonneurs, des grimpeurs et des coureurs. Du fait de l'affluence, il est parfois difficile de se garer. Les week-ends d'été, la municipalité de Boulder propose des navettes gratuites depuis le centre-ville et les parkings périphériques (parktopark.org).

Dairy Arts Center CENTRE ARTISTIQUE
(303-440-7826 ; www.thedairy.org ; 2590 Walnut St ; tarifs variables ; P ; HOP). Ancienne laiterie convertie en centre artistique, le Dairy est l'un des principaux pôles culturels de Boulder. C'est un complexe de pointe comprenant trois scènes, quatre galeries et une salle de cinéma de 60 places. L'agenda est toujours bien rempli : conférences, théâtre, danse moderne, expositions... Le site comprend également un petit café et un bar.

Boulder Creek SPORTS AQUATIQUES
(). La descente de Boulder Creek en bouée gonflable est l'activité estivale par excellence. La plupart des gens partent d'**Eben G Fine Park** (Boulder Canyon Dr ; P ; 205, N) et descendent jusqu'à 30th Street, voire 55th Street. Attention au débit de l'eau, surtout en début de saison ; à partir de 5,6 m^3 par seconde, ça secoue pas mal.

Eldorado Canyon State Park PARC
(303-494-3943 ; cpw.state.co.us/placestogo/parks/EldoradoCanyon ; 9 Kneale Rd, Eldorado Springs ; 9 $; aube-crépuscule, Visitor Center 9h-17h). Ce site extraordinaire d'escalade, principalement en fissure traditionnelle, comprend des voies cotées de 5.5 à 5.14. Une vingtaine de kilomètres de sentiers de randonnée accessibles à tous permettent de rejoindre Chautauqua Park. Si vous n'êtes pas frileux, vous pourrez vous baigner dans la piscine publique, alimentée par l'eau de source du canyon. Parc situé à 8 km au sud-ouest de la ville.

Local Table Tours NOURRITURE, BOISSON
(303-909-5747 ; www.localtabletours.com ; visite guidée 39-79 $; horaires variables ;). Joignez-vous à une visite guidée originale du centre-ville, qui vous permettra de découvrir la gastronomie locale et d'intéressants détails sur le vin. Les circuits sur les brasseries, les cocktails, le café ou encore le chocolat sont leur spécialité. D'autres mettent en valeur des commerces locaux de produits bio ou régionaux.

Fêtes et festivals

Bolder Boulder COURSE À PIED
(303-444-7223 ; www.bolderboulder.com ; adulte/enfant à partir de 73/58 $; dernier lundi de mai ; ; 209, STAMPEDE). Avec plus de 50 000 coureurs, certains professionnels, d'autres déguisés, des groupes de musique live et une foule de fêtards au bord du parcours, cette course de 10 km est certainement l'une des plus amusantes des États-Unis. Elle s'achève à Folsom Field, le stade de football américain de l'université du Colorado.

MARCHÉ FERMIER

Le **Boulder County Farmers Market** (303-910-2236 ; www.boulderfarmers.org ; 13th St, entre Canyon Blvd et Arapahoe Ave ; 8h-14h sam avr-nov, 16h-20h mer mai-oct ; ; 203, 204, 205, 206, 208, 225, DASH, JUMP, SKIP), printanier et estival, affiche de vives couleurs grâce à ses étals alimentaires, principalement bio. Vous y trouverez des fleurs et des aromates, de gros champignons, de délicates fleurs de courgettes, des bretzels croustillants, des en-cas végétaliens, de la viande de bœuf de pâturage, du muesli complet et des yaourts. Les stands de plats cuisinés proposent toutes sortes de délicieuses saveurs internationales. Des musiciens ajoutent à l'ambiance, tandis que les familles pique-niquent dans le parc sur la rive de Boulder Creek.

Boulder Creek Festival MUSIQUE, NOURRITURE
(303-777-6887 ; www.bouldercreekfest.com ; Canyon Blvd, Central Park ; mai ; ; 203, 204, 225, AB, B, DASH, DD, DM, GS, SKIP). GRATUIT Cet important festival qui marque le début de l'été est couronné par le fameux Bolder Boulder (p. 87). Plus de 10 zones accueillent des événements, avec 30 animateurs de rue et plus de 500 camelots, et aussi une fête foraine. Il y a à manger, à boire, des divertissements et du soleil.

Où se loger

Chautauqua Lodge & Cottages HÔTEL HISTORIQUE $$
(303-952-1611 ; www.chautauqua.com ; 900 Baseline Rd ; ch à partir de 129 $, cottages à partir de 200 $; ; HOP 2). Coup de cœur pour ces cottages, nichés dans un coin arboré de Chautauqua Park, au départ de magnifiques sentiers de randonnée pour les Flatirons. Les cottages (de 1 à 3 chambres) sont prolongés d'une véranda, les lits sont décorés de couvertures en patchwork, et les chambres ont l'attrait du moderne. Une excellente option pour les familles. Toutes sont équipées d'une cuisine complète, bien que l'immense véranda du Chautauqua Dining Hall soit très appréciée à l'heure du petit-déjeuner.

Boulder Adventure Lodge HÔTEL $$
(A-Lodge ; 303-444-0882 ; www.a-lodge.com ; 91 Fourmile Canyon Dr ; empl tente/dort/ch 45/65/189 $; ; N). Si vous êtes à Boulder pour profiter du plein air, rapprochez-vous encore de la nature dans cet hôtel non loin de la ville. À l'Adventure Lodge, vous pourrez faire de la randonnée, du vélo, de l'escalade et pêcher, sans quitter la propriété. Les chambres, allant des dortoirs aux suites, sont simples mais bien aménagées. L'hôtel comprend une piscine, un foyer et d'autres équipements invitant à la convivialité entre les visiteurs comme avec le personnel.

Briar Rose B&B B&B $$
(303-442-3007 ; www.briarrosebb.com ; 2151 Arapahoe Ave; ch à partir de 184 $; ; JUMP). Sublime et confortable, cette paisible demeure est à deux pas de la Naropa University. Une haute clôture et un jardin paysager l'isolent de l'animée Arapahoe Avenue. À l'intérieur, les chambres douillettes à l'influence bouddhique reflètent le zen pratiqué par l'un des propriétaires. Petit-déjeuner végétarien et bio avec une bonne sélection de thés. Vélos à disposition.

St Julien Hotel & Spa HÔTEL $$$
(720-406-9696, réservations 877-303-0900 ; www.stjulien.com ; 900 Walnut St ; ch/ste à partir de 400/495 $; ; 205, HOP, SKIP). En plein centre-ville, le plus élégant des quatre-étoiles de Boulder est moderne, raffiné et chaleureux. La cour arrière, jouissant d'un splendide panorama sur les Flatirons, accueille des concerts de musique jazz et du monde, ainsi que des soirées de danses latines. Les chambres sont spacieuses et chics. Le spa de l'hôtel est connu pour être l'un des meilleurs à la ronde.

Où se restaurer

Rayback Collective FOOD-TRUCKS $
(303-214-2127 ; www.therayback.com ; 2775 Valmont Rd ; plats 6-12 $; 11h-22h lun-ven, 11h-23h sam, 11h-21h dim ; ; 205, BOLT). D'ancienne quincaillerie, le Rayback est devenu une oasis urbaine incarnant la quintessence de Boulder. Il s'agit d'un lieu chaleureux, avec un bel extérieur où se rassembler autour d'un feu de camp ou jouer sur la pelouse. Vous pourrez écouter de la musique live dans le confort du salon ou encore boire une bière locale ou un kombucha au bar. Choix varié de *food-trucks* qui combleront vos envies de gourmandise. Ici, chacun est bienvenu quel que soit son âge, on accueille même les animaux de compagnie.

Rincón Argentino ARGENTIN $
(303-442-4133 ; www.rinconargentinoboulder.com ; 2525 Arapahoe Ave ; plats 4-13 $; 11h-20h lun-jeu, 11h-21h ven-sam ; ; JUMP). Ne vous arrêtez pas au cadre impersonnel : le Rincón propose une cuisine aux riches saveurs argentines. Les *empanadas* – chaussons fourrés à la viande épicée, ou à la mozzarella et au basilic – s'accompagnent parfaitement d'un verre de malbec. Goûtez aussi au maté – ou thé du Paraguay – et aux sandwichs au bœuf pané à la milanaise.

Oak at Fourteenth AMÉRICAIN MODERNE $$
(303-444-3622 ; www.oakatfourteenth.com ; 1400 Pearl St ; plats 13-30 $; 11h30-22h lun-sam, 17h30-22h30 dim ; 205, 206). Acidulé et novateur, l'Oak est réputé pour ses cocktails exquis et ses assiettes légères délicieuses pour dîner avec classe. Ne manquez pas le filet mignon de porc grillé chemisé de lard, ou les sashimis de concombre nappés de fruits de la passion. Les plats "de la ferme

à la table" sont servis en portions minimalistes mais riches en saveurs. Les serveurs sont de bon conseil. Seul bémol : l'ambiance assez bruyante, peu propice aux discussions privées.

Brasserie Ten Ten BISTROT **$$**
(☎303-998-1010 ; www.brasserietenten.com ; 1011 Walnut St ; plats 15-27 $; 11h-22h lun-jeu, 11h-23h ven, 9h-23h sam, 9h-21h dim ; 203, 204, 225, AB, B). Repaire des étudiants comme des enseignants, ce bistrot français ensoleillé allie carte raffinée et cadre élégant, tout en fleurs fraîches, comptoirs en marbre et laiton. Aussi chic que soit l'endroit, on y profite d'imbattables *happy hours* avec des crêpes, de petits sandwichs, des moules et de la bière. Ne manquez pas les frites à la truffe.

Salt AMÉRICAIN MODERNE **$$**
(☎303-444-7258 ; www.saltthebistro.com ; 1047 Pearl St ; plats 15-30 $; 11h-21h lun-jeu, 11h-23h ven-sam, 10h-21h dim ; ; 208, HOP, SKIP). S'il n'est pas rare que les restaurants de Boulder s'approvisionnent directement chez les producteurs, le Salt n'en sort pas moins du lot. Les *fettuccine* maison et leurs pois mange-tout, les endives et la crème aux herbes emballeront vos papilles. Préparée de main de maître, la viande est celle de bêtes d'élevage local. Les serveurs sont de bons conseils.

Frasca ITALIEN **$$$**
(☎303-442-6966 ; www.frascafoodandwine.com ; 1738 Pearl St ; plats 35 $, menus dégustation 65-130 $; 17h30-21h30 lun-jeu, 17h30-22h30 ven, 17h-22h30 sam ; ; HOP, 204). Réputé meilleur restaurant de Boulder (il a remporté le prix sommelier James Beard), le Frasca sublime, dans sa cuisine impeccable, des produits fermiers de la plus grande fraîcheur. La carte, souvent renouvelée, propose des plats comme le généreux porc braisé, les gnocchis maison et la caille rôtie accompagnée de poireaux et de pousses de petits pois. Réservez plusieurs jours, voire semaines, à l'avance. Menu dégustation avantageux à 65 $ le lundi avec des suggestions de vins assortis aux plats.

Où prendre un verre et sortir

Mountain Sun BRASSERIE
(☎303-546-0886 ; www.mountainsunpub.com ; 1535 Pearl St ; 11h-1h ; ; HOP, 205, 206). La brasserie la plus populaire de Boulder est toujours pleine à craquer d'une clientèle éclectique allant du hippie au yuppie. Les murs sont ornés de textiles, il y a des jeux de société pour toute la famille (et des menus enfant) et la cuisine de pub est savoureuse (burgers délicieux).

Avery Brewing Company BRASSERIE
(☎303-440-4324 ; www.averybrewing.com ; 4910 Nautilus Ct ; 11h-23h mar-dim, 15h-23h lun ; 205). L'Avery joue dans la catégorie des grands, dans cet imposant bâtiment sur deux niveaux comprenant la brasserie et une boutique de souvenirs où vous pourrez acheter des chapeaux et des T-shirts. La terrasse et la salle de dégustation du rez-de-chaussée affichent une ambiance animée et enjouée, tandis qu'au premier étage le restaurant est plus calme. Les bières sont excellentes, de l'Apricot Sour à la diabolique Mephistopheles Stout.

Bitter Bar BAR À COCKTAILS
(☎303-442-3050 ; www.thebitterbar.com ; 835 Walnut St ; 17h-minuit lun-jeu, 17h-2h ven-sam ; HOP). Dans ce bar chic de Boulder, les cocktails – comme le Kiss the Sky (imprégné de lavande) ou le Guns n' Roses (liqueur de sureau et tonic) – font délicieusement perdre le sens des réalités. L'*happy hour* (jusqu'à 20h) y est aussi pour quelque chose. Terrasse idéale pour discuter.

Boulder Dushanbe Teahouse TEAHOUSE
(☎303-442-4993 ; www.boulderteahouse.com ; 1770 13th St ; plats 8-24 $; 8h-21h ; ; 203, 204, 205, 206, 208, 225, DASH, JUMP, SKIP). Ne quittez pas Boulder sans vous être arrêté ici. Cadeau de Douchanbé, capitale du Tadjikistan jumelée avec Boulder, ce salon de thé est une véritable œuvre d'art multicolore décorée d'artisanat tadjik. Les sculptures et les peintures recherchées ont été réassemblées, durant huit ans, à la lisière de **Central Park** (Canyon Blvd ; P ; 206, JUMP).

eTown Hall MUSIQUE LIVE
(☎303-443-8696 ; www.etown.org ; 1535 Spruce St ; à partir de 25 $; horaires variables ; HOP). Cette ancienne église de 1922, déconsacrée, restaurée et alimentée à l'énergie solaire, accueille désormais le spectacle radiophonique d'eTown (diffusé sur la National Public Radio). Des artistes célèbres ou en devenir se produisent lors du spectacle, enregistré dans une salle de 200 places. Les enregistrements ont généralement lieu en semaine, de 19h à 21h.

Parcs nationaux de l'Ouest américain

Les parcs nationaux sont les grands jardins de l'Amérique. Tout *road trip* américain qui se respecte comprend au moins l'un de ces remarquables trésors naturels, riches d'étendues sauvages, d'une faune rare et d'histoire. La soixantaine de parcs nationaux et toutes les autres zones protégées des États-Unis (plus de 350) sont gérées par le National Park Service (NPS), lequel a célébré son 100e anniversaire en 2016.

1

JEFF R CLOW/GETTY IMAGES ©

BJÖRN ALBERTS/GETTY IMAGES ©

1. Séquoias vertigineux
Admirez la majesté des arbres les plus hauts de la planète dans le Redwoods National Park (p. 360).

2. Mesa Arch
Découvrez la géologie surréaliste du Canyonlands National Park (p. 224).

3. Old Faithful Geyser
Le Yellowstone National Park (p. 125), plus ancien parc national du monde, en est aussi l'un des plus spectaculaires.

4. Vernal Falls
Le Yosemite National Park (p. 366) est l'un des parcs les plus visités de la planète, et à juste titre.

PETE SEAWARD/LONELY PLANET ©

Achats

Pearl Street Mall CENTRE COMMERCIAL
(www.boulderdowntown.com ; Pearl St, entre 9th St et 15th St ; ; 205, 206, 208, HOP, SKIP). L'artère principale du centre-ville de Boulder est Pearl Street Mall, une zone piétonnière commerçante également bordée de jeux pour enfants, de fontaines, de bars et de restaurants. Des artistes de rue débarquent souvent en nombre le week-end, tandis que des concerts et d'autres événements sont programmés toute l'année (surtout l'été).

Boulder Bookstore LIVRES
(303-447-2074 ; www.boulderbookstore.net ; 1107 Pearl St ; 10h-22h lun-sam, 10h-21h dim ; ; 208, HOP, SKIP). La libraire indépendante la plus courue de Boulder abrite, en sous-sol, un rayon très fourni dédié aux voyages. Consultez la liste des auteurs invités affichée à l'entrée et sur le site Internet, ou installez-vous simplement dans un coin pour feuilleter quelques ouvrages.

Common Threads VÊTEMENTS
(303-449-5431 ; www.shopcommonthreads.com ; 2707 Spruce St ; 10h-18h lun, mar et jeu-sam, 10h-19h mer ; 205, BOLT, HOP). Si vous cherchez des articles haute couture vintage, voici l'endroit rêvé. Vêtements, sacs et chaussures sont toujours en parfait état et la griffe du créateur est garantie. Cours de couture pour relooker vos vêtements.

Renseignements

Boulder Ranger District (303-541-2500 ; www.fs.usda.gov ; 2140 Yarmouth Ave ; 8h30-16h30 lun-ven ; 204). Cet avant-poste du Service de forêts des États-Unis (US Forest Service, USFS) vous renseignera sur les forêts nationales qui entourent le Rocky Mountain National Park, ainsi que sur les campings et les sentiers qui y mènent.

Boulder Visitor Center (303-442-2911 ; www.bouldercoloradousa.com ; 2440 Pearl St ; 8h30-17h lun-ven ; HOP). Au sein de la Chambre de commerce de Boulder, cet office du tourisme fournit des renseignements basiques, des cartes et des suggestions sur les sentiers de randonnée et autres activités aux alentours. Un **kiosque d'information touristique** (303-417-1365 ; angle Pearl St et 13th St ; 10h-20h ; 208, HOP, SKIP), plus accessible, est situé en face du tribunal dans Pearl Street Mall.

Downtown Boulder (www.boulderdowntown.com). Association de commerçants qui répertorie un choix pléthorique de restaurants et de sorties dans le centre-ville, et notamment le Pearl Street Mall.

Get Boulder (www.getboulder.com). Magazine local, en version papier et numérique, donnant des informations utiles sur les activités à Boulder.

Comment s'y rendre et circuler

AVION

À seulement 72 km de Boulder, l'aéroport international de Denver (DIA ; p. 85) est le principal point d'accès pour les voyageurs arrivant en avion.

Green Ride (303-997-0238 ; www.greenrideboulder.com ; 4800 Baseline Rd, D110 ; aller simple 30-40 $). La navette de l'aéroport de Denver dessert Boulder et ses environs. Pratique et peu onéreuse, elle circule toutes les heures (3h25-23h25). La ligne la moins chère part du dépôt. Réduction pour les groupes.

SuperShuttle (303-444-0808 ; www.supershuttle.com ; aller simple à partir de 84 $). Service de dépose à l'aéroport en minibus privé (jusqu'à 3 personnes). À moins d'avoir beaucoup de bagages, le taxi est plus avantageux à partir de 4 personnes.

VÉLO

Posséder un vélo à Boulder est quasiment un prérequis. La plupart des rues sont doublées de pistes cyclables et le **Boulder Creek Bike Path** () est un couloir très emprunté par les habitants se rendant au travail. Vous aurez l'embarras du choix pour louer un vélo.

Boulder B-Cycle (303-532-4412 ; boulder.bcycle.com ; location 24h/24, 8 $; agence 9h-17h lun-ven, 10h-15h sam). Avec des stations partout en ville, ce service permet de louer un vélo à l'heure ou à la journée sous réserve d'une inscription en ligne.

Full Cycle (303-440-7771 ; www.fullcyclebikes.com ; 1211 13th St ; location journée 25-95 $; 10h-19h lun-ven, 10h-18h sam, 10h-17h dim ; ; 203, 204, 225, AB, B, DASH, DD, GS, SKIP). Cette boutique épatante loue des vélos cruisers à petits prix, ainsi que des vélos de route haut de gamme et des VTT tout-suspendus. Demandez conseil au personnel pour les meilleurs itinéraires (du facile Boulder Creek Trail à la terrible montée de 6,5 km vers Flagstaff). Autre magasin à E Pearl.

University Bicycles (303-444-4196 ; www.ubikes.com ; 839 Pearl St ; location journée à partir de 25 $; 10h-19h lun-ven, 10h-18h sam, 10h-17h dim ; ; HOP). Certes, il existe quantité de boutiques de location dans cette ville, mais ce lieu immense compte le plus large choix de vélos et le personnel le plus serviable. Bonus : la section musée, avec des modèles de petites reines allant de 1888 à 2004.

AUTRES MOYENS DE TRANSPORT

Les bus RTD (p. 86) desservent Denver, l'aéroport international de Denver, Nederland et l'intérieur de Boulder. Des pistes cyclables et autres sentiers dédiés font de Boulder une ville idéale pour les deux-roues, tandis que le centre-ville se parcourt agréablement à pied.

Montagnes du Nord

À cheval sur la ligne de partage des eaux et émaillées d'énormes blocs de granit dans toutes les directions, les Northern Mountains du Colorado sont un terrain de jeu exceptionnel, propice au ski, à la randonnée, au VTT, au rafting sur les nombreuses rivières, et aux parties de pêche.

Rocky Mountain National Park

Joyau des parcs nationaux du Colorado, le **Rocky Mountain National Park** (www.nps.gov/romo ; véhicule 1/7 jours 25/35 $, moto 25/30 $, à pied et à vélo 15/20 $, forfait annuel 80 $) occupe quelque 670 km² de pics granitiques, de lacs de montagne, de plaines ponctuées de fleurs sauvages et de sentiers de randonnée, offrant des nuits étoilées et des aventures en tout genre.

Ce parc national, comme d'autres sites similaires, a parfois des allures de zoo en pleine saison estivale. Pourtant, il suffit de s'écarter des sentiers principaux pour trouver une tranquillité et un isolement merveilleux, dans cet espace qui protège orignaux, caribous, mouflons canadiens, ours noirs et autres animaux sauvages. Les alpinistes auront de quoi faire avec les hauts sommets du parc, tandis que familles et touristes adoreront rouler sur le toit des Rocheuses via la Trail Ridge Road, participer à des activités guidées par un ranger et s'offrir de brèves incursions dans une nature sublime.

En hiver, le parc affiche un visage différent. Attendez-vous à un grand silence et à un paysage tapissé de neige moelleuse.

À voir et à faire

Avec plus de 480 km de sentiers de randonnée qui traversent les divers paysages de ce territoire, le parc convient aux marcheurs de tout niveau. Les personnes voyageant avec leurs enfants opteront pour les randonnées faciles du **Wild Basin**, lesquelles conduisent aux Calypso Falls ou au lac Gem, dans le secteur de **Lumpy Ridge**. Les plus hardis et les plus sportifs seront tentés par l'ascension du **Longs Peak**. Toutefois, mieux vaut passer au moins une nuit entre 2 000 et 2 500 m d'altitude avant de vous lancer dans l'aventure afin de permettre à votre corps de s'acclimater. Avant juillet, nombre de sentiers sont enneigés et les importants écoulements rendent le passage difficile. En hiver, il existe des risques d'avalanche : il est conseillé de venir uniquement à condition d'être aguerri et bien équipé. Les chiens et autres animaux domestiques ne sont pas autorisés sur les sentiers. Toute nuit passée sur place nécessite un **permis** (☎970-586-1242 ; www.nps.gov/romo ; 1000 W Hwy 36, Estes Park, CO 80517).

La règle d'or de l'escalade dans le Colorado ? Si vous n'avez pas atteint le sommet à midi, faites demi-tour (même si vous êtes très proche). C'est la meilleure façon d'éviter la foudre.

♥ **Moraine Park Discovery Center** MUSÉE
(☎970-586-1206 ; Bear Lake Rd ; ⏲9h-16h30 juin-oct ; 👪). GRATUIT Construit par le Civilian Conservation Corps en 1923, ce bâtiment abritait le pavillon des visiteurs avant d'être rénové il y a quelques années pour accueillir des expositions sur la géologie, les glaciers et la nature. Les expositions interactives séduiront les enfants, tout comme le sentier nature (moins d'un kilomètre) qui part du musée.

Où se loger

Glacier Basin Campground CAMPING $
(☎877-444-6777 ; www.recreation.gov ; sortie de Bear Lake Rd ; empl tente et camping-car été 26 $). Ce terrain aménagé est entouré de conifères, alternant zones ensoleillées et ombragées. Il comporte un vaste espace dédié aux groupes, ainsi que des emplacements et équipements pour camping-cars – pas de branchements électriques. En été, le camping est desservi par les navettes de Bear Lake Road. Réservation en ligne.

Aspenglen Campground CAMPING $
(☎877-444-6777 ; www.recreation.gov ; State Hwy 34 ; empl tente et camping-car 26 $; été seulement). Comportant seulement 54 places, ce camping est le plus petit du parc. La plupart sont des emplacements pour tente, dont certains sans réservation obligatoire ; seul un petit nombre de caravanes sont

autorisées. C'est le terrain le plus calme du parc, et il reste très accessible (à 8 km à l'ouest d'Estes Park sur US 34). Réservez via le site Internet.

Moraine Park Campground CAMPING $
(☎877-444-6777 ; www.recreation.gov ; près de Bear Lake Rd ; empl tente et camping-car été 26 $, hiver 18 $). En plein cœur d'une forêt de pins ponderosa, à proximité de Bear Lake Road, à quelque 4 km au sud du Beaver Meadows Visitor Center (ci-dessous), ce camping est le plus vaste du parc et compte 244 emplacements. Si vous recherchez la tranquillité, nous vous recommandons les emplacements pour tente sans voiture du D Loop. Réservez via le site Internet.

Olive Ridge Campground CAMPING $
(☎303-541-2500 ; www.recreation.gov ; State Hwy 7 ; empl tente/camping-car 15,75/31,50 $; ⊙mi-mai à nov). Un terrain bien entretenu géré par l'USFS, l'agence américaine chargée de la gestion des forêts, à proximité du point de départ de quatre sentiers de randonnée : St Vrain Mountain, Wild Basin, Longs Peak et Twin Sisters. En été, il peut afficher complet : premier arrivé, premier servi.

ℹ Renseignements

Le billet d'entrée pour les véhicules privés coûte 25 $ pour un jour et 35 $ pour une semaine. Le pass annuel coûte 70 $. Les visiteurs qui accèdent au parc à pied, à vélo ou en bus paient 15 $/personne/jour ou 20 $ la semaine. Les motocyclistes paieront 25 $ pour un jour et 30 $ pour une semaine.

Des permis spéciaux (*backcountry permits* 30 $ pour 7 pers max et pour 7 jours) sont exigés pour les visiteurs souhaitant dormir dans l'un des 260 campings *backcountry* (campings sauvages) du parc.

Si vous restez sur place la nuit de mai à octobre, vous devrez obligatoirement être muni, pour vos vivres, d'une boîte conçue pour résister aux assauts des ours (les campings établis en possèdent).

Alpine Visitor Center (www.nps.gov/romo ; Fall River Pass ; ⊙10h30-16h30 fin mai à mi-juin et début sept à mi-oct, 9h-17h fin juin à début sept ; 🚻)

Beaver Meadows Visitor Center (☎970-586-1206 ; www.nps.gov/romo ; US Hwy 36 ; ⊙8h-21h fin juin à fin août, 8h-16h30 ou 17h reste de l'année ; 🚻)

Kawuneeche Visitor Center (☎970-627-3471 ; 16018 US Hwy 34 ; ⊙8h-18h dernière semaine de mai-3 sept, 8h-17h 3 sept à fin sept, 8h-16h30 oct-mai ; 🚻)

ℹ Depuis/vers le Rocky Mountain National Park

L'unique route est-ouest qui traverse le parc est Trail Ridge Road (US 34) ; en arrivant de l'est depuis la I-25 et Loveland, elle longe le Big Thompson River Canyon. De Boulder, l'accès le plus direct consiste à prendre l'US 36 via Lyons jusqu'aux entrées est. Autre option depuis le sud, la route montagneuse Hwy 7 passe par le petit musée privé **Enos Mills Cabin** (☎970-586-4706 ; www.enosmills.com ; 6760 Hwy 7 ; adulte/enfant 20/10 $; ⊙11h-16h mar-mer en été, sur rdv uniquement ; 🚻), consacré à Enos Mill (1870-1922), le père fondateur du parc national des Rocheuses. Elle permet d'accéder aux campings et aux départs de sentiers à l'est de la ligne de partage des eaux. En hiver, la fermeture de l'US 34 dans le parc oblige à passer par l'US 40, à Granby, pour accéder au côté ouest du parc.

Il existe deux entrées côté est : **Fall River** (US 34) et **Beaver Meadows** (US 36). **Grand Lake Entrance Station** (US 34) est le seul point d'accès à l'ouest. L'accès peut se faire toute l'année par **Kawuneeche Valley**, en suivant la source de la Colorado River jusqu'au **Timber Creek Campground** (Trail Ridge Rd, US Hwy 34 ; empl tente et camping-car 26 $). Les zones les plus fréquentées sont l'Alpine Visitor Center (ci-vontre), en haut de Trail Ridge Road, et la Bear Lake Road desservant les terrains de camping, le départ des randonnées et le Moraine Park Museum (p. 93).

Au nord d'Estes Park, la Devils Gulch Road mène à des sentiers de randonnée. Plus loin sur la même route se trouve le village de Glen Haven, d'où part le sentier d'entrée au parc suivant la fourche nord de la Big Thompson River.

ℹ Comment circuler

La majorité des visiteurs pénètrent dans le parc avec leur voiture et traversent la ligne de partage des eaux par la longue et sinueuse Trail Ridge Road (US 34). En été, des navettes gratuites partent plusieurs fois par jour de l'**Estes Park Visitor Center** (☎970-577-9900 ; www.visitestespark.com ; 500 Big Thompson Ave ; ⊙9h-20h juin-août, 8h-17h lun-ven, 9h-17h sam et 10h-16h dim sept-mai) et déposent les visiteurs sur un parking d'où il est possible de prendre d'autres navettes. Il y en a une qui circule toute l'année, qui part du parking de Glacier Basin et relie Bear Lake, à basse altitude. Lors du pic estival, une seconde navette relie le terrain de camping de Moraine Park et la zone de stationnement de Glacier Basin. De la mi-août à la fin septembre, les secondes navettes ne fonctionnent que le week-end.

Utiliser les transports publics ou le vélo est sans aucun doute le meilleur moyen de rejoindre ce parc ultrafréquenté.

Estes Park

Estes Park est le voisin plus modeste du Rocky Mountains National Park. La ville du même nom est jalonnée d'une succession de boutiques de T-shirts et de comptoirs de glaciers, ses trottoirs sont bondés de touristes et ses rues encombrées de camping-cars. Mais lorsque le soleil darde ses rayons sur le lac Estes, ou que l'on s'accorde un après-midi de détente au bord de la rivière, la sérénité est aussi au rendez-vous.

Activités

Colorado Mountain School ESCALADE
(☎720-387-8944 ; coloradomountainschool.com ; 341 Moraine Ave ; demi-journée avec guide à partir de 300 $/pers). La meilleure source d'information pour les grimpeurs dans le Colorado. Cet établissement est le plus important prestataire d'escalade de la région et le seul autorisé dans le Rocky Mountain National Park. Instructeurs sérieux et très compétents.

Où se loger

Estes Park KOA CAMPING $
(☎800-562-1887, 970-586-2888 ; www.estesparkkoa.com ; 2051 Big Thompson Ave ; empl tente 52-58 $, camping-car 52-85 $, chalets à partir de 87 $;). Ce camping, installé en bord de route, accueille surtout des camping-cars. Guère attrayant au regard des terrains du Rocky Mountain National Park voisin, mais proche de la ville, il plaira surtout aux visiteurs souhaitant se mettre en jambes avant la véritable aventure.

YMCA of the Rockies – Estes Park Center RESORT $
(☎888-613-9622 ; www.ymcarockies.org ; 2515 Tunnel Rd ; ch à partir de 145 $, chalets à partir de 160 $; P). L'Estes Park Center, qui ne ressemble pas aux établissements YMCA habituels, est un lieu de vacances apprécié des familles. On y trouve des chambres de type motel haut de gamme et des chalets disséminés sur un terrain de montagne de plusieurs centaines d'hectares.

Stanley Hotel HÔTEL $$
(☎970-577-4000 ; www.stanleyhotel.com ; 333 Wonderview Ave ; ch à partir de 150 $; P). Ce grand hôtel tout blanc à l'architecture de style néo-georgienne, ouvert en 1909, contraste avec les sommets du Rocky Mountain National Park qui dessinent la ligne d'horizon. Retraite favorite de la clientèle locale, le splendide Stanley inspira à Stephen King son roman culte, *Shining*. Le lieu, auquel les lambris de ses parties communes confèrent un charme suranné, n'en est pas moins pourvu de tout le confort moderne.

Black Canyon LODGE $$
(☎800-897-3730 ; www.blackcanyoninn.com ; 800 MacGregor Ave ; ch 1/2/3 lits à partir de 150/200/400 $; P). Dans cette belle propriété isolée de 5,6 ha sont loués des suites luxueuses et un chalet "rustique" (avec Jacuzzi). Les chambres ont des cheminées en pierre, des boiseries et de riches tapisseries aux couleurs sombres.

Où se restaurer

Ed's Cantina & Grill MEXICAIN $
(☎970-586-2919 ; www.edscantina.com ; 390 E Elkhorn Ave ; plats 9-12 $; 11h-tard tlj, 8h-22h sam-dim ;). Avec sa vaste véranda donnant directement sur la rivière, Ed's est l'endroit où se détendre, margarita à la main. On y sert des plats classiques américains et mexicains dans un intérieur "rétro moderne" aux couleurs vives et meublé de banquettes en cuir.

Smokin' Dave's BBQ & Tap House GRILL $$
(☎970-577-7427 ; www.smokindavesbbq.com ; 820 Moraine Ave ; plats 8-20 $; 11h-21h dim-jeu, 11h-22h ven-sam ;). Les villes montagnardes du Colorado ne manquent pas de grills en demi-teinte, mais celui de Dave répond à toutes les attentes. Les côtes de bœuf et le porc effiloché sont accompagnés d'une sauce légèrement sucrée, fumée et relevée, et les frites de patate douce sont croustillantes à souhait. La longue carte des bières, sélectionnées avec soin, est tout aussi délicieuse. Sinon, essayez l'autre établissement situé sur le terrain de golf.

Depuis/vers Estes Park

Estes Park Shuttle (☎970-586-5151 ; www.estesparkshuttle.com ; aller simple/aller-retour 45/85 $). Cette navette fait la liaison entre l'aéroport de Denver et Estes Park environ 4 fois par jour. Le trajet dure 2 heures.

Steamboat Springs

La petite ville de Steamboat Springs illustre le Colorado dans ce qu'il a de plus magique.

Le secteur est propice à quantité d'aventures en plein air, aux divertissements en famille et on y trouve certaines des plus belles pistes de *champagne power* (poudreuse ultrafine) au monde. Pour autant, les habitants sont délicieusement francs et modestes.

Située à la lisière de la Western Slope du Colorado, Steamboat Springs est née il y a un siècle de cela, sous la forme d'un avant-poste du chemin de fer. Vous aurez l'occasion de vous mêler à d'authentiques cow-boys, à des mordus de ski débraillés ou encore à des millionnaires au fil des bistrots chics et des bars historiques de la vieille ville, mais aussi de faire des randonnées estivales le long de la Yampa River.

Activités

Steamboat Mountain Resort SPORTS D'HIVER
(☎billetterie 970-871-5252 ; www.steamboat.com ; 2305 Mt Werner Circle ; forfait adulte/enfant 175/110 $; ⊙billetterie 8h-17h). La station de ski de Steamboat se proclame "Ski Town, USA", et à juste titre : 165 pistes, 1 118 m de dénivelé et plus de 1 000 ha. Grâce à une neige d'excellente qualité, à des circuits amusants entre les arbres et à des pistes pour tous niveaux, le domaine attire énormément de vacanciers en hiver et quelques-uns des meilleurs skieurs du pays.

Strawberry Park Hot Springs SOURCES CHAUDES
(☎970-879-0342 ; www.strawberryhotsprings.com ; 44200 County Rd ; tarif plein/3-17 ans 15/8 $; ⊙10h-22h30 dim-jeu, 10h-minuit ven et sam ;). Les sources les plus prisées de Steamboat se trouvent à la lisière de la ville, et sont sans égales en matière de détente. Le cadre pittoresque dévoile des bassins naturels en bord de rivière. Une fois la nuit tombée, le site est réservé aux adultes et le naturisme y est autorisé (bien que le maillot de bain soit plus communément porté ces derniers temps) ; munissez-vous d'une lampe frontale si vous venez après le crépuscule. Le week-end, comptez entre 15 et 45 minutes d'attente pour vous garer.

Orange Peel Bikes VÉLO
(☎970-879-2957 ; www.orangepeelbikes.com ; 1136 Yampa St ; location 45-75 $/jour ; ⊙10h-18h lun-ven, 10h-17h sam ;). Ce bâtiment singulier qui ressemble à un avant-poste martien est idéalement placé pour qui souhaite louer un vélo et parcourir les sentiers qui sillonnent Howelsen Hill. Le personnel saura vous donner quantité de bons conseils sur les itinéraires locaux, et vous fournira des cartes.

Bucking Rainbow Outfitters RAFTING
(☎970-879-8747 ; www.buckingrainbow.com ; 730 Lincoln Ave ; canot gonflable 20 $, rafting 50-100 $, pêche 150-500 $). Ce magasin vend de l'équipement pour la pêche à la mouche, le rafting et les activités de pleine nature en général. Mais le lieu est davantage réputé pour organiser des descentes en rafting sur la Yampa et au-delà. Celles-ci durent d'une demi-journée à une journée complète. Session de pêche à la mouche en ville de 2 heures, 155 $/personne. Bouées géantes en location au guichet à Sunpies Bistro dans Yampa Street. Une façon merveilleuse de passer l'après-midi.

Old Town Hot Springs SOURCES CHAUDES
(☎970-879-1828 ; www.oldtownhotsprings.org ; 136 Lincoln Ave ; adulte/enfant 18/12 $, toboggans 2-7 $; ⊙5h30-22h lun-ven, 7h-21h sam, 8h-21h dim ;). L'eau est plus chaude dans ce parc aquatique situé en plein centre-ville que dans la plupart des sources aux environs. Attribuant à ces eaux minérales des vertus curatives, les Utes les appelaient "sources médicinales". Avec un toboggan naturel de 70 m, un mur d'escalade et de nombreuses zones peu profondes, ce sont les sources chaudes des environs les plus propices aux familles.

Où se loger et se restaurer

Vista Verde Guest Ranch RANCH $$$
(☎800-526-7433 ; www.vistaverde.com ; 31100 Seedhouse Rd ; été/hiver à partir de 5 125/3 195 $/pers/semaine ;). Voici l'un des ranchs-hôtels haut de gamme les plus luxueux de tout le Colorado. On peut y passer ses journées à monter à cheval accompagné d'un personnel expert, ses soirées autour du feu, dans un lodge élégamment décoré, et ses nuits entre des draps de qualité. Enfin, pour ceux qui en ont les moyens !

Rex's American Bar & Grill AMÉRICAIN $
(☎970-870-0438 ; www.rexsgrill.com ; 3190 S Lincoln Ave ; plats 11-15 $; ⊙7h-23h ; P). Steaks de bœuf de pâturage, saucisses d'élan, burgers au bison et autres délices carnés, telles sont les spécialités du Rex, où l'on se régale au point d'en oublier l'emplacement – attenant à l'Holiday Inn. C'est également l'une des adresses les plus familiales de la ville et celle qui ferme le plus tard le soir (service jusqu'à 23h).

Laundry AMÉRICAIN $$
(☎970-870-0681 ; www.thelaundryrestaurant.com ; 127 11th St ; petite assiette 10-16 $, grande assiette 35-38 $; 16h30-2h). Ce restaurant récemment ouvert à Steamboat sert l'une des meilleures cuisines en ville. On en aime les plats réconfortants, revisités avec originalité, les plateaux de charcuterie, les gros steaks, les grillades, le dressage créatif et les saumures en tout genre. Les plus économes partageront volontiers de petites assiettes – déjà généreuses.

Renseignements

Steamboat Springs Visitor Center (☎970-879-0880 ; www.steamboat-chamber.com ; 125 Anglers Dr ; 8h-17h lun-ven, 10h-15h sam). En face de Sundance Plaza.

USFS Hahns Peak Ranger Office (☎970-879-1870 ; www.fs.usda.gov ; 925 Weiss Dr ; 8h-17h lun-sam). Ce poste de rangers fournit des renseignements sur les forêts nationales environnantes, y compris le Mount Zirkel Wilderness, ainsi que les randonnées, le VTT, la pêche et les autres activités locales. On peut aussi y acheter des pass et des licences pour les activités de loisir.

Depuis/vers Steamboat Springs

La plupart des visiteurs rejoignent la ville en voiture depuis Denver, via le Rabbit Ears Pass, par la Hwy 40. Autre option, le **Yampa Valley Regional Airport** (YVRA ; ☎970-276-5000 ; 11005 RCR 51A), avec des vols directs en hiver depuis de nombreuses destinations des États-Unis. Cet aéroport est situé à Hayden, à 35 km à l'ouest de Steamboat Springs.

Le service de taxis et de navettes **Go Alpine** (☎970-879-2800 ; www.goalpine.com ; 1755 Lincoln Ave) assure plusieurs liaisons quotidiennes entre Steamboat Springs et l'aéroport international de Denver (DIA ; 93 $, 4 heures aller). Il dessert également l'aéroport régional de Yampa Valley (39 $ aller) et gère un service de taxi en ville.

Les bus Greyhound parcourant l'US 40 entre Denver et Salt Lake City marquent un arrêt au **Greyhound Terminal** (gare routière ; ☎800-231-2222 ; www.greyhound.com ; 1505 Lincoln Ave) à environ 800 m à l'ouest de la ville. Les billets aller pour Denver coûtent de 35 à 43 $ (4 heures).

Storm Mountain Express (☎877-844-8787 ; www.stormmountainexpress.com). Cette navette rejoint l'aéroport régional de Yampa Valley (aller simple 39 $) et va même au-delà, mais les trajets pour Vail et l'aéroport international de Denver sont très onéreux.

Centre du Colorado

Mille et une curiosités vous attendent dans le centre du Colorado et sur les hauteurs vertigineuses des Rocheuses. Une grande partie des activités se concentrent autour des emblématiques stations de sports d'hiver, telles Aspen, Vail et Breckenridge. En été, les vastes zones montagneuses permettent de s'adonner à la randonnée, au VTT et à d'autres aventures en plein air.

Dans les secteurs moins connus autour de South Park et de Leadville, vous trouverez des sites de rafting et d'escalade de haut vol, ainsi que des panoramas à perte de vue. Venez découvrir des lacs de montagne, observer la faune, explorer des petites routes ralliant des cités minières fantômes et prendre des trains à vapeur.

C'est une région où l'on cultive également l'irrévérence bon enfant, les fêtes délirantes et la folie douce des bourgades de montagnes. Une partie de votre séjour consistera à faire connaissance avec les habitants à la peau tannée et au large sourire.

Winter Park

À moins de deux heures de route de Denver, Winter Park est une station de ski sans prétention, très prisée par les habitants du Front Range qui viennent ici tous les week-ends pour dévaler ses pistes. Les débutants s'en donneront à cœur joie sur les kilomètres de piste damée, tandis que les skieurs expérimentés affronteront les bosses de la célèbre Mary Jane. La station offre aussi aux personnes handicapées l'un des meilleurs programmes de ski adapté des États-Unis.

Cette bourgade conviviale est une base idéale pour se dépenser en toute saison. La plupart des services sont regroupés soit dans la station de ski, laquelle est en réalité au sud de Winter Park, soit le long de l'US 40 (l'artère principale) où se trouve le centre des visiteurs. Suivez la Hwy 40 pour rejoindre Fraser – pour ainsi dire la même agglomération – puis Tabernash, et enfin l'arrière du Rocky Mountain National Park.

Activités

En plus de se prêter au ski alpin et de fond, Winter Park compte plus de 950 km de sentiers de VTT de tous niveaux. Le Fraser River Trail goudronné s'étend sur 8,8 km dans la vallée entre la station de

POUR COMMENCER EN DOUCEUR

Le **Quandary Peak** (www.14ers.com ; County Rd 851) est réputé être le plus facile à gravir parmi les *fourteeners* du Colorado (les montagnes de plus de 14 000 pieds, soit 4 270 m environ) ; du haut de ses 4 348 m, c'est le 15e sommet de l'État en hauteur. Vous y croiserez de nombreux enfants mais ne vous y trompez pas, il y a 5 km exténuants jusqu'à sa cime. Venez entre juin et septembre.

ski et Fraser, se reliant à divers réseaux de sentiers. Prenez des cartes des sentiers au **centre des visiteurs** (☎970-726-4118 ; www.winterpark-info.com ; 78841 Hwy 40 ; ⏲9h-17h). Vous pourrez même faire du vélo en hiver, une pratique appelée *fatbike* – par allusion aux roues surdimensionnées de ce VTT.

Où se loger et se restaurer

Deux campings (sans réservation) de l'USFS sont installés à l'écart de la Hwy 40 qui mène à Winter Park : **Robber's Roost** (Hwy 40 ; empl tente et camping-car 20 $; ⏲mi-juin à août ; 🐾), sans eau, à 8 km de la bourgade, et **Idlewild** (Hwy 40 ; empl tente et camping-car 20 $; ⏲fin mai à sept ; 🐾), à 1,6 km de celle-ci. La forêt nationale environnante compte également de nombreux lieux gratuits où planter sa tente ; testez le **Rollins Pass** (USFS Rd 149 ; ⏲mi-juin à la mi-nov), sur les hauteurs. En ville, on trouve surtout des appartements à louer, mais il existe aussi quelques bons hôtels.

♥ **Devil's Thumb Ranch** LODGE $$$

(☎970-726-7000 ; www.devilsthumbranch.com ; 3530 Rd 83 ; ch lodge à partir de 350 $, chalets à partir de 450 $; ❄📶🏊🐾). 🍃 Établissement le plus chic de la région de Winter Park, ce ranch de haute altitude est une base idéale pour s'adonner, toute l'année, à diverses **activités** (permis randonnée 10 $, promenade à cheval 85-175 $, tyrolienne 55-110 $; 👪). L'hébergement y est cossu mais non prohibitif. Le refuge en libre-service affiche les tarifs les moins élevés, tandis que le lodge rustique-chic est parfait pour une escapade romantique d'un week-end. Les chalets auront la préférence des groupes ou des visiteurs aspirant à l'intimité. Réservez au préalable.

♥ **Pepe Osaka's Fish Taco** FUSION $

(☎970-726-7159 ; pepeosakasfishtaco.com ; 78707 US Hwy 40 ; 2 tacos 13-15 $; ⏲16h-21h tlj plus 12h-15h sam-dim). Vous aimez les sushis ? Vous aimez les tacos ? Eh bien sans doute apprécierez-vous les tacos au poisson – une association improbable. Dans ce restaurant nippo-péruvien, vous vous régalerez de tacos au thon très épicés, de tacos au ceviche *poke* de thon *ahi* et de tacos *al pastor* au mahi-mahi noirci. Tous sont accompagnés de délicieuses bananes plantains, et de margaritas.

Breckenridge et ses environs

Breckenridge a ceci d'unique dans le Summit County qu'elle n'a pas été bâtie comme station hivernale. Elle est née de la sueur et des rêves des mineurs il y a plus de cent cinquante ans, lors de la Ruée vers l'or. Le pittoresque centre historique abrite désormais des boutiques de T-shirts, des restaurants chics et des auberges victoriennes reconverties, et la petite ville a acquis ses lettres de noblesse en tant que station de sports d'hiver.

À voir et à faire

♥ **Barney Ford Museum** MUSÉE

(www.breckheritage.com ; 111 E Washington Ave ; don apprécié 5 $; ⏲11h-15h mar-dim, horaires variables selon les saisons). GRATUIT L'histoire de Barney Ford, esclave évadé devenu un entrepreneur notable et un pionnier des droits civiques dans le Colorado, est racontée dans ce musée. Au cours de sa vie, à la fois riche de tragédies et de succès, il s'installa deux fois à Breckenridge, où il tenait un stand de restauration ouvert jour et nuit. Il fut aussi propriétaire d'un restaurant et d'un hôtel à Denver. Le musée occupe la maison où il vécut de 1882 à 1890.

Domaine skiable de Breckenridge SPORTS D'HIVER

(☎800-789-7669 ; www.breckenridge.com ; forfait adulte/enfant 189/123 $; ⏲8h30-16h nov à mi-avr ; 👪). S'étendant sur 5 montagnes (6 à 10 sommets), ce domaine se targue de certaines des meilleures descentes pour skieurs débutants à moyens (les pistes vertes y sont moins pentues qu'ailleurs), ainsi que de pentes abruptes pour les plus expérimentés et d'un parc réputé pour le snowboard. Il y a également quatre snowparks et un *superpipe*.

Où se loger

Bivvi Hostel AUBERGE DE JEUNESSE $
(970-423-6553 ; www.thebivvi.com ; 9511 Hwy 9 ; dort hiver/été à partir de 85/29 $; P). Cette auberge de jeunesse moderne, à l'atmosphère de chalet montagnard, mérite des éloges pour son style, son accueil sympathique et ses tarifs abordables. Les chambres-dortoirs (4 à 6 personnes) sont dotées de casiers individuels et de salles de bains attenantes. Le petit-déjeuner est inclus. Détendez-vous dans l'agréable salle commune ou sur la superbe terrasse équipée d'un barbecue au gaz et d'un Jacuzzi. Chambres privatives également.

Où se restaurer et prendre un verre

Breckenridge Distillery AMÉRICAIN $$
(970-547-9759 ; www.breckenridgedistillery.com ; 1925 Airport Rd ; petite assiette 10-18 $; 16h-21h mar-sam). Dans cette **distillerie** (970-547-9759 ; www.breckenridgedistillery.com ; 1925 Airport Rd ; 11h-21h mar-sam, 11h-18h dim-lun), une carte éclectique attend les convives attablés dans une grande salle au chic urbain. La cuisine suit l'inspiration de son chef expérimenté, passant des fameux *cacio e pepe* (spaghettis à la romaine avec du fromage) aux profiteroles au foie de volaille, pour finir en beauté avec des dattes au mascarpone. L'accent est mis sur les petites assiettes, idéales à partager accompagnées d'excellents cocktails.

Crown CAFÉ
(970-453-6022 ; www.thecrownbreckenridge.com ; 215 S Main St ; 7h30-20h ;). Si Breckenridge était une maison, le Crown, café et carrefour social animé, serait son salon. Commandez une tasse de café de Silver Canyon et un sandwich ou une salade.

Broken Compass Brewing BRASSERIE
(970-368-2772 ; www.brokencompassbrewing.com ; 68 Continental Ct ; 11h30-23h). Installée dans un complexe industriel à l'extrémité nord d'Airport Road, la Broken Compass est tenue pour la meilleure brasserie de Breckenridge. Descendez-y une pinte de Coconut Porter ou de Chili Pepper Pale et détendez-vous avec quelques amis sur la banquette du vieux télésiège. Une navette fait la liaison entre la brasserie et la ville toutes les 2 heures.

Renseignements

Visitor Center (877-864-0868 ; www.gobreck.com/ ; 203 S Main St ; 9h-18h ;). Outre les habituelles cartes et brochures, ce centre se double d'un sympathique musée au bord de la rivière, qui retrace le passé minier de "Breck".

Depuis/vers Breckenridge

Breckenridge est à environ 13 km à l'ouest de Denver, en prenant l'I-70 jusqu'à la sortie n°203 puis la Hwy 9 en direction du sud.

Vail

Nichée en dessous du Gore Range, sur l'I-70, Vail offre à peu près tout ce qu'on peut attendre d'une station de sports d'hiver. Situées au pied du domaine skiable, ses allées pavées évoquent une petite ville montagnarde du Tyrol. La ville est aussi réputée pour ses restaurants – quelques-uns des meilleurs du Colorado – et ses visiteurs aisés qui animent les soirées après la fermeture des pistes.

À voir et à faire

Vail est réputée pour ses innombrables activités de plein air, qui font son succès en hiver comme en été. N'oubliez pas que la saison "boueuse" (de mi-avril à mai, ainsi qu'en novembre) ne présente guère d'intérêt pour les visiteurs – il est alors non seulement impossible de skier, mais l'on ne peut pas davantage partir en randonnée dans la montagne.

Vail Mountain SPORTS D'HIVER
(970-754-8245 ; www.vail.com ; forfait adulte/enfant 189/130 $; 9h-16h nov à mi-avr ;). Vail Mountain est indéniablement l'une des meilleures stations de sports d'hiver au monde, comptabilisant 2 140 ha de domaine skiable, 195 pistes et trois snowparks... avec, en contrepartie, les tarifs de remontée les plus élevés du pays. Si vous n'avez jamais skié dans le Colorado, vous ne regretterez pas la dépense supplémentaire. Surtout si le ciel est bleu et la poudreuse au rendez-vous. Si vous comptez skier plus de trois jours, envisagez d'acheter l'Epic Pass.

Piste cyclable de Vail à Breckenridge CYCLOTOURISME
(www.summitbiking.org). Cette piste cyclable goudronnée s'étire sur 14 km d'East Vail jusqu'au Vail Pass (col de Vail, dénivelé positif 558 m), avant de redescendre sur 22,5 km jusqu'à Frisco (et 14,5 km supplémentaires

si vous rejoignez Breckenridge). Si vous ne souhaitez faire que de la descente, prenez une navette au **Bike Valet** (☎970-476-7770 ; www.bikevalet.net ; 616 W Lionshead Cir ; location vélo à partir de 51 $/jour ; ⊙9h-18h ;) et profitez de la promenade jusqu'à Vail.

Où se loger

Gore Creek Campground CAMPING $

(☎877-444-6777 ; www.recreation.gov ; Bighorn Rd ; empl 22-24 $; ⊙mi-mai à sept ;). Caché dans les bois près de Gore Creek, au bout de Bighorn Road, ce camping comprend 19 emplacements pour tentes, des tables de pique-nique et des barbecues. Excellents sites de pêche aux alentours. Explorez les sentiers de Slate Creek ou de Deluge Lake ; le second mène à un lac très poissonneux. Le camping se trouve à 10 km à l'est de Vail Village. Quittez l'I-70 en prenant la sortie 180 (East Vail).

The Sebastian Hotel HÔTEL $$$

(☎800-354-6908 ; www.thesebastianvail.com ; 16 Vail Rd ; ch hiver/été à partir de 800/300 $;). Un hôtel luxueux et sophistiqué, à la belle architecture tout en bois et pierre. Les espaces intérieurs communs sont ponctués d'œuvres d'art contemporain et l'accent est mis sur les services, notamment du personnel qui gère votre équipement de ski et un spa de luxe. Le prix des chambres chute en été, et vous pourrez profiter du spectaculaire espace piscine.

Austria Haus HÔTEL $$$

(☎866-921-4050 ; www.austriahaushotel.com ; 242 E Meadow Dr ; ch hiver/été à partir de 500/290 $;). Cet établissement, parmi les plus anciens de Vail, est reconnaissable à son architecture de style chalet autrichien. Outre les chambres d'hôtel, il y a également des appartements (plus de renseignements sur www.austriahausclub.com), aussi faites bien attention à ne pas vous tromper en réservant. L'hôtel garantit un agréable séjour, avec des touches de charme comme les embrasures de portes en bois, les tapis berbères et les baignoires en marbre. Faites le plein d'énergie le matin grâce au copieux petit-déjeuner.

Où se restaurer et prendre un verre

Westside Cafe DINER $

(☎970-476-7890 ; www.westsidecafe.net ; 2211 N Frontage Rd ; plats 9-16 $; ⊙7h-15h lun-mer, 7h-22h jeu-dim ;). Sis dans une rue commerçante de West Vail, le Westside est une institution locale. Vous vous régalerez avec les poêlées, servies toute la journée, comme celle à la grecque (My Big Fat Greek Skillet), composée d'œufs brouillés et d'un sandwich garni d'oignons rouges, de tomates et de feta. Sans oublier tous les autres plats caloriques, propres à se revigorer avant ou après une journée sur les pistes.

Game Creek Restaurant AMÉRICAIN $$$

(☎970-754-4275 ; www.gamecreekvail.com ; Game Creek Bowl ; repas 4/5 plats 115/135 $; ⊙17h30-21h mar-sam déc-avr, 17h30-20h30 jeu-sam et 11h-14h dim fin juin-août ;). Cette adresse gastronomique est nichée dans le cadre spectaculaire de Game Creek Bowl – la cuvette au sommet de Vail Mountain. Prenez le télésiège d'Eagle Bahn jusqu'à Eagle's Nest, le personnel vous emmènera ensuite (en déneigeuse en hiver) jusqu'au restaurant. Dans cet immense chalet, la carte s'oriente vers une cuisine franco-américaine : sanglier, filet d'élan et succulent gigot d'agneau. Pensez à réserver.

Sweet Basil AMÉRICAIN $$$

(☎970-476-0125 ; www.sweetbasilvail.com ; 193 Gore Creek Dr ; plats déj 18-22 $, soir 27-48 $; ⊙11h30-14h30 et 18h-fermeture tardive). En activité depuis 1977, le Sweet Basil demeure l'un des meilleurs restaurants de Vail. La carte saisonnière et variée met à l'honneur une cuisine américaine créative, proposant des plats très appréciés comme l'agneau du Colorado et la truite de Rocky Mountain. L'ambiance est tout aussi remarquable. Réservation requise – surtout en haute saison.

Renseignements

Vail Visitor Center (☎970-477-3522 ; www.vailgov.com ; 241 S Frontage Rd ; ⊙8h30-17h30 hiver, 8h30-20h été ;). Cartes, bons plans hébergement de dernière minute et renseignements sur la ville et ses activités dans cet office du tourisme situé juste à côté du Vail Transportation Center. Plus grand, le **Lionshead Welcome Center** se trouve à l'entrée du parking couvert.

Comment s'y rendre et circuler

L'**Eagle County Regional Airport** (EGE ; ☎970-328-2680 ; www.flyvail.com ; 217 Eldon Wilson Dr, Gypsum) est à 56 km à l'ouest de Vail. Des vols sont assurés depuis/vers diverses destinations nationales (la plupart passent par Denver). Il y a des comptoirs de location de voiture sur place.

Aspen

Vivez un séjour de rêve à Aspen, l'une des destinations montagnardes les plus fameuses et huppées des États-Unis (certains disent de la planète !).

Les quatre stations de ski locales (le slogan d'Aspen est d'ailleurs "The Power of Four") offrent quelques-unes des plus belles descentes de poudreuse du Colorado, tandis que d'excellents restaurants se dressent presque à chaque angle du centre historique. Ajoutez à cela un chic discret qui semble imprégner tout ce que l'on déguste, regarde et découvre, et vous obtenez le meilleur séjour à la montagne de votre vie, dans une nature superbe au cœur des Rocheuses.

Aspen se pare de différentes teintes et personnalités selon les saisons. En automne, les feuilles dorées des trembles (*aspen* en anglais) enflamment les collines ; en hiver, les pistes s'animent et la fête bat son plein ; au printemps, les fleurs commencent à éclore près des lacs de montagne ; enfin, en été – ah, l'été à Aspen... – tout se conjugue, entre les festivals de musique, les événements artistiques, les kilomètres de sentiers et les journées idylliques sous le ciel azuré du Colorado.

À voir et à faire

Aspen Art Museum MUSÉE

(☎970-925-8050 ; www.aspenartmuseum.org ; 637 E Hyman Ave ; ⏲10h-18h mar-dim). GRATUIT Inauguré en 2014, le remarquable bâtiment du musée d'art, avec sa façade en treillis, a été conçu par l'architecte japonais Shigeru Ban (né en 1957), lauréat du prix Pritzker – et qui fut notamment l'un des concepteurs du Centre Pompidou-Metz et de la Cité musicale de l'île Seguin à Paris. Organisé sur trois niveaux, le musée ne donne pas à voir de collection permanente, mais des expositions contemporaines audacieuses avec des peintures, divers médias, des sculptures, des projections vidéo et des photographies d'artistes comme Mamma Andersson, Mark Manders ou Susan Philipsz. Les passionnés d'art ne seront pas déçus. Montez sur le toit pour admirer la vue et manger un morceau dans le café moderne.

♥ **Aspen Center for Environmental Studies** PLEIN AIR

(ACES ; ☎970-925-5756 ; www.aspennature.org ; 100 Puppy Smith St, Hallam Lake ; ⏲9h-17h lun-ven ; 👪). L'Aspen Center for Environmental Studies gère la réserve naturelle du lac Hallam, de 10 ha, qui embrasse la Roaring Fork River et plusieurs kilomètres de sentiers de randonnée au sein de la Hunter Creek Valley. Se consacrant à la promotion de la conservation environnementale, les naturalistes du centre proposent des randonnées guidées gratuites et des promenades en raquettes, des spectacles de fauconnerie (des aigles et des chouettes vivent dans la région), ainsi que des activités dédiées aux enfants.

♥ **Snowmass Ski Resort** STATION DE SKI

(☎800-525-6200 ; www.aspensnowmass.com ; 4 remontées adulte/enfant 174/116 $; ⏲9h-16h déc à mi-avr ; 👪). Sans surprise, les sports de glisse sont l'activité hivernale par excellence, grâce à un enneigement exceptionnel. Snowmass est indéniablement conçu pour les familles. La station offre des pistes plutôt raides si l'on est téméraire, mais aussi quantité d'options pour les niveaux débutant, intermédiaire et confirmé. Le Snowmass Village recèle des restaurants et des hôtels.

Maroon Bells RANDONNÉE

Si vous ne disposez que d'une journée pour profiter de la nature sauvage, passez-la à l'ombre de la montagne la plus emblématique du Colorado : les sommets pyramidaux jumeaux de **North Maroon Peak** (4 271 m) et **South Maroon Peak** (4 315 m). Tout commence à 18 km au sud-ouest d'Aspen, sur les rives du **lac Maroon**, un lieu d'une grande beauté adossé aux vertigineux sommets recouverts de stries.

Où se loger

♥ **Difficult Campground** CAMPING $

(☎877-444-6777 ; www.recreation.gov ; Hwy 82 ; empl tente et camping-car 24-26 $; ⏲mi-mai à sept ; 🐾). Difficult est le plus grand camping d'Aspen et de ses environs, l'un des quatre sites au pied d'Independence Pass et le seul à accepter les réservations. Situé à 8 km à l'ouest de la ville, c'est aussi le moins élevé en altitude (2 400 m). Trois autres campings, plus petits, sont situés plus haut sur la montagne : **Weller**, **Lincoln Gulch** et **Lost Man**. Eau courante, mais pas de branchement électrique pour les camping-cars.

Annabelle Inn HÔTEL $$

(☎877-266-2466 ; www.annabelleinn.com ; 232 W Main St ; ch petit-déj inclus hiver/été à partir de 249/200 $; P❄@📶). Agréable et sans prétention, l'Annabelle Inn est un établissement central. Ses chambres cosy sont équipées d'une TV et de couettes chaudes. Après une longue journée de ski ou de randonnée, le Jacuzzi et le *firepit* (sorte de brasero) vous attendent. Le petit-déjeuner est épatant.

Limelight Hotel HÔTEL **$$$**
(☎855-925-3025 ; www.limelighthotel.com ; 355 S Monarch St ; ch été/hiver à partir de 250/500$; P❄📶🏊🐾). Impeccable et tendance, le Limelight, avec sa décoration de brique et de verre, est à l'aune de l'offre huppée d'Aspen. Les chambres sont spacieuses et stylées, avec cheminées au gaz, meubles habillés de cuir, et vue sur la montagne depuis les balcons et les terrasses du toit. En bonus : le fabuleux petit-déjeuner et la présence de navettes desservant toutes les pistes. Le septième ciel ! Un autre Limelight est situé à Snowmass (p. 101), près de la télécabine.

Où se restaurer et prendre un verre

♥ **Pyramid Bistro** CAFÉ **$$**
(☎970-925-5338 ; www.pyramidbistro.com ; 221 E Main St ; plats déj 12-18 $, dîner 19-29 $; ⏲11h30-21h30 ; ✍). 🌿 Au dernier étage d'**Explore Booksellers** (☎970-925-5336 ; www.explorebooksellers.com ; 221 E Main St ; ⏲10h-21h ; 📶), ce café végétarien gourmand propose de délicieuses créations, comme les gnocchis de patate douce au fromage de chèvre, les miniburgers aux lentilles corail ou encore la salade de quinoa à l'avocat, aux baies de goji et à la vinaigrette au sésame. Meilleure adresse *healthy* de tout Aspen.

Matsuhisa JAPONAIS **$$$**
(☎970-544-6628 ; www.matsuhisarestaurants.com ; 303 E Main St ; plats 29-42 $, 2 sushis 8-12 $; ⏲17h30-fermeture). Adresse coloradienne originelle de la célèbre chaîne internationale Matsuhisa Nobu, cette maison restaurée est plus intime que son homologue de Vail, mais les plats y sont tout aussi remarquables : morue noire marinée en sauce miso, bar du Chili à la truffe et verrines d'oursins.

Aspen Brewing Co BRASSERIE
(☎970-920-2739 ; www.aspenbrewingcompany.com ; 304 E Hopkins Ave ; ⏲12h-tard le soir ; 📶). Avec cinq bières originales et vue sur la montagne depuis un balcon ensoleillé, voici l'endroit idéal pour se détendre après une dure journée. Les bières vont de la This Year's Blonde pleine de saveurs à la Independence Pass Ale (IPA) de haute altitude en passant par la plus douce Conundrum Red Ale.

Woody Creek Tavern PUB
(☎970-923-4585 ; www.woodycreektavern.com ; 2 Woody Creek Plaza, 2858 Upper River Rd ; ⏲11h-22h). Le pub favori de feu Hunter S. Thompson, auteur de *Las Vegas Parano*, saura combler vos envies de remontant après les 12 km de route – ou de vélo via le **Rio Grande Trail** (www.riograndetrail.com ; Puppy Smith St) – depuis Aspen. Dans cette taverne rustique et fantaisiste, point de chute d'une clientèle locale depuis 1980, les murs sont recouverts de coupures de journaux, de photos des clients et autres souvenirs.

ℹ Renseignements

Aspen-Sopris Ranger District
(☎970-925-3445 ; www.fs.usda.gov/whiteriver ; 806 W Hallam St ; ⏲8h-16h30 lun-ven). L'Aspen-Sopris Ranger District, appartenant à l'USFS, gère une vingtaine de campings, ainsi que la Roaring Fork Valley et la zone entre Independence Pass et Glenwood Springs – y compris la réserve de Maroon Bells. Vous trouverez ici des cartes et des conseils pour vos randonnées.

Aspen Visitor Center (☎970-925-1940 ; www.aspenchamber.org ; 425 Rio Grande Pl ; ⏲8h30-17h lun-ven). Logé de l'autre côté du Rio Grande Park. Le personnel de ce petit centre peut vous aider à sélectionner une randonnée, un restaurant ou une activité extrême.

Cooper Street Kiosk (angle E Cooper Ave et S Galena St ; ⏲10h-18h). Cartes, brochures et magazines.

ℹ Comment s'y rendre et circuler

Aspen-Pitkin County Airport (ASE ; ☎970-920-5380 ; www.aspenairport.com ; 233 E Airport Rd ; 📶). Situé à 6 km au nord-ouest d'Aspen sur la Hwy 82, cet aéroport dynamique reçoit toute l'année des vols depuis Denver, ainsi que d'autres, saisonniers et directs, depuis/vers huit villes américaines, dont Los Angeles et Chicago. Plusieurs compagnies de location de voitures y sont implantées. Un bus gratuit dessert l'aéroport toutes les 10-15 minutes.

Roaring Fork Transportation Authority (RFTA ; ☎970-925-8484 ; www.rfta.com ; 430 E Durant Ave ; ⏲6h15-2h15 ; 📶). Les bus font la liaison entre Aspen et les Highlands, Snowmass et Buttermilk avec des navettes gratuites, tandis que **VelociRFTA** dessert les localités de Basalt

(4 $, 25 minutes), Carbondale (6 $, 45 minutes) et Glenwood Springs (7 $, 1 heure) en bas de la vallée.

Salida

Sous le soleil du Colorado, la vie semble encore un peu plus douce par ici. Difficile de rêver mieux que la revigorante atmosphère montagnarde, la splendide nature à explorer et les charmes historiques de Salida. Assez grand et parfaitement préservé, le centre historique ne demande qu'à être exploré, au gré aussi de magasins d'antiquités et d'artisanat de premier ordre.

C'est aussi *la* région du rafting aux États-Unis. Avec l'Arkansas qui passe en plein cœur de la localité, vous avez accès à toute la gamme de la discipline, de l'excursion de classe II pour les familles jusqu'à la périlleuse sortie de classe V. Salida étant située dans une vallée en contrebas d'une imposante chaîne de montagnes, la région offre d'excellentes possibilités de randonnée, de VTT et de ski. Vous aurez l'embarras du choix..Ici, l'aventure vous attend au moindre tournant.

Quand le soleil se couche, venez vous mettre au chaud dans l'une des nombreuses microbrasseries et préparer votre programme du lendemain. La plupart des visiteurs viennent ici en été.

Activités

Avis aux cyclistes et aux marcheurs : plusieurs sentiers réputés – le **Continental Divide Trail** (www.continentaldividetrail.org), le **Colorado Trail** (www.coloradotrail.org) et le **Rainbow Trail** – sont à proximité immédiate de la ville. Si vous préférez la version douce, un **téléphérique** (☎719-539-4091 ; www.monarchcrest.net ; adulte/enfant 10/5 $; ⏲8h30-17h30 mi-mai à mi-sept) monte depuis Monarch Pass sur 300 m jusqu'en haut de la crête. Le **domaine skiable de Monarch** (☎719-530-5000 ; www.skimonarch.com ; 23715 Hwy 50 ; adulte/enfant 84/40 $; ⏲déc à mi-avr ; 👪) est réputé pour ses pistes d'une qualité surprenante et ses tarifs abordables. Bien entendu, l'atout maître de la région reste toutefois la palpitante pratique du rafting sur l'Arkansas (p. 105). Optez pour une sortie tranquille en famille, une partie de pêche ou une excursion plus décoiffante sur des parcours comme Numbers, la Royal Gorge ou Brown's Canyon.

♥ **Absolute Bikes** VÉLO
(☎719-539-9295 ; www.absolutebikes.com ; 330 W Sackett Ave ; location vélo 25-105 $/jour, circuits guidés à partir de 175 $; ⏲9h-18h ; 👪). Boutique incontournable pour les amateurs de vélo : vous y trouverez cartes, équipement et conseils, ainsi que des vélos à louer (VTC et VTT). La cerise sur le gâteau, ce sont les navettes jusqu'au sommet. Renseignez-vous sur les excellents circuits avec guide, de la ville fantôme de St Elmo à la Monarch Crest.

♥ **Monarch Crest Trail** VTT
Aventure extrême de 32 km à 56 km, la Monarch Crest est l'une des descentes les plus célèbres du Colorado. Au départ du Monarch Pass (3 448 m), elle suit la crête exposée sur 19 km avant de descendre jusqu'à Poncha Springs en coupant par un passage à niveau, ou de rejoindre le Rainbow Trail. Cette descente mythique est ponctuée de merveilleux panoramas en haute altitude.

Où se loger

Salida compte une bonne auberge de jeunesse et un hôtel dans le centre, ainsi que plusieurs motels en périphérie. L'**Arkansas Headwaters Recreation Area** (☎719-539-7289 ; cpw.state.co.us ; 307 W Sackett Ave ; ⏲8h-17h, fermé 12h-13h sam-dim) gère six campings (prévoyez votre eau) le long de la rivière, notamment le **Hecla Junction** (☎719-539-7289 ; coloradostateparks.reserveamerica.com ; Hwy 285, Mile 135 ; empl tente et camping-car 18 $, plus forfait journalier 7 $; 🐾). Autre camping, tout aussi excellent, le **Monarch Park** (☎877-444-6777 ; www.recreation.gov ; sortie 50 ; empl tente et camping-car 18 $; ⏲juin-sept ; 🐾) est installé en haut du col, près des sentiers de VTT et de randonnée de Monarch Crest et de Rainbow Trail.

♥ **Simple Lodge & Hostel** AUBERGE DE JEUNESSE $
(☎719-650-7381 ; www.simplelodge.com ; 224 E 1st St ; dort/d/qua 24/65/84 $; P@📶🐾). Si seulement le Colorado pouvait compter davantage d'endroits à la hauteur de celui-ci ! Tenue par les sympathiques Mel et Justin, cette auberge de jeunesse est simple mais élégante, avec une cuisine équipée et une zone commune confortable, où l'on se sent vite chez soi. C'est une adresse prisée des cyclotouristes qui suivent la Hwy 50 reliant les deux côtes.

Où se restaurer

The Fritz TAPAS $
(☎719-539-0364 ; thefritzsalida.com ; 113 E Sackett St ; tapas 6-10 $, plats 11-16 $; ⏲11h-21h ; 📶). Marqué de fantaisie, ce bar installé au

bord de l'eau sert des tapas américaines originales : macaronis aux trois fromages et au bacon, frites et aïoli à la truffe, raviolis au thon *ahi* ou encore tartines de *ciabatta* au brie et à la confiture de dattes. Vous pourrez aussi y déguster un burger au boeuf de pâturage, ainsi que d'autres salades et sandwichs. Bon choix de bières pression locales.

Amícas PIZZERIA **$$**
(719-539-5219 ; www.amicassalida.com ; 127 F 2nd St ; pizzas et paninis 6,90-13 $; 11h-21h lun-mer, 7h-21h jeu-dim ;). Pizzas à pâte fine cuites au feu de bois, paninis, lasagnes maison et bières artisanales à la pression... que demander de plus ? Cette adresse tranquille est l'endroit idéal pour reprendre toutes les calories perdues dans la journée. La Michelangelo (pesto, saucisse et fromage de chèvre) et la Vesuvio (cœurs d'artichauts, tomates séchées et poivrons) s'accompagnent idéalement d'un verre de bière IPA Headwaters.

Renseignements

Salida Chamber of Commerce
(Office du tourisme ; 719-539-2068 ; www.nowthisiscolorado.com ; 406 W Rainbow Blvd ; 9h-17h lun-ven). Informations touristiques généralistes.

USFS Ranger Office (719-539-3591 ; www.fs.usda.gov ; 5575 Cleora Rd ; 8h-16h30 lun-ven). Situé à l'est de la ville par la Hwy 50. Renseignements sur la randonnée et le camping dans les chaînes des Sawatch et de Sangre de Cristo.

Depuis/vers Salida

Située à la sortie de l'Arkansas River Valley, Salida occupe un emplacement de choix au carrefour de la Hwy 285 et de la Hwy 50. Les voies abandonnées des environs laissent deviner son passé de pôle ferroviaire. Si vous avez une voiture, en 1 ou 2 heures de route vous pourrez rejoindre Gunnison, Colorado Springs, les Great Sand Dunes ou le Summit County.

Colorado Springs

Colorado Springs est une “créature” intéressante. Malgré un développement fulgurant ces dernières années, la ville a su conserver certains de ses charmes provinciaux. Elle est absolument sublime, avec l'imposant Pikes Peak, les pitons gréseux du Garden of the Gods, et les jolis petits quartiers qui lui donnent une allure de douillette ville de montagne. Elle abrite également une forte présence militaire et des chrétiens évangélistes très à droite. Politique mise à part, une exploration d'un ou deux jours de la ville et de ses environs mérite de figurer parmi les cinq étapes incontournables d'un séjour dans le Colorado.

Côté ouest, vous trouverez d'adorables boutiques et bistrots à Manitou Springs et Old Colorado City. Et dès les contreforts, à peine sorti de la ville, vous attendent d'incroyables randonnées, circuits à VTT, aventures de plein air. Sans oublier des habitations troglodytes et des grottes à explorer, ainsi qu'une virée en voiture jusqu'en haut du Pikes Peak.

À voir et à faire

Pikes Peak MONTAGNE
(719-385-7325 ; www.coloradosprings.gov ; par la route adulte/enfant 15/5 $; 7h30-20h juin-août, 7h30-17h sept, 9h-15h oct-mai ; P). Appelée à l'origine “Montagne du soleil” par les Utes, Pikes Peak (4 300 m) n'est certes pas la plus haute montagne du Colorado, mais elle en est sans doute la plus célèbre. Surgissant des plaines pour culminer à 2 255 m, ce sommet est pris d'assaut par plus d'un demi-million de visiteurs chaque année.

Garden of the Gods PARC
(www.gardenofgods.com ; 1805 N 30th St ; 5h-21h ; P). GRATUIT Les étranges formations de grès rouge du Garden of the Gods (vieilles de quelque 290 millions d'années) apparaissent en divers endroits du Front Range du Colorado. Ces aiguilles extrêmement fines, avec les montagnes en toile de fond, font de ce parc l'une de ses sections les plus impressionnantes. Vous pourrez y découvrir un grand réseau de sentiers, goudronnés ou non, profiter d'un pique-nique et observer les grimpeurs téméraires.

Colorado Springs Fine Arts Center MUSÉE
(FAC ; 719-634-5583 ; www.csfineartscenter.org ; 30 W Dale St ; tarif plein/étudiant 12/5 $; 10h-17h mar-dim ; P). Ce musée très complet, qui abrite un théâtre de 400 places, a été inauguré en 1936, et entièrement rénové en 2007. Vous y verrez une collection d'art latino-américain : des statues d'argile mexicaines, des paniers ainsi que des patchworks amérindiens, des gravures sur bois et quelques œuvres abstraites d'artistes locaux. Les expositions, régulièrement renouvelées, sont alimentées par le fonds du musée, riche de quelque 23 000 pièces.

Colorado Springs Pioneers Museum MUSÉE
(☎719-385-5990 ; www.cspm.org ; 215 S Tejon St ; ⏲10h-17h mar-sam ; P). GRATUIT Le musée municipal de Colorado Springs occupe l'ancien tribunal d'El Paso County bâti en 1903. Il retrace l'histoire de la région au travers de sa collection de près de 60 000 pièces. La section amérindienne, particulièrement remarquable, compte des centaines d'objets tribaux Utes, Cheyennes et Arapahos.

US Air Force Academy ÉCOLE
(☎719-333-2025 ; www.usafa.af.mil ; I-25, sortie 156B ; ⏲Visitor Center 9h-17h ; P). GRATUIT Cette académie militaire, l'une des plus prestigieuses du pays, mérite une visite pour l'aperçu – limité mais fascinant – qu'elle offre de la vie d'un groupe d'élite de cadets. Le Visitor Center fournit des informations générales sur l'académie. De là, vous pourrez vous rendre à la belle chapelle (1963) ou faire un tour du campus en voiture

Où se loger

Mining Exchange HÔTEL $$
(☎719-323-2000 ; www.wyndhamhotels.com ; 8 S Nevada Ave ; ch à partir de 225 $; P❄📶). Aménagé dans la banque du début du siècle dernier où les prospecteurs de Cripple Creek échangeaient autrefois leur or contre du numéraire (voyez la porte du coffre-fort dans le hall), le Mining Exchange est sans conteste l'hôtel le plus chic de Colorado Springs. Ses hauts plafonds, ses murs en brique apparente et ses meubles habillés de cuir participent à une ambiance moderne et relaxante.

♥ **Broadmoor** RESORT $$
(☎866-620-7083 ; www.broadmoor.com ; 1 Lake Ave ; ch à partir de 335 $; P❄📶). Fort de 784 chambres, le Broadmoor, l'un des plus beaux complexes hôteliers cinq étoiles des États-Unis, jouit d'un cadre idyllique, avec en toile de fond les pentes émeraude de la Cheyenne Mountain. Vaste terrain verdoyant, petit lac, piscine, golf de niveau international, nombreux bars et restaurants, superbe spa, et chambres ultraconfortables : tout y est charmant. Pour une plus grande proximité avec la nature, renseignez-vous sur les camps "sauvages".

♥ **Garden of the Gods Resort** RESORT $$$
(☎719-632-5541 ; www.gardenofthegodsclub.com ; Mesa Rd ; d/ste à partir de 380/465 $; P❄📶). Ce complexe hôtelier raffiné qui domine le Garden of the Gods offre la plus belle vue de la ville. Aménagé avec élégance et juste ce qu'il faut de touches du Sud-Ouest, il comprend un ensemble de chambres, de suites, de cottages et de *casitas* qui fournissent un accès facile à la piscine à débordement et à l'espace spa. Forfaits séjour/parcours pour les golfeurs.

Où se restaurer et prendre un verre

Shuga's CAFÉ $
(☎719-328-1412 ; www.facebook.com/shugasbar ; 702 S Cascade Ave ; plats 8-13 $; ⏲11h-minuit ; 📶). Si vous en doutiez, sachez que Colorado Springs peut être aussi très branchée : le Shuga, un établissement servant des expressos et des cocktails à tomber, en est la preuve. Cette coquette maison blanche, décorée d'oiseaux en origami et de chaises de vinyle rouge, se double d'une cour avec quelques tables. Des sandwichs revisités à grand renfort de brie et de pain au romarin à la soupe brésilienne crevettes-noix de coco, la nourriture est un régal.

♥ **Uchenna** ÉTHIOPIEN $$
(☎719-634-5070 ; www.uchennaalive.com ; 2501 W Colorado Ave, Suite 105 ; plats 12-22 $; ⏲12h-14h et 17h-20h mar-dim ; P). La chef Maya a appris ses recettes auprès de sa mère, avant de s'envoler pour l'Amérique où son restaurant, typiquement éthiopien, s'est gagné la faveur d'une clientèle séduite par sa cuisine simple et son ambiance familiale. Goûtez à la viande bien assaisonnée ou aux

VAUT LE DÉTOUR

RAFTING SUR L'ARKANSAS

L'Arkansas River s'écoule sur le flanc oriental de la Buena Vista depuis Leadville, traverse le Browns Canyon National Monument, puis ricoche à travers le canyon Royal Gorge avec des rapides de classe V. C'est la rivière la plus variée, la plus longue et peut-être même la plus sauvage de l'État. Préparez-vous à être aspergé d'une eau glacée tandis que votre raft plonge dans les vagues agitées, ou soumettez-vous à la puissance du courant alors que votre équipage, hurlant et trempé jusqu'aux os, contourne un énorme rocher en tourbillonnant.

plats végétariens, le tout accompagné d'une *injera* (galette éthiopienne).

Marigold FRANÇAIS $$

(☎719-599-4776 ; www.marigoldcafeandbakery.com ; 4605 Centennial Blvd ; plats déj 8-13 $, dîner 11-24 $; bistrot 11h-14h30 et 17h-21h, boulangerie 8h-21h lun-sam). À proximité du Garden of the Gods, ce bistrot-boulangerie à la française, très animé, enchantera votre palais (et votre portefeuille). Régalez-vous de mets délicats comme le poulet rôti à l'ail et au romarin, les salades et les pizzas gourmandes, et gardez un peu de place pour le double (ou le triple !) gâteau à la mousse au chocolat ou pour la tarte au citron.

Depuis/vers Colorado Springs

Au lieu d'atterrir à Denver, choisissez plutôt le **Colorado Springs Airport** (COS ; ☎719-550-1900 ; www.flycos.com ; 7770 Milton E Proby Pkwy ;), principalement desservi par les compagnies United et Delta, avec des vols depuis/vers diverses grandes villes du pays. Pour rejoindre le centre-ville, en l'absence de transports publics, vous pouvez soit louer une voiture, soit prendre un taxi.

Des bus **Greyhound** (☎800-231-2222 ; www.greyhound.com) font la liaison entre Colorado Springs et Denver (à partir de 13 $, 1 heure 30, jusqu'à 6/jour), depuis la **gare routière centrale de Colorado Springs** (Downtown Transit Terminal ; ☎719-385-7433 ; 127 E Kiowa St ; 8h-17h lun-ven). Ici, vous trouverez des informations sur les horaires et les itinéraires de tous les bus locaux.

Sud du Colorado

La moitié sud du Colorado est aussi belle que la moitié nord et offre beaucoup à voir et à faire. On y trouve notamment les splendides chaînes de San Juan et Sangre de Cristo.

Crested Butte

Crested Butte est tout simplement l'une des meilleures stations de sports d'hiver du Colorado. Le domaine skiable est superbe, ponctué de quelques-unes des descentes les plus abruptes de l'État, parmi lesquelles un nombre de pistes noires sans pareil.

La région, l'un des berceaux du VTT, incite aussi à pédaler et à randonner sur des centaines de kilomètres au fil des merveilleux sentiers présents dans la nature autour de la bourgade, qui a su garder son charme authentique. Le décor est somptueux, entre les flancs de colline tapissés de trembles, les pittoresques lacs de montagne et les pics enneigés.

À voir et à faire

Crested Butte Center for the Arts CENTRE ARTISTIQUE

(☎970-349-7487 ; www.crestedbuttearts.org ; 606 6th St ; prix variables ; 10h-18h ;). Ce centre artistique accueille des expositions régulières d'artistes locaux et affiche une remarquable programmation de concerts et de représentations. Vous tomberez toujours sur quelque chose d'intéressant. Ne manquez pas les cours, ateliers et conférences.

Crested Butte Mountain Resort SKI

(☎970-349-2222 ; www.skicb.com ; 12 Snowmass Rd ; remontées adulte/enfant 125/70 $;). Figurant parmi les meilleures stations du Colorado, Crested Butte est connue pour ses trajectoires extrêmes, sa neige épaisse, sa population fabuleuse et ses divertissements sans façons. Il s'agit de l'un des derniers grands domaines skiables d'Amérique : un endroit où le ski incarne encore un esprit rebelle, où les habitants dévalent parfois les pistes tout nus, et où la liberté, l'irrévérence et les joies toutes simples de la poudreuse fraîche sous un ciel azuré ont encore un sens.

Alpineer VTT

(☎970-349-5210 ; www.alpineer.com ; 419 6th St ; location vélo 29-75 $/jour). Cette boutique épatante fournit la capitale locale du VTT en cartes, renseignements et matériel à louer, sans oublier un excellent choix de vêtements pour hommes et femmes. On peut y louer des skis, ou encore du matériel de randonnée et de camping. Petit conseil : lâchez-vous et louez un vélo tout-suspendu (vous aurez l'impression de rouler sur un coussin d'air).

Où se loger

Inn at Crested Butte BOUTIQUE-HÔTEL $$

(☎970-349-2111, n° gratuit 877-343-211 ; www.innatcrestedbutte.com ; 510 Whiterock Ave ; d 110-250 $;). Ce boutique-hôtel renommé dispose d'une poignée de chambres intimistes dans un cadre sophistiqué et luxueux. Certaines s'ouvrent sur un balcon avec vue sur le Mt Crested Butte, et toutes sont très bien aménagées – objets anciens, écran plat, cafetière et minibar. C'est l'un des lieux de séjour les plus agréables de Crested Butte.

Ruby of Crested Butte B&B $$$
(800-390-1338 ; www.therubyofcrestedbutte.com ; 624 Gothic Ave ; d 300-350 $, ste à partir de 400 $; P). À la décoration soigneuse de l'endroit s'ajoutent de petites attentions, comme ces bocaux de bonbons et de noisettes dans l'élégante salle commune. Les chambres sont fantastiques, avec chauffage au sol, TV, lecteur DVD et une sélection de films, station d'accueil pour iPod et linge de lit luxueux. Vous apprécierez aussi le Jacuzzi, la bibliothèque, la salle pour faire sécher les vêtements de ski, et les vélos électriques d'aspect rétro. Vos hôtes pourront vous aider pour diverses démarches, comme la réservation d'une table au restaurant.

Où se restaurer et prendre un verre

Secret Stash PIZZERIA $$
(970-349-6245 ; www.secretstash.com ; 303 Elk Ave ; plats 12-18 $; 8h-tard ;). À la fois fantaisiste et décontracté, le Stash fait l'unanimité grâce à sa cuisine excellente et à ses cocktails originaux. Ce grand espace coloré – une ancienne épicerie – arbore une jolie décoration d'inspiration indienne. La spécialité de la maison est la pizza : la Notorious Fig (*prosciutto*, figues fraîches et huile de truffe) a gagné en son temps le championnat du monde de la meilleure pizza. Pour commencer, commandez des frites sel et poivre.

Soupçon FRANÇAIS $$$
(970-349-5448 ; www.soupconcb.com ; 127 Elk Ave ; plats 39-47 $; 18h-22h30). Ce petit bistrot français, de quelques tables à peine, occupe un chalet ancien plein de caractère. La carte du chef, souvent renouvelée, met à l'honneur les viandes locales et les produits bio. Réservez.

Montanya BAR
(www.montanyarum.com ; 212 Elk Ave ; en-cas 3-12 $; 11h-21h ;). La distillerie Montanya est réputée pour ses rhums de grande qualité. Son *basiltini* – rhum aux arômes naturels de basilic, pamplemousse et citron vert – vous comblera. Visites guidées, dégustations gratuites et cocktails exceptionnels. Les plats d'inspiration *street food* sont plutôt bons. Attendez-vous à un lieu bondé et à des concerts occasionnels. L'après-midi, c'est une bonne adresse pour les familles.

Renseignements

Le **Crested Butte Visitor Center** (970-349-6438 ; www.crestedbuttechamber.com ; 601 Elk Ave ; 9h-17h), bien fourni en brochures et en cartes, se trouve à l'entrée de la bourgade dans l'artère principale.

Depuis/vers Crested Butte

Crested Butte est à environ 4 heures de route de Denver, et à environ 3 heures 30 de Colorado Springs. Sur l'US 50, suivez la direction de Gunnison puis poursuivez au nord sur la Hwy 35 pendant quelque 30 minutes jusqu'à Crested Butte. En hiver, des vols réguliers desservent le **Gunnison Airport** (GUC ; 970-641-2304 ; www.gunnisoncounty.org/airport ; 519 Rio Grande Ave).

Ouray

Les splendides cascades de glace drapant son canyon, et les apaisantes sources chaudes parsemant le fond de sa vallée font d'Ouray un lieu qui étonne par son exceptionnelle beauté. Cette ancienne petite cité minière, prise en sandwich entre deux pics imposants, voit rarement le soleil et a comme un petit air de Twin Peaks.

Activités

Million Dollar Highway ROUTE PITTORESQUE
Toute la Hwy 550 s'appelle aussi la Million Dollar Hwy – un qualificatif qui désigne avant tout la superbe section au sud d'Ouray qui traverse l'Uncompahgre Gorge et remonte vers le Red Mountain Pass à 3 358 m. Le paysage de montagne est spectaculaire et l'étroite route sinueuse a de quoi donner des frissons.

Ouray Hot Springs SOURCES CHAUDES
(970-325-7073 ; www.ourayhotsprings.com ; 1200 Main St ; adulte/enfant 18/12 $; 10h-22h juin-août, 12h-21h lun-ven et 11h-21h sam-dim sept-mai ;). Pour une revigorante baignade ou des jeux enfantins, faites un tour du côté des Ouray Hot Springs. L'eau cristalline de ces sources est exempte de soufre. Le site comprend une longue piscine, des toboggans aquatiques, un mur d'escalade au-dessus d'un bassin et diverses zones de baignade (de 37 °C à 41 °C). On y trouve également une salle de sport et un institut de massage.

Ouray Ice Park ESCALADE
(970-325-4061 ; www.ourayicepark.com ; County Rd 361 ; adhésion 40-150 $; 7h-17h mi-déc à

mars ;). Ce parc dévolu à l'escalade sur glace occupe une étendue de glace de 3,2 km dans l'Uncompahgre Gorge. Premier du genre, il attire les "glaciairistes" du monde entier. Une formidable expérience, s'adressant tant aux débutants qu'aux plus expérimentés. Prenez conseil auprès des guides locaux.

Fêtes et festivals

Ouray Ice Festival ÉVÉNEMENT CULTUREL
(970-325-4288 ; ourayicepark.com/ouray-ice-festival ; don apprécié pour les événements en soirée ; jan ;). Au fil des quatre jours de l'Ouray Ice Festival se succèdent concours d'escalade, stages, dîners et projections. Un mur d'escalade est installé pour les enfants. On peut assister gratuitement aux compétitions, mais il faut verser un don au parc pour participer aux événements du soir. À l'intérieur, dégustation gratuite des bières de New Belgium, fameuse microbrasserie coloradienne.

Où se loger et se restaurer

Amphitheater Forest Service Campground CAMPING $
(877-444-6777 ; www.recreation.gov ; US Hwy 550 ; empl tente 24 $; juin-août). Avec ses bons emplacements protégés par les arbres, ce terrain d'altitude est un excellent choix. Certains de ces arbres sublimes ont toutefois tendance à s'écrouler et le Forest Service a fermé certains campings. Durant les week-ends de vacances, un minimum de trois nuitées est imposé. Au sud de la localité sur la Hwy 550, prenez à gauche au panneau.

Wiesbaden HÔTEL $$
(970-325-4347 ; www.wiesbadenhotsprings.com ; 625 5th St ; ch 133-350 $;). Rares sont les hôtels à pouvoir s'enorgueillir de posséder une grotte à vapeur naturelle (où le chef Ouray se baigna, il y a fort longtemps). Les chambres aux couvre-lits en patchwork sont confortables et romantiques, mais la meilleure reste la suite ensoleillée avec un mur en pierre apparente. Le matin, les hôtes se croisent vêtus d'épais peignoirs, une tasse de thé ou de café bio (gratuit) à la main, après s'être baignés ou avant un massage.

Box Canyon Lodge & Hot Springs LODGE $$
(970-325-4981, 800-327-5080 ; www.boxcanyonouray.com ; 45 3rd Ave ; ch à partir de 200 $;). Ses chambres au chauffage géothermique sont spacieuses et ornées de boiseries. L'attrait romantique de l'établissement réside dans ses quatre Jacuzzis alimentés par les sources, parfaits pour un bain à la belle étoile. Accueillant, avec ses pommes gratuites et son eau minérale, le lieu est prisé – pensez à réserver.

Bon Ton Restaurant FRANÇAIS, ITALIEN $$$
(970-325-4419 ; www.bontonrestaurant.com ; 426 Main St ; plats 16-40 $; 17h30-233h jeu-lun, 9h30-12h30 sam-dim ;). Cela fait plus d'un siècle que le Bon Ton régale ses convives dans une magnifique salle sous l'historique St Elmo Hotel. La carte, franco-italienne, comprend des spécialités comme le canard rôti et sa sauce aux cerises et au poivre, ou les tortellinis au bacon et échalotes. La carte des vins est bien fournie et le brunch avec bulles mérite le détour.

Renseignements

Ouray Visitor Center (970-325-4746, 800-228-1876; www.ouraycolorado.com ; 1230 Main St ; 9h-18h lun-sam, 10h-16h dim ;). Situé derrière la piscine de sources chaudes d'Ouray.

Depuis/vers Ouray

Ouray se trouve sur la Hwy 550, à 113 km au nord de Durango, à 39 km au nord de Silverton et à 59 km au sud de Montrose. Aucun bus ne dessert la région : vous aurez besoin de votre propre véhicule.

Telluride

Destination unique, Telluride est séparée d'une grande partie du monde extérieur par les pics vertigineux qui l'encadrent sur trois flancs. Aucune localité du Colorado n'évoque autant un village de montagne suisse que cette ancienne cité minière.

En empruntant l'artère principale du centre-ville, vous verrez d'immenses massifs montagneux se dresser devant vous. L'endroit recèle en outre une bonne station de sports d'hiver, quantité d'excursions à pied et à vélo, et les meilleurs festivals d'été du Colorado. Enfin, s'il n'y a pas pléthore de restaurants et de lieux nocturnes, tous sont cependant de haute qualité.

Activités

Telluride Ski Resort SPORTS D'HIVER
(970-728-7533, 888-288-7360 ; www.tellurideskiresort.com ; 565 Mountain Village Blvd ; forfait journée tarif plein/6-12 ans 139/83 $). Grâce à son

relief très marqué, ses pistes escarpées et son enneigement idéal, Telluride est le paradis des skieurs, mais les dilettantes savoureront aussi la vue sublime sur la chaîne des San Juan et l'ambiance accueillante de la ville. Réparti sur trois sites distincts, le domaine skiable compte 16 remontées mécaniques. Ses pistes s'adressent pour la plupart aux skieurs moyens à expérimentés, mais les débutants y trouveront également leur bonheur.

En été, un **bike park** (forfait quotidien remontée 36 $) prend ses quartiers ici.

Ashley Boling VISITE GUIDÉE
(970-728-6639 ; 20 $/pers ; sur rdv). Habitant de Telluride, Ashley Boling propose des visites guidées historiques de la station depuis plus de 20 ans, en un peu plus d'une heure, toute l'année. Le tarif est à partir de trois personnes, mais si vous êtes moins nombreux une réduction honnête s'appliquera. Sur réservation.

Fêtes et festivals

Telluride Bluegrass Festival MUSIQUE
(800-624-2422 ; www.planetbluegrass.com ; pass 1/4 jours 90/255 $; fin juin). Des stands de nourriture et de bière locale viennent agrémenter ce festival de bluegrass, dont les concerts se poursuivent jusque tard le soir. Le camping a beaucoup de succès pendant le festival, qui dure quatre jours. Consultez le site Internet pour toutes les infos sur les sites, les services de navette et les billets combinés festival-camping – tout cela est très organisé !

Où se loger

Telluride Town Park Campground CAMPING $
(970-728-2173 ; www.telluride-co.gov/181/campground ; 500 E Colorado Ave ; empl avec/sans véhicule 33/19 $; mi-mai à mi-oct ;). En plein cœur de la ville, ce camping bien situé au bord d'une crique aligne 43 emplacements, des douches, une aire de baignade et un court de tennis. Pas de réservation pour les emplacements, sauf en période de festival (se renseigner auprès des organisateurs).

New Sheridan Hotel HÔTEL $$
(970-728-4351, 800-200-1891 ; www.newsheridan.com ; 231 W Colorado Ave ; d à partir de 220 $;). Élégant et discret, cet hôtel historique (construit en 1895) à la jolie façade en briques constitue une base agréable pour découvrir Telluride. Les chambres, hautes de plafond, arborent du linge de lit raffiné et de douillets plaids en flanelle. La terrasse avec Jacuzzi donne sur les montagnes. Le New Sheridan est idéalement situé, au centre de la bourgade. Un bémol : certaines chambres sont un peu petites au vu du tarif.

Inn at Lost Creek BOUTIQUE-HÔTEL $$$
(970-728-5678 ; www.innatlostcreek.com ; 119 Lost Creek Lane, Mountain Village ; ch 275-500 $;). Ce luxueux boutique-hôtel de Mountain Village fait du confort une de ses priorités. Son emplacement, au pied du principal télésiège de Telluride, est également très pratique. L'hôtel assure un service personnalisé et ses chambres – boiseries montagnardes, décoration du Sud-Ouest américain et touches métalliques – sont impeccables. Le spa est installé sur le toit-terrasse. Consultez les offres spéciales en ligne.

Où se restaurer et prendre un verre

Telluride réserve autant de plaisir que tout le sud du Colorado. Toutefois, les prix des boissons s'envolent, venez avec un portefeuille bien garni si vous ne voulez pas mourir de soif. Les groupes de musique live instillent de l'animation à la station.

Tacos del Gnar MEXICAIN $
(970-728-7938 ; www.gnarlytacos.com ; 123 S Oak St ; plats 7-14 $; 12h-21h mar-sam ;). Seconde enseigne d'un authentique restaurant de tacos, le Tacos del Gnar fait primer les saveurs sur la mise en scène. Les tacos de style fusion, aux inspirations de grillades coréennes et de saveurs asiatiques, enchanteront vos papilles. Laissez-vous embarquer.

Oak GRILL $$
(New Fat Alley ; 970-728-3985 ; www.oakstelluride.com ; 250 San Juan Ave, mise en bouche 8 $; plats 11-23 $; 11h-22h ;). Choisissez un plat à l'ardoise, ou simplement la même chose que le client d'à côté – quelque délicieuse spécialité, bon marché et à la présentation brouillonne. Nous recommandons le sandwich au porc effiloché et au coleslaw, à accompagner d'une portion de frites de patate douce croustillantes. Les bières sont à un prix imbattable. Situé juste à côté de la télécabine municipale gratuite.

Chop House AMÉRICAIN MODERNE $$$
(970-728-4531 ; www.newsheridan.com ; 231 W Colorado Ave, New Sheridan Hotel ; plats 26-65 $;

Plages de la côte Ouest

Des rivages balayés par les vents de l'Oregon au littoral de Californie, magnifique et ensoleillé, la côte Ouest des États-Unis compte certaines des plages les plus appréciées et les plus emblématiques au monde. Que l'on fasse bronzette sur Huntington Beach ou sur l'une des étendues de sable doré de l'Orange County, ou que l'on surfe les incroyables vagues de Rincon, à Santa Barbara, il y a toujours un bord de mer taillé pour combler toutes les envies

1

2

COREY JENKINS/GETTY IMAGES ©

4

KRIS DAVIDSON/LONELY PLANET ©

1. Plage de Santa Monica
Santa Monica (p. 270) est la quintessence de la vie californienne.

2. La Jolla
Les adeptes de surf et de snorkeling apprécieront La Jolla, l'une des plages les plus prisées de San Diego (p. 291).

3. Huntington Beach
Au sud-est de Los Angeles, cette plage de ville (p. 289) illustre parfaitement le mode de vie des surfeurs du sud de la Californie.

4. Steamer Lane
Prenez la vague sur l'un des *breaks* les plus célèbres de Santa Cruz (p. 320).

3

STEVE WHISTON - FALLEN LOG PHOTOGRAPHY/GETTY IMAGES ©

⏲17h-2h). Avec son service impeccable et ses banquettes en velours brodé formant un décor chic, voici une adresse tout indiquée pour un dîner romantique. Débutez par une assiette de fromages, avant de poursuivre par un menu typique de l'Ouest américain : délicat filet d'élan, raviolis à la tomate et ricotta au lait de brebis local. Clôturez le tout avec un gâteau sans farine, au chocolat noir et sauce au caramel.

New Sheridan Bar BAR
(☎970-728-3911 ; www.newsheridan.com ; 231 W Colorado Ave, New Sheridan Hotel ; ⏲17h-2h). Ce bar est un repaire de la jet-set, mais, en basse saison, l'ambiance et les discussions sont 100% locales et authentiques. En été, montez directement sur le toit-terrasse aéré. Les impacts de balles dans les murs témoignent de l'opiniâtreté du bar qui lui a valu de survivre à la débâcle des fortunes minières, quand l'hôtel voisin en était réduit à vendre ses lustres et autres antiquités pour payer les factures de chauffage.

☆ Où sortir

Fly Me to the Moon Saloon SALOON, CONCERTS
(☎970-728-6666 ; www.facebook.com/flymetothe-moonsaloon ; 132 E Colorado Ave ; ⏲15h-2h). De nombreux groupes se produisent dans ce saloon, le meilleur de Telluride pour danser et s'amuser : à vous de jouer !

Sheridan Opera House SALLE DE SPECTACLES
(☎970-728-4539 ; www.sheridanoperahouse.com ; 110 N Oak St ; 👪). Cette salle historique reste le cœur de la vie culturelle de Telluride. Elle accueille le Telluride Repertory Theater et programme des spectacles destinés aux enfants.

ℹ Renseignements

Telluride Central Reservations (☎888-355-8743 ; 700 W Colorado Ave ; ⏲9h-17h lun-sam, 10h-13h dim). Gère les hébergements et vend les billets pour le festival local.

Telluride Visitor Center (☎888-353-5473, 970-728-3041 ; www.telluride.com ; 230 W Colorado Ave ; ⏲10h-17h hiver, 10h-19h été). Ce centre d'accueil des visiteurs est une bonne source d'informations.

Wilkinson Public Library (☎970-728-4519 ; www.telluridelibrary.org ; 100 W Pacific Ave ; ⏲10h-20h lun-jeu, 10h-18h ven-sam, 12h-17h dim ; 📶👪). Une bibliothèque bien fournie en cartes et en informations locales, offrant en outre quelques manifestations publiques gratuites.

ℹ Depuis/vers Telluride

Pendant la saison de ski, le **Montrose Regional Airport** (MTJ ; ☎970-249-3203 ; www.montroseairport.com ; 2100 Airport Rd), à 105 km au nord de Telluride, accueille des vols depuis/vers Denver (United), Houston, Phoenix et quelques villes de la côte est. Des vols régionaux desservent le **Telluride Airport** (TEX ; ☎970-778-5051 ; www.tellurideairport.com ; 1500 Last Dollar Rd), situé sur un plateau. Autrement, les avions atterrissent à Montrose.

Telluride Express (☎970-728-6000 ; www.tellurideexpress.com) gère des navettes à petits prix vers Telluride au départ des aéroports de Montrose et Telluride.

Silverton

Silverton, qu'entourent des pics neigeux et de sombres histoires d'ancienne ville minière, évoque plus l'Alaska que le Colorado. Motoneige, vélo, pêche à la mouche... ou simple farniente sous un soleil de très haute altitude, la petite localité sait en combler plus d'un. On y trouve aussi l'un des domaines skiables les plus uniques d'Amérique : le site de Silverton Mountain, réservé aux experts et doté d'un seul remonte-pente.

Sur les deux rues que compte la ville, seule Greene St est goudronnée. Vous y trouverez la plupart des commerces (pour de la viande séchée, du caramel et de l'artisanat principalement). L'autre, Blair St (renommée Empire St), est parallèle à la première. À l'époque de la ruée vers l'argent, elle était réputée pour ses maisons de passe et ses débits de boissons.

Activités

♥ **Silverton Railroad Depot** TRAIN
(☎970-387-5416, appel gratuit 877-872-4607 ; www.durangotrain.com ; 12th St ; billets tarif plein/4-11 ans à partir de 114/80 $; ⏲départs 13h45 et 14h30 ; 👪). Vous pourrez acheter votre billet (aller ou aller-retour) pour le trajet à bord *Silverton Silverlight Express* au dépôt de Durango ou sur le site Internet. Départ du dépôt de Silverton, où se trouve aussi le Silverton Freight Yard Museum. Le billet donne accès au musée deux jours avant et deux jours après votre trajet en train. Le retour depuis Durango, en navette, est inclus dans le prix (le parcours en bus est nettement plus rapide).

♥ **Domaine skiable de Silverton Mountain** SKI
(☎970-387-5706 ; www.silvertonmountain.com ; State Hwy 110 ; ski avec guide 179 $, ski sans guide

79 $; ⏲ ski avec guide jeu-dim déc-mars, ski sans guide fin mars-avr). Silverton est un domaine skiable réservé aux experts, idéal pour les skieurs de niveau avancé souhaitant aller encore plus loin. Le site possède un seul remonte-pente pour rallier le sommet. De là, vous marcherez avec votre guide jusqu'aux nombreuses pistes, spectaculaires, offrant l'une des plus belles poudreuses de l'État.

San Juan Backcountry CIRCUITS AUTO

(☎970-387-5565 ; www.sanjuanbackcountry.com ; 1119 Greene St ; circuit 40-140 $; ⏲ mai-oct ; 👪). Si vous souhaitez louer un véhicule ou faire un circuit en 4x4, San Juan Backcountry vous donnera à découvrir les sublimes espaces sauvages aux alentours de Silverton. Les circuits se font à bord d'un Suburban Chevrolet à toit ouvert ou en quad. Possibilité de sortie rafting sur la Lower Animas, près de Durango.

Où se loger et se restaurer

Inn of the Rockies at the Historic Alma House B&B $$

(☎970-387-5336 ; www.innoftherockies.com ; 220 E 10th St ; ch 125-200 $; P ❄). Cette auberge, établie en 1898 par une habitante du nom d'Alma, compte dix chambres au style unique et au mobilier d'époque victorienne. Hospitalité de premier ordre, et mention spéciale pour le petit-déjeuner. Il y a également un Jacuzzi dans le jardin pour vous relaxer après une longue journée.

Wyman Hotel B&B $$

(☎877-504-5272 ; www.thewyman.com ; 1371 Greene St ; d à partir de 250-375 $; ⏲ fermé nov ;). Bel édifice en grès à un étage construit en 1902, classé monument historique, et rénové il y a peu. L'intérieur est magnifiquement contemporain, et les chambres aux accents scandinaves affichent un style chic minimaliste. Soit une adresse raffinée, qui tourne le dos à la décoration hétéroclite courante. Le patio gravillonné à l'arrière comprend un wagon de queue d'époque.

Grand Restaurant & Saloon AMÉRICAIN $$

(☎970-387-5527 ; www.grandimperialhotel.com ; 1219 Greene St ; plats 8-26 $; ⏲ 11h-15h mai-oct, parfois le soir 17h-21h ; 👪). Tenez-vous-en aux burgers et aux clubs-sandwichs dans ce restaurant évocateur de l'historique Grand Imperial Hotel, où le bar est fréquenté par habitants et visiteurs. Le cadre historique et le piano mécanique sont deux atouts d'importance.

Depuis/vers Silverton

Silverton se trouve sur la Hwy 550 à mi-chemin entre Montrose (à environ 96 km au nord) et Durango (à 77 km au sud).

La ville est accessible soit en voiture, soit dans un sens via le Durango and Silverton Narrow Gauge Railroad (p. 114) ou par des navettes, si l'on revient d'une balade à bord du *Silverton Silverlight Express* (p. 112).

Mesa Verde National Park

Plus de 700 ans après la disparition de ses habitants, la Mesa Verde (le "plateau vert") conserve un attrait mystérieux. L'abandon de leurs habitations troglodytiques par les Pueblos dans les années 1300 demeure inexpliqué. La Mesa Verde fait la joie des anthropologues : de tous les parcs nationaux des États-Unis, c'est le seul à privilégier la conservation des vestiges culturels de cette civilisation plutôt que celle de ses trésors naturels. Il s'agit d'un parc enchanteur pour les petits et les grands aventuriers, qui pourront grimper à des échelles jusqu'à des grottes troglodytiques, admirer des peintures rupestres et plonger dans les mystères de l'Amérique précolombienne.

Le **Mesa Verde National Park** (☎970-529-4465 ; www.nps.gov/meve ; forfait semaine voiture/moto mai-oct 25/20 $, nov-avr 15/10 $; P 👪 🐾) occupe 210 km² de la section septentrionale de la mesa. Les sites pueblos ancestraux sont disséminés parmi les canyons et les mesas du parc, en haut d'un plateau au sud de Cortez et Mancos.

À voir et à faire

Si vous disposez de peu de temps, explorez le Chapin Mesa Museum et participez à une visite guidée de l'une des habitations troglodytiques sous l'égide d'un ranger (uniquement possible en réservant en personne au moins deux jours à l'avance).

Si vous avez au moins une journée devant vous, vous pourrez suivre les visites guidées des sites de Cliff Palace et de Balcony House, très spectaculaires, conduites par les rangers, explorer la Wetherill Mesa (le coin le plus calme du canyon), flâner aux alentours du musée ou participer à des feux de camp au Morefield Campground.

Chapin Mesa Museum MUSÉE

(☎970-529-4475 ; www.nps.gov/meve ; Chapin Mesa Rd ; entrée incluse dans celle du parc ; ⏲ 8h-18h30 avr à mi-oct, 8h-17h mi-oct à avr ; P 👪). Première étape idéale, ce musée donne à voir des dioramas et des expositions sur le parc. Lorsque les bureaux du parc sont fermés le week-end, le personnel du musée se charge d'informer les visiteurs.

Chapin Mesa SITE ARCHÉOLOGIQUE
(randonnée guidée 5 $; toute l'année, randonnée guidée avr-oct). La plus grande concentration de sites pueblos se trouve à Chapin Mesa, où vous découvrirez notamment le **Far View Site**, très dense, et le vaste **Spruce Tree House** (Chapin Mesa Rd ; entrée incluse avec le parc ;), les deux sites les plus accessibles grâce à une boucle asphaltée de près de un kilomètre. Le Spruce Tree House est actuellement fermé aux visiteurs, mais on le voit facilement depuis le point de vue du musée.

Wetherill Mesa SITE ARCHÉOLOGIQUE
(circuit guidé 5 $/pers). C'est le deuxième plus grand groupe de sites pueblos. On y trouve des vestiges en surface et deux groupes d'habitations troglodytiques, dont le **Long House** (visitable de fin mai à août avec un guide uniquement).

Aramark Mesa Verde RANDONNÉE
(970-529-4421 ; www.visitmesaverde.com ; Mile 15, Far View Lodge ; adulte 70-75 $). Propose divers circuits individuels et de groupe dans le parc, tous les jours de mai à mi-octobre. Les visites incluent le transfert en bus et les randonnées. Réservez en ligne ou à l'agence du Far View Lodge.

Où se loger et se restaurer

Morefield Campground CAMPING $
(970-529-4465 ; www.visitmesaverde.com ; Mile 4 ; empl tente 33 $, camping-car sans/avec prises électriques 33/45 $; mai-début oct ;). Un camping à 6,5 km de l'entrée du parc, qui dispose de 445 emplacements pour tentes. Il est bien situé, non loin de Morefield Village, où l'on trouve un petit supermarché, une station-service, un restaurant, des douches et une laverie automatique. C'est Aramark qui en assure la gérance. Les emplacements nus pour camping-cars (sans électricité) sont au même tarif que ceux dévolus aux tentes.

Far View Lodge LODGE $$
(numéro gratuit 800-449-2288 ; www.visitmesaverde.com ; Mile 15 ; ch 165-230 $; mi-avr à oct ;). Perché sur une mesa à 24 km de l'entrée du parc, ce lodge d'inspiration pueblo compte 150 chambres, certaines dotées d'une cheminée traditionnelle. Ne manquez pas le coucher de soleil sur la mesa depuis votre balcon. Les chambres standards ne sont équipées ni de la climatisation (alors qu'il peut faire très chaud en été), ni de la télévision. On peut même venir avec son chien pour un supplément de 10 $ par nuit.

Metate Room AMÉRICAIN MODERNE $$$
(800-449-2288 ; www.visitmesaverde.com ; Mile 15, Far View Lodge ; plats 20-36 $; 7h-10h et 17h30-21h30 avr à mi-oct, 17h-19h30 mi-oct à mars ;). Ce restaurant haut de gamme situé dans le Far View Lodge a été récompensé pour son excellence culinaire. La carte, innovante, est inspirée de la cuisine et des saveurs amérindiennes. Goûtez par exemple les piments poblano farcis, la poitrine de porc aux figues de Barbarie ou la truite fumée servie froide. À mille lieues du banal restaurant de parc national, avec une vue tout bonnement spectaculaire.

Renseignements

Mesa Verde Visitor & Research Center
(970-529-4465 ; www.nps.gov/meve ; 7h30-19h juin à début sept, 8h-17h début sept à mi-oct et mi-avr à mai, fermé mi-oct à mi-avr ;). Ce remarquable centre des visiteurs, moderne, dispose d'un point d'eau, du Wi-Fi et de toilettes, en plus de guichets d'information où vous pourrez acheter des billets pour les visites guidées de Cliff Palace, Balcony House ou Long House. Les objets exposés sont dignes d'un musée.

Durango

Durango est une sorte de paradis retrouvé. Cette ancienne ville minière combine idéalement des activités de plein air sur la rivière, à vélo ou à skis, des habitants ultrasympathiques, une vie nocturne animée dans le sillage des étudiants locaux, et pléthore de bons restaurants, bars et boutiques.

Activités

Durango & Silverton Narrow Gauge Railroad TRAIN TOURISTIQUE
(970-247-2733 ; www.durangotrain.com ; 479 Main Ave ; adulte/enfant A/R à partir de 114/80 $;). La curiosité phare de Durango. Cela fait plus de 125 ans que les locomotives à vapeur, d'époque, couvrent ce spectaculaire trajet de 70 km (3 heures 30) sur une ligne à voie étroite (*narrow gauge*) jusqu'à Silverton, que vous aurez 2 heures pour visiter. La ligne ne fonctionne qu'entre mai et octobre.

Mild to Wild Rafting RAFTING

(970-247-4789, appel gratuit 800-567-6745 ; www.mild2wildrafting.com ; 50 Animas View Dr ; descentes à partir de 55 $; 9h-17h ;). À Durango, le printemps et l'été sont synonymes de rafting en eaux vives. Plusieurs agences en ville proposent des descentes sur l'Animas River, notamment Mild to Wild Rafting. L'introduction d'une heure au rafting est conseillée aux débutants, tandis que les rafteurs les plus hardis (et expérimentés) pourront descendre la partie supérieure de l'Animas, avec des rapides de classe III à V.

Purgatory SKI

(970-247-9000 ; www.purgatoryresort.com ; 1 Skier Pl ; forfait adulte/enfant à partir de 89/60 $; mi-nov à mars ;). En hiver, l'action de Durango se concentre à 40 km au nord de la ville, sur la Hwy 550. La station déploie un domaine skiable de près de 500 ha, aux pistes de difficultés variées, et affiche un enneigement annuel de 6,5 m. Il y a également deux snowparks pour les amateurs de glisse. Le Purgatory est vraiment un tranquille domaine de province, offrant quantité de bonnes pistes damées pour les familles et quelques descentes plus raides.

Où se loger

Rochester House HÔTEL $$

(970-385-1920, numéro vert 800-664-1920 ; www.rochesterhotel.com ; 721 E 2nd Ave ; d 190-300 $;). Influencé par les vieux westerns (les couloirs sont décorés d'affiches de cinéma et de guirlandes lumineuses), le Rochester a un petit air de vieil Hollywood dans l'Ouest moderne. Les chambres sont spacieuses, avec de hauts plafonds. Parmi d'autres atouts, l'hôtel a deux salons plutôt formels, où l'on vous servira des biscuits, et une salle pour le petit-déjeuner, aménagée dans un ancien wagon. Animaux acceptés.

Antlers on the Creek B&B $$

(970-259-1565 ; www.antlersonthecreek.com ; 999 Lightner Creek Rd ; ch à partir de 180 $;). Le cadre paisible, au bord d'une crique entourée de vastes pelouses et de peupliers, donne envie de n'en plus partir. Sept chambres décorées avec goût sont distribuées entre la grande maison principale et l'ancienne écurie. Elles sont dotées de baignoires à jets, de draps de qualité et de cheminées à gaz. Vous apprécierez également le généreux petit-déjeuner en trois plats et le Jacuzzi sous la tonnelle extérieure. Ouvert toute l'année.

General Palmer Hotel HÔTEL $$

(970-247-4747, numéro vert 800-523-3358 ; www.generalpalmerhotel.com ; 567 Main Ave ; ch à partir de 160 $;). Ce grand bâtiment de style victorien de 1898, à l'élégance de tournant de siècle, affiche un esprit romantique, avec de petites chambres à lits à baldaquin pour certaines, imprimés floraux et ours en peluche sur les lits. Jeux de société mis à disposition à la réception, bibliothèque confortable et solarium.

Où se restaurer et prendre un verre

James Ranch MARCHÉ $

(970-385-9143 ; www.jamesranch.net ; 33800 US Hwy 550 ; plats 5-18 $; 11h-19h lun-sam). Incontournable pour les voyageurs faisant la route sur la montagneuse San Juan Skyway. À 16 km de Durango, le James Ranch familial tient un marché et un excellent grill fermier, avec du bœuf de pâturage et des produits frais de l'exploitation. Les sandwichs au steak et les tartines chaudes de fromage frais aux oignons caramélisés sont succulents. Les enfants adorent courir après les chèvres.

El Moro GASTROPUB $$

(970-259-5555 ; www.elmorotavern.com ; 945 Main Ave ; plats 12-30 $; 11h-minuit lun-ven, 9h-minuit sam-dim). Les clients viennent ici pour deux raisons : les cocktails côté bar, ou les petites assiettes créatives côté restaurant, comme le chou-fleur sauté à la coréenne, les fromages, les saucisses maison et les salades fraîches. Fief branché de Durango, ce pub n'en vise pas moins à satisfaire une clientèle de tous horizons.

Bookcase & the Barber BAR À COCKTAILS

(970-764-4123 ; www.bookcaseandbarber.com ; 601 E 2nd Ave, Suite B ; 14h-minuit). Ce bar moderne, qui joue sur un côté clandestin, est sans doute l'un des lieux les plus charmants de Durango pour finir la soirée en sirotant de délicieux cocktails à 12 $ – ils les valent – dans une lumière tamisée, à l'abri d'une imposante bibliothèque. Entrez chez le coiffeur et donnez le mot de passe (indiqué sur la page Facebook) pour accéder au bar. Accordez-vous une *paloma celosa* épicée, subtil mélange de tequila, pamplemousse et piment poblano.

Ska Brewing Company BRASSERIE
(☎970-247-5792 ; www.skabrewing.com ; 225 Girard St ; plats 9-15 $; ⏲9h-21h lun-ven, 11h-21h sam, jusqu'à 19h dim). Les meilleures bières de la ville, dit-on, riches en saveurs et en diversité. Le bar et salle de dégustation, modeste et accueillant, avait autrefois surtout rang de site de production, mais au fil des ans le lieu s'est gagné les faveurs du public. Aujourd'hui, il est très fréquenté par des groupes d'amis venus y partager une bière après le travail.

ℹ Renseignements

Durango Public Library (☎970-375-3380 ; www.durangopubliclibrary.org ; 1900 E 3rd Ave ; ⏲9h-20h lun-mer, 10h-17h30 jeu, 9h-17h30 ven-sam ; 📶). Une bibliothèque bien fournie en informations régionales.

Durango Welcome Center (☎970-247-3500 ; www.durango.org ; 802 Main Ave ; ⏲9h-19h dim-jeu, 9h-21h ven-sam ; 📶). Excellent office du tourisme en centre-ville. Un deuxième **centre des visiteurs** (111 S Camino del Rio) est situé dans le sud de la ville, à la sortie de l'US Hwy 550 en direction de Santa Rita.

San Juan-Rio Grande National Forest HQ (☎970-247-4874 ; www.fs.fed.us/r2/sanjuan ; 15 Burnett Ct ; ⏲9h-17h lun-sam). Les bureaux du parc, à 800 m à l'ouest de Durango, en retrait de l'US Hwy 160. Informations sur le camping et la randonnée, ainsi que des cartes.

ℹ Comment s'y rendre et circuler

Durango-La Plata County Airport (DRO ; ☎970-247-8143 ; www.flydurango.com ; 1000 Airport Rd). Cet aéroport régional est à 29 km au sud-ouest de Durango en suivant l'US Hwy 160 et la Hwy 172. Les compagnies United et American Airlines proposent toutes deux des vols directs pour Denver ; United Airlines programme des vols saisonniers (été uniquement) à destination de Chicago, Houston et Los Angeles ; American Airlines dessert Dallas-Fort Worth et Phoenix.

Great Sand Dunes National Park

Le **Great Sand Dunes National Park** (☎719-378-6399 ; www.nps.gov/grsa ; 11999 Hwy 150 ; ⏲8h30-17h juin-août, 9h-16h30 sept-mai ; 👪) est un lieu irréel, une mer de sable délimitée par des pics déchiquetés et des plaines broussailleuses, où la magie de la nature se donne en spectacle à grand renfort d'effets optiques.

En arrivant par la Hwy 150, regardez la lumière dessiner des ombres changeantes sur les dunes. Le moment le plus spectaculaire est la fin de journée, quand les collines dessinent des contrastes intenses avec la lumière rasante du soleil qui se couche à l'horizon. Partez en randonnée et franchissez la lisière du champ de dunes pour voir de près les sables ondoyants ; le vent œuvre ici tel un sculpteur inconsolable, refaçonnant à l'infini le paysage sablonneux.

La plupart des visiteurs limitent leurs activités au secteur délimité par Medano Creek, qui sépare la principale masse dunaire des vertigineuses montagnes de Sangre de Cristo. Les 85% restants du parc sont qualifiés de “sauvages” : souffreteux et timorés, s'abstenir.

Randonnée

Cette grande étendue de sable n'est traversée d'aucun sentier, mais n'en attire pas moins une foule de randonneurs. Deux parcours informels sont ponctués de superbes panoramas sur les dunes. Le premier part du parking jouxtant le centre des visiteurs et rejoint High Dune (laquelle, curieusement, n'est pas la plus haute dune du parc). Les 4 km annoncés pour l'aller-retour sont d'une facilité trompeuse. Dans ces collines de sable, on a l'impression de reculer de 50 cm à chaque pas. Si vous vous sentez d'attaque, essayez d'atteindre le deuxième grand objectif : Star Dune (229 m), plus haute éminence du parc, juste à l'ouest de High Dune.

Depuis le centre des visiteurs, un petit sentier mène à l'aire de pique-nique de Mosca, toute proche de Medano Creek. Celle-ci est peu profonde, mais vous devrez la traverser à gué (si elle est en eau) pour atteindre les dunes. De l'autre côté de la route au départ du centre des visiteurs, le Mosca Pass Trail monte dans la réserve de Sangre de Cristo.

🛏 Où se loger et se restaurer

♥ **Zapata Falls Campground** CAMPING $
(☎719-852-7074 ; www.fs.usda.gov ; BLM Rd 5415 ; empl tente et camping-car 11 $; 🐾). Ce camping, situé à 11 km au sud du parc national, a un magnifique panorama sur la San Luis Valley, du haut de ses 2 743 m d'altitude dans les Sangre de Cristos. Il compte 23 emplacements (sans réservation) sans point d'eau ; l'accès par une piste escarpée de 5,8 km est difficile, mais cela en vaut la peine, surtout quand on préfère les endroits isolés.

Zapata Ranch RANCH $$$
(☎719-378-2356 ; www.zranch.org ; 5303 Hwy 150 ; 2 nuitées avec pension complète 875 $). Idéal pour les amateurs d'équitation, le très huppé Zapata est un ranch d'élevage de bovins et de bisons niché dans un bois de peupliers. Détenue et gérée par le Nature Conservancy, la principale auberge est une habitation en bois rénovée du XIXe siècle, riche d'un beau panorama sur les dunes de sable. Repas et excursions à cheval sont compris dans le tarif ; les autres activités, comme l'escalade et le rafting, sont en option.

Depuis/vers Great Sand Dunes National Park

Le Great Sand Dunes National Park est à 53 km au nord-est d'Alamosa. Il n'est pas desservi par les transports publics.

WYOMING

Pour une bonne part, le Wyoming constitue l'essence des Grandes Plaines : une vaste zone déserte de plaines et de collines tapissées d'armoise, le tout chauffé par le soleil dans un ciel d'un bleu profond. Les rares villes sont imprégnées d'histoire et d'esprit pionnier. C'est l'Amérique de l'Oregon Trail et des hors-la-loi, un morceau d'Ouest américain que les habitants actuels sont ravis de préserver à l'état sauvage. Les localités de Cody et Laramie offrent un aperçu encore bien vivant du passé, tandis que Jackson et Lander constituent les avant-postes du "New West".

Cela dit, l'État le moins peuplé des États-Unis se targue également de certaines de ses montagnes les plus spectaculaires, d'une faune et d'une flore d'une incroyable diversité et d'une géologie unique. De l'immaculé Snowy Range, près de Laramie, aux étendues granitiques sauvages du Wind River Range, derrière Lander, les sommets ne cessent de gagner en magnificence à mesure que l'on traverse le Wyoming en direction de l'emblématique et majestueux Teton Range – sans oublier Yellowstone, l'un des sites les plus splendides du pays.

Renseignements

Travel Wyoming (☎800-225-5996, 307-777-7777 ; www.travelwyoming.com). L'excellent portail touristique du Colorado.

Wapiti Ranger Station (☎307-587-3925). Le plus ancien poste de rangers du pays.

Wyoming State Parks & Historic Sites (☎307-777-6323 ; wyoparks.state.wy.us). Informations sur les 13 parcs nationaux et 26 sites historiques du Wyoming. Réservation en ligne ou par téléphone pour les emplacements de camping.

Cheyenne

Jadis surnommée "la cité magique" au motif qu'elle aurait poussé en une seule nuit à la lisière des plaines, la venteuse Cheyenne ne vous paraîtra pas si féerique que cela. Toutefois, à l'image des cow-boys au cuir rugueux que vous y croiserez, la capitale du Wyoming possède un indéniable charme une fois qu'on en a gratté la surface. Visitez les musées locaux, flânez jusqu'à la gare routière et vous verrez que Cheyenne se situe un bon cran au-dessus de la ville-étape banale de l'I-80.

À voir

Frontier Days Old West Museum MUSÉE
(☎307-778-7290 ; www.oldwestmuseum.org ; 4610 Carey Ave ; adulte/enfant 10 $/gratuit ; ⏲9h-17h ; 👪). Pour plonger au cœur de l'histoire pionnière de Cheyenne et du rodéo, une activité qui perdure encore aujourd'hui, visitez ce musée ouvert toute l'année sur les terrains de rodéo de Frontier Days. Il déborde d'objets liés au rodéo (selles, trophées...), donne à voir des œuvres d'art et des photographies de cow-boys, ainsi qu'une belle collection d'attelages, et retrace quelques épisodes du passé – comme l'histoire de Steamboat, un hongre impossible à monter, dont d'aucuns prétendent qu'il est l'animal représenté sur les plaques d'immatriculation du Wyoming.

Fêtes et festivals

Cheyenne Frontier Days RODÉO
(☎307-778-7222 ; www.cfdrodeo.com ; 4610 Carey Ave ; rodéo 17-55 $/jour, concerts 20-75 $; ⏲deux dernières semaines juil ; 👪). Au cours de la dernière semaine complète de juillet, ce festival consacré au rodéo et au Wyoming sous toutes ses coutures s'anime pour 10 jours de lasso, de tronçonnage, d'équitation, de chansons et de danse, rythmés de spectacles aériens, de défilés, de théâtre, de carnavals et de chili con carne. L'animation s'étend jusqu'à Frontier Town, au village indien et à des matinées gratuites de compétition secondaire de rodéo.

Où se loger et se restaurer

Nagle Warren Mansion B&B B&B $$
(☎307-637-3333 ; www.naglewarrenmansion.com ; 222 E 17th St ; ch à partir de 195 $;). Cette demeure historique de 1888 est un petit bijou. La maison possède toujours son plafond d'origine en cuir sculpté, ainsi que 12 chambres spacieuses et élégantes dotées d'objets régionaux de la fin du XIXe siècle. La propriété possède un Jacuzzi, une salle de lecture dans sa tourelle, et des vélos Schwinn datant de 1954 pour explorer les environs. L'une des adresses les plus évocatrices du Wyoming.

Historic Plains Hotel HÔTEL HISTORIQUE $
(☎307-638-3311 ; 1600 Central Ave ; ch à partir de 140 $;). Fondée en 1911 environ, cette vénérable beauté affiche des espaces communs débordant d'un charme désuet. Le vieil ascenseur est délibérément petit – afin que les cow-boys ne tentent pas d'y faire entrer leur cheval pour gagner l'étage. Demandez une chambre donnant sur la rue ; celles qui donnent sur le puits de lumière intérieur sont un peu sombres.

Bunkhouse Bar & Grill RESTAURANT DE VIANDES $$
(☎307-632-6184 ; www.bunkhousebar.com ; 1064 Happy Jack Rd ; plat 10-28 $; 11h-21h dim-jeu, 11h-23h30 ven-sam). Situé à l'ouest de Cheyenne sur la W-210, ce *steakhouse* historique vaut le détour. Depuis 1898, la maison a compris deux ou trois choses sur les goûts des habitants – les burgers, steaks et autres prédilections du genre dominent. La spécialité ? Le remarquable Bunk-Nut sandwich – huîtres des Rocheuses frites et fromage américain sur une tranche de Texas Toast. Musique live les vendredis et samedis soir.

Restaurant at the Plains AMÉRICAIN $$
(☎307-638-3311 ; www.theplainshotel.com ; 1600 Central Ave ; déj plat 8-13 $, dîner 15-24 $; 12h-15h et 18h-22h mar-dim). Au restaurant de l'Historic Plains Hotel, probablement le meilleur de Cheyenne, on sert des plats remarquables au dîner, comme le saumon fourré au crabe ou le filet de bœuf glacé au bourbon, et on propose au déjeuner burgers, sandwichs ou encore bar à soupes et salades.

Où prendre un verre et faire la fête

Accomplice Brewing Company MICROBRASSERIE
(☎307-632-2337 ; www.accomplicebeer.com ; 115 W 15th, Depot ; 11h-22h dim-jeu, 11h-minuit ven-sam ;). Les bières sont à volonté et en libre-service dans cette brasserie, la dernière ouverte de Cheyenne, dans le dépôt historique de la ville. Les pressions sont savoureuses – mention spéciale à la Nue Dogma Pale Ale et à la Lincoln Squared IPA – et les plats proposés tout à fait à la hauteur.

Nagle Warren Mansion B&B SALON DE THÉ
(☎307-637-3333 ; www.naglewarrenmansion.com ; 222 E 17th St ; par pers 12 $; 14h-16h ven-sam). Pour un petit goût de l'Ouest façon vieille Europe, venez savourer dans cette charmante demeure un thé accompagné de scones, de cookies, de sandwichs et de pâtisseries – le *high tea* comme au temps jadis.

Renseignements

Cheyenne Visitor Center (☎800-426-5009, 307-778-3133 ; www.cheyenne.org ; 1 Depot Sq/121 W 15th St ; 9h-17h lun-ven, 9h-15h sam, 11h-15h dim ;) Consultez le site Internet pour un guide complet de Cheyenne. Les **visites en trolley-bus** (☎307-778-3133 ; www.cheyennetrolley.com ; 121 W 15th St, Depot Plaza ; adulte/enfant 12/6 $; 10h, 11h30, 13h, 14h30 et 16h mai-sept) du centre-ville partent d'ici.

Wyoming Travel & Tourism (☎800-225-5996 ; www.wyomingtourism.org ; 5611 High Plains Rd ; 9h-17h lun-ven). Situé sur une aire de repos au sud de Cheyenne, sur l'I-25, ce centre d'information dispose de tonnes de renseignements et d'explications accessibles aux enfants sur la faune locale, les activités et l'environnement. Mérite une halte.

Comment s'y rendre et circuler

Pour une capitale, Cheyenne est difficile d'accès. Les bus Black Hills Stage Lines/Express Arrow s'arrêtent à la **gare routière** (☎307-635-1327 ; www.greyhound.com ; 5401 Walker Rd, Rodeway Inn) à l'extrémité nord de la ville, avec une correspondance directe vers Denver (40 $, 2 heures 15) et Salt Lake City (133 $, 8 heures 30) et toutes les autres destinations desservies par Greyhound. Le tranquille **Cheyenne Airport** (CYS ; ☎307-634-7071 ; www.cheyenneairport.com ; 200 E 8th Ave) propose une liaison avec Denver tous les jeudis.

Laramie

Cette ville de plaine mérite une halte d'une nuit lors de votre traversée du Wyoming. Seule ville de l'État à proposer un cursus de quatre ans (University of Wyoming), Laramie accueille un flot constant d'étudiants branchés qui apportent une énergie nouvelle à cette cité plutôt endormie pour le reste. Le petit centre-ville historique est quadrillé de bâtiments en brique accolés à la voie ferrée. Il compte assez de boutiques pour une petite heure de lèche-vitrines, ainsi que quelques musées, sur le campus verdoyant de l'université. Mais l'un des attraits majeurs de Laramie reste la Wyoming Territorial Prison : un souvenir bien préservé de l'époque du Far West, avec un parfum à la Butch Cassidy.

À voir

Wyoming Territorial Prison MUSÉE

(307-745-3733 ; www.wyomingterritorialprison.com ; 975 Snowy Range Rd ; adulte/enfant 7/3,50 $; 8h-19h mai-sept, 10h-15h mer-sam oct-avr ;). Voici la seule prison où fut détenu, de 1894 à 1896, le bandit Butch Cassidy. Loin de s'y assagir, il en ressortit avec un réseau de relations qui contribua à en faire l'un des voleurs les plus célèbres de l'histoire américaine. Son parcours est relaté avec force détails dans une arrière-salle, tandis que les visages d'autres hors-la-loi vous suivront d'un regard pénétrant lors de votre visite du principal bloc cellulaire. À l'extérieur, visitez l'usine où les prisonniers fabriquaient plus de 700 balais par jour – une des éphémères activités d'appoint que tenta de développer le pénitencier.

Geological Museum MUSÉE

(307-766-2646 ; www.uwyo.edu/geomuseum ; SH Knight Geology Bldg, University of Wyoming ; 10h-16h lun-sam). GRATUIT La formation de Morrison – formation géologique du Jurassique supérieur – s'étend du Nouveau-Mexique au Montana, avec le Wyoming en son centre. C'est un des lieux les plus riches au monde en fossiles de dinosaures, dont bon nombre sont exposés au petit musée universitaire, notamment un *Apatosaurus excelsus* (longtemps confondu avec le brontosaure) de 23 m et un *Diatryma gigantea* (oiseau carnivore de 2 m de haut découvert dans le Wyoming). Attardez-vous dans le nouveau "laboratoire préparatoire" et observez les chercheurs libérer de fragiles fossiles de la roche.

Où se loger

Gas Lite Motel MOTEL $

(307-399-6176 ; 960 N 3rd St ; s/d 55/65 $;). Le Gas Lite Motel se démarque de ses concurrents – mais ce davantage du fait du cheval et du coq en plastique sur le toit et ses statues de cow-boys tatoués accoudées aux balustrades que pour la modernité de ses équipements. Les chambres, un rien datées, sont propres, et les propriétaires plutôt aimables. Les tarifs, eux, sont variables mais honnêtes.

Mad Carpenter Inn B&B $$

(307-742-0870 ; www.madcarpenterinn.net ; 353 N 8th St ; ch 95-125 $;). Cumulant jardin paysager, petit-déjeuner chaud et chambres douillettes aux touches boisées, ce B&B a de la chaleur et de la classe à revendre. Une impressionnante salle de jeu comporte billards et table de ping-pong, tandis que la "Doll House" (maison de poupées)

LE WYOMING EN BREF

Surnom Equality State (État de l'égalité)

Population 577 740 habitants

Superficie 251 489 km^2

Capitale Cheyenne (63 600 hab.)

Autres villes Laramie (32 300 hab.), Jackson (10 500 hab.), Cody (9 890 hab.)

TVA 4 %

Lieu de naissance de l'artiste peintre Jackson Pollock (1912-1956)

Patrie des geysers, des loups, des mines de charbon, du droit de vote des femmes, de Yellowstone

Politique Ultraconservateur (excepté le comté de Teton)

Célèbre pour le rodéo, les ranchs, l'ancien vice-président Dick Cheney

Fait curieux Le Wyoming est le 10e État américain en matière de superficie mais le moins densément peuplé du pays.

Point culminant Gannett Peak 4209 m (13 809 pieds)

Distances routières Cheyenne-Jackson 695 km

indépendante, avec kitchenette et Jacuzzi, est une aubaine pour les couples en quête de tranquillité.

Où se restaurer et prendre un verre

Sweet Melissa's VÉGÉTARIEN $

(☎307-742-9607 ; www.facebook.com/sweetmelissacafe ; 213 S 1st St ; plats 8,50-14 $; ⏲11h-21h lun-jeu, jusqu'à 22h ven-sam ; 📶✍). Le Sweet Melissa's élabore une délicieuse cuisine végétarienne et sans gluten, incontestablement la plus saine à des kilomètres à la ronde. Citons, entre autres spécialités, le gratin de macaronis aux poireaux et au gorgonzola. Les beignets de chou-fleur sont incomparables, tout comme le service.

Wyoming's Rib & Chop House AMÉRICAIN $$

(☎307-460-9090 ; www.ribandchophouse.com ; 2415 Grand Ave ; plats 1-24 $; ⏲11h-22h). Pour une tranche d'Amérique moderne, faites la queue dans cet établissement prisé, commandez en faisant votre choix sur la longue carte qui va des entrecôtes cuites à feu doux aux steaks de Black Angus, en passant par les champignons fourrés au crabe et la tourte au homard, puis regardez un match sportif retransmis en direct sur une dizaine d'écrans de télévision.

Coal Creek Coffee Co CAFÉ

(☎307-745-7737 ; www.coalcreekcoffee.com ; 110 E Grand Ave ; plats 5-11 $; ⏲6h-23h ; 📶). Le Coal Creek est tout ce qu'on attend d'un café : moderne, élégant, voire un brin branché – dans un bon sens. Quand l'heure vous semblera trop tardive pour vous essayer au café équitable, préparé à la perfection, vous n'aurez qu'à passer à côté, dans le **Coal Creek Tap**, où découvrir une dizaine d'excellentes bières artisanales.

Depuis/vers Laramie

Situé à 8 km à l'ouest de la ville, sur la Hwy 130, le **Laramie Regional Airport** (☎307-742-4164 ; www.laramieairport.com ; 555 General Brees Rd) propose deux vols quotidiens pour Denver. Il dessert aussi quelques destinations régionales plus modestes.

Les bus Greyhound (☎307-745-7394 ; www.greyhound.com ; 1952 N Banner Rd) s'arrêtent à la station-service que tout le monde surnomme "Diamond Shamrock", même si on ne sait plus très bien aujourd'hui quelle société de raffinerie la gère. Parmi les destinations figure Denver (40 $, 3 heures).

Lander

S'étalant à proximité des contreforts du Wind River Range, Lander a été établie au départ comme un fort sur un éperon de l'Oregon Trail. Elle marqua ensuite le terminus d'une ligne ferroviaire, et eut la faveur des hors-la-loi et des voleurs de chevaux. Elle demeure la porte d'entrée vers la réserve indienne de Wind River, où la tribu Shoshone orientale partage 8 900 km² avec les Arapahos du Nord – qui furent déplacés ici – au pied du plus haut pic de l'État.

Lander est très cotée auprès des alpinistes, des randonneurs et autres amateurs d'aventures. Malgré tout, l'isolement de cette ville limite la durée de séjour des visiteurs. Lander demeure relativement calme, avec une douce ambiance de l'Ouest d'hier et d'aujourd'hui.

À voir et à faire

Sinks Canyon State Park PARC

(☎307-332-3077 ; www.sinkscanyonstatepark.org ; 3079 Sinks Canyon Rd ; tente et camping-car 11-16 $; ⏲Visitor Center 9h-18h juin-sept). Le magnifique Sinks Canyon State Park, situé à 9,6 km au sud-ouest de Lander sur la Hwy 131, est l'objet d'un curieux phénomène naturel. La Middle Fork Popo Agie River s'engouffre soudainement dans une petite grotte et disparaît à travers le calcaire soluble de Madison, pour ressurgir 400 m en aval. Les scientifiques ont établi qu'elle met près de 2 heures à parcourir cette distance souterraine avant de réapparaître en ayant augmenté en température et en volume.

Où se loger

Outlaw Cabins B&B $$

(☎307-332-9655 ; www.outlawcabins.com ; 2411 Squaw Creek Rd ; chalet 125 $). Ces deux charmants chalets sont situés sur le terrain d'un ranch en activité. Le Lawman fut construit par un shérif du comté il y a près de 130 ans, mais a été entretenu et rénové pour répondre au goût du jour. Avec son ambiance Far West, l'Outlaw est notre préféré. Les deux chalets sont superbement aménagés, avec de l'artisanat et de paisibles terrasses où se reposer.

Mill House BOUTIQUE-HÔTEL $$

(☎307-349-9254 ; millhouselander.com/ ; 125 Main St ; ste à partir de 190 $; 📶). L'adresse la plus élégante de Lander – et l'une des meilleures du Wyoming – occupe l'ancien moulin joliment reconverti de la ville. Des murs en brique apparente, des planchers et une palette de couleurs pâles lui confèrent un style contemporain marqué. Possibilité de louer des suites individuelles, toutes différentes, ou alors la maison dans sa totalité.

Où se restaurer

Middle Fork PETIT-DÉJEUNER $
(☎307-335-5035 ; www.themiddleforklander.com ;351 Main St ; plats 6-11 $; ⏰7h-14h lun-sam, 9h-14h dim ; 📶 ✏). La grande salle à la décoration spartiate vous laissera vous concentrer librement sur le contenu de votre assiette – et c'est excellent. Les plats maison cuits au four viennent accompagner les œufs Bénédicte, le hachis parmentier et les œufs mimosa.

♥ **Cowfish** GRILL $$
(☎307-332-8227 ; www.cowfishlander.com ; 148 Main St ; brunch 9-16 $, dîner 17-35 $; ⏰17h-22h lun-ven, 9h-14h et 17h-22h sam-dim ; 📶). Ce restaurant haut de gamme de Lander est parfait pour un dîner romantique aux chandelles. À la carte, on trouve par exemple des choux de Bruxelles à la carbonara et du faux-filet infusé au café. La brasserie attenante sert le même type de cuisine dans une atmosphère plus décontractée, parmi les cuves de moût où se font des bières que vous pourrez commander.

Renseignements

Lander Visitor Center (☎307-332-3892 ; www.landerchamber.org ; 160 N 1st St ; ⏰9h-17h lun-ven)

Depuis/vers Lander

La Wind River Transportation Authority (☎307-856-7118 ; www.wrtabuslines.com ; angle West Main St et Baldwin Creek Rd, Shopko ; aller simple 1 $) assure des services réguliers du lundi au vendredi entre Riverton et Lander, en plus d'un bus sur réservation vers Casper ou Jackson (tarif en fonction du nombre de passagers). Une voiture est toutefois nécessaire pour accéder aux départs des sentiers et aux voies d'escalade.

Jackson

Bienvenue de l'autre côté du Wyoming, dans l'une des villes les plus séduisantes de l'État. Nichée dans une vallée verdoyante encadrée de montagnes, Jackson ne semble, de prime abord, guère différente des autres villes de l'État – façades à frontons, promenades en planches couvertes, saloons à tous les coins de rue – mais elle sait marquer sa différence.

Les alpinistes chevronnés, les vététistes et les skieurs (reconnaissables à leurs coups de soleil) sont nettement plus nombreux que les cow-boys, et vous aurez autant de chances d'y voir une célébrité qu'un élan se promenant en ville.

Bien que le chic et la popularité de Jackson présentent des inconvénients pour les visiteurs, ils s'accompagnent également d'une belle animation urbaine, d'une diversité culinaire appréciable et de nombreuses activités – en ville comme en dehors.

À voir et à faire

♥ **National Museum of Wildlife Art** MUSÉE
(Musée national de l'Art animalier ; carte p. 132 ; ☎307-733-5771 ; www.wildlifeart.org ; 2820 Rungius Rd ; adulte/enfant 15/6 $; ⏰9h-17h mai-oct, 9h-17h mar-sam, 11h-17h dim ; 👪). Tous les grands artistes de l'Ouest comme Bierstadt, Rungius, Remington et Russell surent, en leur temps, insuffler une vie incroyable à leurs œuvres, que vous pourrez admirer ici. Les sculptures extérieures et le bâtiment en lui-même, qui fut curieusement inspiré par un château écossais, méritent un coup d'œil même lorsque le musée est fermé.

National Elk Refuge RÉSERVE NATURELLE
(carte p. 132 ; ☎307-733-9212 ; www.fws.gov/refuge/national_elk_refuge ; Hwy 89 ; balade en traîneau adulte/enfant 25/15 $; ⏰10h-16h déc à mi-avr). Ce refuge accueille plusieurs milliers d'élans en migration de novembre à mai. En été, le Visitor Center de Jackson (p. 123) vous indiquera les meilleurs endroits où apercevoir ces grands cervidés. Le clou de la visite guidée en hiver est la balade d'une heure en traîneau à cheval ; billets en vente au centre des visiteurs.

♥ **Jackson Hole Mountain Resort** STATION DE SKI
(carte p. 132 ; ☎307-733-2292 ; www.jacksonhole.com ; forfait ski adulte/enfant 155/94 $, forfait Grand Adventure 75 $; ⏰nov-avr et juin-sept). Cette montagne est plus grande que nature. Que vous vous attaquiez à Jackson Hole à skis, à snowboard, à pied ou à VTT, vous prendrez une leçon d'humilité. Avec des parois verticales de plus de 121 m et certaines des pistes les plus difficiles au monde, plus de 1 000 ha de domaine skiable et un enneigement moyen de 10 m, Jackson Hole figure en tête de liste de tout casse-cou qui se respecte.

Continental Divide Dogsled Adventures CIRCUIT

(carte p. 132 ; 307-455-3052 ; www.dogsledadventures.com ; circuit demi-journée avec transport et déj 305 $; déc-avr). Découvrez la campagne du Wyoming du point de vue d'un chien de traîneau avec Billy Snodgrass – cinq éditions de l'Iditarod à son actif. Les excursions d'une demi-journée incluent le transport entre votre hôtel à Jackson et le Togwotee Pass, où vous découvrirez les traditions et l'histoire de cette discipline sportive, tandis qu'un équipage de huit à quatorze huskies vous conduira (vous et votre guide) en silence à travers la nature enneigée.

Jackson Hole Paragliding PARAPENTE

(carte p. 132 ; 307-739-2626 ; www.jhparagliding.com ; vol tandem 345 $; mai-oct). Les sauts en tandem avec des instructeurs aguerris partent le matin du Jackson Hole Mountain Resort (p. 121) et l'après-midi de **Snow King** (carte p. 132 ; 307-201-5464 ; snowkingmountain.com ; 400 E Snow King Ave ; saut adulte/enfant 58/48 $). Ils permettent d'admirer la chaîne Teton.

Pas d'expérience nécessaire, mais des limites d'âge et de taille s'appliquent.

Fêtes et festivals

Grand Teton Music Festival MUSIQUE

(GTMF ; 307-733-1128 ; www.gtmf.org ; Walk Festival Hall, Teton Village ; juil-août). Ce festival de musique classique se déroule dans une salle fantastique. L'orchestre, formé de musiciens et de chefs d'orchestre du monde entier, joue tous les vendredis à 20h et les samedis à 18h. La programmation du GTMF inclut des têtes d'affiche presque tous les mercredis, mais propose aussi des concerts familiaux gratuits.

Où se loger

À Jackson, la qualité des hébergements est élevée, tout comme les prix, et les adresses ne manquent pas, que ce soit en ville ou au Jackson Hole Mountain Resort (p. 121). Pensez toutefois à réserver pendant la haute saison (été et hiver). La forêt voisine compte quelques campings, mais la plupart sont à bonne distance en voiture et les routes d'accès souvent en mauvais état.

The Hostel AUBERGE DE JEUNESSE $

(carte p. 132 ; 307-733-3415 ; www.thehostel.us ; 3315 Village Dr, Teton Village ; dort 32-55 $, ch 50-170 $;). Cette adresse chère aux skieurs existe depuis si longtemps qu'elle se passe de nom – tout le monde connaît The Hostel. Les chambres doubles à petit prix et les étroits dortoirs pour 4 personnes ne sont pas épargnés par l'agitation ambiante (on n'y est donc que pour dormir). La grande salle commune – cheminée, billard, baby-foot et atelier de fartage – est un lieu agréable et propice aux échanges.

Antler Inn HÔTEL $$

(carte p. 132 ; 307-733-2535 ; www.townsquareinns.com/antler-inn ; 43 W Pearl Ave ; ch 85-220 $, bungalow 115-290 $;). Au cœur de l'action de Jackson, cet immense complexe loue des chambres propres et confortables, dont certaines avec cheminées et baignoires. Les chambres Cedar Log, plus abordables, sont d'authentiques chalets du Wyoming qui ont été transportés et accolés à l'arrière de l'hôtel.

Modern Mountain Motel MOTEL $$$

(carte p. 132 ; 307-733-4340 ; mountainmodernmotel.com ; 380 W Broadway ; ch 125-330 $; P). Conjuguant la fonctionnalité (espace pour stocker le matériel de ski) et le style (immenses photos en noir et blanc, cartes murales), cet établissement remet au goût du jour le concept de motel. Malgré ses 135 chambres, l'endroit affiche souvent complet – et cela n'a rien de surprenant.

Wort Hotel HÔTEL HISTORIQUE $$$

(carte p. 132 ; 307-733-2190 ; www.worthotel.com ; 50 N Glenwood St ; ch à partir de 450 $; @). Cet hôtel historique de luxe se bonifie avec l'âge. Les meubles en pin noueux et les dessus-de-lit confectionnés à la main viennent compléter les grandes baignoires et les Jacuzzi. Le meilleur service de conciergerie de Jackson vous aidera à planifier l'itinéraire de vos sorties en plein air. Même si vous ne pouvez vous permettre de séjourner ici, venez prendre un verre au **Silver Dollar Bar**, à l'ancienne, au rez-de-chaussée.

Rusty Parrot Lodge & Spa LODGE $$$

(carte p. 132 ; 888-739-1749 ; www.rustyparrot.com ; 175 N Jackson St ; ch à partir de 475 $;). Fort d'une collection de sculptures de Remington et d'incroyables œuvres d'art occidental, ce lodge élégant respire le luxe. Le service est royal et les chambres douillettes recèlent des cheminées, plus un ours en peluche sur les lits. Ceux qui ne skient pas iront se distraire au spa, où les massages sport à l'arnica et les enveloppements à la lavande relèvent de l'hédonisme pur.

Le restaurant raffiné propose une cuisine internationale novatrice.

Où se restaurer

Persephone BOULANGERIE $
(carte p. 132 ; ☎307-200-6708 ; www.persephonebakery.com ; 145 E Broadway ; plats 8-13 $; 7h-18h lun-sam, 7h-17h dim ; wifi). Servant des pains rustiques, d'énormes pâtisseries et de délicieuses viennoiseries, cette petite boulangerie aux spécialités européanisantes connaît une belle affluence (file d'attente en conséquence). En été, la grande terrasse offre davantage d'espace pour s'attarder en buvant du café ou un pichet de bloody mary.

Gun Barrel VIANDES $$
(carte p. 132 ; ☎307-733-3287 ; jackson.gunbarrel.com ; 852 W Broadway ; plats 16-56 $; 17h30-tard). La file d'attente s'étire jusqu'à l'extérieur de ce restaurant de viandes, parmi les meilleurs de Jackson. La côte de bison rôtie et la côte d'élan rivalisent avec le faux-filet grillé pour le titre de "morceau royal". Ce restaurant était autrefois un musée d'histoire naturelle et de taxidermie, et de nombreux occupants hantent encore les lieux.

Mangy Moose Saloon PUB $$
(carte p. 132 ; ☎307-733-4913 ; www.mangymoose.com ; 3295 Village Dr, Teton Village ; plats déj 8-23 $, dîner 18-48 $; 7h-21h, saloon 11h-2h ; wifi). Depuis plus de 50 ans, le Mangy Moose accueille une foule bruyante après une journée de ski, des groupes de musique connus, des convives venus manger entre deux descentes et autres animations quotidiennes de la vie au Jackson Hole Mountain Resort (p. 121). Le vaste **pub** sert des assiettes de chili con carne, des burgers de bison et des steaks en provenance de fermes locales et comporte aussi un bon buffet de salades, tandis que le **Rocky Mountain Oyster Cafe** vous attend pour le petit-déjeuner.

Snake River Grill AMÉRICAIN $$$
(SRG ; carte p. 132 ; ☎307-733-0557 ; www.snakerivergrill.com ; 84 E Broadway ; plat 22-62 $; 17h30-21h). La cheminée en pierre rugissante, la longue carte des vins et les nappes blanches vont de pair avec une remarquable cuisine américaine dans ce restaurant-grill. Goûtez le flétan du Pacifique poêlé ou les plats-de-côtes de bœuf Wagyu. Sinon, piochez dans un seau en fonte de frites à la truffe. Lâchez-vous sur les desserts, tel le sorbet aux fraises poêlées.

Où prendre un verre et faire la fête

Entre les brasseries, les bars, les concerts et le théâtre, Jackson compte largement de quoi occuper vos soirées, surtout en haute saison en été et en hiver. Consultez l'agenda événementiel du Jackson Hole News & Guide (www.jhnewsandguide.com), ou contentez-vous de gagner le centre-ville et de voir ce qui s'y passe.

Snake River Brewing Co MICROBRASSERIE
(carte p. 132 ; ☎307-739-2337 ; www.snakeriverbrewing.com ; 265 S Millward St ; repas 11h-23h, boissons jusque tard le soir ; wifi). Une clientèle jeune, souvent adepte des sports de plein air, plébiscite cette microbrasserie pour ses bières artisanales brassées sur place (certaines ont été primées). Les plats (13-21 $) comprennent des pizzas au feu de bois, des burgers de bison et des pâtes, le tout servi dans un entrepôt industriel sur deux niveaux, avec de nombreuses (quoique sans excès) télévisions retransmettant des matchs sportifs.

The Rose BAR À COCKTAILS
(carte p. 132 ; ☎307-733-1500 ; www.therosejh.com ; 50 W Broadway ; 17h30-2h jeu-sam, 20h-1h30 dim, mar-mer). Glissez-vous sur une banquette en cuir rouge dans cet élégant petit bar à l'étage du théâtre Pink Garter, et savourez les incroyables cocktails faits maison.

Renseignements

Le *Jackson Hole Traveler Visitor Guide*, disponible au centre des visiteurs, est une excellente source d'information.

Jackson Hole & Greater Yellowstone Visitor Center (carte p. 132 ; ☎307-733-3316 ; www.jacksonholechamber.com ; 532 N Cache St ; 8h-19h juin-sept ; wifi). Pour tout ce qu'il faut savoir sur Jackson, les parcs nationaux voisins, la faune, etc. Découvrez quelques expositions, procurez-vous un permis de chasse ou de pêche, achetez un pass d'accès au parc ou planifiez votre visite grâce à des conseils experts.

Comment s'y rendre et circuler

Le **Jackson Hole Airport** (JAC ; carte p. 132 ; ☎307-733-7682 ; www.jacksonholeairport.com ; 1250 E Airport Rd) est situé au sein du Grand Teton National Park, à quelque 11 km au nord de Jackson. Des vols directs desservent Chicago, Dallas, Denver, Los Angeles, Minneapolis, Phoenix, Salt Lake City et San Francisco, complétés par moult vols saisonniers.

Alltrans (Mountain States Express ; ☎800-652-9510, 307-733-1719 ; www.jacksonholealltrans.com) propose une navette vers Salt Lake City (82 $, 5 heures 15) et le domaine skiable de Grand Targhee (adulte/enfant avec forfait remontées 128/97 $) en hiver.

Greyhound (www.greyhound.com) propose des bus longue distance pour Denver (à partir de 90 $, 23 heures 30).

Cody

Le Yellowstone National Park compte plusieurs points d'accès, dont Cody. Choisissez d'entrer par ici, non seulement pour la sublime route qui longe le lit septentrional de la rivière Shoshone – qualifiée des "80 km les plus beaux d'Amérique" par Theodore Roosevelt – mais aussi pour la ville en soi.

Cody entretient son image de ville du Far West, un héritage qui remonte à son fondateur, Buffalo Bill (William F. Cody) : chef des éclaireurs de l'armée, célèbre chasseur de bisons et homme de spectacle qui, à la faveur de ses tournées, fit découvrir au monde l'Ouest américain. Entre les rodéos quotidiens en été, les saloons bruyants et le remarquable musée fondé sur l'héritage de Buffalo Bill, c'est une destination qui mérite le détour.

Buffalo Bill Center of the West MUSÉE

(☎307-587-4771 ; www.centerofthewest.org ; 720 Sheridan Ave ; adulte/enfant 19,50/13 $; 8h-18h mai à mi-sept, 8h-17h mi-sept à oct, 10hè17h nov, mars-avr, 10h-17h jeu-dim déc-fév). Ne manquez pas le site touristique (construit par l'homme) le plus impressionnant du Wyoming. Cet immense complexe de six musées présente toutes les facettes de l'Ouest américain : spectacles de Buffalo Bill sur le Far West célèbres dans le monde entier, expositions de magnifiques œuvres d'art évocatrices de la frontière, fascinant **Plains Indian Museum** sur les Indiens des Plaines. Le **Draper Museum of Natural History** explore quant à lui avec brio l'écosystème régional du Yellowstone. Jetez un coup d'œil à la selle de Theodore Roosevelt, au castor et à l'un des derniers tipis amérindiens au monde. L'entrée est valable deux journées consécutives – et ce ne sera pas de trop. Économisez deux dollars en réservant en ligne.

Où se loger

Irma Hotel HÔTEL HISTORIQUE $$

(☎307-587-4221 ; www.irmahotel.com ; 1192 Sheridan Ave ; ch 155-175 $, ste 230 $;). Construit en 1902 par Buffalo Bill comme pierre angulaire de la ville qu'il imaginait, cet hôtel historique affiche un charme ancien rehaussé de quelques touches modernes. Les suites historiques aux hauts plafonds datent de la fondation de l'hôtel et portent les noms d'illustres visiteurs (Annie Oakley, Calamity Jane), tandis que les chambres de l'annexe, légèrement plus récente, présentent des prestations similaires pour moins cher.

The Cody HÔTEL $$$

(☎307-587-5915 ; www.thecody.com ; 232 W Yellowstone Ave ; d 260-290 $;). Parmi les hôtels les plus luxueux de la ville, le Cody allie élégance du "New West" et label écolo – lambris recyclé à partir du bois des infrastructures du parc et vélos en libre-service. Payez un supplément de 10 $ pour une chambre avec balcon à l'écart de la route, ou 30 $ de plus pour une suite avec lit "king size" et Jacuzzi. Petit-déjeuner inclus.

Cody Cowboy Village CHALETS $$

(☎307-587-7555 ; www.thecodycowboyvillage.com ; 203 W Yellowstone Ave ; ch et chalet 100-230 $; mai à mi-oct ;). Prisé et bien tenu, ce domaine comprend des chalets en duplex modernes et élégants, et des suites indépendantes précédées d'un porche. Petite piscine extérieure. Petit-déjeuner inclus.

Où se restaurer

The Local AMÉRICAIN MODERNE $$

(☎307-586-4262 ; www.thelocalcody.com ; 1134 13th St ; déj 11-14 $, dîner 9-38 $; 9h-14h et 17h-20h mar-sam ;). Pour vous changer de la cuisine carnée de Cody, voici des plats frais aux ingrédients bio et locaux. Optez par exemple pour un falafel ou une truite grillée.

Cassie's Western Saloon VIANDES $$

(☎307-527-5500 ; cassies.com ; 214 Yellowstone Ave ; déj 12-29 $, steaks 22-50 $; nourriture 11h-22h, boissons jusqu'à 2h). Ce relais routier typique, et ancienne maison de mauvaise réputation, accueille des concerts endiablés de country. Attablez-vous au restaurant attenant, nouez votre bavoir et plantez votre fourchette dans de tendres steaks allant de 225 g à 1 kg.

Où sortir

Cody Nite Rodeo RODÉO

(☎307-587-5155 ; www.codystampederodeo.com ; 519 W Yellowstone Ave ; adulte/enfant 21/10,50 $; ⏲20h juin-août). Assistez à l'exemple parfait d'un rodéo dans une petite ville : à Cody, cette tradition perdure chaque soir en été – malgré les critiques des associations de protection des animaux.

Depuis/vers Cody

Le **Yellowstone Regional Airport** (COD ; ☎307-587-5096 ; www.flyyra.com ; 2101 Roger Sedam Dr), petit aéroport à la lisière est de Cody, relie cette petite ville globalement isolée à Salt Lake City et Denver en été ; sinon, la route panoramique qui porte le nom de Buffalo Bill (Cody) relie Cody à Yellowstone, offrant un accès spectaculaire au parc.

Yellowstone National Park

Foisonnant d'orignaux, de wapitis, de bisons, de grizzlys et de loups, celui qui fut le premier **parc national** (carte p. 126 ; ☎307-344-7381 ; www.nps.gov/yell ; Grand Loop Rd, Mammoth ; véhicule 35 $; ⏲entrée nord tte l'année, entrée sud mai-oct) des États-Unis englobe certains des territoires les plus sauvages du pays.

Yellowstone compte plus de 60% des geysers – ces curieuses sources naturelles qui connaissent périodiquement des explosions verticales d'eau et de vapeur bouillantes – de la planète. Si ces stupéfiants phénomènes naturels, tout comme les très colorées sources chaudes et les bains de boue bouillonnante alentour, attirent les foules (plus de 4 millions de visiteurs chaque année), les gorges, les montagnes et les forêts avoisinantes ne sont pas moins impressionnantes.

À voir

Geyser Country

Ce qui rend le plateau de Yellowstone si parfaitement unique, c'est bien le Geyser Country. Cette région recèle les phénomènes géothermiques les plus spectaculaires du parc de Yellowstone, et compte la plus forte concentration de geysers au monde (plus de la moitié, soit 200 geysers sur 2,4 km²). Les plus remarquables sont l'**Old Faithful** (carte p. 126), l'**Upper Geyser Basin** (carte p. 126) et le Grand Prismatic Spring (ci-contre). La majorité des geysers bordent la Firehole River, l'épine dorsale aquatique du bassin, dont les affluents alimentent 21 des 110 cascades du parc. La Firehole River et la Madison River offrent de formidables conditions de pêche à la mouche, tandis que les prairies qui les bordent sont le domaine d'une faune nombreuse.

Old Faithful Visitor Education Center CENTRE DES VISITEURS

(carte p. 126 ; ☎307-545-2751 ; Old Faithful ; ⏲8h-20h juin-sept, 9h-17h déc-mars, horaires variables printemps et automne ; 👪). Ce nouveau centre rénové et durable est consacré aux phénomènes thermiques de Yellowstone. Y sont expliquées les différences entre les geysers, les sources chaudes, les fumerolles et les mares de boue, et pourquoi il n'y a pas de geysers à Mammoth. Les enfants apprécieront les expositions interactives "Young Scientist" (petit scientifique), notamment le geyser artificiel. Les prévisions des horaires des éruptions sont affichées pour certains des jets les plus célèbres du parc.

♥ **Grand Prismatic Spring** SOURCE CHAUDE

(carte p. 126 ; Midway Geyser Basin). La Grand Prismatic Spring est la source chaude la plus large (113 m) et la plus profonde (37 m) du parc. Beaucoup la considèrent comme son joyau thermal. Des passerelles en bois vous conduiront parmi la brume multicolore de ce superbe bassin et de ses sublimes cercles d'algues aux couleurs de l'arc-en-ciel. Vue du ciel, la source ressemble à un énorme œil bleu d'où coulent de féeriques larmes de toutes les couleurs.

Mammoth Country

Le Mammoth Country est réputé pour ses gracieuses terrasses géothermiques et son vertigineux Gallatin Range au nord-ouest.

Pour les visiteurs (et la majorité des wapitis), le point de ralliement de la région est Mammoth Junction (1 901 m), à 8 km au sud de l'entrée nord, sur un plateau dominant le Mammoth Campground. Juste au sud se trouvent les Mammoth Hot Springs, la principale curiosité thermale du secteur. De là, des routes partent vers le sud jusqu'à Norris (21 miles) et vers l'est jusqu'à Tower-Roosevelt Junction (29 km).

Tower-Roosevelt Country

Les forêts fossiles, la riche faune de la **Lamar Valley** (carte p. 126), les rivières à truites de Slough Creek et Pebble Crees ou encore les pics spectaculaires et découpés de

Yellowstone National Park

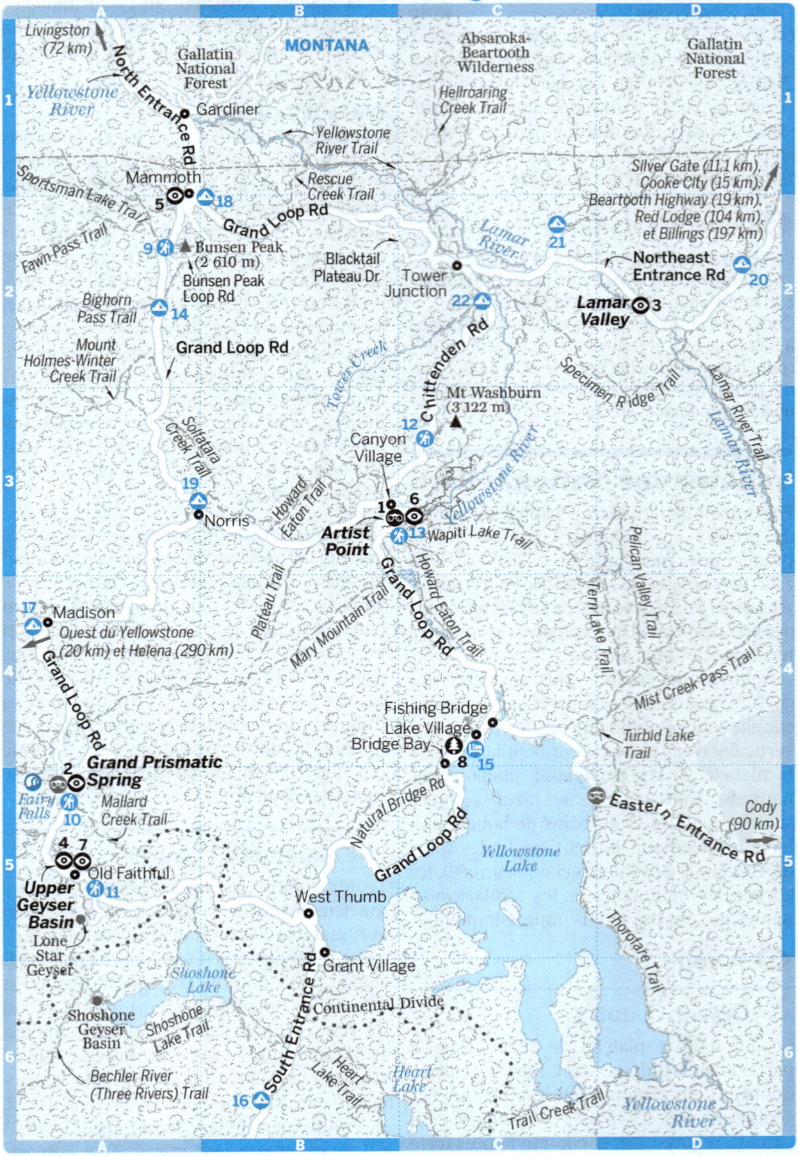

l'Absaroka Range sont les atouts maîtres de cette région reculée, pittoresque et sauvage.

Canyon Country

Plusieurs points de vue pittoresques sont reliés par des sentiers de randonnée au gré des falaises, des précipices et des cascades du Grand Canyon du Yellowstone. La rivière s'y fraye un passage par une ligne de faille à travers l'ancien lit d'un geyser aux reflets dorés, un spectacle remarquable, en particulier aux **Lower Falls**. **South Rim Drive** mène à **Artist Point** (carte p. 126 ; South Rim

Yellowstone National Park

Les incontournables

1 Artist Point B3
2 Canyon Visitor Education Center..........B3
3 Grand Prismatic Spring........................A5
4 Lamar Valley D2
5 Upper Geyser Basin A5

À voir

6 Albright Visitor Center..........................A2
7 Grand Canyon of the Yellowstone...C3
8 Old Faithful A5
Old Faithful Visitor Education Center.........................(voir 8)
9 Yellowstone National Park C4

Activités

10 Bunsen Peak & Osprey Falls A2
11 Fairy Falls Trail & Twin Buttes A5
12 Lone Star Geyser Trail...........................A5
13 Mt Washburn C3
14 South Rim Trail & Ribbon Lake C3

Où se loger

15 Indian Creek Campground A2
16 Lake Yellowstone Hotel........................C4
17 Lewis Lake Campground B6
18 Madison Campground..........................A4
19 Mammoth Campground B2
20 Norris Campground..............................A3
Old Faithful Inn ....(voir 8)
21 Pebble Creek Campground D2
22 Slough Creek Campground..................C2
23 Tower Fall Campground........................C2

Où se restaurer

Lake Yellowstone Hotel Dining Room ....(voir 16)
Mammoth Hot Springs Dining Room ....(voir 6)

Dr, Canyon), le point de vue le plus spectaculaire du canyon, tandis que **North Rim Drive** conduit aux précipices vertigineux des Upper et Lower Falls.

Grand Canyon de la Yellowstone River CANYON
(carte p. 126). L'une des vues du parc les plus inoubliables à proximité de Canyon Village. Après avoir déroulé ses calmes méandres au nord du lac Yellowstone, la Yellowstone River plonge subitement dans les **Upper Falls**, puis les **Lower Falls** bien plus importantes, avant de se jeter avec fracas dans le canyon 300 m plus bas.

Lake Country

Scintillante pièce maîtresse du Lake Country, le lac Yellowstone (2 357 m) compte parmi les plus grands lacs alpins de la planète, et abrite une importante population de truites fardées. La Yellowstone River émerge depuis l'extrémité nord du lac et s'écoule à travers Hayden Valley jusqu'au Grand Canyon de Yellowstone. Les berges sud et est du lac flanquent l'abrupt Absaroka Range et la région immaculée de Thorofare, l'une des contrées les plus sauvages et reculées du pays. Vous pourrez explorer cette vaste étendue d'eau bordée de plages volcaniques en **bateau** (carte p. 132 ; ☎307-734-9227 ; www.jennylakeboating.com ; navette aller-retour tarif plein/2-11 ans 15/8 $, croisière panoramique 19/11 $; ⏰7h-19h juin à fin sept) ou en kayak de mer.

Activités

♥ **Bunsen Peak & Osprey Falls** RANDONNÉE, VTT
(carte p. 126). Bunsen Peak (2 610 m) est un parcours prisé d'une demi-journée qui offre de magnifiques panoramas. Si vous en avez l'énergie, vous pourrez le prolonger pour la journée en continuant à descendre tranquillement le flanc oriental de la montagne jusqu'à Bunsen Peak Road, avant de rejoindre la base des Osprey Falls, peu fréquentées, à un dénivelé vertigineux de 243 m plus bas.

Lone Star Geyser Trail RANDONNÉE, VÉLO
(carte p. 126). Cette randonnée facile (ou balade cycliste familiale), sur une voie goudronnée bordée de pins, emprunte une ancienne route de service pour rejoindre l'un des plus grands geysers du parc. Le bien nommé Lone Star, un geyser solitaire, entre en éruption toutes les 3 heures pendant 2 à 30 minutes et atteint 9 à 13 m de hauteur. Le spectacle vaut la peine que l'on patiente si cela est possible.

Mt Washburn RANDONNÉE, VTT
(carte p. 126 ; Tower-Roosevelt). Cette randonnée de 2 heures plutôt ardue, la plus populaire de Yellowstone, monte depuis le départ du sentier de Dunraven Pass jusqu'à une tour de guet, au sommet de la montagne, d'où vous aurez une vue panoramique sur le parc et les mouflons canadiens des alentours (boucle de 10,3 km, 4 heures). Sinon, vous pourrez tenter l'ascension à vélo en empruntant la

Chittenden Road, non goudronnée, depuis le nord. Le parcours est souvent bloqué par la neige jusqu'à la fin juin.

Fairy Falls Trail et Twin Buttes RANDONNÉE

(carte p. 126). Nichée à l'angle nord-ouest du Midway Geyser Basin, la cascade de Fairy Falls, haute de 60 m, est une destination de randonnée populaire. Au-delà de Fairy Falls, le sentier se poursuit jusqu'à une zone thermale cachée au pied des Twin Buttes.

Les geysers sont modestes, vous les aurez probablement pour vous seul – un soulagement tandis que les foules s'amassent autour de la Grand Prismatic Spring (p. 125) plus bas.

Où se loger

Campings privés ou gérés par le National Park Service (NPS), chalets, lodges et hôtels composent les différents hébergements du parc. Les réservations, quand elles sont possibles, sont indispensables en été. Vous trouverez aussi de nombreux hébergements dans les petites villes voisines de Cody, Gardiner et West Yellowstone.

Les meilleurs tarifs sont ceux des sept campings – non réservables – à **Mammoth** (carte p. 126 ; Mammoth ; camping 20 $; toute l'année), **Tower Fall** (carte p. 126 ; Tower-Roosevelt ; camping 15 $; mi-mai à fin sept), **Indian Creek** (carte p. 126 ; Mammoth ; camping 15 $; début juin à mi-sept), **Pebble Creek** (carte p. 126 ; camping 15 $; mi-juin à fin sept), **Slough Creek** (carte p. 126 ; Tower-Roosevelt ; camping 15 $; mi-juin à début oct), Norris Campground (ci-dessous) et **Lewis Lake** (carte p. 126 ; South Entrance ; camping 15 $; mi-juin à oct).

Xanterra (307-344-7311 ; www.yellowstonenationalparklodges.com) gère cinq campings disponibles à la réservation, et dotés de sanitaires (salle de bains, toilettes et eau potable, froide). Emplacements pour camping-cars disposant d'un raccordement électrique à Fishing Bridge.

Norris Campground CAMPING $

(carte p. 126 ; Norris ; camping 20 $; mi-mai à sept). Niché dans une pittoresque forêt aérée de pins, sur les coteaux d'un mont ensoleillé surplombant les prairies et la Gibbon River, ce camping est l'un des plus agréables du parc. Il ne prend pas de réservations et les quelques emplacements de la boucle A, en bordure de rivière, ont beaucoup de succès. Veillées au coin du feu à 19h30 ; vente de bois à brûler entre 19h et 20h30. L'usage des groupes électrogènes est autorisé de 8h à 20h.

Madison Campground CAMPING $

(carte p. 126 ; 307-344-7311 ; www.yellowstonenationalparklodges.com ; W Entrance Rd, Madison camping 26 $; mai-oct). Le camping le plus proche d'Old Faithful et de l'entrée ouest occupe une forêt dégagée et ensoleillée dans une vaste prairie au-dessus de Madison River. De grands troupeaux de bisons et d'élans fréquentent les prairies à l'est du camping – un spectacle mémorable. Il constitue également d'une bonne base pour pêcher à la mouche dans la rivière Madison. Réservation (fortement) conseillée.

♥ **Old Faithful Inn** HÔTEL $$

(carte p. 126 ; 307-344-7311 ; www.yellowstonenationalparklodges.com ; Old Faithful ; d avec sdb partagée/privative à partir de 167/288 $, ch 368-437 $; début mai à début oct). Un séjour dans ce chef-d'œuvre d'architecture en rondins fait partie des expériences archétypiques du Yellowstone. Le hall d'entrée à lui seul mérite un coup d'œil, ne serait-ce que pour s'asseoir devant la gigantesque cheminée en rhyolite et écouter le pianiste à l'étage. Les chambres dans la "Old House" sont les moins chères et celles ayant le plus

VAUT LE DÉTOUR

ROUTE PITTORESQUE : LE TOIT DES ROCHEUSES

À en croire les différents avis, la **Beartooth Hwy** (www.beartoothhighway.com ; Hwy 212 ; fin mai à mi-oct) est à la fois le meilleur moyen d'aller à Yellowstone, le parcours de moto le plus excitant de tout l'Ouest et la route la plus pittoresque des États-Unis. Personnellement, nous sommes d'accord avec tout le monde. Cette vertigineuse langue de goudron serpente à flanc de montagne pour vous transporter dans un autre monde, bien au-dessus de la canopée, sur un plateau vallonné mêlant toundra d'altitude, lacs de montagne et chèvres des Rocheuses. Les panoramas y sont superbes, les conditions de pêche fabuleuses et les randonnées littéralement à couper le souffle.

QUELQUES CONSEILS POUR ÉCHAPPER À LA FOULE

Le Yellowstone attire jusqu'à 30 000 visiteurs par jour en été, et plus de 4 millions par an. Voici quelques conseils pour échapper à la foule :

Venez en mai ou en octobre Il y a moins de services, mais aussi beaucoup moins de visiteurs.

Faites de la randonnée La plupart (95%) des visiteurs ne mettent jamais le pied sur un sentier de randonnée ; seuls 1% font du camping dans l'arrière-pays (permis exigé).

Parcourez le parc à vélo La plupart des campings ont des emplacements souvent vacants pour les randonneurs et les cyclistes, et vous pourrez vous faufiler partout en cas d'embouteillages.

Imitez la nature Soyez actif au petit matin et avant le crépuscule.

Pique-niquez Profitez des tranquilles aires de pique-nique du parc.

Habillez-vous chaudement Venez en hiver assister à une éruption de l'Old Faithful en l'ayant rien que pour vous – ou presque.

de cachet : rondins apparents, lavabos d'époque et salles de bains sur le palier.

Lake Yellowstone Hotel HÔTEL **$$$**
(carte p. 126 ; ☎866-439-7375 ; www.yellowstonenationalparklodges.com ; chalet 209 $, Sandpiper lodge ch 305-341 $, hôtel ch 277-632 $; ⊙mi-mai à début oct ; @). Veillant sur la berge nord du lac, ce géant colonial couleur bouton d'or fera battre le cœur des romantiques. L'établissement joue la carte historique – bien que les chambres, qui coûtaient 4 $ en 1895, aient quelque peu changé depuis. Les chambres avec vue sur le lac sont plus chères, plus demandées et n'ont pas toujours la vue promise au rendez-vous ! L'accès à Internet, uniquement par câble, est disponible dans les principales chambres de l'hôtel.

Où se restaurer

♥ Mammoth Hot Springs Dining Room AMÉRICAIN **$$**
(carte p. 126 ; Mammoth ; plats dîner 12-26 $; ⊙6h30-10h, 11h30-14h30 et 17h-22h mai à mi-sept ;). Cet endroit élégant réserve quelques surprises, notamment un délicieux hors-d'œuvre – des moules au curry thaïlandais. Le dîner est une affaire sérieuse, avec du pain de viande du Montana, ou encore une truite en croûte de pistaches et de parmesan. Pour le dessert, testez le "Yellowstone caldera" : un gâteau au chocolat et à la truffe, servi chaud et fondant au cœur. Réservation nécessaire uniquement en hiver. De la mi-septembre à la fin octobre, les horaires restent inchangés, à l'exception du dîner, servi jusqu'à 21h.

Lake Yellowstone Hotel Dining Room AMÉRICAIN **$$$**
(carte p. 126 ; ☎307-344-7311 ; www.yellowstonenationalparklodges.com ; Lake Village ; plats dîner 16-37 $; ⊙6h30-10h, 11h30-14h30 et 17h-22h mi-mai à début oct ;). Sortez votre plus belle tenue pour festoyer élégamment au restaurant du Lake Yellowstone Hotel. La carte du déjeuner inclut notamment de la truite, de la salade aux poires pochées ou encore des sandwichs. Le dîner est un cran au-dessus, avec des entrées comme les raviolis au homard et des plats tels le filet de bœuf, les côtelettes de wapiti, la caille ou encore le carré d'agneau du Montana. Réservation nécessaire le soir.

Renseignements

Le parc est ouvert toute l'année, mais la plupart des routes ferment en hiver. Les permis d'entrée (piéton/véhicule 15/30 $) sont valables 7 jours. Permis donnant également accès au Grand Teton National Park pour 50 $.

La couverture mobile est assez faible dans le parc, et seul l'**Albright Visitor Center** (carte p. 126 ; ☎307-344-2263 ; www.nps.gov/yell/planyourvisit/mammothvc.htm ; Mammoth ; ⊙8h-18h mi-juin à août, 9h-17h sept à mi-juin), de Mammoth, met à disposition le Wi-Fi.

Depuis/vers le Yellowstone National Park

La plupart des visiteurs de Yellowstone arrivent par avion à Jackson ou à Bozeman, mais il est souvent plus avantageux d'atterrir à Billings. La voiture est indispensable, car il n'existe pas de transports publics vers le Yellowstone National Park, ni en son sein.

SOUTH RIM TRAIL

Au sud-est du versant sud du canyon de Yellowstone, un réseau de **sentiers** (carte p. 126) sillonne à travers des prairies et des forêts, au fil de quelques petits lacs, dont le **Ribbon Lake**. Reliant plusieurs de ces chemins, la boucle du South Rim Trail (9,6 km ; 4 heures) conjugue une vue fabuleuse sur le Grand Canyon de Yellowstone (p. 127) avec deux lacs, et même une zone thermale reculée.

Grand Teton National Park

Impressionnant de majesté, le Grand Teton captive notre imagination dès le premier face-à-face. Cette **étendue de nature sauvage** (carte p. 132 ; ☎307-739-3300 ; www.nps.gov/grte ; entrée par véhicule/moto 35/30 $, randonneur ou cycliste 20 $), peuplée d'ours, d'orignaux et de wapitis en grand nombre, a joué un rôle fondamental dans l'histoire de l'escalade en Amérique.

Douze géants sculptés par les glaciers encadrent le Grand Teton (4 199 m). Si la vue est stupéfiante depuis la vallée, elle est plus impressionnante encore sur la piste. Vous ne regretterez pas cette randonnée dans les canyons de forêts odorantes, jusqu'à de sublimes lacs de montagne entourés de fleurs sauvages en été.

À voir et à faire

Avec près de 403 km de **sentiers de randonnée**, les possibilités sont innombrables. Si vous passez la nuit dans le parc, vous aurez besoin d'un permis. On peut également s'adonner à l'**escalade** et à la **pêche**.

Le **ski de fond** et la **randonnée à raquettes** sont les loisirs les plus prisés l'hiver. Procurez-vous une brochure détaillant les pistes au Craig Thomas Discovery & Visitor Center.

Craig Thomas Discovery & Visitor Center INFORMATIONS TOURISTIQUES
(carte p. 132 ; ☎307-739-3399 ; www.nps.gov/grte/planyourvisit/ctdvc.htm ; Teton Park Rd, Moose ; 8h-19h juin-août, horaires variables printemps et automne, fermé nov-fév ;). Arrêtez-vous en premier lieu dans ce centre des visiteurs ingénieusement conçu. Les cartes en relief vous aideront à décider de vos destinations, tandis que les expositions interactives, adaptées aux enfants, offrent une approche didactique. Les rangers sauront vous aider à organiser votre visite, et vous pourrez également obtenir ici des permis d'accès à l'arrière-pays (*backcountry*).

Mormon Row VILLE FANTÔME
(carte p. 132 ; Antelope Flats Rd ; P). Bienvenue à ce qui est probablement, à juste titre, l'endroit le plus photographié du parc. Les vieilles granges et les clôtures en bois composent un paysage délicieusement pastoral encadré par l'imposante silhouette des Teton Mountains. Les granges et les maisons furent construites dans les années 1890 par des colons mormons, qui cultivèrent le terrain alluvial fertile irrigué par des kilomètres de fossés creusés à la main.

Oxbow Bend RIVIÈRE
(carte p. 132 ; N Park Rd ; P). Oxbow Bend est l'un des endroits les plus mémorables du Grand Teton National Park pour qui souhaite observer les animaux avec, en toile de fond, le sublime reflet du mont Moran. L'aube et le crépuscule sont les moments les plus propices pour apercevoir des wapitis, des élans, des grues et des bernaches du Canada, des balbuzards pêcheurs, des pygargues à tête blanche, des cygnes trompettes, des grands hérons et des pélicans. L'*oxbow* (lac incurvé) fut formé par l'action de la rivière dont le courant rapide éroda la berge extérieure tandis que les eaux plus lentes du milieu causèrent l'accumulation de sédiments.

Death Canyon Trail RANDONNÉE
(carte p. 132). Death Canyon demeure l'une de nos randonnées préférées – tant pour le défi qu'elle offre que pour le splendide paysage qui la ponctue. Le sentier monte sur 1,6 km jusqu'au promontoire du lac Phelps, avant de plonger vers le fond de la vallée et de suivre Death Canyon.

Garnet Canyon RANDONNÉE, ESCALADE
(carte p. 132). Garnet Canyon est la porte d'accès, durement gagnée, aux randonnées vers Middle Teton et South Teton, ainsi qu'à l'ascension technique de Grand Teton, toutes réservées aux grimpeurs chevronnés connaissant les itinéraires. Cela dit, même les novices garderont un souvenir impérissable de la randonnée de 6,4 km jusqu'au point de départ du Grand Teton.

Grand Teton Multi-use Bike Path VÉLO
(www.nps.gov/grte/planyourvisit/bike.htm ; aube-crépuscule mai-oct). Au départ de l'excellent Jackson Visitor Center (p. 123), ce sentier s'étire sur 32 km jusqu'à la **Jenny Lake Ranger Station** (carte p. 132 ; 307-739-3343 ; 407 Jenny Lake Campground Road, Moose, Wyoming ; 8h-18h juin-août). Il est idéal pour découvrir le parc en toute tranquillité, sans se presser. Pour une balade plus courte, louez des vélos au **Dornan's** (carte p. 132 ; 307-733-3307 ; www.dornans.com ; 9h-18h) à Moose pour rejoindre le lac Jenny, 12,8 km plus loin.

Où se loger

Climbers' Ranch CHALETS $
(carte p. 132 ; 307-733-7271 ; www.americanalpineclub.org/grand-teton-climbers-ranch ; End Highlands Rd ; dort 27 $; juin-sept ; P). Ces chalets rustiques en rondins, gérés par l'American Alpine Club, servaient au départ de refuge pour les grimpeurs. Ils sont aujourd'hui accessibles aux randonneurs souhaitant profiter de la splendeur du cadre. Vous y trouverez un bâtiment abritant les douches, et un coin cuisine couvert avec des glacières pouvant être verrouillées. Il faut prévoir sac de couchage et tapis de sol (les lits superposés n'ont pas de matelas, mais l'endroit reste une affaire).

Colter Bay Village CHALETS $$
(carte p. 132 ; 307-543-3100 ; www.gtlc.com/lodges/colter-bay-village ; Colter Bay ; bungalow toilé 76 $, chalets avec sbd 189-267 $; fin mai-sept ; P). Dans ce village animé, les confortables chalets en rondins, dont certains sont d'époque, se révèlent une bonne solution ; ils sont disponibles de fin mai à septembre. Les bungalows toilés (disponibles de juin à début septembre) sont des structures très basiques de rondins et de toile. Vous y trouverez des lits superposés dépouillés, un poêle à bois, une table de pique-nique et un barbecue extérieur. Les salles de bains sont séparées et des sacs de couchage sont disponibles à la location.

Jackson Lake Lodge LODGE $$$
(carte p. 132 ; 307-543-3100 ; www.gtlc.com/lodges/jackson-lake-lodge ; Jackson Lake Rd ; ch et cottages à partir de 320 $; mi-mai à début oct ; P). Avec des draps lisses, des sentiers sinueux invitant à de longues balades et de grandes baies vitrées avec vue sur les sommets, le premier lodge de Teton est idéal pour s'extasier du cadre. À proximité, les 348 chalets en béton vous sembleront peut-être trop chers compte tenu de l'absence de vue et de leur aménagement spartiate, même si des rénovations ont rendu l'intérieur plus plaisant. Les chalets isolés de Moose Pond View jouissent d'une vue incroyable depuis leur porche latéral.

Jenny Lake Lodge LODGE $$$
(carte p. 132 ; 307-543-3100 ; www.gtlc.com/lodges/jenny-lake-lodge ; Jenny Lake Scenic Dr ; chalets tout compris à partir de 542 $; juin-début oct ; P). Poutres, couettes et édredons colorés confèrent une ambiance douillette à ces chalets élégants. L'endroit est cher, mais le Signature Stay inclut le petit-déjeuner, le dîner de 5 plats, les vélos et une balade guidée à cheval. Les jours de pluie, installez-vous devant la cheminée du lodge principal, avec l'un des jeux ou des livres à disposition.

Où se restaurer

Pizza & Pasta Company PIZZERIA $
(carte p. 132 ; 307-733-2415 ; www.dornans.com ; Moose ; plats 10-13 $, pizzas 9-17 $; 11h30-21h30 ;). Le toit-terrasse du **Dornan's** (carte p. 132 ; 307-733-2415 ; www.dornans.com ; Moose ; 8h-20h), où la vue porte au-delà de la Snake River et de Menor's Ferry jusqu'aux hauts sommets des Teton Mountains, est parfait pour dévorer une pizza accompagnée d'une bière. Hélas, le service est parfois lent et la nourriture n'est pas à la hauteur de la vue. C'est l'un des seuls restaurants indépendants du parc ; ouvert toute l'année.

Blue Heron Lounge GRILLADES $$
(carte p. 132 ; 307-543-2811 ; www.gtlc.com/dining/blue-heron-lounge-jackson-lake-lodge ; Jackson Lake Lodge ; plats 11-23 $; 11h-minuit mi-mai à sept). Idéal pour un cocktail au crépuscule, ce bar séduisant est tout en baies vitrées, du sol ou presque jusqu'au plafond. Les alcools et les petites assiettes mêlant charcuteries et salades sont d'origine locale. Par beau temps, le grill extérieur permet de déguster une excellente viande au barbecue. Concerts occasionnels.

Dornan's Chuckwagon GRILLADES $$
(carte p. 132 ; 307-733-2415 ; www.dornans.com ; Moose ; plats petit-déj et déj 8-20 $, dîner 9-35 $; 7h-11h, 12h-15h et 17h-21h juin-août). Dans ce restaurant en plein air apprécié des familles, le petit-déjeuner est synonyme de pancakes au levain et d'œufs au plat, tandis que le déjeuner s'oriente vers des plats légers et des

Grand Teton National Park

sandwichs. Le soir venu, les fourneaux hollandais tournent à plein régime : bœuf, côtes de porc, truite, sans compter le généreux bar à salades. Les tables de pique-nique réservent une vue incomparable du Grand Teton. Tarifs spéciaux pour les enfants. Musique live de 17h30 à 20h30, du mardi au jeudi.

♥ Jenny Lake Lodge Dining Room AMÉRICAIN $$$

(carte p. 132 ; ☎307-543-3351 ; www.gtlc.com/dining/the-dining-room-at-jenny-lake-lodge ; Jenny Lake Lodge ; déj 12-18 $, dîner 5 plats 98 $; 7h30-10h, 11h30-13h30 et 18h-21h). Véritable folie, ce dîner de cinq plats pourrait être

Grand Teton National Park

Les incontournables
1 National Museum of Wildlife Art B5

À voir
2 Grand Teton National Park B4
3 Mormon Row B4
4 National Elk Refuge B5
5 Oxbow Bend C3

Activités
Adventure Sports .... (voir 25)
6 Continental Divide Dogsled Adventures D3
7 Death Canyon Trail B4
8 Garnet Canyon B3
9 Jackson Hole Mountain Resort B4
Jackson Hole Paragliding .... (voir 9)
10 Jenny Lake Boating B3
11 Snow King Resort D6

Où se loger
12 Antler Inn D5
13 Climbers' Ranch B4
14 Colter Bay Village B3
15 Jackson Lake Lodge C3
16 Jenny Lake Lodge B3
17 Modern Mountain Motel C5
18 Rusty Parrot Lodge & Spa C5
The Hostel .... (voir 9)
19 Wort Hotel D5

Où se restaurer
Blue Heron Lounge .... (voir 15)
Dornan's Chuckwagon .... (voir 25)
Dornan's Trading Post .... (voir 25)
20 Gun Barrel B5
Jenny Lake Lodge Dining Room .... (voir 16)
Mangy Moose Saloon .... (voir 9)
21 Persephone D5
Pizza & Pasta Company .... (voir 25)
22 Snake River Grill D5

Où prendre un verre et faire la fête
23 Snake River Brewing Co D6
24 The Rose D5

Information
25 Craig Thomas Discovery & Visitor Center B4

le seul de votre vie que vous dégusterez en pleine nature – mais vous ne le regretterez pas. Au petit-déjeuner, les œufs Bénédicte au crabe sont préparés à la perfection. Le filet de wapiti et la salade de pastèque et de radis blanc feront le bonheur des randonneurs affamés. Enfin, l'atmosphère chaleureuse au cœur des Tetons est imbattable. Habillez-vous pour le dîner, pour lequel la réservation est impérative.

Renseignements

Les permis pour le parc (piéton/vélo/véhicule 20/24/35 $) sont valables sept jours.

Depuis/vers le Grand Teton National Park

Le Jackson Hole Airport (p. 123) se situe dans les limites du parc et connaît un trafic aérien continu. Actuellement, il n'existe aucun service de navette régulier à travers le parc, mais plusieurs prestataires de Jackson proposent des visites guidées.

Le parc débute à 7,3 km au nord de Jackson. Il existe trois entrées. La plus proche de Jackson est **l'entrée sud** (carte p. 132 ; Teton Park Rd, Moose Village ; horaires variables), à l'ouest de Moose Junction. L'**entrée sud-ouest** (carte p. 132 ; Moose-Wilson Rd ; horaires variables) est à 1,6 km au nord de Teton Village, via la Moose-Wilson Road. De Yellowstone vers le sud, prenez l'**entrée nord** (carte p. 132 ; Hwy 287 ; horaires variables) après 4,8 km de route dans le parc sur l'US 89/191/287, juste au nord de Moran Junction.

MONTANA

Bienvenue dans le "Big Sky Country" (ici, le ciel semble plus vaste qu'ailleurs), à la croisée des Grandes Plaines et des Rocheuses, où tout ou presque semble possible. C'est le royaume des grands espaces, qu'il s'agisse des vallées du sud du Montana de l'avant Yellowstone, des parcs naturels d'Absaroka Beartooth, de Bob Marshall et de l'American Prairie Reserve, ou encore des horizons infinis du cœur rural du Montana. Non loin de là, Missoula et Bozeman sont des villes branchées où figurent nombre de brasseries artisanales, d'excellents restaurants et les bastions d'une excellence culinaire émergeante. Le Montana est aussi le siège du Little Bighorn Battlefield et, atout n°1 de l'État, des pics sculptés du Glacier National Park.

Renseignements

On trouve des offices du tourisme dans diverses villes de l'État. Les plus intéressants sont ceux de **Bozeman** (406-586-5421 ; www.bozemancvb.com ; 2000 Commerce Way ; 8h-17h lun-ven), **Billings** (800-735-2635,

406-252-4016 ; www.visitbillings.com ; 815 S 27th St ; 8h30-17h lun-ven), Helena (p. 137), **West Yellowstone** (406-646-7701 ; www.destinationyellowstone.com ; 30 Yellowstone Ave ; 8h-20h mi-mai à août, 8h-16h lun-ven sept à mi-mai ;) et Missoula (p. 140).

Visit Montana (800-847-4868 ; www.visitmt.com). Le site Internet de l'office du tourisme de l'État, très fourni, offre des cartes, des brochures à télécharger et des suggestions d'itinéraires.

Bozeman et Gallatin Valley

Bozeman ressemble à ce qu'étaient les villes montagnardes du Colorado avant d'être prises d'assaut par les foules. Une décontraction d'antan y prévaut encore, que n'ont pas estompée les pionniers de l'Ouest moderne, avec leurs VTT, leurs skis et leurs cordes d'escalade. Mais les choses sont en train de changer, car Bozeman est devenue l'une des villes américaines à la croissance la plus rapide.

Les bâtiments en brique du centre-ville, qui débordent de brasseries artisanales et de boutiques, ont conservé leur charme désuet. Dans les Bridger Mountains et les Gallatin Mountains voisines, on peut passer des journées entières sans croiser personne.

Et tandis que Big Sky, au nord de la Gallatin Valley, voit se multiplier immeubles d'habitation et maisons de ville, la station de ski de Bridger Bowl est tellement isolée qu'on se demande parfois si elle est encore ouverte. En résumé, venez ici sans tarder afin de pouvoir raconter à vos enfants votre séjour à Bozeman, du temps où elle était encore l'une des villes méconnues les plus plaisantes des Rocheuses.

À voir et à faire

Museum of the Rockies MUSÉE
(406-994-2251 ; www.museumoftherockies.org ; 600 W Kagy Blvd ; adulte/enfant 14,50/9,50 $; 8h-18h juin-août, 9h-17h sept-mai). Ne manquez pas de visiter ce musée, certainement le plus ludique du Montana. Il présente la géologie des Rocheuses et expose des pièces exceptionnelles, notamment une impressionnante mâchoire d'*edmontosaurus*, le plus grand crâne de T. Rex au monde, et un nouveau T. Rex entier (mais avec un crâne plus petit). Les spectacles du planetarium laser sont intéressants, tout comme la section extérieure d'histoire naturelle (fermée en hiver).

Bridger Bowl Ski Area SPORTS D'HIVER
(406-587-2111 ; www.bridgerbowl.com ; 15795 Bridger Canyon Rd ; forfait journalier remontée adulte/enfant 64/25 $; mi-déc à avr). Cette petite station de ski (610 ha) communautaire, à 26 km au nord de Bozeman, est la première à but non lucratif du pays. On y trouve pour l'essentiel des férus de ski, des prix honnêtes et des pistes d'une qualité insoupçonnée.

Big Sky Resort SPORTS D'HIVER
(800-548-4486 ; www.bigskyresort.com ; 50 Big Sky Resort Rd ; remontée à skis/vélo 142/46 $). Le 4e plus grand domaine skiable d'Amérique du Nord est composé de 4 montagnes, avec une superficie totale de 2 347 ha de pistes skiables (dont 60% pour les skieurs confirmés à experts), recevant 10 m de neige chaque année. Pour résumer, Big Sky est synonyme de ski. Pourtant, quand la neige fond, on découvre près de 65 km de sentiers de VTT desservis par un remonte-pente et des sentiers de randonnée, faisant du site une destination estivale de choix.

Explore Rentals SPORTS DE PLEIN AIR
(Phasmid ; 406-922-0179 ; www.explore-rentals.com ; 32 Dollar Dr ; 9h-17h lun-sam, 10h-16h dim). Imaginez descendre de votre avion pour trouver une voiture entièrement équipée qui vous attend : porte-bagages, caravane, nécessaire de cuisine, sacs de couchage, sacs à dos, tente, spray répulsif contre les ours et équipement complet de pêche à la mouche – tout est prêt pour partir à l'aventure en pleine nature. Explore Rentals loue tout ou presque. Réservation fortement conseillée.

Où se loger

La plupart des grands hôtels de chaîne se trouvent au nord du centre-ville de Bozeman, sur 7th Avenue, non loin de l'I-90. Une poignée d'établissements bon marché sont situés à l'est du centre-ville. Enfin, de nombreux campings sont installés dans la Galantin Valley en direction de Big Sky.

Howlers Inn B&B $$
(406-587-2050 ; www.howlersinn.com ; 3185 Jackson Creek Rd ; ch 135-180 $;). Les amateurs de loups adoreront cette réserve superbe, située à 15 minutes de Bozeman et financée avec les recettes du B&B. Les loups, nés en captivité pour leur sauvegarde, vivent dans un enclos naturel de 1,6 ha. L'établissement possède 3 vastes chambres à la décoration rustique dans le bâtiment

principal et 2 autres installées dans un ancien hangar. Séjour de deux nuitées minimum de mai à la mi-octobre.

The Lark MOTEL $$

(☎406-624-3070 ; www.larkbozeman.com ; 122 W Main St ; ch 130-270 $; ❄📶). Avec ses touches de jaune et sa décoration design, cette adresse branchée n'a plus rien à voir avec le motel morose qu'elle a été. Les chambres respirent la fraîcheur, l'établissement est à distance de marche des bars et restaurants du centre-ville.

♥ **Rainbow Ranch Lodge** RESORT $$

(☎406-995-4132 ; www.rainbowranchbigsky.com ; Hwy 191 ; ch 180-420 $; 📶🐾). Rustique mais ultrachic, le Rainbow Ranch comprend une belle sélection de chambres en bord d'étang ou de rivière, dotées pour la plupart d'une cheminée en pierre, de balcons et d'un accès au romantique Jacuzzi extérieur. Les chambres Pondside Luxury sont de loin les plus raffinées. Le lodge est à 8 km au sud de l'embranchement de Big Sky et à 19 km au nord du Yellowstone National Park.

Où se restaurer et prendre un verre

Avec une multitude de brasseries et une scène musicale animée, vous aurez de quoi passer du bon temps à Bozeman. Consultez les dates de concerts sur www.bozone.com.

♥ **Nova Cafe** CAFÉ $

(☎406-587-3973 ; www.thenovacafe.com ; 312 E Main St ; petit-déj 7,50-13 $, plats 10-14 $; ⏲7h-14h ; 📶✎). Un établissement à la décoration colorée, très apprécié localement. Affichée à l'entrée, une carte indique la provenance des plats proposés. La sauce hollandaise, bien qu'un brin trop sucrée, n'en est pas moins succulente, comme tout le reste. Autre temps fort, la salade de riz noir au gingembre et à la citronnelle. Menu spécial pour les végans.

♥ **Follow Yer' Nose BBQ** BARBECUE $

(☎406-599 -7302 ; www.followyernosebbq.com ; 504 N Broadway ; plats 10-20 $; ⏲14h-20h dim-mar, 12h-20h mer-sam). Pendant des années, les amateurs de grillades du Montana ont été contraints de gagner les zones périphériques de la Paradise Valley pour satisfaire leurs envies. Ce n'est plus le cas. Cet avant-poste citadin prépare toutes les habituelles viandes fumées à la perfection, tout comme la **Bozeman Brewing Company** (☎406-585-9142 ; www.bozemanbrewing.com ; 504 N Broadway ; ⏲14h-20h lun-jeu et sam-dim, 12h-20h ven) ; mieux encore, ces deux adresses sont ouvertes toute l'année.

LE MONTANA EN BREF

Surnom Treasure State (État-Trésor), Big Sky Country (Pays du grand ciel)

Population 1 062 000 habitants

Superficie 381 156 km²

Capitale Helena (31 400 hab.)

Autres villes : Billings (109 600 hab.), Missoula (73 300 hab.), Bozeman (46 600 hab.)

TVA Aucune !

Lieu de naissance de Gary Cooper (1901-1961) et Evel Knievel (1938-2007), cascadeur légendaire

Berceau des Crows, Pieds-Noirs, Chippewas, Gros Ventres et Salishes

Politique Les fermiers et les magnats du pétrole républicains l'emportent sur les étudiants et progressistes démocrates de Bozeman et Missoula

Célèbre pour la pêche à la mouche, les cow-boys et les grizzlys

Divers Certaines autoroutes du Montana n'ont pas eu de limitation de vitesse avant les années 1990.

Distances routières Bozeman-Denver 1 119 km ; Missoula-Whitefish 214 km

♥ **Montana Ale Works** PUB

(☎406-587-7700 ; www.montanaaleworks.com ; 611 E Main St ; ⏲16h-fermeture). L'ancien entrepôt de fret de la Northern Pacific apporte une touche de chic industriel à ce très fiable bar-restaurant de Bozeman qui cumule une cuisine excellente (plats 11-26 $), des billards et une foule de personnes à observer. Le personnel sera ravi de vous faire goûter l'une des 30 bières artisanales à la pression, dont la locale Bozones.

♥ **Rockford Coffee Roasters** CAFÉ

(☎406-556-1053 ; www.rockfordcoffee.com ; 18 E Main St ; ⏲6h30-19h lun-ven, 7h30-19h sam-dim). Établissement parmi les plus agréables de Bozeman, le Rockford attire une clientèle d'artistes et de créatifs locaux. Le café, torréfié sur place, est fameux, tandis que les hauts plafonds et les murs en brique apparente offrent un cadre élégant et détendu.

VAUT LE DÉTOUR

NATIONAL BISON RANGE

Le **National Bison Range** (☎406-644-2211 ; www.fws.gov/refuge/national_bison_range ; 58355 Bison Range Rd, Moiese ; ⏲lever-coucher du soleil, centre des visiteurs 9h-17h) est le domaine des bisons, des ours noirs, de diverses espèces de cerfs et d'antilopes, d'une poignée de prédateurs et de plus de 200 espèces ailées. Située dans le nord-ouest du Montana, cette réserve est un endroit fabuleux pour repérer des espèces sauvages que vous ne verrez peut-être jamais ailleurs.

Bozeman Taproom & Fill Station BIERGARTEN
(☎406-577-2337 ; www.bozemantaproom.com ; 101 N Rouse Ave ; ⏲11h-minuit dim-jeu, 11h-1h ven-sam). L'un des établissements les plus branchés de Bozeman pour boire une pinte et remplir son pichet de bière, le Taproom possède un *biergarten* en plein air sur son toit-terrasse. Les 44 bières artisanales provenant de 75 tireuses sont à combiner au gré de vos envies avec le système "à la carte". Pour les accompagner d'une nourriture plus solide, commandez un hot dog ou un sandwich.

Depuis/vers Bozeman

Le **Bozeman Yellowstone International Airport** (BZN ; ☎406-388-8321 ; www.bozemanairport.com ; 850 Gallatin Field Rd), à quelque 13 km au nord-ouest du centre-ville, dessert la plupart des carrefours aériens d'importance, comme Atlanta, New York, Chicago, Denver, Seattle, Dallas, Salt Lake City, San Francisco ou Minneapolis.

Les bus de Jefferson Lines rejoignent le réseau Greyhound depuis une **gare routière** (Jefferson Lines ; ☎612-499-3468 ; www.jeffersonlines.com ; 1500 North 7th Ave ; ⏲12h-17h) anonyme, sur le flanc sud du Super Walmart, à côté de la jardinerie. Entre 12h et 17h, une voiture de Jefferson Lines permet d'acheter des billets et d'enregistrer ses bagages. Parmi les destinations figurent Missoula (à partir de 55 $, 3 heures 30), Billings (à partir de 42 $, 2 heures 15) et Denver (à partir de 149 $, 14 heures 45).

Billings

Difficile de croire que cette ville à l'ambiance décontractée soit la plus peuplée du Montana. Centre économique et culturel de l'État, accueillant et prospère, Billings n'a certes rien d'incontournable, mais se révèle un point de chute correct pour se ravitailler, ou une bonne base de départ vers le Yellowstone National Park en empruntant la superbe Beartooth Hwy.

Les monuments nationaux de Pompey's Pillar et Little Bighorn Battlefield valent le détour pour les passionnés d'histoire, tandis que le centre-ville possède un certain charme brut pour ceux qui préfèrent l'Ouest moderne.

Où se loger

Les hôtels de chaîne sont principalement regroupés en périphérie de Billings, à la sortie 446 de l'I-90, mais il existe quelques bonnes adresses indépendantes dans le centre-ville – ainsi que d'autres moins fiables.

Dude Rancher Lodge MOTEL $
(☎406-545-6331 ; www.duderancherlodge.com ; 415 N 29th St ; d à partir de 75 $; ❄@📶🐾). Ce vénérable établissement routier cadre mal avec le reste du centre-ville, mais il est bien entretenu et près de la moitié des chambres ont été rénovées à bon escient. Les touches de style Far West, comme les murs en bois brut et les sols aux motifs de marquages à bestiaux, lui confèrent un certain charme rustique. Le *diner* attenant est une adresse prisée des habitants pour le petit-déjeuner.

Northern Hotel HÔTEL $$
(☎406-867-6767 ; www.northernhotel.com ; 19 N Broadway ; ch/ste 165/215 $; ❄📶). Cet hôtel historique associe une élégance d'autrefois à des équipements modernes, incontestablement au-dessus des hôtels d'affaires classiques. Le petit-déjeuner et le déjeuner sont servis dans le *diner* adjacent.

Où se restaurer et prendre un verre

McCormick Cafe PETIT-DÉJEUNER $
(☎406-255-9555 ; www.mccormickcafe.com ; 2419 Montana Ave ; petit-déj 6-10 $, repas 9-12 $; ⏲7h-14h lun-ven, 8h-14h sam-dim ; 📶). Pour savourer un expresso, un muesli au petit-déjeuner, des crêpes, de bons sandwichs et profiter de l'atmosphère animée, installez-vous dans cet établissement du centre-ville.

♥ **Walkers Grill** AMÉRICAIN MODERNE $$
(☎406-245-9291 ; www.walkersgrill.com ; 2700 1st Ave N ; tapas 8-14 $, plats 16-34 $; ⏲16h-22h

lun-jeu, 16h-22h30 ven, 17h-22h30 sam, 17h-22h dim). Restaurant haut de gamme, le Walkers propose de savoureuses grillades et des tapas raffinées au bar, à accompagner de cocktails élaborés par des experts en mixologie. Cet espace élégant, aux grandes baies vitrées, semble tout droit sorti de Manhattan. La carte évolue en fonction des saisons, mais rien ne manque jamais de saveurs. Consultez le site Internet pour les concerts de jazz.

Überbrew MICROBRASSERIE
(☎406-534-6960 ; www.facebook.com/uberbrew ; 2305 Montana Ave ; 11h-21h, bière jusqu'à 20h). Sur la demi-douzaine de bars à bières installés dans le centre-ville de Billings, celui-ci est le plus raffiné, et on lui doit également la création de bières primées. La nourriture n'y est pas mauvaise non plus : commandez une saucisse *bockwurst* marinée à la bière et descendez une pinte de White Noise Hefeweizen, 3 fois plus vendue que les autres bières, pour faire bonne mesure.

Depuis/vers Billings

Le centre-ville de Billings est juste à la sortie de l'I-90, dans une grande vallée de la Yellowstone River.

Helena

On manquerait sans peine la discrète Helena en passant sur l'Interstate Highway, mais ce serait fort dommage. Traversez la morne zone commerciale pour atteindre Last Chance Gulch et l'ancienne Helena, où d'imposants bâtiments de brique et de pierre semblent défier le temps qui passe, avec leurs architectures tout en angles et en arches. C'est dans ce cœur historique, plutôt que dans la vaste agglomération, que réside le charme de la ville.

Activités

Trail Rider PLEIN AIR
(☎406-449-2107 ; www.bikehelena.com/trail-rider ; angle Broadway et Last Chance Gulch ; mer-dim fin mai à sept). Pendant la saison estivale, un bus municipal équipé d'une remorque à vélos transporte les vététistes et les randonneurs jusqu'à l'un des 3 départs de sentiers, à parcourir dans le sens de la descente pour retourner en ville. Les destinations comprennent le Mt Helena Ridge Trail, les sentiers du Mt Ascension, et le Continental Divide Trail au niveau du col MacDonald.

Où se loger

Sanders B&B $$
(☎406-442-3309 ; www.sandersbb.com ; 328 N Ewing St ; ch 150-175 $;). Installé dans un quartier de demeures anciennes, ce B&B historique appartenait autrefois à Wilbur Sanders, avocat et premier sénateur du Montana de la seconde moitié du XIXe siècle. Il comprend désormais un charmant salon ancien, une fraîche véranda et 7 jolies chambres, chacune décorée d'une manière distincte et avec soin. L'endroit, tenu par un parent de la famille du Ringling Brothers Circus, est agrémenté d'objets ayant trait au cirque.

Où se restaurer et prendre un verre

Murry's CAFÉ $
(☎406-431-2886 ; www.murryscafe.com ; 438 N Last Chance Gulch ; petit-déj et brunch 4-8,50 $, plats déj 5-16 $; 8h-15h lun-ven, 9h-14h sam-dim ;). Entre *spanakopita* (friand aux épinards) et soufflé, ce petit café dans le sud du centre-ville sert des plats atypiques pour le petit-déjeuner. Il connaît un beau succès avec ses gaufres, proposées à toutes les sauces lors du brunch du week-end.

General Mercantile CAFÉ
(☎406-442-6028 ; www.generalmerc.com ; 413 N Last Chance Gulch ; 8h-17h30 lun-ven, 9h-17h sam, 11h-16h dim ;). Dans cette boutique vendant un incroyable bric-à-brac – mangeoire à colibris, cartes postales, confitures maison... –, on vous servira aussi un excellent café. À déguster à l'une des tables de ce lieu atypique.

Renseignements

Helena Visitor Center (☎406-442-4120 ; www.helenamt.com ; 225 Cruse Ave ; 8h-17h lun-ven). Informations locales.

Montana Fish, Wildlife & Parks (☎406-444-2535 ; fwp.mt.gov ; 1420 E 6th Ave)

Montana Outfitters & Guides Association (☎406-449-3578 ; www.montanaoutfitters.org ; 5 Microwave Hill Rd, Montana City). Centre d'information pour toutes sortes de choses, de la pêche aux ranchs de tourisme en passant par la chasse.

Depuis/vers Helena

L'**Helena Regional Airport** (HNL ; ☎406-442-2821 ; www.helenaairport.com ; 2850 Mercer Loop), situé à 3,2 km au nord de Helena, offre des liaisons avec des grandes villes de la

VAUT LE DÉTOUR

LA DERNIÈRE CHARGE DE CUSTER

À 104 km de Billings, dans les arides plaines de la réserve des Crows, le **Little Bighorn Battlefield National Monument** (☎406-638-2621 ; www.nps.gov/libi ; 756 Battlefield Tour Rd ; par voiture 25 $; ⏲8h-20h juin-sept, 8h-16h30 oct-mai) mérite le détour. C'est ici, sur l'un des plus célèbres champs de bataille indiens, que le général George Custer livra sa "dernière charge". On peut aussi voir cette victoire des Cheyennes et de la tribu Sioux Lakotas comme l'ultime succès des peuples amérindiens. Les représailles ne tardèrent pas et, moins d'une décennie plus tard, ces terres étaient passées sous le contrôle des armées gouvernementales.

Lors d'un massacre souvent représenté en peinture, Custer et ses 272 soldats provoquèrent une fois de trop les Indiens (dont Crazy Horse et Sitting-Bull, de la tribu des Sioux Lakotas. Les 25 et 26 juin 1876, ces derniers écrasèrent la cavalerie. L'histoire est relatée au centre des visiteurs, notamment dans une excellente vidéo.

Une route de 8 km traverse le site, ponctué de nombreuses aires d'arrêt dont les panneaux explicatifs, citant à la fois des sources gouvernementales et amérindiennes, recréent la bataille. Dans les champs et les vallées, visibles depuis la route, des pierres tombales blanches marquent les endroits où les soldats sont tombés au combat. Last Stand Hill (la "colline de la dernière charge") couronne le champ de bataille, tandis que, non loin, l'Indian Memorial constitue un hommage fascinant aux Sioux et aux Cheyennes. En été, vous pourrez participer à l'une des cinq visites quotidiennes sous l'égide d'un guide crow, via **Apsaalooke Tours** (☎406-679-2790 ; www.crow-nsn.gov/apsaalooke-tours.html ; adulte/enfant 10/5 $; ⏲10h, 11h, 12h, 14h et 15h Memorial Day-Labor Day).

L'entrée du site est à 1,6 km à l'est de l'I-90 sur la US 212. Si vous êtes dans le secteur le dernier week-end de juin, vous pourrez assister à la **reconstitution de la dernière charge de Custer** (www.littlebighornreenactment.com ; Little Bighorn National Monument ; adulte/enfant 20/10 $; ⏲juin), à 9,6 km à l'ouest de Hardin.

région comme Salt Lake City, Seattle, Denver et Minneapolis. L'agrandissement du site doit être achevé en 2020. Le bus **Salt Lake Express** (www.saltlakeexpress.com ; 1415 N Montana Ave) circule vers le sud pour rejoindre le réseau Greyhound à Butte (29,25 $, 1 heure 15).

Missoula

Missoula figure régulièrement parmi les petites villes d'Amérique préférées des voyageurs. À voir son centre-ville à taille humaine, ses édifices peu élevés, ses nombreux sentiers longeant les rivières (il y en a trois), son université et sa fierté citoyenne palpable, on comprend vite pourquoi. Les Missouliens adorent être dehors. L'été consiste en une succession ininterrompue de marchés fermiers, de concerts dans les parcs, de cinéma en plein air et autres célébrations de la vie communautaire. Quant aux étudiants de l'Université du Montana, ils font courir une authentique énergie dans ses rues. Les terrasses fleurissent partout en ville et, l'après-midi, il est courant d'aller se dépenser sur les kilomètres de sentiers urbains et de montagne. La tranquille Clark Fork River séduit les amateurs de paddle dans sa partie urbaine, et attire les pêcheurs à la mouche en aval. En résumé, Missoula est l'une des villes les plus agréables de l'Ouest.

À voir et à faire

♥Garnet Ghost Town VILLE FANTÔME
(☎406-329-3914 ; www.garnetghosttown.org ; Bear Gulch Rd ; adulte/enfant 3 $/gratuit ; ⏲9h30-16h30 juin-sept ; 🐾). Une dizaine de bâtiments figés dans le temps permettent de s'immerger à l'époque de la ruée vers l'or, quand des cités s'élevaient en quelques semaines et disparaissaient tout aussi vite. Fondé à la fin du XIXe siècle et déserté depuis les années 1930, l'endroit est évocateur. On accède à Garnet, située près de 65 km à l'est de Missoula, par des sentiers forestiers signalés à partir de l'axe Missoula-Butte (90) – consultez le site Internet pour des indications précises. Téléphonez pour organiser une visite guidée.

Smokejumper Visitor Center MUSÉE
(☎406-329-4934 ; www.fs.fed.us/science-technology/fire/smokejumpers/missoula/center ;

5765 West Broadway ; 8h30-17h juin-août, visite guidée 10h, 11h, 13h, 14h, 15h et 16h). GRATUIT Le centre des visiteurs de cette base en activité recèle de fascinantes expositions sur les pompiers parachutistes qui sautent dans des forêts embrasées pour combattre les incendies. Le clou du spectacle est la visite des quartiers de vie, où l'équipe est logée, s'entraîne et coud ses propres parachutes ; les visites guidées durent de 45 minutes à 1 heure. Pour plus de détails sur ce métier périlleux, trouvez un exemplaire de *La Part du feu*, de Norman MacLean (1994).

A Carousel for Missoula CARROUSEL
(406-549-8382 ; www.carouselformissoula.com ; 101 Carousel Dr, Caras Park ; adulte/enfant 2,25/0,75 $; 11h-17h30 sept-mai, 11h-19h juin-aoûr ;). Sculptés et peints à la main par des artistes locaux, les chevaux qui galopent en rond dans ce carrousel à l'ancienne de Caras Park ont une véritable histoire. Mais, à plus grande échelle, c'est aussi l'aventure de toute une communauté rassemblée pour faire du rêve d'un homme une réalité et apporter un peu de fantaisie dans le centre-ville. Le manège partage l'espace avec le Dragon Hollow, un espace de jeu qui excite l'imagination.

Mount Sentinel RANDONNÉE
(Campus Dr). Cet abrupt sentier en lacet part du stade de football de l'université du Montana et mène au "M" de béton blanc (visible à des kilomètres à la ronde) coiffant le Mt Sentinel (1 547 m). Profitez d'une soirée d'été pour admirer le panorama, spectaculaire, sur la ville et ses environs.

Le sentier part de Phyllis Washington Park, à la lisière orientale du campus.

Où se loger et se restaurer

Shady Spruce Hostel AUBERGE DE JEUNESSE $
(406-285-1197 ; www.shadysprucehostel.com ; 204 E Spruce St ; dort 35-40 $, s/ste 55/85 $;). Cette auberge de jeunesse, propre, lumineuse et spacieuse, marque tous les bons points possibles. Même si elle affiche désormais quelques années au compteur, elle a su maintenir son niveau d'exigence. Elle est seulement à un pâté de maisons du centre-ville. On peut y emprunter des vélos.

Goldsmith's B&B B&B $$
(406-728-1585 ; www.missoulabedandbreakfast.com ; 809 E Front St ; ch 160-210 $;). Avant d'être transporté ici en deux grands blocs, cet accueillant B&B en bord de rivière était la résidence d'une fraternité étudiante, et encore auparavant, celle du président de l'université du Montana. Les chambres, de style victorien moderne, sont toutes confortables, mais nous avons un faible pour la suite Greenough avec son secrétaire et sa terrasse privée donnant sur la rivière.

Market on Front CAFÉ
(406-541-0246 ; www.marketonfront.com ; 201 E Front St ; plats 5-10 $; 8h-19h lun-ven, 8h-20h sam, 8h-19h dim ;). Commandez un sandwich tout frais ou un généreux *breakfast bowl*, ou choisissez des produits gastronomiques à emporter pour votre pique-nique, comme les thés locaux, le chocolat bio et la bière régionale. Vous pourrez aussi vous restaurer sur place, en ayant néanmoins une impression de grand air grâce aux larges baies vitrées. Ambiance détendue mais branchée, Wi-Fi gratuit, personnel sympathique, sandwichs excellents – que demander de plus ?

Pearl Cafe FRANÇAIS $$$
(406-541-0231 ; pearlcafe.us ; 231 E Front St ; plat 23-38 $; 17h-21h lun-sam). Le Pearl Cafe, notre restaurant préféré de Missoula, propose une cuisine française champêtre relevée d'une touche ouest-américaine – testez les crevettes aux noix et aux herbes, le saumon grillé au beurre à la moutarde ou le classique filet mignon. Le service est maîtrisé et l'ambiance raffinée sans être guindée ; habillez-vous avec soin néanmoins.

Où prendre un verre et faire la fête

La scène musicale de Missoula est étonnamment prestigieuse pour une ville de cette taille. Les bars du centre-ville vont des brasseries artisanales et décontractées aux établissements plus traditionnels.

Top Hat Lounge LOUNGE
(406-830-4640 ; www.tophatlounge.com ; 134 W Front St ; 11h-22h lun-jeu, 11h30-2h ven-sam). Haut lieu musical de Missoula, cette salle sombre accueille de la musique live presque tous les week-ends dans un espace de la bonne taille, intimiste sans être étriqué. L'une des meilleures salles de concerts du Montana.

Liquid Planet CAFÉ
(406-541-4541 ; www.liquidplanet.com ; 223 N Higgins ; 7h30-21h ;). Sachant à quel point Missoula chérit ses boissons, on ne sera guère surpris que le Liquid Planet ait

vu le jour ici. Créé par un professeur d'université en 2003, l'endroit fait à la fois café et boutique, où se vendent des vins et des bières artisanales soigneusement sélectionnés, du thé en vrac, du café en grains (dont la provenance est indiquée à la main) et des boissons énergétiques.

Renseignements

Missoula Visitor Center (☎800-526-3465 ; destinationmissoula.org ; 101 E Main St ; 8h-17h lun-ven). Site Internet bien utile et petit espace en ville ouvert au public.

Depuis/vers Missoula

Le Missoula International Airport (MSO ; ☎406-728-4381 ; www.flymissoula.com ; 5225 Hwy 10 W), à 8 km à l'ouest de la ville, dessert Salt Lake City, Denver, Phoenix, Los Angeles, San Francisco, Portland, Seattle et Minneapolis, notamment. Vols saisonniers vers Atlanta et Chicago.

Les bus Greyhound (☎406-549-2339 ; www.greyhound.com ; 1660 W Broadway) quadrillent l'essentiel de l'État et s'arrêtent à la gare routière, à 1,6 km à l'ouest de la ville. Parmi les destinations figurent Bozeman (à partir de 52 $, 3 heures 30), Denver (à partir de 164 $, 17 heures 45), Portland (à partir de 78 $, 9 heures 30) et Seattle (à partir de 83 $, 10 heures).

Whitefish

La modeste Whitefish semble sur le point de basculer de la petite ville de montagne décontractée à un terrain de jeu pour la jet-set. Heureusement, elle n'en est pas encore là, mais cette ville de l'Ouest moderne n'en est pas moins raffinée, dynamique et attrayante. Elle compte un bon choix de restaurants, une gare ferroviaire historique et une station de ski sous-estimée, ainsi qu'un excellent réseau de sentiers de randonnée et de pistes de VTT, en plein développement. Whitefish mérite bien un détour, alors autant y venir tant que les prix y restent abordables. On notera en outre que ses habitants sont des gens simples qui mesurent leur richesse non pas à l'épaisseur de leur portefeuille, mais au nombre de jours passés sur les pistes et d'activités de plein air auxquelles ils s'adonnent.

Activités

Whitefish Legacy Partners RANDONNÉE
(☎406-826-3880 ; www.whitefishlegacy.org ; 525 Railway St ; horaires variables). Whitefish est entourée d'un réseau grandissant de sentiers parfaits pour la randonnée et le VTT. Force motrice de ces aménagements, Whitefish Legacy Partners fait la promotion du réseau, organisant notamment des randonnées guidées sur le thème des fleurs sauvages, des ours ou des plantes toxiques. L'accent est davantage mis sur les locaux que sur les touristes, mais tout le monde est bienvenu.

Whitefish Mountain Resort STATION DE SKI
(☎406-862-2900 ; www.skiwhitefish.com ; Big Mountain Rd ; remontée ski/vélo 81/41 $). Station de ski décontractée au charme d'antan, le Whitefish Mountain Resort (anciennement Big Mountain) est parfait pour les familles, mais aussi pour les skieurs et snowboardeurs experts qui souhaitent se frotter aux pistes "diamant noir". Connue pour ses jours de brume, la montagne offre pourtant une vue imbattable depuis son sommet (par temps clair). Les jours de neige fraîche, les habitants laissent tomber le travail et le reste de leurs occupations pour aller tracer de nouvelles pistes.

Où se loger

♥ **Whitefish Bike Retreat** AUBERGE DE JEUNESSE $
(☎406-260-0274 ; www.whitefishbikeretreat.com ; 855 Beaver Lake Rd ; empl tente/dort/ch 40/50/110 ;). Consacrée au monde du cyclisme, cette auberge de jeunesse gérée par Cricket Butler, un passionné de la nature, est nichée dans un cadre de forêt. La spacieuse maison en bois patiné comporte des dortoirs aux lits superposés, des chambres privatives et une accueillante salle commune où se reposer après avoir parcouru les sentiers de la propriété ou l'excellent **Whitefish Trail** à proximité. Les cyclistes fervents pourront venir ici à vélo depuis la ville.

Firebrand BOUTIQUE-HÔTEL $$
(☎406-863-1900 ; www.firebrandhotel.com ; 650 E 3rd St ; ch à partir de 140 $; @). De loin le plus charmant hôtel du centre de Whitefish, ce bel établissement en brique abrite de vastes chambres ultraconfortables, un spa et un centre de fitness, un Jacuzzi sur le toit, un bar-restaurant – avec une vraie touche de classe.

Lodge at Whitefish Lake RESORT $$$
(☎406-863-4000 ; www.lodgeatwhitefishlake.com ; 1380 Wisconsin Ave ; ch à partir de 285 $;). Avec une place bien établie au palmarès des meilleurs hôtels de luxe du

Montana, le Lodge déborde de raffinement et de sophistication, à un point confinant à l'excès. Ce gigantesque complexe affiche tout un choix de chambres, des doubles standards aux appartements tout équipés. Elles ont en commun une décoration de résidence patricienne classique et un haut degré de confort. Depuis le **restaurant** au bord du lac et la paillote près de la piscine, on a une belle vue sur le couchant.

Où se restaurer et prendre un verre

Loula's CAFÉ $
(☎406-862-5614 ; www.whitefishrestaurant.com ; 300 E 2nd St ; petit-déj 7-12 $, plats déj 8-13 $, plats dîner 10-20 $; 7h-14h lun-dim et 17h-21h30 jeu-dim ;). Situé au rez-de-chaussée d'un temple maçonnique centenaire, ce café animé est décoré des œuvres d'artistes locaux, tandis que d'autres talents s'activent aux fourneaux. L'excellent pain perdu à la crème citronnée et au coulis de framboise constitue un petit-déjeuner délicieusement décadent. Optez sinon pour les œufs Bénédicte à la truffe. Le reste du temps, on peut commander des burgers, des salades et des plats comme le saumon rouge cuit au feu de bois ou la tourte au poulet.

Spotted Bear Spirits DISTILLERIE
(☎406-730-2436 ; www.spottedbearspirits.com ; 503 Railway St, Suite A ; 12h-20h ;). Des alcools primés (vodka, gin et agave) sont associés à des mélanges secrets d'aromates et d'épices pour créer des cocktails uniques, eux aussi récompensés, que vous ne goûterez nulle part ailleurs. Prenez un verre et installez-vous dans le canapé à l'étage pour une pause détente. Un whisky "Spotted Bear" devrait bientôt voir le jour.

Montana Coffee Traders BRÛLERIE DE CAFÉ
(☎406-862-7667 ; www.coffeetraders.com ; 110 Central Ave ; 7h-18h lun-sam, 8h-16h dim ;). Au sein de l'ancien bâtiment Skyles dans le centre-ville, ce café et boutique de souvenirs, invariablement pris d'assaut, appartient toujours à la microbrûlerie de Whitefish. Les grains de café bio et équitable sont brûlés dans un ancien corps de ferme sur la Hwy 93 (visite possible à 10h le vendredi, sur réservation).

Renseignements

Whitefish Visitor Center (☎877-862-3548 ; www.explorewhitefish.com ; 307 Spokane Ave ; 9h-17h lun-ven). Un personnel professionnel et serviable ; l'excellent site Internet fourmille d'informations sur l'actualité, les événements, les activités et les endroits où se loger et se restaurer.

Depuis/vers Whitefish

À 18 km au sud de Whitefish, le Glacier Park International Airport (p. 143) assure des liaisons quotidiennes avec Denver, Minneapolis, Salt Lake et Seattle. Parmi les destinations desservies uniquement en été figurent Chicago, Dallas et Los Angeles.

Le meilleur moyen de rejoindre la ville est sans doute la ligne de train *Empire Builder* d'**Amtrak** (☎406-862-2268 ; www.amtrak.com/empire-builder-train ; 500 Depot St ; 6h-13h30 et 16h30-minuit), qui rejoint également le Glacier National Park en passant par West Glacier (7,50 $, 30 minutes) et East Glacier (16 $, 2 heures).

Glacier National Park

Glacier (www.nps.gov/glac ; forfait semaine en voiture/à pied et à vélo/moto 35/20/30 $) offre de grandioses paysages virginaux. Classé en 1910 lors de la première vague de conservationnisme américain, ce parc national est l'une des merveilles naturelles les plus remarquables des États-Unis, au même titre que Yellowstone, Yosemite et le Grand Canyon.

Les vestiges taillés par la glace de cette ancienne faille chevauchante composent un sublime paysage de hauts pics coiffés de neige, entrelacés de cascades et ponctués de lacs turquoise. Les montagnes sont entourées de forêts denses où vit un écosystème presque inchangé depuis l'arrivée des Européens. Des grizzlys parcourent ce territoire et la gestion avisée du parc en préserve à la fois l'accessibilité et la nature sauvage.

Glacier est célèbre pour ses lodges historiques, sa spectaculaire Going-to-the-Sun Road et ses 1 190 km de sentiers de randonnée. Ces derniers donnent accès à quelque 3 850 km² des remarquables paysages naturels sauvages qui coiffent le continent.

À voir et à faire

Les centres des visiteurs et les postes de rangers du Glacier National Park vendent des guides de terrain et distribuent des cartes de randonnée. Ceux d'Apgar et de St Mary sont ouverts tous les jours de mai à octobre, et le Logan Pass Visitor Center est ouvert en même temps que la Going-to-the-Sun Road. De nombreux postes de rangers de Glacier, Two Medicine et Polebridge ferment fin septembre.

Logan Pass Visitor Center CENTRE DES VISITEURS
(☎406-888-7800 ; Going-to-the-Sun Rd ; ⏲9h-19h fin juin-fin août, 9h30-16h sept). Ce centre des visiteurs, dont le paysage environnant est sans doute le plus beau du parc, offre une mine de renseignements sur Glacier, des expositions interactives et une sympathique boutique de souvenirs. C'est également le point de départ du sentier de Highline et de celui vers le **point de vue du lac Hidden**.

Bird Woman Falls CASCADE
(Going-to-the-Sun Rd). Tenez-vous sur le Weeping Wall, d'origine artificielle, laissez votre regard porter au-delà de la vallée vers ce spectacle aquatique naturel. Les incroyables Bird Woman Falls font une chute de 152 m depuis l'une des nombreuses vallées d'altitude de Glacier. Il existe plusieurs aires d'arrêt sur le côté ouest de la Going-to-the-Sun Rd pour admirer les cascades.

Sunrift Gorge CANYON
(Going-to-the-Sun Rd). Juste à l'écart de la Going-to-the-Sun Rd, tout proche d'un arrêt de bus, cet étroit canyon fut creusé par des millénaires de fonte des neiges s'écoulant du glacier depuis Baring Creek. Admirez le pittoresque **Baring Bridge**, emblématique de l'architecture rustique de la Going-to-the-Sun Rd, et suivez le court sentier qui mène aux vaporeuses **Baring Falls**. Une partie des arbres de ce secteur ont brûlé lors de l'incendie de Reynolds Creek en 2015.

Jackson Glacier Overlook POINT DE VUE
Cette halte populaire, à courte distance à pied du départ de sentier de Gunsight Pass, embrasse une vue du 5e plus grand glacier du parc, lequel se dresse à côté du pic éponyme de Jackson, qui culmine à 3 064 m – c'est l'un des plus hauts du parc.

♥ **Going-to-the-Sun Road** ROUTE PITTORESQUE
(www.nps.gov/glac/planyourvisit/goingtothesunroad.htm ; ⏲fin juin-fin sept). Solide candidate pour la route la plus spectaculaire des États-Unis, la Going-to-the-Sun Rd de 80 kilomètres fut construite pour permettre aux visiteurs d'atteindre l'intérieur du parc autrement qu'à pied. Ce site classé, prodige d'ingénierie, enjambe Logan Pass (2 026 m) ; il est bordé de sentiers de randonnée, de cascades et de vues vers le lointain. L'ouverture de la route marque le début officiel de la saison estivale pour ce parc fréquenté.

♥ **Highline Trail** RANDONNÉE
(Logan Pass). Sentier classique de Glacier, le Highline Trail contourne la paroi du célèbre Garden Wall jusqu'au Granite Park Chalet – l'un des deux lodges historiques uniquement accessibles à pied. En été, les coteaux se couvrent de plantes de montagne et de fleurs sauvages, offrant un spectacle éblouisssant. Avec seulement 244 m de dénivelé sur 12,2 km, vous serez récompensé à moindre effort.

Avalanche Lake Trail RANDONNÉE
(Au nord du Lake McDonald). Cette modeste introduction aux randonnées de Glacier vous gratifiera d'un lac d'altitude scintillant et de cascades. Le sentier de 3,7 km est de difficulté modérée. Il est desservi par une navette, et donc très apprécié, en haute saison, de toutes sortes de marcheurs, des familles venues simplement chaussées de tongs jusqu'aux seniors aidés de leurs cannes progressant vigoureusement vers la lisière des arbres.

Glacier Park Boat Co CROISIÈRE
(☎406-257-2426 ; www.glacierparkboats.com ; adulte/enfant 18,25/9,25 $). Six bateaux historiques – dont certains datent des années 1920 – sillonnent les séduisants lacs d'altitude de Glacier. Certains combinent la croisière avec une courte promenade menée par des guides interprétatifs souvent malicieux. Pour les personnes souhaitant faire un peu d'exercice, il est possible de louer des barques (18 $/jour), des kayaks (18 $/jour) et des paddles (10 $/jour) aux lacs McDonald, Mary, Many Glacier et Two Medicine.

Où se loger

Il y a dans le Glacier National Park 13 campings NPS. Pour des renseignements complets sur les possibilités de camper dans le parc, voir le site www.nps.gov.

♥ **Izaak Walton Inn** HÔTEL HISTORIQUE $$
(☎406-888-5700 ; www.izaakwaltoninn.com ; 290 Izaak Walton Inn Rd, Essex ; ch 109-179 $, chalet et wagon 199-249 $; ⏲tte l'année ; 📶). Perchée sur une colline, toute proche de la limite sud du Glacier National Park, cette auberge historique de style faux-Tudor fut construite en 1939 pour loger le personnel du chemin de fer local. À noter, pour ceux qui veulent

faire une arrivée romantique, qu'elle demeure un arrêt de la ligne *Empire Builder* d'Amtrak. Possibilité de séjourner dans les wagons équipés de kitchenettes ou dans la suite de luxe pour 4 personnes (329 $) aménagée à l'intérieur d'une ancienne locomotive GN441.

Many Glacier Hotel HÔTEL HISTORIQUE $$
(☎303-265-7010 ; www.glaciernationalparklodges.com ; 1 Many Glacier Rd ; ch 207-322 $, ste 476 $; ⏲mi-juin à mi-sept ; 📶). Fort de son cadre incroyable au sein du parc, ce grand lodge aux allures de chalet suisse (certains hommes du personnel portent même des *lederhosen*) domine la rive nord-est du lac Swiftcurrent. Bâti en 1915 par la Great Northern Railway, il abrite des chambres rustiques confortables, en rénovation depuis ces 15 dernières années. Les chambres "deluxe" comportent des touches d'hôtel de charme, notamment des salles de bains carrelées modernes et haut de gamme.

Où se restaurer

L'été, des épiceries du Glacier National Park vendent quelques équipements pour le camping, notamment à Apgar, au Lake McDonald Lodge, à Rising Sun, ainsi qu'au Swiftcurrent Motor Inn. La plupart des lodges possèdent leur propre restaurant. Les tables de West Glacier et de St Mary servent principalement une cuisine revigorante, parfaite après une randonnée.

Si vous cuisinez au camping ou sur une aire de pique-nique, prenez les précautions nécessaires pour ne pas attirer les ours et ne laissez pas de nourriture sans surveillance.

Serrano's Mexican Restaurant MEXICAIN $$
(☎406-226-9392 ; www.serranosmexican.com ; 29 Dawson Ave, East Glacier ; plats 14-21 $; ⏲17h-22h mai-sept ; 📶). Ce restaurant d'East Glacier Park Village jouit d'une bonne réputation. Connu pour ses délicieuses margaritas givrées, le Serrano's sert aussi un délicieux chili con carne, des burritos, des *enchiladas* et des *quesadillas* à petit prix, dans un chalet ancien de Dawson bâti en 1909. Il y a souvent de l'attente.

Belton Chalet Grill & Taproom AMÉRICAIN $$$
(☎406-888-5000 ; www.beltonchalet.com ; 12575 Hwy 2, West Yellowstone ; plats 24-35 $; ⏲17h-21h, bar à partir de 15h). Logé dans l'un des édifices les plus anciens de la ville, l'établissement le plus raffiné de West Glacier a évolué au fil du temps, à l'exception des faux uniformes champêtres de serveuses suisses. Le chef, natif de Whitefish et présent aux fourneaux pour la deuxième année consécutive, a façonné une carte sophistiquée à partir d'ingrédients locaux et de plats comme le pain de viande de bison aux broccolinis et aux lardons.

Renseignements

Glacier National Park Headquarters
(☎406-888-7800 ; www.nps.gov/glac ; West Glacier ; ⏲8h-16h30 lun-ven)

Comment s'y rendre et circuler

Le **Glacier Park International** (FCA ; ☎406-257-5994 ; www.iflyglacier.com ; 4170 Hwy 2 East, Kalispell ; 📶), situé à Kalispell, propose des vols toute l'année vers Salt Lake City, Minneapolis, Denver, Seattle et Las Vegas, ainsi que des vols saisonniers vers Atlanta, Oakland, Los Angeles, Chicago et Portland. Les compagnies Alaska, Allegiant, American Airlines, Delta et United desservent le FCA.

Le **Great Falls International Airport** (GTF ; www.flygtf.com) est à 225 km au sud d'East Glacier.

L'*Empire Builder* d'Amtrak (www.amtrak.com) s'arrête quotidiennement en gare de **West Glacier** (⏲tte l'année) et d'**East Glacier Park** (⏲avr-oct), avec une courte halte à Browning. Xanterra assure une navette (adulte 6-10 $, enfant 3-5 $, 10-20 minutes) entre West Glacier et les lodges situés à son extrémité ouest, tandis que Glacier Park Collection by Pursuit propose des navettes (à partir de 15 $, 1 heure) depuis East Glacier Park vers St Mary et Whitefish.

NAVETTE GRATUITE DU PARC

Pour en voir davantage en toute décontraction, délaissez votre voiture au profit de la **navette** (www.nps.gov/glac ; ⏲7h-19h juil-août) du parc que vous pourrez emprunter à votre gré pour découvrir les principaux sites touristiques de la Going-to-the-Sun Rd entre les centres des visiteurs d'Apgar et de St Mary. Les bus partent toutes les 15 à 30 minutes d'Apgar en fonction de la circulation (ttes les 40 minutes depuis St Mary à l'est), les derniers véhicules descendant de Logan Pass à 19h.

En été, le Glacier National Park propose une **navette** (p. 143) gratuite, avec montée et descente à volonté sur la Going-to-the-Sun Road entre le **Apgar Transit Center** et St Mary, s'arrêtant aux principaux départs de sentiers. Les bus touristiques classiques **Red Bus Tours** (☎855-733-4522 ; www.glaciernationalparklodges.com/red-bus-tours ; adulte 46-100 $, enfant 23-50 $; ⏲mi-mai à fin oct) sont gérés par Xanterra.

Si vous roulez avec votre propre véhicule, prenez garde aux étroites routes en lacet, aux embouteillages et aux places de stationnement restreintes sur la plupart des arrêts de la Going-to-the-Sun Rd.

IDAHO

Coincé entre le Montana et l'Oregon – et souvent négligé de ce fait –, l'Idaho est l'une des destinations les plus sous-estimées de l'Ouest américain. Cette portion de terre assez vaste compte 114 massifs montagneux et quelques-uns des pics les plus découpés du pays. L'État est composé à plus de 60% de territoire public et occupe, avec plus de 1,5 million d'hectares de réserves, le troisième rang des États les plus sauvages des États-Unis.

Boise, la capitale de l'État, est une grande ville où il fait bon flâner, tandis que Sun Valley est une station de montagne américaine typique. Parmi les merveilles sauvages figurent le Craters of the Moon National Park, le National Bison Range, la Teton Valley et la spectaculaire Sawtooth National Recreation Area, l'une des plus belles zones à explorer de l'Ouest.

Boise

Parmi les capitales d'État les plus méconnues des États-Unis, Boise pourrait bien vous surprendre. Agréablement moderne, urbaine et branchée, la plus grande ville de l'Idaho est très séduisante, et son centre-ville animé – tout en rues piétonnes, bistrots et de bars à vins sophistiqués – ne déparerait pas sur la côte Est. Le réseau de sentiers rayonnant depuis la ville vers les reliefs boisés qui la surplombent rivalise avec les meilleures destinations de randonnée du Colorado. La descente de la Boise River Greenbelt, en kayak, en bouée ou en paddle, est une activité estivale incontournable. Et la paëlla toute fraîche servie dans le quartier basque donne l'impression d'être à Bilbao. Avec tant à faire et à découvrir, vous ne saurez trop par où commencer, mais Boise vaut assurément le détour si vous êtes à proximité.

À voir et à faire

Basque Block QUARTIER BASQUE

(www.thebasqueblock.com ; Grove St, 6th St et Capitol Blvd). Boise abrite l'une des plus importantes populations de Basques au monde en dehors de l'Europe, avec une communauté de quelque 15 000 âmes. Les immigrés y arrivèrent dans les années 1910 pour renforcer les rangs des bergers, alors que les moutons étaient 7 fois plus nombreux que les hommes. Bien peu exercent encore ce métier aujourd'hui, mais beaucoup de familles élargies sont restées vivre à Boise et leur culture d'une grande richesse est encore très vivante – vous en aurez un aperçu en parcourant Grove St entre 6th St et Capitol Bld.

Boise River Greenbelt PARC

(parks.cityofboise.org). Le joyau émeraude de Treasure Valley est le fruit d'un projet ambitieux qui s'amorça dans les années 1960. Il visait en premier lieu à empêcher l'aménagement urbain de la zone inondable de la Boise River et à conserver un espace de plein air au sein d'une ville en rapide expansion. Aujourd'hui, les magnifiques parcs et musées installés le long de ce bras de rivière arboré sont reliés par près de 50 km de sentiers et voient débarquer d'innombrables embarcations de toutes sortes en été. Le parc d'eaux vives, équipé de machines à vagues, est l'un des plus grands du pays.

World Center for Birds of Prey RÉSERVE ORNITHOLOGIQUE

(Peregrine Fund ; ☎208-362-8687 ; www.peregrinefund.org/visit ; 5668 W Flying Hawk Lane ; adulte/enfant 10/5 $; ⏲10h-17h mar-dim mars-nov, 10h-16h déc-fév). Les programmes mondiaux de conservation des rapaces du Peregrine Fund ont empêché l'extinction de nombreuses espèces – y compris l'emblématique condor de Californie, élevé en captivité avec succès avant d'être relâché en Californie et dans le Grand Canyon. Le centre abrite un couple de condors, ainsi qu'une douzaine d'autres rapaces impressionnants comme le faucon aplomado du nord, dont les couples chassent les bruants des savanes en tandem. Les démonstrations de vols sont remarquables.

Idaho State Museum MUSÉE
(208-334-2120 ; history.idaho.gov/location/museum ; 610 N Julia Davis Dr ; adulte/enfant 10/5 $; 10h-17h lun-sam, 12h-17h dim). Dans ce musée, qui a bénéficié d'une importante rénovation, les expositions traditionnelles partagent désormais l'espace avec des installations multimédias offrant une plongée fascinante dans l'histoire de l'Idaho. L'Origins Gallery, avec ses voix amérindiennes, est particulièrement gratifiante.

Ridge to Rivers Trail System RANDONNÉE
(208-493-2531 ; www.ridgetorivers.org ;). Quelque 300 km de sentiers de randonnée et de VTT serpentent dans les collines au nord-est de la ville, traversant des prairies, des coteaux broussailleux et des criques bordées d'arbres en direction de la Boise National Forest. Le choix est à vrai dire illimité. L'accès le plus pratique emprunte le Cottonwood Creek Trailhead à l'est du capitole, ou passe par le **Camel's Back Park** au nord.

Boise River Float PARC
(www.boiseriverraftandtube.com ; 4049 S Eckert Rd, Barber Park ; location bouée/kayak 12/35 $, rafting pour 4 pers 45 $; 12h-17h lun-jeu, 12h-18h ven, 10h-18h sam-dim ;). À Boise, une journée ensoleillée se passe sur l'eau. Louez vos embarcations (allant des bouées individuelles aux rafts pour 6 personnes) à Barber Park (parking 5 $ lundi-jeudi, 6 $ vendredi-dimanche), d'où vous entamerez une descente en autonomie de 9,6 km, soit 1 heure 30 à 3 heures, jusqu'au Ann Morrison Park en aval. Ouvert de juin à fin août selon le courant de la rivière. Une navette retour passe toutes les heures (3 $/pers).

Où se loger

Boise Guest House GUESTHOUSE $$
(208-761-6798 ; www.boiseguesthouse.com ; 614 N 5th St ; ste 180-230 $;). Vous vous sentirez comme chez vous dans cette élégante maison ancienne. On y trouve une poignée de suites contemporaines confortablement aménagées et décorées avec goût, comprenant salon et kitchenette. Toutes les chambres ont accès au grand barbecue dans l'agréable jardin, aux VTC et à la buanderie.

Inn at 500 BOUTIQUE-HÔTEL $$
(208-227-0500 ; www.innat500.com ; 500 S Capitol Blvd ; ch 215-280 $, ste 290-325 $;). Voilà enfin un boutique-hôtel dont le luxe ne se limite pas au hall d'entrée. De belles œuvres d'art, des dioramas uniques et du verre soufflé – le tout exécuté par des artistes locaux – sont exposés dans les couloirs et les chambres, composant des espaces chaleureux et accueillants, un niveau au-dessus des prestations hôtelières classiques. Vous serez à distance de marche du centre-ville animé de Boise.

Où se restaurer

Le centre-ville dynamique de Boise compte quantité de restaurants, certains décontractés, d'autres plus formels. La concentration de spécialités basques en centre-ville est à noter, tandis que les adresses sont pléthore dans 8th Street. Le quartier branché de Hyde Park, dans 13th Sreet, est encore plus détendu, et idéal pour manger un morceau en revenant de randonnée.

Goldy's Breakfast Bistro PETIT-DÉJEUNER $
(208-345-4100 ; www.goldysbreakfastbistro.com ; 108 S Capitol Blvd ; plats 6-20 $; 6h30-14h lun-ven, 7h30-14h sam-dim). Puisqu'un œuf reste un œuf, le Goldy's propose 866 320 combinaisons de petit-déjeuner à la carte. Faites le calcul – la sauce hollandaise nous est montée

L'IDAHO EN BREF

Surnom Gem State (État des pierres précieuses)

Population 1 754 000 habitants

Superficie 214 315 km^2

Capitale Boise (226 600 hab.)

Autres villes Idaho Falls (61 100 hab.)

TVA 6 %

Lieu de naissance de Sacagawea (1788-1812), Indienne shoshone guide de Lewis et Clark, Ezra Pound, poète (1885-1972) et l'actrice Lana Turner (1921-1995)

Patrie du grenat étoilé et de la station de ski de Sun Valley

Politique Fidèle aux républicains, avec des poches démocrates (Sun Valley)

Célèbre pour ses pommes de terre, la beauté de sa nature sauvage et pour le premier télésiège au monde

Canyon le plus profond d'Amérique du Nord Hells Canyon (2 408 m de profondeur)

Distances routières Boise-Idaho Falls 450 km, Lewiston-Cœur d'Alene 186 km

à la tête quand nous avons commencé à faire les multiplications sur notre serviette en papier. Autrement, rabattez-vous sur les *frittatas*, les tartines, les pancakes ou les généreux burritos du petit-déjeuner. Franchissez le rideau en velours et demandez une table sur le balcon intérieur.

Fork AMÉRICAIN MODERNE **$$**
(☎207-287-1700 ; boisefork.com ; 199 N 8th St ; plats 10-34 $; ⏲11h30-22h lun-jeu, 11h30-23h ven, 9h30-23h sam, 9h30-21h dim ; ☑). Ce vaste restaurant à l'angle de deux rues a pris ses quartiers dans une ancienne banque. On y vient à tout moment de la journée, et particulièrement pour le brunch du week-end. Mention spéciale pour les œufs brouillés au crabe de Dungeness qui se marient à la perfection avec le plat local : les frites d'asperges. Accompagnez votre repas d'une Fork Lemonade qui vous donnera un coup de fouet rafraîchissant lors d'une chaude journée d'été.

Où prendre un verre et faire la fête

Bodovino BAR À VINS
(☎208-336-8466 ; www.bodovino.com ; 404 S 8th St ; ⏲11h-23h lun-jeu, 11h-1h ven-sam, 11h-21h dim ; ⊜). Que vous soyez néophyte ou véritable œnophile, la grande diversité de millésimes proposés au Bodovino vous emmènera sur une pente dangereuse – d'autant plus que vous vous retrouvez seul face à des murs entiers d'automates servant 144 vins différents.

Bardenay DISTILLERIE
(☎208-426-0538 ; www.bardenay.com ; 610 Grove St ; cocktails à partir de 8 $; ⏲11h-tard lun-ven, à partir de 10h sam-dim). Bardenay fut la toute première distillerie-pub des États-Unis et demeure aujourd'hui un bar unique. Située dans le quartier basque, la maison distille du rhum sur place et son whiskey vieilli devrait bientôt pouvoir être consommé. Tout un éventail de cocktails est élaboré à base des alcools distillés dans ses 3 filiales de l'Idaho, comme l'étourdissant Sunday Morning Paper – sorte de bloody mary avec vodka au citron.

Renseignements

Visitor Center (☎208-810-7324 ; www.boise.org ; 8th St et Grove St, Grove Plaza ; ⏲9h-18h lun-sam). Ce centre des visiteurs comporte quantité de brochures sur Boise et la région alentour, tandis que le site Internet fournit un calendrier des événements très pratique.

Comment s'y rendre et circuler

Petit et animé, le **Boise Municipal Airport** (BOI ; ☎208-383-3110 ; www.iflyboise.com ; 3201 Airport Way, I-84 sortie 53) est fort fréquenté et en décollent, à un rythme soutenu, des vols vers un bon nombre de destinations, y compris Denver, Las Vegas, Phoenix, Portland, Salt Lake City, Seattle, San Francisco, Los Angeles, Dallas et Chicago.

Les bus Greyhound partent de la **gare routière** (www.greyhound.com ; 1212 W Bannock St ; ⏲6h-11h et 16h-minuit) avec des lignes vers Spokane (à partir de 45 $, 8 heures 30-10 heures), Missoula (à partir de 78 $, 15 heures), Pendleton (à partir de 37 $, 5 heures), Portland (à partir de 74 $, 9 heures 30), Twin Falls (à partir de 32 $, 2 heures 15) et Salt Lake City (à partir de 64 $, 7 heures).

La façon la plus plaisante de se déplacer en ville est de loin le **Green Bike** (☎208-345-7433 ; boise.greenbike.com ; par heure/mois 5/15 $). Réservez en ligne ou téléchargez l'application pour accéder à la centaine de vélos installés aux quelque 20 stations du centre-ville, puis sillonnez Boise cheveux au vent. Le système s'est développé afin d'inclure la Boise River Greenbelt (p. 144) et les parcs de la région.

Ketchum et Sun Valley

Occupant l'un des sites naturels les plus remarquables de l'Idaho, Sun Valley est un lieu vivant de l'histoire du ski. Ce fut la première station de ski construite à cet effet aux États-Unis (un pari de l'Union Pacific Railroad pour relancer les voyages ferroviaires), ouverte en grande pompe en 1936 avec son splendide lodge de luxe et le tout premier télésiège au monde.

Le domaine skiable et la ville de Ketchum acquirent rapidement une notoriété avec la venue de célébrités comme Ernest Hemingway, Clark Gable et Gary Cooper (qui bénéficiaient de voyages gratuits, un stratagème marketing d'Averell Harriman – politicien, héritier des chemins de fer et fondateur de Sun Valley). Depuis, l'idylle se perpétue entre la station et une élégante clientèle hollywoodienne.

Sun Valley demeure toutefois une destination agréable et accessible, appréciée pour ses sources chaudes, ses sentiers de randonnée, ses sites de pêche, de chasse et de VTT qui s'étendent de Galena Pass jusqu'aux contreforts de Hailey.

Activités

Galena Lodge PLEIN AIR

(☎208-726-4010 ; www.galenalodge.com ; 15187 Hwy 75 ; forfait ski de fond adulte/enfant 17 $/gratuit ; ⊙lodge 9h-16h, cuisine 11h-15h30). Un vaste réseau de sentiers de VTT et de pistes de ski de fond part de ce lodge accueillant où vous pourrez louer de l'équipement et prendre des forces au déjeuner pour le reste de la journée.

Sun Valley Resort STATION DE SKI

(☎888-490-5950 ; www.sunvalley.com ; Ketchum ; forfait journalier ski alpin 90-145 $). Sun Valley est une station de ski associée au luxe depuis la mise en service du premier télésiège au monde en 1936, conçu par James Curran, ingénieur de l'Union Pacific Railroad. S'il est possible de skier n'importe où, on vient ici surtout pour la poudreuse et pour voir des célébrités. Les deux montagnes – la douce **Dollar Mountain** et ses vastes snowparks à l'est de la localité, et la **Bald Mountain** aux nuances noir et bleu à l'ouest – offrent une belle diversité de pistes.

Wood River Trail System PLEIN AIR

(www.bcrd.org/wood-river-trail-summer.php). Quand toute une communauté se rassemble autour des activités de plein air, il en résulte de bonnes choses. Ce réseau urbain de sentiers goudronnés s'étend sur plus de 50 km, reliant les principaux pôles de Sun Valley aux villes de Ketchum, Hailey et Bellevue (à 32 km au sud) le long de l'ancienne ligne de l'Union Pacific Railroad. Plusieurs boutiques louent des vélos dans la vallée.

Où se loger

Ketchum compte une poignée d'hôtels, avec au moins une adresse correcte par catégorie. Les tarifs varient selon les saisons, culminant en hiver. Pour les petits budgets, notez l'auberge en ville et le camping gratuit sur les terrains du Bureau of Land Management (BLM) et du Forest Service en périphérie.

Tamarack Lodge HÔTEL $$

(☎208-726-3344 ; www.tamaracksunvalley.com ; 291 Walnut Ave ; ch/ste à partir de 165/215 $; ❄📶🏊🐾). Ce lodge du centre-ville, plus tout jeune mais propre, loue des chambres aménagées avec goût. Il en émane une atmosphère de chalet de ski des années 1970. Certaines chambres sont un peu sombres, mais la plupart sont dotées de cheminées. Toutes disposent d'un balcon et ont accès au Jacuzzi et à la piscine couverte.

Limelight Hotel HÔTEL $$$

(☎208-726-0888 ; www.limelighthotels.com/ketchum ; 151 Main St ; ch 260-545 $; 📶🏊). Hôtel le plus branché du centre de Ketchum, le Limelight affiche une séduisante façade en pierre et de doux tons terreux dans les chambres plutôt luxueuses. Sans oublier quelques beaux points de vue depuis les baies vitrées des chambres à l'étage. Avec le bar, les restaurants, le matériel de location et les autres services, l'endroit offre l'essentiel.

Sun Valley Lodge HÔTEL $$$

(☎208-622-2001 ; www.sunvalley.com ; 1 Sun Valley Rd ; auberge/lodge à partir de 355/445 $; ❄@📶🏊). Cet élégant lodge des années 1930 – le premier et le plus raffiné de Sun Valley – était déjà fréquenté par nombre de célébrités bien avant sa rénovation de 2015. Les chambres standards ont les mêmes équipements que celles d'un niveau supérieur – y compris de vastes salles de bains avec baignoire –, mais sont plus petites. Des hébergements moins chers sont disponibles en dehors du lodge principal.

Où se restaurer et prendre un verre

Quand vous aurez fini de skier, venez à l'**Apple's** (☎208-726-7067 ; www.facebook.com/applesbarandgrill ; 205 Picabo St ; ⊙11h-18h) avant de profiter de la scène musicale dynamique de la vallée. Les bars les plus branchés n'hésitent pas à filtrer la clientèle. Si l'entrée vous y est refusée, vous pourrez toujours aller prendre un verre au **Casino Club** (The Casbah ; ☎208-726-9901 ; www.facebook.com/thecasbah36 ; 220 N Main St ; ⊙11h-2h).

The Kneadery PETIT-DÉJEUNER $

(☎208-726-9462 ; www.kneadery.com ; 260 N Leadville Ave ; plats 10-15 $; ⊙8h-14h). Le Kneadery ne vous décevra pas, que vous y veniez pour le petit-déjeuner ou le déjeuner. Il est situé en retrait de la rue principale dans un chalet ancien en rondins agrémenté d'une grande cheminée, d'art de l'Ouest et d'un canoë en écorce de bouleau suspendu au plafond. L'atmosphère en est presque aussi agréable que les pancakes.

Enoteca INTERNATIONAL $$

(☎208-928-6280 ; www.ketchum-enoteca.com ; 300 N Main St ; plats 8-16 $; ⊙17h-21h). Tenue par les anciens gérants du Ketchum Grill, l'Enoteca offre, dans un élégant espace aux lumières tamisées, un choix séduisant de grandes ou petites assiettes de style tapas.

VAUT LE DÉTOUR

CRATERS OF THE MOON

À la pointe sud de l'Idaho, entre Sun Valley et les Idaho Falls, les **Craters of the Moon National Monument & Preserve** (☎208-527-1300 ; www.nps.gov/crmo ; 1266 Craters Loop Rd ; ⌚Visitor Center 8h-18h fin mai à mi-sept, 8h-16h30 mi-sept à fin mai) offrent l'une des visions les plus inhabituelles de l'Ouest américain. Décrite par le président Coolidge en 1924 comme "un paysage étrange et pittoresque, unique en soi", cette réserve nationale évoque bien une terre lunaire.

Initiée il y a quelque 15 000 ans, une série d'éruptions volcaniques dévasta la Snake River Plain, laissant derrière elle une surface boursouflée de cratères, de grottes formées par des tunnels de lave et de fissures. La dernière éruption se produisit il y a seulement 2 000 ans. Le résultat s'étend désormais sur 303 510 hectares.

À l'entrée du monument national figure un **centre d'accueil des visiteurs**, accessible par les US 93/26/20 entre Arco et Carey. Au-delà, plusieurs routes et chemins de randonnée quadrillent la réserve. Le **North Crater Trail** et le **Tree Molds Trail**, accessible en été uniquement, sont les sentiers vedettes, tandis que la **Loop Road**, accessible seulement de mai à septembre, passe par quelques-unes des formations les plus spectaculaires. Parmi ces dernières, citons **Devil's Orchard** (des fragments de lave aux allures d'îles, entourés de cônes de scories), **Inferno Cone** (avec une vue fabuleuse depuis le sommet) et **Cave Area**.

Tout y est bon, des pizzas cuites au feu de bois au *mac'n'cheese*, en passant par la truite de l'Idaho, la charcuterie, les fromages et le confit de canard. En sus : une formidable carte des vins.

♥ **Pioneer Saloon** CUISINE DE PUB **$$$**
(☎208-726-3139 ; www.pioneersaloon.com ; 320 N Main St ; plats 15-35 $; ⌚17h-22h, bar 16h-fermeture tardive). Pour savourer le meilleur steak de Ketchum (et, selon certains, de tout l'Idaho), venez dans cette ancienne salle de jeux illégale, transformée en un repaire typique de l'Ouest, décoré de têtes de cerfs, de pistolets anciens (dont l'un appartenait à Hemingway) et de cibles de tir. Si vous n'êtes pas amateur de viande rouge, la carte compte également quelques plats de poisson et une délicieuse brochette de poulet aux légumes grillés et au confit de mangue.

ℹ Renseignements

Sun Valley/Ketchum Visitor Center
(☎208-726-3423 ; www.visitsunvalley.com ; 491 Sun Valley Rd ; ⌚6h-19h ; 📶). Les bénévoles, présents de 9h à 18h, sont de véritables mines d'informations. Plans et brochures disponibles à toute heure.

ℹ Comment s'y rendre et circuler

Depuis le **Friedman Memorial Airport** (SUN ; ☎208-788-4956 ; www.iflysun.com ; 1616 Airport Circle, Hailey), situé à Hailey, à 19 km au sud de Ketchum, des vols quotidiens sont assurés vers la plupart des grandes villes de l'Ouest (Los Angeles, San Francisco, Seattle, Salt Lake City et Denver, ainsi que 2 vols par semaine vers Portland). Il est parfois plus économique d'atterrir à Boise, puis d'emprunter le service de navettes du **Sun Valley Express** (Caldwell Transportation ; ☎208-576-7381 ; www.sunvalleyexpress.com ; adulte/enfant 90/80 $, 3 heures).

Mountain Rides (☎208-788-7433 ; www.mountainrides.org) gère le service de transport gratuit de Ketchum. Les trajets entre Hailey et Ketchum coûtent 3/2 $ par adulte/enfant.

Stanley

Guère plus qu'un hameau de chalets rustiques situé juste en face des pics dentelés des Sawtooth, Stanley n'en est pas moins l'une des localités les plus pittoresques de l'Idaho. Une grande partie de l'année, le village est couvert de neige et très calme, avant de s'animer durant la courte période estivale. Les amateurs d'aventures viennent alors faire du rafting sur les prestigieuses eaux vives de la Middle Fork, pêcher dans son ruban bleu de rivières foisonnant de saumons et de truites, ou faire le plein de provisions de dernière minute avant de partir explorer les impressionnantes montagnes et les vallées secrètes de la chaîne des Sawtooth.

Activités

Sawtooth National Recreation Area PLEIN AIR

(208-423-7500 ; www.fs.usda.gov/sawtooth). La spectaculaire Sawtooth National Recreation Area comprend des rivières à descendre, des montagnes à escalader, plus de 300 lacs où pêcher et près de 1 100 sentiers à parcourir à pied ou à VTT. Elle protège 3 030 km^2 d'espaces publics des États-Unis, entre Stanley et Ketchum, et se prête à des moments exceptionnels de découverte et de loisirs.

Solitude River Trips RAFTING

(208-806-1218, 800-396-1776 ; www.rivertrips.com ; excursion 6 jours par pers 2 690 $; juin-août). Propose de formidables excursions de plusieurs jours sur la fameuse Middle Fork of the Salmon. On campe au bord de la rivière et les guides préparent une excellente nourriture.

White Otter RAFTING

(208-788-5005 ; www.whiteotter.com ; 100 Yankee Fork Rd et Hwy 75, Sunbeam ; sortie d'une journée par pers 160 $, rafting en rivière d'une demi-journée adulte/enfant 80/65 $). Ce prestataire de rafting, l'un des rares à être géré localement, est recommandé pour les sorties de classe III. Organise aussi des balades en kayak gonflable.

Où se loger et se restaurer

Sawtooth Hotel HÔTEL $

(208-721-2459 ; www.sawtoothhotel.com ; 755 Ace of Diamonds St ; d avec/sans sdb 115/80 $; mi-mai à mi-oct ;). Installé dans un ancien motel en rondins de 1931, le Sawtooth renouvelle le confort d'antan tout en conservant la chaleureuse hospitalité propre à Stanley. Ses 6 chambres, dont 2 disposent d'une salle de bains privative, sont meublées à l'ancienne. À condition d'oublier la télévision et le Wi-Fi haut débit, vous apprécierez l'excellent restaurant (plats 14-23 $) proposant plusieurs plats végétariens et sans gluten ainsi qu'une modeste carte des vins.

Stanley Baking Company BOULANGERIE $

(www.stanleybakingco.com ; 250 Wall St ; plats 9-13 $; 7h-14h mi-mai à oct). Presque légendaire, cette boulangerie située au milieu de nulle part, qui sert également des brunchs, mérite que l'on s'y arrête. Ouverte 5 mois dans l'année, c'est le seul endroit du village où vous verrez une file d'attente. La raison ? Ses délicieux produits maison, ses galettes d'avoine et son fabuleux sandwich au pain de viande.

Bridge Street Grill GRILL $$

(208-774-2208 ; www.bridgestgrill.com ; Hwy 75, Lower Stanley ; plat 11-23 $; 11h-22h). Si la localité est littéralement entourée de paysages photogéniques, elle s'apprécie encore mieux depuis la terrasse animée du Bridge Street Grill, sur les berges de la rivière – surtout avec une bière à portée de main et, dans son assiette, les restes d'un Border Burger au piment vert et au fromage, ou encore d'une poitrine de bœuf fumée sur place.

Le Sud-Ouest

Dans ce chapitre ➡

Le top des restaurants

- Kai Restaurant (p. 177)
- Cafe Pasqual's (p. 241)
- Red Iguana (p. 212)
- Kerouac's (p. 170)

Le top des hébergements

- Washington School House (p. 217)
- NoMad (p. 157)
- La Fonda (p. 240)
- Arizona Biltmore Hotel (p. 175)
- Hotel Luna Mystica (p. 246)

Pourquoi y aller

Brut, splendide et divertissant, le Sud-Ouest américain est le jardin sauvage des États-Unis, attirant les voyageurs en quête d'aventures avec ses canyons de roche ocre, ses légendes du Far West et son délicieux ragoût de piments verts. Le paysage est marqué par l'héritage amérindien et l'âge d'or du Far West, des pétroglyphes et habitats troglodytiques abandonnés aux anciennes missions hispaniques et cités minières. Aujourd'hui, l'histoire se poursuit : les astronomes et les constructeurs de fusées y scrutent les étoiles, tandis que de nombreux artistes et entrepreneurs s'y installent, en ville comme à la montagne. Le réseau de routes panoramiques reliant les plus beaux sites emblématiques en fait une destination idéale pour les voyageurs. Ce décor à couper le souffle forge des souvenirs inoubliables, et l'authenticité du voyage tient aux rapports tissés avec ce monde, en observant de près un cactus saguaro, en discutant avec un artiste hopi ou en dégustant un plat typique de la région...

Quand partir

Las Vegas

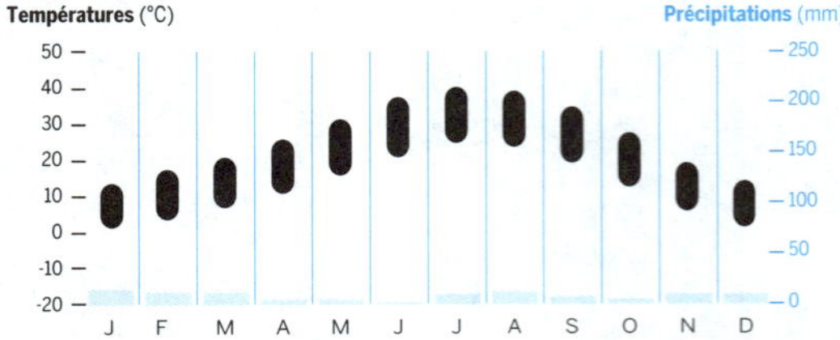

Jan Ski dans les environs de Taos et de Flagstaff et à Park City, où a lieu le festival du film de Sundance.

Juin-août Idéal pour les parcs nationaux du Nouveau-Mexique, de l'Utah et du nord de l'Arizona.

Sept-nov Le Grand Canyon, les couleurs automnales dans le nord du Nouveau-Mexique.

Histoire

Jusqu'au XVe siècle, trois cultures dominaient le Sud-Ouest : les Hohokams du désert, les Mogollons des montagnes et des vallées centrales, et les Pueblos (aussi appelés Anasazis – “vieil ennemi” – en navajo).

En 1540, l'Espagnol Francisco Vásquez de Coronado prit la tête de la première grande expédition en Amérique du Nord, avec plus de 300 soldats, plusieurs centaines de guides amérindiens et des troupeaux de bétail. Ce fut l'occasion du premier affrontement violent entre les conquistadors et les populations indigènes.

Outre les conflits armés, les Européens introduisirent la variole, la rougeole et le typhus, des maladies qui décimèrent les peuples pueblos, et, avec eux, leurs traditions et les routes commerciales existantes. Leur pouvoir destructeur fut supérieur à celui des combats.

Au XIXe siècle, le chemin de fer et les prospections géologiques, entre autres, engendrèrent un développement considérable. La conquête de l'Ouest conduisit l'armée à chasser des tribus entières d'Amérindiens, dans le cadre sanglant des guerres indiennes. Les chercheurs d'or et d'argent affluant, les villes minières sans foi ni loi du Far West se multiplièrent rapidement. Profitant de cette expansion, la compagnie ferroviaire Santa Fe Railroad achemina des milliers de touristes fascinés par l'Ouest.

La colonisation nécessitait une gestion contrôlée de l'eau. Le *Reclamation Act* de 1902 permit la construction d'énormes barrages financés par l'État fédéral pour domestiquer les cours d'eau, irriguer le désert et encourager le développement. Les débats houleux et les désaccords sur les droits liés à l'eau restent d'actualité, en raison notamment de l'essor du secteur immobilier, ainsi que de la sécheresse alarmante. L'autre grand sujet de discorde, notamment dans le sud de l'Arizona, est l'immigration clandestine depuis le Mexique voisin.

Culture locale

Dans cette région multiculturelle qui brasse des populations aux origines anglo-américaine, hispanique et amérindienne, les identités sont aussi variées que le territoire qui les a forgées. Dans cette parcelle d'Amérique à la beauté encore sauvage, vous croiserez des gens qui croient aux extraterrestres, d'autres qui érigent en religion l'art, les machines à sous ou les cactus,

LE SUD-OUEST EN...

Une semaine

Ses musées et sa scène artistique florissante font de **Phoenix** un tremplin idéal pour commencer vos explorations. Le matin, descendez Camelback Rd jusqu'à **Scottsdale** pour faire du shopping, puis écumez les galeries de la vieille ville. Ensuite, cap au nord vers **Sedona** pour une séance de méditation avant de vous extasier devant l'immensité du **Grand Canyon**. Là, deux options s'offrent à vous : l'artificiel ou le naturel. Vous êtes en quête d'artificiel ? Prenez la **Route 66**, traversez le pont du **barrage Hoover** et partez faire la fête à **Las Vegas**. Envie de nature ? Cap à l'est depuis le Grand Canyon dans le pays navajo, pour admirer les gigantesques formations rocheuses du **Monument Valley Navajo Tribal Park** avant de remonter le temps dans l'époustouflant **Canyon de Chelly National Monument**.

Deux semaines

Commencez par la flamboyante **Las Vegas** avant de partir pour **Flagstaff**, la branchée, puis de scruter les profondeurs du **Grand Canyon National Park**. Visitez la ville universitaire de **Tucson** ou randonnez parmi les cactus du **Saguaro National Park**. Admirez la dextérité des *pistoleros* de **Tombstone** avant de vous reposer au cœur de la très victorienne et décalée **Bisbee**. Direction le Nouveau-Mexique muni de vos lunettes de soleil pour parcourir les dunes éblouissantes du **White Sands National Monument** puis visiter **Santa Fe**, irrésistible pour tout amateur d'art. Explorez un village pueblo à **Taos** et contemplez le lever du soleil dans le fabuleux **Monument Valley Navajo Tribal Park**. Découvrez les parcs nationaux aux roches rouges de l'Utah, **Canyonlands** et **Arches**. Admirez les cheminées de fées à **Bryce Canyon** avant de rendre hommage à **Zion**.

À ne pas manquer

1 Une virée dans le sublime **Grand Canyon National Park** (p. 189), où admirer le coucher du soleil depuis le versant sud (South Rim).

2 Un bain de culture à **Santa Fe** (p. 237), entre le collectif d'art Meow Wolf et le marché international de l'artisanat folklorique.

3 Une randonnée au fond du canyon d'**Angels Landing** (p. 229), dans le Zion National Park, en Utah.

4 Une escapade à **Las Vegas** (p. 154), la fameuse "cité du péché", insouciante, insolente et artificielle, qui sera au-delà de vos espérances !

5 **Sedona** (p. 181), une ville aux roches rouges au charme unique, connue pour sa culture hippie.

6 L'iconique **Route 66** (p. 201), qui traverse des territoires isolés splendides et de petites communautés semblant figées dans le passé.

7 **Moab** (p. 221), paradis des activités de plein air, entre VTT, randonnée et rafting.

8 Les buttes et les mesas rouge brique de **Monument Valley** (p. 200), star de nombreux westerns.

9 **Acoma Pueblo** (p. 236), l'un des plus anciens villages du pays, perché sur une mesa vertigineuse.

WYOMING
NEBRASKA
UTAH
COLORADO
NOUVEAU-MEXIQUE
TEXAS
CHIHUAHUA
Salt Lake City
Ogden
Provo
Moab
Flaming Gorge National Recreation Area
Dinosaur NM
Vernal
Cheyenne
Fort Collins
Boulder
Denver
Colorado Springs
Grand Junction
Glen Canyon National Recreation Area
Arches NP
Dead Horse Point SP
Manti-La Sal NF
Capitol Reef NP
Bryce Canyon NP
Grand Staircase-Escalante NM
Kanab
Page
Monument Valley Navajo Tribal Park
Grand Canyon National Park
Navajo Tribal Park
Four Corners
Mesa Verde National Park
Rio Grande del Norte NM
Wheeler Peak (4 011 m)
Taos
Santa Fe
Albuquerque
Acoma Pueblo
El Malpais NM
El Morro NM
Canyon de Chelly NM
Chaco Culture NHP
Bandelier NM
Capulin Volcano NM
Flagstaff
Sedona
Phoenix
Tucson
Gila Cliff Dwellings National Monument
White Sands National Monument
Carlsbad Caverns National Park
Guadalupe Mountains NP
El Paso
Las Cruces
Chiricahua NM
Biosphere 2
Saguaro NP
Kartchner Caverns SP
Tohono O'dham
Petrified Forest NP
Coconino NF
Bosque del Apache National Wildlife Refuge
0 200 km
0 100 miles

ou encore une importante communauté de mormons.

Comment s'y rendre et circuler

Les principaux aéroports de la région sont le McCarran International Airport (p. 165) de Las Vegas et le Sky Harbor International Airport de Phoenix (p. 179) avec beaucoup de vols intérieurs et internationaux.

Les bus Greyhound desservent les villes principales, mais très peu de parcs nationaux et de villes plus isolées, comme Moab. Le réseau ferroviaire Amtrak est encore plus limité, même s'il relie certaines villes du Sud-Ouest et propose un service de cars pour d'autres (dont Santa Fe et Phoenix). Le *California Zephyr*, train mythique, traverse l'Utah et le Nevada ; le *Southwest Chief* dessert l'Arizona et le Nouveau-Mexique ; le *Sunset Limited* sillonne le sud de l'Arizona et le Nouveau-Mexique.

Un véhicule privé est par conséquent le moyen idéal pour explorer la région en profondeur.

NEVADA

Le Nevada est tout en contradictions. Les plaines arides jouxtent les montagnes aux sommets enneigés et, dans les valises, les talons aiguilles côtoient les après-skis. Beaucoup de visiteurs ne viennent ici que pour Las Vegas, cité scintillante au milieu du désert, paradis des hédonistes. Luxe et pauvreté se côtoient dans cette ville qui regroupe les trois quarts de la population du Nevada.

Dans cet État libertaire, les maisons closes rurales ont pour voisins les églises mormones, les casinos et les cow-boys. Des villes fantômes isolées rappellent le passé de cette terre de pionniers, attirés par la promesse d'une vie meilleure. Mais les véritables trésors du Nevada sont naturels, de l'impétueuse Truckee River de Reno aux eaux cristallines entourées de pins du lac Tahoe, des terres sèches du désert de Black Rock, où est née l'utopie Burning Man, aux pics escarpés du Grand Bassin et aux étendues austères de la "route la plus solitaire des États-Unis" (la Route 50).

Renseignements

Nevada Division of State Parks (☎775-684-2770 ; www.parks.nv.gov ; 901 S Stewart St, 5e ét ; ⏲8h-17h lun-ven). Dans les parcs d'État, le camping (10 à 15 $/nuit) obéit à la règle du premier arrivé, premier servi.

Nevada Tourism Commission (☎775-687-4322 ; travelnevada.com ; 401 N Carson St ; ⏲9h-17h lun-ven). Envoi gratuit de brochures, cartes et informations sur l'hébergement, le camping et les sorties.

Las Vegas

Oasis de plaisir en plein désert du Nevada, Vegas séduit autant qu'elle hypnotise. Où peut-on tour à tour faire la fête dans la Rome antique, se marier à minuit, se réveiller en Égypte et déjeuner sous la tour Eiffel ? À Las Vegas, bien sûr ! Doubler sa mise au jeu, dégoter une création de couturier ou un souvenir kitsch, siroter une margarita dans un verre géant ou un Vodka Martini dans un bar de glace : ici, tout cela est possible.

La ville offre aussi un paysage onirique et désertique alternant les hauts et les bas. Des enseignes publicitaires jadis fameuses prennent désormais la poussière dans un cimetière de néons, tandis que le bruit des constructions résonne sur le Strip. Après la récession de 2008, suite à la crise des subprimes, Sin City ("la ville du péché") est à nouveau sur la bonne voie. Alors que les inaugurations d'hôtels et de bars se succèdent, et que débarquent en résidence de nouvelles divas de la musique pop, Las Vegas est toujours aussi tendance. Elle attire plus de 40 millions de visiteurs par an, et ne manque pas de projets pour en faire venir toujours davantage.

Les plus grands casinos de Las Vegas s'alignent le long du légendaire Strip ("la bande"). Chacun compte un impressionnant mélange de parcs à thème, de salles de jeu, de boutiques, de restaurants, d'hôtels et de théâtres. Une fois que vous les aurez explorés, dirigez-vous vers le petit centre historique afin de vous imprégner de la nostalgie des débuts de la ville – de ses boutiques indépendantes et de ses bars à cocktails à la culture locale. Vous pouvez ensuite faire un détour par les curieux musées qui retracent le parcours des gangsters et du passé explosif de la cité de tous les vices.

À voir

Les attractions se concentrent le long des 6,7 km du Las Vegas Boulevard, alias le Strip, entre le Mandalay Bay au sud (au niveau de Russell Road) et, au nord (au niveau de Sahara Avenue), le Stratosphere, ainsi qu'à Downtown, autour de l'intersection du

Las Vegas Boulevard et de Fremont Street. Si la rue porte le même nom, sachez que 3 kilomètres sans grand intérêt séparent Downtown de l'extrémité nord du Strip. Parcourir cette distance à pied n'est pas une très bonne idée, car le quartier peut être dangereux. Les VTC, le monorail et les bus Deuce sont de loin les moyens les plus faciles de se déplacer dans cette ville, toujours un peu dans un état second.

Le Strip

City Center COMPLEXE HÔTELIER ET COMMERCIAL
(carte p. 156 ; www.aria.com ; 3780 S Las Vegas Blvd ; P). Cette symbiose entre hôtel géant et *mall* immense n'a rien de vraiment nouveau, mais la façon dont ce complexe futuriste a placé une galaxie d'hôtels ultramodernes et luxueux en orbite autour des lumières de la galerie marchande **The Crystals** (carte p. 156 ; www.simon.com/mall/the-shops-at-crystal ; 3720 S Las Vegas Blvd ; 10h-23h lun-jeu, 10h-minuit ven-dim) est une première. On trouve dans cet ensemble immobilier haut de gamme le sobre et élégant **Vdara** (carte p. 156 ; 702-590-2111 ; www.vdara.com ; 2600 W Harmon Ave, Aria ; ste sem/week-end à partir de 103/189 $; P), le secret et opulent **Waldorf Astoria** (carte p. 156 ; www.waldorfastorialasvegas.com ; 3752 S Las Vegas Blvd ; ch à partir de 200 $; P) et l'**Aria**, un hôtel-casino raffiné à la démesure architecturale et aux élégants restaurants. Les hôtels du City Center totalisent plus de 6 700 chambres !

Bellagio CASINO
(carte p. 156 ; 702-693-7111 ; www.bellagio.com ; 3600 S Las Vegas Blvd ; 24h/24 ; P). Le Bellagio recèle d'autres expériences que l'exubérance de ses tables de jeu *high limit* (à mises élevées) ou que ses 2 300 machines à sous. Sachez que les habitants du coin disent que l'on a moins de chance de gagner ici qu'ailleurs. Dans la salle du Bellagio accueillant le World Poker Tour, les tournois de poker, la nourriture est servie aux tables de jeu 24h/24. Mais le lieu vaut surtout pour sa magnifique architecture, ses intérieurs superbes et ses équipements étonnants, comme les **Conservatory & Botanical Gardens** (carte p. 156 ; 24h/24 ; P) GRATUIT, la **Gallery of Fine Art** (carte p. 156 ; 702-693-7871 ; tarif plein/-12 ans 18 $/gratuit ; 10h-20h, dernière entrée 19h30 ; P), les immanquables **fontaines du Bellagio** (carte p. 156 ; spectacles toutes les 30 min 15h-20h lun-ven, 12h-20h sam, 11h-19h dim, toutes les 15 min 20h-minuit lun-sam, 19h-minuit dim ; P) GRATUIT et les 2 000 fleurs en verre soufflé ornant le **hall de l'hôtel** (p. 160).

Caesars Palace CASINO
(carte p. 156 ; 866-227-5938 ; www.caesars.com/caesars-palace ; 3570 S Las Vegas Blvd ; 24h/24 ; P). Le Caesars Palace se vante de détenir dans son casino le plus grand nombre de machines à sous aux gains atteignant un million de dollars. Toutefois, il doit sa gloire à bien d'autres atouts. Les poids lourds du divertissement comme Céline Dion et Elton John ont investi le **Colosseum** (carte p. 156 ; 866-227-5938 ; www.thecolosseum.com ; billets 55-500 $), salle de spectacle bâtie spécialement pour la chanteuse québécoise ; les fashionistas écument **The Forum Shops** (carte p. 156 ; 702-893-4800 ; www.simon.com/mall/the-forum-shops-at-caesars-palace/stores ; 10-23h dim-jeu, 10h-minuit ven-sam), tandis que les clients de l'hôtel sirotent des cocktails au **Garden of the Gods Pool Oasis**. Le soir, l'immense club **Omnia** (carte p. 156 ; 702-785-6200 ; www.omniaclubs.com/las-vegas ; entrée femme/homme à partir de 20/40 $; 22h30-4h mar et jeu-dim) est l'un des meilleurs endroits pour faire la fête.

LE NEVADA EN BREF

Surnom Silver State (l'État d'argent)

Population 3,03 millions d'habitants

Superficie 286 351 km²

Capitale Carson City (54 439 hab.)

Autres villes Las Vegas (641 700 hab.), Reno (248 853 hab.)

TVA à partir de 4,6%

Patrie de la machine à sous et du festival Burning Man

Politique Le Nevada compte 6 grands électeurs dont les voix ont été à Hillary Clinton (parti démocrate) lors des présidentielles de 2016.

Célèbre pour le Comstock Lode de 1859 (le plus gros filon d'argent du pays), la prostitution et les paris légaux (à l'exception de certains comtés), la réglementation autorisant certains bars à vendre de l'alcool 24h/24.

Distances routières Las Vegas-Reno 727 km ; Great Basin National Park-Las Vegas 504 km

Las Vegas

0 1 km
0 0,5 mile

Las Vegas

Les incontournables

1 Aria B6
2 Bellagio B5
3 Bellagio Conservatory & Botanical Gardens B5
4 Caesars Palace B5
5 Cosmopolitan B5
6 LINQ Promenade B4
7 Mandalay Bay B7
8 MGM Grand B6
9 Palazzo B4

À voir

10 Aria B6
11 Arts Factory A2
Bellagio Gallery of Fine Art .... (voir 2)
12 Fountains of Bellagio B5
13 High Roller B4
14 LINQ Casino B4
15 Mandalay Bay Beach B7
16 Mirage B4
17 Mirage Volcano B4
18 National Atomic Testing Museum D5
19 NoMad B6
20 Paris Las Vegas B5
21 Shark Reef Aquarium B7
22 Venetian B4

Activités

23 Gondola Ride B4
24 Qua Baths & Spa B5
25 Stratosphere Thrill Rides C1
26 VooDoo ZipLine A5

Où se loger

Aria Las Vegas Resort .... (voir 10)
Aria Sky Suites & Villas .... (voir 10)
Bellagio .... (voir 2)
27 Cosmopolitan B5
28 Cromwell Las Vegas B5
29 Delano B7
30 Encore C3
Four Seasons Hotel .... (voir 7)
LINQ Hotel .... (voir 14)
Mandalay Bay .... (voir 7)
NoMad .... (voir 19)
31 SLS C2
32 Thunderbird Hotel A2
33 Vdara A5
34 Waldorf Astoria B6
35 Wynn B3

Où se restaurer

36 Carson Kitchen B1
Catch .... (voir 10)
37 Esther's Kitchen A2
Giada .... (voir 28)
38 Hugo's Cellar B1
39 Jaburrito B4
Joël Robuchon .... (voir 8)
40 Lotus of Siam D2
Milk Bar .... (voir 27)
Morimoto .... (voir 8)
Peppermill .... (voir 44)
41 Tacos El Gordo C3
42 Umami Burger C2
43 VegeNation B1

Où prendre un verre et faire la fête

Drai's Beachclub & Nightclub .... (voir 28)
44 Fireside Lounge C3
Hakkasan .... (voir 8)
45 NoMad Bar B6
46 Omnia B4
47 ReBAR A2
Skyfall Lounge .... (voir 29)
XS .... (voir 30)

Où sortir

48 Aces of Comedy B4
49 Colosseum B4
House of Blues Gospel Brunch .... (voir 7)
50 Le Rêve the Dream B3
51 Legends in Concert B5
O .... (voir 3)
52 Tix 4 Tonight B3

Achats

53 Grand Canal Shoppes at the Venetian B4
54 Las Vegas Premium Outlets North A1
55 Planet 13 .... B3
Retro Vegas .... (voir 37)
56 Shops at Crystals B5
57 The Forum Shops B4

Information

58 Clark County Marriage License Bureau B1
59 Office of Civil Marriages B1

NoMad CASINO

(carte p. 156 ; ☎702-730-7000 ; www.thenomad-hotel.com ; 3772 S Las Vegas Blvd ; ⏲24h/24). Si tant est qu'un casino de Las Vegas puisse avoir de la classe, le NoMad est celui qui en possède le plus. Ici, les tables de roulette, de black-jack et de baccara à mises élevées s'étalent sous un plafond à vitraux Tiffany. La piscine du NoMad, inspirée de celle du jardin Majorelle de Marrakech, vous délassera en semaine (le week-end, les "Jemaa Parties" sont plus agitées).

♥ **LINQ Casino** CASINO

(carte p. 156 ; ☎800-634-6441 ; www.caesars.com/linq ; 3535 S Las Vegas Blvd ; ⏲24h/24 ;

P). Ce casino à l'ambiance jeune et dynamique est l'un des plus récents de Las Vegas et aussi l'un des plus petits – 60 tables et 750 machines à sous. L'endroit est spacieux et agréable, les tables sont entourées de chaises en vinyle bordeaux à haut dossier et, pour prendre l'air, rien ne vaut la **LINQ Promenade** (carte p. 156 ; 800-634-6441 ; www.caesars.com/linq ; 24h/24 ; P), juste devant la porte, une voie piétonne à l'ambiance festive.

Venetian CASINO

(carte p. 156 ; 702-414-1000 ; www.venetian.com ; 3355 S Las Vegas Blvd ; 24h/24 ; P). Ce casino royal de 36 576 m² comporte des sols en marbre, des plafonds ornés de fresques peintes à la main et 120 tables de jeux, avec un salon à mises élevées et une élégante salle de poker non-fumeurs, où contrairement à d'autres salles de la ville les femmes sont les bienvenues. Combiné au **Palazzo** (carte p. 156 ; 702-607-7777 ; www.palazzo.com ; 3325 S Las Vegas Blvd ; 24h/24 ; P), l'établissement affilié voisin, le Venetian se targue de la plus grande surface de jeux de Vegas. La promenade en gondole (p. 160) sur le Grand Canal de cette Venise miniature est l'une des animations incontournables du Strip.

Cosmopolitan CASINO

(carte p. 156 ; 702-698-7000 ; www.cosmopolitanlasvegas.com ; 3708 S Las Vegas Blvd ; 24h/24 ; P). Les hipsters qui considéraient Las Vegas ringarde peuvent désormais trouver leur compte dans ce casino, tout aussi fabuleux de jour comme de nuit. Un flot continu de profanes défile dans le hall, parmi des amateurs de design venus admirer l'incroyable décoration.

Mandalay Bay CASINO

(carte p. 156 ; 702-632-7700 ; www.mandalaybay.com ; 3950 S Las Vegas Blvd ; 24h/24 ; P). Depuis son ouverture en 1999, en lieu et place de l'Hacienda qui datait des années 1950, le Mandalay Bay marque l'extrémité sud du Strip. Malgré sa thématique tropicale, il échappe au kitsch, tout comme son casino de plus de 12 500 m². Les amateurs de sport fréquentent la zone des paris sur les courses et sur les sports, près des salles de poker à haute mise. Le Mandalay Bay a misé sur une palette d'activités variées ; on y trouve un aquarium, le **Shark Reef** (carte p. 156 ; 702-632-4555 ; www.sharkreef.com ; adulte/enfant 25/19 $; 10h-20h dim-jeu, 10h-22h ven-sam ; P) sur plusieurs niveaux, des spas luxueux, un grand choix de restaurants gastronomiques et l'inégalable **Mandalay Bay Beach** (carte p. 156 ; 702-632-4760 ; www.mandalaybay.com/en/amenities/beach.html ; piscine 8h-19h, Moorea Beach Club à partir de 10h ;).

Paris Las Vegas CASINO

(carte p. 156 ; 877-796-2096 ; www.caesars.com/paris-las-vegas ; 3655 S Las Vegas Blvd ; 24h/24 ; P). Cette version miniature de la capitale française n'a pas le charme de la Ville lumière, mais les efforts évidents pour reproduire les monuments de Paris, comme l'Hôtel de Ville de 34 étages, les façades de l'Opéra Garnier et du Louvre, en font une halte amusante. Le plafond voûté du casino représente un ciel ensoleillé ; il surplombe une myriade de tables et de machines à sous, tandis que les roulettes à mises élevées, n'ayant ni 0 ni 00, augmentent légèrement vos chances.

High Roller GRANDE ROUE

(carte p. 156 ; 702-777-2782 ; www.caesars.com/linq/high-roller ; LINQ Promenade ; adulte/enfant à partir de 22/9 $, après 17h 32/19 $; 11h30-1h30 ; P ; Flamingo ou Harrah's/Linq). La plus grande roue panoramique du monde culmine à 168 m au-dessus de la LINQ Promenade (ci-contre). Chacune des 28 capsules climatisées est revêtue de verre façonné par des artisans italiens. À l'extérieur, 2 000 ampoules LED colorées brillent du crépuscule jusqu'à l'aube. La grande roue, qui peut accueillir 40 passagers, met 30 minutes pour effectuer un tour complet. De 16h à 19h, certaines capsules accueillent un "*happy half-hour*" (35 $, ou 47 $ après 17h) pour les plus de 21 ans, un bar à volonté à partager avec vos camarades de vol. Mais gare à l'atterrissage !

Volcan du Mirage CASINO ET ATTRACTION

(carte p. 156 ; 800-702-7111 ; www.mirage.com ; Mirage ; spectacles 20h, 21h et 22h tlj). GRATUIT Chaque fois que le volcan artificiel Mirage se met à rugir au milieu de son lagon de 1,2 ha, la circulation se fige sur le Strip. Guettez l'apparition de fumées au sommet du volcan, signe infaillible que les portes de l'enfer polynésien que renferment ses entrailles sont sur le point de s'ouvrir, sur une bande-son signée d'un des batteurs de Grateful Dead et d'un percussionniste traditionnel indien.

Downtown (centre-ville) et alentours du Strip

Pour les touristes, la **Fremont Street Experience** (☎702-678-5600 ; www.vegasexperience.com ; Fremont St Mall ; ⏲shows son et lumière toutes les heures crépuscule-minuit ou 1h ; 🚌Deuce, SDX) GRATUIT, une rue piétonne surmontée d'un écran géant voûté, constitue le centre de Downtown, avec son abondance de casinos vintage rappelant les origines de Las Vegas. Pas d'inquiétude, l'endroit n'en est pas moins vivant pour autant. Plus au sud, l'**Arts District** (www.18b.org) gravite autour de la **Arts Factory** (carte p. 156 ; ☎702-383-9907 ; www.theartsfactory.com ; 107 E Charleston Blvd ; ⏲9h-18h ; 🚌Deuce, SDX). Si vous poursuivez sur Fremont Stret en direction de l'est, vous trouverez un petit noyau de bars tendance et de restaurants branchés.

Mob Museum MUSÉE
(☎702-229-2734 ; themobmuseum.org ; 300 Stewart Ave ; adulte/enfant 27/17 $; ⏲9h-21h ; P ; 🚌Deuce). Bugs, Lucky, Whitey... ils sont tous au musée de la Mafia, qui a investi un ancien tribunal fédéral. Voici présentée, sur trois niveaux, toute l'histoire du crime organisé en Amérique et son lien avec Las Vegas. La muséographie est fascinante et fait parfois froid dans le dos ! Vous en saurez plus sur le blanchiment d'argent, entendrez une conversation sur écoute et retiendrez votre souffle devant le mur ensanglanté et criblé de balles qui se trouvait derrière les victimes du massacre de la Saint-Valentin en 1929. Cette visite ne convient pas au très jeune public.

Neon Museum - Neon Boneyard MUSÉE
(☎702-387-6366 ; www.neonmuseum.org ; 770 N Las Vegas Blvd ; visite guidée 1 heure adulte/enfant 22/24 $; ⏲visites guidées tlj, horaires variables ; 🚌113). Ce projet à but non lucratif remplit une mission unique : préserver l'histoire de Las Vegas. Réservez l'intéressante visite guidée du Neon Boneyard ("cimetière de néons") où les irremplaçables enseignes publicitaires vintage de la ville – de véritables œuvres d'art typiques de Vegas – passent une retraite tranquille. Commencez par l'accueil dans le hall préservé de l'ancien La Concha Motel, emblème des années 1950 conçu par l'architecte afro-américain Paul Revere Williams. Les visites guidées ont généralement lieu en journée, mais le lieu est plus spectaculaire la nuit.

National Atomic Testing Museum MUSÉE
(carte p. 156 ; ☎702-794-5151 ; nationalatomictestingmuseum.org ; 755 Flamingo Rd E, Desert Research Institute ; adulte/enfant 22/16 $; ⏲10h-17h lun-sam, 12h-17h dim ; 🚌202). Ce musée présente des expositions mutimédias

SENSATIONS FORTES À LAS VEGAS

Stratosphere (carte p. 156 ; ☎702-380-7777 ; www.stratospherehotel.com/ThrilRides ; E Sahara Ave ; Stratosphere ; ascenseur adulte 20 $, avec 3 manèges à sensations 35 $, pass journée 40 $; ⏲10h-1h dim-jeu, 10h-2h ven-sam). Les manèges à sensations les plus hauts du monde vous attendent, 110 étages au-dessus du Strip.

Sky Combat Ace (☎888-494-5850 ; www.skycombatace.com ; 1420 Jet Stream Dr #100 ; à partir de 299 $). Des pilotes de chasse qualifiés vous entraînent dans des combats aériens ou des acrobaties extrêmes !

VooDoo ZipLine (carte p. 156 ; ☎702-388-0477 ; www.voodoozipline.com ; Rio ; à partir de 25 $; ⏲11h-minuit). L'occasion d'emprunter une tyrolienne entre deux gratte-ciel.

Gravady (☎702-843-0395 ; www.gravady.com ; 7350 Prairie Falcon Rd #120 ; ticket 1 h adulte/enfant 13/10 $; ⏲9h-21h lun-mer, 15h30-21h jeu, 9h-23h ven-sam, 11h-19h dim ; 👪). Amusez-vous entre amis ou en famille dans cette grande salle de trampolines du quartier de Summerlin.

Speedvegas (☎702-874-8888 ; www.speedvegas.com ; 14200 S Las Vegas Blvd ; tours de piste 39-99 $, package 395-1 800 $; ⏲10h-16h30). Élancez-vous au volant d'une voiture de sport sur la seule piste sur mesure de Vegas.

Richard Petty Driving Experience (☎800-237-3889 ; www.drivepetty.com ; 7000 N Las Vegas Blvd, Las Vegas Motor Speedway ; passager à partir de 136 $, conducteur à partir de 199 $; ⏲horaires variables). Pour rouler à fond la caisse lors d'une séance de qualifications effrénée.

fascinantes sur les sciences, les technologies et l'histoire sociale de "l'ère atomique", de la Seconde Guerre mondiale jusqu'à l'interdiction des essais nucléaires en 1992. Assistez à une (effrayante) simulation et explorez l'histoire nucléaire du sud du Nevada, du mode de vie des Amérindiens jusqu'à l'héritage écologique des essais atomiques. Jetez un coup d'œil à la billetterie : elle est installée dans une réplique de guérite de gardes du Nevada Test Site, le site d'essais.

Activités

Qua Baths & Spa SPA

(carte p. 156 ; 866-782-0655 ; www.caesars.com/caesars-palace ; Caesars Palace ; pass journée centre de fitness 25 $, avec accès équipements spa 50 $; 6h-20h). Le Qua évoque les rituels des thermes de la Rome antique. Essayez la Bath Liqueur ("liqueur de bain"), une potion personnalisée à base d'herbes et d'huiles versée dans votre baignoire. Côté femmes, vous trouverez salon de thé, hammam aux herbes et salle polaire, où tombent des flocons de neige carbonique. Côté hommes, espace barbier et sport sur écrans géants.

Desert Adventures KAYAK

(702-293-5026 ; www.kayaklasvegas.com ; 1647a Nevada Hwy ; journée kayak sur la Colorado River 195 $; 9h-18h avr-oct, 10h-16h nov-mars). Desert Adventures propose des sorties encadrées en kayak ou en paddle sur le lac Mead et la Colorado River. Les plus expérimentés peuvent louer canoës et kayaks pour des expéditions en solo. Également : sorties pêche, randonnées et excursions en bateau avec guide – notamment sur la Colorado River à travers le Black Canyon (199 $).

Gondola Ride GONDOLE

(carte p. 156 ; 877-691-1997 ; www.venetian.com/resort/attractions/gondola-rides.html ; Venetian ; croisière partagée par pers 29 $, enfant -3 ans gratuit, croisière 2 passagers 116 $; croisière intérieure 10h-23h dim-jeu, 10h-minuit ven-sam, croisière extérieure 11h-22h, selon le temps ;). Comme à Venise, les promenades en gondole de Vegas constituent une activité attirant les visiteurs du monde entier. Optez pour une croisière au clair de lune sur le lac miniature du complexe en face du Strip, ou pour une balade sur les canaux intérieurs sous le regard des badauds faisant les magasins ou se restaurant. Achetez vos billets à l'intérieur du **Grand Canal Shoppes at the Venetian** (carte p. 156 ; 702-414-4525 ; www.grandcanalshoppes.com ; 3377 S Las Vegas Blvd, Venetian ; 10h-23h dim-jeu, 10h-minuit ven-sam).

Où se loger

Les tarifs des chambres d'hôtel fluctuent en permanence et sont donc difficiles à anticiper ; il est presque toujours moins cher de visiter la ville en semaine. La quasi-totalité des hôtels du Strip facturent une "taxe de séjour" supplémentaire de 30 à 45 $ par jour.

Le Strip

Cosmopolitan HÔTEL-CASINO $$$

(carte p. 156 ; 702-698-7575, 702-698-7000 ; www.cosmopolitanlasvegas.com ; 3708 S Las Vegas Blvd ; ch à partir de 140 $; P ; Deuce). Avec ses huit styles de chambre différents, tous aussi élégants les uns que les autres, le Cosmo gagne la palme du chic sur le Strip. Les chambres sont très grandes, voire gigantesques, et sur les 2 900 que compte l'hôtel 2 200 disposent d'un balcon (toutes sauf celles d'entrée de gamme). La plupart sont équipées d'une baignoire japonaise encastrée, et toutes sont confortablement meublées et décorées de curiosités design.

Mandalay Bay HÔTEL-CASINO $$

(carte p. 156 ; 702-632-7700 ; www.mandalaybay.com ; 3950 S Las Vegas Blvd ; ch sem/week-end à partir de 79/388 $; P). À l'extrémité sud du Strip et résolument haut de gamme, l'hôtel du casino Mandalay Bay (p. 158) possède des chambres très élégantes. Le luxueux **Four Seasons Hotel** (carte p. 156 ; 702-632-5000 ; www.fourseasons.com/lasvegas ; ch sem/week-end à partir de 305/440 $; P) et le **Delano** (carte p. 156 ; 702-632-7888 ; www.delanolasvegas.com ; ch semaine/week-end à partir de 143/369 $; P), dans le style boutique-hôtel, se trouvent dans le même complexe, ainsi qu'un vaste panel d'attractions et d'installations touristiques, dont la Mandalay Bay Beach (p. 150) n'est pas la moins intéressante. Le Mandalay Bay a été au cœur d'une tragédie en octobre 2017.

Bellagio HÔTEL-CASINO $$

(carte p. 156 ; 702-693-7111 ; www.bellagio.com ; 3600 S Las Vegas Blvd ; ch sem/week-end à partir de 169/399 $; P). Lors de son ouverture en 1998, le Bellagio était l'hôtel le plus onéreux du monde dit-on. Aujourd'hui, il a bien vieilli mais reste le plus raffiné du pays. Ses somptueuses et immenses chambres fusionnent le style classique et les équipements modernes, tout en affichant une palette de platine, d'indigo et d'or blanc, ainsi que des tons orange automnaux assortis de subtiles touches de vert matcha. Dessus-de-lit en cachemire, lumières d'ambiance et rideaux automatiques complètent l'ensemble.

Aria Las Vegas Resort HÔTEL-CASINO **$$**

(carte p. 156 ; ☎702-590-7111 ; www.aria.com ; 3730 S Las Vegas Blvd, CityCenter ; ch sem/week-end à partir de 119/169 $; P ❄ @ ☎ ≋). Le somptueux complexe hôtelier d'Aria (p. 155) ne décline aucune thématique, contrairement à d'autres mégapropriétés du Strip. En revanche, ses 4 000 chambres *deluxe* (159 m²) et 560 suites (plus de 280 m²) cultivent le design apaisant, l'espace et le luxe, chaque chambre jouissant d'une vue d'angle. Si vous avez des dollars à dépenser, l'**Aria Sky Suites & Villas** (carte p. 156 ; ☎702-590-7111 ; www.aria.com ; 3730 S Las Vegas Blvd, Aria ; ste 400 $), un hôtel dans l'hôtel, pourrait vous plaire.

LINQ Hotel HÔTEL-CASINO **$$**

(carte p. 156 ; ☎800-634-6441 ; www.caesars.com/linq ; 3535 S Las Vegas Blvd ; ch à partir de 99 $; P ❄ ☎ ≋ 🐾). Inauguré sur le Strip fin 2014, le LINQ, anciennement Quad, a consolidé sa position d'établissement touche-à-tout. Ses chambres fraîches et immaculées affichent des touches de couleur et un mobilier chic, les équipements sont pléthore (l'établissement fait partie du groupe Caesars) et l'emplacement, au cœur de la promenade éponyme (p. 158), est enviable.

SLS HÔTEL **$**

(carte p. 156 ; ☎702-761-7000 ; www.slslasvegas.com ; 2535 S Las Vegas Blvd ; d à partir de 102 $; P ❄ ☎ ≋). Le SLS a remplacé le Sahara en 2011… et le Sahara a remplacé le SLS en 2019 (après une rénovation de 100 millions de dollars). Les chambres ici, au nord du Strip, sont d'un très bon prix comparé aux établissements de la même chaîne situés dans d'autres villes. Le style original de l'hôtel fait des émules.

♥ **Cromwell Las Vegas** BOUTIQUE-HÔTEL **$$$**

(carte p. 156 ; ☎702-777-3777 ; www.caesars.com/cromwell ; 3595 S Las Vegas Blvd ; ch à partir de 288 $; P ❄ ☎ ≋ 🐾). Si vous avez dans les 20-30 ans, que les jeunes fêtards ne vous dérangent pas, ou que vous êtes d'un naturel cool et branché, vous aurez plusieurs bonnes raisons de choisir le Cromwell. Tout d'abord, profiter de son emplacement et des tarifs souvent très bas de ses chambres d'entrée de gamme. Mais aussi pouvoir faire la fête au **Drai's** (carte p. 156 ; ☎702-777-3800 ; www.draisgroup.com/las-vegas/ ; entrée 20-50 $; ⏲discothèque 22h30-4h jeu-dim, club de la plage 11h-18h ven-dim) ou dîner au **Giada** (carte p. 156 ; ☎855-442-3271 ; www.caesars.com/cromwell ; plats 24-60 $; ⏲17h-22h30, brunch 9h-15h ven-dim).

NoMad HÔTEL-CASINO **$$$**

(carte p. 156 ; www.thenomadhotel.com/las-vegas ; 3772 S Las Vegas Blvd, Park MGM ; ch à partir de 249 $; P ❄ ☎ ≋). Le NoMad a poussé la réflexion jusqu'à des extrémités absurdes : c'est un hôtel dans l'hôtel… dans l'hôtel. Heureusement, les chambres sont exquises, dotées pour la plupart de baignoires sur pieds et de meubles faits sur mesure. Une plaisante ambiance festive règne dans le restaurant et le bar, qui déborde jusque sur l'étage du casino, plus élégant que la moyenne.

Downtown (centre-ville) et alentours du Strip

♥ **Thunderbird Hotel** BOUTIQUE-HÔTEL **$**

(carte p. 156 ; ☎702-489-7500 ; www.thunderbird-hotellasvegas.com ; 1215 S Las Vegas Blvd ; d à partir de 39 $; P ❄ ☎ ≋). Niché entre le nord du Strip et Fremont Street, cet établissement rétro rénové séduit d'emblée par ses tarifs intéressants, ses chambres fraîches et branchées aux meubles en bois recyclé, ainsi que son ambiance jeune et sympathique. Une bonne adresse à mi-chemin entre l'auberge de jeunesse et l'hôtel de charme.

Le quartier n'est pas très sûr, surtout à la nuit tombée. Prévoyez de rentrer en taxi ou en VTC.

Golden Nugget HÔTEL-CASINO **$**

(☎702-385-7111 ; www.goldennugget.com ; 129 Fremont St E ; d à partir de 49 $; P ❄ @ ☎ ≋). Faites un voyage dans les folles années 1950 de Vegas dans cet hôtel huppé de Fremont Street. Préférez les chambres de la Rush Tower.

Où se restaurer

Depuis des années, le Strip est pris d'assaut par des chefs réputés. Les buffets à volonté et les steaks à 10 $ n'ont pas disparu mais, aujourd'hui, les visiteurs disposés à dépenser leur argent recherchent des expériences culinaires de plus en plus sophistiquées

LES MEILLEURS BUFFETS

Les extravagants buffets à volonté sont une tradition de Las Vegas. Voici trois des meilleurs :

Bacchanal Buffet (3570 Las Vegas Blvd S, Caesars Palace ; 40-65 $/adulte ; 7h30-22h lun-ven, 8h-22h sam-dim)

Wicked Spoon Buffet (3708 Las Vegas Blvd S, Cosmopolitan ; 28-49 $/adulte ; 8h-21h dim-jeu, 8h-22h ven-sam)

Buffet at Wynn (3131 Las Vegas Blvd S ; Wynn ; 32-60 $/pers ; 7h30-21h30)

et des repas conçus par des chefs stars – à défaut d'être préparés par ces derniers.

Le Strip

Tacos El Gordo MEXICAIN $

(carte p. 156 ; 702-982-5420 ; www.tacoselgordobc.com ; 3049 S Las Vegas Blvd ; petites assiettes 3-12 $; 10h-2h, 10h-4h ven-sam ; Deuce, SDX). Ce restaurant venu de Californie du Sud, et à la mode culinaire de Tijuana, est idéal pour les irrépressibles envies nocturnes de tacos de *carne asada* (bœuf) ou d'*adobada* (porc mariné au *chile*) dans de chaudes tortillas faites maison. Les plus téméraires testeront les authentiques *sesos* (cervelle de bœuf), la *cabeza* (tête de veau rôtie) ou les tripes.

Milk Bar DESSERTS $

(carte p. 156 ; 7020-698-7000 ; www.cosmopolitanlasvegas.com ; Cosmopolitan ; soft à partir de 6 $; 9h-1h, 9h-2h ven-sam). Pâtissière prodige de chez Momofuku, Christina Tosi a importé son concept du Milk Bar à Las Vegas, déclenchant extase et adoration. Testez son *soft serve* (sorte de glace à l'italienne) aux céréales, ses cookies au maïs et ses pop cakes.

Jaburrito SUSHI $

(carte p. 156 ; 702-901-7375 ; www.jaburritos.com ; LINQ Promenade ; maki-burrito 10-13 $; 11h-23h dim-jeu, 11h-minuit ven-sam). Le croisement burrito/maki se révèle une réussite ! Les mochis en version esquimau sont amusants à manger en dessert.

Peppermill DINER $$

(carte p. 156 ; 702-735-4177 ; www.peppermilllasvegas.com ; 2985 S Las Vegas Blvd ; plats 13-31 $; 24h/24). Glissez-vous dans un box en forme de croissant dans ce café de casino rétro et délectez-vous de l'ambiance à l'ancienne de Vegas. Écoutez les cow-boys du Nevada et les politicards locaux attablés autour d'un gigantesque en-cas tardif ou d'un petit-déjeuner matinal. Pour une boisson tropicale, optez pour l'un des box glamour du **Fireside Lounge** (carte p. 156 ; 702-735-7635).

Joël Robuchon FRANÇAIS $$$

(carte p. 156 ; 702-891-7925 ; www.mgmgrand.com ; MGM Grand ; menu dégustation 120-425 $; 17h30-22h). Celui qui a été sacré "cuisinier du siècle" a introduit la cuisine française sur le Strip. À deux pas du High Roller du **MGM Grand's** (carte p. 156 ; 877-880-0880 ; www.mgmgrand.com ; 3799 S Las Vegas Blvd ; 24h/24 ;), les salles somptueuses du restaurant de Robuchon, tout en cuir et velours, vous transporteront dans le Paris des années 1930. Les menus dégustation de saison, sophistiqués, vous marqueront, c'est certain. Livraison possible.

Morimoto FUSION $$$

(carte p. 156 ; 702-891-3001 ; www.mgmgrand.com ; MGM Grand ; plats 24-75 $; 17h-22h, 17h-22h30 ven-sam). Le restaurant du chef Masaharu Morimoto, star de la télévision au Japon et aux États-Unis, rend hommage à ses racines japonaises et à la cuisine de la ville qui l'a propulsé au rang de légende mondiale. Un dîner dans cet établissement est une expérience unique qui vaut, à notre avis, chaque dollar dépensé.

Catch PRODUITS DE LA MER $$$

(carte p. 156 ; 702-590-5757 ; aria.mgmresorts.com ; Aria ; plats à partir de 40 $; 17h30-23h30 ;). Après une rénovation à 7 millions de dollars, on pouvait s'attendre à un résultat splendide – et on n'est pas déçu. La carte des produits de la mer, gigantesque, met l'accent sur des préparations asiatiques comme les sashimis aux truffes, le poisson entier et les crustacés (le homard entier, cuit à la vapeur et dans le saké, est *le* plat à commander pour se faire mousser).

Downtown (centre-ville) et alentours du Strip

VegeNation VÉGAN $

(carte p. 156 ; 702-366-8515 ; vegenationlv.com ; 616 E Carson Ave ; plats 13 $; 8h-21h dim-jeu, 8h-22h ven-sam ;). Confronté à des problèmes de santé, l'expérimenté chef

Donald Lemperle a adopté un régime à base de plantes – avant de faire fructifier son savoir en ouvrant le café le plus enthousiasmant de Downtown. Ses succulents tacos, sandwichs, pizzas et desserts, à base de produits locaux venant de jardins collectifs, ont conquis une clientèle locale. Bienvenue dans le nouveau Vegas !

♥ Esther's Kitchen ITALIEN **$$**
(carte p. 156 ; ☎702-570-7864 ; www.esthersIv.com ; 1130 S Casino Center Blvd ; pâtes à partir de 15 $; ⏲11h-15h et 17h-22h lun-ven, 10h-15h et 17h-22h sam-dim ; ❄📶). Les habitants sont fous des pâtes maison et du pain au levain servis dans ce petit bistrot de l'Arts District. Tout y est extrêmement savoureux, mais nous avons tout de même un faible pour le beurre d'anchois à l'ail que l'on peut commander avec le pain au levain, et pour la délectable salade de chou kale-chou-fleur.

♥ Carson Kitchen AMÉRICAIN **$$**
(carte p. 156 ; ☎702-473-9523 ; www.carsonkitchen.com ; 124 S 6th St ; tapas et plats 8-22 $; ⏲11h30-23h jeu-sam, 11h30-22h dim-mer ; 🚌Deuce). Ce petit restaurant au décor industriel, avec poutres apparentes, ampoules nues et grandes tables communes, se remplit de locaux cherchant à échapper à l'agitation de Fremont Street et aux prix élevés du Strip. Les assiettes à partager sont délicieuses, comme la salade de choux-fleurs arc-en-ciel, pastèque et feta, ou les généreux *mac'n'cheese*. Carte des boissons inventive.

♥ Lotus of Siam THAÏLANDAIS **$$**
(carte p. 156 ; ☎702-735-3033 ; www.lotusofsiamlv.com ; 953 E Sahara Ave ; plats 9-30 $; ⏲11h-14h30 lun-ven, 17h30-22h tlj ; 🖉 ; 🚌SDX). Avec son authentique cuisine du nord de la Thaïlande, Saipin Chutima a glané presque autant de prix qu'avec sa cave à vins cosmopolite. Certains critiques parlent même, et on les comprend, du meilleur restaurant thaïlandais du pays. Même si ce minuscule endroit n'a guère d'allure, les gourmets avertis s'y pressent. Réservation impérative.

Hugo's Cellar AMÉRICAIN **$$$**
(carte p. 156 ; ☎702-385-4011 ; www.hugoscellar.com ; Fremont St Mall, Fremont Street Experience, Four Queens Casino ; plats 34-62 $; ⏲17h-22h). Ici règne le Vegas d'antan, dans le bon sens du terme. Avec son espace sombre aux allures de club, logé sous le casino Four Queens, le Hugo's Cellar signe le retour de l'époque où le service était roi. Les dames se voient offrir une rose, les salades sont mélangées devant vous à côté de la table et le personnel se montre attentif sans être intrusif. Ressuscitez l'année 1959 avec le veau façon Oscar, le bœuf Wellington et les cerises jubilé. Réservation impérative.

Où prendre un verre et faire la fête

Le Strip

♥ Hakkasan CLUB
(carte p. 156 ; ☎702-891-3838 ; hakkasannightclub.com ; MGM Grand ; entrées 20-75 $; ⏲22h30-4h jeu-dim). Dans cette somptueuse discothèque d'inspiration asiatique, des DJ internationaux prisés de la jet-set, comme Tiësto ou Steve Aoki, font la loi sur le dancefloor principal, bordé de box VIP et d'écrans LED géants. Une musique plus originale résonne dans l'intimiste Ling Ling Club, tout en canapés en cuir et vitres couleur d'ambre rétro-éclairées.

Les videurs font respecter le code vestimentaire : vêtements de soirée haut de gamme (pas de tenues sportives, chemises obligatoires pour les hommes).

NoMad Bar BAR À COCKTAILS
(carte p. 156 ; ☎702-730-6785 ; www.mgmresorts.com ; NoMad Hotel ; cocktails 17 $; ⏲17h-23h lun-jeu, 17h-1h ven-sam, 11h-17h dim). Pour vous présenter auprès de l'hôtesse d'accueil du bar, vous devrez traverser le restaurant – l'occasion d'observer le cadre sublime (et la clientèle) de ce nouveau venu dans le paysage local des bars à cocktails artisanaux. Mais l'endroit ne se contente pas d'être beau ; les breuvages sont à se damner et valent bien leur prix (élevé).

Skyfall Lounge BAR
(carte p. 156 ; ☎702-632-7575 ; www.delanolasvegas.com ; Delano ; ⏲17h-minuit dim-jeu, 17h-1h ven-sam). Appréciez une vue incomparable sur le sud du Strip depuis le bar-terrasse du Delano (p. 160), l'hôtel du Mandalay Bay. Sirotez un cocktail confortablement installé en regardant le soleil se coucher sur les Spring Mountains à l'ouest, puis dansez sur les accents moelleux des DJ sets, à partir de 21h.

XS CLUB
(carte p. 156 ; ☎702-770-0097 ; xslasvegas.com ; Encore ; entrée 20-30 $; ⏲22h30-4h ven-dim). Après quelques années d'activité, le XS a trouvé son rythme de croisière. La décoration est extravagante, avec des dorures

à foison et d'immenses statues de torses de femmes qui surmontent le bar. On se tortille sur la piste sur des sets électro de DJ célèbres, pendant que les plus fortunés commandent des bouteilles dans les espaces VIP au bord de la piscine.

Downtown (centre-ville) et alentours du Strip

Les habitants et les touristes bien informés filent directement au **Fremont East Entertainment District** (www.fremonteast.com) pour profiter de la vie nocturne la plus authentique de la ville. Ce secteur s'étend à l'est de Las Vegas Boulevard, le long de Fremont Street, sur quatre rues environ.

ReBAR BAR

(carte p. 156 ; 702-349-2283 ; www.rebarlv.com ; 1225 S Main St ; 11h-minuit dim-mer, 11h-1h jeu, 11h-2h ven-sam). Las Vegas raffole à la fois du kitsch et des bars – ça tombe bien, ici, on conjugue les deux. Situé dans l'Arts District, ce bar est un temple à la gloire de l'artisanat décalé, des panneaux de taverne vintage aux chopes de bière invraisemblables. Parcourez les vitrines à la recherche du parfait souvenir rétro, puis asseyez-vous et profitez de l'honorable choix de bières et d'alcools.

Où sortir

Il se passe toujours quelque chose à Las Vegas, et vous trouverez des billets pour tout un tas d'événements sur Ticketmaster (www.ticketmaster.com). **Tix 4 Tonight** (carte p. 156 ; 877-849-4868 ; www.tix4tonight.com ; 3200 S Las Vegas Blvd, Fashion Show Mall ; 10h-20h) vend à moitié prix un certain nombre de places pour les spectacles du jour et pratique de petites réductions sur des spectacles qui affichent toujours complet.

Clubs et musique live

Les droits d'entrée pour les clubs varient selon l'humeur du personnel à la porte, la proportion hommes/femmes, le show du soir et le taux de fréquentation du moment. Évitez les files d'attente en réservant. La plupart des grands clubs ont du personnel s'occupant des entrées en fin d'après-midi et en début de soirée. Les concièrges des hôtels disposent de pass gratuits pour les clubs, ou peuvent effectuer des réservations. La formule *bottle service* permet un accès immédiat sans faire la queue pour l'achat (très onéreux) d'une bouteille.

House of Blues Gospel Brunch MUSIQUE LIVE

(carte p. 156 ; 702-632-7600 ; www.houseofblues.com/lasvegas ; Mandalay Bay ; tarif plein/-11 ans 54/27 $; service 10h et 13h dim ;). Les pécheurs et pécheresses du samedi soir trouveront peut-être le salut autour du brunch "évangélique" de la HOB, servi le dimanche. Le billet inclut, à volonté, des bloody mary ainsi que des classiques roboratifs de la cuisine sud-américaine comme le jambalaya, le poulet et les gaufres, le pain de maïs au piment *jalapeño* ou le pudding de cake à la banane chaud. Achetez vos billets au préalable, car ils sont vite épuisés.

Legends in Concert MUSIQUE LIVE

(carte p. 156 ; 702-777-2782 ; www.legendsinconcert.com ; Tropicana ; billets à partir de 50 $; spectacles 16h, 19h30 et 21h30). Le meilleur spectacle d'imitateurs de pop stars de Las Vegas, joué par de véritables chanteurs et danseurs. Au programme, des imitations des Beatles, Elvis, Madonna, James Brown, Britney Spears, Michael Jackson, et bien d'autres.

Spectacles

Le choix ne manque pas à Las Vegas en matière de spectacles. Le Cirque du Soleil reste l'un des incontournables.

Le Rêve – The Dream SPECTACLE ACROBATIQUE

(carte p. 156 ; 702-770-9966 ; boxoffice.wynnlasvegas.com ; Wynn ; billets 115-175 $; 19h et 21h30 ven-mar). Les acrobaties aquatiques, effectuées par des plongeurs professionnels dans une piscine de près de 4 millions de litres, sont le clou de ce spectacle. Les places les moins chères sont sujettes à éclaboussures.

O SPECTACLE ACROBATIQUE

(carte p. 156 ; 702-693-8866 ; www.cirquedusoleil.com/o ; Bellagio ; billets 99-212 $; 19h et 21h30 mer-dim). Dans l'eau ou sur l'eau, une troupe internationale d'une agilité prodigieuse raconte l'histoire du théâtre à travers les âges dans ce spectacle du Cirque du Soleil. L'imagination et l'ingénierie sont à la fête. Il n'y a presque jamais de billets à tarif réduit pour ce spectacle très prisé.

Aces of Comedy SPECTACLE COMIQUE

(carte p. 156 ; 702-792-7777 ; www.mirage.com ; 3400 S Las Vegas, Mirage ; billets 40-100 $; horaires variables, billetterie 10h-22h jeu-lun, 10h-20h mar-mer). Des spectacles ont lieu toute l'année au **Mirage** (carte p. 156 ;

702-791-7111 ; www.mirage.com ; 24h/24 ; P) avec des stand-up d'artistes comiques parmi les meilleurs, comme Jay Leno, Joe Rogan ou George Lopez. Achetez vos billets au préalable, en ligne, par téléphone ou sur place, à la billetterie du **Cirque du Soleil** du Mirage (877-924-7783 ; www.cirquedusoleil.com/las-vegas ; tarif réduit à partir de 49 $, plein tarif à partir de 69 $).

Achats

Las Vegas Premium Outlets North MALL

(carte p. 156 ; 702-474-7500 ; www.premiumoutlets.com/vegasnorth ; 875 S Grand Central Pkwy ; 9h-21h lun-sam, 9h-20h dim ; ; SDX). La plus réputée des galeries marchandes de Las Vegas ne compte pas moins de 120 boutiques, de luxe pour la plupart, comme Armani, Diane von Fürstenberg, Michael Kors, ainsi que des marques plus décontractées comme Loft, Nike, Diesel et Adidas.

Planet 13 GRAND MAGASIN

(carte p. 156 ; 702-815-1313 ; www.planet13lasvegas.com ; 2548 W Desert Inn Rd ; 24h/24 ;). Ce lieu, que vous ne trouverez qu'à Vegas, est un gigantesque complexe entièrement dédié au cannabis. Votre concierge personnel vous fera découvrir la myriade d'articles disponibles, des fleurs aux graines de cannabis, en passant par les produits comestibles et ceux à base de cannabidiol, ou encore les accessoires. Même si le joint vous laisse froid, cette expérience inouïe mérite le détour.

Retro Vegas DÉCORATION VINTAGE

(carte p. 156 ; 702-384-2700 ; www.retro-vegas.com ; 1131 S Main St ; 11h-18h lun-sam, 12h-17h dim ; 108, Deuce). Près du 18b Arts District, dans le centre-ville, ce magasin rose, à l'effigie du flamant rose, ne propose que du vintage. C'est l'endroit rêvé pour dénicher des trésors du milieu du XXe siècle, de fringants objets de décoration ou d'art des années 1960-1970, ainsi que des souvenirs vintage de Vegas, comme les cendriers d'hôtel-casino. Sur place, on trouve aussi les vêtements, les sacs à main et les accessoires d'occasion de The Red Kat.

Renseignements

OFFICES DU TOURISME

Las Vegas Convention & Visitors Authority (LVCVA ; carte p. 156 ; 702-892-7575 ; www.lasvegas.com ; 3150 Paradise Rd ; 8h-17h lun-ven ; Las Vegas Convention Center)

URGENCES ET SERVICES MÉDICAUX

Police 911 (urgences) ou 702-828-3111.

Sunrise Hospital & Medical Center (702-731-8000 ; www.sunrisehospital.com ; 3186 S Maryland Pkwy ; 24h/24). Hôpital pédiatrique et urgences 24h/24.

University Medical Center (UMC ; 702-383-2000 ; www.umcsn.com ; 1800 W Charleston Blvd ; 24h/24). Plus grand centre de traumatologie du sud du Nevada, et urgences 24h/24.

Comment s'y rendre et circuler

Las Vegas est desservie par le **McCarran International Airport** (LAS ; carte p. 156 ; 702-261-5211 ; www.mccarran.com ; 5757 Wayne Newton Blvd ;), à l'extrémité sud du Strip. Un tram gratuit (accessible en fauteuil roulant) dessert les portes d'embarquement périphériques, tandis que des navettes gratuites relient les terminaux 1 et 3 et desservent le **McCarran Rent-a-Car Center** (702-261-6001 ; www.mccarran.com/Transportation/RentalCars ; 7135 Gillespie St ; 24h/24), qui regroupe les agences de location de voitures.

D'autres navettes rejoignent les hôtels du Strip (à partir de 6 $ le trajet simple), ainsi que Downtown et les hôtels situés hors du Strip (à partir de 8 $). Comptez 15 $ minimum, plus le pourboire, pour la course en taxi jusqu'au Strip – demandez au chauffeur d'emprunter les rues en surface, et non le tunnel de la I-15 Fwy qui dessert l'aéroport (beaucoup plus long). Les services de VTC sont disponibles à partir de 13 $.

Les bus **Greyhound** longue distance assurent des liaisons avec Reno (81 $, 9 heures 30) et Salt Lake City (à partir de 40 $, 8 heures), ainsi que Los Angeles à des prix réduits (à partir de 20 $, 5-8 heures). Le bus vous laissera à l'arrêt de Downtown juste à côté de la Fremont Street Experience. Un bus **SDX** en direction du sud (pass 2 heures 6 $) vous permettra de rejoindre le Strip. La compagnie **Megabus** (www.megabus.com) propose des liaisons directes depuis le **South Strip Transfer Terminal** (SSTT ; 702-228-7433 ; www.rtcsnv.com ; 6675 Gillespie St ; 24h/24) vers trois destinations du nord de la Californie : Los Angeles (à partir de 19 $, 6 heures), Anaheim (à partir de 5 $, 6 heures 30) et Riverside (à partir de 10 $, 4 heures 15). Réservez de bonne heure pour obtenir les meilleurs tarifs.

Les pass journée pour le **Deuce**, qui circule 24h/24, et les bus **SDX**, plus rapides (dont le service s'interrompt parfois et qui ne desservent pas tous les casinos), sont très pratiques.

Environs de Las Vegas

Le lac Mead et le barrage Hoover sont les sites les plus visités de la **Lake Mead National Recreation Area** (☎bureau du parc 702-293-8906, Visitor Center 702-293-8990 ; www.nps.gov/lake ; Lakeshore Scenic Dr ; entrée 7 jours 10 $/véhicule ; ⊙24h/24 ; 👪), qui couvre le lac Mead (180 km de long) et le lac Mohave (107 km de long), ainsi que les immenses zones désertiques qui les entourent. Le personnel de l'excellent **centre des visiteurs** (Alan Bible Visitor Center ; ☎702-293-8990 ; www.nps.gov/lake ; Lakeshore Scenic Dr, en retrait de la Hwy 93 ; véhicule 25 $; ⊙9h-16h30), situé sur la Hwy 93 à mi-chemin entre Boulder City et le barrage Hoover, vous renseignera sur les activités à pratiquer et sur toutes les formes de vie du désert. Prenez ensuite la Northshore Road (après retour sur la Hwy 93, puis Lakeshore Rd) qui longe la rive du lac et offre de somptueux panoramas.

À cheval sur la frontière entre l'Arizona et le Nevada, le **Hoover Dam** (☎866-730-9097, 702-494-2517 ; www.usbr.gov/lc/hooverdam ; en retrait de la Hwy 93 ; Visitor Center avec parking 10 $; ⊙9h-17h ; 👪), barrage haut de 221 m à l'architecture Art déco tout en courbes gracieuses, détonne prodigieusement avec le paysage austère environnant. Nous vous recommandons la traversée à pied du **Mike O'Callaghan-Pat Tillman Memorial Bridge** (Hwy 93).

VALLEY OF FIRE STATE PARK

Valley of Fire State Park (carte p. 188 ; ☎702-397-2088 ; www.parks.nv.gov/parks/valley-of-fire ; Valley of Fire Hwy, Overton ; 10 $/véhicule ; ⊙7h-19h). Il y a environ 80 km entre le centre-ville de Las Vegas et le **centre d'accueil des visiteurs** (⊙8h30-16h30). Une halte à ce centre d›accueil des visiteurs vous permettra de mieux organiser votre visite de ce splendide paysage désertique typique du Sud-Ouest, qui comprend plus de 16 000 ha de grès aztèque rouge, d'arbres pétrifiés et d'anciens pétroglyphes amérindiens (à Atlatl Rock). Ouvert en 1935, ce fut le premier parc d'État du Nevada. Son paysage psychédélique a été sculpté par le vent et l'eau au cours de milliers d'années.

Pour vous détendre autour d'un bon repas, prenez la direction du centre de Boulder City, où le bar à vins **Milo's** (☎702-293-9540 ; www.milosbouldercity.com ; 534 Nevada Hwy ; plats 9-14 $; ⊙11h-21h) sert en terrasse des sandwichs frais, des salades et des assiettes de fromages européens.

Red Rock Canyon National Conservation Area RÉSERVE NATURELLE
(☎702-515-5350 ; www.redrockcanyonlv.org ; 1000 Scenic Loop Dr ; voiture/vélo 15/5 $; ⊙circuit panoramique 6h-20h avr-sept, 6h-19h mars et oct, 6h-17h nov-fév ; 👪). Le site de Red Rock est très prisé des habitants de Las Vegas et des visiteurs du monde entier. Ce canyon, dont les escarpements s'élèvent abruptement du fond de la vallée jusqu'à 914 m d'altitude, aurait été formé il y a 65 millions d'années par de violents mouvements tectoniques. Une route panoramique à sens unique (Scenic Loop Drive) de 21 km permet de découvrir en voiture les plus beaux recoins du parc, en s'arrêtant pour profiter de vues imprenables. Des sentiers de marche et des parcours d'escalade rayonnent depuis les zones de stationnement de bord de route.

Le canyon est situé à quelque 21 km du Strip et à seulement 5 km de Summerlin.

L'Ouest du Nevada

La partie ouest de l'État, bordée par la Sierra Nevada et ses conifères, voit son relief s'aplanir dès la ville de Genoa. Vaste steppe d'armoises, dépourvue d'arbres, elle se déroule tel un tapis gris-vert à travers les plaines valonnées du Grand Bassin. Cette région ne manque pas d'attraits, des rives sablonneuses du lac Tahoe au désert de Black Rock, où a lieu le festival Burning Man, en passant par le village historique de Virginia City, Carson City la raffinée et la petite ville de Reno.

Reno

Fidèle à ses racines liées aux jeux d'argent, "la plus grande petite ville du monde" n'en est pas moins tournée vers l'extérieur et les activités de plein air. Les montagnes de la Sierra Nevada et le lac Tahoe sont à moins d'une heure de route, et la région ne manque pas de lacs, de sentiers et de stations de ski. Ainsi peut-on jouer le matin dans l'un des casinos (une vingtaine) de la ville, puis se lancer ensuite sur des rapides dans le Truckee River Whitewater Park. Coinçée entre l'I-80 et la Truckee River, N Virginia St, une artère du centre-ville de Reno, est le "quartier" historique des casinos ; au sud de la rivière, la rue se prolonge en S Virginia St. Quoi qu'il en soit, volant une part du gâteau technologique américain à la toute-puissante Californie, l'énorme Tesla Gigafactory a ouvert ses portes à Reno en 2016, entraînant l'arrivée en ville de jeunes gens très aisés.

RANDO À RENO

Si vous souhaitez randonner à pied ou à VTT autour de Reno, cheminer vers le sommet du Mt Rose ou rouler sur la Tahoe-Pyramid Bikeway (www.tpbikeway.org), téléchargez le *Truckee Meadows Trails Guide* (www.washoecounty.us/parks/files/TrailsGuideFinal.pdf).

À voir

National Automobile Museum MUSÉE
(☎775-333-9300 ; www.automuseum.org ; 10 S Lake St ; adulte/enfant 12/6 $; ⌚9h30-17h30 lun-sam, 10h-16h dim). Les scènes de rue reconstituées de ce musée illustrent un siècle complet d'histoire automobile. L'impressionnante collection comprend des modèles uniques – dont la Mercury modèle 1949 de James Dean dans *La Fureur de vivre*, une Phantom Corsair de 1938 et une DeLorean en plaqué or 24 carats. Des expositions temporaires présentent aussi des voitures customisées ou juste fabuleusement rétro.

Discovery MUSÉE
(Terry Lee Wells Nevada Discovery Museum ; ☎775-786-1000 ; www.nvdm.org ; 490 S Center St ; 10 $; ⌚10h-17h mar, jeu-sam, 10h-20h mer, 12h-17h dim ; P). Depuis son ouverture en 2011 en tant que musée pour enfants, le Discovery n'a cessé de gagner en popularité et de se développer, jusqu'à devenir un centre d'envergure internationale dédié à "la science, la technologie, l'ingénierie, l'art et les mathématiques" (STEAM). Le but, à travers 11 expositions collaboratives permanentes, est de permettre aux enfants et aux jeunes adultes de s'amuser tout en cultivant leur intérêt pour les disciplines en question.

Nevada Museum of Art MUSÉE
(☎775-329-3333 ; www.nevadaart.org ; 160 W Liberty St ; adulte/enfant 10/1 $; ⌚10h-17h mer et ven-dim, 10h-20h jeu). À l'intérieur de l'édifice angulaire inspiré des formations géologiques du désert de Black Rock au nord de la ville, un escalier pour le moins original mène aux galeries des expositions temporaires et des collections éclectiques sur l'Ouest américain, le monde ouvrier et la photographie de paysage contemporaine. En 2016, le musée a inauguré la Sky Room, une salle de réception d'un coût de 6,2 millions de dollars, ou plus précisément un penthouse dont la terrasse bénéficie de vues fabuleuses. Malheureusement, elle n'est pas en accès libre.

Galena Creek Recreation Area RÉSERVE NATURELLE
(☎775-849-4948 ; www.galenacreekvisitorcenter.org/trail-map.html ; 18250 Mt Rose Hwy ; ⌚24h/24). GRATUIT Située à 30 km du centre de Reno, dans la Humboldt-Toiyabe National Forest, cette réserve naturelle est le point de départ d'un réseau complexe de sentiers de randonnée plongeant au cœur de la nature sauvage. À votre arrivée, renseignez-vous au **Galena Creek Visitor Center** (⌚9h-18h mar-dim) sur les conditions de randonnée ; personnel sympathique et de bon conseil.

Activités

Une demi-heure à une heure de voiture suffit pour se lancer sur les pistes de ski de Tahoe. Nombre d'hôtels et de casinos proposent des forfaits hébergement et ski intéressants.

À quelques pas des casinos, les rapides de classe II et III du **Truckee River Whitewater Park** (www.reno.gov) conviennent autant aux enfants, qui se laissent glisser à l'intérieur de grosses bouées, qu'aux kayakistes chevronnés cherchant un défi conséquent. Il y a deux parcours sur la rivière autour de Wingfield Park, une petite île où ont lieu des concerts gratuits en été. **Tahoe Whitewater Tours** (☎775-787-5000 ; www.gowhitewater.com ; 400 Island Ave ; location kayak à partir de 48 $) et **Sierra Adventures** (☎775-323-8928, 866-323-8928 ; www.wildsierra.com ; Truckee River Lane ; location kayak à partir de 22 $) proposent excursions et cours de kayak.

Où se loger

Les tarifs des hébergements varient grandement selon le jour de la semaine. Les meilleurs prix sont généralement proposés du dimanche au jeudi. Les tarifs grimpent le vendredi et peuvent tripler le samedi.

En été, profitez du magnifique camping en altitude du **Mt Rose** (877-444-6777 ; www.recreation.gov ; Mt Rose Hwy/Hwy 431 ; empl tente et camping-car 20-50 $; mi-juin à sept ; P).

Sands Regency HÔTEL $
(775-348-2200 ; www.sandsregency.com ; 345 N Arlington Ave ; ch à partir de 35 $; P). Les chambres du Sands Regency font partie des plus spacieuses de la ville, et sont décorées dans de couleurs joyeuses. Celles de l'Empress Tower sont les plus agréables. Les tarifs sont multipliés par trois les vendredis et samedis soir, mais le rapport qualité/prix est excellent en semaine (surtout compte tenu de la salle de sport au 17e niveau et de la piscine extérieure).

Whitney Peak HÔTEL DESIGN $$
(775-398-5400 ; www.whitneypeakhotel.com ; 255 N Virginia St ; d à partir de 129 $; P). Un hôtel indépendant de Downtown, original, non-fumeur, sympathique et plein de style, qui a tout pour plaire – et qui ne fait pas partie d'un casino. Les spacieuses chambres, très confortables, se démarquent par leur décoration jeune et branchée à la gloire du grand air. Avec son lounge haut de gamme, son mur d'escalade extérieur, son bon restaurant et son personnel aimable et professionnel, le Whitney Peak est imbattable à Reno.

Renaissance Reno Downtown HÔTEL $$
(775-682-3900 ; www.marriott.com/hotels/travel/rnobr-renaissance-reno-downtown-hotel ; 1 Lake St ; ch à partir de 135 $; P). Bien que faisant partie d'un groupe hôtelier, le Renaissance passerait presque pour un boutique-hôtel (c'en était un jadis). Les immenses chambres ont été rénovées dans un style contemporain qui évoque un intérieur élégant et douillet. Doté de la meilleure piscine sur le toit de la ville, l'endroit est une alternative futée aux hôtels des casinos.

Où se restaurer

Great Full Gardens NOURRITURE SAINE $
(775-324-2013 ; 555 S Virginia St ; bols à partir de 10 $; 8h-21h, 8h-14h dim ; P). Une longue carte proposant salades, smoothies et sandwichs – tellement sains qu'ils vous serviront d'excuse pour un dernier cocktail en fin de soirée. Les délicieux bols de graines sont classés selon le régime alimentaire (vegan, paléo, macrobiotique). Enfin, les dingues de chili ne rateront pas la sauce piquante maison.

Gold 'N Silver Inn AMÉRICAIN $
(775-323-2696 ; www.goldnsilverreno.com ; 790 W 4th St ; plats 6-20 $; 24h/24). Ce restaurant un peu vieillot ouvert 24h/24 est une institution de Reno depuis plus de 50 ans. Dans une atmosphère sympathique, vous pourrez choisir parmi un large choix de spécialités américaines, comme le pain de viande, ainsi que des petits-déjeuners et des burgers servis toute la journée. Le milk-shake au caramel est délicieux.

Louis' Basque Corner BASQUE $$
(775-323-7203 ; www.louisbasquecorner.com ; 301 E 4th St ; menu dîner 12-29 $; 11-21h30 mar-sam, 16h-21h30 dim-lun). Préparez-vous à déguster du lapin, des ris de veau et, surtout, de l'agneau plus que vous n'en rêvez, à une grande table en compagnie d'inconnus. Après un punch au Picon, vous parlerez sans tarder pelote basque comme de *vieux amis*.

Wild River Grille GRILL $$
(775-847-455 ; www.wildrivergrille.com ; 17 S Virginia St ; plats 21-37 $; 11h-21h). Vous adorerez dîner dans l'ambiance à la fois chic et décontractée du Wild River Grille, qui propose une cuisine créative et variée, des croquettes au gruyère aux raviolis de homard. Mais le meilleur atout de cet établissement reste sa merveilleuse terrasse surplombant la Truckee River. C'est aussi le lieu idéal pour prendre un verre les soirs d'été.

Où prendre un verre et faire la fête

Imperial Bar & Lounge BAR
(775-324-6399 ; www.imperialbarandlounge.com ; 150 N Arlington Ave ; 11h-22h, 11h-2h ven-sam). Ce bar élégant est installé dans une ancienne banque, comme en témoigne le ciment au milieu du parquet à l'endroit où se dressait le coffre-fort. 16 bières à la pression accompagnent les sandwichs et les pizzas ; l'ambiance est animée au moment de l'*happy hour* (15h-18h).

Renseignements

Reno Sparks Convention & Visitors Authority
(775-682-3800 ; www.visitrenotahoe.com ; 135 N Sierra St ; 9h-18h)

L'hebdomadaire *Reno News & Review* (www.newsreview.com), gratuit, répertorie tous les événements.

Comment s'y rendre et circuler

À 8 kilomètres au sud-est du centre-ville, le **Reno-Tahoe International Airport** (RNO ; www.renoairport.com ;) est desservi par la plupart des grandes compagnies aériennes. Des correspondances dans différents aéroports du pays permettent de voyager à l'international.

Le **North Lake Tahoe Express** (866-216-5222 ; www.northlaketahoeexpress.com ; trajet simple 49 $) propose un service de navettes (6-8/jour, 3h30-minuit) entre l'aéroport et de nombreuses destinations de la rive nord du lac Tahoe. Le **South Tahoe Airporter** (866-898-2463 ; www.southtahoeairporter.com ; adulte/enfant trajet simple 33/20 $) propose plusieurs bus quotidiens entre l'aéroport et les casinos de Stateline.

Des bus **Greyhound** (800-231-2222 ; www.greyhound.com) effectuent chaque jour le trajet direct de San Francisco à Reno (à partir de 18 $, 5 heures minimum) : réservez au préalable pour obtenir les tarifs les plus bas.

Reno est desservi par le train *California Zephyr* d'**Amtrak** (800-872-7245 ; www.amtrak.com), qui part d'Emeryville/San Francisco (55 $, 7 heures 30) une fois par jour.

Chaque jour, la compagnie locale **RTC Washoe** (775-348-0400 ; www.rtcwashoe.com) affrète six bus RTC Intercity équipés du Wi-Fi vers Carson City (5 $, 1 heure), qui offrent une correspondance approximative avec les bus BlueGo – gérés par le **Tahoe Transportation District** (775-589-5500 ; www.tahoetransportation.org) – à destination du Stateline Transit Center de South Lake Tahoe (adulte/enfant 4/2 $ avec transfert RTC Intercity, 1 heure).

Grand Bassin du Nevada

La traversée du Grand Bassin du Nevada tient de l'expérience zen, voire hypnotique. Les voyageurs qui rêvent d'un grand *road trip* américain apprécieront les villes historiques et les détours qui égaient ces longues routes si peu fréquentées.

Le long de la Highway 50

Dans le Nevada, la transcontinentale Hwy 50 est surnommée "la route la plus solitaire d'Amérique". Elle traverse le cœur de l'État, reliant Carson City (la capitale), à l'ouest, au Great Basin National Park, à l'est. Autrefois intégrée à la Lincoln Hwy, elle suit l'itinéraire de la diligence de l'Overland Stagecoach, du Pony Express et de la première ligne télégraphique transcontinentale. Les villes sont rares et éloignées les unes des autres et l'on a souvent pour seuls compagnons le bruit du moteur et le souffle du vent.

À environ 40 km au sud-est de Fallon, la **Sand Mountain Recreation Area** (775-885-6000 ; www.blm.gov/nv ; entrée 7 jours 40 $, mar-mer entrée libre ; 24h/24 ; P) vaut le détour pour sa dune de sable de 183 m de haut et les ruines d'une station du Pony Express. Juste à l'est, savourez un bon burger dans une ancienne station de diligences, **Middlegate Station** (775-423-7134 ; www.facebook.com/middlegate.station ; 42500 Austin Hwy, angle Hwy 50 et Hwy 361 ; plats 6-17 $; 6h-2h), puis jetez vos chaussures sur le **Shoe Tree** (arbre à chaussures) juste devant, du côté nord de la Hwy 50.

Le cadre époustouflant et inhabité du **Great Basin National Park** (775-234-7331 ; www.nps.gov/grba ; 100 Great Basin ; 24h/24) GRATUIT constitue l'aboutissement d'un périple sur la Hwy 50. À proximité de la frontière Nevada-Utah, ce parc national du Grand Bassin englobe le Wheeler Peak culminant à 3 982 m en plein désert. Les sentiers de randonnée, à l'approche du sommet, surplombent un paysage magnifique composé de lacs glaciaires, de vieux pins Bristlecone et d'un champ de glace permanent. Entrée gratuite ; l'été, vous trouverez des informations au **Lehman Caves Visitor Center** (www.nps.gov/grba ; 5500 W Hwy 488, Baker ; 8h-16h30), juste à l'ouest de Baker. Le terrain de camping du

VAUT LE DÉTOUR

BURNING MAN

Burning Man (www.burningman.com ; entrée 425 $; août). Le temps d'une semaine d'août, les "Burners" affluent du monde entier pour participer au festival dans le Black Rock Desert et donner vie à l'éphémère Black Rock City. Ce rassemblement se termine par la crémation d'un immense mannequin. Entre-temps, c'est un débordement d'art et de musique, d'esprit "peace and love", de nudité et de drogues, de frivolité et de sexe, le tout dans une ambiance sécurisée, parmi des participants soucieux de respecter les principes du festival.

parc offre l'occasion fabuleuse d'observer les étoiles.

Si vous préférez avoir un toit au-dessus de la tête, essayez le **Stargazer Inn** (775-234-7323 ; stay@stargazernevada.com ; 115 S Baker Ave, Baker, Hwy 50 ; ch à partir de 78 $; P ⊖ ❄ ☰ 🐾) , un motel de bord de route rénové à Baker. Au sein de cette auberge figure le **Kerouac's** (775-234-7323 ; 115 S Baker Rd, Baker ; pizzas à partir de 12 $; 7h-10h et 17h-20h30 avr-oct ; P ❄), fameux pour ses pizzas cuites au feu de bois et ses cocktails inventifs.

Le long des Highways 375 et 93

Surnommée la "route extraterrestre" en raison des divers témoignages d'apparitions de soucoupes volantes sur cette portion, la Hwy 375 doit aussi cette réputation à sa proximité avec la base militaire **Area 51** qui fait partie de la Nellis Air Force Base, supposée dissimuler des ovnis capturés par l'armée... Certains trouveront la Hwy 375 plus déconcertante encore que la Loneliest Road (Hwy 50). C'est une bande de bitume désolée où les voitures se font rares. Dans le village de **Rachel** (54 habitants, et surnommée la "capitale OVNI du monde"), seule localité à la ronde sur la Hwy 375, le **Little A'Le'Inn** (775-729-2515 ; www.littlealeinn.com ; 9631 Old Mill St, Rachel ; empl camping-car 20 $, ch 45-190 $; restaurant 8h-22h ; ❄ ☰ 🐾) vend des souvenirs venus d'ailleurs.

ARIZONA

L'Arizona se prête aux *road trips*. Certes, de nombreux sites méritent qu'on s'y arrête – Monument Valley, le Grand Canyon, Cathedral Rock –, mais vous vous souviendrez autant du romantisme des innombrables kilomètres parcourus sous un ciel infini que des lieux légendaires qui les ponctuent. Empruntez la Route 66 jusqu'à Flagstaff, ville moyenne tranquille et conviviale. Constatez l'incroyable volonté des barons de l'industrie minière en suivant la tortueuse route de montagne menant à Jerome. Enfin, imprégnez-vous de l'histoire amérindienne en passant devant les villages Hopis vieux de 1 000 ans perchés au sommet des mesas.

Histoire

Des tribus amérindiennes peuplaient déjà l'Arizona depuis des millénaires lorsque Francisco Vásquez de Coronado quitta Mexico en 1540, à la tête d'une expédition dont les membres furent les premiers Européens à contempler le Grand Canyon et la Colorado River. Colons et missionnaires débarquèrent dans leur sillage, avant que les États-Unis n'annexent l'Arizona – à l'issue de la guerre américano-mexicaine de 1846-1848. Les guerres indiennes destinées à "protéger" les colons et à s'emparer de territoires pour le compte du gouvernement prirent fin en 1886 avec la reddition du chef apache Geronimo.

Le développement du chemin de fer et de l'exploitation minière attira un nombre croissant d'habitants. Le président Roosevelt, en visite en Arizona en 1903, encouragea la construction de barrages, afin d'assurer les ressources en eau du territoire et de la population. L'Arizona devint le 48ᵉ État du pays en 1912.

L'État, qui partage une frontière de 403 km avec le Mexique, s'est retrouvé à plusieurs reprises en première ligne du débat sur l'immigration. Récemment, certaines des structures frontalières, notamment à Yuma, ont été débordées par le nombre de demandeurs d'asile centraméricains. Les centres d'accueil se sont retrouvés à court d'espace, entraînant la création de campements temporaires pour accueillir les migrants en attendant que leurs demandes soient entendues.

Renseignements

L'Arizona est sur le fuseau horaire des Rocheuses mais il est le seul État à ne pas appliquer l'heure d'été. En revanche, le territoire des Navajos (Navajo Reservation) applique ce changement d'heure.

En général, les tarifs d'hébergement dans le sud de l'Arizona (y compris Phoenix, Tucson et Yuma) sont bien plus élevés en hiver et au printemps, périodes de "haute saison" ici. En plein été, dans les zones les plus chaudes, les bonnes affaires sont fréquentes.

Arizona State Parks (877-697-2757 ; www.azstateparks.com). Seize des parcs de l'État ont des campings. Réservations en ligne.

Office du tourisme de l'Arizona (602-364-3700 ; www.tourism.az.gov)

Public Lands Interpretive Association. Renseignements sur les forêts (USFS, United States Forest Service), les parcs nationaux (NPS, National Park Service), l'aménagement du territoire (BLM, Bureau of Land Management), ainsi que les territoires et parcs de l'État.

Phoenix

Phoenix est sans conteste la capitale culturelle et économique de l'Arizona. Cette métropole florissante, située en plein désert, est l'endroit idéal pour déguster une bonne cuisine mexicaine ou typique du Sud-Ouest. La "Vallée du Soleil", comme on l'appelle, bénéficie de 300 jours d'ensoleillement par an, la chaleur étant difficilement supportable entre juin et août.

Sur le plan culturel, on trouve à Phoenix un opéra, un orchestre symphonique, plusieurs théâtres et trois musées intéressants : le Heard Museum, le Phoenix Art Museum et le Musical Instrument Museum. Le jardin botanique du Désert (Desert Botanical Garden) constitue une excellente introduction à la faune et à la flore de la région. Enfin, pour les amateurs de sports, la ville possède des équipes professionnelles de base-ball, de football, de basket et de hockey sur glace, ainsi que plus de 200 terrains de golf.

À voir

Plusieurs "communes" composent l'agglomération de Phoenix (Greater Phoenix). Phoenix, la plus importante, concentre le monde des affaires, d'excellents musées, une scène culturelle en plein essor et des installations sportives de qualité. Au sud-est, la ville étudiante de Tempe (prononcer *tèm-pi*) s'étale le long des 3 km de rive du lac Tempe Town. Plus à l'est encore, Mesa dispose de quelques bons musées. Au nord-est de Phoenix se trouvent deux enclaves bourgeoises : Scottsdale, connue pour son ravissant centre ancien, ses galeries d'art et ses hôtels de luxe, et la ville principalement résidentielle de Paradise Valley.

Phoenix

Heard Museum MUSÉE

(carte p. 172 ; ☎602-252-8848 ; heard.org ; 2301 N Central Ave ; tarif plein/senior/enfant 18/13,50/7,50 $; 9h30-17h lun-sam, 11h-17h dim ; P). Ce musée extraordinaire, ouvert en 1929 par Dwight et Maie Bartlett Heard pour faire connaître leur vaste collection d'objets amérindiens, illustre l'histoire, le mode de vie, l'art et la culture des tribus amérindiennes du Sud-Ouest. On peut y découvrir des galeries présentant l'art, les textiles et les céramiques de ces populations, des films, une exposition stimulant la créativité des plus petits, et une galerie où sont exposées les fameuses *kachinas* (poupées rituelles hopis qui incarnent des esprits). Le Heard mise davantage sur la qualité que sur la quantité.

Musical Instrument Museum MUSÉE

(MIM ; ☎480-478-6000 ; www.themim.org ; 4725 E Mayo Blvd ; tarif plein/ado/enfant 20/15/10 $; 9h-17h ; P). Pianos à pouces ougandais, ukulélés hawaïens, luths indonésiens... Vous en prendrez plein les oreilles au MIM, ce musée dédié aux instruments de musique du monde entier. Plus de 200 pays et territoires sont représentés dans cinq galeries régionales. Un casque sans fil est fourni à chaque visiteur, vous permettant d'entendre le son d'un instrument en passant devant lui. Vous pourrez également jouer du gong dans l'Experience Gallery ou écouter Elvis Presley dans l'Artist Gallery.

Desert Botanical Garden JARDINS

(carte p. 172 ; ☎480-941-1225 ; www.dbg.org ; 1201 N Galvin Pkwy ; tarif plein/3-12 ans 25/13 $; 8h-20h oct-avr, 7h-20h mai-sept). Le bleu des campanules et le jaune des pavots de Californie ne sont que deux des nombreuses couleurs mouchetant, de mars à mai, les bords du Desert Wildflower Loop Trail

L'ARIZONA EN BREF

Surnom Grand Canyon State (État du Grand Canyon)

Population 7,17 millions d'habitants

Superficie 295 253 km²

Capitale Phoenix (1 660 272 hab.)

Autres villes Tucson (535 677 hab.), Flagstaff (71 975 hab.), Sedona (10 336 hab.)

TVA 5,6%

Berceau de OK Corral et des anciennes villes minières aujourd'hui transformées en communautés d'artistes

Politique Majorité républicaine

Célèbre pour le Grand Canyon et les cactus saguaro

Meilleur souvenir Une lampe-néon rose en forme de cactus vendue au bord de la route

Distances routières Phoenix-Grand Canyon Village : 378 km ; Tucson-Sedona : 370 km

Phoenix

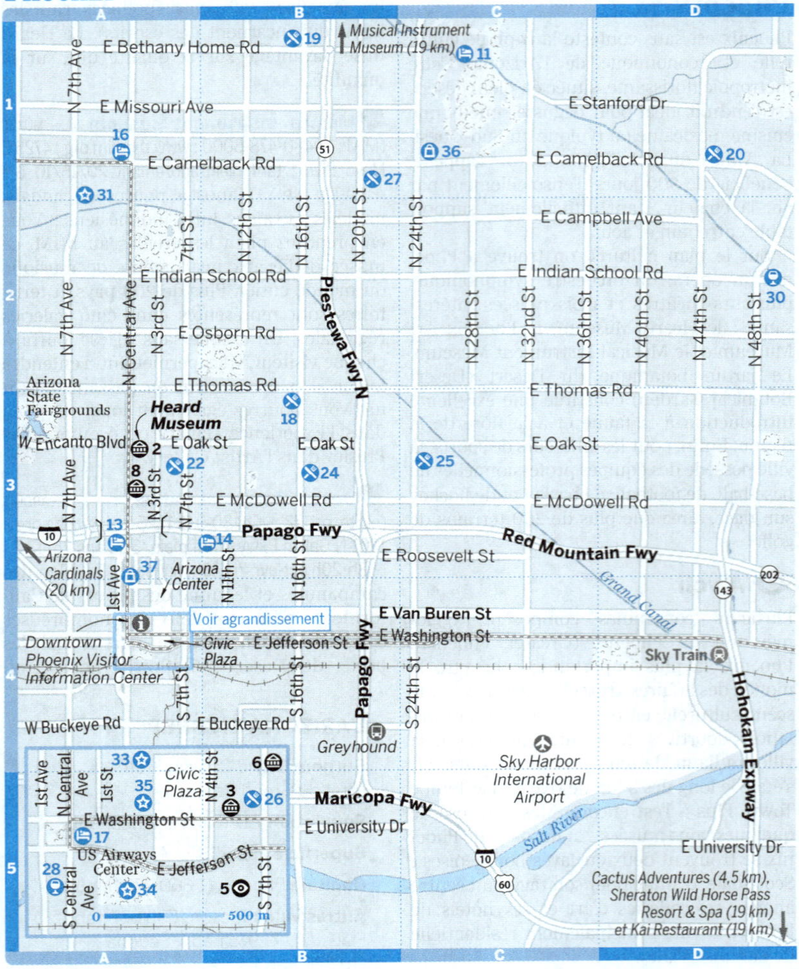

(circuit pédestre) de ce riche jardin botanique. C'est l'endroit parfait pour renouer avec la nature en découvrant la flore du désert. Des circuits pédestres sillonnent une impressionnante variété de plantes classées par thèmes (circuit consacré à la flore du désert de Sonora et au jardin de plantes désertiques comestibles, entre autres). Le jardin est magnifique toute l'année, mais c'est au printemps qu'il est le plus coloré.

Phoenix Art Museum MUSÉE

(carte p. 172 ; ☎602-257-1880 ; www.phxart.org ; 1625 N Central Ave ; tarif plein/senior/enfant 23/20/14 $; ⏲10h-17h mar et jeu-sam, 10h-21h mer, 12h-17h dim ; P 👪). Ce musée abrite la plus grande collection d'art de l'Arizona, et notamment des œuvres de Claude Monet, Diego Rivera et Georgia O'Keeffe. Ne manquez pas la Western American Collection, reflétant l'inspiration que l'Arizona a insufflée aux artistes, des premiers pionniers aux modernistes. Un *kidpack* est disponible pour les enfants à l'accueil. Ces derniers seront spécialement intéressés par les intérieurs miniatures des Thorne Rooms et par la PhxArtKids Gallery.

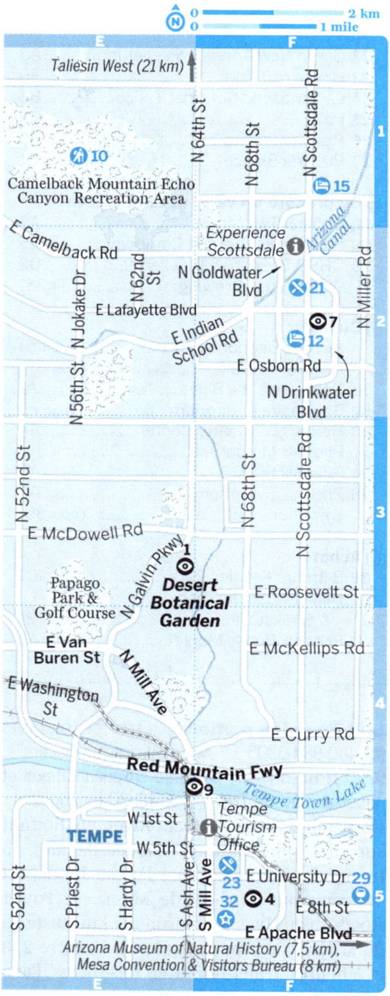

Scottsdale

Vous trouverez la liste des expositions permanentes et temporaires sur www.scottsdalepublicart.org.

Old Town Scottsdale QUARTIER

(carte p. 172 ; www.oldtownscottsdaleaz.com). Entre les centres commerciaux et les bistrots se trouve la vieille ville de Scottsdale, petite enclave rappelant le Far West avec ses bâtiments à la OK Corral, ses trottoirs couverts et ses boutiques d'artisanat "amérindien" produit à la chaîne. On y trouve aussi un musée, des sculptures, des saloons et des galeries où sont exposées d'authentiques œuvres d'art amérindiennes, ainsi que des buggies tirés par des chevaux et des cow-boys en hiver.

Taliesin West ARCHITECTURE

(☎888-516-0811 ; www.franklloydwright.org ; 12621 N Frank Lloyd Wright Blvd ; visite guidée 35-75 $; ⏲8h30-18h oct-mai, horaires réduits juin-sept, fermé mar-mer juin-août). Cette école d'architecture installée en plein désert était à l'origine la maison et l'atelier de Frank Lloyd Wright (1867-1959), l'une des figures de proue de l'architecture américaine du XXe siècle. Construite à partir de 1937, elle constitue un excellent exemple d'architecture organique, intégrant structures et éléments naturels issus de l'environnement proche. Aujourd'hui classée site historique national, elle est ouverte au public dans le cadre de visites guidées. Réservations obligatoires.

Tempe

Fondée en 1885, l'**Arizona State University** (ASU ; carte p. 172 ; ☎480-965-2100 ; www.asu.edu) est l'âme de Tempe. Fréquentée par 50 000 étudiants, elle comprend le **Gammage Auditorium** (carte p. 172 ; ☎guichet 480-965-3434, visites 480-965-6912 ; www.asugammage.com ; 1200 S Forest Ave, angle Mill Ave et Apache Blvd ; entrée libre, spectacles à partir de 50 $; ⏲billetterie 10h-17h lun-jeu été, 10h-18h lun-ven reste de l'année), dernier grand ouvrage de Frank Lloyd Wright.

Aisément accessible en *light rail* depuis le centre de Phoenix, **Mill Avenue**, l'artère principale de Tempe, est jalonnée d'une enfilade de restaurants, de bars à thème et autres adresses où se rassemblent les étudiants. Vous pouvez également jeter un coup d'œil au **lac de Tempe** (Tempe Town Lake ; carte p. 172 ; www.tempe.gov/lake), plan d'eau artificiel à découvrir en kayak ou en paddle, ou à pied au gré des sentiers alentour.

Mesa

♥ **Arizona Museum of Natural History** MUSÉE

(☎480-644-2230 ; arizonamuseumofnaturalhistory.org ; 53 N MacDonald St, Mesa ; tarif plein/senior/enfant 12/10/7 $; ⏲10h-17h mar-ven, 11h-17h sam, 13h-17h dim). Ce fascinant musée plaira aux férus de dinosaures. En plus de la Dinosaur Mountain, qui figure les âges jurassiques et présente différentes espèces tout

Phoenix

en mouvement et rugissement, les enfants pourront y voir de nombreuses reproductions grandeur nature de ces géants, ainsi qu'un fémur d'apatosaure. Les autres expositions, comme le village préhistorique hohokam ou la salle dédiée aux cultures anciennes mésoaméricaines, mettent en valeur le riche passé du Sud-Ouest, et de l'Amérique en général, avant l'arrivée des Européens.

Activités

Camelback Mountain — RANDONNÉE

(carte p. 172 ; 602-261-8318 ; www.phoenix.gov ; aube-crépuscule). Cette montagne à deux pics culmine à 825 m, en plein cœur du paysage de Phoenix. Les deux sentiers, le Cholla Trail (6131 E Cholla Lane) et l'Echo Canyon Trail (4925 E McDonald Dr), sont courts mais abrupts, nécessitant 385 m de dénivelé pour à peine 2 km d'ascension et une bonne dose de crapahutage en s'aidant des mains pour franchir les gros rochers. Une excellente séance d'exercice physique, suivie d'un panorama fabuleux. Partez de bonne heure, les sentiers, notamment l'Echo Canyon Trail, étant extrêmement populaires.

Salt River Recreation — SPORTS EN EAUX VIVES

(480-984-3305 ; www.saltrivertubing.com ; 9200 N Bush Hwy ; descente en pneumatique et retour en navette 17 $; 9h-18h30 mai-fin sept). Descendez la Lower Salt River en flottant sur un pneumatique (bouée/bateau), à travers la Tonto National Forest. Le départ se trouve au nord-est de Mesa, sur Power Road-Bush Hwy, à environ 25 km au nord de la Hwy 60. Vous avez le choix entre 2, 3 et 5 heures, trajet retour en bus inclus. Paiement en espèces uniquement.

Cactus Adventures — VTT

(480-688-4743 ; www.cactusadventures.com ; location demi-journée à partir de 45 $; 8h-20h). Cactus Adventures loue des VTT et des vélos tout-suspendus pour South Mountain et propose des randonnées guidées à pied ou à vélo (à partir de 250 $) dans plusieurs parcs. Les vélos de location vous sont livrés au départ des sentiers. Il n'y a pas de boutique ; réservez au préalable.

Ponderosa Stables — ÉQUITATION

(602-268-1261 ; www.arizona-horses.com ; 10215 S Central Ave ; balades 1/2/3 heures 40/60/80 $; 9h-20h). Balades éventuellement suivies d'un petit-déjeuner, d'un déjeuner ou d'un dîner, dans le vaste et magnifique South Mountain Park. Réservations requises pour la plupart des sorties. Les écuries sont à une dizaine de kilomètres au sud du centre de Phoenix, en descendant Central Avenue. Minimum de deux cavaliers pour les excursions de 3 heures.

Fêtes et festivals

First Fridays ART
(www.artlinkphoenix.com ; 18h-22h 1er et 3e ven du mois). Jusqu'à 20 000 personnes se retrouvent dans les rues de Phoenix chaque premier et troisième vendredi du mois pour une "art walk" ("promenade artistique"). Munis d'un plan, les amateurs d'art peuvent visiter plus de 70 galeries et lieux d'expositions ouverts pour l'occasion. Trois navettes transportent les participants d'un site à l'autre.

Arizona State Fair FOIRE
(602-252-6771 ; www.azstatefair.com ; 1826 W McDowell Rd, Phoenix ; oct). Chaque année, en octobre, cette foire attire plus d'un million de participants à l'Arizona State Fairgrounds. Au programme : rodéo, manèges et attractions, foire au bétail, concours du plus gros mangeur de tartes et concerts.

Où se loger

Phoenix

HI Phoenix Hostel AUBERGE DE JEUNESSE $
(carte p. 172 ; 602-254-9803 ; www.phxhostel.org ; 1026 N 9th St ; s/d 30/45/65 $;). Une petite auberge de jeunesse de 22 lits, au cœur d'un quartier résidentiel. Ses propriétaires connaissent bien la ville et ne demandent qu'à vous en faire profiter. Ordinateurs portables et autres appareils électroniques sont interdits chaque jour entre 8h et 10h, puis entre 17h et 22h à la "table de conversation".

Maricopa Manor BOUTIQUE-HÔTEL $$
(carte p. 172 ; 800-292-6403, 602-264-9200 ; www.maricopamanor.com ; 15 W Pasadena Ave ; ste 190-240 $;). Situé à deux pas de l'animation de Central Avenue, le Maricopa est un petit hôtel aux allures de ranch espagnol. Il possède six suites ; dans la plupart, une porte-fenêtre donne sur un patio s'ouvrant sur la piscine, le jardin et ses fontaines. Bien qu'installé en centre-ville, c'est un endroit discret, avec des coins ombragés.

Arizona Bilmore Hotel COMPLEXE HÔTELIER $$$
(carte p. 172 ; 800-950-0086, 602-955-6600 ; www.arizonabiltmore.com ; 2400 E Missouri Ave ; d à partir de 400 $;). Avec son architecture inspirée de Frank Lloyd Wright, le Biltmore est une adresse parfaite pour les nostalgiques, d'autant qu'il a accueilli des hôtes prestigieux, comme Marilyn Monroe et tous les présidents, de Hoover à G.W. Bush. Véritable institution, il possède 700 chambres magnifiquement décorées, deux terrains de golf, plusieurs piscines et un spa, entre autres luxueux atouts.

Kimpton Hotel Palomar Phoenix HÔTEL $$$
(carte p. 172 ; 602-253-6633, réservations 877-488-1908 ; www.hotelpalomar-phoenix.com ; 2 E Jefferson St ; ch/ste à partir de 350/360 $;). Oreillers en fourrure, lampes façon bois de cerf et portraits de vaches bleues : la décoration fantaisiste des 242 chambres chics du Palomar est un bonheur. Les chambres, spacieuses et modernes, sont dotées de tapis de yoga, de peignoirs à motifs animaliers et de draps italiens de la marque Frette. Soirée vin tous les soirs. Les stades de base-ball et de basket de la ville sont à deux pas.

Found:Re HÔTEL DESIGN $$$
(carte p. 172 ; 602-875-8000 ; www.foundrehotels.com ; 1100 N Central Ave ; ch 280-360 $;). Un hôtel arty qui exhale un parfum branché et urbain, pimenté de coquinerie (vous n'êtes pas obligé de regarder le nu de Burt Reynolds en entrant). Les 104 chambres sont très confortables – douches à l'italienne, draps de qualité, baies vitrées et sols en béton ciré. Accès gratuit pour les animaux domestiques.

Scottsdale

Hotel Adeline MOTEL $$
(carte p. 172 ; 480-284-7700 ; www.hoteladeline.com ; 5101 N Scottsdale Rd ; d à partir de 213 $;). Des meubles modernes des années 1950 ornent ce motel rénové, alternative branchée aux retraites haut de gamme plus classiques de Scottsdale. La piscine bordée de palmiers est prisée de la clientèle plus jeune.

Bespoke Inn, Cafe & Bicycles BOUTIQUE-HÔTEL $$$
(carte p. 172 ; 844-861-6715 ; www.bespokeinn.com ; 3701 N Marshall Way ; d à partir de 450 $;

(P ❄ wifi ≈ 🐾). Une petite tranche de raffinement *british* au cœur de Scottsdale ! Ce boutique-hôtel de 10 chambres comprend un café chic proposant des scones au chocolat, une piscine à débordement et des vélos anglais Pashley. Les chambres, luxueuses, s'agrémentent de jolis détails, comme le mobilier artisanal ou une robinetterie en nickel. Un repas gastronomique est servi dans le restaurant de l'hôtel, Virtu. Réservez le plus tôt possible.

Tempe

Sheraton Grand at Wild Horse Pass Resort & Spa RESORT **$$$**
(☎602-225-0100 ; www.marriott.com ; 5594 W Wild Horse Pass Blvd, Chandler ; ch à partir de 360 $; P ❄ wifi ≈). Le complexe tient son nom des chevaux sauvages que l'on aperçoit parfois à l'horizon. Il appartient à la tribu de Gila River et se dresse sur leur vaste réserve au sud de Tempe. Le dôme du hall d'entrée orné de fresques et les 500 chambres associent luxe moderne et traditions des tribus indiennes de la région.

Où se restaurer

Phoenix

La Santisima - Gourmet Taco Shop MEXICAIN **$**
(carte p. 172 ; ☎602-254-6330 ; www.lasantisimagourmet.com ; 1919 N 16th St ; tacos 2,50-10 $; ⏲11h-22h lun-sam, 11h-21h dim). Malgré le “gourmet” dans le nom, ce lieu coloré reste populaire comme le prouvent les couverts en plastique et la musique rock à plein volume. Les tacos à la mode de Mexico occupent le devant de la scène, mais la véritable vedette est le bar à sauces, dont les fabuleuses créations vont de la noix de pécan à la cacahouète, et du jicama au *chipotle* (piment séché et fumé) aztèque. Excellente *horchata*.

♥ **Pizzeria Bianco** PIZZERIA **$$**
(carte p. 172 ; ☎602-258-8300 ; www.pizzeriabianco.com ; 623 E Adams St, Heritage Sq ; pizzas 14-19 $; ⏲11h-21h lun-mer, 11h-22h jeu-sam, 12h-20h dim). Lauréat des James Beard Awards, Chris Bianco continue de préparer au feu de bois des pizzas gourmandes toujours aussi appréciées. Ce minuscule restaurant – étape pratique pour les voyageurs qui explorent Heritage Square – possède une **succursale** (carte p. 172 ; ☎602-368-3273 ; www.pizzeriabianco.com ; 4743 N 20th St ; pizza 14-19 $; ⏲11h-21h dim-jeu, 11h-22h ven-sam ; wifi) dans le Town & Country Shopping Center, près du Biltmore Fashion Park.

Flower Child AMÉRICAIN **$**
(carte p. 172 ; ☎602-429-6222 ; www.iamaflowerchild.com ; 5013 N 44th St ; plats 8,25-12 $; ⏲11h-21h). Le Flower Child est certes un établissement de chaîne, mais ce qu'on y sert est sain, bon marché et très, très bon – savourez tranquillement une salade, un bol de légumes aux graines, une soupe phô ou une délicieuse petite assiette, le tout accompagné d'un *kombucha* ou d'une bière à la pression. Situé tout près de Camelback Mountain.

Green New American Vegetarian VÉGANE **$**
(carte p. 172 ; ☎602-258-1870 ; greenvegetarian.com ; 2022 N 7th St ; plats 7,25-9,75 $; ⏲11h-21h lun-sam ; ✎). Vous ne verrez plus la cuisine végétarienne de la même manière après un repas dans ce café à la mode, tenu par le chef végane Damon Brasch. Les burgers, les *po-boys* et les plats asiatiques sont aussi bons, sinon meilleurs, que leurs équivalents carnés. Commandez au comptoir avant de vous installer dans la salle aux allures de garage.

♥ **Barrio Café** MEXICAIN **$$**
(carte p. 172 ; ☎602-636-0240 ; www.barriocafe.com ; 2814 N 16th St ; plats 14-34 $; ⏲11h-22h mar-sam, 11h-21h dim ; ✎). Sur les T-shirts des employés du Barrio, on peut lire *comida chingona*, “sacrément bonne bouffe”, et ce n'est pas mensonger ! On a rarement l'occasion de déguster des plats mexicains aussi inventifs que le guacamole aux graines de grenade, le maïs au beurre accompagné de *chipotle*, de fromage bien fait, de coriandre et de citron vert, ou les churros fourrés au lait de chèvre et au caramel. Boissons à moitié prix tous les jours entre 14h et 17h. Pas de réservations.

♥ **Pa'La** MÉDITERRANÉEN **$$**
(carte p. 172 ; ☎602-795-9500 ; www.palakitchen.com ; 2107 N 24th St ; plats 12-22 $; ⏲11h-21h mer-sam, 11h-15h mar). Petit, simple, l'endroit permet de commander au comptoir dans une ambiance décontractée et soucieuse de l'environnement. On en oublierait presque que le Pa'La est tout simplement extraordinaire. Le chef Claudio Urciuoli utilise des légumes de saison et des produits de la mer bio pour

PHOENIX AVEC DES ENFANTS

Wet 'n' Wild Phoenix (☎623-201-2000 ; www.wetnwildphoenix.com ; 4243 W Pinnacle Peak Rd, Glendale ; + de/- de 1,05 m 44/34 $, senior 33 $; ⏲10h30-20h dim-jeu, 10h-22h ven-sam juin-juil, horaires réduits mars-mai et août-oct) est un parc aquatique situé à Glendale, à 3 km à l'ouest de la sortie 217 de l'I-17. Il réunit bassins, grosses bouées et toboggans, piscines à vagues, cascades et rivières.

Le **Children's Museum of Phoenix** (carte p. 172 ; ☎602-253-0501 ; www.childrensmuseumofphoenix.org ; 215 N 7th St ; 15 $; ⏲9h-16h mar-dim ; 👪), destiné aux enfants, propose de nombreuses expositions interactives et discrètement éducatives. On peut toucher, grimper, peindre, s'exprimer : un vrai paradis pour les petits !

L'**Arizona Science Center** (carte p. 172 ; ☎602-716-2000 ; www.azscience.org ; 600 E Washington St ; tarif plein/enfant 18/13 $; ⏲10h-17h) est un haut lieu de découverte technologique, comprenant un planétarium et une exposition interactive de plus de 300 pièces.

préparer au grill des merveilles culinaires à un prix raisonnable.

Dick's Hideaway MEXICAIN MODERNE **$$**
(carte p. 172 ; ☎602-241-1881 ; richardsonsnm.com ; 6008 N 16th St ; brunch 14-21 $, plats 16-32 $; ⏲8h-23h dim-mer, 8h-minuit jeu-sam). Choisissez une table près du bar ou installez-vous à la table commune dans la salle attenante pour savourer de copieuses portions de succulents *tamales*, *enchiladas*, *rellenos* épicés et autres spécialités mexicaines innovantes. Le bloody mary est servi avec un shot de bière.

House of Tricks AMÉRICAIN **$$$**
(carte p. 172 ; ☎480-968-1114 ; www.houseoftricks.com ; 114 E 7th St ; déj 13-15 $, dîner 25-33 $; ⏲11h-22h lun-sam). Robin et Robert Trick vous envoûteront avec leur cuisine américaine contemporaine et éclectique, influencée par le Sud-Ouest des États-Unis, la Méditerranée et l'Asie. Les tables en terrasse abritées sous la tonnelle sont généralement prises d'assaut, mais celles qui se trouvent à l'intérieur sont tout aussi agréables.

Scottsdale

Andreoli ITALIEN **$$**
(☎480-614-1980 ; www.andreoli-grocer.com ; 8880 E Vía Linda ; sandwichs à partir de 9,25 $, plats 20-34 $; ⏲10h-21h lun-sam). Devant cette épicerie fine italienne, ouverte par le Calabrais Giovanni Scorzo, il y a toujours la queue – et on le comprend. Que l'on commande un *panino* à emporter ou un plat du jour à base de pâtes maison à déguster dans la salle faite de bric et de broc, les ingrédients sont toujours de premier ordre. Pas de réservations.

FnB GASTRONOMIQUE **$$$**
(carte p. 172 ; ☎480-284-4777 ; www.fnbrestaurant.com ; 7125 E 5th Ave ; plats 26-36 $; ⏲17h-22h mar-sam, 17h-21h dim). Le cadre romantique et le génie culinaire de cette table de Scottsdale s'unissent pour vous offrir un dîner inoubliable. Charleen Badman, élue meilleur chef du Sud-Ouest américain en 2019, met en valeur les produits et les vins locaux dans ses créations modernes – goûtez les petites assiettes végétariennes, comme les asperges grillées à la polenta, à l'œuf et au piment tepin, ou les broccolis rôtis au yaourt, au pamplemousse et aux épices dakka. Tout est divin. Réservez.

Tempe

Kai Restaurant AMÉRINDIEN **$$$**
(☎602-225-0100 ; 5594 W Wild Horse Pass Blvd, Chandler ; plats 46-62 $, menus dégustation 145-245 $; ⏲17h30-21h mar-sam). La cuisine amérindienne atteint des sommets au Kai ("graines"). Parmi les plats inventifs préparés avec les légumes traditionnels cultivés sur les rives de la Gila River, citons le filet de bison grillé accompagné d'une purée de maïs fumé et de bourgeons de cactus *cholla*, ou les pétoncles avec leur caviar fumé au bois de mesquite et leur croustillant de haricots téparis. Le service est irréprochable et discret, la carte des vins excellente et la salle ornée d'œuvres d'art amérindiennes.

Le Kai est le restaurant du Sheraton Grand at Wild Horse Pass, dans la réserve indienne de Gila River. Réservation et tenue correcte exigées.

Où prendre un verre et faire la fête

Wren House Brewing BRASSERIE
(carte p. 172 ; ☎602-244-9184 ; www.wrenhouse-brewing.com ; 2125 N 24th St ; ⏲12h-22h dim-jeu, 11h-minuit ven-sam ; W). Installez-vous sur un tabouret dans cette ancienne maison reconvertie et dégustez l'une des meilleures bières de petite production de Phoenix. La Sin Cuidados – une bière de ferme amère aux touches d'abricot – est divine ; pour quelque chose de plus fort, optez pour l'une des deux triples IPA.

Bitter & Twisted BAR À COCKTAILS
(carte p. 172 ; ☎602-340-1924 ; www.bitterandtwistedaz.com ; 1 W Jefferson St ; ⏲16h-2h mar-sam). Installé dans l'ancien Arizona Prohibition Headquarters (quartier général de la Prohibition), cet élégant bar à cocktails, qui dispose uniquement de places à table, propose des boissons haut de gamme. De délicieux plats viennent à la rescousse des buveurs – le Dragon Dumpling Burger est très savoureux : porc, bœuf, légumes marinés et sauce soja.

Four Peaks Brewing Company BRASSERIE
(carte p. 172 ; ☎480-303-9967 ; www.fourpeaks.com ; 1340 E 8th St ; ⏲11h-minuit lun-mer, 11h-2h ven-sam, 9h-minuit dim ; 📶). Hipsters, familles, inconditionnels de la bière artisanale et assoiffés convergent joyeusement vers cette brasserie toute en briques, dont le bâtiment date des années 1890. La bière pression coule à flots, Kilt Lifter ou Pitchfork Pale. On y sert aussi de la bonne cuisine de pub. Visites avec dégustation (le samedi, réservez sur Internet) et boutique de souvenirs. Autres adresses à Tempe, Scottsdale et au Sky Harbor International Airport de Phoenix.

Où sortir

Consultez la liste des événements de l'*Arizona Republic Calendar* (www.azcentral.com/thingstodo/events) et du *Phoenix New Times* (www.phoenixnewtimes.com).

Le **Symphony Hall** (carte p. 172 ; ☎602-262-6225 ; www.phoenixconventioncenter.com ; 75 N 2nd St) héberge l'**Arizona Opera** (carte p. 172 ; ☎602-266-7464 ; www.azopera.com) et le **Phoenix Symphony** (carte p. 172 ; ☎billetterie 602-495-1999 ; www.phoenixsymphony.org). Ce dernier orchestre se produit aussi dans d'autres salles de la région. Les **Arizona Diamondbacks** (carte p. 172 ; ☎602-462-6500 ; arizona.diamondbacks.mlb.com) – l'équipe de base-ball – jouent dans le centre, dans la fraîcheur climatisée du **Chase Field** (carte p. 172 ; ☎visites 602-462-6799 ; www.mlb.com/dbacks ; 401 E Jefferson St ; tarif plein/senior/enfant 7/5/3 $; ⏲visites 9h30, 11h, 12h30 lun-sam, visites supplémentaires les jours de match). Les équipes de basket-ball masculine, les **Phoenix Suns** (carte p. 172 ; ☎602-379-7867 ; www.nba.com/suns), et féminine, les **Phoenix Mercury** (carte p. 172 ; ☎602-252-9622 ; mercury.wnba.com), jouent également dans le centre, à la **Talking Stick Resort Arena** (401 E Jefferson St). L'équipe de football américain des **Arizona Cardinals** (☎623-433-7101 ; www.azcardinals.com ; 1 Cardinals Dr ; Glendale) joue à Glendale au **State Farm Stadium**, anciennement University of Phoenix Stadium, qui accueillit le Super Bowl en 2015.

Herberger Theater Center THÉÂTRE
(carte p. 172 ; ☎602-252-8497 ; www.herbergertheater.org ; 222 E Monroe St ; ⏲billetterie 10h-17h lun-ven, 12h-17h sam-dim, 1h avant les spectacles). Ce théâtre de trois salles héberge plusieurs compagnies et invite d'autres troupes à s'y produire. On y voit surtout des pièces de théâtre et des comédies musicales, mais aussi des spectacles de danse et des opéras. Des expositions d'artistes locaux s'y tiennent parfois.

Char's Has the Blues BLUES
(carte p. 172 ; ☎602-230-0205 ; www.charshastheblues.com ; 4631 N 7th Ave ; ⏲20h-1h). Ce bar chaleureux ne paie pas de mine vu de l'extérieur, mais il attire les foules presque tous les soirs grâce aux excellents concerts de blues et de R'N'B' qui s'y tiennent – tout en gardant un air de secret bien gardé. Entrée de 0 à 7 $.

Achats

Phoenix Public Market MARCHÉ
(carte p. 172 ; ☎602-625-6736 ; www.phxpublicmarket.com ; 721 N Central Ave ; ⏲8h-13h sam oct-avr, 8h-12h sam mai-sept). Ce marché de producteurs, le plus grand d'Arizona, propose un festival de saveurs grâce aux meilleurs produits de l'État. En plus des habituels fruits et légumes, on y trouve des spécialités amérindiennes et toutes sortes de mets délicieux – pain, épices, pâtes et sauces, viande bio –, ainsi que de nombreuses offres pour se restaurer sur place, dont des camions-barbecues. Également : des bijoux, des textiles et des produits de beauté.

Heard Museum Shop & Bookstore ARTISANAT

(carte p. 172 ; ☎602-346-8190 ; www.heardmuseumshop.com ; 2301 N Central Ave ; ⊙9h30-17h lun-sam, 11h-17h dim ; 📶). La boutique du Heard Museum propose une belle collection d'objets artisanaux amérindiens, dont des *kachinas* (poupées-esprits) d'une variété et d'une qualité étonnantes. On y trouve également des bijoux, des poteries, des livres et des tableaux. La librairie dispose de nombreux ouvrages sur les cultures amérindiennes du Sud-Ouest.

Biltmore Fashion Park MALL

(carte p. 172 ; ☎602-955-8400 ; www.shopbiltmore.com ; 2502 E Camelback Rd ; ⊙10h-20h lun-sam, 12h-18h dim). Cette galerie marchande de luxe, perchée sur Camelback Road, juste au sud de l'Arizona Biltmore Resort, renferme une multitude de boutiques de prêt-à-porter haut de gamme.

ℹ Renseignements

OFFICES DU TOURISME

Downtown Phoenix Visitor Information Center (carte p. 172 ; ☎877-225-5749 ; www.visitphoenix.com ; 125 N 2nd St, suite 120 ; ⊙8h-17h lun-ven). L'adresse la plus complète en matière de renseignements touristiques de la Valley, en face du Hyatt Regency.

Experience Scottsdale (carte p. 172 ; ☎800-782-1117, 480-421-1004 ; www.experiencescottsdale.com ; 7014 E Camelback Rd ; ⊙9h-18h lun-sam, 10h-17h dim). Sur l'aire de restauration du Scottsdale Fashion Square.

Mesa Convention & Visitors Bureau (☎800-283-6372, 480-827-4700 ; www.visitmesa.com ; 120 N Center St ; ⊙8h-17h lun-ven)

Tempe Tourism Office (carte p. 172 ; ☎866-914-1052 ; www.tempetourism.com ; 222 S Mill Ave, Suite 120 ; ⊙8h30-17h lun-ven)

URGENCES ET SERVICES MÉDICAUX

Police (urgences ☎911, renseignements ☎602-262-6151 ; www.phoenix.gov/police ; 620 W Washington St)

Le **Banner-University Medical Center Phoenix** (☎602-839-2000 ; www.bannerhealth.com ; 1111 E McDowell Rd) et le **St Joseph's Hospital & Medical Center** (☎602-406-3000 ; www.dignityhealth.org ; 350 W Thomas Rd) ont chacun un service d'urgences ouvert 24h/24.

ℹ Depuis/vers l'Arizona

Le **Sky Harbor International Airport** (PHX ; carte p. 172 ; ☎602-273-3300 ; www.skyharbor.com ; 3400 E Sky Harbor Blvd ; 📶), situé à 5 km à l'est du centre de Phoenix, est desservi par de nombreuses compagnies, notamment United Airlines, American Airlines, Delta Air Lines et British Airways. Les trois terminaux (terminaux 2, 3 et 4 ; le terminal 1 fut démoli en 1991) et les parkings sont reliés par des navettes gratuites et par le **Phoenix Sky Train** (www.skyharbor.com/phxskytrain ; ⊙24h/24).

La compagnie routière **Greyhound** (carte p. 172 ; ☎602-389-4200 ; www.greyhound.com ; 2115 E Buckeye Rd) dessert Tucson (14 $, 2 heures, 9/jour), Flagstaff (25 $, 3 heures, 6/jour), Albuquerque (à partir de 68 $, 9 heures 30, 3/jour) et Los Angeles (à partir de 31 $, 7 heures 30, 10/jour). Les bus Valley Metro n°13 relient l'aéroport à la gare routière (Greyhound station).

Super Shuttle (☎800-258-3826 ; www.supershuttle.com) propose un service de navettes partagées porte à porte au départ de l'aéroport. Comptez environ 14 $ pour le centre de Phoenix et pour Tempe, et 19 $ pour la vieille ville de Scottsdale et pour Mesa. Sinon, il vous en coûtera de 16 à 20 $ pour rallier le centre-ville en taxi ou en VTC.

Le *Phoenix Sky Train* (ci-dessus) passe par les terminaux 3 et 4 pour rejoindre la station de métro à l'angle de 44th St et E Washington St, via le parking East Economy de l'aéroport. Le bus n°13 relie aussi l'aéroport à la ville (2 $/trajet).

Le réseau de bus **Valley Metro** (☎602-253-5000 ; www.valleymetro.org) dessert toute la Valley et gère une ligne de *light rail* longue de 32 km entre les quartiers nord et le centre-ville de Phoenix, Tempe/ASU et le centre-ville de Mesa. Les tarifs de *light rail* et de bus vont de 2 $ le trajet (sans correspondance) à 4 $ le forfait journalier. Les bus sont en service tous les jours, à des horaires irréguliers.

Centre de l'Arizona

Au nord de Phoenix, le plateau du Colorado, boisé et montagneux, est une oasis de fraîcheur qui attire des visiteurs toute l'année, ravis d'y pratiquer diverses activités de plein air et d'y admirer d'anciens villages amérindiens. Le centre de gravité de la région, Flagstaff, est une ville étudiante animée et plaisante, passage obligé vers le versant sud du Grand Canyon. L'été, le printemps et l'automne sont les meilleures périodes pour une visite.

Le trajet de 235 km entre Phoenix et Flagstaff via l'I-17 dure un peu plus de 2 heures, mais prenez plutôt la paisible Hwy 89, qui offre des paysages somptueux et d'intrigantes escales.

ROUTES PANORAMIQUES DE L'ARIZONA

Oak Creek Canyon Une escapade palpitante pour découvrir piscines et toboggans naturels, ainsi que les falaises pourpres des canyons sur la Hwy 89A entre Flagstaff et Sedona.

Hwy89/89A Wickenburg-Sedona Rencontre entre l'Ouest d'antan et celui d'aujourd'hui sur ces routes tranquilles dévoilant ranchs, villes minières, galeries d'art et établissements viticoles raffinés.

Patagonia-Sonoita Scenic Road Une route pour les oiseaux et pour ceux qui aiment les observer, dans la région viticole du sud de l'Arizona sur la Hwy 82 et la Hwy 83.

Kayenta-Monument Valley Jouez votre propre western dans un décor de rêve au milieu des magnifiques rochers rouges du pays navajo.

Vermilion Cliffs Scenic Road Un périple solitaire sur la Hwy 89A à travers l'Arizona Strip englobant le pays des condors, le North Rim et les bastions mormons.

Prescott

Avec son centre-ville victorien et son passé de cité du Far West, Prescott est à la jonction du Midwest et du pays des cow-boys. La ville s'enorgueillit de posséder plus d'un demi-millier d'édifices inscrits au patrimoine historique national et d'être le berceau mondial du rodéo. Les vieux saloons alignés le long de Whiskey Row servent toujours de l'alcool en quantité. Pour un aperçu intéressant de l'histoire locale, passez une heure au **Sharlot Hall Museum** (☎928-445-3122 ; www.sharlot.org ; 415 W Gurley St ; tarif plein/senior/enfant 9/8/5 $; ⏲10h-17h lun-sam, 12h-16h dim mai-sept, 10h-16h oct-avr), dans le centre-ville.

Juste au sud du centre-ville, le très rétro **Motor Lodge** (☎928-717-0157 ; www.themotorlodge.com ; 503 S Iuntezuma St ; ch/ste 140/160 $; ❄📶) vous accueille dans 12 superbes bungalows aménagés de part et d'autre d'une voie d'accès centrale. Vous pouvez compter sur **The Local** (☎928-237-4724 ; 520 W Sheldon St ; plats 9,50-16 $; ⏲7h-14h30 ; 📶) pour un petit-déjeuner maison typique du Sud-Ouest et une ambiance sympathique. Les spécialités cajuns et du Sud-Ouest sont à l'honneur au **Iron Springs Cafe** (☎928-443-8848 ; www.ironspringscafe.com ; 1501 Iron Springs Rd ; brunch et déj 9-12,50 $, dîner 9-25,50 $; ⏲11h-20h mer-sam, 9h-14h dim), aménagé dans une ancienne gare ferroviaire, à 4,8 km au nord-ouest du centre-ville.

À Whiskey Row, le **Palace** (☎928-541-1996 ; www.historicpalace.com ; 120 S Montezuma St ; ⏲11h-22h dim-jeu, 11h-23h ven-sam) est un débit de boissons historique : on entre par de vraies portes de saloon dans une vaste salle arborant un joli bar à l'ancienne. Des informations touristiques sont disponibles au **centre d'accueil des visiteurs** (☎928-445-2000 ; www.prescott.org ; 117 W Goodwin St ; ⏲9h-17h lun-ven, 10h-14h sam-dim).

Jerome

Cette ville fantôme (quelque 500 habitants aujourd'hui) fut estampillée "capitale du vice de l'Ouest" à l'apogée de l'industrie minière à la fin du XIXe siècle. Ses édifices historiques ont depuis été restaurés avec soin pour accueillir galeries d'art, restaurants, B&B et bars à vins.

À l'**Audrey Headframe Park** (jeromehistoricalsociety.com ; 55 Douglas Rd ; ⏲8h-17h) GRATUIT, les plus courageux se tiendront sur la plateforme de verre recouvrant le puits d'une mine de 582 m de profondeur – soit près du double de la hauteur de la tour Eiffel ! Juste à côté, l'excellent **Jerome State Historic Park** (carte p. 184 ; ☎928-634-5381 ; www.azstateparks.com/jerome ; 100 Douglas Rd ; adulte/enfant 7/4 $; ⏲8h30-17h) conserve la demeure (1916) du magnat de la mine, Jimmy "Rawhide" Douglas.

Hôpital public durant la période minière, le **Jerome Grand Hotel** (carte p. 184 ; ☎928-634-8200 ; www.jeromegrandhotel.com ; 200 Hill St ; ch 165-300 $, ste 400-525 $; ❄📶) renoue avec son passé en exposant ses reliques dans les couloirs et en proposant un amusant circuit fantôme que les plus jeunes apprécieront. L'**Asylum Restaurant** (carte p. 184 ; ☎928-639-3197 ; www.asylumrestaurant.com ; 200 Hill St ; déj 14-23,50 $, dîner 23,50-40 $; ⏲11h-15h50 et 17h-21h ; 📶), attenant, avec sa magnifique vue, est un endroit épatant pour un bon repas et un verre de vin.

Au centre-ville, le **Spirit Room Bar** (carte p. 184 ; ☎928-634-8809 ; www.spiritroom.com ; 166 Main St ; ⏲11h-minuit) est un débit de boissons animé. Arrêtez-vous au **The Flatiron** (☎928-634-2733 ; www.theflatironjerome.com ;

416 Main St ; plat 8-13,50 $; 8h30-15h30 jeu-lun), au carrefour en "Y", pour un petit-déjeuner ou un déjeuner gourmand ; les spécialités de café sont à tomber. Pour plus d'informations, passez à la **Chamber of Commerce** (carte p. 184 ; 928-634-2900 ; jeromechamber.com ; 310 Hull Ave ; 11h-15h la plupart des jours).

Sedona

Nichée au milieu de majestueuses formations rocheuses ocre à l'extrémité sud des 25 km de l'Oak Creek Canyon, Sedona fascine artistes et guérisseurs, voyageurs en quête de spiritualité ou fuyant la chaleur torride de Phoenix. Les canyons environnants fournissent de formidables occasions de baignades, de campings et de randonnées à pied ou à VTT.

À voir et à faire

Les inconditionnels du New Age sont convaincus que les rochers, les falaises et les rivières irradient une énergie terrestre unique. Les quatre vortex les plus connus du monde sont ici : **Bell Rock** (carte p. 184 ; Hwy 179), près du Village of Oak Creek (Big Park), à l'est de la Hwy 179, **Cathedral Rock** (carte p. 184 ; Back O Beyond Rd) près du Red Rock Crossing, **Airport Mesa** (carte p. 184 ; Airport Rd), et **Boynton Canyon** (carte p. 184 ; Dry Creek Rd, Coconino NF). Vu d'Airport Road, le soleil couchant est fabuleux.

Red Rock State Park PARC
(carte p. 184 ; 928-282-6907 ; www.azstateparks.com/red-rock ; 4050 Red Rock Loop Rd ; adulte/enfant 7/4 $; 8h-17h). À ne pas confondre avec Slide Rock State Park (p. 182), ce parc de 116 ha comprend un centre d'éducation à l'environnement, des aires de pique-nique et un réseau de 8 km de sentiers de randonnée balisés serpentant au milieu des roches rouges. Vous pouvez tout aussi bien vous balader tranquillement le long des gorges que vous lancer dans une ascension (d'une difficulté modérée) vers des crêtes pour de beaux points de vue. Les rangers organisent des activités variées (randonnée nature, observation d'oiseaux). La baignade est interdite dans les gorges. Parc situé 15 km à l'ouest du centre de Sedona par la Hwy 89A,

LA ROUTE DES VINS DE VERDE VALLEY

De nouveaux vignobles, établissements vinicoles et sites de dégustation ont ouvert leurs portes dans la vallée bien irriguée de la Verde River. Maynard James Keenan, chanteur du groupe de metal psychédélique Tool et propriétaire de Caduceus Cellars et de Merkin Vineyards, n'y est pas pour rien. Il est d'ailleurs le sujet du documentaire sur l'industrie du vin *Blood into Wine*, sorti en 2010.

Depuis Cottonwood, laissez-vous entraîner jusqu'aux **Alcantara Vineyards** (carte p. 184 ; 928-649-8463 ; www.alcantaravineyard.com ; 3445 S Grapevine Way ; dégustation de vins 10-15 $; 11h-17h) sur la Verde River, puis promenez-vous dans l'Old Town en faisant votre choix parmi trois des meilleures salles de dégustation de Main St, **Arizona Stronghold** (carte p. 184 ; 928-639-2789 ; www.azstronghold.com ; 1023 N Main St ; dégustation de vins 9 $; 12h-19h dim-jeu, 12h-21h ven-sam), **Merkin Vineyards Osteria** (carte p. 184 ; 928-639-1001 ; www.merkinvineyardsosteria.com ; 1001 N Main St ; 11h-21h ;) et **Pillsbury Wine Company** (928-639-0646 ; www.pillsburywine.com ; 1012 N Main St ; dégustation de vins 8-12 $; 11h-18h dim-jeu, 11h-21h ven-sam).

À Jerome, commencez par **Cellar 433** (carte p. 184 ; 928-634-7033 ; cellar433.com ; 240 Hull Ave ; dégustation de vins 10-12 $; 11h-18h lun-mer, 11h-19h jeu-dim), près du centre d'accueil des visiteurs. Puis flânez jusqu'au **Caduceus Cellars** (carte p. 184 ; 928-639-9463 ; www.caduceus.org ; 158 Main St ; dégustation de vins 15 $; 11h-18h dim-jeu, 11h-20h ven-sam) de Keenan, près du Connor Hotel.

Trois établissements vinicoles avec salle de dégustation se tiennent sur une portion de Page Springs Road à l'est de Cornville : **Page Springs Cellars** (carte p. 184 ; 928-639-3004 ; pagespringscellars.com ; 1500 Page Springs Rd, Cornville ; dégustation de vins 11 $; 11h-19h dim-mer, 11h-21h jeu-sam) et son petit bistrot, l'accueillant **Oak Creek Vineyards** (carte p. 184 ; 928-649-0290 ; www.oakcreekvineyards.net ; 1555 N Page Springs Rd, Cornville ; dégustation de vins 10 $; 10h-18h dim-jeu, 10h-20h ven-sam) et **Javelina Leap Vineyard** (carte p. 184 ; 928-649-2681 ; www.javelinaleapwinery.com ; 1565 Page Springs Rd, Cornville ; dégustation de vins 12 $; 11h-18h) à l'ambiance rock.

à l'extrémité est du Lime Kiln Trail, long de 24 km.

Slide Rock State Park BAIGNADE

(carte p. 184 ; ☎928-282-3034 ; www.azstateparks.com/slide-rock ; 6871 N Hwy 89A ; lun-jeu 20 $/voiture, ven-dim 30 $ mars-sept, 10 $ oct-fév ; ⏲8h-19h mai-août, horaires réduits le reste de l'année). Situé à une bonne dizaine de kilomètres au nord de la ville, ce parc national est l'une des destinations les plus populaires et les plus fréquentées des environs. Les baigneurs adorent dévaler le toboggan naturel de l'Oak Creek, long de 25 m. Vous pourrez voir au gré de courtes randonnées les vestiges d'anciennes cabanes, du matériel agricole et un verger de pommiers, mais l'intérêt principal du parc reste son fabuleux toboggan rocheux.

West Fork Trail RANDONNÉE

(carte p. 184 ; Hwy 89A ; journée par véhicule/vélo 10/2 $; ⏲8h-19h). Ce parcours à la popularité méritée traverse l'Oak Creek une dizaine de fois tout en sinuant à travers le canyon, dont les parois s'élèvent à plus de 60 m par endroits. Seuls les cinq premiers kilomètres de l'itinéraire sont balisés, mais il est possible de remonter le cours d'eau sur plus de 22 km. Stationnement limité : arrivez avant 8h30.

Pink Jeep Tours CIRCUITS EN VOITURE

(carte p. 184 ; ☎800-873-3662 ; www.pinkadventuretours.com ; 204 N Hwy 89A ; ⏲6h-22h). Ce prestataire, dont vous ne manquerez pas d'apercevoir les 4x4, propose quinze circuits hors des sentiers battus. Ils durent pour la plupart entre 2 heures (adulte à partir de 65 $, enfant à partir de 60 $) et 4 heures (adulte à partir de 155 $, enfant à partir de 140 $).

RED ROCK PASS

Pour stationner où vous voulez dans les forêts aux alentours de Sedona et d'Oak Creek Canyon, procurez-vous le Red Rock Pass, disponible dans les bureaux des rangers, les Visitor Centers (centres d'accueil des visiteurs) et les guichets automatiques au départ des sentiers et sur les aires de pique-nique. Il coûte 5 $ pour la journée ou 15 $ pour la semaine, et doit être visible sur le tableau de bord de votre voiture. Il n'est pas requis si vous faites un arrêt rapide pour prendre une photo ou admirer un point de vue, ou si vous avez un Federal Interagency Pass.

Où se loger

Sedona et le Oak Creek Canyon tout proche disposent d'un bon nombre de beaux B&B, chalets en bord de rivière, motels et complexes hôteliers.

Le camping sauvage est interdit à Red Rock Canyon. Le Forest Service gère 3 campings sans électricité dans les forêts d'Oak Creek Canyon, en retrait de la Hwy Alt 89. Comptez 22 $ pour camper ; le Red Rock Pass n'est pas indispensable. La réservation est acceptée pour certains emplacements dans ces trois campings. À 10 km au nord de la ville, le **Manzanita Campground**, ouvert toute l'année, possède 18 emplacements et des douches ; à 18 km au nord, **Cave Springs** en propose 84, avec des douches également ; **Pine Flat**, 20 km au nord, en compte 56.

Cozy Cactus B&B $$$

(carte p. 184 ; ☎928-284-0082 ; www.cozycactus.com ; 80 Canyon Circle Dr, Village of Oak Creek ; d 275-345 $; ❄📶). Le B&B de Carrie et Mark compte 7 chambres pour aventuriers. La maison, typique du Sud-Ouest, se trouve sur l'Agave Trail et près du Bell Rock Pathway, adapté aux cyclistes. Remettez-vous des émotions de la journée en contemplant la nature et les étoiles sur la terrasse au coin du feu. Le matin, un petit-déjeuner composé de trois plats vous attend.

♥ **El Portal** AUBERGE $$$

(carte p. 184 ; ☎928-203-9405 ; www.elportalsedona.com ; 95 Portal Lane ; ch 300-500 $; ❄📶🐾). 🍃 Cette petite auberge discrète est un mélange réussi d'architecture typique du Sud-Ouest et de style Arts & Crafts (mouvement artistique de la fin de l'époque victorienne). Situé en face des galeries d'art et des restaurants de Tlaquepaque et loin du chaos du centre touristique de Sedona, c'est un refuge luxueux propice à la détente. Bien que d'inspiration rustique, le cadre est sophistiqué, avec son bois recyclé, ses tapis navajos, ses pierres de rivière et ses épais murs en adobe.

Où se restaurer et prendre un verre

Sedona Memories TRAITEUR $

(carte p. 184 ; ☎928-282-0032 ; 321 Jordan Rd ; sandwichs 8,50 $; ⏲10h-14h lun-ven). Ce petit établissement prépare d'énormes sandwichs avec du pain maison, soigneusement emballés pour des pique-niques. Vous pouvez également les déguster au calme sur la terrasse. Un cookie est offert pour toute commande par téléphone.

Black Cow Café GLACIER $

(carte p. 184 ; 928-203-9868 ; 229 N Hwy 89A ; glace moyenne 5 $; 10h30-21h). Pour beaucoup, la glace maison du Black Cow est la meilleure de la ville. Goûtez la variante à la figue de Barbarie.

Elote Cafe MEXICAIN $$$

(carte p. 184 ; 928-203-0105 ; www.elotecafe.com ; Arabella Hotel, 771 Hwy 179 ; plats 23-29 $; 17h-22h mar-sam). Venez goûter l'un des meilleurs et des plus authentiques restaurants mexicains de la région. La carte inclut des plats traditionnels habituellement introuvables, comme l'éponyme *elote* (maïs grillé au feu de bois et relevé de mayonnaise épicée, citron vert et fromage *cotija*) et le poulet fumé au piment guajillo. Les réservations ne sont pas acceptées : arrivez tôt, commandez une margarita et apprêtez-vous à vous faire de nouveaux amis.

Hudson AMÉRICAIN $$$

(carte p. 184 ; 928-862-4099 ; www.thehudsonsedona.com ; Hillside Shopping Center, 671 Hwy 179 ; plats 15-43 $; 11h30-21h). Les côtes aux figues de Barbarie, les raviolis aux butternuts, les ailes de poulet au Fireball et les diverses salades apportent une touche branchée à Sedona. Mais ce n'est pas juste la cuisine qui vous retiendra ici après l'apéritif – la vue superbe depuis les banquettes en demi-croissant et le patio extérieur sont tout aussi séduisants. Excellent bar en outre.

Renseignements

De nombreux endroits portant la mention "Tourist Information" cherchent uniquement à vous vendre un bien en multipropriété. Limitez-vous aux offices de tourisme suivants, où vous trouverez le Red Rock Pass à vendre, ainsi que des guides et des cartes de randonnée gratuits.

Red Rock Country Visitor Center (carte p. 184 ; 928-203-2900 ; www.fs.usda.gov/coconino ; 8375 Hwy 179 ; 9h-16h30). Juste au sud du secteur de Village of Oak Creek.

Sedona Chamber of Commerce Visitor Center (carte p. 184 ; 928-282-7722 ; visitsedona.com ; 331 Forest Rd ; 8h30-17h). Dans la zone piétonne du quartier Uptown de Sedona.

Comment s'y rendre et circuler

Les navettes **Ace Xpress** (928-649-2720 ; www.acexshuttle.com ; trajet simple/aller-retour adulte 68/109 $, enfant 35/55 $) et **Groome Transportation** (928-350-8466 ; www.groometransportation.com ; aller simple adulte/enfant 55/28 $) assurent la liaison entre Sedona et le Sky Harbor International Airport de Phoenix.

Les trains Amtrak et les bus Greyhound desservent Flagstaff, non loin de Sedona.

Louer une jeep auprès de **Barlow Jeep Rentals** (928-282-8700 ; www.barlows.us ; 3009 W Hwy 89A ; location jeep demi-journée/1 jour/3 jours 295/395/585 $; 8h-18h) permet d'explorer la région en sortant des sentiers battus ; plans gratuits et informations sur les pistes. **Bob's Taxi** (982-282-1234) propose un service local de qualité. Voitures de location disponibles auprès d'**Enterprise** (928-282-2052 ; www.enterprise.com ; 2090 W Hwy 89A ; à partir de 50 $/j ; 8h-17h30 lun-ven, 9h-14h sam).

Flagstaff

Flagstaff est une ville au charme tranquille qui ne manque pas d'attraits. Son centre historique, qui se parcourt aisément à pied, présente une architecture éclectique typique. Non loin se trouve la plus grande forêt de pins ponderosa du pays, idéale pour la marche et le ski. Les habitants sont pour la plupart joyeux et sportifs, davantage écolos que bandits du Far West. Des musiciens jouent du bluegrass au coin des rues, et le vélo gagne du terrain. Si la Northern Arizona University (NAU) donne à la ville un parfum de jeunesse, son passé ferroviaire reste bien présent. Ajoutez à cela les saveurs de la bière artisanale, le goût du café fraîchement moulu et une ambiance conviviale, et vous obtenez la parfaite excursion dans le nord de l'Arizona.

À voir

Lowell Observatory OBSERVATOIRE

(carte p. 184 ; 928-774-3358 ; 1400 W Mars Hill Rd ; tarif plein/senior/enfant 17/16/10 $; 10h-22h lun-sam, 10h-17h dim). Astronomes, à vos lunettes ! Perché au sommet d'une colline à l'ouest du centre-ville, ce monument du patrimoine national – connu pour avoir accueilli la découverte de Pluton en 1930 – a été fondé par Percival Lowell en 1894. En journée, profitez du télescope solaire ou participez à une visite. À la nuit tombée,

Flagstaff, Sedona et Jerome

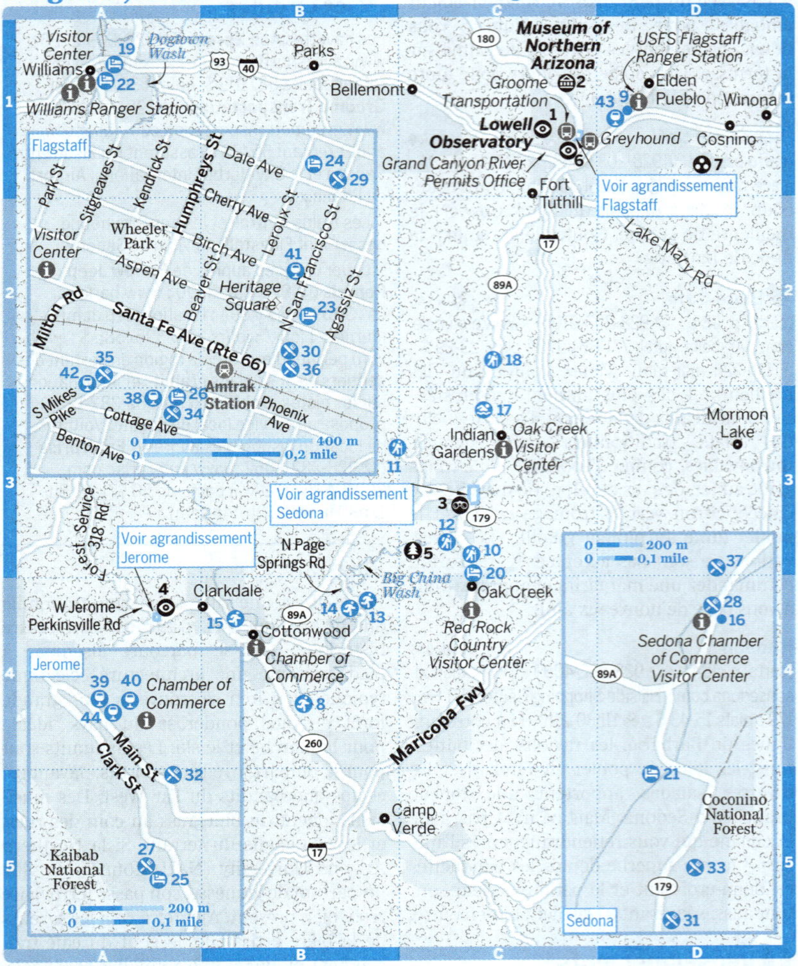

contemplez les étoiles à travers des télescopes (si la météo le permet). Le Giovale Open Deck Observatory (GODO), qui a ouvert ses portes en octobre 2019, organise des expositions interactives.

♥ Museum of Northern Arizona — MUSÉE

(carte p. 184 ; ☎ 928-774-5213 ; www.musnaz.org ; 3101 N Fort Valley Rd ; tarif plein/senior/enfant 12/10/8 $; ⌚ 10h-17h lun-sam, 12h-17h dim). Cet excellent petit musée est installé dans un beau bâtiment en pierre de style Arts & Crafts, au milieu d'une pinède. Il met en lumière l'archéologie, l'histoire et la culture des tribus amérindiennes locales ainsi que la géologie, la biologie et l'art. Les collections permanentes, très intéressantes, sont complétées par des expositions temporaires sur des sujets variés, comme les peintures de mammifères nord-américains de Jean-Jacques Audubon. Une introduction fort utile à l'histoire humaine et naturelle de la région, sur la route du Grand Canyon.

Riordan Mansion State Historic Park — SITÉ HISTORIQUE

(carte p. 184 ; ☎ 928-779-4395 ; www.azstateparks.com/riordan-mansion ; 409 W Riordan Rd ; visite guidée adulte/enfant 10/5 $; ⌚ 9h30-17h mai-oct, 10h30-17h jeu-lun nov-avr). Ayant fait fortune

Flagstaff, Sedona et Jerome

Les incontournables
1 Lowell Observatory ... C1
2 Museum of Northern Arizona ... C1

À voir
3 Airport Mesa ... C3
4 Audrey Headframe Park ... A4
Jerome State Historic Park ... (voir 4)
5 Red Rock State Park ... C3
6 Riordan Mansion State Historic Park ... C1
7 Walnut Canyon ... D1

Activités
8 Alcantara Vineyards ... B4
9 Arizona Raft Adventures ... D1
Arizona Stronghold ... (voir 15)
10 Bell Rock ... C3
11 Boynton Canyon ... B3
12 Cathedral Rock ... C3
Flagstaff Bicycle Revolution ... (voir 35)
Grand Canyon Railway ... (voir 22)
Javelina Leap Vineyard ... (voir 13)
13 Oak Creek Vineyards ... B4
14 Page Springs Cellars ... B4
15 Pillsbury Wine Company ... B4
16 Pink Jeep Tours ... D4
17 Slide Rock State Park ... C3
18 West Fork Trail ... C2

Où se loger
19 Canyon Motel & RV Park ... A1
20 Cozy Cactus ... C3
21 El Portal ... D5
22 Grand Canyon Hotel ... A1
23 Hotel Monte Vista ... B2
24 Inn at 410 ... B1
25 Jerome Grand Hotel ... A5
26 Motel DuBeau ... A3
Red Garter Inn ... (voir 22)

Où se restaurer
27 Asylum Restaurant ... A5
28 Black Cow Café ... D4
29 Brix Restaurant & Wine Bar ... B1
Coppa Cafe ... (voir 6)
30 Criollo Latin Kitchen ... B2
31 Elote Cafe ... D5
32 Flatiron Café ... A5
33 Hudson ... D5
34 Macy's ... A3
35 Pizzicletta ... A2
36 Proper Meats + Provisions ... B2
37 Sedona Memories ... D3

Où prendre un verre et faire la fête
38 Beaver Street Brewery ... A3
39 Caduceus Cellars ... A4
40 Cellar 433 ... A4
41 Hops on Birch ... B2
Merkin Vineyards Osteria ... (voir 15)
42 Mother Road Brewing Company ... A2
43 Museum Club ... D1
44 Spirit Room ... A4

dans le domaine du bois grâce à leur Arizona Lumber Company, les frères Michael et Timothy Riordan firent construire en 1904 cette imposante demeure destinée à accueillir leurs deux familles. Elle fut conçue dans le style Arts & Crafts par Charles Whittlesey, l'architecte d'El Tovar Hotel à Grand Canyon Village. L'extérieur est fait de bardeaux en bois découpés à la main, de rondins et de pierres rustiques. La splendide décoration intérieure est composée de meubles Edison, Stickley, Tiffany et Steinway.

Activités

Flagstaff Bicycle Revolution VTT

(carte p. 184 ; ☎928-774-3042 ; www.flagbikerev.com ; 3 S Mikes Pike ; pour 24h semi-rigide/tout-suspendu 45/70 $; ⌚8h-18h lun-ven, 9h-17h sam-dim). La meilleure boutique de VTT de Flagstaff loue des vélos semi-rigides (pas de suspension arrière) et tout-suspendus. Vous pouvez rallier directement les pistes de vélo depuis la boutique, flanquée d'excellentes adresses pour savourer pizza et bière au retour.

Arizona Snowbowl SKI

(carte p. 188 ; ☎928-779-1951 ; www.snowbowl.ski ; 9300 N Snowbowl Rd ; adulte/enfant 89/59 $; ⌚9h-16h nov-avr). Le domaine skiable Arizona Snowbowl, à 22 km au nord du centre-ville de Flagstaff, est petit mais agréable. Il comprend 8 remontées mécaniques et 55 pistes entre 2 800 m et 3 500 m d'altitude.

De juin à la mi-octobre, prenez le télésiège jusqu'à 3 505 m, où vous pourrez randonner, écouter les explications de gardes forestiers, emprunter un mini-parcours de cordes ou encore admirer la vue sur le désert et la montagne.

Où se loger

Contrairement au sud de l'Arizona, l'été est ici la haute saison.

♥ Motel DuBeau MOTEL $

(☎928-774-6731 ; www.modubeau.com ; 19 W Phoenix Ave ; dort/ch à partir de 29/87 $; P @ wifi).

CAMPING AUTOUR DE FLAGSTAFF

Le camping sauvage est autorisé dans la Coconino National Forest qui entoure Flagstaff. Il existe aussi des campings à proximité de l'Oak Creek Canyon au sud de la ville et du Sunset Crater au nord.

Premier motel construit à Flagstaff, en 1929, le DuBeau propose un hébergement propre et bien tenu. Outre les chambres, toutes équipées d'un réfrigérateur et de la TV câblée, l'endroit compte un dortoir de 7 lits. À noter aussi la cuisine et la laverie. Pas de climatisation en été.

Le bar, le Nomads, qui se qualifie de "global lounge", sert de la bière, du vin et des repas.

Inn at 410 B&B **$$**

(carte p. 184 ; 928-774-0088 ; www.inn410.com ; 410 N Leroux St ; ch 210-325 $; P). Cette demeure de 1894 entièrement rénovée propose 10 chambres à thème, spacieuses et décorées avec goût. Elles sont dotées d'un réfrigérateur et d'une salle de bain privative, et la plupart ont un lit à baldaquin et une jolie vue. Accessible à pied depuis le centre-ville, ce B&B comprend un verger ombragé. Petit-déjeuner gourmand et goûter sont servis dans la confortable salle à manger.

Hotel Monte Vista HÔTEL HISTORIQUE **$$**

(carte p. 184 ; 928-779-6971 ; www.hotelmontevista.com ; 100 N San Francisco St ; ch 130-190 $;). L'énorme néon à l'ancienne qui signale la présence de cet hôtel de 1927 présage de l'aménagement intérieur du lieu : abat-jour à plumes, mobilier vintage, teintes audacieuses et bibelots en tout genre. Les chambres ont été baptisées d'après les noms de stars qui y ont séjourné, comme la Humphrey Bogart avec ses murs noirs, son plafond jaune et sa literie en satin doré. D'après la rumeur, les fantômes de clients du passé y font de fréquentes apparitions. Au chapitre des inconvénients : l'endroit est bruyant, le Wi-Fi ne fonctionne pas dans de nombreuses chambres et le stationnement dans la rue relève parfois du casse-tête.

Où se restaurer

La population étudiante de Flagstaff et le côté bon vivant de ses habitants se traduisent par l'une des meilleures scènes culinaires du nord de l'Arizona. On trouve plusieurs magasins d'alimentation générale en ville – le meilleur endroit pour faire le plein de provisions avant de rallier le Grand Canyon.

Macy's CAFÉ **$**

(carte p. 184 ; 928-774-2243 ; www.macyscoffee.net ; 14 S Beaver St ; repas 6-9,50 $; 6h-18h ;). Le café de cette institution de Flagstaff, préparé sur place dans un beau torréfacteur rouge d'origine, requinque les étudiants et les habitants de la ville depuis plus de 30 ans. Le menu entièrement végétarien compte des pâtisseries, des œufs, des gaufres, des salades et des sandwichs ainsi que de nombreuses options véganes.

Pizzicletta PIZZERIA **$**

(carte p. 184 ; 928-774-3242 ; www.pizzicletta.com ; 203 W Phoenix Ave ; pizzas 12-16 $; 17h-21h dim-jeu, 17h-22h ven-sam). Dans ce minuscule restaurant logé dans un étroit bâtiment en brique blanche, les excellentes pizzas au feu de bois débordent de garnitures fines (roquette, *prosciutto* vieilli). Il recèle une cuisine ouverte, une longue table avec des chaises en fer, des ampoules rétro et un cadre industriel. En attendant votre commande, buvez une mousse au **Mother Road Brewing Company** (carte p. 184 ; 928-774-9139 ; www.motherroadbeer.com ; 7 S Mikes Pike ; 14h-21h mar-mer, 14h-22h jeu, 12h-22h ven-sam, 12h-21h dim ;), juste à côté.

Criollo Latin Kitchen FUSION **$$**

(carte p. 184 ; 928-774-0541 ; www.criollolatinkitchen.com ; 16 N San Francisco St ; déj 12-16 $, dîner 19-23 $; 11h-21h lun-ven, 9h-21h sam-dim). Ce restaurant de cuisine fusion d'inspiration latino-américaine est le jumeau du Brix Restaurant & Wine Bar et de **Proper Meats + Provisions** (carte p. 184 ; 928-774-9001 ; www.propermeats.com ; 110 S E Rte St ; sandwichs 12-14 $; 10h-21h) . Priorité est donnée aux produits locaux : les ingrédients proviennent d'Arizona dans la mesure du possible. Pour bien commencer la journée, goûtez le brunch haïtien, composé de porc longuement rôti, d'œufs au plat, de haricots pinto et de sauce piquante ti-malice. Revenez lors de l'*happy hour* (15h-18h lun-ven) pour les tacos de poisson et les margaritas à 3,50 $.

Coppa Cafe CAFÉ **$$$**

(928-637-6813 ; www.facebook.com/coppacafeaz ; 1300 S Milton Rd ; déj 11-15 $, plats 15-32 $; 15h-21h mer-ven, 11h-15h et 17h-21h sam, 10h-15h dim ;). Brian Konefal et Paola Fioravanti se sont rencontrés dans une école de cuisine en Italie ; aujourd'hui, le couple tient ce sympathique bistrot aux murs jaunes décorés d'œuvres d'art. Les ingrédients proviennent d'Arizona. Goûtez le filet de bœuf cuit à feu doux avec son beurre aux fleurs sauvages, ou l'œuf de cane cuit dans l'argile et son "risotto" au blé de Sonora et aux herbes sauvages.

Brix Restaurant & Wine Bar INTERNATIONAL **$$$**
(carte p. 184 ; ☎ 928-213-1021 ; www.brixflagstaff.com ; 413 N San Francisco St ; plats 23-40 $; ⏲ 17h-21h mar-dim ;). Le Brix propose une cuisine de saison à base de produits locaux, servie dans une belle salle aux murs de briques où trône un bar en cuivre. Chez le traiteur associé, Proper Meats + Provisions (p. 186), on trouve de la charcuterie, du porc fermier et d'autres délices, comme les *cavatelli* à la saucisse de Calabre, au chou kale et au citron confit. Très bonne sélection de vins. Réservation recommandée.

Où prendre un verre et sortir

Appelez le centre d'accueil des visiteurs (carte p. 184 ; ☎ 928-213-2951 ; www.flagstaffarizona.org ; 1 E Rte 66 ; ⏲ 8h-17h lun-sam, 9h-16h dim) ou consultez www.flagstaff365.com pour obtenir le programme des festivals et des concerts. Les vendredis et samedis soir d'été, les spectateurs se retrouvent à Heritage Square et s'installent sur des couvertures pour écouter des concerts gratuits ou assister en famille à des projections de films ; début des réjouissances à 17h.

Le jeudi sort *Flagstaff Live!* (www.azdailysun.com/flaglive_new), magazine gratuit répertoriant les spectacles et événements de la semaine.

♥ **Hops on Birch** PUB
(carte p. 184 ; ☎ 928-440-5380 ; www.hopsonbirch.com ; 22 E Birch Ave ; ⏲ 12h-1h30 ;). Ce pub simple et charmant propose 34 bières pression différentes. Des concerts s'y tiennent cinq soirs par semaine, devant un public local et sympathique.

Museum Club BAR
(carte p. 184 ; ☎ 928-440-5214 ; www.museumclub.net ; 3404 E Rte 66 ; ⏲ 11h-2h). Logé au bord de la Route 66, ce *roadhouse* de musique country divertit la clientèle locale depuis 1936. À l'intérieur de ce qui ressemble à un immense chalet figurent une grande piste de danse en bois, des têtes d'animaux empaillés et un somptueux bar en acajou rempli de breuvages. L'origine du nom ? En 1931, on trouvait ici un musée de la taxidermie.

Renseignements

USFS Flagstaff Ranger Station (carte p. 184 ; ☎ 928-526-0866 ; www.fs.usda.gov/coconino ; 5075 N Hwy 89 ; ⏲ 8h-16h lun-ven). Informations sur les régions du Mt Elden, du Humphreys Peak et du O'Leary Peak, au nord de Flagstaff.

Visitor Center (ci-dessus). Situé dans la gare Amtrack, ce centre des visiteurs propose une excellente carte pour découvrir Flagstaff et quantité d'informations sur les activités de la ville.

Depuis/vers Flagstaff

Les bus **Greyhound** (carte p. 184 ; ☎ 928-774-4573 ; www.greyhound.com ; 880 E Butler Ave ; ⏲ 10h-6h30) depuis/vers Albuquerque, Las Vegas, Los Angeles et Phoenix, font halte à Flagstaff. Les navettes de **Groome Transportation** (carte p. 184 ; ☎ 928-350-8466 ; www.groometransportation.com) circulent entre Flagstaff et le Grand Canyon National Park, Williams, Sedona et le Sky Harbor International Airport de Phoenix.

Exploité par **Amtrak** (☎ 928-774-8679 ; www.amtrak.com ; 1 E Rte 66 ; ⏲ 24h/24), le *Southwest Chief* (train express) fait halte à Flagstaff sur son trajet quotidien entre Chicago et Los Angeles.

Mountain Line Transit (☎ 928-779-6624 ; www.mountainline.az.gov ; trajet simple adulte/enfant 1,25/0,60 $) propose un service de bus quotidien sur plusieurs lignes ; demandez un plan au centre d'accueil des visiteurs. Les bus sont accessibles aux personnes en fauteuil roulant.

Pour un taxi, appelez **Action Cab** (☎ 928-774-4427 ; www.facebook.com/actioncabtaxiandtours). Plusieurs grandes agences de location de voitures sont installées à l'aéroport ou en centre-ville.

Williams

Située à 96 km au sud de Grand Canyon Village et à 56 km à l'ouest de Flagstaff, l'hospitalière Williams est une ville pleine de caractère – base idéale pour une excursion vers le Grand Canyon. Motels traditionnels et *diners* bordent la fameuse Route 66, tandis que ses jolies maisons à l'ancienne ainsi que sa gare ferroviaire vous replongeront dans le passé.

De nombreux touristes viennent ici pour emprunter le **Grand Canyon Railway**, dont

Grand Canyon National Park

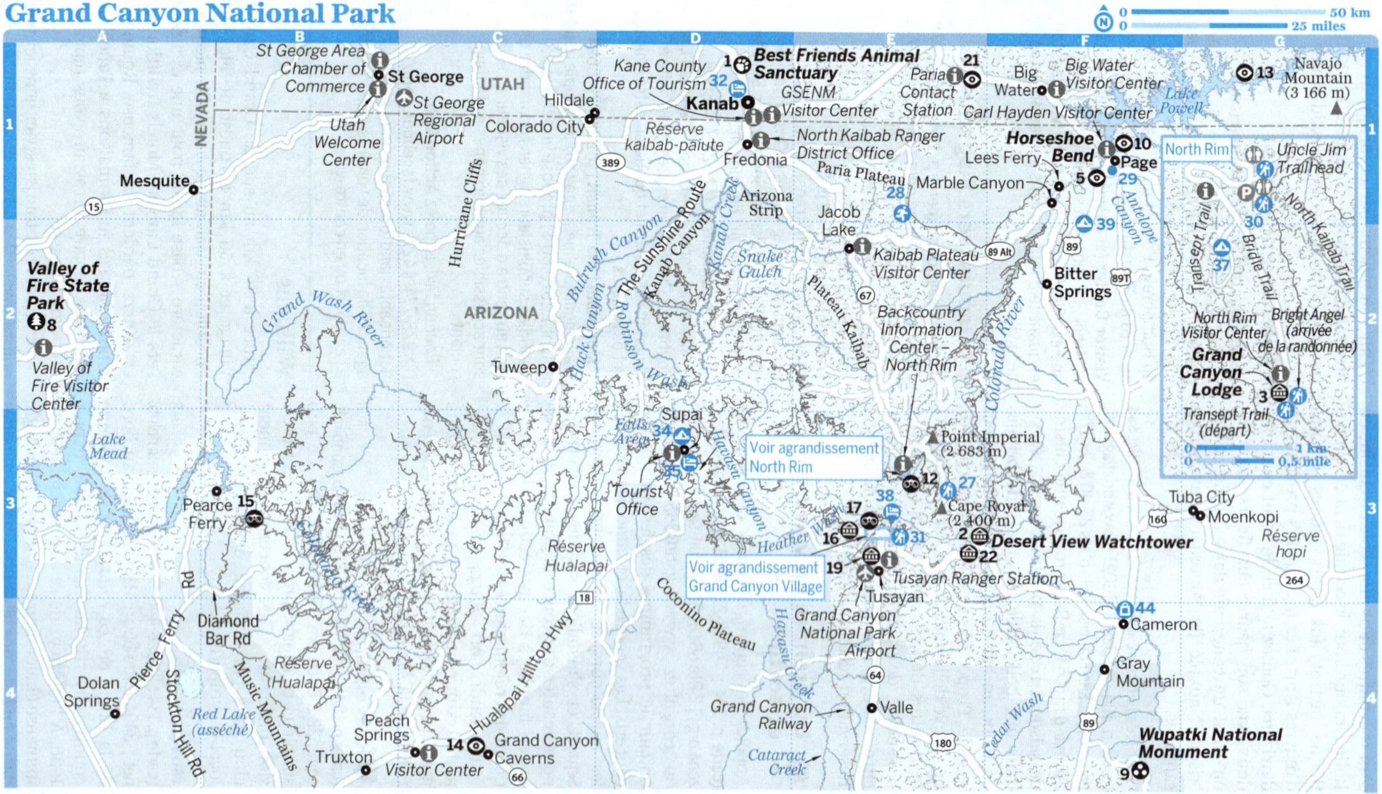

l'aventure débuta au début du XXe siècle (carte p. 184, ☎800-843-8724 ; www.thetrain.com ; 233 N Grand Canyon Blvd, Railway Depot ; aller-retour adulte/enfant à partir de 67/32 $; ⏲départ 9h30), à destination du versant sud du canyon (départ de Williams à 9h30, retour à 17h45). Inutile d'être un passionné de train pour apprécier ce paisible voyage à la découverte du Grand Canyon. Dans les wagons, des personnages en costumes d'époque racontent l'histoire de la région, tandis q'un musicien joue des airs de guitare ou de banjo.

Le **Red Garter Inn** (carte p. 184 ; ☎800-328-1484 ; www.redgarter.com ; 137 W Railroad Ave ; d 175-200 $; ❄📶), une ancienne maison close de 1897 – où les prostituées hélaient les clients depuis leurs fenêtres –, a été transformée en B&B de quatre chambres, qui ont conservé en partie leur décor d'époque. La boulangerie du rez-de-chaussée sert un bon café. Le charmant **Grand Canyon Hotel** (carte p. 184 ; ☎928-635-1419 ; www.thegrandcanyonhotel.com ; 145 W Route 66 ; dort 37 $, ch 80-150 $; ⏲avr-nov ; P❄@📶) est doté de petites chambres thématiques, d'un dortoir aux allures d'auberge de jeunesse et d'une remise séparée, le tout sans TV. Vous pouvez aussi passer la nuit dans un fourgon-frein d'un train de Santa Fe de 1929 ou dans un wagon-lit au **Canyon Motel & RV Park** (carte p. 184 ; ☎928-635-9371 ; www.thecanyonmotel.com ; 1900 E Rodeo Rd ; empl tente/camping-car à partir de 30/42 $, wagon/fourgon-frein 110/205 $; ❄📶🏊), à l'est du centre de la bourgade.

Grand Canyon National Park

Même si on l'a vu mille fois en photo, le **Grand Canyon** (carte p. 188 ; ☎928-638-7888 ; www.nps.gov/grca ; 20 South Entrance Rd ; ⏲entrée 7 j voiture/pers 35/20 $) est vraiment impressionnant. On est d'abord saisi par l'immensité du canyon, puis par l'empilement spectaculaire des couches de roches qui invitent à observer de plus près cette gigantesque faille. Ensuite apparaît le côté artistique de ce vaste ordonnancement naturel : plateaux escarpés, pointes friables, crêtes carmin jouant avec votre regard à mesure que l'ombre gagne sur la roche.

Tout au fond, la Colorado River serpente le long des 445 km du canyon, qu'elle creuse depuis six millions d'années, révélant ainsi des roches vieilles de deux milliards

Grand Canyon National Park

Les incontournables

1 Best Friends Animal Sanctuary ... D1
2 Desert View Watchtower ... E3
3 Grand Canyon Lodge ... G2
4 Grand Canyon National Park ... C6
5 Horseshoe Bend ... F1
6 Kolb Studio ... C5
7 Sunset Crater Volcano National Monument ... F5
8 Valley of Fire State Park ... A2
9 Wupatki National Monument ... F4

À voir

10 Antelope Point ... F1
11 Bright Angel Lodge ... C5
12 Bright Angel Point ... E3
13 Dangling Rope ... G1
14 Grand Canyon Caverns & Inn ... C4
15 Grand Canyon West ... B3
16 Hermits Rest ... E3
17 Hopi Point ... E3
18 Meteor Crater ... G5
19 National Geographic Visitor Center & IMAX Theater ... E3
20 Route 66 Museum ... A5
21 The Toadstools ... E1
22 Tusayan Museum & Ruin ... E3
23 Yavapai Point and Geology Museum ... D5

Activités

24 Arizona Snowbowl ... F5
25 Bright Angel Bicycles & Cafe at Mather Point ... D5
26 Bright Angel Trail ... C5
Canyon Trail Rides ... (voir 3)
27 Cape Final Trail ... E3
28 Condor Release Site at Vermilion Cliffs ... E1
29 Ekis' Antelope Canyon Tours ... F1
Grand Canyon Mule Rides ... (voir 6)
Lake Powell Paddleboards ... (voir 29)
30 North Kaibab Trail ... G1
31 South Kaibab Trail ... E3

Où se loger

Bright Angel Lodge ... (voir 11)
32 Canyons Lodge ... D1
Desert View Campground ... (voir 2)
33 El Tovar ... C5
Grand Canyon Lodge ... (voir 3)
34 Havasu Campground ... D3
35 Havasupai Lodge ... D3
36 Maswik Lodge ... C6
37 North Rim Campground ... G2
Parry Lodge ... (voir 32)
38 Phantom Ranch ... E3
39 Shash Diné EcoRetreat ... F2
40 Trailer Village RV Park ... D6
41 Yavapai Lodge ... D6

Où se restaurer

42 Arizona Room ... C5
43 Canyon Village Market ... D6
El Tovar Dining Room ... (voir 33)
Floyd & Co Real Pit BBQ ... (voir 20)
Grand Canyon Lodge Dining Room ... (voir 3)
Harvey House Cafe ... (voir 11)
Phantom Ranch Canteen ... (voir 38)
Ranch House Grille ... (voir 29)
Sego Restaurant ... (voir 32)
State 48 Tavern ... (voir 29)
Supai Cafe ... (voir 35)
Vermillion 45 ... (voir 32)
Yavapai Lodge Restaurant ... (voir 41)

Où prendre un verre et faire la fête

Beale Street Brews ... (voir 20)

Achats

44 Cameron Trading Post ... F4
45 Grand Canyon Association Park Store at the Visitor Center ... E5

Information

Navajo Parks & Recreation Department ... (voir 29)

d'années, soit la moitié de l'âge de la Terre. Les deux versants du Grand Canyon sont très différents. Espacés de plus de 300 km par la route, on les visite rarement au cours de la même excursion. Le versant sud (South Rim), facilement accessible, a la préférence des visiteurs pour ses panoramas extraordinaires – et parce qu'on y trouve les différentes infrastructures du parc. Culminant à 2 500 m (300 m de plus que le versant sud), le versant nord (North Rim), plus calme, a aussi ses atouts : ses températures fraîches favorisent la croissance d'une myriade de fleurs sauvages et d'épais bosquets de trembles et d'épicéas.

Juin est le mois le plus sec, juillet et août sont les plus humides. En janvier, la température descend en moyenne entre -11°C et -7°C la nuit et atteint 4°C environ le jour. En été, la température à l'intérieur du canyon dépasse régulièrement 38°C. Le versant sud est ouvert toute l'année, les visiteurs venant principalement de fin mai à début septembre. Le versant nord est accessible de mi-mai à mi-octobre.

Renseignements

Les infrastructures du Grand Canyon National Park se trouvent au **Grand Canyon Village**, à 10 km au nord de l'entrée du versant sud (South

Rim Entrance Station). L'entrée pour le versant nord (North Rim) est à 50 km au sud de Jacob Lake, sur la Hwy 67 ; il faut encore parcourir 22 km plus au sud pour atteindre le North Rim. Quelque 346 km de voiture séparent les deux versants, contre 34 km à pied en traversant le canyon, et 16 km à vol d'oiseau.

Le billet d'entrée pour le parc est valable sept jours et permet l'accès aux deux versants. Toute randonnée de plus d'une journée et le camping sauvage dans le parc requièrent un permis. Le **Backcountry Information Center** (carte p. 188 ; ☎928-638-7875 ; www.nps.gov/grca/planyourvisit/backcountry-permit.htm ; Grand Canyon Village ; ⏲8h-12h et 13h-17h, renseignements téléphoniques 8h-17h lun-ven ; 🚌Village) traite les demandes de permis de randonnée (10 $, plus 8 $/pers par nuit) à partir de 4 mois avant le mois souhaité. En vous y prenant à l'avance et en fournissant différents itinéraires de randonnée, vous devriez l'obtenir. Les réservations sont enregistrées en vous présentant sur place, ou en les demandant par courrier ou par fax (et non par téléphone ou par e-mail). Pour en savoir plus, consultez la page du National Park Service (www.nps.gov/grca/planyourvisit/backcountry.htm) et téléchargez son guide du parc en langue française via le lien suivant : www.nps.gov/grca/learn/news/upload/grca_french.pdf.

Si vous n'avez pas de permis en arrivant au South Rim, rendez-vous au bureau près du **Maswik Lodge** (carte p. 188 ; ☎928-638-2631, réservations préalables 888-297-2757 ; www.grandcanyonlodges.com ; 202 South Village Loop Dr, Grand Canyon Village ; ch sud/nord 215/304 $; P ❄ @ 📶 ; 🚌Village) pour vous inscrire sur la liste d'attente. Dans un souci de préservation de l'environnement, on ne peut plus acheter de bouteilles d'eau dans le parc. Remplissez votre gourde aux fontaines qui bordent le Rim ou au **Canyon Village Market** (carte p. 188 ; ☎928-638-2262 ; www.visitgrandcanyon.com ; Market Plaza, Grand Canyon Village ; sandwichs et pizzas 6-11 $; ⏲6h30-21h fin mai-sept, épicerie 6h30-20h, horaires réduits le reste de l'année ; 🚌Village).

OFFICES DU TOURISME AU SOUTH RIM

Grand Canyon Visitor Center (carte p. 188 ; ☎siège du parc 928-638-7888 ; www.nps.gov/grca/planyourvisit/visitorcenters.htm ; Grand Canyon Visitor Center Plaza, Grand Canyon Village ; ⏲9h-17h ; 🚌Village, 🚌Kaibab/Rim, 🚌Tusayan – 1er mars-30 sept). Situé à moins de 300 m derrière Mather Point, sur une grande place avec le **Visitor Center Plaza Park Store** (carte p. 188 ; ☎Grand Canyon Association 800-858-2808 ; www.grandcanyon.org ; Visitor Center Plaza ; ⏲8h-20h juin-août, horaires réduits le reste de l'année ; 🚌Village, Kaibab/Rim). Des tableaux d'affichage extérieurs indiquent les sentiers, les circuits, les programmes des rangers et la météo.

National Geographic Visitor Center (carte p. 188 ; ☎928-638-2468 ; www.explorethecanyon.com ; 450 Hwy 64 ; IMAX adulte/enfant 14/10 $; ⏲Visitor Center 8h-22h mars-oct, 9h-20h nov-fév, salle IMAX 8h30-20h30 mars-oct, 9h30-18h30 nov-fév ; 🚌Tusayan). Vous pouvez payer votre droit d'entrée dans le parc national (30 $ par véhicule) au centre d'accueil des visiteurs de Tusayan, à une bonne dizaine de kilomètres au sud de Grand Canyon Village, afin d'éviter les longues files d'attente qui se forment parfois à l'entrée du parc. L'excellent film *Grand Canyon – The Hidden Secrets* est projeté dans une salle IMAX. En plus des centres d'accueil des visiteurs déjà mentionnés, d'autres points d'information sont répartis dans le parc :

Desert View Watchtower (carte p. 188 ; ☎928-638-8960 ; www.nps.gov/grca/learn/photosmultimedia/mary-colter-indian-watchtower.htm ; Desert View, Desert View Dr ; ⏲8h-19h avr-sept, 8h-18h oct-mars ; escaliers fermés 30 min avant la fermeture ; P 👪)

Kolb Studio (carte p. 188 ; ☎928-638-2771 ; www.nps.gov/grca/planyourvisit/art-exhibits.htm ; Rim Trail, Grand Canyon Village Historic District ; ⏲8h-19h mars-mai et sept-nov, 8h-18h déc-fév, 8h-20h juin-août ; 🚌Village – arrêt Hermits Rest Route Transfer, 🚌Hermits Rest – 1er mars-30 nov ; Village Route Transfer)

Tusayan Museum & Ruins (carte p. 188 ; ☎928-638-7888 ; www.nps.gov/grca ; Desert View Dr ; ⏲9h-17h ; P 👪)

Verkamp's Visitor Center (carte p. 188 ; ☎928-638-7888 ; www.nps.gov/grca/planyourvisit/verkamps.htm ; Rim Trail, Grand

À NE PAS MANQUER

WALNUT CANYON

Les habitations troglodytiques des Sinaguas sont creusées dans les parois calcaires abruptes du **Walnut Canyon** (carte p. 184 ; ☎928-526-3367 ; www.nps.gov/waca ; I-40 sortie 204 ; adulte/enfant 15 $/gratuit ; ⏲8h-17h juin-oct, 9h-17h nov-mai, dernier accès aux sentiers 1 h avant fermeture ; P), petit canyon boisé. L'Island Trail, un sentier en escalier de 1,5 km de long et 55 m de dénivelé (plus de 200 marches), traverse 25 pièces creusées sous les surplombs naturels du coude formé par le canyon. Le Rim Trail, plus court et accessible en fauteuil roulant, offre une belle vue sur les habitations troglodytiques depuis le versant opposé.

VAUT LE DÉTOUR

SUNSET CRATER VOLCANO NATIONAL MONUMENT

Aux alentours de 1064, un cône entra en éruption sur ce **site** (carte p. 188 ; 928-526-0502 ; www.nps.gov/sucr ; Park Loop Rd 545 ; voiture/moto/vélo et piéton 25/20/15 $; centre d'accueil des visiteurs 9h-17h, parking 24h/24), projeta des cendres sur 2070 km² et engendra la coulée de lave Kana-A. Culminant aujourd'hui à 2 447 m, le Sunset Crater est paisible ; deux circuits de 1,5 km chacun permettent l'un de sillonner la coulée de lave Bonito (formée aux alentours de 1180), l'autre de monter au Lenox Crater (2 141 m). Les randonneurs et vététistes plus aguerris pourront entamer l'ascension de l'O'Leary Peak (2 732 m ; 13 km aller-retour). Une boucle de 500 m accessible en fauteuil roulant surplombe la coulée de lave pétrifiée.

Sunset Crater se trouve à 30 km au nord-est de Flagstaff. L'entrée inclut l'accès au **Wupatki National Monument** (carte p. 188; 928-679-2365 ; www.nps.gov/wupa ; Park Loop Rd 545 ; voiture/moto/vélo/piéton 25/20/15/15 $; centre d'accueil des visiteurs 9h-17h, sentiers aube-crépuscule) voisin et reste valable sept jours.

Canyon Village Historic District ; 8h-19h mars à fin mai et sept-nov, 8h-18h déc-fév, 8h-20h fin mai à août ; Village – arrêt Train Depot ou Village East)

Yavapai Geology Museum (carte p. 188 ; 928-638-7888 ; www.nps.gov/grca/planyourvisit/yavapai-geo.htm ; Rim Trail, Grand Canyon Village Historic District ; 8h-19h mars à fin mai et sept-nov, 8h-18h déc-fév, 8h-20h fin mai à août ; P ; Kaibab/Rim)

South Rim (versant sud)

Si vous n'avez rien contre la foule, vous serez très bien au South Rim. Vous y trouverez tout ce dont vous avez besoin : hébergements, restaurants, librairies, bibliothèques, un supermarché et un *deli*. Musées et monuments historiques en pierre illustrent l'histoire du parc, et des rangers organisent des présentations sur la géologie ou le renouveau des populations de condors.

L'été, il n'est pas difficile d'échapper aux nuées de visiteurs : vous gagnerez en tranquillité en vous éloignant des belvédères ou en vous enfonçant dans le canyon.

Activités

Routes panoramiques et randonnée

Hermit Road, une **route panoramique**, longe la corniche sur quelque 11 km, à l'ouest de Grand Canyon Village. Elle est fermée aux voitures de mars à novembre, mais des navettes gratuites y circulent et sa faible fréquentation permet la circulation à vélo. Plusieurs haltes le long de la route, où des panneaux explicatifs détaillent les caractéristiques du canyon, offrent des points de vue spectaculaires.

Autre route, la **Desert View Drive** débute à l'est de Grand Canyon Village et longe le versant sur 42 km jusqu'à Desert View, l'entrée est du parc. Les panoramas depuis les aires de repos sont magnifiques.

Il y en a pour tous les niveaux parmi les **sentiers de randonnée** qui bordent le South Rim. Le **Rim Trail** est le plus facile du parc, donc le plus fréquenté. Il serpente entre les points d'observation et les sites historiques à travers les pins frêles de la Kaibab National Forest sur 20 km. Empierré par endroits, il est accessible au niveau de ses belvédères par les trois itinéraires de navettes. Chaque mètre du **Trail of Time**, le long du Rim Trail à l'ouest du Yavapai Geology Museum, représente un million d'années à l'échelle géologique.

Descendre au fond du canyon n'est pas une mince affaire ; la plupart des visiteurs se contentent de randonnées à la journée. Gardez à l'esprit que la remontée est bien plus difficile que la descente, et qu'il serait vain d'espérer faire l'aller-retour en une journée. Le plus connu des sentiers est le superbe **Bright Angel Trail**, spectaculaire sur toute sa descente, longue de 13 km, jusqu'à la Colorado River. Il est ponctué de quatre haltes permettant de faire demi-tour. En été, la chaleur peut être suffocante, et mieux vaut faire demi-tour à l'un des deux refuges (entre 4,5 km et 9,5 km aller-retour) ou partir dès l'aube pour rallier en toute sécurité Indian Garden et Plateau Point (respectivement 14,8 km et 19,6 km aller-retour).

L'un des plus beaux sentiers du parc, le **South Kaibab Trail** offre à chaque pas des panoramas extraordinaires à 360 degrés. Les marcheurs qui passent la nuit au Phantom Ranch descendent généralement par là et remontent le lendemain par le Bright

Angel Trail. L'ascension peut être dangereuse l'été ; les rangers recommandent aux randonneurs d'un jour de faire demi-tour à **Cedar Ridge** (aller-retour 5 km) – c'est la meilleure randonnée de courte durée du parc.

Vélo

Bright Angel Bicycles & Cafe at Mather Point VÉLO

(carte p. 188 ; ✆magasin de vélo 928-638-3055, réservations 928-679-0992 ; www.bikegrandcanyon.com ; Grand Canyon Visitor Center Complex ; location 24h tarif plein/-16 ans 47/31,50 $, location 5h 31,50/20 $, fauteuil roulant 10,50 $, poussette simple/double jusqu'à 8 h 18/31 $; 8h-18h mai à mi-sept, 9h-17h mi-sept à oct, 8h-17h mars-avr ; ; Village, Kaibab/Rim). Location de vélos et circuits organisés, avec casques fournis et remorques en option. Réservez en ligne ou par téléphone – même si, hormis entre juin et la mi-août, vous trouverez probablement votre bonheur en vous présentant directement au magasin. Le **Hermit Shuttle Package** (adulte/enfant 36/26 $), un forfait de 2 heures conseillé, conduit les cyclistes de la boutique à **Hopi Point** (carte p. 188 ; www.nps.gov/grca ; Rim Trail, Hermit Rd ; P ; Hermits Rest direction ouest (1er mars-30 nov)), puis les récupère à **Hermits Rest** (carte p. 188 ; ✆928-638-2351 ; www.nps.gov/grca/learn/photosmultimedia/colter_hermits_photos.htm ; Hermit Rd ; 8h-20h mai-sept, 9h-17h oct-mars, 9h-18h30 avr ; ; Hermits Rest – 1er mars-30 nov).

Circuits organisés

Grand Canyon Mule Rides CIRCUITS

(carte p. 188 ; ✆888-297-2757, réservations pour le lendemain 928-638-2631 ; www.grandcanyonlodges.com/plan/mule-rides ; Bright Angel Lodge, Grand Canyon Village Historic District ; balade à dos de mule 2h 143 $, balade à dos de mule 1/2 nuits repas et logement inclus 606/875 $; pour 2 pers 1 057/1 440 $; toute l'année, horaires variables ;). Ce prestataire emmène des groupes en balade le long de l'East Rim Trail, sur plus de 6,5 km. Si vous voulez descendre dans le canyon, l'unique possibilité est l'excursion jusqu'au Phantom Ranch, qui comprend la descente par le **Bright Angel Trail** (carte p. 188 ; www.nps.gov/grca ; Rim Trail, Grand Canyon Village Historic District ; ; Village, Hermits Rest – 1er mars-30 nov) sur 17 km (5 heures 30), une ou deux nuits au Phantom Ranch, puis la remontée sur 12,5 km (5 heures) par le **South Kaibab Trail** (carte p. 188 ; www.nps.gov/grca ; South Kaibab Trailhead, en retrait de la Desert View Dr ; Kaibab/Rim). Sinon, le circuit de Canyon Vistas (6,4 km) ne quitte pas le versant.

Où se loger

Les six refuges du South Rim sont gérés par **Xanterra** (Grand Canyon Lodges ; ✆réservations préalables 888-297-2757, international 303-297-2757, réservations sous 48h 928-638-2631 ; www.xanterra.com ; 10 Albright St, Grand Canyon). Contactez-les pour réserver (indispensable l'été), ou mieux, appelez directement le Phantom Ranch situé sur le fleuve Colorado. Pour réserver pour le jour même, appelez le standard du South Rim (✆928-638-2631). Si vous ne trouvez pas d'hébergement dans le parc, cherchez à Tusayan (à la South Rim Entrance Station), à Valle (50 km au sud), à Cameron (85 km à l'est), à Williams (environ 96 km au sud) ou à Flagstaff (130 km au sud-est). Les campings et les refuges sont ouverts toute l'année, sauf le Desert View.

Desert View Campground CAMPING $

(carte p. 188 ; www.nps.gov/grca/planyourvisit/cg-sr.htm ; Desert View, Desert View Dr ; empl 12 $; mi-avr à mi-oct ; P). Situé au cœur d'une végétation de pins et de genévriers près du versant, à 40 km de Grand Canyon Village (le carrefour touristique), ce camping de 50 emplacements est relativement calme, grâce à une disposition qui garantit un peu d'intimité. Pour obtenir un emplacement, venez en milieu de matinée, au moment où les campeurs plient bagage. C'est généralement complet en milieu d'après-midi.

Le site compte des toilettes et de l'eau potable, mais ni douches ni prises électriques ; juste à côté, vous trouverez une supérette avec des produits de base.

Bright Angel Lodge LODGE $

(carte p. 188 ; ✆réservations préalables 888-297-2757, réservations sous 48 heures 928-638-2631 ; www.grandcanyonlodges.com ; Rim Trail, Grand Canyon Village Historic District ; ch/chalets à partir de 140/243 $; P ; Village). À la lisière du canyon, ce **lodge historique** (carte p. 188 ; ✆928-638-2631 ; www.nps.gov/grca/learn/photosmultimedia/colter_ba_photos.htm ; Rim Trail, Grand Canyon Village Historic District ; P ; Village) de 1935, tout en rondins et pierres et au charme simple, bruisse d'activité dans ses espaces communs. Excellent choix pour les petits budgets, les chambres de Buckey Lodge et de Powell Lodge sont lumineuses, jolies et sans chichis (réfrigérateur, mais pas de TV), à deux pas du versant, tandis que les rustiques Rim Cabins figurent parmi les meilleurs hébergements du South Rim.

Phantom Ranch CHALETS, DORTOIRS $
(carte p. 188 ; ☎888-297-2757 ; www.grandcanyonlodges.com ; fond du canyon, 15,9 km en dessous du South Rim sur le Bright Angel Trail, 11,9 km en dessous du South Rim sur le South Kaibab Trail, 21,9 km en dessous du North Rim sur le North Kaibab Trail ; dort 65 $, chalet d 169 $, disponible sur tirage loterie ; ❄). Ce campement installé au fond du canyon comprend des chalets privés (2 à 10 personnes) et quatre dortoirs non mixtes (de 5 lits superposés chacun) pour les randonneurs. Draps, savon et serviettes sont compris, mais les repas sont en option et à réserver. Le Phantom est accessible à dos de mule, à pied ou en rafting sur la Colorado River.

Trailer Village RV Park TERRAIN CAMPING-CARS $
(carte p. 188 ; ☎877-404-4611, réservations pour le jour même 928-638-1006 ; www.visitgrandcanyon.com ; Market Plaza, Grand Canyon Village ; camping-car avec prises électriques 49-59 $; ⏲tte l'année ; P ; Village vers l'est). Un parking où sont alignés les camping-cars, garés sur des emplacements goudronnés au milieu d'un terrain vague. Vous trouverez sur place des tables de pique-nique, des barbecues et des prises électriques, mais les douches à pièces et la laverie automatique sont à 800 m, au **Camper Services** (☎928-638-6350 ; www.visitgrandcanyon.com/trailer-village-rv-park/rv-camper-services ; Market Plaza, Grand Canyon Village ; ⏲horaires variables ; Village). Pour rejoindre le bord du canyon, comptez quelque 1,5 km de marche via le Greenway Trail, où les cyclistes sont les bienvenus.

Yavapai Lodge MOTEL $$
(carte p. 188 ; ☎877-404-4611 ; www.visitgrandcanyon.com/yavapai-lodge ; Market Plaza, Grand Canyon Village ; ch 168-212 $; ⏲toute l'année ; P❄@ ; Village). Les 16 bâtiments de type motel sont situés dans une forêt de pins et de genévriers, à quelque 1,5 km du bord du canyon. Les belles chambres climatisées du Yavapai East, sur deux niveaux, logent de quatre à six personnes, tandis que les familiales sont dotées de lits superposés. Les chambres du Yavapai West (possibilité de stationner devant, animaux domestiques bienvenus), sur un niveau, logent jusqu'à quatre personnes, mais n'ont pas la climatisation et datent un peu.

El Tovar REFUGE $$$
(carte p. 188 ; ☎réservations préalables 888-297-2757, réservations sous 48h 928-638-2631 ; www.grandcanyonlodges.com ; Rim Trail, Grand Canyon Village Historic District ; ch 263-354 $; ⏲tte l'année ; P❄ ; Village vers l'ouest – arrêt Train Depot). Dans ce lodge en bois de 1905, perché sur le Rim Trail au bord du canyon, les espaces communs ont le charme glamour des parcs nationaux d'antan. Toutefois, les 78 chambres et suites ne jouissent pas toutes de cette esthétique historique : certaines sont ravissantes, avec des lits à baldaquin ou un balcon spectaculaire, mais les chambres standards évoquent davantage un motel. On vient ici pour le service et l'emplacement.

Où se restaurer et prendre un verre

Grand Canyon Village offre toutes les options de restauration souhaitables, même si ce n'est pas pour l'excellence de la cuisine que l'on vient au Grand Canyon ! L'Arizona Room, El Tovar et le **Harvey House Cafe** (carte p. 188 ; ☎928-638-2631 ; www.grandcanyonlodges.com/dine/harvey-house-cafe ; Bright Angel Lodge, Grand Canyon Village Historic District ; plats 13-21 $; ⏲6h30-22h ; ; Village direction ouest) sont les seuls restaurants du South Rim avec service à table, mais de nombreux bars servent aussi de petites assiettes et des en-cas. Les autres établissements sont des cafétérias ou des fast-foods. Il est possible de réserver pour le dîner à l'Arizona Room et à El Tovar.

Phantom Ranch Canteen (carte p. 188 ; ☎aux États-Unis 888-297-2757, hors États-Unis 303-297-2757 ; www.grandcanyonlodges.com/dine/phantom-ranch-cafe ; Phantom Ranch (bas du canyon) ; petit-déj 24 $, dîner végétarien /steak 29/48 $; ⏲petit-déj 5h et 6h30, avr-oct, 5h30 et 7h nov-mars, dîner 17h et 18h30, cantine 8h-16h et 20h-22h, à partir de 8h30 nov-mars), en contrebas du Rim près de la Colorado River, propose des petits-déjeuners et des dîners de style familial. Réservation obligatoire.

Yavapai Lodge Restaurant AMÉRICAIN $
(☎928-638-6421 ; www.visitgrandcanyon.com ; Yavapai Lodge, Grand Canyon Village ; petit-déj 7-9 $, déj et dîner 10-16 $; ⏲7h-21h ; P ; Village). Petit-déjeuner buffet (15 $) ou à la carte. Au déjeuner et au dîner, on sert barbecue, sandwichs chauds ou froids et pizzas, ainsi que de la bière et du vin. Commandez sur un écran tactile, prenez vos boissons, et vous serez appelé lorsque votre repas sera prêt.

Pratique et efficace, mais il faut s'attendre à une qualité de cafétéria scolaire.

El Tovar Dining Room AMÉRICAIN **$$$**
(carte p. 188 ; ☎928-638-2631 ; www.grandcanyonlodges.com/dine/el-tovar-dining-room-and-lounge ; El Tovar, Grand Canyon Historic District ; plats 20-30 $; ⏲restaurant 6h30-10h30, 11h15-14h et 16h30-21h30, lounge 11h30-23h ; P ; Village). Le summum de la gastronomie dans un parc national. Porcelaine et nappes blanches ornent les tables en bois sombre, des fresques murales font honneur aux tribus indiennes locales et d'immenses fenêtres donnent sur le sentier du Rim et le canyon. La carte du petit-déjeuner comprend le trio de pancakes d'El Tovar (au babeurre, au maïs bleu, au sarrasin, recouverts de beurre de pignons de pin et sirop de figue de Barbarie) et la truite noircie servie avec deux œufs.

Arizona Room AMÉRICAIN **$$$**
(carte p. 188 ; ☎928-638-2631 ; www.grandcanyonlodges.com/dine/arizona-room ; Bright Angel Lodge, Grand Canyon Village Historic District ; déj 13-26 $, dîner 27-40 $; ⏲11h30-15h et 16h30-21h30 fév-oct, dîner seulement nov-jan ; ; Village). Les lustres en bois de cerf suspendus au plafond, les baies vitrées avec vue sur le sentier du Rim et le canyon au loin ainsi que le menu de saison donnent au lieu une atmosphère de western. Les réservations (dîner uniquement) sont acceptées en ligne ou par téléphone 30 jours à l'avance, mais vous trouverez généralement une table dans un délai d'une semaine.

Comment s'y rendre et circuler

La plupart des visiteurs arrivent au canyon avec leur propre voiture ou en circuit organisé. Sachez qu'il est difficile de se garer. Dans le parc, des navettes gratuites assurent 3 itinéraires : autour de Grand Canyon Village, à l'ouest le long de la Hermits Rest Route et à l'est le long de la Kaibab Trail Route. Les bus circulent toutes les 15 minutes, de 1 heure avant le crépuscule à 1 heure après. En été, la navette gratuite Hiker's Express part de bonne heure de Bright Angel Lodge et fait des arrêts au Backcountry Information Center et au Grand Canyon Visitor Center avant de filer vers le départ du chemin de randonnée de South Kaibab.

North Rim (versant nord)

Le North Rim est un empire de solitude. Pas de navettes, pas de bus, pas de musées, pas de magasins, pas d'écoles, pas de garages. Rien, en fait, à part un simple refuge au bord du canyon, un camping, un motel, une épicerie et des kilomètres de sentiers. Ces chemins de randonnée serpentent au milieu de prairies ensoleillées couvertes de fleurs sauvages, de trembles se balançant dans la brise et de majestueux pins ponderosa.

L'entrée du North Rim est à 39 km au sud de Jacob Lake sur la Hwy 67 ; continuez pendant 32 km pour atteindre le Grand Canyon Lodge. À 2 400 m, il fait 6°C de moins que sur le South Rim – vous aurez besoin d'un pull même les soirs d'été. Ici, toutes les infrastructures sont fermées de mi-octobre à mi-mai, mais si vous êtes en voiture, vous pouvez circuler dans le parc et vous établir au camping jusqu'à ce que la route depuis Jacob Lake soit fermée en raison des premières neiges.

Activités

Ni long ni difficile (800 m), le sentier goudronné menant à **Bright Angel Point** (www.nps.gov/grca ; North Rim) est à faire absolument. Débutant derrière le Grand Canyon Lodge, il donne sur une corniche étroite offrant un formidable panorama.

Le **North Kaibab Trail** (carte p. 188 ; www.nps.gov/grca ; Inner Canyon) est le seul sentier entretenu du versant nord reliant la rivière et le versant sud près du Phantom Ranch (p. 194). Les premiers 7,5 km sont les plus raides, descendant sur un dénivelé de 930 m jusqu'aux **Roaring Springs**, des chutes qui attirent nombre de promeneurs à la journée. Pour une randonnée plus courte, le sentier de 1,2 km menant au **Coconino Overlook** ou celui de 3,2 km jusqu'au **Supai Tunnel** vous mettront en appétit pour la suite. Enfin, les 45 km pour parvenir à la Colorado River et revenir sont à parcourir en plusieurs jours.

Pour les familles souhaitant faire une courte randonnée, les rangers recommandent la boucle (6,5 km aller-retour) du **Cape Final Trail** (carte p. 188 ; www.nps.gov/grca ; Cape Royal Rd), sur le **plateau de Walhalla** à l'est de Grand Canyon Lodge, qui conduit à travers les pins ponderosa jusqu'à une vue imprenable sur l'est du Grand Canyon.

Canyon Trail Rides CIRCUITS ORGANISÉS
(carte p. 188 ; ☎435-679-8665 ; www.canyonrides.com ; North Rim ; balade à dos de mule 1-3 heures 45/90 $; ⏲7h30, 8h30, 12h30, 13h30, 14h30 mi-mai à mi-oct). Les réservations sont ouvertes un an à l'avance, mais

contrairement aux excursions à dos de mule au départ du South Rim, celles-ci peuvent généralement être réservées au moment de votre arrivée dans le parc. Il suffit de s'adresser au Grand Canyon Lodge. Les excursions ne permettent pas d'atteindre le fleuve Colorado, mais le North Kaibab Trail donne un bon aperçu du paysage à l'intérieur du canyon.

Pour chacune des trois balades, il existe des restrictions d'âge et de poids spécifiques ; les enfants de moins de 7 ans ou les personnes pesant plus de 100 kg seront de toute façon hors course.

Réservez en ligne ou en téléphonant au ☎928-638-9875 une semaine à l'avance.

Où se loger et se restaurer

North Rim Campground CAMPING $
(carte p. 188 ; ☎877-444-6777 ; www.recreation.gov ; empl tente 18 $, empl camping-car 18-25 $; ⏲réservation 15 mai-15 oct ; premier arrivé, premier servi 16-31 oct ; 🐾). Géré par le National Park Service, à 2,5 km au nord du Grand Canyon Lodge, ce camping propose des emplacements à l'ombre sur un terrain plat, parmi les pins jaunes. Les emplacements n°11, 14, 15, 16 et 18 bénéficient d'une vue sur le canyon et coûtent 25 $ – le n°10 est très agréable aussi. Vous pouvez (et devriez) réserver en ligne jusqu'à six mois à l'avance.

Les emplacements sans réservation sont disponibles uniquement pour les randonneurs et les motards. Il y a l'eau potable, un magasin, un snack-bar, des douches et des laveries payantes, mais pas d'électricité.

Grand Canyon Lodge HÔTEL HISTORIQUE $$
(carte p. 188 ; ☎réservations 877-386-4383 ; www.grandcanyonlodgenorth.com ; ch/chalets à partir de 146/161 $; ⏲15 mai-15 oct). 🍃 Les chambres ne sont pas dans le **lodge** (carte p. 188) lui-même ; la plupart sont aménagées dans des chalets en rondins, à proximité. Seules quatre des Western Cabins jouissent d'une vue sur le canyon et elles sont très prisées malgré le supplément de 22 $. Il faut les réserver au moins un an à l'avance.

Grand Canyon Lodge Dining Room AMÉRICAIN $$
(carte p. 188 ; ☎mai-oct 928-638-8560 ; www.grandcanyonforever.com/dining ; petit-déj 8-11 $, déj 10-15 $, dîner 18-35 $; ⏲6h30-10h, 11h30-14h30 et 16h30-21h30 15 mai-15 oct ; 🍷👪). Les steaks de bison, la truite et les plats végétariens du menu sont corrects, mais ne vous y trompez pas, on vient ici pour le panorama. Le déjeuner est tout juste correct et le buffet du petit-déjeuner sans intérêt – commandez plutôt un plat cuisiné. Vous profiterez du point de vue, grandiose, en vous installant à côté d'une fenêtre, mais aussi depuis toute la salle à manger.

Si vous n'avez pas réservé pour le dîner, vous pourrez vous rabattre sur le buffet de l'autre côté du hall (33 $; 16h30-18h15). Les steaks sont délicieux mais les accompagnements de style cafétéria un peu décevants.

Renseignements

Backcountry Information Center-North Rim (carte p. 188 ; ☎928-638-7875 ; www.nps.gov/grca ; siège administratif ; ⏲8h-12h et 13h-17h 15 mai-15 oct). Délivre des permis autorisant à camper au bord ou dans le canyon, au Tuweep Campground, ou n'importe où dans le parc entre le 1er novembre et le 14 mai.

Kaibab National Forest Visitor Center (Jacob Lake). Dispense des renseignements sur les divers campings et points de vue à l'extérieur du parc.

North Rim Visitor Center (carte p. 188 ; ☎928-638-7888 ; www.nps.gov/grca ; ⏲8h-18h 15 mai-15 oct). Pour tout savoir sur le parc. Point de départ des circuits nature menés par les rangers. À côté du Grand Canyon Lodge.

Depuis/vers le Grand Canyon North Rim

La seule route d'accès au versant nord est la Hwy 67, qui ferme avec les premières chutes de neige et rouvre au printemps après la fonte des neiges (dates variables).

Le North Rim n'est qu'à 18 km du South Rim à vol d'oiseau ; et pourtant, 350 km d'une route éprouvante, désertique et sinueuse le séparent du Grand Canyon Village (comptez 4 à 5 heures). Vous pouvez la parcourir avec votre propre véhicule ou emprunter le **Trans-Canyon Shuttle** (☎928-638-2820 ; www.trans-canyonshuttle.com ; trajet simple d'un versant à l'autre 90 $). Réservez au moins deux semaines à l'avance.

Des chemins relient les deux versants, mais l'itinéraire de trois jours peut être envisagé uniquement par des randonneurs ayant une grande expérience des canyons et en excellente condition physique.

Environs du Grand Canyon

Havasupai Canyon

Caché au creux d'une vallée secrète, ce site aux cascades éblouissantes et aux piscines

LES RAPIDES DU COLORADO

La descente des rapides du fleuve Rouge est une aventure chargée d'adrénaline. Aux Lava Falls (le dénivelé le plus impressionnant), on dégringole de 11 m sur une distance de moins de 300 m. Mais le véritable plaisir consiste à découvrir le Grand Canyon d'en bas – où l'histoire prend vie dans les ruines, les épaves, l'art sur la roche – et non d'en haut, depuis la corniche. Suivant le type d'embarcation utilisé et le parcours choisi, on peut y passer 3 jours comme 3 semaines.

Arizona Raft Adventures (carte p. 184 ; ☎800-786-7238, 928-526-8200 ; www.azraft.com ; 4050 East Huntington Dr, Flagstaff AZ, 86004 ; circuits rafting 6/16 jours 2 305/4 675 $, circuit avec embarcation à moteur 8/10 jours 2 945/3 455 $). Ce prestataire de circuits familiaux multigénérationnels présente des itinéraires à bord de rafts à moteur, rames ou pagaies. Consultez le site Internet pour des détails sur les circuits aventures thématiques (photographie, musique, yoga et kayak).

Arizona River Runners (☎800-477-7238, 602-867-4866 ; www.raftarizona.com ; 15211 North Cave Creek Rd, Suite A, Phoenix AZ, 85032 ; visite du ranch et circuit avec moteur 3 jours à partir de 1 475 $, circuit canyon 13 jours avec rames à partir de 4 145 $). En activité depuis 1970, ce prestataire propose des circuits avec rames ou moteur. Il organise en outre des séjours pour randonneurs de 5 à 15 jours en avril, quand les températures sont plus fraîches. Des aménagements sont possibles selon vos besoins, notamment pour les personnes handicapées.

naturelles azur est l'un des plus beaux de cette région. C'est l'occasion d'une excursion unique, voire épique, en raison du chemin assez difficile pour y descendre et en remonter.

Situé dans la réserve indienne de Havasupai, le Havasu Canyon se trouve à 56 km à l'ouest du South Rim à vol d'oiseau, mais il faut rouler 315 km pour l'atteindre. Les quatre chutes d'eau sont à 16 km de marche du bord du canyon par un sentier de difficulté moyenne au départ de Hualapai Hilltop, auquel on accède par une route de 100 km (sortie sur la Route 66, 11 km à l'est de Peach Springs). On ne peut s'y rendre sans y passer la nuit (réservation obligatoire).

Dans le village de Supai, à environ 13 km du départ du sentier, se trouve le **Havasupai Lodge** (carte p. 188 ; ☎928-448-2211, 928-448-2201 ; www.theofficialhavasupaitribe.com ; Supai ; ch jusqu'à 4 pers 440 $, plus droit d'entrée 110 $/pers ; ❄), dont les chambres basiques de type motel n'ont aucun attrait particulier, si ce n'est leur situation. Il faut réserver un an à l'avance. Le **Supai Cafe** (carte p. 188 ; Supai ; plats 5,50-13 $; ⏲horaires variables) sert des hamburgers, des burritos aux haricots et un taco au *frybread* (ou bannique, pain frit amérindien).

Le **Havasu Campground** (carte p. 188 ; ☎928-448-2180 ; www.havasupaireservations.com ; Havasu Canyon ; 3 nuits 300-375 $/pers ; ⏲fév-nov), 3,2 km plus loin, se compose d'emplacements rudimentaires le long d'une crique. Il y a plusieurs toilettes sèches et de l'eau potable à disposition. Le camping peut accueillir 350 personnes par nuit, mais tous les emplacements ne sont pas délimités – attendez-vous à une certaine promiscuité. Obtenir un permis pour camper est quasiment impossible – commencez à vous pencher sur la question plus d'un an avant votre départ.

Poursuivez pour atteindre enfin les cascades et vous baigner dans l'eau turquoise du canyon.

Pour des renseignements détaillés sur une exploration du Havasu Canyon, consultez www.theofficialhavasupaitribe.com.

Réserve Hualapai

Géré par les Hualapais, à environ 350 km par la route à l'ouest de South Rim et à 115 km au nord-est de Kingman, le site isolé connu sous le nom de Grand Canyon West ne fait pas partie du Grand Canyon National Park.

Si vous arrivez de Peach Springs, sachez que le trajet en voiture dure 2 heures, même si la réserve semble plus proche. Vérifiez l'itinéraire sur le site Internet avant de partir car il n'y a plus de réseau ensuite. Ne manquez pas la Joshua Tree Forest en chemin.

Grand Canyon West POINT DE VUE
(carte p. 188 ; ☎928-769-2636, 888-868-9378 ; www.grandcanyonwest.com ; Hualapai Reservation ;

44-81 $/pers ; ⏲7h-19h avr-sept, 8h-17h oct-mars). Le seul moyen de visiter Grand Canyon West, la portion du canyon gérée par les Hualapais, est d'acheter un pack visite. Ce pack inclut une navette qui s'arrêtera trois fois le long du canyon, deux points de vue, des circuits à cheval depuis une ville du Far West reconstituée, et des spectacles improvisés par les Amérindiens. L'incontournable : la petite balade sur le **Skywalk**, une passerelle vitrée en forme de fer à cheval suspendue à 1 200 m au-dessus du vide du Grand Canyon.

Nord-est de l'Arizona

Au milieu des formations rocheuses troublantes de Monument Valley, les eaux bleues du Lake Powell et les troncs d'arbres fossilisés du Petrified Forest National Park sont très photogéniques. Habitée par les Amérindiens depuis des siècles, cette contrée est essentiellement constituée de réserves indiennes formant la Nation navajo, s'étendant aux États voisins et englobant la réserve hopi.

Lake Powell

Intégré à la **Glen Canyon National Recreation Area** (☎928-608-6200 ; www.nps.gov/glca ; pass 7 jours 30 $/véhicule, 15 $/piéton ou cycliste), ce deuxième plan d'eau artificiel du pays s'étend entre l'Utah et l'Arizona. Au cœur de fascinantes formations rocheuses rouges, de canyons ciselés et de paysages désertiques extraordinaires, ce site est un paradis pour les amateurs de sports aquatiques. Pour louer un stand up paddle ou un kayak, tentez **Lake Powell Paddleboards** (carte p. 188 ; ☎928-645-4017 ; www.lakepowellpaddleboards.com ; 836 Vista Ave ; paddle/kayak/vélo 40/30/35 $; ⏲8h-18h avr-sept, 9h-17h oct-mars).

Ce lac est le résultat de la construction du barrage de Glenn Canyon à 4 km au nord-ouest de l'actuel centre urbain de la région, la ville de Page. À côté du barrage se trouve le Carl Hayden Visitor Center.

Pour découvrir l'époustouflant **Antelope Canyon**, constitué de deux gorges de grès séparées, vous devrez vous inscrire à une visite gérée par les Navajos. Plusieurs prestataires organisent des excursions dans l'**Upper Antelope Canyon**, plus aisément navigable. Il y a foule pour profiter des sensations fortes de la descente ; essayez **Roger Ekis Antelope Canyon Tours** (☎928-645-9102 ; www.antelopecanyon.com ; 22 S Lake Powell Blvd ; tarif plein/enfant à partir de 60/50 $; ⏲visites 7h-16h30). Le nombre de touristes attirés par le **Lower Antelope Canyon**, plus exigeant, est bien moindre.

Une randonnée prisée, à juste titre, consiste en une boucle de 1,9 km conduisant à **Horseshoe Bend** (carte p. 188 ; Hwy 89, parking 10 $; ⏲aube-crépuscule) site où le Colorado forme un U parfait autour d'un spectaculaire affleurement rocheux. Le départ se trouve au sud-ouest de Page, près de la Hwy 89, face à la borne 541.

À Page, les hôtels de chaîne se succèdent le long de la Hwy 89, mais il y a des hébergements indépendants bordant la 8th Ave. Découvrez de près la beauté du territoire navajo à la **Shash Diné EcoRetreat** (carte p. 188 ; ☎928-640-3701 ; www.shashdine.com ; près de Hwy 89 ; ch 150-200 $), un ranch familial dans lequel les visiteurs peuvent loger dans un *hogan* (structure circulaire en bois recouverte de terre), une roulotte de berger, une tente en toile ou encore une cabane. Le petit-déjeuner est inclus ; pour le dîner, prévoyez des victuailles à déguster autour du feu de camp.

Pour petit-déjeuner à Page, le **Ranch House Grille** (carte p. 188 ; ☎928-645-1420 ; www.ranchhousegrille.com/page ; 819 N Navajo Dr ; plats 9-15 $; ⏲6h-15h) offre une bonne cuisine, des portions copieuses et un service rapide. Plus tard dans la journée, rendez-vous à la **State 48 Tavern** (carte p. 188 ; ☎928-645-1912 ; www.state48tavern.com ; 614 N Navajo Dr ; sandwichs 12-14 $, plats 18-27 $; ⏲17h-22h mer-ven et lun, 11h-22h sam-dim), pour des plats comme le burger poire-gorgonzola et les tacos crevettes-coco ; bon choix de bière également.

Réserve navajo

Le territoire navajo est vaste : sa superficie de 70 000 km² dépasse celle de certains États américains. La réserve s'étend sur l'Arizona, le Nouveau-Mexique, le Colorado et l'Utah. Elle renferme des merveilles naturelles d'une incroyable richesse, mais aussi, bien sûr, la culture bien vivante, la langue, les institutions, les fermes et les habitations des Dinés (Navajos), la plus importante nation amérindienne du pays.

Contrairement au reste de l'Arizona, la réserve navajo est sur le fuseau horaire des Rocheuses en été, elle est donc en avance d'une heure par rapport au reste de l'État. Pour des détails sur la randonnée, le camping et les permis nécessaires, rendez-vous sur le site www.navajonationparks.org.

CAMERON

Cameron est un village historique de colons, et la dernière bourgade avant l'entrée est du South Rim du Grand Canyon, à 51 km. La minuscule communauté battue par le vent est l'une des rares étapes méritant une pause sur la Hwy 89 entre Flagstaff et Page. Le **Cameron Trading Post** (carte p. 188 ; ☎928-679-2231 ; www.camerontradingpost.com ; Hwy 89 ; ⌚6h-22h mars-oct, horaires réduits nov-fév), à quelques kilomètres au nord de la sortie Grand Canyon sur la Hwy 64, propose le gîte et le couvert ainsi qu'une boutique de souvenirs et un bureau de poste.

NAVAJO NATIONAL MONUMENT

Le **Navajo National Monument** (☎928-672-2700 ; www.nps.gov/nava ; Hwy 564 ; ⌚centre d'accueil des visiteurs 8h-17h30 juin-début sept, 9h-17h le reste de l'année) GRATUIT a pour but de protéger les anciennes habitations troglodytiques pueblos de Betatakin et Keet Seel. Magnifiquement préservées, à flanc de falaise, elles sont uniquement accessibles à pied. Approcher ces villages de pierre ancestraux dans une relative solitude, parmi les pins à pignons et les genévriers, est une expérience magique. Le National Park Service contrôle l'accès au site et gère le centre d'accueil des visiteurs, très utile. Le personnel est formidable.

CANYON DE CHELLY NATIONAL MONUMENT

Le canyon de Chelly et ses nombreux affluents recèlent plusieurs sites antiques pueblos magnifiques, dont des maisons troglodytiques. Il est habité depuis plusieurs siècles par des fermiers navajos qui passent l'hiver sur les bords du canyon avant de descendre passer le printemps et l'été dans leurs *hogans*. Le canyon est la propriété officielle des Navajos et est administré par le NPS. L'accès aux *hogans* se fait uniquement avec un guide ; photographier des personnes est interdit sans leur permission.

Unique hébergement du parc, le **Thunderbird Lodge** (☎928-674-5842, 800-679-2473 ; www.thunderbirdlodge.com ; Rural Rte 7, ch 130 $; ❄📶🐾), situé au bord du canyon, abrite des chambres confortables et une cafétéria bon marché servant des repas navajos et américains. Le camping voisin, tenu par des Navajos, compte quelque 90 emplacements gérés sur le principe du premier arrivé, premier servi (14 $), avec eau mais pas de douche. Espèces uniquement. Tenu par des Navajos, le paisible **Spider Rock Campground** (☎928-781-2016, 928-781-2014 ; www.spiderrockcampground.com ; Navajo Hwy 7 ; templ tente/camping-car 11/16 $, hogan 31-47 $; 📶🐾), sur la South Rim Drive, est entouré de *piñon* (pins à pignons locaux) et de genévriers.

Le **centre d'accueil des visiteurs** (☎928-674-5500 ; www.nps.gov/cach ; Rte 7 ; ⌚8h-17h) du canyon de Chelly se trouve à 5 km de la Rte 191, juste après le village de Chinle, à l'entrée du canyon. Deux routes panoramiques longent le bord du canyon, mais pour descendre au fond il faut impérativement un guide. La liste des guides est disponible au centre d'accueil des visiteurs ou sur le site Internet du parc. Le seul chemin de randonnée que l'on peut emprunter sans supervision est une courte mais spectaculaire boucle qui passe par l'incroyable **White House Ruin**.

RÉSERVE HOPI

Descendants directs des Pueblos, les Hopis ont su préserver au mieux leur culture. Le village d'Old Oraibi serait le site de peuplement le plus longtemps habité sans interruption en Amérique du Nord.

Le territoire hopi est enclavé dans la réserve navajo. La Hwy 264 passe devant les trois mesas (First, Second et Third Mesa), qui constituent le cœur de la réserve hopi. Sur la Second Mesa, à quelque 13 km à l'ouest de First Mesa, le **Hopi Cultural Center Restaurant & Inn** (☎928-734-2401 ; www.hopiculturalcenter.com ; Mile 379, Hwy 264 ; ch à partir de 100 $; ⌚restaurant 7h-21h ; ❄📶🐾) accueille les visiteurs dans la tradition hopi, un brin réactualisée, avec restauration et hébergement. Foisonnant de photos anciennes, le petit **Hopi Museum** (☎928-734-6650 ; Mile 379, Hwy 264 ; adulte/enfant 3/1 $; ⌚8h30-17h lun-ven, 9h-15h sam) introduit à la culture hopi.

Photos, croquis et enregistrements sont strictement interdits dans la réserve. L'alcool et la drogue sont également interdits.

MONUMENT VALLEY NAVAJO TRIBAL PARK

Monument Valley est de ces lieux que l'on croit connaître depuis toujours. Ses pointes d'un rouge flamboyant, ses mesas aux parois abruptes et ses buttes grandioses sont gravées dans nos esprits. La beauté épique de Monument Valley est renforcée par l'aridité du paysage qui l'entoure.

Pour voir de près ces merveilles naturelles, vous devrez passer par le **Monument Valley Navajo Tribal Park** (☎435-727-5870 ; www.navajonationparks.org ; véhicule 4 pers 20 $; ⏱visite motorisée 6h-19h avr-sept, 8h-16h30 oct-mars, centre d'accueil des visiteurs 6h-20h avr-sept, 8h-17h oct-mars), où une piste en boucle de 24 km fait le tour de ces sites majestueux. Vous pouvez conduire vous-même ou vous laisser conduire sur un des circuits (65/150 $ pour 1 heure 30/2 heures) qui vous emmèneront sur des sites interdits aux véhicules privés (inscription aux kiosques sur le parking).

Sis à l'intérieur du parc, le **View Hotel** (☎435-727-5555 ; monumentvalleyview.com ; Indian Rte 42, Monument Valley Navajo Tribal Park ; ch/ste à partir de 210/349 $; ❄@📶) en grès rouge se fond dans le paysage ; la plupart des 95 chambres ont un balcon avec vue sur les monuments rocheux de la vallée. Au restaurant attenant, les spécialités avec des touches de cuisine navajo (plats 11 à 15 $, pas d'alcool) sont quelconques, mais la vue sauve le tout.

Le **View Campground** (☎435-727-5802 ; monumentvalleyview.com/campground ; Indian Rte 42, Monument Valley Navajo Tribal Park ; empl tente et camping-car 30 $; ⏱mars-oct), idéalement situé, est meilleur marché, tandis que l'historique **Goulding's** (☎435-727-3231 ; www.gouldings.com ; Monument Valley, Utah ; d à partir de 245 $, app 310-330 $; ❄📶🏊🐾), juste de l'autre côté de la frontière de l'Utah, propose des chambres modestes, des emplacements de camping et des petits chalets ; réservez tôt pour la saison estivale. Il existe aussi à Kayenta, à 32 km au sud, quelques hôtels corrects et des restaurants passables ; si tout est complet à Monument Valley, tentez le **Wetherill Inn** (☎928-697-3231 ; www.wetherill-inn.com ; 1000 Main St/Hwy 163 ; ch 155 $; ❄@📶🏊).

Petrified Forest National Park

Le Painted Desert, polychrome à souhait, est jonché de troncs fossilisés antérieurs aux dinosaures. Cet extraordinaire **parc national** (☎928-524-6228 ; www.nps.gov/pefo ; voiture/vélo 20/10 $; ⏱7h-19h mi-avr à août, horaires réduits le reste de l'année) est traversé par l'I-40 ; on y accède par la sortie 311, à 40 km à l'est de Holbrook. Le **centre d'accueil des visiteurs** (☎928-524-6228 ; 1 Park Rd, Petrified Forest National Park ; ⏱8h-18h mi-avr à mi-oct, 8h-17h le reste de l'année), situé à moins de 1 km au nord de l'I-40, propose des cartes et des détails sur les visites guidées. Continuez sur les 45 km de toute beauté de la route panoramique. Vous n'y trouverez pas de sites pour camper, mais plusieurs sentiers assez courts, de 1 à 3 km, passent au beau milieu des arbres pétrifiés et des habitations ancestrales des Amérindiens. Si vous souhaitez faire du camping sauvage, vous devrez obtenir un permis (gratuit) au centre d'accueil des visiteurs.

Ouest de l'Arizona

Les amateurs de soleil affluent au bord de la Colorado River à Lake Havasu City et ses environs, tandis que les adeptes de *road trip* s'élancent sur la Route 66, route mythique dont on trouve des tronçons bien préservés près de Kingman. Le paysage désolé et sauvage au sud de l'I-10 en direction du Mexique compte parmi les plus arides de l'Ouest. Si vous êtes déjà sur place, quelques sites valent le détour, mais nul besoin de planifier un itinéraire par ici, à moins d'être un fan de la Route 66 ou de sports nautiques.

Kingman et ses environs

Kingman est célèbre pour les inconditionnels de la Route 66 : c'est la ville principale du plus long tronçon ininterrompu de la route historique, entre Topock et Seligman. La ville compte plusieurs bâtiments du début du XXe siècle, dont l'ancienne église méthodiste à l'angle de 5th St et Spring St où se marièrent Clark Gable et Carole Lombard en 1939. La star locale, Andy Devine, perça à Hollywood dans le rôle du conducteur de la diligence dans *La Chevauchée fantastique* de John Ford (1939), récompensé aux Oscars.

Vous trouverez plans et brochures à l'historique **Kingman Visitor Center** (carte p. 188 ; ☎928-753-6106, 866-427-7866 ; www.gokingman.com ; 120 W Andy Devine Ave ; ⏱8h-17h), installé dans une ancienne centrale électrique. Il abrite un musée de la Route 66, petit mais intéressant, et une exposition de voitures électriques.

Du mercredi au dimanche, grimpez jusqu'au **Hualapai Mountain Resort** (☎928-757-3545 ; www.hmresort.net ; 4525 Hualapai Mountain Rd ; ch/ste à partir de 79/159 $; ⊙mer-dim ; 🐾) et son restaurant, installés au milieu des pins immenses. Le **Floyd & Co Real Pit BBQ** (carte p. 188 ; ☎928-757-8227 ; www.floydandcompany.com ; 420 E Beale St ; plats 8,50-13 $; ⊙11h-20h mar-jeu, 11h-21h ven-sam) sert de la bonne viande grillée, et **Beale Street Brews** (carte p. 188 ; ☎928-753-1404 ; www.bealestreet-brews.net ; 510 E Beale St ; ⊙6h-18h ; 📶) un café excellent

Sud de l'Arizona

Au pays des Stetsons et des éperons, on chante des ballades de cow-boy autour d'un feu de camp, sous un ciel étoilé noir de jais, tandis que des steaks épais grésillent sur le grill. Autour de Tucson, ville universitaire dynamique, se déploie une vaste région d'étendues vallonnées et de montagnes escarpées, que traversent de longues routes poussiéreuses. Les majestueux cactus saguaros, symboles de la région, se dressent à perte de vue.

Tucson

Invitant au divertissement, aux activités de plein air et à la culture, Tucson est une des villes les plus stimulantes et surprenantes du Sud-Ouest. Installée dans une vallée plate, cernée par des monts accidentés et des légions de cactus saguaros, la deuxième ville d'Arizona mêle les traditions amérindienne, hispanique, mexicaine et anglo-saxonne. Ses quartiers bien distincts et ses bâtiments datant du XIXe siècle lui confèrent une dimension historique et communautaire qui manque à Phoenix, plus moderne et plus vaste. Les boutiques éclectiques et les nombreux bars et restaurants tendance de la ville rappellent au visiteur que Tucson est avant tout un centre universitaire, qui accueille les 45 000 étudiants de l'Université d'Arizona.

👁 À voir et à faire

Le centre-ville de Tucson et le quartier historique sont situés à l'est de la sortie 258 de l'I-10. Le campus universitaire se trouve à environ 1,6 km au nord-est du centre-ville. 4th Ave est l'artère principale, où cafés, bars et magasins abondent. En revanche, la plupart des sites à visiter se trouvent en périphérie, voire en dehors de la ville.

CURIOSITÉS LE LONG DE LA ROUTE 66

Cette route mythique s'étend sur 640 km à travers l'Arizona, traversant une kyrielle de sites kitsch énumérés ici d'ouest en est.

"Wild burros", Oatman Des mules sauvages, descendantes des bêtes utilisées dans les mines, attendent des friandises en plein milieu de la route.

Grand Canyon Caverns & Inn (carte p. 188 ; ☎928-422-3223 ; www.gccaverns.com ; Mile 115, Rte 66 ; visite tarif plein/réduit 16/11 $; ⊙9h-17h mai-sept, 9h30-16h oct-avr). Un circuit guidé vous emmène 21 étages sous terre voir des lynx momifiés, des approvisionnements de la défense civile et une chambre de motel à 900 $.

Panneaux publicitaires Burma Shave Des panneaux publicitaires rouge et blanc d'une autre époque entre Grand Canyon Caverns et Seligman.

Snow-Cap Drive In, Seligman (☎928-422-3291 ; www.delgadillossnowcap.t2-food.com ; 301 East Chino ; plats 5-6,50 $; ⊙10h-18h mars-nov). Ce *drive-in* ouvert depuis 1953 vend burgers et glaces à Seligman.

Meteor Crater (carte p. 188 ; ☎800-289-5898 ; www.meteorcrater.com ; Meteor Crater Rd ; tarif plein/senior/enfant 18/16/9 $; ⊙7h-19h juin à mi-sept, 8h-17h mi-sept à mai). À 61 km à l'est de Flagstaff, un cratère de 167 m de profondeur et de 1,5 km de diamètre.

Wigwam Motel (☎928-524-3048 ; www.galerie-kokopelli.com/wigwam ; 811 W Hopi Dr ; ch 70-76 $; ❄). Tipis en béton, avec mobilier en rondins de noyer blanc, à Holbrook.

Arizona-Sonora Desert Museum MUSÉE

(☎520-883-2702 ; www.desertmuseum.org ; 2021 N Kinney Rd ; tarif plein/senior/enfant 22/20/9 $; ⏲8h30-17h oct-fév, 7h30-17h mars-sept, 7h30-22h sam juin-août). Cette ode de 40 ha au désert de Sonora est un mélange de zoo, de jardin botanique et de musée qui divertira toute la famille pour une bonne demi-journée. Coyotes, coatis, chiens de prairie toujours joueurs et colibris pas plus gros que le poing évoluent dans des enclos naturels. La flore du désert, dont de nombreux cactus, est partout, et des guides organisent des présentations. Poussettes et fauteuils roulants disponibles. Boutique de souvenirs, galerie d'art, restaurant et café.

Arizona State Museum MUSÉE

(☎520-621-6302 ; www.statemuseum.arizona.edu ; 1013 E University Blvd ; adulte/senior/enfant 8/6 $/gratuit ; ⏲10h-17h lun-sam). Ce musée, le plus vaste et le plus ancien musée anthropologique du Sud-Ouest, présente l'histoire et la culture des tribus amérindiennes de la région. La partie traitant de l'histoire culturelle de ces tribus est à la fois complète et accessible ; elle s'adresse aux néophytes comme aux connaisseurs. Le musée comprend aussi de remarquables collections de minéraux et de textiles navajos.

Old Tucson Studios SITE DE TOURNAGE

(☎520-883-0100 ; oldtucson.com ; 201 S Kinney Rd ; tarif plein/senior/enfant 20/18/11 $; ⏲généralement 10h-17h ven-dim, fermé sept ; 🐾). Surnommé “le Hollywood du désert”, cet ancien décor de cinéma représentant Tucson dans les années 1860 date du tournage d'*Arizona* en 1939. Des centaines d'autres productions s'y sont succédé, voyant défiler une ribambelle de stars, de Clint Eastwood à Leonardo DiCaprio. C'est désormais un parc à thème avec règlements de comptes au revolver, poursuites de diligences, spectacles de cascadeurs et danseuses de saloon. Les horaires varient selon les mois – vérifiez en ligne.

Tucson Museum of Art MUSÉE

(☎520-624-2333 ; www.tucsonmuseumofart.org ; 140 N Main Ave ; tarif plein/senior/enfant 12/10/7 $; ⏲10h-17h mar-dim). Un musée d'art impressionnant pour une ville de cette taille. Il possède une collection respectable d'art américain, latino-américain et moderne, et la collection d'objets précolombiens réveillera l'Indiana Jones qui sommeille en vous. Les expositions temporaires sont intéressantes et variées, le magasin de souvenirs très bien fourni, et les alentours de l'établissement recèlent de nombreuses demeures historiques remarquables. Ouvert jusqu'à 20h le premier jeudi du mois, où l'entrée est gratuite à partir de 17h.

Pima Air & Space Museum MUSÉE

(☎520-574-0462 ; www.pimaair.org ; 6000 E Valencia Rd ; adulte/senior/enfant 16,50/13,75/10 $; ⏲9h-17h dernière entrée 15h). Un avion espion SR-71 Blackbird et un énorme bombardier B-52 figurent parmi les stars de cet incroyable musée aéronautique privé. Prévoyez au moins 2 heures pour flâner dans les hangars et sur l'aérodrome. Vous suivrez ainsi l'évolution de l'aviation civile et militaire grâce à plus de 300 “volatiles”. Faites une visite autoguidée en utilisant l'application GPS du musée ou payez un supplément de 6 $ pour la visite en tramway (1 heure) ; départ à 10h, 11h30, 13h30 et 15h de novembre à mai.

Pedego LOCATION DE VÉLOS

(☎520-441-9782 ; www.pedegoelectricbikes.com ; 4340 N Campbell Ave, Suite 107B ; demi-journée/journée cruiser à partir de 45/65 $, VTT 80/125 $; ⏲7h-15h mer-dim). Si vous n'avez jamais eu la chance d'enfourcher un vélo électrique – doté d'un pédalier avec assistance, ce qui permet de faire un peu d'exercice quand même – c'est l'occasion. Bien situé à quelques pas du Loop, vous aurez de grands espaces à explorer. Mieux encore, louez un VTT électrique. Vous ne verrez plus jamais les montées de la même façon.

Fêtes et festivals

Tucson Gem & Mineral Show SALON

(☎520-332-5773 ; www.tgms.org ; ⏲fév). Le deuxième week-end de février, Tucson accueille le plus grand Salon mondial de pierres précieuses et de minéraux. Quelque 250 détaillants en minéraux, bijoux et fossiles investissent le Tucson Convention Center et d'autres lieux en ville pour l'événement phare de l'année.

Où se loger

Les variations de tarifs sont considérables d'une saison à l'autre, les prix étant plus bas en été et en automne. Si vous souhaitez dormir sous les étoiles au milieu des cactus saguaros, optez pour le **Gilbert Ray Campground** (☎520-883-4299 ; www.webcms.pima.

gov ; 8451 W McCain Loop Rd ; empl tente/camping-car 10/20 $; 🐾), proche de la partie ouest du Saguaro National Park.

Hotel Congress HÔTEL HISTORIQUE **$**
(☎520-622-8848 ; www.hotelcongress.com ; 311 E Congress St ; d à partir de 120 $; ❄📶🐾). C'est sans doute l'hôtel le plus connu de Tucson, où le célèbre braqueur de banque John Dillinger et sa bande furent capturés en 1934, suite à un incendie. Construit en 1919, cet endroit plein de caractère a été magnifiquement restauré et se révèle très moderne, malgré le mobilier d'époque – téléphones à cadran et radios en bois (mais pas de TV). L'hôtel comprend un café, un bar et un club, tous très fréquentés.

Catalina Park Inn B&B **$$**
(☎520-792-4541 ; www.catalinaparkinn.com ; 309 E 1st St ; ch 125-195 $; ⏲fin sept à mai ; ❄@📶🐾). Élégance, hospitalité et confort se conjuguent parfaitement dans cet accueillant B&B situé juste à l'ouest de l'Université de l'Arizona. Les hôtes Mark et Paul ont mis tout leur cœur pour rénover cette villa de style méditerranéen de 1927 et leurs efforts sont visibles dans les six chambres, toutes différentes. Ne manquez pas le délicieux petit-déjeuner : burritos, croissant, pain perdu au menu, entre autres.

Under Canvas GLAMPING **$$**
(☎520-303-9412 ; www.undercanvas.com ; 14301 E Speedway ; tentes à partir de 149 $; ⏲sept-mai ; 📶🏊). Vous rêvez de passer la nuit dans le désert du Sonora mais vous craignez que sac de couchage et serpents ne fassent pas bon ménage ? Ce campement haut de gamme, à seulement 10 minutes de trajet du Saguaro National Park, est peut-être la solution pour vous. Choisissez l'une des trois catégories de tentes (Deluxe, Stargazer et Safari) ; toutes sont équipées de lit king-size, salle de bains et douche.

Hacienda del Sol RANCH **$$$**
(☎520-299-1501 ; www.haciendadelsol.com ; 5501 N Hacienda del Sol Rd ; ch à partir de 300 $; ❄@📶🏊). Ce refuge reposant perché au sommet d'une colline occupe une ancienne école pour jeunes filles de bonne famille construite dans les années 1920. Les chambres sont savamment décorées dans le style local. Une multitude de détails contribuent au luxe et au confort du lieu, comme les poutres sculptées du plafond ou les portes à persiennes laissant pénétrer une douce brise. L'Hacienda del Sol est un lieu historique car il a accueilli Katharine Hepburn et John Wayne, entre autres légendes. Le restaurant du ranch, le Grill, est fabuleux.

Où se restaurer

Tumerico VÉGÉTARIEN **$**
(☎520-240-6947 ; www.tumerico.com ; 2526 E 6th St ; repas 14 $; ⏲8h-20h mer-sam, 10h-19h dim, 10h-15h mar ; 🌿). Nos coups de cœur ? Les tacos *ranchero* garnis de légumes et de jaque (fruit du jaquier), les tartines Frida Kahlo, les *sopes* (tortillas garnies) au pesto de coriandre, les bols de curry-coco, le kombucha à la pression et le latte au CBD (cannabidiol). Le mystérieux mélange "all powers" accompagnant chaque plat se compose de soupe, sauce, riz, haricots, légumes et café. Les shots orange vif à base de curcuma sont en supplément.

Prep & Pastry PETIT-DÉJEUNER **$**
(☎520-326-7737 ; www.prepandpastry.com ; 3073 N Campbell Ave ; plats 9,50-14 $; ⏲7h-15h). Il n'est pas possible de réserver dans ce haut lieu du petit-déjeuner, vous devrez donc vous inscrire sur la liste d'attente de Yelp. Attendez-vous aux délices les plus variés : confit de canard, croissants garnis, pain perdu (au nutella ou au piment vert) ou encore, plus diététiques, bol de quinoa et purée de pois chiches. Ajoutez un cocktail mimosa, un bloody mary ou du champagne et le petit-déjeuner se transforme en brunch.

Cafe Poca Cosa MEXICAIN **$$$**
(☎520-622-6400 ; cafepocacosatucson.com ; 110 E Pennington St ; déj 16-20 $, dîner 22-30 $; ⏲11h-21h mar-jeu, 11h-22h ven-sam). La chef primée Suzana Davila propose une cuisine néomexicaine, une institution pour les fans de cuisine mexicaine à Tucson. Un menu inscrit sur une ardoise circule entre les tables : les plats changent deux fois par jour. Tout est fraîchement préparé, créatif et joliment présenté. Si vous hésitez, commandez le Plato Poca Cosa et laissez Suzana décider. Excellentes margaritas.

El Charro Café MEXICAIN **$$**
(☎520-622-1922 ; www.elcharrocafe.com ; 311 N Court Ave ; déj 10-15 $, dîner 13-20 $; ⏲10h-21h ; 🌿). Dans cette hacienda animée, on sert une excellente cuisine mexicaine depuis 1922. L'adresse est connue pour sa *carne seca*, du bœuf séché au soleil, reconstitué, découpé et grillé avec du *chile* vert et des oignons.

Les délicieuses margaritas vous donneront un coup de fouet et vous feront patienter en attendant qu'une table se libère. Options véganes.

Où prendre un verre et sortir

Congress St dans le centre-ville et 4th Ave près de l'University of Arizona sont les meilleurs endroits où sortir.

Che's Lounge BAR
(520-623-2088 ; www.cheslounge.com ; 350 N 4th Ave ; 12h-2h). Ce bar un peu miteux mais extrêmement populaire sert de la bière bon marché et possède un immense comptoir circulaire ainsi que le *food truck* Geronimo's Revenge (jeu-dim). Les étudiants adorent les concerts du samedi soir et envahissent la terrasse le dimanche après-midi (16h-19h) en été.

Tap & Bottle BAR
(520-344-8999 ; www.thetapandbottle.com ; 403 N 6th Ave ; 12h-23h dim-mer, 12h-minuit jeu-sam). On vient dans ce bar aux murs de brique pour la fabuleuse sélection de bières artisanales, les bières belges et les *sours* vendues dans la boutique à l'arrière, ainsi que les vins servis au verre.

Monsoon Chocolate CAFÉ
(520-396-3189 ; www.monsoonchocolate.com ; 234 E 22nd St ; 10h-18h lun-ven, 8h-18h sam, 10h-16h dim ;). Dans le sud de Tucson, un excellent chocolatier spécialiste de l'"origine unique". Selon la météo, vous choisirez un chocolat chaud mexicain épicé ou plus probablement un Frocho (granita au chocolat et à la crème de coco), accompagné de délicieux chocolats au mezcal, tacos au chocolat ou *s'mores* (chocolat et guimauve entre deux biscuits). Propose également un excellent café et des boissons plus classiques, ainsi que des options véganes et sans gluten.

Club Congress MUSIQUE LIVE
(520-622-8848 ; hotelcongress.com ; 311 E Congress St ; concerts à partir de 19h, discothèque à partir de 22h). Voici le club le plus branché et le plus éclectique de la ville. Les meilleurs artistes de la région s'y produisent, ainsi que des DJ certains soirs. Pour une soirée plus tranquille, choisissez plutôt le Lobby Bar et ses cocktails ou le Tap Room, ouvert depuis 1919.

Renseignements

Vous obtiendrez des renseignements généraux sur la ville à l'**Arizona University Visitor Center** (520-624-1817 ; www.visittucson.org ; 811 N Euclid Ave ; 9h-17h lun-ven, 9h-16h sam-dim) et des informations plus spécifiques sur les conditions d'accès et de camping dans la Coronado National Forest au **Coronado National Forest Supervisor's Office** (520-388-8300 ; www.fs.usda.gov/coronado ; 300 W Congress St, Federal Bldg ; 8h-16h30 lun-ven) en centre-ville.

Comment s'y rendre et circuler

Le **Tucson International Airport** (520-573-8100 ; www.flytucson.com ; 7250 S Tucson Blvd ;) se trouve à 13 km au sud du centre-ville. Il est desservi par six compagnies aériennes, avec des vols directs pour de nombreuses destinations des États-Unis.

Chaque jour, dix bus **Greyhound** (520-792-3475 ; www.greyhound.com ; 801 E 12th St) rejoignent Phoenix au départ de Tucson (à partir de 12 $, 2 heures). Autres destinations disponibles. **Flixbus** (www.flixbus.com ; 1119 E 6th St, Université de l'Arizona, 6th St Garage) bénéficie de critiques un peu meilleures pour le trajet vers Phoenix (10 $).

Le train *Sunset Limited* d'**Amtrak** (520-623-4442 ; www.amtrak.com ; 400 N Toole Ave) effectue un arrêt à Tucson sur le trajet entre Los Angeles à l'ouest (10 heures, 3/sem) et La Nouvelle-Orléans à l'est (36 heures, 3/sem).

Le **Ronstadt Transit Center** (215 E Congress St, à l'angle de 6th Ave) est le cœur du réseau de bus publics, avec **Sun Tran** (520-792-9222 ; www.suntran.com) qui couvre toute l'agglomération. Le billet simple/journée coûte 1,75/4 $ en espèces ou à l'automate. Le même tarif s'applique pour le tramway **SunLink** (7h-22h lun-mer, 7h-2h jeu-ven, 8h-2h sam, 8h-20h dim).

Environs de Tucson

Tous les sites indiqués ci-après se trouvent à moins de 1 heure 30 de route de Tucson, et peuvent se visiter dans la journée.

Saguaro National Park

Le cactus saguaro (prononcez "se-wa-ro") est le symbole le plus emblématique du Sud-Ouest américain. Toute une armée de ces majestueuses sentinelles est protégée dans ces parcelles de désert (Rincon 520-733-5153, Tucson 520-733-5158, accueil du parc 520-733-5100 ; www.nps.gov/sagu ; pass

7 jours par véhicule/moto/vélo 20/15/10 $; aube-crépuscule). Le parc est divisé en deux parties (est/ouest), distantes de presque 50 km l'une de l'autre, avec au milieu la ville de Tucson. Le Rincon Mountain District à l'est et le Tucson Mountain District à l'ouest sont tous deux bien dotés en sentiers de randonnée et en flore du désert, mais si vous ne devez en visiter qu'un seul, choisissez la partie ouest.

La plus grande section, le **Rincon Mountain District**, est située à 24 km environ à l'est du centre-ville. Le **Red Hills Visitor Center** (520-733-5158 ; www.nps.gov/sagu ; 2700 N Kinney Rd ; 3693 S Old Spanish Trail ; 9h-17h) fournit des renseignements sur les randonnées, l'équitation et le bivouac. Pour ce dernier, un permis (8 $/site par jour) doit être obtenu avant midi le jour de votre randonnée. La Cactus Forest Scenic Loop Drive, une route goudronnée sinueuse de 13 km, ouverte aux voitures et aux vélos, donne accès aux aires de pique-nique et aux sentiers ; elle offre de beaux panoramas. Les randonneurs pressés par le temps peuvent emprunter le **Freeman Homestead Trail** de 1,6 km conduisant à un ensemble d'énormes cactus saguaros. Pour une traversée du désert, empruntez le Tanque Verde Ridge Trail, pentu et rocailleux, qui monte jusqu'au sommet de la Mica Mountain (2 641 m) avant de redescendre, le tout en 32 km (permis obligatoire pour y passer la nuit). Si vous préférez qu'on fasse l'effort à votre place, l'entreprise familiale **Houston's Horseback Riding** (520-298-7450 ; www.tucsonhorsebackriding.com ; 12801 E Speedway Bvd ; balade de 2 h 80 $/pers) propose des balades à cheval dans la section est du parc.

À l'ouest de la ville, le **Tucson Mountain District** a son propre centre d'accueil des visiteurs. La pittoresque Scenic Bajada Loop Drive, une route en terre de 9,6 km, traverse une forêt de cactus qui débute 2,4 km au nord du centre d'accueil des visiteurs. Le **Valley View Overlook** (1,3 km, magnifique au coucher du soleil) et le **Signal Hill Trail** (800 m) menant à d'anciens pétroglyphes sont 2 randonnées rapides, faciles et intéressantes. Le **King Canyon Trail** de 11 km est plus ardu : le départ se situe à 3 bons kilomètres au sud du centre d'accueil des visiteurs, près de l'Arizona-Sonora Desert Museum. Le **Desert Discovery Trail**, long de 800 m et jalonné de panneaux explicatifs, se trouve à 1,6 km au nord-ouest du centre d'accueil des visiteurs ; il est accessible en fauteuil roulant. Les distances indiquées pour ces quatre randonnées incluent le retour.

Attardons-nous un peu sur le cactus éponyme du parc. Les guides vous expliqueront que les saguaros n'ont pas de branches, mais bien des bras – ce qui après tout leur va mieux, étant donné leur allure humaine. Les saguaros poussent très lentement, il leur faut une quinzaine d'années pour atteindre 30 cm de haut, 50 ans pour atteindre 2 m et presque un siècle avant de commencer à avoir des bras et à prendre leur apparence caractéristique. Avril est la meilleure période pour les observer, car ils se couvrent alors de belles fleurs blanches caractéristiques de l'Arizona. En juin et juillet, les fleurs cèdent la place à des fruits rouges que consomment les Amérindiens. Ces géants sont entourés d'une armée de petits fantassins : *ocotillos* aux allures d'araignée, cactus *teddy bear* au duvet de peluche, *pencil chollas* (ressemblant à un haricot vert), et des centaines d'autres espèces végétales. Abîmer ou déplanter un cactus saguaro est puni par la loi.

Attention, les caravanes de plus de 10,6 m de long et les véhicules de plus de 2,4 m de large ne sont pas autorisés sur les routes étroites du parc.

À NE PAS MANQUER

AU PAYS DES LILLIPUTIENS

Divisé entre le Royaume enchanté, À la découverte du monde et la galerie d'Histoire, le merveilleux **Mini Time Machine – Museum of miniatures** (520-881-0606 ; www.theminitimemachine.org ; 4455 E Camp Lowell Dr, Tucson ; adulte/senior/4-17 ans 10,50/8,50/7 $; 9h-16h mar-sam, 10h-16h dim) présente une collection de dioramas miniatures à la fois fantastiques, historiques et captivants. On surplombe un petit village de Noël tout droit sorti d'une boule à neige, on jette un coup d'œil curieux dans de minuscules maisons construites aux XVIIIe et XIXe siècles, puis on part à la recherche des habitants miniatures d'un arbre magique. Ce musée s'est développé à partir d'une collection personnelle datant des années 1930. Les parents s'amuseront autant, voire plus que leurs enfants !

Ouest de Tucson

Envie de solitude ? Suivez la Hwy 86, qui s'enfonce à l'ouest depuis Tucson dans certaines des zones les plus vides du désert de Sonora. Seuls les camions vert et blanc des gardes-frontières y patrouillent.

À environ 1 heure 15 de voiture de Tucson, l'imposant **Kitt Peak National Observatory** (☎520-318-8726 ; www.noao.edu/kpno ; Hwy 86 ; tarif plein/enfant 11/7 $; ⏲9h-15h45) présente la plus grande collection de télescopes au monde. La visite guidée d'environ 1 heure peut être suivie du programme nocturne d'observation des étoiles (adulte 50 $), à condition d'avoir réservé 2 à 4 semaines à l'avance (pas de programme de mi-juillet à fin août). Lorsque la nuit est claire et dégagée, le spectacle est à couper le souffle. Prévoyez de vous habiller chaudement, faites le plein à Tucson (la station la plus proche est à 48 km de l'observatoire). Les enfants de moins de 8 ans ne sont pas acceptés au programme nocturne. La nuit, l'aire de pique-nique est le rendez-vous des astronomes amateurs.

Autre forme de dépaysement complet : l'exotisme de l'immense **Organ Pipe Cactus National Monument** (☎520-387-6849 ; www.nps.gov/orpi ; Hwy 85 ; 25 $/véhicule) qui s'étend le long de la frontière mexicaine. Ce magnifique territoire sauvage recèle une quantité étonnante d'animaux et de plantes, dont 28 espèces de cactus. Parmi elles, le fameux cactus orgue : cactus géant en forme de tuyaux d'orgue, il se distingue du cactus saguaro par ses branches ramifiées depuis la base. L'**Ajo Mountain Drive**, un circuit de 34 km, vous emmène au cœur d'un paysage spectaculaire : falaises accidentées et formations rocheuses d'un rouge aux nuances fantastiques. Tout près du centre d'accueil des visiteurs, vous trouverez pas moins de 208 emplacements au **Twin Peaks Campground** (☎877-444-6777 ; www.recreation.gov ; 10 Organ Pipe Dr ; empl tente/camping-car 20 $) géré selon le principe du premier arrivé, premier servi.

Sud de Tucson

La magnifique **Mission San Xavier del Bac** (☎520-294-2624 ; www.patronatosanxavier.org ; 1950 W San Xavier Rd ; dons appréciés ; ⏲musée 8h30-16h30, église 7h-17h), dans la réserve San Xavier, à 13 km au sud de Tucson, est le plus ancien édifice de l'époque coloniale espagnole en Arizona. Achevé en 1797, il mêle élégamment les architectures mauresque, byzantine et Renaissance mexicaine tardive ; la décoration intérieure est surprenante.

Le **Titan Missile Museum** (☎520-625-7736 ; www.titanmissilemuseum.org ; 1580 W Duval Mine Rd, Sahuarita ; tarif plein/senior/enfant 10,50/9,50/7 $; ⏲9h45-17h dim-ven, 8h45-17h sam, dernière entrée 15h45 nov-avr, horaires réduits mai-oct) à la sortie 69, à 25 km au sud de la mission, est un site souterrain de lancement de missiles balistiques intercontinentaux datant de la guerre froide. Les visites sont instructives et passionnantes, réservez-les à l'avance.

Si l'histoire ou l'achat d'objets artisanaux vous intéressent, filez à 77 km au sud de Tucson jusqu'au petit village de Tubac (www.tubacaz.com), qui réunit plus de 100 galeries, ateliers et boutiques, rassemblés autour d'un Presidio (un fort) de l'époque coloniale espagnole.

Patagonia et le Mountain Empire

Comprise entre la frontière mexicaine, les Santa Rita Mountains et les Patagonia Mountains, cette jolie région limitrophe est l'un des premiers joyaux de l'Arizona. Parfait pour les amateurs d'oiseaux et de vins, qui y trouveront en outre la plus parfaite tranquillité. Les ornithologues et les amoureux de la nature foulent les beaux sentiers de la **Patagonia-Sonoita Creek Preserve** (☎520-394-2400 ; www.nature.org/arizona ; 150 Blue Heaven Rd, Patagonia ; 8 $; ⏲6h30-16h mer-dim avr-sept, 7h30-16h mer-dim oct-mars), une magnifique forêt de saules et de peupliers gérée par le Nature Conservancy. Les deux pics migratoires des oiseaux vont d'avril à fin mai, et de fin août à septembre.

Au nord-est de Patagonia, dans les villages et domaines viticoles aux alentours de **Sonoita** et d'**Elgin**, vous pourrez faire des dégustations de vin. À Patagonia, à l'heure du dîner, on se rassasie de pizzas au **Velvet Elvis** (☎520-394-0069 ; www.facebook.com/velvetelvispizza ; 292 Naugle Ave, Patagonia ; pizzas 12-26 $; ⏲11h30-20h30 jeu-dim ; 📶). Installez-vous ensuite dans une chambre spacieuse et confortable à la **Duquesne House** (☎520-394-2732 ; www.theduquesnehouse.com ; 357 Duquesne Ave, Patagonia ; ch 140 $; ❄@📶), une ancienne pension pour mineurs agrémentée d'un joli jardin.

Un petit **centre d'accueil des visiteurs** (☎520-394-7750 ; www.patagoniaaz.com ; 299 McKeown Ave, Patagonia ; ⏲10h-16h tlj oct-mai, ven-dim juin-sept) fournit des renseignements.

Sud-est de l'Arizona

Truffé d'endroits rappelant le riche folklore du Far West, le sud-est de l'Arizona abrite notamment Bisbee, ville minière admirablement conservée, Tombstone et son OK Corral, ainsi que les incroyables pointes de pierre du Chiricahua National Monument.

Kartchner Caverns State Park

Ce fantastique ensemble de pointes, boucliers, tuyaux, colonnes, pailles et autres formations rocheuses éthérées s'est formé en pas moins de 5 millions d'années dans ces grottes, mais il ne fut découvert qu'en 1974. Sa localisation précise a été gardée secrète pendant 25 ans, afin de préparer l'ouverture du **Kartchner Caverns State Park** (☎renseignements 520-586-4100, réservations 877-697-2757 ; www.azstateparks.com/kartchner ; 2980 Hwy 90 ; par véhicule 7 $, visites guidées adulte/enfant 23/13 $; ⌚parc 7h-18h, centre d'accueil des visiteurs 8h-18h fin déc à mi-mai, horaires réduits le reste de l'année). Deux visites guidées sont proposées, toutes deux très impressionnantes et d'une durée de 1 heure 30. La visite "Big Room tour" s'arrête à la mi-avril pour laisser place à une colonie de femelles Myotis (des chauves-souris) en provenance du Mexique qui viennent s'installer dans les grottes pour donner naissance à leurs petits, fin juin. Elles y restent jusqu'à mi-septembre, avant de retrouver leurs quartiers d'hiver avec leur progéniture. La grotte est fermée au public jusqu'au départ des chauves-souris.

Le parc comprend un camping (avec chalets). L'entrée se trouve à 14 km au sud de la I-10, par la Hwy 90, sortie 302.

Tombstone

Tombstone (qui signifie "pierre tombale") est une cité minière qui connut son âge d'or au XIXe siècle, quand le whisky coulait à flots et que les balles fusaient pour de petits ou grands affrontements, le plus célèbre étant celui d'OK Corral. Le site est aujourd'hui classé monument historique national, et ses vieux bâtiments du Far West, ses tours en diligence et ses spectacles de fusillade attirent des hordes de touristes.

Bien sûr, vous devez absolument visiter **OK Corral** (☎520-457-3456 ; www.ok-corral.com ; Allen St, entre 3rd et 4th St ; avec/sans spectacle de fusillade 10/6 $; ⌚10h-16h), où eurent lieu les échanges de coups de feu légendaires entre les Earp, Doc Holliday et les McLaury et Billy Clanton le 26 octobre 1881. Les McLaury, Clanton et les nombreuses autres victimes de ces temps violents reposent désormais au **Boothill Graveyard** (☎520-457-3300 ; www.tombstoneboothillgiftshop.com ; 408 Hwy 80 ; adulte/enfant 3 $/gratuit ; ⌚8h-18h) sur la Hwy 80 au nord de la ville.

Accordez également un peu de votre temps au sulfureux **Bird Cage Theater** (☎520-457-3421 ; www.tombstonebirdcage.com ; 517 E Allen St ; tarif plein 14 $, senior et enfant 12 $; ⌚9h-18h), devenu le temple-musée de tout un tas d'objets "western". Entre cabaret, saloon et maison close, il doit son nom (*bird cage* signifie "cage à oiseaux") aux loges suspendues au plafond où les demoiselles recevaient les messieurs. Le **centre d'accueil des visiteurs** (☎888-457-3929 ; www.tombstonechamber.com ; 395 E Allen St, angle 4th St ; ⌚9h-16h lun-jeu, 9h-17h ven-dim) suggère différents itinéraires pédestres et visites.

Bisbee

Fleurant bon la grande époque de l'exploitation du cuivre, Bisbee est une ancienne cité minière qui a conservé d'élégants édifices, des restaurants somptueux et des hôtels charmants, où l'on croise nombre d'artistes et de vieux originaux. La plupart des commerces se trouvent dans le quartier historique (Historic District ou Old Bisbee), sur Subway St et Main St.

HOT DOG LOCAL

El Guero Canelo (☎520-295-9005 ; www.elguerocanelo.com ; 5201 S 12th Ave ; hot dog 3,50-4 $, plats 7,75-10,50 $; ⌚10h-22h dim-jeu, 8h30-minuit ven-sam) sert la spécialité de Tucson, le *Sonorian hot-dog*, qui combine à merveille la cuisine mexicaine et le penchant de l'Amérique pour les excès. Enveloppé dans du bacon, le hot dog contient de la sauce *tomatillo*, des haricots pinto, du fromage en lamelles, de la mayonnaise, du ketchup, de la moutarde, des tranches de tomates et des oignons. Cette spécialité est tellement populaire qu'elle est servie dans trois autres établissements de Tucson ; El Guero Canelo est l'adresse la plus recommandée.

Si les profondeurs souterraines vous attirent, descendez dans les puits avec d'anciens mineurs qui organisent un **Queen Mine Tour** (☎520-432-2071 ; www.queenminetour.com ; 478 Dart Rd, au bord de la Hwy 80 ; tarif plein/enfant 13/5,50 $; ⊙9h-17h). Le Queen Mine Building, juste au sud du centre-ville, abrite aussi le **centre d'accueil des visiteurs** (☎520-432-3554 ; www.discoverbisbee.com ; 478 Dart Rd ; ⊙8h-17h lun-ven, 10h-16h sam et dim), et constitue un bon point de départ des visites. En lisière de Bisbee, l'immense et disgracieux **Lavender Pit** témoigne à l'air libre de ce passé minier.

Prenez vos quartiers au **Shady Dell RV Park** (☎520-432-3567 ; www.theshadydell.com ; 1 Douglas Rd, Lowell ; à partir de 105-145 $; ⊙fermé été et hiver ; ❄), étonnant parc de caravanes kitsch à souhait. L'ensemble, conçu avec originalité et meublé à l'ancienne, est même climatisé. Autrement, passez la nuit dans un chariot à bâche au **Bisbee Grand Hotel** (☎520-432-5900 ; www.bisbeegrandhotel.com ; 61 Main St ; d/ste à partir de 94/135 $; ❄📶), qui redonne vie au vieil Ouest avec son décor victorien et son agréable saloon.

Le long de Main St, il est assez aisé de tomber sur un bon restaurant. L'élégant **Cafe Roka** (☎520-432-5153 ; www.caferoka.com ; 35 Main St ; plats 18,50-31,50 $; ⊙17h-21h mer-sam, 16h-20h dim) sert une cuisine américaine raffinée, déclinée en soirée selon des formules incluant salade, soupe et sorbet, sans compter toute une palette d'autres plats où chacun trouve son bonheur. Remontez Main St pour déguster les pizzas au feu de bois de **Screaming Banshee** (☎520-432-1300 ; www.screamingbansheepizza.net ; 200 Tombstone Canyon Rd ; pizzas 14-19 $; ⊙16h-21h mer, 11h-22h jeu-dim). Les bars sont concentrés dans la bien nommée Brewery Gulch ("gorge de la Brasserie"), à l'extrémité est de Main St.

Chiricahua National Monument

Quelque peu isolé mais envoûtant, le parc de **Chiricahua National Monument** (☎520-824-3560 ; www.nps.gov/chir ; 12856 E Rhyolite Creek Rd ; ⊙centre d'accueil des visiteurs 8h30-16h30 ; 🐾) GRATUIT est au cœur des Chiricahua Mountains. Certaines pointes rocheuses y atteignent des hauteurs vertigineuses, semblant souvent sur le point de basculer. Un itinéraire de 13 km vous mène par la **Bonita Canyon Scenic Drive** jusqu'au Massai Point (2 094 m), où vous apercevrez des milliers de pointes posées sur les pentes, pareilles à une armée pétrifiée. De nombreux sentiers de randonnée sillonnent les environs ; si vous avez peu de temps, empruntez l'**Echo Canyon Trail** sur un petit kilomètre, qui vous mènera aux Grottoes, une impressionnante "cathédrale" de blocs géants où l'on peut s'allonger et écouter le vent caresser le silence. Le parc se trouve à 58 km au sud-est de Willcox tout près de la Hwy 186 et de la Hwy 181.

UTAH

L'Utah est un époustouflant terrain de jeu naturel : mesas rouge brique, canyons étroits, pentes enneigées, étendues de roche lisse. La région est très propice à la randonnée, au VTT et au ski. Plus de 65% du territoire de l'État appartient au domaine public, notamment 14 parcs nationaux et monuments, ce qui facilite l'accès à ces splendeurs naturelles.

Le sud de l'Utah apparaît comme un interminable désert de grès, sculpté par des falaises de roche rouge et des pitons aux tons intenses. Au nord, en revanche, ce sont les forêts de pins qui dominent, sous les sommets enneigés des Wasatch Mountains. Ces paysages sont parsemés de vestiges du temps des pionniers, de ruines, d'œuvres rupestres antiques et de fossiles de dinosaures.

Les villes rurales, où l'influence mormone est très forte, sont pour la plupart paisibles et conservatrices, mais la beauté sauvage des paysages a su attirer une population plus variée, en particulier à Salt Lake City et Park City qui s'animent le soir grâce à d'excellents bars et restaurants. Faites de bonnes réserves d'eau et partez à la découverte des merveilles de l'Utah !

Histoire

Des vestiges d'habitations et des œuvres rupestres témoignent des cultures pueblos (ou anasazis) et du peuple fremont, premiers habitants des lieux. Toutefois, ce sont les Utes, Païutes et Navajos qui vivaient ici quand les Européens s'aventurèrent sur ce territoire dès 1776. Guidés par Brigham Young, et fuyant les persécutions religieuses, les mormons s'établirent en Utah et fondèrent Salt Lake City en 1847. Ils tentèrent de coloniser le moindre territoire, aussi sauvage fût-il, ce qui généra maints accrochages avec les Amérindiens, comme en témoignent çà et là plusieurs villes fantômes.

Le demi-siècle qui suivit l'acquisition du territoire mexicain que formait alors l'Utah par les États-Unis, le Congrès américain reçut plus d'une requête pour qu'il puisse former un État à part entière. Mais les pratiques polygames des mormons étaient jugées contraires à la Constitution. Tensions et poursuites judiciaires perdurèrent jusqu'en 1890, date à laquelle Wilford Woodruff, président de l'Église mormone, déclara avoir eu une révélation divine lui enjoignant de se conformer au droit américain. L'Utah devint ainsi le 45e État en 1896. Aujourd'hui encore, l'Église mormone (Église de Jésus-Christ des saints des derniers jours) continue d'y exercer une forte influence.

Renseignements

Office du tourisme de l'Utah (800-200-1160 ; www.utah.com). Publie le guide gratuit *Utah Travel Guide* et gère plusieurs centres d'accueil des visiteurs.

Utah State Parks & Recreation Department (801-538-7220 ; www.stateparks.utah.gov). Propose un très bon guide sur les 40 et quelque parcs nationaux de l'État, disponible en ligne et dans les centres d'accueil des visiteurs.

Comment s'y rendre et circuler

Des vols internationaux en provenance par exemple du Canada ou de France atterrissent à l'aéroport de Salt Lake City (p. 214), tout comme des vols nationaux. On trouve des agences de location de voitures dans les principales villes et centres touristiques. Un train Amtrak (www.amtrak.com) s'arrête chaque jour à Salt Lake City sur le trajet entre Oakland, en Californie (19 heures) et Chicago (34 heures). Greyhound (www.greyound.com) assure des liaisons longue distance de Salt Lake City à Las Vegas, Nevada (8 heures), et Denver, Colorado (10 heures 30).

L'Utah est largement rural, si bien que vous aurez besoin d'une voiture – à moins de rester à Salt Lake City ou à Park City. La solution la plus économique pour visiter les parcs du sud de l'Utah est d'atterrir à Las Vegas et d'y louer un véhicule.

Salt Lake City

La lumineuse capitale de l'Utah se déploie sous un ciel bleu sans nuages, au milieu de montagnes enneigées. Dotée de l'aéroport international de l'État, elle dégage pourtant une atmosphère de petite ville. On se repère facilement dans le centre-ville, très calme le soir, et on conçoit difficilement que l'agglomération compte 1,2 million d'habitants. Salt Lake City (SLC) est aux mormons ce que le Vatican est aux catholiques, et l'Église mormone possède énormément de terres ; pourtant, moins de la moitié de la population appartient à cette Église. De nombreux habitants ont été attirés par l'université et les opportunités d'activités en plein air. Un vent libertaire souffle sur les cafés et les cours de yoga, où les tatouages rivalisent de sophistication. Les gourmets apprécient la grande variété de l'offre gastronomique, internationale ou bio. Et si vous sentez l'appel de la nature, les sentiers de randonnée et les pistes de ski des Wasatch Mountains ne sont qu'à 45 minutes.

À voir et à faire

Les principaux lieux de l'Église mormone se concentrent aux abords du point central de la ville, à l'angle de Main St et South Temple St. Notez que la largeur des rues (40 m) correspond à l'espace nécessaire pour permettre à un chariot tiré par 4 bœufs de faire demi-tour. Le centre-ville s'est redynamisé grâce au développement de City Creek, centre commercial et résidentiel, tandis qu'à l'est, University-Foothills District regroupe la plupart des musées et des sites qui plairont aux enfants.

L'UTAH EN BREF

Surnom Beehive State (l'État des Ruches)

Population 3,16 millions d'habitants

Superficie 219 889 km²

Capitale Salt Lake City (200 591 hab.), agglomération (1 152 633 hab.)

Autre ville St George (84 400 hab.)

TVA à partir de 4,85%

Lieu de naissance de Butch Cassidy (1866-1908)

Hôte des Jeux olympiques d'hiver de 2002

Politique Essentiellement conservateur

Célèbre pour sa communauté mormone, ses canyons de grès rouge et la Delicate Arch

Temple Square Area

Temple Square PLACE

(www.visittemplesquare.com ; angle S Temple et N State St ; site 24h/24 ; centre d'accueil des visiteurs 9h-21h). GRATUIT Cette place grandiose de 4 ha, où se dressent les imposants édifices mormons, est couverte de jardins fleuris et de fontaines. Aux deux entrées (sur S Temple et N Temple) se tiennent à votre disposition "frères" et "sœurs" mormons d'une gentillesse désarmante pour répondre à vos questions et vous faire gracieusement visiter le site au départ du centre d'accueil des visiteurs (30 min). Le temple est fermé pour rénovation jusqu'en 2024 mais les autres sites de Temple Square demeurent ouverts.

Church History Museum MUSÉE

(801-240-3310 ; history.lds.org/section/museum ; 45 N West Temple St ; 9h-21h lun-ven, 10h-18h sam). GRATUIT Ce remarquable musée interactif près de Temple Square (ci-dessus) présente l'histoire et l'art des pionniers.

Salt Lake Temple SITE RELIGIEUX

(801-240-2640 ; churchofjesuschristtemples.org/salt-lake-temple ; 50 W North Temple St, Temple Sq). L'impressionnant Salt Lake Temple domine Temple Sq (ci-contre) du haut de ses 64 m. Au sommet de sa plus haute flèche se tient une statue de l'ange Moroni, qui apparut au fondateur de l'Église mormone, Joseph Smith. On raconte que lors de la rénovation, les agents d'entretien ont découvert de vieux impacts de balles sur l'une des surfaces en plaqué or. Le temple et les cérémonies sont réservés uniquement aux membres officiels. Le temple est fermé jusqu'en 2024 en raison de travaux visant à le rendre plus résistant aux séismes.

Tabernacle SITE RELIGIEUX

(www.mormontabernaclechoir.org ; Temple Sq ; 9h-21h). GRATUIT Cet auditorium (1867) sous un dôme possède une acoustique exceptionnelle (le bruit d'une épingle qui tombe s'entend à l'autre bout de la salle, à plus de 60 m) et un orgue de 11 000 tuyaux. Des récitals d'orgue gratuits ont lieu à midi du lundi au samedi, et à 14h le dimanche.

Beehive House SITE HISTORIQUE

(801-240-2681 ; www.lds.org/visitbeehivehouse ; 67 E South Temple St ; 10h-18h lun-sam). GRATUIT Brigham Young vécut ici durant son mandat de gouverneur et de chef de l'Église mormone de l'Utah. Les visites (obligatoires) mêlent faits historiques sur l'édifice et informations religieuses, dans des proportions

SALT LAKE CITY POUR LES ENFANTS

Salt Lake City est une ville accueillante pour les enfants. Le **Discovery Gateway** (801-456-5437 ; www.discoverygateway.org ; 444 W 100 S ; 12,50 $; 10h-18h lun-jeu, 10h-19h ven-sam, 12h-18h dim) est un musée interactif qui stimule les sens et l'imagination.

Les enfants peuvent traire les vaches à la **Wheeler Historic Farm** (385-468-1755 ; www.wheelerfarm.com ; 6351 S 900 E ; balade en wagon 3 $, visite de la maison adulte/enfant 4/2 $; lever-coucher du soleil) GRATUIT, qui date de 1898. L'été, ils peuvent également faire des balades dans un chariot tiré par un tracteur.

Plus de 800 animaux peuplent les 17 ha du **Hogle Zoo** (801-484-1700 ; www.hoglezoo.org ; 2600 E Sunnyside Ave ; adulte/enfant 17/13 $; 9h-18h mars-oct, 10h-17h nov-fév ; P), répartis en différentes zones, comme les hautes terres d'Asie. Les rencontres quotidiennes avec les animaux permettent aux enfants d'en apprendre davantage sur leurs espèces favorites.

Au **Tracy Aviary** (801-596-8500 ; www.tracyaviary.org ; 589 E 1300 S ; adulte/enfant 12/8 $; 9h-16h), les petits peuvent jeter des poissons aux pélicans, et ce n'est qu'une des nombreuses activités proposées par le parc, qui accueille des oiseaux en provenance du monde entier.

Grande ferme pédagogique, terrain de golf, cinéma géant, musée, restaurants, magasins et **Butterfly Biosphere** (801-768-2300 ; adulte/enfant 20/15 $; 10h-20h lun-sam ; P), le tout sur 22 ha de jardins : Thanksgiving Point, à Lehi, ne manque de rien ! Parmi tous les musées de paléontologie de l'État, le Museum of Ancient Life (p. 211) est le plus interactif et le plus pointu en matière de technologies. Lehi, à 45 km au sud du centre-ville de Salt Lake City, est accessible par la I-15, sortie 287.

variables selon le guide, un membre de l'Église mormone.

Au-delà du centre-ville

Utah State Capitol ÉDIFICE HISTORIQUE
(☎801-538-1800 ; www.utahstatecapitol.utah.gov ; 350 N State St ; ⏲7h-20h lun-jeu, 7h-18h ven, 8h-18h sam-dim, centre d'accueil des visiteurs 9h-17h lun-ven). GRATUIT Le majestueux State Capitol de 1916 est installé parmi 500 cerisiers sur une colline au nord de Temple Sq. À l'intérieur, des fresques réalisées par des artistes de la Works Progress Administration (WPA) ornent une partie du dôme et illustrent l'histoire de l'État. Départ toutes les heures (9h-16h, lun-ven) de visites gratuites depuis le centre d'accueil des visiteurs, au 1er niveau. Visites autonomes également au départ du centre d'accueil des visiteurs.

Clark Planetarium MUSÉE
(☎385-468-7827 ; www.clarkplanetarium.org ; 110 S 400 W ; adulte/enfant 9/7 $; ⏲10h30-19h dim-mer, 10h-23h jeu-sam). Le Clark Planetarium abrite un immense et récent planétarium en 3D, une salle IMAX et des expositions scientifiques gratuites. Il se trouve en bordure du **Gateway** (☎801-456-0000 ; www.shopthegateway.com ; de 400 W à 100 S ; ⏲10h-21h lun-sam, 12h-18h dim), un centre commercial moitié couvert, moitié en plein air, installé dans une ancienne gare.

University-Foothill District et ses environs

♥ **Natural History Museum of Utah** MUSÉE
(☎801-581-6927 ; www.nhmu.utah.edu ; 301 Wakara Way, Rio Tinto Center ; tarif plein/3-12 ans 15/10 $; ⏲10h-17h jeu-mar, 10h-21h mer ; P). L'étonnant bâtiment du Rio Tinto Center, fait de cuivre, de béton et de verre, s'intègre parfaitement au paysage. Ce Muséum de sciences naturelles a une section paléontologique *Past Worlds* vraiment impressionnante. La vaste collection de fossiles de dinosaures s'observe d'en haut, d'en bas... L'idéal pour mesurer le gigantisme de ces animaux disparus et prendre conscience de la longue histoire qui nous précède.

This is the Place Heritage Park SITE HISTORIQUE
(☎801-582-1847 ; www.thisistheplace.org ; 2601 E Sunnyside Ave ; tarif plein/réduit 14/10 $; ⏲10h-17h ; P 👪). Ce parc consacré à l'arrivée des mormons en 1847 couvre 182 ha. De juin à fin août, des guides en costume d'époque reproduisent des scènes du milieu du XIXe siècle. L'entrée comprend un tour en petit train et d'autres activités. Le reste de l'année, l'accès est limité à des degrés variables et les tarifs sont réduits ; vous pourrez tout de même flâner à l'extérieur des quelque 50 maisons historiques. Certaines sont des reconstitutions, et d'autres sont d'origine, telle la ferme de Brigham Young.

À NE PAS MANQUER

MUSEUM OF ANCIENT LIFE

Idéal pour les familles, ce **musée** (☎801-768-2300 ; www.thanksgivingpoint.org ; 3003 N Thanksgiving Way, Lehi ; adulte/enfant 20/15 $; ⏲10h-20h lun-sam ; P 👪) abrite une gigantesque collection de répliques de dinosaures. Les expositions, organisées de manière interactive et chronologique, présentent des fossiles découverts à travers le monde. Les plus jeunes pourront creuser en quête d'ossements, chercher des gnomes dissimulés dans les collections et pratiquer la paléontologie lors de l'atelier du samedi (en supplément).

Red Butte Garden JARDINS
(www.redbuttegarden.org ; 300 Wakara Way ; tarif plein/réduit 14/7 $; ⏲9h-17h oct-mars, 9h-19h30 avr-sept, 9h-21h mai-août ; P). Dans les contreforts des Wasatch (accès aux sentiers), cet ensemble de jardins en partie paysagers, en partie à l'état naturel, couvre 40 ha. En été, on y donne des concerts en plein air (programme consultable sur le site Internet). Ouvert entre le lever et le coucher du soleil en basse saison et les jours de concerts.

Où se loger

En centre-ville, les chaînes hôtelières se concentrent aux alentours de S 200 W, au niveau de 500 S et 600 S ; il y en a d'autres à Mid Valley (au bord de la I-215) et près de l'aéroport. Les hôtels haut de gamme sont plus abordables le week-end. En général, le parking n'est pas inclus en centre-ville. D'autres formules d'hébergement sont proposées dans les Wasatch Mountains, où l'on peut aussi camper.

Kimball Condominiums RÉSIDENCE $

(☎801-363-4000 ; www.thekimball.com ; 150 N Main St ; app à partir de 95 $; P ❄ 📶). À seulement un demi-pâté de maisons de Temple Square, ces appartements entièrement équipés vont des studios avec lit mural aux appartements de 2 chambres rénovés (jusqu'à 6 personnes). Tous ont une cuisine et l'emplacement est imbattable. Tarifs variables.

♥ Engen Hus B&B $$

(☎801-450-6703 ; www.engenhusutah.com ; 2275 E 6200 S ; ch 139-179 $; 📶). Idéalement situé pour les balades en montagne, cet établissement charmant propose 4 chambres avec TV, lits en rondins de bois et édredons faits main. Les jeux de société, le Jacuzzi et la laverie en libre-service contribuent au confort. Les propriétaires vous renseigneront sur les randonnées des environs. Le buffet du petit-déjeuner est délicieux, notamment le pain perdu au caramel. L'une des chambres est accessible aux fauteuils roulants.

♥ Inn on the Hill AUBERGE $$

(☎801-328-1466 ; www.inn-on-the-hill.com ; 225 N State St ; ch 150-260 $; P ❄ @ 📶). Boiseries et verreries raffinées signent une partie de la déco de ce vaste manoir néo-Renaissance de 1906 converti en auberge. Chambres confortables, non surchargées, avec baignoire à jets, cheminées et balcons. Superbes espaces communs : patios, salle de billard, bibliothèque et salle à manger, où est servi le petit-déjeuner préparé par le chef.

DeSoto Tudor CHEZ L'HABITANT $$

(☎801-503-9810, 801-835-4009 ; www.desototudoroncapitolhill.com ; 545 DeSoto St E ; ste 159 $; ❄ 📶). Vos hôtes Vince et Ken seront aux petits soins durant votre séjour dans ce studio chaleureux de Capitol Hill. Excellent petit-déjeuner, généreux choix de boissons et d'en-cas et Jacuzzi extérieur privé surplombant la ville.

Hotel RL HÔTEL $$

(☎801-521-7373 ; www.redlion.com/salt-lake ; 161 W 600 S ; ch à partir de 135 $; P ❄ @ 📶 🏊). Cet établissement de la chaîne Red Lion, récemment rénové, élégant et confortable, comprend presque 400 chambres, avec TV et fresques murales en noir et blanc. Restaurant traditionnel, lounge moderne et design à la décoration boisée, salle de sport ouverte 24h/24, piscine extérieure et Jacuzzi. Bonne adresse.

Où se restaurer

Tosh's Ramen JAPONAIS $

(☎801-466-7000 ; toshramen.com ; 1465 State St ; plats 9-15 $; ⏲11h30-15h et 17h-21h lun-sam ; P). Les grands bols de *ramen* fumants servis chez Tosh sont un vrai bonheur ! Ces bouillons japonais sont agrémentés de nouilles, de pousses croquantes... et d'un œuf poché, si vous le souhaitez. Essayez de garder un peu de place pour les douceurs et les ailes de poulet épicées. Cette adresse installée dans une rue commerçante sans charme attire les foules, arrivez tôt.

Oh Mai VIETNAMIEN $

(☎801-467-6882 ; www.ohmaisandwich.com ; 3425 State St ; sandwichs 5-7 $; ⏲10h-21h lun-sam ; P 🌿). Ce spécialiste du sandwich vietnamien prépare de croustillantes baguettes *banh mi* aux garnitures sucrées et épicées comme la poitrine de porc braisée au piment *jalapeño*, ainsi que des sandwichs végans ou végétariens. Il existe d'autres succursales Oh Mai en ville mais beaucoup préfèrent l'authenticité de l'établissement original à South Salt Lake.

Over the Counter Cafe PETIT-DÉJEUNER $

(☎801-487-8725 ; www.overthecountercafe.weebly.com ; 2343 E 3300 S ; plats 5-10 $; ⏲6h30-14h ; P). Une adresse très populaire avec des banquettes et un comptoir convivial entourant un grill. Les habitués raffolent des pancakes aux céréales anciennes, du pain perdu myrtille-citron aux baies fraîches et des gigantesques tranches de jambon.

♥ Red Iguana MEXICAIN $$

(☎801-322-1489 ; www.rediguana.com ; 736 W North Temple St ; plats 10-18 $; ⏲11h-22h lun-jeu, 11h-23h ven-sam, 9h-21h dim). La file d'attente devant ce restaurant tenu en famille n'a rien d'étonnant au vu des délicieux plats mexicains authentiques. Demandez un assortiment de *mole* (sauces au piment et au chocolat), il y en a 7 différentes – et régalez-vous ! La *cochinita pibil* (effiloché de porc), incroyablement tendre, semble avoir rôti pendant des jours.

Del Mar al Lago PÉRUVIEN $$

(☎801-467-2890 ; www.facebook.com/delmar.al.lago ; 310 W Bugatti Dr ; plats 16-25 $; ⏲11h-16h et 18h-21h lun-jeu, 11h-22h ven-sam, P 📶). Les clients péruviens garantissent l'authenticité des mets proposés ici. Wilmer, le chef originaire de Trujillo, au Pérou, concocte les meilleures spécialités de son pays, comme le ceviche (poisson cru mariné dans du citron vert), les frites de manioc et les *causas* (purées de pommes de terre assaisonnées) à l'aïoli et aux piments *jalapeños*.

White Horse AMÉRICAIN $$
(☎801-363-0137 ; www.whitehorseslc.com ; 325 Main St ; plats 10-28 $; ⏲11h-1h ; 📶). Les étagères garnies d'alcools de bonne qualité invitent à s'approcher du comptoir pour goûter l'un des cocktails novateurs imaginés ici. Cette adresse branchée du centre-ville sert aussi d'excellents plats, comme le cheeseburger au bœuf Wagyu et bacon de poitrine de porc fumée.

Où prendre un verre et faire la fête

La vie nocturne de Salt Lake City s'organise principalement autour de brasseries artisanales et de bars qui servent aussi à manger, cela ne dérangera personne que vous vous contentiez de boire et de grignoter. *City Weekly* (www.cityweekly.net) répertorie les concerts.

♥ **Fisher Brewing Company** BRASSERIE
(☎801-487-2337 ; www.fisherbeer.com ; 320 W 800 S ; ⏲11h-22h dim-jeu, 11h-1h ven-sam). Cette ancienne concession de voitures du Granary District a été transformée en petite brasserie appartenant aux employés, qui y produisent la bière la plus fraîche des environs. Marchant dans les pas de son aïeul Albert Fisher – un immigré allemand qui fonda la A. Fisher Brewing Company en 1884, gérée par ses descendants jusqu'à sa fermeture en 1964 –, Tom Fisher Riemondy et ses associés ont relancé une tradition familiale, mais à une échelle beaucoup plus modeste et intimiste.

Beer Bar PUB
(☎801-355-2287 ; www.beerbarslc.com ; 161 E 200 S ; ⏲11h-1h). Avec ses tables communes en bois et plus de 140 bières et 13 sortes de saucisses, le Beer Bar est un petit coin de Bavière à Salt Lake City. La clientèle est variée et beaucoup plus décontractée qu'au Bar X (ci-dessous) d'à côté (établissement associé). Idéal pour se faire des amis, mais un peu bruyant.

Bar X BAR À COCKTAILS
(☎801-355-2287 ; www.beerbarslc.com ; 155 E 200 S ; ⏲16h-1h lun-sam, 19h-1h dim). On a du mal à concevoir que ce bar branché à l'éclairage tamisé se trouve dans la même rue que Temple Square (p. 210). Sirotez un cocktail Moscow Mule parmi la foule en écoutant des titres de la Motown ou du funk.

♥ **Jack Mormon Coffee Co** CAFÉ
(☎801-359-2979 ; www.jackmormoncoffee.com ; 82 E St ; ⏲8h-18h lun-sam ; 📶). Dans la boutique de ce torréfacteur se trouve le meilleur café de l'Utah. Vous pouvez y déguster de délicieux expressos. Quand la température monte, les habitués se désaltèrent avec un "Jack Frost".

☆ Où sortir

Salt Lake City offre le meilleur de l'Utah en matière de discothèque et de concerts. Consultez *City Weekly* (www.cityweekly.net) pour obtenir la liste des établissements. De nombreux événements sportifs sont aussi organisés tout au long de l'année. Pour des sorties plus classiques, il faut regarder aux alentours de Temple Square (p. 210).

Musique

♥ **Mormon Tabernacle Choir** CHORALE
(☎801-570-0080, 801-240-4150 ; www.tabernaclechoir.org). Écouter le Chœur du Tabernacle mormon, chorale de renommée internationale, est une sortie incontournable à Salt Lake City. Il donne un concert enregistré et retransmis tous les dimanches à 9h30. De septembre à novembre et de janvier à mai, il suffit de se rendre au Tabernacle pour y assister (p. 210). Des répétitions publiques gratuites s'y déroulent de 19h30 à 20h30 le jeudi.

Garage on Beck MUSIQUE LIVE
(☎801-521-3904 ; www.garageonbeck.com ; 1199 Beck St ; ⏲11h-1h). Un ancien atelier de mécanique où vous pourrez assister à des concerts le week-end, dans le patio à l'arrière. Ce grill-bar routier dispose de peu de places de parking.

Spectacles

En été, il y a des concerts sur Temple Sq (p. 210), au **Library** (☎891-524-8200 ; www.slcpl.org ; 210 E 400 S ; ⏲9h-21h lun-jeu, 9h-18h ven-sam, 13h-17h dim ; 👪) et au Red Butte Garden (p. 211). Le Salt Lake City Arts Council affiche un calendrier complet des événements culturels sur son site Internet (www.slcgov.com/calendars). La plupart des billets peuvent être réservés via **ArtTix** (☎801-355-2787, 385-468-1010 ; www.artsaltlake.org).

Eccles Theater SPECTACLES
(☎385-468-1010 ; live-at-the-eccles.com ; 131 S Main St). Ce magnifique bâtiment inauguré en 2016 comprend deux salles de spectacles (dont l'une peut accueillir 2 500 spectateurs) accueillant des comédies musicales de Broadway et des concerts, entre autres spectacles.

Sports

Utah Jazz BASKET-BALL
(☎801-325-2500 ; www.nba.com/jazz ; 301 S Temple St). L'Utah Jazz, l'équipe masculine de basket-ball professionnel, joue au **Vivint Smart Home Arena** (☎801-325-2000 ; www.vivintarena.com ; 301 S Temple St), dans lequel sont aussi programmés des concerts.

Real Salt Lake FOOTBALL
(☎844-732-5849 ; www.rsl.com ; 9256 State St, Rio Tinto Stadium ; ⊙mars-oct). L'équipe de football de Salt Lake City, ancien vainqueur de la Major League Soccer, est soutenue par de fidèles supporters. Les matchs se déroulent au **Rio Tinto Stadium** (☎801-727-2700 ; www.riotintostadium.com ; 9256 State St, Sandy).

Achats

Des boutiques, des antiquaires et des cafés dignes d'intérêt bordent Broadway Ave (300 South) entre 100 et 300 East. On trouve aussi des magasins et des galeries d'objets artisanaux tirant parti du passé pionnier de l'Utah un peu partout dans la ville, notamment au niveau du 300 W Pierpont Ave. La plupart prennent part au salon **Craft Lake City Festival** (www.craftlakecity.com) qui se tient en août.

THE BOOK OF MORMON

Des missionnaires mormons qui chantent et qui dansent, c'est possible ? À Broadway, oui ! Au printemps 2011, la comédie musicale *The Book of Mormon* a été saluée par la critique à l'Eugene O'Neill Theatre de New York. Cette satire légère sur des missionnaires de l'Église mormone en Ouganda a été créée par les esprits comiques à l'origine de la comédie musicale *Avenue Q* et de la série TV d'animation *South Park*. Pas étonnant qu'elle plaise et qu'elle ait obtenu 9 Tony Awards (distinction suprême aux États-Unis pour les œuvres théâtrales).

L'Église mormone a répondu de façon plutôt modérée, évitant toute critique directe mais précisant que, si la comédie musicale peut amuser les spectateurs, le texte sacré, lui, peut changer leur vie.

Renseignements

OFFICES DU TOURISME

Public Lands Information Center. Renseignements sur les activités dans les espaces publics voisins (parcs d'État, BLM, USFS), notamment dans la Wasatch-Cache National Forest.

Visit Salt Lake (☎801-534-4900 ; www.visitsaltlake.com ; 90 S West Temple St, Salt Palace Convention Center ; ⊙9h-17h). Publie une brochure gratuite pour les visiteurs ; grande boutique de souvenirs au centre d'accueil des visiteurs.

URGENCES ET SERVICES MÉDICAUX

Police municipale (☎801-799-3000 ; www.slcpd.com ; 475 S 300 E ; ⊙commissariat 8h-17h lun-ven).

Salt Lake Regional Medical Center (☎801-350-4111 ; www.saltlakeregional.org ; 1050 E South Temple St ; ⊙urgences 24h/24).

University of Utah Hospital (☎801-581-2121 ; www.healthcare.utah.edu ; 50 N Medical Dr).

Comment s'y rendre et circuler

À 8 km au nord-ouest du centre-ville, le **Salt Lake City International Airport** (SLC ; ☎801-575-2400 ; www.slcairport.com ; 776 N Terminal Dr ; 📶) propose principalement des vols intérieurs, mais aussi vers le Canada ou la France. L'**Express Shuttle** (☎801-596-1600 ; www.expressshuttleutah.com ; minibus partagé jusqu'au centre-ville 13-20 $) dessert l'aéroport via un service de navettes partagées.

Les bus **Greyhound** (☎800-231-2222 ; www.greyhound.com ; 300 S 600 W ; 📶) rejoignent de nombreuses destinations partout dans le pays, tandis que l'**Union Pacific Rail Depot** (www.amtrak.com ; 340 S 600 W) est desservi chaque jour par les trains **Amtrak** (☎800-231-2222 ; www.amtrak.com ; 340 S 600 W) à destination de Denver et de la Californie.

Utah Transit Authority (UTA ; ☎801-743-3882 ; www.rideuta.com ; 📶) propose un métro léger (*light rail*) vers l'aéroport international et le centre-ville. Le bus n°550 conduit au centre-ville à partir du parking, entre les terminaux 1 et 2.

Park City et Wasatch Mountains

L'Utah offre des milliers d'hectares de domaine skiable en altitude, et certaines des meilleures pistes de ski d'Amérique du Nord. La neige y est peu dense et peu humide – entre 762 cm et 1 270 cm annuels. La Wasatch Mountain Range qui surplombe Salt Lake City compte nombre de stations de ski, sentiers de randonnée, pistes de VTT et campings, sans oublier la très chic Park City, avec ses équipements haut de gamme et son Festival international de cinéma.

Stations de ski de Salt Lake City

En raison de l'influence du Grand Lac Salé sur les précipitations neigeuses, ces stations reçoivent presque deux fois plus de neige que Park City. Les quatre stations à l'est de Salt Lake City se situent entre 50 et 70 km du centre-ville, à l'extrémité de deux canyons. L'été, de nombreux sentiers de randonnée pédestre et de pistes de VTT partent de ces canyons.

Activités

Alta SPORTS D'HIVER
(801-359-1078 ; www.alta.com ; Little Cottonwood Canyon ; forfait adulte/enfant 116/60 $). Au sommet de la vallée, Alta est réservée uniquement aux skieurs. Les snowboarders n'y sont pas autorisés, ce qui permet de préserver le manteau neigeux, surtout sur les pistes damées. Vastes champs de poudreuse, ravins, pentes abruptes et clairières, comme East Greeley, Devil's Castle et High Rustler, ont fait la renommée d'Alta.

Snowbird SPORTS D'HIVER
(800-232-9542 ; www.snowbird.com ; Hwy 210, Little Cottonwood Canyon ; forfait adulte/enfant 125/60 $). La plus grande et la plus fréquentée de toutes les stations de Salt Lake City propose une offre complète d'activités – les pentes sont abruptes. Nombreux sentiers de randonnée assistés l'été par des télésièges. Un téléphérique fonctionne toute l'année.

Solitude SPORTS D'HIVER
(801-534-1400 ; www.skisolitude.com ; 12000 Big Cottonwood Canyon Rd ; forfait adulte/enfant 109/75 $). Un village exceptionnel entouré d'un magnifique domaine. Le **Nordic Center** (801-536-5774 ; www.skisolitudemountain.com/winter-activities/nordic-skiing-nordic-center ; pass journée tarif plein/enfant 20/15 $; 8h30-16h30 déc à mi-avr) propose du ski de fond en hiver et des sentiers à parcourir en été.

Brighton SPORTS D'HIVER
(801-532-4731 ; www.brightonresort.com ; 8302 S Brighton Loop Rd ; forfait adulte/-11 ans 94 $/gratuit ;). Brighton est le domaine des bons skieurs et snowboarders. Mais ne soyez pas intimidé, cette station discrète, où de nombreux habitants de Salt Lake ont appris à skier, reste un bon endroit pour débuter, surtout le snowboard, grâce à des sentiers damés bordés de pins et à de larges pistes. D'en haut, la vue est magnifique.

Park City

L'hiver, la rue principale de Park City, bordée de bâtiments centenaires, ressemble au paysage enchanteur d'une boule à neige. Cette jolie ville, qui s'est développée autour de ses mines d'argent, se compose aujourd'hui principalement d'immeubles et de demeures installés au fond de vallées. Principale ville de sports d'hiver de l'Utah, elle possède d'excellents restaurants et une offre culturelle de qualité. Le Canyons Resort voisin a été récemment incorporé à la station de Park City, ce qui a fait d'elle la plus grande station de sports d'hiver d'Amérique du Nord.

Park City est devenue célèbre en accueillant les épreuves de descente, de saut et de luge des Jeux olympiques d'hiver de 2002. C'est aujourd'hui encore le lieu d'entraînement officiel de l'équipe américaine de ski. La station est généralement enneigée jusqu'à mi-avril.

L'été venu, les amateurs de randonnée pédestre et de VTT partent à l'assaut des sommets environnants (davantage les habitants que les visiteurs). De juin à août, les températures dépassent les 20°C, mais les nuits restent fraîches. Les stations, peu actives en été comparé à l'hiver, ferment complètement au printemps et en automne – deux saisons plutôt humides.

À voir

Utah Olympic Park PARC D'ATTRACTIONS
(435-658-4200 ; www.utaholympiclegacy.org ; 3419 Olympic Pkwy ; musée entrée libre, pass journée tarif plein/enfant 80/55 $; 9h-18h, visites 11h-16h). Le site des épreuves de saut à skis, bobsleigh, skeleton, combiné nordique et luge des Jeux olympiques de 2002 continue d'accueillir des compétitions nationales.

On y découvre des tremplins de saut à skis de 10, 20, 40, 64, 90 et 120 m et une piste de bobsleigh. L'équipe américaine de ski s'entraîne ici toute l'année – en été, les sauteurs acrobatiques atterrissent dans une piscine remplie de bulles, et les sauteurs à skis sur une pente recouverte de plastique. Téléphonez pour connaître le programme ; observation gratuite.

Park City Museum MUSÉE
(☎435-649-7457 ; www.parkcityhistory.org ; 528 Main St ; adulte/enfant 12/5 $; ⊙10h-19h lun-sam, 12h-18h dim). Ce musée interactif et bien agencé présente la ville et son histoire sous différents aspects : centre minier, repaire de hippies et station de ski d'envergure mondiale. On peut y voir une présentation intéressante de la première remontée mécanique souterraine du monde, la réplique d'un cachot souterrain et une carte en 3D des tunnels miniers creusés dans la montagne.

Activités

Le ski est l'activité phare de la région, mais vous trouverez de quoi vous occuper en été comme en hiver à Canyons (ci-contre), Park City Mountain (ci-contre) et Deer Valley.

Deer Valley SPORTS D'HIVER ET D'AVENTURE
(☎435-649-1000, motoneige 435-645-7669 ; www.deervalley.com ; 2250 Deer Valley Dr ; forfait journalier remontées mécaniques adulte/enfant 169/105 $, aller-retour télécabine 22 $; ⊙motoneige 9h-17h). C'est la station du luxe et de l'excès, où les visiteurs sont choyés et où vous pouvez faire appel à un valet de ski. C'est ici qu'ont eu lieu les épreuves de slalom, bosses et saut à skis lors des Jeux olympiques de 2002, mais cette station est surtout célèbre pour ses restaurants, son service haut de gamme et ses pistes peu fréquentées aussi bien entretenues que les jardins de Versailles.

Park City Mountain Resort SPORTS D'HIVER ET D'AVENTURE
(☎435-649-8111 ; www.parkcitymountain.com ; 1345 Lowell Ave ; forfait journalier remontées mécaniques adulte/enfant 156/100 $;). Park City Mountain Resort attire un public varié, snowboarders ou familles avec jeunes enfants. La station a accueilli les épreuves olympiques de snowboard et de slalom géant. Ses excellentes pistes sont idéales pour les familles et sont facilement accessibles, car proches du centre-ville.

Canyons Village at Park City SPORTS D'HIVER ET D'AVENTURE
(☎435-649-5400 ; www.parkcitymountain.com ; 4000 Canyons Resort Dr ; forfait journalier remontées mécaniques adulte/enfant 156/100 $). Des dizaines de millions de dollars ont été récemment investis dans cette station, désormais intégrée au Park City Mountain Resort (ci-dessus). Canyons cherche à innover avec le premier télésiège "bubble" d'Amérique du Nord (télésiège fermé climatisé), davantage de services, 120 ha de nouvelles pistes de haut niveau et une capacité de production de neige renforcée. La station s'étend sur neuf pics couverts de trembles à 6 km de la ville, près de l'autoroute.

L'ALCOOL EN UTAH

Oui, il est possible de boire un verre en Utah. Bien que quelques lois surprenantes ayant trait à l'alcool subsistent, il n'est plus nécessaire d'avoir une carte de membre dans un bar pour obtenir une boisson alcoolisée. Voici quelques règles à garder en tête :

- Peu de restaurants ont la licence complète de débit de boissons : beaucoup servent uniquement bière et vin. Il faut commander à manger pour boire de l'alcool.
- Les bars sont interdits aux mineurs.
- Cocktails et vins ne sont servis qu'après 12h ; la bière à 4% d'alcool peut être servie dès 10h. La bière forte en bouteille est vendue dans certains bars et restaurants ainsi que dans la plupart des brasseries.
- Les cocktails ne peuvent contenir plus de 42,5 g d'alcool primaire, ou 70,8 g au total en comprenant l'alcool secondaire. Donc pas de Long Island Iced Tea ni de double shot.
- L'alcool sous emballage ne peut être vendu que dans les magasins de vins et spiritueux d'État ; épiceries et magasins de proximité peuvent vendre des bières et des boissons assimilées à 4%. Ventes du lundi au samedi uniquement.

Fêtes et festivals

Sundance Film Festival CINÉMA

(☎888-285-7790 ; www.sundance.org/festival ; ⊙fin jan). Fin janvier, la ville met le cinéma à l'honneur lors de ce festival créé par Robert Redford en 1985. Pendant 10 jours, réalisateurs de films indépendants, acteurs et cinéphiles se retrouvent pour présenter leurs œuvres. Forfaits et billets sont vendus longtemps à l'avance. Réservez dès que possible.

Où se loger

La haute saison s'étend de mi-décembre à mi-avril ; une durée de séjour minimum peut être exigée. Les tarifs s'envolent autour de Noël et du Nouvel An, et pendant le Festival du film de Sundance. Ils chutent de moitié ou plus hors saison. Pour une vie nocturne animée, restez dans la vieille ville. Le site www.visitparkcity.com recense appartements, hôtels et complexes hôteliers de Park City.

Park City Hostel AUBERGE DE JEUNESSE **$**

(☎435-731-8811 ; www.parkcityhostel.com ; 1781 Sidewinder Dr ; dort/ch avec sdb commune à partir de 45/90 $; P❄📶). Une nouvelle adresse bienvenue dans une ville qui manque cruellement d'hébergements pour petits budgets. Vous pourrez vous détendre dans le salon lambrissé du rez-de-chaussée ou sur le toit-terrasse lors des barbecues hebdomadaires. Vous aurez le choix entre un dortoir de 6 lits (mixte ou réservé aux femmes) ou une chambre privée avec salle de bain commune. Propose des activités, comme des sorties à VTT ou des tournées de bars.

Newpark Resort HÔTEL **$$**

(☎435-649-3600 ; www.newparkresort.com ; 1476 Newpark Blvd ; ch à partir de 175 $; P❄📶🏊). Un hôtel élégant niché dans la galerie marchande. Mention spéciale au chauffage par le sol et aux lits surélevés avec couette en plume. Les chambres sont agrémentées d'éléments en bois, de TV à écran plat et de cafetière ; certaines ont une cuisine. Piscine et Jacuzzi ; le petit-déjeuner n'est pas inclus.

Peaks Hotel HÔTEL **$$**

(☎435-649-5000 ; www.parkcitypeaks.com ; 2346 Park Ave ; d/ste 219/319 $; P❄@📶🏊). Chambres contemporaines confortables, piscine extérieure chauffée, Jacuzzi, restaurant et bar. Très avantageux hors saison. De décembre à avril, petit-déjeuner inclus.

♥ **Washington School House** BOUTIQUE-HÔTEL **$$$**

(☎435-649-3800 ; www.washingtonschoolhouse.com ; 543 Park Ave ; ch 1 000 $; ❄📶🏊). L'architecte Trip Bennett a supervisé la restauration de cette ancienne école de 1889 en pierre calcaire, perchée en haut d'une colline, aujourd'hui transformée en luxueux boutique-hôtel de 12 suites. Les tarifs baissent à 405 $ de mai à novembre.

Où se restaurer

Park City n'est pas bon marché en matière de restauration, mais ses adresses prestigieuses relèvent de l'exceptionnel. En saison, les bonnes adresses ne manquent pas dans les stations de ski. L'hiver, tous les établissements haut de gamme exigent une réservation. D'avril à novembre, les horaires de service diminuent et les périodes de fermeture sont plus étendues, surtout en mai.

Five5eeds PETIT-DÉJEUNER **$**

(☎435-901-8242 ; www.five5eeds.com ; 1600 Snow Creek Dr ; plats 10-16 $; ⊙7h30-15h ; P📶🌿). Le propriétaire australien propose certains des meilleurs petits-déjeuners de la ville, grâce à des plats comme les œufs Bénédicte au porc effiloché épicé, les œufs à la marocaine et de nombreuses options végétariennes. On y savoure également un bon thé bien corsé.

Vessel Kitchen CAFÉ **$**

(☎435-200-8864 ; www.vesselkitchen.com ; 1784 Uinta Way ; plats 9-15 $; ⊙11h-21h ; P🌿👪). Situé sur la place commerçante, cet établissement est fréquenté par des habitués pour ses repas rapides d'un bon rapport qualité/prix. Il y en a pour tous les goûts : kombucha à la pression, toast à l'avocat, salades et ragoûts d'hiver variés. On recommande aussi le bœuf braisé à la purée de patate douce et la truite arc-en-ciel au miso accompagnée de courge spaghetti.

Cortona Italian Cafe ITALIEN **$$**

(☎435-608-1373 ; www.cortonaparkcity.com ; 1612 Ute Blvd ; plats 19-32 $; ⊙17h-20h30 mar-sam). À côté des plats de pâtes fraîches d'inspiration toscane servis dans ce petit restaurant italien pittoresque, la concurrence de Main St fait pâle figure. Les lasagnes, spécialité de la maison qui doit être commandée à l'avance, sont incontournables, tout comme les fameuses *fettuccine* aux boulettes de viande. Tout est préparé à la demande et il faut parfois attendre jusqu'à

30 minutes, mais la patience est récompensée. Réservation obligatoire.

Riverhorse on Main AMÉRICAIN $$$
(☎435-649-3536 ; www.riverhorseparkcity.com ; 540 Main St ; plats 42-92 $; 17h-21h ;). Un beau mélange de classique et d'exotique : gâteau de crabe, courge poivrée farcie et flétan en croûte de noix de macadamia. Menu spécial végétariens. La grande baie vitrée et l'élégant cadre moderne créent une atmosphère chic. Réservation indispensable pour ce restaurant primé établi de longue date.

Où prendre un verre et faire la fête

L'animation se concentre sur Main St. En hiver, on peut facilement sortir tous les soirs ; hors saison, plutôt le week-end. Certains restaurants comme **Squatters** (☎435-649-9868 ; www.squatters.com ; 1900 Park Ave ; burgers 10-16 $, plats 11-24 $; 8h-22h dim-jeu, 8h-23h ven-sam ;) et **Wasatch Brew Pub** (☎435-649-0900 ; www.wasatchbeers.com ; 250 Main St ; plats 10-25 $; 11h-22h lun-ven, 10h-22h sam-dim ;) sont aussi de bons bars. Pour une vie nocturne plus animée, restez dans la vieille ville.

High West Distillery BAR
(☎435-649-8300 ; www.highwest.com ; 703 Park Ave ; 11h-21h, visites 13h et 14h30 lun-jeu et 11h30, 13h et 14h30 ven-dim). Cet ancien garage est désormais l'établissement nocturne le plus branché de Park City. La distillerie, dans laquelle on peut arriver à skis, fut fondée par un biochimiste ; ses bourbons et whiskys au seigle sont devenus légendaires. Réservez une visite gratuite pour en savoir plus sur la fabrication.

The Spur Bar & Grill BAR
(☎435-615-1618 ; www.thespurbarandgrill.com ; 352 Main St ; 10h-1h). Concerts tous les soirs, avec une programmation éclectique de rock, folk, blues et électro. Commandez un verre et installez-vous tranquillement à l'étage sur la terrasse surplombant la rue principale, puis redescendez et allez découvrir le groupe du jour dans l'arrière-salle.

Renseignements

Visitor Information Center (☎435-658-9616 ; www.visitparkcity.com ; 1794 Olympic Pkwy ; 9h-18h ;). Office de tourisme offrant bar, terrasse et magnifique vue sur les montagnes du **parc olympique** (p. 215). Guides de visite à télécharger sur le site.

Comment s'y rendre et circuler

Le centre-ville de Park City est à 8 km au sud de l'I-80 par la sortie 145, à 50 km à l'est de Salt Lake City et à 65 km du **Salt Lake City International Airport** (p. 214). La Hwy 190 (fermée d'octobre à mars) franchit le Guardsman Pass (col) entre Big Cottonwood Canyon et Park City.

Le **bus n°902** (☎801-743-3882 ; www.rideuta.com ; aller 4,50 $) circule entre Salt Lake City et Park City plusieurs fois par jour durant la saison de ski. La compagnie privée **Canyon Transportation** (☎801-255-1841 ; www.canyontransport.com ; minibus collectif jusqu'à Park City adulte/enfant 41/28 $) gère des minibus ralliant divers lieux entre la montagne et l'aéroport ; également des transferts porte à porte et des locations de jeep (véhicule amené à l'adresse souhaitée).

Le **public transit system** (☎435-615-5350 ; www.parkcity.org/departments/transit-bus ; 558 Swede Alley ; 7h-minuit) est un excellent réseau couvrant la majeure partie de Park City, dont les trois stations de ski ; il permet de se déplacer gratuitement et facilement sans voiture.

Nord-est de l'Utah

Le nord-est de l'Utah est un territoire sauvage situé en grande partie à plus de 1 600 m au-dessus du niveau de la mer. La plupart des visiteurs s'y rendent pour le Dinosaur National Monument, mais on trouve également ici d'autres sites de fouilles, des musées consacrés aux dinosaures, de l'art rupestre et des ruines de culture fremont (civilisation précolombienne). Près de la frontière du Wyoming, les Uinta Mountains et la Flaming Gorge attirent les pêcheurs de truites et les amoureux de la faune et de la flore.

Vernal

Ville la plus proche du Dinosaur National Monument, Vernal accueille les visiteurs avec un grand dinosaure rose. Le film informatif, les expositions interactives, les vidéos et les fossiles géants de l'**Utah Field House of Natural History State Park Museum** (☎435-789-3799 ; stateparks.utah.gov/parks/Utah-field-house ; 496 E Main St ; adulte/enfant 7/3,50 $; 9h-19h juin-août, 9h-17h sept-mai ;)

GRATUIT constituent une présentation complète des dinosaures de l'Utah.

Désormais associé à OARS, **Don Hatch River Expeditions** (☎435-789-4316, 800-342-8243 ; www.donhatchrivertrips.com ; 221 N 400 E ; circuit journée adulte/enfant 119/99 $; ⏲ mai-sept) propose différents circuits d'un à cinq jours dans les environs et la région.

Le **Dinosaur Inn** (☎435-315-0123 ; www.dinoinn.com ; 251 E Main St ; ch à partir de 80 $; P ❄ 📶 🏊) offre le genre d'hospitalité rurale que l'on ne trouve que rarement dans les nombreux motels de chaîne de Main St. Le **Holiday Inn Express & Suites** (☎435-789-4654 ; www.ihg.com ; 1515 W Hwy 40 ; ch 121-162 $; ❄ 📶 🏊) est un peu plus haut de gamme que la moyenne. Pour dîner, essayez l'excellente nourriture de pub de la **Vernal Brewing Company** (☎435-781-2337 ; www.vernalbrewingcompany.com ; 55 S 500 E ; plats 12-28 $; ⏲11h30-20h lun-jeu, 11h30-21h ven-sam ; P 📶) ou la cuisine mexicaine du **Don Pedro's** (☎435-789-3402 ; www.facebook.com/DonPedrosofVernal/ ; 3340 N Vernal Ave ; plats 11-20 $; ⏲11h-20h30 lun-jeu, 11h-21h30 ven-sam, 11h-20h dim ; P 📶).

Dinosaur National Monument

À cheval sur l'Utah et le Colorado, le **Dinosaur National Monument** (☎435-781-7700 ; www.nps.gov/dino ; 11625 E 1500 S, Jensen ; pass 7 jours véhicule/moto/piéton 25/20/15 $; ⏲24h/24) protège un vaste site de fossiles de dinosaures, découvert en 1909. Tous les ossements se trouvent en Utah mais la section appartenant au Colorado est aussi très belle. La **Quarry Exhibit** (www.nps.gov/dino ; 20 $/vehicule ; ⏲8h-19h dernier lun mai-1er lun sept, 8h-16h30 le reste de l'année) est une carrière clôturée qui conserve plus de 1 600 ossements partiellement exhumés de la roche.

En été, des navettes conduisent à la carrière, à 24 km au nord-est de Vernal depuis le **Quarry Visitor Center**

BEARS EARS NATIONAL MONUMENT

En décembre 2016, le président Barack Obama décida de faire de **Bears Ears** (www.fs.fed.us/visit/bears-ears-national-monument) un monument national, assurant la protection de près de 5 500 km² ponctués d'anciennes habitations troglodytes, de forêts de pins ponderosa, de pétroglyphes vieux de plus de 4 000 ans, de mesas, de canyons et de saisissantes formations de roche rouge. Mais le répit fut de courte durée.

En décembre 2017, le président Donald Trump prit une autre mesure, réduisant la superficie du monument national de 85%, soit près de 817 km² seulement. Il prit une autre mesure pour réduire le Grand Staircase-Escalante National Monument (p. 227) quasiment de moitié, le faisant passer de 7 610 km² à 4 062 km².

Les écologistes craignent que l'attitude de Trump n'ait des conséquences terribles sur l'environnement : son administration souhaitant créer davantage d'emplois dans le secteur des énergies fossiles, elle relâche la protection environnementale sur les territoires publics afin de faciliter les projets d'exploitation minière et de développement. Au niveau fédéral, des actions en justice ont été menées pour remettre en cause les dernières mesures, et les deux parties se sont engagées dans une âpre bataille judiciaire qui pourrait durer des années.

Bears Ears avait obtenu le statut de monument national à la demande de cinq tribus amérindiennes. Les Navajos, les Hopis, les Zunis, les Utes des montagnes s'étaient unis dans l'espoir que cette mesure permettrait de protéger des sites archéologiques vieux de 8 500 ans. Malheureusement, certains de ces sites ancestraux continuent d'être vandalisés et détruits.

On compte parmi les sites que le monument abrite les **Bears Ears Buttes**, **Cedar Mesa**, **White Canyon**, **San Juan River**, **Indian Creek**, **Comb Ridge**, **Goosenecks State Park** (☎435-678-2238 ; www.stateparks.utah.gov ; Rd 316 ; véhicule 5 $, empl camping 10 $; ⏲24h/24) et la **Valley of the Gods** (www.blm.gov).

À Bluff, le **Bears Ears Education Center** (☎435-672-2402 ; www.friendsofcedarmesa.org/bears-ears-center ; 567 W Main St ; ⏲9h-17h jeu-lun mars-nov) 🍃, une initiative de l'association à but non lucratif Friends of Cedar Mesa, a été créé pour faire prendre conscience aux visiteurs de l'importance d'explorer Bears Ears en respectant la nature et la culture amérindienne. Pour plus de détails, consultez les sites www.friendsofcedarmesa.org et www.bearsearscoalition.org.

(☎435-781-7700 ; www.nps.gov/dino/planyourvisit/quarry-exhibit-hall.htm ; 11625 E 1500 S, Jensen ; 25 $/vehicule ; ⏲8h-17h30 fin mai à mi-sept, 9h-17h mi-sept à mi-mai) sur l'Hwy 149 ; hors saison, un ranger mène des groupes de voitures. Suivez le Fossil Discovery Trail en contrebas du parking (3,5 km aller-retour) pour découvrir d'autres fémurs géants qui dépassent de la roche. Les balades explicatives des rangers sont vivement recommandées.

Côté Colorado, la **Canyon Area** à l'altitude élevée – 48 km plus à l'est, à l'extérieur de Dinosaur, dans le Colorado, et qui abrite le principal **centre d'accueil des visiteurs** (☎970-374-3000 ; 4545 E Hwy 40 ; ⏲8h-17h mai-sept, 9h-17h sept-mai) – offre d'éblouissants points de vue, mais ferme jusqu'au début du printemps à cause de la neige. Dans un État comme dans l'autre, sentiers de randonnée et circuits guidés en voiture (brochures en vente) ne manquent pas. On a aisément accès aux rivières Green et Yampa comme aux campings (emplacement camping 8-15 $).

Flaming Gorge National Recreation Area

Du nom du flamboyant grès rouge qui la compose, cette magnifique gorge abrite un plan d'eau appartenant au réseau de la Green River et cumulant 600 km de rives. Le **Red Canyon Lodge** (☎435-889-3759 ; www.redcanyonlodge.com ; 2450 W Red Canyon Lodge, Dutch John ; chalets 2/4 pers à partir de 169/179 $; 📶🐾) y propose pêche à la mouche, aviron, rafting et balades équestres dans le parc. Ses chalets rustiques n'ont pas de TV. Wi-Fi dans le restaurant. Le **Nine Mile Ranch** (☎435-637-2572 ; www.9mileranch.com ; 9 Mile Canyon Rd ; ch sans/avec sdb à partir de 80/90 $, chalet avec sdb partagé 60-95 $, camping 15 $; ⏲avr-nov) loue des chambres à thèmes, un chalet en rondins, des emplacements de camping, et organise des excursions dans la gorge.

Contactez les **USFS Flaming Gorge Headquarters** (☎435-784-3445 ; www.fs.usda.gov/ashley ; 25 W Hwy 43, Manila ; parking 5 $/jour ; ⏲8h-17h lun-ven) qui vous renseigneront sur les campings. L'altitude (1 841 m) garantit un été agréable.

Moab et sud-est de l'Utah

Cette portion accidentée du Colorado offre en spectacle une beauté brute. Par-delà quelques montagnes recouvertes de pins se déroule l'œuvre impressionnante de l'eau, du vent et du temps : les milliers d'arches rocheuses rouges de l'Arches National Park, les gorges abruptes se déroulant entre Canyonlands et le Lake Powell, les fabuleuses buttes et mesas de Monument Valley. La ville de Moab constitue un excellent camp de base pour partir à l'aventure, en 4x4, en rafting ou en excursion guidée. Vous pouvez également fuir la foule en partant à la recherche d'art rupestre et d'habitations pueblos ancestrales au milieu d'étendues vides et reculées.

Green River

La "capitale mondiale de la pastèque", Green River, est un bon point de départ pour descendre la rivière du même nom et le Colorado. Ces deux cours d'eau furent explorés pour la première fois par John Wesley Powell, vétéran de la guerre de Sécession, géologue et ethnologue légendaire. Découvrez ses fascinants voyages au **John Wesley Powell River History Museum** (☎435-564-3427 ; www.johnwesleypowell.com ; 1765 E Main St ; tarif plein/enfant 6/2 $; ⏲9h-19h lun-sam, 12h-17h dim avr-oct, 9h-17h nov-mars), qui est aussi le centre d'accueil des visiteurs.

Holiday River Expeditions (☎435-564-3273, 800-624-6323 ; www.bikeraft.com ; 10 Holiday River St ; excursion journée 210 $; ⏲8h17h mai-sept) organise des sorties en rafting d'une journée dans le Westwater Canyon et des excursions de plusieurs jours. Les randonneurs pourront commencer par le sinueux **Little Wild Horse Canyon** (www.utah.com/little-wild-horse-canyon), parfait pour les débutants. Aux Skyfall Guestrooms, vous trouverez trois chambres colorées en bord de rivière, chacune inspirée par une formation géologique unique du secteur. Géré en famille, le superbe et économique **Robbers Roost Motel** (☎435-564-3452 ; www.rrmotel.com ; 325 W Main St ; ch à partir de 53 $; P❄📶🐾) est impeccable et chaleureux. Sinon, il y a le **Green River State Park Campground** (☎800-322-3770 ; www.reserveamerica.com ; Green River Blvd ; empl tente et camping-car 35 $, chalet 75 $), ou encore des chaînes de motel à l'intersection de W Main St (Business 70) et de l'I-70. Résidents et rafteurs affluent au bar local, le **Ray's Tavern** (☎435-564-3511 ; www.facebook.com/raystavern ; 25 S Broadway ; plats 9-28 $; ⏲11h-21h30 ; 📶), pour sa bière, ses hamburgers et ses frites maison.

Le train *California Zephyr* à destination de Denver dans le Colorado (à partir de 62 $, 10 heures 45, 1/jour) géré par **Amtrak** (☎800-872-7245 ; www.amtrak.com ; 250 S Broadway) fait un arrêt à Green River, qui se trouve à 293 km au sud-est de Salt Lake City et à 84 km au nord-ouest de Moab.

Moab

Pour les aventuriers du sud de l'Utah, Moab est un excellent point de chute. La capitale des loisirs de l'État attire les foules : on aime l'aventure dans les espaces sauvages, mais aussi la détente et l'animation.

La ville est bondée de mars à octobre, ce qui n'est pas négligeable en matière d'impact environnemental sur le désert. Si vous n'appréciez pas trop la foule, rappelez-vous que vous n'êtes qu'à quelques pas du désert.

Activités

♥ Canyonlands Field Institute VISITES GUIDÉES
(☎435-259-7750 ; www.cfimoab.org ; 1320 S Hwy 191 ; ⏲mai-oct). Cette association à but non lucratif organise des visites guidées, grâce auxquelles elle finance des stages éducatifs de plein air pour les jeunes et forme des guides locaux. Elle organise ponctuellement des ateliers et séminaires durant l'été. Parmi les meilleurs circuits figurent les sorties sur la Colorado River et une expédition de 3 jours axée sur la géologie et l'archéologie.

Corona Arch Trail RANDONNÉE
(www.utah.com/hiking/arches-national-park/bowtie-corona-arches). Pour admirer des pétroglyphes et deux arches de roche très peu fréquentées, effectuez la randonnée assez facile du Corona Arch Trail, dont vous trouverez le départ en remontant Potash Rd (Hwy 279) sur 16 km. Suivez les cairns le long du *slickrock* (rocher plat) jusqu'aux **Bowtie Arche** et **Corona Arche**. Une célèbre photographie montre un avion volant à travers l'arche de Corona – c'est dire sa taille ! La marche (3,2 km) prend 2 heures.

Sheri Griffith River Expeditions RAFTING
(☎435-259-8229 ; www.griffithexp.com ; 2231 S Hwy 191 ; sortie en rivière à partir de 95 $; ⏲8h-18h). Ouvert depuis 1971, ce spécialiste du rafting propose diverses excursions sur la Colorado River, la Green River et la San Juan River – des balades familiales aux rapides de Cataract Canyon, d'une journée à 2 semaines.

♥ Rim Cyclery VTT
(☎435-259-5333 ; www.rimcyclery.com ; 94 W 100 N ; location vélo à partir de 40 $/jour ; ⏲8h-18h). Ce magasin de vélos familial est le plus ancien de Moab. En plus de louer et de réparer des vélos, il abrite un musée du VTT et loue des skis de fond l'hiver.

Où se loger

Les tarifs baissent, parfois de moitié, de novembre à février ; certains établissements plus modestes ferment de novembre à mars. La plupart des hébergements disposent de Jacuzzis et de mini-réfrigérateurs, et les motels ont des laveries. Les cyclistes ont tout intérêt à demander s'il y a un local à vélos sécurisé, et pas juste un endroit ouvert où les entreposer.

Malgré le grand nombre de motels, ils affichent souvent complet. Il est recommandé de réserver dès que possible. Consultez www.discovermoab.com pour une liste exhaustive des hébergements.

Les **campings BLM** (☎435-259-2100 ; www.discovermoab.com/blm-campgrounds ; Hwy 128 ; empl tente 20 $; ⏲tte l'année), le long de la Colorado River sur la Hwy 128, fonctionnent suivant la règle du premier arrivé, premier servi. En haute saison, vérifiez la disponibilité auprès du Moab Information Center (p. 223).

> **VAUT LE DÉTOUR**
>
> **ANTELOPE ISLAND STATE PARK**
>
> Les plages de sable blanc, les oiseaux et les bisons attirent les visiteurs dans le charmant **Antelope Island State Park** (☎801-725-9263 ; stateparks.utah.gov/parks/antelope-island ; Antelope Dr ; 1 journée 10 $/véhicule, empl tente et camping-car sans branchements 20 $; ⏲6h-22h, ventre des visiteurs 9h-18h). La plus grande île du Grand Lac Salé, longue de 24 km, héberge un troupeau de bisons de 600 têtes. Le rassemblement d'octobre, à des fins de contrôle vétérinaire, est spectaculaire. Au cours des migrations d'automne et de printemps, des centaines de milliers d'oiseaux migrateurs font une halte sur la rive du Grand Lac Salé pour se régaler d'artémies (petits crustacés), avant de continuer leur route vers des contrées lointaines.

À NE PAS MANQUER

LE SUNDANCE RESORT DE ROBERT REDFORD

On ne peut imaginer plus idyllique que la **station de ski** (801-223-4849 ; 8841 N Alpine Loop Rd ; remontée mécanique forfait journée adulte/enfant 85/58 $, location ski et snowboard à partir de 35 $) de Robert Redford. Elle comprend quatre télésièges et une zone pour débutants. La plupart des pistes sont de niveau intermédiaire ou avancé ; elles s'étendent sur 655 m de dénivelé sur le versant oriental du Mt Timpanogos. La station accueille le Sundance Film Festival (p. 217), festival de films, et le Sundance Institute à but non lucratif.

Kokopelli Lodge MOTEL $
(435-259-7615 ; www.kokopellilodge.com ; 72 S 100 E ; à partir de 98 $;). Ce motel bon marché alliant style rétro et ambiance du désert offre un excellent rapport qualité/prix. Jacuzzi, barbecue et local à vélos sécurisé.

Moab Rustic Inn MOTEL $
(435-259-6177 ; www.moabrusticinn.com ; 120 E 100 S ; ch à partir de 119 $; P). Chambres spacieuses équipées de grands réfrigérateurs, piscine chauffée, personnel sympathique, emplacement central et laverie sur place : l'une des meilleures adresses petits budgets en ville.

Pack Creek Ranch RANCH $$
(435-259-5091, 888-879-6622 ; www.packcreekranch.com ; Abbey Rd, par La Sal Mountain Loop ; chalets 175-265 $; P). Ces chalets en rondins de bois sont dissimulés dans les La Sal Mountains, sous de vénérables saules et peupliers, à 600 m au-dessus de Moab. La plupart disposent d'une cheminée, et tous sont équipés d'une cuisine et d'un gril à gaz (apportez vos provisions). Pas de TV ni de téléphone. Jacuzzi et sauna intérieurs.

Sunflower Hill Inn AUBERGE $$$
(435-259-2974 ; www.sunflowerhill.com ; 185 N 300 E ; ch 246-328 $; P). L'une des meilleures adresses de la ville, ce B&B abrite 12 chambres dans un cadre pittoresque. Choisissez de préférence l'une des chambres de la demeure du début du XXe siècle, au bardage en cèdre, plus confortables que celles de l'annexe. Vous logerez dans un cadre élégant et champêtre. Certaines chambres ont même une baignoire à jets. Les enfants de moins de 10 ans ne sont pas admis.

Sorrel River Ranch HÔTEL DE LUXE $$$
(435-259-4642 ; www.sorrelriver.com ; Mile 17, Hwy 128 ; ch à partir de 629 $; P@). L'unique *resort* de luxe avec restaurant gastronomique du sud-est de l'Utah est une ferme de 1903. Le lodge et les bungalows occupent un espace luxuriant de 97 ha, avec zones d'équitation et champs de luzerne, le long de la Colorado River. Cheminées dans les chambres, lits en bois, tables en cuivre et Jacuzzi confèrent au lieu une perfection rustique. Séjour de 2 nuits minimum en période de forte fréquentation.

Où se restaurer

Les endroits où se restaurer ne manquent pas à Moab, des cafés pour routards aux adresses gastronomiques. Procurez-vous le *Moab Menu Guide* (www.moabmenu-guide.com) dans les hébergements du coin. De décembre à mars, certains restaurants sont fermés ou ouverts avec des horaires restreints.

Milt's Stop & Eat BURGERS $
(435-259-7424 ; www.miltsstopandeat.com ; 356 Mill Creek Dr ; plats 4-10 $; 11h-20h mar-dim). Un couple de triathlètes a acheté ce restaurant de burgers classique en 1954 et a eu l'intelligence de ne rien changer. Milt's est réputé pour ses burgers de bison ou de bœuf nourri à l'herbe, ses frites fraîches et ses savoureux milk-shakes. Soyez patient : l'attente peut être longue. C'est un point de rendez-vous prisé après une exploration du **Slickrock Trail** (435-259-2444 ; www.utah.com/mountain-biking/slickrock ; Sand Flats Recreation Area, Sand Flats Rd ; voiture/vélo 5/2 $).

Thai Bella THAÏLANDAIS $$
(435-355-0555 ; www.facebook.com/thaibella2019 ; 218 N 110 W ; plats 15-30 $; 13h-21h30 lun-ven, 15h-21h30 sam-dim ;). On compte de plus en plus de restaurants thaïlandais à Moab mais celui-ci reste numéro un. Les plats les plus prisés sont les nouilles sautées épicées, les moules de Nouvelle-Zélande au basilic, la soupe *tom yam* et de nombreux plats végétariens. Les repas sont servis dans un édifice historique (1896) sur deux niveaux, doté d'un jardin ombragé.

Sabaku Sushi SUSHIS **$$**
(☎435-259-4455 ; www.sabakusushi.com ; 90 E Center St ; sushis 8-16 $, plats 17-19 $; ⏲17h-21h mar-dim ; 📶). L'océan a beau être à des milliers de kilomètres, vous trouverez une sélection créative de sushis, de prises du jour (livraison express de Hawaï) et quelques originalités de l'Utah dans ce tout petit restaurant japonais. Réductions sur les sushis lors de l'*happy hour* (17h-18h mar-jeu).

♥ **Desert Bistro** AMÉRICAIN DU SUD **$$$**
(☎435-259-0756 ; www.desertbistro.com ; 36 S 100 W ; plats 20-60 $; ⏲17h30-23h mer-dim). Gibier et fruits de mer frais apportés par avion sont les spécialités de cet accueillant restaurant, aménagé dans une vieille maison. Au menu : filet mignon de bison, Saint-Jacques citronnées au paprika et salade iceberg au magret de canard fumé. Tout est fait sur place, du pain aux délicieuses pâtisseries. Excellente carte des vins. Réservez bien à l'avance.

ℹ Renseignements

Moab Information Center (☎435-259-8825 ; www.discovermoab.com/visitor-center ; 38 E Center St ; ⏲8h-19h lun-sam, 9h-18h dim ; 📶). Excellents renseignements sur les parcs, sentiers et activités, le camping et la météo de la région. Vaste librairie et personnel serviable.

ℹ Comment s'y rendre et circuler

Moab est à 380 km au sud-est de Salt Lake City, à 240 km au nord-est de Capitol Reef National Park et à 185 km au sud-ouest de Grand Junction (Colorado).

Le **Canyonlands Field Airport** (CNY ; ☎435-259-0408 ; www.moabairport.com ; 110 W Aviation Way ; par la Hwy 191), à 25 km au nord-ouest de la ville, est desservi par des vols en provenance de Denver. On y trouve les principales agences de location de véhicules, comme **Enterprise** (☎435-259-8505 ; www.enterprise.com ; 1197 S Hwy 191 ; ⏲8h-17h lun-ven).

SkyWest assure des vols quotidiens pour Denver avec **United Airlines** (☎800-864-8331 ; www.united.com).

Il existe aussi des services de bus et minibus à la demande, par exemple **Porcupine Shuttle** (☎435-260-0896 ; www.porcupineshuttle.com), **Roadrunner Shuttle** (☎435-259-9402 ; www.roadrunnershuttle.com) et **Canyonlands Shuttle** (☎435-210-4757 ; www.canyonlandsshuttle.com), qui desservent Grand Junction (Colorado), l'aéroport et Salt Lake City.

Il est presque indispensable de disposer d'un véhicule privé pour explorer les environs de Moab et les parcs nationaux. La Hwy 191 devient Main St en traversant la ville.

La circulation est dense en haute saison. Il existe de nombreuses pistes cyclables dans et autour de la ville ; cartes disponibles au Moab Information Center (ci-contre).

Les navettes **Coyote Shuttle** (☎435-260-2097 ; www.coyoteshuttle.com) et Porcupine Shuttle desservent Canyonlands Field Airport à la demande. Vous pouvez aussi y avoir recours au départ et à l'arrivée de randonnées à pied ou à VTT, ou d'excursions en eaux vives.

Arches National Park

De gigantesques arches de grès encadrent des sommets enneigés et des paysages de désert dans l'**Arches National Park** (☎435-719-2299 ; www.nps.gov/arch ; Hwy 191 ; pass 7 jours véhicule/moto/piéton 30/25/15 $; ⏲24h/24, centre d'accueil des visiteurs 7h30-17h avr-sept, 9h-16h oct-mars). Explorez la zone la plus dense en arches de roche dans le monde : plus de 2 000 dans un secteur de 308 km². Près d'un million et demi de visiteurs s'y rendent chaque année. Situé à 8 km au nord de Moab, le site, assez petit, peut se visiter presque entièrement en une journée. Nombre de ces remarquables formations naturelles sont accessibles via des chemins goudronnés et des sentiers de randonnée assez courts. Pour éviter la foule, envisagez une visite au clair de lune, l'air est frais et les roches fantomatiques la nuit.

Le long de la principale route, ne manquez pas le **Balanced Rock**, en équilibre précaire. Les randonneurs prendront le sentier (modéré à ardu) de 4,8 km aller-retour, qui grimpe la roche polie jusqu'au symbole officieux de l'État, la **Delicate Arch** (encore plus appréciable en fin d'après-midi).

Plus loin sur la route, il est nécessaire d'explorer les canyons étroits et le dédale de la **Fiery Furnace** lors des randonnées de 3 heures menées par les rangers, pour lesquelles il faut généralement réserver au moins quelques jours à l'avance. La randonnée n'est pas facile, préparez-vous à escalader les rochers, à vous glisser entre les roches et à parcourir d'étroites saillies.

La route panoramique s'achève à 30,5 km du centre d'accueil des visiteurs, à **Devils Garden**. D'ici part une randonnée de 3,2 à 12 km aller-retour qui croise au moins 8 arches, mais la plupart des visiteurs optent pour la marche facile de 2 km jusqu'à

Landscape Arch, un géant de 88 m de long défiant toute gravité. De mars à octobre, il faut réserver pour le **Devils Garden Campground** (☎877-444-6777 ; www.recreation.gov ; empl tente et camping-car 25 $), sans douche ni électricité.

La rareté de l'eau et la chaleur rendent les randonnées difficiles. Permis gratuit mais obligatoire (au centre d'accueil des visiteurs).

Canyonlands National Park

Ici, la roche rouge prend toutes les formes : arches, ponts, aiguilles, pointes, cratères, mesas, buttes. L'extraordinaire beauté offerte par l'érosion à **Canyonlands National Park** (☎435-719-2313 ; www.nps.gov/cany/index.htm ; forfait 7 jours véhicule/moto/piéton 30/25/15 $; empl tente ou camping-car sans branchement 15-20 $; ⏲24h/24) donne un aperçu de ce que fut la planète à une lointaine époque. Les pistes et les rivières permettent de sillonner cet immense désert s'étendant sur 1 365 km², bien que la plus grande partie soit sauvage. Vous pourrez y pratiquer la randonnée, le rafting et le 4x4, mais assurez-vous d'avoir assez de carburant, d'eau et de nourriture.

Les canyons de la Colorado River et de la Green River séparent le parc en quatre districts. Le secteur **Island in the Sky**, à 50 km environ au nord-ouest de Moab, est une mesa de 1 828 m de haut offrant de beaux panoramas. Du **centre d'accueil des visiteurs** (☎435-259-4712 ; www.nps.gov/cany ; Hwy 313 ; ⏲8h-18h mars-déc, 8h-17h ven-mar jan-fév), une route panoramique mène à plusieurs points de vue et départs de sentiers, et s'achève 19 km plus loin au **Grand View Point**, où un sentier sinueux longe le bord de la mesa sur 1,6 km. En chemin, notre courte balade préférée est la boucle de 800 m jusqu'à la **Mesa Arch**, élancée et souvent photographiée, qui relie deux falaises et encadre une magnifique vue de la Washer Woman Arch. À 11 km du centre d'accueil des visiteurs, les premiers arrivés sont les premiers servis au **Island in the Sky Campground** (Willow Flat ; ☎435-719-2313 ; www.nps.gov/cany/planyourvisit/camping.htm ; Island in the sky ; empl tente et camping-car 15 $; ⏲tte l'année), 12 emplacements pourvus de W.-C., mais pas d'eau, ni de branchement électrique. Les vététistes déterminés peuvent tenter la **White Rim Road** (Island in the Sky), une route rudimentaire de 112 km entourant Island in the Sky.

Avec ses pointes de grès orange et blanc qui s'élèvent vers le ciel, le district sauvage et reculé des **Needles** est propice aux randonnées sac au dos et aux balades en véhicule tout-terrain. Pour rejoindre le **centre d'accueil des visiteurs** (☎435-259-4711 ; www.nps.gov/cany ; Hwy 211 ; ⏲8h-16h30), suivez la Hwy 191 vers le sud sur 64 km depuis Moab, puis prenez la Hwy 211 vers l'ouest. Ce secteur compte des randonnées difficiles, et les panoramas ne se dévoilent pas depuis la route. La superbe **Chesler Park/Joint Trail Loop** est une boucle de 18 km à travers les prairies désertiques, qui croise d'imposants pics rayés de rouge et de blanc, et traverse de profonds canyons, parfois larges de 60 cm seulement. Les dénivelés sont légers, mais la distance en fait une randonnée d'une journée de niveau avancé. Les 27 emplacements du **Needles Campground** (Squaw Flat ; ☎435-719-2313 ; www.nps.gov/cany/planyourvisit/camping.htm ; Needles ; empl tente et camping-car 20 $; ⏲tte l'année), 4,8 km à l'ouest du centre d'accueil des visiteurs, sont occupés chaque jour, du printemps à l'automne. Les premiers arrivés sont les premiers servis. L'endroit comporte des W.-C. avec chasse d'eau et eau courante, mais pas de douche, ni de branchement.

Outre les droits d'entrée, il faut un permis réservé bien à l'avance pour les circuits de randonnée, VTT, 4x4 et en rivière impliquant une nuit sur place. Les permis, valides 14 jours, sont délivrés à l'**Island in the Sky Visitor Center** (☎435-259-4712 ; www.nps.gov/cany ; Hwy 313 ; ⏲8h-18h mars-déc, 8h-17h ven-mar janv-fév), au **Needles Visitor Center** (☎435-259-4711 ; www.nps.gov/cany ; Hwy 211 ; ⏲8h-16h30), à la **Hans Flat Ranger Station** (☎435-259-2652 ; www.nps.gov/cany ; Recreation Rd 777, Hans Flat ; ⏲8h-16h30). Réservations en ligne (canypermits.nps.gov/index.cfm) et via les **Arches & Canyonlands National Park Headquarters** (☎435-719-2100 ; www.nps.gov/cany ; 2282 SW Resource Blvd ; ⏲8h-16h30 lun-ven) à Moab. À l'ouest des fleuves, le **Horseshoe Canyon**, où les bons marcheurs découvriront de l'art rupestre ancien, et le **Maze**, la frontière la plus éloignée du parc, sont des secteurs plus isolés, accessibles uniquement par le sud-ouest de la ville de Green River.

Dead Horse Point State Park

Le petit **Dead Horse Point State Park** (☎435-259-2614 ; www.stateparks.utah.gov/parks/dead-horse ; Hwy 313 ; journée 20 $/véhicule ; empl tente/camping-car 35/40 $, yourte 140 $; ⏲parc

6h-22h, centre d'accueil des visiteurs, 9h-17h) a servi de décor à de nombreux films, dont *Thelma et Louise*. Il est peu propice à la randonnée, mais les superbes panoramas méritent le détour depuis la Hwy 313 en direction d'Island in the Sky dans le Canyonlands National Park : admirez les canyons rouges bordés de falaises blanches, la Colorado River, le parc de Canyonlands et les lointaines La Sal Mountains. Le centre d'accueil des visiteurs (☎435-259-2614 ; www.stateparks.utah.gov/parks/dead-horse ; ⏲9h-17h) propose des expositions, des vidéos, des livres et des cartes, et organise des randonnées guidées et des rencontres avec les rangers en été. Un **camping** (☎800-322-3770 ; www.reserveamerica.com ; camping/yourte 40/140 $) de 21 emplacements se trouve au sud, mais l'approvisionnement en eau y est limité ; pas de douche ni de raccordement à l'électricité. Réservez bien à l'avance.

Bluff

Située à 160 km au sud de Moab, cette petite ville (320 habitants) fondée par des pionniers mormons en 1880 constitue un tranquille camp de base pour partir à la découverte de l'extrême sud-est de l'Utah. Cernée de rochers rouges et de terres gérées par l'État, Bluff se trouve à l'intersection de la Hwy 191 et de la Hwy 162, le long de la San Juan River. Outre un comptoir et quelques restaurants et hôtels, l'endroit offre peu à voir.

Pour accéder aux sites d'art rupestre et aux vestiges, contactez **Far Out Expeditions** (☎435-672-2294 ; www.faroutexpeditions.com ; 690 E Mulberry Ave ; sortie demi-journée/journée 200/325 $) qui organise des randonnées d'un ou plusieurs jours vers les sites les plus difficiles à atteindre. **Wild Rivers Expeditions** (☎435-672-2244 ; www.riversandruins.com ; 2625 S Hwy 191, Bluff ; sortie mi-journée tarif plein/enfant 200/140 $) propose des descentes en rafting sur la San Juan River et des visites de sites anciens. Le chaleureux **Recapture Lodge** (☎435-672-2281 ; www.recapturelodge.com ; 250 Main St ; d 98 $; P ⊖ ❄ @ ≋) est une résidence rustique et cosy. Ses propriétaires connaissent la région sous toutes les coutures et peuvent vous donner de bons conseils. Vous pourrez aussi vous couper du monde au **Valley of the Gods B&B** (☎970-749-1164 ; www.valleyofthegodsbandb.com ; près de la Hwy 261 ; s 145, d 175-195 $; P) 🌿, l'un des ranchs historiques de la région.

Café en bois et en adobe décoré d'œuvres d'art, le **Comb Ridge Eat & Drink** (☎435-485-5555 ; www.combridgeeatanddrink.com ; 680 S Main St ; plats petit-déj 5-7 $, plats dîner 10-17 $; ⏲11h30-15h et 17h-21h mer-sam, 9h30-14h et 17h-21h ; ≋ ✎) sert un délicieux café et des pancakes au maïs bleu pour le petit-déjeuner. Quant au **Cottonwood Steakhouse** (☎435-672-2282 ; www.cottonwoodsteakhouse.com ; 409 W Main St ; plats 17-29 $; ⏲17h30-21h30 mars-nov ; ≋), au décor typique de l'Ouest, il propose de généreux steaks grillés servis avec des haricots.

Hovenweep National Monument

Peu fréquenté, **Hovenweep** (☎970-562-4282 ; www.nps.gov/hove ; McElmo Rte ; près de la Hwy 262 ; empl tente et camping-car 10 $; ⏲parc aube-crépuscule, centre d'accueil des visiteurs 8h-18h juin-sept, 9h-17h oct-mai) GRATUIT, qui signifie "vallée désertée" en langue ute, présente plusieurs sites pueblos, où des tours et des granges impressionnantes se dressent dans les canyons désertiques. L'accès au Square Tower Group est proche de la *ranger station*. Pour atteindre les autres sites, il faut en revanche bien marcher. Le **camping** (☎970-562-4282 ; www.nps.gov/hove ; McElmo Rte ; Hovenweep National Monument ; empl tente et camping-car 10-15 $) compte 31 emplacements sommaires (ni douches ni branchements électriques) ; les premiers arrivés sont les premiers servis. Accès principal à l'est de la Hwy 191 sur la Hwy 262 via Hatch Trading Post, à plus de 64 km au nord-est de Bluff.

Natural Bridges National Monument

À 88 km au nord-ouest de Bluff, le très isolé **Natural Bridges National Monument** (www.nps.gov/nabr ; Hwy 275 ; forfait 7 jours 20 $/véhicule, camping 15 $; ⏲24h/24, centre d'accueil des visiteurs 9h-17h avr à mi-oct, 9h-17h jeu-lun mi-oct à mars) protège un canyon de grès blanc (et non pas rouge) qu'enjambent trois majestueux ponts naturels, faciles d'accès. Le plus ancien, l'Owachomo Bridge, s'étire sur 55 m mais n'est large que de 2,74 m. La Scenic Drive (route panoramique) en boucle de 14 km offre de magnifiques plongées sur les profondeurs. Le camping, sans douche ni branchement, possède 12 emplacements basiques réservés aux premiers arrivés. L'espace rudimentaire ne manque pas, mais les services les plus proches sont à Blanding, à 64 km à l'est.

Zion et le sud-ouest de l'Utah

Admirez les canyons rouges du Zion National Park, randonnez parmi les minarets rose orangé de Bryce Canyon ou roulez jusqu'aux dômes jaune-blanc et pourpre du Capitol Reef. Le sud-ouest de l'Utah est si spectaculaire qu'il est en grande partie protégé sous forme de parcs nationaux, de parcs d'État, et de forêts nationales par le Bureau of Land Management (BLM ; Bureau de gestion du territoire). La région entière se prête à merveille aux activités de plein air, avec ses étroits canyons à parcourir, ses dunes de sable rose à gravir et ses formations de grès ondulées à explorer.

Capitol Reef National Park

Moins fréquenté que les autres parcs mais tout aussi superbe, le **Capitol Reef** (☎435-425-3791 ; www.nps.gov/care/index.htm ; angle Hwy 24 et Scenic Dr ; route panoramique véhicule/piéton 20/10 $, empl tente et camping-car 20 $; 24h/24, centre d'accueil des visiteurs 8h-16h30) recouvre la plus grande partie du Waterpocket Fold, long de 160 km, né il y a 65 millions d'années lorsque la croûte terrestre s'est plissée et a dévoilé un échantillon d'histoire géologique aux couleurs intenses.

La Hwy 24 traverse le parc, mais veillez à rouler plein sud vers la **Capitol Reef Scenic Drive**, la route panoramique du parc (www.nps.gov/care/planyourvisit/scenicdrive.htm ; pass 7 jours véhicule/pers 20/10 $), qui traverse des vergers, héritage d'une colonie mormone. En saison, vous pourrez y cueillir librement cerises, pêches et pommes, et faire une halte gourmande et historique à la **Gifford Homestead** (☎435-425-3791 ; www.nps.gov/care/learn/historyculture/giffordhomestead.htm ; Scenic Dr ; 8h-17h mars-oct) pour ses tartelettes aux fruits. Les sentiers **Grand Wash** et **Capitol Gorge**, qui suivent le fond d'un étroit canyon, permettent d'excellentes balades en chemin. Le **camping** (☎435-425-3791 ; www.recreation.gov ; Campground Rd, Fruita ; empl 20 $), verdoyant et ombragé, n'a pas de douche ni de branchement électrique et applique la règle du premier arrivé, premier servi. Il est pris d'assaut du début du printemps à l'automne.

Torrey

À 24 km seulement à l'ouest du Capital Reef, la petite ville pionnière de Torrey sert de base pour la plupart des visiteurs du parc. Outre quelques bâtisses datant de l'époque du vieil Ouest, on y trouve une douzaine de restaurants et motels.

Exploitant le style cow-boy, le **Capitol Reef Resort** (☎435-425-3761 ; www.capitolreefresort.com ; 2600 E Hwy 24 ; ch 169-209 $, chalets et tipis à partir de 269 $; P ❄ wifi piscine) est l'un des hébergements les plus proches du parc national du même nom. La vieille école de 1914 a été rafraîchie et est devenue le **Torrey Schoolhouse B&B** (☎435-633-0230 ; www.torreyschoolhouse.com ; 150 N Center St ; ch 125-165 $; avr-oct ; ❄ wifi). Butch Cassidy aurait assisté à une soirée dansante ici. Après le délicieux petit-déjeuner, flânez dans le jardin ou dans le vaste salon du 1er étage. Situé derrière un parking pour camping-cars, **Torrey Grill & BBQ** (☎435-609-6997 ; www.torreygrillandbbq.com ; 1110 W Hwy 24 ; plats 18-24 $; 17h-21h lun-sam avr-oct ; P) propose de savoureux *ribs* (côtes) aux épices, du bœuf fumé et un *cobbler* (sorte de crumble) aux pommes avec sa glace, le tout dans un cadre rustique.

Boulder

L'avant-poste de 240 habitants qu'est **Boulder** (www.boulderutah.com) se niche au-delà de la montagne du même nom, à 51 km au sud de Torrey sur la Hwy 12. C'est d'ici que part vers l'est la charmante **Burr Trail Rd**, traversant la pointe nord-est du Grand Staircase-Escalante National Monument et donnant accès à une route de graviers sinueuse qui grimpe au Capitol Reef ou descend à la Bullfrog Marina sur le Lake Powell.

Le petit **Anasazi State Park Museum** (☎435-335-7308 ; www.stateparks.utah.gov/parks/anasazi ; 460 N Hwy 12 ; 5 $; 8h-18h avr-oct, 9h-16h nov-mars) présente des objets artisanaux ainsi qu'un site amérindien habité entre 1050 et 1200. Le **Boulder Mountain Lodge** (☎435-335-7460 ; www.boulder-utah.com ; 20 N Hwy 12 ; ch/app/ste à partir de 140/230/325 $; P ❄ @ wifi animaux) loue des chambres somptueuses, mais c'est surtout sa réserve naturelle de 6 ha qui fascine. Un Jacuzzi extérieur donnant sur la montagne permet de se détendre en observant les oiseaux. Le **Hell's Backbone Grill** (☎435-335-7464 ; www.hellsbackbonegrill.com ; 20 N

Hwy 12, Boulder Mountain Lodge ; petit-déj 9-14 $, déj 12-18 $, dîner 23-37 $; 7h-14h et 17h-21h mars-nov ;), restaurant réputé du site, sert une cuisine régionale simple et savoureuse – réservez bien à l'avance – et le **Burr Trail Outpost** (435-335-7565 ; www.burrtrailoutpost.com ; 14 N Hwy 12 ; 7h30-19h avr-sept, 8h-17h oct-mars ;) prépare un café bio et de délicieux desserts maison.

Grand Staircase-Escalante National Monument

Région aride si inhospitalière qu'elle fut la dernière des États-Unis continentaux à être répertoriée sur la carte, les 6 879 km² du **Grand Staircase-Escalante National Monument** (GSENM ; 435-644-1300 ; www.blm.gov/visit/kanab-visitor-center ; 745 Hwy 89, Kanab ; 24h/24) GRATUIT couvrent une superficie plus étendue que le Delaware et le Rhode Island réunis. Les services les plus proches, tout comme les centres d'accueil des visiteurs du GSENM, se trouvent à Boulder et à Escalante sur la Hwy 12 au nord, et à Kanab sur l'US 89 au sud. Sinon, les infrastructures touristiques sont minimales, et l'immense espace inhabité de ce pays de canyons ne se visite qu'en 4x4, pour ceux qui ont le temps, l'équipement approprié et les connaissances suffisantes pour en explorer tous les recoins.

Le sentier le plus accessible et le plus fréquenté permet une randonnée de 9,6 km aller-retour jusqu'à la magnifique cascade multicolore du **Lower Calf Creek** (Hwy 12, Mile 75 ; journée 5 $; aube-crépuscule), entre Boulder et Escalante. Situés au bord d'une rivière, les 14 emplacements du **Calf Creek Campground** (435-826-5499 ; www.blm.gov/visit/calf-creek-recreation-area-campground ; Hwy 12 ; empl tente et camping-car 15 $) sont très prisés, mais il est impossible de réserver ; le camping jouxte la Hwy 12, et ne dispose ni de douche ni de raccordement à l'électricité.

Escalante

Porte d'entrée du GSENM, cette ville de 800 habitants est l'unique métropole à des kilomètres à la ronde. À une cinquantaine de sinueux kilomètres de Boulder, et à 105 km de Torrey, c'est une base idéale pour s'aventurer dans le Grand Staircase-Escalante National Monument voisin. L'**Escalante Interagency Visitor Center** (435-826-5499 ; www.blm.gov/visit/escalante-interacgency-visitor-center ; 775 W Main St ; 8h-16h30) constitue un formidable centre de ressources et de documentation sur tous les parcs, sites et monuments environnants.

Véritable oasis pour les voyageurs, **Escalante Outfitters** (435-826-4266 ; www.escalanteoutfitters.com ; 310 W Main St ; circuits d'histoire naturelle 45 $, pêche à la mouche à partir de 225 $; 7h-21h) vend cartes, guides, matériel de camping et alcool dans sa librairie. Le café prépare un petit-déjeuner maison, des pizzas et des salades. On y loue aussi de minuscules chalets (à partir de 55 $). **Excursions of Escalante** (800-839-7567 ; www.excursionsofescalante.com ; 125 E Main St ; canyoning 1-jour 185 $; 8h-17h lun-ven, 8h-12h sam mi-mars à oct) est un spécialiste de longue date du canyoning, de l'escalade et des randos photo.

La ville comprend d'autres hébergements de qualité, comme le **Canyons B&B** (435-826-4747 ; www.canyonsbnb.com ; 120 E Main St ; d 160 $; mars-nov ;) dont les élégantes chambres sont disposées autour d'une cour ombragée. Profitez d'une yourte haut de gamme dans une propriété tranquille de 8 ha avec **Escalante Yurts** (435-826-4222 ; www.escalanteyurts.com ; 1605 N Pine Creek Rd ; yourte 235-345 $; P). Savourez d'exquises pâtisseries et des sandwichs d'inspiration française à la **Mimi's Bakery & Deli** (435-826-4036 ; www.facebook.com/mimisbakeryescalante ; 190 W Main St ; pâtisseries et sandwichs 3-7 $; 7h-16h mar-sam ;).

PASS POUR LES PARCS

Les parcs nationaux du sud-est de l'Utah vendent un **Southeast Utah Parks Pass** (55 $/véhicule) qui comprend l'accès pendant un an aux Arches (p. 223) et Canyonlands National Parks (p. 224 ; où le forfait à la semaine coûte 30 $), ainsi qu'aux Hovenweep et Natural Bridges National Monuments (p. 225). Les **National Park Service Passes** (www.nps.gov/findapark/passes.htm ; adulte/senior 80/20 $/véhicule), disponibles en ligne et sur place dans les parcs, comprennent un accès illimité toute l'année aux parcs et territoires classés de l'Utah et au-delà ; ils constituent de surcroît un excellent moyen de soutenir financièrement les magnifiques parcs du Sud-Ouest.

Bryce Canyon National Park

Le Grand Staircase, un "escalier" formé de strates de roches colorées, au nord du Grand Canyon, culmine aux Pink Cliffs dans ce **parc national** (☎435-834-5322 ; www.nps.gov/brca ; Hwy 63, Bryce ; pass 7 jours véhicule/moto/piéton 35/30/20 $; ⊙24h/24 ; centre d'accueil des visiteurs 8h-20h mai-sept, 8h-18h oct, 8h-16h30 nov-mars, 8h-18h avr), populaire à juste titre. Plus un amphithéâtre formé par l'érosion des falaises qu'un "canyon" à proprement parler, il foisonne de pics, pointes, flèches et colonnes rocheuses aux couleurs variées. Le parc est à 80 km au sud-ouest d'Escalante ; de la Hwy 12, prenez la Hwy 63 vers le sud.

La **Rim Road Scenic Drive** (2 438 m) longe sur 29 km le bord du canyon et dessert le **centre d'accueil des visiteurs** (☎435-834-5322 ; www.nps.gov/brca ; Hwy 63 ; ⊙8h-20h mai-sept, 8h-18h oct et avr, 8h-16h30 nov-mars ;), le refuge, des points de vue remarquables comme l'immanquable **Inspiration Point** et le départ de sentiers de randonnée, pour finir à **Rainbow Point** (2 778 m). De début mai à début octobre, une navette gratuite (de 8h à 17h30 minimum) circule depuis un arrêt, juste au nord du parc, vers le sud jusqu'au **Bryce Amphitheater**.

Le parc possède deux campings dans lesquels on peut réserver des emplacements en ligne (sur le site du parc). Le **Sunset Campground** (☎877-444-6777 ; www.recreation.gov ; Bryce Canyon Rd ; empl tente/camping-car 20/30 $; ⊙avr-sept) est un peu plus boisé, mais n'est pas ouvert toute l'année. Machines à laver et douches à pièces sont disponibles à l'épicerie proche du **North Campground** (☎877-444-6777 ; www.recreation.gov ; Bryce Canyon Rd ; empl tente/camping-car 20/30 $). En été, les emplacements sans réservation sont épuisés avant midi.

Construit dans les années 1920, le **Bryce Canyon Lodge** (☎435-834-8700, 877-386-4383 ; www.brycecanyonforever.com ; Hwy 63 ; ch et chalet 223-270 $; ⊙avr-oct ; @) respire le charme rustique des montagnes. Les chambres sont modernes et fonctionnelles, et les chalets aux fines cloisons possèdent cheminée à gaz et terrasse. Pas de TV. Le **restaurant** (☎435-834-5361 ; www.brycecanyonforever.com/dining ; Bryce Canyon Rd ; petit-déj et déj 10-20 $, dîner 10-35 $; ⊙7h-22h avr-oct) du lodge est excellent, mais cher, tandis que le **Bryce Canyon Pines Restaurant** (☎435-834-5441 ; www.brycecanyonrestaurant.com ; Hwy 12 ; petit-déj et déj 9,50-14 $, plats dîner 12-24 $; ⊙7h-20h) est un *diner* classique.

Juste au nord de la lisière du parc, le **Ruby's Inn** (www.rubysinn.com ; 1000 S Hwy 63) est un complexe hôtelier proposant différentes options d'hébergement en motel et un camping. Vous pourrez aussi dîner dans divers restaurants, admirer l'art du Far West, laver votre linge, acheter des provisions, vous ravitailler en carburant et faire un tour en hélicoptère.

À 18 km à l'est du parc, sur la Hwy 12, la petite ville de **Tropic** (www.brycecanyoncountry.com) offre aussi le gîte et le couvert.

Kanab

À la limite sud-ouest de Grand Staircase-Escalante National Monument, la ville de Kanab (4 687 habitants) est perdue au milieu de l'immensité désertique. Des dizaines de westerns ont été tournés ici entre les années 1920 et les années 1970, tandis que les lieux ont conservé leur atmosphère de Far West.

Les amis des animaux visiteront le **Best Friends Animal Sanctuary** (carte p. 188 ; ☎435-644-2001 ; www.bestfriends.org ; 5001 Angel Canyon Rd, Hwy 89 ; ⊙8h-17h ;) GRATUIT, le plus grand refuge animalier du pays.

John Wayne et Gregory Peck, entre autres personnalités hollywoodiennes, ont séjourné dans le **Parry Lodge** (carte p. 188 : ☎435-644-2601 ; www.parrylodge.com ; 89 E Center St ; ch à partir de 139-159 $; ⊙mars-nov ;) quelque peu désuet. Le motel rénové **Canyons Lodge** (carte p. 188 ; ☎435-644-3069 ; www.canyonslodge.com ; 236 N 300 W ; ch à partir de 109-199 $; @) dégage une atmosphère de l'Ouest ; les chambres renferment des œuvres originales. Vous pourrez vous restaurer en centre-ville, au **Vermillion 45** (carte p. 188 ; ☎435-644-3300 ; www.vermillion45.com ; 210 S 110 E ; plats 14-25 $; ⊙11h-23h mer-dim), dont la cuisine est d'inspiration française et italienne ou au **Sego** (carte p. 188 ; ☎435-644-5680 ; www.segokanab.com ; 190 N 300 W ; plats 13-30 $; ⊙18h-22h lun-sam avr-oct, 17h-21h lun-sam nov-mars ;), plus chic, où l'on déguste des mets délicieux comme des champignons sauvages au fromage de chèvre ou un curry rouge de crabe servi avec des nouilles.

Le **GSENM Visitor Center** (carte p. 188 ; ☎435-644-1300 ; www.blm.gov/visit/kanab-visitor-center ; 745 E Hwy 89 ; ⊙8h-16h30) fournit tous les renseignements sur le Grand Staircase-Escalante National

Monument, tandis que le **Kane County Office of Tourism** (carte p. 188 ; ☎435-644-5033 ; www.visitsouthernutah.com ; 78 S 100 E ; ⏲8h-19h) se consacre à la ville et à son passé cinématographique.

Zion National Park

Le **Zion National Park** (☎435-772-3256 ; www.nps.gov/zion ; Hwy 9 ; pass 7 jours véhicule/moto/piéton 35/30/20 $; ⏲24h/24 ; centre d'accueil des visiteurs 8h-17h sept-mai, 8h-19h juin-août) réserve d'étonnantes expériences : contemplation des falaises rouge et blanc du Zion Canyon, qui s'élève au-dessus de la Virgin River ; observation au-delà d'Angels Landing après une ascension de 426 m ; ou randonnée dans le sens du courant dans les célèbres Narrows. Le parc abrite aussi des merveilles plus délicates : cascades, petites grottes, jardins suspendus et mesas fleuries. La végétation et la basse altitude donnent aux magnifiques formations rocheuses un aspect beaucoup plus luxuriant que dans les parcs arides à l'est.

La plupart des visiteurs entrent en suivant le fond du Zion Canyon ; même les randonnées les plus difficiles attirent les foules de mai à septembre (navette obligatoire). Si vous ne devez en choisir qu'une, optez pour la **route panoramique** de 9 km qui traverse le cœur du Zion Canyon. De mi-mars à début novembre, vous devrez prendre une navette gratuite au départ du **centre d'accueil des visiteurs** (☎435-772-3256 ; www.nps.gov/zion ; Kolob Canyons Rd ; ⏲8h-17h fin mai-sept, 8h-16h30 le reste de l'année), mais vous pouvez en descendre et la reprendre à n'importe quel arrêt ou sentier sur l'itinéraire.

Le **Riverside Walk** goudronné de 1,6 km, au bout de la route, est l'un des sentiers faciles à modérés. L'**Angels Landing Trail** vous donnera le vertige sur ses 8,6 km de courbes (426 m de dénivelé positif, avec des à-pics impressionnants), mais la vue sur le Zion Canyon est phénoménale. Comptez 4 heures pour l'aller-retour.

L'itinéraire le plus connu est l'inoubliable **Narrows**, un trajet de 25 km dans les étroits canyons le long de la bifurcation nord de la Virgin River (juin-octobre). Prévoyez d'être mouillé : la moitié au moins des 12 heures de randonnée se passe dans la rivière. Divisez la randonnée en 2 journées, en réservant un emplacement de camping à l'avance, ou finissez-la à temps pour prendre la dernière navette du parc. La navette est indispensable pour ce trajet aller.

En suivant l'est, la Hwy 9 quitte le Zion Canyon en grimpant une série de 6 lacets serrés jusqu'au Zion-Mt Carmel Tunnel de 1,7 km, une merveille technique des années 1920. Elle conduit ensuite sur un terrain bien différent – un paysage de roche lisse multicolore, culminant à la montagneuse **Checkerboard Mesa**.

Réservez longtemps à l'avance et demandez un emplacement côté rivière dans le **Watchman Campground** (☎877-444-6777 ; www.recreation.gov ; Hwy 9 ; empl tente 20 $, empl camping-car avec branchements 30 $; 🐾) à l'ombre des peupliers près du canyon. Juste à côté, le **South Campground** (☎877-444-6777 ; www.recreation.gov ; Hwy 9 ; empl tente et camping-car 20 $; 🐾) réserve ses emplacements aux premiers arrivés.

En plein milieu de la route panoramique, le **Zion Lodge** (☎888-297-2757, jour de la réservation 435-772-7700 ; www.zionlodge.com ; Zion Canyon Scenic Dr ; ch/chalet 227/260 $; ❄@📶) propose motel basique et chalets avec cheminée au gaz. Tous bénéficient d'une terrasse en bois panoramique face aux splendides falaises de grès rouge, mais pas de TV. La vue est également magnifique depuis le **Red Rock Grill** (☎435-772-7760 ; Zion Canyon Scenic Dr, Zion Lodge ; petit-déj et sandwichs 6-17 $, dîner 16,50-30 $; ⏲6h30-10h et 11h30-22h mars-oct, horaires variables nov-fév), restaurant du lodge assurant les trois repas. Juste à l'extérieur du parc, la ville de Springdale dispose de plus de services encore.

Notez que vous devrez payer un droit d'entrée pour traverser le parc par la Hwy 9, même si vous ne faites que passer.

À NE PAS MANQUER

NEWSPAPER ROCK STATE HISTORIC MONUMENT

Cette petite aire de loisirs abrite un gros **panneau** (Hwy 211, Monticello) de grès sur lequel sont gravés plus de 300 pétroglyphes, attribués aux peuples utes et pueblos sur une période de 2 000 ans. Ces gravures rouges se détachant sur une surface noire sont très photogéniques. Le site se trouve à 80 km au sud de Moab, à l'est du Canyonlands National Park, sur la Hwy 211.

Springdale

Située à l'entrée principale (sud) du Zion National Park, Springdale est une agréable bourgade du parc, même si sa rue principale est parfois encombrée d'embouteillages. Les magnifiques falaises rouges servent de toile de fond aux cafés éclectiques, les restaurants privilégient les ingrédients bio, et les galeries alternent avec les motels indépendants et les B&B.

Outre les chemins de randonnée du parc national, des activités sont organisées dans les territoires adjacents du BLM (Bureau of Land Management) : escalade, canyoning, VTT et 4x4. **Zion Adventure Company** (435-772-1001 ; www.zionadventures.com ; 36 Lion Blvd ; journée canyoning à partir de 189 $; 7h-20h fin mai-début sept, horaires réduits le reste de l'année) propose d'excellentes excursions, l'équipement pour les Narrows et des navettes pour randonneurs/vététistes, tandis que **Zion Cycles** (435-772-0400 ; www.zioncycles.com ; 868 Zion Park Blvd ; location mi-journée/journée à partir de 30/40 $, porte-vélo pour voiture à partir de 15 $; 9h-18h fév-nov) est le meilleur magasin de vélos de la ville.

Le **Desert Pearl Inn** (888-828-0898, 435-772-8888 ; www.desertpearl.com ; 707 Zion Park Blvd ; ch 269-299 $;) est l'hébergement le plus classe de Springdale, tandis que le **Red Rock Inn** (435-772-3139 ; www.redrockinn.com ; 998 Zion Park Blvd ; ch 105-309 $;) possède huit cottages romantiques, dans un style à la fois champêtre et contemporain.

Le **Zion Canyon B&B** (435-772-9466 ; www.zioncanyonbnb.com ; 101 Kokopelli Circle ; ch 149-215 $;), le plus traditionnel B&B local, sert un délicieux petit-déjeuner complet et possède un mini-spa. Les collections et créations des propriétaires occupent chaque recoin de la maison des années 1930 qu'occupe l'**Under the Eaves Inn** (435-772-9466 ; www.undertheeaves.com ; 980 Zion Park Blvd ; ch 99-189 $; P). Inclus, un bon pour prendre le petit-déjeuner au restaurant local.

Si vous rêvez d'un café accompagné de très bonnes crêpes (sucrées ou salées) pour démarrer la journée, passez au **MeMe's Cafe** (435-772-0114 ; www.memescafezion.com ; 975 Zion Park Blvd ; plats 11-18 $; 7h-21h), qui sert aussi des paninis et des gaufres, et, pour dîner, de la poitrine de bœuf et du *pulled pork* (porc effiloché). Le soir, la terrasse carrelée à la mexicaine et joliment éclairée de l'**Oscar's Cafe** (435-772-3232 ; www.cafeoscars.com ; 948 Zion Park Blvd ; plats 12-20 $, petit-déj 6-13 $; 7h-21h) et le rustique **Bit & Spur Restaurant & Saloon** (435-772-3498 ; www.bitandspur.com ; 1212 Zion Park Blvd ; plats 14-30 $; 17h-23h mars-oct, 17h-23h ven-dim nov-fév ;) sont les lieux favoris pour se détendre, se restaurer et prendre un verre. Réservation indispensable pour l'excellent hôtel-restaurant **King's Landing** (435-772-7422 ; www.klbzion.com ; 1515 Zion Park Blvd, Driftwood Lodge ; plats 18-38 $; 17h-21h ;).

ROUTE PANORAMIQUE : LA HIGHWAY 12

Sans doute la route la plus étonnante et la plus diversifiée de l'Utah, la **Highway 12 Scenic Byway** (www.scenicbyway12.com ; Hwy 12) serpente au cœur d'un paysage accidenté de canyons sur 200 km, à l'ouest du Bryce Canyon vers le Capitol Reef. Le tronçon entre Escalante et Torrey parcourt un paysage lunaire de rochers brillants, puis part à l'assaut d'étroites crêtes vers les sommets de la Boulder Mountain culminant à 3 353 m. Presque tous les sites intéressants entre Torrey et Panguitch se trouvent sur ou à proximité de la Hwy 12.

NOUVEAU-MEXIQUE

Surnommé *Land of Enchantment* ("terre d'enchantement"), le Nouveau-Mexique a un incroyable pouvoir de séduction. Qu'il s'agisse du jeu d'ombre et de lumière sur les collines constellées de genévriers, de l'éclat électrique des dunes de gypse au coucher du soleil ou de la gorge du Rio Grande déchirant le plateau de Taos, les paysages sont indéniablement envoûtants. Et on peut facilement les explorer à pied, à vélo ou en kayak. Les traces d'un passé fascinant sont tangibles dans les pueblos anciens, les maisons et cellules des trappeurs et des hors-la-loi, et dans les églises en adobe débordantes d'art sacré. Et ne parlons même pas des *enchiladas* relevées, des microbrasseries effervescentes... ou de la série *Better Call Saul*. Quant à Meow Wolf, vous ne pourrez que trépigner d'impatience à l'idée de vous y rendre. Mais ce sont peut-être les peintures iconiques de Georgia O'Keeffe qui traduisent le mieux le charme du Nouveau-Mexique.

Histoire

C'est au VIIIe siècle que la civilisation pueblo commença à prospérer ; les impressionnantes constructions de Chaco Canyon furent entamées peu après. À l'arrivée de Francisco Vásquez de Coronado au XVIe siècle, de nombreux Pueblos s'étaient installés dans la vallée du Rio Grande, dont ils étaient les principaux occupants. Santa Fe fut déclarée capitale coloniale aux environs de 1610, puis les colons espagnols s'établirent dans le nord du Nouveau-Mexique, et les missionnaires catholiques entreprirent, non sans violence, la conversion des Pueblos. Les Amérindiens se révoltèrent en 1680 et occupèrent Santa Fe jusqu'en 1692, date à laquelle Don Diego de Vargas reprit la ville.

En 1846, au cours de la guerre américano-mexicaine, les États-Unis prirent le contrôle du Nouveau-Mexique, qui devint territoire américain quatre ans plus tard. Les guerres contre les Navajos, les Apaches et les Comanches, l'arrivée des cow-boys et des mineurs, et le commerce pratiqué le long du Santa Fe Trail transformèrent la région. La construction du chemin de fer dans les années 1870 déclencha l'essor économique.

Peintres et écrivains établirent des colonies artistiques à Santa Fe et à Taos dès le début du XXe siècle. En 1912, le Nouveau-Mexique devint le 47e État du pays. En 1943, une équipe scientifique investit Los Alamos dans le plus grand secret pour y développer la bombe atomique. Selon certains, quatre ans plus tard, des extraterrestres se seraient écrasés à Roswell...

Renseignements

Pour vous renseigner sur la portion de la Route 66 traversant le Nouveau-Mexique, visitez le www.rt66nm.org.

New Mexico State Parks (☎888-667-2757 ; www.emnrd.state.nm.us). Informations sur les parcs d'État, avec un lien vers les réservations de camping.

New Mexico Tourism (www.newmexico.org). Informations sur les destinations touristiques, les activités et les événements locaux.

Recreation.gov (www.recreation.gov). Réservation de campings et de visites guidées dans les parcs et forêts nationaux.

LE NOUVEAU-MEXIQUE EN BREF

Surnom Land of Enchantment (Pays de l'Enchantement)

Population 2,1 millions d'habitants

Superficie 31 416 km²

Capitale Santa Fe (80 880 hab.)

Autres villes Albuquerque (560 200 hab.), Las Cruces (102 296 hab.)

TVA 5,1 à 9,25%

Lieu de naissance de Gene Hackman (1930) et de Smokey Bear, mascotte nationale protectrice des forêts

Patrie de l'International UFO Museum & Research Center (Roswell)

Politique Un État "violet", plutôt progressiste au nord et conservateur au sud

Célèbre pour ses *pueblos* ancestraux et la première bombe atomique (1945)

Question cruciale "Rouge ou verte ?" (en parlant de la sauce chili)

Point le plus haut/le plus bas Wheeler Peak (4 011 m)/Red Bluff Reservoir (866 m)

Distances routières Albuquerque-Santa Fe 102 km, Santa Fe-Taos 114 km

Albuquerque

Carrefour animé en plein désert, Albuquerque parvient au juste équilibre entre l'urbain et le sauvage : un mélange entre les teintes roses des Sandia Mountains au coucher du soleil, les bosquets de peupliers le long du Rio Grande et les *diners* de la Route 66. C'est la plus grande ville de l'État, et pourtant on peut encore entendre les hurlements des coyotes à la tombée de la nuit.

Les environs de la ville regorgent de sentiers de randonnée et de VTT, tandis que les musées modernes du centre explorent la culture pueblo, l'art et l'espace du Nouveau-Mexique. Prenez le temps de laisser refroidir votre moteur le temps de vous balader parmi les pétroglyphes du désert ou de commander une assiette d'*enchiladas* au piment rouge et une bière locale – vu le nombre de bonnes brasseries, vous risquez d'être occupé un moment.

À voir

Old Town (vieille ville)

De sa fondation en 1706 jusqu'à l'arrivée du chemin de fer en 1880, la place, articulée autour de la toute petite **église San Felipe de Neri** (www.sanfelipedeneri.org ; 2005 N Plaza NW ; Old Town Plaza ; 7h-17h30 tlj, musée 9h30-16h30 lun-ven, 9h30-17h sam) de 1793, était le cœur d'Albuquerque. Aujourd'hui, Old Town est le quartier touristique le plus populaire de la ville.

Albuquerque Museum MUSÉE
(505-243-7255 ; www.cabq.gov/museum ; 2000 Mountain Rd NW ; adulte/13-18 ans/4-12 ans 6/6/3 $; 9h-17h mar-dim ; P). Jadis appelé Albuquerque Museum of Art & History, ce magnifique musée est un passage obligatoire. La galerie dédiée à l'histoire d'Albuquerque est interactive, stimulante pour l'imagination et facile d'accès, tandis que la collection permanente d'art du Nouveau Mexique, qui comprend des chefs-d'œuvre du XXe siècle provenant de Taos, est un fabuleux endroit à explorer pour quiconque se rend dans la vieille ville. Entrée gratuite le dimanche, et circuit à pied gratuit dans la vieille ville les dimanche, mardi, jeudi et vendredi à 11h (avril à novembre).

American International Rattlesnake Museum MUSÉE
(505-242-6569 ; www.rattlesnakes.com ; 202 San Felipe St NW ; tarif plein/enfant 6/4 $; 10h-18h lun-sam, 13h-17h dim juin-août, 11h30-17h30 lun-ven, 10h-18h sam, 13h-17h dim sept-mai). Du Crotale diamantin (*Crotalus adamanteus*) aux rares crotales tigrés (*Crotalus tigris*), tous les serpents à sonnettes du monde (crotales : *rattlesnake* en anglais) ou presque sont ici. Une fois votre peur maîtrisée, vous serez bluffé non seulement par la diversité des espèces mais surtout par la beauté complexe des couleurs et motifs qu'elles arborent.

Ailleurs en ville

Indian Pueblo Cultural Center MUSÉE
(IPCC ; 505-843-7270 ; www.indianpueblo.org ; 2401 12th St NW ; tarif plein/5-17 ans 8,40/5,40 $; 9h-17h ; P). Géré collectivement par les 19 villages pueblos du Nouveau-Mexique, ce centre culturel est une étape essentielle à Albuquerque. Le rez-de-chaussée de ce musée rénové en 2016 comporte de fascinantes expositions sur l'histoire collective des Pueblos et leurs traditions artistiques individuelles. Les galeries au-dessus abritent des expositions temporaires. Elles s'organisent en croissant autour d'une place qui accueille souvent des démonstrations de danse et d'artisanat. Outre le **Pueblo Harvest Cafe** (505-724-3510 ; www.pueblo-harvestcafe.com ; 2401 12 th St NW ; déj 13-20 $, dîner 12-40 $; 7h-21h lun-sam, 7h-16h dim ;), vous trouverez aussi une grande boutique de souvenirs et une boutique d'art.

Petroglyph National Monument SITE ARCHÉOLOGIQUE
(505-899-0205 ; www.nps.gov/petr ; 6001 Unser Blvd NW ; centre d'accueil des visiteurs 8h-16h30 ; P). GRATUIT Ce grand parc désertique, à l'ouest du Rio Grande, protège un champ de lave orné de plus de 23 000 pétroglyphes anciens (2 000-1 700 av. J.-C.). Plusieurs sentiers de randonnée le parcourent : **Boca Negra Canyon** est le plus fréquenté et le plus accessible (ouvert de 8h30 à 16h30 ; parking 1/2 $ sem/week-end), **Piedras Marcadas** permet d'observer 300 pétroglyphes (de l'aube au coucher du soleil), tandis que **Rinconada Canyon** constitue une charmante promenade dans le désert (de l'aube au coucher du soleil ; 3,5 km aller-retour), mais recèle moins de gravures.

Sandia Peak Tramway TÉLÉPHÉRIQUE
(505-856-7325 ; www.sandiapeak.com ; 30 Tram-way Rd NE ; tarif plein/13-20 ans/enfant 25/20/15 $, parking 2 $; 9h-21h juin-août, 9h-20h mer-lun, à partir de 17h mar sept-mai ; P). Le plus long téléphérique des États-Unis grimpe 4,3 km, du désert, dans l'angle nord-est de la ville, jusqu'au sommet de la Sandia Crest (3 163 m). La vue est spectaculaire, surtout au coucher du soleil. Au sommet, un complexe comporte des boutiques de cadeaux et un nouveau restaurant gastronomique avec bar panoramique ; lors de notre passage, l'aménagement était en phase finale. Des sentiers pédestres mènent à travers les bois. Si vous ne souhaitez effectuer que la descente (ou la montée), l'aller simple coûte 15 $.

Activités

Les omniprésentes Sandia Mountains et les Manzano Mountains, moins fréquentées, pourvoient aux activités de plein air :

randonnée, ski alpin et ski de fond, VTT, escalade et camping.

Le vélo est un bon moyen d'explorer Albuquerque. Des pistes cyclables sillonnent la ville, consultez www.bikeabq.org pour plus de détails. Les vététistes parcoureront les contreforts à l'est de la ville et le spectaculaire **Paseo del Bosque** (www.cabq.gov aube-crépuscule), qui longe le Rio Grande.

Cadre des séries à succès *Breaking Bad* et *Better Call Saul,* Albuquerque est une destination prisée des fans, qui peuvent repérer les lieux vus à l'écran. Pour un vélo, il faut s'adresser à **Routes Rentals** (505-933-5667 ; www.routesrentals.com ; 404 San Felipe St NW ; location 4/24 heures à partir de 20/35 $; 8h-18h mars-nov, 8h-17h30 déc-fév) et pour un camping-car à **Breaking Bad RV Tours** (1919 Old Town Rd ; circuit 3 heures 75 $/pers).

Elena Gallegos Open Space RANDONNÉE, VTT
(505-452-5200 ; www.cabq.gov ; Simms Park Rd ; parking sem/week-end 1/2 $; 7h- 21h avr-oct, fermeture 19h nov-mars). Terrain de jeu d'Albuquerque, Sandia Crest est prisée pour le ski et la randonnée. Outre plusieurs aires de pique-nique, cette zone dans les contreforts occidentaux des Sandias abrite des sentiers de randonnée, de course et de VTT (certains accessibles en fauteuil roulant). Le paysage désertique est sublime. Venez avant qu'il ne fasse trop chaud, ou au coucher du soleil pour profiter du panorama saisissant et écouter les hurlements des coyotes au loin. Des cartes des sentiers assez sommaires sont disponibles à l'entrée.

Fêtes et festivals

L'*Albuquerque Journal* (www.abqjournal.com) fournit une liste exhaustive des festivals et des activités. Parution le vendredi.

Gathering of Nations Powwow CULTURE
(www.gatheringofnations.com ; fin avr). Compétitions de danse, expositions d'art et d'artisanat amérindiens, et concours "Miss Indian World". Fin avril.

International Balloon Fiesta MONTGOLFIÈRE
(www.balloonfiesta.com ; 10 $; début oct). Plus grand festival de montgolfières au monde. Il permet d'assister à des choses assez incroyables comme l'atterrissage d'un ballon en forme de tigre et haut de 3 étages dans la cour d'un hôtel. Des décollages collectifs ont lieu à l'aube pendant 9 jours, entre les 1er et 2e week-ends d'octobre.

Où se loger

El Vado MOTEL $
(510-361-1667 ; www.elvadoabq.com ; 2500 Central Ave SW ; ch 137-150 $, ste 150-180 $). Au lever du soleil, les murs en adobe blancs de ce motel rénové sur la Route 66 sont quasi étincelants : vous verrez peut-être des montgolfières s'élever dans les airs juste au-dessus de votre tête. Organisé autour d'une piscine centrale, flanqué d'un bar et de quelques petits restaurants, cet établissement (construit en 1937) dégage une atmosphère branchée mais accueillante. Décoration moderne de style années 1950.

Andaluz BOUTIQUE-HÔTEL $$
(505-388-0088 ; www.hotelandaluz.com ; 125 2nd St NW ; ch/ste à partir de 191/206 $; P). Construit en 1939 au cœur de Downtown, le plus bel hôtel historique d'Albuquerque a été modernisé mais a conservé ses détails d'époque, comme

ALBUQUERQUE AVEC DES ENFANTS

Albuquerque ne manque pas d'attraits pour les voyageurs avec enfants, qu'il s'agisse de musées interactifs ou de randonnées familiales.

¡Explora! (505-224-8300 ; www.explora.us ; 1701 Mountain Rd NW ; adulte/1-11 ans 10/6 $; 10h-18h lun-sam, 12h-18h dim ; P). Entre le vélo funambule et la superbe zone "Light, Shadow, Color", tous les enfants trouveront leur bonheur dans les expositions interactives de ce passionnant musée (ne manquez pas l'ascenseur).

New Mexico Museum of Natural History & Science (505-841-2800 ; www.nmnaturalhistory.org ; 1801 Mountain Rd NW ; adulte/3-12 ans 8/5 $; 9h-17h ; P). Situé en bordure nord-est d'Old Town, cet immense musée pour amateurs de dinosaures déborde de féroces animaux anciens, et ce dès le hall qui abrite un T. rex.

l'éblouissant atrium central, où des alcôves abritent tables et canapés. Chambres avec literie et moquette hypoallergéniques, très bon restaurant **Más Tapas Y Vino** (☎505-923-9080 ; tapas 8-22 $, plats 26-38 $ ⏲7h-14h et 17h-21h30), et bar sur le toit, le **Ibiza Bar & Patio**.

Bottger Mansion B&B **$$**

(☎505-243-3639 ; www.bottger.com ; 110 San Felipe St NW ; ch 120-169 $; P ❄ @ ᯤ). Construit en 1912 et situé à 1 minute à pied de la place de la vieille ville, ce B&B de style victorien bien aménagé se démarque grâce à ses chaleureux propriétaires. Les 7 chambres sont décorées de mobilier ancien et l'une d'elles a un Jacuzzi. Un somptueux petit-déjeuner est servi dans une cour plantée de chèvrefeuilles où admirer les oiseaux. Elvis, Janis Joplin et Machine Gun Kelly ont séjourné ici.

♥ **Los Poblanos** B&B **$$$**

(☎505-344-9297 ; www.lospoblanos.com ; 4803 Rio Grande Blvd NW ; ch/ste à partir de 255/340 $; P ❄ @ ᯤ). Superbe auberge de 20 chambres, dans un ranch des années 1930 classé au patrimoine historique national, à 5 minutes de route au nord d'Old Town. Près du Rio Grande, il est entouré de 10 ha de jardin, de champs de lavande et d'une ferme bio. Des produits de la ferme sont servis au **Campo**, le restaurant de l'établissement, connu à l'échelle nationale pour ses plats cuits au feu de bois.

Le petit-déjeuner n'est pas inclus dans le prix de la chambre, mais vous pourrez dîner au Campo ou manger sur le pouce au **Farm Store**. Pour les cocktails, difficile de faire mieux que le **Bar Campo**, à l'ambiance rustique-chic. La lavande est en fleur de mi-juin à fin juillet.

Où se restaurer

♥ **Pop Fizz** MEXICAIN **$**

(☎505-508-1082 ; www.pop-fizz.net ; 1701 4th St SW, National Hispanic Cultural Center ; sucette glacée à partir de 2,50 $, en-cas 6-9 $; ⏲11h-18h lun, 11h-19h mar-jeu et dim, 11h-20h ven-sam ; ᯤ). Les *paletas* (glaces à l'eau) 100% naturelles servies ici sont absolument fantastiques. Rafraîchissement garanti, quelle que soit la saveur : concombre-piment-citron vert, mangue ou ananas-piment habanero. Mais peut-être craquerez-vous pour un taco à la glace churro-cannelle ? Les plats salés ne sont pas en reste, *carne asada* (viande grillée) et frites, *Sonoran dog* (hot dog à la mode du Sud-Ouest) ou *frito pies* (à base de chips de maïs, de chili con carne et de fromage). Le mélange mangue-piment rouge est extra.

♥ **Golden Crown Panaderia** BOULANGERIE **$**

(☎505-243-2424 ; www.goldencrown.biz ; 1103 Mountain Rd NW ; pâtisserie 1-3 $, plats 10-25 $; ⏲7h-20h mar-sam, 10h-20h dim). Les vendeurs de cette accueillante boulangerie de quartier servent avec une extrême gentillesse pains et pizzas tout juste sortis du four (avec pâte au *chile* vert ou au maïs bleu), *empanadas* aux fruits, café onctueux accompagné de biscuits. Appelez avant pour réserver l'un des pains au piment vert qui se vendent vite, puis savourez-le chaud sur la terrasse.

Frontier NÉOMEXICAIN **$**

(☎505-266-0550 ; www.frontierrestaurant.com ; 2400 Central Ave SE ; plats 4-14 $; ⏲5h-1h ;). Il faut voir cette gigantesque cantine occupant plusieurs salles pour y croire : faites la queue pour d'énormes roulés à la cannelle, des *enchiladas* moelleuses et certains des meilleurs *huevos rancheros* (œufs à la tomate) jamais dégustés. On se croit un peu dans un fast-food, mais l'atmosphère et les prix sont incomparables.

Level 5 AMÉRICAIN **$$**

(☎505-246-9989 ; www.hotelchaco.com ; 2000 Bellemah Ave ; 14-54 $; ⏲7h-14h tlj, 16h30-22h dim-mer, 16h30-23h jeu-sam). Quel point de vue ! Un panorama époustouflant sur Albuquerque, flanquée des Sandia Mountains, accompagnera votre repas, que vous vous installiez à l'intérieur ou à l'extérieur de ce restaurant élégant coiffant l'Hotel Chaco. Le service haut de gamme est un peu inconstant, mais les plats originaux du court menu de saison compensent. De nombreux produits proviennent du potager de l'hôtel.

♥ **Artichoke Cafe** AMÉRICAIN MODERNE **$$$**

(☎505-243-0200 ; www.artichokecafe.com ; 424 Central Ave SE ; déj plats 12-19 $, dîner plats 24-39 $; ⏲11h-14h30 et 17h-21h lun-ven, 17h-22h sam, 17h-21h dim). Élégant et sans prétention, ce bistrot populaire souvent classé parmi les favoris d'Albuquerque prépare une cuisine créative gourmande avec panache. Au dîner, le saumon écossais est un bon choix. À la limite est de Downtown, entre la gare routière et l'I-40.

À NE PAS MANQUER

MUSEUM OF NEW MEXICO

Le Museum of New Mexico gère 4 excellents musées à Santa Fe. Deux d'entre eux sont sur la Plaza, les deux autres sur Museum Hill, 3,2 km au sud-ouest.

Palace of the Governors & New Mexico History Museum (carte p. 238 ; ☎505-476-5100 ; www.palaceofthegovernors.org ; 105 W Palace Ave ; tarif plein/enfant 12 $/gratuit ; ⏲10h-17h, fermé lun nov-avr). Plus ancien bâtiment public des États-Unis, ce complexe peu élevé en adobe fut d'abord la maison du gouverneur espagnol du Nouveau-Mexique en 1610. Il fut occupé par les Pueblos après leur révolte en 1680, et après 1846, il devint le siège des premiers gouverneurs du territoire américain. Durant notre passage, le Palais des Gouverneurs était en rénovation ; il faut s'attendre à une nouvelle allure pour sa réouverture prévue en 2020. Juste à côté, le New Mexico History Museum raconte avec brio l'histoire de l'État, en commençant par l'arrivée des Espagnols au XVIe siècle. L'entrée du palais se situe à l'intérieur du musée.

New Mexico Museum of Art (carte p. 238 ; ☎505-476-5072 ; www.nmartmuseum.org ; 107 W Palace Ave ; tarif plein/enfant 12 $/gratuit ; ⏲10h-17h mar-dim). Bel exemple d'architecture néopueblo, avec sa jolie cour, le New Mexico Museum of Art construit en 1917 expose depuis un siècle des œuvres d'artistes régionaux, notamment des grands noms de la culture du Nouveau-Mexique, de la société des Artistes de Taos à Georgia O'Keeffe. Les nombreuses expositions temporaires assurent l'intérêt toujours renouvelé du musée.

Museum of International Folk Art (☎505-476-1200 ; www.internationalfolkart.org ; 706 Camino Lejo ; tarif plein/enfant 12 $/gratuit ; ⏲10h-17h, fermé lun nov-avr ; P). Ce musée original et amusant de Santa Fe présente la plus grande collection d'art populaire au monde. Son immense galerie principale présente des objets insolites d'une centaine de pays différents. De petites figurines sont disposées dans des scènes villageoises et urbaines ; poupées, masques, jouets et vêtements recouvrent les murs.

Museum of Indian Arts & Culture (☎505-476-1269 ; www.indianartsandculture.org ; 710 Camino Lejo ; tarif plein/enfant 12 $/gratuit ; ⏲10h-17h, fermé lun sept-mai ; P). Ce musée de qualité retrace les origines et l'histoire des divers peuples amérindiens du Sud-Ouest. Leurs différentes traditions culturelles sont expliquées et mises en lumière. Pueblos, Navajos et Apaches décrivent la réalité actuelle de leur peuple. D'intéressantes présentations temporaires complètent une belle collection de céramiques, modernes et anciennes.

Où prendre un verre et faire la fête

Popejoy Hall (☎505-277-3824 ; www.popejoypresents.com ; 203 Cornell Dr NE) accueille les grands spectacles nationaux, l'Opéra local, les orchestres symphoniques et le théâtre. **Launchpad** (☎505-764-8887 ; www.launchpadrocks.com ; 618 Central Ave SW) se consacre aux artistes locaux. Pour connaître l'actualité culturelle, procurez-vous l'hebdomadaire gratuit *Alibi* (www.alibi.com).

♥ **Marble Brewery** MICROBRASSERIE
(☎505-243-2739 ; www.marblebrewery.com ; 111 Marble Ave NW ; ⏲12h-minuit lun-sam, 12h-22h30 dim). Ce pub très fréquenté du centre-ville, avec sa brasserie du même nom, bénéficie d'un intérieur douillet pour les soirées d'hiver et d'un jardin pour l'été, où l'on boit de la bière en écoutant des groupes locaux en début de soirée. Si la météo est clémente, trouvez un coin sympa sur le toit-terrasse. Goûtez la Red Ale. Un ou deux *food trucks* sont généralement garés à l'extérieur.

Java Joe's CAFÉ
(☎505-765-1514 ; www.downtownjavajoes.com ; 906 Park Ave SW ; ⏲6h30-15h30 ; 👪🐾). Désormais célèbre pour son apparition explosive dans la série *Breaking Bad*, cet établissement confortable est parfait pour une halte, le temps de déguster un café ou les piments les plus corsés de la ville.

Anodyne BAR
(☎505-244-1820 ; 409 Central Ave NW ; ⏲16h-2h lun-sam, 19h-minuit dim). Excellent pour une partie de billard, l'Anodyne est un vaste

espace aux murs tapissés de livres, au plafond en bois et aux nombreux fauteuils rembourrés. Faites votre choix parmi une centaine de bières en bouteille.

Renseignements

OFFICES DU TOURISME

Old Town Information Center (505-243-3215 ; www.visitalbuquerque.org ; 303 Romero Ave NW ; 10h-17h nov-avr, 10h-18h mai-oct). Venez ici pour vous enquérir des dernières nouvelles. Sur la Plaza Don Luis.

URGENCES ET SERVICES MÉDICAUX

Police (505-768-2200 ; www.cabq.gov/police ; 400 Roma Ave NW).

Presbyterian Hospital (505-841-1234 ; www.phs.org ; 1100 Central Ave SE ; urgences 24h/24).

UNM Hospital (505-272-2111 ; 2211 Lomas Blvd NE ; urgences 24h/24). Service traumatologie au 1er niveau.

Comment s'y rendre et circuler

AVION

L'**Albuquerque International Sunport** (ABQ ; 505-244-7700 ; www.abqsunport.com ; 2200 Sunport Blvd SE ;), le plus grand aéroport du Nouveau-Mexique, est desservi par de nombreuses compagnies, à 8 km au sud-est du centre-ville. Des navettes gratuites relient le terminal au Sunport Car Rental Center, au 3400 University Blvd SE, qui héberge toutes les agences de location de voitures de l'aéroport.

La **Sandia Shuttle** (888-775-5696 ; www.sandiashuttle.com ; aller Santa Fe 33 $; 8h45-23h45) assure le trajet entre l'aéroport et Santa Fe 19 fois par jour.

BUS

L'**Alvarado Transportation Center** (505-423-7433 ; www.cabq.gov/transit ; 100 1st St SW, angle Central Ave) abrite la station de bus **Greyhound** (505-243-4435, 800-231-2222 ; www.greyhound.com ; 320 1st St SW), qui dessert des destinations dans l'État et au-delà – mais ni Santa Fe ni Taos.

ABQ Ride (505-243-7433 ; www.cabq.gov/transit ; 100 1st St SW ; adulte/enfant 1 $/35 ¢, pass journée 2 $) est un réseau public de bus desservant une grande partie de la ville d'Albuquerque en semaine et les principales destinations touristiques tous les jours.

TRAIN

Le *Southwest Chief* d'Amtrak s'arrête à la **Amtrak Station** (800-872-7245 ; www.amtrak.com ; 320 1st St SW) d'Albuquerque, qui fait partie de l'Alvarado Transportation Center. Les trains ont pour destinations Chicago à l'est (à partir de 149 $, 26 heures) et Los Angeles à l'ouest (à partir de 67 $, 16 heures 45) ; il y a un train par jour dans chaque direction.

Un train de banlieue, le **New Mexico Rail Runner Express** (www.riometro.org ; adulte/enfant 10/5 $), partage la gare avec Amtrak. Il effectue plusieurs arrêts dans l'agglomération et – ce qui est plus intéressant pour les visiteurs – continue vers le nord jusqu'à Santa Fe (aller simple 10 $, 1 heure 45) ; huit départs en semaine, quatre le samedi et trois le dimanche.

Le long de l'Interstate-40

Si le trajet entre Albuquerque et Flagstaff (Arizona) peut s'effectuer en moins de 5 heures, les nombreux sites et villages pueblos qui émaillent l'itinéraire valent vraiment la peine d'être visités. Pour le pittoresque, empruntez depuis Grants la Hwy 53 en direction du sud-ouest, qui dessert tous les sites ci-après, à l'exception d'Acoma. La Hwy 602 rejoint Gallup, au nord.

Acoma Pueblo

Au sommet d'une mesa, la spectaculaire "cité du ciel" trône à 2 134 m au-dessus du niveau de la mer et à 112 m au-dessus du plateau environnant. Parmi les plus anciens peuplements habités sans interruption en Amérique du Nord, le site est le berceau de la poterie depuis le XIe siècle. Les visites guidées partent du **centre culturel** (800-747-0181 ; www.acomaskycity.org ; Rte 38 ; visites tarif plein/enfant 25/17 $; visites guidées 9h30-15h30 mi-mars-oct, 9h30-14h30 nov à mi-mars ; P) au pied de la mesa et durent 1 heure 30. Le trajet le plus impressionnant jusqu'à Sky City emprunte la sortie n°102 sur l'I-40, environ 96 km à l'ouest d'Albuquerque. Consultez le site Internet du centre culturel avant votre visite pour l'adresse précise. Vous aurez aussi confirmation que le centre n'est pas fermé en raison d'une cérémonie ou autre.

El Morro National Monument

L'affleurement gréseux de 61 m d'**El Morro National Monument** (505-783-4226 ; www.nps.gov/elmo ; Hwy 53 ; centre des visiteurs 9h-18h juin-août, 9h-17h sept-mai, fermeture des sentiers 1h plus tôt ;) GRATUIT, surnommé Inscription Rock (le Rocher des Inscriptions), est une oasis pour les voyageurs depuis des millénaires. Des milliers de gravures, des pétroglyphes du village pueblo au sommet (datant de 1275) aux inscriptions précises des conquistadors et des pionniers anglo-saxons, retracent formidablement l'histoire du site. Prévoyez du temps pour le **Mesa Top Trail**, itinéraire au sommet qui permet une vue époustouflante ainsi que pour l'**Inscription Rock Trail**, plus court. À environ 60 km au sud-ouest de Grants via la Hwy 53.

Zuni Pueblo

Les Zunis sont connus pour leurs bijoux en argent, vendus dans les magasins le long de la Hwy 53. Adressez-vous au **Zuni Tourism Visitor Center** (505-782-7238 ; www.zunitourism.com ; 1239 Hwy 53 ; visite 1h 20 $; 9h-17h30 lun-ven, plus 9h-16h sam juil-sept) pour obtenir des renseignements sur la possibilité de prendre des photos et sur les visites du Pueblo, composé de maisons en pierre et de fours en adobe en forme de ruche. Ces visites vous mèneront à la majestueuse **Our Lady of Guadalupe Mission** qui abrite d'impressionnantes fresques représentant des *kachinas* (esprits). L'**A:shiwi A:wan Museum & Heritage Center** (505-782-4403 ; www.ashiwi-museum.org ; Ojo Caliente Rd ; 8h-17h lun-ven) GRATUIT expose photos anciennes et autres objets ethniques.

L'accueillante auberge de 8 chambres **Inn at Halona** (505-782-4547 ; www.halona.com ; 23b Pia Mesa Rd ; ch à partir de 85 $; P), décorée avec des objets artisanaux zunis, est le seul hébergement du Pueblo.

Santa Fe

Les missions, les musées et Meow Wolf : tous jouent un rôle dans l'histoire de la "ville différente", un lieu qui écrit ses propres règles sans oublier son long et tumultueux passé. En vous promenant parmi ses bâtiments en adobe et sur sa Plaza animée, qui reste le cœur de la ville, vous ressentirez l'âme profonde et intemporelle de Santa Fe. Elle attire les visiteurs par son atmosphère artistique, et abrite plus de musées et de galeries dignes d'intérêt que vous ne pourrez en visiter au cours d'un seul séjour.

Perchée à plus de 2134 m dans les contreforts de la Sangre de Cristo Range, la plus haute capitale des États-Unis permet de s'adonner à de fantastiques activités de plein air (VTT, bivouac, ski). De retour d'une randonnée, vous pouvez vous régaler de cuisine locale (et épicée), acheter des bijoux en argent et turquoise directement auprès de créateurs amérindiens sur la Plaza, visiter des églises splendides ou simplement flâner dans les ruelles plusieurs fois centenaires à l'ombre des peupliers, en rêvant d'emménager ici, un jour.

À voir

The Plaza — PLAZA

(carte p. 238). Depuis plus de 400 ans, la Plaza se dresse au cœur de Santa Fe. À l'origine, elle marquait l'extrémité nord du Camino Real (route historique partant du Mexique). Elle a ensuite été le terminus des wagons se dirigeant vers l'ouest le long du Santa Fe Trail. Aujourd'hui, cette place verdoyante est fréquentée par les touristes hésitant entre un musée ou une margarita, les vendeurs de nourriture, les skateurs et les musiciens de rue. Sous le portique du Palais des Gouverneurs, le long du côté nord, des Amérindiens vendent des bijoux et de la poterie.

Georgia O'Keeffe Museum — MUSÉE

(carte p. 238 ; 505-946-1000 ; www.facebook.com/okmuseum ; 217 Johnson St ; tarif plein/enfant 13 $/gratuit ; 10h-17h sam-jeu, 10h-19h ven). Avec 10 galeries joliment éclairées dans un vaste bâtiment en adobe du XXe siècle, ce musée détient la plus grande collection au monde des œuvres de la peintre Georgia O'Keeffe (1887-1986). L'artiste est surtout connue pour ses paysages lumineux du Nouveau-Mexique, mais les expositions temporaires retracent ici toute sa carrière, notamment ses jeunes années à Ghost Ranch. Ses tableaux les plus connus se trouvent dans de grands musées à l'international ; ceux qui sont exposés ici ne vous seront donc peut-être pas familiers, mais vous reconnaîtrez le trait épais et les couleurs envoûtantes caractéristiques du travail de l'artiste.

Meow Wolf — MUSÉE LUDIQUE

(505-395-6369 ; www.meowwolf.com ; 1352 Rufina Circle ; adulte/enfant 29/21 $; 10h-20h dim-lun, mer-jeu, 10h-22h ven-sam, 9h-22h mi-juin à mi-août ; P). Si vous rêvez d'être transporté dans une autre dimension mais n'en avez pas encore trouvé la porte d'accès, essayez la "House of Eternal Return" ("Maison de l'Éternel Retour") de Meow Wolf. Ce lieu original permet aux visiteurs d'explorer la reconstitution d'une maison victorienne. Vous rechercherez des indices concernant la disparition d'une famille californienne, et le récit vous plongera dans des

Santa Fe

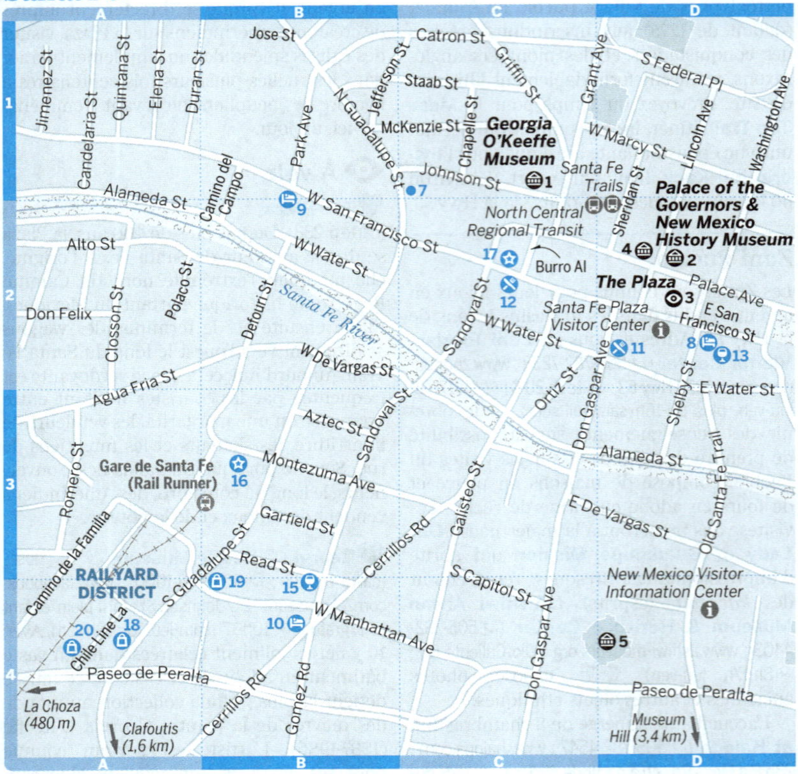

univers multiples et fragmentés (souvent via des passages secrets), correspondant chacun à une installation artistique unique et interactive.

Activités

À l'est de la ville, plus de 1 600 km de sentiers de randonnée pédestre et cycliste, certains grimpant jusqu'à 3 658 m, sillonnent la **Pecos Wilderness** et la **Santa Fe National Forest**. Contactez le Public Lands Information Center pour obtenir cartes et renseignements, et consultez la météo pour connaître les avis d'orages fréquents en été.

Mellow Velo (carte p. 238 ; ☎505-995-8356 ; www.mellowvelo.com ; 132 E Marcy St ; VTT à partir de 40 $/jour ; ⏲9h30-18h lun-ven, 9h30-17h sam-dim mi-mai à oct, horaires réduits nov à mi-mai) loue des VTT et renseigne sur les sentiers. Parmi les prestataires, **New Wave Rafting Co** (☎800-984-1444 ; www.newwaverafting.com ; tarif plein/6-11 ans à partir de 60/49 $; ⏲mi-avr à août) propose des virées en rafting dans la Rio Grande Gorge, la sauvage Taos Box et la Rio Chama Wilderness.

Dale Ball Trails — VTT, RANDONNÉE

(www.santafenm.gov/trails_1 ; Cerro Gordo Rd, près d'Upper Canyon Rd). Plus de 32 km de sentiers pédestres et cyclistes partagés, avec des vues magnifiques sur le désert et les montagnes, à une virée du centre-ville en voiture. Pour les vététistes, le Outer Limits Trail de 15,6 km est un classique qui combine un sentier étroit et rapide dans la partie nord et une partie centrale plus technique. Pour les randonneurs, le parcours de 6,5 km aller-retour menant au Picacho Peak vaut le coup ; le dénivelé, important mais accessible, est de 380 m.

Ski Santa Fe — SKI

(☎505-982-4429 ; www.skisantafe.com ; Hwy 475 ; forfait tarif plein/13-23 ans/enfant 80/62/54 $; ⏲9h-16h déc-mars). Souvent délaissé pour son célèbre cousin près de Taos, le domaine

Santa Fe

Les incontournables
1 Georgia O'Keeffe Museum C1
2 Palace of the Governors & New Mexico History Museum D2
3 The Plaza D2

À voir
4 New Mexico Museum of Art D2
5 State Capitol D4

Activités
6 Mellow Velo E2
7 Santa Fe School of Cooking C1

Où se loger
8 La Fonda D2
9 Las Palomas B2
10 Santa Fe Motel & Inn B4

Où se restaurer
11 Cafe Pasqual's D2
12 Tia Sophia's C2

Où prendre un verre et faire la fête
13 Bell Tower Bar D2
14 Kakawa Chocolate House E4
15 Santa Fe Spirits B4

Où sortir
16 Jean Cocteau Cinema B3
17 Lensic Performing Arts Center C2

Achats
18 Blue Rain A4
19 Kowboyz B4
20 Santa Fe Farmers Market A4

skiable de Santa Fe, plus petit, possède la même poudreuse (en moindre quantité), et il est plus haut en altitude au pied des pistes (3 155 m). Il accueille familles et skieurs expérimentés, qui dévalent des clairières de poudreuse, d'abruptes pistes bosselées ou de longues pistes damées, à seulement 25 km de la ville.

Santa Fe School of Cooking CUISINE
(carte p. 238 ; 505-983-4511 ; www.santafeschoolofcooking.com ; 125 N Guadalupe St ; cours 2 h 80 $, cours 3 h à partir de 82 $; 9h30-17h30 lun-ven, 9h30-17h sam, 10h30-15h30 dim). Inscrivez-vous aux ateliers *chile* rouge ou *chile* vert pour apprendre les bases de la cuisine du Sud-Ouest, ou exercez-vous à préparer des *chile rellenos* (poivrons farcis), des *tamales* ou, plus sophistiqué, une sauce mangue-moutarde-piment habanero. Propose également des circuits pédestres de restaurant en restaurant.

Fêtes et festivals

International Folk Art Market CULTUREL
(505-992-7600 ; www.folkartalliance.org ; mi-juil). Le plus grand marché d'artisanat du monde se tient au Museum of International Folk Art en juillet et attire quelque 150 artistes venus de 50 pays, lors d'un week-end festif mêlant vente d'objets et événements culturels.

Santa Fe Indian Market CULTUREL
(505-983-5220 ; www.swaia.org ; août). Le week-end qui suit le 3e jeudi d'août, un millier d'artistes d'environ 220 tribus et Pueblos exposent lors de cette célèbre foire présidée par un jury. Plus de 100 000 visiteurs convergent sur la Plaza, dans les ateliers, galeries et au Native Cinema Showcase. Le vendredi et le samedi, découvrez

les pièces en compétition pour les meilleurs prix ; attendez le dimanche pour négocier.

Santa Fe Fiesta et Burning of Zozobra CULTUREL
(505-913-1517 ; www.santafefiesta.org ; début sept). Dix jours pendant lesquels environ 60 000 personnes célèbrent la reprise de Santa Fe par les Espagnols en 1692 après la révolte des Pueblos en 1680. Les festivités, concerts, procession aux chandelles et la tant appréciée Pet Parade (défilé des enfants) démarrent le vendredi soir avec le bûcher de **Zozobra** (www.burnzozobra.com) – effigie de 15 m de haut de l'"Old Man Gloom" – au Fort Marcy Park.

Où se loger

Silver Saddle Motel MOTEL $
(505-471-7663 ; www.santafesilversaddlemotel.com ; 2810 Cerrillos Rd ; ch 68-85 $;). Ce motel kitsch à l'ancienne de la Route 66 est l'hébergement le moins cher de la ville. Agréable kitchenette carrelée dans certaines chambres. Pergola ombragée en bois à l'extérieur et décoration d'inspiration cow-boy dans chaque chambre – choisissez la Kenny Rogers ou la Wyatt Earp, si possible. À moins de 5 km au sud-ouest de la Plaza, sur la très animée Cerillos Rd. Animal de compagnie : 10 $/nuit.

Black Canyon Campground CAMPING $
(877-444-6777 ; www.recreation.gov ; Hwy 475 ; empl tente et camping-car 10 $; mai à mi-oct). À seulement 13 km environ de la Plaza, cet endroit charmant et paisible possède 36 emplacements à proximité de sentiers pédestres et cyclistes. Il y a de l'eau, mais pas de branchements. S'il est complet, rabattez-vous sur le Hyde Memorial State Park, juste en haut de la route, ou sur les campings Big Tesuque et Aspen Basin (eau gratuite mais non potable), plus proches du domaine skiable.

Santa Fe Motel & Inn HÔTEL $$
(carte p. 238 ; 505-982-1039 ; www.santafemotel.com ; 510 Cerrillos Rd ; ch à partir de 159 $, casitas à partir de 239 $;). Même les chambres de motel de cette option du centre-ville, près du Railyard et très avantageuse en basse saison, ont le charme d'un B&B du Sud-Ouest, avec carrelage coloré et miroirs en étain. Un peu plus chères, les *casitas* dans la cour disposent de cheminée *kiva* et de patios. Petit-déjeuner chaud complet inclus, servi dehors en été.

Las Palomas BOUTIQUE-HÔTEL $$
(carte p. 238 ; 505-982-5560 ; www.laspalomas.com ; 460 W San Francisco St ; ch à partir de 169 $;). Ces chambres à la fois modernes et rustiques, dotées de cheminées à gaz ou à bois, occupent plusieurs bâtiments bas, près de l'intersection entre W San Francisco St et Park Ave, à 800 m de la Plaza.

La Fonda HÔTEL HISTORIQUE $$$
(carte p. 238 ; 505-982-5511 ; www.lafonda-santafe.com ; 100 E San Francisco St ; ch à partir de 419 $;). Longtemps appelé "auberge au bout de la piste de Santa Fe", l'hôtel historique le plus charmant de la ville occupe un bâtiment ancien en adobe juste à côté de la Plaza. Ayant conservé ses belles fresques et fenêtres ornées de motifs pueblos, l'hôtel chic et cosy loue de luxueuses suites au dernier étage. Superbe vue sur le coucher de soleil, depuis le **Bell Tower Bar** (carte p. 238 ; 100 E San Francisco St ; 15h-coucher du soleil lun-ven, 12h-coucher du soleil sam-dim mai-nov, fermé déc-avr), sur le toit.

Où se restaurer

La Choza NÉOMEXICAIN $
(505-982-0909 ; www.lachozasf.com ; 905 Alarid St ; déj 10-18 $, dîner 12-25 $; 11h30-14h30 et 17h-21h lun-sam ;). Ses burritos au maïs bleu, son intérieur festif et coloré et son grand choix de margaritas font de La Choza un éternel favori des gourmets de Santa Fe. Parmi les nombreux restaurants néomexicains de la ville, celui-ci est une valeur sûre. L'autre restaurant des propriétaires, le Shed, est tout aussi couru. Pour l'un comme l'autre, mieux vaut réserver ou arriver tôt.

Tia Sophia's NÉOMEXICAIN $
(carte p. 238 ; 505-983-9880 ; www.tiasophias.com ; 210 W San Francisco St ; petit-déj 8-11 $, déj 9-12 $; 7h-14h lun-sam, 8h-13h dim ;). Ce restaurant, établi de longue date et toujours bondé, accueille plus d'artistes locaux et de célébrités de passage que de touristes. Le petit-déjeuner met à l'honneur de fantastiques burritos et d'autres bons plats du Sud-Ouest. Au déjeuner, tout aussi savoureux, goûtez les parfaits *chile rellenos* (piments farcis) ou les plats du jour. Une étagère de livres pour enfants permet d'occuper les petits.

Clafoutis FRANÇAIS $

(☎505-988-1809 ; 333 Cordova Rd ; pâtisseries 2-6 $, plats 5-13 $; 7h-16h lun-sam). Comme l'affirma Oscar Wilde, le seul moyen de se débarrasser de la tentation est d'y céder, ce qui résume bien l'esprit de cette excellente pâtisserie française. Venez chercher une douceur (beignets le samedi !) ou bien installez-vous pour le petit-déjeuner ou le déjeuner et choisissez parmi l'alléchante sélection de crêpes, omelettes, quiches et sandwichs au brie.

Jambo Cafe AFRICAIN $$

(☎505-473-1269 ; www.jambocafe.net ; 2010 Cerrillos Rd ; plats 10-17 $; 11h-21h lun-sam). Caché dans un centre commercial, ce café aux accents africains est difficile à repérer depuis la route. L'intérieur est charmant, toujours plein d'habitants venus pour ses curries de chèvre, poulet et lentilles, ses sandwichs végétariens et ses *roti* (pains plats). Le tout sur du reggae.

Milad Betterday Kitchen MOYEN-ORIENTAL $$

(☎505-303-3581 ; www.miladbistro.com ; 905 West Alameda St ; petites assiettes 3-16 $, plats 14-22 $; 17h-22h mar-jeu, 11h-22h ven-dim). Les kebabs délicatement assaisonnés et les copieuses salades invitent à prendre son temps dans cet agréable bistrot désormais niché dans le centre commercial New Solana Shopping Center.

Harry's Roadhouse AMÉRICAIN, NÉOMEXICAIN $$

(☎505-989-4629 ; www.harrysroadhousesantafe.com ; 96 Old Las Vegas Hwy ; déj 10-16 $, dîner 10-30 $; 7h-21h30 ;). Installé de longue date en lisière sud de la ville, cet établissement décontracté évoque un cottage biscornu avec ses diverses salles, son bar et son patio fleuri. Sachez que *tout* est bon. Surtout les desserts.

Cafe Pasqual's NÉOMEXICAIN $$$

(carte p. 238 ; ☎505-983-9340 ; www.pasquals.com ; 121 Don Gaspar Ave ; petit-déj et déj 11-18 $, dîner 18-39 $; 8h-15h et 17h30-22h ;). Quelle que soit l'heure de votre visite, ce lieu coloré et sans prétention vous proposera une savoureuse cuisine principalement mexicaine. La carte du petit-déjeuner est réputée pour ses *huevos motuleños*, faits de bananes sautées et feta, entre autres plats. Les viandes et poissons sont délicieux. Réservation possible pour le dîner.

Où prendre un verre et sortir

Kakawa Chocolate House CAFÉ

(carte p. 238 ; ☎505-982-0388 ; www.kakawachocolates.com ; 1050 Paseo de Peralta ; 9h30-18h lun-sam, 12h-18h dim). Les amoureux du chocolat ne manqueront pas ce temple à la gloire de la divine fève. Les chocolats chauds servis ici n'ont rien d'ordinaire. Ces succulents élixirs s'inspirent de recettes historiques et sont divisés en deux catégories : européens (plus précisément, de la France du XVIIe siècle) et mésoaméricains (mayas et aztèques). En bonus, vous pouvez acheter de délicieux chocolats (comme celui au mezcal-figue de Barbarie) et des caramels au piment.

Santa Fe Spirits DISTILLERIE

(carte p. 238 ; ☎505-780-5906 ; www.santafespirits.com ; 308 Read St ; 15h-20h dim, 15h-21h lun, 15h-21h30 mar-jeu, 15h-22h ven-sam). La dégustation proposée par cette distillerie locale comprend une quantité impressionnante d'alcools locaux, comme le single malt Colkegan, le Wheeler's Gin et la vodka Expedition. Les sièges en cuir et les poutres apparentes confèrent une atmosphère intime à la salle de dégustation située en ville. Visite guidée de la distillerie toutes les heures.

Santa Fe Opera OPÉRA

(☎505-986-5900 ; www.santafeopera.org ; Hwy 84/285, Tesuque ; visite tarif plein/enfant 10 $/gratuit ; juil-août, visite 9h lun-ven juin-août). Cette merveille architecturale offre une vue à 360° sur les paysages de grès, les couchers de soleil et les clairs de lune. Les plus grands talents internationaux s'y produisent. Vous êtes dans le Far West, vous pouvez donc y aller en jeans. Des navettes circulent vers et depuis Santa Fe (25 $) et Albuquerque (40 $). Réservation en ligne.

Lensic Performing Arts Center ARTS DE LA SCÈNE

(carte p. 238 ; ☎505-988-7050 ; www.lensic.org ; 211 W San Francisco St). Joliment rénové, ce cinéma des années 1930 accueille des spectacles en tournée et des films classiques, ainsi que 7 troupes différentes, dont le Aspen Santa Fe Ballet et le Santa Fe Symphony Orchestra & Chorus.

Jean Cocteau Cinema CINÉMA

(carte p. 238 ; ☎505-466-5528 ; www.jeancocteaucinema.com ; 418 Montezuma Ave). Relancé en 2013 par George R.R. Martin, l'auteur de

Games of Thrones, cet excellent cinéma d'art et d'essai accueille parfois des dédicaces de livres et des concerts, et abrite un bar.

Achats

Santa Fe Farmers Market MARCHÉ

(carte p. 238 ; 505-983-4098 ; www.santafefarmersmarket.com ; 1607 Paseo de Peralta, au niveau de Guadalupe St ; 7h-13h juin-sept, 8h-13h sam oct-mai, plus mar-mer en saison ;). Cette gare de triage, reconvertie en marché fermier, dégage une ambiance festive. Produits locaux, aliments bio, produits de beauté naturels, artisanat.

Blue Rain ART

(carte p. 238 ; 505-954-9902 ; www.bluerain-gallery.com ; 544 S Guadalupe St ; 10h-18h lun-ven, 10h-17h sam). Ce vaste espace aménagé dans le Railyard est la meilleure galerie de la ville pour ce qui est de l'art contemporain régional et amérindien. Il y a généralement plusieurs expositions en même temps, de la poterie à la sculpture en passant par de puissants portraits et paysages.

Kowboyz MODE

(carte p. 238 ; 505-984-1256 ; www.kowboyz.com ; 345 W Manhattan Ave ; 10h-17h30). Une boutique d'occasion pour s'habiller en cow-boy. Les chemises sont bon marché. En revanche, l'incroyable sélection de bottes est au prix fort. Les costumiers de cinéma en quête de vêtements authentiques du Far West s'approvisionnent souvent ici.

Renseignements

OFFICES DU TOURISME

New Mexico Visitor Information Center (carte p. 238 ; 505-827-7336 ; www.newmexico.org ; 491 Old Santa Fe Trail ; 10h-17h lun-ven). Aménagé dans le Lamy Building de 1878, cet endroit accueillant offre des conseils utiles – et du café.

Public Lands Information Center (505-954-2002 ; www.publiclands.org ; 301 Dinosaur Trail ; 8h-16h30 lun-ven). Bureau très utile qui fournit cartes et renseignements sur les terres publiques du Nouveau-Mexique et peut vous guider parmi toutes les options de randonnée.

Santa Fe Plaza Visitor Center (carte p. 238 ; 800-777-2489 ; santafe.org ; 66 E San Francisco St, Suite 3, Plaza Galeria ; 10h-18h). Situé dans la Plaza Galeria, ce centre fournit cartes et brochures. Un autre centre d'accueil des visiteurs est installé au Railyard (410 S Guadalupe St).

URGENCES ET SERVICES MÉDICAUX

Christus St Vincent Hospital (505-983-3361 ; www.stvin.org ; 455 St Michaels Dr ; 24h/24 urgences).

Police (505-428-3710 ; 2515 Camino Entrada).

Comment s'y rendre et circuler

Des vols quotidiens depuis et vers Denver, Dallas et Phoenix desservent le petit **Santa Fe Municipal Airport** (SAF ; 505-955-2900 ; www.santafenm.gov/airport ; 121 Aviation Dr), à 16 km au sud-ouest du centre-ville.

La navette **Sandia Shuttle Express** (888-775-5696 ; www.sandiashuttle.com ; 33 $) relie Santa Fe au Albuquerque Sunport.

North Central Regional Transit (carte p. 238 ; 505-629-4725 ; www.ncrtd.org) assure en semaine un service de navettes gratuites du centre-ville de Santa Fe à Española, où l'on peut effectuer une correspondance pour Taos, Los Alamos, Ojo Caliente et d'autres destinations au nord. La navette vous prend à l'arrêt de bus Santa Fe Trails du Sheridan Transit Center sur Sheridan St, à un pâté de maisons au nord-ouest de la Plaza.

Le week-end, le **Taos Express** (866-206-0754 ; www.taosexpress.com ; 5 $; sam-dim) prend la direction du nord vers Taos ; départ à l'angle de Guadalupe St et Montezuma St, près du Railyard.

Le train **Rail Runner** (p. 236) assure huit liaisons quotidiennes (sept le week-end) avec Albuquerque depuis son terminus au Railyard et la South Capitol Station, à 1,5 km au sud-ouest. Comptez environ 1 heure 45 de trajet. Les passagers arrivant à Santa Fe peuvent emprunter le réseau de bus gratuits Santa Fe Trails.

Les trains **Amtrak** (800-872-7245 ; www.amtrak.com) desservent la gare de Lamy, à 27 km au sud-est ; de là, un bus fait la liaison avec Santa Fe en 30 minutes.

Sur la route entre Santa Fe et Albuquerque, optez pour la Hwy 14 qui passe par la vieille ville minière (devenue colonie artistique) de Madrid, à 45 km au sud-ouest de Santa Fe.

Le **Santa Fe Pick-Up** (gratuit) est calé sur l'arrivée des trains Rail Runner et effectue une boucle dans le centre-ville jusqu'à 17h30 ; il dessert aussi Museum Hill. Passage toutes les 15 minutes environ.

Les bus du réseau **Santa Fe Trails** (carte p. 238 ; 505-955-2001 ; www.santafenm.gov/transit ; adulte/enfant 1 $/gratuit, pass journée 2 $) partent du Downtown Transit Center ; les lignes M, à destination de Museum Hill, et 2, qui emprunte Cerrillos Road, sont les plus utiles aux visiteurs.

Environs de Santa Fe

Las Vegas

À ne pas confondre avec son homonyme flamboyante du Nevada, cette Vegas-là est l'une des plus jolies villes du Nouveau-Mexique et l'une des plus étendues et des plus anciennes à l'est des Sangre de Cristo Mountains. Son centre-ville, paradis des piétons, s'articule autour d'une magnifique Old Town Plaza et de quelque 900 édifices historiques classés au Patrimoine national américain, dont l'architecture conjugue influences du Sud-Ouest et traditions victoriennes.

Ouvert en 1882 et soigneusement rénové un siècle plus tard, l'élégant **Plaza Hotel** (☎505-425-3591 ; plazahotellvnm.com ; 230 Plaza St ; ch 89-149 $;) est la résidence historique la plus renommée de Las Vegas (on le voit dans le film *No Country For Old Men* des frères Coen). Le **Castañeda Hotel** (☎505-425-3591 ; www.castanedahotel.org ; 524 Railroad Ave ; ch 89-149 $, ste 169 $; P) fut le premier d'une chaîne d'hôtels construits en bord de voie ferrée par le légendaire hôtelier Fred Harvey. Il a été rénové et a rouvert ses portes en 2019.

Vous trouverez des sandwichs et du café au **Traveler's Cafe** (☎505-426-8638 ; www.facebook.com/travelerscafenm ; 1814 Plaza St ; pâtisseries 1-4 $, salades et sandwichs 6-9 $; 7h-19h lun-sam ;), directement sur la Plaza.

Los Alamos

Projet de recherche atomique top secret, le Manhattan Project naquit à Los Alamos en 1943, transformant ce village endormi au sommet d'une mesa en un laboratoire de chercheurs en pleine effervescence. Ici, dans la "ville qui n'existait pas", fut fabriquée dans le plus grand secret la première bombe atomique. Aujourd'hui, un dynamisme fascinant imprègne les lieux ; on y vend des T-shirts illustrant des explosions atomiques et du vin "La Bomba" à côté de livres sur l'histoire des Pueblos ou la randonnée sauvage.

Si le **Los Alamos National Laboratory**, où la recherche de pointe secrète est toujours d'actualité, ne se visite pas, l'interactif **Bradbury Science Museum** (☎505-667-4444 ; www.lanl.gov/museum ; 1350 Central Ave ; 10h-17h mar-sam, 13h-17h dim-lun P ;) GRATUIT couvre l'histoire atomique et ses fascinants détails. Vous en apprendrez davantage sur la ville secrète au centre d'accueil des visiteurs du Manhattan Project National Historic Park, où l'on vous donnera une carte signalant les sites majeurs en ville et sur la mesa. Modeste mais intéressant, le **Los Alamos History Museum** (☎505-662-6272 ; www.losalamoshistory.org ; 1050 Bathtub Row ; 5 $; 9h3-17h lun-ven, 10h-16h sam-dim) est situé non loin de là, sur le domaine de l'ancienne Los Alamos Ranch School, une école de plein air pour garçons qui a fermé à l'arrivée des scientifiques. Commandez un burger ou des enchiladas au **Blue Window Bistro** (☎505-662-6305 ; www.labluewindowbistro.com ; 1789 Central Ave ; déj 9-13 $, dîner 9-32 $; 11h-14h30 lun-ven, 17h-20h30 lun-sam) puis prenez une bière à la brasserie communautaire **Bathtub Row Brewing** (☎505-500-8381 ; www.bathtubrowbrewing.coop ; 163 Central Park Sq ; 14h-22h dim-jeu, 14h-23h ven-sam ;).

Bandelier National Monument

Les Pueblos ancestraux vivaient dans les falaises du magnifique Frijoles Canyon, désormais zone protégée de **Bandelier** (☎505-672-3861 ; www.nps.gov/band ; Hwy 4 ; forfait semaine 25 $/véhicule ; aube-crépuscule ; P). Les plus audacieux grimperont sur des échelles pour atteindre les anciennes grottes et *kiva* (pièces utilisées pour des rituels religieux), habitées jusqu'au milieu du XVIe siècle. Le camping sauvage (uniquement autorisé au sommet des mesas de juillet à mi-septembre en raison des risques d'inondation) nécessite un permis gratuit ; sinon, le Juniper Campground possède une centaine d'emplacements au milieu des pins, près de l'entrée du monument. Attention, entre 9h et 15h, de la mi-mai à la mi-octobre, il faut prendre une navette pour se rendre au Bandelier depuis le **White Rock Visitor Center** (☎505-672-3193 ; www.nps.gov/band ; 115 Hwy 4, White Rock ; 8h-18h mi-mai à mi-oct, 10h-14h le reste de l'année), 13,6 km au nord sur la Hwy 4.

Abiquiu

Le village hispanique d'Abiquiu, situé sur la Hwy 84 à environ 45 minutes en voiture au nord-ouest de Santa Fe, a été rendu célèbre par l'artiste Georgia O'Keeffe, qui a vécu et peint ici de 1949 à 1986, année de sa mort. Le décor sublime de la Chama River, qui

GALERIES DE CANYON ROAD

Ancienne piste pueblo, puis rue principale d'une communauté agricole espagnole, la plus célèbre des rues de Santa Fe a dessiné son profil actuel dans les années 1920, lorsque des artistes menés par Los Cinco Pintores (cinq peintres tombés amoureux des paysages néomexicains) s'y sont installés pour profiter des loyers bon marché.

Aujourd'hui, Canyon Road attire les foules grâce à ses nombreuses galeries d'art – plus d'une centaine sur les 300 que compte la ville. Véritable épicentre de la trépidante scène artistique de Santa Fe, elle recèle aussi bien des antiquités amérindiennes rares que des chefs-d'œuvre de la Santa Fe School ou des œuvres contemporaines déroutantes. Si faire le tour des galeries vous paraît fastidieux, vous pouvez simplement vous balader.

De mai à octobre, le vendredi soir est particulièrement animé. C'est le moment des vernissages et des paillettes, d'environ 17h à 19h. Ces événements mondains sont l'occasion de regarder les œuvres et de discuter avec les artistes en grignotant du fromage avec un verre de chardonnay ou de cidre.

s'écoule à travers les terres agricoles et les paysages rocheux spectaculaires, continue d'attirer les artistes.

Votre première étape sera le **Georgia O'Keeffe Welcome Center** (☎505-946-1000 ; www.okeeffemuseum.org ; 21220 Hwy 84 ; ⏲8h30-17h ; P), qui offre un aperçu des sites du secteur en lien avec O'Keeffe. C'est également ici qu'il faut s'inscrire pour la **visite** (☎505-685-4539 ; www.okeeffemuseum.org ; circuit classique 40 $; ⏲mar-sam début mars à mi-nov) de sa maison en adobe (1 heure). Les visites sont souvent réservées des mois à l'avance.

Réparti sur 8 500 ha à 24 km au nord-ouest, le **Ghost Ranch** (☎505-685-1000 ; www.ghostranch.org ; Hwy 84 ; pass journée tarif plein/enfant 5/3 $; ⏲centre d'accueil 8h-21h ; P) est une retraite où O'Keeffe séjourna plusieurs fois. Outre de superbes sentiers de randonnée, il abrite un **musée des Dinosaures** et propose un **hébergement** (☎505-685-1000 ; www.ghostranch.org ; empl tente et camping-car 35-45 $, dort 99 $, ch avec/sans sdb 169/159 $; @) basique, des balades à cheval (à partir de 95 $) et des circuits variés. Pour profiter au mieux de votre séjour, consultez le site Internet avant d'arriver.

L'adorable **Abiquiú Inn** (☎505-685-4378 ; www.abiquiuinn.com ; 21120 Hwy 84 ; ch à partir de 170 $, casitas 250 $; P) est constitué d'un ensemble de petites maisons en faux adobe. Les spacieuses *casitas* disposent d'une kitchenette ; le restaurant de l'établissement, le **Cafe Abiquiú** (☎505-685-4378 ; www.abiquiuinn.com ; Abiquiú Inn ; petit-déj 6-12 $, déj et dîner 10-29 $; ⏲7h-21h ;), propose des spécialités du Nouveau-Mexique.

Ojo Caliente

Vieux de plus de 150 ans, l'**Ojo Caliente Mineral Springs Resort & Spa** (☎505-583-2233 ; www.ojospa.com ; 50 Los Baños Dr ; ch 209 $, cottages 249 $, ste à partir de 319 $, empl tente et camping-car 40 $; P) est l'une des stations thermales les plus anciennes du pays. Ses sources étaient connues des Pueblos depuis fort longtemps. À 80 km au nord de Santa Fe sur la Hwy 285, le complexe compte 11 bassins aux combinaisons minérales diverses. Outre les agréables chambres de l'hôtel historique, on y trouve plusieurs suites somptueuses aux couleurs étonnantes, avec foyer *kiva* et bain privatif, et des cottages de style néomexicain. L'**Artesian Restaurant** (www.ojospa.com ; 50 Los Baños Dr ; déj 11-16 $, dîner 16-38 $; ⏲7h30-11h, 11h30-14h30 et 17h-21h tlj, jusqu'à 21h30 ven-sam été ;) sert tout naturellement une cuisine bio à base d'ingrédients locaux.

Taos

Taos est un lieu magique, indissociable du formidable paysage qui l'entoure : sommets enneigés s'élevant à 3 749 m en arrière-plan, plateau couvert de sauge se déployant à l'ouest avant de plonger de 244 m dans la gorge du Rio Grande, ciel d'un bleu profond ou déchiré par des éclairs fulgurants, si impressionnants que les montagnes semblent minuscules. Et que dire des couchers de soleil…

Taos Pueblo, pure merveille d'architecture en adobe, est un site historique habité par les premiers occupants du continent américain depuis huit cents ans, et s'inscrit dans une longue histoire liée aux conquistadors, aux hommes des montagnes et aux artistes. La ville est un endroit tranquille et singulier abritant des bâtiments en brique d'adobe classiques, de superbes musées, des cafés originaux et d'excellents restaurants. Elle compte 5 000 habitants, hippies, écologistes et vieilles familles hispaniques. Elle est à la fois rurale et mondaine, et même un peu surnaturelle.

À voir

Millicent Rogers Museum MUSÉE
(575-758-2462 ; www.millicentrogers.org ; 1504 Millicent Rogers Rd ; tarif plein/6-16 ans 10/2 $; 10h-17h ; P). Appartenant à la collection privée de Millicent Rogers, icône de la mode et héritière d'un magnat du pétrole, qui s'installa à Taos en 1947, ce superbe musée, 6,4 km au nord-ouest de la Plaza, réunit art folklorique hispanique, tissus navajos et bijoux modernistes créés par Rogers elle-même. Le lieu a pour pièces maitresses des céramiques amérindiennes, en particulier les belles poteries noires créées au XXe siècle par Maria Martínez de San Ildefonso Pueblo.

Rio Grande Gorge Bridge PONT, CANYON
(P). Construit en 1965, ce vertigineux pont en acier fait passer la Hwy 64 au-dessus du Rio Grande, à environ 19 km au nord-ouest de Taos. Il s'agit d'un des plus hauts ponts des États-Unis : 172 m de hauteur sur 182 m de longueur. Depuis la passerelle piétonnière, la vue sur le plateau de Taos à l'ouest et sur les parois découpées de la gorge a de quoi donner le tournis. Des vendeurs proposent des bijoux, des branches de sauge et d'autres souvenirs du côté est.

Le **West Rim Trail** s'étend direction sud sur 14,5 km depuis l'aire de repos du côté ouest, offrant des vues sur le plateau désert et les Sangre de Cristo Mountains.

Martínez Hacienda MUSÉE
(575-758-1000 ; www.taoshistoricmuseums.org ; 708 Hacienda Way, près de Lower Ranchitos Rd ; tarif plein/enfant 8/4 $; 11h-16h lun-mar et ven-sam, 12h-16h dim ; P). Au milieu des champs, à 3,2 km au sud-ouest de la Plaza, cette propriété fortifiée en adobe date de 1804. Elle servit de comptoir commercial aux marchands qui ralliaient le nord depuis Mexico via le Camino Real, puis à ceux qui empruntaient le Santa Fe Trail vers l'ouest. Ses 21 pièces, réparties autour d'une double cour, sont ornées du peu de possessions qu'une famille de l'époque, même aisée, pouvait alors s'offrir. Des événements culturels y sont organisés régulièrement.

Harwood Museum of Art MUSÉE
(575-758-9826 ; www.harwoodmuseum.org ; 238 Ledoux St ; tarif plein/enfant 10 $/gratuit ; 10h-17h mar-ven, 12h-17h sam-dim ; P). Joliment présentés, dans un beau et vaste complexe en adobe du milieu du XIXe siècle, les peintures, dessins, estampes, sculptures et photos sont l'œuvre d'artistes principalement du nord du Nouveau-Mexique, contemporains ou non. Deuxième plus ancien musée de l'État, le Harwood, fondé en 1923, couvre aussi bien les traditions hispaniques locales que l'école du XXe siècle de Taos.

San Francisco de Asís Church ÉGLISE
(575-751-0518 ; St Francis Plaza, Ranchos de Taos ; 9h-16h, horaires variables en hiver ; P). Tout près de la Hwy 68 à Ranchos de Taos, 6,4 km au sud de la Plaza de Taos, cette église emblématique a commencé à être construite en 1772 et achevée en 1815. Célèbre pour les

CHIMAYÓ

Surnommée la "Lourdes d'Amérique", la belle chapelle en adobe à deux tours d'**El Santuario de Chimayó** (505-351-4360 ; www.elsantuariodechimayo.us ; 15 Santuario Dr ; 9h-18h mai-sept, 9h-17h oct-avr ; P) GRATUIT est nichée dans les collines de la High Road, à l'est de la Hwy 84, à 45 km au nord de Santa Fe. Elle fut érigée à partir de 1826 sur un site où la terre est censée posséder des vertus curatives miraculeuses. Aujourd'hui encore, les fidèles viennent frotter la *tierra bendita* (terre sacrée) sur leurs blessures ou la boire mélangée à de l'eau provenant d'un petit puits creusé à l'intérieur de l'église. Pendant la Semaine sainte, quelque 30 000 pèlerins marchent de Chimayó à Santa Fe, Albuquerque et plus loin encore, au cours du plus grand pèlerinage catholique des États-Unis. Les œuvres d'art dans le sanctuaire valent le détour. Vous pourrez ensuite faire une pause-déjeuner ou dîner au **Rancho de Chimayó** (505-351-4444 ; www.ranchodechimayo.com ; County Rd 98 ; déj 9-11 $, dîner 12-27 $; 11h30-20h30 mar-ven, 8h30-20h30 sam-dim).

courbes et les angles de ses solides murs en adobe, elle a été immortalisée à plusieurs reprises dans les peintures de Georgia O'Keeffe et les photos d'Ansel Adams (1902-1984). La messe est célébrée à 17h le samedi, et à 8h (en espagnol) et 10h le dimanche.

Earthships ARCHITECTURE
(☎575-613-4409 ; www.earthship.com ; Hwy 64 ; visites 8 $; ⏱9h-17h juin-août ; 10h-16h sept-mai ; P). Conçue par l'architecte Michael Reynolds dans les années 1970, la communauté d'Earthships est faite de maisons "durables" astucieusement construites avec des matériaux recyclés (pneus, boîtes...), totalement indépendantes du réseau électrique pour se chauffer ou se refroidir. Les habitants cultivent leurs aliments, produisent leur électricité, récoltent leur eau. Si possible, passez-y la **nuit** (☎575-751-0462 ; www.earthship.com ; Hwy 64 ; maison 169-410 $; P) ; la "visite" autoguidée est un peu décevante. Le centre d'accueil des visiteurs est à 2,4 km à l'ouest du Rio Grande Gorge Bridge sur la Hwy 64.

Activités

En été, les **descentes en eaux vives** sont l'activité de prédilection dans **Taos Box**, ces profondes gorges qui enserrent le Rio Grande. Vous trouverez aussi de nombreux sentiers de randonnée **pédestre** et de **VTT**. Culminant à 3 602 m, avec un à-pic de 998 m, la discrète station de **Taos Ski Valley** (☎866-968-7386 ; www.skitaos.org ; forfait adulte/ado/enfant 98/81/61 $; ⏱9h-16h) possède certaines des pistes de ski les plus difficiles des États-Unis.

Los Rios River Runners RAFTING
(☎575-776-8854 ; www.losriosriverrunners.com ; mi-journée adulte/enfant 54/44 $; ⏱tard avr-sept). Demi-journée sur la Racecourse en kayak 1 ou 2 places, journée sur la Box (12 ans minimum), et plusieurs nuits sur la pittoresque Chama. Leur "Native Cultures Feast and Float" se fait avec un guide amérindien et le déjeuner est préparé par une famille pueblo. Ouverture saisonnière en fonction du niveau de l'eau.

Où se loger

Hotel Luna Mystica CAMPEMENT $
(☎505-977-2424 ; www.hotellunamystica.com ; 25 ABC Mesa Rd ; camping-car 95-195 $, dortoir 25 $; P). Les caravanes Airstream vintage et les camping-cars jouissent d'une vue époustouflante dans ce nouveau campement perché entre les montagnes Sangre de Cristos et le canyon du Rio Grande, sur la mesa de Taos, à environ 13 km au nord-ouest du centre-ville. Chaque véhicule est doté de cuisine, brasero et salle de bains (et systématiquement d'une douche, sauf dans les dortoirs).

La Doña Luz Inn B&B $$
(☎575-758-9000 ; www.stayintaos.com ; 114 Kit Carson Rd ; ch 119-209 $; P). Sympathique et amusant, ce B&B central est le résultat du travail passionné du propriétaire, Paul Castillo. Chambres aux thèmes colorés colonial espagnol ou amérindien, décorées d'art, de fresques, et dotées de cheminée en adobe et de kitchenettes. Si les escaliers ne vous font pas peur, la somptueuse Rainbow Room dispose d'un toit-terrasse privé avec Jacuzzi et vue fantastique sur la ville.

Historic Taos Inn HÔTEL HISTORIQUE $$
(☎575-758-2233 ; www.taosinn.com ; 125 Paseo del Pueblo Norte ; ch à partir de 179 $; P). Vieil hôtel charmant toujours animé, où 45 chambres arborent des éléments du Sud-Ouest, comme du mobilier en bois massif et des cheminées en adobe. L'Adobe Bar, réputé, s'ouvre sur l'atrium central et propose de la musique live tous les soirs – pour un séjour plus calme, préférez l'une des ailes séparées. Il y a aussi un bon **restaurant** (☎575-758-1977 ; www.taosinn.com ; 125 Paseo del Pueblo Norte, Historic Taos Inn ; petit déj et déj 9-17 $, dîner 17-28 $; ⏱11h-15h et 17h-21h lun-ven, 7h30-14h30 et 17h-21h sam-dim).

Où se restaurer

Taos Diner DINER $
(☎575-758-2374 ; 908 Paseo del Pueblo Norte ; plats 4-14 $; ⏱7h-15h ;). La cuisine de *diner* dans ce qu'elle a de meilleur, en version bio et avec une touche du Sud-Ouest. Montagnards, sportifs débraillés, solitaires ou touristes joyeux : tout le monde est bienvenu. Les burritos du petit-déjeuner sont fabuleux. Une autre branche est installée au sud de la place (216B Paseo del Pueblo Sur).

Love Apple NÉOMEXICAIN $$
(☎575-751-0050 ; www.theloveapple.net ; 803 Paseo del Pueblo Norte ; plats 17-18 $; ⏱17h-21h mar-dim). Ce restaurant rustique est typique du Nouveau-Mexique : cadre en adobe du XIXe siècle et délicieuse cuisine, locale et en grande partie bio. Tous les plats – burger de bœuf local au bleu et *chile* rouge, *tamales*

sauce *mole* ou filet de sanglier – sont imprégnés de saveurs régionales. Espèces uniquement, pas de DAB sur place.

Lambert's AMÉRICAIN MODERNE $$$
(575-758-1009 ; www.lambertsoftaos.com ; 123 Bent St ; déj 10-15 $, dîner 23-38 $; 11h30-21h ;). Invariablement considérée comme le "meilleur de Taos", cette vieille maison en adobe juste au nord de la Plaza reste un lieu romantique où savourer une cuisine contemporaine, dont les plats vont des miniburgers au porc grillé au déjeuner aux *enchiladas* poulet mangue ou carré d'agneau du Colorado au dîner.

La célèbre margarita préparée à la minute coûte 6 $ pendant l'*happy hour* (14h30-18h30).

Où prendre un verre et sortir

Adobe Bar BAR
(575-758-2233 ; 125 Paseo del Pueblo Norte, Historic Taos Inn ; 11h-22h ; musique à partir de 18h30). La plupart des habitants s'y rendent le soir pour se détendre dans le confortable atrium couvert en profitant de la musique live allant du bluegrass au jazz et en sirotant une margarita Cowboy Buddha. Le bar propose une carte aux tarifs corrects.

Taos Mesa Brewery BRASSERIE
(575-753-1900 ; www.taosmesabrewing.com ; 20 ABC Mesa Rd ; 12h-23h). Situé à côté de l'aéroport, cet espace ressemblant à un hangar propose d'excellentes bières, des concerts et des tacos à la carte, ce qui en fait le rendez-vous idéal après quelques descentes à skis ou une randonnée. Le peu de chaises disponibles à l'intérieur permet de laisser suffisamment de place pour le funk le vendredi, le bluegrass le samedi et le two-step le dimanche – ou autre programmation musicale. En ville, il y a aussi un **bar** (575-758-1900 ; www.taosmesabrewing.com ; 201 Paseo del Pueblo Sur ; 12h-23h) avec bières à la pression.

Achats

Taos est depuis longtemps la Mecque des artistes, comme l'illustre le grand nombre de galeries et d'ateliers dans la ville et alentour. Magasins indépendants et galeries bordent la rue piétonne de **John Dunn Shops** (www.johndunnshops.com) qui relie Bent St et Taos Plaza.

Juste à l'est de la Plaza, faites un saut à **El Rincón Trading Post** (575-758-9188 ; 114 Kit Carson Rd ; 9h-17h lun-ven, 10h-17h sam, 11h-17h dim) pour acheter toutes sortes d'objets et de souvenirs du Far West.

Renseignements

Taos Visitor Center (575-758-3873 ; taos.org ; 1139 Paseo del Pueblo Sur ; 9h-17h ;). Excellente source d'informations pour les visiteurs sur tout ce qui concerne le nord du Nouveau-Mexique. Café gratuit. Tout, y compris le complet *Taos Vacation Guide*, est aussi disponible en ligne.

Depuis/vers Taos

En quittant Santa Fe, prenez la *high road* le long de la Hwy 76 et de la Hwy 518, bordée de galeries, de villages et de sites à explorer, ou bien longez le magnifique paysage du Rio Grande sur la Hwy 68.

North Central Regional Transit (www.ncrtd.org) assure des liaisons en bus à travers le centre et le nord du Nouveau-Mexique, vers Santa Fe notamment ; montée/descente devant les bureaux de Taos County en retrait du Paseo del Pueblo Sur, à 1,6 km au sud de la Plaza.

Taos Express (p. 242) assure un service de navettes en direction de Santa Fe le samedi et le dimanche (ticket adulte/enfant 5 $/gratuit) ; correspondance possible avec les trains Rail Runner depuis et vers Albuquerque.

Nord-ouest du Nouveau-Mexique

Cette partie du Nouveau-Mexique est composée de grandes étendues sauvages. On la surnomme le "Pays indien", à juste titre : de vastes territoires, sous l'égide des tribus navajos, zunis, acomas, apaches et lagunas, abritent de remarquables sites amérindiens anciens et des communautés solitaires. Lorsque vous aurez fait le plein de culture, vous pourrez embarquer à bord d'un train historique circulant sur une voie étroite à travers les montagnes, faire de la randonnée dans les paysages ruiniformes et psychédéliques des *badlands* ou pêcher d'énormes truites.

Farmington et ses environs

Principale ville du nord-ouest du Nouveau-Mexique, Farmington constitue un point de chute pratique pour explorer la région des Four Corners. Le **Visitors Bureau** (505-326-7602 ; www.farmingtonnm.org ; 3041 E Main St ;

À NE PAS MANQUER

TAOS PUEBLO

Avec ses constructions jumelées de cinq étages en adobe, réparties de chaque côté du Río Pueblo de Taos, et les monts Sangre de Cristos en toile de fond, **Taos Pueblo** (☎575-758-1028 ; www.taospueblo.com ; Taos Pueblo Rd ; adulte/-11 ans 16 $/gratuit ; ⏲8h-16h30 lun-sam, 8h30-16h30 dim, fermé mi-fév à mi-avr) est le plus bel exemple d'architecture pueblo ancienne. Sa construction aurait été finalisée autour de 1450. Les visiteurs actuels découvrent le même spectacle stupéfiant que les premiers explorateurs espagnols au Nouveau-Mexique, bien qu'une petite mission catholique très pittoresque se dresse désormais à proximité.

Les habitants assurent des circuits guidés à pied dans le village (participation suggérée) ; utiles pour mieux comprendre son histoire et ses environs. Vous pourrez également acheter bijoux, poteries et autres beaux articles d'art et d'artisanat, et goûter le pain cuit dans les fours traditionnels en adobe en forme de ruche. Le Pueblo ferme pendant 10 semaines de février à avril, et à d'autres périodes pour des cérémonies et événements ; consultez le site Web.

⏲8h-17h lun-sam) vous donnera toutes les informations.

Shiprock, cône volcanique de 520 m de haut, dresse son étrange silhouette vers l'ouest. Cette dernière servit autrefois de repère aux pionniers anglo-saxons ; c'est un site sacré pour les Navajos.

À 22 km au nord-est de Farmington, s'étendant sur 11 ha, l'**Aztec Ruins National Monument** (☎505-334-6174 ; www.nps.gov/azru ; 725 Ruins Rd ; ⏲8h-18h mi-mai à mi-août, 8h-16h sept-oct, 9h-16h nov à mi-mai ; P) GRATUIT conserve la plus grande *kiva* du pays, dont l'intérieur mesure plus de 15 m de diamètre. Un peu plus loin, laissez vagabonder votre imagination en vous promenant dans les couloirs étroits et les pièces sombres de la West Ruin.

À environ 56 km au sud de Farmington sur la Hwy 371, vous entrez dans les **Bisti/De-Na-Zin Wilderness Area** (www.blm.gov/visit/bisti-de-na-zin-wilderness), paysage irréel et planant composé de formations rocheuses colorées, particulièrement spectaculaires dans les heures précédant le crépuscule. Les inconditionnels du désert ne doivent pas manquer ce site. Le **BLM office** (☎505-564-7600 ; www.blm.gov/new-mexico ; 6251 College Blvd ; ⏲7h45-16h30 lun-ven) de Farmington vous renseignera.

Les 3 chambres du ravissant **Silver River Adobe Inn B&B** (☎505-325-8219 ; www.silveradobe.com ; 3151 W Main St ; ch 115-205 $; ❄📶) sont un havre de paix au milieu des arbres bordant la San Juan River. À la fois branchée et familiale, la **Three Rivers Eatery & Brewhouse** (☎505-324-2187 ; www.threeriversbrewery.com ; 101 E Main St ; plats 10-27 $, pizzas 8-22 $; ⏲11h-21h ; 📶👪) sert de bons steaks et des plats de pub, accompagnés de bières artisanales. C'est de loin la meilleure table en ville.

Chaco Culture National Historical Park

Avec ses édifices impressionnants construits par les Pueblos en plein désert, l'étonnant **Chaco** (☎505-786-7014 ; www.nps.gov/chcu ; forfait semaine 25 $/véhicule ; ⏲7h-coucher du soleil ; P) conserve les traces de 5 000 ans d'occupation humaine. À ses débuts, le Chaco Canyon était un carrefour commercial et culturel majeur dans la région, et la ville fondée par les Pueblos un modèle de conception urbaine. S'élevant sur 4 étages, Pueblo Bonito aurait eu 600 à 800 pièces et *kiva*. En plus de la visite, vous pouvez arpenter les **sentiers annexes**. La **randonnée** en boucle de 3,2 km (Canyon Loop Rd) jusqu'au Pueblo Bonito Overlook s'achève par une vue panoramique sur le village du même nom et le canyon. Les astronomes amateurs assisteront aux exposés sur l'astronomie les soirs d'été.

Le parc isolé, à environ 128 km au sud de Farmington, est hors de portée de tout transport public. Le trajet, en majeure partie sur une piste non goudronnée, est extrêmement cahoteux. Le **Gallo Campground** (☎877-444-6777 ; www.recreation.gov ; empl tente et camping-car 15 $) est à 1,6 km à l'est du centre d'accueil des visiteurs. Pas de branchements pour les camping-cars.

Nord-est du Nouveau-Mexique

À l'est de Santa Fe, les luxuriants monts Sangre de Cristo Mountains cèdent le terrain à de hautes et vastes plaines poussiéreuses ondoyant à perte de vue. Empreintes de bétail et de dinosaures parsèment un paysage ponctué de cônes volcaniques. L'élevage extensif reste l'un des piliers de l'économie ; sur certaines portions de route, vous verrez davantage de bétail que de voitures. Vous apercevrez peut-être aussi des troupeaux de bisons. Des scouts se rassemblent l'été au Philmont Ranch à Cimarron, la ville risquant désormais, avec l'ouverture du nouveau National Scouting Museum, d'être (relativement) animée toute l'année.

Le Santa Fe Trail, le long duquel avançaient les premiers marchands, reliait le Missouri au Nouveau-Mexique. Dans certains endroits en bordure de l'I-25 entre Santa Fe et Raton, on distingue encore les sillons laissés par les roues des chariots. Un bon endroit pour ressentir l'esprit du vieil Ouest, loin de toute exploitation commerciale.

Cimarron

Parmi les plus violentes villes du Far West autrefois, Cimarron, dont le nom signifie "sauvage" en espagnol, était réputée pour sa criminalité quotidienne dans les années 1870. À tel point qu'un journal titra lors d'une rare période de paix : "Calme plat à Cimarron. Personne n'a été tué depuis trois jours."

Aujourd'hui, la ville est vraiment calme et attire les voyageurs en quête de grands espaces. Si vous voyagez par la route depuis ou vers Taos, vous traverserez le superbe **Cimarron Canyon State Park**, un canyon aux parois abruptes couvert par plusieurs sentiers de randonnée et riche de plusieurs sites de pêche à la truite et de camping. Dans le même secteur, le **Philmont Scout Ranch** (☎575-376-1136 ; www.philmontscoutranch.org ; 17 Deer Run Rd ; ⏲8h-17h30 juin-août, horaires réduits le reste de l'année ; Ⓟ) GRATUIT est un camp d'aventures de 555 km² pour les Boy Scouts of America. Le ranch abrite le nouveau **National Scouting Museum** (☎575-376-1136 ; www.philmontscoutranch.org ; Hwy 21 ; ⏲8h-17h ; Ⓟ) GRATUIT, petit mais attrayant, ainsi que quelques autres musées thématiques.

Vous pouvez séjourner ou dîner au **St James** (☎575-376-2664 ; www.exstjames.com ; 617 Collison St ; ch 85-135 $; ❄📶) construit en 1872 et réputé être l'un des hôtels les plus hantés des États-Unis. L'une des chambres n'a même jamais été occupée ! De nombreuses figures légendaires du Far West, comme Buffalo Bill, Annie Oakley, Wyatt Earp et Jesse James, ont pris leurs quartiers ici ; la réception dispose d'une longue liste détaillant qui a tué qui dans l'établissement. Plus bas sur la route, le **Blue Dragonfly Brewing** (☎575-376-1110 ; www.bludragonflybrewing.com ; 301 E 9th St ; ⏲11h-21h lun-jeu, 11h-22h ven-sam) sert de la bière et des grillades.

Capulin Volcano National Monument

Culminant à 396 m au-dessus des plaines environnantes, le **Capulin** (☎575-278-2201 ; www.nps.gov/cavo ; forfait semaine 20 $/véhicule ; ⏲8h-16h30 ; Ⓟ) est le volcan de la région le plus facile d'accès. Une route serpente sur 3,2 km avant d'atteindre, au sommet, le parking au bord du cratère (2 494 m). De là partent différents sentiers contournant ou entrant dans le cratère. L'entrée du site se trouve à 5 km au nord du village de Capulin, situé à 48 km au sud-est de Raton sur la Hwy 87.

Sud-ouest du Nouveau-Mexique

La vallée du Rio Grande se déploie depuis Albuquerque jusqu'aux sources chaudes et bouillonnantes de la sympathique ville de Truth or Consequences, et au-delà. Avant d'atteindre la frontière entre le Texas et le Mexique, le fleuve alimente l'un des greniers du Nouveau-Mexique : Hatch, surnommée la "capitale mondiale du piment". À l'est du Rio Grande, le désert est si aride qu'il fut baptisé par les Espagnols "Jornada del Muerto", c'est-à-dire "le voyage du mort". Ce tronçon redouté faisait partie d'El Camino Real de Tierra Adentro, route commerciale espagnole établie en 1598. Cette région fut d'ailleurs choisie pour le déclenchement de la première bombe atomique, à l'endroit désormais appelé Trinity Site.

Las Cruces est la deuxième ville de l'État, et en dehors des centres urbains, les habitants sont rares. À l'ouest, la Gila National Forest, sauvage et accidentée, fera le bonheur des aventuriers sac au dos, tandis que la Mimbres Valley regorge de trésors archéologiques.

Truth or Consequences et ses environs

Une certaine joie de vivre se dégage de cette sympathique petite ville de Truth or Consequences ("T or C"). Construite sur un site de sources chaudes naturelles dans les années 1880, la ville fut logiquement appelée Hot Springs (sources chaudes), et prit en 1950 le nom d'un jeu de radio populaire de l'époque. De nos jours, Richard Branson, le créateur de Virgin Galactic, et d'autres visionnaires se consacrent au développement du **Spaceport America** (☎844-727-7223 ; www.spaceportamerica.com ; County Rd A021 ; adulte/enfant 45/30 $) tout proche, qui vise à développer le futur tourisme spatial. Moins coûteuse qu'un voyage dans l'espace, la visite guidée est intéressante, et comporte un passage dans un simulateur de vol spatial.

À environ 96 km au nord de la ville, grues du Canada et oies de l'Arctique hivernent dans les 233 km² de marais et de prairies du **Bosque del Apache National Wildlife Refuge** (☎575-835-1828 ; www.fws.gov/refuge/bosque_del_apache ; Hwy 1 ; 5 $/véhicule ; aube-crépuscule ; P).

Où se loger

Riverbend Hot Springs BOUTIQUE-HÔTEL $$
(☎575-894-7625 ; www.riverbendhotsprings.com ; 100 Austin St ; ch 99-259 $, empl camping-car 75 $; P). En hauteur près du Rio Grande, unique hôtel de T or C disposant de bassins d'eau chaude extérieurs, en pierre, au bord du fleuve. Les hébergements, décorés par des artistes locaux, vont de la chambre de motel à la suite de 3 chambres. Bassins communs gratuits pour les résidents, et bassins privatifs 10 $. Interdit aux moins de 12 ans.

Blackstone Hotsprings BOUTIQUE-HÔTEL $$
(☎575-894-0894 ; www.blackstonehotsprings.com ; 410 Austin St ; ch 90-175 $; P). Un établissement de 12 chambres, chacune inspirée d'une série TV, avec une touche de luxe en prime. Petit plus : chacune des 10 chambres du bâtiment principal a une grande baignoire thermale ou une cascade alimentée par des sources chaudes.

Où prendre un verre et faire la fête

Passion Pie Cafe CAFÉ $
(☎575-894-0008 ; www.facebook.com/passionpiecafe/ ; 406 Main St ; plats petit-déj et déj 6-10 $; 7h-15h). Observez T or C s'éveiller à travers la vitre de ce café, et prenez place avec une gaufre en guise de petit-déjeuner. Salades et sandwichs sont servis par la suite.

Truth or Consequences Brewing Co MICROBRASSERIE
(☎575-297-0289 ; torc.beer ; 410 N Broadway ; 15h-21h30 lun-mer, 12h-22h jeu, 12h-23h ven-sam, 12h-21h30 dim). Ouvert depuis 2017, cet établissement spacieux et accueillant a déjà l'ambiance d'un bar de quartier installé depuis toujours. Le patio festif est idéal pour boire une *ale* ou une *lager*, spécialités du lieu (notre préférée est la Cosmic Blonde). Les femmes seules se sentiront à l'aise.

Las Cruces et ses environs

Las Cruces, ville la plus ancienne, et Mesilla, ville la plus petite, se situent à la limite d'un vaste bassin bordé par les Organ Mountains cannelées, au croisement de deux axes majeurs, la I-10 et la I-25. Ville éclectique, Las Cruces attire toutes les générations. Elle abrite la New Mexico State University (NMSU) et bénéficie de la jeunesse et du dynamisme de ses 14 000 étudiants, tandis que ses 350 jours d'ensoleillement annuel et ses nombreux terrains de golf en font une destination prisée des retraités.

À voir

Pour beaucoup de visiteurs, la ville voisine de **Mesilla** (alias Old Mesilla) constitue le clou de leur séjour à Las Cruces. Arpentez les environs de la place d'Old Mesilla pour capter l'atmosphère d'une ville du Sud-Ouest construite au milieu du XIXe siècle, au riche patrimoine hispanique.

New Mexico Farm & Ranch Heritage Museum MUSÉE
(☎575-522-4100 ; www.nmfarmandranchmuseum.org ; 4100 Dripping Springs Rd ; adulte/4-17 ans 5/3 $; 9h-17h lun-sam, 12h-17h dim ; P). Ce musée peu commun ne se contente pas d'exposer l'histoire agricole de l'État, il héberge également du bétail : démonstrations quotidiennes de traite, "défilé de races" de bovins, et stalles avec chevaux, ânes, moutons et chèvres. Présentations hebdomadaires

d'une forge, de filage, de tissage et de cuisine historique.

White Sands Missile Range Museum MUSÉE

(☎575-678-3358 ; www.wsmr.army.mil/PAO/Pages/RangeMuseum.aspx ; près de Hwy 70 ; ⌚musée 8h-16h30 lun-ven, 10h-15h sam-dim, parc d'exposition de missiles aube-crépuscule, P). GRATUIT Situé à 40 km à l'est de Las Cruces sur la Hwy 70, ce musée retrace l'histoire de la technologie militaire du Nouveau-Mexique. Il représente le cœur du White Sands Missile Range, un important site d'essais depuis 1945, et comprend un parc d'exposition de missiles, un véritable missile V-2 et un musée réunissant de nombreux objets liés à la défense. Les visiteurs doivent se garer devant la porte du Test Center et se présenter au bureau avant d'entrer.

Où se loger

Best Western Mission Inn MOTEL $

(☎575-524-8591 ; www.bwmissioninn.com ; 1765 S Main St ; ch à partir de 85 $; P). Cet établissement inhabituel appartient certes à une chaîne de motels, mais ses chambres, assez grandes et confortables, sont joliment décorées, avec revêtement en pierre et dessins au pochoir colorés. Tarifs intéressants. Four à micro-ondes et réfrigérateur dans chaque chambre. Petit-déjeuner inclus.

Hotel Encanto de Las Cruces HÔTEL $$

(☎505-522-4300 ; www.hotelencanto.com ; 705 S Telshor Blvd ; ch/ste à partir de 149/209 $; P@). Ce complexe hôtelier de style colonial espagnol, le meilleur des grands hôtels de la ville, compte 200 chambres spacieuses, décorées dans les tons chaleureux du Sud-Ouest, une piscine extérieure ceinte de palmiers, une salle de sport, un restaurant et un lounge avec patio. Animal de compagnie : 25 $/jour.

Où se restaurer

Chala's Wood-Fired Grill NÉOMEXICAIN $

(☎575-652-4143 ; 2790 Ave de Mesilla, Mesilla ; plats 4-12 $; ⌚8h-21h lun-jeu, 8h-22h ven-sam, 8h-20h dim). Avec ses *carnitas* et sa viande de dinde fumées sur place, son bacon et ses saucisses de porc pimentées maison, ses *calabacitas* (poêlées de courge, de courgettes et de maïs), sa salade de quinoa et ses légumes bio, cet établissement compte parmi les meilleures adresses en matière de cuisine néomexicaine. Atmosphère détendue et prix corrects. Dans la partie sud de Mesilla.

Double Eagle BAR

(☎575-523-6700 ; www.double-eagle-mesilla.com ; 308 Calle de Guadalupe, Mesilla ; ⌚11h-22h lun-sam, 11h-21h dim). Glorieux mélange d'opulence du Far West, de boiseries sombres et de tentures en velours, ce fabuleux bar à l'ancienne sur la Plaza est plein de cachet et parfait pour un cocktail (plus de 40 margaritas à la carte). La principale salle à manger, attenante, est l'occasion de déguster de la cuisine continentale et du Sud-Ouest, en particulier des steaks. L'ensemble est inscrit au Registre national des lieux historiques et, bien sûr, les lieux sont hantés.

Renseignements

Las Cruces Visitors Center (☎575-541-2444 ; www.lascrucescvb.org ; 336 S Main St ; ⌚8h-17h lun-ven ;).

Mesilla Visitor Center (☎575-524-3262 ; www.oldmesilla.org ; 2231 Ave de Mesilla, Mesilla ; ⌚8h-17h lun-ven).

Depuis/vers Las Cruces

Les bus **Greyhound** (☎575-523-1824 ; www.greyhound.com ; 800 E Thorpe Rd, Chucky's Convenience Store) desservent les principales destinations de la région, comme El Paso, Albuquerque et Tucson. L'arrêt de bus est à environ 11 km au nord de la ville.

Las Cruces Shuttle Service (☎575-525-1784 ; www.lascrucesshuttle.com) propose 8 à 10 navettes quotidiennes à destination d'El Paso International Airport (50 $ aller simple, 35 $/pers supplémentaire), de Deming, Silver City et d'autres destinations sur demande.

Silver City et ses environs

L'esprit du Far West imprègne toujours Silver City, 181 km au nord-ouest de Las Cruces, comme si Billy the Kid en personne – qui a grandi ici – pouvait surgir à tout moment. Mais les choses changent à mesure que l'atmosphère de montagne et de cow-boy cède aux charmes des galeries d'art et des *coffee houses*.

Silver City est aussi idéalement située pour les activités de plein air. La topographie de la **Gila National Forest** se prête en effet à merveille au ski de fond, à la randonnée, au camping et à la pêche. À deux heures au nord de Silver City, en haut d'une route serpentant sur 67 km, se dresse le **Gila Cliff Dwellings National Monument** (☎575-536-9461 ; www.nps.gov/gicl ; Hwy 15 ; tarif plein/-16 ans 10 $/gratuit ; ⌚sentier 9h-16h, centre d'accueil des visiteurs 8h-16h30 ; P), peuplé au XIIIe siècle

VAUT LE DÉTOUR

OBSERVATION ASTRONOMIQUE

Après la ville de Magdalena sur la Hwy 60, 209 km au sud-ouest d'Albuquerque, l'étonnant radiotélescope **Very Large Array** (VLA ; ☎505-835-7000 ; public.nrao.edu/visit/very-large-array ; croisement de US 60 et Hwy 52, Magdalena ; adulte/-17 ans 6 $/gratuit ; ⏲8h30-crépuscule ; Ⓟ) est composé de 27 immenses antennes paraboliques installées dans les hautes plaines tels des champignons géants. Visionnez le petit film du centre d'accueil des visiteurs, puis suivez la visite guidée qui permet de jeter un œil au bâtiment de contrôle.

par les Mogollons. Mystérieuses et plutôt isolées, ces remarquables habitations creusées dans les falaises sont facilement accessibles par un sentier de 1,6 km ; elles n'ont presque pas changé depuis un millénaire. Pour voir les pétroglyphes, arrêtez-vous au **Lower Scorpion Campground** et suivez le sentier balisé sur une courte distance.

D'étranges monolithes arrondis forment dans le **City of Rocks State Park** un terrain de jeu étonnant, et un formidable **camping** (☎575-536-2800 ; www.emnrd.stat.nm.us/SPD ; 327 Hwy 61 ; empl tente/camping-car 10/14 $) avec tables et foyers. Pour un campement impeccablement aligné, rendez-vous au camp 43, le Lynx. Parcourez 53 km au sud-est de Silver City sur la Hwy 180 et la Hwy 61.

Pour avoir un aperçu de l'histoire architecturale de Silver City, séjournez dans l'une des 22 chambres du **Palace Hotel** (☎575-388-1811 ; www.silvercitypalacehotel.com ; 106 W Broadway ; ch/ste à partir de 62/98 $; ❄📶). Avec sa discrète atmosphère du tournant du XIXe siècle (pas d'ascenseur, mobilier ancien), le Palace est un excellent choix pour changer des chaînes hôtelières.

Au centre-ville, les options de restauration vont du café confortable et décontracté **Javalina** (☎575-388-1350 ; www.javalinacoffeehouse.com ; 117 W Market St ; ⏲6h-18h ; 📶) à l'aventurier et gourmand **Revel** (☎575-388-4920 ; www.eatdrinkrevel.com ; 304 N Bullard St ; plats déj 10-23 $, dîner 17-40 $; ⏲11h-21h lun-mar et jeu-ven, 9h-21h sam-dim). Pour un aperçu de la culture locale, remontez au nord sur 11 km en direction de Pinos Altos et arrêtez-vous au pittoresque **Buckhorn Saloon** (☎575-538-9911 ; www.buckhornsaloonandoperahouse.com ; 32 Main St, Pinos Altos ; plats 11-56 $; ⏲16h-22h lun-sam), l'expert du steak, avec musique live tous les soirs ou presque. Appelez pour réserver.

ℹ Renseignements

Gila National Forest Ranger Station (☎575-388-8201 ; www.fs.fed.us/r3/gila ; 3005 E Camino del Bosque ; ⏲8h-16h30 lun-ven).

Centre d'accueil des visiteurs (☎575-538-5555 ; www.silvercitytourism.org ; 201 N Hudson St ; ⏲9h-17h lun-sam, 10h-14h dim). Vous trouverez dans ce centre toutes les informations nécessaires pour profiter pleinement de votre séjour.

Sud-est du Nouveau-Mexique

Ici se nichent deux extraordinaires merveilles naturelles du Nouveau-Mexique : le stupéfiant White Sands National Monument et le magnifique Carlsbad Caverns National Park. On trouve également les milliers de pétroglyphes du Three Rivers Petroglyph Site et l'immense coulée de lave de la Valley of Fires Recreation Area, sites aussi impressionnants mais moins connus. Cette région est aussi le berceau des légendes les plus tenaces de l'État : extraterrestres à Roswell, Billy the Kid à Lincoln et Smokey Bear à Capitan. Le désert de Chihuahua, accidenté et aride, recouvre la plupart des plaines jadis submergées par l'océan ; les hauteurs, couvertes de forêts, bénéficient de températures plus fraîches, notamment autour des stations touristiques de Cloudcroft et Ruidoso.

White Sands National Monument

Glissez, roulez et serpentez à travers les hautes collines sablonneuses. À 25 km au sud-ouest d'Alamogordo (24 km au sud-ouest de la Hwy 82/70), une étendue de sable blanc (gypse) de 712 km² crée un paysage étincelant, le **White Sands National Monument** (☎575-479-6124 ; www.nps.gov/whsa ; véhicule/moto 20/10 $ ou tarif plein/-16 ans 10 $/gratuit ; ⏲7h-21h juin-août, 7h-coucher du soleil sept-mai ; Ⓟ). Ces fascinantes dunes balayées par le vent, qui servirent de planète à l'extraterrestre joué par David Bowie dans

L'Homme qui venait d'ailleurs, sont un site incontournable du Nouveau-Mexique. N'oubliez pas vos lunettes de soleil, le sable est aussi aveuglant que la neige.

Achetez une luge-soucoupe en plastique (*plastic saucer*) à 19 $ au magasin de souvenirs du centre d'accueil des visiteurs avant de vous lancer sur l'une des dunes à l'arrière. On s'amuse bien à faire de la luge sur les dunes, et vous pourrez revendre votre luge-soucoupe pour 5 $ à la fin de la journée. Consultez le calendrier du parc pour les dates des balades au coucher du soleil. Il existe des zones de bivouac (sans eau ni toilettes) à 1,6 km de la route panoramique. Pour y accéder, il faut retirer un permis (3 $) au moins une heure avant le coucher du soleil auprès du centre d'accueil des visiteurs. Les permis sont distribués aux premiers arrivés.

Alamogordo et ses environs

À Alamogordo, une ville du désert connue pour ses programmes de recherches spatiale et atomique, les 4 étages du **New Mexico Museum of Space History** (575-437-2840 ; www.nmspacemuseum.org ; 3198 Hwy 2001 ; tarif plein/4-12 ans 8/6 $; 10h-17h mer-sam et lun, 12h-17h dim ;) proposent d'excellentes expositions sur la recherche et les vols spatiaux. Le **New Horizons Dome Theater** (tarif plein/enfant 8/6 $) adjacent diffuse des films scientifiques.

Le long de White Sands Blvd s'alignent nombre de motels dont le bon **Super 8** (575-434-4205 ; www.wyndhamhotels.com ; 3204 N White Sands Blvd ; ch à partir de 73 $;). Les amateurs de camping trouveront à 19 km au sud d'Alamogordo l'**Oliver Lee State Park Campground** (575-437-8284 ; www.nmparks.com ; 409 Dog Canyon Rd ; empl tente/camping-car 10/14 $). Arrêtez-vous pour manger mexicain au **Rizo's** (575-434-2607 ; www.facebook.com/rizosmexicanrestaurant ; 1480 N White Sands Blvd ; plats 6-17 $; 9h-21h mar-sam, 9h-18h dim ;).

Cloudcroft

Située en hauteur dans les montagnes, la petite Cloudcroft offre un répit bienvenu à la chaleur des plaines. Dotée d'édifices du début du XIXe siècle, cette ville tranquille permet de nombreuses activités de plein air et la découverte des environs. **High Altitude** (575-682-1229 ; www.highaltitudenm.com ; 310 Burro Ave ; à partir de 35 $/jour ; 10h-17h30 lun-jeu, 10h-18h ven-sam, 10h-17h dim) loue des VTT et vous indiquera la bonne direction pour partir en balade.

Le **Lodge Resort & Spa** (800-395-6343 ; www.thelodgeresort.com ; 601 Corona Pl ; ch/ste à partir de 135/195 $;) est l'un des meilleurs hôtels historiques du Sud-Ouest. Les chambres de style bavarois ont des meubles anciens, notamment victoriens. Quant au **Cloudcroft Mountain Park Hostel** (575-682-0555 ; www.cloudcrofthostel.com ; 1049 Hwy 82 ; dort 19 $, ch sans sdb 37-64 $;), abrité dans 11 ha boisés à l'ouest de la ville, il offre un très bon rapport qualité/prix. Le **Rebecca's** (575-682-3131 ; www.thelodgeresort.com ; Lodge Resort, 601 Corona Pl ; plats déj 9-20 $, dîner 24-40 $; 11h30-15h et 17h30-20h lun-jeu, 11h-30-15h et 17h30-21h ven-sam, 7h-10h30 et 11h-14h dim) sert la meilleure cuisine de la ville. On peut prendre une bière à la **Cloudcroft Brewing Co** (575-682-2337 ; www.facebook.com/cloudcroftbrewingcompany ; 1301 Burro Ave ; 11h-21h dim et lun, mer et jeu, 11h-22h ven-sam).

Ruidoso

Perchée sur le versant oriental du Sierra Blanca Peak (3 652 m), Ruidoso est assiégée par les touristes tout au long de l'année. Elle est très animée l'été et attire les skieurs en hiver. De plus, elle abrite une scène artistique dynamique et un champ de courses renommé. Le charmant Rio Ruidoso, petite rivière propice à la pêche, traverse la ville.

À voir et à faire

Des sentiers forestiers sont facilement accessibles depuis Cedar Creek Rd à l'ouest de la Smokey Bear Ranger Station. Vous avez le choix entre l'USFS Fitness Trail ou les sentiers sinueux de la Cedar Creek Picnic Area. Si vous préférez une randonnée plus longue, d'une journée ou plus, rendez-vous au nord de la ville, dans la White Mountain Wilderness. Renseignez-vous sur les conditions de sécurité liées aux incendies, car la forêt est fermée en période de sécheresse.

Hubbard Museum of the American West MUSÉE
(575-378-4142 ; www.hubbardmuseum.org ; 26301 Hwy 70 ; tarif plein/6-16 ans 7/2 $; 9h-17h jeu-lun ;). Consacré à l'histoire locale, ce musée municipal abrite une superbe galerie de photos anciennes et présente *kachinas*, coiffes, armes et poteries amérindiennes.

VAUT LE DÉTOUR

ORGAN MOUNTAINS-DESERT PEAKS NATIONAL MONUMENT

Le plus récent **monument national** (☎575-522-1219 ; www.blm.gov/visit/omp ; 5 $/véhicule ; ⏲8h-17h ; P) du Nouveau-Mexique se compose de plusieurs éléments, au total quelque 2 000 km² dans un rayon de 80 km autour de Las Cruces. Bien que la majeure partie du secteur ne comporte pas d'infrastructures pour les visiteurs, les Organ Mountains, qui se dressent à 2,7 km de la ville, méritent véritablement d'être explorées. Plusieurs chemins partent du **Dripping Springs Visitor Center**, notamment le joli sentier de Dripping Springs lui-même, une boucle de 4,8 km qui passe par les vestiges d'un sanatorium et d'un hôtel centenaires.

Plusieurs expositions liées aux chevaux rappellent que l'établissement était un musée du Cheval à l'origine.

Ski Apache SKI
(☎575-464-3600 ; www.skiapache.com ; 1286 Ski Run Rd, Alto ; forfait adulte/ado/enfant 74/65/54 $; ⏲9h-16h). Situé à 29 km au nord-ouest de Ruidoso, sur les pentes du Sierra Blanca Peak, ce très bon domaine skiable appartenant aux Apaches est abordable et agréable. Toutefois, les chutes de neige sont sporadiques ; renseignez-vous avant sur l'état des pistes. En été, téléphérique (adulte/enfant 35/25 $), randonnée, VTT et tyrolienne (à partir de 95 $).

Où se loger et se restaurer

On ne compte plus les chalets disponibles à la location à Ruidoso. Ils sont presque tous équipés d'une cuisine et d'un gril, et souvent d'une cheminée et d'une terrasse. Ceux situés en ville sont parfois exigus. Les plus récents se concentrent dans l'Upper Canyon. Il est également possible de camper dans la nature le long des routes forestières menant au domaine skiable. Pour plus de renseignements sur les emplacements de camping, adressez-vous à la **ranger station** (☎575-257-4095 ; www.fs.usda.gov/lincoln ; 901 Mechem Dr ; ⏲8h-16h lun-ven, lun-sam fin mai-début sept).

Sitzmark Chalet HÔTEL $
(☎575-257-4140 ; www.sitzmark-chalet.com ; 627 Sudderth Dr ; ch à partir de 83 $; P ❄ 📶). Ce chalet abrite 17 chambres simples mais jolies. En prime, tables de pique-nique, grils et bain à remous accueillant jusqu'à 8 personnes.

Upper Canyon Inn LODGE $$
(☎575-214-7170 ; www.uppercanyoninn.com ; 215 Main Rd ; ch/chalet 149/169 $; P ❄ 📶 🐾). Une offre multiple allant du simplement correct au rustique chic. Les logements plus grands ne sont pas forcément plus chers, comparez les options. Les chalets les plus onéreux ont de belles boiseries intérieures et un Jacuzzi. Le check-in se fait au 2959 Sudderth Dr.

♥ **Cornerstone Bakery** CAFÉ $
(☎575-257-1842 ; www.cornerstonebakerycafe.com ; 1712 Sudderth Dr ; plats 7-12 $; ⏲7h-15h lun-mar et jeu-ven, 7h-16h sam-dim ; 🥬). Voici une boulangerie-café irrésistible et très prisée, où tout est parfait, des pains, pâtisseries et expressos, aux omelettes et croissants garnis. Si vous restez assez longtemps, le Cornerstone pourrait devenir votre étape matinale.

☆ Où sortir

Ruidoso Downs Racetrack TERRAIN DE SPORTS
(☎575-378-4431 ; www.raceruidoso.com ; 26225 Hwy 70 ; sièges en tribune gratuits ; ⏲ven-lun mi-mai à début sept ; P). GRATUIT À l'occasion du Labor Day, l'attention nationale se tourne vers le champ de courses de Ruidoso Downs où se tient la plus belle course de Quarter horse au monde, l'All American Futurity, dotée de 3 millions de dollars. L'hippodrome accueille aussi le Racehorse Hall of Fame et le petit Billy the Kid Casino.

Flying J Ranch MUSIQUE LIVE
(☎575-336-4330 ; www.flyingjranch.com ; 1028 Hwy 48N, Alto ; tarif plein/enfant 28/16 $; ⏲à partir de 17h30 lun-sam fin mai à début sept, sam uniquement jusqu'à mi-sept ; 👪). Les familles avec enfants adoreront ce "village du Far West", à 2,4 km au nord d'Alto, offrant une soirée complète de divertissements, avec échanges de coups de feu, balades à poney et musique de western, ainsi qu'un dîner façon cow-boy.

ℹ Renseignements

Centre d'accueil des visiteurs (☎575-257-7395 ; www.ruidosonow.com ; 720 Sudderth Dr ; ⏲8h-17h lun-ven, 9h-15h sam).

Arrêtez-vous pour des renseignements sur les activités possibles dans la vallée de Ruidoso et le Lincoln County.

Lincoln et Capitan

Pour les passionnés de Far West, la petite ville de Lincoln est incontournable. À 19 km à l'est de Capitan sur la Billy the Kid National Scenic Byway (www.billybyway.com), c'est ici qu'éclata la Lincoln County War, la fusillade qui fit de Billy the Kid une légende. Toute la ville a été joliment préservée, et elle a conservé intacte sa rue principale, appelée **Lincoln Historic Site** (575-653-4082 ; www.nmmonuments.org/lincoln ; tarif plein/enfant 5 $/gratuit ; centre d'accueil des visiteurs et tribunal 9h-17h, autres bâtiments 9h-16h30 ; P).

Achetez des billets pour la visite des bâtiments historiques à l'**Anderson-Freeman Visitors Center** (oldlincolntown.org ; US 380 ; 9h-17h), où vous pourrez aussi admirer des expositions sur les Buffalo Soldiers (régiment de cavalerie de soldats noirs), les Apaches et la guerre du Comté de Lincoln. Gardez pour la fin le **Courthouse Museum**, site célèbre de l'évasion de Billy the Kid la plus spectaculaire et la plus violente. Une plaque indique l'impact dans le mur d'une de ses balles. Si vous restez pour la nuit, le **Wortley Hotel** (575-653-4810 ; www.facebook.com/bonitovalleybrewing ; 692 Calle La Placita ; 12h-21h jeu-lun) est une institution depuis 1874. Dégustez une bière à la **Bonito Valley Brewing Co** (575-653-4810 ; www.facebook.com/bonitovalleybrewing ; 692 Calle La Placita ; 12h-21h jeu-lun), qui a récemment ouvert dans la rue principale.

Comme Lincoln, Capitan est entourée par les superbes montagnes de la Lincoln National Forest. La principale raison de venir ici sera de visiter le **Smokey Bear Historical Park** (575-354-2748 ; www.emnrd.state.nm.us ; 118 W Smokey Bear Blvd, Capitan ; adulte/7-12 ans 2/1 $; 9h-16h30), et de montrer à vos enfants où est enterré l'ours qui a inspiré le personnage de Smokey Bear, la mascotte de l'Office américain des forêts.

Roswell

En 1947, un mystérieux objet s'est écrasé près d'un ranch des environs. Personne ne s'en serait inquiété si l'armée n'avait pas mis les grands moyens pour tenir l'incident secret. La rumeur fit évidemment le reste : les extraterrestres avaient atterri ici. La curiosité du monde entier alliée à la crédulité locale ont vite transformé la ville en une pseudo-base arrière pour les extraterrestres. De grosses têtes blanches bulbeuses ornent les réverbères du centre-ville et des bus entiers de touristes y débarquent pour en rapporter quelques souvenirs originaux.

Les amateurs de kitsch et de petits bonshommes verts apprécieront l'**International UFO Museum & Research Center** (575-625-9495 ; www.roswellufomuseum.com ; 114 N Main St ; tarif plein/5-15 ans 5/2 $; 9h-17h) tandis que le **Roswell UFO Festival** (www.ufofestivalroswell.com) bat son plein début juillet.

Des motels de chaîne basiques bordent N Main St. À environ 55 km au sud de Roswell, l'**Heritage Inn** (575-748-2552 ; www.artesiaheritageinn.com ; 209 W Main St, Artesia ; ch/ste 109/119 $; P ❄ @ ☎) d'Artesia est le meilleur hébergement de la région.

Pour une bonne cuisine mexicaine, essayez **Los Cerritos** (575-622-4919 ; loscerritosmk.com ; 2103 N Main St ; plats 7-15 $; 7h-21h lun-sam, 7h-17h dim). Le **Big D's Downtown Dive** (575-627-0776 ; www.facebook.com/bigdsdowntowndive ; 505 N Main St ; plats 7-13 $; 11h-21h lun-sam) sert pour sa part les meilleurs sandwichs, salades et burgers de la ville. À Artesia, les savoureux plats néomexicains et les bonnes margaritas de l'**Adobe Rose** (575-476-6157 ; www.adoberoserestaurant.com ; 1614 N 13th St, Artesia ; plats déj 10-23 $, dîner 12-32 $; 11h-21h lun et mer, 10h30-21h jeu, 11h-23h ven, 17h-23h sam, 9h-15h dim) lui valent des louanges dans toute la région.

Documentez-vous au **Visitors Bureau** (575-623-3442 ; roswell-nm.gov/749/Visitors-Center ; 426 N Main St ; 10h-15h dim-lun, 9h-17h mar-ven, 9h-16h sam ; ☎) ; **Greyhound** (575-622-2510 ; www.greyhound.com ; 515 N Main St, Pecos Trails Transit) propose des bus pour Las Cruces.

Carlsbad

Carlsbad est la ville la plus proche du Carlsbad Caverns National Park et des Guadalupe Mountains. Au nord-ouest, le **Living Desert State Park** (575-887-5516 ; www.emnrd.state.nm.us ; 1504 Miehls Dr N, en retrait de la Hwy 285 ; tarif plein/7-12 ans 5/3 $; 8h-17h juin-août, 9h-17h sept-mai, dernière entrée au zoo 15h30) est un formidable endroit pour découvrir la flore et la faune du désert. Un sentier de 2 km met en valeur les différents habitats du désert de Chihuahua où évoluent antilopes, loups et géocoucous de Californie, entre autres espèces.

À NE PAS MANQUER

CARLSBAD CAVERNS NATIONAL PARK

Si une grotte ne paraît pas aussi attrayante que les séquoias, les geysers ou le Grand Canyon, il ne fait aucun doute que celle du **Carlsbad Caverns National Park** (☎575-785-2232, renseignements sur les chauves-souris 575-236-1374 ; www.nps.gov/cave ; 727 Carlsbad Cavern Hwy ; pass 3 jours adulte/-16 ans 15 $/gratuit ; ⏲grottes 8h30-17h fin mai à début sept, 8h30-15h30 début sept à fin mai ; P 🚻) est à la mesure du gigantisme du parc national : juste pour atteindre la chambre principale, il faut prendre un ascenseur qui vous fera descendre l'équivalent de l'Empire State Building ou, mieux encore, s'enfoncer dans l'obscurité un brin effrayante pour une marche souterraine de 2 km à partir de l'entrée de la grotte.

Toutefois, en raison d'un boom récent dans l'industrie du pétrole, même la chambre de motel la plus ordinaire de Carlsbad coûte beaucoup plus cher que n'importe où ailleurs dans l'État – il vaut donc mieux prévoir une excursion sur une longue journée depuis Roswell ou Alamogordo. La seule option de charme, mais aux tarifs peut-être un peu excessifs, est le **Trinity Hotel** (☎575-234-9891 ; www.thetrinityhotel.com ; 201 S Canal St ; ch 239-269 $; ❄📶). Il est situé dans l'ancien édifice de la First National Bank ; le salon d'une des suites est d'ailleurs aménagé dans l'ancienne salle des coffres. Le restaurant de l'hôtel est le plus raffiné de Carlsbad.

Le très animé **Blue House Bakery & Cafe** (☎575-628-0555 ; www.facebook.com/BlueHouseBakeryAndCafe ; 609 N Canyon St ; pâtisseries 3-6 $, plats 4-6 $; ⏲6h-12h lun-sam) sert le meilleur café du coin. Pour une bière et une pizza après une randonnée, tentez l'accueillante **Guadalupe Mountain Brewing Co** (☎575-887-8747 ; www.gmbrewingco.com ; 3324 National Parks Hwy ; ⏲11h-14h mar-ven, 17h-21h mar-jeu, 17h-22h ven, 16h-22h sam), entre le parc national et le centre-ville de Carlsbad.

Les bus **Greyhound** (☎575-628-3088 ; www.greyhound.com ; 106 W Greene St/US 180) partent de Road Runner Express, à un peu plus de 480 m au sud du centre-ville. El Paso (Texas) et Las Cruces comptent parmi les destinations.

Californie

Dans ce chapitre ➡

Le top des restaurants

- Chez Panisse (p. 351)
- Grand Central Market (p. 278)
- June Bug Cafe (p. 368)
- Puesto at the Headquarters (p. 298)

Le top des hébergements

- Arrive Hotel (p. 302)
- Auberge du Soleil (p. 353)
- Chateau Marmont (p. 275)
- McCloud River Mercantile Hote (p. 365)
- USA Hostels San Diego (p. 296)

Pourquoi y aller

Des brumeuses forêts de séquoias du Nord aux plages ensoleillées du Sud, l'enchanteur Golden State, comme on surnomme la Californie, ferait paraître Disneyland presque ordinaire. Mêlant esprit bohème et high-tech, elle affiche contrastes et contradictions. Des métropoles bouillonnantes y côtoient une nature rude, des montagnes enneigées dominent des étendues désertiques, et une côte spectaculaire la borde sur plus d'un millier de kilomètres.

C'est là que débuta la folle ruée vers l'or au milieu du XIXe siècle, que l'écrivain naturaliste John Muir décrivit la Sierra Nevada comme une "chaîne de lumière", que Jack Kerouac et ses épigones de la Beat Generation contemplèrent la route et que les industries jumelles du rêve – technologie et divertissement – s'épanouirent.

Par-dessus tout, c'est un État qui célèbre l'hédonisme, que ce soit en ouvrant une vieille bouteille de Zinfandel, en escaladant un sommet de plus de 4 500 m ou en surfant sur les vagues du Pacifique.

Quand partir

Los Angeles

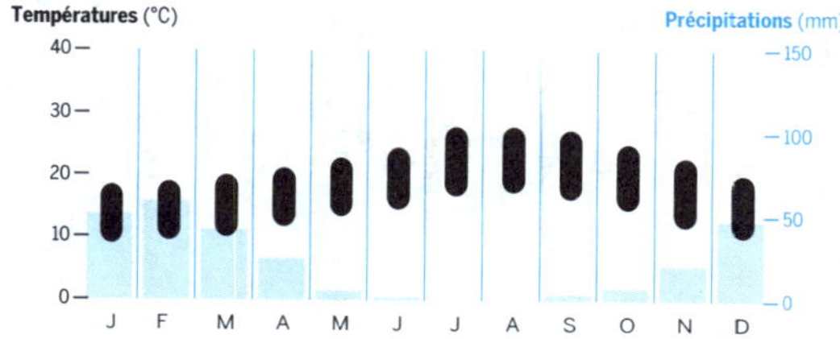

Juin-août Temps ensoleillé, parfois brumeux sur la côte ; foules de vacanciers.

Avr-mai et sept-oct Nuits plus fraîches, ciel généralement dégagé ; tarifs promotionnels.

Nov-mars Pic touristique dans les stations de ski et les déserts du Sud.

À ne pas manquer

1 Les cascades et les dômes de granit classés au Patrimoine mondial de l'Unesco du **Yosemite National Park** (p. 366).

2 Les quartiers multiculturels et la vie nocturne des stars de Hollywood à **Los Angeles** (p. 260).

3 La Hwy 1, qui surplombe des falaises sculptées par la mer le long de la côte de **Big Sur** (p. 316).

4 La montée et la descente en *cable car* des collines de **San Francisco** (p. 323), ville nichée dans sa baie, souvent dans la brume, toujours fabuleuse.

5 (Re)vivre ses rêves d'enfance à **Disneyland Resort** (p. 286), "l'endroit

le plus heureux au monde".

6 Les vagues parfaites pour le surf le long des plages ensoleillées de **San Diego** (p. 291).

7 Les plus grands arbres du monde, le long de l'Avenue of the Giants, dans le **Humboldt Redwoods State Park** (p. 359).

8 La toujours ensoleillée **Palm Springs** et son glamour des années 1950 (p. 301).

9 Les dunes de sable et les villes fantômes du Far West dans le **Death Valley National Park** (p. 307).

10 Le **Point Reyes National Seashore** (p. 349), une péninsule battue par les vents, pour observer baleines, éléphants de mer et wapitis.

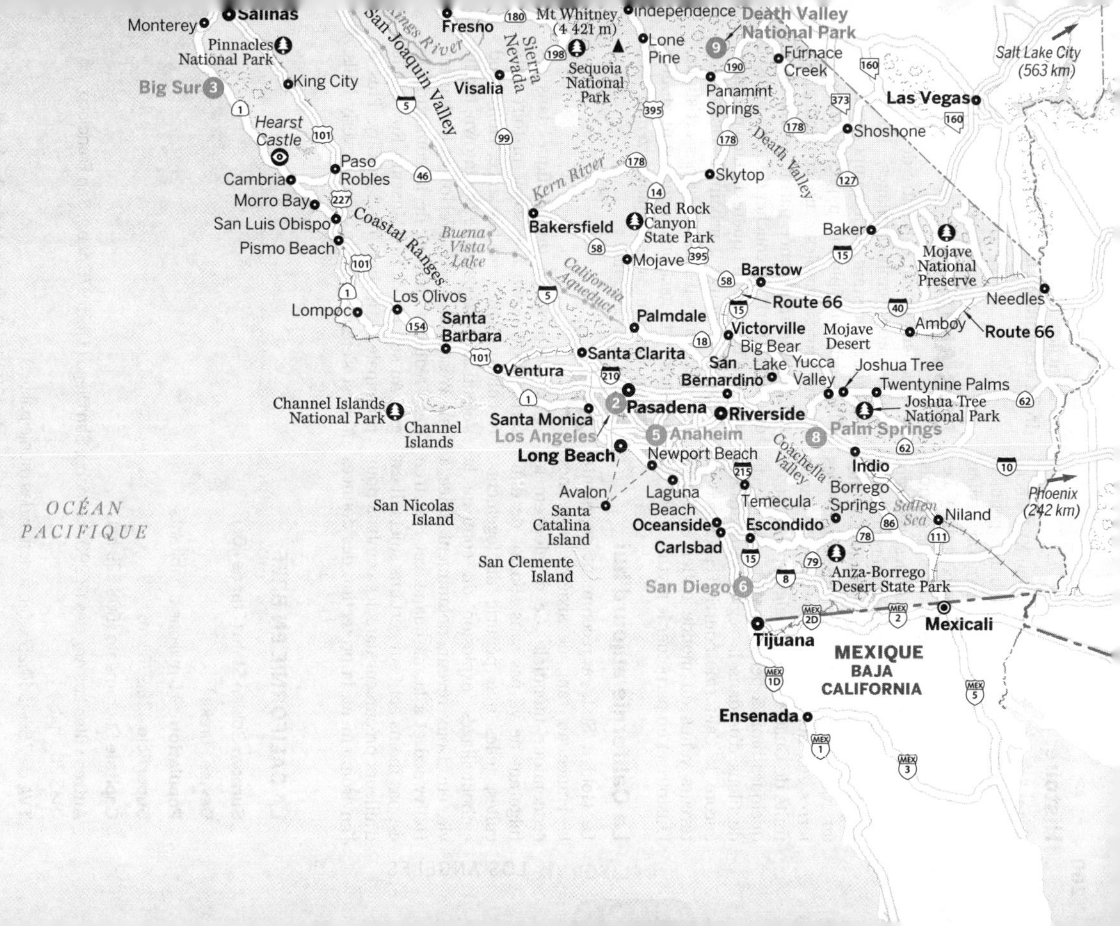

Histoire

Avant l'arrivée des Européens, au XVIe siècle, la Californie avait été habitée pendant plus de dix millénaires par des tribus amérindiennes (jusqu'à une centaine). Les conquistadors et missionnaires espagnols, venus en quête d'or et d'ouailles, cédèrent aux épidémies et abandonnèrent leurs *presidios* (forts) de fortune pour se replier au Mexique. En 1848, la cession de ces terres aux États-Unis fut concrétisée par le traité de Guadeloupe Hidalgo, qui fut signé quelques mois à peine avant la découverte de filons d'or dans la région. Aujourd'hui encore, la Californie nourrit l'espérance de rêveurs venus du monde entier en écrire l'histoire et en perpétuer le mythe.

La Californie aujourd'hui

Le Golden State a récemment supplanté la France au rang de sixième puissance économique mondiale. Ce développement fulgurant ne va pas sans son lot de difficultés, telles que pénurie de logements, embouteillages, explosion du coût de la vie, etc. Doux rêveur, notamment grâce à Hollywood et à la marijuana, cet État n'en est pas moins actif sur certains sujets. Il est d'ailleurs précurseur dans les combats pour l'environnement, la protection des données personnelles, le mariage homosexuel ou les droits des immigrants.

LOS ANGELES

Si vous pensez tout connaître de LA – starlettes, smog, embouteillages, bikinis et aspirants pop-stars – détrompez-vous. La ville se dévoile plutôt au gré de tranches de vie toutes simples : un cocktail après minuit, une randonnée parmi les armoises de Griffith Park, un coucher de soleil fuchsia à Venice Beach ou la quête du taco parfait.

Avec le renouveau urbain de Hollywood et de Downtown LA, les scènes artistique, musicale et gastronomique sont toutes florissantes. Plus vous l'explorerez, plus vous aimerez "La-La Land".

À voir

À 20 km environ du Pacifique dans les terres, Downtown LA associe histoire, arts et culture. Redevenu tendance, Hollywood s'étend au nord-ouest de Downtown, tandis que West Hollywood (WeHo) est le quartier des créateurs chics et de la communauté gay. Au sud de WeHo, Museum Row est la principale attraction de Mid-City. Plus à l'ouest s'étendent le luxueux Beverly Hills,

LA CALIFORNIE EN BREF

Surnom Golden State (État de l'Or)

Devise Eurêka !

Population 39,5 millions d'habitants

Superficie 423 970 km^2

Capitale Sacramento (508 529 hab.)

Autres villes Los Angeles (3 990 456 hab.), San Diego (1 425 976 hab.), San Francisco (883 305 hab.)

TVA de 7,5% à 10,25% (en fonction des municipalités)

Lieu de naissance de l'écrivain John Steinbeck (1902-1968), du photographe Ansel Adams (1902-1984), de Richard Nixon (1913-1994) et de Marilyn Monroe (1926-1962).

Renferme le point le plus haut (hors Alaska) et le point le plus bas des États-Unis (Mt Whitney et Death Valley), les plus vieux, plus hauts et plus gros arbres vivants au monde (pins Bristlecone, séquoias sempervirens et séquoias géants, respectivement).

Politique Majorité démocrate, minorité républicaine, 1 Californien sur 4 vote pour un parti indépendant.

Célèbre pour Disneyland, les tremblements de terre, Hollywood, la Silicon Valley et le surf.

Souvenir le plus kitsch Un autocollant "Mystery Spot", une attraction de Santa Cruz.

Distances routières Los Angeles-San Francisco : 611 km ; San Francisco-Yosemite Valley : 306 km.

LA CALIFORNIE EN...

Une semaine

Un concentré de Californie en commençant par **Los Angeles**, et en faisant un détour par **Disneyland**. Remontez la côte centrale venteuse, avec des haltes à **Santa Barbara** et **Big Sur**, avant de découvrir la culture urbaine de **San Francisco**. Rejoignez le **Yosemite National Park**, temple de la nature dans l'arrière-pays, puis retournez à Los Angeles.

Deux semaines

Suivez l'itinéraire ci-dessus à un rythme plus lent. Ajoutez des escapades dans le **Wine Country** du nord de la Californie ; au **Lake Tahoe**, haut perché dans la Sierra Nevada ; aux plages splendides des **comtés d'Orange** et de **San Diego**, royaume de la décontraction ; ou au **Joshua Tree National Park**, près de **Palm Springs**, la station chic du désert.

Un mois

Découvrez tous les endroits mentionnés ci-dessus, et plus encore. De San Francisco, remontez la côte nord brumeuse à partir de **Point Reyes National Seashore**, dans le comté de Marin. Flânez dans **Mendocino** et **Eureka**, des localités de l'époque victorienne, rejoignez la **Lost Coast** et promenez-vous parmi les fougères des **Redwood National & State Parks**. Dans l'arrière-pays, prenez une photo du **Mt Shasta**, traversez le **Lassen Volcanic National Park** et explorez l'historique **Gold Country**. Suivez la crête de l'**Eastern Sierra** avant de descendre dans le surréaliste **Death Valley National Park**.

ainsi que Westwood, près du campus de l'UCLA (University of California, Los Angeles), et West LA. Parmi les villes balnéaires figurent Santa Monica, parfaite pour les enfants, Venice la bobo, Malibu, fréquentée par les stars, et Long Beach, toujours animée. Foyer du Caltech ainsi que de riches musées, Pasadena s'étend au nord-est de Downtown.

Downtown (centre-ville)

S'il y reste quelques zones malfamées, Downtown (DTLA) continue à se réinventer depuis une dizaine d'années. Ce quartier très étendu compte 12 districts, chacun avec son identité propre et ses lieux dignes d'intérêt.

Compact, pittoresque et piétonnier, **El Pueblo de Los Angeles** (elpueblo.lacity.org) est un plongeon dans les racines hispano-mexicaines de LA. **Olvera St** (carte p. 268 ; calleolvera.com ; 🚻 ; Ⓜ Union Station, 🚆 Union Station) en est l'épine dorsale festive, où dénicher des babioles folkloriques faites main, puis se régaler de tacos ou de churros.

Bâtie sur le premier site de Chinatown et inaugurée en 1939, **Union Station** (carte p. 268 ; unionstationla.com ; 800 N Alameda St ; Ⓟ) est considérée comme la dernière grande gare ferroviaire du pays. Ce bâtiment emblématique mêle architecture coloniale des missions espagnoles, style Art déco et éléments amérindiens. Le "nouveau" **Chinatown** (carte p. 268 ; chinatownla.com), à 800 m au nord le long de Broadway et de Hill St, est jalonné de restaurants branchés, de boutiques de dim sums, d'échoppes d'apothicaires, de magasins de curiosités et de galeries d'art avant-gardistes.

Au sud-ouest d'Union Squaree, **Little Tokyo** compte beaucoup de galeries marchandes, temples bouddhiques, jardins, bars à sushis et échoppes de nouilles. Juste à l'est, l'**Arts District**, un quartier émergent à la mode, compte aussi des restaurants et des boutiques.

Malgré son nom, South Park n'est pas un parc mais une zone en plein essor autour du Convention Center et de **LA Live** (carte p. 268 ; ☎213-763-5483 ; lalive.com ; 800 W Olympic Blvd ; Ⓟ 🚻 ; Ⓜ Blue/Expo Line Pico Station), un centre de restauration et de loisirs.

♥ **The Broad** MUSÉE

(carte p. 268 ; ☎213-232-6200 ; thebroad.org ; 221 S Grand Ave ; ⏲11h-17h mar, mer, 11h-20h jeu-ven, 10-20h sam, 10h-18h dim ; Ⓟ 🚻 ; Ⓜ Red/Purple Line Civic Center/Grand Park). GRATUIT Sitôt inauguré, en septembre 2015, le Broad est devenu un passage obligé pour les férus d'art contemporain. L'édifice, tout de blanc vêtu et à l'architecture moderne,

Agglomération de Los Angeles

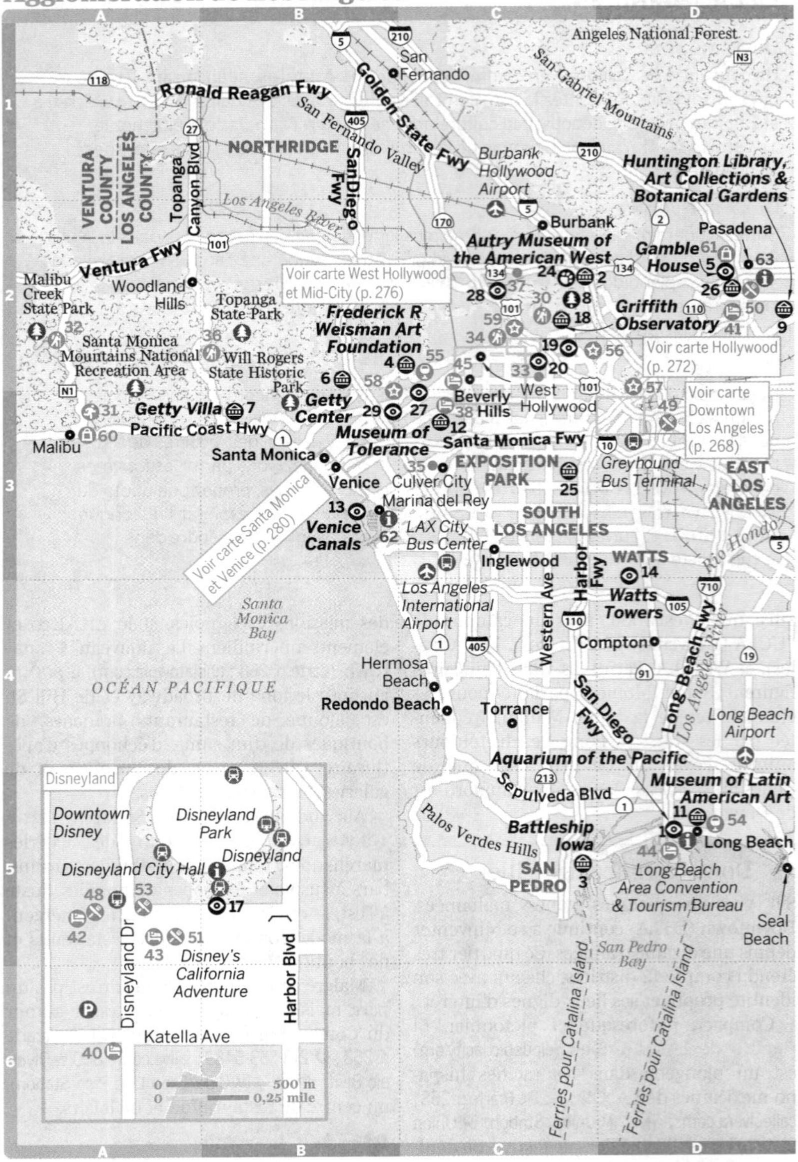

a été conçu par Diller Scofidio + Renfro. Il abrite la riche collection du magnat de l'immobilier, philanthrope et milliardaire Eli Broad et de sa femme Edythe, à savoir plus de 2 000 œuvres de grands noms de l'après-guerre, tels Cindy Sherman, Jeff Koons, Andy Warhol, Roy Lichtenstein, Robert Rauschenberg, Keith Haring et Kara Walker.

Walt Disney Concert Hall ÉDIFICE REMARQUABLE
(carte p. 268 ; 323-850-2000 ; laphil.org ; 111 S Grand Ave ; P ; M Red/Purple Line Civic

Center/Grand Park). GRATUIT Cette salle de concert emblématique, foyer du Los Angeles Philharmonic, accueille aussi des groupes contemporains et des musiciens de jazz classique. L'architecte Frank Gehry a sorti le grand jeu avec ce bâtiment inauguré en 2003, assemblage de plaques courbes en acier inoxydable défiant la gravité.

MOCA Grand MUSÉE

(Museum of Contemporary Art ; carte p. 268 ; ☎213-626-6222 ; moca.org ; 250 S Grand Ave ; adulte/enfant 15 $/gratuit, gratuit 17h-20h jeu ; 11h-18h lun, mer, ven, 11h-20h jeu, 11h-17h sam-dim ; M Red/Purple Line Civic Center/Grand Park). La magnifique collection du MOCA regroupe principalement des œuvres de 1940 à nos jours. On y retrouve notamment les signatures de Mark Rothko, Dan Flavin, Willem De Kooning, Joseph Cornell et David Hockney dans le cadre des collections permanentes ou d'expositions temporaires. L'édifice de 1986 est signé du célèbre architecte japonais Arata Isozaki, lauréat du prix Pritzker en 2019. Les salles en sous-sol semblent baigner dans la lumière du jour.

Japanese American National Museum MUSÉE

(carte p. 268 ; ☎213-625-0414 ; janm.org ; 100 N Central Ave ; tarif plein/senior 12/6 $, entrée libre 17h-20h jeu et toute la journée le 3e jeu du mois ; 11h-17h mar-mer et ven-dim, 12h-20h jeu ; ; M Gold Line Little Tokyo/Arts District). Le premier musée du pays consacré à l'immigration japonaise constitue un excellent préliminaire à la visite de Little Tokyo. Au deuxième niveau, l'exposition permanente retrace l'évolution de la culture américano-japonaise depuis la fin du XIXe siècle et aborde la douloureuse question de l'internement en camp, pendant la Seconde Guerre mondiale, des Américains d'origine japonaise. En corollaire de la visite, vous pourrez profiter du paisible jardin ainsi que de la boutique, bien fournie.

Grammy Museum MUSÉE

(carte p. 268 ; ☎213-765-6800 ; grammymuseum.org ; 800 W Olympic Blvd ; tarif plein/réduit et enfant 15/13 $; 10h30-18h30 dim, lun, mer-jeu, 10h-20h ven-sam ; P ; M Blue/Expo Line Pico Station). La principale attraction du LA Live (p. 261) définit les genres musicaux, compare les styles et met en évidence leurs affinités. Les fans parcourront les trois niveaux d'expositions temporaires, à l'affût des costumes portés par Michael Jackson, Whitney Houston ou Beyoncé, des brouillons griffonnés par Count Basie ou Taylor Swift, et des instruments des légendes du rock.

Enfin, les plus inspirés s'essaieront au chant, à la composition et au mixage dans des salles interactives.

Agglomération de Los Angeles

Les incontournables
1 Aquarium of the Pacific D5
2 Autry Museum of the American West C2
3 Battleship Iowa C5
4 Frederick R Weisman Art Foundation C2
5 Gamble House D2
6 Getty Center B2
7 Getty Villa B3
8 Griffith Observatory C2
9 Huntington Library, Art Collections & Botanical Gardens D2
10 Knott's Berry Farm E4
11 Museum of Latin American Art D5
12 Museum of Tolerance C3
13 Venice Canals B3
14 Watts Towers D3

À voir
15 Anaheim Packing District F4
California Science Center .... (voir 25)
Center Street Anaheim .... (voir 15)
16 Crystal Cove State Park F6
17 Disneyland Resort B5
18 Griffith Park C2
19 Hollyhock House C2
20 Hollywood Forever Cemetery C2
21 Huntington City Beach E6
22 International Surfing Museum E6
23 Knott's Soak City E4
24 Los Angeles Zoo & Botanical Gardens C2
25 Natural History Museum of Los Angeles C3
26 Norton Simon Museum D2
27 Rodeo Drive C3
Rose Garden .... (voir 25)
28 Universal Studios Hollywood C2
29 Westwood Village Memorial Park Cemetery B3

Activités
30 Bronson Cave C2
31 Malibu Canyon A3
32 Malibu Creek State Park A2
33 Paramount Pictures C2
34 Runyon Canyon C2
35 Sony Pictures Studios C3
36 Topanga State Park B2
37 Warner Bros Studio Tour C2

Où se loger
38 Avalon Hotel C3
39 Ayres Hotel Anaheim F5
40 Best Western Plus Stovall's Inn A6
41 Bissell House B&B D2
42 Disneyland Hotel A5
43 Disney's Grand Californian Hotel & Spa A5
44 Hotel Maya D5
Knott's Berry Farm Hotel .... (voir 10)
45 Montage C2
46 Paséa E6

Où se restaurer
47 Bear Flag Fish Company F6
48 Earl of Sandwich A5
49 Guisados D3
50 La Grande Orange D2
51 Napa Rose A5
Pigburd .... (voir 11)
52 Pour Vida F4
53 Ralph Brennan's New Orleans Jazz Kitchen A5

Où prendre un verre et faire la fête
54 Pike D5
55 Polo Lounge C2

Où sortir
56 Cavern Club Theater C2
57 Dodger Stadium D2
58 Geffen Playhouse B3
59 Hollywood Bowl C2

Achats
60 Malibu Country Mart A3
Pacific City .... (voir 46)
61 Rose Bowl Flea Market D2

Information
62 Visit Marina Del Rey B3
63 Visit Pasadena D2

LA Plaza MUSÉE

(La Plaza de Cultura y Artes ; carte p. 268 ; ☎213-542-6259 ; lapca.org ; 501 N Main St ; ⏱12h-17h lun, mer-jeu, 12h-18h ven-dim ; 👪 ; Ⓜ Union Station). GRATUIT Ce lieu offre un bon aperçu des influences mexicaines de Los Angeles, depuis la colonisation espagnole, à la fin du XVIIIe siècle, jusqu'au mouvement féministe Chicana, en passant par la guerre américano-mexicaine de 1846-1848 (à l'époque où la frontière traversait ce qui n'était encore qu'un *pueblo*), les Zoot Suit Riots et le syndicaliste César Chávez. À voir également : une reconstitution de Main St en 1920 et des expositions temporaires d'artistes latinos de LA.

Exposition Park et ses environs

Au sud du campus de la University of Southern California (USC), ce parc abrite plusieurs musées adaptés aux enfants, ainsi que le **Rose Garden** (carte p. 262 ; ☎213-763-0114 ; laparks.org/expo/garden ; 701 State Dr, Exposition Park ; ⏲8h30-crépuscule 16 mars-31 déc ; P ; M Expo Line Exposition Park/USC) GRATUIT et le **Los Angeles Memorial Coliseum** (lacoliseum.com), stade où se déroulèrent les Jeux olympiques d'été de 1932 et de 1984.

Le parking revient à environ 10 $. De Downtown, empruntez l'Expo Line du métro ou le minibus DASH F.

♥ Watts Towers — MONUMENT

(carte p. 262 ; ☎213-847-4646 ; wattstowers.org ; 1761-1765 E 107th St, Watts ; tarif plein/13-17 ans et senior/- 13 ans 7/3 $/gratuit ; ⏲visites 11h-15h jeu-ven, 10h30-15h sam, 12h-15h dim ; P). Leurs trois flèches rappelant la Sagrada Familia placent les Watts Towers, de Simon Rodia, au nombre des plus fascinants exemples d'art non académique. En 1921, cet immigré italien décida de "faire quelque chose de grand". Il passa donc les 33 années suivantes à assembler des morceaux de béton, d'acier et toutes sortes d'objets trouvés (bouteilles, coquillages, tuiles, cailloux, fragments de poteries, etc.).

California Science Center — MUSÉE

(carte p. 262 ; ☎réservation film 213-744-2019, info 323-724-3623 ; californiasciencecenter.org ; 700 Exposition Park Dr, Exposition Park ; film IMAX tarif plein/réduit/enfant 8,95/7,95/6,75 $; ⏲10h-17h tlj ; 👪). GRATUIT Si l'on ne saurait, bien sûr, y manquer Endeavour, la cinquième navette spatiale américaine, ce musée gigantesque recèle par ailleurs des trésors d'activités multimédias et interactives. Boutons à presser, manettes à tirer, lampes à allumer, simulation de séisme, exploration du corps humain (avec Tess, la géante...) font ressortir l'enfant qui est en nous ! Entrée gratuite. Expositions et films IMAX payants.

Natural History Museum of Los Angeles — MUSÉE

(carte p. 262 ; ☎213-763-3466 ; nhm.org ; 900 Exposition Blvd, Exposition Park ; tarif plein/réduit/enfant 15/12/7 $, résidents du comté de LA 15h-17h lun-ven gratuit ; ⏲9h30-17h tlj ; P 👪 ; M Expo Line Expo/Vermont). Des dinosaures aux diamants, des ours aux scarabées, des cafards aux éléphants d'Afrique, ce musée d'histoire naturelle vous fait faire le tour du monde et revenir des millions d'années en arrière. Il occupe un superbe bâtiment au style d'inspiration plateresque datant de 1913. Prévoir plusieurs heures de visite.

Hollywood

Hollywood s'est offert un petit lifting. Même si son âge d'or du milieu du XXe siècle reste un lointain souvenir, il regagne quelques lettres de noblesse. Les étoiles incrustées dans le trottoir du **Hollywood Walk of Fame** (carte p. 272 ; walkoffame.com ; Hollywood Blvd ; M Red Line Hollywood/Highland) y honorent plus de célébrités que jamais, avec quelque 2 600 noms.

La Red Line du métro s'arrête sous **Hollywood & Highland** (carte p. 272 ;

LOS ANGELES EN...

Les distances sont gigantesques à LA, aussi prévoyez du temps pour circuler.

Un jour

Commencez par prendre des forces à l'**Original Farmers Market**, puis allez repérer les noms des stars le long du **Hollywood Walk of Fame** dans Hollywood Blvd. Augmentez vos chances d'apercevoir des célébrités en entrant dans les boutiques de mode de **Robertson Boulevard**, ou offrez-vous un bol de nature au **Griffith Park**. Roulez ensuite vers l'ouest jusqu'à l'imposant **Getty Center** ou rejoignez le **Venice Boardwalk** pour le spectacle du front de mer. Admirez le coucher de soleil sur le Pacifique à **Santa Monica**.

Deux jours

Explorez Downtown LA, qui change rapidement. Découvrez les racines de la cité au **Pueblo de Los Angeles** et faites un bond dans le futur au spectaculaire **Walt Disney Concert Hall** et au **Broad museum** au bout du **Cultural Corridor** de Grand Ave. Mangez un morceau au **Grand Central Market**, puis promenez-vous entre les édifices historiques de Downtown, les galeries d'**Arts District** et **Little Tokyo**. Au rutilant centre de loisirs **LA Live** de South Park, explorez le **Grammy Museum** multimédia. À la nuit tombée, défoulez-vous sur les pistes de danse des night-clubs de **Hollywood**.

hollywoodandhighland.com ; 6801 Hollywood Blvd ; 10h-22h lun-sam, 10h-19h dim ; Red Line Hollywood/Highland) GRATUIT, centre commercial d'où l'on voit le panneau Hollywood, installé à flanc de colline en 1923 pour promouvoir un projet immobilier appelé Hollywoodland. Pour les clients, le parking coûte 3 $ les deux heures (au maximum 17 $/jour).

TCL Chinese Theatre ÉDIFICE REMARQUABLE

(Grauman's Chinese Theatre ; carte p. 272 ; 323-461-3331 ; tclchinesetheatres.com ; 6925 Hollywood Blvd ; ; Red Line Hollywood/Highland). GRATUIT Vous rêviez de suivre les traces de George Clooney ? Découvrez ses empreintes de pied et de main, et celles de dizaines d'autres stars, imprimées à jamais dans le ciment dans la cour de ce cinéma célèbre dans le monde entier. Ouvert en 1927, il a des airs de pagode avec ses cloches de temple et les chiens en pierre qui le gardent, importés de Chine. Mêlez-vous à la foule pour voir la vraie taille des pieds d'Arnold (Schwarzenegger), cherchez les jambes de Betty Grable, les tresses de Whoopi Goldberg, la baguette magique de Daniel Radcliffe ou les roues de R2-D2.

Hollywood Museum MUSÉE

(carte p. 272 ; 323-464-7776 ; thehollywoodmuseum.com ; 1660 N Highland Ave ; tarif plein/réduit/enfant 15/12/5 $; 10h-17h mer-dim ; Red Line Hollywood/Highland). Ce temple suranné à la gloire des stars du petit et du grand écran se prête à une plongée dans le Hollywood d'antan. Les quatre étages du Max Factor Building sont un florilège de costumes et d'accessoires. Le bâtiment, acheté en 1928 par un immigré juif polonais, Max Factor, devenu le gourou des cosmétiques à Hollywood, a été transformé en salon de beauté chic en 1935. C'est d'ici qu'il exerçait son ascendant sur le monde fardé du show-business.

Hollywood Forever Cemetery CIMETIÈRE

(carte p. 262 ; 323-469-1181 ; hollywoodforever.com ; 6000 Santa Monica Blvd ; visite guidée 20 $; 8h30-17h, visite guidée 10h la plupart sam ; P). GRATUIT Dans ce cadre somptueux, tout en tombes ostentatoires et mausolées grandioses, gisent les figures les plus emblématiques de Hollywood. Cecil B. DeMille, Mickey Rooney, Jayne Mansfield, les punks Johnny et Dee Dee Ramone, la "craquante" Estelle Getty y reposent. Le monument de Rudolph Valentino se remarque entre tous, tandis que Judy Garland, à l'origine inhumée à New York, a été transférée ici en 2017.

Griffith Park

Le plus vaste **parc** (carte p. 262 ; 323-644-2050 ; laparks.org/griffithpark ; 4730 Crystal Springs Dr ; 5h-22h30, chemins aube-crépuscule ; P) GRATUIT urbain d'Amérique, cinq fois plus grand que le Central Park new-yorkais, comporte un cinéma en plein air, un **zoo** (carte p. 262 ; 323-644-4200 ; lazoo.org ; 5333 Zoo Dr, Griffith Park ; tarif plein/senior/enfant 21/18/16 $; 10h-17h, fermé Noël ; P), un observatoire, un musée, des manèges, d'anciens trains miniatures, des terrains de jeu pour enfants, un golf, des courts de tennis et plus de 80 km de chemins, dont un qui mène à la grotte de la série TV *Batman*. De quoi occuper vos enfants !

Griffith Observatory MUSÉE

(carte p. 262 ; 213-473-0890 ; griffithobservatory.org ; 2800 E Observatory Rd ; séances du planétarium tarif plein/étudiant et senior/enfant 7/5/3 $; 12h-22h mar-ven, 10h-22h sam-dim ; P ; DASH Observatory). GRATUIT Perché sur le versant sud du Mt Hollywood, l'observatoire de LA scrute l'Univers depuis 1935. Dans le planétarium, des panneaux digitaux expliquent la technologie des télescopes, la cartographie du ciel aux rayon X ou l'origine de l'Univers, entre autres thèmes fascinants. Son planétaire (appareil de projection) est présenté comme le plus sophistiqué au monde. Enfin, par temps clair, on a, depuis le belvédère, une vue splendide sur tout le bassin de LA, les montagnes alentour et l'océan Pacifique.

Autry Museum of the American West MUSÉE

(carte p. 262 ; 323-667-2000 ; theautry.org ; 4700 Western Heritage Way, Griffith Park ; tarif plein/senior, étudiant/enfant 14/10/6 $, gratuit le 2e mardi du mois ; 10h-16h mar-ven, 10h-17h sam-dim ; P). Fondé par le cow-boy chantant Gene Autry, ce musée méconnu propose un regard nouveau et exhaustif sur l'histoire de l'Ouest américain, sur ses populations et sur son rôle dans la culture contemporaine. L'exposition permanente aborde notamment les traditions amérindiennes, la transhumance et la vie quotidienne au XIXe siècle. Les souvenirs de westerns se réveillent à la vue du superbe bar de saloon en bois sculpté, des costumes et des accessoires de films célèbres. La Route 66, les années 1960, le journal *chicano* des années 1970 *La Raza* ou l'artiste amérindien Harry Fonseca ont été les thèmes d'expositions temporaires très réussies.

West Hollywood et Mid-City

Entre drapeaux arc-en-ciel flottant sur Santa Monica Blvd et *stars* en goguette (pour la plus grande joie de la presse people) dans les clubs du légendaire **Sunset Strip**... Bienvenue dans la cité de WeHo ! Les boutiques de **Robertson Boulevard** et **Melrose Avenue** fournissent célébrités et aspirants en produits chics et chers. WeHo est aussi un haut lieu de la décoration, de la mode et de l'art, surtout dans le **West Hollywood Design District** (westhollywooddesigndistrict.com). Plus au sud, certains des meilleurs musées de la ville bordent le **Museum Row** de Mid-City, le long de Wilshire Blvd à l'est de Fairfax Ave.

Los Angeles County Museum of Art MUSÉE

(LACMA ; carte p. 276 ; 323-857-6000 ; lacma.org ; 5905 Wilshire Blvd, Mid-City ; tarif plein/senior et étudiant/enfant 25/21 $/gratuit, gratuit le 2e mardi du mois, gratuit pendant certaines vacances ; 11h-17h lun-mar, jeu, 11h-20h ven, 10h-19h sam-dim ; P ; bus Metro 20, 217, 720, 780 Wilshire & Fairfax). Le plus grand musée de la côte Ouest présente une collection magnifique, aussi riche que variée. De grands noms de la peinture et de la photographie (Rembrandt, Cézanne, Magritte, Mary Cassatt, Ansel Adams) y côtoient des œuvres millénaires chinoises, japonaises, précolombiennes, grecques, romaines et égyptiennes. Parmi les acquisitions récentes les plus impressionnantes, citons les installations extérieures de Chris Burden (*Urban Light*, un dédale de lampadaires vintage de LA) et de Michael Heizer (*Levitated Mass*, un rocher de 340 t calé au-dessus d'un passage en pente).

La Brea Tar Pits & Museum MUSÉE

(carte p. 276 ; tarpits.org ; 5801 Wilshire Blvd, Mid-City ; tarif plein/réduit/enfant 15/12/7 $, entrée libre 1er mar du mois sept-juin ; 9h30-17h ; P). Des mammouths, des tigres à dents de sabre et des loups arpentaient la savane de LA durant la Préhistoire. En attestent les crânes et ossements mis au jour ici, à La Brea Tar Pits, l'un des sites de fossiles les plus riches et les plus connus de la planète. Le musée est construit sur un site fouillé par des générations de chasseurs de dinosaures, amateurs et scientifiques partageant leurs connaissances dans des laboratoires improvisés.

Beverly Hills et Westside

Westwood accueille le campus impeccable de UCLA, tandis que c'est à Beverly Hills qu'on trouve **Rodeo Drive** (carte p. 262), l'endroit idéal pour croiser des stars. Un voyage à LA serait incomplet sans y faire un tour. Les visites guidées de maisons appartenant à des célébrités partent de Hollywood.

Getty Center MUSÉE

(carte p. 262 ; 310-440-7300 ; getty.edu ; 1200 Getty Center Dr, près I 405 Fwy ; 10h-17h30 mar-ven et dim, 10h-21h sam ; P ; 734, 234). GRATUIT Haut perché dans les nuages au-dessus de la pollution de la ville, le Getty Center compte trois merveilles : une collection d'art exceptionnelle (des triptyques médiévaux aux peintures impressionnistes en passant par les sculptures baroques), l'architecture avant-gardiste de Richard Meier, et les splendides jardins changeants de Robert Irwin. La foule est moins dense en fin d'après-midi. Parking à 20 $ (15 $ après 17h). Un musée prestigieux à ne pas manquer.

Museum of Tolerance MUSÉE

(carte p. 262 ; réservations 310-772-2505 ; museumoftolerance.com ; 9786 W Pico Blvd ; tarif plein/senior/étudiant 15,50/12,50/11,50 $, exposition Anne Frank 15,50/13,50/12,50 $; 10h-17h dim-mer, ven, 10h-21h30 jeu, 10h-15h30 ven nov-mars ; P). Géré par le centre Simon Wiesenthal, ce musée de la Tolérance propose des activités interactives visant à nourrir tant la réflexion que la discussion sur le racisme et l'intolérance. Une exposition présente le contexte économique, politique et social à l'orée de l'Holocauste, et retrace le sort des millions de juifs persécutés. Au deuxième étage, une autre exposition poignante place le visiteur au cœur du quotidien d'Anne Frank.

Frederick R Weisman Art Foundation MUSÉE

(carte p. 262 ; 310-277-5321 ; weismanfoundation.org ; 265 N Carolwood Dr ; visite guidée 1 heure 30 à 10h30 et 14h lun-ven, sur réservation) GRATUIT Une visite dans la résidence de Frederick Weisman, à Holmby Hills, rappelle combien cet homme d'affaires et philanthrope était un insatiable collectionneur d'art. Les murs sont tapissés de toiles et les sols couverts de sculptures, toutes signées

Downtown Los Angeles

d'artistes visionnaires : Picasso, Kandinsky, Miró, Magritte, Rothko, Warhol, Rauschenberg et Ruscha. On trouve même une moto peinte par Keith Haring. Pensez à réserver plusieurs jours à l'avance.

Westwood Village Memorial Park Cemetery CIMETIÈRE
(carte p. 262 ; ☎310-474-1579 ; 1218 Glendon Ave, Westwood ; ⏲8h-18h ; P). Derrière les tours résidentielles de Wilshire Blvd, ce petit cimetière où reposent de grands noms du spectacle est un havre de paix. La tombe de Marilyn Monroe est un simple tiroir dans le caveau du nord-est. Au sud, le Sanctuary of Love accueille celle de Dean Martin. La pelouse centrale est le dernier séjour de célébrités telles que l'actrice Natalie Wood, la pin-up Bettie Page ou le crooner Roy Orbison (ce dernier dans une tombe anonyme, à gauche d'un panneau indiquant "Grandma Martha Monroe").

Malibu

La plage avec un grand "P". Que vous optiez pour une place sur le sable entre les rochers de grès et les plagistes seins nus d'**El Matador** (☎818-880-0363 ; 32215 Pacific Coast Hwy ; P), ou pour les blondes

Downtown Los Angeles

Les incontournables

1 Broad ... D3
2 City Hall ... E3
3 Grammy Museum ... A4
4 Hauser & Wirth ... F4
5 MOCA Grand ... D3
6 Walt Disney Concert Hall ... D3

À voir

7 Chinatown ... E1
8 Japanese American National Museum ... E4
9 LA Live ... A4
10 LA Plaza ... E2
11 Olvera Street ... E2
12 Pershing Square ... C4
13 Union Station ... F3

Où se loger

14 Ace Hotel ... C5

Où se restaurer

15 Grand Central Market ... D3
16 Howlin' Ray's ... E1
Manuela ... (voir 4)
17 Otium ... C3

Où prendre un verre et faire la fête

18 Angel City Brewery ... E4
19 Clifton's Republic ... C4

Où sortir

LA Clippers ... (voir 21)
LA Lakers ... (voir 21)
20 Los Angeles Philharmonic ... D3
21 Staples Center ... A5

Achats

22 Last Bookstore in Los Angeles ... D4
23 Raggedy Threads ... E4

étendues argileuses de Zuma et Westward, votre après-midi sera magique. Nombre de vedettes possèdent ici une maison, et font parfois leurs courses au **Malibu Country Mart** (carte p. 262 ; ☎310-456-7300 ; malibucountrymart.com ; 3835 Cross Creek Rd, Malibu ; ⊙10h-minuit lun-sam, 10h-22h dim ; 👪 ; 🚌 Ligne MTA 534).

L'un des trésors naturels de Malibu, le **Malibu Creek State Park** (carte p. 262 ; ☎818-880-0367 ; malibucreekstatepark.org ; 1925 Las Virgenes Rd, Cornell ; parking 12 $; ⊙aube-crépuscule), sillonné de chemins de randonnée et de canyons, est un site cher aux tournages de films ou de séries TV (parking 12 $). Parmi les plages célèbres de Malibu figurent **Surfrider**, bien nommée, près de Malibu Pier, **El Matador**, secrète, **Zuma Beach**, prisée des familles, et **Point Dume**, plus sauvage (parkings des plages de 3 à 12,50 $).

♥ Getty Villa — MUSÉE

(carte p. 262 ; ☎310-430-7300 ; getty.edu ; 17985 Pacific Coast Hwy, Pacific Palisades ; ⊙10h-17h mer-lun ; P 👪 ; 🚌 Ligne 534 Coastline Dr). GRATUIT Semblable à quelque coin de la Rome antique transporté en front d'océan Pacifique, cette réplique d'une villa du Ier siècle accueille, sur une grosse vingtaine d'hectares, des objets grecs, romains et étrusques vieux pour certains de 7 000 ans. Les galeries, les péristyles, l'atrium et les jardins richement dotés sont le cadre rêvé pour découvrir les frises, bustes et mosaïques millénaires amassés par le magnat du pétrole J. Paul Getty. Les verreries multicolores et les agencements géométriques du Hall of Colored Marbles sont à couper le souffle. Sans parler de la fontaine de Pompéi et du temple d'Héraclès.

Santa Monica

Santa Monica, la belle en bord de plage, mêle décontraction urbaine et ambiance balnéaire. Touristes, adolescents et artistes de rue se pressent dans la **Third Street Promenade**, piétonne et bordée de boutiques de chaînes. Pour un parfum plus local, arpentez l'élégante **Montana Avenue** ou l'éclectique **Main Street**, principale artère du quartier jadis surnommé "Dogtown", berceau de la culture skate.

La plupart des parkings publics du centre-ville offrent 1 heure 30 de stationnement.

Santa Monica Pier SITE REMARQUABLE
(carte p. 280 ; 310-458-8901 ; santamonicapier.org ;). Ancien point d'arrivée de la légendaire Route 66 et toujours objet d'un culte touristique, cette jetée très photographiée qui date de 1908 est le site le plus remarquable de la ville. Elle est dominée par le **Pacific Park** (carte p. 280 ; 310-260-8744 ; pacpark.com ; 380 Santa Monica Pier ; 5-10 $/manège, pass journée adulte/- 8 ans 35/19 $; tlj, horaires selon la saison ; ; Expo Line Downtown Santa Monica), parc d'attractions avec jeux d'arcade, fête foraine, grande roue et montagnes russes, que jouxte un **carrousel** (carte p. 280 ; 310-394-8042 ; adulte/enfant 2/1 $; horaires variables ;) d'époque et un **aquarium** (carte p. 280 ; 310-393-6149 ; healthebay.org ; 1600 Ocean Front Walk ; adulte/enfant 5 $/gratuit ; 14h-18h lun-jeu, 12h30-18h ven-dim ; ; Expo Line Downtown Santa Monica) . La jetée est particulièrement belle l'été au coucher du soleil, quand concerts gratuits et projections de films en plein air l'animent.

Venice

La **Boardwalk** (Ocean Front Walk ; carte p. 280 ; Venice Pier jusqu'à Rose Ave) de Venice, la célèbre promenade, offre un spectacle unique et dépaysant. Les bodybuildeurs accomplis y côtoient les artistes de rue et les vendeurs ambulants qui proposent pêle-mêle lunettes de soleil, bas de bikinis, ponchos et cannabis. Cyclistes et skaters filent sur leur voie réservée. Même les graffeurs ont leurs propres emplacements. Quelques rues plus loin, **Abbot Kinney Blvd** (carte p. 280 ; Big Blue Bus ligne n° 18) est l'épicentre de "New Venice", avec de nombreux restaurants, cafés et boutiques tendance. Les canaux du **Venice Canal Historic District** (carte p. 262), bordés de demeures extravagantes, sont l'occasion d'une paisible escapade.

Long Beach

S'étendant au sud du comté de Los Angeles, Long Beach, séparée par un canal du port de LA, forme avec celui-ci le plus grand port de porte-conteneurs des États-Unis. Cette facette industrielle passe inaperçue auprès du centre animé de la ville (Pine Ave déborde de restaurants et de bars) et de son front de mer rénové. La Blue Line du métro relie Downtown LA et Long Beach en moins d'une heure. Des minibus **Passport** (lbtransit.com) font gratuitement la navette entre les principaux sites touristiques.

Battleship Iowa MUSÉE, MÉMORIAL
(carte p. 262 ; 877-446-9261 ; pacificbattleship.com ; 250 S Harbor Blvd, San Pedro ; tarif plein/senior/enfant 20/17/12 $; 10h-17h, dernière admission 16h ; ; bus Metro Silver Line). Le cuirassé *Iowa*, tête de série de la classe du même nom, a fait la Seconde Guerre mondiale et la guerre froide. Désormais amarré à San Pedro Bay, ce bâtiment de 270 m de long (un peu plus que le *Titanic*), aussi haut qu'un immeuble de 18 étages, a été reconverti en musée. Les visiteurs téléchargent une application gratuite qui les guide à bord, de la cabine où coucha Franklin Delano Roosevelt aux tourelles, en passant par la cambuse, où étaient préparés quotidiennement jusqu'à 8 000 repas chauds.

Aquarium of the Pacific AQUARIUM
(billets 562-590-3100 ; aquariumofpacific.org ; 100 Aquarium Way, Long Beach ; tarif plein/réduit/enfant 30/27/19 $; 9h-18h ;). Attraction la plus captivante de Long Beach, l'Aquarium du Pacifique est un vaste océan high-tech couvert dans lequel évoluent requins, méduses et otaries. Plus de 11 000 créatures vivent dans quatre habitats reconstitués : les baies et lagons de Baja California, les eaux glacées du Pacifique Nord, les récifs coraliens tropicaux et les forêts d'algues locales. Les 2 700 m² du Pacific Visions, stupéfiante structure en verre,

sont dévolus à une exploration des relations entre l'homme et l'océan au moyen de présentations sonores, tactiles et visuelles, et de spectacles animaliers.

Museum of Latin American Art MUSÉE
(carte p. 262 ; 562-437-1689 ; molaa.org ; 628 Alamitos Ave, Long Beach ; tarif plein/senior, étudiant/enfant mer-sam 10/7 $/gratuit, gratuit dim ; 11h-17h mer et ven-dim, 11h-21h jeu ; P). Ce musée, le seul du pays consacré à l'art sud-américain et latino depuis 1945, organise des expositions temporaires et itinérantes de grande qualité. Parmi les plus récentes, citons celles sur l'art des Caraïbes, le tatouage ou les œuvres de Frank Romero, natif de LA.

Pasadena

Au pied des majestueux monts San Gabriel, Pasadena respire la prospérité et la distinction. Rien à voir avec l'urbanisme brut de LA. La cité est connue pour son architecture Arts & Crafts et pour la Rose Parade organisée chaque 1er janvier. Il y a de belles balades à faire dans la vieille ville (boutiques, cafés, bars, etc.) et le long de Colorado Blvd, à l'est de Pasadena Ave. La Gold Line du métro la relie à Downtown LA en 20 minutes.

Huntington Library, Art Collections & Botanical Gardens MUSÉE, JARDIN
(carte p. 262 ; 626-405-2100 ; huntington.org ; 1151 Oxford Rd, San Marino ; adulte semaine/week-end et jour férié 25/29 $, enfant 13 $, gratuit 1er jeu du mois ; 10h-17h mer-lun ; P). Le mélange art-littérature-histoire et près de 50 ha de jardins thématiques (tous valent le détour) font du Huntington un des endroits les plus agréables et les plus inspirants de LA, ainsi qu'une des attractions majeures de Californie. Il s'y trouve tant à voir que l'on ne saurait quoi conseiller d'emblée, sinon de prévoir au moins trois à quatre heures pour une visite rapide.

Gamble House ARCHITECTURE
(carte p. 262 ; librairie 626-449-4178, info 626-793-3334, tickets 844-325-0812 ; gamblehouse.org ; 4 Westmoreland Pl, Pasadena ; visite tarif plein/étudiant et senior/enfant 15/12,50 $/gratuit ; visite 10h30, 11h30 et 13h30 mar, 11h30-15h jeu-ven, 12h-15h sam-dim ; P). Cette maison au

VISITE DES STUDIOS

Saviez-vous que le tournage d'un seul épisode de sitcom prenait une semaine ? Ou que les plafonds apparaissaient rarement à l'écran… parce que c'est là que sont installés les spots d'éclairage ? Pour en apprendre encore plus sur la machine à rêves que sont le cinéma et la TV, rien de mieux qu'une visite des studios. C'est aussi le meilleur moyen de croiser une star, sauf pendant l'hiatus de mai à août, vacances et tournages en extérieur obligent. Réservation et pièce d'identité avec photo obligatoires.

Paramount (carte p. 262 ; 323-956-1777 ; paramountstudiotour.com ; 5555 Melrose Ave ; visite régulière/VIP 60/189 $, visite After Dark 99 $; visites 9h30-17h, dernière visite 15h). *Star Trek, Indiana Jones, Shrek*, tous ont été produits par le studio le plus ancien et le seul à être toujours installé à Hollywood même. Laissez-vous entraîner des coulisses aux plateaux par des guides aussi incollables que prolixes. Visites quotidiennes, toute l'année.

Sony (carte p. 262 ; 310-244-8687 ; sonypicturesstudiostours.com ; 10202 W Washington Blvd ; visite 50 $; visites 9h30, 10h30, 13h30, 14h30 lun-ven ; M Expo Line Culver City). La visite de deux heures (seulement la semaine) passe par les plateaux où ont été tournés *Men in Black*, *Spider-Man*, *Charlie et ses drôles de dames*, et emprunte la fameuse route en brique jaune du *Magicien d'Oz*, qui date de l'époque de la vénérable MGM.

Warner Bros (carte p. 262 ; 877-492-8687, 818-972-8687 ; wbstudiotour.com ; 3400 Warner Blvd, Burbank ; visites adulte/enfant 8-12ans à partir de 72/62 $; 8h30-15h30, horaires prolongés juin-août ; 155, 222, 501 arrêt à 350 m de l'accueil). La visite des studios Warner Bros (deux heures avec guide, plus le studio 48) est la plus amusante et la plus complète des trois. L'aventure débute par une rétrospective des grands films de la Warner (de *La Fureur de vivre* à *La La Land*), puis on est transporté (au propre comme au figuré) des studios aux plateaux extérieurs, afin de découvrir l'arrière-cuisine technique du rêve : accessoires, décors, effets spéciaux, etc. Visites quotidiennes, départ toutes les demi-heures.

Hollywood

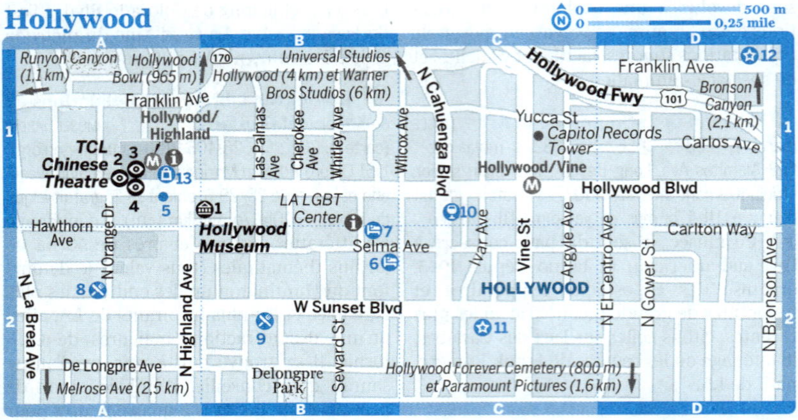

Hollywood

Les incontournables
1 Hollywood Museum B1
2 TCL Chinese Theatre A1

À voir
3 Dolby Theatre A1
4 Hollywood Walk of Fame A1

Activités
5 TMZ Celebrity Tour A1

Où se loger
6 Mama Shelter B2
7 USA Hostels Hollywood B2

Où se restaurer
8 In & Out Burger A2
9 Luv2eat B2

Où prendre un verre et faire la fête
Rooftop Bar at Mama Shelter .... (voir 6)
10 Tramp Stamp Granny's C1

Où sortir
11 ArcLight Cinemas C2
12 Upright Citizens Brigade Theatre D1

Achats
13 Hollywood & Highland A1

nord-ouest du centre de Pasadena est tenue pour un modèle d'architecture américaine et un chef-d'œuvre de style Arts & Crafts. Construite en 1908 par Charles et Henry Greene pour David Gamble (l'héritier de Procter & Gamble), elle comporte plus de 17 essences de bois et des vitraux qui colorent la lumière. Le mobilier et l'aménagement s'intègrent parfaitement à un ensemble où se révèlent des influences locales, japonaises et chinoises. Une véritable œuvre d'art.

Norton Simon Museum MUSÉE
(carte p. 262 ; ☎626-449-6840 ; nortonsimon.org ; 411 W Colorado Blvd, Pasadena ; tarif plein/senior/étudiant et enfant 15/12 $/gratuit ; ⏲12h-17h lun, mer et jeu, 11h-20h ven-sam,11h-17h dim ; P). *Les Bourgeois de Calais* de Rodin montent la garde à l'entrée, comme en manière d'ouverture, du reste magistrale, à la symphonie d'art qui attend le visiteur à l'intérieur. Norton Simon (1907-1993), un richissime industriel, avait une passion pour l'art et constitua une magnifique collection d'œuvres occidentales et de sculptures asiatiques. Mention spéciale pour les explications données par les cartels.

Activités

S'ils sont coutumiers des embouteillages, les habitants de LA n'en aiment pas moins les activités physiques. Adeptes de vitesse et de sensations fortes, ils profitent à loisir des sentiers escarpés de la région et des zones naturelles protégées, ou défient les vagues du Pacifique. Du reste, avec quelque 300 jours annuels d'ensoleillement, il est aisé d'avoir bonne mine.

Randonnée

Propice à la randonnée, LA est entourée par deux chaînes de montagnes, avec leur lot d'innombrables canyons. Parcourez les **San Gabriel Mountains**, du Mt Wilson aux arides plateaux de granit : l'ancien territoire des Gabrielinos est celui des derniers grizzlis de Californie. Ou bien partez sur les traces des Chumashes, dans les **Santa Monica Mountains** (nps.gov/samo/index.htm), plus petites mais aussi spectaculaires avec leurs pans escarpés, couverts de maquis (*chaparral*), qui plongent dans l'océan. Si vous traversez la chaîne d'est en ouest le long du **Backbone Trail**, n'oubliez pas de lever la tête au Sandstone Peak. Autres excursions d'une journée : le **Topanga Canyon State Park** (carte p. 262 ; ☎310-455-2465 ; parks.ca.gov ; 20828 Entrada Rd, Topanga ; 10 $ par véhicule ; ⏲8h-crépuscule), le **Malibu Canyon** (carte p. 262 ; Malibu Canyon Rd, Malibu), les parcs nationaux Point Mugu et **Leo Carrillo** (☎310-457-8143 ; parks.ca.gov ; 35000 W Pacific Coast Hwy, Malibu ; 12 $ par véhicule ; ⏲8h-22h ; P 👪). Les canyons **Runyon** (carte p. 262 ; runyoncanyonhike.com ; 2000 N Fuller Ave ; ⏲aube-crépuscule) et **Bronson** (carte p. 262 ; ☎818-243-1145 ; laparks.org/park/bronson-canyon ; 3200 Canyon Dr ; ⏲5h-22h30), à Hollywood, se parcourent en une heure ou deux. Pour d'autres idées de randonnées en Californie du Sud et aux alentours, consultez les sites trails.com et modernhiker.com.

Yoga

Si le yoga le plus communément pratiqué est le hatha yoga, il existe aussi – LA oblige – d'autres versions. Parmi les meilleurs cours, citons ceux de Vinyasa Yoga sur fond de hip-hop et de R&B dispensés par Studio Y7 à WeHo (y7-studio.com) et les sessions bière & yoga du dimanche à l'Angel City Brewery (p. 281), voisine.

Vélo et roller

Longez à vélo ou à rollers le **South Bay Bicycle Trail** (carte p. 280 ; ⏲lever-coucher du soleil ; 👪), une piste cyclable goudronnée qui longe la plage sur près de 35 km entre Santa Monica et Pacific Palisades. Il existe nombre de loueurs dans les villes balnéaires. Sachez que la piste est bondée le week-end.

Baignade et surf

Leo Carrillo State Park à Malibu, **Santa Monica State Beach** et **Hermosa Beach** à South Bay sont les meilleures plages pour la baignade. **Surfrider Beach** à Malibu est un spot de surf légendaire. Les prix des parkings varient selon la saison, tout comme la qualité de l'eau ; consultez la "Beach Report Card" sur brc.healthebay.org.

Circuits organisés

♥ Los Angeles Conservancy — À PIED

(☎213-623-2489 ; laconservancy.org ; adulte/enfant 15/10 $). Qu'il s'agisse d'un appartement Art déco, d'un dancing ou d'une salle de cinéma du temps du muet : le LA Conservancy, un organisme à but non lucratif, organise des promenades de 2 heures 30 à la découverte de ces joyaux architecturaux et d'autres trésors historiques de Downtown. Les séances Last Remaining Seats permettent d'assister aux projections de classiques du cinéma dans de somptueuses salles d'époque.

Esotouric — EN BUS

(☎213-915-8687 ; esotouric.com ; circuits 64 $). Découvrez les bas-fonds de LA à la faveur de ces circuits originaux, à pied ou en bus, organisés selon des thèmes comme les scènes de crimes (le Dahlia noir), les auteurs connus (de Chandler à Bukowski), et plus encore.

TMZ Celebrity Tour — EN BUS

(carte p. 272 ; ☎844-869-8687 ; tmz.com/tour ; 6822 Hollywood Blvd ; adulte/enfant 52/32 $; ⏲départ circuits 10h-17h la plupart du temps, consultez le site Internet pour en savoir plus ; Ⓜ Red Line Hollywood/Highland). N'ayez pas honte : oui, vous voulez voir des célébrités, jeter un coup d'œil à leurs maisons et rire de leurs turpitudes. Ces circuits très amusants en bus découverts durent deux heures, et vous croiserez probablement quelques-unes des personnalités préférées de la société de médias TMZ... peut-être même à bord du bus.

Dearly Departed — EN BUS

(☎855-600-3323 ; dearlydepartedtours.com ; circuits 50-85 $). Organisés de longue date, ces circuits parfois terrifiants et souvent amusants vous montreront des endroits où des célébrités ont trépassé, où Hugh Grant a bénéficié de services particuliers et, carrément macabre, où le gang de Charles Manson a assassiné Sharon Tate. Certains circuits ne conviennent pas aux enfants : choisissez bien.

Fêtes et festivals

First Friday — FÊTE DE RUE

(abbotkinneyfirstfridays.com ; ⏲17h-23h 1er ven du mois). À Venice, les magasins d'Abbot Kinney Blvd ferment plus tard, la rue est aux piétons et aux *food trucks* qui investissent les lieux.

100% LOCAL

LA CONFIDENTIEL

Films classiques dans des lieux d'exception Les organisateurs du Cinespia (cinespia.org) projettent des films sur le mur d'un mausolée géant du Hollywood Forever Cemetery (p. 266), l'été, ou dans de vieux cinémas de Downtown auxquels le public n'a d'habitude pas accès.

Patrimoine architectural LA Conservancy (laconservancy.org) propose des balades guidées de 2 heures 30 à la découverte des édifices de Downtown – du *penthouse* Art déco à la salle de bal Beaux-arts en passant par l'ancien cinéma muet. En juin se tiennent les séances "Last Remaining Seats", où des classiques du cinéma passent dans les mêmes salles que celles de Cinespia.

Au marché comme les grands chefs Les marchés fermiers présents dans tout le comté sont une manifestation de l'abondance californienne. Ceux du mercredi et du samedi à Santa Monica (p. 279), réputés, attirent des chefs célèbres. Celui du jeudi sur la pelouse au sud du **LA City Hall** (carte p. 268 ; 213-485-2121 ; lacity.org ; 200 N Spring St ; 9h-17h lun-ven) GRATUIT reverse 10% de ses bénéfices à la Los Angeles River Artists and Business Association (LARABA).

Routes panoramiques Pour en prendre plein les yeux, rendez-vous Mulholland Dr, entre le LA Basin et la San Fernando Valley ; ses virages réservent une vue magnifique de chaque côté. Sinon, prenez Palos Verdes Dr vers l'ouest depuis San Pedro, le panorama de 22 km le long de la côte vous fera oublier que vous êtes dans la seconde métropole des États-Unis.

Academy Awards CINÉMA
(oscars.org ; fin fév). Lors de la soirée la plus importante du septième art, les visiteurs se pressent devant le **Dolby Theatre** (carte p. 272 ; 323-308-6300 ; dolbytheatre.com ; 6801 Hollywood Blvd ; circuit plein/enfant, senior et étudiant 25/19 $; 10h30-16h ; P ; M Red Line Hollywood/Highland) pour admirer leurs stars favorites foulant le tapis rouge. Inscrivez-vous en novembre ou décembre pour faire partie des 700 heureux élus, ou regardez la cérémonie à la télévision.

Día de los Muertos CULTURE
(Jour des morts ; début nov). La communauté mexicaine de LA honore ses défunts autour du 2 novembre, avec des défilés costumés, des crânes en sucre, des pique-niques dans les cimetières, des processions aux chandelles et des autels incroyablement décorés. Il y a des événements dans toute la ville, notamment dans Olvera St et au Hollywood Forever Cemetery.

Où se loger

Des hébergements rock'n'roll de Downtown aux repaires cachés de Hollywood en passant par les retraites en bord de mer, LA propose un large éventail d'options pour se loger. L'essentiel est de s'y prendre à l'avance. Renseignez-vous et choisissez le quartier qui convient le mieux à votre projet, à votre style et à vos centres d'intérêt. Cherchez les promotions sur Internet et envisagez peut-être de venir entre janvier et avril, quand les prix et le taux d'occupation sont au plus bas (hormis durant la semaine des Oscars).

Downtown (centre-ville)

Ace Hotel HÔTEL $$$
(carte p. 268 ; 213-623-3233 ; acehotel.com/losangeles ; 929 S Broadway ; ch/studio à partir de 300/450 $; P). L'Ace (182 chambres) est un lieu branché, dont le charme réside dans les détails : fresques des Haas Brothers dans l'entrée et le restaurant, cocktails thématiques à déguster sur le toit et, dans la plupart des chambres au style rétro, peignoirs de boxe, draps imprimés (des partitions !), platines vinyles et guitares. Pour ne pas se sentir à l'étroit, mieux vaut prendre une chambre *medium*. Parking avec voiturier (40 $ la nuit).

Hollywood

USA Hostels Hollywood AUBERGE DE JEUNESSE $
(carte p. 272 ; 323-462-3777 ; usahostels.com ; 1624 Schrader Blvd ; dort 41-46 $, ch avec sdb à partir de 129 $; @ ; M Red Line Hollywood/Vine). Cette auberge conviviale est à quelques pas du Hollywood festif. Si les chambres

privatives sont un peu petites, vous vous ferez aisément de nouveaux amis lors des barbecues, des soirées comédie, des randonnées et des divers circuits à pied. Inclus dans le prix : linge, petit-déjeuner continental avec pancakes (à cuire soi-même) et Wi-Fi. Des fauteuils confortables sont installés sur le porche en façade, et des navettes gratuites desservent les plages.

Mama Shelter BOUTIQUE-HÔTEL **$$**
(carte p. 272 ; 323-785-6666 ; mamashelter.com ; 6500 Selma Ave ; ch à partir de 189 $; Red Line Hollywood/Vine). La chaîne française Mama Shelter est arrivée à LA avec sa recette ludique et branchée qui continue de faire son effet : distributeurs de chewing-gums, baby-foots, super bar sur le toit-terrasse (p. 282) et diffusion en direct des selfies et vidéos des clients. Les premiers prix restent abordables et les chambres, à la déco originale, sont petites mais agréables (literie de qualité, salle de bains confortable, téléviseur Apple avec Netflix).

West Hollywood et Mid-City

Palihotel BOUTIQUE-HÔTEL **$$**
(carte p. 276 ; 323-272-4588 ; pali-hotel.com ; 7950 Melrose Ave, Mid-City ; ch à partir de 175 $;). Nous aimons l'extérieur rustique revêtu de bois, le sol en béton ciré dans le hall, le spa proposant des massages thaïlandais et les 32 chambres de style contemporain qui sont assez grandes pour contenir un canapé ; certaines ont une terrasse. Excellent rapport qualité/prix.

Chateau Marmont HÔTEL **$$$**
(carte p. 276 ; 323-656-1010 ; chateaumarmont.com ; 8221 W Sunset Blvd, Hollywood ; ch 465 $, ste à partir de 845 $;). Si son charme “à la française” peut sembler daté, reste que la clientèle la plus huppée fréquente depuis longtemps ce faux château pour ses hauteurs isolées, son voile de mystère et sa discrétion. Howard Hughes y espionnait les naïades en bikini depuis la même suite avec balcon où le chanteur Bono a désormais ses habitudes. Faute de mieux, on pourra s'accorder un cocktail au **Bar Marmont** (carte p. 276 ; 323-650-0575 ; chateaumarmont.com ; 8171 Sunset Blvd, Hollywood ; 18h-2h).

Mondrian HÔTEL **$$$**
(carte p. 276 ; 323-650-8999, réservations 800-606-6090 ; mondrianhotel.com ; 8440 Sunset Blvd, West Hollywood ; ch/ste à partir de 329/369 $;) Cette tour élégante est une vitrine de LA depuis les années 1990. Des portes géantes face au Sunset Strip donnent sur une réception au décor épuré : murs blancs, bois blond, rideaux floconneux et employés à l'allure de mannequins. À l'étage, des couloirs, faiblement éclairés par des petites boîtes à lumière créées par James Turrell, mènent aux chambres rénovées récemment. Lustres, douches à effet pluie et couettes en duvet contribuent à leur charme.

Beverly Hills

Montage HÔTEL **$$$**
(carte p. 262 ; 310-860-7800 ; montagebeverlyhills.com ; 225 N Canon Dr, Beverly Hills ; ch/ste à partir de 695/1 175 $;). Le Montage (201 chambres) gratifie sa riche clientèle d'une ambiance raffinée, chaleureuse et feutrée. Mannequins et magnats déjeunent en bord de piscine, sur le toit, avant de profiter des vastes installations du spa dans un merveilleux décor oriental, ou de plonger dans un des bassins (mixtes ou non). Chambres classiques avec literie Sealy, lavabos en marbre, douche et baignoire spacieuses.

Avalon Hotel HÔTEL **$$$**
(carte p. 262 ; 310-277-5221 ; avalon-hotel.com/beverly-hills ; 9400 W Olympic Blvd, Beverly Hills ; ch à partir de 309 $;). Ici, les années 1950 ont été revues et corrigées à la mode actuelle, au grand bonheur des *fashionistas*. Marilyn Monroe y avait un appartement du temps où il s'agissait encore d'un immeuble d'habitation. Les chambres au style moderniste rétro, quoique toutes différentes, ont certains traits de design communs. Sans oublier la piscine, toute en courbes. Le glamour à prix honorable.

Santa Monica

HI Los Angeles – Santa Monica AUBERGE DE JEUNESSE **$**
(carte p. 280 ; 310-393-9913 ; hilosangeles.org ; 1436 2nd St ; dort 38-70 $, ch avec sdb commune 130-150 $, avec sdb privative 180-220 $; ; Expo Line Downtown Santa Monica). Une auberge de jeunesse (275 lits) idéalement située près de la plage et de la promenade. Les rénovations ont tiré les prix vers le haut. Les dortoirs, non mixtes,

West Hollywood et Mid-City

sont propres et sûrs, et les chambres ont une déco branchée. On apprécie le calme des parties communes (cour, bibliothèque, salle TV, salle à manger, cuisine).

Sea Shore Motel MOTEL **$$**

(carte p. 280 ; ☎310-392-2787 ; seashoremotel.com ; 2637 Main St ; ch 140-195 $, ste 240-300 $; P❄📶). Une sympathique pension familiale de 25 chambres, à un jet de frisbee de la plage. Intérieurs sommaires (carrelage et rotin) mais le quadruple vitrage des fenêtres isole plutôt bien de l'agitation de Main St. Les chambres sont plus spacieuses au 2e niveau, et les familles seront à leur aise dans les suites (de petits appartements) avec cuisine, et balcon à proximité.

Palihouse BOUTIQUE-HÔTEL **$$$**

(carte p. 280 ; ☎310-394-1279 ; palihousesantamonica.com ; 1001 3rd St ; ch à partir de 295 $; P❄@📶🐾). L'adresse la plus branchée de LA (avec le Ace) occupe l'ancien Embassy Hotel (style colonial espagnol, 1927). Le résultat est une alliance de l'ancien et du moderne. Les 38 chambres, studios et appartements T1, tous différents, disposent pour beaucoup d'une cuisine équipée. Mention spéciale pour les tables

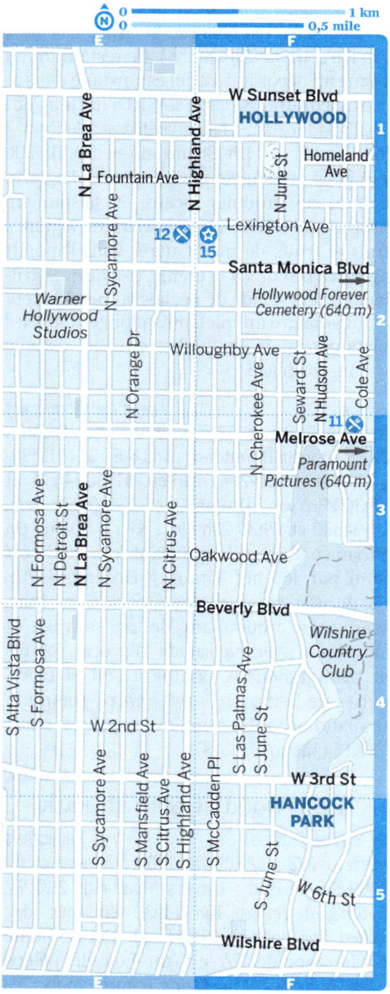

West Hollywood et Mid-City

Les incontournables
1 Los Angeles County Museum of Art C5

À voir
2 Grove C4
3 La Brea Tar Pits & Museum D5

Où se loger
4 Chateau Marmont C1
5 Mondrian B1
6 Palihotel C3

Où se restaurer
7 Canter's C3
8 Catch LA A3
9 Gracias Madre A3
10 Original Farmers Market C4
11 Providence F3
12 Salt's Cure E2

Où prendre un verre et faire la fête
13 Abbey A3
14 Bar Marmont C1

Où sortir
15 Celebration Theatre F2
16 Largo at the Coronet B3
17 Whisky-a-Go-Go A2

Achats
18 Fred Segal B1
19 Melrose Avenue D3

de pique-nique reconverties en bureaux et le papier peint animalier.

Long Beach

Hotel Maya BOUTIQUE-HÔTEL **$$**

(carte p. 262 ; ☎562-435-7676 ; hotelmayalongbeach.com ; 700 Queensway Dr, Long Beach ; ch à partir de 179 $; P ❄ @ ᯤ 🏊 🐾). Sis à l'ouest du *Queen Mary*, l'Hotel Maya en met plein la vue dès le vestibule avec ses verreries et ses lambris dans les tons rouille et magenta. Les 199 chambres réparties en quatre résidences hexagonales sur 4 ha plantés de palmiers ne sont pas en reste (parquet, tête de lit en galets, motifs mayas). La vue sur la ville vaut le supplément demandé.

Pasadena

Bissell House B&B B&B **$$**

(carte p. 262 ; ☎626-441-3535 ; bissellhouse.com ; 201 S Orange Grove Ave, South Pasadena ; ch à partir de 159 $; P ᯤ 🏊). Son mobilier ancien, son parquet et ses cheminées font de ce B&B victorien (1887) dans le “Millionaire's Row” un havre chaleureux et romantique. Le jardin, entouré de haies, a tout d'un sanctuaire, et la piscine est bienvenue en été. Parmi les 7 chambres, toutes avec salle de bains privative, la Prince Albert se distingue par son superbe papier peint et une baignoire à l'ancienne.

Où se restaurer

Il y a ici à voir et à manger, et la ville est riche, à ce titre également, d'influences multiples : un déjeuner y prend facilement des airs de florilège. Mais au-delà du *xiao long bao* cantonais, de la *farinata* génoise et autres plats typiques, le plus savoureux reste l'alliance de traditions : tacos mexico-coréens ou donut allégé au fromage frais végane, fourré à la confiture et au basilic... même à table, l'ennui n'a pas droit de cité à LA.

Downtown (centre-ville)

Grand Central Market MARCHÉ

(carte p. 268 ; grandcentralmarket.com ; 317 S Broadway ; 8h-22h ; ; Red/Purple Line Pershing Sq). Le bâtiment conçu par le prolifique architecte John Parkinson, et ayant abrité un temps les bureaux de Frank Lloyd Wright, sert d'écrin au marché de LA. Ouvert en 1917, il est aujourd'hui la Mecque des gastronomes de DTLA. Plongez dans une orgie de néons, d'étals et de comptoirs. Vous y trouverez de tout, des fruits et légumes frais à la cuisine de rue thaïe, des petits-déjeuners pour hipsters aux classiques des *deli*, des pâtes artisanales aux cafés d'origine.

Guisados TACOS $

(carte p. 262 ; 323-264-7201 ; guisados.co ; 2100 E Cesar Chavez Ave, Boyle Heights ; tacos à partir de 2,95 $; 9h-20h lun-ven, 9h-21h sam, 9h-17h dim ; Gold Line Mariachi Plaza). À LA, Guisados est réputé pour ses *tacos de guisados*, à savoir des *tortillas* (crêpes) de *nixtamal* (maïs) préparées à la demande, garnies d'un ragoût de viande mijotée. Faites-vous plaisir et prenez l'assiette-dégustation (7,25 $), mélange de 6 mini-tacos. Le *taco* aux *chiles torreados* (piments grillés) est incontournable pour les amateurs de plats relevés.

Howlin' Ray's POULET, CUISINE DU SUD $

(carte p. 268 ; 213-935-8399 ; howlinrays.com ; 727 N Broadway, Suite 128, Far East Plaza, Chinatown ; plats 9-16 $; 11h-19h mar-ven, 10h-19h sam-dim ; ; Gold Line Chinatown). Un succès difficile à battre ! Les clients font volontiers la queue deux heures, voire plus – les temps d'attente sont donnés en temps réel sur Twitter – à ce comptoir à emporter, avec des sièges et des tables de pique-nique éparpillées. Leur récompense : du poulet frit à la mode de Nashville, épicé selon une échelle allant de *country* (doux) à *howlin'* (brûlant).

Manuela AMÉRICAIN MODERNE $$

(carte p. 268 ; 323-849-0480 ; manuela-la.com ; 907 E 3rd St ; plats midi 16-21 $, soir 22-48 $; 11h30-15h30 et 17h30-22h mer-jeu, 11h30-15h30 et 17h30-23h ven, 10h-16h et 17h30-23h sam, 10h-16h et 17h30-22h dim ;). Ce restaurant en vogue au décor industriel est installé dans le centre culturel **Hauser & Wirth** (carte p. 268 ; 213-943-1620 ; hauserwirthlosangeles.com ; 901 E 3rd St ; 11h-18h mer et ven-dim, 11h-20h jeu) GRATUIT, une ancienne minoterie. La carte à base de produits locaux et saisonniers propose un joli mélange de viandes, légumes frais et fruits de mer. Ouvrez-vous l'appétit avec des biscuits à la crème, des huîtres grillées ou une salade de pêches jaunes à la féta et au vinaigre au miel, puis plongez dans les plats parfumés aux herbes cueillies dans le jardin, sur place.

Otium AMÉRICAIN MODERNE $$$

(carte p. 268 ; 213-935-8500 ; otiumla.com ; 222 S Hope St, Downtown ; plats 8-60 $; 11h30-14h30 et 17h30-22h mar-jeu, 11h30-14h30 et 17h30-23h ven, 11h-14h30 et 17h30-23h sam, 11h-14h30 et 17h30-22h dim ; ;). Voisin du Broad (p. 261), ce restaurant à la mode est tenu par le chef Timothy Hollingsworth. Ce dernier propose des associations inattendues – croustillant de riz sauvage et amarante avec sa salade d'avocat, bettes et pamplemousse, poulpe à l'ail et trompettes-de-la-mort, *tom kha* (bouillon thaïlandais à la noix de coco) et steak "XXL" (jusqu'à 185 $).

Hollywood et Griffith Park

In & Out Burger BURGERS $

(carte p. 272 ; 800-786-1000 ; in-n-out.com ; 7009 Sunset Blvd ; burgers à partir de 2,10 $; 10h30-1h dim-jeu, 10h30-1h30 ven-sam ; ; Red Line Hollywood/Highland). Cette chaîne de burgers de LA est un lieu de pèlerinage pour les *Angelenos* comme pour les touristes. Oui, nous parlons bien de *fast-food*, mais In & Out prépare des burgers artisanaux depuis 1948, avec de la viande fraîche (non surgelée) et des frites coupées à la main. Le burger de base déborde de laitue et de tomate, d'oignon crus ou frits, le tout agrémenté d'une sauce maison.

Luv2eat THAÏLANDAIS $

(carte p. 272 ; 323-498-5835 ; luv2eatthai.com ; 6660 W Sunset Blvd, Hollywood ; plats 9-16 $; 11h-15h30 et 16h30-23h30 ;). Ne vous laissez pas arrêter par son nom étrange et son emplacement, dans un centre commercial : Luv2eat est le temple des amateurs de cuisine thaïlandaise. Diplômée du Cordon

Bleu, Fern, ancienne chef du Polo Lounge (p. 282), et Pla, originaire de Thaïlande, proposent de généreuses portions de plats authentiques, d'une originalité rarement égalée dans une ville où les restaurants thaïlandais sont pourtant légion. Elles cuisinent aussi les grands classiques.

Salt's Cure AMÉRICAIN MODERNE **$$**

(carte p. 276 ; ☎323-465-7258 ; saltscure.com ; 1155 N Highland Ave ; plats midi 12-24 $, soir 18-36 $; ⏲11h-15h lun, 11h-22h mar-ven, 10h-22h sam, 10h-15h dim). Entre lambris et sol en ciment, Salt's Cure se proclame fièrement locavore. Des légumes de saison aux viandes découpées et maturées sur place, la carte célèbre les produits californiens. Vous dégusterez des versions sophistiquées de plats rustiques et roboratifs : *capocollo* (salami) à la pâte de piment, magret de canard accompagné de *griddle cakes* (crêpes) étonnamment légères et compote de mûres.

♥ **Providence** AMÉRICAIN MODERNE **$$$**

(carte p. 276 ; ☎323-460-4170 ; providencela.com ; 5955 Melrose Ave ; plats 38-48 $, menus dégustation soir 120-240 $; ⏲12h-14h et 18h-22h lun-ven, 17h30-22h sam, 17h30-21h dim ; P). Figurant régulièrement en tête des classements des grands restaurants de LA, le bébé du chef Michael Cimarusti a été récompensé par la Fondation James Beard et le Michelin (deux étoiles). Des produits de la mer extra-frais y sont transformés en plats raffinés, tels les ormeaux à l'aubergine, aux navets et aux algues, ou la langouste aux noix de macadamia et à la truffe noire. Choix à la carte le midi seulement.

West Hollywood et Mid-City

Original Farmers Market MARCHÉ **$**

(carte p. 276 ; ☎323-933-9211 ; farmersmarketla.com ; 6333 W 3rd St ; ⏲9h-21h lun-ven, 9h-20h sam, 10h-19h dim ; P 👪). Le marché fermier est idéal pour un repas sur le pouce à toute heure de la journée, surtout avec des enfants. Le choix ne manque pas dans ses allées étroites : *gumbo* et classiques de *diner*, bistrot français, nouilles à la mode de Singapour ou tacos, à manger sur place ou à emporter. Avant ou après, faites un détour par le **Grove** (carte p. 276 ; thegrovela.com ; 189 The Grove Dr ; P 👪 ; 🚌lignes MTA 16, 17, 780 Wilshire & Fairfax).

Gracias Madre VÉGÉTALIEN, MEXICAIN **$$**

(carte p. 276 ; ☎323-978-2170 ; graciasmadreweho.com ; 8905 Melrose Ave, West Hollywood ; plats midi 12-17 $, soir 12-18 $; ⏲11h-23h lun-ven, 10h-23h sam-dim ; 🌶). Gracias Madre prouve à quel point la cuisine mexicaine végétalienne et bio peut être savoureuse et raffinée. Prenez place dans le joli patio ou la salle lumineuse et apprêtez-vous à manger sain : *flautas* (petites tortillas farcies) de patate douce, "bacon" de noix de coco, *quesadillas* à la banane plantain, plus salades et bols divers. "Fromage" de noix de cajou, "chorizo" de champignons – il y a toujours des créations étonnantes.

Canter's RESTAURANT-TRAITEUR **$$**

(carte p. 276 ; ☎323-651-2030 ; cantersdeli.com ; 419 N Fairfax Ave, Mid-City ; plats 8-29 $; ⏲24h/24 ; P). Les *deli* à l'ancienne se développent mais Canter's, implanté depuis 1931 dans le quartier juif de Fairfax, reste une valeur sûre. Des serveuses revenues de tout y assaisonnent de leurs commentaires les immuables pastrami, corned-beef et boulettes de *matzo*. Petit-déjeuner toute la journée. La salle est vaste, les présentoirs sont à l'entrée.

Catch LA FUSION **$$$**

(carte p. 276 ; ☎323-347-6060 ; catchrestaurants.com/catchla ; 8715 Melrose Ave, West Hollywood ; plats à partager 8-39 $, plats 34-79 $; ⏲11h-15h sam-dim, 17h-2h tlj ; P). LA dans toute sa splendeur. Des paparazzis guettent les vedettes depuis le trottoir, un videur vérifie les réservations... mais tout cela semble bien loin une fois rejoint le restaurant-bar en terrasse qui surplombe, depuis le 3e niveau, West Hollywood. Le Pacifique a inspiré la carte, où des cocktails inventifs voisinent avec des plats à partager, comme les sashimis aux truffes, les *wraps* de cabillaud et laitue, ou les pétoncles et chou-fleur au beurre noir au tamarin.

Santa Monica

Santa Monica Farmers Markets MARCHÉS **$**

(carte p. 280 ; smgov.net/portals/farmersmarket ; Arizona Ave, entre 2nd St et 3rd St ; ⏲Arizona Ave 8h30-13h30 mer, 8h-13 sam ; 👪). 🍃 Santa Monica reste un mystère tant qu'on ne s'est pas plongé dans un de ses marchés qui regorgent de fruits et légumes bio, de fleurs, de pâtisseries et d'huîtres tout juste extraites de leurs coquilles. À choisir, le marché du mercredi, au coin de la 3e et d'Arizona, est le plus grand ; les chefs locaux y font souvent

Santa Monica et Venice

Santa Monica et Venice

Les incontournables
1 Abbot Kinney Boulevard....................B5
2 Santa Monica Pier A2
3 Venice Boardwalk............................A5

À voir
4 Pacific Park A2
5 Santa Monica Pier Aquarium.............A2
6 Santa Monica Pier Carousel..............A2

Activités
7 South Bay Bicycle Trail.....................A2

Où se loger
8 HI Los Angeles – Santa Monica..........A2
9 Palihouse A1
10 Sea Shore Motel A3

Où se restaurer
11 Cassia...B1
12 Gjelina B5
13 Santa Monica Farmers Markets A1

Où prendre un verre et faire la fête
14 Basement Tavern A3

leurs emplettes, ce qui en dit long sur la qualité des produits.

Cassia ASIATIQUE $$$

(carte p. 280 ; ☎310-393-6699 ; cassiala.com ; 1314 7th St ; entrées 12-18 $, plats 19-76 $; ⏲17h-22h dim-jeu, 17h-23h ven-sam ; P). Ce restaurant clair et spacieux est plébiscité par tous les guides culinaires depuis son ouverture en 2015. Son chef, Bryant Ng, tire le meilleur de ses racines chinoises et singapouriennes avec ses tartines de *kaya* (à base de lait de coco, œuf et beurre), ses crevettes grillées et son pot-au-feu vietnamien (mijoté de côtelettes, moelle, légumes, le tout savamment assaisonné).

Venice

Gjelina AMÉRICAIN $$$

(carte p. 280 ; ☎310-450-1429 ; gjelina.com ; 1429 Abbot Kinney Blvd, Venice ; légumes, salades, pizzas 10-18 $, grandes assiettes 15-45 $; ⏲8h-minuit ; 👪 ; 🚌Big Blue Bus ligne 18). Venice, aujourd'hui, c'est ça : le choix entre un banc commun où se côtoient hipsters et jeunes cadres, et une table en bois plus petite sur l'élégante terrasse dallée. La carte va des assiettes composées (poisson cru au piment et à la menthe, mariné dans l'huile d'olive et l'orange sanguine) aux délicieuses pizzas cuites au feu de bois.

Long Beach

Pigburd AMÉRICAIN $$

(carte p. 262 ; ☎562-269-0731 ; pigburd.com ; 743 E 4 th St, East Village, Long Beach ; plats 15-29 $; ⏲15h-22h lun-mar, 9h-22h mer-jeu et dim, 9h-23h ven-sam). Ce bistrot proche du centre de Long Beach plaît à plus d'un titre : œufs, légumes et viande venus de petites fermes familiales dictent la carte, toujours changeante, tandis que la salle est éclairée par de grandes baies vitrées pour voir la ville au-dehors.

Pasadena

La Grande Orange CALIFORNIEN $$
(carte p. 262 ; ☎626-356-4444 ; lgostationcafe.com ; 260 S Raymond Ave, Pasadena ; pizzas 15-17 $, plats 15-47 $; 11h-22h lun-jeu, 11h-23h ven, 10h-23h sam, 9h-21h dim ; P ; M Gold Line Del Mar). L'ancienne gare de Pasadena (datant de 1911) a été joliment rénovée pour devenir ce restaurant gai et réputé. La salle de restaurant a été aménagée dans le hall, à la charpente en bois, tandis que la cuisine a pris place dans la billetterie. La carte est nord-américaine : burgers grillés au charbon de bois et produits de la mer, salades et – plus chers – steaks du Mid-West maturés. Depuis le grand bar, regardez passer les trains de la Gold Line.

Où prendre un verre et faire la fête

Quelle que soit votre envie, café bio au CBD, cocktail de Campari frappé et beurre de cacahuètes, infusion de thé oolong *made in Chinatown*, LA trouvera à vous combler. Des torréfacteurs et brasseurs postindustriels aux salons feutrés, en passant par les bars à cocktails hollywoodiens et les pistes de bowling, il y a matière à moisson de souvenirs.

Downtown

Clifton's Republic BAR À COCKTAILS
(carte p. 268 ; ☎213-627-1673 ; cliftonsla.com ; 648 S Broadway ; 11h-minuit mar-jeu, 11h-2h ven, 10h-2h30 sam, 10h-minuit dim ; ; M Red/Purple Line Pershing Sq). Ouvert en 1935, réouvert récemment après une rénovation à 10 millions de dollars, Clifton's est indescriptible. Sur plusieurs niveaux se mêle une clientèle aussi disparate que le décor : le bar a des allures d'autel gothique, tandis qu'au milieu d'animaux empaillés et à l'ombre d'un faux séquoia de 12 m se tiennent des spectacles burlesques pleins de paillettes. Une porte vitrée mène à un paradis exotique où des DJ officient depuis un hors-bord reconverti.

Angel City Brewery MICROBRASSERIE
(carte p. 268 ; ☎213-622-1261 ; angelcitybrewery.com ; 216 S Alameda St ; 16h-1h lun-jeu, 16h-2h ven, 12h-2h sam, 12h-1h dim). La fabrique de câbles de suspension a fait place à un bar-brasserie. C'est un lieu très fréquenté, tout près d'Arts District, où on vient siroter son *India pale ale* ou sa *chai-spiced Imperial* en écoutant de la musique. Pour les tacos, s'adresser aux *food trucks*.

LA GAY ET LESBIEN

Los Angeles est la ville des États-Unis qui a le plus fait pour la culture LGBT. La communauté homosexuelle est présente dans tout le comté, mais le drapeau arc-en-ciel flotte tout particulièrement à Boystown, sur les toits des dizaines de bars, cafés, restaurants, boîtes et clubs de sport qui bordent Santa Monica Blvd (West Hollywood). Si la plupart s'adressent surtout aux hommes, il existe de nombreux établissements mixtes ou réservés aux femmes. La communauté s'anime surtout du jeudi au dimanche soir.

Même hors des boîtes et des bars, il est facile de faire des rencontres à LA. On peut ainsi jogger avec les **Frontrunners** (lafrontrunners.com) ou randonner avec les **Great Outdoors** (greatoutdoorsla.org). Ces derniers organisent des sorties de nuit et de jour, ainsi que des promenades en ville. Et pour une immersion historique, rien de mieux que la balade commentée **Out & About Tours** (thelavendereffect.org/tours ; à partir de 30 $).

Le **Celebration Theatre** (carte p. 276 ; ☎323-957-1884 ; celebrationtheatre.com ; 6760 Lexington Ave, Hollywood) n'est pas le seul théâtre gay de la ville, mais c'est une des principales scènes du pays pour les pièces LGBT. Pour un hilarant spectacle de travestis, rendez-vous sous le restaurant Casita del Campo, au **Cavern Club Theater** (carte p. 262 ; cavernclubtheater.com ; 1920 Hyperion Ave, Silver Lake). Si les dates coïncident, ne manquez surtout pas le **Gay Men's Chorus of Los Angeles** (gmcla.org), un collectif fondé en 1979.

Durant la seconde quinzaine de mai, la **Long Beach Pride Celebration** (☎562-987-9191 ; longbeachpride.com ; 450 E Shoreline Dr, Long Beach ; défilé gratuit, accès festival tarif plein/enfant et senior 25 $/gratuit ; mi-mai) marque le coup d'envoi de la saison des festivals. La **LA Pride** (lapride.org) se déroule pendant trois jours mi-juin. Le défilé a lieu sur Santa Monica Blvd, comme celui de Halloween (31 octobre), où plus de 500 000 fêtards déguisés laissent libre cours à leur imagination.

Hollywood

Rooftop Bar at Mama Shelter BAR

(carte p. 272 ; ☎323-785-6600 ; mamashelter.com/en/los-angeles/restaurants/rooftop ; 6500 Selma Ave ; ⊙12h-1h lun-jeu, 11h-2h ven-sam, 11h-1h dim ; Ⓜ Red Line Hollywood/Vine). Plus qu'un bar sur le toit-terrasse d'un hôtel, cette oasis tropicale offre une vue superbe sur les lettres géantes de "Hollywood" et les gratte-ciel de LA. Sur des chaises longues multicolores, savourez des en-cas amusants comme les "*boujee fries*" (galettes de pommes de terre) et des tacos haut de gamme. Clientèle variée, allant des clients de l'hôtel aux employés de Buzzfeed, juste à côté. Parfait pour siroter un cocktail en s'amusant à repérer les monuments.

Tramp Stamp Granny's BAR

(carte p. 272 ; ☎323-498-5626 ; trampstampgrannys.com ; 1638 N Cahuenga Blvd ; ⊙20h-1h mar-mer, 18h-1h jeu-ven, 20h-2h sam ; Ⓜ Red Line Hollywood/Vine). Au cœur de Hollywood, ce piano-bar tenu par Darren Criss (star des séries *Glee* et *L'Assassinat de Gianni Versace*), entre chic et kitsch, est très amusant. Des pianistes talentueux viennent taquiner l'ivoire et les clients chantent leurs chansons préférées – essayez les soirées à thème (Disney, ça vous dit ?). Cocktails inventifs et forts.

West Hollywood

Abbey BAR GAY

(carte p. 276 ; ☎310-289-8410 ; theabbeyweho.com ; 692 N Robertson Blvd, West Hollywood ; ⊙11h-2h lun-jeu, 10h-2h ven, 9h-2h sam-dim). On a dit de cet établissement qu'il était le meilleur bar gay au monde. De fait, cet ancien café sans prétention est devenu un bar-club-restaurant parmi les plus réputés de West Hollywood. L'inventivité des barmen semble sans limites (avec notamment pléthore de recettes de *mojitos*), et les cuisiniers ne sont pas en reste (plats 14-21 $).

Beverly Hills

Polo Lounge BAR SÉLECT

(carte p. 262 ; ☎310-887-2777 ; dorchestercollection.com/en/los-angeles/the-beverly-hills-hotel ; Beverly Hills Hotel, 9641 Sunset Blvd, Beverly Hills ; ⊙7h-1h30). Tenue correcte (exigée) et martini (conseillé) au légendaire bar du Beverly Hills Hotel : une soirée classique à LA. Charlie Chaplin avait son couvert mis table n°1, et c'est dans ces murs, en 1972, que Harry Haldeman et John Ehrlichman, de proches collaborateurs du président Nixon, furent mis au courant du cambriolage du Watergate, pendant qu'ils prenaient le petit-déjeuner. Brunch jazz très couru le dimanche (adulte/enfant 95/20 $).

Santa Monica

Basement Tavern BAR

(carte p. 280 ; basementtavern.com ; 2640 Main St ; ⊙17h-2h). Un lieu de rencontres original (sous le Victorian), et l'une des meilleures adresses de Santa Monica. On apprécie notamment les cocktails maison, les box isolés, le bar central et le programme musical (concerts de blues, jazz, rock, country-bluegrass). L'endroit est bondé le week-end, mais les soirs de semaine sont vraiment magiques.

Long Beach

Pike BAR

(carte p. 262 ; ☎562-437-4453 ; pikelongbeach.com ; 1836 E 4th St, Long Beach ; ⊙11h-2h lun-ven, 9h-2h sam-dim ; 🚌Ligne 22). Donnant juste à côté de Retro Row, ce bar de quartier à la déco marine, propriété de Chris Reece (du groupe Social Distortion), propose des concerts de jeunes artistes montants. On y sert de la bière, au pichet ou en bouteille, et des cocktails style *mezcarita* et *greenchelada* (*michelada* agrémentée de concombre, piment et citron vert).

☆ Où sortir

Hollywood Bowl CONCERTS

(carte p. 262 ; ☎323-850-2000 ; hollywoodbowl.com ; 2301 N Highland Ave ; répétitions gratuites, prix variables selon spectacles ; ⊙juin-sept). L'été à LA ne serait pas le même sans les concerts en plein air du Bowl, un splendide amphithéâtre naturel sous les étoiles de Hollywood Hills. Le programme des spectacles va du classique au jazz, sans oublier des artistes internationaux comme Blondie, Bryan Ferry ou Angélique Kidjo. Prévoir un pull ou une couverture : les nuits peuvent être fraîches !

Upright Citizens Brigade Theatre HUMOUR

(carte p. 272 ; ☎323-908-8702 ; franklin.ucbtheatre.com ; 5919 Franklin Ave ; tickets 5-12 $). Fondée à New York par Amy Poehler, Ian Roberts, Matt Besser et Matt Walsh, cette troupe de comiques s'est clonée à Hollywood en 2005. Avec des spectacles presque tous les soirs

LA AVEC DES ENFANTS

Vous n'aurez que l'embarras du choix. Le **Los Angeles Zoo** (p. 266) dans le **Griffith Park** (p. 266) est une valeur sûre. Les fans de dinosaures exploreront les **La Brea Tar Pits** (p. 267) et le **Natural History Museum** (p. 265), tandis que les scientifiques en herbe apprécieront le **Griffith Observatory** (p. 266) et le **California Science Center** (p. 265). Rendez-vous à l'**Aquarium of the Pacific** (p. 270), à Long Beach, pour voir des créatures marines. Le parc d'attractions de **Santa Monica Pier** (p. 270) convient aux enfants de tout âge, alors que l'**Universal Studios Hollywood** (carte p. 262 ; ☎800-864-8377 ; universalstudioshollywood.com ; 100 Universal City Plaza, Universal City ; 1/2 jour à partir de 109/49 $, -3 ans gratuit ; ⏲tlj, horaires variables ; P 👪 ; M Red Line Universal City) s'adresse d'abord aux ados et préados. Mais la palme revient à deux parcs à thèmes du comté d'Orange, **Disneyland** (p. 286) et **Knott's Berry Farm** (p. 287).

allant du stand-up à l'improvisation et aux sketches, c'est sans doute le meilleur théâtre comique de LA. Service de voiturier à 7 $.

Il y a une seconde adresse, au sud-est, au 5419 W Sunset Blvd, près de Thai Town et de Western Ave.

Geffen Playhouse THÉÂTRE
(carte p. 262 ; ☎310-208-5454 ; geffenplayhouse.com ; 10886 Le Conte Ave, Westwood). Le richissime producteur David Geffen a dépensé plus de 17 millions de dollars pour rénover cette villa de style méditerranéen. À l'affiche, des classiques du théâtre américain et des pièces récentes, régulièrement interprétés par des stars de la TV ou du cinéma.

Los Angeles Philharmonic MUSIQUE CLASSIQUE
(carte p. 268 ; ☎323-850-2000 ; laphil.org ; 111 S Grand Ave). L'orchestre philharmonique de LA interprète des œuvres classiques et avant-gardistes sous la direction du jeune et talentueux Vénézuélien Gustavo Dudamel.

Dodger Stadium BASE-BALL
(carte p. 268 ; ☎866-363-4377 ; dodgers.com ; 1000 Vin Scully Ave). En matière de palmarès et de fans, peu de clubs peuvent rivaliser avec les Dodgers – qui compte des légendes du base-ball comme Jackie Robinson, Sandy Koufax, Kirk Gibson et le commentateur sportif Vin Scully. Datant des années 1950, leur stade entouré de palmiers avec les montagnes de San Gabriel en toile de fond reste une référence. Pour avoir une belle vue, rendez-vous derrière le marbre (*home plate*) et, pour bien manger, cap sur le pavillon, côté champ droit, où tout est à volonté.

Largo at the Coronet CONCERTS, SPECTACLES
(carte p. 276 ; ☎310-855-0530 ; largo-la.com ; 366 N La Cienega Blvd, Mid-City). Depuis son ouverture dans Fairfax Ave, le Largo a été un tremplin de la culture pop (il a fait connaître l'acteur Zach Galifianakis). Il fait désormais partie du Coronet Theatre, et accueille des humoristes audacieux, tels Sarah Silverman et Nick Offerman, et des musiciens de haut vol comme le Preservation Hall Jazz Band.

Arclight Cinemas CINÉMA
(carte p. 272 ; ☎323-464-1478 ; arclightcinemas.com ; 6360 W Sunset Blvd ; billets 14-16 $; M Red Line Hollywood/Vine). Ses places numérotées, ses célébrités de passage et sa programmation variée (blockbusters et films d'auteur) font de ce multiplex (14 salles) une valeur sûre. Si le programme vous convient, prenez place dans le fabuleux Cinerama Dome géodésique de 1963. Bonus : des projections pour les plus de 21 ans où on peut prendre un verre et rencontrer metteurs en scène, scénaristes et acteurs. Parking 3 $/4 heures.

LA Lakers BASKET-BALL
(carte p. 268 ; ☎888-929-7849 ; nba.com/lakers ; billets à partir de 65 $). Les Lakers, l'une des deux équipes du championnat de basket-ball de Los Angeles avec les **Clippers** (carte p. 268 ; ☎213-204-2900 ; nba.com/clippers ; billets à partir de 20 $), résident au **Staples Center** (carte p. 268 ; ☎213-742-7100 ; staples-center.com ; 1111 S Figueroa St), dans Downtown. Leur notoriété est telle qu'on connaît leurs joueurs par leur seul patronyme ou surnom, comme Kareem, Magic, Shaq, Kobe et LeBron, mais leurs résultats sont décevants depuis quelques saisons.

Achats

À LA, ville où créativité et fantaisie sont les maîtres mots, nul besoin d'être accro au shopping pour se laisser aller à des achats impulsifs. Il y a toujours une bonne raison de s'offrir une robe vintage ou un sac en édition limitée.

SHOPPING DANS LE FASHION DISTRICT

Le Fashion District est un dédale de rues animées au sud-ouest de Downtown, où les boutiques recèlent pléthore de bonnes affaires. Sachez que le quartier est gigantesque, mais pas de panique, le site fashiondistrict.org vous aidera à vous orienter.

Downtown

Raggedy Threads VINTAGE

(carte p. 268 ; 213-620-1188 ; raggedythreads.com ; 330 E 2nd St ; 12h-19h lun-sam, 12h-18h dim ; Gold Line Little Tokyo/Arts District). Cette boutique vintage installée à l'entrée de Little Tokyo est fabuleuse. Hormis de beaux jeans, on y trouve une superbe collection de salopettes d'avant 1950 (origine : US, Japon et France) et un choix intéressant – à prix abordables – de robes anciennes et de t-shirts sympas.

Last Bookstore in Los Angeles LIBRAIRIE

(carte p. 268 ; 213-488-0599 ; lastbookstorela.com ; 453 S Spring St ; 10h-22h lun-jeu, 10h-23h ven-sam, 10h-21h dim). La plus grande librairie de Californie (livres neufs et d'occasion), naguère simple stand, occupe désormais les deux étages d'une ancienne banque. À voir : le cabinet de livres anciens, le coin du crime et des horreurs, le "tunnel de livres" et quelques œuvres d'art. La collection de vinyles ne manque pas d'arguments non plus.

Melrose Avenue MODE, ACCESSOIRES

(carte p. 276). Lieu de shopping populaire et légendaire, Melrose Avenue est aussi réputée pour l'exubérance des passants que pour ses produits de consommation. On y croise coupes de cheveux et personnalités de tous styles et de toutes les couleurs, et on y trouve de tout, des bijoux gothiques aux vêtements vintage, en passant par des baskets sur mesure, de l'herbe ou des porcs-épics empaillés, parfois très chers. La partie commerçante s'étend entre Fairfax Ave et La Brea Ave.

Fred Segal MODE

(carte p. 276 ; 323-432-0560 ; fredsegal.com ; 8500 Sunset Blvd, West Hollywood ; 10h-21h lun-sam, 11h-18h dim). Une sortie shopping à LA ne serait pas complète sans un arrêt chez Fred. Ce dédale de 1 200 m² de boutiques haut de gamme, incroyablement chic et quelque peu prétentieux, a quitté récemment son emplacement dans Melrose Ave. Il attire célébrités et jeunesse dorée venues chercher la dernière mode décontractée californienne. Les seules périodes où on peut y faire de bonnes affaires (si on peut dire) sont les soldes, en été et en janvier.

Pasadena

Rose Bowl Flea Market MARCHÉ

(carte p. 262 ; rgcshows.com ; 1001 Rose Bowl Dr, Pasadena ; entrée à partir de 9 $; 9h-16h30 2e dim du mois, dernière admission 15h, accès spéciaux à partir de 5h). Depuis 50 ans, qu'il pleuve ou qu'il vente, le stade du Rose Bowl accueille chaque deuxième dimanche du mois le "marché aux puces des stars", où on se presse en quête du mouton à cinq pattes. Plus de 2 500 vendeurs et quelque 20 000 acheteurs s'y retrouvent. On peut y savourer des en-cas et boissons typiques des fêtes de rue : burgers, hot dogs, frites, saucisses, sushis (on est à LA !), limonades, cocktails, etc.

Renseignements

DÉSAGRÉMENTS ET DANGERS

Malgré la représentation apocalyptique qu'en donne l'industrie du spectacle – armes à feu, criminalité, séismes –, Los Angeles est une ville plutôt sûre. Les plus grands dangers viennent sans doute de la circulation : mettez votre ceinture, ne conduisez pas avec un téléphone à la main (c'est interdit), et sachez que des embouteillages peuvent survenir – ou disparaître – mystérieusement, aux moments les plus inattendus.

MÉDIAS

Eater LA (la.eater.com). Infos et critiques récentes du monde gastronomique en perpétuelle évolution de LA.

KCRW 89.9 FM (kcrw.com). La meilleure radio de la ville en matière de culture retransmet la radio publique nationale (NPR), de la musique indé et éclectique, des entretiens éclairés, et annonce spectacles et événements de tout le sud de la Californie.

LA Weekly (laweekly.com). Hebdomadaire gratuit ; liste des concerts et spectacles.

LAist (laist.com). Arts, spectacles, gastronomie et potins de la pop-culture.

Los Angeles Magazine (lamag.com). Magazine mensuel comprenant un guide pratique des restaurants et d'excellents articles.

Los Angeles Times (latimes.com). Un des grands quotidiens de la côte ouest (de centre-gauche).

OFFICES DU TOURISME

Downtown LA Visitor Center (carte p. 268 ; discoverlosangeles.com ; Union Station, 800 N Alameda St, Downtown ; 9h-17h ; Red/Purple ou Gold Line Union Station). Cartes et renseignements touristiques, dans le hall de Union Station.

Los Angeles Visitor Information Center (carte p. 272 ; 323-467-6412 ; discoverlosangeles.com ; Hollywood et Highland, 6801 Hollywood Blvd ; 9h-22h lun-sam, 10h-19h dim ; Red Line Hollywood/Highland). Principal office du tourisme de Los Angeles, situé à Hollywood. Cartes, brochures et informations sur les hébergements, billetterie pour les parcs à thème et les attractions.

Santa Monica Visitor Information Center (carte p. 280 ; 800-544-5319 ; santamonica.com ; 2427 Main St). Principal office du tourisme de Santa Monica, offrant cartes et guides gratuits. Personnel serviable.

SERVICES MÉDICAUX

Cedars-Sinai Medical Center (310-423-3277 ; cedars-sinai.edu ; 8700 Beverly Blvd, West Hollywood ; 24h/24). Service d'urgences 24h/24, à la lisière de West Hollywood.

Keck Medicine of USC (323-226-2622 ; keckmedicine.org ; 1500 San Pablo St, Downtown ; 24h/24). Service d'urgences 24h/24, à l'est de Downtown.

Ronald Reagan UCLA Medical Center (310-825-9111 ; uclahealth.org ; 757 Westwood Plaza, Westwood ; 24h/24). Service d'urgences 24h/24, sur le campus de l'UCLA.

Depuis/vers Los Angeles

La plupart des vols arrivent au **Los Angeles International Airport** (LAX ; carte p. 262 ; lawa.org ; 1 World Way). Taxis, navettes (hôtels, entreprises de location de véhicules) et LAX Shuttle A (liaison entre les 9 terminaux ; gratuit) au niveau inférieur (arrivées) de chaque terminal. Guichets et enregistrements sont au niveau supérieur (départs).

Le terminal principal des vols internationaux est le Tom Bradley International Terminal.

Certains vols intérieurs arrivent au/partent du **Burbank Hollywood Airport** (BUR, Bob Hope Airport ; carte p. 262 ; hollywoodburbankairport.com/ ; 2627 N Hollywood Way, Burbank), pratique si vous allez à Hollywood, Downtown ou Pasadena. Au sud, à la limite du comté d'Orange, le petit **Long Beach Airport** (carte p. 262 ; lgb.org ; 4100 Donald Douglas Dr, Long Beach) est bien placé pour Disneyland. Il est desservi par Alaska, JetBlue et Southwest.

BUS

La principale gare routière de **Greyhound** (carte p. 262 ; 213-629-8401 ; greyhound.com ; 1716 E 7th St) se situe dans une partie industrielle de Downtown ; essayez de ne pas arriver en soirée. Certains bus Greyhound vont directement au terminal de **North Hollywood** (11239 Magnolia Blvd), quelques-uns passent aussi par **Long Beach** (1498 Long Beach Blvd).

TRAIN

Les trains de la compagnie Amtrak (amtrak.com) desservent la gare historique de Downtown, **Union Station** (800-872-7245 ; amtrak.com ; 800 N Alameda St). Liaisons quotidiennes avec Seattle (*Coast Starlight*) et Chicago (*Southwest Chief*), et trihebdomadaires avec la Nouvelle-Orléans (*Sunset Limited*). Le *Pacific Surfliner* relie plusieurs fois par jour Los Angeles à San Diego, Santa Barbara et San Luis Obispo.

VOITURE

De San Francisco et du nord de la Californie, le plus rapide pour LA est d'emprunter l'I-5 qui traverse la San Joaquin Valley. Par la Hwy 101, le trajet est plus long mais plus pittoresque, et encore plus long et plus beau par la Hwy 1 (Pacific Coast Hwy, ou PCH).

De San Diego et d'autres villes plus au sud, l'I-5 est la route la plus évidente. De Las Vegas ou du Grand Canyon, prenez l'I-15 vers le sud-ouest jusqu'à LA.

Comment circuler

DEPUIS/VERS L'AÉROPORT

Les bus **LAX FlyAway** (866-435-9529 ; lawa.org/FlyAway) se rendent directement à la Transit Plaza de Downtown à Union Station (9,75 $, 45 minutes), à Hollywood (8 $, 1 heure-1 heure 30), à Van Nuys (9 $, 50 minutes) et à Long Beach (9 $, 50 minutes).

Des bus réguliers à destination de tout le comté de LA partent du LAX City Bus Center (parking C), desservi gratuitement par la navette, le nœud routier de tous les bus desservant le comté de LA.

Les taxis stationnent à la sortie des terminaux. Le tarif fixe pour Downtown LA s'élève à 46,50 $, plus 4 $ de supplément (taxe de l'aéroport) et les habituels 15-20% pour le service.

Les compagnies Uber et Lyft peuvent coûter 30 à 40% moins cher que les taxis. Elles prennent et déposent leurs passagers au niveau des départs (à l'étage), devant le terminal, au niveau des lettres A à G.

TAXI

Leurs services étant (généralement) moins chers et plus pratiques, Uber et Lyft ont entraîné une importante réduction du nombre de taxis dans la région.

Beverly Hills Cab (☎800-273-6611 ; beverlyhillscabco.com) Une compagnie sérieuse, fiable, avec de bons tarifs vers l'aéroport et une zone de desserte vaste.

Taxi Taxi (☎310-444-4444 ; santamonicataxi.com) De loin la société la plus sérieuse et efficace. Ses taxis vous emmèneront partout, mais ne peuvent vous prendre qu'à Santa Monica.

TRANSPORTS PUBLICS

La société **Metro** (☎323-466-3876 ; metro.net) gère la plupart des transports publics. Plans, horaires et itinéraires disponibles en ligne.

Les cartes rechargeables TAP sont en vente dans les distributeurs du réseau Metro au prix de 1 $. Elles permettent de s'acquitter du prix d'un trajet en métro ou en bus (1,75 $), ou d'acheter un forfait illimité valable une journée ou une semaine (7/25 $).

Les cartes TAP sont acceptées dans les bus municipaux et sur le réseau DASH. Elles peuvent être rechargées sur les distributeurs automatiques et en ligne sur le site TAP (taptogo.net).

VOITURE ET MOTO

Les loueurs de voitures internationaux habituels ont des agences à l'aéroport et dans tout LA. Guichets et parkings sont à l'extérieur de l'aéroport, mais chaque compagnie dispose de navettes gratuites au départ du niveau bas. La circulation à LA est une des pires du pays. Évitez les heures de pointe (7h-9h et 15h30-18h30).

CÔTE SUD

Disneyland et Anaheim

Mickey a de la chance. Créée par Walt Disney en 1928, l'irrésistible souris est montée à bord d'une fusée multimédia qui l'a propulsée au plus haut en termes de reconnaissance mondiale, de poids financier et d'influence. Et puis elle vit à Disneyland, “l'endroit le plus heureux de la terre”, une hyperréalité “imaginée” où les rues sont toujours propres, les employés (appelés “acteurs”) toujours enjoués, et où il y a des parades chaque jour.

Aujourd'hui, **Disneyland Resort®** (carte p. 262 ; ☎714-781-4636 ; disneyland.com ; 1313 Harbor Blvd ; forfait 1 j adulte 104-149 $, enfant 3-9 ans 96-141 $, forfait 2 j adulte/enfant 3-9 ans 225/210 $; ⏲tlj, horaires variables selon la saison), qui comprend le Disneyland Park d'origine et le plus récent Disney California Adventure, reste une expérience magique pour les plus de 14 millions d'enfants, grands-parents, jeunes marié(e)s et touristes internationaux qui s'y rendent chaque année.

Anaheim, la ville “normale” qui s'est développée autour du parc, compte elle-même quelques enclaves branchées qui n'ont rien à voir avec un trou de souris.

À voir et à faire

Disneyland Park a été aménagé selon les plans de Walt Disney. Il abrite de nombreux manèges et des attractions directement associées à la marque Disney : Main Street, USA, le château de la Belle au bois dormant, Tomorrowland, ainsi que la nouvelle attraction phare, *Star Wars : Galaxy's Edge*.

Parc plus grand et moins bondé, le **Disney California Adventure®** célèbre les gloires naturelles et culturelles du Golden State, avec moins d'attractions et de féerie. Les meilleurs manèges sont *Soarin' Around the World* (deltaplane virtuel) et *Guardians of the Galaxy – Mission : BREAKOUT !*, où on “tombe” dans un puits de 60 m.

Faire toutes les attractions des deux parcs requiert au moins deux jours, et la queue pour les plus courues peut durer une heure ou plus. Pour réduire les temps d'attente, venez en semaine (en particulier l'été) avant l'ouverture des portes, achetez vos billets en ligne et utilisez le système Fastpass des parcs, qui permet de réserver des horaires d'entrée pour certains manèges et attractions. Consultez le site pour les horaires et le programme des parades, des spectacles et des feux d'artifice.

Si Anaheim reste bien sûr très liée aux parcs, la ville évolue, et des quartiers comme **Anaheim Packing District** (carte p. 262 ; anaheimpackingdistrict.com ; S Anaheim Bl) et **Center Street** (carte p. 262 ; centerstreetanaheim.com ; W Center St), près de l'hôtel de ville, valent le coup d'œil. La patinoire où les Ducks d'Anaheim (hockey) s'entraînent en public est ainsi l'œuvre de l'architecte Frank Gehry.

Où se loger

Pour profiter au mieux de Disneyland, il y a trois hôtels différents dans Disneyland Resort, mais il y a aussi des options moins

VAUT LE DÉTOUR

KNOTT'S BERRY FARM

Si Disney ne vous suffit pas, vous trouverez d'autres manèges et stands de barbe à papa à la **Knott's Berry Farm** (carte p. 262 ; 714-220-5200 ; knotts.com ; 8039 Beach Blvd, Buena Park ; tarif plein/enfant 3-11 ans 84/54 $; à partir de 10h, fermeture selon saison 17h-23h ; P). Ce parc de loisirs sur le thème du Far West séduit les adolescents fous de vitesse qui testent leur intrépidité sur divers manèges, tels la "machine à hurler" Boomerang, le GhostRider en bois et le Xcelerator sur le thème des années 1950. Les plus jeunes préféreront les attractions plus sages de Camp Snoopy. De fin septembre à octobre, le parc se transforme, en soirée, en "Knott's Scary Farm" sur le thème de Halloween.

En été, rejoignez le parc aquatique voisin, **Knott's Soak City** (carte p. 262 ; 714-220-5200 ; knotts.com/play/soak-city ; 8039 Beach Blvd, Buena Park ; tarif plein/enfant 3-11 ans 53/43 $; 10h-17h, 18h ou 19h mi-mai à mi-sept ; P). Économisez du temps et de l'argent en achetant vos billets en ligne à imprimer chez vous pour les deux parcs.

chères à Anaheim, tout près de l'entrée du parc. Si vous préférez un hôtel dans un parc à thème moins cher, essayez **Knott's Berry Farm** (carte p. 262 ; 714-995-1111 ; knotts.com/stay/knotts-berry-farm-hotel ; 7675 Crescent Ave, Buena Park ; ch 79-169 $; P@).

Disneyland Resort

Disney's Grand Californian Hotel & Spa RESORT $$$
(carte p. 262 ; info 714-635-2300, réservations 714-956-6425 ; disneyland.disney.go.com/grand-californian-hotel ; 1600 S Disneyland Dr ; ch à partir de 507 $; P@). L'énorme salle commune du Grand Californian, hommage paroxystique de Disney à l'architecture Arts & Crafts, a des airs de cathédrale hôtelière, avec ses grandes poutres, ses boiseries massives et sa pierre apparente. C'est là, près de la gigantesque cheminée, que les plus petits se font lire des histoires avant d'aller dormir. Dans les chambres récemment rénovées, le nécessaire habituel s'agrémente d'oreillers en duvet et de peignoirs. Un toboggan en (faux) séquoia donne sur la piscine.

Disneyland Hotel HÔTEL $$$
(carte p. 262 ; 714-778-6600 ; disneyland.com ; 1150 Magic Way, Anaheim ; ch à partir de 409 $; P@). Datant de 1955, année de l'ouverture de Disneyland, l'hôtel original du parc a été rénové avec une touche de magie. Il compte trois tours dotées de réceptions à thème : aventure, *fantasy*, Far West. Les 972 chambres de belle taille ont désormais des appliques murales en forme de main de Mickey et des têtes de lit aussi brillantes que les feux d'artifice qui illuminent le château de la Belle au bois dormant.

Anaheim

Best Western Plus Stovall's Inn MOTEL $$
(carte p. 262 ; 714-778-1880 ; bestwestern.com ; 1110 W Katella Ave ; ch 99-175 $; P@). Une valeur sûre (289 chambres), à 15 minutes à pied de Disneyland : deux piscines, une pataugeoire, deux Jacuzzis, une salle de sport et un jardin. Toutes les chambres ont été rénovées et équipées de mobilier moderne, de l'air conditionné, d'un micro-ondes et d'un miniréfrigérateur. Petit-déjeuner chaud inclus dans le prix. Laverie.

Ayres Hotel Anaheim HÔTEL $$
(carte p. 262 ; 714-634-2106 ; ayreshotels.com/anaheim ; 2550 E Katella Ave ; ch 139-259 $; P@ ; ARTIC, Amtrak to ARTIC). Les hôtels Ayres sont toujours bien tenus, comme en témoignent les 133 chambres récemment rénovées de leur établissement d'Anaheim. Intérieur inspiré du design européen contemporain, hauts plafonds au dernier étage, et le confort classique : literie de qualité, micro-ondes, miniréfrigérateur, coffre-fort, minibar. Le prix inclut le petit-déjeuner complet et des activités à l'heure de l'apéritif (du lundi au jeudi).

Où se restaurer et prendre un verre

Ici, chacun vit à son rythme. Certains préféreront manger sur le pouce un bretzel en forme de Mickey (4 $) ou une cuisse de dinde géante (10 $), tandis que d'autres prendront le temps d'un buffet à volonté. On déplore les prix souvent exagérés et la cuisine formatée. Réservations jusqu'à

VAUT LE DÉTOUR

MISSION SAN JUAN CAPISTRANO

Tournez le dos aux plages du comté d'Orange et rejoignez la **Mission San Juan Capistrano** (☎949-234-1300 ; missionsjc.com ; 26801 Ortega Hwy ; adulte/enfant 10/7 $; ⏲9h-17h ; 👪), un des établissements de l'époque coloniale espagnole les mieux restaurés de Californie. Prévoyez au moins une heure pour parcourir ses galeries couvertes de tuile, ses jardins luxuriants et ses cours égayées de fontaines, et visiter la résidence du *padre*, les quartiers des soldats et le cimetière.

La Serra Chapel, chaulée à l'extérieur, ornée de fresques restaurées à l'intérieur, serait le plus ancien bâtiment de Californie (1782). C'est en tout cas le dernier encore debout dans lequel Junípero Serra (fondateur de la mission) a dit la messe. Serra fonda la mission le 1er novembre 1776, et s'en occupa durant de nombreuses années.

Des audioguides gratuits sont disponibles à l'entrée, pour écouter informations et anedotes racontées par des locaux.

60 jours à l'avance avec **Disney Dining** (☎714-781-3463 ; disneyland.disney.go.com/dining). Consultez l'appli Disneyland ou le site Disney Dining pour connaître les horaires du restaurant, qui varient selon la saison, voire le jour même.

Pour changer de la cuisine Mickey Mouse, rejoignez l'Anaheim Packing District (5 km au nord-ouest), Old Town Orange (11 km au sud-est), Little Arabia (5 km à l'ouest) ou Little Saigon (13 km au sud-ouest).

Disneyland Resort

Earl of Sandwich SANDWICHS $

(carte p. 262 ; ☎714-817-7476 ; earlofsandwichusa.com ; Downtown Disney ; plats 4,50-7,50 $; ⏲8h-23h dim-jeu, 8h-minuit ven-sam ; 👪). Ce restaurant, proche du Disneyland Hotel (p. 287), vend des sandwichs toastés qui régaleront petits et grands. L'"original 1762", par exemple, est préparé avec du rosbif, du cheddar et du raifort ; essayez aussi le poulet-*chipotle*-avocat ou le sandwich à la dinde. Pizzas, salades et petits-déjeuners sont également proposés.

Ralph Brennan's New Orleans Jazz Kitchen CRÉOLE $$

(carte p. 262 ; ☎714-776-5200 ; rbjazzkitchen.com ; Downtown Disney ; plats midi 15,50-25 $, soir 26,50-39,50 $; ⏲8h-22h dim-jeu, 8h-23h ven-sam ; 👪). Un bar-restaurant style Nouvelle-Orléans, prisé pour ses concerts de jazz (soir et week-end) et sa cuisine créole et cajun (gombo, sandwichs *po'boy*, jambalaya, cocktails typiques). Menu enfant moins exotique, petit-déjeuner et déjeuner express pour les plus pressés.

♥ **Napa Rose** CALIFORNIEN $$$

(carte p. 262 ; ☎714-300-7170 ; disneyland.disney.go.com/dining ; Grand Californian Hotel & Spa ; plats 38-48 $; ⏲17h30-22h ; 👪). Chaises à haut dossier de style Arts & Crafts, fenêtres à vitraux et hauts plafonds composent le cadre du restaurant haut de gamme du Disneyland Resort. Dans votre assiette, la cuisine de saison "California Wine Country" (ou NorCal) est aussi parfaitement confectionnée que le château de la Belle au bois dormant. Menu enfant disponible. Réservation indispensable. Entrez dans l'hôtel par Disney California Adventure ou Downtown Disney.

Anaheim

♥ **Pour Vida** MEXICAIN $

(carte p. 262 ; ☎657-208-3889 ; pourvidalatinflavor.com ; 185 W Center St Promenade ; tacos 2-8 $; ⏲10h-19h lun, 10h-21h mar-jeu, 10h-22h ven, 9h-22h sam, 9h-20h30 dim). Jimmy, le chef, a œuvré dans les meilleures cuisines de LA avant de retourner à ses racines mexicaines. Ses tacos sont de vraies merveilles, avec des saveurs telles que bœuf-ananas, tempuras d'huître ou chou-fleur. Et que dire des tortillas à l'encre de seiche, aux épinards et un ingrédient gardé secret ? Le cadre, à la fois plaisant et brut (briques et tableau noir), participe à une ambiance décontractée.

ℹ Renseignements

Pour tout renseignement ou demande d'assistance, adressez-vous aux membres du personnel présents dans les deux parcs ou rendez-vous soit au **City Hall** (hôtel de ville ; carte p. 262 ; ☎714-781-4565 ; Main Street, USA) de Disneyland, soit au Guest Relations Lobby (informations et accueil des visiteurs) de Disney California Adventure.

On pourra aussi vous y dépanner si vous avez des devises étrangères. Les deux parcs et Downtown Disney comptent de nombreux distributeurs de billets.

Travelex (☎714-687-7977 ; 100 West Lincoln Ave, dans la US Bank, Anaheim ; ⏲9h-17h lun-ven, 9h-13h sam). Bureau de change également, près de l'hôtel de ville d'Anaheim.

Comment s'y rendre et circuler

En voiture, suivre l'I-5 Fwy. Les réseaux Amtrak et Metrolink desservent l'**ARTIC** (Anaheim Regional Transportation Intermodal Center ; 2150 E Katella Ave, Anaheim). Prendre ensuite un taxi, un covoiturage ou une navette du **Anaheim Resort Transportation** (ART ; ☎888-364-2787 ; rideart.org ; adulte/enfant trajet 3/1 $, forfait journée 6,50/2,50 $, forfait plusieurs jours disponibles) jusqu'à Disneyland. L'aéroport le plus proche est le **John Wayne Airport** (SNA ; carte p. 262 ; ocair.com ; 18601 Airport Way, Santa Ana), dans le comté d'Orange.

Le mini Disneyland Railroad et son moteur biodiesel font le tour du parc Disneyland en 20 minutes. Ils s'arrêtent à Main Street USA, New Orleans Square, Mickey's Toon Town et Tomorrowland. Entre les arrêts Tomorrowland et Main Street USA, allez voir les dioramas du Grand Canyon et le "Primeval World" évoquant Jurassic Park. De Tomorrowland, on peut prendre le monorail (qui n'émet pas de CO2) vers Downtown Disney.

Plages du comté d'Orange

Si vous avez vu la série *Newport Beach*, vous aurez déjà une idée de ce gigantesque patchwork de faubourgs qui relie LA à San Diego et longe un littoral splendide sur 67 km. Des séducteurs au volant de 4x4 et des beautés botoxées se mêlent aux surfeurs décontractés et aux artistes beatniks pour donner une ambiance particulière à chaque station balnéaire d'Orange County (OC).

Seal Beach et Huntington Beach

Juste après la limite du comté LA-OC, **Seal Beach** est une station à l'ancienne, agréablement non commerciale, dont le centre peut s'arpenter à pied. À 15 km au sud le long de la Pacific Coast Hwy (Hwy 1), **Huntington Beach** – alias "Surf City, USA" – incarne le style de vie des surfeurs de la SoCal (South California). Les bars et cafés de Main St, dans le centre de HB, proposent tous tacos de poisson et *happy hours*, non loin d'un petit **musée du Surf** (carte p. 262 ; ☎714-960-3483 ; surfingmuseum.org ; 411 Olive Ave ; 3 $; ⏲12h-17h mar-dim).

À Huntington Beach, le **Paséa** (carte p. 262 ; ☎855-622-2472 ; meritagecollection.com/paseahotel ; 21080 Pacific Coast Hwy ; ch mai-août à partir de 359 $, le reste de l'année à partir de 280 $; P ⊖ ❄ @ ☜ ≋) est un hôtel calme et lumineux, dont chaque étage est revêtu d'une nuance de bleu, de marine à ciel. Les 250 chambres spacieuses, à la déco minimaliste, disposent toutes d'un balcon avec vue sur l'océan. Las de la somptueuse piscine, de la salle de sport et du spa ? Le centre commercial **Pacific City** (gopacificcity.com ; 21010 Pacific Coast Hwy ; ⏲horaires variables), avec son aire de restauration agréable, est à deux pas. Les sandwichs de Burnt Crumbs sont mémorables, tout comme les tourtes à la viande à l'australienne de Pie Not, le café de Portola et les glaces de Han's. Pour avoir une belle vue, emportez votre repas sur la terrasse.

Newport Beach et Balboa Peninsula

Vient ensuite la plus glamour des stations balnéaires du comté : **Newport Beach** et ses yachts. Familles et adolescents rejoignent la Balboa Peninsula pour ses plages, sa vieille jetée en bois et son pittoresque centre de loisirs. Près du Balboa Pavilion de 1906, le **Balboa Island Ferry** (carte p. 262 ; balboaislandferry.com ; 410 S Bay Front ; tarif plein/enfant 1 $/50 ¢, voiture et conducteur 2 $; ⏲6h30-minuit dim-jeu, 6h30-2h ven-sam) traverse la baie jusqu'à Balboa Island pour une promenade le long des anciens cottages de plage et des boutiques de Marine Ave.

Bear Flag Fish Company (carte p. 262 ; ☎949-673-3474 ; newport.bearflagfishco.com ; 3421 Via Lido ; plats 10-16 $; ⏲11h-21h mar-sam, 11h-20h dim-lun ; 👪) est l'endroit idéal pour se régaler de tacos de poisson pané au *panko*, de burritos au thon, de ceviches et d'huîtres. Faites votre choix sur les comptoirs réfrigérés, puis installez-vous à une table de pique-nique. Pour des produits de la mer plus frais, une seule solution : pêchez-les vous-même !

Laguna Beach

Plus au sud, la Hwy 1 passe par les plages sauvages du **Crystal Cove State Park** (carte p. 262 ; ☎949-494-3539 ; parks.

Agglomération de San Diego

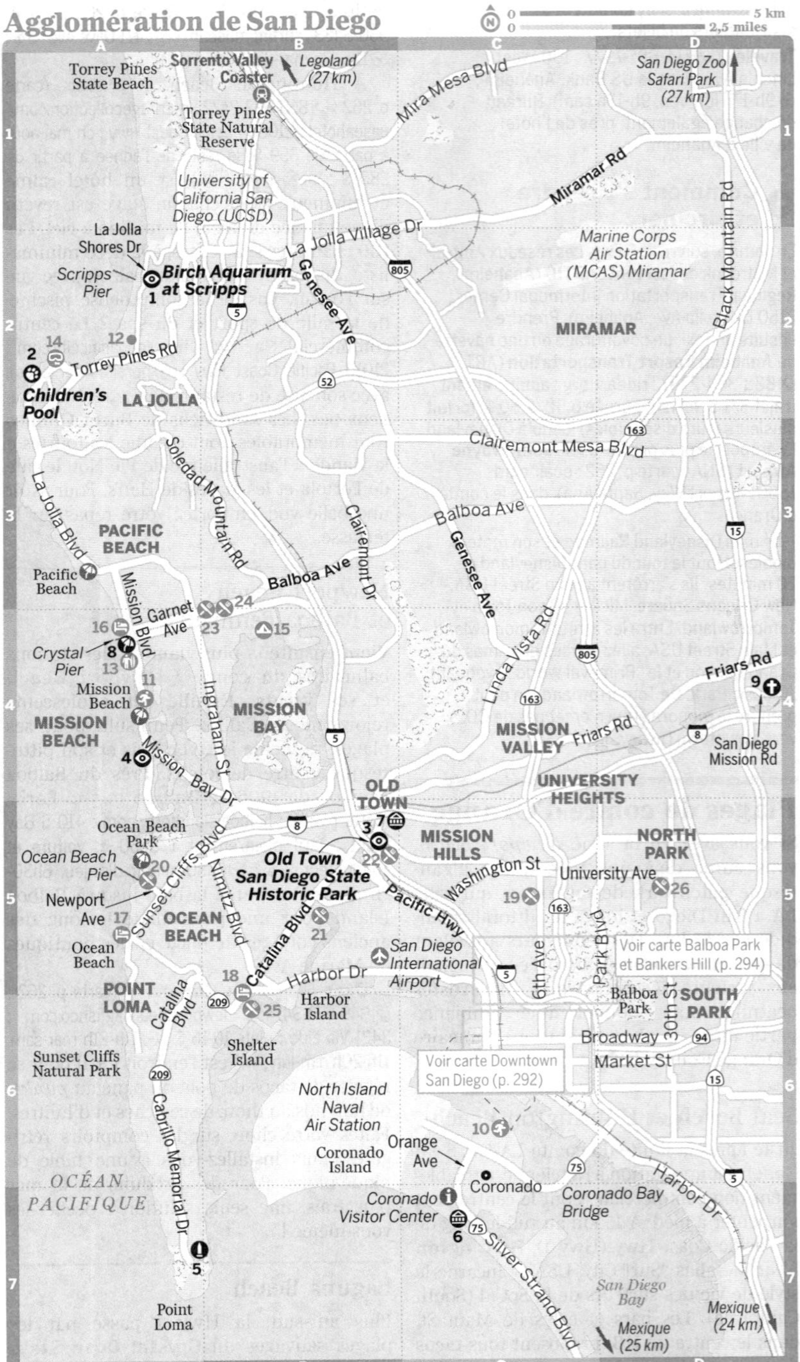

Agglomération de San Diego

Les incontournables

À voir

Activités

Où se loger

Où se restaurer

ca.gov ; 8471 N Coast Hwy ; 15 $/voiture ; 6h-crépuscule ; P) avant de descendre en serpentant jusqu'à **Laguna Beach**, la station balnéaire la plus charmante et culturelle du comté d'Orange. Les plages isolées, la mer transparente et les collines couvertes d'eucalyptus lui donnent des airs de Riviera. Des galeries d'art jalonnent les rues étroites du "village" et la route côtière, où le **Laguna Art Museum** (949-494-8971 ; lagunaartmuseum.org ; 307 Cliff Dr ; tarif plein/réduit/-13 ans 7/5 $/gratuit, 17h-21h 1er jeu du mois entrée libre ; 11h-17h ven-mar, 11h-21h jeu) renferme des œuvres californiennes modernes et contemporaines. Quant à la beauté de la nature, elle s'offre en plein centre-ville, à **Main Beach**.

Fort de mémorables couchers de soleil, **Driftwood** (949-715-7700 ; driftwoodkitchen.com ; 619 Sleepy Hollow Lane ; plats midi 15-37 $, soir 25-44 $; 9h-10h30 et 11h-14h30 lun-ven, 17h-21h30 dim-jeu, 17h-22h30 ven-sam, 9h-14h30 sam-dim) a de surcroît prévu des plats de saison à base de produits de la mer frais, issus de la pêche durable, ainsi que des viandes.

L'été, ne manquez pas le **Festival of Arts** (foapom.com ; 650 Laguna Canyon Rd ; entrée 7-10 $; 12h-23h30 lun-ven, 10h-23h30 sam-dim juil-août ;), qui célèbre durant deux mois l'art sous ses formes les plus extravagantes. Près de 140 exposants présentent des œuvres allant du tableau au meuble fait main ou à la gravure sur os de baleine. Il y a aussi des ateliers pour enfants, des concerts et des spectacles tous les jours.

San Diego

La désinvolte assurance de l'autoproclamée "ville la plus agréable d'Amérique" se lit sur le visage radieux de ses habitants. La huitième ville des États-Unis est une mosaïque de petits villages dont chacun a son caractère propre, l'ensemble formant un contexte urbain des plus détendus.

Comment ne pas aimer San Diego ? La ville ne compte plus les endroits renommés qui plairont à toute la famille, notamment le zoo et les musées de Balboa Park, sans parler du centre-ville animé, des jolies balades accessibles à tous, de la soixantaine de plages et de la météo la plus agréable du pays.

À voir

Downtown et Embarcadero

Downtown est le centre financier et administratif de la région, et son principal quartier d'affaires. Moins agitée que certaines villes, San Diego a des arguments à faire valoir. La vie nocturne bat son plein dans le quartier historique de **Gaslamp Quarter** (jadis un quartier de saloons, de salles de jeu et de maisons closes appelé Stingaree), à **East Village** et à **North Park**, le rendez-vous des *hipsters*. Au bord de l'eau, **Embarcadero** offre une jolie balade. Dans le nord-ouest de Downtown, **Little Italy** est un secteur dynamique, où déguster une cuisine inventive.

Downtown San Diego

Maritime Museum

MUSÉE

(carte p. 292 ; ☎619-234-9153 ; sdmaritime.org ; 1492 N Harbor Dr ; tarif plein/enfant 18/8 $; 9h-21h fin mai-début sept, 9h-20h début sept-fin mai ;). À proximité du nouveau Waterfront Park, les 11 vieux gréements, bateaux à vapeur et sous-marins de ce musée se repèrent facilement : cherchez simplement les mâts hauts de 30 m du *Star of India*, aux voiles carrées et à la coque en fer, lancé en 1863 pour faire la liaison commerciale entre l'Angleterre et l'Inde, ou la copie du *San Salvador* à bord duquel l'explorateur Juan Rodriguez Cabrillo débarqua à San Diego en 1542. On passerait des heures à admirer les bateaux exposés.

USS Midway Museum

MUSÉE

(carte p. 292 ; ☎619-544-9600 ; midway.org ; 910 N Harbor Dr ; tarif plein/6-12 ans 22/9 $; 10h-17h, dernière entrée 16h ; P). Le gigantesque porte-avions USS *Midway* était l'un des fleurons de la marine américaine de 1945 à 1991. Il fut déployé pour la dernière fois durant la guerre du Golfe. Arpentez le pont d'envol parmi une vingtaine d'avions de chasse restaurés, dont un F-14 Tomcat et un F-4 Phantom. Le droit d'entrée comprend une visite audioguidée le long des étroites coursives des ponts supérieurs jusqu'au poste de commandement, le centre de crise de l'amiral, la prison et la tour de contrôle.

Museum of Contemporary Art

MUSÉE

(MCASD Downtown ; carte p. 292 ; ☎858-454-3541 ; mcasd.org ; 1001 Kettner Blvd ; tarif plein/-25 ans 10/gratuit ; 11h-17h jeu-mar). Installé dans une ancienne consigne de gare, ce musée réputé accueille des expositions couvrant toutes les formes d'expression artistique des années 1950 à nos jours. Ses points forts : le minimalisme, le pop art, l'art conceptuel et les artistes du sud de la Californie. Nocturne jusqu'à 20 h et entrée gratuite le troisième jeudi du mois.

Downtown San Diego

Les incontournables
1 Maritime Museum A1

À voir
2 Museum of Contemporary Art B2
3 USS Midway Museum A2

Activités
4 Flagship Cruises A2

Où se loger
5 Kimpton Solamar D3
6 USA Hostels San Diego D3

Où se restaurer
7 Basic E3
8 Puesto at the Headquarters B3

Où prendre un verre et faire la fête
9 Bang Bang D3
10 Noble Experiment E3
11 Prohibition Lounge D3

Où sortir
12 Arts Tix D2
13 Balboa Theatre D2
14 House of Blues D2

Coronado

Reliée au continent par un pont long de 3,5 km, Coronado Island a pour principale attraction l'**Hotel del Coronado** (carte p. 292 ; visite 619-522-8100, 619-435-6611 ; hoteldel.com ; 1500 Orange Ave ; visite 40 $; visite 10h tlj, 14h sam-dim ; P) GRATUIT, connu pour son architecture victorienne de bord de mer et pour ses hôtes illustres, comme Thomas Edison et Marilyn Monroe.

À l'entrée de la baie, à **Point Loma**, une vue panoramique sur la mer et la ville s'offre depuis le Cabrillo National Monument (p. 295). Avec ses lagunes et ses parcs (dont SeaWorld), **Mission Bay**, au nord-ouest de Downtown, se prête au ski nautique et au camping. Les quartiers voisins du bord de mer, Ocean Beach, Mission Beach et Pacific Beach, sont typiques de SoCal (*South California*).

Toutes les heures, le **Coronado Ferry** (carte ci-dessus ; 800-442-7847 ; flagshipsd.com ; 990 N Harbor Dr ; billet 5 $; 9h-21h30 dim-jeu, 9h-22h30 ven-sam) part du Broadway Pier d'Embarcadero (1050 N Harbor Dr) et du San Diego Convention Center de Downtown. Tous les ferries accostent à Coronado au bout de 1st St, où **Bikes & Beyond** (carte p. 290 ; 619-435-7180 ; bikes-and-beyond.com ; 1201 1st St ; heure/jour à partir de 8/30 $; 9h-crépuscule) louent des vélos parfaits pour rouler le long du **Silver Strand** vers le sud, bordé de plages de sable blanc.

Balboa Park

Balboa Park (balboapark.org) est une oasis urbaine avec plus d'une dizaine de musées, de somptueux édifices et jardins, des espaces de spectacle et un zoo. Des édifices de style néocolonial espagnol et Art déco, héritages d'expositions universelles, entourent deux places le long de la promenade est-ouest El Prado.

Le **Balboa Park Tram** promène gratuitement les visiteurs dans le parc, mais il est plus plaisant de marcher en passant par le **Spreckels Organ Pavilion** (carte p. 294 ; 619-702-8138 ; spreckelsorgan.org) GRATUIT, de 1915, les boutiques et les galeries du **Spanish Village Art Center** (carte p. 294 ; 619-233-9050 ; spanishvillageart.com ; 1770 Village Pl ;

Balboa Park et Bankers Hill

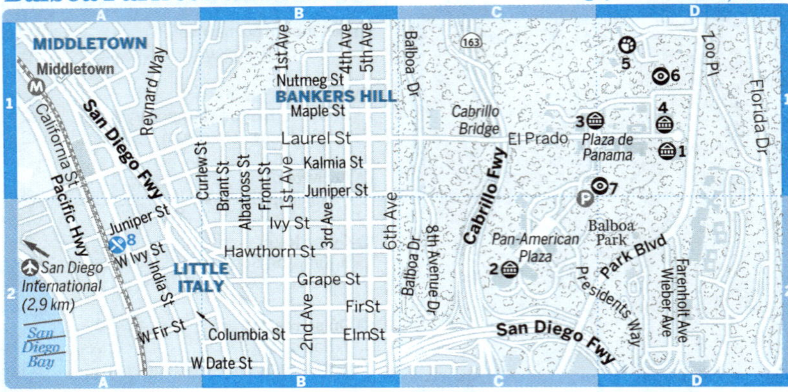

Balboa Park et Bankers Hill

À voir

1 Fleet Science Center D1
2 San Diego Air & Space Museum C2
3 San Diego Museum of Art C1
4 San Diego Natural History Museum D1
5 San Diego Zoo D1
6 Spanish Village Art Center D1
7 Spreckels Organ Pavilion D1

Où se restaurer

8 Juniper & Ivy A2

11h-16h) GRATUIT et les pavillons internationaux à côté du **United Nations Building**.

San Diego Zoo ZOO
(carte p. 294 ; 619-231-1515 ; sandiegozoo.org ; 2920 Zoo Dr ; pass journée adulte/enfant à partir de 56/46 $, pass 2 visites zoo et/ou safari park adulte/enfant 90/80 $; 9h-21h mi-juin à début sept, 9h-17h ou 18h début sept à mi-juin ; P). Réputé à juste titre, ce zoo héberge près de 3 000 animaux de plus de 650 espèces dans un superbe parc paysager, où les enclos reproduisent fidèlement leurs habitats naturels. Il est jumelé avec le **San Diego Zoo Safari Park** (760-747-8702 ; sdzsafaripark.org ; 15500 San Pasqual Valley Rd, Escondido ; pass 1 jour adulte/enfant à partir de 56/46 $, pass 2 visites safari park et/ou zoo adulte/enfant 90/80 $; 9h-18h ; P), au nord du comté de San Diego.

Venez tôt, car la plupart des animaux sont actifs le matin, même si vous pouvez aussi les voir évoluer dans l'après-midi. Prenez un plan à l'entrée du zoo pour repérer vos animaux préférés.

Fleet Science Center MUSÉE
(carte p. 294 ; 619-238-1233 ; rhfleet.org ; 1875 El Prado ; tarif plein/enfant 3-12 ans avec film IMAX 22/19 $; 10h-17h lun-jeu, 10h-18h ven-dim ;). Ce musée dédié aux sciences, l'un des plus intéressants de Balboa Park, comprend des présentations interactives et une salle débordant de matériel. Il est possible d'y construire des structures géantes, de se transformer en batterie humaine ou d'assister aux démonstrations de la mystérieuse bobine de Tesla. Sa vedette est le **Giant Dome Theater**, où sont diffusés des films et des animations sur les planètes.

San Diego Natural History Museum MUSÉE
(The Nat ; carte p. 294 ; 877-946-7797 ; sdnhm.org ; 1788 El Prado ; tarif plein/3-17 ans/-2 ans 29/12 $/gratuit ; 10h-17h ;). Ce musée d'histoire naturelle possède 7,5 millions de pièces (échantillons de roches, fossiles et animaux naturalisés...), ainsi qu'un impressionnant squelette de dinosaure. Il présente une passionnante exposition traitant des répercussions du dérèglement climatique sur l'alimentation en eau de la Californie, le tout dans de beaux espaces. Les programmes éducatifs amusants proposés presque chaque week-end et les films sur la nature en 2D et 3D projetés sur un écran géant font le bonheur des enfants.

San Diego Museum of Art MUSÉE
(SDMA ; carte ci-dessus ; 619-232-7931 ; sdmart.org ; 1450 El Prado ; tarif plein/étudiant/-17 ans 15/8 $/gratuit ; 10h-17h lun-mar, jeu et sam, 10h-20h ven 12h-17h dim). Les maîtres espagnols (dont le Greco et Goya) occupent une place de choix dans la collection permanente de ce

musée, à côté d'autres artistes d'envergure allant de Matisse à Magritte et de Cassatt à Rivera. Les peintres de paysages américains sont aussi bien représentés, et les galeries asiatiques comptent quelques chefs-d'œuvre. Le vendredi, entrée à 5 $ seulement et nocturne jusqu'à 20h.

San Diego Air & Space Museum MUSÉE
(carte p. 294 ; ☎619-234-8291 ; sandiegoairandspace.org ; 2001 Pan American Plaza ; tarif plein/réduit/-2 ans 20/11 $/gratuit ; ⏲10h-16h30 ; 👪). Ode à l'aviation et à l'espace, ce musée circulaire présente de nombreux avions et vaisseaux spatiaux (originaux, répliques ou maquettes), dont un ballon à air chaud de 1783, un module de commande Apollo et un hélicoptère Cobra datant de la guerre du Viêt-Nam. À voir également : les objets ayant appartenu aux légendaires Charles Lindbergh et John Glenn, et les films projetés dans la salle 3D/4D.

Old Town et Mission Valley

♥Old Town San Diego State Historic Park SITE HISTORIQUE
(carte p. 290 ; ☎619-220-5422 ; parks.ca.gov ; 4002 Wallace St ; ⏲Visitor Center et musées 10h-17h ; P 👪). GRATUIT C'est ici que les premiers Européens s'installèrent à San Diego. Old Town est un ensemble de bâtiments du XIXe siècle, restaurés ou reconstruits, accueillant des expositions, des boutiques de souvenirs et des cafés pittoresques. L'office du tourisme, dans **Robinson-Rose House**, datant de 1853, est un bon point de départ. Admirez la jolie maquette du *pueblo* de 1872 et prenez un prospectus (3 $) pour faire la visite autoguidée, ou prenez part à une visite guidée gratuite (tous les jours à 11h et 14h).

Mission Basilica San Diego de Alcalá ÉGLISE
(☎619-281-8449 ; missionsandiego.org ; 10818 San Diego Mission Rd ; tarif plein/réduit/-5 ans 5/2 $/gratuit ; ⏲9h-16h30 ; P). Le *padre* Junípero Serra fonda la première des 21 missions californiennes en 1769 à Presidio Hill, près de l'actuelle Old Town. Cinq ans plus tard, elle fut déplacée 10 km plus loin pour être plus proche de l'eau et de terres cultivables. Détruite, reconstruite et agrandie maintes fois, la mission actuelle, la cinquième construite à cet endroit, est une paroisse en activité. C'est un lieu charmant, non seulement pour son importance historique mais aussi pour se détendre parmi les bougainvillées du paisible jardin, animé par le chant des oiseaux.

Junípero Serra Museum MUSÉE
(carte p. 290 ; ☎619-232-6203 ; sandiegohistory.org/serramuseum/ ; 2727 Presidio Dr ; sur don ; ⏲10h-16h ven-dim début juin-début sept, 10h-17h sam-dim début sept-début juin ; P). Ce musée juché sur Presidio Hill occupe le premier site de la mission San Diego de Alcalá. Dans le bâtiment de style colonial espagnol, une petite exposition donne un aperçu du mode de vie des premiers habitants venus d'Europe de la ville.

Point Loma

Sur une carte, Point Loma ressemble à la trompe d'un éléphant gardant l'entrée de la baie de San Diego. À voir, à faire : le **Cabrillo National Monument** (carte p. 290 ; ☎619-557-5450 ; nps.gov/cabr ; 1800 Cabrillo Memorial Dr ; 20/10 $ par véhicule/piéton ; ⏲9h-17h, bassins résiduels d'eau de mer jusqu'à 16h30 ; P 👪) 🌿, situé au bout de la trompe, les restaurants de fruits de mer près de **Shelter Island**, et le **Liberty Public Market** (carte p. 290 ; ☎619-487-9346 ; libertypublicmarket.com ; 2820 Historic Decatur Rd ; plats 5-20 $; ⏲11h-19h ; P 📶 ✍), à l'ouest de l'aéroport.

Mission Bay et plages

Les trois grandes stations balnéaires de San Diego déroulent des rubans de sable voués à l'hédonisme, peuplés de corps fermes et bien bronzés.

À l'ouest de Mission Bay, **Mission Beach**, propice au surf, et **Pacific Beach** (alias PB), au nord, sont reliées par **Ocean Front Walk** (carte p. 290) GRATUIT, une promenade interdite aux voitures où circulent toute l'année skateurs, joggeurs et cyclistes. Au sud de Mission Bay, **Ocean Beach** (OB), à l'ambiance bohème, a l'attrait d'une jetée de pêche, de bonnes vagues, et se prête au beach volley. Son artère principale, **Newport Ave**, est bordée de bars et de restaurants quelconques, de boutiques de tatouage, de surf, de vêtements vintage et d'antiquités.

Belmont Park PARC D'ATTRACTIONS
(carte p. 290 ; ☎858-488-1549 ; belmontpark.com ; 3146 Mission Blvd ; 4-7 $/manège ou attraction, forfait 1 jour plus/moins de 122 cm 34/24 $, avec toutes les attractions 56/46 $; ⏲11h-22h dim-jeu, 11h-23h ven-sam, horaires réduits en hiver ; P 👪). Ce parc d'attractions familial datant de 1925 est une institution à Mission Beach.

Installation vedette, le *Giant Dipper*, un grand huit traditionnel en bois, atteint les 80 km/h. Les tout-petits aiment faire un tour sur le *Liberty Carrousel*, peint de scènes de l'histoire de San Diego. Parmi les nouvelles attractions, des *escape rooms*, un cinéma en 7D (c'est-à-dire en 3D avec effets dynamiques dans la salle) et une tyrolienne. Notez qu'il faut une taille minimale pour accéder à de nombreux manèges.

La Jolla

Face à l'une des plus jolies étendues du littoral de SoCal, la prospère La Jolla ("le bijou" en espagnol) exhibe des plages étincelantes et un centre-ville haut de gamme, chargé de boutiques et de cafés. Parmi les activités de bord de mer figurent le **Children's Pool** (carte p. 290 ; 850 Coast Blvd ; 24h/24 ;) GRATUIT, le kayak ainsi que l'exploration des grottes marines à **La Jolla Cove**, et le snorkeling au **San Diego-La Jolla Underwater Park** (carte p. 290).

Torrey Pines State Natural Reserve PARC D'ÉTAT
(858-755-2063 ; torreypine.org ; 12600 N Torrey Pines Rd ; 7h15-coucher du soleil, centre d'accueil 9h-16h oct-avr, 9h-18h mai-sept ; P). GRATUIT Cette réserve protège les derniers bosquets de pins de Torrey (*Pinus torreyana*) du continent, une espèce adaptée aux faibles précipitations et aux sols sableux et rocailleux. De profondes ravines en grès ont été merveilleusement sculptées par l'érosion, et les vues sur l'océan et le nord, où l'on peut apercevoir des baleines, sont superbes. Des bénévoles guident des marches le week-end et les jours fériés à 10h et à 14h. Plusieurs chemins serpentent dans la réserve et descendent jusqu'à la plage.

Birch Aquarium at Scripps AQUARIUM
(carte p. 290 ; 858-534-3474 ; aquarium.ucsd.edu ; 2300 Expedition Way ; tarif plein/enfant 19/15 $; 9h-17h ; P). Cet aquarium ultramoderne met en scène un magnifique monde sous-marin habité par des hippocampes, des requins, des forêts d'algues ondulantes, et même une tortue caouanne rescapée. Le Hall of Fishes compte plus de 60 aquariums qui reproduisent des habitats marins, du nord-ouest du Pacifique aux mers tropicales. À la Tide Pool Plaza, qui offre une vue superbe sur l'océan, on peut toucher étoiles de mer, bernard-l'ermite, concombres de mer, langoustes et autres animaux des zones de marnage.

Activités

Les randonneurs trouveront quoi faire à San Diego et ses alentours, mais il serait dommage de ne pas profiter de l'océan. De fait, on est bien là au paradis des surfeurs, des kayakistes, des plaisanciers et des adeptes du paddle.

Flagship Cruises BATEAU
(carte p. 292 ; 619-234-4111 ; flagshipsd.com ; 990 N Harbor Dr ; visites du port 2 heures adulte/enfant 32/16 $). En activité depuis 1915, cette agence propose balades dans le port, dîners-croisières et, en saison, observation de baleines, au départ d'Embarcadero.

Hike, Bike, Kayak SPORTS DE PLEINE NATURE
(carte p. 290 ; 858-551-9510 ; hikebikekayak.com ; 2222 Avenida de la Playa ; location de kayaks à partir de 35 $, balade 49-79 $; 9h-coucher du soleil) Au catalogue : un éventail d'excursions, dont l'exploration des criques et des grottes de La Jolla en kayak et un circuit à vélo qui descend du Mt Soledad et longe la côte. Location de kayaks, de matériel de snorkeling, de planches de stand-up, de *bodyboards* et de planches de surf.

Où se loger

La San Diego Tourism Authority dispose d'une **ligne de réservation** (800-350-6205 ; sandiego.org) de chambres.

Pour camper, essayez **Campland on the Bay** (carte p. 290 ; 858-581-4260 ; campland.com ; 2211 Pacific Beach Dr, Mission Bay ; empl camping-car et tentes 100-456 $ juin-août, 55-364 $ sept-mai ; P) à Mission Bay, ou **KOA** (619-427-3601 ; sandiegokoa.com ; 111 N 2nd Ave, Chula Vista ; empl avec électricité tente/camping-car à partir de 60/90 $, cabines standard/deluxe 120/200 $; P @), 13 km plus au sud ; les deux, parfaitement équipés, s'adressent aux familles et aux groupes.

Downtown et ses environs

USA Hostels San Diego AUBERGE DE JEUNESSE $
(carte p. 292 ; 619-232-3100 ; usahostels.com ; 726 5th Ave, Downtown ; dort/ch avec sdb commune à partir de 32/80 $; @). Installée dans un ancien hôtel de style victorien, cette auberge de jeunesse de caractère est colorée, confortable et conviviale. Les dortoirs sont plutôt haut de gamme, avec climatisation,

SURFER À SAN DIEGO

Nombre d'habitants de San Diego se sont installés ici pour le surf. Nul besoin d'être un roi de la glisse pour comprendre ce que ce spot a de spécial.

En automne, les rouleaux gonflent sous les vents de terre de Santa Ana. En été, le courant vient du sud et du sud-ouest, et en hiver, de l'ouest et du nord-ouest. Même les fréquents vents de terre, au printemps, n'arrivent pas à gâcher la fête. Informations météo, marée, etc. au **San Diego County Lifeguard Services** (☎619-221-8824 ; sandiego.gov/lifeguards).

Les *beach breaks* (fonds de sable) de Mission et Pacific Beach (p. 295) sont les plus adaptés aux débutants. Les plus aguerris préféreront sans doute les superbes (mais bondés) *reef breaks* (brisants) du **Tourmaline Surfing Park**, au nord de Crystal Pier.

Les tarifs varient à la location selon la qualité du matériel. Compter environ 7/20 $ pour une planche de base (1 heure/journée), ou 13/32 $ pour la planche et la combinaison. Forfaits tout compris chez **Cheap Rentals** (carte p. 290 ; ☎858-488-9070 ; cheap-rentals.com ; 3689 Mission Blvd, Pacific Beach ; vélos à partir de 15 $/jour ; ⏲10h-18h) et **Pacific Beach Surf Shop** (carte p. 290 ; ☎858-373-1138 ; pbsurfshop.com ; 4208 Oliver Ct ; cours particuliers 1 heure 30 80-100 $; ⏲8h-18h30).

bons matelas, liseuses et écrans pour l'intimité. Une cuisine tout équipée et une salle commune invitent à la détente. Le prix inclut le linge de lit, les casiers et des bagels au petit-déjeuner.

♥ **Kimpton Solamar** HÔTEL **$$**
(carte p. 292 ; ☎619-819-9500 ; hotelsolamar.com ; 435 6th Ave ; ch 150-300 $; P❄@📶🏊🐾). Élégance à prix raisonnable, voilà la recette des 235 chambres du Solamar. Elles offrent un décor éclectique avec des lampes originales, des moquettes à motifs, des tapis de yoga et du papier peint dans les salles de bain. Détendez-vous autour de la piscine chauffée, avec ses barnums et ses braseros, ou au bar où en-cas et boissons sont gratuits. Parking à 47 $.

Plages

Inn at Sunset Cliffs HÔTEL **$$**
(carte p. 290 ; ☎, 619-222-7901 ; innatsunsetcliffs.com ; 1370 Sunset Cliffs Blvd ; ch/ste à partir de 200/315 $; P🚭❄@📶🏊). Réveillez-vous au bruit des vagues qui battent les rochers dans ce charmant hôtel indépendant des années 1950, bâti autour d'une cour fleurie et d'une piscine chauffée. Rénovées en 2018, les 24 chambres et suites (équipées pour certaines de cuisines) brillent de tons bleus et blancs, avec des sols en mélaminé, des meubles en bois blond et de jolies salles de bain.

Pearl Hotel BOUTIQUE-HÔTEL **$$**
(carte p. 290 ; ☎619-226-6100 ; thepearlsd.com ; 1410 Rosecrans St, Point Loma ; ch 120-290 $; P❄📶🏊). Cette "perle" de 1959 fait son âge, et ses nouveaux propriétaires la rénovent à grand frais tout en préservant sa structure d'origine. Les 23 chambres entourent une petite piscine où clients et habitants des environs se retrouvent le mercredi lors de soirées *dive-in movies* (cinéma dans l'eau).

Crystal Pier Hotel & Cottages COTTAGES **$$$**
(carte p. 290 ; ☎858-483-6983 ; crystalpier.com ; 4500 Ocean Blvd, Pacific Beach ; cottage juin-sept 225-450 $, oct-mars d 185-350 $; P🚭📶). Original, le Crystal Pier consiste en 29 cottages spacieux des années 1930 construits sur une jetée en bois et offrant une vue de rêve sur l'océan. Tous (sauf un) disposent d'une petite cuisine. Certains, plus grands et récents, accueillent jusqu'à 6 personnes. Réservez de 8 à 11 mois à l'avance pour l'été. La durée de séjour minimale varie selon la saison. Les prix comprennent le parking.

Hotel del Coronado HÔTEL DE LUXE **$$$**
(carte p. 290 ; ☎619-435-6611 ; hoteldel.com ; 1500 Orange Ave ; ch à partir de 319 $; P🚭❄@📶🏊🐾). Désormais géré par la chaîne Hilton, l'hôtel star de San Diego est l'incarnation même du quartier de Coronado : vieux de plus d'un siècle, il compte une piscine, un centre de balnéo, une salle de sport, des boutiques, des restaurants, un jardin parfaitement tenu et une plage de sable blanc. Même les chambres les moins chères sont pourvues d'une luxueuse salle de bains en marbre. Veillez à réserver dans le bâtiment principal, victorien, et non dans la tour adjacente de sept étages, des années 1970.

Où se restaurer

San Diego compte de nombreux restaurants animés, faisant la part belle aux cuisines mexicaine et californienne ainsi qu'aux produits de la mer. Les habitants dînent tôt, en général vers 18h ou 19h, et la fermeture se fait autour de 22h. Le petit-déjeuner reste un moment important, tandis que se développent la cuisine gastronomique et le concept "de la ferme à la table", surtout à Little Italy et, dans une moindre mesure, North Park.

Downtown et ses environs

Old Town Mexican Café MEXICAIN **$$**

(carte p. 290 ; 619-297-4330 ; oldtownmexcafe.com ; 2489 San Diego Ave ; plats 5-17 $; 19h-23h dim-jeu, 19h-minuit ven-sam ;). Ouvert depuis les années 1970, ce restaurant mexicain propose une cuisine authentique, malgré son allure folklorique un peu cliché. Tout en sirotant une margarita, admirez la virtuosité des cuisiniers qui préparent des tortillas fraîches à la vitesse de l'éclair. *Carnitas* (porc braisé/mijoté) croustillantes et travers de porc sont les vedettes de la carte.

Puesto at the Headquarters MEXICAIN **$$**

(carte p. 292 ; 610-233-8880 ; eatpuesto.com ; 789 W Harbor Dr, The Headquarters ; 3 tacos 17 $; 11h-22h). Dans l'ancien commissariat central de San Diego, ce restaurant propose une cuisine de rue mexicaine moderne qui nous a... estomaqués. Commencez par un *guacamole* crémeux avant des tacos inventifs : au poulet avec sauce hibiscus-*chipotle* et avocat, ou dans une tortilla de maïs bleu avec une sauce ananas-piment *habanero*. Prenez place dans le grand patio ou en salle, parmi les fresques et les plantes en pot suspendues.

Basic PIZZERIA **$$**

(carte p. 292 ; 619-531-8869 ; barbasic.com ; 410 10th Ave ; petite/grande pizza à partir de 15/33 $; 11h30-2h ;). Les branchés d'East Village raffolent des pizzas à pâte fine cuites dans un four en brique sous le haut plafond du Basic (installé dans un ancien entrepôt). Les garnitures varient du classique à l'inédit, telle celle alliant mozzarella, purée de pommes de terre et bacon. Accompagnez votre repas d'une bière artisanale.

Juniper & Ivy CALIFORNIEN **$$$**

(carte p. 294 ; 619-269-9036 ; juniperandivy.com ; 2228 Kettner Blvd ; petites assiettes 13-28 $, plats 19-48 $; 17h-22h dim-jeu, 17h-23h ven-sam). Créé par le chef Richard Blais qui sublime tout ce qui est frais, local et de saison, Juniper & Ivy est le fer de lance des restaurants gastronomiques qui ont surgi à Little Italy. Si la carte change constamment, le concept de plats à partager et les irrésistibles biscuits au babeurre sont des constantes. Tout est superbement présenté, le tout dans un décor de style industriel.

Balboa Park et ses environs

Waypoint Public GASTROPUB **$**

(carte p. 290 ; 619-255-8778 ; waypointpublic.com ; 3794 30th St, North Park ; plats 10-17 $; 11h-22h lun-mer, 11h-23h jeu, 11h-1h ven, 8h-1h sam, 8h-22h dim ;). La carte roborative de Waypoint est faite pour s'accompagner de bière artisanale. L'accent est mis sur les burgers et les sandwichs, dont un délicieux à l'aloyau avec sauce au poivre, whisky et bleu. Au dessert, laissez-vous tenter par un *beeramisu* ou une crème brûlée à la lavande. Décor chaleureux, et grandes portes vitrées permettant de regarder passer les hipsters de North Park.

Hash House a Go Go AMÉRICAIN **$$**

(carte p. 290 ; 619-298-4646 ; hashhouseagogo.com ; 3628 5th Ave, Hillcrest ; plats petit-déj 12-22 $, soir 15-29 $; 7h30-14h30 tlj, 7h30-21h mar-dim). Ce restaurant animé, composé d'une salle à manger à l'ancienne, d'un bar souvent plein et d'un vaste patio, propose une cuisine fermière venue tout droit du Midwest. Œufs Bénédicte énormes, pancakes gigantesques et pas moins de sept sortes de *hash browns* (galettes de pommes de terre) vous permettront de tenir presque toute la journée.

Plages

Pacific Beach Fish Shop PRODUITS DE LA MER **$**

(Carte p. 290 ; 858-483-1008 ; thefishshoppb.com ; 1775 Garnet Ave ; assiettes tacos/poisson à partir de 5/16 $; 11h-22h). Impossible de rater cet établissement spécialisé dans le poisson avec son énorme espadon suspendu à l'extérieur. Dedans, l'ambiance est décontractée et conviviale. Prenez place sur un banc et choisissez un des dix poissons frais au comptoir (du thon jaune à la limande), son assaisonnement (du beurre à l'ail au glaçage au piment) et son mode de préparation : en *taco*, en sandwich ou accompagné de riz et salade.

Hodad's BURGERS $
(carte p. 290 ; 619-224-4623 ; hodadies.com ; 5010 Newport Ave, Ocean Beach ; burger 5-15 $; 11h-22h). Depuis 1969, cette légendaire gargote de burgers d'Ocean Beach sert d'excellents milk-shakes, de grands paniers d'oignons frits et de succulents hamburgers enveloppés dans du papier. Les murs sont couverts de plaques d'immatriculation, la musique grunge/surf-rock couvre le bruit des conversations et un serveur tatoué s'assiéra peut-être à vos côtés pour prendre votre commande. Le lieu est informel à souhait : pas de chemise, pas de chaussures, pas de problème !

Point Loma Seafoods POISSON ET FRUITS DE MER $
(carte p. 290 ; 619-223-1109 ; pointlomaseafoods.com ; 2805 Emerson St, Point Loma ; plats 8-17 $; 9h-19h lun-sam, 10h-19h dim). De la langouste californienne à l'espadon pêché au harpon, rien n'est plus frais que les produits de ce marché aux poissons qui, à peine sortis de l'eau, se retrouvent dans des sandwichs, salades, fritures et sushis. Commandez au comptoir, puis attablez-vous à l'étage, avec vue sur la marina. Excellent rapport qualité/prix.

Patio on Lamont AMÉRICAIN $$
(carte p. 290 ; 858-412-4648 ; thepatioonlamont.com ; 4445 Lamont St ; plats midi 8-17 $, soir 16-38 $; 11h-23h lun-jeu, 11h-minuit ven, 9h-minuit sam, 9h-23h dim ;). Si les sièges en rotin commencent à dater, ce restaurant de quartier populaire se bonifie avec l'âge. Les habitués apprécient sa cuisine américaine moderne et le patio fermé (pratique quand on a un chien), doté d'une cheminée.

Où prendre un verre et faire la fête

Entre les pubs accueillant des concerts, les classiques bars à billard américain, les bars de plage servant cocktails *tiki*, les clubs gays avec spectacles de travestis, voire quelques bars "clandestins", San Diego la cosmopolite ne manque pas d'endroits où sortir. On trouve facilement des bières artisanales en ville, tandis qu'une centaine de brasseurs et vignerons attendent les spécialistes du côté de Temecula.

Bang Bang CLUB
(carte p. 292 ; 619-677-2264 ; bangbangsd.com ; 526 Market St ; entrée 20-30 $; 17h-minuit mer-jeu et dim, 17h-2h ven et sam). Ce haut lieu du quartier de Gaslamp propose sushis et plats asiatiques cinq soirs par semaine, et se transforme en discothèque le vendredi et le samedi. On entre par un escalier carrelé rappelant le métro de Tokyo pour se mêler à la jeunesse dorée sous une boule à facettes géante ou pour partager un bol de punch entre amis. Cocktails à 15 $.

Noble Experiment BAR
(carte p. 292 ; 619-888-4713 ; nobleexperimentsd.com ; 777 G St ; 18h-2h mar-dim). Dans le restaurant Neighborhood, des tonneaux empilés masquent la porte donnant accès à ce "clandé" si connu qu'il faut réserver assez tôt. Une fois dans ce repaire de 30 places, commandez un Dealer's Choice et admirez les crânes en cuivre et les tableaux pendant que le barman vous concocte un breuvage selon vos goûts.

Prohibition Lounge BAR À COCKTAILS
(carte p. 292 ; prohibitionsd.com ; 548 5th Ave ; 20h-1h30 mar-dim). Cherchez dans la 5th Ave la porte sur laquelle est écrit "Eddie O'Hare's Law Office", appuyez sur le bouton et un portier arrivera pour vous emmener dans un sous-sol à l'éclairage tamisé évoquant les années 1930 et la Prohibition. Si vous ne tombez pas amoureux de votre partenaire, vous le deviendrez à coup sûr des cocktails inventifs. Habillez-vous élégamment et éteignez votre téléphone.

Où sortir

Le *City Beat* et *San Diego Union Tribute* font part des dernières nouveautés (films, pièces, expositions, concerts). On peut acheter des places sur **Ticketmaster** (ticketmaster.com). Occupant un kiosque sur Horton Plaza, **Arts Tix** (carte p. 292 ; 858-437-9850 ; sdartstix.com ; Horton Plaza Park, South Pavilion ; 10h-16h mar-jeu, 10h-18h ven-sam, 10h-14h dim) pratique des tarifs réduits (jusqu'à -50 %) pour les spectacles du soir même et les matinées du lendemain.

Balboa Theatre SPECTACLE VIVANT
(carte p. 292 ; 619-570-1100 ; sandiegotheatres.org ; 868 4th Ave). Ce bâtiment élégant présentait en 1924 films et vaudevilles, puis on y projeta des films mexicains à un public latino toujours plus nombreux dans les années 1930, avant qu'il ne devienne une

résidence pour célibataires de l'US Navy durant la Seconde Guerre mondiale. Il accueille aujourd'hui des pièces de Broadway, des spectacles comiques ou encore de l'opéra.

House of Blues CONCERTS

(carte p. 292 ; ☎ 619-299-2583 ; houseofblues.com/sandiego ; 1055 5th Ave ; ⊙ concerts vers 19h, en général). Dans cette salle de Gaslamp ont lieu toutes sortes de concerts (parfois gratuits), un brunch gospel le dimanche et des fêtes débridées le soir, entre autres événements. *Happy hour* quotidienne (16h-18h).

Renseignements

MÉDIAS

Les gratuits *San Diego Citybeat* et *San Diego Reader* (sdreader.com), disponibles dans les magasins et les cafés, traitent de l'actualité du théâtre, des arts et de la musique.

KPBS 89.5 FM (kpbs.org). Radio publique nationale.

San Diego Magazine (sandiegomagazine.com). Magazine mensuel.

San Diego Union Tribute (sandiegouniontribune.com). Le principal quotidien de San Diego.

OFFICES DU TOURISME

Coronado Visitor Center (carte p. 290 ; ☎ 866-599-7242, 619-437-8788 ; coronadovisitorcenter.com ; 1100 Orange Ave ; ⊙ 9h-17h lun-ven, 10h-17h sam-dim).

San Diego Visitor Info Center (carte p. 292 ; ☎ 619-236-1242 ; sandiegovisit.org ; 996 N Harbor Dr ; ⊙ 9h-17h). Les employés de l'office du tourisme accueillent les visiteurs face à l'embarcadère de B St Cruise Ship Terminal. Cartes détaillées et tarifs réduits. Réservation d'hôtels.

SERVICES MÉDICAUX

Scripps Mercy Hospital (☎ 619-294-8111 ; scripps.org ; 4077 5th Ave ; ⊙ 24h/24). Urgences 24h/24. De nombreuses pharmacies ouvrent 24h/24. Enseigne CVS présente sur Garnet Ave à Pacific Beach, sur University Ave à North Park et sur Market St dans le Gaslamp Quarter

SITES INTERNET

Gaslamp Quarter Association (gaslamp.org). Pour tout savoir sur le Gaslamp Quarter, y compris des conseils pour stationner.

San Diego Tourism Authority (sandiego.org) Idées d'activités, sorties, location de véhicule, réservations, etc.

Depuis/vers San Diego

AVION

La plupart des vols au départ et à l'arrivée du **San Diego International Airport** (SAN ; carte p. 290 ; ☎ 619-400-2400 ; san.org ; 3325 N Harbor Dr ; 📶), à 4,8 km à l'ouest de Downtown, sont intérieurs. Les principales compagnies américaines le desservent, ainsi qu'Air Canada, British Airways, Lufthansa, Japan Airlines et WestJet.

BUS

Greyhound (carte p. 292 ; ☎ 619-515-1100 ; greyhound.com ; 1313 National Ave ; ⊙ 5h-23h45 ; 📶). Bus fréquents pour Los Angeles (à partir de 12 $, 3 heures à 3 heures 30). Plusieurs bus quotidiens pour Anaheim (à partir de 14 $, 2 heures 30). Pour San Francisco (à partir de 49 $, 11-13 heures, 7/jour environ), correspondance à Los Angeles.

Flixbus (flixbus.com) a plusieurs bus par jour pour Los Angeles, où vous pouvez changer pour Las Vegas, Palm Springs et San Francisco notamment. Les tarifs varient selon la demande, mais sont en général très compétitifs.

VOITURE ET MOTO

Comptez au moins deux heures pour parcourir les 200 km entre les centres de San Diego et de Los Angeles. Durant les heures de pointe, la durée est imprévisible. S'il y a au moins deux passagers dans votre voiture, vous pouvez emprunter des voies réservées aux véhicules avec un fort "taux d'occupation", ce qui fait gagner du temps quand la circulation est dense.

TRAIN

Le *Pacific Surfliner* d'Amtrak dessert plusieurs fois par jour Anaheim (2 heures), Los Angeles (3 heures) et Santa Barbara (5 heures 45) au départ de l'historique **Santa Fe Depot** (Amtrak Station ; ☎ 800-872-7245 ; amtrak.com ; 1050 Kettner Blvd). Certains trains continuent vers le nord et San Luis Obispo (8 heures 30). Dans le comté de San Diego, les trains s'arrêtent à Solana Beach, Oceanside, San Clemente et San Juan Capistrano. Billets à partir de 35 $ environ, et jolie vue sur la côte.

Comment circuler

Si la plupart des gens circulent en voiture à San Diego, on peut y séjourner en ne se déplaçant qu'à pied, ou à bord des bus et trolley du Metropolitan Transit System (sdmts.com). Le prix d'un trajet en bus/trolley tourne autour de 2,25/2,50 $ hors correspondance. Au-delà de 2 trajets par jour, mieux vaut prendre un pass (1/2/3/4 jours 5/9/12/15 $), ce qui implique l'achat d'une Compass Card (2 $ au premier achat) rechargeable, disponible aux automates des stations de trolley et au **MTS Transit Store** (☎619-234-1060 ; sdmts.com ; 1255 Imperial Ave ; ⏲8h-17h lun-ven), où on trouve aussi des plans du réseau. Dans les bus, on peut acheter un forfait 1 jour sans Compass Card (7 $; faites l'appoint).

PALM SPRINGS ET LES DÉSERTS

De l'élégante Palm Springs à la Death Valley (vallée de la Mort), la région désertique du sud de la Californie couvre un quart de l'État. Des paysages à première vue désolés peuvent se révéler d'une beauté à couper le souffle : pics volcaniques érodés, dunes mouvantes, montagnes aux tons pourpres, jardins de cactus, fleurs sauvages, lézards filant à l'ombre de rochers colossaux, et myriades d'étoiles dans le ciel nocturne. La sérénité des déserts californiens vous séduira immanquablement.

Palm Springs

Dans les années 1950 et 1960, Palm Springs, à quelque 160 km à l'est de Los Angeles, était l'escapade favorite des membres du Rat Pack – un groupe d'amis autour de Frank Sinatra –, d'Elvis Presley et d'autres stars de Hollywood. Une fois disparu le Rat Pack, Palm Springs est devenu un temps le fief des amateurs de golf du troisième âge. Au milieu des années 1990, la jeune génération a redécouvert le rétro-chic de la ville et son élégante architecture moderniste. Aujourd'hui, retraités et résidents saisonniers y côtoient, en bonne intelligence, *hipsters* et randonneurs de LA et du monde entier, ainsi qu'une importante communauté LGBT.

À voir et à faire

En roulant sur l'I-10, à 32 km environ à l'ouest de Palm Springs, jetez un coup d'œil du côté nord de l'autoroute aux **World's Biggest Dinosaurs** (☎951-922-8700 ; cabazondinosaurs.com ; 50770 Seminole Dr, Cabazon ; adulte/enfant 13/11 $; ⏲9h-18h lun-ven, 9h-19h sam-dim ; P 👪).

♥ Palm Springs Aerial Tramway TÉLÉPHÉRIQUE

(☎760-325-1391 ; pstramway.com ; 1 Tram Way, Palm Springs ; adulte/enfant 26/17 $, parking 8 $; ⏲1re montée 10h lun-ven, 8h sam-dim, dernière montée 20h, dernière descente 21h45 tlj, selon les saisons ; P 👪). Le téléphérique parcourt 4 km en 10 minutes, survolant cinq types de végétation, du désert de Sonora aux forêts de pins du Mont San Jacinto, sur 1 800 m de dénivelé. À l'arrivée (2 600 m d'altitude), le thermomètre ne dépasse pas 22°C, soit bien moins qu'en contrebas. La vue est époustouflante. Il y a deux restaurants (forfait trajet + repas disponible) et un musée d'histoire naturelle. C'est aussi le point de départ de 80 km de chemins de randonnée.

♥ Sunnylands Center & Gardens BÂTIMENT HISTORIQUE, JARDINS

(☎760-202-2222 ; sunnylands.org ; 37977 Bob Hope Dr, Rancho Mirage ; accès centre et jardins gratuit, visite guidée de la maison 48 $; ⏲visite de la maison mer-dim, centre et jardins 8h30-16h jeu-dim mi-sept à début juin ; P). Comptant parmi les grandes familles américaines du XXe siècle, Walter Annenberg (1908-2002), industriel, diplomate et philanthrope, et son épouse Leonore (1908-2009) ont accueilli 7 présidents des États-Unis, plusieurs têtes couronnées, des célébrités de Hollywood et des chefs d'État dans leur résidence d'hiver de 80 ha. Conçue en 1966 par l'architecte A. Quincy Jones, la maison principale, qui regorge d'œuvres d'art, n'est visible que dans le cadre de visites guidées de 1 heure 30. Il faut réserver en ligne (longtemps à l'avance), ce qui n'est pas le cas pour les expositions du centre d'accueil des visiteurs (datant de 2012) ou le magnifique jardin de plantes du désert, inspiré par les peintures impressionnistes.

♥ Palm Springs Art Museum MUSÉE

(☎760-322-4800 ; psmuseum.org ; 101 Museum Dr, Palm Springs ; tarif plein/étudiant 14/6 $; ⏲10h-17h ven-mar, 12h-20h jeu ; P). Le riche fonds de ce musée lui permet un renouvellement constant des expositions. Entre peinture moderne et contemporaine, sculpture, photographie, art verrier, les amateurs seront comblés. Henry Moore, Ed Ruscha, Mark di Suvero, Frederic Remington ne sont que quelques noms parmi les innombrables signatures présentées au public. Signalons en particulier les œuvres en verre de Dale Chihuly et William Morris, et la collection de statuettes précolombiennes. Entrée gratuite de 16h à 20h le jeudi.

Living Desert Zoo & Gardens ZOO

(☎760-346-5694 ; livingdesert.org ; 47900 Portola Ave, Palm Desert ; tarif plein/enfant 20/10 $;

9h-17h oct-mai, 8h-13h30 juin-sept ; P). Ce fabuleux zoo abrite divers animaux et plantes du désert, ainsi que des expositions sur la géologie de la région et la culture amérindienne. La visite d'une clinique vétérinaire et d'un village africain fait partie des principales attractions. Une promenade à dos de chameau, le repas des girafes, un tour sur le manège des espèces menacées et la navette avec montée et descente à volonté sont en supplément ; ce parcours de 24 km dans la vallée est à la fois divertissant et instructif. Comptez deux à trois heures de visite.

Indian Canyons RANDONNÉE
(760-323-6018 ; indian-canyons.com ; 38520 S Palm Canyon Dr, Palm Springs ; adulte/enfant 9/5 $; 8h-17h tlj oct-juin, ven-dim juil-sept). Les torrents qui dévalent les pentes de San Jacinto ont permis la formation d'oasis à la flore variée autour de Palm Springs. Territoires des Amérindiens pendant des siècles, ces canyons font maintenant les délices des randonneurs. Le Palm Canyon mène à la plus grande oasis de palmiers éventails au monde. Chutes d'eau et rochers sont au programme du Murray Canyon et de l'Andreas Canyon.

Où se loger

Une grande variété d'hébergements attendent les visiteurs à Palm Springs et dans les villes du désert de la Coachella Valley : boutiques-hôtels rétro, palaces ostentatoires et motels. Certains établissements n'acceptent pas les enfants.

Arrive Hotel HÔTEL $$
(760-227-7037 ; arrivehotels.com ; 1551 N Palm Canyon Dr, Palm Springs ; studio 190-390 $; accueil 8h30-19h ou sur rdv ; P). Bois et métal dominent dans le décor de cet hôtel où le bar fait office de réception. Les 32 chambres spacieuses, sans téléphone mais avec patio pour certaines, ont un petit côté branché grâce aux douches à effet pluie, aux TV Apple et aux produits de toilette de luxe. Le week-end, la piscine, le bar et le restaurant se muent en lieux de fête où les clients croisent les habitants de la ville.

El Morocco Inn & Spa BOUTIQUE-HÔTEL $$
(760-288-2527 ; elmoroccoinn.com ; 66810 4th St, Desert Hot Springs ; ch 150-230 $; P). Répondez à l'appel de la casbah dans ce somptueux refuge, propice à la romance. Les 12 chambres au cadre exotique entourent une piscine où votre hôte enthousiaste sert des "Moroccotinis" gratuits pendant l'*happy hour*. Au spa, profitez d'un soin "Moroccan Mystical Ritual", ou d'un massage "Moroccan Rain" aux sept huiles essentielles purifiantes. Petit-déjeuner inclus.

Caliente Tropics MOTEL $$
(800-658-6034, 760-327-1391 ; calientetropics.com ; 411 E Palm Canyon Dr, Palm Springs ; ch à partir de 170 $; P). Frank Sinatra et le Rat Pack s'ébattaient au bord de la piscine de ce motel de style tiki de 1964, tout juste rénové. Terminez la journée avec un cocktail tropical au Reef Bar à l'éclairage tamisé, avant de rejoindre le pays des rêves sur un matelas confortable, dans l'une des chambres ornées de tableaux polynésiens.

L'Horizon BOUTIQUE-HÔTEL $$
(760-323-1858 ; lhorizonpalmsprings.com ; 1050 E Palm Canyon Dr, Palm Springs ; ch à partir de 340 $; P). Intime, dessiné par William F. Cody, l'endroit qui a vu passer au bord de sa piscine des célébrités comme Marilyn Monroe et Ronald Reagan est aujourd'hui un établissement de luxe réservé aux adultes. Il compte 25 bungalows dispersés sur un vaste terrain pour un maximum d'intimité. Profitez des douches en extérieur, de la piscine sans chlore et d'un patio privatif.

Où se restaurer

Côté culinaire, Palm Springs a relevé le niveau, grâce à des restaurants dans l'air du temps ouverts récemment. Les meilleurs – dont quelques enseignes un brin tape-à-l'œil – bordent N Palm Canyon Dr (dans Uptown Design District).

Cheeky's CALIFORNIEN $
(760-327-7595 ; cheekysps.com ; 622 N Palm Canyon Dr ; plats 9-15 $; 8h-14h ;). Malgré l'attente parfois longue et le service quelconque, saluons l'effort créatif d'une cuisine à la fois originale et locale. Le menu est bricolé chaque semaine, sans totalement évincer les immuables œufs brouillés (crémeux), burgers (bovins élevés en pâturage) et frites au pesto.

Trio CALIFORNIEN $$
(760-864-8746 ; triopalmsprings.com ; 707 N Palm Canyon Dr ; plats midi 10-22 $, plats soir 15-32 $; 11h-22h lun-jeu, 11h-23h ven, 10h-23h sam, 10h-22h dim ;). La formule gagnante de ce restaurant moderniste des années 1960 :

une cuisine américaine classique actualisée (superbe bœuf braisé yankee), d'agréables œuvres d'art et de grandes fenêtres. Le menu à 23 $ (trois plats ; jusqu'à 18h) vaut largement le coup. Le choix de boissons et en-cas à petits prix vaut à l'endroit une grosse affluence en fin de journée.

Workshop Kitchen + Bar AMÉRICAIN **$$$**
(760-459-3451 ; workshoppalmsprings.com ; 800 N Palm Canyon Dr ; petites assiettes 16-21 $, plats 28-38 $; 17h-22h lun-jeu, 17h-23h ven-sam, 10h-14h dim ;). Au fond du coquet El Paseo Building (1920) et de son patio planté d'oliviers, ce restaurant déroule une longue table commune bordée de part et d'autre de box plus intimes. Le chef remet au goût du jour les classiques de la cuisine américaine, et le bar est un des plus branchés de la ville.

Où prendre un verre et faire la fête

À Palm Springs, de nombreux bars et restaurants proposent des *happy hours* fréquentés, qui durent parfois toute la journée. Les bières artisanales ont la cote, tandis que quelques bars "clandestins" viennent pimenter l'offre de cocktails. Les vendredis sont soirs de fête pour la communauté gay.

Arenas Rd, à l'est d'Indian Canyon Dr, est le centre de la vie nocturne pour la communauté LGBT.

Bootlegger Tiki BAR À COCKTAILS
(760-318-4154 ; bootleggertiki.com ; 1101 N Palm Canyon Dr ; 16h-2h). La lumière cramoisie et les cocktails surpuissants de ce minuscule bar tiki aux allures de paillotte redonneraient bonne mine au citadin le plus blafard.

Birba BAR
(760-327 5678 ; birbaps.com ; 622 N Palm Canyon Dr ; 17h-23h mar-dim nov-mars, 18h-22h mer, jeu et dim, 18h-23h ven-sam juin-oct ;). En soirée, le patio bordé de haies de Birba, avec ses lampions et son barbecue, donne un petit air de *dolce vita* au désert. Détendez-vous en sirotant un verre de *frizzante* ou un cocktail comme le Heated Snake, à base de tequila, à accompagner d'une pizza ou d'une assiette de fromages et de charcuteries.

Achats

Pour trouver des galeries d'art, des magasins de design et de fabuleuses boutiques de mode, telle **Trina Turk** (760-416-2856 ; trinaturk.com ; 891 N Palm Canyon Dr, Palm Springs ; 10h-18h lun-sam, 11h-17h dim), rejoignez North Palm Canyon Dr dans Uptown. Il y a des boutiques d'occasion, de vêtements vintage et des dépôts-ventes à Downtown et le long de la Hwy 111. Les marques chics se concentrent à El Paseo, dans Palm Desert. Les chasseurs de promotions iront 32 km plus à l'ouest par l'I-10 au centre commercial Desert Hills Premium Outlets.

Renseignements

Palm Springs Historical Society (760-323-8297 ; pshistoricalsociety.org ; 221 S Palm Canyon Dr ; 10h-16h). Les bénévoles de cette ONG gèrent deux musées et organisent des visites guidées, à la découverte du patrimoine historique, architectural et des hauts lieux du showbiz.

Palm Springs Modern App Appli gratuite pour iPhone et Android décrivant plus de 80 maisons ou bâtiments publics du milieu du XXe siècle, pour des visites de 3 heures agrémentées de photos, de vidéos et d'explications audio.

Palm Springs Visitor Center (760-778-8418 ; visitpalmsprings.com ; 2901 N Palm Canyon Dr, Palm Springs ; 9h-17h). Office du tourisme officiel bien fourni, tenu par un personnel compétent, dans une station-service de 1965 dessinée par Albert Frey. En face du départ de la route menant au téléphérique, 5 km au nord de Downtown.

Comment s'y rendre et circuler

Palm Springs International Airport (PSP ; 760-318-3800 ; palmspringsairport.com ; 3400 E Tahquitz Canyon Way). Aéroport régional desservi toute l'année par 10 compagnies aériennes, dont United, American, Virgin, Delta et Alaska, avec des vols pour toute l'Amérique du Nord.

Palm Springs et la Coachella Valley sont plates, et les pistes cyclables de plus en plus nombreuses. Beaucoup d'hôtels prêtent des vélos, sinon essayez **Bike Palm Springs** (760-832-8912 ; bikepsrentals.com ; 194 S Indian Canyon Dr ; vélos standard/enfant/électrique/tandem demi-journée à partir de 25/15/45/40 $, journée 35/20/60/50 $; 8h-17h oct-mai, 8h-10h juin-sept) ou, à Palm Desert, **Funseekers** (760-647-6042, 760-340-3861 ; palmdesertbikerentals.com ; 73-865 Hwy 111, Palm Desert ; vélo 24h/3 jours/semaine à partir de 25/60/95 $; 8h30-17h lun-ven, 8h30-16h sam-dim).

Les bus publics **SunLine** (760-343-3451 ; sunline.org ; ticket 1 $) roulent (lentement) à l'énergie verte dans toute la vallée. Le bus n° 111 relie Palm Springs à Palm Desert (1 heure) et Indio (1 heure 30) par la Hwy 111. Les bus, climatisés, sont accessibles aux fauteuils roulants et disposent de porte-vélos. Espèces uniquement (faites l'appoint).

Buzz Trolley (sunline.org ; ⌚12h-22h jeu-sam). Cette navette gratuite circule de 12h à 22h du jeudi au dimanche toutes les 20 minutes environ, et fait une boucle reliant N Palm Canyon Dr depuis Via Escuela jusqu'à Smoketree dans E Palm Canyon en revenant par Indian Canyon Dr.

Joshua Tree National Park

Semblant sortis d'une bande dessinée, les étranges arbres de Josué (*Yucca brevifolia*) donnent leur nom à un **parc** (☎760-367-5500 ; nps.gov/jotr ; forfait semaine 30 $/voiture ; P 🚻) de 320 000 ha séparant le désert du Colorado – une plaine aride –, de celui de Mojave – plus humide et plus frais grâce à son altitude.

Des paysages à couper le souffle – vastes étendues désertiques, ruisseaux jaillissant au détour d'un rocher et oasis de palmiers-éventails – s'offrent aux amateurs d'escalade, de randonnée et de VTT.

Les arbres de Josué doivent leur nom à un groupe de mormons qui virent une analogie entre leurs branches montant vers le ciel et le prophète Josué tendant les bras vers la Terre promise. Au printemps, certains d'entre eux donnent de grosses fleurs de couleur crème. Le paysage environnant, austère et minéral, a inspiré de nombreux artistes comme le groupe U2, qui a baptisé son album à succès de 1987 *The Joshua Tree*.

À voir et à faire

Si vous avez peu de temps, visitez d'abord la partie nord du parc, où les bosquets d'arbres de Josué et les étranges formations rocheuses dessinent un paysage irréel. Les deux heures de route entre l'entrée ouest du parc et l'Oasis Visitor Center, à Twenty-Nine Palms (ou *vice versa*), donnent un bon aperçu du parc. Vous serez tenté de vous arrêter en route pour observer toutes sortes de curiosités ou suivre le départ d'un des nombreux sentiers.

Les circuits de **Barker Dam** et **Hidden Valley**, chacun d'environ 1 mile (1,6 km), permettent une immersion rapide dans le paysage lunaire du parc. Pour avoir une belle vue au coucher du soleil sur le parc et toute la Coachella Valley, montez à **Keys View**.

Si l'histoire des pionniers vous intéresse, réservez (longtemps à l'avance) une visite de **Keys Ranch** (☎réservations 760-367-5522 ; nps.gov/jotr ; circuits adulte/enfant 6-11 ans 10/5 $, plus entrée au parc ; ⌚circuits oct-mai ; P 🚻).

Au sud se déploie un paysage désertique, venteux et austère. Là, une chaussée en bois de 400 m traverse le **Cholla Cactus Garden**. Pour un beau parcours en 4x4, suivez la cahoteuse **Geology Tour Road** (29 km), également ouverte aux VTT.

Où se loger

Des 8 campings du parc, seuls **Cottonwood** (☎760-367-5500, réservation 877-444-6777 ; nps.gov/jotr ; Pinto Basin Rd ; empl tente et camping-car 20 $; P) et **Black Rock** (☎760-367-5500, réservation 877-444-6777 ; nps.gov/jotr ; Joshua Lane ; empl 20 $; P) ont l'eau potable, des toilettes à eau et des poubelles. **Indian Cove** (☎760-362-4367, réservation 877-444-6777 ; nps.gov/jotr ; Indian Cove Rd, Twentynine Palms ; empl tente et camping-car 20 $; P) et Jumbo Rocks acceptent également les réservations. Dans les autres campings, premier arrivé, premier servi, et les commodités se résument à une fosse d'aisances, des tables de pique-nique et des barbecues. Pas de douches, sauf à **Coyote Corner** (☎760-366-9683 ; jtcoyotecorner.com ; 6535 Park Blvd, Joshua Tree ; ⌚9h-18h).

D'octobre à mai, les campings sont pleins dès le jeudi midi, surtout durant la floraison des arbres de Josué. Si vous arrivez trop tard, il y a des campings supplémentaires au Bureau of Land Management (BLM), dans le nord et le sud du parc, ainsi que des campings privés. Pour en savoir plus, consultez : nps.gov/jotr/planyourvisit/camping-outside-of-the-park.htm.

Il y a des motels bon marché et milieu de gamme le long de la Hwy 62. Twentynine Palms et Yucca Valley comptent surtout des motels de chaîne ; les hébergements de Joshua Tree, Pioneertown et Landers, au nord de la Hwy 62, ont plus de charme.

Harmony Motel MOTEL $

(☎760-401-1309, 760-367-3351 ; harmonymotel.com ; 71161 29 Palms Hwy/Hwy 62, Twentynine Palms ; ch 90-95 $; P 🚭 ❄ 📶 🏊). Le groupe U2 a logé ici durant l'enregistrement de l'album *The Joshua Tree*. Ce motel des années 1950, très propre, compte une petite piscine et 7 grandes chambres aux couleurs vives (certaines avec kitchenette), distribuées

VAUT LE DÉTOUR

PIONEERTOWN

Cette authentique ville de l'Ouest date en réalité… de 1946. Gene Autry et Roy Rodgers font partie des investisseurs qui ont contribué à la fondation de ce décor grandeur nature où ont été tournés une cinquantaine de westerns et d'épisodes de séries TV dans les années 1940 et 1950. Le saloon de **Pioneertown** (Pioneertown Rd ; 24h/24 ; P) GRATUIT, à environ 8 km au nord de la 29 Palms Hwy/Hwy 62, étanche toujours la soif des desperados qui ont rendez-vous sur "Mane St" le 2e et le 4e samedi du mois, à 14h30, pour un règlement de comptes (de septembre à juin).

Passez la nuit au **Pioneertown Motel** (760-365-7001 ; pioneertown-motel.com ; 5040 Curtis Rd, Pioneertown ; d à partir de 185 $; P), où dormaient jadis les stars de cinéma lors des tournages. Les nouveaux propriétaires ont rénové avec goût les chambres rustiques, qui sont dotées de plafonds à deux pentes en bois, de tapis amérindiens, d'objets de décor de western et de tout ce qu'il faut pour le confort.

autour d'un jardinet. Café et thé gratuits servis dans la cuisine commune.

Kate's Lazy Desert MOBILE HOMES $$
(845-688-7200 ; lazymeadow.com ; 58380 Botkin Rd, Landers ; caravane lun-jeu 175 $, ven-sam 200 $; P). L'ambiance camp de hippies porte la marque de sa propriétaire, la chanteuse du groupe de New Wave The B-52s, Kate Pierson. Les caravanes, dans un style fantaisie-pop en rapport avec leur nom (comme Tinkerbell, "fée clochette"), sont équipées d'un lit double et une kitchenette.

Sacred Sands PENSION $$$
(760-974-2353, 760-424-6407 ; sacredsands.com ; 63155 Quail Springs Rd, Joshua Tree ; studio/ste 339/369 $, 2 nuitées minimum ; P). Les hôtes, Scott et Steve, ont transformé ce coin abandonné en refuge chic et romantique. Studios et suites disposent de kitchenettes et de patios privés avec douches extérieures, bain à remous et hamacs pour dormir à la belle étoile. La vue sur le désert et le Joshua Tree National Park est superbe. Le tarif inclut un frigo avec de quoi prendre le petit-déjeuner. Séjour 2 nuits minimum.

Où se restaurer

Côté restauration, rien n'est prévu dans le parc, mais des supermarchés et épiceries sont disséminés le long de la Hwy 62, notamment à Yucca Valley. Les restaurants vont de la gargote familiale graisseuse au traiteur bio, du *diner* excentrique au restaurant ethnique. Le samedi matin, les habitants se retrouvent au **marché fermier** (joshuatreefarmersmarket.com ; 61705 29 Palms Hwy/Hwy 62, Joshua Tree ; 8h-13h sam) de Joshua Tree. Avant de partir en expédition, faites le plein au **Crossroads Cafe** (760-366-5414 ; crossroadscafejtree.com ; 61715 29 Palms Hwy/Hwy 62, Joshua Tree ; plats 9-17 $; 7h-21 h ;), institution de Joshua Tree.

La Copine INTERNATIONAL $$
(760-289-8537 ; lacopinekitchen.com ; 848 Old Woman Rd, Flamingo Springs Heights ; plats 8-24 $; 14h-19h jeu-dim ;). Nikki et Claire se sont installées ici pour réaliser leur rêve : un bistrot routier. On y sert des plats à base de produits sains et locaux, inspirés de la cuisine actuelle. On aime la salade au saumon fumé et œuf poché, le *ceviche* de crevettes géantes ou le sandwich *banh mi*. Pas de réservations.

Renseignements

Le permis d'entrée (30 $/véhicule) est valable 7 jours. Il s'achète aux 3 entrées du parc et aux centres d'accueil des visiteurs du National Park Service (NPS) de **Joshua Tree** (nps.gov/jotr ; 6554 Park Blvd, Joshua Tree ; 8h-17h ;), **Oasis** (760-367-5522 ; nps.gov/jotr ; 74485 National Park Dr, Twentynine Palms ; 8h30-17h) et **Cottonwood** (nps.gov/jotr ; Cottonwood Springs ; 8h30-16h ;). Le week-end (ven-dim) de novembre à février et tous les jours en mars-avril, des bus gratuits effectuent une boucle et desservent les sites les plus importants du nord du parc. Départ toutes les heures du Twentynine Palms Transit Center et de l'Oasis Visitor Center (pas besoin de permis d'entrée).

Le parc n'offre aucune infrastructure, hormis des toilettes ; emportez de l'eau potable et de la nourriture. Faites le plein d'essence et de vivres dans les bourgades sur la 29 Palms Hwy (ou Hwy 62), qui longe le nord du parc : Yucca Valley, Johua Tree ou Twentynine Palms. En venant du sud (par l'I-10), Indio est la ville la plus proche.

Anza-Borrego Desert State Park

Érosion et forces tectoniques ont sculpté ces immensités autrefois couvertes par la mer. Étendue quasi déserte, **Anza-Borrego** (☎760-767-4205 ; parks.ca.gov ; 10 $/jour ; P) couvre 259 000 ha, ce qui en fait le plus grand parc d'État de la Californie. Des pétroglyphes et pictogrammes amérindiens témoignent d'une présence humaine remontant à plus de 10 000 ans. Le parc doit son nom à l'explorateur espagnol Juan Bautista de Anza, qui passa dans la contrée en 1774 alors qu'il ouvrait une piste pour les colons depuis le Mexique, et aux *borregos,* les moutons sauvages qui prospéraient jusqu'à la Baja California. Aujourd'hui, il n'en reste que quelques centaines, à cause des sécheresses, des maladies, des contrebandiers et des voitures faisant du hors-piste. Dans les années 1850, les diligences de la Butterfield Stagecoach, qui distribuaient le courrier entre St Louis et San Francisco, faisaient étape dans l'actuel parc.

À voir et à faire

À 3 km à l'ouest du centre de Borrego Springs, le **Visitor Center** (☎760-767-4205 ; parks.ca.gov ; 200 Palm Canyon Dr, Borrego Springs ; 9h-17h tlj oct-mai, sam, dim et vacances uniquement juin-sept) du parc propose des expositions sur l'histoire naturelle, des brochures informatives et des renseignements actualisés sur l'état des routes. Conduire dans le parc est gratuit mais si vous campez, randonnez ou pique-niquez, vous devrez payer un droit de stationnement (10 $/voiture). Vous aurez besoin d'un 4x4 pour parcourir les 800 km de pistes. Si vous marchez, prévoyez toujours beaucoup d'eau.

Parmi les sites intéressants accessibles sans 4×4, citons le célèbre (et fréquenté) **Borrego Palm Canyon Nature Trail** (5 km aller-retour), les 3,2 km faciles du **Pictograph Trail** à Blair Valley, pour voir pictogrammes amérindiens et traces des pionniers, et un parcours assez difficile de 10 km aller-retour, le **Maidenhair Falls Trail**, passant par Hellhole Canyon. Avant de partir, vérifiez l'état des routes et des pistes au centre d'accueil des visiteurs.

Plus au sud, vous pourrez vous baigner dans les bassins en béton des sources thermales de l'**Agua Caliente Regional Park** (☎760-765-1188 ; 39555 Great Southern Overland Stage Route of 1849/County Rte S2 ; 3 $/voiture, piscine 3 $/pers ; 9h30-coucher du soleil sept-mai).

Près de 800 km de pistes, goudronnées ou non, sont ouverts aux VTT – mais pas les sentiers de randonnée. Itinéraires appréciés : Grapevine Canyon, non loin de la Hwy 78, et Canyon Sin Nombre, dans les Carrizo Badlands (étroits canyons). Blair Valley et Split Mountain font partie des zones les plus plates.

Où se loger

Les quelques hôtels et motels à Borrego Springs et aux environs ne sont pas ouverts toute l'année. Le camping reste alors le seul moyen de passer la nuit au cœur du parc. Outre les campings officiels, le camping sauvage est autorisé partout. Toutefois, il faut laisser les véhicules près de la route (à une distance inférieure ou égale à leur propre longueur), et faire son feu dans un contenant en métal. Ramasser des plantes, qu'elles soient vivantes ou mortes, est strictement interdit.

Borrego Palm Canyon Campground CAMPING $
(☎800-444-7275 ; reservecalifornia.com ; empl tente/camping-car 25/35 $; P). Proche du centre d'accueil des visiteurs (ci-contre), ce camping est une base idéale pour explorer le parc. Malgré sa taille, il affiche vite complet le week-end, du fait de ses équipements (eau potable, toilettes à chasse d'eau et douches chaudes à pièces).

♥ **La Casa del Zorro** RESORT $$$
(☎760-767-0100 ; lacasadelzorro.com ; 3845 Yaqui Pass Rd ; ch à partir de 220 $ mi-oct à avr, 90-160 $ mai à mi-oct ; P). Complètement rénové, ce complexe hôtelier, fondé en 1937, a retrouvé sa première place régionale. Les 67 chambres et bungalows, d'une élégante rusticité (mais avec baignoire en marbre) fleurent bon le désert et ses légendes. L'ensemble s'étend sur 17 ha et compte 5 courts de tennis, 28 piscines et Jacuzzis, un spa, un bar et un restaurant gastronomique.

Où se restaurer

Borrego Springs compte une poignée d'établissements – de la gargote mexicaine au restaurant gastronomique. Son meilleur supermarché est le **Center Market** (☎760-767-3311 ; 590 Palm Canyon Dr, Borrego Springs ; 8h30-18h30 lun-sam, 8h30-17h dim ; P). L'été, les horaires sont souvent réduits, et certains endroits carrément fermés.

Red Ocotillo INTERNATIONAL $$
(☎760-767-7400 ; redocotillo.com ; 721 Avenida Sureste, Borrego Springs ; plats 11-20 $; 7h-20h30 ;). Dans ce restaurant coloré du centre de Borrego Springs, les tables vides sont aussi rares que le merle blanc. Prenez des forces au petit-déjeuner avec les *burritos*, le midi avec de généreux sandwichs, et terminez la journée avec des travers de porc et des *linguine* au pesto maison. Belle vue sur le désert depuis la terrasse.

Renseignements

Vous trouverez à Borrego Springs un distributeur automatique de billets, deux stations-service, une poste et un supermarché, tous installés dans Palm Canyon Dr.

Pour savoir quand le désert est en fleurs, appelez la **Wildflower Hotline** (☎760-767-4684).

Mojave National Preserve

Territoire "au milieu de nulle part", l'étendue désertique de la **Mojave National Preserve** (☎760-252-6100 ; nps.gov/moja ; entre I-15 et I-40 ; P) GRATUIT couvre 566 560 ha de dunes de sable, d'arbres de Josué, de cônes de scories volcaniques et d'habitats pour les mouflons d'Amérique, les lièvres et les tortues du désert.

Au sud-est de Baker et de l'autoroute I-15, Kelbaker Rd traverse un paysage fantomatique de cônes volcaniques avant de rejoindre **Kelso Depot**, une gare ferroviaire de style colonial espagnol des années 1920. Elle abrite aujourd'hui le principal **Visitor Center** (☎760-252-6100 ; nps.gov/moja ; Kelbaker Rd, Kelso ; 9h-17h) du parc, avec d'excellentes expositions sur l'histoire naturelle et culturelle.

Une vingtaine de kilomètres plus au sud, Kelbaker Rd mène aux **Kelso Dunes**. Quand les conditions sont réunies, elles émettent un bourdonnement sourd causé par le mouvement du sable – effet qu'on déclenche parfois si on les descend en courant.

De Kelso Depot, la Kelso-Cima Rd file vers le nord-est. À une quarantaine de kilomètres, le **Cima Dome** est une colline de granit de 500 m de haut, ponctuée de cônes de cendre volcanique et d'affleurements de lave durcie. Sur ses pentes a poussé la plus grande **forêt d'arbres de Josué** au monde. Pour mieux la voir, prenez le **Teutonia Peak Trail** (5 km aller-retour), un sentier qui part de Cima Rd 8 km au nord-ouest de Cima.

La réserve ne compte aucun poste d'essence : faites le plein à Baker, à la lisière nord, sur l'I-15, avant de partir. Vous y trouverez aussi de nombreux motels bon marché mais sans charme. Les casinos de Primm, à la frontière du Nevada (nord), sont bien plus agréables. Si vous arrivez par l'I-40, passez la nuit à Needles avant de reprendre votre route. Une fois dans la réserve, le camping est le seul mode d'hébergement.

Death Valley National Park

Si son nom renvoie à la désolation, la **vallée de la Mort** (☎760-786-3200 ; nps.gov/deva ; forfait semaine 30 $/voiture ; P) offre en réalité un spectacle grandiose et vivant. L'écho du vent chante dans les dunes, les rochers se dressent au milieu du désert, et des formes de vie endémiques se sont frayé un chemin dans les oasis, les canyons sculptés par les flots et les cratères de volcans éteints.

La vallée culmine à plus de 3 000 m d'altitude. Terre de superlatifs, elle détient le record de chaleur mondial (56,7 °C), celui du point le plus bas (Badwater, 86 m en dessous du niveau de la mer) et du plus grand parc national en dehors de l'Alaska (plus de 13 000 km²).

Furnace Creek – principale localité de la vallée – abrite le plus important centre d'accueil des visiteurs du parc, une supérette, une station-service, une poste, un DAB, un parcours de golf, des hébergements et restaurants, et dispose du Wi-Fi.

Le permis d'entrée au parc (30 $/véhicule), valable 7 jours, peut être acheté à des machines (paiement par carte) sur les routes d'accès au parc ou aux différents centres des visiteurs.

À voir et à faire

En été, restez sur les routes goudronnées, limitez les excursions au petit matin et à la soirée, et visitez les secteurs les plus hauts du parc.

De **Furnace Creek**, roulez 8 km au sud-est jusqu'à **Zabriskie Point** pour une vue spectaculaire sur la vallée et les badlands dorées, érodées en vagues, plis et ravines. Continuez sur 32 km jusqu'à **Dante's View** pour découvrir simultanément, par temps clair, le point

HORS DES SENTIERS BATTUS

LA SALTON SEA ET LA SALVATION MOUNTAIN

À l'est d'Anza-Borrego et au sud de Joshua Tree s'étend un site surprenant : la **Salton Sea** (mer de Salton ; ☎760-393-3810 ; parks.ca.gov ; 100-225 State Park Rd, North Shore ; de jour 7 $/voiture ; ⏲parc 24h/24, Visitor Center 10h-16h ; P), un lac salé, le plus grand de Californie au cœur de son plus vaste désert. Il s'est créé accidentellement en 1905, à la suite de crues successives du Colorado et lors de travaux de canalisations destinés à irriguer les fermes d'Imperial Valle. Aujourd'hui, le lac héberge près de 400 espèces d'oiseaux migrateurs, mais elles sont menacées par l'augmentation de la salinité due à l'évaporation de l'eau. Cette dernière a aussi pour effet de faire remonter les phosphates et les pesticides issus de l'agriculture qui se sont déversés dans cette cuvette.

Plus étrange encore peut-être, **Salvation Mountain** (☎760-624-8754 ; salvationmountaininc.org ; 603 E Beal Rd, Niland ; dons bienvenus ; ⏲lever-coucher du soleil ; P) est une colline haute de 33 mètres réalisée par l'artiste Leonard Knight à partir de pisé et de paille, peinte et décorée de fleurs, d'objets et de messages religieux.

le plus haut (Mt Whitney, 4 421 m) et le plus bas (Badwater) des États-Unis.

Badwater, un paysage intemporel de salants ridés, se situe à 24 km au sud de Furnace Creek. En chemin, de courtes marches permettent d'explorer facilement **Golden Canyon**. Le détour de 15 km le long d'**Artists Drive** à travers un étroit canyon s'effectue de préférence en fin d'après-midi, quand les roches et cendres volcaniques se parent de couleurs chatoyantes.

À 37 km au nord-ouest de Furnace Creek, près de Stovepipe Wells Village, traversez à pied les **dunes de Mesquite Flat**, magiques au coucher du soleil et sous la pleine lune, et grimpez le long des murs de pierre multicolores du **Mosaic Canyon**.

À environ 88 km au nord-ouest de Furnace Creek, **Scotty's Castle** (☎760-786-3200 ; ⏲fermé jusqu'à nouvel ordre) est une extravagante villa où vécut Walter E. Scott, surnommé "Death Valley Scotty", prospecteur et escroc, qui faisait croire aux gens qu'il avait trouvé de l'or. Endommagé par des inondations, l'endroit est fermé au moins jusqu'en 2020.

Où se loger et se restaurer

Le parc dispose de nombreux campings. Si vous cherchez un toit, les possibilités sont limitées et les places chères (dans tous les sens du terme) au printemps. Les villes qui bordent le parc sont une bonne alternative : Beatty (65 km de Furnace Creek), Lone Pine (170 km), Death Valley Junction (50 km) ou Tecopa (112 km). Ridgecrest (196 km) et Las Vegas (230 km) sont plus éloignées.

Si vous campez dans le parc, emportez des provisions, sinon vous les paierez au prix fort dans les magasins de Stopepipe Wells, Furnace Creek ou Panamint Springs. En général, les restaurants ici sont chers et médiocres.

Mesquite Spring Campground CAMPING $
(☎760-786-3200 ; nps.gov/deva ; Hwy 190 ; empl tente et camping-car 14 $). Premier arrivé, premier servi, dans ce camping de la partie nord du parc, idéalement situé pour les visites de Ubehebe Crater et de Racetrack Rd. À 548 m d'altitude, les 30 emplacements bénéficient de températures plus clémentes qu'en plaine. Côté commodités : tables, barbecues, eau courante et toilettes à chasse d'eau. Pas d'électricité pour les camping-cars.

Ranch at Death Valley COMPLEXE HÔTELIER $$
(☎760-786-2345 ; oasisatdeathvalley.com ; Hwy 190, Furnace Creek ; d à partir de 190 $; P). Conçu pour les familles, ce vaste complexe consiste en 224 chambres avec terrasses ou balcons, dans des bâtiments à un ou deux niveaux bordés de pelouses et d'allées. Ajouts récents, une agréable place de style colonial espagnol, une supérette et un bar-saloon rénovés. On y trouve aussi une aire de jeux, une piscine d'eau de source, des courts de tennis, un parcours de golf et le **Borax Museum** (☎760-786-2345 ; près de la Hwy 190, Furnace Creek ; ⏲9h-21h oct-mai, horaires variables l'été ; P) GRATUIT.

♥ **Inn at Death Valley** HÔTEL $$$
(☎760-786-2345, réservations 800-236-7916 ; oasisatdeathvalley.com ; Furnace Creek, Hwy 190 ; d à partir de 390 $; P). Sortez du lit, tirez les rideaux et admirez les couleurs du désert dans cet hôtel de 1927 de style mission espagnole, rénové de fond en comble en

2018. Après une journée de tourisme dans la chaleur, vous apprécierez la piscine d'eau de source avec bain à remous et bar, le salon au mobilier chaleureux ou encore la bibliothèque qui offrent une vue paisible sur la vallée.

Renseignements

Furnace Creek Visitor Center
(760-786-3200 ; nps.gov/deva ; Furnace Creek ; 8h-17h ;). Ce centre moderne dispose d'une boutique de souvenirs, de toilettes propres et d'une connexion Wi-Fi. Les visiteurs trouvent tous les renseignements nécessaires à leur séjour auprès des rangers et dans des expositions thématiques. À ceux qui viennent pour la première fois, nous conseillons le film de 20 minutes très bien conçu. Consultez le programme des activités proposées par les gardiens du parc.

CÔTE CENTRALE

Souvent réduite à une simple zone de chassés-croisés entre San Francisco et Los Angeles, la région recèle pourtant des paysages enchanteurs. Partez à la découverte de plages sauvages, de sources chaudes, de forêts de séquoias brumeuses, et de vastes domaines viticoles.

La Coastal Hwy 1 vous offre de splendides panoramas. Santa Cruz, ville du Flower Power, et la vieille ville portuaire de Monterey sont les portes d'entrée des paysages accidentés de la superbe côte de Big Sur. En descendant au sud vers l'orgueilleux Hearst Castle, la route serpente entre phares et falaises déchiquetées que survolent des condors, espèce menacée.

Quasiment parallèle à la Hwy 1, la Hwy 101, appelée El Camino Real (la Route du roi) par les conquistadors et les frères franciscains, traverse le cœur agricole de la Californie. Des missions espagnoles bordent encore la route, qui traverse la région de Paso Robles, réputée pour ses vins et ses bières artisanales. Les deux routes se rejoignent dans la ville universitaire de San Luis Obispo, à deux pas de plages ensoleillées et de sommets volcaniques.

Santa Barbara

Une météo délicieuse, un cadre agréable, des bars et des restaurants excellents, des activités variées à tous les prix : les habitants de Santa Barbara ont toutes les raisons d'être fiers de leur ville, une des plus agréables du sud de la Californie. Partez de l'église de la mission espagnole, et laissez-vous aller au gré de votre inspiration…

À voir

Surplombant les plages municipales fréquentées, le **Stearns Wharf** (stearnswharf.org ; tlj ; P) GRATUIT de 1872, la plus ancienne jetée en bois de l'Ouest en activité, est jalonné de restaurants et de boutiques touristiques. En dehors de la ville, près de la Hwy 101, de plus grandes **plages publiques**, frangées de palmiers, s'étendent à Carpinteria, à 19 km à l'est, à El Capitan et à Refugio, à plus de 32 km à l'ouest.

Old Mission Santa Barbara ÉGLISE
(805-682-4713 ; santabarbaramission.org ; 2201 Laguna St ; tarif plein/5-17 ans 12/7 $; 9h-16h15 sept-juin, 9h-17h15 juil-août ; P). La "reine des missions" de Californie trône sur une colline au-dessus de la ville, à plus de 1,5 km au nord du centre. Son imposante façade ionique, hommage à une ancienne chapelle romaine, est encadrée de deux clochers – disposition inhabituelle. À l'intérieur de l'église en pierre de 1820, remarquez les saisissantes œuvres d'art chumashes. À l'extérieur, un étrange cimetière renferme des milliers de tombes chumashes, laissées dans un relatif abandon, ainsi que les mausolées des premiers colons.

MOXI MUSÉE
(Wolf Museum of Exploration & Innovation ; 805-770-5000 ; moxi.org ; 125 State St ; adulte/enfant 15/10 $; 10h-17h ;). Dédié aux sciences, ce musée futuriste sur trois niveaux propose de nombreuses présentations et expériences interactives liées au son, à la vitesse, la lumière et la couleur qui raviront les petits (et les grands). Vous pourrez entrer dans une guitare géante, construire une voiture de course ou créer des effets spéciaux. Ne manquez pas la vue depuis le toit-terrasse du Sky Garden ou la traversée un peu inquiétante sur un sol en verre.

Santa Barbara County Courthouse SITE HISTORIQUE
(805-962-6464 ; sbcourthouse.org ; 1100 Anacapa St ; 8h-17h lun-ven, 10h-17h sam-dim). GRATUIT Construit dans le style néomauresque en 1929, le palais de justice est orné de plafonds peints à la main, de lustres en fer forgé et de carrelages de Tunisie et d'Espagne. Au second niveau, entrez dans

WORTH A TRIP

RHYOLITE

Tout près de la limite est du Death Valley National Park (à environ 55 km de Furnace Creek), la ville-fantôme de **Rhyolite** dans le Nevada (accès par la Hwy 374 ; 24h/24 ; P) GRATUIT témoigne de l'histoire des villes de la ruée vers l'or, surgies brusquement en plein Far West au début du XXe siècle pour être abandonnées quelques années plus tard. Elle comptait 8 000 habitants à sa grande époque, entre 1904 et 1916. Parmi les squelettes de bâtiments restants, les plus beaux sont ceux de la gare ferroviaire, dans le style mission espagnole, d'une banque à deux étages et d'une maison faite avec 50 000 bouteilles de bière.

Près de Rhyolite, juste à l'est du Death Valley National Park, le **Goldwell Open Air Museum** (702-870-9946 ; goldwellmuseum.org ; Hwy 374 ; parc 24h/24, centre d'accueil des visiteurs 10h-16h lun-sam, 10h-14h l'été ; P) GRATUIT est un ensemble de 7 sculptures monumentales à côté d'un centre d'accueil des visiteurs et d'une petite boutique. Lancé en 1984 par l'artiste belge Albert Szukalski, à l'origine d'une version envoûtante de la *Cène* de Léonard de Vinci, le projet a attiré plusieurs de ses compatriotes qui sont venus ajouter leurs œuvres.

la salle ornée de peintures murales qui décrivent l'histoire de la colonisation espagnole, puis grimpez à El Mirador, la tour de l'horloge de 26 m, pour la vue sur la ville, l'océan et les montagnes. À explorer seul ou dans le cadre d'une visite guidée gratuite d'une heure (tlj à 14 h, et à 10h30 du lundi au vendredi). Départ de la Mural Room, au deuxième niveau.

Activités

Santa Barbara Sailing Center CROISIÈRES

(805-962-2826 ; sbsail.com ; Marina 4, par Harbor Way ; 9h-18h, 9h-17h en hiver ;). Embarquez le soir pour une balade de deux heures (40 $) à bord du *Double Dolphin*, un catamaran de 15 m. Rejoignez une excursion dédiée à l'observation des baleines (50 $), de février à mi-mai, ou faites le tour du port en bateau pendant 1 heure pour contempler la faune aquatique (25 $). Location de matériel et excursions en kayak et paddle.

Condor Express CROISIÈRES

(805-882-0088 ; condorexpress.com ; 301 W Cabrillo Blvd ; tarif plein/enfant 5-12 ans croisière 2 heures 30 50/30 $, croisière 4 heures 30 à partir de 99/50 $;). Observez les baleines à bord du catamaran à grande vitesse *Condor Express*. Si vous ne voyez pas de baleines à la première tentative, Condor Express vous offre une autre croisière gratuite.

Où se loger

Préparez-vous au choc : même une chambre dans un motel basique de bord de mer coûte plus de 200 $ l'été. Si vous n'avez pas réservé, n'espérez pas trouver une chambre à un prix raisonnable, surtout le week-end. Entre le port et la Hwy 101, à courte distance à pied des lieux intéressants, il y a un bon choix de motels rénovés. Les moins chers sont regroupés vers le haut de State St et sur la Hwy 101 au nord vers Goleta, et au sud vers Carpinteria, Ventura et Camarillo.

♥ **Santa Barbara Auto Camp** CAMPING $$

(888-405-7553 ; autocamp.com/sb ; 2717 De La Vina St ; d 180-390 $; P). Dans ces six caravanes argentées de marque Airstream, style rétro et élégance se côtoient. Garées sur l'un des plus anciens terrains pour camping-cars de Californie, en haut de State St, au nord du centre-ville, elles sont équipées de TV, literies parfaites, coin cuisine et produits de bains luxueux, et dotées de terrasses avec barbecue électrique. Vélos pour se rendre en ville.

Harbor House Inn STUDIOS $$

(805-962-9745 ; harborhouseinn.com ; 104 Bath St ; ch à partir de 190 $; P). À deux pas de la plage, cet établissement très bien tenu propose des studios lumineux dans des tons sable, avec parquet, petites cuisines et équipements modernes : TV connectées offrant un accès à Netflix et Hulu. Si vous séjournez deux nuits ou plus, un panier petit-déjeuner est inclus dans le prix. Profitez des serviettes, chaises et parasols de plage prêtés, ainsi que des vélos à trois vitesses.

♥ **Hotel Californian** BOUTIQUE-HÔTEL $$$

(thehotelcalifornian.com ; 36 State St ; ch à partir de 400 $; P). Proche de la plage, de Stearns Wharf et de la Funk Zone, un ancien quartier d'entrepôts aujourd'hui très tendance, Hotel Californian est idéalement placé, mais bénéficie de bien d'autres atouts : mêlant style colonial espagnol et touches nord-africaines, il fait preuve d'un goût sûr.

Où se restaurer

Les restaurants du centre-ville sont nombreux dans State St, et on trouve même quelques pépites au milieu des pièges à touristes sur les quais et la jetée. Pour une cuisine créative, rejoignez la Funk Zone, et pour de bons tacos, Milpas St, à l'est. Réservez une semaine ou deux à l'avance pour les endroits fréquentés ou un restaurant ou vous voulez vraiment aller, surtout le week-end en été.

La Super-Rica Taqueria MEXICAIN **$**
(805-963-4940 ; 622 N Milpas St ; tacos 2,50 $; 11h-21h jeu-mar ;). Même s'il est facile de bien manger mexicain en ville, La Super-Rica est envahie tous les jours par des habitants et touristes venus goûter les plats qu'adorait la défunte papesse de la cuisine, Julia Child. Faites la queue devant la vaste *casita* pour savourer tacos, *tamales* et autres classiques mexicains.

Mesa Verde VÉGÉTARIEN **$$**
(805-963-4474 ; mesaverderestaurant.com ; 1919 Cliff Dr ; assiettes à partager 10-18 $; 11h-21h lun-ven, 11h-15h30 et 17h-21h sam-dim ;). Mesa Verde propose au menu tant d'assiettes végétariennes à partager, toutes aussi délicieuses et inventives, que le choix sera difficile pour ceux qui n'aiment pas la viande. Pour quiconque hésiterait, il est possible de se constituer un assortiment de petites portions. À noter : les tacos au jaquier sont un must. Les amateurs de viande sont aussi les bienvenus. Espèces uniquement.

Lark CALIFORNIEN **$$$**
(805-284-0370 ; thelarksb.com ; 131 Anacapa St ; assiettes à partager 12-32 $, plats 19-48 $; 17h-22h mar-dim, bar jusqu'à minuit ; P). Installé dans un ancien marché au poisson, le Lark (du nom du train de nuit qui desservait jadis Santa Barbara) est un restaurant décontracté et animé de la Funk Zone, parfait si vous avez envie de goûter des produits locaux et frais. La carte varie selon les saisons, et propose des mélanges de saveurs inspirés tels que choux de Bruxelles aux dattes ou magret de canard fumé au genièvre. Réservation impérative.

Où prendre un verre et faire la fête

Le bas de State St résonne du bruit des gargotes qui proposent *happy hour*, pistes de danse et soirées étudiantes agitées. Le mélange éclectique de bistros et bars à vins de la Funk Zone offre une alternative plus tendance et sophistiquée.

Mountain Brewing Co BIÈRE ARTISANALE
(805-694-2252 ; figmtnbrew.com ; 137 Anacapa St ; 11h-23h). Des brasseurs – père et fils – ont apporté leurs IPA houblonnées, Danish Red Lager et stout puissante, médaillées d'or du Wine Country de Santa Barbara à la Funk Zone. Connaisseurs, les serveurs vous aideront à choisir. Trinquez sous les affiches vintages de la salle au décor mi-surf, mi-Far-West, ou sur la terrasse, tout en écoutant un concert de musique acoustique.

Renseignements

Outdoors Santa Barbara Visitors Center (805-456-8752 ; outdoorsb.sbmm.org ; 4e niv, 113 Harbor Way ; 11h-17h dim-ven, 11h-15h sam). Dans le même bâtiment que le musée maritime, cet office du tourisme animé par des bénévoles fournit des renseignements sur le Channel Islands National Park. Belle vue sur le port depuis sa terrasse.

Santa Barbara Visitors Center (805-965-3021, 805-568-1811 ; santabarbaraca.com ; 1 Garden St ; 9h-17h lun-sam, 10h-17h dim, fév-oct, 10h-16h nov-jan). Le personnel serviable vous donnera toutes sortes d'informations pour vous permettre de profiter au mieux de votre séjour. Cartes et itinéraires pratiques à télécharger sur le site internet : circuits gastronomiques, artistiques, routes des vins ou activités de plein air.

Comment s'y rendre et circuler

Si vous êtes sur la Hwy 101, prenez les sorties Garden St ou Carrillo St pour le centre-ville.

Les bus **Greyhound** (805-965-7551 ; greyhound.com ; 224 Chapala St ;) relient plusieurs fois par jour LA (à partir de 14 $, 3 heures), Santa Cruz (à partir de 42 $, 6 heures) et San Francisco (à partir de 42 $, 9 heures). Les trains **Amtrak** (800-872-7245 ; amtrak.com ; 209 State St) desservent, au sud, LA (à partir de 31 $, 2 heures 45) *via* Carpinteria, Ventura et l'aéroport de Burbank ; au nord, direction San Luis Obispo (à partir de 34 $, 3 heures) et Oakland (à partir de 54 $, 8 heures 45) *via* Paso Robles, Salinas et San Jose.

Un trajet sur le réseau **Metropolitan Transit District** (MTD ; ☎805-963-3366 ; sbmtd.gov) coûte 1,75 $ (paiement en liquide, faire l'appoint). Munis d'un porte-vélo avant, les bus parcourent Santa Barbara et les localités voisines ; correspondances gratuites à condition de le signaler en montant à bord. Pour louer un vélo, **Wheel Fun Rentals** (☎805-966-2282 ; wheelfunrentalssb.com ; 24 E Mason St ; 8h-20h avr à mi-oct, 8h-18h mi-oct à mars ;) est bien situé, dans la Funk Zone, près de Stearns Wharf.

De Santa Barbara à San Luis Obispo

Vous pourrez rejoindre San Luis Obispo en moins de 2 heures par la Hwy 101, ou en une journée en faisant des détours par les vignobles, les missions et les plages.

Vallées de Santa Ynez et Santa Maria

Un itinéraire pittoresque dans l'arrière-pays au nord de Santa Barbara suit la Hwy 154 à travers les **vignobles** (sbcountywines.com) des vallées de Santa Ynez et de Santa Maria. **Sustainable Vine Wine Tours** (☎805-698-3911 ; sustainablevinewinetours.com ; visite à partir de 150 $) propose la visite de plusieurs domaines. Vous pouvez aussi suivre le **Foxen Canyon Wine Trail** (foxencanyonwinetrail.net) vers le nord qui passe par 14 domaines. Dans la ville de **Los Olivos**, qui compte plus d'une vingtaine de caves à vins, **Los Olivos Wine Merchant & Café** (☎805-688-7265 ; winemerchantcafe.com ; 2879 Grand Ave ; plats 15-28 $; 11h30-20h lun-jeu, 11h30-20h30 ven, 11h-20h30 sam, 11h-20h dim) est un charmant bistrot (et bar à vins) californien aux accents méditerranéens.

Solvang

Au sud, le village d'émigrés danois de **Solvang** (solvangusa.com) compte de nombreux moulins à vent et boulangeries de conte de fées. Régalez-vous de pain perdu à la vanille Bourbon, de charcuterie ou de filet de bœuf au bacon au **Succulent Café** (☎805-691-9444 ; succulentcafe.com ; 1555 Mission Dr ; plats petits-déj et midi 5-15 $, soir 16-37 $; 10h-15h lun et mer-ven, 8h30-15h sam-dim, 17h-21h dim-lun ;) . Pour un pique-nique, faites des courses à **El Rancho Marketplace** (☎805-688-4300 ; 2886 Mission Dr ; 6h-23h), à l'est de la **mission coloniale espagnole** (☎805-688-4815 ; missionsantaines.org ; 1760 Mission Dr ; adulte/-12 ans 5 $/gratuit ; 9h-17h ; P) du XIXe siècle.

Lompoc et ses environs

Depuis Solvang, suivez la Hwy 246 sur 24 km à l'ouest de la Hwy 101 jusqu'à **La Purísima Mission State Historic Park** (☎805-733-3713 ; lapurisimamission.org ; 2295 Purísima Rd, Lompoc ; 6 $/voiture ; parc 9h-17h, centre des visiteurs 10h-16h mar-dim tte l'année, plus 11h-15h lun juil-août ; P) . Superbement restaurée, c'est l'une des plus jolies missions espagnoles de Californie, avec un jardin fleuri, des enclos pour le bétail et des bâtiments en adobe. Au sud de Lompoc près de la Hwy 1, Jalama Rd serpente sur 32 km jusqu'au **Jalama Beach County Park** (☎805-468-2461 ; countyofsb.org/parks/jalama ; Jalama Beach Rd, Lompoc ; 10 $/voiture), battu par le vent. Réservez pour son **camping** (☎805-568-2460 ; countyofsb.org/parks/jalama.sbc ; 9999 Jalama Rd, Lompoc ; empl tente/camping-car/bungalow à partir de 35/50/190 $; P) très fréquenté, où les bungalows tout simples disposent d'une kitchenette.

Pismo Beach et ses environs

Au carrefour des Hwy 1 et Hwy 101, **Pismo Beach** possède un long ruban de sable avec un **bosquet de papillons** (☎805-773-5301 ; monarchbutterfly.org ; Hwy 1 ; 10h-16h fin oct-fév ;) GRATUIT, où des monarques migrateurs se posent sur les eucalyptus de fin octobre à février. Adjacent, le **North Beach Campground** (☎805-473-7220, réservation 800-444-7275 ; reservecalifornia.com ; 399 S Dolliver St ; empl tente et camping-car 35 $;) offre l'accès à la plage et des douches chaudes. Des dizaines de motels et d'hôtels bordent l'océan et la Hwy 101, mais se remplissent rapidement, surtout le week-end. Le **Pismo Lighthouse Suites** (☎805-773-2411 ; pismolighthousesuites.com ; 2411 Price St ; ste 190-500 $; P@) offre tout ce dont les familles en vacances ont besoin, dont un échiquier géant en plein air. Dans le centre-ville, l'**Old West Cinnamon Rolls** (☎805-773-1428 ; oldwestcinnamonrolls.com ; 861 Dolliver St pâtisserie 3-4 $; 6h30-17h30 ;) concocte de succulentes douceurs. Plus haut, au **Cracked Crab** (☎805-773-2722 ; crackedcrab.com ; 751 Price St ; plats 16-61 $; 11h-21h dim-jeu, 11h-22h ven-sam ;), ne manquez pas de

OFF THE BEATEN TRACK

CHANNEL ISLANDS NATIONAL PARK

Le **Channel Islands National Park** (☎805-658-5730 ; nps.gov/chis ; 1901 Spinnaker Dr, Ventura ; ⊙centre d'accueil des visiteurs 8h30-17h) GRATUIT couvre cinq îles inhabitées au large de Ventura, où prospèrent plus de 150 espèces de plantes et d'animaux endémiques. C'est un paradis pour la plongée, la randonnée, le kayak, le camping et autres activités de plein air.

Des bateaux partent de Ventura Harbor, à 50 km au sud de Santa Barbara sur la Hwy 101, où le **Visitor Center** (Robert J Lagomarsino Visito Center ; ☎805-658-5730 ; nps.gov/chis ; 1901 Spinnaker Dr, Ventura ; ⊙8h30-17h ;) du parc fournit des cartes. Le principal prestataire est **Island Packers Cruises** (☎805-642-1393 : islandpackers.com ; 1691 Spinnaker Dr, Ventura ; croisière à Channel Island à partir de 59 $, croisière à la découverte de la faune à partir de 38 $) ; réservez. Si vous voulez camper, réservez d'abord votre moyen de transport, puis votre emplacement sur recreation.gov et apportez eau et nourriture.

nouer une bavette en plastique avant d'attaquer un seau de crustacés.

À proximité, la ville d'**Avila Beach** possède une promenade ensoleillée en front de mer, un ponton de pêche en bois grinçant et un vieux **phare**. De retour vers la Hwy 101, cueillez des fruits juteux et nourrissez les chèvres au **stand fermier de l'Avila Valley Barn** (☎805-595-2816 ; avilavalleybarn.com ; 560 Avila Beach Dr ; ⊙9h-18h mai-sept, 9h-17h avr, oct-nov, 9h-17h jeu-lun déc-mars ;), puis admirez les étoiles depuis un Jacuzzi privatif en séquoia aux **Sycamore Mineral Springs** (☎805-595-7302 ; sycamoresprings.com ; 1215 Avila Beach Dr ; 1 heure 17,50-22,50 $/pers ; ⊙8h-minuit, réservation jusqu'à 22h30).

San Luis Obispo

À peu près à mi-chemin entre Los Angeles et San Francisco, à la rencontre des Hwy 101 et Hwy 1, San Luis Obispo (SLO) est une étape appréciée des baroudeurs. C'est aussi une bonne base pour visiter les villes balnéaires de Pismo Beach, Avila Beach et Morro Bay, ainsi que le Hearst Castle. SLO ne compte pas de site touristique majeur, à part sa **mission** (☎805-543-6850 ; missionsanluisobispo.org ; 751 Palm St ; participation de 5 $ bienvenue ; ⊙9h-17h fin mars à oct, 9h-16h nov à mi-mars ;) de style espagnol colonial, et peut-être l'excentrique Madonna Inn. Mais il fait bon vivre dans cette ville au charme discret, grâce notamment aux étudiants de l'université CalPoly qui égayent les rues, les bars et les cafés. Le jeudi est un bon jour pour une visite : à l'occasion du marché fermier, les trottoirs de Higuera St, dans le centre, s'animent de concerts et de barbecues.

Où se loger

On trouve des motels sur la Hwy 101, notamment du côté de Monterey St (nord-est), et aux alentours de la Santa Rosa St (Hwy 1) – une offre que quelques hôtels ouverts récemment sont venus compléter.

HI Hostel Obispo AUBERGE DE JEUNESSE **$**
(☎805-544-4678 ; hostelobispo.com ; 1617 Santa Rosa St ; dort 32-39 $, dort 33-45 $, ch avec sdb partagée à partir de 65 $; ⊙fermé 11h-16h30 ; P@). Dans une rue bordée d'arbres près de la gare ferroviaire, cette auberge de jeunesse alimentée par des panneaux solaires occupe une maison victorienne, d'où son allure de B&B. La cuisine commune, le salon avec cheminée et le jardin sont propices aux rencontres. Il est aussi possible de louer un vélo (à partir de 10 $/jour) et de visiter la ville. Crêpes au levain et café au petit-déjeuner. Apportez votre linge de toilette. Enregistrement de 16h30 à 22h.

Madonna Inn HÔTEL **$$**
(☎805-543-3000 ; madonnainn.com ; 100 Madonna Rd ; ch 209-329 $, plus taxe de séjour 15 $/nuit ; P@). Effrontément kitsch, le Madonna Inn se remarque depuis la Hwy 101. Les clients y viennent pour ses 110 chambres à thème, telles la Yosemite Rock, la Caveman (homme des cavernes) et la rose Floral Fantasy (regardez les photos sur le site). Même si vous n'y dormez pas, l'extravagant bâtiment principal mérite un coup d'œil. Wi-Fi dans les parties communes uniquement.

Où se restaurer et prendre un verre

Dans le centre de San Luis Obispo, plusieurs très bons restaurants mettent à l'honneur le slogan "de la ferme à l'assiette" et la tradition viticole de la région.

Higuera St regorge de bars où se pressent les étudiants. Les amateurs de bière artisanale et de crus régionaux seront comblés.

Luna Red FUSION $$
(805-540-5243 ; lunaredslo.com ; 1023 Chorro St ; petites assiettes 4-17 $, plats 23-27 $; 11h30-22h lun-jeu, 11h30-1h ven, 10h-1h sam, 9h-22h dim ;). Commandez ici de petites assiettes à partager, inspirées des cuisines du monde, ou une paella, servie à même la poêle, pour déguster les produits régionaux, de la terre ou de la mer. Cocktails et lampions donnent un certain cachet à l'intérieur, mais quand il fait bon, la terrasse avec vue sur la mission est un endroit agréable pour prendre un brunch ou un verre, tard le soir. Réservation conseillée.

Giuseppe's Cucina Rustica ITALIEN $$
(805-541-9922 ; giuseppesrestaurant.com ; 849 Monterey St ; pizzas à partir de 15 $, plats 15-39 $; 11h30-15h tlh, 16h30-21h30 dim-jeu, 16h30-22h30 ven-sam ;). Agriculteur et restaurateur, Giuseppe transforme les produits de sa ferme en délicieuses salades, pizzas et hors-d'œuvre. À l'arrière, la cour ombragée, dominée par la façade de l'ancien Sinsheimer Brothers Building, est idéale pour dîner tranquillement d'un poulet à la parmesane arrosé d'un bon verre de vin du comté de San Luis Obispo.

Luis Wine Bar BAR À VINS
(805-762-4747 ; luiswinebar.com ; 1021 Higuera St ; 15h-23h dim-jeu, 15h-minuit ven-sam). Ce bar à vins du centre est une alternative agréable et sans prétention aux bars étudiants un peu bruyants. Près de la moitié des quelque 60 vins de la carte sont vendus au verre. Il y a aussi un bon choix de bières artisanales, ainsi que des assiettes de fromages et de charcuteries.

Renseignements

San Luis Obispo Visitor Center (805-781-2777 ; visitslo.com ; 895 Monterey St ; 9h30-17h dim-mer, 10h-18h jeu-sam).

Depuis/vers San Luis Obispo

Le *Coast Starlight* (800-872-7245 ; amtrak.com ; 1011 Railroad Ave) est un train faisant chaque jour Seattle-Los Angeles. Au nord, il monte jusqu'à Salinas (à partir de 29 $, 3 heures) et Oakland (à partir de 42 $, 6 heures) *via* Paso Robles. Au sud, direction Santa Barbara (à partir de 28 $, 2 heures 30) et Los Angeles (à partir de 43 $, 5 heures 30), tout comme le *Pacific Surfliner* (SLO-San Diego, 2 fois par semaine). Pour les moyennes distances, prendre les bus Thruway.

Comment circuler

SLO Transit (805-541-2877 ; slocity.org ; trajets simples 1,50 $, pass 1 jour 3,25 $) gère 8 lignes de bus en ville, ainsi que l'**Old SLO Trolley** (billets 50 ¢ ; 17h-21h jeu toute l'année, 17h-21h ven juin-début sept et 17h-21h sam avr-oct), qui fait le tour du centre et du haut de Monterey St toutes les 20 minutes de 17h à 21h le jeudi toute l'année, le vendredi de juin à début septembre et le samedi d'avril à octobre.

SLO Regional Transit Authority (RTA ; 805-541-2228 ; slorta.org ; trajets simples 1,75-3,25 $) assure des liaisons par bus dans tout le comté, desservant notamment le centre d'accueil des visiteurs de Hearst Castle (le week-end seulement), Pismo Beach et Morro Bay. Toutes les lignes se croisent au **transit center** (angle Palm St et Osos St), dans le centre.

De Morro Bay à Hearst Castle

Serpentant à travers les vignobles et longeant la côte et ses phares, la Hwy 1 emprunte un itinéraire superbe jusqu'à l'extravagant Hearst Castle.

Morro Bay et ses environs

À quelque 19 km au nord-ouest de San Luis Obispo par la Hwy 1, **Morro Bay** est une ville de pêcheurs, où le **Morro Rock**, un pic volcanique émergeant de l'océan, donne un premier aperçu du spectacle que réserve la côte (malgré les fumées des centrales). Embarquez sur un bateau de croisière ou louez un kayak à l'**Embarcadero**, bordé de boutiques touristiques. Gargote de poisson classique, le **Giovanni's Fish Market & Gallery** (805-772-2123 ; giovannisfishmarket.com ; 1001 Front St ; plats 5-15 $; marché 9h-18h, restaurant 11h-18h ;) sert de succulents *fish and chips* et frites à l'ail.

Au sud de Morro Bay, des parcs d'État se prêtent aux randonnées et au **camping** (800-444-7275 ; reservecalifornia.com ; empl tent/camping-car 35/50 $;) le long de la côte. Le premier, **Morro Bay State Park** (musée 805-772-2694, parc 804-772-6101 ; parks.ca.gov ; 60 State Park Rd ; parc entrée libre, musée tarif plein/-17 ans 3 $/gratuit ; parc 6h-22h, musée 10h-17h ;), abrite un Muséum d'histoire naturelle pour enfants. Plus au sud, le **Montaña de Oro State Park** (805-772-6101 ; parks.ca.gov ; 3550 Pecho Valley Rd, Los Osos ; 6h-22h ;) GRATUIT, plus sauvage, renferme des promontoires rocheux, des bassins de marée, des dunes, des sommets à escalader et des pistes de VTT. Son nom espagnol (qui signifie "montagne d'or") provient des pavots de Californie qui couvrent la montagne au printemps.

Cayucos

Au nord de Morro Bay sur la Hwy 1, faites une halte au modeste **Taco Temple** (805-772-4965 ; tacotemple.com ; 2680 Main St ; plats 8-17 $; 11h-21h ;), installé sur le parking d'un supermarché (paiement en espèces uniquement), pour déguster une grande assiette de délicieuses spécialités mexicaines. Plus au nord, à Cayucos, ville tranquille, **Ruddell's Smokehouse** (805-995-5028 ; smokerjim.com ; 101 D St ; plats 5,50-13 $; 11h-18h ;), près de la plage, est réputé pour ses tacos au poisson fumé. Parmi les motels vintage de Cayucos' Ocean Ave, citons le joli et familial **Seaside Motel** (805-995-3809 ; seasidemotel.com ; 42 S Ocean Ave ; d 110-180 $;). Pour plus de confort, laissez-vous bercer par le bruit des vagues au **Shoreline Inn on the Beach** (805-995-3681 ; cayucosshorelineinn.com ; 1 N Ocean Ave ; ch 200-250 $;).

Paso Robles

Au nord de Harmony (18 habitants), la Hwy 46 file à l'est dans la **région viticole de Paso Robles** (pasowine.com). Ceux qui préfèrent la bière iront à la **Firestone Walker Brewing Company** (805-225-5913 ; firestonebeer.com ; 1400 Ramada Dr ; visites à partir de 10 $; centre d'accueil des visiteurs 10h-17h lun-jeu, 10h-18h ven-dim ;) au bord de la Hwy 101, à Paso Robles pour, au choix, suivre une visite guidée de la brasserie (réservation conseillée), participer à une dégustation, ou dîner au restaurant.

Cambria et Hearst Castle

Au nord de Harmony en suivant la Hwy 1, **Cambria** dispose d'hébergements le long de la ravissante Moonstone Beach, tel le **Blue Dolphin Inn** (805-927-3300 ; cambriainns.com ; 6470 Moonstone Beach Dr ; ch 189-429 $;) qui loue des chambres modernes avec cheminée romantique. Dans les terres, la **Bridge Street Inn** (805-215-0724 ; bsicambria.com ; 4314 Bridge St ; ch 50-100 $, vans 30 $; réception 17h-21h ;) allie hébergement d'auberge de jeunesse et ambiance de B&B. Le **Cambria Palms Motel** (805-927-4485 ; cambriapalmsmotel.com ; 2662 Main St ; ch à partir de 109 $; réception 17h-21h ;) propose des chambres confortables récemment rénovées. Boutique de vins et de fromages artisanaux, l'**Indigo Moon** (805-927-2911 ; indigomooncafe.com ; 1980 Main St ; plats midi 10-22 $, soir 18-38 $; 11h-15h et 17h-21h ;) sert des salades et sandwichs frais le midi et des plats plus ambitieux le soir. Doté d'un patio ensoleillé et d'un comptoir de plats à emporter, le **Linn's Easy as Pie Cafe** (805-9247-3050 ; linnsfruitbin.com ; 4251 Bridge St ; plats 8-12 $; 10h-19h lun-jeu, 10h-20h ven-sam ;) est réputé pour sa tarte aux mûres.

À environ 16 km au nord de Cambria, **Hearst Castle** (réservations 800-444-4445 ; hearstcastle.org ; 750 Hearst Castle Rd ; visites tarif plein/enfant 5-12 ans à partir de 25/12 $; à partir de 9h ;), perché sur une colline, est le plus célèbre monument symbolisant fortune et ambition de Californie. William Randolph Hearst, le magnat de la presse, recevait des stars de Hollywood et des têtes couronnées dans ce domaine extravagant, rempli d'antiquités européennes et agrémenté de bassins étincelants entourés de jardins fleuris. Il ne se découvre que dans le cadre de visites guidées : réservez en ligne ou arrivez tôt le matin en comptant sur la chance.

CIRCULER SUR LA HIGHWAY 1

L'étroite route à deux voies qui traverse Big Sur n'est pas des plus rapides. Compter au moins 3 heures pour parcourir les 225 km qui séparent la péninsule de Monterey de San Luis Obispo (sans s'arrêter pour respirer l'air de la côte). N'empruntez pas la Hwy 1 la nuit : c'est trop dangereux et, surtout, vous ne profiteriez pas des paysages fabuleux. Des accotements indiqués par des panneaux permettent de laisser passer les conducteurs pressés. Gare aussi aux cyclistes.

VAUT LE DÉTOUR

PINNACLES NATIONAL PARK

Des monolithes élancés, des canyons taillés au cordeau, des cavernes creusées par des millions d'années d'érosion : le parc national de **Pinnacles** (☎831-389-4486 ; nps.gov/pinn ; 5000 Hwy 146, Paicines ; 15 $ par véhicule ; ⌚parc 24h/24, centre des visiteurs est 9h30-17h, centre des visiteurs ouest 9h-16h30 ; P) est un splendide témoignage de l'activité géologique. Outre la randonnée et l'escalade, ses principaux attraits sont ses deux grottes. **Balconies Cave** est toujours ouverte à la visite, tandis que **Bear Gulch Cove** est en général fermée de mi-mai à mi-juillet, lorsque la colonie d'oreillards de Townsend qui l'habite élève ses petits. Levez la tête pour repérer des condors de Californie (menacés), qui planent en cercles.

Il vaut mieux visiter Pinnacles au printemps ou à l'automne ; il fait trop chaud en été.

De l'autre côté de la Hwy 1 et donnant sur un ancien quai de baleiniers, le **Sebastian's Store** (☎805-927-3307 ; facebook.com/SebastiansSanSimeon ; 442 SLO–San Simeon Rd ; plats 9-14 $; ⌚11h-16h mar-dim) vend des burgers de bœuf du Hearst Ranch (hearstranch.com) et des sandwichs géants pour un pique-nique sur la plage. À 8 km au sud le long de la Hwy 1, après une rangée de motels quelconques à San Simeon, le **Hearst San Simeon State Park** (☎805-772-6101 ; reservecalifornia.com ; Hwy 1 ; empl tente/camping-car 20/35 $) comprend un camping sommaire et un autre, mieux équipé, dans une crique.

Point Piedras Blancas abrite une importante **colonie d'éléphants de mer** qui se reproduisent, dorment, s'ébattent et parfois s'affrontent sur la plage. Restez à distance de ces animaux, qui se déplacent plus vite que vous sur le sable. Le point de vue signalé, à 7 km au nord du Hearst Castle, comporte des panneaux explicatifs. Des phoques sont présents toute l'année ; la saison des naissances et des accouplements dure de janvier à mars. À proximité, la spectaculaire **Piedras Blancas Light Station** (☎805-927-7361 ; piedrasblancas.org ; Hwy 1, San Simeon ; visites tarif plein/6-17 ans 10/5 $; ⌚visites 9h45 lun-mar et jeu-sam mi-juin à août, 9h45 mar, jeu et sam sept à mi-juin), un phare de 1875, se visite lors de visites guidées, à réserver en ligne.

Big Sur

Big Sur doit son nom aux Espagnols installés dans la mission de Carmel, qui décrivaient cette région sauvage et inexplorée comme *el pais grande del sur* (le grand pays du sud). De fait, la *ville* de Big Sur n'existe pas en tant que telle, même si vous verrez parfois son nom sur les cartes. Ici, pas de feux de signalisation ni de centres commerciaux. Quand le soleil est couché, les étoiles et la Lune assurent l'éclairage public – si le brouillard dense de l'été ne les voile pas. La beauté brute de cette côte sauvage qui s'étend sur 160 km au sud de Monterey Bay est inoubliable.

Dans les années 1950 et 1960, Big Sur devint le refuge de nombreux artistes et écrivains, notamment Henry Miller, Lawrence Ferlinghetti et Jack Kerouac, emblématiques de la Beat Generation. Aujourd'hui, Big Sur attire encore des adeptes du New Age, des artistes, des citadins, et, bien sûr, des touristes.

Hébergement, restauration et essence sont chers. La demande en hébergement étant forte toute l'année, surtout le week-end, mieux vaut réserver tôt. Le *Big Sur Guide* (bigsurcalifornia.org) est un journal gratuit disponible dans les commerces en bord de route. Moyennant 10 $, vous pourrez stationner une journée entière dans tous les parcs d'État de Big Sur, sauf celui de Limekiln.

Gorda et ses environs

Un peu plus de 40 km séparent Hearst Castle de la minuscule Gorda, où le **Treebones Resort** (☎805-927-2390 ; treebonesresort.com ; 71895 Hwy 1 ; camping 95 $, yourte avec sdb commune à partir de 320 $; P) a planté ses yourtes au sommet d'une falaise. Des campings sommaires du United States Forest Service (USFS) sont installés près de la Hwy 1 à **Plaskett Creek** (☎877-477-6777 ; recreation.gov ; Hwy 1 ; empl tente et camping-car 35 $) et à **Kirk Creek** (☎805-434-1996, réservation 877-444-6777 ; recreation.gov ; Hwy 1 ; empl tente et camping-car 35 $), à côté de l'océan.

L'**Esalen Institute Hot Springs** (☎831-667-3000 ; esalen.org ; 55000 Hwy 1 ; 35 $/pers ;

1h-3h), collectif New Age à 32 km au nord de Gorda, est connu pour ses ateliers ésotériques et ses bains nocturnes. Les réservations, pour le jour même, ne se font qu'en ligne, à partir de 9h, et les places sont prises en quelques minutes. Surréaliste.

À 5 km plus au nord, le **Julia Pfeiffer Burns State Park** (831-667-2315 ; parks.ca.gov ; Hwy 1 ; 10 $/voiture/jour ; 30 min avant aube-30 min après crépuscule ;) cache les McWay Falls hautes de 24 m, seules chutes d'eau de Californie à se jeter directement dans l'océan. D'un belvédère, on peut photographier l'eau qui dévale la paroi granitique et tombe dans les vagues – ou sur la plage, selon la marée.

Henry Miller Memorial Library et ses environs

Du Julia Pfeiffer Burns State Park, faites 13 km vers le nord pour arriver à la **Henry Miller Memorial Library** (831-667-2574 ; henrymiller.org ; 48603 Hwy 1 ; 11h-17h mer-lun) GRATUIT, capitale beatnik de Big Sur. Des sculptures originales entourent cette librairie en pleine nature, très fournie, qui organise aussi des concerts et toutes sortes d'événements culturels. Poussez un peu plus loin pour profiter du cadre spectaculaire en vous restaurant au **Nepenthe** (831-667-2345 ; nepenthebigsur.com ; 48510 Hwy 1 ; plats midi 18-24 $, soir 18-52 $; 11h30-22h ;), en haut d'une colline, dont le nom vient du grec "sans-souci", allusion à un philtre d'oubli.

Les infrastructures de Big Sur se concentrent au nord, le long de la Hwy 1 : campings rustiques, motels, restaurants, stations-service et commerces. Juste à côté de la poste, le **Big Sur Deli & General Store** (831-667-2225 ; bigsurdeli.com ; Big Sur Village ; sandwichs 4-9 $; 7h-20h ;) vend de quoi pique-niquer. À côté, la **Big Sur Taphouse** (831-667-2197 ; bigsurtaphouse.com ; Big Sur Village ; 12h-22h ;), brasserie décontractée, propose bière artisanale, cuisine de pub mexicaine et jeux de plateau.

Juste au nord, ne manquez pas sur la gauche le départ de Sycamore Canyon Rd, route étroite en lacet qui descend sur 3,2 km jusqu'à **Pfeiffer Beach**. Cette plage superbe en forme de croissant se caractérise par son éminence rocheuse percée d'une petite arcade, à quelques mètres du rivage, et par du sable... violet. Attention : le courant la rend trop dangereuse pour la baignade.

Pfeiffer Big Sur State Park

Revenu sur la Hwy 1, passez à **Big Sur Station** (831-667-2315 ; 47555 Hwy 1 ; 9h-16h ;) : vous y trouverez pêle-mêle informations sur le camping et les randonnées, toilettes et réseau téléphonique correct. Au-delà, le **Pfeiffer Big Sur State Park** (831-667-2315 ; parks.ca.gov ; 47225 Hwy 1 ; 10 $/voiture ; 30 min avant le lever-30 min après le coucher du soleil ;) renferme des forêts de séquoias sillonnées de sentiers. Réservez pour le **camping** (réservation 800-444-7275 ; reservecalifornia.com ; 47225 Hwy 1 ; empl tente et camping-car 35-50 $;) ou optez pour le luxe du **Post Ranch Inn** (831-667-2200 ; postranchinn.com ; 47900 Hwy 1 ; d à partir de 995 $;), où vous contemplerez les vagues depuis votre terrasse privée.

Autre bijou, **Glen Oaks** (831-667-2105 ; glenoaksbigsur.com ; 47080 Hwy 1 ; d 300-650 $;), ancien relais routier des années 1950, est aujourd'hui un complexe déclinant chambres, bungalows et cabanes rustiques au confort moderne. Non loin, les chambres de la **Big Sur River Inn** (831-667-2700 ; bigsurriverinn.com ; 46840 Hwy 1 ; plats petit-déj et déj 12-27 $, soir 12-40 $; 8h-21h ;) sont un peu plus quelconques mais le restaurant en bord de rivière sert une solide cuisine américaine (mention spéciale pour la tarte aux pommes).

Andrew Molera State Park

À 8 km environ de la Big Sur River Inn, l'**Andrew Molera State Park** (831-667-2315 ; parks.ca.gov ; Hwy 1 ; de jour 10 $/voiture ; 30 min avant aube-30 min après crépuscule ;) est un somptueux patchwork de prairies, cascades, promontoires rocheux et plages accidentées, sillonné de chemins. Apprenez tout sur le condor de Californie, une espèce menacée, au **Discovery Center** (831-620-0702 ; ventanaws.org/discovery_center ; Andrew Molera State Park ; 10h-16h sam-dim fin mai à début sept ;) GRATUIT du parc. Du parking en terre, un chemin de 500 m mène à un **camping** (Trail Camp ; parks.ca.gov ; Hwy 1 ; empl tente 25 $) sommaire et sans réservations.

Point Sur State Historic Park

À 9,5 km avant le vertigineux **Bixby Creek Bridge**, vous pourrez faire une visite (et une marche au clair de lune en saison) à **Point Sur State Historic Park** (831-625-4419 ;

pointsur.org ; Hwy 1 ; tarif plein/enfant 6-17 ans à partir de 15/5 $; visites 10h et 14h mer et sam, 10h dim avr-sept, 13h mer, 10h sam et dim oct-mars) GRATUIT où se trouve un phare de 1889. Vérifiez en ligne ou appelez pour les horaires des visites et l'itinéraire jusqu'au lieu de rendez-vous. Arrivez tôt car l'espace est limité (pas de réservations).

Carmel-by-the-Sea

Est-ce dû aux dames enchapeautées paradant avec leurs sacs de courses griffés à la terrasse des restaurants ? Aux messieurs se pavanant dans leurs cabriolets le long d'Ocean Ave ? À l'idolâtrie dont les uns et les autres font montre à l'endroit de l'espèce canine ? Toujours est-il que Carmel a quelque chose d'un après-midi au country club.

À voir et à faire

Plutôt que de vous épuiser dans les rues commerçantes, faites un tour dans les avenues ombragées où se nichent des demeures aussi charmantes qu'étranges. Hansel et Gretel ne seraient pas dépaysés sur Torres St, entre 5th Ave et 6th Ave. La maison en forme de bateau, construite à partir de galets et de restants d'épave, vaut vraiment le coup d'oeil (Guadalupe St, près de 6th Ave).

Point Lobos State Natural Reserve PARC D'ÉTAT
(831-624-4909 ; pointlobos.org ; Hwy 1 ; 10 $/voiture ; 8h-19h, dernière entrée 18h30 mi-mars à début nov ; P). Ils aboient, se prélassent, se baignent et sont amusants à regarder : les lions de mer sont les stars de ce parc à 6,5 km au sud de Carmel. Côte rocheuse découpée, criques et bassins maritimes... même la plus courte des balades dans ce paysage spectaculaire est gratifiante. Notez que le parking dans la réserve est limité à 150 voitures, et que les places sont vite prises en été. Arrivez avant 9h30 ou après 15h pour éviter la foule. Sinon, garez-vous sur la Hwy 1 et venez à pied.

Mission San Carlos Borroméo de Carmelo ÉGLISE
(831-624-1271 ; carmelmission.org ; 3080 Rio Rd ; tarif plein/-17 ans 9,50/5 $; 9h30-17h). En 1770, le franciscain Junípero Serra fonda une mission à Monterey. Pour trouver de meilleures terres et ne pas faire d'ombre au pouvoir militaire, deux ans plus tard, elle fut déplacée à Carmel, quelques kilomètres plus loin. Serra y élut domicile et y mourut en 1784. C'est un havre de paix, avec ses jardins, sa belle église et ses musées.

Où se loger

Malgré des prix exorbitants, les boutiques-hôtels, auberges et B&B affichent vite complet, surtout en été et le week-end. Pour des offres de dernière minute, adressez-vous à l'**office du tourisme de Carmel** (831-624-2522 ; carmelcalifornia.org ; Ocean Ave entre Junipero et Mission, 2e ét., Carmel Plaza ; 10h-17h). Sinon, direction Monterey, au nord.

Où se restaurer et prendre un verre

Éclairages tamisés et conversations discrètes sont de mise dans les restaurants de Carmel, même si quelques-uns essaient d'instaurer une ambiance plus détendue et animée. Pour un dernier verre, **Barmel** (831-626-2095 ; facebook.com/BarmelByTheSea ; San Carlos St, entre Ocean Ave et 7th Ave ; 15h-2h lun-sam, 15h-minuit dim) est moins guindé que les autres adresses du petit centre-ville propret de Carmel.

Cultura Comida y Bebida MEXICAIN $$
(831-250-7005 ; culturacarmel.com ; Dolores St entre 5th Ave et 6th Ave ; plats 19-32 $; 17h30-minuit tlj, 10h30-15h30 sam-dim ;). Donnant sur une cour pavée, ce restaurant élégant sert une cuisine inspirée des saveurs d'Oaxaca, et offre toutes les sortes imaginables de mezcal. L'ambiance reste décontractée, et convient aux soirées en amoureux autant qu'entre amis. Le *Cultura mole*, porc fumé et tortillas au safran, est le plat vedette.

La Bicyclette FRANÇAIS $$
(831-622-9899 ; labicycletterestaurant.com ; angle Dolores St et 7th Ave ; plats midi 19-29 $, soir 20-44 $; 11h-15h30 et 16h45-22h). Vous apprécierez la cuisine française roborative et rustique de ce restaurant, à base de produits de saison locaux. Les pizzas sont cuites au feu de bois devant vous, et l'on sert d'excellents vins de la région au verre. C'est aussi un très bon endroit pour un déjeuner tranquille.

Monterey

Monterey est délicieusement authentique et résolument tournée vers l'océan.

Son attraction principale est d'ailleurs un immense aquarium qui surplombe le **Monterey Bay National Marine Sanctuary**, une réserve marine protégeant une faune abondante, notamment des phoques, des otaries, des dauphins et des baleines, ainsi que des forêts de kelp.

À voir

L'aquarium est voisin de **Cannery Row** (), dont le nom (*cannery* signifie "conserverie") vient des années 1930, quand Monterey était la capitale mondiale de la sardine. Les anciennes conserveries ont cédé la place à des boutiques de souvenirs et des restaurants touristiques faussement rétro. Les édifices restaurés des périodes espagnole et mexicaine, dans le centre, constituent un but de balade plus intéressant.

Monterey Bay Aquarium AQUARIUM

(831-648-4800, billets 866-963-9645 ; montereybayaquarium.org ; 886 Cannery Row ; tarif plein/3-12 ans/13-17 ans 50/30/40 $, visites 15 $; 9h30-18h mai-août, 10h-17h sept-avr ;). Aussi fascinant qu'instructif, cet aquarium est construit sur le site d'une immense conserverie de sardines de la ville. On y découvre quantité de créatures aquatiques : étoiles de mer, limaces de mer ou phoques… autant de représentants de l'incroyable diversité de la baie de Monterey.

Monterey State Historic Park SITE HISTORIQUE

(831-649-2907 ; parks.ca.gov/mshp ; 20 Custom House Plaza ; Pacific House 10h-16h mar-dim). GRATUIT Le vieux Monterey abrite un extraordinaire parc d'État constitué d'un ensemble d'édifices en brique et adobe du XIXe siècle, reliés par une promenade libre de 3 km appelée le "Path of History" (chemin de l'Histoire). Prenez une brochure au Pacific House Museum, qui est aussi le bureau du parc. Sites principaux de l'itinéraire : la Custom House (poste douanier) voisine, et l'Old Whaling Station (ancienne station baleinière). Les horaires d'ouverture fluctuent suivant les subventions accordées par l'État.

Activités

Des cétacés passent toute l'année au large de Monterey. Les baleines bleues et à bosse sont présentes entre avril et début décembre ; les baleines grises de mi-décembre à mars. Les excursions de **Sanctuary Cruises** (infos 831-917-1042, résa 831-350-4090 ; sanctuarycruises.com ; 7881 Sandholdt Rd ; excursions 45-55 $;) mettent les voiles depuis Fisherman's Wharf et Moss Landing. Réservez au moins un jour à l'avance. Gare aux embruns et au mal de mer.

Monterey Bay Whale Watch CROISIÈRES

(831-375-4658 ; gowhales.com ; Fisherman's Wharf ; excursion 3 heures tarif plein/enfant 4-12 ans à partir de 49/39 $;). Basé à Fisherman's Wharf, c'est l'un des plus anciens prestataires pour l'observation des baleines. Les sorties guidées par des biologistes marins compétents permettent d'en savoir plus sur ces animaux et leur habitat. Si vous n'apercevez aucun cétacé, on vous offrira une seconde sortie.

Adventures by the Sea VÉLO, KAYAK, PADDLE

(831-372-1807 ; adventuresbythesea.com ; 299 Cannery Row ; vélo 35 $/jour, équipement paddle 50 $, kayak 1/2 places 35/60 $, circuits en kayak à partir de 60 $; 9h-17h, 9h-20h été ;). Que vous vouliez pagayer parmi les loutres de mer, faire du kayak au-dessus des forêts d'algues, apprendre le paddleboard ou explorer la région sur un vélo hybride ou électrique, cet opérateur est pour vous. Il a six agences au total ; celle de Cannery Row est la principale et la plus centrale.

Aquarius Dive Shop PLONGÉE

(831-375-1933 ; aquariusdivers.com ; 2040 Del Monte Ave ; location matériel snorkeling/plongée 35/65 $, plongées guidées à partir de 65 $; 9h-18h lun-jeu, 9h-19h ven, 7h-19h sam, 7h-18h dim). Cette agence 5 étoiles avec certification PADI propose location de matériel, cours et plongées avec guide dans la baie de Monterey.

Où se loger

Pour éviter la foule et les prix surévalués de Cannery Row, poussez jusqu'à Pacific Grove. On trouve aussi des motels abordables à Monterey, sur Munras Ave (sud) et N Fremont St (est de la Hwy 1). Réservez bien à l'avance pour les week-ends, l'été, ou lors de festivals.

HI Monterey Hostel AUBERGE DE JEUNESSE $

(831-649-0375 ; montereyhostel.org ; 778 Hawthorne St ; dort 49-60 $, tr/qua avec sdb partagée 129/149 $;). À quatre *blocks* de Cannery Row et de l'aquarium, cette auberge de jeunesse simple et propre offre des dortoirs mixtes et non mixtes, ainsi que des chambres privées pouvant héberger jusqu'à cinq personnes. La journée commence par le petit-déjeuner de pancakes à faire soi-même (inclus), et peut s'achever par un barbecue ou une discussion au salon autour du piano. Enregistrement de 14h à 22h.

Monterey Hotel HÔTEL HISTORIQUE **$$**
(☎831-375-3184 ; montereyhotel.com ; 407 Calle Principal ; ch 240-450 $; P). À quelques pas de Fisherman's Wharf, ce bâtiment victorien de 1904 compte 69 chambres de caractère : meubles anciens, ventilateurs au plafond, persiennes et cheminées (dans certaines). Si vous aimez l'espace, optez pour une "deluxe". Petit-déjeuner inclus.

Jabberwock B&B **$$$**
(☎831-372-4777 ; jabberwockinn.com ; 598 Laine St ; ch 240-400 $; @). Cachée derrière un rideau de végétation, cette maison de style Arts & Crafts de 1911, au bardage kaki, évoque gaiement *Alice au pays des merveilles* dans ses sept chambres impeccables, dont quelques-unes ont des cheminées et se partagent à deux des Jacuzzis. Prenez un verre de vin avec vos hôtes, intarissables sur les trésors architecturaux de la demeure. Séjour de deux nuitées minimum le week-end. Petit-déjeuner inclus.

Où se restaurer

Hors des zones touristiques, Monterey recèle quelques pépites gastronomiques. Pour une ambiance détendue, essayez l'un des établissements dans la montée entre Cannery Row et Lighthouse Ave, qui vont du barbecue hawaiien au restaurant thaïlandais, et des sushis aux kebabs. Pour une cuisine plus créative et haut de gamme, allez dans le centre, autour d'Alvarado St.

LouLou's Griddle in the Middle AMÉRICAIN **$**
(☎831-372-0568 ; loulousgriddle.com ; Municipal Wharf 2 ; plats 9-15 $; 7h30-15h mer-lun ;). Crêpes gargantuesques et omelettes-frites le midi, produits de la mer et burgers au déjeuner. Ce *diner* loufoque, à Municipal Wharf, comblera tous les appétits.

Zab Zab THAÏLANDAIS **$**
(☎831-747-2225 ; zabzabmonterey.com ; 401 Lighthouse Ave ; plats 11-19 $; 11h-14h30 et 17h-21h mar-ven, 12h-21h sam-dim ;). Parmi les restaurants exotiques de Lighthouse Avenue, la cuisine forte en caractère du nord-est de la Thaïlande a notre préférence. L'intérieur sobre est accueillant et le jardin improvisé sur le toit appréciable en été.

Montrio Bistro CALIFORNIEN **$$$**
(☎831-648-8880 ; montrio.com ; 414 Calle Principal ; assiettes à partager 6,50-20 $, plats 20-46 $; 16h30-22h dim-jeu, 16h30-23h ven-sam ;). Ce temple de la gastronomie, installé dans une caserne de pompiers de 1910, fait la part belle au design, il n'est qu'à voir le réseau de tubes métalliques servant aux lustres et aux appliques. La nouvelle cuisine américaine, préparée à base de produits locaux, est à la hauteur. Le prix des en-cas et des boissons durant l'*happy hour* (tous les jours jusqu'à 18h30) est une aubaine.

Renseignements

Monterey Visitor Center
(☎831-657-6400 ; seemonterey.com ; 401 Camino el Estero ; 10h-18h mai-août, 10h-17h sept-avr). Brochures touristiques gratuites et réservations d'hébergement dans tout le comté de Monterey.

Depuis/vers Monterey

Monterey-Salinas Transit
(MST ; ☎888-678-2871 ; mst.org ; Jules Simoneau Plaza ; trajet 1,50-3,50 $, forfait jour 10 $) gère les bus desservant la ville et le comté, notamment Pacific Grove, Carmel, Big Sur (le week-end toute l'année, tous les jours en été) et Salinas. Les bus partent et arrivent à **Transit Plaza** (angle Pearl St et Alvarado St), dans le centre.

De fin-mai à début septembre, un trolleybus gratuit dessert le centre-ville, Fisherman's Wharf et Cannery Row entre 10h et 19h/20h (le week-end seulement de septembre à avril).

Santa Cruz

Santa Cruz est un centre de contre-culture, une ville conviviale, New Age connue pour son orientation libérale de gauche et son idéologie permissive – sauf en matière de chiens (qu'il faut souvent garder en laisse) et de parking (les places sont payantes tous les jours).

Du front de mer aux bois de séquoias surplombant le campus de la University of California Santa Cruz (UCSC), c'est une ville atypique, à l'image de son centre, aussi animé que chaotique. Une bonne demi-journée est le strict minimum pour qui veut aller au-delà des pendentifs en cristal et des dreadlocks, et plonger dans cette bouillonnante communauté de surfeurs, d'étudiants, de punks et d'originaux.

À voir et à faire

On se plaît ici à flâner, à musarder dans les boutiques et à observer l'activité de **Pacific Avenue**. Sur la **jetée de Santa Cruz** (santacruzwharf.com), à un quart d'heure de là, restaurateurs, vendeurs de souvenirs et otaries tentent, avec la même verve, d'attirer l'attention des passants.

West Cliff Drive, d'où on a vue sur l'océan, longe le front de mer au sud-ouest des quais. Un sentier de loisirs goudronné la double. Idéale au coucher du soleil, **Natural Bridges State Beach** (831-423-4609 ; parks.ca.gov ; 2531 W Cliff Dr ; accès 10 $/voiture/jour ; plage 8h-coucher du soleil, centre d'accueil des visiteurs 10h-16h ;), plage de sable faisant face à une arche naturelle en grès, est appréciée des familles et intéressante pour observer la faune.

La **Richard Schmidt Surf School** (831-423-0928 ; richardschmidt.com ; 849 Almar Ave ; cours collectif 2 heures /particulier 1 heure 100/130 $;) propose des cours en petits groupes soit à Cowell Beach, soit à Pleasure Point, à Capitola. Les surfeurs expérimentés loueront ou achèteront planches et matériel à la **O'Neill Surf Shop** (831-475-4151 ; oneill.com ; 1115 41st Ave, Capitola ; location combinaison/planche à partir de 20/30 $; 9h-20h lun-ven, 8h-20h sam-dim).

Santa Cruz Beach Boardwalk PARC DE LOISIRS
(831-423-5590 ; beachboardwalk.com ; 400 Beach St ; promenage gratuite, manèges 4-7 $, pass journée 40 $; tlj fin mai-août, la plupart des week-ends sept-avr, en fonction de la météo ;). Cette promenade en bois de 1907, le plus vieux parc de loisirs de la côte Ouest, évoque l'Amérique d'antan. L'odeur de la barbe à papa se mêle à l'air marin, au milieu des cris des enfants suspendus tête en bas dans les manèges. Parmi ces derniers figurent le Giant Dipper, des montagnes russes en bois de 1924 et le Looff Carousel de 1911, tous deux classés monuments historiques. En été, cinéma gratuit le mercredi et concerts gratuits de vétérans du rock le vendredi soir.

Seymour Marine Discovery Center MUSÉE
(831-459-3800 ; seymourcenter.ucsc.edu ; 100 McAllister Way ; tarif plein/3-16 ans 9/7 $; 10h-17h mar-dim sept-juin, tlj juil-août ;). Les expositions interactives de ce musée séduisant sont consacrées à la biologie. Le bassin tactile, réplique d'une mare résiduelle, volerait presque la vedette aux aquariums. À l'extérieur se trouve le plus grand squelette de baleine bleue au monde.

Santa Cruz Surfing Museum MUSÉE
(831-420-6289 ; 701 W Cliff Dr ; don à l'entrée ; 10h-17h jeu-mar 4 juil-début sept, 12h-16h jeu-lun début sept-3 juil ;). À 1,5 km au sud-est du quai le long de la côte, ce petit musée situé dans un vieux phare est rempli de souvenirs, dont d'anciennes planches de surf en séquoia. Le phare surplombe deux *breaks* de surf populaires.

Santa Cruz Food Tour CIRCUIT CULINAIRE
(866-736-6343 ; santacruzfoodtour.com ; 69 $/pers. ; 14h30-18h ven et dim avr-oct). Ces circuits à pied sont l'occasion de découvrir la gastronomie de Santa Cruz, inventive, cosmopolite et sophistiquée. Les guides connaissent parfaitement les lieux, l'histoire, la culture et l'architecture de la ville. Vous marcherez 3,2 km et mangerez assez pour ne pas avoir besoin de dîner ensuite – en principe.

Où se loger

Malgré quelques hôtels ouverts récemment, Santa Cruz n'a pas assez de lits pour tout le monde, d'où les prix exorbitants des chambres les plus banales. En bord de mer, on trouve aussi bien d'agréables établissements que des bouges. Il y a des motels corrects dans les terres, sur Ocean St et Mission St (Hwy 1). D'autres hébergements sont en projet, ce qui devrait améliorer, à court et moyen terme, l'offre en ville.

Réservez longtemps à l'avance pour **camper** (800-444-7275 ; reservecalifornia.com ; empl tente/camping-car 35/65 $) près de la plage, au sud (Hwy 1), ou du côté des brumeuses Santa Cruz Mountains (Hwy 9). Autres bonnes options : Henry Cowell Redwoods State Park (Felton) et New Brighton State Beach (Capitola).

HI Santa Cruz Hostel AUBERGE DE JEUNESSE $
(831-423-8304 ; hi-santacruz.org ; 321 Main St ; dort 28-42 $, avec sdb commune 85-160 $; bureau 8h-11h et 15h-21h ;). Ces cinq grands cottages victoriens entourés d'un jardin fleuri, à deux *blocks* seulement de la plage, séduisent les petits budgets. Faites vos repas dans la cuisine collective et regardez un DVD (en prêt) dans le salon au mobilier original, au coin du feu l'hiver. Principal inconvénient : le couvre-feu à minuit.

Dream Inn HÔTEL $$$
(☎831-740-8069 ; dreaminnsantacruz.com ; 175 W Cliff Dr ; ch 270-560 $; P ⊖ ❄ @ ᯤ ≋). Seul hôtel de Santa Cruz donnant sur l'océan, le Dream Inn possède des chambres plutôt grandes, au charme rétro et aux accents turquoise. Profitez d'une vue captivante sur la baie depuis les balcons privés. L'élégante piscine, face au sable de Cowell Beach, n'est qu'à quelques pas.

Babbling Brook Inn B&B $$$
(☎831-427-2437 ; babblingbrookinn.com ; 1025 Laurel St ; ch 280-370 $; ⊖ᯤ). Construite autour d'un cours d'eau, dans un jardin planté de pins et de séquoias, cette maison à clins dispose de 13 chambres douillettes portant pour la plupart le nom de peintres impressionnistes. Toutes ont des couettes, beaucoup des fausses cheminées, certaines des Jacuzzis. Petit-déjeuner complet ainsi que vin et amuse-gueules l'après-midi sont inclus.

Où se restaurer

La scène gastronomique a bien progressé à Santa Cruz, où il est possible de très bien manger. Les produits de la mer sont à l'honneur, tout comme les ingréditents bio, de saison et régionaux. Il y a d'excellents restaurants milieu et haut de gamme dans le centre, Pacific Ave. Ceux de Mission St, près de l'UCSC, et de 41st Ave à Capitola sont meilleur marché.

♥ **Soif** CALIFORNIEN $$
(☎831-423-2020 ; soifwine.com ; 105 Walnut Ave ; plats 18-34 $; ⊙17h-21h dim-mar, 12h-21h mer-jeu, 12h-22h ven-sam ; ✍). Réputé auprès des gourmets locaux, cet établissement chic et cosmopolite associe avec brio différentes saveurs régionales : palourdes au chorizo ou au fenouil, magret de canard aux figues rôties... Un vin est recommandé pour chaque plat, les crus étant en vente chez le caviste associé au restaurant.

Akira Santa Cruz JAPONAIS $$
(☎831-600-7093 ; akirasantacruz.com ; 1222 Soquel Ave ; nigiri 4-10 $, maki 7-17 $; ⊙11h-23h ; ✍). Dans une ambiance de camp de surfeurs, Akira sert thon, saumon, anguille et crustacés dans divers sushis et versions revisitées de la cuisine japonaise, à accompagner de saké et bières artisanales. Les boîtes *bento* du midi (11-16 $) sont d'un bon rapport qualité/prix, et une page entière du menu est consacrée à des roulés végétariens, classiques ou originaux.

Où prendre un verre et faire la fête

Loin des bars et cafés du centre-ville, Mission St (Hwy 1) mène, à l'ouest, à une zone industrielle où sont établis brasseries et cavistes (coincés entre Swift St et Ingalls St). Ambiance surchauffée garantie.

♥ **515** BAR À COCKTAILS
(☎831-425-5051 ; 515santacruz.com ; 515 Cedar St ; ⊙17h-minuit dim-mar, 17h-1h30 mer-sam). Les habitants privilégient ce bar à cocktails au décor vintage pour une soirée stylée. Installez-vous dans un grand fauteuil et savourez un cocktail classique impeccable. Le "Pamplemousse", délicieux mélange de vodka, d'Apérol et d'agrumes, est une des spécialités du lieu.

Verve Coffee Roasters CAFÉ
(☎831-600-7784 ; vervecoffee.com ; 1540 Pacific Ave ; ⊙6h30-21h ; ᯤ). Pour boire un expresso artisanal ou une tasse de café filtre riche en saveur, rejoignez les surfeurs et les branchés dans ce café industriel et zen haut de plafond. Origine des cafés certifiée et mélanges maison. Le design moderne est un bel exemple de ce qu'on peut faire avec du bois.

Lupulo Craft Beer House BIÈRE ARTISANALE
(☎831-454-8306 ; lupulosc.com ; 233 Cathcart St ; ⊙11h30-22h lun-jeu, 11h30-23h30 ven, 10h-23h30 sam, 11h-22h dim). Comme son nom l'indique (*lupulo* veut dire "houblon" en espagnol), cette adresse est une étape obligée pour les amateurs de bière. La liste des pressions change régulièrement et inclut des bières fraîchement brassées par des producteurs locaux. Les hors-d'œuvre (4-15 $) sont de qualité (*empanadas*, tacos, charcuterie). Le choix est vertigineux (quelque 400 bières en magasin).

Renseignements

Santa Cruz Visitor Center
(☎831-425-1234 ; santacruz.org ; 303 Water St, Suite 100 ; ⊙9h-12h et 13h-16h lun-ven, 11h-15h sam-dim).

Comment s'y rendre et circuler

Santa Cruz est à 120 km au sud de San Francisco par la côte (Hwy 1) ou par la montagne (Hwy 17, sinueuse et plus qu'étroite). Monterey est à environ 72 km plus au sud (Hwy 1).

Santa Cruz Shuttles (☎831-421-9883 ; santacruzshuttles.com) propose des navettes pour les aéroports de San Jose (55 $), San Francisco (85 $) et Oakland (85 $).

Les bus **Greyhound** (☎831-423-4082 ; greyhound.com ; 920 Pacific Ave ; Wi-Fi) relient quotidiennement San Francisco (à partir de 16 $, 3 heures 30), Salinas (à partir de 12 $, 1 heure), Santa Barbara (à partir de 39 $, 5 heures 30) et Los Angeles (à partir de 22 $, 9 heures).

Les bus du réseau **Santa Cruz Metro** (☎831-425-8600 ; scmtd.com ; 920 Pacific Ave ; trajet/forfait journée 2/6 $) desservent la ville et le comté depuis le **Metro Center** (☎831-425-8600 ; scmtd.com ; 920 Pacific Ave ; aller simple/forfait journée 2/6 $) dans le centre-ville. Les bus Highway 17 express ont pour destination la gare de San Jose (7 $, 50 minutes, un ou deux par heure).

De fin mai à début septembre, le **Santa Cruz Electric Shuttle** (santacruztrolley.com ; trajet 25 ¢ ; 12h-20h fin mai-début sept) relie sans polluer le centre-ville et la plage (12h-20h tlj).

SAN FRANCISCO ET RÉGION DE LA BAIE

San Francisco

L'excentricité est ici la norme : un manteau, quelques paillettes, et vous voilà partis pour le pays des brumes et des merveilles. Adieu inhibitions ; bonjour San Francisco !

À voir

Mission, Chinatown, North Beach et Haight sont les quartiers les plus anciens de San Francisco. La plupart des grands musées se trouvent en centre-ville (sauf le de Young Museum et la California Academy of Sciences, situés dans le Golden Gate Park). Toujours dans le centre, les galeries d'art se concentrent dans North Beach, Mission, Potrero Flats et Dogpatch. Les hauteurs de la ville sont parsemées de parcs, mais c'est depuis ceux de Russian, Nob et Telegraph Hills, les plus élevés, que s'offrent les plus belles vues.

Downtown, Civic Center et SoMa

Vous trouverez de tout à Downtown : galeries d'art, hôtels chics, cinémas, centres commerciaux et de loisirs. Des boutiques de luxe bordent aujourd'hui **Union Square** (carte p. 328 ; entre Geary St, Powell St, Post St & Stockton St ; Powell-Mason, Powell-Hyde, M Powell, B Powell), mais cette place a été un haut lieu de la contestation, des rassemblements en faveur de la guerre de Sécession aux actions contre le sida.

Civic Center est un mélange des genres avec des bâtiments officiels et un musée d'art asiatique d'un côté, et des bouis-bouis de l'autre. Quant à South of Market (SoMa), quartier en pleine gentrification, les start-up y côtoient les musées et les boîtes de nuit.

San Francisco Museum of Modern Art MUSÉE
(SFMOMA ; carte p. 328 ; ☎415-357-4000 ; www.sfmoma.org ; 151 3rd St ; adulte/19-24 ans/-18 ans 25/19 $/gratuit ; 10h-17h ven-mar, 10h-21h jeu, atrium à partir de 8h lun-ven ; 5, 6, 7, 14, 19, 21, 31, 38, M Montgomery, B Montgomery). Étourdissant, le musée d'Art moderne de San Francisco a presque triplé de taille pour pouvoir présenter, sur sept niveaux, sa vaste collection de chefs-d'œuvre modernes et contemporains. Le SFMOMA se joue des limites depuis sa fondation en 1935 : visionnaire, il a su investir au fil du temps dans des arts émergents comme la photographie, les installations, la vidéo, les performances, l'art numérique et le design industriel. Même lors de la Grande Dépression, il a maintenu l'idée que l'art contribuait à créer un monde meilleur, un monde commençant à San Francisco.

Asian Art Museum MUSÉE
(carte p. 328 ; ☎415-581-3500 ; www.asianart.org ; 200 Larkin St ; tarif plein/réduit/enfant 15/10 $/gratuit, 1er dim du mois entrée libre ; 10h-17h mar, mer et ven-dim, 10h-21h jeu ; M Civic Center, B Civic Center). Des subtiles peintures chinoises à l'encre aux sculptures de temples hindous, des anciennes miniatures persanes au minimalisme japonais avant-gardiste, 6 000 ans d'art asiatique sont présentés sur 3 niveaux. Outre la plus grande collection hors d'Asie – 18 000 œuvres –, le musée offre d'excellents programmes pour tous les âges, du théâtre d'ombres à la dégustation de thé accompagnée de chefs renommés, aux mixages interculturels des DJ.

Contemporary Jewish Museum MUSÉE
(carte p. 328 ; ☎415-655-7856 ; www.thecjm.org ; 736 Mission St ; adulte/étudiant/enfant 14/12 $/gratuit, 8 $ le jeudi après 17h ; 11h-17h lun-mar et ven-dim, 11h-20h jeu ; 14, 30, 45,

B Montgomery, M Montgomery). La boîte en acier bleu semblant tombée du ciel juste à côté des murs en brique d'une centrale électrique de 1907 symbolise bien la philosophie de ce musée consacré à la culture juive : renverser les idées reçues. Son architecte, Daniel Libeskind, a ajouté d'autres éléments en acier bleu constituant le mot hébreu *l'chaim* : la vie. Une vie que lui donnent les œuvres d'art contemporain présentées à l'intérieur.

Museum of the African Diaspora MUSÉE
(MoAD ; carte p. 328 ; 415-358-7200 ; www.moadsf.org ; 685 Mission St ; tarif plein/étudiant/enfant 10/5 $/gratuit ; 11h-18h mer-sam, 12h-17h dim ; P ; 14, 30, 45, M Montgomery, B Montgomery). Le MoAD a pour but de réunir les descendants de la diaspora africaine par la culture, l'art et l'histoire. L'émouvante vidéo de Maya Angelou contant les histoires de plusieurs esclaves est un bel exemple. Les expositions changent tous les trimestres. L'une des plus marquantes a mis à l'honneur l'icône des années 1980, Grace Jones ; une autre les photographies, prises par l'architecte David Adjaye, de monuments contemporains en Afrique. Des événements publics sont également organisés : poésie, slam, musique spirituelle yoruba ou conférences (sur les Black Panthers par exemple).

Glide Memorial United Methodist Church ÉGLISE
(carte p. 328 ; 415-674-6090 ; www.glide.org ; 330 Ellis St ; services 9h et 11h dim ; ; 38, M Powell, B Powell). Quand le chœur gospel de Glide entre en chantant à pleins poumons dans ses tenues arc-en-ciel, plus de 2 000 fidèles éclatent en applaudissements et se mettent à danser. Le service du dimanche dans cette église méthodiste donne à voir tout ce que San Francisco a d'accueillant et de dynamique, embrassant l'éventail des cultures, genres, orientations et catégories sociales.

Plaque tournante du cable car Powell St SITE REMARQUABLE
(carte p. 328 ; www.sfmta.com ; angle Powell St et Market St ; Powell-Mason, Mason-Hyde, M Powell, B Powell). Du milieu de la matinée jusqu'au soir, des passagers font la queue parmi de bruyants artistes de rue et des prédicateurs annonçant le Jugement dernier pour monter à bord du *cable car*, le fameux tramway à traction par câble de la ville. Vous découvrirez ici le ballet des mécaniciens qui bondissent près des voitures, se saisissent du châssis et accompagnent le mouvement de la plate-forme en bois qui permet au tramway de repartir en sens inverse.

Embarcadero

Ferry Building SITE REMARQUABLE
(carte p. 328 ; 415-983-8000 ; www.ferrybuildingmarketplace.com ; angle Market St et Embarcadero ; 10h-19h lun-ven, 8h-18h sam, 11h-17h dim ; ; 2, 6, 9, 14, 21, 31, M Embarcadero, B Embarcadero). Ce hall de transit a été transformé en un temple de la gastronomie : devant les

SAN FRANCISCO EN...

Un jour

Accrochez-vous à une poignée en cuir du *cable car* Powell-Mason, et c'est parti : montagnes russes au programme ! Descendez à Washington Square Park, où les cris des perroquets vous accompagneront jusqu'à la **Coit Tower**, à l'intérieur couverts de peintures des années 1930 célébrant les ouvriers de San Francisco et offrant une vue panoramique. Puis prenez le ferry (réservé au préalable) jusqu'à **Alcatraz**, où la solitude du Block D vous donnera des frissons. Reprenez le *cable car* Powell-Mason jusqu'à North Beach, pour un tour à **City Lights Books**, temple de la liberté d'expression. Savourez les meilleures pâtes de North Beach chez **Cotogna**, puis allez arroser la nuit la plus débridée de l'Ouest de puissants *piscos sour* au **Comstock Saloon**.

Deux jours

Débutez la journée dans le quartier de **Mission** parmi les portes de garage couvertes de peintures qui bordent **Balmy Alley**, puis entrez dans la **Mission Dolores** à l'ambiance sereine. Savourez un burrito avant de rejoindre **Haight** pour des flash-backs dans les boutiques vintage et au **Golden Gate Park**, le site du Summer of Love. Admirez la vue sur la baie depuis le toit du **de Young Museum**, puis marchez jusqu'à la **California Academy of Sciences** et bravez les bourrasques sur le **Golden Gate Bridge**.

San Francisco et région de la baie

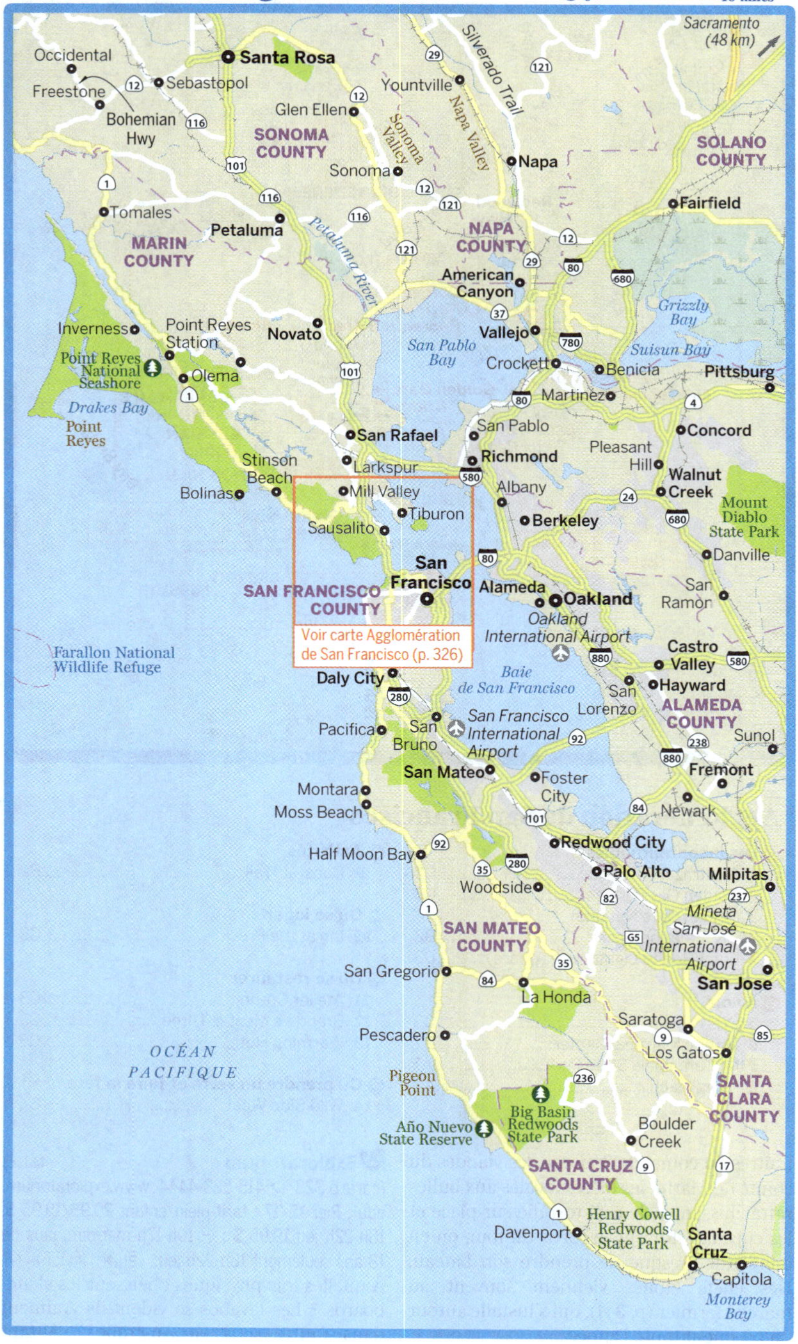

Agglomération de San Francisco

Agglomération de San Francisco

Les incontournables

1 Alcatraz C2
2 Golden Gate Bridge C3
3 Golden Gate National Recreation Area B2
4 Point Bonita Lighthouse (phare) B3

À voir

5 Crissy Field C3
6 Marine Mammal Center B2
7 Mt Tamalpais State Park A1
8 Muir Beach A2

Activités

9 Coastal Trail B2

Où se loger

10 Inn at the Presidio C3

Où se restaurer

11 Atelier Crenn C3
12 Brenda's Meat & Three C3
13 Warming Hut C3

Où prendre un verre et faire la fête

14 Wild Side West C4

huîtres du comté de Sonoma, les viandes du comté de Marin, les bières locales aux bulles rafraîchissantes, le café torréfié sur place et les cupcakes tout juste sortis du four, on en oublierait presque de prendre son bateau. Des chefs étoilés viennent souvent au marché fermier (p. 341), qui s'installe autour du bâtiment toute l'année.

Exploratorium MUSÉE
(carte p. 328 ; 415-528-4444 ; www.exploratorium.edu ; Pier 15/17 ; tarif plein/enfant 29,95/19,95 $, 18h-22h jeu 19,95 $; 10h-17h mar-dim, plus de 18 ans seulement 18h-22h jeu ; P ; M E,F). À quelles lois physiques obéissent les skateboards ? Les lavabos se vident-ils vraiment dans l'autre sens en Australie ? Autant

de questions qu'on aurait aimé aborder à l'école. Combinant la science avec l'art et explorant la perception humaine, l'Exploratorium – musée interactif – vous incite à réviser votre vision du monde. Le cadre est idyllique : une jetée de 3,5 ha aux parois en verre qui s'avance dans la baie de San Francisco, avec de vastes espaces extérieurs accessibles gratuitement 24h/24.

Transamerica Pyramid et Redwood Park ÉDIFICE REMARQUABLE
(carte p. 328; www.thepyramidcenter.com ; 600 Montgomery St ; 10h-15h lun-ven ; M Embarcadero, B Embarcadero). Emblème du paysage urbain de San Francisco, cet immeuble de bureaux pyramidal fit polémique lors de sa contruction, qui débuta en 1969. À ses pieds, Redwood Park, un poumon vert de 2 000 m² ombragé par des séquoias transplantés depuis les Santa Cruz Mountains, occupe l'endroit où Mark Twain vécut jadis, et où se tenait le siège du journal qui vit Sun Yat-sen rédiger sa proclamation de la République chinoise.

Chinatown et North Beach

Grant Ave est le cœur économique de Chinatown, mais son âme réside à **Waverly Place** (carte p. 328 ; 1, 30, California, Powell-Mason, M T), une rue bordée de bâtiments anciens en brique et de temples piquetés de banderoles. Les 41 **ruelles** (carte p. 328 ; entre Grant Ave, Stockton St, California St et Broadway ; 1, 30, 45, Powell-Hyde, Powell-Mason, California) sillonnant Chinatown ont tout connu depuis 1849 : ruée vers l'or, révolution, encens, opium, incendies et mépris des autorités. Organisées par la communauté chinoise, les promenades de **Chinatown Alleyway Tours** (carte p. 328 ; 415-984-1478 ; www.chinatownalleywaytours.org ; Portsmouth Sq ; tarif plein/étudiant 26/16 $; départ 11h sam ; ; 1, 8, 10, 12, 30, 41, 45, California, Powell-Mason, Powell-Hyde) et **Chinatown Heritage Walking Tours** (carte p. 328 ; 415-986-1822 ; tour.cccsf.us ; Chinese Culture Center, Hôtel Hilton, 3e ét, 750 Kearny St ; tarif plein 30-40 $, étudiant 20-30 $; ; 1, 8, 10, 12, 30, 41, 45, California, Powell-Mason, Powell-Hyde), en même temps qu'un quartier, vous feront découvrir un pan de l'histoire américaine.

À deux pas, allez déguster un expresso en terrasse à North Beach, le quartier italien, avant de partir à la rencontre des perroquets de Telegraph Hill.

Coit Tower ART EN PLEIN AIR
(carte p. 328 ; 415-249-0995 ; www.sfrecpark.org ; Telegraph Hill Blvd ; ascenseur adulte/enfant non-résident 9/6 $, circuit peintures murales complet/2e niv seulement 9/6 $; 10h-18h avr-ocr, 10h-17h nov-mars ; 39). Point d'exclamation dans le ciel de San Francisco, cette tour doit son nom à Lillie Hitchcock Coit, qui finança sa construction. Au programme, vue panoramique à 360° à 64 m d'altitude et fresques signées de la Works Progress Administration (WPA) dans les années 1930. Taxées à l'époque de communistes, les scènes à la gloire des travailleurs de San Francisco font désormais partie du patrimoine national. Réservez en ligne une visite guidée de 30 à 40 minutes de toutes les peintures (9 $), ou des sept récemment restaurées couvrant la cage d'un escalier normalement fermé au public (6 $).

City Lights Books CENTRE CULTUREL
(carte p. 328 ; 415-362-8193 ; www.citylights.com ; 261 Columbus Ave ; 10h-minuit ; ; 8, 10, 12, 30, 41, 45, Powell-Mason, Powell-Hyde ; M T). Liberté d'expression et esprits libres caractérisent cette librairie depuis 1957, quand son fondateur, le poète Lawrence Ferlinghetti, et son directeur Shigeyoshi Murao firent jurisprudence en défendant leur droit de publier *Howl*, un splendide poème épique d'Allen Ginsberg. Alors jouissez pleinement de votre droit à bouquiner sur la chaise du poète qui surplombe l'allée Jack Kerouac, feuilletez un fanzine dans la mezzanine et découvrez les idées libertaires du nouveau rayon "Pedagogies of Resistance".

Beat Museum MUSÉE
(carte p. 328 ; 800-537-6822 ; www.kerouac.com ; 540 Broadway ; tarif plein/réduit 8/5 $, promenades guidées 30 $; musée 10h-19h, promenades guidées 14h-16h sam ; 8, 10, 12, 30, 41, 45, Powell-Mason ; M T). Plus de 1 000 pièces (manuscrits, premières éditions, lettres et objets d'époque) sont présentées dans ce musée et raviront les nostalgiques. Elles vont du sublime (l'édition censurée de *Howl* de Ginsberg, annotée par l'auteur) au désopilant (figurines articulées à l'effigie de Kerouac). Descendez voir des films de l'époque de la Beat Generation dans les salles de projection. Découvrez aussi les autels dédiés aux différents auteurs beatniks. Une rénovation pourrait nécessiter la fermeture prochaine du musée ; téléphonez au préalable.

Downtown San Francisco

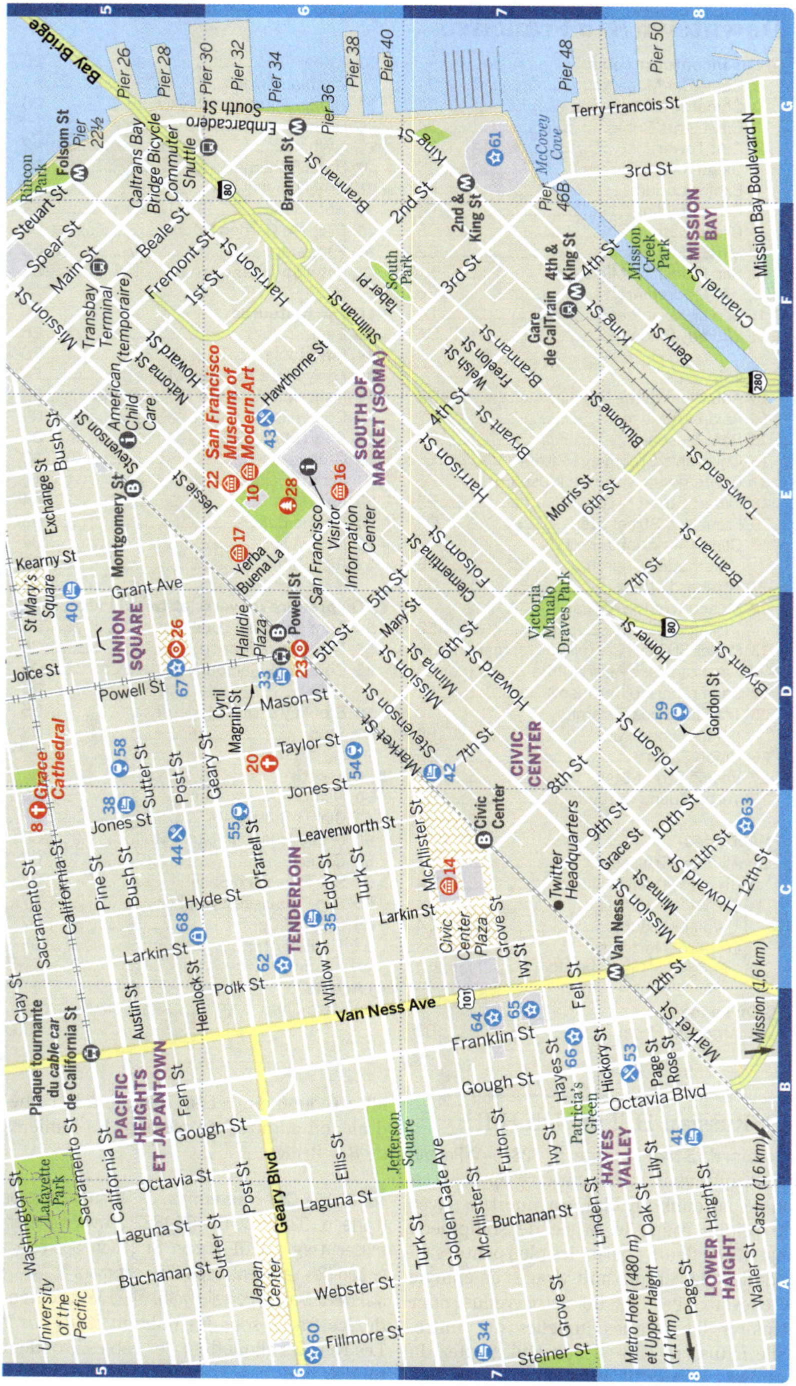
Bay Bridge
Rincon Park
Folsom St
Pier 22½
Pier 26
Pier 28
Pier 30
Pier 32
Pier 34
Pier 36
Pier 38
Pier 40
Pier 48
Pier 50
Pier 46B
South St
Embarcadero
Brannan St
King St
Terry Francois St
McCovey Cove
3rd St
Mission Bay Boulevard N
MISSION BAY
Mission Creek Park
Channel St
Steuart St
Spear St
Main St
Beale St
Fremont St
1st St
Harrison St
Caltrans Bay Bridge Bicycle Commuter Shuttle
Transbay Terminal (temporaire)
Mission St
Howard St
Natoma St
American Child Care
Stevenson St
Bush St
Exchange St
Montgomery St
Kearny St
St Mary's Square
Grant Ave
Hawthorne St
San Francisco Museum of Modern Art
Jessie St
Yerba Buena La
Stillman St
Taber Pl
South Park
2nd St
2nd & King St
4th & King St
Gare de CalTrain
Berry St
Brannan St
Freelon St
Welsh St
4th St
Bryant St
Bluxome St
Townsend St
SOUTH OF MARKET (SOMA)
San Francisco Visitor Information Center
Harrison St
Morris St
6th St
Folsom St
Clementina St
5th St
Mary St
Minna St
Howard St
Victoria Manalo Draves Park
7th St
Homer St
Bryant St
Gordon St
Powell St
Hallidie Plaza
UNION SQUARE
Joice St
Powell St
Cyril Magnin St
Mason St
Taylor St
Geary St
Post St
Sutter St
Jones St
Grace Cathedral
Sacramento St
California St
Pine St
Bush St
O'Farrell St
Leavenworth St
Market St
Stevenson St
CIVIC CENTER
8th St
Civic Center
McAllister St
Jones St
Eddy St
Turk St
TENDERLOIN
Hyde St
Larkin St
Civic Center Plaza
Grove St
Ivy St
Twitter Headquarters
9th St
Grace St
10th St
11th St
12th St
Van Ness
Minna St
Mission St
Clay St
Austin St
Hemlock St
Polk St
Willow St
Van Ness Ave
Fell St
Franklin St
Hayes St
Hickory St
Page St
Rose St
Market St
Mission (1,6 km)
Plaque tournante du cable car de California St
PACIFIC HEIGHTS ET JAPANTOWN
Fern St
Gough St
Octavia Blvd
Patricia's Green
HAYES VALLEY
Lily St
Castro (1,6 km)
Washington St
Lafayette Park
Sacramento St
California St
Octavia St
Post St
Geary Blvd
Ellis St
Jefferson Square
Golden Gate Ave
McAllister St
Fulton St
Ivy St
Laguna St
Buchanan St
Linden St
Oak St
Haight St
University of the Pacific
Sutter St
Japan Center
Webster St
Turk St
Fillmore St
Steiner St
Grove St
Metro Hotel (480 m) et Upper Haight (1,1 km)
Page St
LOWER HAIGHT
Waller St

Downtown San Francisco

Russian Hill et Nob Hill

Lombard Street (carte p. 328 ; Powell-Hyde), que vous avez peut-être aperçue en photo ou dans un film, est une rue pavée de brique rouge et ornée de somptueux massifs de fleurs ; parmi les plus pentues au monde, elle compte huit virages en épingle à cheveux. Profitez de votre venue pour explorer les collines jumelles du centre-ville : Russian Hill et Nob Hill. Sautez du tramway, prenez un verre dans un *tiki* bar, allez écouter un récital d'orgue à la cathédrale, ou admirez simplement les lumières de Bay Bridge.

Cable Car Museum SITE HISTORIQUE
(carte p. 328 ; 415-474-1887 ; www.cablecar-museum.org ; 1201 Mason St ; don apprécié ; 10h-18h avr-sept, 10h-17h oct-mars ; ; Powell-Mason, Powell-Hyde). GRATUIT Vous entendez ce fracas sous les rails du *cable car* ? Les rouages cliquettent, les câbles grondent tandis que ces tramways grimpent des

collines trop pentues pour les chevaux ou les bus. Dans cette gare encore en activité sont aussi exposés trois véhicules des années 1870 et de nombreux objets anciens sont en vente à la boutique (dont de véritables cloches de tramways).

Diego Rivera Gallery GALERIE D'ART

(carte p. 328 ; 415-771-7020 ; www.sfai.edu ; 800 Chestnut St ; 9h-19h ; 30, Powell-Mason). GRATUIT Fameuse mise en abyme que *La Réalisation d'une fresque* (1931), où l'on voit l'artiste qui admire son œuvre et les ouvriers, autour de lui, s'activant à construire la San Francisco moderne. Cette peinture de Diego Rivera occupe un mur entier de la galerie abritée par le **San Francisco Art Institute** (SFAI ; carte p. 328 ; 415-771-7020 ; www.sfai.edu ; 800 Chestnut St ; Walter et McBean Galleries 11h-19h mar, 11h-18h mer-sam, Diego Rivera Gallery 9h-19h ; 30, Powell-Mason) GRATUIT. Pour avoir une vue panoramique sur la ville représentée par l'artiste, allez prendre un expresso à la terrasse du café.

Grace Cathedral ÉGLISE

(carte p. 328 ; 415-749-6300 ; www.gracecathedral.org ; 1100 California St ; participation suggérée adulte/enfant 3/2 $; 8h-18h lun-sam, 8h-19h dim, services 8h30, 11h et 18h dim ; 1, California). La cathédrale épiscopale de San Francisco a été rebâtie trois fois depuis la ruée vers l'or. L'actuelle, en béton et de style néogothique, a été construite en 40 ans. Elle est remarquable pour ses vitraux, en particulier l'ensemble intitulé *Human Endeavor* ("Efforts de l'Humanité") consacré à la science, où Albert Einstein est emporté par un tourbillon de particules nucléaires ; ses peintures murales avec des scènes montrant le séisme de 1906 et la signature de la charte de l'ONU en 1945, qui ont marqué l'histoire de San Francisco ; et les labyrinthes du pavement, destinés à guider les âmes en peine.

La Marina, Fisherman's Wharf et Presidio

Depuis la ruée vers l'or, cette partie du front de mer est le point d'entrée des nouveaux arrivants. Elle attire les visiteurs pour ses vieux lions de mer. C'est aussi le port d'embarquement pour Alcatraz. À l'ouest, dans Marina Distric, boutiques chics et restaurants se succèdent en bord de mer, tandis qu'à deux pas, l'ancienne base militaire du Presidio offre aujourd'hui plage naturiste, sentiers de randonnée, musées, cinéma et restaurants.

Golden Gate Bridge PONT

(carte p. 326 ; infos 877-229-8655 ; www.goldengatebridge.org/visitors ; Hwy 101 ; vers le nord gratuit, vers le sud 7-8 $; 28, tous les bus du Golden Gate Transit). Si les habitants de San Francisco ont un avis tranché sur tous les sujets, et notamment sur le monument le plus connu de leur ville, tous s'accordent à dire qu'il est heureux que la Navy n'ait pas eu le dernier mot sur le design du pont. Cette dernière aurait en effet préféré un énorme pont en béton, peint de rayures jaunes en signe d'avertissement, au design Art déco élancé des architectes Gertrude et Irving Murrow et de l'ingénieur Joseph B. Strauss, qui, heureusement, l'ont emporté.

Pier 39 OTARIES

(carte p. 328 ; 415-623-4734 ; www.pier39.com ; Pier 39, angle Beach St et the Embarcadero ; 24h/24 ; ; 47, Powell-Mason, M E, F). Depuis 1990, les otaries se sont emparées de la portion de littoral la plus convoitée par les promoteurs immobiliers, devenant l'une des principales attractions de la ville. La loi californienne obligeant les bateaux à partager l'espace avec les mammifères marins, les propriétaires de yachts ont dû renoncer au coin le plus prisé de la côte, pour le plus grand plaisir de quelque 1 300 de ces occupants. Les mascottes de la ville se lovent sur les quais de janvier à juillet… et chaque fois qu'il leur prend l'envie d'un bain de soleil.

Crissy Field PARC

(carte p. 326 ; 415-561-4700 ; www.nps.gov ; 1199 East Beach ; P ; 30, navette PresidiGo). Les oiseaux ont gagné la guerre à Crissy Field, un ancien aérodrome militaire devenu réserve naturelle au bord de l'eau avec une vue époustouflante sur le Golden Gate. Là où les avions vrombissaient lors de l'atterrissage, les ornithologues amateurs se regroupent dans les joncs silencieux d'un marais gagné sur la mer. Des joggeurs courent sur les chemins en bord de plage et les seules alertes proviennent des oisillons dérangés par les surfeurs. Les jours de brouillard, réfugiez-vous dans la **Warming Hut** (carte p. 326 ; 415-561-3042 ; www.parksconservancy.org/visit/eat/warming-hut.html ; 983 Marine Dr ; plats 4-9 $; 9h-17h ; P ; navette PresidiGo), certifiée écologique, pour vous réchauffer avec un café équitable.

Mission et Castro

Mission et Castro

Dans le quartier ensoleillé de Mission, véritable musée à ciel ouvert avec ses peintures murales, se croisent cinéastes, épiciers, skateurs et romanciers. Si le cœur de la communauté latino bat dans la *Calle 24* (24th St), Mission est une mosaïque de populations diverses : ressortissants du Sud-Est asiatique, lesbiennes et dandies. Dans Castro, la plus importante destination culturelle LGBT du monde, les drapeaux arc-en-ciel souhaitent la bienvenue à tous.

♥ Clarion Alley ART EN PLEIN AIR

(carte p. 332 ; www.clarionalleymuralproject.org ; entre 17th St et 18th St ; 🚌14, 22, 33, B 16th St Mission, M 16th St Mission). Dans cette magnifique vitrine du *street art*, vous verrez des artistes retoucher leurs œuvres ou en créer de nouvelles, avec la bénédiction des voisins et des commissaires du collectif de Clarion Alley. Les œuvres sont souvent éphémères, d'autant que certains n'hésitent pas à les “baptiser” à l'urine, surtout du côté est. Le *Tax the Rich* fleuri de Megan Wilson ou l'esprit de la forêt qui s'ouvre sur Clarion Alley par Jet Martinez font partie des plus anciennes.

♥ Women's Building ÉDIFICE REMARQUABLE

(carte p. 332 ; ☎415-431-1180 ; www.womensbuilding.org ; 3543 18th St ; 👪 ; 🚌14, 22, 33, 49, B 16th St Mission, M J). Ouvert en 1979, le premier centre communautaire du pays appartenant à des femmes et géré par leurs soins a apporté son soutien à 170 organisations féminines. La *Maestrapeace*, une gigantesque peinture collective de 1994, couvre les quatre niveaux de la façade du remarquable édifice qui l'abrite. Déesses de diverses religions et pionnières historiques s'y côtoient, de Rigoberta Menchú (prix Nobel de la paix 1992) à la poétesse Audre Lorde, en passant par Georgia

Mission et Castro

O'Keeffe, peintre, et Joycelyn Elders, médecin militaire.

Balmy Alley ART PUBLIC

(carte p. 332 ; ☎415-285-2287 ; www.precitaeyes.org ; entre 24th St et 25th St ; 🚌10, 12, 14, 27, 48, Ⓑ24th St Mission). Inspirés par les peintures murales que Diego Rivera réalisa à San Francisco dans les années 1930 en réaction à la politique des États-Unis en Amérique centrale, les artistes de Mission *muralistas*, menés par Mia Gonzalez, ont entrepris dans les années 1970 de transformer le paysage du quartier mur après mur. Trois décennies de peintures murales ornent Balmy Alley, de la fresque commémorant l'archevêque militant salvadorien Óscar Romero (1917-1980) à l'hommage rendu à Frida Kahlo (1907-1954), Georgia O'Keeffe (1887-1986) et à d'autres artistes.

Mission Dolores ÉGLISE

(Misión San Francisco de Asís ; carte ci-dessus ; ☎415-621-8203 ; www.missiondolores.org ; 3321 16th St ; tarif plein/enfant 7/5 $; ⏲9h-16h30 mai-oct, 9h-16h nov-avr ; 🚌22, 33, Ⓑ16th St Mission, ⓂJ). Édifice le plus ancien de la cité et portant le même nom, la Misión San Francisco de Asís, en adobe blanchi à la chaux, fut fondée en 1776 et reconstruite en 1782. Aujourd'hui, sa petite église est dominée par une **basilique** construite juste à côté en 1913, quand la cathédrale en brique de la ville, qui datait de 1876, fut détruite par le séisme de 1906. Des vitraux y représentent les 21 missions californiennes et, comme l'indique son surnom de Mission Dolores, sept panneaux dépeignent les sept douleurs de la Vierge.

Haight

Musique de rue, librairies anarchistes et peintures murales psychédéliques : vous êtes à Haight, où l'idéal hippie est toujours bien vivant. Vous en prendrez plein la vue et les papilles dans les boutiques de créateurs et les restaurants branchés de Hayes Valley, où vous croiserez moines zen et légendes du jazz.

Haight Street RUE EMBLÉMATIQUE

(carte p. 336 ; entre Central St et Stanyan St ; 🚌7, 22, 33, 43, ⓂN). Comme on dit ici, si vous avez des souvenirs du Summer of Love (été 1967), c'est que vous ne l'avez pas vécu. Les volutes de marijuana, les vapeurs d'encens et la fumée des avis de conscription brûlés se perdaient dans le brouillard, les après-midis se dissolvaient dans la contemplation des posters du Grateful Dead ; le destin d'une génération se jouait au carrefour de **Haight St et Ashbury St** (carte p. 336 ; 🚌6, 7, 33, 37, 43).

Golden Gate et ses environs

On croise aussi bien des amateurs de surf que des gastronomes dans les avenues envahies de brouillard autour de Golden Gate Park. Le plus grand parc urbain de San Francisco est le cadre de multiples activités de détente, entre parcours de golf et de disc golf, bistrots, salons de thé, manifestations

Alcatraz

VISITE D'UNE DEMI-JOURNÉE

Traversez en ferry les 2,5 km qui séparent le Pier 33 de l'ancienne prison la plus célèbre des États-Unis. La traversée offre une vue magnifique sur San Francisco. Une fois sur le ❶ **quai**, rejoignez la prison à pied ou en petit train (2 fois par heure).

À mesure de votre ascension jusqu'au ❷ **Guardhouse** (corps de garde), observez les versants escarpés de l'île : avant d'être une prison, Alcatraz était un fort. Dans les années 1850, les militaires taillèrent les côtes rocheuses en falaises à pic. Les navires ne pouvaient amarrer qu'à un seul quai séparé des bâtiments principaux par un port surveillé (avec pont-levis et fossés dans ce qui est devenu le corps de garde). À l'intérieur, on peut encore voir l'ancienne prison à travers les grilles du plancher.

Les rosiers touffus du superbe ❸ **Officer's Row Gardens** (jardin du quartier des officiers), entretenu par des bénévoles, forment un contraste intéressant avec la carcasse incendiée de la ❹ **Warden's House** (maison du directeur). Au sommet de la colline, près de l'entrée de la ❺ **Main Cellhouse** (prison principale), on bénéficie d'un beau panorama sur les environs et notamment sur le ❻ **Golden Gate Bridge**. Ne manquez pas les ❼ **graffitis et inscriptions historiques**, au-dessus de la porte principale de l'*administration building*, avant d'entrer dans la prison, froide et humide, où vous découvrirez ❽ **la cellule de Frank Morris**, le plus célèbre évadé d'Alcatraz.

NOS CONSEILS

➡ Pour les visites audioguidées en journée, réservez au moins un mois à l'avance, et plus tôt encore pour les visites de nuit commentées par des rangers. Pour plus d'informations sur la visite des jardins, consultez le site www.alcatrazgardens.org.

➡ Préparez-vous à marcher, et comptez 2-3 heures sur l'île. Prenez n'importe quel ferry pour le retour, nul besoin de réserver.

➡ Seule de l'eau est en vente sur place ; emportez des provisions. Le pique-nique est autorisé, mais seulement au débarcadère. Portez plusieurs couches de vêtements, le temps change vite et l'île est généralement venteuse.

Graffitis et inscriptions historiques
Durant l'occupation de 1969-1971, les Amérindiens ont laissé des inscriptions sur le château d'eau : "Foyer du territoire indien libre". Au-dessus de l'entrée de la prison, vous verrez le blason arborant une aigle et le drapeau dont les rayures rouges et blanches ont été modifiées pour former le mot "Free" (libre).

Warden's House (maison du directeur)
Pendant l'occupation indienne, des incendies détruisirent divers bâtiments, dont la maison du directeur. Le gouvernement accusa les Amérindiens qui, de leur côté, accusèrent des agents provocateurs agissant sur les ordres de l'administration Nixon pour saper le soutien du public.

Officer's Row Gardens (jardins du quartier des officiers)
Au XIXe siècle, des soldats importèrent de la terre pour embellir l'île par des jardins. Des détenus "de confiance" furent plus tard embauchés pour entretenir les jardins. Le faux-monnayeur Elliott Michener affirmait que cela lui avait permis de ne pas devenir fou. Des historiens, des ornithologues et des archéologues choisissent aujourd'hui les plantes qui viendront garnir les massifs.

FRANK VAN DEN BERGH / GETTY IMAGES ©

Main Cellhouse (prison principale)

Durant la première moitié du XXe siècle, la fameuse prison de haute sécurité accueillit les plus célèbres criminels de l'époque, notamment Al Capone et Robert Stroud, l'"homme aux canaris d'Alcatraz" (en réalité, ce dernier avait élevé et vendu des oiseaux au sein de la prison de Leavenworth, non à Alcatraz).

FRANCKREPORTER/GETTY IMAGES ©

Vue sur le Golden Gate Bridge

Le Golden Gate Bridge s'étire à l'horizon. C'est en haut de l'île, depuis l'Eagle Plaza, près de l'entrée de la prison, et au niveau de l'eau, sur l'Agave Trail (septembre à janvier uniquement), que l'on jouit des plus belles vues sur le pont.

Guardhouse (corps de garde)

Le plus ancien bâtiment d'Alcatraz date de 1857. Il a conservé son pont-levis et ses fossés d'origine. Durant la guerre de Sécession, le sous-sol fut transformé en prison militaire, signant l'acte de naissance de la prison d'Alcatraz.

Cellule de Frank Morris

La cellule 138 du bloc B abrite une réplique de la fausse tête que Frank Morris laissa dans son lit afin de tromper les gardiens lors de sa célèbre évasion d'Alcatraz en 1962.

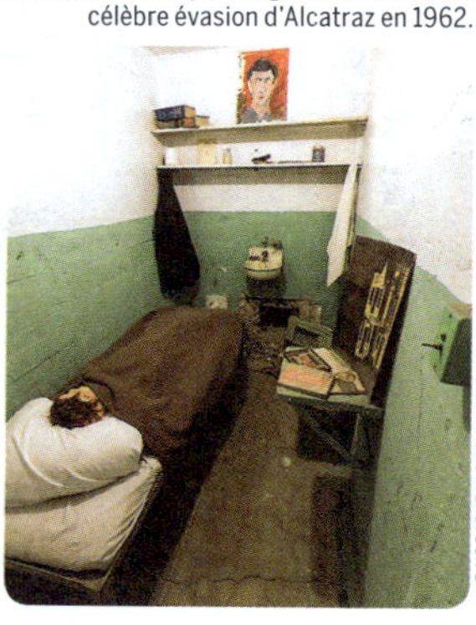

OSCITY/SHUTTERSTOCK ©

Quai des ferries

Un plan géant, sur le mur, permet de vous repérer. À l'intérieur du bâtiment 64, adjacent, de courts films et des expositions relatent l'histoire de la prison et détaillent l'épisode de l'occupation amérindienne.

Richmond, Haight et Golden Gate Park

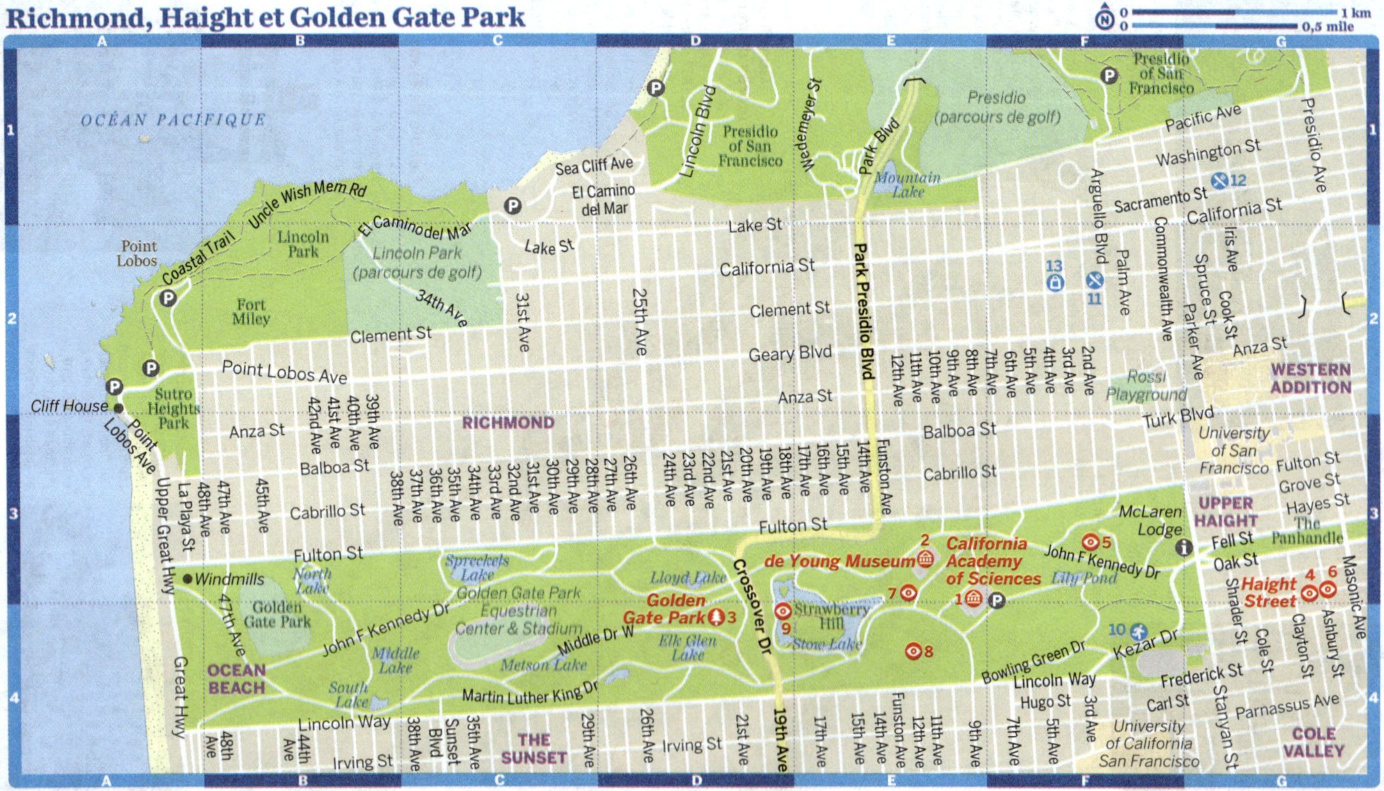

Richmond, Haight et Golden Gate Park

Les incontournables
1 California Academy of Sciences............E3
2 de Young Museum E3
3 Golden Gate Park D4
4 Haight Street...G3

À voir
5 Conservatory of Flowers F3
6 Haight & Ashbury G3
7 Japanese Tea Garden E3
8 San Francisco Botanical Garden...........E4
9 Stow Lake D4

Activités
10 Children's Playground...........................F4

Où se restaurer
11 Arsicault Bakery....................................F2
12 Spruce G1

Achats
13 Park Life F2

musicales ou culinaires, etc. Au-delà du parc, le temps semble ralentir dans les avenues paisibles, surtout résidentielles, qui s'étendent vers Ocean Beach.

Golden Gate Park PARC
(carte p. 336 ; goldengatepark.com ; entre Stanyan St et Great Hwy ; P ; 5, 7, 18, 21, 28, 29, 33, 44, M N). GRATUIT Des bonsaïs aux bisons, des séquoias aux manifestations, des frisbees aux concerts gratuits… : on trouve à Golden Gate Park tout ce que les habitants de San Francisco aiment dans leur ville. Vous pourriez vous promener une semaine entière sans tout voir, grâce à des attractions comme le **de Young Museum** (carte p. 336 ; 415-750-3600 ; deyoung.famsf.org ; 50 Hagiwara Tea Garden Dr ; adulte/enfant 15 $/gratuit, gratuit 1er mar du mois ; 9h30-17h15 mar-dim ; 5, 7, 44, M N), la **California Academy of Sciences** (carte p. 336 ; 415-379-8000 ; www.calacademy.org ; 55 Music Concourse Dr ; tarif plein/étudiant/enfant 35,95/30,95/25,95 $; 9h30-17h lun-sam, 11h-17h dim ; P ; 5, 6, 7, 21, 31, 33, 44, M N), le **San Francisco Botanical Garden** (Strybing Arboretum ; carte p. 336 ; 415-661-1316 ; www.sfbg.org ; 1199 9th Ave ; adulte/enfant 9/2 $, gratuit tlj avant 9h et 2e mar du mois ; 7h30-17h, horaires étendus été et printemps, dernière admission 1 heure avant fermeture, librairie 10h-16h ; 6, 7, 44, M N), le **Japanese Tea Garden** (carte p. 336 ; 415-752-1171 ; www.japaneseteagardensf.com ; 75 Hagiwara Tea Garden Dr ; adulte/enfant 8/2 $, gratuit avant 10h lun, mer, ven ; 9h-18h mars-oct, 9h-16h45 nov-fév ; P ; 5, 7, 44, M N), le **Conservatory of Flowers** (carte p. 336, 415-831-2090 ; www.conservatoryofflowers.org ; 100 John F Kennedy Dr ; tarif plein/étudiant/enfant 9/6/3 $, gratuit 1er mar du mois ; 10h-18h mar-dim ; 5, 7, 21, 33, M N) et le **Stow Lake** (carte p. 336 ; www.sfrecpark.org ; 5h-minuit ; ; 7, 44, M N).

Circuits organisés

Precita Eyes Mission Mural Tours À PIED
(carte p. 332 ; 415-285-2287 ; www.precitaeyes.org ; 2981 24th St ; adulte/enfant 20/3 $; 12, 14, 48, 49, B 24th St Mission). Des *muralistas* organisent le week-end des promenades guidées pour découvrir 60 à 70 fresques de Mission, dans un rayon de 6 à 10 *blocks* autour de Balmy Alley (p. 333). Les promenades durent de 1 heure à 2 heures 15 (pour la Classic Mural Walk, plus complète et personnalisée). Les bénéfices financent l'entretien des peintures.

Public Library City Guides CIRCUITS
(415-557-4266 ; www.sfcityguides.org). GRATUIT Des historiens bénévoles guident ces visites organisées par quartiers et par thèmes : l'architecture victorienne, le quartier de Castro, le San Francisco d'Alfred Hitchcock, la ruée vers l'or, l'Art déco à Downtown, Fisherman's Wharf, les escaliers de Russian Hill, etc. Le circuit des peintures murales de Diego Rivera dans le Stock Exchange Luncheon Club est très demandé : réservez. Pourboires bienvenus.

Emperor Norton's Fantastic Time Machine À PIED
(carte p. 328 ; 415-548-1710 ; emperornortontour.com ; 30 $; 11h jeu et sam, circuit front de mer 11h dim ; 30, 38, B Powell St, M Powell St, Powell-Mason, Powell-Hyde). San Francisco a inventé des machines à remonter le temps ! Enfilez de bonnes chaussures et lancez-vous derrière l'empereur Norton (en fait un historien, Joseph Amster) dans un parcours de plus de 3 km à l'issue duquel les histoires les plus édifiantes de la ville n'auront plus de secret pour vous. Le dimanche, le circuit du front de mer part du Ferry Building. Tous les autres partent du monument à Dewey, au centre d'Union Square.

Promenade à pied
San Francisco en *cable car*

DÉPART PLAQUE TOURNANTE DU CABLE CAR À POWELL ST
ARRIVÉE FERRY BUILDING
DISTANCE ET DURÉE 3 KM ; 2 HEURES AVEC LES ARRÊTS

Pour une balade pittoresque dans la ville, prenez le *cable car*. À la 1 **plaque tournante du cable car de Powell St** (p. 324), assistez au retournement de l'engin sur une plate-forme en bois et achetez un Muni Pass (1 jour, 23 $) au kiosque voisin. Embarquez à bord du *cable car* Powell-Hyde, à l'enseigne rouge, pour l'ascension de Nob Hill, colline d'une centaine de mètres de haut.

Le tramway tracté par câble, qui ne faisait pas l'unanimité auprès des urbanistes de San Francisco au XIXe siècle, a pourtant résisté au séisme et à l'incendie de 1906 où fut reconstruite 2 **Grace Cathedral** (p. 331) ; descendez du tram pour aller y saluer saint François, le patron de la ville.

De retour à bord, profitez des points de vue sur la baie et admirez la sinueuse 3 **Lombard Street** (p. 330), tout en filant à vive allure vers 4 **Fisherman's Wharf**. Le terminus porte le nom de Friedel Klussman, qui sauva le *cable car*, sacrifié dans le plan de modernisation de 1947.

Sur le quai, faites un tour dans le sous-marin de la Seconde Guerre mondiale 5 **USS Pampanito**. Baladez-vous ensuite parmi les automates et testez les jeux d'arcade du 6 **Musée mécanique** (p. 342). Prenez le temps d'aller saluer les otaries sur le Pier 39, puis empruntez le *cable car* Powell-Mason en direction de North Beach.

Rendez-vous au 7 **San Francisco Art Institute** pour découvrir la ville peinte en 1934 par Diego Rivera, puis accordez-vous une pause gourmande à la 8 **Liguria Bakery** (p. 341). Les ruelles de North Beach et de Chinatown se prêtent à d'agréables balades, tandis que la 9 **Chinese Historical Society of America** est l'occasion d'un voyage dans le temps. Vous n'êtes plus loin de la plus ancienne ligne de la ville : California St. Son terminus se trouve au 10 **Ferry Building** (p. 324), où champagne et huîtres vous attendent pour l'*happy hour*.

Où se loger

Les tarifs des hôtels à San Francisco sont parmi les plus élevés au monde. Organisez-vous longtemps à l'avance, et saisissez les promotions qui se présentent. Si vous avez le choix, les boutiques-hôtels sont plus accueillants que les établissements de chaîne, mais acceptez la première offre qui correspondra à votre budget.

Downtown, Civic Center et SoMa

HI San Francisco City Center AUBERGE DE JEUNESSE **$**
(carte p. 328 ; 415-474-5721 ; www.sfhostels.org ; 685 Ellis St ; dort 33-70 $, ch 90-165 $; 19, 38, 47, 49). Bâti en 1920, l'hôtel Atherton a été transformé en 2001 en une auberge de jeunesse de bon niveau avec salles de bains privatives et dortoirs. En prime, elle est écoresponsable : l'électricité provient en grande partie de panneaux solaires et les pommeaux de douche changent de couleur selon la durée de la douche.

Yotel San Francisco HÔTEL **$**
(carte p. 328 ; 415-829-0000 ; www.yotel.com/en/hotels/yotel-san-francisco ; 1095 Market St ; d 149-209 $; 6, 7, 9, 21, B Civic Center, M Civic Center). Yotel, chaîne d'hébergements haut de gamme, vient d'ouvrir son premier hôtel sur la côte Ouest dans le Grant Building. Son credo ? Design, ainsi que gain de temps et d'espace : bornes d'accueil pour s'enregistrer, "lits connectés" (qui se transforment en divans) et "sky cabins" (lits en mezzanine, matelas extra-longs et grandes TV à écran plat).

Axiom BOUTIQUE-HÔTEL **$$**
(carte p. 328 ; 415-392-9466 ; www.axiomhotel.com ; 28 Cyril Magnin St ; d 189-342 $; Powell-Mason, Powell-Hyde, B Powell, M Powell). Beaucoup d'hôtels du centre tentent de jouer la carte high-tech. Essai transformé pour l'Axiom. Si le marbre de l'entrée scintille sous les LED, la salle de jeux ressemble au siège d'une start-up, avec ses jeux d'arcade et ses baby-foots. Les chambres disposent d'un canapé en flanelle grise, de lits *king size* et d'un routeur assurant une connexion ultrarapide aux services Apple, Google ou Samsung. Pour le reste, il y a le bluetooth.

Hotel Vitale BOUTIQUE-HÔTEL **$$$**
(carte p. 328 ; 415-278-3700 ; www.hotelvitale.com ; 8 Mission St ; ch 385-675 $; M Embarcadero, B Embarcadero). Sur le front de mer, une tour plutôt quelconque abrite un hôtel élégant et confortable proposant linge de lit de qualité, centre de balnéo et deux bains à remous sur le toit-terrasse. Les chambres face à la baie bénéficient d'une vue imprenable sur Bay Bridge. Les restaurants du Ferry Building vous attendent de l'autre côté de la rue.

Hotel Mayflower HÔTEL HISTORIQUE **$**
(carte p. 328 ; 415-673-7010 ; www.sfmayflowerhotel.com ; 975 Bush St ; d 130-190 $; 2, 3, 27). Bon emplacement, confort et cachet, à la moitié du prix des autres hôtels du même *block*. Datant de 1926, le Mayflower arbore un hall aux airs de mission espagnole, et une cage d'ascenseur vintage qui semble sortie d'un film de Hitchcock. Les chambres sont simples, mais confortables et impeccables, dotées de lits en fer forgé et ornées de peintures sépia représentant San Francisco. Petit-déjeuner avec muffins inclus. Le parking, à 20 $, est bon marché.

North Beach et Chinatown

Hotel Bohème BOUTIQUE-HÔTEL **$$**
(carte p. 328 ; 415-433-9111 ; www.hotelboheme.com ; 444 Columbus Ave ; ch 195-295 $; 10, 12, 30, 41, 45 ; M T). Ouverture d'esprit, histoire et romantisme sont les maîtres-mots de cet hôtel jazzy, avec lits en fer forgé, lampe-parapluie en papier et salles de bains rétro. Les chambres sont un peu petites (et que dire des salles de bains) et parfois bruyantes (sur Colombus Ave), mais c'est l'endroit idéal où commencer à écrire le livre de votre vie. Pas d'ascenseur ni de parking.

Orchard Garden Hotel BOUTIQUE-HÔTEL **$$$**
(carte p. 328 ; 415-393-9917 ; www.theorchardgardenhotel.com ; 466 Bush St ; ch 278-332 $; 2, 3, 30, 45, B Montgomery). Bois issu de forêts durables, tissus recyclés et produits ménagers naturels sont la marque du premier hôtel de San Francisco à avoir reçu le label "écoresponsable". Le confort est loin d'en pâtir ! Les chambres paisibles sont rehaussées de touches luxueuses, comme les oreillers en duvet, les draps en coton égyptien et les produits de bain bio. Célébrez le coucher du soleil sur le toit-terrasse avec un cocktail. Réservez directement en ligne pour obtenir promotions, petit-déjeuner et parking inclus.

DON'T MISS

ALCATRAZ

Depuis plus de 150 ans, le nom d'**Alcatraz** (carte p. 326 ; Alcatraz Cruises 415-981-7625 ; www.alcatrazcruises.com ; visite adulte/enfant 5-11 ans journée 38,35/23,50 $, soirée 45,50/27,05 $; standard téléphonique 8h-19h, départ des ferries au Pier 33 toutes les 30 min 8h45-15h50, excursions soirée 17h55 et 18h30 ;) fait frissonner même les plus innocents. Au fil des décennies, l'île a accueilli la première prison militaire des États-Unis, un centre carcéral de haute sécurité, et a été occupée pendant plus d'un an par des Amérindiens qui revendiquaient leurs droits. Rien d'étonnant alors si votre premier pas sur le Rocher ("The Rock") vous procure un sentiment d'angoisse.

Grâce au récit diffusé par l'audioguide – primé – d'**Alcatraz Cruises** (carte p. 328 ; 415-981-7625 ; www.alcatrazcruises.com ; Pier 33 ; visites journée adulte/enfant/famille 38,35/23,50/115,70 $, soirée adulte/enfant 45,50/27,05 $; M E, F), vous apprendrez à quoi ressemblait la vie quotidienne dans la prison. Retirez un instant vos écouteurs... vous constaterez que le bruit de la ville et de sa vie insouciante parvient jusqu'à vous. Un tourment pour les prisonniers qui rendait les évasions tentantes, bien qu'elles fussent impossibles en raison de l'isolement d'Alcatraz situé au milieu d'eaux froides aux forts courants... jusqu'à la fuite, en 1962, des frères Anglin et de Frank Morris, sur un radeau de fortune. En 1963, les coûts de fonctionnement trop élevés eurent raison de la prison, et les lieux furent abandonnés aux oiseaux.

The Marina, Fisherman's Wharf et Presidio

HI San Francisco Fisherman's Wharf AUBERGE DE JEUNESSE $
(carte p. 328 ; 415-771-7277 ; www.hiusa.org ; Fort Mason, Bldg 240 ; dort 40-64 $, ch 116-160 $; P @ ; 28, 30, 47, 49). Entourée de verdure et bénéficiant d'une superbe vue sur la baie, cette auberge de jeunesse occupe un ancien hôpital militaire et propose à des prix très raisonnables des chambres privées et des dortoirs de 4 à 22 lits, dont certains mixtes (évitez les lits superposés 1 et 2, car il n'y a pas de porte). Toutes les salles de bains sont collectives. Il y a une grande cuisine et un café qui donne sur la baie. Parking gratuit limité.

Inn at the Presidio HÔTEL $$
(carte p. 326 ; 415-800-7356 ; www.presidio-lodging.com ; 42 Moraga Ave ; ch 310-495 $; P @ ; 43, PresidiGo Shuttle). Construit en 1903 pour loger les officiers célibataires, ce bâtiment en brique rouge à 3 niveaux dans le Presidio a été transformé en 2012 en superbe lodge de parc national, rehaussé de cuir, lin et bois. Les chambres démesurées sont vraiment somptueuses, avec surmatelas en plumes et draps en coton égyptien. Les suites s'agrémentent d'une cheminée au gaz. L'hôtel est en pleine nature, au départ de chemins de randonnée. Un taxi jusqu'au centre-ville revient entre 25 et 30 $.

Argonaut Hotel BOUTIQUE-HÔTEL $$$
(carte p. 328 ; 415-563-0800, 415-345-5519 ; www.argonauthotel.com ; 495 Jefferson St ; ch à partir de 389 $; P ; 19, 47, 49, Powell-Hyde). Le meilleur hôtel de Fisherman's Wharf était en 1908 une conserverie, dont il a gardé les poutres en bois et les murs en brique. Décor nautique peut-être un peu trop appuyé dans les chambres affichant miroirs en hublot et épaisse moquette bleu marine. Si toutes bénéficient d'équipements haut de gamme – lits ultra-confortables, stations iPod –, certaines sont petites et peu lumineuses. Parking à partir de 65 $.

Mission et Castro

Parker Guest House B&B $$$
(carte p. 332 ; 415-621-3222 ; www.parkerguesthouse.com ; 520 Church St ; d 249-289 $, avec sdb partagée 209-249 $; P @ ; 33, M J). Un refuge de style dans une propriété edwardienne ! Les chambres luxueuses et modernes sont réparties dans deux maisons jaune clair séparées par un jardin. Lits avec couette en duvet et salles de bains rétro aux faïences étincelantes pour les chambres, jardin d'hiver et bibliothèque où prendre un verre de sherry au coin du feu pour les espaces communs.

The Haight

Parsonage B&B $$

(carte p. 328 ; ☎415-863-3699 ; www.theparsonage.com ; 198 Haight St ; ch 240-280 $; @ ; 6, 71, M F). Avec 23 chambres portant le nom de personnalités féminines de San Francisco, ce B&B victorien de 1883 a gardé beaucoup de ses éléments d'origine, comme les lustres en cuivre et les cheminées en marbre de Carrare. Les chambres spacieuses et lumineuses sont meublées de lits de style dont les matelas confortables sont faits à San Francisco, chez McRoskey. Deux chambres ont des cheminées qui fonctionnent. Le petit-déjeuner est servi dans la salle à manger, et on vous proposera un brandy ou un chocolat avant d'aller au lit. Séjour deux nuits minimum.

Chateau Tivoli B&B $$

(carte p. 328 ; ☎415-776-5462 ; www.chateautivoli.com ; 1057 Steiner St ; d 205-215 $, avec sdb partagée 160-185 $, qua 220-325 $; ; 5, 22). Cette demeure victorienne fait l'objet de nombreuses rumeurs depuis 1892 : ses tourelles auraient abrité Isadora Duncan, Mark Twain et le fantôme d'une diva de l'opéra. Les 9 chambres et suites au décor suranné (avec baignoires à pattes de lion) sont particulièrement romantiques. Deux chambres partagent une salle de bains. Ni ascenseur, ni TV.

Où se restaurer

Downtown, Civic Center et SoMa

Ferry Plaza Farmers Market MARCHÉ $

(carte p. 328 ; ☎415-291-3276 ; www.cuesa.org ; angle Market St et Embarcadero ; cuisine de rue 3-12 $; 10h-14h mar, jeu, 8h-14h sam ; ; 2, 6, 9, 14, 21, 31, M Embarcadero, B Embarcadero). Faisant la fierté et le bonheur des gourmets, ce marché rassemble plus de 100 producteurs bio californiens qui proposent, à des prix raisonnables, fruits et légumes, viande d'animaux élevés en plein air et plats mijotés. Le samedi, à l'aurore, vous y croiserez les meilleurs chefs de la ville. Participez ensuite au pique-nique au bord de l'eau : au menu, tacos coréens (de chez Namu), *porchetta* (Roli Roti), tomates (Dirty Girl), plateau de fromages (Nicasio) et fruits (Frog Hollow).

farm:table AMÉRICAIN $

(carte p. 328 ; ☎415-300-5652 ; www.farmtablesf.com ; 754 Post St ; plats 6-9 $; 7h15-13h mar-ven, 8h-14h sam-dim ; ; 2, 3, 27, 38). Rayon de soleil dans le cœur en béton de la cité, ce minuscule établissement sert petits-déjeuners et déjeuners ultrafrais à base de produits californiens bio et de saison. Céréales diverses, tartes savoureuses et toasts impeccables – pain complet au levain agrémenté de gingembre, pêche et mascarpone – accompagnent un café délicieux.

In Situ CALIFORNIEN, INTERNATIONAL $$

(carte p. 328 ; insitu.sfmoma.org ; 151 3rd St, SFMOMA ; plats 20-50 $; 11h-15h30 jeu-lun, 17h-21h jeu-sam, 11h-15h30 et 17h-20h dim ; 5, 6, 7, 14, 19, 21, 31, 38, B Montgomery, M Montgomery). Le restaurant du Museum of Modern Art est lui-même une galerie d'art, mais d'art culinaire. Les œuvres ? Les plats emblématiques d'une centaine de chefs du monde entier scrupuleusement reproduits avec des produits locaux sous la supervision du chef Corey Lee. C'est ainsi que la soupe de carottes caramélisées de Nathan Myhrvold, le homard au wasabi de Tim Raue et le cheesecake qu'Albert Adrià élabore à partir de produits de la Jasper Hill Farm se retrouvent à la même table.

Benu CALIFORNIEN, FUSION $$$

(carte p. 328 ; ☎415-685-4860 ; www.benusf.com ; 22 Hawthorne St ; menu dégustation 310 $; 17h30-20h30 mar-jeu, 17h30-21h ven-sam ; 10, 12, 14, 30, 45). San Francisco est à la pointe de la cuisine asiatique depuis 150 ans, et le roi de l'innovation pan-pacifique, Corey Lee, n'en finit plus de nous éblouir : goûtez la soupe de raviolis au foie gras ou la crème au crabe de Dungeness et truffes, qui vient relever la traditionnelle soupe aux ailerons de requin... mais sans requin, dans un souci de préservation de l'espèce – le délice est bien réel, lui. L'ingéniosité du sommelier Yoon Has est à la hauteur de la note de la dégustation de vins (210 $). Le service est en sus : 20%.

North Beach et Chinatown

Liguria Bakery BOULANGERIE $

(carte p. 328 ; ☎415-421-3786 ; 1700 Stockton St ; focaccia 4-6 $; 8h-14h mar-ven, 7h-14h sam, 7h-12h dim ; ; 8, 30, 39, 41, 45, Powell-Mason, M T). Étudiants en art et grands-mères italiennes font la queue dès 8h pour une focaccia cannelle-raisin, sortie du four vieux de 100 ans. À 9h, il ne reste que celles à la tomate ou les classiques ail-romarin. Retardataires, attention : la boulangerie ferme

SAN FRANCISCO POUR LES ENFANTS

San Francisco est là ville des États-Unis comptant le moins d'enfant par adulte, mais beaucoup de ses habitants gagnent leur vie en divertissant les petits, qu'ils soient animateurs chez Pixar ou concepteurs de jeux vidéo. Vous y trouverez de nombreuses attractions pour les plus jeunes.

Les installations interactives de l'Exploratorium (p. 326) expliquant le fonctionnement du skateboard ou pourquoi certains animaux brillent dans le noir ont été plusieurs fois récompensées. Au **Musée mécanique** (carte p. 328 ; 415-346-2000 ; www.museemecanique.com ; Pier 45, Shed A ; 10h-20h ; ; 47, Powell-Mason, Powell-Hyde, M E, F), les enfants jouent à libérer le monde des envahisseurs. Beaucoup s'amusent aussi à répondre aux aboiements des lions de mer de Pier 39 (p. 331), ou à chevaucher une licorne sur le **San Francisco carousel** (carte p. 328 ; www.pier39.com ; Pier 39 ; 1 tour 5 $, 3 tours 10 $; 10h-21h dim-jeu, 10h-22h ven-sam ; ; 47, Powell-Mason, M E, F), un vieux manège sur les quais.

Chasse aux papillons sous le dôme de la forêt pluviale, observation rapprochée d'étoiles de mer ou d'anguilles dans leur habitat reconstitué... la California Academy of Sciences (p. 337) n'est jamais à court d'idées, tout comme l'**Aquarium of the Bay** (carte p. 328 ; 415-623-5300 ; www.aquariumofthebay.org ; Pier 39 ; adulte/enfant/famille 28/18/75 $; 10h-20h fin mai à début sept, horaires réduits le reste de l'année ; ; 47, Powell-Mason, M E, F), où le tunnel aux requins donne le frisson ! Le **Children's Creativity Museum** (carte p. 328 ; 415-820-3320 ; www.creativity.org ; 221 4th St ; 12,95 $; 10h-16h mar-dim été, mer-dim reste de l'année ; ; 14, M Powell, B Powell) permet aux artistes en herbe de concevoir leur propres jeux vidéo et animations. Ils pourront ensuite se défouler sur les aires de jeu du **Golden Gate Park** (Koret Children's Quarter ; carte p. 336 ; 415-831-2700 ; www.golden-gate-park.com/childrens-playground.html ; manège adulte/enfant 2/1 $/tour ; lever-coucher du soleil, manège 10h-16h15 ; ; 7, 33, M N), de **Dolores Park** (carte p. 332 ; www.sfrecpark.org/destination/mission-dolores-park ; Dolores St, entre 18th St et 20th St ; 6h-22h ; ; 14, 33, 49, B 16th St Mission, M J) ou de **Yerba Buena Gardens** (carte p. 328 ; 415-820-3550 ; www.yerbabuenagardens.com ; angle 3rd St et Mission St ; 6h-22h ; ; M Montgomery, B Montgomery).

quand tout a été vendu. Emportez les vôtres emballées dans du papier ou dans une boîte de pique-nique. Espèces uniquement.

Golden Boy PIZZA $

(carte p. 328 ; 415-982-9738 ; www.goldenboypizza.com ; 542 Green St ; parts 3,25-4,25 $; 11h30-minuit dim-jeu, 11h30-2h ven-sam ; 8, 30, 39, 41, 45, Powell-Mason). “Si ça n'est pas sur la carte, ne le demandez pas”, peut-on lire sur les menus de Golden Boy, où on fait la queue depuis 1978 pour des pizzas croustillantes tout juste sorties du four. Vous adorerez celles que concocte la seconde génération de *pizzaioli* de la famille Sodini – notamment celle au pesto et aux palourdes à l'ail. Commandez parts de pizza et bière artisanale au comptoir.

Mister Jiu's CHINOIS, CALIFORNIEN $$

(carte p. 328 ; 415-857-9688 ; misterjius.com ; 28 Waverly Pl ; plats 14-45 $; 17h30-22h30 mar-sam ; 30, California, M T). Bien des succès ont été fêtés dans cette célèbre salle de banquet de Chinatown ouverte dans les années 1880 ! Aujourd'hui, obtenir une table chez Mister Jiu's relève de l'exploit, mais l'expérience sera mémorable grâce à l'inventive cuisine sino-californienne signée Brandon Jew : caille accompagnée de riz gluant et de figues, soupe aigre-douce de crabe de Dungeness, riz frit à l'aloyau de bœuf Wagyu et au thon. Ne manquez pas les desserts : les pâtisseries de Melissa Chou, comme ses boules de prunes salées au sésame, sont de pures merveilles.

Good Mong Kok DIM SUM $

(carte p. 328 ; 415-397-2688 ; 1039 Stockton St ; raviolis 2-5 $; 7h-18h ; 30, 45, Powell-Mason, California, M T). Pour de bons dim sums, les habitants de Chinatown vont soit chez leur grand-mère, soit chez Good Mong Kok. Les clients patientent jusque sur le trottoir pour acheter des raviolis sortis d'énormes cuiseurs, qu'on déguste ensuite dans Portsmouth Square. Si la carte change tout le temps, attendez-vous à y trouver les classiques *siu mai* (porc), *har gow* (crevettes) et les petits pains au porc grillé.

La Marina, Fisherman's Wharf et Presidio

Fisherman's Wharf Crab Stands POISSON ET FRUITS DE MER $
(carte p. 328 ; Taylor St ; plats 5-22 $; M F). Des hommes et femmes aux manches retroussées touillent des marmites fumantes de crabes de Dungeness derrière les stands qui s'alignent au pied de Taylor St, l'épicentre de Fisherman's Wharf. La saison du crabe dure habituellement de l'hiver au printemps, mais les stands proposent des crevettes et d'autres produits de la mer toute l'année.

Kaiyo FUSION $$
(carte p. 328 ; 415-525-4804 ; www.kaiyosf.com ; 1838 Union St ; petites assiettes 12-28 $, assiettes à partager 19-28 $; 17h-22h mar-mer et dim, 17h-23h jeu et sam, 10h30-15h sam-dim ; 41, 45). Le petit nouveau de Cow Hollow est un restaurant gai et inventif, qui invite à une délicieuse découverte des saveurs nippo-péruviennes. Les cocktails à base de pisco et whisky portant le nom de personnages de mangas se sirotent dans une salle aux airs d'*izakaya* (bistrot japonais), bordée d'un mur de mousse vert vif. Mais la véritable aventure commence dans l'assiette.

Greens VÉGÉTARIEN, CALIFORNIEN $$
(carte p. 328 ; 415-771-6222 ; www.greensrestaurant.com ; 2 Marina Blvd, Bldg A, Fort Mason Center ; plats 18-28 $; 17h30-21h lun, 11h30-14h30 et 17h30-21h mar-jeu, 11h30-14h30 et 17h-21h, 10h30-14h30 et 17h-21h sam-dim ; 28). Les carnivores ne regretteront pas l'absence de viande dans le chili de haricots noirs ou dans les autres plats végétariens pleins de saveurs du Greens, préparés avec les ingrédients d'une ferme zen du comté de Marin. Sans oublier la vue ! Le Golden Gate se dresse juste devant les fenêtres de la salle. On vous sert sur place des déjeuners à emporter, mais la réservation est indispensable pour un repas à table, y compris le brunch du samedi et du dimanche.

Atelier Crenn FRANÇAIS $$$
(carte p. 326 ; 415-440-0460 ; www.ateliercrenn.com ; 3127 Fillmore St ; menu dégustation 335 $; 17h-21h mar-sam ; 22, 28, 30, 43). La carte vous est présentée sous la forme d'un poème, puis on vous apporte des boules de chocolat fourrées au cidre. Si tout cela vous paraît irréel pour commencer un dîner, attendez la tarte au riz aux panopes (palourdes royales) sous un dôme transparent congelé à l'azote liquide, et une douzaine d'autres plats inspirés par l'enfance que la chef Dominique Crenn a passée en Bretagne. Réservation plus d'un mois à l'avance.

Mission et Castro

La Palma Mexicatessen MEXICAIN $
(carte p. 332 ; 415-647-1500 ; www.lapalmasf.com ; 2884 24th St ; tamales, tacos et huaraches 3-10 $; 8h-18h lun-sam, 8h-17h dim ; ; 12, 14, 27, 48, B 24th St Mission). Suivez les applaudissements, qui sont en fait le grésillement d'une tortilla bio en train de cuire. Vous avez trouvé le filon, à Mission, pour les *tamales*, *pupusas* (petites tortillas) aux pommes de terre et aux *chicharones* (couenne de porc), *carnitas* (porc cuit lentement) et autres *cotija* (fromage d'Oaxaca), accompagnés de la suace *tomatillo* maison. Commandez à emporter ou attablez-vous au soleil, sur le trottoir.

Al's Place CALIFORNIEN $$
(carte p. 332 ; 415-416-6136 ; www.alsplacesf.com ; 1499 Valencia St ; assiettes à partager 15-21 $; 17h30-22h mer-dim ; ; 12, 14, 49, M J, B 24th St Mission). Toute la Californie se retrouve chez Al : légumes du jardin, produits du Pacifique et viande de bêtes élevées en plein air. La préparation soignée exalte les saveurs baignées de soleil et les textures raffinées : cabillaud craquant sous sa mousse de citron, pêches grillées assorties d'un velours de foie gras. Des portions deux fois plus petites mais trois fois plus savoureuses qu'ailleurs !

Frances CALIFORNIEN $$$
(carte p. 332 ; 415-621-3870 ; www.frances-sf.com ; 3870 17th St ; plats 26-34 $; 17h-22h dim et mar-jeu, to 10:30pm Fri & Sat ; 24, 33, M F, K, L, M). Chef, propriétaire et rebelle, Melissa Perello a décroché une étoile au Michelin pour sa cuisine gastronomique, puis a quitté Downtown pour ouvrir ce bistrot de quartier centré sur les produits du marché. Renouvelée quotidiennement, la carte met en avant des produits parfaitement cuisinés : *malfatti* (gnocchis) maison à la ricotta, à la courge et aux graines de courge, côtes de porc à l'orange sanguine et aux patates douces à la japonaise, accompagnés d'excellents vins (vendus à la ficelle) du Wine Country.

Haight

Brenda's Meat & Three

SUD DES ÉTATS-UNIS $$

(carte p. 326 ; ☎415-926-8657 ; www.brendasmeatandthree.com ; 919 Divisadero St ; plats 9-20 $; ⊙8h-22h mer-lun ; 🚌5, 21, 24, 38). Meat & Three désigne un plat de viande avec trois accompagnements. Cela dit, seul un ogre pourrait terminer le jambon grillé au gruau de maïs à la sauce *red-eye* créole, sans parler des biscuits à la crème et des œufs. En effet, les portions servies sont résolument "sudistes", ce qui explique pourquoi les marathoniens et les fêtards qui ont oublié de manger la nuit précédente y font la queue. Venez tôt vous délecter de *pancakes* de patate douce, en espérant que les langoustes seront le plat du jour.

Rich Table

CALIFORNIEN $$

(carte p. 328 ; ☎415-355-9085 ; richtablesf.com ; 199 Gough St ; plats 17-37 $; ⊙17h30-22h dim-jeu, to 17h30-22h30 ven-sam ; 🚌5, 6, 7, 21, 47, 49, Ⓜ Van Ness). Rich Table met les papilles en émoi avec des plats étourdissants tels que beignets de *porcini* (cèpes), chips de sardine et *funnel cake* (sortes de bugnes) à la *burrata*, qui finissent chaque soir sur Instagram. Le couple de propriétaires, Sarah et Evan Rich, jouent de leur cuisine de saison avec autant d'inspiration que les musiciens du SFJAZZ, et autant d'ingéniosité que les chercheurs de la Silicon Valley.

Golden Gate Park et ses environs

Arsicault Bakery

BOULANGERIE $

(carte p. 336 ; ☎415-750-9460 ; 397 Arguello Blvd ; pâtisseries 3-7 $; ⊙7h-14h30 lun-ven, 7h-15h30 sam-dim ; 🚌1, 2, 33, 38, 44). Armando Lacayo a quitté la finance parce que, comme ses grands-parents parisiens avant lui, il ne pensait qu'à fabriquer des croissants. Il a donc ouvert une modeste boulangerie dans Inner Richmond en 2015 ; l'année suivante, le magazine *Bon Appétit* l'avait sacrée meilleure nouvelle boulangerie du pays. Ses croissants dorés, croustillants et pleins de beurre partent en un rien de temps.

Spruce

CALIFORNIEN $$$

(carte p. 336 ; ☎415-931-5100 ; www.sprucesf.com ; 3640 Sacramento St ; plats 19-44 $; ⊙11h30-14h et 17h-22h lun-jeu, 11h30-14h et 7h-23h ven, 10h-14h et 17h-23h sam, 10h-14h et 17h-21h dim ; 🚌1, 2, 33, 43). Le comble du luxe : lustres en cristal de Baccarat, sièges en cuir fauve, expositions d'œuvres d'art et 2 500 vins à la carte. On y devise en bonne compagnie devant des burgers à la viande (bœufs élevés en plein air) ou des muffins maison aux oignons et tomates anciennes cultivés dans la ferme bio du restaurant. Les frites sont cuites dans de la graisse de canard.

Où prendre un verre et faire la fête

Les *saloons* ont prospéré à San Francisco des années durant, jusqu'à ce que la prohibition ne les transforme en bars clandestins (*speakeasies*) dans les années 1920. Aujourd'hui, *saloons* comme *speakeasies* ont le vent en poupe, alimentés par ce que le Wine Country et les distilleries locales produisent de meilleur pour des nuits endiablées.

Bourbon & Branch

BAR

(carte p. 328 ; ☎415-346-1735 ; www.bourbonandbranch.com ; 501 Jones St ; ⊙18h-2h ; 🚌27, 38). "Ne nous demandez pas de Cosmo [un cocktail à base de vodka]" : la phrase qui figure au règlement de ce bar "clandestin" datant de la prohibition est dans le même esprit que le panneau "Anti-Saloon League" joyeusement trompeur. Pour profiter de sa bibliothèque bien fournie en alcools, donnez le mot de passe ("*books*") à l'entrée dans O'Farrell St. Réservation nécessaire pour un box dans la salle du devant et à la "Wilson & Wilson Detective Agency", *speakeasy*-dans-un-*speakeasy*, ayant pour thème le polar (mot de passe donné lors de la réservation).

Comstock Saloon

BAR

(carte p. 328 ; ☎415-617-0071 ; www.comstocksaloon.com ; 155 Columbus Ave ; ⊙16h-minuit lun, 16h-2h mar-jeu, 12h-2h ven, 11h30-14h sam, 11h30-16h dim ; 🚌8, 10, 12, 30, 45, 🚋Powell-Mason ; ⓂT). À l'âge d'or de ce *saloon* de 1907, les clients se soulageaient dans la rigole en marbre devant le comptoir. Aujourd'hui, ils s'y attroupent pour un authentique punch au pisco ou un martinez, le précurseur du martini (gin, vermouth, amer, liqueur de maraschino). Venez porter un toast à la statue de "l'empereur" Joshua Norton pendant l'*happy hour* (16h-18h) et restez pour le dîner sans chichi (le menu est le même que celui des employés de la cuisine). Réservez un box pour écouter des groupes de jazz-ragtime.

SAN FRANCISCO LGBT

Tout membre de la communauté LGBT est chez lui à San Francisco. Si le quartier de Castro est le cœur de la scène gay, South of Market (SoMa) compte des bars où le cuir domine et des clubs turbulents. Tendreloin est l'endroit pour les spectacles de travestis et les cabarets, tandis que Mission attire nombre de femmes et une communauté transgenre.

En juin, la **SF Pride** est sans doute l'événement le plus important de l'année : ses défilés attirent plus de 1,5 million de personnes. Tant que vous êtes là, faites un tour au premier musée de l'histoire gay des États-Unis, le **GLBT History Museum** (carte p. 332 ; 415-621-1107 ; www.glbthistory.org/museum ; 4127 18th St ; 5 $, gratuit 1er mer du mois ; 11h-18h lun-sam, 12h-17h dim, fermé mar automne-printemps ; M Castro St), ou découvrez les figures emblématiques du mouvement en suivant la **Rainbow Honor Walk** (carte p. 332 ; rainbowhonorwalk.org ; Castro St et Market St ; M Castro St) à Castro.

Le *Bay Area Reporter* (www.ebar.com), publié chaque mercredi, présente infos et événements communautaires, comme le *San Francisco Bay Times* (www.sfbaytimes.com). Gratuit, *Gloss Magazine* (www.glossmagazine.net) s'intéresse à la vie nocturne. Sinon rendez-vous dans les lieux suivants :

Aunt Charlie's Lounge (carte p. 328 ; 415-441-2922 ; www.auntcharlieslounge.com ; 133 Turk St ; entrée gratuite-5$; 12h-minuit lun et mer, 12h-2h mar et jeu, 12h-0h30 ven, 10h-0h30 sam, 10h-minuit dim ; 27, 31, M Powell, B Powell). Entraînant, renversant – un petit lieu génial de spectacles qui transcendent les genres et de délires sur le dance-floor.

El Rio (carte p. 332 ; 415-282-3325 ; www.elriosf.com ; 3158 Mission St ; entrée gratuite-10 $; 13h-2h lun-sam, 13h-minuit dim ; 12, 14, 27, 49, B 24th St Mission). World music, salsa, house, concerts dans le patio le plus dragueur de San Francisco.

Stud (carte p. 328 ; 415-863-6623 ; www.studsf.com ; 399 9th St ; entrée 5-8 $; 17h-2h mar-jeu, 17h-4h ven, 19h-4h sam, 19h-2h dim ; 12, 19, 27, 47). Shows et DJ tous les soirs, dans les effluves de bourbon, d'eau de Cologne et de testostérone.

Oasis (carte p. 328 ; 415-795-3180 ; www.sfoasis.com ; 298 11th St ; billets 15-35 $; 9, 12, 14, 47, M Van Ness). Des spectacles de drag-queens si osés et comiques que vous rirez à en perdre haleine. Retrouvez ensuite votre souffle sur la piste de danse.

Jolene's (carte p. 332 ; 415-913-7948 ; www.jolenessf.com ; 2700 16th St ; 16h-2h jeu-ven, 11h-2h sam-dim ; 12, 22, 55, B 16th Mission St). Des femmes sur la piste de danse, au bar, sur le papier peint… Elles sont chez elles !

Wild Side West (carte p. 326 ; 415-647-3099 ; www.wildsidewest.com ; 424 Cortland Ave ; 14h-2h ; 24). Buvez une bière dans l'historique et féministe jardin de sculptures.

♥ Li Po BAR

(carte p. 328 ; 415-982-0072 ; www.lipolounge.com ; 916 Grant Ave ; 14h-2h ; 8, 30, 45, Powell-Mason, Powell-Hyde, M T). Battez vite en retraite dans un box en skaï rouge, où Allen Ginsberg et Jack Kerouac débattaient du sens de la vie sous un bouddha doré. Entrez par la fausse grotte de 1937 et zigzaguez entre les lanternes rouges pour passer commande d'une bière Tsingtao ou d'un *mai tai* (cocktail chinois au *baijiu*, une liqueur de riz) à la douceur trompeuse. Barmen brusques, toilettes au sous-sol, paiement en espèces uniquement : voilà un "bouge" de classe mondiale.

Stookey's Club Moderne LOUNGE

(carte p. 328 ; www.stookeysclubmoderne.com ; 895 Bush St ; 16h30-2h lun-sam, 16h30-minuit dim ; 1, Powell-Hyde, Powell-Mason, California). Des femmes fatales entraînent des marins naïfs à coups d'alcools forts dans ce bar Art déco sorti tout droit d'un thriller de Dashiell Hammett. Le style paquebot années 1930 épuré pose le décor de l'intrigue, les serveurs en veste blanche plaisantent tout en concoctant les *Corpse Reviver* (faits pour vous revigorer) les plus forts de la ville. Venez tôt pour trouver une place pour votre feutre sur l'étagère à chapeaux, surtout les soirs de concert jazz.

SHOPPING PAR QUARTIERS

Tous ces repaires chics-rustiques, ces rayons bien garnis et ces fabuleux vêtements sont éparpillés dans divers quartiers de San Francisco. Voici quelques indications :

Polk Street Look rétro, art local, créateurs indépendants et cadeaux originaux.

Valencia Street Cadeaux "*made in SF*", friperies tendance et tout l'équipement du pirate au Pirate Store.

Haight Street Accessoires vintage, boutiques de créateurs branchées, librairies anarchistes, disques vinyle et skateboards.

Hayes Valley Créateurs locaux, épiceries fines, décoration d'intérieur.

Union Square Grands magasins et marques mondialement connues, dont Neiman Marcus, Macy's, Saks et Apple.

Trick Dog BAR

(carte p. 332 ; ☎415-471-2999 ; www.trickdog-bar.com ; 3010 20th St ; ⏲15h-2h ; 🚌12, 14, 49). Oserez-vous goûter les cocktails inventifs inspirés par les obsessions locales : les muralistes de San Francisco, les *diners* chinois ou les théories du complot ? Tous les six mois, Trick Dog change de thème et de carte et propose des classiques revisités comme le Manhattan. Les tabourets au bar sont vite occupés. Reste alors le loft à l'éclairage tamisé pour déguster une cuisine de bar élaborée.

20 Spot BAR À VINS

(carte p. 312 ; ☎415-624-3140 ; www.20spot.com ; 3565 20th St ; ⏲17h-23h lun-jeu, 17h-0h30 ven-sam ; 🚌14, 22, 33, B16th St Mission). Décontraction toute californienne dans ce bar à vins de quartier, qui a pris la suite de la boutique de disques punk Force of Habit (l'enseigne est restée) dans un bâtiment victorien de 1885. Prenez un verre de *Donkey and Goat* pétillant de Berkeley et faites attention : les huîtres aux kakis en saumure peuvent devenir addictives.

☆ Où sortir

Inscrivez-vous sur Gold Star Events (www.goldstarevents.com) pour obtenir des réductions sur les manifestations – spectacle comique, théâtre, concerts et opéra – ou allez à **TIX Bay Area** (carte p. 328 ; ☎415-433-7827 ; www.tixbayarea.org ; 350 Powell St ; 🚋Powell-Mason, Powell-Hyde, B Powell, M Powell), la billetterie d'Union Square, pour des billets à prix réduits valables le jour même ou le lendemain.

♥ San Francisco Symphony MUSIQUE CLASSIQUE

(carte p. 328 ; ☎billets 415-864-6000, billets dernière minute 415-503-5577 ; www.sfsymphony.org ; Grove St, entre Franklin St et Van Ness Ave ; billets 20-150 $; 🚌21, 45, 47, M Van Ness, B Civic Center). Au moment où Michael Thomas lève sa baguette, tout le public retient son souffle. Et c'est parti pour une énième prestation bouleversante de l'Orchestre symphonique de San Francisco, maintes fois lauréat de Grammy Awards. Mention spéciale pour les interprétations de Beethoven et de Mahler, les musiques de films comme *Star Trek*, et les collaborations artistiques, d'Elvis Costello à Metallica.

♥ SFJAZZ Center JAZZ

(carte p. 328 ; ☎866-920-5299 ; www.sfjazz.org ; 201 Franklin St ; 25-120 $; 👪 ; 🚌5, 6, 7, 21, 47, 49, M Van Ness). 🍃 Les légendes du jazz et les artistes singuliers du monde entier se produisent dans ce centre de jazz, le plus récent et le plus grand d'Amérique du Nord. On peut y entendre des versions revisitées de classiques du jazz ; des poètes qui improvisent avec des groupes de jazz au Joe Henderson Lab, au sous-sol ; les collaborations des légendaires Afro-Cuban All Stars ; les mariachis féminines entraînantes de Flor de Toloache ; l'irrésistible musique des Balkans de Goran Bregović et l'Orchestre des mariages et des enterrements.

♥ Fillmore Auditorium MUSIQUE LIVE

(carte p. 328 ; ☎415-346-6000 ; thefillmore.com ; 1805 Geary Blvd ; billets à partir de 20 $; ⏲billetterie 10h-15h dim, plus 30 min avant ouverture des portes les soirs de spectacle jusqu'à 22h ; 🚌22, 38). Jimi Hendrix, Janis Joplin, les Grateful Dead : tous ont joué au Fillmore, et les affiches psychédéliques d'époque, aux murs du bar à l'étage, sont là pour le prouver. Des groupes renommés jouent toujours dans cette salle historique de 1 250 places où l'on distribue encore des posters gratuits lors des plus grands concerts.

♥ Castro Theatre CINÉMA

(carte p. 332 ; ☎415-621-6120 ; www.castrotheatre.com ; 429 Castro St ; plein/enfant, senior et matinée 13/10 $; M Castro St). Chaque soir, la foule rugit tandis que s'élèvent les premières notes de l'orgue. Des airs joués sur le Wurlitzer – et en... point d'orgue la chanson phare de Judy Garland, "San Francisco" – annoncent en effet les séances de ce cinéma Art déco de 1922. L'architecture hispano-mauresque de Timothy Pflueger a inspiré les décors du *Magicien d'Oz*, mais les habitants de San Francisco craignant les séismes évitent de s'asseoir sous son lustre en métal pointu.

Giants Stadium BASE-BALL

(AT&T Park ; carte p. 328 ; 415-972-2000, circuits 415-972-2400 ; www.mlb.com/giants ; 24 Willie Mays Plaza ; billets 14-349 $, visite stade plein/senior/enfant 22/17/12 $; horaires de visites variables ; ; M N, T). Les fans de base-ball viennent d'avril à octobre acclamer les 81 matchs à domicile des Giants. Comme tout supporteur vous le dira, les Giants ont emporté trois World Series depuis 2010. Quand ils sont en passe de gagner, les habitants superstitieux portent les couleurs de l'équipe (orange et noir) et une barbe broussailleuse : "Fear the Beard !" (*Craignez les barbus !*) est le slogan des Giants.

Great American Music Hall MUSIQUE LIVE

(carte p. 328 ; 415-885-0750 ; www.gamh.com ; 859 O'Farrell St ; spectacles 20-45 $; billetterie 12h-18h lun-ven, 17h-fermeture soirs de spectacle ; ; 19, 38, 47, 49). Un ancien bordel chic de 1907, où les artistes tout public donnent le meilleur d'eux-mêmes, les rockeurs indé (The Band Perry) autant que les stars internationales (le magnifique Salif Keita, l'extravagant John Waters). Payez 25 $ de plus pour un dîner avec entrée prioritaire et excellente place au balcon pour voir le spectacle, ou dansez dans la fosse au rez-de-chaussée.

San Francisco Ballet DANSE

(carte p. 328 ; billets 415-865-2000 ; www.sfballet.org ; 301 Van Ness Ave, War Memorial Opera House ; 22-150 $; vente de billet par téléphone 10h-16h lun-ven ; 5, 21, 47, 49, M Van Ness, B Civic Center). La plus ancienne compagnie de ballet des États-Unis semble en pleine forme avec plus de 100 spectacles par an, de *Casse-Noisette* (la première aux États-Unis a eu lieu ici) aux œuvres modernes. De janvier à mai, les spectacles ont lieu au War Memorial Opera House. On peut obtenir des places debout pour le jour même à la billetterie (qui ouvre 4 heures avant le lever de rideau, les jours de spectacles uniquement) pour 15-20 $.

Achats

Park Life CADEAUX ET SOUVENIRS

(carte p. 336 ; 415-386-7275 ; www.parklifestore.com ; 220 Clement St ; 10h-19h lun-sam, 10h-18h dim ; 1, 2, 33, 38, 44). Couteau suisse des grands magasins, Park Life est à la fois boutique de design, éditeur indépendant et galerie d'art. Une caverne d'Ali Baba pour des cadeaux astucieux : tableaux, photographies, sacs, bijoux, etc.

Community Thrift VÊTEMENTS

(carte p. 332 ; 415-861-4910 ; www.communitythriftsf.org ; 623 Valencia St ; 10h-18h30 ; 14, 22, 33, 49, B 16th St Mission). L'association Community Thrift récupère les invendus. Les ventes profitent à plus de 200 organismes caritatifs, raison supplémentaire de vous réjouir en achetant une tasse totem à 5 $, un coupe-vent vintage à 10 $ ou une combinaison disco à paillettes à 14 $. Faites don de vos surplus (jusqu'à 17h tous les jours) pour soutenir Community.

Adobe Books & Backroom Gallery LIVRES

(carte p. 332 ; 415-864-3936 ; www.adobebooks.com ; 3130 24th St ; 12h-20h lun-ven, 11h-20h sam-dim ; 12, 14, 48, 49, B 24th St Mission). Inspiration à tous les rayons : romans récents, éditions limitées, livres rares ou d'occasion. Adobe organise aussi des soirées de lancement pour des magazines, spectacles comiques et expositions. Venez ici débattre des plus belles couvertures de romans ou de l'histoire de la ville (le fondateur, Andrew, est incollable) et admirer les œuvres d'artistes locaux dans la Backroom Gallery (au fond de la boutique) avant qu'elles ne soient exposées à la biennale du Whitney Museum.

Gravel & Gold ARTICLES DE MAISON

(carte p. 332 ; 415-552-0112 ; www.gravelandgold.com ; 3266 21st St ; 12h-19h lun-sam, 12h-17h dim ; 12, 14, 49, B 24th St Mission). Gravel & Gold célèbre le mouvement hippie californien : robes à smocks imprimées à la main, sacs en tissu, oreillers à rayures ondulées. On y trouve aussi des mugs en poterie tournés à la main, des affiches réalisées au duplicopieur ou des livres rares sur l'architecture des cabanes de plage des années 1970, sans compter les ateliers de loisirs créatifs (consultez le site Internet).

Hero Shop MODE ET ACCESSOIRES
(carte p. 328 ; ☎415-829-3129 ; www.heroshopsf.com ; 982 Post St ; ⌚11h-19h lun-sam ; 🚌2, 3, 19, 27, 38, 47, 49). Boutique branchée de Tenderloin, Hero transforme les chineurs ordinaires en *fashionistas* grâce à des vêtements de créateurs locaux prometteurs : tuniques en soie bohèmes par Stevie Howell, sacs en cuir faits main de chez Future Glory, sweaters souvenirs de chez Culk. Pas étonnant que la sélection soit si réussie : la propriétaire, Emily Holt, était éditrice mode-tendance chez *Vogue* avant d'ouvrir sa boutique.

ℹ Renseignements

DÉSAGRÉMENTS ET DANGERS

Restez sur vos gardes, particulièrement la nuit, dans le Tenderloin, Mission, Upper Haight et SoMa. Si vous êtes seul dans ces quartiers la nuit, pensez à l'autopartage ou au taxi plutôt que d'attendre le bus.

OFFICE DU TOURISME

SF Visitor Information Center (www.sanfrancisco.travel/visitor-information-center). Pass Muni (transports publics), organisation de sorties, programme des manifestations culturelles.

SERVICES MÉDICAUX

San Francisco City Clinic (☎415-487-5500 ; www.sfcityclinic.org ; 356 7th St ; ⌚8h-16h lun, mer et ven, 13h-18h mar, 13h-16h jeu). Tarifs raisonnables.

San Francisco General Hospital (Zuckerberg San Franciso General Hospital and Trauma Center ; ☎urgences 415-206-8111, hôpital principal 415-206-8000 ; zuckerbergsanfranciscogeneral.org ; 1001 Potrero Ave ; ⌚24h/24 ; 🚌9, 10, 33, 48). Le meilleur service d'urgences pour des problèmes sérieux.

University of California San Francisco Medical Center (☎415-476-1000 ; www.ucsfhealth.org ; 505 Parnassus Ave ; ⌚24h/24 ; 🚌6, 7, 43, ⓂN). Urgences dans un très bon CHU.

ℹ Depuis/vers San Francisco

AVION

Le **San Francisco International Airport** (www.flysfo.com ; S McDonnell Rd), un des plus fréquentés du pays, est à 22 km au sud du centre-ville, accessible par la Hwy 101 ou par le BART (30 min). Les visiteurs arrivant à l'**Oakland International Airport** (OAK ; ☎510-563-3300 ; www.oaklandairport.com ; 1 Airport Dr ; 📶 ; Ⓑ Oakland International Airport), 24 km à l'est du centre, mettent plus de temps à rejoindre San Francisco, mais la météo retarde moins souvent les vols.

BUS

Les bus des compagnies suivantes partent du **Temporary Transbay Terminal** (carte p. 328 ; angle Howard St et Main St ; 🚌5, 38, 41, 71) :

AC Transit (☎510-891-4777 ; www.actransit.org ; aller simple East Bay/trans-Bay 2,35/5,50 $). Dessert l'est de la baie.

Greyhound (☎800-231-2222 ; www.greyhound.com). Liaisons quotidiennes avec les principales destinations de la région, dont Los Angeles (21-33 $; 8-12 heures) et Truckee (près du lac Tahoe ; 32-40 $; 5 heures 30).

Megabus (☎877-462-6342 ; us.megabus.com). Service de bus low cost entre San Francisco et Los Angeles, Sacramento et Anaheim.

SamTrans (☎800-660-4287 ; www.samtrans.com). Dessert le sud (Palo Alto et la côte Pacifique).

TRAIN

Les trains de **Caltrain** (www.caltrain.com ; angle 4th St et King St) relient San Francisco à la Silicon Valley et à San Jose.

Amtrak (☎800-872-7245 ; www.amtrak.com) dessert San Francisco *via* Oakland et Emeryville (près d'Oakland). Des navettes gratuites assurent la liaison avec le Ferry Building et la Caltrain Station, ainsi qu'avec le Jack London Square d'Oakland.

ℹ Comment circuler

À la voiture et au taxi, les habitants préfèrent la marche, le vélo, les bus/tramways ou l'autopartage : circuler est difficile, se garer presque impossible ! Évitez de conduire sauf pour quitter la ville. Pour circuler autour de la baie, renseignements par téléphone (511) ou sur www.511.org. Un plan *Muni Street & Transit Map* est disponible en ligne.

Cable cars Fréquents, lents et pittoresques. Tous les jours de 6h à 0h30. Trajet 7 $ (pour un usage intensif, opter pour un Muni Pass à 23 $ par jour).

Tramways et bus Muni Plutôt rapides, mais les fréquences varient d'une ligne à l'autre. Ils se font rares après 21h. Trajet 2,75 $ ou 2,50 $ avec une Clipper Card rechargeable.

BART Le train express dessert l'est de la baie, Mission St, l'aéroport et Millbrae (liaison avec Caltrain).

Taxi Comptez 3 $ par mile (1,6 km) ; la prise en charge s'élève à 3,50 $.

Comté de Marin

Relié à San Francisco par le Golden Gate Bridge, le comté de Marin est parsemé de villages dont la population hippie chic cède peu à peu la place à une catégorie sociale plus conservatrice d'employés du secteur de la haute technologie. Sa pointe sud, qui touche pratiquement le nord de San Francisco, est bordée par l'océan d'un côté, la baie de l'autre. Ailleurs, le comté se fait plus sauvage et accidenté. Des séquoias couvrent les pentes plongeant dans la mer, les vagues déferlent au pied des falaises, et des sentiers sillonnent les pittoresques Point Reyes, Muir Woods et Mt Tamalpais. La nature fait du comté de Marin une superbe excursion d'une journée ou une escapade d'un week-end depuis San Francisco.

Marin Headlands

Cette péninsule vallonnée et venteuse au nord du Golden Gate Bridge est à seulement quelques kilomètres du cœur de San Francisco. Il reste quelques forts et bunkers après un siècle d'occupation par l'armée américaine, qui a préservé le site de toute urbanisation. Il fait aujourd'hui partie d'un **parc protégé** (carte p. 326 ; 415-561-4700 ; www.nps.gov/goga ; P) GRATUIT. C'est l'une des destinations les plus populaires de toute la baie pour faire des randonnées ou du vélo : les Headlands sont parcourues de sentiers offrant des vues spectaculaires sur l'océan, le Golden Gate Bridge et San Francisco, et conduisant à des plages isolées et des aires de pique-nique abritées.

Le vieux **phare de Point Bonita** (carte p. 326 ; 415-331-1540 ; www.nps.gov/goga/pobo.htm ; 12h30-15h30 sam-lun ; P) GRATUIT est l'occasion d'une promenade de quelques centaines de mètres depuis le parking de Field Rd. De la pointe de Point Bonita, on peut voir le Golden Gate Bridge et les gratte-ciel de San Francisco. Des phoques se hissent parfois sur les rochers voisins. Pour une petite randonnée, le **Coastal Trail** (carte p. 326 ; www.nps.gov/goga/planyourvisit/coastal-trail.htm) serpente sur 5,6 km depuis **Rodeo Beach** (carte p. 326 ; www.parksconservancy.org/visit/park-sites/rodeo-beach.html ; près de Bunker Rd ; P). S'écartant un temps de la côte, il passe par des bunkers abandonnés et continue le long des promontoires jusqu'à **Muir Beach** (carte p. 326 ; www.nps.gov/goga/planyourvisit/muirbeach.htm ; près de Pacific Way ; P)

Au-dessus de Rodeo Lagoon, le **Marine Mammal Center** (carte p. 326 ; 415-289-7325 ; www.marinemammalcenter.org ; 2000 Bunker Rd ; don bienvenu, visite avec audioguide adulte/enfant 9/5 $; 10h-16h ; P) est un refuge pour les mammifères marins blessés, malades ou orphelins qui sont ensuite remis en liberté. Des expositions permettent d'en savoir plus sur ces animaux et les dangers qui les menacent.

Mt Tamalpais State Park

Sentinelle du comté de Marin, le majestueux Mont Tamalpais ("Mt Tam") compte plus de 320 km de sentiers de randonnée et de vélo, des lacs, des cours d'eau, des cascades et une faune très diverse, allant des tritons et des faucons, communs, aux renards et aux pumas, plus rares. Flânez entre prairies, chênes et arbousiers jusqu'aux panoramas éblouissants sur la baie de San Francisco, l'océan Pacifique, les bourgades et les collines boisées à l'horizon.

Cette montagne haute de 780 m qui englobe le **Mt Tamalpais State Park** (carte p. 326 ; 415-388-2070 ; www.parks.ca.gov/mttamalpais ; 8 $/voiture ; 7h-coucher du soleil ; P), le Marin Municipal Water District, le **Muir Woods National Monument**, une partie de la Golden Gate Recreation Area et certains des plus beaux paysages du comté de Marin est le paradis des randonneurs. OneTam (www.onetam.org) est très utile pour télécharger des cartes des sentiers et trouver des idées de randonnées.

Le **Steep Ravine Trail** est un des plus beaux itinéraires. Du bureau du parc à **Pantoll Station** (carte p. 326 ; 415-388-2070 ; www.parks.ca.gov ; 801 Panoramic Hwy ; horaires variables ;), il suit un cours d'eau à travers les bois jusqu'à la côte (environ 3,5 km aller).

Point Reyes National Seashore

Venteuse et sauvage, la péninsule de Point Reyes a toujours attiré mammifères marins et oiseaux migrateurs. Les épaves de bateaux y sont aussi nombreuses. Le **Point Reyes National Seashore** (415-654-5100 ; www.nps.gov/pore ; P) GRATUIT est une réserve de près de 29 000 ha de plages, lagunes et collines boisées propices à la randonnée et au camping. Prenez des vêtements chauds : le soleil peut vite laisser la place à la brume et au froid.

À la pointe ouest de la péninsule, le **Point Reyes Lighthouse** (☎415-669-1534 ; www.nps.gov/pore ; extrémité Sir Francis Drake Blvd ; ⏲10h-16h30 ven-lun, salle des lentilles 14h30-16h ven-lun) est idéal pour observer les baleines en hiver GRATUIT Le phare est en contrebas du promontoire ; il faut descendre plus de 300 marches pour y accéder. Les nombreuses plages qui bordent la péninsule sont autant d'occasions de se baigner et d'observer la faune : **Drakes** et **Heart's Desire** plaisent aux familles.

Passez au **centre d'accueil des visiteurs de Bear Valley** (☎415-464-5100 ; www.nps.gov/pore ; 1 Bear Valley Rd, Point Reyes Station ; ⏲10h-17h lun-ven, 9h-17h sam-dim), 1,6 km à l'ouest d'Olema, au bureau du Point Reyes National Seashore, pour trouver cartes, renseignements et présentations instructives.

Berkeley

Foyer de la population la plus politisée du pays (de gauche), siège de la prestigieuse Université de Californie (*alias* Cal), Berkeley n'a pas sa langue dans sa poche. Dans cette ville animée et plaisante où l'on trouve côte à côte restaurants bio et gastronomiques, petits magasins de jouets et épiceries latino-américaines, se mêlent progressistes grisonnants et étudiants idéalistes.

À voir

Dans Telegraph Ave, qui mène à l'entrée sud du campus, les étudiants venus faire leurs courses se pressent sur les trottoirs, au milieu des vendeurs ambulants, des musiciens de rue et des mendiants.

Tilden Regional Park PARC
(☎510-544-2747 ; www.ebparks.org/parks/tilden ; ⏲5h-22h ; P ; AC Transit 67). GRATUIT Couvrant 840 ha de collines à l'est de la ville, ce parc est le plus beau de Berkeley. Près de 65 km de sentiers tout niveau, allant du chemin goudronné à la montée ardue en passant par une portion du superbe Bay Area Ridge Trail, permettent de l'explorer. Vous y trouverez aussi un train à vapeur miniature (3 $), une ferme pour les enfants, un centre de sensibilisation à l'environnement, un jardin botanique à l'allure délicieusement sauvage et un parcours de golf de 18 trous. Profitez des rives du lac Anza pour vous baigner du printemps à l'automne (3,50 $), ou pique-niquer.

University of California, Berkeley UNIVERSITÉ
(☎510-642-6000 ; www.berkeley.edu ; ⏲horaires variables ; P ; B Downtown Berkeley). "Cal", l'une des meilleures universités du pays, et la plus ancienne (1866), accueille plus de 40 000 étudiants d'origines diverses. Près du **California Memorial Stadium** (☎510-642-2730 ; www.californiamemorialstadium.com ; 2227 Piedmont Ave ; ⏲horaires variables ; ; AC Transit 52), le **Koret Visitor Center** (☎510-642-5215 ; visit.berkeley.edu ; 2227 Piedmont Ave ; ⏲8h30-16h30 lun-ven, 9h-13h sam-dim ; AC Transit 36) fournit des informations et des cartes, et organise des visites gratuites du campus (à pied, réservation indispensable). Point de repère de "Cal", le **Campanile** (Sather Tower ; ☎510-642-6000 ; campanile.berkeley.edu ; tarif plein/enfant 4/3 $; ⏲10h-15h45 lun-ven, 10h-16h45 sam, 10h-13h30 et 15h-16h45 dim ; ; B Downtown Berkeley) de 1914 dispose d'ascenseurs pour grimper au sommet (4 $) et fait l'objet de concerts de carillon. La **Bancroft Library** (☎510-642-3781 ; www.lib.berkeley.edu/libraries/bancroft-library ; ⏲archives 10h-16h ou 10h-17h lun-ven ; B Downtown Berkeley) GRATUIT renferme la petite pépite d'or qui déclencha la ruée vers la Californie en 1848.

Où se loger

Graduate Berkeley BOUTIQUE-HÔTEL $$
(☎510-845-8981 ; www.graduatehotels.com/berkeley ; 2600 Durant Ave ; d 180-240 $; P @ ; AC Transit 51B). Situé à un block du campus, cet hôtel de 1928 a été rénové avec humour pour souligner son lien avec l'université. Le hall s'orne de photos de classe embarrassantes ou encore d'un mobile fait de livres d'examen. Dans les chambres, petites, des pipes à eau servent de pieds aux lampes de chevet et les rideaux de douche sont couverts de dictionnaires.

Claremont Resort & Spa RESORT $$$
(☎510-843-3000 ; www.fairmont.com/claremont-berkeley ; 41 Tunnel Rd ; d à partir de 300 $; P @). La crème de la crème. Appartenant à la marque Fairmont, ce palace de 1915, d'une blancheur éclatante, dispose de restaurants haut de gamme, d'un centre de remise en forme (sport et spa), de plusieurs piscines et de courts de tennis. Les chambres et leurs vues sont superbes. Situé au pied des collines de Berkeley, à la sortie de la Hwy 13, près d'Oakland. Parking (30 $).

Où se restaurer et prendre un verre

Cheese Board Collective PIZZAS $
(☎ 510-549-3183 ; www.cheeseboardcollective.coop ; 1504 et 1512 Shattuck Ave ; pizzas parts/demi/entières 2,75/12/24 $; ⌚ 11h30-15h et 16h30-20h mar-sam ; ; AC Transit 7) Propriété de ses employés depuis 1971, cette coopérative propose une belle variété de fromages, différentes sortes de pains frais, et chaque jour une pizza végétarienne, garnie par exemple d'asperges et oignons, ou de tomates concassées et fromage de chèvre. Concerts fréquents dans cette délicieuse institution de Berkeley. L'attente peut être longue !

Great China Restaurant CHINOIS $$
(☎ 510-843-7996 ; www.greatchinaberkeley.com ; 2190 Bancroft Way ; plats 13-21 $; ⌚ 11h30-14h30 mer-lun, 17h30-21h lun, mer-jeu, 17h30-21h30 ven, 17h-21h30 sam-dim ; B Downtown Berkeley). Berkeley ne manque pas de bons restaurants chinois, mais cet établissement chic et immense est un cran au-dessus avec ses spécialités du nord de la Chine (soupe aux os de canard, agneau braisé au cumin, poisson à la vapeur au gingembre et à l'échalote, ou poitrine de porc cuite trois fois). Venez avec des amis pour goûter un maximum de plats !

Gather CALIFORNIEN $$
(☎ 510-809-0400 ; www.gatherrestaurant.com ; 2200 Oxford St ; plats soir 18-30 $; ⌚ 11h30-14h et 17h-21h lun-jeu, 11h30-14h et 17h-22h ven, 10h-14h et 17h-22h sam, 10h-14h et 17h-21h dim ; ; B Downtown Berkeley). Bois recyclé et plantes en pot retombant au-dessus de la cuisine pour le décor, produits locaux et viandes issues d'élevages bio pour les plats, Gather est la cantine des gourmets végétaliens et des inconditionnels du concept "de-la-ferme-à-la-table". Réservation recommandée.

Chez Panisse CALIFORNIEN $$$
(☎ café 510-548-5049, restaurant 510-548-5525 ; www.chezpanisse.com ; 1517 Shattuck Ave ; café plats soir 21-35 $, restaurant menus soir 75-125 $; ⌚ café 11h30-14h45 et 17h-22h30 lun-jeu, 11h30-15h et 17h-23h ven-sam, restaurant installation 17h30 et 20h lun-sam ; ; AC Transit 7). Les gourmets viennent dans le temple d'Alice Waters pour vénérer l'inventeur de la cuisine californienne. Dans cette charmante maison Arts & Crafts du Gourmet Ghetto, vous pouvez vous régaler d'un menu au rez-de-chaussée, ou monter au café à l'étage pour un repas moins cher et un peu moins guindé. Réservations acceptées un mois à l'avance.

Fieldwork Brewing Company BRASSERIE
(☎ 510-898-1203 ; www.fieldworkbrewing.com ; 1160 6th St ; ⌚ 11h-22h dim-jeu, 11h-23h ven-sam ; AC Transit 12). Dans cette brasserie au décor industriel, on peut s'installer en terrasse pour savourer un verre d'IPA ou de stout mexicaine aux arômes de chocolat chaud. Les chiens sont acceptés, et on peut accrocher son vélo à l'intérieur de la salle. Il y a aussi une petite carte de plats mexicano-californiens.

Comment s'y rendre et circuler

Pour aller à Berkeley, empruntez la ligne du **BART** (Bay Area Rapid Transit ; www.bart.gov) pour Richmond, et descendez à Ashby, Downtown Berkeley ou North Berkeley. Sinon, en voiture, traversez Bay Bridge depuis San Francisco, puis suivez soit l'I-80 (pour University Ave, Berkeley Marina, le centre de Berkeley et le campus universitaire), soit la Hwy 24 (pour College Ave et les Berkeley Hills).

Bus urbains, vélo et marche sont les meilleurs moyens de circuler à Berkeley.

NORD DE LA CALIFORNIE

Le "Golden State" devient sauvage dans sa partie nord, avec des séquoias noyés dans la brume, les vignobles du Wine Country et des sources thermales cachées. À la croisée de la terre et de l'eau vit une population pour le moins disparate : barons de l'exploitation forestière et hippies protégeant les arbres, rastas à dreadlocks et fermiers adeptes de l'agriculture biodynamique, cultivateurs de marijuana et radicaux politiques de tout bord. Venez pour le paysage et restez pour l'excellent vin, les restaurants "de la ferme à l'assiette", les randonnées parmi les plus hauts arbres du monde et les conversations qui commencent par "Hey, dude !" et se terminent des heures plus tard.

Wine Country

Étonnants, élégants et sophistiqués, les domaines viticoles du nord de la Californie reflètent la diversité des populations, des paysages et des arômes des comtés de Napa et Sonoma.

À perte de vue s'étendent des collines plantées de chênes centenaires, des vallées verdoyantes, des montagnes couvertes de conifères et traversées de rivières chantantes. Mais ce sont d'abord le vin et la gastronomie qui attirent ici les visiteurs : restaurants, vignobles et caves n'ont rien à envier à leurs cousins d'Europe.

À l'ouest, dans le comté de Sonoma, où les habitants roulent encore en pick-up, des rubans de brouillard froid qui remontent les vallées depuis la mer favorisent la culture de cépages de climat frais.

À l'est d'Eden s'étendent les vignobles du comté de Napa et de vastes espaces où il fait bon pique-niquer ou partir en randonnée. Là se nichent quelques hauts lieux de la gastronomie.

Les deux régions sont à 1 heure 30 de voiture de San Francisco et d'Oakland. Napa Valley, davantage dans les terres, est la plus fréquentée (il peut être difficile de circuler le week-end en été) avec près de 500 domaines viticoles. Le comté de Sonoma en compte plus de 425, dont une quarantaine dans la Sonoma Valley, moins médiatique et moins encombrée que sa consœur. Si vous n'avez le temps d'en visiter qu'une, privilégiez Sonoma.

Napa Valley

La Napa Valley est l'archétype d'une région viticole : propriétés à flanc de coteaux, vastes alignements de vignes, prairies ensoleillées, vins charpentés, repas qui durent des heures et quelques-uns des plus luxueux boutiques-hôtels de toute la Californie.

La plupart des visites commencent et se terminent dans la ville même de Napa. Salles de dégustation, concerts de jazz et restaurants gastronomiques animent le centre-ville, où pubs et restaurants sans prétention accueillent une clientèle jeune qui fait la fête jusque tard dans la nuit.

À voir et à faire

♥ Hess Collection DOMAINE VITICOLE, GALERIE

(☎707-255-1144 ; www.hesscollection.com ; 4411 Redwood Rd, Napa ; musée et visites guidées gratuits, dégustation 25 $ et 35 $; 10h-17h, dernière dégustation 17h). Amateurs d'art, ne manquez pas la Hess Collection, dont les salles renferment des œuvres d'artistes contemporains, notamment de Francis Bacon et de Robert Motherwell. Dans la salle de dégustation aux murs en pierre, vous pourrez goûter du cabernet sauvignon, du chardonnay, ainsi que du viognier. Comptez 30 $ à 100 $ la bouteille. Un tour au jardin, ouvert à la belle saison, permet d'embrasser la vallée du regard. Visites à 10h30. Réservation recommandée. Attention : la route d'accès est sinueuse.

♥ Robert Sinskey Vineyards DOMAINE VITICOLE

(☎707-944-9090 ; www.robertsinskey.com ; 6320 Silverado Trail, Napa ; dégustation au bar 40 $, plats et vins assortis, à table 70-175 $; 10h-16h30 ; P). La salle de dégustation à flanc de coteau, en pierre, séquoia et teck, a des allures de chapelle. Rien d'étonnant pour un endroit où cuisine et vin sont traités religieusement. Un pinot noir bio léger et acide, des blancs aux arômes exceptionnels et un rosé sec sont ses spécialités. Des en-cas accompagnent les dégustations au bar. Si vous restez déjeuner, plats et vins vous seront présentés à table par la chef Maria Sinskey en personne. Réservez pour les repas-dégustations et la visite du domaine.

♥ Frog's Leap DOMAINE VITICOLE

(☎707-963-4704 ; www.frogsleap.com ; 8815 Conn Creek Rd, Rutherford ; dégustation avec visite 25-35 $; 10h-16h sur rdv uniquement ; P). Des chemins serpentent à travers les jardins enchanteurs et les vergers qui entourent une ferme de 1884. L'ambiance est simple, détendue et joyeuse. Si le domaine est surtout connu pour son sauvignon blanc, le merlot mérite la dégustation, ainsi qu'un cabernet sec, atypique, de Napa.

♥ Tres Sabores DOMAINE VITICOLE

(☎707-967-8027 ; www.tressabores.com ; 1620 Sth Whitehall Lane, St Helena ; visite et dégustation 40 $; 10h30-15h, sur rdv ;). À l'extrême ouest de la vallée, à la frontière entre vignes et forêt, Tres Sabores offre une plongée dans le Napa des origines : pas de salle de dégustation chic, pas d'affectation, juste un grand vin dans un cadre splendide. Au lieu de l'habituel cabernet, le domaine propose un zinfandel élégamment structuré, dans l'esprit d'un bourgogne, et un sauvignon blanc aux arômes fruités, classé parmi les 10 meilleurs de Californie dans cette catégorie par le *New York Times*. Réservation obligatoire.

Où se loger

Des hôtels aussi fabuleux qu'hors de prix constellent la Napa Valley, les plus luxueux se trouvant du côté de St Helena et Yountville. Calistoga est moins guindée et plus abordable, mais l'option la plus économique est incontestablement le camping (et les yourtes) du **Bothe-Napa Valley State Park** (☎800-444-7275 ; www.parks.ca.gov ; 3801 Hwy 128 ; empl tente et camping-car 35 $, yourte 55-70 $, bungalow 150-225 $;).

Napa Winery Inn HÔTEL **$**
(☎707-257-7220 ; www.napawineryinn.com ; 1998 Trower Ave, Napa ; ch à partir de 125 $;). Demandez une des chambres rénovées de cet hôtel d'un bon rapport qualité/prix, au nord du centre, au mobilier confortable. Ses atouts : un bain à remous et un service de qualité. Des dégustations des vins de la région sont proposées en fin de journée (17h30-18h30 en semaine, 17h30-19h le week-end).

Auberge du Soleil HÔTEL DE LUXE **$$$**
(☎707-963-1211 ; www.aubergedusoleil.com ; 180 Rutherford Hill Rd, Rutherford ; ch 1 325-4 025 $;). Les maisons à flanc de coteau sont la formule la plus chère des lieux, mais la plus romantique. La vue guidera votre choix, mais le panorama sur la vallée vaut bien la dépense. La plupart des chambres ont une cheminée.

Carneros Resort & Spa RESORT **$$$**
(☎707-299-4900 ; www.carnerosresort.com ; 4048 Sonoma Hwy, Napa ; ch à partir de 500 $;). L'esthétique contemporaine de Carneros Resort & Spa se démarque des autres hébergements du Wine Country. Les cottages au bardage de tôle semblent fragiles, mais ils cachent des intérieurs élégants avec parquet en merisier, têtes de lit en suédine, cheminées, salles de bains chauffées par le sol, grandes baignoires et douches.

Où se restaurer

Oxbow Public Market MARCHÉ
(☎707-226-6529 ; www.oxbowpublicmarket.com ; 610 et 644 1st St, Napa ; 7h30-21h30 ;). Paradis des gourmets, le marché d'Oxbow vous offrira tout ce qui se rapporte à la cuisine : produits frais, ustensiles, stands d'en-cas, cafés et restaurants. Il privilégie l'agriculture durable et les productions de saison. Certains stands et restaurants ouvrent très tôt ou ferment très tard.

Farmstead AMÉRICAIN MODERNE **$$**
(☎707-963-4555 ; www.longmeadowranch.com ; 738 Main St, St Helena ; plats 19-33 $; 11h30-21h30 lun-jeu, 11h30-22h ven-sam, 11h-21h30 dim ;). Installé dans l'immense grange du Long Meadow Ranch, Farmstead attire une clientèle de tout âge venue déguster une cuisine à base d'ingrédients pour beaucoup produits sur place (dont le bœuf et l'agneau de plein air) et cuits au feu de bois.

French Laundry CALIFORNIEN **$$$**
(☎707-944-2380 ; www.thomaskeller.com/tfl ; 6640 Washington St, Yountville ; menu à partir de 325 $; commandes 11h-12h30 ven-dim, 17h-21h tlj). Déjeuner ou dîner au restaurant trois étoiles French Laundry de Thomas Keller, c'est faire l'expérience du summum de la cuisine californienne. Réservation un mois à l'avance sur l'appli Tock, où les places sont mises en vente au compte-gouttes.

Restaurant at Meadowood CALIFORNIEN **$$$**
(☎707-967-1205 ; www.meadowood.com ; 900 Meadowood Lane, St Helena ; menu 12 plats 275 $; 17h30-21h30 mar-sam). Seul autre restaurant avec trois étoiles au Michelin de Napa Valley, Meadowood déroule une carte à un prix plus raisonnable que French Laundry mais une cuisine tout aussi somptueuse, servie dans une salle à l'élégance discrète. Si le restaurant de l'Auberge du Soleil (ci-contre) offre une plus belle vue, Meadowood est au-dessus en termes de gastronomie et de service.

Sonoma Valley

Mention spéciale pour le comté de Sonoma et sa décontraction. Oubliée, l'affectation de Napa ! Ici, les vignerons exercent leur art avec simplicité, les restaurants gastronomiques vous ouvrent leurs portes, et les 5 200 ha de nature des parcs sont propices aux activités de plein air.

En remontant la vallée, on traverse le petit village de Glen Ellen et sa poignée de restaurants, par lequel on accède au plus beau parc naturel de la région, le **Jack London State Historic Park** (☎707-938-5216 ; www.jacklondonpark.com ; 2400 London Ranch Rd, Glen Ellen ; 10 $/voiture, entrée au cottage 3 $; 9h30-17h ;) avant de parvenir aux superbes domaines viticoles, en particulier dans le secteur de Kenwood.

RÉSERVER UNE DÉGUSTATION

À cause de lois locales très strictes, beaucoup de domaines viticoles du comté de Napa n'ont pas le droit de recevoir de visiteurs à l'improviste ; à moins de venir uniquement pour acheter, vous devez appeler au préalable. Cela ne vaut pas pour *tous les domaines*, mais mieux vaut réserver pour une dégustation, surtout dans le cadre d'un déjeuner ou d'un dîner.

À voir et à faire

Gundlach-Bundschu Winery DOMAINE VITICOLE
(707-938-5277 ; www.gunbun.com ; 2000 Denmark St, Sonoma ; dégustation 20-30 $, avec visite 30-60 $; 11h-17h30 dim-ven, 11h-19h sam avr-oct, 11h-16h30 nov-mars ; P). Ce domaine viticole familial, fondé en 1858 par un immigré bavarois, est réputé pour son gewurztraminer et son pinot noir, mais le "Gun-Bun" fut le premier domaine viticole américain à produire un merlot pur. En contrebas d'un chemin sinueux, il fait un excellent terminus d'une excursion à vélo, avec son aire de pique-nique, ses chemins de randonnées et son lac – sans compter que des concerts et un festival de folk (2 jours en juin) y sont organisés. La visite de la cave se fait uniquement sur réservation. Bouteilles de 20 à 50 $.

Benziger DOMAINE VITICOLE
(707-935-3000 ; www.benziger.com ; 1883 London Ranch Rd, Glen Ellen ; dégustation 20-50 $, visite 25-50 $; 11h-17h lun-ven, 10h-17h sam-dim ; P). Une initiation à la viticulture toute désignée pour les novices. La visite guidée (réservation recommandée) comprend un trajet en petit train parmi les vignobles biodynamiques et une dégustation de 5 vins. D'excellentes aires de pique-nique en font une destination idéale pour les familles. Bouteilles de 20 à 80 $.

Bartholomew Estate Winery DOMAINE VITICOLE
(707-509-0450 ; www.bartholomewestate.com ; 1000 Vineyard Lane, Sonoma ; dégustation 15 $; 11h-16h30 ; P). Changement de propriétaire, changement de personnel, changement de nom : le Bartholomew Park Winery, dont le vignoble date de 1857, est devenu le Bartholomew Estate. On peut facilement consacrer une demi-journée à y déguster sauvignon blanc, rosé et zinfandel, à suivre le sentier de 4,8 km qui traverse la propriété et à admirer les œuvres d'art dans la galerie adjacente à la salle de dégustation.

Où se loger

L'historique Sonoma et la romantique Glen Ellen sont les meilleures bases pour explorer la vallée. Pour dépenser un peu moins, allez du côté de Petaluma, plus au sud, ou campez dans le **Sugarloaf Ridge State Park** (707-833-6084 ; www.reservecalifornia.com/CaliforniaWebHome/ ; 2605 Adobe Canyon Rd, Kenwood ; empl tente/camping-car 35 $, frais réservation en ligne 7,99 $;).t

Beltane Ranch B&B **$$**
(707-833-4233 ; www.beltaneranch.com ; 11,775 Hwy 12, Glen Ellen ; d 185-375 $; P). Le Beltane renvoie au Sonoma du XIXe siècle. Le ranch accueillant des années 1890 possède un double porche avec rocking-chairs et meubles en rotin blanc. Le cottage et chaque chambre, de style country, ont une entrée privée. Pas de téléphone ni de TV.

Olea Hotel BOUTIQUE-HÔTEL **$$$**
(707-996-5131 ; www.oleahotel.com ; 5131 Warm Springs Rd, Glen Ellen ; ch à partir de 340 $; P). Situé à Glen Ellen, sur une petite route à flanc de colline, cet établissement propose des chambres impeccablement refaites après les incendies de 2017, toutes un peu différentes, très bien équipées et décorées de tableaux d'art moderne. Certaines ont même un balcon privatif et une cheminée. Les chambres n°s 14, 15 et 16 bénéficient de la plus belle vue. Joli coin piscine et bain à remous.

Où se restaurer

Il y a de très bons restaurants dans le centre de Sonoma et au Jack London Village de Glen Ellen. Les épicuriens ne manqueront pas les fabuleuses associations mets et vins de la **St Francis Winery** (707-538-9463 ; www.stfranciswinery.com ; 100 Pythian Rd at Hwy 12, Santa Rosa ; dégustation 15 $, vins et fromages 25 $, vins et plats associés 68 $; 10h-17h).

Cafe La Haye CALIFORNIEN **$$**
(707-935-5994 ; www.cafelahaye.com ; 140 E Napa St, Sonoma ; plats 19-25 $; 17h30-21h mar-sam). L'une des meilleures tables de Sonoma pour la cuisine de terroir néo-américaine, La Haye n'utilise que des produits locaux. La salle est bondée, mais

la simplicité et les parfums de la cuisine en font l'un des restaurants préférés des gourmets. Réservez bien à l'avance.

Glen Ellen Star CALIFORNIEN, ITALIEN $$$
(☎707-343-1384 ; www.glenellenstar.com ; 13648 Arnold Dr, Glen Ellen ; pizzas 15-20 $, plats 24-50 $; ⏲17h30-21h dim-jeu, 17h30-21h30 ven-sam ;). Piloté par le chef Ari Weiswasser, ancien de French Laundry (p. 353), ce petit bistrot de Glen Ellen met en valeur les meilleurs produits des fermes et des ranchs de Sonoma. Ingrédients bio et de saison donnent leur saveur au ragoût d'agneau de printemps et aux poissons rôtis entiers avec brocolis Di Cicco ou betteraves au crumble à la harissa. Réservation conseillée.

Healdsburg et Russian River Valley

De tout temps, "The River", comme on l'appelle ici, a attiré les week-ends d'été les Californiens du Nord venus y faire du canoë, des randonnées au milieu des séquoias, se promener dans la campagne, déguster de bons vins – bref, profiter de sa tranquillité. L'hiver, la rivière déborde, et il n'y a plus personne.

Les villes de la région sont aussi variées que ses paysages. Healdsburg, ancien village agricole, est sans aucun doute la plus branchée et la plus sophistiquée, comptant d'excellents restaurants, des boutiques attractives et des salles de dégustation. Jeune, branchée et en plein essor, Santa Rosa, chef-lieu du comté, ne manque pas de caractère, tandis que les villes plus à l'ouest, comme Sebastopol, ont gardé un charme rustique.

À voir et à faire

MacRostie DOMAINE VITICOLE
(☎707-473-9303 ; www.macrostiewinery.com ; 4605 Westside Rd, Healdsburg ; dégustation 25-35 $, avec visite guidée 55 $; ⏲11h-17h lun-jeu, 10h-17h ven-dim). Ce domaine fait beaucoup parler de lui pour ses chardonnays vifs et ses pinots minéraux, dus au talent de Heidi Bridenhagen, plus jeune femme à la tête d'un vignoble dans la Sonoma Valley. Dans une élégante salle, les dégustations à table sont décontractées et personnalisées ; le service est parfait et la vue sur les vignes superbe. Les délicieuses assiettes de charcuteries comprennent aussi trois fromages locaux, des olives, amandes et fruits secs.

Francis Ford Coppola Winery DOMAINE VITICOLE, MUSÉE
(☎707-857-1471 ; www.francisfordcoppolawinery.com ; 300 Via Archimedes, Geyserville ; dégustation 15-30 $; ⏲11h-18h ; P). Installée à flanc de coteau sur un ancien domaine de Chateau Souverain, la propriété du célèbre réalisateur se veut le "pays des merveilles" du vin. Les visiteurs y viennent aussi juste pour les **piscines** (pass adulte/enfant 35/15 $/jour ; ⏲11h-18h tlj juin-sept, ven-dim avr-mai et oct ;), les terrains de pétanque, le musée gratuit d'objets relatifs à la viticulture, la boutique de cadeaux et les deux restaurants italo-américains. Les dégustations ont lieu dans une galerie à l'étage (25-30 $ pour l'assortiment "reserve"). Comptez entre 12 $ à 90 $ pour une bouteille.

Bella DOMAINE VITICOLE
(☎707-395-6136 ; www.bellawinery.com ; 9711 W Dry Creek Rd, Healdsburg ; dégustation 20 $; ⏲11h-16h30 ; P). Dominant le côté nord de la vallée, Bella possède des grottes creusées à flanc de coteau et des vignes vieilles de 112 ans à Alexander Valley. On y produit des rouges puissants – zinfandel et syrah – mais aussi un excellent rosé (idéal pour les barbecues) et du zinfandel vendanges tardives (excellent avec des brownies). L'ambiance chaleureuse et le personnel enjoué font de Bella un domaine à part. Bouteilles de 25 $ à 55 $.

Où se loger

Complexes hôteliers, auberges et cottages sont de qualité à Russian River, notamment dans la très chic Healdsburg et du côté de Guerneville. Il est plus difficile de trouver à se loger dans les petites villes comme Duncan Mills, mais où que vous alliez, il devrait y avoir un camping à proximité. Le choix est vaste à Santa Rosa, avec quelques adresses bon marché pour les voyageurs à petit budget.

Shanti Permaculture Farm SÉJOUR À LA FERME $
(☎707-874-2001 ; www.shantioccidental.com ; 16 715 Coleman Valley Rd, Occidental ; empl tente et camping-car 55-80 $, cottage et yourte 99-225 $;). À l'ombre des séquoias de la pittoresque Coleman Valley Rd, voilà l'endroit parfait pour le fermier qui sommeille en vous. La propriétaire (venue d'Oregon) enseigne à ses clients les concepts d'agriculture écoresponsable, et leur présente volontiers ses poules, canards, chèvres et

lama. Si le tout semble un peu rustique, l'ingéniosité y est visible partout, et la chambre abritée dans un cottage est étonnamment luxueuse.

Astro BOUTIQUE-HÔTEL **$$**
(☎707-200-4655 ; www.theastro.com ; 323 Santa Rosa Ave ; ch à partir de 170 $;). Rêve de designer, ce superbe motel rétro propose des chambres au décor personnalisé. La plupart des meubles datent des années 1960 et sont tous à vendre. Dehors, un coin salon et un bar forment un agréable lieu de ralliement pour boire un martini ou simplement se plonger dans le kitsch de la Californie des *sixties*.

♥ Hotel Healdsburg HÔTEL **$$$**
(☎707-431-2800 ; www.hotelhealdsburg.com ; 25 Matheson St, Healdsburg ; ch à partir de 314 $;). Juste sur la plaza, le très chic HH est d'un minimalisme branché, béton et velours. Vous y trouverez les équipements haut de gamme de rigueur, notamment des lits somptueux et de profondes baignoires, et un centre de balnéothérapie complet. Son restaurant, le **Dry Creek Kitchen** (☎707-431-0330 ; www.drycreekkitchen.com ; 317 Healdsburg Ave ; plats 32-44 $, menu dégustation 29 $, avec vins assortis 48 $; 17h30-21h30 dim-jeu, 17h30-22h ven-sam), est tenu par le célèbre chef Charlie Palmer.

♥ Applewood Inn AUBERGE **$$$**
(☎707-869-9093 ; www.applewoodinn.com ; 13 555 Hwy 116, Guerneville ; ch 275-500 $;). À l'écart en haut d'une colline boisée au sud de la ville, Applewood est un lieu discret décoré dans le style des années 1920 avec des meubles en bois noble, réservé aux adultes. Certaines chambres disposent de Jacuzzis et de douches pour deux, ou de cheminées. Un petit centre de balnéo et deux piscines chauffées sont ouverts à tous, mais l'atout maître reste les bons pour des dégustations gratuites dans plus de 100 domaines viticoles des environs.

Où se restaurer

Healdsburg est la capitale gastronomique de la région ; les marchés du **mardi** (☎707-824-8717 ; www.healdsburgfarmersmarket.org ; Plaza St et Center St ; 9h-13h 29 mai-28 août) et du **samedi** (www.healdsburgfarmersmarket.org ; North St et Vine St ; 8h30-12h sam mai-nov) réunissent de nombreux producteurs et quelques stands de dégustation. Santa Rosa, Sebastopol et Occidental ne sont pas en reste. En réalité, toute la région est un paradis pour les amateurs de bonne chère, à des prix plus raisonnables que dans la Napa Valley.

Chalkboard CALIFORNIEN **$$**
(☎707-473-8030 ; www.chalkboardhealdsburg.com ; 29 North St, Healdsburg ; plats 20-27 $; 16h30-21h lun-ven, 11h30-22h sam-dim). Dans la salle élégante ou sur la terrasse ensoleillée à l'arrière, cet excellent restaurant met à l'honneur les produits frais issus des fermes des environs. À la carte, qui change tous les jours, les petites assiettes à partager sont parfaites. Ne ratez pas les pâtes maison ou la soupe de melon frais pour commencer, suivies de Saint-Jacques pêchées non loin, de poulet frit croustillant ou de steak.

♥ Backyard CALIFORNIEN **$$$**
(☎707-820-8445 ; www.backyardforestville.com ; 6566 Front St, Forestville ; plats midi et brunch 14-30 $, soir 22-30 $; 11h30-21h lun et ven, 9h-21h sam, 8h-20h dim). Fruits, légumes, viandes, poissons… tous les ingrédients sublimés par le chef de ce paisible établissement sont achetés aux fermiers et pêcheurs des environs. La cuisine, d'inspiration californienne, est simple et délicieuse. Le steak aux *piquillos*, pommes de terre sautées et œuf de canard constitue l'un des meilleurs brunchs au monde. Le café et les *doughnuts* maison sont délicieux.

♥ SingleThread Farm-Restaurant-Inn JAPONAIS **$$$**
(☎707-723-4646 ; www.singlethreadfarms.com ; 131 North St, Healdsburg ; menu dégustation 293 $/pers ; dîner tlj à partir de 17h30, déj sam-dim à partir de 11h30). SingleThread, qui concocte une cuisine nippo-californienne, est un restaurant hautement raffiné, doublé d'une auberge où règne l'*omotenashi* ("hospitalité chaleureuse", en japonais). Les 11 plats du menu-dégustation sont préparés dans des *donabe* (pots en terre cuite) japonais faits à la main. Les clients réservent longtemps à l'avance, indiquent leurs goûts et leurs éventuelles allergies alimentaires – le chef s'occupe du reste.

Côte nord

Peu de surfeurs, pas de palmiers : la côte nord n'a pas grand-chose à voir avec la Californie chantée par les Beach Boys. C'est une région accidentée, sauvage et pittoresque, voire vaguement inquiétante : les brumes fantomatiques y ont favorisé la croissance des arbres les plus hauts de la planète et de plantes résistantes, tandis qu'un esprit à part a donné naissance à une série de petites villes perdues au caractère bien trempé. Installez-vous dans une crique à l'abri des regards pour déguster une bouteille de vin local et observer les baleines au large, puis réfugiez-vous le soir au coin du feu dans une ancienne demeure victorienne. En allant vers le nord, le climat se fait plus frais et humide, favorisant un paysage vallonné parcouru de larges cours d'eau et tapissé de forêts épaisses et moussues où les séquoias sont rois.

De la Coastal Highway 1 à Mendocino

Cette portion de la Hwy 1 serpente sur des falaises qui dominent l'océan et passe par des ports de pêche et des plages cachées. Garez-vous sur les accotements pour contempler le Pacifique, ou pour explorer des criques flanquées de curieuses formations rocheuses et inlassablement battues par les vagues. Comptez au moins 3 heures de route pour le trajet de 177 km entre Bodega Bay et Fort Bragg ; la nuit ou dans le brouillard, il vous faudra des nerfs d'acier et beaucoup plus de temps.

BODEGA BAY

Bodega Bay, la première d'une série de somnolentes bourgades de pêche, a servi de cadre au film de Hitchcock *Les Oiseaux* en 1963. Si les mouettes assoiffées de sang ont disparu, gardez un œil sur votre panier de pique-nique en explorant les rochers, les criques et les promontoires couverts de fleurs du **Sonoma Coast State Park** (www.parks.ca.gov ; 8 $/voiture), où les plages s'étendent au-delà de Jenner, à 15 km au nord. Le **Bodega Bay Sportfishing Center** (☎707-875-3495 ; www.bodegabaysportfishing.com ; 1410 Bay Flat Rd ; partie de pêche à partir de 130 $, observation des baleines 60 $; 👪) organise en hiver des circuits d'observation des baleines. Si vous n'avez pas le pied marin, envisagez une randonnée à Bodega Head ou une promenade à cheval aux **Chanslor Ranch** (☎707-589-5040 ; chanslorstables.com ; 2660 N Hwy 1 ; promenades à partir de 40 $; ⏲9h-17h).

Arrêtez-vous à **Spud Point** (☎707-875-9472 ; 1910 Westshore Rd ; plats 6,75-12 $; ⏲9h-17h ; P 👪), restaurant de fruits de mer typique sur les quais, pour un sandwich au crabe ou une soupe de palourdes (régulièrement primée dans les concours locaux).

JENNER ET SES ENVIRONS

À l'embouchure de la large et paresseuse Russian River, **Jenner** se résume à quelques boutiques et restaurants à flanc de colline. Des bénévoles protègent la colonie de phoques communs établie dans l'estuaire durant la saison des naissances, entre mars et août. **Water Treks Ecotours** (☎707-865-2249 ; www.watertreks.com ; location 2h kayak à partir de 50 $, visites guidées 4h à partir de 120 $; ⏲horaires variables) loue des kayaks sur la Hwy 1.

À 20 km au nord de Jenner, les structures érodées par le sel du **Fort Ross State Historic Park** (☎707-847-3437 ; www.fortross.org ; 19005 Hwy 1 ; 8 $/voiture ; ⏲parc lever-coucher du soleil, Visitor Center 10h-16h30) préservent un comptoir de négoce et une église orthodoxe russe (1812). Cet endroit a une histoire fascinante : il fut jadis la limite la plus méridionale des expéditions commerciales de la Russie tsariste en Amérique du Nord. Une visite du petit musée vous reposera des falaises venteuses.

SALT POINT STATE PARK

À plusieurs kilomètres au nord, le **Salt Point State Park** (☎707-847-3221 ; www.saltpoint.org ; 25050 Hwy 1 ; 8 $/voiture ; ⏲parc aube-crépuscule, Visitor Center 10h-15h sam-dim avr-oct) compte de nombreux chemins de randonnée et bassins de marée, ainsi que deux **campings** (☎800-444-7275 ; www.reserveamerica.com ; Salt Point State Park ; empl tente et camping-car 35 $; P). Dans la **Kruse Rhododendron State Natural Reserve**, des fleurs roses parsèment les vertes forêts entre avril et juin. Des vaches broutent sur les promontoires qui mènent au nord au **Sea Ranch** (www.tsra.org), où des sentiers ouverts au public descendent depuis les parkings en bord de route (7 $/voiture) jusqu'à des petites plages.

Pour passer la nuit sur le chemin de Point Arena, vous aurez le choix entre un camping ombragé et au personnel accueillant dans le **Gualala Point Regional Park** (☎707-785-2377 ; www.parks.sonomacounty.ca.gov ; 42401 Hwy 1, Gualala ; parking 7 $, empl tente et camping-car 35 $; ⏲6h-coucher du soleil en été, 8h-coucher du soleil en hiver ; P) et les **Mar Vista Cottages** (☎707-884-3522 ; www.marvistamendocino.com ; 35101 Hwy 1, Anchor Bay ; cottages 195-310 $; P ⊖ 📶 🐾) à Anchor Bay. Joliment rénovées, ces cabanes en bois où logeaient dans les années 1930 des pêcheurs à la mouche en villégiature sont l'occasion d'une escapade paisible et écoresponsable au bord de l'océan.

POINT ARENA ET SES ENVIRONS

Dans Main St, à Point Arena, **Franny's Cup & Saucer** (☎707-882-2500 ; www.frannyscupandsaucer.com ; 213 Main St ; gâteaux à partir de 2 $; ⌚8h-16h mer-sam) est une adorable pâtisserie tenue par Franny et sa mère, Barbara. Les tartes aux fruits rouges et les chocolats maison semblent trop beaux pour être mangés – jusqu'à la première bouchée, qui donne tout de suite envie d'en commander d'autres.

À 3 km au nord de la ville de Point Arena, faites un détour par le **Point Arena Lighthouse** (☎707-882-2809 ; www.pointarenalighthouse.com ; 45500 Lighthouse Rd ; tarif plein/enfant 8/1 $; ⌚10h-15h30 mi-sept à mi-mai, 10h-16h30 mi-mai à mi-sept ; P), un phare de 1908. Allez voir la lentille de Fresnel au musée, puis montez les 145 marches pour une vue fantastique sur la côte. À 12 km au nord de la traversée de la Little River sur la Hwy 128 s'étend le **Van Damme State Park** (☎707-937-0851 ; www.parks.ca.gov ; 8001 N Hwy 1, Little River ; 8 $/voiture ; ⌚horaires variables ; P), où le populaire **Fern Canyon Trail** (8 km aller-retour) passe par une gorge fluviale plantée de jeunes séquoias, et continue sur 1,5 km jusqu'à une forêt naine.

Mendocino

À **Mendocino**, une bourgade historique perchée sur un splendide promontoire, vous flânerez parmi des maisons en bois et des B&B de style Nouvelle-Angleterre, des boutiques originales et des galeries d'art. Des sentiers passent parmi des mûriers et des fleurs sauvages, et des cyprès montent la garde sur des falaises rocheuses, au-dessus des vagues rageuses du **Mendocino Headlands State Park** (www.parks.ca.gov). Le **Ford House Museum & Visitor Center** (☎707-937-5397 ; www.mendoparks.org ; 45035 Main St ; ⌚11h-16h) se situe à proximité. Juste au sud de la ville, pagayez en amont de la Big River avec **Catch a Canoe & Bicycles, Too!** (☎707-937-0273 ; www.catchacanoe.com ; 10051 S Big River Rd, The Stanford Inn By The Sea ; location 3 h kayak, canoë ou vélo adulte/enfant 35/15 $; ⌚9h-17h). Au nord de la ville, le **Point Cabrillo Light Station** (☎707-937-6123 ; www.pointcabrillo.org ; 45300 Lighthouse Rd ; ⌚parc aube-crépuscule, phare 11h-16h) GRATUIT, un phare de 1909, est parfait pour observer les baleines en hiver.

Mendocino l'élégante place la barre haut… et les prix suivent, sans compter qu'il faut souvent réserver deux nuits minimum le week-end. Pour une sélection de cottages et B&B, voyez avec **Mendocino Coast Reservations** (☎707-937-5033 ; www.mendocinovacations.com ; 45084 Little Lake St ; ⌚9h-16h).

Alegria (☎707-937-5150 ; www.oceanfrontmagic.com ; 44781 Main S t ; ch 239-309 $; ⊖📶) est parfait pour une escapade romantique : les lits offrent une jolie vue sur la côte, des terrasses donnent sur l'océan et des cheminées ornent les chambres ; à l'extérieur, un chemin conduit à une grande plage de sable. Rétro et rustiques, les cottages des années 1950 de l'**Andiron Seaside Inn & Cabins** (☎707-937-1543 ; www.theandiron.com ; 6051 N Hwy 1, Little River ; d 134-284 $; P⊖📶🐾) 🍃 sont une alternative.

Pour une cuisine inspirée et raffinée, cap sur le **Café Beaujolais** (☎707-937-5614 ; www.cafebeaujolais.com ; 961 Ukiah St ; plats midi 11-20 $, soir 24-42 $; ⌚11h30-14h30 mer-jeu, 11h30-15h ven-dim, 17h30-21h tlj ; P) 🍃, le restaurant franco-californien le plus connu de Mendocino, dans une ferme de 1893. Entre autres produits locaux, le canard fumé est un must de la carte qui change selon la saison. Pour une généreuse cuisine italienne en revanche, suivez la promenade éclairée de guirlandes jusqu'à la **Luna Trattoria** (☎707-962-3093 ; www.lunatrattoria.com ; 955 Ukiah St ; plats 12-29 $; ⌚17h-21h mar-jeu et dim, 17h-22h ven-sam), confortable et décontractée. Pain et pâtes sont faits maison. Il y a un joli jardin à l'arrière.

De la Highway 101 à l'Avenue of the Giants

Pour rejoindre rapidement les endroits les plus sauvages et reculés de la côte nord derrière le "Redwood Curtain" ("Rideau de séquoias"), évitez la sinueuse Hwy 1 et suivez plutôt la Hwy 101 dans les terres. En chemin, vous pourrez faire un détour par des forêts de séquoias après Leggett et par les étendues sauvages de la Lost Coast.

Un peu au sud d'Ukiah, quittez la Hwy 101 pour gagner **Boonville** et sa brasserie, l'**Anderson Valley Brewing Company** (☎707-895-2337 ; www.avbc.com ; 17700 Hwy 253, Boonville ; dégustation à partir de 10 $, visites et parcours de disc golf gratuits ; ⌚11h-18h sam-jeu, 11h-19h ven ; P🚻) 🍃, ainsi que l'impressionnant **Boonville Hotel** (☎707-895-2210 ;

www.boonvillehotel.com ; 14050 Hwy 128, Boonville ; d 215-395 $; P ⊖ ❄ ᯤ). Son **restaurant** (plats midi 10-15 $, menu dégustation soir à partir de 48 $; ⊙18h-20h jeu-sam, 17h30-20h dim avr-nov, 18h-20h ven-sam, 13h-14h30 dim déc-mars ; P ᯤ) est piloté par le chef Perry Hoffman qui, de la viande aux herbes en passant par les champignons, n'utilise que des produits des environs apprêtés avec art.

UKIAH

Si Ukiah est surtout un endroit où faire le plein, les pizzas inventives de **Cultivo** (☎707-462-7007 ; www.cultivorestaurant.com ; 108 W Standley St ; pizzas 14-19 $, plats 19-24 $; ⊙11h30-21h lun-jeu, 1h30-22h ven-sam) méritent qu'on s'y arrête, tout comme les plats végétariens d'inspiration asiatique du **Jyun Kang Vegetarian Restaurant** (☎707-468-7966 ; www.cttbusa.org ; City of Ten Thousand Buddhas ; plats 6-12 $; ⊙11h30-15h mer-lun ; 🖉).

LEGGETT

Au nord de **Leggett**, sur la Hwy 101, plongez dans l'Eel River à la **Standish Hickey State Recreation Area** (☎707-925-6482 ; www.parks.ca.gov ; 69350 Hwy 101 ; de jour 8 $/voiture, empl tente et voiture 35 $, 8$/voiture suppl ; 👪), où des chemins de randonnée traversent des forêts de séquoias. Au sud de **Garberville**, sur la Hwy 101, le **Richardson Grove State Park** (☎707-247-3318, 707-247-3378 ; www.parks.ca.gov ; 1600 Hwy 101, Garberville ; 8 $/voiture) protège également une ancienne forêt de séquoias au bord de la rivière. Les deux parcs disposent de **campings** (☎réservations 800-444-7275 ; www.reservecalifornia.com ; 1600 Hwy 101 ; empl tente et camping-car 35 $; P).

LOST COAST

La **Lost Coast** attire les randonneurs avec les reliefs les plus accidentés de Californie. Elle devint "perdue" quand la nationale de l'État contourna les montagnes de la King Range, qui s'élèvent à plus de 1 200 m à quelques kilomètres de l'océan. De Garberville, une route goudronnée, sinueuse et escarpée, descend sur 37 km jusqu'à **Shelter Cove**, principal point de ravitaillement quoique n'étant guère qu'une bourgade côtière avec une épicerie, des cafés et des hébergements plutôt chers face à l'océan.

HUMBOLDT REDWOODS STATE PARK

Le long de la Hwy 101, le **Humboldt Redwoods State Park** (☎707-946-2409 ; www.parks.ca.gov ; Hwy 101 ; P) GRATUIT, de quelque 132 km², protège certains des plus vieux séquoias de Californie, dont plus de la moitié des 100 arbres les plus hauts du monde. Ils rivalisent avec ceux du Redwood National Park, loin au nord. Si vous n'avez pas le temps de faire une randonnée, parcourez au moins en voiture l'extraordinaire **Avenue of the Giants**, une route à deux voies de 51 km, parallèle à la Hwy 101. Réservez pour un **emplacement de camping** (☎infos 707-946-1811, réservations 800-444-7275 ; www.reservecalifornia.com ; empl tente et camping-car 20-35 $; P 🐾).

Highway 101 d'Eureka à Crescent City

Le choix d'hébergements est vaste dans tout le sud de la Redwood Coast (côte des Séquoias), notamment à Eureka, Arcata et Crescent City. Les amateurs de camping choisiront entre la nature sauvage de la Lost Coast ou les terrains mieux équipés des parcs nationaux.

Vous trouverez nombre de magasins bio et marchés fermiers en chemin. Eureka et Arcata offrent un bel éventail de restaurants.

EUREKA

Au-delà des centres commerciaux qui s'étendent en périphérie, le cœur d'**Eureka**, Old Town, compte quantité de jolis bâtiments victoriens, magasins d'antiquités et restaurants. Les croisières à bord du **Madaket** (Madaket Cruises ; ☎707-445-1910 ; www.humboldtbaymaritimemuseum.com ; 1st St ; croisière commentée adulte/enfant 22/18 $; ⊙13h, 14h30 et 16h mar-dim, 13h et 14h30 lun mi-mai à mi-oct), fier vaisseau bleu et blanc de 1910, durent 1 heure 15 (départ du bas de C St) ; les croisières-cocktails donnent l'occasion de boire un verre dans le plus petit bar de l'État. Le **Visitor Center** (☎707-733-5406 ; www.fws.gov/refuge/Humboldt_Bay/visit/VisitorCenter.html ; Loleta ; ⊙8h-17h) se situe sur la Hwy 101, au sud du centre.

Réparties dans cinq demeures victoriennes, les chambres rénovées du **Carter House Inns** (☎707-444-8062 ; www.carterhouse.com ; 301 L St ; ch 184-395 $; P ⊖ ᯤ 🐾) bénéficient d'équipements modernes et de linge de luxe, et les suites de bains à remous et de cheminées en marbre. Le bâtiment principal abrite le très chic **Restaurant 301** (☎707-444-8062 ; www.carterhouse.com ; 301 L St ; plats 22-38 $; ⊙17h-21h) 🍃, qui sert une cuisine californienne moderne à base de produits issus de son jardin bio.

Aux antipodes avec ses nappes vichy et ses murs décorés de scènes peintes, le populaire

VAUT LE DÉTOUR

LES SOURCES CHAUDES D'ORR

Gens du coin, hipsters retournant à la terre, routards et touristes à l'esprit ouvert, tous viennent profiter des eaux thermales dans les installations rustiques d'**Orr Hot Springs** (707-462-6277 ; www.orrhotsprings.org ; 13201 Orr Springs Rd ; journée adulte/enfant 30/25 $; sur rendez-vous 10h-22h), pour certains dans le plus simple appareil. Détendez-vous dans une baignoire privée, le sauna, la piscine d'eau de source à fond rocheux, le bain de vapeur ou le jardin – magique – ou offrez-vous un massage. Réservez !

Il est possible de loger sur place dans l'une des 6 yourtes ou l'une des **chambres** (707-462-6277 ; www.orrhotsprings.org ; 13201 Orr Springs Rd ; empl tente par adulte/enfant 70/35 $, ch et yourte 220 $, cottages 297,60 $; P)

Cafe Nooner (707-443-4663 ; www.cafe-nooner.com ; 409 Opera Alley ; plats 10-17 $; 11h-16h ;) sert une cuisine bio d'inspiration méditerranéenne : assiettes de mezzes à la grecque, kebabs, salades et soupes. Si vous préférez une pizza à pâte fine, allez chez **Brick & Fire** (707-268-8959 ; www.brickandfirebistro.com ; 1630 F St ; plats soir 17-24 $; 11h30-21h lun et mer-ven, 17h-21h sam-dim ;), toujours animé.

ARCATA

Du côté nord de Humboldt Bay, **Arcata** est un paradis hippie. Sur la place centrale, entourée de galeries d'art, de boutiques, de cafés et de bars, se tient chaque samedi un **marché de producteurs** (9h-14h avr-nov, 10h-14h déc-mars). Réservez pour transpirer au **Finnish Country Sauna & Tubs** (707-822-2228 ; cafemokkaarcata.com ; 495 J St ; 30 min tarif plein/enfant 10,25/2 $; 12h-23h dim-jeu, 12h-minuit ven-sam ;). La **Humboldt State University** (HSU ; 707-826-3011 ; www.humboldt.edu ; 1 Harpst St ; P) est située au nord-est du centre-ville.

Faites le plein de provisions à la meilleure épicerie d'Arcata, **Wildberries Marketplace** (707-822-0095 ; www.wildberries.com ; 747 13th St, Arcata ; sandwichs 5-8 $; 6h-minuit ; P), ou prenez le temps d'une "bière avec vue" à la **Six Rivers Brewery** (707-839-7580 ; www.sixriversbrewery.com ; 1300 Central Ave, McKinleyville ; 11h30-23h30 dim-mer, 11h30-0h30 jeu-sam), une des premières brasseries californiennes tenues par une femme.

TRINIDAD

À 26 km au nord d'Arcata, **Trinidad** s'étend sur un promontoire qui surplombe un splendide port de pêche. Arpentez les plages de sable ou promenez-vous à Trinidad Head après avoir découvert les créatures des bassins de marée au **HSU Telonicher Marine Laboratory** (707-826-3671 ; www.humboldt.edu/marinelab ; 570 Ewing St ; 1 $; 9h-16h30 lun-ven toute l'année, 10h-17h sam-dim août-mai ; P). Au nord de la ville, Patrick's Point Dr est jalonnée de campings boisés, de bungalows et de lodges. Le **Patrick's Point State Park** (707-677-3570 ; www.parks.ca.gov ; 4150 Patrick's Point Dr ; 8 $/voiture ; lever-coucher du soleil ; P) comprend de superbes promontoires rocheux, des plages, une reproduction d'un village yurok et un **camping** (infos 707-677-3570, réservations 800-444-7275 ; www.reservecalifornia.com ; 4150 Patrick's Point Dr ; empl tente et camping-car 35 $, plus 8 $/véhicule ; P) équipé de douches chaudes à pièces.

REDWOOD NATIONAL PARK

Plus au nord, la Hwy 101 passe par le **Thomas H Kuchel Visitor Center** (707-465-7765 ; www.nps.gov/redw ; Hwy 101, Orick ; 9h-17h avr-oct, 9h-16h nov-mars ;) du Redwood National Park. Le parc national et trois parcs d'État (*state park*) – Prairie Creek, Del Norte et Jedediah Smith – sont classés au Patrimoine mondial et protègent plus de 40% des forêts primaires de séquoias au monde. Le parc national est gratuit ; les parcs d'État prélèvent un droit de parking journalier de 8 $ et disposent de **campings** (p. 359). Ce patchwork de parcs d'État gérés au niveau fédéral s'étend au nord jusqu'à l'Oregon, entrecoupé de plusieurs villes. Le **Redwood National Park** (707-464-6101, 707-465-7335 ; www.nps.gov/redw ; Hwy 101, Orick ; P) GRATUIT, le plus au sud, compte un chemin de 1,5 km qui serpente à travers le Lady Bird Johnson Grove.

PRAIRIE CREEK REDWOODS STATE PARK

À 10 km au nord d'Orick, le Newton B Drury Scenic Parkway longe la Hwy 101 sur 15 km à travers le **Prairie Creek Redwoods State Park** (707-465-7335 ; www.parks.ca.gov ; Newton B Drury Scenic Pkwy ; parking de jour 8 $; P). Des wapitis nains paissent dans la prairie devant le **Visitor Center**

(☎707-488-2039 ; www.parks.ca.gov ; Newton B Drury Scenic Pkwy ; ⏲9h-17h mai-sept, 9h-16h mer-dim oct-avr ; 👪), d'où partent des chemins de randonnée ensoleillés. À 5 km au sud, la Davison Rd, en majeure partie non goudronnée, court au nord-ouest vers Gold Bluffs Beach et aboutit au début du chemin qui mène au **Fern Canyon**.

Au nord de la petite Klamath, la Hwy 101 passe par les **Trees of Mystery** (☎707-482-2251 ; www.treesofmystery.net ; 15500 Hwy 101 ; musée gratuit, gondole tarif plein/enfant 18/9 $; ⏲9h-16h30 ; P 👪), une attraction kitsch en bord de route.

DEL NORTE COAST REDWOODS STATE PARK

Plus loin, le **Del Norte Coast Redwoods State Park**, couvert de séquoias, est bordé d'une côte vierge. Le **Damnation Creek Trail** (7 km aller-retour) descend sur 305 m de dénivelé parmi des séquoias jusqu'à une plage rocheuse cachée, à visiter de préférence à marée basse. Le chemin débute à l'embranchement d'un parking sur la Hwy 101, près du Mile 16.

CRESCENT CITY ET SES ENVIRONS

Adossée à une baie et à un port de pêche, Crescent City est une ville morne. À moitié détruite par un raz-de-marée en 1964, elle a été reconstruite de manière fonctionnelle. À marée basse, vous pouvez marcher jusqu'au **Battery Point Lighthouse** (☎707-464-3089 ; delnortehistory.org ; South A St ; tarif plein/enfant 5/1 $; ⏲10h-16h avr-sept, 10h-16h sam-dim oct-mars), un phare de 1865, depuis l'extrémité sud d'A St.

Après Crescent City, le **Jedediah Smith Redwoods State Park** (☎707-465-7335 ; www.parks.ca.gov ; Hwy 199, Hiouchi ; parking de jour 8 $; ⏲lever-coucher du soleil ; P) 🍃 est le parc le plus septentrional. Les bosquets de séquoias sont si denses que les chemins sont rares, mais quelques marches faciles débutent près des trous de baignade en bord de rivière le long de la Hwy 199 et de la belle piste Howland Hill Rd, longue de 16 km. Le **Crescent City Information Center** (☎707-465-7306 ; www.nps.gov/redw ; 1111 2nd St ; ⏲9h-17h avr-oct, 9h-16h nov-mars) des Redwood National & State Parks fournit des cartes.

Sacramento

Sacramento est une ville de contrastes. Jadis important centre d'élevage du bétail, celle qui accueille le **Capitole de l'État de Californie** (☎916-324-0333 ; www.capitolmuseum.ca.gov ; 1315 10th St ; ⏲8h-17h lun-ven, 9h-17h sam-dim ; 👪) GRATUIT voit aujourd'hui aux heures de pointe les SUV des parlementaires pare-chocs contre pare-chocs avec les pick-up boueux des fermiers. L'inventivité des habitants de "Sac" s'exprime pleinement dans la vie nocturne de la ville, sa cuisine et sa scène artistique. Attirant les foules dans le quartier de Midtown chaque deuxième samedi du mois, les **Second Saturday** en sont la manifestation, qui associent marchés fermiers – l'une des fiertés de la ville –, spectacles, visites de galeries, cocktails et dîners.

À voir

♥Golden 1 Center STADE
(☎bureau 916-84°-5700 ; www.golden1center.com ; 500 David J Stern Walk). 🍃 Voici l'antre rutilant de l'équipe de basket-ball des Sacramento Kings. Conçu pour répondre à toutes les normes écologiques, il a été construit à partir de matériaux locaux ; l'alimentation électrique se fait au moyen de panneaux solaires, et la ventilation par des portes de hangar d'avion qui pivotent pour capter la brise du delta.

♥California Museum MUSÉE
(☎916-653-0650 ; www.californiamuseum.org ; 1020 O St ; tarif plein/enfant 9/6,50 $; ⏲10h-17h mar-sam, à partir de 12h dim ; 👪). Ce musée moderne abrite le California Hall Of Fame, le seul endroit où rencontrer simultanément César Chávez, Mark Zuckerberg et Amelia Earhart. Ne manquez pas l'exposition "California Indians", qui met à l'honneur plus de 10 tribus à travers des objets et témoignages oraux.

Où se loger

La capitale de l'État drainant une clientèle d'affaires, les hôtels y sont nombreux. Beaucoup baissent leurs tarifs pendant les vacances parlementaires. En dehors de la période de Cal Expo, optez pour Downtown ou Midtown, proches des principales attractions. Si vous aimez les motels kitsch des années 1950, allez plutôt à West Sac, sur l'autre rive, où quelques-uns jalonnent encore Motel Row, sur la Rte 40.

Greens Hotel BOUTIQUE-HÔTEL $
(☎916-921-1736 ; www.thegreensdelpaso.com ; 1700 Del Paso Blvd ; ch à partir de 109 $; P ⊖ ❄ @ ≋). Ce motel des années 1950 remis au goût du jour est l'une des adresses les plus branchées de Sacramento.

Environnement charmant, avec un café et une galerie d'art juste à côté. Le parking surveillé, la piscine et le vaste terrain en font une halte idéale pour les familles en chemin pour Tahoe. Les chambres sont même assez séduisantes pour une escapade romantique.

Citizen Hotel BOUTIQUE-HÔTEL **$$**
(916-442-2700 ; www.thecitizenhotel.com ; 926 J St ; ch à partir de 180 $;). Cette magnifique tour (1927) longtemps désaffectée a subi un lifting de haut vol pour devenir l'une des meilleures adresses de Downtown. Chaque détail fait mouche : draps de luxe, papier peint rayé, toit-terrasse offrant une magnifique vue sur la ville. **Restaurant** (916-492-4450 ; 926 J St ; plats 29-55 $; 6h30-10h30, 11h30-14h30 et 17h30-22h lun-jeu, 17h30-23h ven, 8h-14h et 17h30-23h sam, 17h30-21h dim ;) haut de gamme “de la ferme à l'assiette” au rez-de-chaussée.

Où se restaurer et prendre un verre

Direction Midtown ou le Tower District pour échapper aux prix exagérément élevés d'Old Sacramento et des alentours du capitole. J St et Broadway sont jalonnés de restaurants tendance mais abordables, qui dressent des tables sur le trottoir en été. Beaucoup servent les produits des fermes des environs.

La Bonne Soupe Cafe TRAITEUR **$**
(916-492-9506 ; 980 9th St ; 5-8 $; 11h-15h lun-ven). Installé dans un nouveau local depuis 2018, ce café français apprécié continue de servir soupes et sandwichs délicieux, préparés avec tant de soin que la file d'attente déborde souvent sur le trottoir. Allez ailleurs si vous êtes pressés : ce modeste comptoir privilégie la qualité aux dépens de la précipitation.

Ne le confondez pas avec son voisin, baptisé “La Bou Bakery & Café”.

Empress Tavern NOUVELLE CUISINE AMÉRICAINE **$$$**
(916-662-7694 ; www.empresstavern.com ; 1013 K St ; plats 24-41 $; 15h-22h lun-jeu, 11h30-23h ven, 17h-23h sam). Les caves du Crest Theater abritent ce superbe restaurant où l'on sert une cuisine inventive spécialisée dans les plats de viande (comme le bœuf Stroganoff et le porc grillé). L'endroit est tout aussi inspirant : les voûtes en brique et le bar étincelant ont quelque chose des salles de jeu clandestines d'antan.

Fieldwork Brewing Company BRASSERIE
(916-329-8367 ; www.fieldworkbrewing.com ; 1805 Capitol Ave ; 11h-22h dim-jeu, 11h-23h ven-sam). Une brasserie branchée et débordante d'activité, où 22 variétés de bières pression se relaient dans les chopes. Spécialité du lieu : les bières fruitées (la Pulp IPA est l'une des vedettes). Les jeux de société à disposition en font un bon endroit où s'attarder en cas de canicule.

Comment s'y rendre et circuler

Sacramento est au carrefour de plusieurs grandes routes, et vous y passerez sans doute en voyageant en Californie. L'**aéroport international de Sacramento** (SMF ; 916-929-5411 ; www.sacramento.aero/smf ; 6900 Airport Blvd) est l'un des plus proches du Yosemite National Park.

Le bus 42B du réseau régional **Yolobus** (530-666-2877 ; www.yolobus.com) fait la navette entre l'aéroport international de Sacramento et le centre-ville ; il dessert aussi West Sacramento, Woodland et Davis. Les bus locaux de **Sacramento Regional Transit** (RT ; 916-321-2877 ; www.sacrt.com ; trajet 2,50 $) desservent toute la ville, son trolley circule entre Old Sacramento et Downtown, et son métro léger relie Sacramento aux communes périphériques.

Sacramento est une ville parfaite pour le vélo, à louer chez **Trek Bicycles Sacramento** (916-447-2453 ; www.facebook.com/TrekBicycleSacramento ; 2419 K St ; 40-100 $/j ; 10h-19h lun-ven, 10h-18h sam, 11h-17h dim).

Gold Country

Que ce soit avec Hollywood, l'usine à rêves, ou la Silicon Valley, pôle de haute technologie, la Californie séduit une jeunesse pleine d'espoir bien au-delà de ses frontières, mais elle l'a déjà fait par le passé ! Après que James Marshall eut repéré quelques paillettes d'or dans l'American River en 1848, plus de 300 000 prospecteurs déferlèrent pour fouiller les contreforts de la Sierra Nevada. Sans réel statut depuis la fin de la guerre avec le Mexique, la Californie connut alors un essor qui aboutit à son entrée en tant qu'État dans l'Union, et prit pour devise Eureka (“J'ai trouvé”, en grec).

Les chercheurs d'or ne sont plus là, mais un tour le long de la Hwy 49 vous plongera dans l'époque qui donna naissance à la Californie moderne : celle de la ruée vers l'or, marquée par la violence et le brigandage.

D'innombrables témoignages en racontent la légende, entre les villes endormies perchées sur les collines, les façades en bois des saloons et les chemins bordés de chênes.

La Hwy 50 sépare les Northern et les Southern Mines. La Hwy 49, qui serpente dans la région, offre nombre de vues sur les fameuses montagnes aurifères. La **Gold Country Visitors Association** (visitgoldcountry.com) vous suggérera de nombreux itinéraires.

Comment s'y rendre et circuler

Le point d'entrée dans la région est Auburn, non loin de Sacramento, sur la I-80. La ville est desservie par la ligne ferroviaire Sacramento-Truckee/Reno. De là, prenez la Hwy 49 qui traverse le Gold Country.

Northern Mines

Surnommée la "reine des mines du Nord", **Nevada City** se distingue par ses rues étroites bordées d'édifices bien restaurés, de petits théâtres, de galeries d'art, de cafés et de boutiques. Le **Visitor Center** (530-265-2692 ; www.nevadacitychamber.com ; 132 Main St ; 9h-17h lun-ven, 11h-16h sam, 12h-15h dim) fournit informations et cartes pour un circuit à pied en indépendant. Sur la Hwy 49, le **Tahoe National Forest Headquarters** (530-265-4531 ; www.fs.usda.gov/tahoe ; 631 Coyote St ; 8h-16h30 lun-ven) dispose d'informations sur le camping et la randonnée.

Les 6 chambres de **Broad Street Inn** (530-265-2239 ; www.broadstreetinn.com ; 517 W Broad St ; r $119-134 ;), dans le centre, égayées de couvre-lits colorés et dotées d'équipements modernes, sont d'un bon rapport qualité/prix. Plus gaie et sympathique que la moyenne, l'**Outside Inn** (530-265-2233 ; www.outsideinn.com ; 575 E Broad St ; d 94-230 $;) est un bon choix pour les visiteurs actifs. Pour se restaurer, l'élégant **New Moon Cafe** (530-265-6399 ; www.thenewmooncafe.com ; 203 York St ; plats soir 25-44 $; 11h30-14h mar-ven, 17h-20h mar-dim) affiche produits bio et locaux sur sa carte qui change avec les saisons.

À moins de 2 km à l'est de **Grass Valley** et de la Hwy 49, l'**Empire Mine State Historic Park** (530-273-8522 ; www.empiremine.org ; 10791 Empire St ; tarif plein/6-16 ans 7/3 $; 10h-17h ;) redonne vie au site d'une des plus riches mines de Californie. De 1850 à 1956, elle a produit près de 170 tonnes d'or.

S'il fait chaud, l'un des points de baignade les plus plaisants est à l'**Auburn State Recreation Area** (530-885-4527 ; www.parks.ca.gov ; 501 El Dorado St ; 10 $/voiture ; 7h-crépuscule), juste à l'est d'**Auburn**, une étape sur l'I-80 à 40 km au sud de Grass Valley.

Coloma est l'endroit où débuta la ruée vers l'or californienne. Le **Marshall Gold Discovery State Historic Park** (530-622-3470 ; www.parks.ca.gov ; Hwy 49, Coloma ; 8 $/voiture ; 8h-20h fin mai-début sept, 8h-17h début sept-fin mai ;), en bord de rivière, présente la découverte de James Marshall, des reconstitutions de bâtiments anciens ainsi qu'une initiation à l'orpaillage. Dans le parc, l'**Argonaut Farm to Fork Cafe** (530-626-7345 ; www.argonautcafe.com ; 331 Hwy 49, Coloma ; 8-12 $; 8h-16h ;) sert soupes, sandwichs, viennoiseries et café pour une expérience "de la ferme à l'assiette".

Southern Mines

Les villes des mines du Sud, de Placerville à Sonora, sont moins fréquentées, et leur population de motards en Harley et de chercheurs d'or donne aux rues poussiéreuses des allures de Far West. Certaines, comme **Plymouth** (ol' Pokerville), **Volcano** et **Mokelumne Hill** sont quasiment des villes fantômes qui tombent lentement en ruine. D'autres, telles **Sutter Creek**, **Murphys** et **Angels Camp**, sont des joyaux de style victorien américain. Sortez des sentiers battus en visitant des vignobles familiaux et des grottes souterraines, où des merveilles géologiques compensent la traversée des boutiques de souvenirs en surface.

B&B avec rideaux en dentelle, cafés et glaciers sont présents dans presque toutes les localités. L'**Imperial Hotel** (209-267-9172 ; www.imperialamador.com ; 14202 Old Hwy 49, Amador City ; ch 110-155 $, ste 125-195 $;), à Plymouth, est dans un autre style. Construit en 1879, il a été modernisé de manière particulièrement inventive, avec d'élégantes touches décoratives qui mettent en valeur les murs en briques rouges, un bar stylé et un excellent restaurant qui sert une cuisine de saison (plats soir 16-38 $).

À proximité de la Hwy 49, le **Columbia State Historic Park** (209-588-9128 ; www.parks.ca.gov ; Main St ; musée 10h-17h ;) GRATUIT vous fera revivre les années 1850, au travers de bâtiments anciens, de marchands et de musiciens de rue en costumes d'époque. Près de Sonora, le **Railtown 1897 State Historic**

Park (☎209-984-3953 ; www.railtown1897.org ; 10501 Reservoir Rd, Jamestown ; tarif plein/enfant 5/3 $, avec trajet train 15/10 $; ⏲9h30-16h30 avr-oct, 10h-15h nov-mars, trajets train 10h30-15h sam-dim avr-oct ; P 👪) propose des excursions en train dans les collines alentour où furent filmés des westerns comme *Le train sifflera trois fois*.

Montagnes du Nord de la Californie

Reculées, désertes et d'une étrange beauté, les montagnes du Nord sont peu visitées, malgré d'innombrables merveilles géologiques, des lacs limpides, des rivières turbulentes et un désert en altitude. Les pics majeurs – Lassen, Shasta et les Trinity Alps – permettent tous le camping sauvage sous un ciel étoilé.

De Redding à Mt Shasta

La majeure partie de la route au nord de Redding est dominée par le **Mt Shasta**, géant enneigé de 4 316 m à l'extrémité sud de la volcanique Cascades Range. Ses versants escarpés attirent les alpinistes.

Les motels en bord de route sont monnaie courante, comme dans la ville de Mt Shasta, et les campings nombreux, en particulier dans les parcs nationaux. Redding compte beaucoup d'hôtels de chaîne à proximité des grands axes. Les bus Greyhound (www.greyhound.com) qui empruntent l'I-5 s'arrêtent à la gare routière (628 S Weed Blvd) de Weed, 13 km au nord de la ville de Mt Shasta. Ils desservent notamment Redding (à partir de 22 $, 1 heure 20, 4/jour), Sacramento (à partir de 40 $, 5 heures 30, 4/jour) et San Francisco (à partir de 55 $, 7 heures 30, 2 à 3/jour).

REDDING ET SES ENVIRONS

Redding, la plus grande ville de la région, est une localité somnolente. Meilleure raison de quitter l'I-5, le **Sundial Bridge**, un splendide pont piétonnier à chaussée en verre, a été conçu par l'architecte espagnol Santiago Calatrava. Il enjambe la Sacramento River au **Turtle Bay Exploration Park** (☎530-243-8850 ; www.turtlebay.org ; 844 Sundial Bridge Dr ; tarif plein/enfant 16/12 $, après 14h30 11/7 $; ⏲9h-17h lun-sam, 10h-17h dim fin mars-oct, 9h-16h30 mer-ven, à partir de 10h sam-dim nov à mi-mars ; 👪), un centre consacré aux sciences et à la nature, qui intéressera les enfants.

À environ 10 km à l'ouest de Redding le long de la Hwy 299, découvrez une ville authentique de la ruée vers l'or au **Shasta State Historic Park** (☎520-243-8194 ; www.parks.ca.gov ; 15312 CA 299 ; musée tarif plein/enfant 3/2 $; ⏲10h-17h jeu-dim). En 2018, un gigantesque incendie parti de la **Whiskeytown National Recreation Area** (☎530-246-1225 ; www.nps.gov/whis ; 14412 Kennedy Memorial Dr, Whiskeytown ; ⏲10h-16h), 5 km plus à l'ouest, a ravagé 1 604 édifices du secteur et 93% des 17 000 ha du parc. Plusieurs routes et tous les sentiers, notamment les pistes de VTT et les chemins de randonnée vers les cascades, sont encore fermés. Mais le centre d'accueil des visiteurs est de nouveau en service, et les touristes reviennent à **Whiskeytown Lake** pour ses plages de sable, ses sports nautiques et ses possibilités de camping. Dans **Weaverville** assoupie, à quelque 50 km à l'ouest, le **Joss House State Historic Park** (☎530-623-5284 ; www.parks.ca.gov ; 630 Main St ; visite tarif plein/enfant 4/2 $; ⏲visites guidées toutes les heures 10h-16h jeu-dim ; P) recèle un temple chinois de 1874, superbement décoré.

SHASTA LAKE

Au nord de Redding, l'I-5 traverse le **Shasta Lake** d'un bleu profond, le plus grand réservoir d'eau de Californie, formé par un barrage colossal, le **Shasta Dam** (☎530-247-8555 ; www.usbr.gov/mp/ncao/shasta-dam.html ; 16349 Shasta Dam Blvd ; ⏲centre d'accueil des visiteurs 8h-17h, visites guidées 9h, 11h, 13h et 15h sept-mai, 9h, 10h15, 11h30, 13h, 14h15, 15h30 juin-août ; P 👪) GRATUIT. Des marinas de bateaux-maisons et des emplacements pour camping-cars entourent le lac. Le circuit guidé dans les **Lake Shasta Caverns** (☎530-238-2341 ; www.lakeshastacaverns.com ; 20359 Shasta Caverns Rd, Lakehead ; circuit 2 heures tarif plein/réduit 30/18 $; ⏲circuits ttes les 30 min 9h-16h fin mai-début sept, ttes les heures 9h-15h avr-fin mai et sept, 10h, 12h et 14h oct-mars ; P 👪), grottes préhistoriques perchées dans les mégalithes calcaires de la rive nord, comprend une promenade en catamaran ou un dîner sur le lac.

DUNSMUIR

À 55 km au nord sur l'I-5, **Dunsmuir** est une bourgade ferroviaire historique, dotée de belles galeries d'art dans son centre pittoresque. Simple et élégant, le **Café Maddalena** (☎530-235-2725 ; www.cafemaddalena.com ; 5801 Sacramento Ave, Dunsmuir ; plats 21-28 $; ⏲17h-21h jeu-dim fév-déc) a placé

Dunsmuir sur l'itinéraire des gourmets. La carte, élaborée par le chef Brett LaMott, comprend des plats d'Europe du Sud et du Maghreb. Allez ensuite à la **Dunsmuir Brewery Works** (☎530-235-1900 ; www.dunsmuirbreweryworks.com ; 5701 Dunsmuir Ave ; plats 8-14 $; ⏲11h-20h dim, 11h-20h30 mar-jeu, 11h-21h ven-sam oct-mars, horaires étendus avr-sept ; 📶) prendre une *ale* fraîche ou une *porter* parfaitement équilibrée.

Au **Railroad Park Resort** (☎530-235-4440 ; www.rrpark.com ; 100 Railroad Park Rd ; empl tente/camping-car à partir de 29/37 $, d 135-200 $; ❄📶🏊🐾), à environ 3 km au sud de la ville, les visiteurs peuvent loger dans des wagons et des fourgons de train luxueusement réaménagés. Le parc plaît aux enfants, qui peuvent courir autour des locomotives et plonger dans la piscine centrale.

À 10 km au sud près de l'I-5, le **Castle Crags State Park** (☎530-235-2684 ; 20022 Castle Creek Rd ; www.parks.ca.gov ; 8 $/voiture ; ⏲aube-crépuscule) abrite des **campings** (☎800-444-7275 ; www.reservecalifornia.com ; empl tente et camping-car 25 $) boisés. Dans le parc, le sportif **Crags Trail** (9 km aller-retour) offre une vue époustouflante sur le Mt Shasta.

Juste au nord de Dunsmuir, dans le centre de McCloud, vous serez conquis par le **McCloud River Mercantile Hotel** (☎530-964-2330 ; www.mccloudmercantile.com ; 241 Main St ; ch 139-275 $; P🚭📶), ancien magasin d'une compagnie forestière en 1897 joliment restauré, avec sa confiserie à l'ancienne, sa buvette des années 1930 et son délicieux restaurant, le **McCloud Meat Market and Tavern**, dans l'ancienne boucherie.

MT SHASTA CITY

À 14,5 km au nord de Dunsmuir, **Mt Shasta Ville** attire grimpeurs, hippies New Age et amoureux de la nature, tous fascinés par la montagne majestueuse qui les surplombe. Habituellement ouverte et déneigée au-delà de Bunny Flat de juin à octobre, l'**Everitt Memorial Hwy** gravit la montagne jusqu'à un perchoir à presque 2 500 m parfait pour contempler le coucher de soleil ; sortez de la ville vers l'est par Lake St et continuez. Pour grimper au-delà de 3 000 m, les alpinistes expérimentés doivent se procurer un Summit Pass (25 $) auprès de la **Mt Shasta Ranger Station** (☎530-926-4511 ; www.fs.usda.gov/stnf ; 204 W Alma St ; ⏲8h-16h30 lun-ven), qui dispense des informations sur la météo et vend des cartes topographiques. Dans le centre-ville, **Fifth Season** (☎530-926-3606 ; thefifthseason.com ; 300 N Mt Shasta Blvd ; ⏲9h-18h lun-ven, 8h-18h sam, 10h-17h dim avr-nov, 8h-18h déc-mars) loue des équipements sportifs. **Shasta Mountain Guides** (☎530-926-3117 ; shastaguides.com ; 230 N Mt Shasta Blvd ; circuit 2 jours à partir de 795 $/pers) organise des courses en montagne de plusieurs jours.

La **Shasta MountInn** (☎530-261-1926 ; www.shastamountinn.com ; 203 Birch St ; r $150-175 ; P🚭📶), ferme victorienne de 1904, renferme des chambres confortables et spacieuses, avec de grands lits et une vue charmante sur la montagne. Prenez un café bio et torréfié sur place au **Seven Suns Coffee & Cafe** (☎530-926-9701 ; 1011 S Mt Shasta Blvd ; ⏲6h-16h ; 📶) et faites le plein de fruits et légumes bio à la **Berryvale Grocery** (☎530-926-1576 ; www.berryvale.com ; 305 S Mt Shasta Blvd ; café à partir de 3 $; ⏲boutique 8h-20h, café 8h-19h ; 🥕👪) 🌿.

Zone nord-est

LAVA BEDS NATIONAL MONUMENT

Le **Lava Beds National Monument** (☎530-667-8113 ; www.nps.gov/labe ; 1 Indian Well HQ, Tulelake ; entrée 7 jours 25 $/voiture ; P👪) 🌿 est aujourd'hui un parc paisible où des coulées de lave, des cratères, des cendres, des cônes volcaniques et de fantastiques tunnels de lave témoignent de siècles de bouleversements. Théâtre de la guerre des Modocs, il abrite des pétroglyphes gravés dans la roche et des pictogrammes peints sur les parois des grottes par les Amérindiens. Le **Visitor Center** (☎530-667-8113 ; www.nps.gov/labe ; Tulelake ; ⏲10h-16h horaires étendus et variables en été, printemps et automne) fournit cartes et informations et vend un équipement de spéléologie basique (prêt gratuit de lampes torches). À proximité, le **camping** (www.nps.gov/labe/planyourvisit/campgrounds.htm ; empl tente et camping-car 10 $; 🐾) sommaire du parc dispose d'eau potable.

KLAMATH BASIN NATIONAL WILDLIFE REFUGE COMPLEX

À plus de 30 km au nord-est du parc, la ville poussiéreuse de Tuelake, près de la Hwy 139, possède de simples motels, des *diners* en bord de route et des stations-service. Comptant 6 refuges en Californie et dans l'Oregon, le **Klamath Basin National Wildlife Refuge Complex** est une étape majeure de la Pacific Flyway (voie migratoire du Pacifique) et un important lieu d'hivernage pour les pygargues à tête blanche.

Lors du pic des migrations au printemps et en automne, plus d'un million d'oiseaux peuvent tournoyer dans le ciel. Le **Visitor Center** (☎530-667-2231 ; www.fws.gov/refuge/lower_klamath/ ; 4009 Hill Rd, Tulelake ; ⏲9h-16h) se situe près de la Hwy 161, à 6 km au sud de la frontière de l'Oregon. Des circuits libres de 16 km aux refuges de Lower Klamath et du Tule Lake offrent d'excellentes occasions d'observer les oiseaux. Du **Rocky Point Resort** (☎541-356-2287 ; 28121 Rocky Point Rd, Klamath Falls, Oregon ; location canoë et kayak 20/45/60 $ heure/demi-journée/journée ; ⏲avr-oct ; 🚻🐾), pagayez jusqu'au refuge d'Upper Klamath à 15 km. Pour le carburant, la nourriture et l'hébergement, rejoignez Klamath Falls, Oregon, près de la Hwy 97.

LASSEN VOLCANIC NATIONAL PARK

Impressionnant, le **Lassen Volcanic National Park** (☎530-595-4480 ; www.nps.gov/lavo ; 38050 Hwy 36 E, Mineral ; entrée 7 jours 30 $/voiture mi-avr à nov, 10 $/voiture déc à mi-avr ; Ⓟ) 🍃 recèle des bassins sulfureux, des mares de boue bouillonnantes et des trous d'eau fumants, visibles de la passerelle de **Bumpass Hell**. Escaladez le **Lassen Peak** (3 187 m), le plus haut volcan à dôme de lave au monde, une grimpée épuisante mais sans difficultés techniques de 8 km aller-retour. Le parc possède deux entrées : l'une à 1 heure de route à l'est de Redding par la Hwy 44, près du populaire **Manzanita Lake Campground** (☎877-444-6777 ; www.recreation.gov ; empl tente et camping-car 15-26 $; 🐾), et l'autre à 40 minutes de route au nord-ouest du Lake Almanor par la Hwy 89, à côté du **Kom Yah-mah-nee Visitor Center** (☎530-595-4480 ; www.nps.gov/lavo ; 21820 Lassen National Park Hwy, Mineral ; ⏲9h-17h, fermé lun-mar nov-mars ; 🚻) 🍃. La Hwy 89 qui traverse le parc est habituellement ouverte aux voitures de juin à octobre.

Sierra Nevada

L'imposante Sierra Nevada, appelée la "chaîne de lumière" par le poète naturaliste John Muir, forme l'épine dorsale de la Californie. Ces 600 km de pics escarpés, ciselés par les glaciers et l'érosion, séduisent et défient les amateurs de sports de plein air. Chevauchant trois parcs nationaux (Yosemite, Sequoia et Kings Canyon), la Sierra est une merveille naturelle qui abrite le point culminant des États-Unis (Mt Whitney), les plus hautes chutes d'Amérique du Nord (les Yosemite Falls) ainsi que les plus vieux et plus grands arbres du monde (respectivement des pins de Bristlecone et des séquoias géants).

Yosemite National Park

Classé au Patrimoine mondial de l'Unesco, **Yosemite** (☎209-372-0200 ; www.nps.gov/yose/index.htm ; 35 $/véhicule), le troisième parc national des États-Unis par l'ancienneté, est aussi l'un des plus fabuleux. Des murailles de granit striées de cascades qui servent d'écrin à la verdoyante Yosemite Valley aux séquoias géants de Mariposa Grove, tout ici suscite l'émerveillement et le respect des 5 millions de personnes qui s'y rendent chaque année. Vertigineux pics de granit, brume des cascades grondantes, prairies d'altitude parsemées de fleurs sauvages, lacs scintillants, silhouettes majestueuses d'El Capitan et du Half Dome qui semblent toucher un ciel d'un bleu intense – un paysage grandiose entoure de toutes parts les visiteurs qui semblent minuscules.

À voir

Le parc comporte 4 entrées principales (30 $ par véhicule) : South Entrance (Hwy 41), Arch Rock (Hwy 140), Big Oak Flat (Hwy 120 W) et Tioga Pass (Hwy 120 E). La Hwy 120, qui relie la Eastern Sierra à la Yosemite Valley, s'appelle Tioga Rd à l'intérieur du parc.

Yosemite Valley

Cette vallée spectaculaire, à travers laquelle serpente la Merced River, est somptueuse : prairies verdoyantes, pins majestueux, bassins reflétant d'immenses monolithes de granit et cascades d'eau glacée. Souvent bondé et embouteillé, **Yosemite Village** abrite le principal **Visitor Center** (☎209-372-0200 ; www.nps.gov/yose ; 9035 Village Dr, Yosemite Village ; ⏲9h-17h) du parc, un **musée** (www.nps.gov/yose ; 9037 Village Dr, Yosemite Village ⏲9h-17h été, 10h-16h reste de l'année, souvent fermé 12h-13h) 🍃 GRATUIT, une galerie de photos, un cinéma, une épicerie et d'autres services. **Half Dome Village** (ou Curry Village), une autre localité de la vallée où l'on trouve des douches publiques, propose location et vente d'équipements sportifs, dont du matériel de camping.

La fonte des neiges au printemps transforme les célèbres cascades de la vallée en cataractes grondantes, puis la plupart se réduisent à un filet d'eau à la fin de l'été.

Les **Yosemite Falls**, les plus hautes chutes d'Amérique du Nord, dévalent 739 m en 3 niveaux. Un chemin accessible en fauteuil roulant mène au pied des chutes. Pour une perspective différente et plus de solitude, grimpez l'exténuant sentier jusqu'au sommet (11,6 km aller-retour). Non moins impressionnantes, d'autres cascades parsèment la vallée. Un escalier de granit escarpé monte le long de la **Vernal Fall** et offre du sommet une vue verticale sur la cascade et les arcs-en-ciel dans les nuages de brume.

El Capitan (2 300 m) est un paradis pour la varappe. Le **Half Dome** (2 695 m) domine la vallée. **Tunnel View**, sur la Hwy 41 à l'entrée de la vallée, est l'endroit idéal pour une photo.

Glacier Point

S'élevant à 975 m au-dessus de la vallée, le spectaculaire **Glacier Point** (2 199 m) met pratiquement le regard au niveau du Half Dome. Prévoyez au moins 1 heure de route de la Yosemite Valley le long de Glacier Point Rd (habituellement ouverte de fin mai à novembre) près de la Hwy 41, ou une marche épuisante le long du **Four Mile Trail** (8 km aller) ou du **Panorama Trail** (13,7 km aller), moins fréquenté et jalonné de cascades. Pour ensuite redescendre, vous pouvez réserver un aller simple à bord du **Glacier Point Hikers' Bus** (☎888-413-8869 ; aller/aller-retour 26/52 $; ⏲mi-mai–oct).

Wawona

À Wawona, à 1 heure de route au sud de la Yosemite Valley, se trouve le **Pioneer Yosemite History Center** (www.nps.gov/yose/planyourvisit/upload/pyhc.pdf ; Wawona ; promenade tarif plein/enfant 5/4 $; ⏲24h/24, promenades 10h-14h mer-dim mai-sept ; P ♿) GRATUIT ; vous y verrez un pont couvert, des bâtiments anciens, et pourrez vous promener en diligence. Plus au sud, le **Mariposa Grove** regroupe plus de 500 séquoias géants, dont le Grizzly Giant. Des bus gratuits desservent la forêt du printemps à l'automne.

Tuolumne Meadows

À 1 heure 30 de route de la Yosemite Valley, les **Tuolumne Meadows**, des prairies d'altitude, attirent randonneurs, routards et grimpeurs dans le nord du parc. Avec des fleurs sauvages, des lacs bleu azur, des pics de granit, des dômes polis et des températures plus fraîches que dans la vallée, la plus grande prairie subalpine de la Sierra Nevada (2 621 m) est un paradis pour les randonneurs et les alpinistes ; le lac est aussi un lieu de baignade et de pique-nique prisé. Tioga Rd (Hwy 120), une route panoramique ouverte à la belle saison, dessert les Tuolumne Meadows. À l'ouest des Tuolumne Meadows et du **Tenaya Lake**, faites halte à **Olmsted Point** pour une vue splendide sur le Half Dome.

Hetch Hetchy

À 65 km au nord-ouest de la Yosemite Valley s'élève le barrage peut-être le plus controversé du pays. Bien qu'artificielle, la Hetch Hetchy Valley est jolie et généralement peu fréquentée. Un chemin traversant le barrage et un tunnel (8,6 km aller-retour) mène au pied des **Wapama Falls**, une cataracte qui se déverse dans le réservoir étincelant.

Activités

Vous n'aurez que l'embarras du choix pour vous balader le long des 1 300 km de chemins de randonnée. Pour échapper à la foule qui emprunte les itinéraires faciles au fond de la vallée, grimpez dans les hauteurs. Escalade, VTT, équitation, rafting, ski nordique et bien d'autres sports sont aussi au programme.

Pour des excursions de plusieurs jours avec camping, des permis (à partir de 10 $) sont nécessaires toute l'année. Un système de quotas limite quotidiennement le nombre de randonneurs sur chaque chemin. Réservez jusqu'à 26 semaines à l'avance ou tentez votre chance au Yosemite Valley Wilderness Center (p. 369) ou auprès d'une autre station délivrant des permis, à partir de 11h la veille de votre expédition.

Où se loger

Camper dans des coins reculés et sauvages est réservé aux mieux préparés et aux plus aventureux. Toutefois, même sur un terrain de camping proche du très animé Yosemite Village, vous aurez l'impression de renouer avec la nature. Pour tout autre hébergement à l'intérieur du parc – y compris pour les tentes du Housekeeping Camp et de Curry Village –, les réservations se font auprès d'**Aramark/Yosemite Hospitality** (☎888-413-8869 ; www.travelyosemite.com) jusqu'à un an à l'avance. Forte demande entre avril et octobre. Tarifs – et demandes – baissent entre décembre et mars. Les villes en bordure du parc comme Fish Camp, Midpines, El Portal, Mariposa et Groveland sont de bons points de chute, quoique moins pratiques en raison du temps de trajet.

CAMPER DANS LE YOSEMITE NATIONAL PARK

Les 13 campings du parc sont souvent complets de mai à septembre, qu'il s'agisse des 7 sur réservation (comme dans la Yosemite Valley) ou de ceux fonctionnant selon le système "premier arrivé, premier servi", qui tendent à être pleins dès midi, surtout le week-end et pendant les vacances.

Tous les campings ont des toilettes à chasse, sauf ceux de Tamarack Flat, Yosemite Creek et Porcupine Flat, qui ne disposent que de toilettes sèches et n'ont pas d'eau potable. Il fait froid même en été, la nuit, dans les campings les plus en altitude : emportez le nécessaire. La **Yosemite Mountaineering School** (☎209-372-8344 ; www.travelyosemite.com ; Half Dome Village ; ⏲8h30-17h avr-oct) loue du matériel de camping.

Si vous avez un permis pour camper en pleine nature (*wilderness permit*), vous pouvez passer les nuits précédant et suivant votre excursion aux campings pour randonneurs de Tuolumne Meadows, Hetch Hetchy, White Wolf et derrière celui de North Pines, dans la Yosemite Valley.

Les dates d'ouverture des campings saisonniers dépendent de la météo. Pour des informations actualisées, contactez directement le Yosemite National Park ou consultez le site www.nps.gov/yose/planyourvisit/campgrounds.htm.

♥ **Ahwahnee Hotel** HÔTEL ANCIEN **$$$**
(☎réservation 888-413-8869 ; www.travelyosemite.com ; 1 Ahwahnee Dr ; ch/ste à partir de 580/1 400 $; P ⊖ @ ≋ ≊). Une institution. Cette somptueuse demeure frappe par la hauteur de ses plafonds et ses massives cheminées en pierre dans les espaces communs. Plusieurs catégories de chambres sont proposées, dont les "classic" jouissant d'une vue sur Glacier Point, Half Dome ou les Yosemite Falls, ainsi que des cottages à deux pas des bâtiments de l'hôtel. Réservez un an à l'avance pour les fêtes et la haute saison.

May Lake High Sierra Camp BUNGALOWS **$$$**
(www.travelyosemite.com/lodging/high-sierra-camps ; empl tente et camping-car 155 $/pers). Le mieux adapté des cinq refuges de High Sierra si vous avez des enfants, car le plus facile d'accès (1,5 km à pied pour l'atteindre). Vue époustouflante sur le Mt Hoffman. Petit-déjeuner et dîner inclus, possibilité de se doucher.

Yosemite Valley Lodge MOTEL **$$$**
(☎209-372-1001 ; www.travelyosemite.com ; 1 Ahwahnee Dr, Yosemite Valley ; ch à partir de 296 $; P ⊖ @ ≋ ≊). 🍃 À courte distance des Yosemite Falls, ce grand complexe compte des restaurants, un bar animé, une grande piscine et d'autres installations appréciables. Les chambres, réparties dans une quinzaine de bâtiments, ont des allures de lodge avec leur mobilier en bois et des photos de nature aux murs. Toutes disposent d'une TV, d'un téléphone, d'un réfrigérateur, d'une cafetière, ainsi que d'une terrasse ou d'un balcon avec vue.

Hors du Yosemite National Park

Les villes qui donnent accès au parc, dont Fish Camp, Oakhurst, El Portal, Midpines, Mariposa, Groveland et, dans l'Eastern Sierra, Lee Vining, abritent divers motels, hôtels, lodges et B&B.

♥ **Yosemite Bug Rustic Mountain Resort** AUBERGE DE JEUNESSE **$**
(☎209-966-6666 ; www.yosemitebug.com ; 6979 Hwy 140, Midpines ; tentes/dort/bungalow 25/38/65 $, ch à partir de 175 $, avec sdb partagée 139 $; P ⊖ @ ≋). Isolé sur une colline boisée, à une quarantaine de kilomètres de Yosemite. Les hébergements de tous types sont disposés à flanc de montagne (cottages, dortoirs, chambres privées et tentes permanentes). Le **June Bug Cafe** (☎206-966-6666 ; www.yosemitebug.com/cafe ; Yosemite Bug Rustic Mountain Resort, 6979 Hwy 140, Midpines ; plats 8-24 $; ⏲7h-10h, 11h-14h et 18h-21h ; P ≋ 👪) 🍃 est excellent. Salle de yoga (12 $/jour), massages et spa avec Jacuzzis.

♥ **Evergreen Lodge** BUNGALOWS **$$$**
(☎209-379-2606 ; www.evergreenlodge.com ; 33160 Evergreen Rd, Groveland ; tentes 110-145 $, bungalows 230-495 $; ⏲généralement fermé jan à mi-fév ; P ⊖ ❄ @ ≋ ≊). 🍃 Près de l'entrée du Hetch Hetchy, ce lodge classique bientôt centenaire comprend des bungalows confortables et soigneusement décorés disséminés parmi les arbres. De rustiques à luxueux (sans TV ni téléphone), tous ont un porche-véranda privé. Vous pouvez aussi choisir les confortables tentes aménagées.

Où se restaurer

De la nourriture de fast-food aux viandes label rouge, il y en a pour tous les goûts et toutes les bourses dans le parc. Quel que soit l'endroit, un plat est prévu pour les végétariens. Le meilleur magasin pour faire le plein est le **Village Store** (Yosemite Village ; 8h-20h, 8h-22h l'été), qui vend même des produits bio, le choix étant plus limité à Half Dome Village, Wawona, Tuolumne Meadows et au Yosemite Valley Lodge.

Renseignements

L'accès au parc, valable 7 jours consécutifs, coûte 35 $ par véhicule, 30$ par moto ou 20 $ pour les cyclistes et les piétons. Les pass sont en vente (paiement en liquide, par carte et chèques de voyage) aux différentes entrées ou en ligne (www.yourpassnow.com/ParkPass/park/yose). De fin mai à début octobre, les pass sont aussi disponibles dans les centres d'accueil des visiteurs d'Oakhurst, Groveland, Mariposa et Lee Vining.

En entrant dans le parc, vous recevrez une carte du National Park Service (NPS) et un exemplaire du *Yosemite Guide*, périodique saisonnier donnant les programmes des activités et les heures d'ouverture des infrastructures. Pour des renseignements plus complets et à jour, consultez le site officiel du NPS (www.nps.gov/yose). Pour des informations enregistrées (places de camping disponibles, état des routes, météo), appelez le 209-372-0200.

Yosemite Valley Visitor Center (p. 366). Situé au centre de Yosemite Village, il est le principal bureau d'information. On y trouve aussi la librairie du Yosemite Conservancy et une annexe du musée.

Yosemite Valley Wilderness Center (209-372-0308 ; Yosemite Village ; 8h-17h mai-oct). Permis, cartes et conseils pour explorer la région.

Yosemite Medical Clinic (209-372-4637, urgences 911 ; 9000 Ahwahnee Dr, Yosemite Village ; 9h-19h lun-ven début juin à début juil, 9h-19h lun-sam fin juil à mi-sept, 9h-17h lun-ven fin sept à fin mai). Il existe un service d'urgences 24 h/24.

Comment s'y rendre et circuler

Le Yosemite National Park est accessible en voiture toute l'année depuis l'ouest (par la Hwy 120 W et la Hwy 140) et le sud (Hwy 41), et l'été depuis l'est (Hwy 120 E). Les routes sont déneigées l'hiver, mais des chaînes peuvent être nécessaires. On peut faire le plein toute l'année à Wawona ou Crane Flat, dans le parc (le carburant y est cher), à El Portal sur la Hwy 140 juste avant sa limite ouest, ou à Lee Vining au carrefour des Hwy 120 et Hwy 395, hors du parc, à l'est.

Un panneau avec un ours rouge sur fond jaune signale l'un des nombreux endroits où un ours a été heurté par un véhicule (des centaines d'ours blessés et plus de cent tués depuis 1995) : respectez impérativement les limites de vitesse indiquées. Il est recommandé à ceux qui visitent la vallée de se garer et de prendre le **Yosemite Valley Shuttle Bus** (www.nps.gov/yose/planyourvisit/publictransportation.htm ; 7h-22h). Mais même ainsi, la circulation peut rappeler l'heure de pointe à Los Angeles.

Yosemite est l'un des rares parcs nationaux facilement accessibles en transports en commun. Les bus Greyhound et Amtrak desservent Merced, à l'ouest du parc, où se fait la correspondance avec les navettes du **Yosemite Area Regional Transportation System** (YARTS ; 877-989-2787 ; www.yarts.com). Amtrak propose des billets combinés incluant le trajet couvert par le YARTS dans le parc. Des bus quotidiens desservent Yosemite Valley par la Hwy 140 toute l'année, avec divers arrêts à Mariposa, Midpines et El Portal en chemin. Un aller pour la Yosemite Valley coûte 16 $ (9 $ pour enfants et seniors, 3 heures) depuis Merced.

Le vélo est parfait pour parcourir la Yosemite Valley. Il est possible de louer un VTT (1 heure/journée 12/34 $) ou un vélo avec remorque pour enfant (1 heure/journée 20,25/61 $) au **Yosemite Valley Lodge** (1 heure/journée 12/34 $; 8h-18h été seulement, selon la météo) et au **Half Dome Village** (1 heure/journée 12/34 $; 10h-16h mars-oct). Loue aussi poussettes et fauteuils roulants.

Sequoia National Park et Kings Canyon National Park

Longés à l'est par une route de montagne, ces deux parcs, encadrant respectivement au sud et au nord le Mt Whitney (4 421 m), le plus haut sommet des États-Unis (hors Alaska), déploient de vastes étendues de prairies alpines couvertes de fleurs, des forêts de séquoias, des cascades, des gorges spectaculaires et des sommets déchiquetés. Spéléologie, escalade et randonnée sont autant de moyens pour découvrir leurs trésors, dont la **Giant Forest** (près de Generals Hwy) à Sequoia et le General Grant Grove à Kings Canyon (p. 370)

Quoique distincts, les deux **parcs** (559-565-3341 ; www.nps.gov/seki ; accès 7 jours 30 $ par véhicule ; P) sont gérés conjointement, et le même ticket d'entrée vaut pour les deux.

Des informations enregistrées 24 heures à l'avance, en particulier sur l'état des routes, sont consultables sur le serveur vocal ou en ligne (voir coordonnées ci-dessus).

À voir

Sequoia National Park

Minuscule et moderne, le **Giant Forest Museum** (559-565-3341 ; www.nps.gov/seki ; 47050 Generals Hwy, angle Crescent Meadow Rd ; 9h-16h30 hiver, 9h-16h été ; P) GRATUIT est consacré à l'histoire des séquoias géants et leur rôle écologique. Les expositions interactives intéresseront petits et grands et expliquent le cycle de vie de ces grands arbres, qui peuvent vivre plus de 3 000 ans, et l'importance des incendies dans leur reproduction (libération des graines et nettoyage des sols).

Découverte en 1918 par deux employés du parc partis pêcher, la **Crystal Cave** (www.recreation.gov ; Crystal Cave Rd, près de Generals Hwy ; visite adulte/enfant/ado à partir de 16/5/8 $; fin mai-fin sept ; P) a été creusée par une rivière souterraine dans un marbre vieux de 10 000 ans. Les tickets pour la visite-découverte de 50 minutes se prennent en ligne et à l'avance, ou ils s'achètent au Giant Forest Museum et au Foothills Visitor Center (pas à la grotte !). Prévoyez un vêtement chaud.

Entouré de pics escarpés et de lacs alpins, **Mineral King Valley** (Mineral King Rd), un camp de mineurs et de bûcherons de la fin du XIXe siècle, mérite le détour. La belle route de 40 km, avec près de 700 lacets vertigineux, est habituellement ouverte de fin mai à fin octobre.

Kings Canyon National Park et Scenic Byway

Juste au nord de Grant Grove Village s'élèvent les géants majestueux du **General Grant Grove** (N Grove Trail, près de Hwy 180 ; P). Au-delà, la Hwy 180 entame sa descente de 48 km dans le **Kings Canyon**, serpentant le long de parois rocheuses sillonnées de cascades. La route rejoint la Kings River, qui gronde entre des falaises de granit hautes de 2 438 m formant l'un des plus profonds canyons d'Amérique du Nord.

Au fond de ce dernier, **Cedar Grove** (près de Hwy 180) est la dernière localité avant la partie sauvage et majestueuse de la Sierra Nevada. Une randonnée d'une journée (13 km aller-retour) grimpe jusqu'aux **Mist Falls** (Road's End, Hwy 180) depuis Roads End. Apprécié des ornithologues amateurs, un chemin facile de 2,4 km fait le tour de **Zumwalt Meadow** (près de Hwy 180 ;), juste à l'ouest de Roads End. Vous apercevrez peut-être des ours noirs ou des cerfs à queue noire.

La route secondaire panoramique qui passe par Hume Lake et rejoint Cedar Grove Village est généralement fermée de mi-novembre à fin avril.

Activités

Plus de 1300 km de chemins balisés font des parcs le paradis des randonneurs. S'ils sont officiellement ouverts toute l'année pour les plus aguerris... et équipés (chaussures de neige, GPS, crampons et piolets en hiver), la plupart des visiteurs viennent plutôt entre mai et octobre, quand les pistes sont plus praticables.

À Kings Canyon, les plus beaux sentiers parcourent Cedar Grove, et à Sequoia, les secteurs de Mineral King et Lodgepole. La Jennie Lakes Wilderness, dans la Sequoia National Forest, recèle des prairies sauvages et des lacs à une altitude moindre.

La présence d'ours impose de transporter la nourriture dans des boîtes validées par les autorités du parc. Cette précaution est obligatoire pour les randonnées en pleine nature (comme la boucle des Rae Lakes). Ces contenants se louent dans les centres d'information des visiteurs des parcs, aux postes de rangers au départ des sentiers ou aux marchés de Lodgepole, Grant Grove et Cedar Grove Village (à partir de 5 $ environ pour une randonnée de 3 jours). Pour éviter les incendies de forêt, les feux de camp ne sont en général autorisés que dans des lieux précis.

Où se loger

Le camping est l'option la mieux adaptée et la moins chère pour découvrir les parcs, mais les terrains se remplissent vite en haute saison (mai-octobre). Mieux vaut s'y prendre tôt pour être sûr d'avoir un emplacement plutôt que d'attendre le soir. Le camping sauvage est gratuit (un permis est exigé en haute saison où des quotas sont en vigueur). Sinon, c'est la ville de Three River, proche d'**Ash Mountain Entrance** (Generals Hwy, via Sierra Dr ; voiture/piéton/moto 35/20/30 $), qui offre le plus de possibilités en termes d'hébergement. Le Sequoia National Park dispose d'un refuge officiel, et il y a plusieurs lodges dans les deux parcs : consultez **DNC**

Parks & Resorts (☎801-559-4930 ; www.visitsequoia.com).

NPS & USFS Campgrounds (☎877-444-6777 ; www.recreation.gov) permet de réserver dans bon nombre de campings à l'intérieur des parcs. Quant à la Sequoia National Forest, il est possible d'y loger en s'adressant à **Sequoia-Kings Canyon Park Services Company** (☎559-565-3388 ; www.sequoia-kingscanyon.com).

Cedar Grove Lodge LODGE $
(☎559-565-3096 ; www.visitsequoia.com ; 108260 West Side Dr, Cedar Grove Village ; ch à partir de 151 $; ⏲mi-mai à mi-oct ; P ⊖ ❄ 📶). Seul hébergement couvert dans Kings Canyon, ce lodge en bord de rivière compte 21 chambres de style motel. Les 3 chambres du rez-de-chaussée, avec kitchenette, terrasse ombragée et meublée, ont une superbe vue sur la rivière. Téléphone dans toutes les chambres.

♥ **Sequoia High Sierra Camp** BUNGALOWS $$$
(☎866-654-2877 ; www.sequoiahighsierracamp.com ; près de Forest Rte 13S12 ; pavillon en toile pension complète 500 $; ⏲début juin à mi-sept). Luxe et camping ne sont pas incompatibles ! Ces pavillons en toile cachés à plus de 1,5 km de marche au fin fond de la Sequoia National Forest en sont la preuve. À l'intérieur, matelas moelleux, oreillers en plume et tapis de laine. Toilettes et douches communes. Réservation obligatoire, en général pour deux nuits minimum. Les tarifs s'entendent pour deux par tente.

Où se restaurer

Le choix est restreint. La plupart des visiteurs apportent leurs provisions, puis cuisinent au camping. Des produits de base sont en vente dans les petits marchés de Lodgepole, Grant Grove et Cedar Grove villages (qui ne sont pas ouverts toute l'année). On peut manger (simplement) à Wuksachi, John Muir, Cedar Grove, Lodgepole, Stoney Creek et Hume Lake, qui comptent des restaurants saisonniers et des snack-bars.

Tous les lodges sont dotés de restaurants : **Wuksachi** (☎renseignements 866-807-3598, réservation 888-252-5757 ; www.visitsequoia.com ; 64740 Wuksachi Way ; ch 123-340 $; P ⊖ 📶 🐾), **John Muir** (☎877-436-9617 ; www.visitsequoia-kingscanyon.com ; 86728 Hwy 180, Grant Grove Village ; ch à partir de 210 $; P ⊖ 📶) et Cedar Grove (ci-dessus). Deux ou trois autres sont disséminés dans le Sequoia National Park.

LE TIOGA PASS

La Hwy 120, la seule route qui relie le parc national de Yosemite et l'Eastern Sierra, franchit le Tioga Pass (col de Tioga ; 3 031 m). La plupart des cartes indiquent cette route "fermée en hiver", ce qui est vrai mais aussi trompeur. La Tioga Rd est habituellement fermée à partir de la première grosse chute de neige en octobre ou novembre et ne rouvre qu'en mai ou juin. Appelez le ☎209-372-0200 ou consultez www.nps.gov/yose/planyourvisit/conditions.htm pour la situation actualisée.

Three Rivers, au sud de celui-ci, est un bon endroit pour faire le plein.

Renseignements

Lodgepole Village et Grant Grove Village sont les principaux carrefours des parcs. Tous deux possèdent des centres d'accueil des visiteurs, des bureaux de poste, des marches et des DAB, Lodgepole a des laveries et des douches publiques (en été seulement). Dans la National Forest – mais en dehors des parcs –, vous trouverez de l'essence à prix prohibitif à Hume Lake (toute l'année) et Stony Creek (fermé l'hiver).

Kings Canyon Visitor Center (☎559-565-4307 ; www.nps.gov/seki ; Hwy 180, Grant Grove Village ; ⏲8h-17h été, horaires variables hors saison). Situé à Grant Grove Village (dans Kings Canyon National Park).

Lodgepole Visitor Center (☎559-565-4436 ; 63100 Lodgepole Rd, Lodgepole Village ; ⏲7h-17h fin mai à mi-oct). Au cœur du Sequoia National Park.

USFS Hume Lake District Office (☎559-338-2251 ; www.fs.fed.us/r5/sequoia ; 35860 E Kings Canyon Rd/Hwy 180, Dunlap ; ⏲8h-16h30 lun-ven). Informations sur les animations, cartes, permis de camper et endroits où faire du feu dans la Sequoia National Forest. Le bureau est à plus de 30 km à l'ouest de Big Stump Entrance.

Comment s'y rendre et circuler

Sequoia et Kings Canyon ne sont accessibles en voiture que par l'ouest, *via* la Hwy 99 depuis Fresno ou Visalia. Depuis Visalia, il faut parcourir environ 60 km sur la Hwy 198 en passant par la ville de Three Rivers jusqu'à l'entrée du Sequoia National Park. Depuis Fresno, il y a 75 km vers l'est sur la Hwy 180 jusqu'à Kings Canyon.

Ces deux routes sont reliées par Generals Hwy, dans le Sequoia National Park.

On circule dans les parcs à moto, en minibus, à vélo et à pied. Les minibus ne circulent que l'été dans le Sequoia National Park.

Est de la Sierra Nevada

Vaste, vide et majestueux, hérissé de pics déchiquetés, le désert du Grand Bassin offre un paysage fantastique. La Hwy 395 court tout le long du côté est de la Sierra Nevada, avec des embranchements conduisant à des forêts de pins, des prairies parsemées de fleurs, des lacs tranquilles, des sources thermales et des canyons creusés par les glaciers. De multiples escapades enchantent randonneurs, cyclistes, pêcheurs et skieurs.

Bishop, Lone Pine et Bridgeport abritent la plupart des motels. Mammoth Lakes compte quelques motels et hôtels et des dizaines d'auberges, B&B, appartements et locations de vacances. Les réservations sont indispensables partout en été.

Il faut un permis – disponible aux bureaux des rangers – pour camper en pleine nature.

BODIE STATE HISTORIC PARK

Au **Bodie State Historic Park** (☎760-616-5040 ; www.parks.ca.gov/bodie ; Hwy 270 ; tarif plein/enfant 8/5 $; ⊙9h-18h avr-oct, 9h-16h nov-mars ; route souvent fermée en hiver ; P), les bâtiments délabrés d'une ville de la ruée vers l'or restent figés dans le temps au milieu d'une plaine venteuse. Pour le rejoindre, suivez la Hwy 270 vers l'est sur 20 km (5 derniers km non goudronnés), à environ 11 km au sud de Bridgeport. La neige bloque habituellement la route d'accès en hiver et au début du printemps.

MONO LAKE

Plus au sud, au **Mono Lake** (www.monolake.org ; près de Hwy 395), d'étranges tours de tuf émergent de l'eau alcaline, tels de fragiles châteaux de sable. Belles vues depuis le **Mono Basin Scenic Area Visitor Center** (☎760-647-3044 ; www.fs.usda.gov/inyo ; 1 Visitor Center Dr ; ⊙8h-17h mai-sept, horaires variables oct-déc, fermé jan-avr), près de la Hwy 395, qui propose des expositions pédagogiques ; toutefois, le chemin de 1,5 km vers **South Tufa Area** (Test Station Rd, près Hwy 120 ; tarif plein/enfant 3 $/gratuit ; P) est le meilleur endroit pour des photos. De la ville proche de Lee Vining, la Hwy 120 file vers l'ouest et le Yosemite National Park *via* le Tioga Pass, col ouvert ou fermé selon la saison.

Réputée dans la région, **June Lake Brewing** (☎858-668-6340 ; www.junelakebrewing.com ; 131 S Crawford Ave ; ⊙12h-20h lun, mer, jeu, dim, 12h-21h ven-sam, dégustation à partir de 8 $) propose une dizaine de bières pression à la dégustation, dont la Deer Beer Brown Ale et quelques excellentes IPA. Les brasseurs jurent que c'est l'eau du June Lake qui fait toute la différence.

MAMMOTH LAKES ET LEURS ENVIRONS

En continuant au sud par la Hwy 395, faites un détour de 25 km le long du **June Lake Loop** ou continuez jusqu'à **Mammoth Lakes**, une station fréquentée toute l'année au pied de la **Mammoth Mountain** (☎760-934-2571, 760-934-2571, bulletin d'enneigement 24h/24 888-766-9778 ; www.mammothmountain.com ; accès via Minaret Rd ; tarif plein/13-17 ans/5-12 ans/-5 ans 79/65/32 $/gratuit), haute de 3 369 m et excellent domaine skiable. Les pentes se transforment en pistes de VTT en été.

Chaleureux et douillet, avec tout le charme d'un chalet traditionnel, le **Mammoth Mountain Inn** (☎760-934-2581 ; www.themammothmountaininn.com ; 10400 Minaret Rd ; ch à partir de 129-239 $, app à partir de 259-1199 $;) jouit d'un emplacement superbe à proximité du point de départ du Panorama Gondola (télécabine). Ouvert depuis 1924, le charmant **Tamarack Lodge** (☎760-934-2442 ; www.tamaracklodge.com ; 163 Twin Lakes Rd ; ch à partir de 129 $, sans sdb à partir de 99 $, cabins 255-425 $; P) ouvert toute l'année, au bord de Lower Twin Lake, séduit avec ses fauteuils autour de la cheminée, son bar, son excellent restaurant, ses 11 chambres au décor rustique et ses 35 cabanes.

À proximité se dressent les colonnes de basalte hautes de 20 m du **Devils Postpile National Monument** (☎760-934-2289 ; www.nps.gov/depo ; accès près de Minaret Summit Rd/Reds Meadow Rd ; pass navette journée tarif plein/enfant 8/4 $; ⊙juin-oct, selon la météo), formées par l'activité volcanique.

Le **Mammoth Lakes Welcome Center & Ranger Station** (☎760-924-5500 ; www.visitmammoth.com ; 2510 Hwy 203 ; ⊙8h-17h, 8h30-16h30 hiver) dispense cartes et informations utiles. Pour reprendre des forces, la **Mammoth Tavern** (☎760-934-3902 ; www.mammothtavern.com ; 587 Old Mammoth Rd ;

plats 14-35 $; ⏲16h-21h30 mar-jeu et dim, 17h-22h ven-sam) cuisine *shepherd's pie* (tourte à la viande), fondue et filet de porc. Sinon, offrez-vous les créations originales d'inspiration nordique telles que magret de canard aux airelles de l'Arctique ou *day-boat scallops* (pétoncles) poêlés du chef Ian Algerøen chez **Skadi** (☎760-914-0962 ; www.skadirestaurant.com ; 94 Berner St ; plats 32-40 $; ⏲à partir de 17h mer-lun). Réservation impérative.

Les amateurs de sources thermales peuvent se baigner dans des bassins rudimentaires près de Benton Crossing Rd ou admirer les geysers du **Hot Creek Geological Site**, tous deux près de la Hwy 395 au sud-est de Mammoth Lakes. Ils peuvent aussi se détendre dans un bain d'eau thermale fumante sous la voûte étoilée en plein cœur de la petite ville minière de **Benton Hot Springs** (☎760-933-2287 ; www.bentonhotsprings.org ; Hwy 120, Benton ; empl tente et camping-car 60-70 $/2 pers, B&B ch à partir de 119 $; P ❄ 📶 🐾), nichée dans les White Mountains. Outre 7 chambres au décor rétro dans l'auberge et 2 maisons privées, ils trouveront là 11 emplacements de camping disposant chacun d'une cuve d'eau thermale en plein air.

BISHOP ET SES ENVIRONS

Plus au sud, la Hwy 395 descend dans l'Owens Valley. À **Bishop**, aux allures de ville frontière, l'historique **Laws Railroad Museum** (☎760-873-5950 ; www.lawsmuseum.org ; Silver Canyon Rd ; don suggéré 10 $; ⏲10h-16h sept-mai, 9h30-16h juin-août ; 👪) attirera les petits comme les plus grands : promenades à bord de trains d'autrefois, point de départ de circuits avec chevaux de bât, accès aux meilleurs sites de pêche et de varappe à l'est de la Sierra.

Comptez une demi-journée pour parcourir la route splendide jusqu'à l'**Ancient Bristlecone Pine Forest**. Les arbres noueux, à l'aspect surnaturel, qui y poussent au-dessus de 3 000 m sur les versants des White Mountains sont les plus vieux au monde. La route (fermée par la neige en hiver et au début du printemps) est goudronnée jusqu'au **Schulman Grove Visitor Center** (☎760-873-2500 ; www.fs.usda.gov/inyo ; White Mountain Rd ; par pers/voiture 3/6 $; ⏲10h-17h juin-août, 10h-16h ven-dim mai-juin), d'où partent des chemins de randonnée. De la Hwy 395 à Big Pine, prenez la Hwy 168 vers l'est sur 21 km, puis suivez la White Mountain Rd sur 16 km.

À NE PAS MANQUER

FORÊTS DE GÉANTS

Si vous voulez rendre hommage aux plus grands arbres de la planète, rien ne vaut le Sequoia National Park. Les séquoias géants *(Sequoiadendron giganteum)* peuvent vivre près de 3 000 ans, et certains arbres de la Giant Forest étaient déjà nés lors de la chute de l'Empire romain. Là, le plus grand arbre vivant au monde, le **General Sherman**, dépasse un immeuble de 27 étages et son tronc a une circonférence de plus de 30 m – levez la tête et admirez, stupéfait, sa couronne feuillue.

LONE PINE ET SES ENVIRONS

La Hwy 395 continue au sud jusqu'au **Manzanar National Historic Site** (☎760-878-2194 ; www.nps.gov/manz ; 5001 Hwy 395 ; ⏲9h-16h30 ; P) GRATUIT, emplacement d'un camp où quelque 10 000 Américains d'origine japonaise furent internés durant la Seconde Guerre mondiale. Plus au sud, à Lone Pine, vous apercevrez enfin le **Mt Whitney** (4 421 m), le plus haut sommet des États-Unis hors Alaska. La **Whitney Portal Road** (fermée en hiver et au début du printemps), longue de 19 km, est spectaculaire. L'ascension du pic est prisée, mais nécessite un permis (15 $/personne) qui s'achète sur le site www.recreation.org. Juste au sud de la ville, à l'**Eastern Sierra Interagency Visitor Center** (☎760-876-6222 ; www.fs.fed.us/r5/inyo ; angle Hwy 395 et Hwy 136 ; ⏲8h-17h, 8h30-16h30 hiver), vous pourrez vous procurer permis de camping sauvage, livres et cartes, et obtenir des informations sur les activités de plein air.

Hébergement le moins cher de Lone Pine, le **Whitney Portal Hostel & Hotel** (☎760-876-0030 ; www.whitneyportalstore.com ; 238 S Main St ; dort/d à partir de 32/92 $; ❄ 📶 🐾) est un point de chute pour nombre de randonneurs en partance pour le Mt Whitney, et ses douches publiques sont appréciées de ceux qui en reviennent. Une place en dortoir pour juillet et août se réserve des mois à l'avance. Un peu à l'écart, l'**Alabama Hills Cafe** (☎760-876-4675 ; www.alabamahillscafe.com ; 111 W Post St ; plats petit-déj 9,50-14 $; ⏲6h-15h ven-dim, 6h-14h lun-jeu ; 📶 ✍) est pris d'assaut au petit-déjeuner pour ses portions généreuses, son pain frais et ses soupes réconfortantes. Sandwichs et tartes aux fruits rendent le déjeuner agréable également.

À l'ouest de Lone Pine, les rochers aux formes bizarres des **Alabama Hills** ont enchanté les réalisateurs de westerns hollywoodiens. Découvrez des souvenirs et d'anciennes affiches de films au **Museum of Western Film History** (☎760-876-9909 ; www.museumofwesternfilmhistory.org ; 701 S Main St, Lone Pine ; tarif plein/réduit 5 $/ gratuit ; ⏱10h-17h lun-sam, 10h-16h dim ; P).

Lake Tahoe

Second des États-Unis pour la profondeur et l'un des plus élevés du pays (1 906 m), ce lac brille de mille nuances de bleu et de vert. En faire le tour, d'une longueur totale de 115 km, donne à voir des paysages envoûtants mais n'est pas de tout repos pour le conducteur : si la rive nord est chic et tranquille, la rive ouest est accidentée et plus traditionnelle, la rive est sauvage, et la rive sud animée et kitsch, affichant motels vieillissants et casinos tape-à-l'œil.

Renseignements

Le Lake Tahoe Visitors Authority (☎775-588-5900 ; www.tahoesouth.com ; 169 Hwy 50, Stateline, NV ; ⏱9h-17h lun-ven). Renseignements touristiques, cartes, brochures et bons de réduction. Autre bureau à Stateline.

La Lake Tahoe Bicycle Coalition (www.tahoebike.org) publie une carte très utile des pistes cyclables.

Desolation Wilderness Permits (☎877-444-6777 ; www.recreation.gov/permits/233261 ; 5-10 $/adulte).

Comment s'y rendre et circuler

Depuis Reno, Sacramento et San Francisco, prenez un bus Greyhound ou le train quotidien **Zephyr** (☎800-872-7245 ; www.amtrak.com) jusqu'à Truckee. De là, correspondances pour Donner Lake à bord des bus de **Truckee Transit** (☎530-550-1212 ; www.laketahoetransit.com), et pour les rives nord et ouest du lac avec ceux de **Tahoe Area Rapid Transit** (TART ; ☎530-550-1212 ; tahoetruckeetransit.com ; 10183 Truckee Airport Rd ; aller/pass journée 1,75/3,50 $).

Tahoe Ski Trips (☎925-680-4386 ; www.tahoeskitrips.net ; bus 89 $) propose des navettes reliant San Francisco et d'autres villes de la baie au domaine skiable de Lake Tahoe.

De la fin de l'automne jusqu'au début du printemps, il faut prévoir des chaînes pour les voitures en cas de tempête, et des produits de première nécessité (couvertures, eau, lampes-torches, etc.). Avant de partir, vérifiez l'état des routes auprès du **California Department of Transportation** (Caltrans ; ☎800-427-7623 ; www.dot.ca.gov) ou du **Nevada Department of Transportation** (NDOT ; ☎877-687-6237, ☎511 dans le Nevada ; www.nevadadot.com).

Les bus de Tahoe Area Rapid Transit, fiables et équipés de porte-vélos, circulent toute l'année sur la rive nord jusqu'à Incline Village ; sur la rive ouest, ils descendent jusqu'à **Ed Z'berg Sugar Pine Point State Park** (☎530-525-7982 ; www.parks.ca.gov ; 10 $/voiture) et montent jusqu'à Squaw Valley et Truckee par la Hwy 89. Ils partent généralement toutes les heures entre 6h et 18h, tous les jours.

SOUTH LAKE TAHOE ET RIVE OUEST

Avec les motels et restaurants rétro qui bordent la Hwy 50, South Lake Tahoe est bondée. Les hôtels-casinos de Stateline, juste après la frontière du Nevada, attirent des milliers de visiteurs, comme la station de ski de classe internationale de **Heavenly** (☎775-586-7000 ; www.skiheavenly.com ; 3860 Saddle Rd ; tarif plein/enfant 5-12 ans/13-18 ans 154/85/126 $; ⏱9h-16h lun-ven, 8h30-16h sam, dim et jours fériés ;). En été, un trajet en téléphérique à partir de Heavenly garantit une vue fabuleuse sur le lac et la **Desolation Wilderness**, avec ses pics de granit, ses vallées glaciaires et ses lacs alpins appréciés des randonneurs. Pour des cartes, des informations et des permis (en ligne www.recreation.gov/permits/233261 ; 2 jours pour les plus de 12 ans 5 $; gratuit 1 jour et moins de 12 ans), rendez-vous à l'**USFS Taylor Creek Visitor Center** (☎530-543-2674 ; www.fs.usda.gov/ltbmu ; Visitor Center Rd, près de la Hwy 89 ; ⏱8h-16h30 fin mai-oct). Il se situe à 5 km au nord du croisement en Y des Hwys 50/89, au **Tallac Historic Site** (☎530-544-7383 ; www.tahoeheritage.org ; Tallac Rd ; visite guidée facultative tarif plein/enfant 10/5 $; ⏱10h-16h fin mai-sept ;) GRATUIT, où l'on peut voir d'élégantes résidences secondaires du début du XXe siècle.

De **Zephyr Cove** (☎775-589-4901 ; www.zephyrcove.com ; 760 Hwy 50 ; 10 $/voiture ;), sablonneuse et propice à la baignade, de l'autre côté de la frontière du Nevada, ou de Ski Run Marina en ville, **Lake Tahoe**

Cruises (☎775-586-4906 ; www.zephyrcove.com ; 760 Hwy 50 ; tarif plein/enfant à partir de 65/33 $;) sillonne toute l'année le "Grand Bleu". Pagayez à votre rythme avec **Kayak Tahoe** (☎530-544-2011 ; www.kayaktahoe.com ; 3411 Lake Tahoe Blvd ; kayak simple/double 1 heure 25/35 $, 1 jour 65/85 $, cours et circuits à partir de 50 $; 9h-17h juin-sept). Sur la rive, vous pourrez loger dans le chic **Alder Inn** (☎530-544-4485 ; www.alderinn.com ; 1072 Ski Run Blvd ; ch 89-149 $;) ou au **Basecamp Hotel** (☎530-208-0180 ; www.basecamphotels.com ; 4143 Cedar Ave ; d 109-229 $, dort 8 pers 209-299 $, supplément animal de compagnie 40 $;), qui possède un Jacuzzi sur le toit, ou planter votre tente au bord du lac au **Fallen Leaf Campground** (☎530-544-0426 ou 877-444-6777 ; www.recreation.gov ; 2165 Fallen Leaf Lake Rd ; empl tente et camping-car 33-35 $, yourtes 86 $; mi-mai à mi-oct ;). Restaurez-vous au **Sprouts** (☎530-541-6969 ; www.sproutscafetahoe.com ; 3123 Harrison Ave ; plats 7-10 $; 8h-21h ;), qui propose des plats végétariens à base de produits bio, ou optez pour un burger nappé de beurre de cacahuètes avec des frites à l'ail au **Burger Lounge** (☎530-542-2010 ; 717 Emerald Bay Rd ; plats 6-10 $; 11h-20h juin-sept, 11h-19h jeu-lun oct-mai ;).

La Hwy 89 file au nord-ouest le long de la rive ouest boisée jusqu'à l'**Emerald Bay State Park** (☎530-541-6498 ; www.parks.ca.gov ; lever-coucher du soleil), où des falaises de granit et des pins encadrent une crique étincelante. Un chemin de 1,5 km descend jusqu'au **Vikingsholm Castle** (☎530-525-7232 ; vikingsholm.com ; visite tarif plein/enfant 7-17 ans 10/8 $; 10h30-15h30 ou 16h fin mai-sept ;), une demeure de style scandinave des années 1920. De là, le **Rubicon Trail** serpente au nord sur 7,2 km le long de la rive en passant par de jolies criques jusqu'au **DL Bliss State Park** (☎530-525-7277 ; www.parks.ca.gov ; 10 $/voiture ; fin mai-sept ;) , et ses plages de sable. Plus au nord, le **Tahoma Meadows B&B Cottages** (☎530-525-1553 ; www.tahomameadows.com ; 6821 W Lake Blvd ; cottages 169-339 $, supplément animal de compagnie 20 $;) loue des bungalows rustiques.

RIVES NORD ET EST

Ville commerciale animée, **Tahoe City** est un bon endroit pour se ravitailler et louer des équipements sportifs. Elle se situe non loin de **Squaw Valley Alpine Meadows** (☎800-403-0206 ; www.squawalpine.com ; 1960 Squaw Valley Rd, près Hwy 89, Olympic Valley ; tarif plein/5-12 ans/13-22 ans 169/109/139 $; 9h-16h lun-ven, 8h30-16h sam-dim et vacances ;), une immense station de ski qui accueillit les jeux Olympiques d'hiver en 1960. De retour en ville, les skieurs se retrouvent au **Bridgetender Tavern & Grill** (☎530-583-3342 ; www.tahoebridgetender.com ; 65 W Lake Blvd ; 11h-23h lun-jeu, 9h-minuit sam, 9h-23h dim). Le matin, régalez-vous d'œufs Bénédicte et de saumon fumé maison au **Fire Sign Cafe** (www.firesigncafe.com ; 1785 W Lake Blvd ; plats 10-15 $; 7h-15h ;), à 3 km au sud.

En été, nagez ou pagayez à **Tahoe Vista** ou **Kings Beach**. Séjournez au **Cedar Glen Lodge** (☎530-546-4281 ; www.tahoecedarglen.com ; 6589 N Lake Blvd ; ch, ste et cottages 219-579 $; supplément animal de compagnie 30 $;), où les cottages et les chambres de style rustique s'agrémentent d'une kitchenette. À l'est des restaurants détendus de Kings Beach, la Hwy 28 entre dans le Nevada. Les casinos frontaliers proposent des spectacles musicaux ; pour des bars ou des bistros plus animés, continuez jusqu'à Incline Village.

Des plages et des lacs immaculés et des kilomètres de chemins font du **Lake Tahoe-Nevada State Park** (☎775-831-0494 ; www.parks.nv.gov ; voiture/vélo 10/2 $; 8h-1h après le coucher du soleil ;) la principale attraction de la rive est. En été, les vacanciers se baignent dans les eaux turquoise de **Sand Harbor**. Le **Flume Trail**, une piste de 21,7 km vénérée par les cyclistes, s'achève plus au sud à **Spooner Lake**. À Incline Village, **Flume Trail Bikes** (☎775-298-2501 ; flumetrailtahoe.com ; 1115 Tunnel Creek Rd ; location VTT 35-67 $/jour, navette 16 $, parc 2 $; 8h-18h, fermé hiver) propose location de vélos et navettes.

TRUCKEE ET SES ENVIRONS

Au nord du Lake Tahoe, près de l'I-80, Truckee est une ville de montagne florissante, avec des cafés, des boutiques branchées et des restaurants dans son centre historique. Les skieurs ont le choix entre plusieurs stations : **Northstar California** (☎530-562-1010 ; www.northstarcalifornia.com ; 5001 Northstar Dr, près de la Hwy 267 ; tarif plein/5-12 ans/13-18 ans 160/96/131 $; 8h-17h) ; **Sugar Bowl** (☎530-426-9000 ; www.sugarbowl.com ; 629 Sugar Bowl Rd, près Donner Pass Rd, Norden ; tarif plein/6-12 ans/13-22 ans 118/69/97 $; 9h-16h), parfaite pour les enfants, et **Royal Gorge** (☎530-426-3871 ; www.royalgorge.com ; 9411 Pahatsi Rd, près sortie Soda Springs/Norden sur I-80, Soda Springs ; tarif plein/13-22 ans 35/20 $; ⌚8h30-16h ;), un paradis pour le ski de fond.

À l'ouest de la Hwy 89, Donner Summit est l'endroit où l'expédition Donner fut piégée pendant le terrible hiver 1846-1847 ; moins de la moitié du groupe survécut, certains en mangeant leurs compagnons morts. Ce drame est relaté au musée du **Donner Memorial State Park** (☎530-582-7892 ; www.parks.ca.gov ; Donner Pass Rd ; 5-10 $/voiture selon la saison ; ⌚centre d'accueil des visiteurs 10h-17h ;), qui comprend un **camping** (☎530-582-7894 ou 800-444-7275 ; www.reservecalifornia.com ; empl tente et camping-car 35 $; ⌚fin mai-fin sept ;). À proximité, le **Donner Lake** fait la joie des baigneurs et des kayakistes.

À la périphérie de Truckee, le **Cedar House Sport Hotel** (☎530-582-5655 ; www.cedarhousesporthotel.com ; 10918 Brockway Rd ; ch 180-345 $, animaux 50-100 $;) , certifié vert, abrite des chambres stylées et un restaurant exceptionnel. Buvez quelques pintes de Donner Party Porter au **Fifty Fifty Brewing Co** (www.fiftyfiftybrewing.com ; 11197 Brockway Rd ; ⌚11h30-21h dim-jeu, 11h30-21h30 ven-sam).

Le Nord-Ouest pacifique

Dans ce chapitre ➡

Le top des restaurants

- Ned Ludd (p. 418)
- Chow (p. 428)
- Ox (p. 418)
- Sitka & Spruce (p. 390)

Le top des hébergements

- Timberline Lodge (p. 426)
- Crater Lake Lodge (p. 429)
- Hotel Monaco (p. 389)
- Olympic Lights B&B (p. 402)
- Davenport Hotel (p. 406)

Pourquoi y aller

Si le nord-ouest des États-Unis est une région aux paysages de résineux et de volcans enneigés, c'est aussi un état d'esprit, une terre de sous-cultures, de nouvelles tendances et d'innovation. Il fait bon se promener dans les villes modernes et sans cesse changeantes que sont Portland et Seattle ; les petits stands de cuisine de rue, les tramways, les microbrasseries, les cafés pour connaisseurs, la ceinture de verdure et les sculptures urbaines originales font indéniablement partie de leur charme.

Depuis l'époque de l'Oregon Trail, le Nord-Ouest fascine les aventuriers et les rêveurs. Ici, l'air est si pur qu'on devrait le mettre en bouteille, les arbres sont plus anciens que bien des palais Renaissance de Rome et la côte, qui marque la fin du continent, s'ouvre sur le plus vaste océan du monde. Avis aux cow-boys : si le Far West existe, il est ici.

Quand partir

Seattle

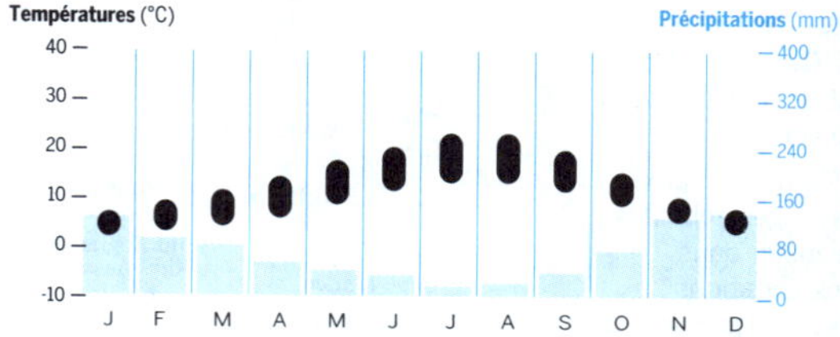

Jan-mars Neige et ski dans les Cascades et au-delà.

Mai Saison des festivals, dont le Portland Rose, l'International Film Festival et l'Oregon Shakespeare Festival.

Juil-sept Idéal pour randonner, après la fonte des neiges et avant les rafales automnales.

À ne pas manquer

1 Les recoins tranquilles des **San Juan Islands** (p. 401), qui se découvrent à vélo ou en kayak.

2 La magnifique **côte de l'Oregon** (p. 429) à parcourir depuis la belle Astoria jusqu'à Port Orford, plein de charme.

3 Des arbres plus vieux que nos châteaux de la Loire dans l'**Olympic National Park** (p. 396).

4 **Pike Place Market** (p. 382), un marché offrant un extraordinaire spectacle à ciel ouvert.

5 Une visite de **Portland** (p. 410), faite de balades dans des quartiers paisibles et verdoyants et d'explorations culinaires de *food carts*.

6 Les eaux incroyablement bleues et les panoramas magnifiques du **Crater Lake National Park** (p. 429).

7 VTT, escalade et ski à **Bend** (p. 427), haut lieu des sports de plein air.

8 De merveilleux vins rouges et blancs à déguster dans les exploitations vinicoles des environs de **Walla Walla** (p. 409).

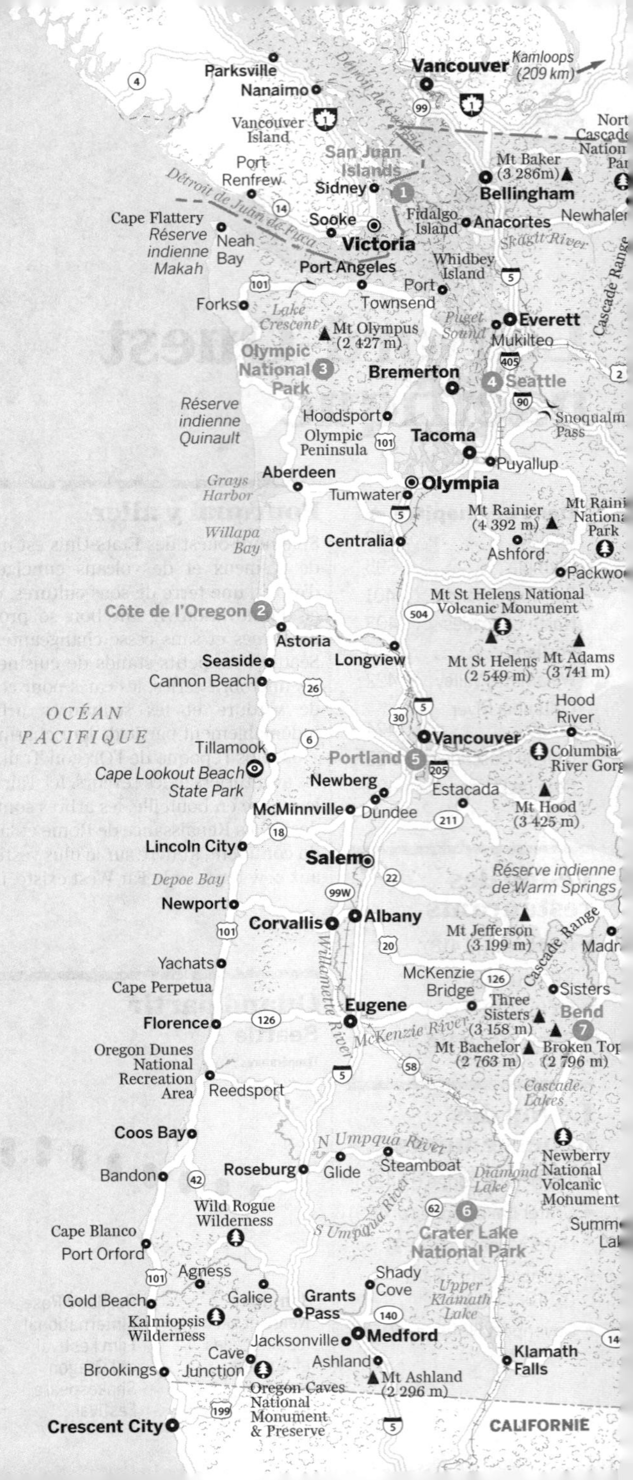

0 100 km
0 50 miles
CANADA
Colombie-Britannique
Castlegar
Cranbrook (45 km)
Methow Valley
Winthrop
Stehekin
Réserve indienne de Colville
Colville
Columbia River
Lake Roosevelt
Réserve indienne de Spokane
Newport
Priest Lake
Lake Pend Oreille
Lake Chelan
Chelan
Coulee Dam
Spokane River
Leavenworth
Coulee City
Spokane
Coeur d'Alene
Cœur d'Alene Lake
MONTANA
Missoula (61 km)
Wenatchee
WASHINGTON
Moses Lake
Ellensburg
Colfax
IDAHO
Yakima
Columbia River
Snake River
Pullman
Moscow
Toppenish
Lewiston
Réserve indienne Yakama
Kennewick
Benton City
Walla Walla
8
Blue Mountains
Grande Ronde River
Columbia River
Umatilla
Arlington
Pendleton
Réserve indienne Umatilla
Eagle Cap Wilderness
Imnaha
Hells Canyon National Recreation Area
Enterprise
Joseph
La Grande
Wallowa Mountains
Hells Canyon Dam
John Day River
Halfway
Oxbow
Kimberly
Baker City
Mitchell
John Day Fossil Beds National Monument
John Day
rineville
Seneca
OREGON
Ontario
Malheur River
Burns
Lake Owyhee
Crane
Harney Lake
Malheur Lake
Jordan Valley
ummer ake
Frenchglen
Steens Mtn (2 978 m)
Burns Junction
IDAHO
Lake Albert
Warner Lakes
Alvord Desert
Boise (32 km)
Crump Lakes
Lakeview
oose ake
McDermitt
NEVADA

Histoire

Des communautés amérindiennes, notamment Chinooks et Salishes, occupaient depuis longtemps la côte quand les Européens arrivèrent dans le Nord-Ouest pacifique au XVIIIe siècle. Dans les terres, sur les plateaux arides entre les Cascades et les Rocheuses, les Spokanes, les Nez-Percés et d'autres tribus vivaient de migration saisonnière entre vallées fluviales et hautes terres tempérées.

Trois siècles après la découverte du Nouveau Monde par Christophe Colomb, Espagnols et Britanniques commencèrent à explorer la côte du Nord-Ouest pacifique en quête du mythique passage du Nord-Ouest. En 1792, le capitaine George Vancouver, premier navigateur à traverser le Puget Sound (détroit de Puget), proclama la souveraineté britannique sur toute la région. Au même moment, le capitaine américain Robert Gray découvrait l'embouchure du fleuve Columbia. En 1805, Lewis et Clark franchirent les Rocheuses et descendirent le Columbia jusqu'au Pacifique, étendant ainsi le territoire souverain des États-Unis.

En 1824, la Compagnie de la Baie d'Hudson fonda Fort Vancouver dans l'État de Washington, qui devint le centre névralgique de la région de la Columbia. Cette fondation fut à l'origine de plusieurs vagues d'arrivants mais eut des conséquences désastreuses sur les cultures indigènes, qui furent frappées par les maladies européennes et minées par l'alcool.

En 1843, les colons de Champoeg, sur la Willamette River au sud de Portland, votèrent la mise en place d'un gouvernement provisoire indépendant de la Compagnie de la Baie d'Hudson, liant ainsi leur sort à celui des États-Unis qui acquirent officiellement ce territoire aux Britanniques par traité en 1846. Au cours de la décennie suivante, près de 53 000 colons arrivèrent dans le Nord-Ouest par l'Oregon Trail, long de 3 200 km.

L'arrivée du rail dans la région fut décisive. Agriculture et bois de construction furent les piliers de l'économie jusqu'en 1914, date à laquelle, avec la Première Guerre mondiale et l'ouverture du canal de Panama, le commerce vers les ports du Pacifique s'accrut. Des chantiers navals apparurent le long du Puget Sound et l'entreprise Boeing s'installa près de Seattle.

Les grands barrages des années 1930 et 1940 fournirent une électricité bon marché et des sources d'irrigation. La Seconde Guerre mondiale vint renforcer les industries aéronautique et navale tandis que l'agriculture prospérait. Dans l'après-guerre, la population de l'État de Washington, particulièrement dense vers le Puget Sound, était deux fois plus importante que celle de l'Oregon.

Dans les années 1980 et 1990, l'économie changea encore de visage avec l'essor de l'industrie high-tech, ayant pour fer de lance Microsoft à Seattle et Intel à Portland.

Durant les dernières décennies, la production hydroélectrique et l'irrigation massive le long de la Columbia River ont

LE NORD-OUEST PACIFIQUE EN...

Quatre jours

Atterrissez à **Seattle** et faites le tour des principales curiosités de Pike Place Market et du Seattle Center les deux premiers jours. Le troisième, mettez le cap sur **Portland**, où vous pourrez vous déplacer à vélo pour rejoindre bars, cafés, stands de rue et boutiques.

Une semaine

Ajoutez la visite de quelques sites phares comme le **Mt Rainier**, l'**Olympic National Park**, la **Columbia River Gorge** et le **Mt Hood** ; ou explorez la spectaculaire côte de l'Oregon, en particulier le secteur de **Cannon Beach**, ou encore le port historique de **Port Townsend**, sur l'Olympic Peninsula.

Deux semaines

L'inoubliable **Crater Lake** peut-être combiné à une découverte d'**Ashland** et de son Shakespeare Festival. Autres possibilités tout aussi séduisantes : les délicates **San Juan Islands**, à la frontière maritime avec le Canada, et **Bend**, la capitale régionale des activités de plein air. Les amateurs de vin trouveront leur bonheur à **Walla Walla**, dans l'État de Washington, ou dans la **Willamette Valley**, dans l'Oregon, le paradis du pinot noir.

mis en danger l'écosystème du fleuve, et l'abattage des arbres a laissé des traces. Mais la région a su redorer son blason écologique en attirant des entreprises particulièrement soucieuses de l'environnement. Comptant certaines des villes les plus vertes des États-Unis, elle fait désormais figure de vitrine nationale en matière de lutte contre le réchauffement climatique.

Culture locale

De l'habitant du Nord-Ouest pacifique, on a souvent l'image d'un citadin à la tenue décontractée, qui boit du café *latte* ou une bière d'une microbrasserie locale et vote démocrate. Évidemment, la réalité est plus complexe.

Seattle et Portland sont les pôles urbains les plus emblématiques de la région. Dans l'intérieur des terres, plus sec et moins vert, les racines culturelles ont une couleur plus traditionnelle. Le long de la Columbia River ou au milieu des steppes arides du sud-est de l'État de Washington, des petites villes organisent des rodéos endiablés, les centres touristiques mettent en avant la culture du Far West et le café se sert noir – pas de latte ni de thé matcha.

De manière générale, la vie dans l'Ouest est plus décontractée et moins frénétique que sur la côte Est. D'ailleurs, après les abondantes pluies hivernales, les habitants du Nord-Ouest pacifique saisissent la première occasion pour aller prendre l'air. Fin mai, début juin, d'innombrables randonneurs et cyclistes se rendent dans les parcs nationaux et les espaces sauvages qui font la réputation de la région.

ℹ Comment s'y rendre et circuler

AVION

Le Seattle-Tacoma International Airport, ou "Sea-Tac", et le Portland International Airport, les principaux aéroports de la région, desservent la plupart des destinations d'Amérique du Nord et proposent plusieurs vols depuis/vers l'étranger.

BATEAU

Les Washington State Ferries (www.wsdot.wa.gov/ferries) relient Seattle à Bainbridge et aux Vashon Islands. D'autres partent de Whidbey Island pour Port Townsend sur l'Olympic Peninsula, et d'Anacortes pour Sidney (Colombie-Britannique) via les San Juan Islands. Victoria Clipper (www.clippervacations.com) propose des traversées entre Seattle et Victoria (Colombie-Britannique), et d'autres ferries pour Victoria partent de Port Angeles. Les ferries Alaska Marine Highway (www.dot.state.ak.us/amhs) partent de Bellingham (Washington) pour l'Alaska.

BUS

Les bus Greyhound (www.greyhound.com) assurent la liaison le long de l'I-5 entre Bellingham, dans le nord de l'État de Washington, jusqu'à Medford, dans le sud de l'Oregon, avec des correspondances pour le reste des États-Unis et le Canada. Les lignes est-ouest partent vers Spokane, Yakima, le Tri-Cities (Kennewick, Pasco et Richland dans l'État de Washington), Walla Walla et Pullman dans l'État de Washington, ainsi que Hood River et Pendleton dans l'Oregon. Des compagnies de bus privées desservent la majeure partie des plus petites villes de la région, assurant souvent des correspondances avec les bus Greyhound ou les trains Amtrak.

VOITURE

Disposer d'un véhicule est de loin le meilleur moyen pour visiter le Nord-Ouest pacifique. Des agences de location sont présentes dans toute la région. L'I-5 est le principal axe routier nord-sud. Dans l'État de Washington, l'I-90 dessert l'est entre Seattle et Spokane et rejoint l'Idaho. Dans l'Oregon, l'I-84 bifurque vers l'est après Portland et longe la Columbia River Gorge pour rejoindre Boise dans l'Idaho.

TRAIN

Amtrak (www.amtrak.com) propose une desserte vers le nord (jusqu'à Vancouver, Canada) et le sud (jusqu'en Californie) reliant Seattle, Portland et d'autres grands centres urbains avec les lignes *Cascades* et *Coast Starlight*. Le fameux *Empire Builder* part de Seattle et Portland vers l'est, jusqu'à Chicago (les deux lignes se rejoignent à Spokane).

ÉTAT DE WASHINGTON

Cœur battant du Nord-Ouest pacifique, l'État de Washington concentre tout ce que l'on peut espérer, de la luxuriante Olympic Peninsula aux pics blancs sauvages des Cascade Mountains en passant par l'ambiance détendue des San Juan Islands, idéales pour pratiquer le kayak. Plus à l'est, vous découvrirez une autre facette de l'État : des paysages d'une beauté aride, avec des domaines viticoles haut de gamme et des petits-déjeuners de cow-boy, ainsi que des vergers, des champs de blé et l'histoire des pionniers.

L'ÉTAT DE WASHINGTON EN BREF

Surnom Evergreen State (l'État toujours vert)

Population 7,3 millions d'hab.

Superficie 184 575 km²

Capitale Olympia (51 609 hab.)

Autres villes Seattle (744 955 hab.), Spokane (217 108 hab.), Bellingham (89 045 hab.)

TVA 6,5%

Lieu de naissance de l'acteur Bing Crosby, de l'écrivain Richard Brautigan ou encore de Kurt Cobain, leader du groupe Nirvana

Patrie du Mt St Helens, de Microsoft, Starbucks, Amazon.com et de l'Evergreen State College

Politique Gouverneurs démocrates depuis 1985

Célèbre pour le grunge, son café, *Grey's Anatomy*, ses volcans, ses pommes, son vin, ses précipitations

Légume local L'oignon doux de Walla Walla

Distances routières Seattle-Portland : 280 km ; Spokane-Port Angeles : 587 km

Seattle est l'agglomération la plus importante, mais chacune des grandes villes de l'État – Spokane, Bellingham, Olympia – a du charme. Cela dit, pour profiter au mieux de votre séjour dans l'État de Washington, vous gagnerez à abandonner le milieu urbain et à vous perdre dans les montagnes et les bois, le long de la côte ou sur les îles. Ici, les meilleures expériences se vivent sans intermédiaire.

Seattle

Croisez Portland l'intellectuelle avec Vancouver (Canada) la belle et vous aurez une idée de Seattle. On a peine à croire que la plus grande métropole du Nord-Ouest pacifique était considérée comme une ville "secondaire" jusque dans les années 1980. Mélange d'innovation et d'individualisme décomplexé, elle est devenue à l'heure d'Internet une cité où se créent les tendances, sous l'impulsion d'une population regroupant geeks et artistes.

Tantôt élégante, tantôt branchée et décontractée, Seattle est connue pour ses quartiers attractifs, ses excellentes universités et ses embouteillages monstrueux. Bien qu'elle ait accouché de sa propre culture pop, elle n'a pas encore forgé son mythe comme Paris ou New York. Le Mt Rainier, "la Montagne", masse de roche et de glace haute de 4 392 m, sert d'emblème à la ville et lui rappelle en permanence la proche nature sauvage et les catastrophes volcaniques qui la menacent.

À voir

Downtown (centre-ville)

Pike Place Market MARCHÉ
(carte p. 384 ; 206-682-7453 ; www.pikeplacemarket.org ; 85 Pike St, Pike Place ; 9h-18h lun-sam, 9h-17h dim ; Westlake). Tumulte, arômes, fortes personnalités, plaisanteries et théâtre urbain où s'expriment des personnalités hautes en couleur, Pike Place est un condensé de Seattle. Bordant les eaux d'Elliott Bay depuis 1907, ce marché toujours aussi authentique et effervescent montre la vraie nature de la ville : ouverte, éclectique et fière de sa singularité. Une extension a vu le jour en 2017, accueillant nouveaux emplacements, espaces communs couverts, places de stationnement supplémentaires et logements à loyer modéré pour les personnes âgées.

Seattle Art Museum MUSÉE
(SAM ; carte p. 384 ; 206-654-3210 ; www.seattleartmuseum.org ; 1300 1st Ave, Downtown ; tarif plein/étudiant 25/15 $; 10h-17h mer et ven-lun, 10h-21h jeu ; University St). S'il ne peut rivaliser avec les grands musées de New York ou de Chicago, le SAM jouit d'une excellente réputation pour ses importantes collections d'objets amérindiens et de peintures locales, en particulier celles, abstraites, de Mark Tobey (1890-1976). L'art moderne américain y est également bien représenté. Le musée acquiert régulièrement de nouvelles pièces et organise des expositions temporaires et itinérantes.

Olympic Sculpture Park PARC
(carte p. 384 ; 206-654-3100 ; 2901 Western Ave, Belltown ; aube-crépuscule ; 33). GRATUIT Cette prouesse d'aménagement urbain appartient au Seattle Art Museum et témoigne de la même exigence en termes d'agencement et de sélection des œuvres. Une vingtaine de sculptures sont installées dans cet

espace vert occupant une ancienne friche : vous pourrez les découvrir en longeant les chemins sinueux du parc. Le Puget Sound et l'Olympic Peninsula en toile de fond rendent le panorama particulièrement photogénique.

Pioneer Square et l'International District

Seattle a conservé son architecture en brique rouge et ses rues à l'ambiance tumultueuse, assagie toutefois par quelques galeries d'art et restaurants locavores. L'International District, qui a accueilli beaucoup de communautés d'immigrés d'Asie du Sud-Est, offre d'excellentes adresses pour faire des emplettes et régaler ses papilles de mets asiatiques, tandis que SoDo (sud de Downtown) est un austère quartier d'entrepôts qui attirent régulièrement de nouvelles distilleries et des *dispensaries*, des lieux où l'on achète légalement du cannabis.

Klondike Gold Rush National Historical Park MUSÉE

(carte p. 384 ; 206-553-3000 ; www.nps.gov/klse ; 319 2nd Ave S, Pioneer Sq ; 9h-17h tlj juin-août, 10h-17h mar-dim sept-fév, 10h-17h tlj mars-mai ; First Hill Streetcar). GRATUIT Géré par le service des parcs nationaux américains, ce musée propose des objets, des photos et des coupures de presse en lien avec la ruée vers l'or du Klondike (1897), quand une Seattle survoltée servait de dépôt de carburant pour les prospecteurs en route pour le Yukon, au Canada. L'entrée coûterait 20 $ partout ailleurs, mais à Seattle, c'est gratuit !

Wing Luke Museum of the Asian Pacific American Experience MUSÉE

(carte p. 384 ; 206-623-5124 ; www.wingluke.org ; 719 S King St, International District ; tarif plein/enfant 17/12 $, entrée libre le 1er jeu du mois 10h-20h ; 10h-17h mar-dim ; First Hill Streetcar). Ce musée passionnant est consacré à la culture pacifique américano-asiatique. Des sujets épineux y sont abordés comme le contrôle de l'installation des Chinois dans les années 1880 et les camps d'internement de Japonais durant la Seconde Guerre mondiale. Il programme régulièrement des expositions, comme dernièrement *Une journée dans la vie de Bruce Lee*, et présente la reconstitution d'un appartement d'immigrants. Des visites guidées sont proposées.

Seattle Center

Space Needle ÉDIFICE EMBLÉMATIQUE

(carte p. 384 ; 206-905-2100 ; www.spaceneedle.com ; 400 Broad St, Seattle Center ; tarif plein/enfant 37,50/32,50 $, avec entrée au Chichuly Garden and Glass 49/39 $; 9h30-23h lun-jeu, 9h30-23h30 ven-sam, 9h-23h dim ; M Seattle Center). Cette gracieuse tour futuriste, érigée pour l'Exposition universelle de 1962, est le symbole incontesté de la ville depuis plus de 50 ans. L'"aiguille" appartenant au complexe appelé désormais le **Seattle Center** (carte p. 384 ; 206-684-8582 ; www.seattlecenter.com ; 400 Broad St, Seattle Center ; S Seattle Center) attire plus de 1 million de visiteurs annuels sur sa terrasse d'observation évoquant une soucoupe volante et dans son onéreux restaurant tournant.

Museum of Pop Culture MUSÉE

(carte p. 384 ; 206-770-2700 ; www.mopop.org ; 325 5th Ave N, Seattle Center ; adulte/enfant 28/19 $; 10h-17h jan-fin mai et sept-déc, 10h-19h fin mai-août ; S Seattle Center). Le musée de la Culture pop (MoPOP, ex EMP) est un savant mariage entre architecture contemporaine et rock and roll. Imaginé et financé par le cofondateur de Microsoft, Paul Allen (1953-2018), ce musée est l'œuvre de l'architecte Frank Gehry. Il fait la part belle au répertoire musical de Seattle, tels Jimi Hendrix et le grunge. Venez imiter les maîtres du rock dans l'interactif "Sound Lab" ou découvrir les espaces consacrés à la science-fiction.

Chihuly Garden and Glass MUSÉE

(carte p. 384 ; 206-753-4940 ; www.chihulygardenandglass.com ; 305 Harrison St, Seattle Center ; adulte/enfant 26/17 $, avec entrée Space Needle 49/39 $; 10h-20h dim-jeu, 10h-21h ven-sam ; S Seattle Center). Inaugurée en 2012, cette somptueuse collection d'art verrier présente la vie et l'œuvre du sculpteur local Dale Chihuly. Ses créations sont installées dans une suite de pièces tantôt sombres, tantôt lumineuses, interconnectées. La visite se poursuit dans un atrium tout en verre, pour finir dans un jardin aménagé à l'ombre de la Space Needle. Ne manquez pas les démonstrations de soufflage de verre.

Capitol Hill

Capitol Hill est le quartier le plus effrontément branché de Seattle : ici, l'exceptionnellement riche se mêle à l'exceptionnellement excentrique. Si la gentrification lui a ôté

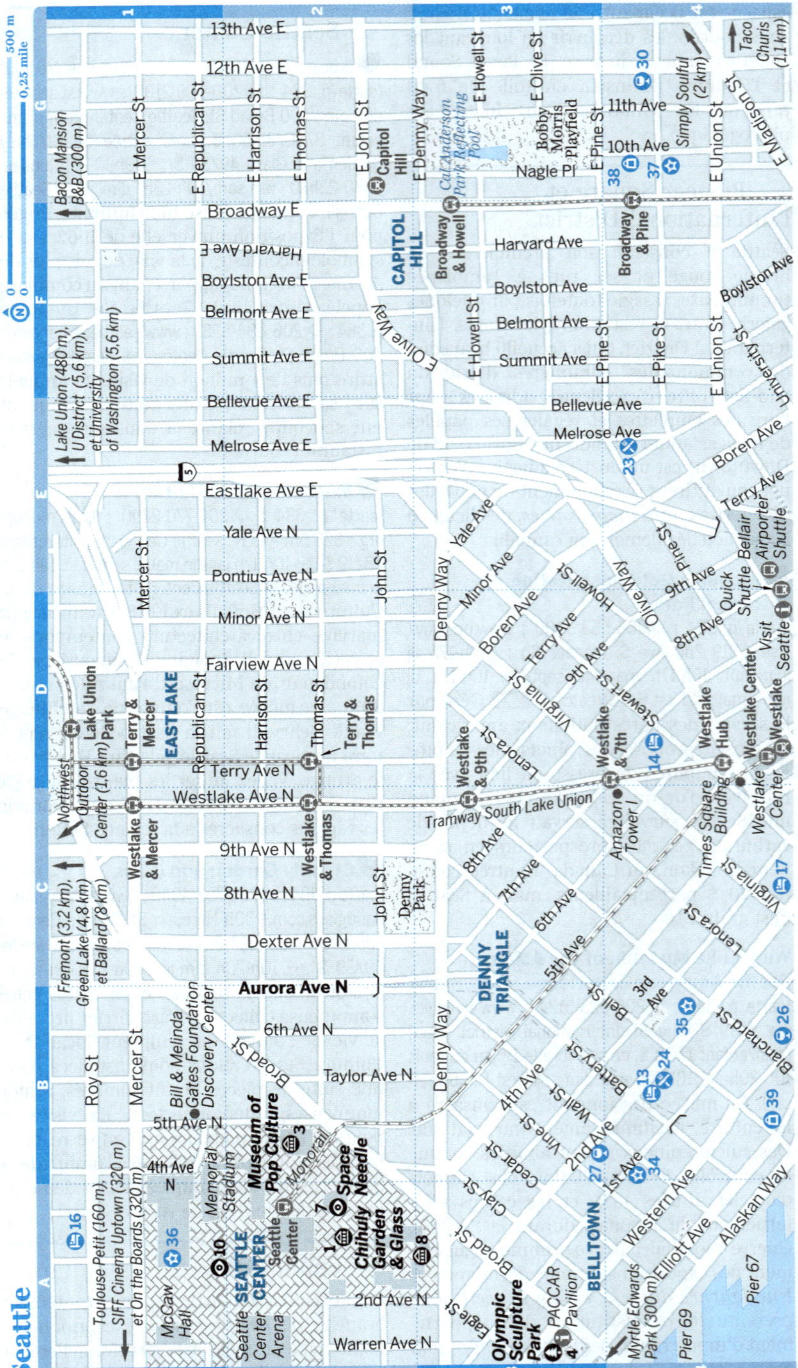
Seattle
500 m
0,25 mile
Bacon Mansion B&B (300 m)
Lake Union (480 m), U District (5,6 km), et University of Washington (5,6 km)
Fremont (3,2 km), Green Lake (4,8 km) et Ballard (8 km)
Northwest Outdoor Center (1,6 km)
Toulouse Petit (160 m), SIFF Cinema Uptown (320 m) et On the Boards (320 m)
Simply Soulful (2 km)
Taco Churis (1,1 km)
Myrtle Edwards Park (300 m)
CAPITOL HILL
EASTLAKE
DENNY TRIANGLE
BELLTOWN
SEATTLE CENTER
Capitol Hill
Cal Anderson Park Reflecting Pool
Bobby Morris Playfield
Lake Union Park
Denny Park
Bill & Melinda Gates Foundation Discovery Center
Museum of Pop Culture
Space Needle
Chihuly Garden & Glass
Memorial Stadium
McCaw Hall
Seattle Center Arena
Seattle Center
Monorail
Olympic Sculpture Park
PACCAR Pavilion
Pier 69
Pier 67
Amazon Tower I
Times Square Building
Westlake Center
Westlake Hub
Westlake
Visit Seattle
Quick Shuttle
Bellair Airporter Shuttle
Tramway South Lake Union
Broadway & Howell
Broadway & Pine
Terry & Mercer
Westlake & Mercer
Terry & Thomas
Westlake & Thomas
Westlake & 9th
Westlake & 7th
13th Ave E
12th Ave E
11th Ave
10th Ave
E Mercer St
E Republican St
E Harrison St
E Thomas St
E John St
E Denny Way
E Howell St
E Olive St
E Pine St
E Pike St
E Union St
E Madison St
Nagle Pl
Broadway E
Harvard Ave E
Boylston Ave E
Belmont Ave E
Summit Ave E
Bellevue Ave E
Melrose Ave E
Eastlake Ave E
Yale Ave N
Pontius Ave N
Minor Ave N
Fairview Ave N
Terry Ave N
Westlake Ave N
9th Ave N
8th Ave N
Dexter Ave N
Aurora Ave N
6th Ave N
Taylor Ave N
5th Ave N
4th Ave N
2nd Ave N
Warren Ave N
Harvard Ave
Boylston Ave
Belmont Ave
Summit Ave
Bellevue Ave
Melrose Ave
Boren Ave
Terry Ave
University St
E Olive Way
Olive Way
Yale Ave
Minor Ave
Howell St
Pine St
9th Ave
8th Ave
7th Ave
6th Ave
5th Ave
4th Ave
3rd Ave
2nd Ave
1st Ave
Western Ave
Elliott Ave
Alaskan Way
Virginia St
Stewart St
Lenora St
Blanchard St
Bell St
Battery St
Wall St
Vine St
Cedar St
Clay St
Broad St
Eagle St
Denny Way
Mercer St
Republican St
Harrison St
Thomas St
John St
Roy St
1 2 3 4 7 8 10 13 14 16 17 23 24 26 27 30 34 35 36 37 38 39
A B C D E F G

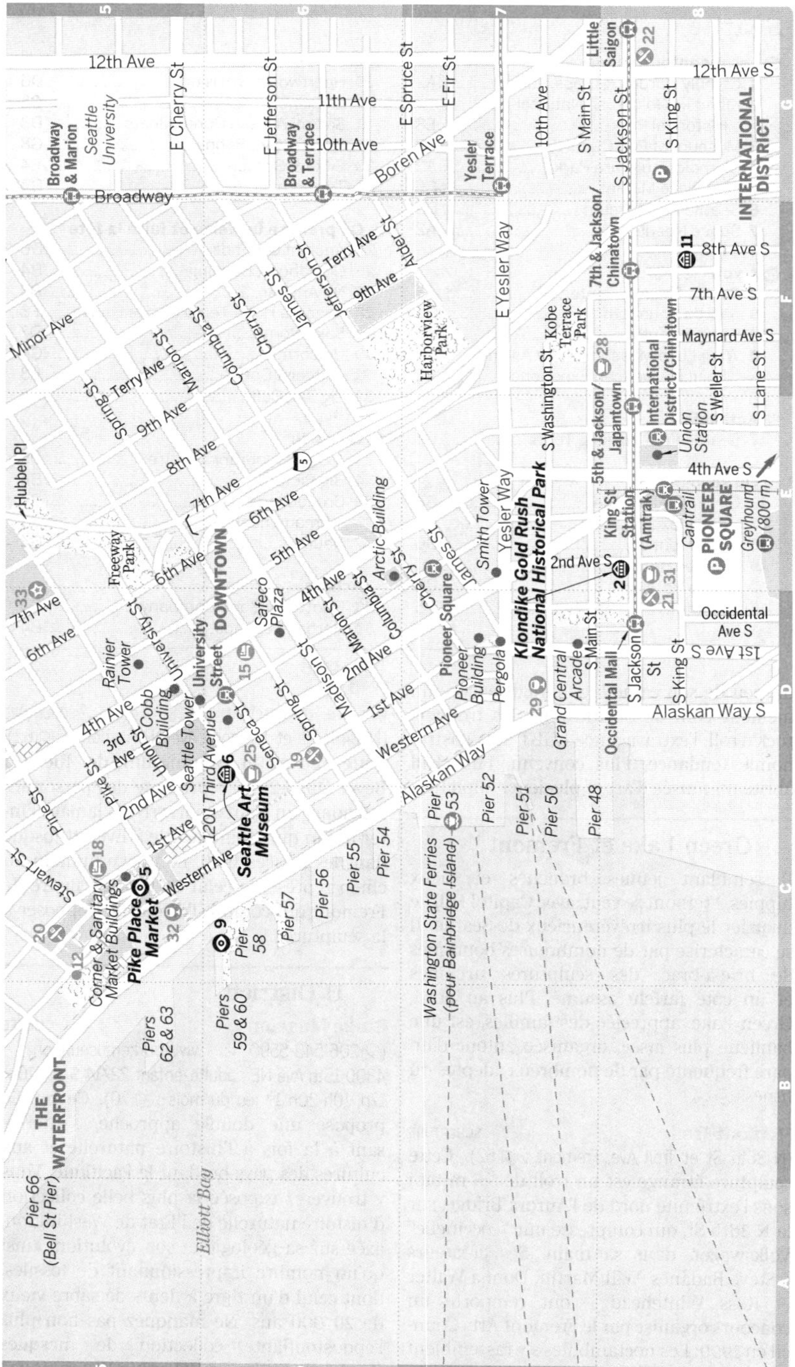
THE WATERFRONT
DOWNTOWN
INTERNATIONAL DISTRICT
PIONEER SQUARE
Little Saigon
Elliott Bay
Pier 66 (Bell St Pier)
Piers 62 & 63
Piers 59 & 60
Pier 58
Pier 57
Pier 56
Pier 55
Pier 54
Pier 53
Pier 52
Pier 51
Pier 50
Pier 48
Washington State Ferries (pour Bainbridge Island)
Pike Place Market
Corner & Sanitary Market Buildings
Seattle Art Museum
1201 Third Avenue
Seattle Tower
Cobb Building
Rainier Tower
University Street
Safeco Plaza
Arctic Building
Smith Tower
Pioneer Square
Pioneer Building
Pergola
Klondike Gold Rush National Historical Park
Grand Central Arcade
Occidental Mall
King St Station
(Amtrak)
Cantrail
Union Station
Greyhound (800 m)
International District/Chinatown
5th & Jackson/ Japantown
7th & Jackson/ Chinatown
Kobe Terrace Park
Harborview Park
Freeway Park
Hubbell Pl
Yesler Terrace
Broadway & Terrace
Broadway & Marion
Seattle University
Broadway
Boren Ave
12th Ave
11th Ave
10th Ave
9th Ave
8th Ave
7th Ave
6th Ave
5th Ave
4th Ave
3rd Ave
2nd Ave
1st Ave
Western Ave
Alaskan Way
Alaskan Way S
Minor Ave
Terry Ave
Stewart St
Pine St
Pike St
Union St
University St
Seneca St
Spring St
Madison St
Marion St
Columbia St
Cherry St
James St
Jefferson St
Alder St
Yesler Way
E Yesler Way
E Cherry St
E Jefferson St
E Spruce St
E Fir St
S Washington St
S Main St
S Jackson St
S King St
S Weller St
S Lane St
12th Ave S
10th Ave
8th Ave S
7th Ave S
Maynard Ave S
4th Ave S
2nd Ave S
Occidental Ave S
1st Ave S
5
6
7
8
A
B
C
D
E
F
G
2
5
6
9
11
12
15
18
19
20
21
22
25
28
29
31
32
33
53

Seattle

Les incontournables
1 Chihuly Garden & Glass....A2
2 Klondike Gold Rush National Historical Park....E8
3 Museum of Pop Culture....B2
4 Olympic Sculpture Park....A3
5 Pike Place Market....C5
6 Seattle Art Museum....D6
7 Space Needle....A2

À voir
8 Pacific Science Center....A3
9 Seattle Aquarium....C6
10 Seattle Center....A1
11 Wing Luke Museum of the Asian Pacific American Experience....F8

Activités
12 Seattle Free Walking Tours....C5

Où se loger
13 City Hostel Seattle....B4
14 Hotel Max....D4
15 Hotel Monaco....D6
16 Maxwell Hotel....A1
17 Moore Hotel....C4
18 Palihotel....C5

Où se restaurer
19 Heartwood Provisions....D6
20 Le Pichet....C5
21 Salumi Artisan Cured Meats....D8
22 Seven Stars Pepper....G8
23 Sitka & Spruce....E4
24 Tavolàta....B4

Où prendre un verre et faire la fête
25 Ancient Grounds....D6
26 Cloudburst Brewing....B4
27 No Anchor....B3
28 Panama Hotel Tea & Coffee House....F8
29 Saké Nomi....D7
30 Unicorn....G4
31 Zeitgeist Coffee....E8
32 Zig Zag Café....C5

Où sortir
33 A Contemporary Theatre....D5
34 Big Picture....B4
35 Crocodile....B4
36 Intiman Theatre....A1
37 Neumos....G4

Achats
38 Elliott Bay Book Company....G4
39 Herban Legends....B4

un peu de son caractère, il s'agit encore du meilleur coin de Seattle pour les troquets rock'n'roll, l'extravagance LGBT et la gastronomie tendance. Plus convenu, First Hill abrite un musée d'art et plusieurs hôpitaux.

Green Lake et Fremont

Rassemblant jeunes branchés et vieux hippies, Fremont se veut, avec Capitol Hill, le quartier le plus irrévérencieux de Seattle. Il se caractérise par de nombreuses boutiques de bric-à-brac, des sculptures urbaines et un côté farfelu assumé. Plus au nord, Green Lake, appréciée des familles, est une banlieue plus aisée, organisée autour d'un parc fréquenté par de nombreux adeptes du fitness.

Fremont Troll SCULPTURE

(N 36th St et Troll Ave, Fremont ; 62). Cette sculpture étrange est un troll de 5,5 m tapi sous l'extrémité nord de l'Aurora Bridge, sur la N 36th St, qui compresse une "coccinelle" Volkswagen dans sa main. Ses créateurs – Steve Badanes, Will Martin, Donna Walter et Ross Whitehead – ont remporté un concours organisé par le Fremont Arts Council en 1990. Les noctambules s'y rassemblent pour boire des bières.

Waiting for the Interurban SCULPTURE

(N 34th St et Fremont Ave N, Fremont ; 62). Cette œuvre en aluminium de Richard Beyer (1925-2012) représente des personnes attendant un train qui n'arrivera jamais, l'interurbain qui reliait Seattle à Everett jusque dans les années 1930. Le visage humain du chien représente celui de l'ancien maire de Fremont qui commit l'erreur de s'opposer à la sculpture.

U District

Burke Museum MUSÉE

(206-543-5590 ; www.burkemuseum.org ; 4300 15th Ave NE ; adulte/enfant 22/14 $; 10h-17h, 10h-20h 1er jeu du mois ; 70). Ce musée propose une double approche, s'intéressant à la fois à l'histoire naturelle et aux cultures des pays bordant le Pacifique. Vous y trouverez exposée la plus belle collection d'histoire naturelle de l'État de Washington, axée sur sa géologie et son évolution, ainsi qu'un nombre impressionnant de fossiles, dont celui d'un tigre à dents de sabre vieux de 20 000 ans. Ne manquez pas non plus l'époustouflante collection de masques Kwakwaka'wakw de Colombie-Britannique.

Ballard

Ancienne communauté de marins à l'héritage nordique, Ballard a gardé son ambiance de petite ville côtière. Pour autant, le quartier ne manque pas d'intérêt : il est même devenu l'un des meilleurs de la ville pour ses restaurants, ses bars animés et ses boutiques.

Hiram M Chittenden Locks CANAL
(3015 NW 54th St ; 7h-21h ; 40). GRATUIT Les jours de beau temps, Seattle prend des airs de peinture impressionniste aux Hiram M Chittenden Locks. C'est ici que les eaux douces du Lake Washington et du Lake Union plongent sur 6,7 m dans l'eau salée du Puget Sound, ayant rendu nécessaire la construction d'un canal et d'écluses à partir de 1911. Aujourd'hui, 100 000 bateaux les traversent chaque année, constituant un spectacle toujours renouvelé. On peut y observer une passe à poissons à travers des panneaux de verre sous-marins, se balader dans les jardins botaniques et visiter le petit musée.

Activités

Cyclotourisme

Malgré la pluie fréquente et le terrain vallonné, le vélo est largement utilisé dans la région, que ce soit comme loisir ou comme moyen de transport. En 2014, la ville a lancé un programme de vélos partagés, abandonné en mars 2017 en raison du manque d'utilisateurs. En 2018, plusieurs compagnies privées, dont Lyft et Lime, ont relancé l'expérience.

En ville, de nombreuses rues sont dotées de pistes cyclables (peintes en vert), les circuits sont bien entretenus et la communauté de cyclistes partage la route avec plaisir. Très apprécié, le **Burke-Gilman Trail** serpente sur 32 km entre Ballard et Log Boom Park à Kenmore, dans l'est de Seattle. Il rejoint ensuite le **Sammamish River Trail** (17,7 km), qui passe devant le domaine viticole de Chateau Ste Michelle, à Woodinville, avant d'aboutir au Marymoor Park de Redmond.

Green Lake (206-684-4075 ; 7201 E Green Lake Dr N, Green Lake ; 24h/24 ; 62), toujours bondé, la sublime **Alki Beach** (206-684-4075 ; 1702 Alki Ave SW, West Seattle ; 4h-23h30 ; 37) ou, plus proche du centre, le pittoresque **Myrtle Edwards Park** (206-684-4075 ; 3130 Alaskan Way, Belltown ; 24h/24 ; 33) constituent d'autres destinations agréables à vélo. Le dernier chemin continue à travers Interbay jusqu'à Ballard, où il rejoint le parcours Burke-Gilman.

Quiconque souhaite pédaler à Seattle a intérêt à se procurer la *Seattle Bicycling Guide Map,* publiée par le City of Seattle's Transportation Bicycle & Pedestrian Program, disponible en ligne (www.cityofseattle.net/transportation/bikemaps.htm) et dans les magasins de vélos.

Sports nautiques

Seattle est sillonnée de canaux adaptés au kayak. Le **Lakes to Locks Water Trail** relie le Lake Sammamish au Lake Washington, au Lake Union et – via l'écluse de Hiram M Chittenden – au Puget Sound. Pour connaître les lieux de mise à l'eau et les plans, visitez le site de la Washington Water Trails Association (www.wwta.org).

Northwest Outdoor Center KAYAK
(206-281-9694 ; www.nwoc.com ; 2100 Westlake Ave N, Lake Union ; location kayak/paddle 18/20 $/heure ; 10h-20h lun-ven, 9h-18h sam-dim avr-sept, fermé lun-mar oct-mars ; 62). Loue des kayaks et des planches de paddle du côté ouest de Lake Union ; organise également des excursions et donne des cours, en mer et en eaux vives.

Circuits organisés

Seattle Free Walking Tours À PIED
(carte p. 384 ; www.seattlefreewalkingtours.org ; 2001 Western Ave, Pike Place). GRATUIT Cet organisateur de circuits à but non lucratif propose un circuit pédestre intimiste de 2 heures comprenant Pike Place, le front de mer et

SEATTLE CITY PASS

Si vous restez plusieurs jours à Seattle et prévoyez de visiter ses principales curiosités, le **Seattle CityPASS** (www.citypass.com/seattle ; par adulte/4-12 ans 99/79 $) peut se révéler intéressant. Valable neuf jours, il permet de visiter cinq sites : la Space Needle, le Seattle Aquarium, l'Argosy Cruises Seattle Harbor Tour, le Museum of Pop Culture *ou* le Woodland Park Zoo, le Pacific Science Center *ou* le Chihuly Garden & Glass. Vous économisez ainsi environ 49% sur les entrées et ne ferez pas la queue. Disponible dans tous les lieux couverts par le Pass ou en ligne.

Pioneer Square (d'autres itinéraires sont possibles). On donne ce que l'on veut mais l'agence signale que des circuits similaires sont généralement facturés 20 $. Réservation en ligne.

Fêtes et festivals

Seafair FÊTE

(www.seafair.com ; juin-août). Ce festival du front de mer, extrêmement populaire, se déroule sous une forme ou une autre de juin à août. Venez pour la musique, les bateaux de pirates, les stands de nourriture ou simplement pour profiter du beau temps.

Bumbershoot ARTS DU SPECTACLE

(www.bumbershoot.com ; Seattle Center ; billet 3 jours à partir de 434 $; sept). Cet événement artistique et culturel est pour beaucoup le meilleur festival de la ville – qui est alors prise d'assaut ! Le week-end du Labor Day, en septembre, le Seattle Center sert de cadre à des concerts, des performances d'humoristes, des représentations de théâtre, d'arts visuels et de danse. Réservez longtemps à l'avance.

Où se loger

L'été, les hôtels affichent complet et les prix montent en flèche, réservez.

City Hostel Seattle AUBERGE DE JEUNESSE $

(carte p. 384 ; 206-706-3255 ; www.hostelseattle.com ; 2327 2nd Ave, Belltown ; dort/d à partir de 36/125 $; ; Westlake). Les jolies chambres de cette charmante "auberge de jeunesse artistique" bien située renferment des peintures murales colorées réalisées par des artistes locaux. Également, une salle commune, un Jacuzzi, un cinéma et un buffet petit-déjeuner à volonté. Les dortoirs comptent 4 ou 6 lits ; certains sont réservés aux femmes. Propose aussi plusieurs chambres privatives (avec/sans salle de bains). La gentillesse du personnel est saluée par la clientèle.

Moore Hotel HÔTEL $

(carte p. 384 ; 206-448-4851 ; www.moorehotel.com ; 1926 2nd Ave, Belltown ; d avec/sans sdb à partir de 165/117 $; ; 13). Le fantaisiste Moore au charme d'antan, branché et prétendument hanté, est certainement la meilleure affaire dans le centre de Seattle : nombreuses chambres simples mais sympathiques, à prix fixe toute l'année, formidable emplacement, agréable café au rez-de-chaussée et moquette à motifs félins.

Hotel Hotel Hostel HÔTEL, AUBERGE DE JEUNESSE $

(206-257-4543 ; www.hotelhotel.co ; 3515 Fremont Ave N, Fremont ; dort 34-36 $, d avec/sans sdb 140/120 $; ; 5). Aménagé dans un vénérable bâtiment aux murs de briques apparentes et aux radiateurs massifs, le seul véritable hôtel de Fremont est une bonne option. Comme le veut la tendance à Fremont, il s'agit plutôt d'une auberge de jeunesse (avec des dortoirs), mais on peut aussi le considérer comme un hôtel économique puisqu'il propose des chambres privées avec ou sans salle de bains.

La décoration de style industriel chic se traduit par un confort sobre. Le buffet du petit-déjeuner est inclus dans le prix et il y a une salle commune et une cuisine.

University Inn BOUTIQUE-HÔTEL $$

(206-632-5055 ; www.universityinnseattle.com ; 4140 Roosevelt Way NE ; ch à partir de 226 $;

SEATTLE AVEC DES ENFANTS

Allez tout droit, de préférence en monorail, au Seattle Center, où vous ne verrez pas passer le temps entre les stands d'alimentation, les artistes de rue, les fontaines et les espaces verts. Le **Pacific Science Center** (carte p. 384 ; 206-443-2001 ; www.pacificsciencecenter.org ; 200 2nd Ave N, Seattle Center ; adulte/enfant 26/18 $; 10h-17h lun-ven, 10h-18h sam-dim ; ; Seattle Center) est un lieu incontournable où l'on se divertit tout en s'instruisant grâce aux expositions de réalité virtuelle, spectacles lasers et hologrammes, au cinéma IMAX et au planétarium – les parents ne s'ennuient pas non plus.

Dans le centre-ville, sur le Pier 59, le **Seattle Aquarium** (carte p. 384 ; 206-386-4300 ; www.seattleaquarium.org ; 1483 Alaskan Way, Waterfront ; tarif plein/4-12 ans 35/25 $; 9h30-17h ; ; University St) permet d'apprendre plein de choses sur la nature dans le Nord-Ouest pacifique. Plus intéressant encore, le **Woodland Park Zoo** (206-548-2500 ; www.zoo.org ; 5500 Phinney Ave N, Green Lake ; tarif plein/enfant mai-sept 22,95/13,95 $, oct-avr 15,50/10,50 $; 9h30-18h mai-sept, 9h30-16h oct-avr ; ; 5) est l'un des plus grands sites touristiques de Seattle – il figure invariablement parmi les 10 meilleurs zoos du pays.

(P ❄ @ ≈ ≋ ; 🚌74). Cet établissement immaculé, moderne et bien situé est une bonne option, surtout si on prend en compte les gaufres servies au petit-déjeuner (inclus). Il est situé à quatre pâtés de maisons du campus et à seulement trois de la frénésie de l'"Ave". Les 102 chambres sont classées en trois catégories de confort mais toutes disposent d'une cafetière, d'un sèche-cheveux et du Wi-Fi ; certaines ont un balcon, un canapé et une station Bluetooth.

Bacon Mansion B&B B&B $$
(☎206-329-1864 ; www.baconmansion.com ; 959 Broadway E, Capitol Hill ; ch avec/sans sdb 244/189 $, ste à partir de 269 $; P @ ≈ ; 🚌49). Une demeure de style Tudor datant de 1909, dont l'imposante façade ne laisse rien présager du charme fantaisiste des sympathiques propriétaires. Ce B&B sur 4 niveaux, situé dans une rue résidentielle tranquille, juste après l'animation de Capitol Hill, est l'un des meilleurs du secteur. Parmi ses charmes, citons l'agréable jardin et le grand piano accessible à tous, dans la salle principale.

Graduate Seattle HÔTEL $$
(☎206-634-2000 ; www.graduatehotels.com ; 4507 Brooklyn Ave NE ; ch à partir de 237 $; P ❄ ≈ 🐾). Ce nouveau venu apporte une touche de sophistication branchée dans le paysage du U District. Le mobilier éclectique et les murs couverts de photos encadrées donnent l'impression d'une antique maison de vacances familiale plutôt que d'un hôtel flambant neuf, mais les équipements comme la salle de sport ouverte 24h/24 et l'incroyable bar sur le toit-terrasse ramènent vite dans le présent.

Palihotel BOUTIQUE-HÔTEL $$$
(carte p. 384 ; ☎206-596-0600 ; www.palisociety.com ; 107 Pine St, Downtown ; ch à partir de 298 $; ❄ ≈). Une fois n'est pas coutume, ce petit nouveau n'est pas un hôtel d'affaires fonctionnel dans une tour, mais un boutique-hôtel discret (membre d'une chaîne qui prend de l'ampleur) dont les fauteuils bien rembourrés et les murs vert foncé de style début XXe siècle sont aussi chics que douillets. L'atmosphère est surannée, mais des rénovations ont apporté le confort du XXIe siècle comme la climatisation et les douches à effet de pluie.

Hotel Monaco BOUTIQUE-HÔTEL $$$
(carte p. 384 ; ☎206-621-1770 ; www.monaco-seattle.com ; 1101 4th Ave, Downtown ; d/ste 293/406 $; P @ ≈ 🐾 ; 🚇University St). 🍃 L'élégant Monaco est un hôtel classique de la chaîne Kimpton. Ses chambres sont grandioses et colorées, à l'image du hall. Nombreuses prestations : prêt de vélo, centre de fitness, dégustation gratuite de vins, tapis de yoga dans les chambres.

Maxwell Hotel BOUTIQUE-HÔTEL $$$
(carte p. 384 ; ☎206-286-0629 ; 300 Roy St, Queen Anne ; ch/ste à partir de 311/371 $; P ❄ @ ≈ ≋ ; 🚌RapidRide D Line). Dans le quartier de Lower Queen Anne, le Maxwell cache derrière sa façade en brique un hall immense et lumineux. À l'étage, 139 chambres modernes avec parquet et literie scandinave. Petite piscine, salle de sport, vélos à disposition et cupcakes en guise de bienvenue.

Hotel Max BOUTIQUE-HÔTEL $$$
(carte p. 384 ; ☎206-441-4200 ; www.hotelmaxseattle.com ; 620 Stewart St, Belltown ; ch à partir de 263 $; P ❄ @ ≈ 🐾 ; 🚋South Lake Union Streetcar). Difficile d'être plus tendance que cet hôtel qui consacre un étage entier au label de rock indie Sub Pop (à l'origine du triomphe de Nirvana), basé à Seattle. Au 5e niveau, d'immenses photos de l'époque du grunge et des platines avec des vinyles dans toutes les chambres célèbrent la musique. Le thème artistique est décliné dans tout l'hôtel (il y a un Warhol dans le hall).

Où se restaurer

C'est au Pike Place Market (p. 382) que l'on se restaure le mieux à moindres frais. Faites votre choix de fruits et légumes frais, viennoiseries, plats de traiteurs et spécialités du monde à emporter.

Taco Chukis TACOS $
(www.facebook.com/TacosChukis ; 2215 E Union St, CD ; tacos 2,20-2,75 $; ⏲11h-21h ; 🚌2). L'une des meilleures adresses du moment à Seattle pour manger sur le pouce. Les tacos sont simples (porc juteux, guacamole, fromage fondu et délicieux ananas grillé) mais tellement savoureux que vous aurez peut-être envie de refaire la queue sitôt la dernière bouchée avalée.

Coro by Salumi SANDWICHS $
(carte p. 384 ; ☎206-621-8772 ; www.salumicuredmeats.com ; 404 Occidental Ave S, Pioneer Sq ; sandwichs 10,50-12,50 $; ⏲11h-15h lun-sam ; 🚇International District/Chinatown). Ce traiteur était bien connu pour les immenses files d'attente devant sa minuscule boutique, et même si le nouveau local est plus grand, vous devrez encore patienter pour les

légendaires sandwichs au salami à l'italienne ou à la viande (agneau grillé, épaule de porc, boulettes de viande). Sandwichs du jour ou à la carte, spécialités de soupes et de pâtes.

Un Bien CUBAIN **$**
(☎206-588-2040 ; www.unbienseattle.com ; 7302 ½ 15th Ave NW, Ballard ; plats 11-16 $; ⏲11h-21h mer-sam, 11h-20h dim ; 🚌RapidRide D Line). On peut attendre longtemps pour obtenir ces sandwichs au porc juteux à souhait (à emporter), mais le jeu en vaut la chandelle. Loin du cœur commerçant de Ballard, ce restaurant cubain appartient à deux frères qui subliment des recettes familiales.

♥**Bitterroot** BARBECUE **$$**
(☎206-588-1577 ; www.bitterrootbbq.com ; 5239 Ballard Ave NW, Ballard ; plats 11-19 $; ⏲11h-2h ; 🚌40). On vient à Bitterroot pour deux choses : la viande fumée et le whisky. Ce restaurant à l'agréable atmosphère de routier moderne excelle dans les deux. Vous pourrez commander la viande dans un sandwich ou une assiette, accompagnée de pain de maïs ou de chou-fleur rôti. De la même façon, vous aurez le choix pour le whisky, servi pur ou en cocktail.

♥**Ma'Ono** HAWAÏEN **$$**
(☎206-935-1075 ; www.maonoseattle.com ; 4437 California Ave SW, West Seattle ; plats 12-17 $; ⏲17h-22h mer et jeu, 17h-23h ven, 9h-15h et 17h-23h sam, 17h-22h dim ; 🚌55). Cet établissement de West Seattle propose l'un des meilleurs sandwichs de la ville : du poulet frit dans un petit pain hawaïen avec du chou et une sauce délicieusement épicée. Savourez-en un à l'heure du brunch, toujours très fréquenté, avec un cocktail mimosa à la goyave et des patates douces rôties au citron vert caramélisé.

♥**Seven Stars Pepper** SICHUANAIS **$$**
(carte p. 384 ; ☎206-568-6446 ; www.sevenstarspepper.com ; 1207 S Jackson St, International District ; plats 9-20 $; ⏲11h-15h et 17h-21h30 lun-mer, 11h-21h30 jeu, 11h-22h ven-sam, 11h-21h dim ; 🚋First Hill Streetcar). Ne soyez pas rebuté par l'emplacement sans charme au 2e niveau d'un centre commercial délabré : ce restaurant sichuanais est l'un des meilleurs de la ville. L'ensemble du menu est exceptionnel, mais les nouilles *dan dan* découpées à la main sont incontournables.

Le Pichet FRANÇAIS **$$**
(carte p. 384 ; ☎206-256-1499 ; www.lepichetseattle.com ; 1933 1st Ave, Pike Place ; plats dîner 22-25 $; ⏲8h-minuit ; 🚌Westlake). Juste au-dessus de Pike Place Market, ce joli bistrot d'inspiration française propose des pâtés, des fromages, du vin et du chocolat dans une ambiance raffinée. Au dîner sont servis soccas (galettes niçoises à la farine de pois chiches) et ragoût basque de fruits de mer. Pour ceux en mal du pays, il faudra compter une heure d'attente pour la spécialité maison, le poulet rôti (45 $ pour deux).

♥**Sitka & Spruce** AMÉRICAIN MODERNE **$$$**
(carte p. 384 ; ☎206-324-0662 ; www.sitkaandspruce.com ; 1531 Melrose Ave, Capitol Hill ; assiettes 16-35 $; ⏲11h30-14h et 17h-22h mar-jeu, 11h30-14h et 17h-21h lun, 11h30-14h et 17h-23h ven, 10h-14h et 17h-23h sam, 10h-14h et 17h-21h dim ; 🖉 ; 🚌10). Ce restaurant locavore et ancien projet pilote de Matt Dillon (célèbre chef, à ne pas confondre avec l'acteur) est devenu une institution. Précurseur en matière de déco et de cuisine du terroir, il sert un menu sans cesse renouvelé au gré des produits de la ferme de Dillon, à Vashon Island. Goûtez la charcuterie maison ou l'excellent rôti aux asperges et au foie. Excellent choix pour les végétariens également.

♥**Heartwood Provisions** FUSION **$$$**
(carte p. 384 ; ☎206-582-3505 ; www.heartwoodsea.com ; 1103 1st Ave, Downtown ; plats 24-37 $; ⏲16h30-22h dim-jeu, 16h30-23h ven-sam, et 9h30-14h sam-dim ; 🚌University St). Les cocktails ont le vent en poupe à Seattle et c'est encore plus vrai à Heartwood, un joli bar-restaurant proposant une carte de boissons inégalable. Venez le soir : chaque plat est imprégné de saveurs d'Asie du Sud-Est et accompagné de son propre cocktail (en option pour 7 $).

♥**Tavolàta** ITALIEN **$$$**
(carte p. 384 ; ☎206-838-8008 ; 2323 2nd Ave, Belltown ; plats 18-32 $; ⏲17h-23h ; 🚌13). Propriété du grand chef de Seattle Ethan Stowell, Tavolàta est un restaurant ouvert le soir uniquement qui sert des pâtes maison et de copieux plats principaux. Goûtez le carré de sanglier à la *mostarda* de figues (une sauce aux fruits et à la moutarde sucrée et épicée). Une des meilleures tables italiennes de la ville.

Où prendre un verre et faire la fête

♥**Unicorn** BAR
(carte p. 384 ; ☎206-325-6492 ; www.unicornseattle.com ; 1118 E Pike St, Capitol Hill ; ⏲14h-1h45

lun-ven, 11h-1h45 sam-dim ; 11). Même si le thème du cirque ne vous séduit pas complètement, ce bar est tellement imprégné de l'univers du spectacle que la visite mérite le détour. Les cocktails comme le Cereal Killer (à base de vodka aromatisée aux céréales Fruit Loop) rappellent le plaisir d'une sucette géante ou d'une barbe à papa, tandis que le feu d'artifice de couleurs dans la décoration et la collection de flippers donneront le sourire même aux plus cyniques.

Ancient Grounds CAFÉ
(carte p. 384 ; 206-7749-0747 ; 1220 1st Ave, Downtown ; 7h30-16h30 lun-ven, 12h-18h sam ; University St). Ce café douillet qui sert le meilleur expresso de la ville se double d'un espace d'exposition pour des antiquités choisies avec attention. En attendant votre *latte*, vous admirerez donc quelques kimonos vintage ou des masques en bois des communautés amérindiennes du Nord-Ouest pacifique.

Saké Nomi SAKÉ
(carte p. 384 ; 206-467-7253; www.sakenomi.us ; 76 S Washington St, Pioneer Sq ; 3 verres 22 $; 14h-22h mar, mer, ven-sam, 17h-22h jeu, 14h-18h dim ; First Hill Streetcar). Que vous soyez fin connaisseur ou consommateur occasionnel de saké, vous allez forcément élargir votre horizon gustatif et culturel dans cette coquette boutique et salle de dégustation de Pioneer Sq. Le couple nippo-américain à la tête des opérations met tout son cœur à l'ouvrage, ce qui transparaît dans le didactique menu de dégustation.

Fremont Brewing Company BRASSERIE
(206-420-2407 ; www.fremontbrewing.com ; 1050 N 34th St, Fremont ; 11h-21h ; ; 62). Cette microbrasserie dans l'air du temps vend ses produits dans un espace attenant. La bière, divine (essayez l'Abominable, vieillie dans des tonneaux à bourbon), se déguste dans une salle au style industriel chic ou dans l'Urban Beer Garden, où les clients s'assoient à des tables communes dans une ambiance conviviale.

Zeitgeist CAFÉ
(carte p. 384 ; 206-583-0497 ; www.zeitgeist-coffee.com ; 171 S Jackson St, Pioneer Sq ; 6h-19h lun-ven, 7h-19h sam, 8h-18h dim ; ; First Hill Streetcar). Dans la jolie salle en briques du Zeitgeist, un des plus agréables et animés cafés de Seattle, on déguste un *doppio macchiato* incroyablement onctueux, accompagné d'un croissant aux amandes ou autres délices. Soupes, salades et sandwichs sont aussi proposés. Atmosphère branchée dans un décor industriel, avec de larges fenêtres pour regarder les passants.

BARS ET CULTURE DE LA BIÈRE À BALLARD

Les bars, brasseries et pubs règnent en maîtres à Ballard. Si vous voulez connaître les ragots du moment et déguster toutes sortes de breuvages singuliers, ce quartier est fait pour vous. Vous aurez le choix entre des bars historiques centenaires, des *lounges* où l'on sert des cocktails, des brasseries novatrices – des plus minuscules aux plus gigantesques – et des pubs gastronomiques à la décoration rétro soigneusement étudiée.

Blue Moon BAR
(206-675-9116 ; www.thebluemoonseattle.com ; 712 NE 45th St ; 16h-2h lun-ven, 12h-2h sam-dim ; 74). Ouvert en 1934 pour célébrer la fin de la Prohibition, ce bar agréable est un rendez-vous légendaire de la contre-culture. Il fait d'ailleurs grand cas de ses anciens clients, notamment les poètes Dylan Thomas et Allen Ginsberg. Ici, tout peut arriver et il n'est pas rare que des poètes punks se lèvent pour déclamer des vers. Concerts fréquents.

Zig Zag Café BAR À COCKTAILS
(carte p. 384 ; 206-625-1146 ; www.zigzagseattle.com ; 1501 Western Ave, Pike Place ; 17h-2h ; University St). Voici un morceau d'histoire de la scène culinaire de Seattle : c'est ici que le cocktail à base de gin "The Last Word", populaire durant l'âge d'or du jazz, a été relancé au début des années 2000. Les barmen du Zig Zag sont d'ailleurs considérés comme les meilleurs mixologistes de la ville.

Cloudburst Brewing MICROBRASSERIE
(carte p. 384 ; 206-602-6061 ; www.cloudburstbrew.com ; 2116 Western Ave, Belltown ; 14h-22h mer-ven, 12h-22h sam-dim ; 13). Les bières fortes en houblon aux noms impertinents coulent à flots dans la salle de dégustation rudimentaire toujours pleine à craquer de fans soucieux de soutenir la bière artisanale de la ville.

LE GRUNGE, PUNK DE LA CÔTE OUEST

Réunissant les angoisses de la génération X et une conception douteuse de l'hygiène corporelle, le courant musical appelé "grunge" a éclaté sur la scène musicale de Seattle au début des années 1990. La colère montait depuis des années, pas seulement à Seattle, mais aussi dans les villes et banlieues alentour. Certains ont accusé la météo, d'autres l'isolement géographique de la région mais peu importait au fond. Armés d'accords dissonants et de paroles sombres parfois cyniques, des groupes disparates se sont mis à prêcher un nouveau message depuis cette région souvent dédaignée. On peut citer les Screaming Trees de la ville universitaire d'Ellensburg, les Melvins de la pluvieuse Montesano et Nirvana de la ville forestière d'Aberdeen. De son côté, le groupe Hole, mené par Courtney Love, avait des liens avec Olympia tandis que les membres de Pearl Jam venaient des quatre coins du pays.

Historiquement, le grunge trouve ses racines dans le punk de la côte ouest, un sous-genre musical qui émergea pour la première fois à Portland (Oregon), à la fin des années 1970, avec les Wipers, dont les fans vêtus de cuir se retrouvaient dans des bistrots légendaires comme le Satyricon. Un autre vivier musical prit forme à Olympia (Washington) au début des années 1980, quand les musiciens autodidactes de Beat Happening inventèrent le "lo-fi" (pour qualifier un son dit "sale", rugueux). Mêlant des éléments du heavy metal et intégrant les codes culturels d'une jeunesse effervescente, Seattle devint rapidement la tribune de la musique alternative. On vit se multiplier les petites salles bruyantes, dans lesquelles des groupes de jeunes excités désireux de jouer du rock pouvaient s'abandonner à la frénésie et au vacarme. Les concerts étaient tumultueux et explosifs, avec des plongeons dans le public, des slams et des guitares pas toujours accordées, mais aussi un talent brut et des morceaux qui s'imprimaient dans la tête à la vitesse de l'éclair. La musique venait remplir un vide.

Facteur déterminant dans le succès fulgurant du grunge, Sub Pop Records était un label indépendant de Seattle dont les tactiques de marketing agressives entraînèrent un incroyable battage publicitaire autour d'une écurie de groupes enragés. En août 1988, Sub Pop sortit le célébrissime single "Touch Me I'm Sick" de Mudhoney, un véritable tournant. Le titre fut remarqué, en particulier par la presse musicale britannique, dont les journalistes affûtés en matière de punk annoncèrent rapidement la naissance d'un "son de Seattle", baptisé grunge par des médias toujours prompts à étiqueter les genres. Bien inspirée, la scène de Seattle commença à se développer et à voir pousser des centaines de nouveaux groupes, tous unis par le même esprit de débrouille, de rejet de la mode et de communion avec le public. Les groupes les plus mémorables furent les sombres Soundgarden, qui remportèrent plus tard deux Grammy Awards, Alice in Chains et sa tendance metal, ainsi que Nirvana et Pearl Jam, qui allaient devenir des phénomènes planétaires. À l'aube des années 1990, tout rebelle désœuvré qui avait de quoi faire le plein d'essence se rendait à Seattle pour traîner dans les clubs. Une période pour le moins excitante.

Le mouvement déferla sur le monde en octobre 1992 lorsque l'album *Nevermind* de Nirvana détrôna Michael Jackson en tête des ventes. Mais l'apogée du grunge fut de courte durée. En effet, il puisait sa source dans son opposition au courant dominant. Or, adulé par les médias, mis en avant dans *Vanity Fair*, le grunge était devenu *le* courant dominant : les chanteurs improvisés de Seattle n'avaient qu'à claquer des doigts pour signer sur un gros label. De nombreux artistes ont rejeté cette notoriété, notamment Kurt Cobain, chanteur et compositeur de Nirvana, qui s'est suicidé dans sa nouvelle et belle maison de Madison Park, en 1994. D'autres groupes ont persévéré, mais l'étincelle qui avait brillé si fort s'était éteinte. Au milieu des années 1990, le grunge était officiellement mort.

Panama Hotel Tea & Coffee House CAFÉ (carte p. 384 ; ☎ 206-515-4000 ; www.panamahotel.net ; 607 S Main St, International District ; thé 3-6 $; ⏲ 8h-21h ; Wi-Fi ; First Hill Streetcar). On hésite à sortir son ordinateur portable (malgré le Wi-Fi) dans ce salon de thé à l'ambiance surannée installé dans le Panama Hotel. Classé National Treasure, le bâtiment de

1910, qui renferme le dernier bain japonais des États-Unis, est aussi un mémorial des Japonais du quartier qui ont été internés dans des camps pendant la Seconde Guerre mondiale.

No Anchor BAR
(carte p. 384 ; ☎206-448-2610 ; www.noanchorbar.com ; 2505 2nd Ave, Belltown ; ⏲12h-23h lun-jeu, 12h-minuit ven, 11h-minuit sam, 11h-23h dim ; 🚌13). La plupart des suggestions de la carte semblent très risquées, mais l'audace est généralement récompensée. Vous pourrez ainsi découvrir des coktails à base de sirop d'érable ou de noix de coco grillée et, en amuse-bouche, des moules vinaigrées. Les novices en matière de houblon apprécieront le guide "Que choisir" qui accompagne le large éventail de bières artisanales.

☆ Où sortir

Consultez le *Stranger*, *Seattle Weekly* ou les quotidiens pour connaître les programmes. Les billets pour les événements importants sont en vente sur TicketMaster (www.ticketmaster.com).

♥ Crocodile MUSIQUE LIVE
(carte p. 384 ; ☎206-441-4618 ; www.thecrocodile.com ; 2200 2nd Ave, Belltown ; 🚌13). Sorte d'institution à Seattle, le Crocodile est une salle de concerts animée de 560 places qui a ouvert ses portes pour la première fois en 1991, juste à temps pour profiter de l'explosion du grunge. Tous les groupes de la scène alternative de Seattle s'y sont produits depuis, comme Nirvana en 1992.

♥ A Contemporary Theatre THÉÂTRE
(ACT ; carte p. 384 ; ☎206-292-7676 ; www.acttheatre.org ; 700 Union St, Belltown ; 🚆University St). L'ACT, une des trois grandes compagnies de la ville, remplit sa salle à 30 millions de dollars sur la Kreielsheimer Place grâce à des représentations données par les meilleurs acteurs de Seattle et parfois par de très grands noms. Les sièges en gradins encerclent une scène centrale, l'architecture intérieure est magnifique.

Big Picture CINÉMA
(carte p. 384 ; ☎206-256-0566 ; www.thebigpicture.net ; 2505 1st Ave ; ⏲14h-minuit). Cinéma discret de Belltown, **Big Picture** propose des films récents à prix abordable dans un décor intimiste. Commandez un cocktail au bar et payez-en un deuxième, qui vous sera apporté au milieu de la projection.

Neumos MUSIQUE LIVE
(carte p. 384 ; ☎206-709-9442 ; www.neumos.com ; 925 E Pike St, Capitol Hill ; 🚋First Hill Streetcar). Dédiée au punk, au hip-hop et à la musique alternative, Neumo's figure, avec Crocodile (ci-contre) à Belltown, parmi les salles de concerts les plus connues des initiés. Il est de bon ton pour les artistes montants de passage à Seattle de s'y produire. La salle peut être chauffée à blanc et même sentir la sueur, mais on est rock and roll ou on ne l'est pas !

Tractor Tavern MUSIQUE LIVE
(☎206-789-3599 ; www.tractortavern.com ; 5213 Ballard Ave NW, Ballard ; 🚌17). Très belle salle intimiste à l'excellente acoustique, la Tractor Tavern, à Ballard, accueille des compositeurs et des groupes de la région ainsi que des artistes en tournée. Les concerts sont plutôt orientés bluegrass, country et musique folk.

Intiman Theatre THÉÂTRE
(carte p. 384 ; ☎206-441-7178 ; www.intiman.org ; 201 Mercer St, Seattle Center ; billets à partir de 25 $; 👪 ; Ⓢ Seattle Center). Intiman est une compagnie à succès installée dans le Cornish Playhouse du Seattle Center. Sa directrice artistique, Jennifer Zeyl, propose de superbes mises en scène de Shakespeare et d'Ibsen, et les pièces d'artistes émergents.

Achats

♥ Elliott Bay Book Company LIVRES
(carte p. 384 ; ☎206-624-6600 ; www.elliottbaybook.com ; 1521 10th Ave, Capitol Hill ; ⏲10h-22h lun-jeu, 10h-23h ven-sam, 10h-21h dim ; 🚋First Hill Streetcar). La librairie préférée des habitants propose plus de 150 000 références dans un vaste espace aux poutres en bois doté de recoins cosy où feuilleter des ouvrages pendant des heures. Outre la superficie, les conseils du personnel et les présentations d'ouvrages locaux confèrent au lieu un intérêt particulier. Lectures et dédicaces organisées régulièrement.

Lucca Great Finds CADEAUX ET SOUVENIRS
(☎206-782-7337 ; www.luccagreatfinds.com ; 5332 Ballard Ave NW, Ballard ; ⏲11h-18h lun-ven, 11h-19h sam, 10h-17h dim). L'un des grands atouts de cette boutique de Ballard est d'offrir deux expériences de shopping : à l'entrée des objets pour la maison dans un style chic Nord-Ouest pacifique qui vous donnera envie de refaire toute la déco de votre appartement, et au fond des articles de papeterie,

parmi lesquels toutes sortes de jolis papiers et cartes adorables.

Renseignements

MÉDIAS

KEXP 90.3 FM (diffusion sur kexp.org). Station locale, légende de la musique indépendante.

Seattle Magazine (www.seattlemag.com). Mensuel style de vie branché.

Seattle Times (www.seattletimes.com). Le plus grand quotidien de l'État.

OFFICE DU TOURISME

Visit Seattle (carte p. 384 ; 206-461-5800 ; www.visitseattle.org ; 701 Pike St, Downtown ; 9h-17h tlj juin-sept, lun-ven oct-mai ; Westlake). Guichet à l'intérieur du Washington State Convention Center, dans le hall. Des brochures sont disponibles en libre-service même lorsque le guichet est fermé.

URGENCES ET SERVICES MÉDICAUX

Harborview Medical Center (206-744-3000 ; www.uwmedicine.org/harborview ; 325 9th Ave, First Hill ; Broadway & Terrace). Centre médical avec service d'urgences.

Police de Seattle (206-625-5011 ; www.seattle.gov/police)

Depuis/vers Seattle

AVION

Le **Sea-Tac International Airport** (SEA ; 206-787-5388 ; www.portseattle.org/Sea-Tac ; 17801 International Blvd ;), à 20 km au sud de Seattle, dessert tous les États-Unis et quelques destinations internationales. On y trouve des restaurants, des bureaux de change, une consigne, des agences de location de voiture, un parking dépose-minute et le Wi-Fi gratuit.

BATEAU

Le ferry **Victoria Clipper** (206-448-5000 ; www.clippervacations.com ; 2701 Alaskan Way, Pier 69), en provenance de Victoria (Canada), accoste au Pier 69 au sud de l'Olympic Sculpture Park à Belltown. Les bateaux de **Washington State Ferries** (carte p. 384 ; www.bainbridgeisland.com ; 801 Alaskan Way, Pier 52, Waterfront ; piéton/vélo/voiture 8,50/9,50/19,15 $), en provenance de Bremerton et de Bainbridge Island, arrivent au Pier 52.

BUS

Plusieurs bus interurbains desservent Seattle. Suivant la compagnie, ils ne s'arrêtent pas au même endroit.

Bellair Airporter Shuttle (carte p. 384 ; 866-235-5247 ; www.airporter.com ; 705 Pike St, Downtown). Des bus desservent Yakima, Bellingham et Anacortes et s'arrêtent à King Street Station (vers Yakima) et au Washington State Convention Center (vers Bellingham et Anacortes).

Cantrail (carte p. 384 ; www.cantrail.com ; adulte/enfant 45/23 $). La navette de liaison d'Amtrak dessert Vancouver au Canada (aller à partir de 42 $) quatre fois par jour et s'arrête à King Street Station.

Greyhound (206-628-5526 ; www.greyhound.com ; 503 S Royal Brougham Way, SoDo ; Stadium). Les bus Greyhound relient Seattle à des villes dans tout le pays, notamment Chicago (à partir de 157 $ l'aller, 2 jours, 3/jour), San Francisco (91 $, 20 heures, 2/jour) et Vancouver (Canada ; 18 $, 4 heures, 3/jour). La compagnie dispose de sa propre gare routière, au sud de King Street Station à SoDo, accessible par le Central Link *light rail* (station Stadium).

Quick Shuttle (carte p. 384 ; 800-665-2122 ; www.quickcoach.com ; billets 29-59 $;). Rapide et efficace, la compagnie propose cinq à six bus quotidiens pour Vancouver (43 $). Montée au Best Western Executive Inn dans Taylor Ave N près du Seattle Center. Prenez le monorail ou marchez jusqu'au centre-ville.

TRAIN

King Street Station (206-296-0100 ; www.amtrak.com ; 303 S Jackson St, International District). Amtrak dessert King Street Station. Trois lignes principales traversent la ville : *Amtrak Cascades* (Vancouver au Canada, et Portland et Eugene dans l'Oregon), la superbe *Coast Starlight* (Seattle-Oakland-Los Angeles) et l'*Empire Builder* (qui joue les montagnes russes à travers le continent jusqu'à Chicago).

Comment circuler

DEPUIS/VERS L'AÉROPORT

Plusieurs moyens de transport permettent de circuler entre l'aéroport et le centre-ville de Seattle, à 21 km. Le plus efficace est le *light rail* de **Sound Transit** (www.soundtransit.org). Il part toutes les 10 à 15 minutes (5h-minuit, 36 minutes). Le trajet entre l'aéroport de Sea-Tac et le centre-ville (Westlake Center) dure 36 minutes. Autres arrêts à Pioneer Sq et dans l'International District ; la ligne a été prolongée jusqu'à Capitol Hill et le U District.

Shuttle Express (425-981-7000 ; www.shuttleexpress.com) possède un comptoir d'information à l'aéroport. Le point de ramassage/dépôt des passagers se trouve au 3e niveau du parking. Ce service de trajet partagé est plus confortable que les transports publics et moins onéreux qu'un taxi.

Des taxis attendent au 3e niveau du parking. À partir de 55 $ la course pour le centre-ville.

TAXI

Tous les taxis de Seattle observent la même tarification, déterminée par le King County : 2,60 $ à la prise en charge, puis 2,50 $ le mile.

Seattle Orange Cab (☎206-522-8800 ; www.orangecab.net)

Seattle Yellow Cab (☎206-622-6500 ; www.seattleyellowcab.com)

STITA Taxi (☎206-246-9999 ; www.stitataxi.com)

TRANSPORTS PUBLICS

Les bus sont gérés par **King County Metro Transit** (☎206-553-3000 ; www.kingcounty.gov/depts/transportation/metro.aspx), qui fait partie du King County Department of Transportation. Le site Internet donne les horaires, des plans et même un planificateur d'itinéraire.

On paie en montant dans le bus ; tarif fixe de 2,75/1,50 $ par adulte/enfant ; on vous donnera un ticket donnant droit à une correspondance jusqu'à l'heure indiquée.

Monorail (☎206-905-2620 ; www.seattlemonorail.com ; adulte/enfant 2,25/1,25 $; ⏲7h30-23h lun-ven, 8h30-23h sam-dim). Construit pour l'Exposition universelle de 1962, ce train futuriste n'a que deux arrêts : Seattle Center et Westlake Center. Les horaires varient légèrement au fil des mois, consultez le site Internet pour des renseignements actualisés.

Seattle Streetcar (www.seattlestreetcar.org ; 2,25 $). Deux lignes de tram : l'une va du centre-ville (Westlake) à South Lake Union ; l'autre part de Pioneer Square jusqu'à Capitol Hill via l'International District, Central District et First Hill. Les arrêts s'articulent avec de nombreuses correspondances de bus. Le tramway circule toutes les 15 minutes environ en journée.

Olympia

Petite par la taille mais grande par l'influence, Olympia, capitale de l'État de Washington, est un centre politique, musical et sportif bouillonnant : artistes de rue sur 4th Ave qui jouent du grunge acoustique, bureaucrates tirés à quatre épingles qui traversent la pelouse du resplendissant Parlement d'État, randonneurs tout équipés qui y passent la nuit avant de partir pour les Olympic Mountains. L'Evergreen State College, une université progressiste, imprègne depuis longtemps la ville d'une ambiance artistique (Matt Groening, créateur des *Simpson*, y a étudié). Ses bars et magasins de guitare d'occasion offrent un théâtre unique aux musiques *riot grrrl* et grunge.

L'économie d'Olympia a fortement souffert de l'effondrement de l'industrie du bois, qui a eu pour conséquence l'augmentation du nombre de sans-abri. Malgré quelques secteurs un peu rudes, Olympia reste une petite ville très plaisante.

À voir

Washington State Capitol MONUMENT

(☎360-902-8880 ; www.olympiawa.gov/community/visiting-the-capitol.aspx ; 416 Sid Snyder Ave SW ; ⏲7h-17h30 lun-ven, 11h-16h sam-dim). GRATUIT Dans son parc de 12 ha surplombant Capitol Lake, le Capitole aux allures de temple grec domine la ville avec les Olympic Mountains en toile de fond. Le joyau du complexe est le magnifique **Legislative Building**. Composé de colonnes élancées et de marbre poli, le bâtiment achevé en 1927 est surmonté d'un dôme de 87 m. Des circuits gratuits de 50 minutes sont proposés chaque heure de 10h à 15h en semaine, et à 11h le samedi et dimanche. Départ à l'intérieur, juste derrière les portes principales.

Olympia Farmers Market MARCHÉ

(☎360-352-9096 ; www.olympiafarmersmarket.com ; 700 N Capitol Way ; ⏲10h-15h jeu-dim avr-oct, sam-dim nov-déc, sam jan-mars). Deuxième plus grand marché de l'État après le Pike Place de Seattle, le marché local d'Olympia est idéal pour acheter des herbes bio, des légumes, des pâtisseries et la fameuse spécialité du coin : les huîtres.

Où se loger et se restaurer

La plupart des options économiques et décontractées d'Olympia ont été transformées en logements accessibles pour la population de la ville qui en manquait cruellement, mais vous aurez accès à de nombreux hébergements privés (Airbnb, etc.) ainsi qu'aux habituelles chaînes d'hôtels (à des prix guère attrayants) et quelques sympathiques B&B.

Swantown Inn B&B $$

(☎360-753-9123 ; www.swantowninn.com ; 1431 11th Ave ; ch à partir de 159 $; ❄📶). Dans la tradition des B&B de l'État de Washington, celui-ci offre un service irréprochable et une attention méticuleuse aux détails, dans une demeure de style Queen Anne de 1887 inscrite au Registre historique de l'État. Quatre chambres meublées avec élégance, un formidable petit-déjeuner maison, et dans votre champ de vision l'imposant dôme du Capitole.

Traditions Cafe & World Folk Art CUISINE SAINE $
(☎360-705-2819 ; newtraditionsfairtrade.com ; 300 5th Ave SW ; plats 6-12 $; ⏲9h-18h lun-sam, 11h-17h dim ;). Cette confortable enclave hippie en bordure de Heritage Park sert sandwichs et salades (on recommande le saumon fumé avec la sauce citron-tahini), café, tisanes, glaces locales, bière et vin. Des affiches annoncent les événements organisés par la communauté. Bibliothèque de prêt "paix et justice sociale" dans un coin, et boutique attenante d'artisanat.

Renseignements

Le **State Capitol Visitor Center** (☎360-902-8880 ; www.olympiawa.gov/community/visiting-the-capitol.aspx ; 103 Sid Snyder Ave SW ; ⏲9h-17h lun-ven), géré par l'Olympia-Lacey-Tumwater Visitor & Convention Bureau, donne des renseignements sur le campus du Capitole, d'Olympia et l'État de Washington. Un autre centre d'information des visiteurs est installé juste après les portes principales du Legislative Building.

Olympic Peninsula

Entourée par la mer de trois côtés et ressemblant fort, par ses caractéristiques, à une île, l'Olympic Peninsula est une péninsule isolée qui évoque à la perfection l'Ouest sauvage. Elle manque de cow-boys mais pas d'espèces animales rares et protégées, ni de forêt primitive. L'intérieur dépourvu de routes est occupé majoritairement par les zones humides de l'Olympic National Park, tandis que le pourtour, fief des bûcherons, accueille aussi des réserves d'Amérindiens et quelques petites villes éparpillées mais intéressantes, en particulier Port Townsend. Sur la côte ouest tout aussi sauvage, qui marque l'extrémité du continent, se rencontrent en toute harmonie les tempêtes océanes et la forêt humide, ancienne et brumeuse.

Olympic National Park

Classé monument national en 1909 et parc national en 1938, les 3 641 km² de l'**Olympic National Park** (www.nps.gov/olym ; accès 7 jours 30 $/véhicule, piéton/cycliste 15 $, entrée illimitée à l'année 55 $) renferment une forêt pluviale, des pics enneigés ainsi que 92 km de côte sauvage bordés par le Pacifique, ajoutés en 1953. C'est l'un des plus beaux espaces naturels d'Amérique du Nord, dont la majeure partie reste relativement épargnée par la présence humaine. Il existe de nombreuses possibilités pour le visiter en indépendant et y pratiquer randonnée, pêche, kayak ou ski.

ENTRÉES EST

La Dosewallips River Rd est une route gravillonnée qui longe la rivière à partir de la Hwy 101 (bifurcation à environ 1 km au nord du Dosewallips State Park) ; suite à une inondation, la Dosewallips River Rd s'arrête désormais à 13,6 km de la Hwy 101. C'est là que commencent les chemins de randonnée et de vélo. Cette vallée vaut le détour même si vous ne parcourez qu'une petite section des deux longs sentiers, y compris le Dosewallips River Trail de 23,9 km de long, qui offrent une vue superbe sur le **Mt Anderson** et ses glaciers. Il existe une autre entrée à l'est pour les randonneurs à la **Staircase Ranger Station** (☎360-877-5569 ; ⏲mai-oct), juste en pénétrant dans le parc, à 24 km de Hoodsport sur la Hwy 101. Deux campings à la lisière est du parc national sont appréciés : le **Dosewallips State Park** (☎888-226-7688 ; parks.state.wa.us/499/Dosewallips ; 306996 Hwy 101 ; empl camping sauvage 12 $, empl tente standard 27-37 $, empl camping-car 30-45 $) et le **Skokomish Park Lake Cushman** (☎360-877-5760 ; www.skokomishpark.com ; 7211 N Lake Cushman Rd, Hoodsport ; empl tente/camping-car à partir de 33/52 $; ⏲fin mai-début sept). Tous deux disposent de l'eau courante, de toilettes et de quelques branchements pour camping-cars. Réservation possible.

ENTRÉES NORD

L'accès le plus facile et donc le plus fréquenté est **Hurricane Ridge**, à 29 km au sud de Port Angeles. Au bout de la route, un centre d'interprétation offre une vue extraordinaire sur le Mt Olympus (2 427 m) et des dizaines d'autres pics. À 1 500 m d'altitude, le temps est parfois peu clément et les vents déchaînés (comme le suggère le nom de l'endroit). En plus des diverses possibilités de randonnée, ce secteur comporte la petite station familiale de **Hurricane Ridge Ski & Snowboard Area** (www.hurricaneridge.com ; forfait journée 30-40 $; ⏲10h-16h sam-dim mi-déc à mars).

Apprécié pour le bateau et la pêche, le **Lake Crescent** est le site du plus ancien **lodge** (☎888-896-3818 ; www.olympicnationalparks.com ; 416 Lake Crescent Rd ; ch lodge à partir de 139 $, bungalows à partir de 245 $; ⏲mai-nov, disponibilité réduite en hiver ; P❄📶🐾) du parc et celui qui pratique les tarifs les plus raisonnables. Le restaurant écologique du lodge propose une somptueuse cuisine du Nord-Ouest bio-équitable. Depuis la **Storm King Ranger Station** (☎360-928-3380 ; 343 Barnes Point Rd ; ⏲mai-sept) sur la rive sud du lac, une randonnée de 1,6 km à travers la forêt primaire mène aux Marymere Falls.

Le long de la Sol Duc River, le **Sol Duc Hot Springs Resort** (☎360-327-3583 ; www.olympicnationalparks.com ; 12076 Sol Duc Hot Springs Rd, Port Angeles ; bungalows à partir de 200 $; ⏲mars-oct ; ❄🏊) propose l'hébergement, le couvert, des massages et, bien sûr, ses eaux chaudes thermales ainsi que de belles randonnées d'une journée.

ENTRÉES OUEST

Isolé par l'éloignement et par son microclimat extrêmement humide, le côté pacifique du parc reste le plus sauvage. Seule l'US 101 permet d'accéder à ses forêts pluviales tempérées et à sa côte préservée. La **Hoh River Rainforest**, qui termine les 30,5 km de la Hoh River Rd, est un dédale de fougères et d'arbres couverts de mousse digne de Tolkien. Le **Hoh Rain Forest Visitor Center** (☎360-374-6925 ; ⏲9h-16h30 sept-juin, 9h-18h juil-août) fournit des informations sur les randonnées guidées et les excursions plus longues à l'intérieur des terres. Le **camping** (☎360-374-6925 ; www.nps.gov/olym/planyourvisit/camping.htm ; emplacement 20 $; ⏲tte l'année) attenant n'a ni branchement, ni douche, et aucune réservation n'est possible.

Un peu plus au sud, le **Lake Quinault** est un beau lac glaciaire entouré de pics boisés. Apprécié pour la pêche, le bateau et la nage, il est entouré par certains des plus vieux arbres du pays. Le **Lake Quinault Lodge** (☎360-288-2900 ; www.olympicnationalparks.com ; 345 S Shore Rd ; ch 250-450 $; ❄📶🏊) est un lodge de luxe au style typique des années 1920. Il comporte une immense cheminée, une pelouse bichonnée et un restaurant servant une cuisine américaine haut de gamme avec vue sur le lac. Si vous cherchez moins cher dans les environs, essayez la très accueillante **Quinault River Inn** (☎360-288-2237 ; www.quinaultriverinn.com ; 8 River Dr ; ch 175 $, empl camping-car 50 $; 🚭❄📶🐾) de l'Amanda Park, appréciée des pêcheurs à la ligne.

De nombreux sentiers courts débutent à côté du Lake Quinault Lodge. L'**Enchanted Valley Trail**, de 21 km et de difficulté moyenne, part du poste de rangers de Graves Creek, à l'extrémité de South Shore Rd. Il grimpe jusqu'à une vaste prairie parsemée de fleurs sauvages et de bosquets d'aulnes.

Renseignements

L'entrée, valable 1 semaine, coûte 10/25 $ par personne/véhicule et se paie aux entrées du parc. Beaucoup de centres d'accueil des visiteurs du parc sont aussi des postes de rangers du United States Forestry Service (USFS) où l'on peut se procurer un permis de camping dans le parc (8 $).

Forks Chamber of Commerce (office du tourisme ; ☎360-374-2531 ; www.forkswa.com ; 1411 S Forks Ave ; ⏲10h-17h lun-sam, 11h-16h dim, 11h-16h lun-sam, 11h-16h dim hiver ; 📶)

Olympic National Park Visitor Center (☎360-565-3130 ; www.nps.gov/olym ; 3002 Mt Angeles Rd ; ⏲8h-18h juil-août, 8h-16h sept-juin).

QG du USFS (United States Forest Service ; ☎360-956-2402 ; www.fs.fed.us/r6/olympic ; 1835 Black Lake Blvd SW ; ⏲8h-16h30 lun-ven)

Port Townsend

Restaurants servant une cuisine créative, hôtels installés dans d'élégants bâtiments historiques, festivals originaux tout au long de l'année... Port Townsend offre des distractions qui ne nécessitent pas de porter des chaussures de randonnée – chose rare dans l'Olympic Peninsula ! Nichée à l'extrémité nord de la péninsule, la localité s'atteint après avoir parcouru en pleine nature 13 km sur une autoroute à deux voies. Cela n'en fait donc pas une base idéale pour explorer le parc national mais Port Townsend est l'une des plus jolies villes de l'État.

À voir

Fort Worden State Park PARC D'ÉTAT

(☎360-344-4412 ; parks.state.wa.us/511/Fort-Worden ; 200 Battery Way ; ⏲6h30-crépuscule avr-oct, 8h-crépuscule nov-mars). GRATUIT Ce beau parc situé à l'intérieur de la ville est un vestige du vaste système de fortifications édifié dans les années 1890 pour protéger le secteur stratégique du Puget Sound des attaques des Espagnols pendant la guerre de 1898.

Il est possible de visiter le **Commanding Officer's Quarters** (☎360-385-1003 ; Fort Worden State Park, 200 Battery Way ; tarif plein/enfant 6/1 $; ⏲visites sur rdv), de 12 chambres, où étaient cantonnés les officiers. On y trouve aussi le **Puget Sound Coast Artillery Museum** (www.coastartillerymuseum.org ; adulte/enfant 4/2 $; ⏲11h-16h), qui retrace l'histoire des premières fortifications côtières du Pacifique. Des événements culturels et musicaux sont programmés toute l'année au **Centrum** (www.centrum.org ; Fort Worden State Park).

Des sentiers à la pointe de la péninsule conduisent à la **Point Wilson Lighthouse Station** et de magnifiques plages balayées par les vents. Sur la jetée du parc, le **Port Townsend Marine Science Center** (☎360-385-5582 ; www.ptmsc.org ; 532 Battery Way ; tarif plein/enfant 5/3 $; ⏲12h-17h ven-dim avr-oct ; 👪) comprend plusieurs aquariums et des installations interactives pour les enfants. Également campings et hébergements.

Où se loger et se restaurer

Manresa Castle HÔTEL HISTORIQUE $

(☎360-385-5750 ; www.manresacastle.com ; angle 7th St et Sheridan St ; d à partir de 75 $, ste 149-229 $; 📶). L'un des édifices les plus emblématiques de Port Townsend a été transformé en un hôtel-restaurant historique qui manque peut-être de fantaisie mais pas d'authenticité. Cette demeure de 40 chambres, construites par le premier maire de la ville, est haut perchée sur une falaise au-dessus du port : c'est l'un des premiers bâtiments que l'on voit en arrivant en ferry.

♥ **Palace Hotel** HÔTEL HISTORIQUE $$

(☎360-385-0773 ; www.palacehotelpt.com ; 1004 Water St ; ch à partir de 150 $; 📶🐾). Ce beau bâtiment victorien (1889) était autrefois une maison close tenue par Madame Marie, célébrité locale qui opérait dans la suite à l'angle du 2e niveau. Il est depuis devenu un élégant hôtel de caractère avec mobilier ancien, mais tous les avantages de la modernité. Espaces communs plaisants ; kitchenette à disposition. Les chambres les moins chères disposent de salle de bains commune. Les tarifs sont plus élevés les week-ends de festival.

Doc's Marina Grill AMÉRICAIN $$

(☎360-344-3627 ; www.docsgrill.com ; 141 Hudson St ; plats 13-28 $; ⏲11h-23h). Fabuleusement situé sur la marina de Port Townsend, Doc's a de quoi satisfaire tout le monde : burgers, sandwichs, *fish-and-chips*, salades variées, pâtes, steaks, produits de la mer et quelques options végétariennes. Il est installé dans un bâtiment historique qui abritait une infirmerie militaire dans les années 1940.

♥ **Finistere** FRANÇAIS $$$

(☎360-344-8127 ; www.restaurantfinistere.com ; 1025 Lawrence St ; plats dîner 24-34 $, menu dégustation 50 $; ⏲15h-21h mer-ven, 10h-14h et 15h-21h sam-dim). Finistere s'avère un digne remplaçant de Sweet Laurette, qui occupait ces locaux et dont la fermeture avait laissé les gourmets de la région inconsolables. Le personnel ayant fait ses armes dans des restaurants prestigieux comme Per Se, Canlis, Tilth et d'autres, on peut s'attendre à (et l'on a) une qualité élevée en termes de service et de nourriture. Au menu : risotto safrané aux fruits de mer, lasagnes de lapin, steak tartare, divers assortiments de fromage et toast de saumon fumé pour le brunch.

Renseignements

Centre d'accueil des visiteurs (☎360-385-2722 ; www.ptchamber.org ; 2409 Jefferson St ; ⏲9h-17h lun-ven, 10h-16h sam-dim). Des plans utiles pour se déplacer à pied et des guides du quartier historique.

Depuis/vers Port Townsend

Washington State Ferries (☎206-464-6400 ; www.wsdot.wa.gov/ferries/ ; voiture/piéton 11,90/3,45 $) effectue des trajets quotidiens toutes les heures et demie environ (davantage en pleine saison) jusqu'à Coupeville sur Whidbey Island depuis le terminal du centre-ville (35 minutes).

Port Angeles

On peut se demander si Port Angeles ne souffre pas du syndrome de l'abandon. En fait, on vient ici principalement pour en partir : en ferry à destination de Victoria (Canada), ou pour une excursion dans les zones septentrionales de l'Olympic National Park. La majeure partie de la ville – soutenue par l'industrie du bois, avec les versants abrupts des Olympic Mountains en arrière-plan – est purement fonctionnelle, mais le cœur du centre-ville, près de l'embarcadère des ferries, a beaucoup de charme.

Activités

L'**Olympic Discovery Trail** (olympicdiscoverytrail.org) est un sentier de randonnée pédestre et cyclable hors route de 48 km entre Port Angeles et Sequim qui débute au bout d'**Ediz Hook**, la langue de sable qui encercle la baie. On peut louer des vélos chez **Sound Bikes & Kayaks** (www.soundbikeskayaks.com ; 120 E Front St ; location vélo heure/journée 10/40 $; 10h-18h lun-sam, 11h-16h dim).

Où se loger et se restaurer

Downtown Hotel HÔTEL $
(360-565-1125 ; www.portangelesdowntownhotel.com ; 101 E Front St ; d avec/sans sdb 80/60 $;). Près de l'embarcadère des ferries, l'extérieur banal de cet hôtel cache un établissement familial spacieux et bien tenu. Les chambres claires, désuètes mais confortables, sont décorées d'osier et de bois ; plusieurs donnent sur le port. Les moins chères ont une salle de bains commune. L'isolation phonique laisse à désirer, mais l'emplacement est imbattable ; une bonne affaire.

Olympic Lodge HÔTEL $$
(360-452-2993 ; www.olympiclodge.com ; 140 Del Guzzi Dr ; d à partir de 140 $;). Établissement le plus confortable de la ville, comptant de belles chambres, un bistrot, une piscine avec sauna. Soupe et biscuits offerts dans l'après-midi. Tarifs variables suivant le jour et le mois.

Next Door Gastropub AMÉRICAIN $$
(360-504-2613 ; www.nextdoorgastropub.com ; 113 W First St ; burgers 13-16 $, plats 11-24 $; 11h-minuit lun-jeu, 11h-1h ven-sam, 10h-minuit dim). Sans doute la meilleure table de la péninsule et indéniablement le meilleur burger (choisissez le Mrs Newton avec bacon, confiture de figues et brie). Ce petit pub animé évoquant l'atmosphère de Portland est connu comme le loup blanc : préparez-vous à attendre longtemps. Excellente carte des bières et brunch le dimanche.

Renseignements

Port Angeles Visitor Center
(360-452-2363 ; www.portangeles.org ; 121 E Railroad Ave ; 9h30-17h30 lun-ven, 10h-17h30 sam, 12h-15h dim mai-sept, 10h-17h lun-sam, 12h-15h dim oct-avr). Jouxtant le terminal des ferries, ce petit centre d'accueil des visiteurs distribue toutes sortes de brochures touristiques. Le personnel est composé de bénévoles enthousiastes.

Depuis/vers Port Angeles

Clallam Transit (360-452-4511 ; www.clallamtransit.com ; 1-10 $/pers, forfait journalier à partir de 3 $). Les bus rejoignent Forks et Sequim, où l'on peut prendre d'autres bus pour faire le tour de l'Olympic Peninsula.

Coho Vehicle Ferry (888-993-3779 ; www.cohoferry.com ; voiture et conducteur aller 66 $, piéton 19 $). Circule depuis/vers Victoria, au Canada (1 heure 30, 2/jour, 4/jour en été).

Dungeness Line (360-417-0700 ; www.dungeness-line.com ; Gateway Transit Center, 123 E Front St ; aller pour Seattle à partir de 39 $). Des bus circulent deux fois par jour entre Port Angeles et Sequim, Port Townsend, le centre-ville de Seattle et le Seattle-Tacoma International Airport.

Northwest Peninsula

Plusieurs réserves d'Amérindiens se trouvent à l'extrême pointe nord-ouest du continent et accueillent les visiteurs intéressés. Battue par les intempéries, la petite bourgade de **Neah Bay**, sur la Hwy 112, se situe dans la réserve indienne Makah. Au **Makah Museum** (360-645-2711 ; www.makahmuseum.com ; 1880 Bayview Ave ; tarif plein/-5 ans 6 $/gratuit ; 10h-17h) sont exposés des objets issus des fouilles du village d'Ozette, vieux de 500 ans, qui figurent parmi les trouvailles archéologiques les plus importantes d'Amérique du Nord. À plusieurs kilomètres du musée, un petit chemin en planches conduit au superbe **Cape Flattery**, promontoire de 91 m qui constitue l'extrême nord-ouest des États-Unis continentaux.

Bien placée par rapport à la Hoh River Rainforest et à la côte, **Forks** est une petite ville de bûcherons devenue célèbre grâce à *Twilight*. C'est une base centrale pour explorer l'Olympic National Park. Côté hébergement, la **Miller Tree Inn** (360-374-6806 ; www.millertreeinn.com ; 654 E Division St ; ch à partir de 175 $;) est un bon choix.

Nord-ouest de l'État de Washington

Coincé entre Seattle, les Cascades et le Canada, le nord-ouest de l'État de Washington subit leur triple influence. L'universitaire Bellingham en est le centre urbain tandis que le vaste archipel verdoyant des San Juan Islands chatoie comme une photo sépia d'une autre époque. Anacortes est le principal point de transit des ferries pour les San Juan Islands et Victoria, au Canada.

Whidbey Island

Moins indépendante (un pont la relie à Fidalgo Island en son point le plus septentrional) et plus conformiste que les San Juan Islands, Whidbey Island offre un cadre de vie plus calme et plus pastoral. Renommée pour ses palourdes, elle comporte en outre 6 parcs d'État, d'innombrables B&B, 2 vieux villages de pêcheurs (Langley et Coupeville) et une communauté artistique très active.

Le **Deception Pass State Park** (☎360-675-2417 ; www.parks.state.wa.us/497/deception-pass ; 41229 N State Hwy 20 ; forfait journalier 10 $; ⏲lever-coucher du soleil) enjambe le détroit éponyme qui sépare Whidbey Island et Fidalgo Island et comprend des lacs, des îles, des campings et 60 km de sentiers de randonnée.

Les 7 000 ha de l'**Ebey's Landing National Historical Reserve** (☎360-678-6084 ; www.nps.gov/ebla ; 162 Cemetery Rd, Coupeville) GRATUIT englobent des fermes en activité, des plages abritées, 2 parcs d'État et **Coupeville**. Cette petite localité, l'une des plus anciennes de l'État de Washington, arbore un joli front de mer. On y trouve des boutiques d'antiquaires et de nombreuses auberges anciennes, dont la **Captain Whidbey Inn** (☎360-678-4097 ; www.captainwhidbey.com ; 2072 W Captain Whidbey Inn Rd ; ch/chalet à partir de 205/420 $; 📶) en rondins de bois datant de 1907, récemment rénovée. Pour goûter les fameuses palourdes locales, rendez-vous au **Christopher's** (☎360-678-5480 ; www.christophersonwhidbey.com ; 103 NW Coveland St ; plats déj 12-16 $, plats dîner 16-26 $; ⏲11h30-14h et 17h-20h dim, lun, mer-jeu ; 11h30-14h et 17h-20h30 ven-sam).

ℹ Depuis/vers Whidbey Island

Les **Washington State Ferries** (WSF ; ☎888-808-7977 ; www.wsdot.wa.gov/ferries) relient Clinton à Mukilteo et Coupeville à Port Townsend. Les bus gratuits **Island Transit** (☎360-678-7771 ; www.islandtransit.org) traversent Whidbey dans toute sa longueur toutes les heures, tous les jours sauf le dimanche, au départ du quai des ferries de Clinton.

Bellingham

Bienvenue dans une localité verte, libérale et connue pour son style de vie agréable mêlant esprit libertaire et goût pour l'excentricité. Jouissant d'une douceur de vivre et d'un climat clément, la ville est un mélange improbable d'étudiants buvant des cafés, de retraités respectables et de triathlètes acharnés. On trouve aussi des brasseries à tous les coins de rue. Le centre-ville a connu un renouveau ces dernières années avec des sentiers intra-urbains, des entrepôts réaménagés avec style, des coopératives alimentaires, des adresses pour des brunchs savoureux et – dans le distingué Fairhaven – un quartier historique rénové.

À voir et à faire

Bellingham offre pléthore d'activités de plein air. Le **Whatcom Falls Park** est une zone naturelle sauvage qui coupe en deux les faubourgs est. Le dénivelé est souligné par quatre chutes d'eau dont les **Whirlpool Falls**, appréciées pour la baignade en été.

Fairhaven Bicycles VÉLOS
(☎360-733-4433 ; www.fairhavenbicycles.com ; 1108 11th St ; location vélo 4 heures à partir de 50 $/jour ; ⏲10h-18h lun et mer-sam, 11h-17h dim). Bellingham est l'une des villes les plus accueillantes du Nord-Ouest pour les cyclistes, avec un sentier intra-urbain bien entretenu allant jusqu'au **Larrabee State Park** (www.parks.state.wa.us/536/larrabee ; Chuckanut Dr ; ⏲aube-crépuscule), au sud. Cette agence loue des vélos et fournit des cartes des itinéraires locaux.

Moondance Sea Kayak Adventures KAYAK
(www.moondancekayak.com ; 348 Cove Rd ; sortie demi-journée adulte/enfant 70/60 $; ⏲avr-sept). Si vous êtes tenté par une sortie sur l'eau, essayez ce prestataire, qui organise des circuits guidés adaptés aux familles à Chuckanut Bay ; départ du Larrabee State Park (ci-dessus).

Où se loger et se restaurer

Larrabee State Park CAMPING $
(☎888-226-7688, 360-676-2093 ; www.parks.state.wa.us/536/larrabee ; Chuckanut Dr ; empl camping sauvage 12 $, empl tente/camping-car à partir de 27/35 $). À 11 km au sud de Bellingham, sur la magnifique Chuckanut Dr, ce camping au milieu des sapins de Douglas et des cèdres jouit d'un accès à Chuckanut Bay et à 20 km de sentiers de randonnées et de VTT. Si vous avez le sommeil léger, prévoyez des bouchons d'oreilles car des trains

passent fréquemment à côté du camping durant la nuit.

Heliotrope Hotel MOTEL $
(☎360-201-2914 ; www.heliotropehotel.com ; 2419 Elm St ; ch avec sdb commune 99 $, ch/ste à partir de 109/130 $; 📶🐾). Ce motel des années 1950 a été rénové avec goût et le résultat est attrayant : 17 chambres en rez-de-chaussée, aux configurations diverses, une parcelle d'herbe à l'écart avec barbecue et un salon central invitant à la détente. Il n'y a pas de petit-déjeuner mais le personnel pourra vous suggérer de nombreux cafés et restaurants (et établissements nocturnes) accessibles à pied.

♥ **Hotel Bellwether** BOUTIQUE-HÔTEL $$$
(☎360-392-3100 ; www.hotelbellwether.com ; 1 Bellwether Way ; ch à partir de 250 $; 🚭❄@📶🐾). Sur le front de mer, le meilleur et le plus emblématique hôtel de Bellingham donne sur Lummi Island. Chambres standards (dont certaines ont vue sur la baie) avec mobilier italien et couettes en duvet d'oie de Hongrie. Il se distingue surtout par sa suite de plus de 83 m² (à partir de 599 $) occupant les 3 niveaux d'un phare reconverti – au sommet, la plateforme privative est incroyable. Spa et restaurant sur place.

♥ **Pepper Sisters** AMÉRICAIN MODERNE $$
(☎360-671-3414 ; www.peppersisters.com ; 1055 N State St ; plats 11-17 $; ⏲16h30-21h mar-jeu et dim, 16h30-21h30 ven-sam ; 👪). Ce chaleureux restaurant coloré sert une cuisine novatrice inclassable – une sorte de cuisine néomexicaine dans le style du Nord-Ouest. Goûtez la *tostada* d'aubergine grillée, l'*enchilada* au piment chipotle et au poivre rose ou la pizza du Sud-Ouest (avec piments verts, fromage Monterey Jack et sauce aux *tomatillos*) ; il y a même un menu au poulet spécial enfant.

Colophon Cafe CAFÉ $
(1208 11th St, Fairhaven ; sandwichs 8-16 $, soupes 8-10 $; ⏲9h-20h lun-jeu, 9h-21h ven-sam, 10h-19h dim). Associé au paradis littéraire de Fairhaven, **Village Books** (www.villagebooks.com ; 1210 11th St ; ⏲9h-21h lun-sam, 10h-19h dim), le Colophon est un restaurant cosmopolite pour ceux qui aiment grignoter un panini en lisant Proust. Réputé pour sa soupe africaine au beurre de cacahuètes et ses tartes chocolat-crème-brandy, le café dispose de tables à l'intérieur ainsi que d'un jardin parfait pour déguster un verre de vin entre passionnés de littérature.

ℹ Renseignements

Downtown Info Center (☎360-671-3990 ; www.bellingham.org ; 1306 Commercial St ; ⏲11h-15h mar-sam). La branche du centre-ville du centre d'accueil des visiteurs de Bellingham.

ℹ Depuis/vers Bellingham

Bellingham est le terminal des ferries **Alaska Marine Highway** (AMHS ; ☎800-642-0066 ; www.dot.state.ak.us/amhs ; 355 Harris Ave, aller à partir de 460 $/pers) qui empruntent toutes les semaines l'Inside Passage jusqu'à Juneau, Skagway et d'autres ports du sud-est de l'Alaska.

Le **Bellair Airporter Shuttle** (www.airporter.com) rejoint 24h/24 l'aéroport de Sea-Tac (aller-retour 74 $) et Anacortes (aller-retour 35 $).

San Juan Islands

Ce vaste archipel compte 172 îles mais, à moins de pouvoir s'offrir un yacht ou un hydravion, on doit se contenter des quatre principales, San Juan, Orcas, Shaw et Lopez, toutes desservies quotidiennement par les Washington State Ferries. Elles sont globalement réputées pour leur tranquillité, l'observation des baleines, le kayak de mer et leur esprit non conformiste.

Kayak de mer et vélo sont les meilleurs moyens de les découvrir. À vélo, Lopez offre une étendue plate et champêtre, San Juan une boucle facile sur une journée et Orcas un relief vallonné ainsi qu'une montée abrupte de 8 km jusqu'au sommet du Mt Constitution.

ℹ Comment s'y rendre et circuler

Deux compagnies aériennes desservent les San Juan Islands depuis le continent. Les hydravions (trois de 10 places) de **Kenmore Air** (☎866-435-9524 ; www.kenmoreair.com) décollent de Lake Union et Lake Washington pour Lopez, Orcas et San Juan tous les jours. Tarifs à partir de 150 $ environ l'aller. **San Juan Airlines** (☎800-874-4434 ; www.sanjuanairlines.com) part d'Anacortes et Bellingham vers les trois îles principales.

Les Washington State Ferries (p. 400) partent d'Anacortes pour San Juan ; certains continuent jusqu'à Sidney (Canada), près de Victoria. Ils desservent Lopez Island (45 min), Orcas Landing (1 heure) et Friday Harbor, sur San Juan Island (1 heure 15). Les tarifs varient selon les saisons ; on ne peut acheter l'aller-retour que pour les trajets en direction de l'ouest (sauf les retours depuis Sidney).

Des navettes sillonnent Orcas et San Juan de mai à octobre.

San Juan Island

San Juan Island, capitale officieuse de l'archipel, offre un mélange harmonieux de collines basses et boisées parsemées de fermes qui ont souffert de conflits territoriaux au XIXe siècle. C'est à Friday Harbor, seul véritable village, que vous trouverez le **centre d'accueil des visiteurs** et la **Chamber of Commerce** (☎360-378-5240 ; www.sanjuanisland.org ; 165 1st St S, Friday Harbor ; ⏲10h-17h).

À voir

San Juan Island National Historical Park SITE HISTORIQUE
(☎360-378-2240 ; www.nps.gov/sajh ; ⏲ centre d'accueil des visiteurs 8h30-17h juin-août, 8h30-16h30 sept-mai). GRATUIT San Juan Island a connu un des conflits politiques les plus étranges en 1859, la "guerre du cochon", opposant les États-Unis à la Grande-Bretagne. Cette curieuse confrontation, qui opposa les armées américaine et anglaise, est présentée dans 2 parcs historiques, à chaque extrémité de l'île, qui abritaient autrefois les campements militaires des **Américains** (☎360-378-2240 ; www.nps.gov/sajh ; 4668 Cattle Point Rd ; ⏲8h30-23h) GRATUIT et des **Anglais** (☎360-378-2240 ; www.nps.gov/sajh ; ⏲8h30-23h) GRATUIT.

Lime Kiln Point State Park PARC D'ÉTAT
(☎360-902-8844 ; parks.state.wa.us/540/Lime-Kiln-Point ; 1567 Westside Rd ; ⏲8h-crépuscule). Accroché aux rochers de la côte ouest de l'île, ce parc surplombant le Haro Strait offre, dit-on, le meilleur emplacement au monde pour observer les baleines. Sa réputation n'étant plus à faire, les points de vue sont souvent bondés de personnes venues pique-niquer en espérant apercevoir les cétacés. Il y a aussi dans le parc un petit **centre d'interprétation** (☎360-378-2044 ; ⏲11h-16h juin à mi-sept) GRATUIT, des sentiers, un four à chaux restauré et le Lime Kiln Lighthouse, un phare construit en 1919.

Où se loger et se restaurer

San Juan County Park Campground CAMPING $
(☎360-378-1842 ; secure.itinio.com/sanjuan/island/campsites ; 380 West Side Rd ; randonneurs et cyclistes empl 10 $/pers, empl à partir de 35 $). Ce camping, le meilleur de San Juan, est joliment situé dans un parc du comté, sur le superbe littoral ouest. Le site comporte une plage et un ponton pour les bateaux, 20 emplacements pour les tentes, des tables de pique-nique et des toilettes avec chasse d'eau. Le soir, les lumières de Victoria (Canada) scintillent joliment de l'autre côté du détroit de Haro. Réservations obligatoires durant la haute saison.

♥ **Olympic Lights B&B** B&B $$
(☎888-2116195, 360-378-3186 ; www.olympiclights.com ; 146 Starlight Way ; ch 165-185 $; ⏲juin-sept ; 📶). Ancien cœur d'un domaine de 130 ha, cette ferme de 1895, magnifiquement restaurée, accueille désormais un B&B de 4 chambres installé sur un promontoire face aux Olympic Mountains. Des tournesols fleurissent dans le jardin, le petit-déjeuner roboratif inclut des biscuits maison au babeurre. Deux nuits minimum.

Market Chef TRAITEUR $
(☎360-378-4546 ; 225 A St, Friday Harbor ; sandwichs à partir de 9 $; ⏲10h-16h lun-ven). 🍃 Très prisé pour ses délicieux sandwichs, comme sa spécialité, celui à la salade d'œufs au curry avec cacahuètes rôties et chutney, ou encore celui au rôti et à la roquette. Les salades sont préparées avec des ingrédients locaux. Si vous êtes de passage un samedi en été, rendez-vous au Market Chef du marché des producteurs de San Juan Island (10h-13h).

♥ **Duck Soup Inn** FUSION $$$
(☎360-378-4878 ; www.ducksoupsanjuans.com ; 50 Duck Soup Lane ; plats 21-39 $; ⏲17h-22h mer-dim avr-oct). Pas économique, mais vraiment bon. Situé à 6,4 km au nord-ouest de Friday Harbor, dans les bois, au bord de l'eau, Duck Soup est la meilleure table de l'île. Les fruits et fines herbes du jardin viennent agrémenter les huîtres, Saint-Jacques et ragoût de lentilles éthiopien. La longue liste des vins comporte un chardonnay produit sur l'île.

Orcas Island

Plus accidentée que Lopez mais moins fréquentée que San Juan, Orcas maintient un délicat équilibre entre accueil chaleureux et froid glacial, développement et préservation des ressources, argent du tourisme et tranquillité – du moins pour le moment. Le terminal des ferries se trouve à Orcas Landing, à 13 km au sud d'Eastsound, le principal village.

Le lobe oriental de l'île forme le **Moran State Park** (☎360-376-6173 ; 3572 Olga Rd ; Discover Pass requis dans certains parkings par jour/année, 10/35 $; ⏲6h30-crépuscule avr-sept, 8h-crépuscule oct-mars), dominé par le Mt Constitution (734 m), avec ses 64 km de sentiers et son extraordinaire vue panoramique depuis son sommet. Le **camping** (☎360-376-2326 ; www.moranstatepark.com ; emplacements à partir de 25 $) constitue une excellente solution d'hébergement.

Où se loger

Golden Tree Hostel AUBERGE DE JEUNESSE $
(☎360-317-8693 ; www.goldentreehostel.com ; 1159 North Beach Rd, Eastsound ; dort/d avec sdb commune 47/110 $; ⏲avr-oct ; @). Dans une demeure des années 1890, cet établissement branché propose des chambres confortables et d'agréables espaces communs, un Jacuzzi et un sauna dans le jardin. On peut aussi dormir dans un tipi, un bus ou un dôme géodésique. Un autre bâtiment consacré aux loisirs renferme billard, baby-foot, jeux de palets et de fléchettes. Location de vélos 20 $. Soirée pizza le vendredi. Réservez en été.

Doe Bay Village Resort & Retreat AUBERGE DE JEUNESSE $
(☎360-376-2291 ; www.doebay.com ; 107 Doe Bay Rd, Olga ; empl camping à partir de 60 $, bungalow à partir de 100 $, yourte à partir de 80 $). L'un des complexes les moins chers, Doe Bay mêle l'ambiance d'une retraite pour hippies à celle d'un village d'artistes. Divers hébergements sont proposés : camping proche de l'eau, bungalows variés et yourtes, le plus souvent avec vue sur l'océan.

Outlook Inn HÔTEL $$
(☎360-376-2200 ; www.outlookinn.com ; 171 Main St, Eastsound ; ch/ste à partir de 109/250 $; @). Dans le plus ancien et remarquable bâtiment d'Eastsound, l'Outlook Inn (1888) est une institution sur l'île. Chambres bon marché, propres et confortables (demandez la chambre n°30). Luxueuses suites avec cheminée, Jacuzzi et magnifique vue sur l'eau depuis le balcon. Excellent café attenant.

Où se restaurer et prendre un verre

Brown Bear Baking BOULANGERIE $
(angle Main St et North Beach Rd, Eastsound ; pâtisseries 7 $; ⏲8h-16h jeu-lun). Le prix de 7 $ peut sembler exagéré pour une viennoiserie ou une pâtisserie, mais lorsque vous aurez goûté celles-ci, vous comprendrez. Croissants aux amandes, quiches aux œufs frais d'Orcas Island et légumes rôtis, petits pains au caramel et tourte aux fruits, à équilibrer avec une soupe ou un sandwich roboratifs.

Inn at Ship Bay PRODUITS DE LA MER $$$
(☎877-276-7296 ; www.innatshipbay.com ; 326 Olga Rd ; plats 27-36 $; ⏲17h-22h mar-sam). La meilleure table de l'île selon les habitants sert des fruits de mer dans une jolie maison de 1860 à quelques kilomètres au sud d'Eastsound. On y trouve aussi 11 chambres à louer (doubles à partir de 195 $). Le chef cuisine tout lui-même à partir de produits ultrafrais de l'île. Réservations conseillées.

Island Hoppin' Brewery BRASSERIE
(www.islandhoppinbrewery.com ; 33 Hope Lane, Eastsound ; ⏲11h-21h). En retrait de Mt Baker Rd près de l'aéroport, cette petite brasserie est difficile à trouver, mais c'est l'endroit idéal pour savourer des bières locales à la pression. Si vous avez grand faim, prévoyez de la nourriture (c'est autorisé) car seuls des en-cas sont servis. La table de ping-pong apporte un peu d'animation.

Lopez Island

Si vous vous rendez à Lopez – ou "Slow-pez", comme l'appellent ses habitants – procurez-vous un vélo. Son relief modéré est idéal pour pédaler et les habitants vous saluent au passage (le célèbre salut local avec trois doigts). On peut en faire le tour dans la journée et passer une nuit agréable près de la marina au **Lopez Islander Resort** (☎360-468-2233 ; www.lopezfun.com ; 2864 Fisherman Bay Rd ; ch à partir de 159 $). L'**Edenwild Inn** (☎360-468-3238 ; www.edenwildinn.com ; Lopez Rd, Lopez Village ; ste à partir de 218 $), plus huppée, est une demeure victorienne entourée d'un adorable jardin bien entretenu.

Si vous n'avez pas de vélo, **Village Cycles** (☎360-468-4013 ; www.villagecycles.net ; 214 Lopez Rd ; location 7-13 $/heure), pourra vous en louer un pour rejoindre le terminal des ferries.

North Cascades

Dominées par le Mt Baker et, dans une moindre mesure – car plus éloigné – par le Glacier Peak, les North Cascades englobent un immense territoire de forêts protégées, de parcs et d'étendues sauvages qui éclipseraient presque les vastes parcs Rainier et St Helens au sud. Leur joyau, North Cascades National Park, abrite une forêt pluviale primaire, des glaciers grinçants et des écosystèmes intacts dont la beauté sauvage est curieusement ignorée de tous, à l'exception de quelque 2 500 visiteurs par an. Ce paysage rude est constellé d'une poignée de petites localités, se limitant pour la plupart à une station-service, un café et une épicerie.

Mt Baker

Dressé comme une sentinelle fantomatique au-dessus des eaux étincelantes du Puget Sound supérieur, le Mt Baker fascine depuis des siècles les visiteurs du Nord-Ouest. C'est un volcan en sommeil depuis les années 1850 dont le pic de 3 286 m comprend 12 glaciers et a enregistré en 1999 des chutes de neige records de 29 m.

La Hwy 542, une route surnommée "Mt Baker Scenic Byway", grimpe de 1 554 m jusqu'à **Artist Point**, à 90 km de Bellingham. Non loin, vous découvrirez le **Heather Meadows Visitor Center** (Mt Baker Hwy, Mile 56 ; 10h-16h mi-juil à fin sept) et des sentiers dont les 12 km du **Chain Lakes Loop**, qui rejoint des lacs entourés de prés à myrtilles.

Domaine skiable le plus enneigé d'Amérique du Nord, la **Mt Baker Ski Area** (360-734-6771 ; www.mtbaker.us ; forfait tarif plein/enfant 61/38 $) comprend 38 pistes, 8 remontées et un dénivelé de 457 m. Cette station est devenue culte parmi les adeptes du snowboard, qui y viennent depuis 1985 en janvier pour le Legendary Baker Banked Slalom.

En remontant la montagne, vous pourrez vous arrêter manger un morceau dans un bon vieux bar-restaurant, le **Graham's** (360-599-9883 ; 9989 Mt Baker Hwy, Glacier ; plats 9-14 $; 12h-21h lun-ven, 8h-21h sam-dim) et acheter quelque chose à grignoter pour la journée à la **Wake & Bakery** (360-599-1658 ; www.getsconed.com ; 6903 Bourne St, Glacier ; en-cas à partir de 4 $; 7h30-17h), tous deux dans la localité de **Glacier**.

Leavenworth

Leavenworth, ancienne ville de bûcherons, s'est transformée en une bourgade bavaroise (!) dans les années 1960, quand le changement d'itinéraire du train transcontinental menaçait d'anéantir son activité. Passant du bois au tourisme, Leavenworth a réussi sa reconversion en village traditionnel romantique, où l'on trouve bière, saucisses et habitants en tenue traditionnelle (25% sont d'origine allemande). Le décor digne de *La Mélodie du bonheur* y contribue, tout comme le fait que Leavenworth est la principale base des expéditions dans l'Alpine Lakes Wilderness.

À la **Leavenworth Chamber of Commerce** (509-548-5807 ; leavenworth.org ; 940 US 2 ; 8h-17h lun-jeu, 8h-18h ven-sam, 10h-16h dim), vous trouverez des informations sur les activités de plein air. **Castle Rock**, dans le Tumwater Canyon, offre les plus belles ascensions de l'État de Washington à environ 5 km au nord-ouest de Leavenworth près de l'US 2.

Le **Devil's Gulch** est un sentier de VTT (40 km, 4-6 heures) prisé. **Der Sportsmann** (509-548-5623 ; www.dersportsmann.com ; 837 Front St ; location ski de fond/chaussures de ski 18/16 $; 10h-18h lun-jeu, 10h-19h ven, 9h-19h sam, 9h-18h dim) loue des VTT.

Où se loger et se restaurer

Hotel Pension Anna HÔTEL **$$**

(509-548-6273 ; www.pensionanna.com ; 926 Commercial St ; ch 179-240 $;). Un authentique coin de Bavière en ville, offrant un décor et un petit-déjeuner (inclus) en conséquence, qui pourrait vous inciter à chanter la tyrolienne. Nous recommandons la chambre double au mobilier peint à la main, mais la suite dans la chapelle St Joseph adjacente est idéale pour les familles.

Enzian Inn HÔTEL **$$**

(509-548-5269 ; www.enzianinn.com ; 590 US 2 ; d à partir de 240 $;). Dans ce classique de Leavenworth, la journée commence au son d'un cor des Alpes. Si cela ne vous incite pas à vous lever, songez au terrain de golf gratuit où des chèvres tondent le gazon, ou aux piscines intérieure et extérieure. Le soir, un pianiste joue les airs demandés dans le hall bavarois.

München Haus ALLEMAND **$**

(509-548-1158 ; www.munchenhaus.com ; 709 Front St ; en-cas 4-7 $; 11h-20h, 11h-22h ven-sam). Dans ce restaurant en plein air, les bretzels et saucisses allemandes sont essentiels pour se réchauffer en hiver et les bières bavaroises pour se rafraîchir en été.

Le personnel détendu contribue à créer une ambiance décontractée qui s'accompagne d'airs enjoués d'accordéon, d'une marmite de condiment au cidre et d'un incroyable bar à moutardes. Horaires variables en dehors de l'été.

Lake Chelan

Ce lac long et étroit est la base nautique centrale de l'État de Washington. Principal centre d'hébergements et de services, la localité de **Chelan**, à la pointe sud-est du lac, dispose d'un **poste de rangers de l'USFS** (509-682-4900 ; www.fs.usda.gov/detail/okawen/about-forest/offices ; 428 W Woodin Ave ; 7h45-16h30 lun-ven).

Le **Lake Chelan State Park** (509-687-3710 ; parks.state.wa.us/531/Lake-Chelan ; 7544 S Lakeshore Rd ; empl camping sauvage/standard à partir de 12/27 $) comprend 144 emplacements ; plusieurs campings au bord du lac ne sont accessibles qu'en bateau. Si vous préférez dormir dans un vrai lit, essayez le **Midtowner Motel** (800-572-0943 ; www.midtowner.com ; 721 E Woodin Ave ; ch à partir de 125 $;) ou l'agréable **Riverwalk Inn** (509-682-2627 ; www.riverwalkinnchelan.com ; 205 E Wapato Ave ; d 69-199 $;), tous deux en ville.

Plusieurs producteurs de vin sont également apparus dans la région et beaucoup ont un excellent restaurant comme **Tsillan Cellars** (509-682-9463 ; www.tsillancellars.com ; 3875 US 97A, plats 20-38 $; dégustation de vins 12h-18h ; repas 17h-tard tlj, 12h-15h sam, 11h-15h dim).

Les bus **Link Transit** (509-662-1155 ; www.linktransit.com) relient Chelan à Wenatchee et Leavenworth (2,50 $ aller simple).

À la pointe nord du lac, la jolie ville de **Stehekin** n'est accessible qu'en **bateau** (509-682-4584 ; www.ladyofthelake.com ; 1418 W Woodin Ave, Chelan ; aller 22-37 $, aller-retour jusqu'à Stehekin 61 $) ou à pied en franchissant le Cascade Pass, à 45 km du lac. Vous trouverez de nombreux renseignements sur www.stehekin.com. La plupart des infrastructures sont ouvertes de mi-juin à mi-septembre.

Methow Valley

Grâce à son abondance de poudreuse en hiver et de soleil en été, la vallée est devenue une des principales destinations de loisirs de l'État de Washington. Vélo, marche et pêche sont au menu l'été. L'hiver, on y pratique le ski de fond sur le deuxième plus vaste réseau de pistes des États-Unis.

Les 200 km de pistes sont entretenus par la **Methow Valley Sport Trails Association** (MVSTA ; 509-996-3287 ; www.methowtrails.org ; 309 Riverside Ave, Winthrop ; 8h30-15h30 lun-ven), organisme à but non lucratif qui, en hiver, propose le réseau skiable le plus complet de refuge à refuge (et d'hôtel à hôtel) d'Amérique du Nord. Cerise sur le gâteau, peu de touristes semblent au courant pour l'instant. Au **Sun Mountain Lodge** (509-996-2211 ; www.sunmountainlodge.com ; 604 Patterson Lake Rd ; ch à partir de 285 $, chalets à partir de 415 $;), à 16 km à l'ouest de Winthrop, vous trouverez un hébergement classique avec accès facile aux pistes de ski et aux sentiers pédestres et cyclables. Winthrop est également le haut lieu de la gastronomie régionale : régalez-vous, par exemple, au **Arrowleaf Bistro** (509-996-3920 ; www.arrowleafbistro.com ; 253 Riverside Ave ; plats 22-28 $; 16h-22h mer-dim).

North Cascades National Park

Desolation Peak, Mt Despair, Mt Terror... Rien que par leurs noms, les spectaculaires montagnes du peu fréquenté **North Cascades National Park** (www.nps.gov/noca) donnent une impression de nature sauvage. Pas étonnant que cette région compte des terrains d'aventures parmi les meilleurs de l'arrière-pays, en dehors de l'Alaska.

Le **North Cascades Visitor Center** (206-386-4495, ext 11 ; 502 Newhalem St, Newhalem ; 9h-17h mi-mai à sept), dans la petite bourgade de Newhalem sur la Hwy 20, est la meilleure halte pour les visiteurs, qui y trouveront des rangers capables de leur indiquer les sites incontournables du parc.

Construits dans les années 1930 pour les bûcherons qui œuvraient dans la vallée (plus tard inondée par le barrage de Ross Dam), les chalets flottants du **Ross Lake Resort** (206-486-3751 ; www.rosslakeresort.com ; 503 Diablo St, Rockport ; chalets 205-385 $; mi-juin à fin oct ;), sur la rive ouest du lac éponyme, sont les hébergements les plus singuliers de l'État de Washington. En l'absence de route, il faut soit emprunter à pied un sentier de 3 km partant de la Hwy 20, soit monter à bord du remorqueur-navette qui part du parking près du barrage de Diablo Dam.

VAUT LE DÉTOUR

BARRAGE DE GRAND COULEE

Alors que le Hoover Dam (qui a l'avantage d'être situé entre Las Vegas et le Grand Canyon) accueille plus de 1,6 million de visiteurs chaque année, le **Grand Coulee Dam** (qui est loin de tout), pourtant quatre fois plus grand, apparaît à peine sur les cartes touristiques. Si vous passez dans la région, ne ratez pas l'une des plus impressionnantes œuvres d'ingénierie des États-Unis – loin de la foule des touristes.

Le **Grand Coulee Dam Visitor Center** (509-633-9265 ; www.usbr.gov/pn/grandcoulee/visit ; 9h-23h mi-mai à juil, 8h30-22h30 août, 8h30-21h30 sept, 9h-17h oct à mi-mai) retrace l'histoire du barrage et de la région au travers de films, de photos et d'expositions interactives. Des visites guidées gratuites des infrastructures ont lieu tous les jours à 10h, 12h, 14h et 15h30 ; elles comprennent la descente (140 m) dans un ascenseur aux parois vitrées à l'intérieur de la troisième centrale électrique, où vous pourrez observer les générateurs depuis une plateforme.

Nord-est de l'État de Washington

Spokane

La deuxième ville de l'État de Washington est située au cœur de l'"Inland Empire" ("l'empire de l'intérieur des terres") du Nord-Ouest pacifique, sur les rives de la Spokane River. Elle abrite l'impressionnant Northwest Museum of Arts & Culture, la Gonzaga University, le site de l'Exposition internationale de 1974 et une époustouflante cascade au milieu d'un centre historique bien préservé. Il reste pas mal de secteurs délabrés, mais, à condition de prendre le temps, vous serez agréablement surpris par le charme de cette ville souvent mal considérée.

À voir

Northwest Museum of Arts & Culture MUSÉE

(MAC ; 509-456-3931 ; www.northwest-museum.org ; 2316 W 1st Ave ; adulte/enfant 10/5 $; 10h-17h mar-dim, 10h-20h 3e jeu du mois ;). Situé dans un remarquable édifice avant-gardiste du joli quartier de Browne's Addition, ce musée mérite vraiment une visite. Il conserve l'une des plus belles collections d'artefacts amérindiens du Nord-Ouest et accueille plusieurs fois par an d'ambitieuses expositions temporaires, qui mettent en lumière de grands artistes régionaux (comme le maître verrier Dale Chihuly) et des traditions culturelles (quilts de pionniers, broderies de perles amérindiennes, etc.).

Riverfront Park PARC

(www.spokaneriverfrontpark.com ;). Ancien site de l'Exposition universelle de 1974, ce parc renferme de nombreuses curiosités, notamment une **promenade des sculptures** (comprenant une vingtaine d'œuvres) et les **Spokane Falls**, de photogéniques chutes d'eau. Un court trajet en télécabine par le **Spokane Falls SkyRide** (adulte/enfant 7,75/5,75 $; 11h-19h) permet de les admirer, tout comme l'époustouflant **Monroe Street Bridge**. Construit en 1911, ce pont est toujours l'une des plus grandes arches en béton des États-Unis. En raison d'un projet de rénovation, certains secteurs du parc sont fermés.

Où se loger et se restaurer

Hotel Ruby MOTEL $

(509-747-1041 ; www.hotelrubyspokane.com ; 901 W 1st Ave ; ch à partir de 81 $;). Ce motel basique récemment relooké conserve son ambiance des années 1970 avec ses œuvres d'art originales accrochées aux murs, ses luminaires excentriques et un salon à cocktails élégant attenant à l'entrée. Les chambres sont équipées d'un mini-réfrigérateur et d'un four à micro-ondes, et vous aurez accès à la salle de sport de l'établissement partenaire et voisin, le Ruby 2, très agréable aussi (chambre à partir de 78 $). L'emplacement en centre-ville fait la différence.

Davenport Hotel HÔTEL HISTORIQUE $$

(800-899-1482 ; www.thedavenporthotel.com ; 10 S Post St ; ch à partir de 200 $;). Cet hôtel ouvert en 1914 est un monument historique. Même sans y séjourner, attardez-vous dans le magnifique hall ou prenez un verre au Peacock Lounge. Le hall et le bar du Davenport Tower adjacent arborent le thème du safari.

Ruins AMÉRICAIN, FUSION $$
(☎509-443-5606 ; 825 N Monroe St ; petites assiettes 6-17 $; ⏲11h-15h et 17h-22h mar-ven, 9h30-14h et 17h-23h sam, 9h30-14h et 17h-21h dim, 17h-22h lun). Cet établissement raffiné propose un menu en perpétuelle évolution, composé principalement de petites assiettes et d'en-cas à associer à des cocktails parfaits. Attendez-vous à des interprétations rafraîchissantes de toutes sortes de plats, du *pad thaï* aux tacos et du *banh mi* aux burgers, ainsi qu'à des plats plus consistants (récemment un assortiment de viandes grillées) à partager... ou non. Arrivez tard et installez-vous au comptoir.

Wild Sage American Bistro NORD-OUEST DES ÉTATS-UNIS $$$
(wildsagebistro.com ; 916 W 2nd Ave ; plats 18-42 $; ⏲16h-21h lun-jeu, 16h-22h ven-dim). Décoration sobre et intimiste, produits locaux frais, mitonnés avec créativité et dressés avec élégance... Wild Sage figure systématiquement parmi les meilleures tables de Spokane. Le flétan d'Alaska, le poulet à la moutarde au miel et le gâteau à la crème de coco sont chaudement recommandés ; menu sans gluten également. Excellent choix de vins et cocktails.

Où prendre un verre et sortir

Atticus Coffee CAFÉ
(222 N Howard St ; thé/expresso à partir de 2/3 $; ⏲7h30-18h lun-sam, 9h-17h dim). Atticus est à la fois une boutique de cadeaux bien fournie et un café convivial servant un succulent café et un choix incroyable de thés en vrac. Bonne chance pour résister à la tentation d'acheter un mug ou un savon artisanal ! Wi-Fi disponible du lundi au vendredi.

NoLi Brewhouse BRASSERIE
(☎509-242-2739 ; www.nolibrewhouse.com ; 1003 E Trent Ave ; plats 12-18 $; ⏲11h30-22h dim-jeu, 11h-23h ven-sam). Repaire très populaire près de la Gonzaga University, la meilleure microbrasserie de Spokane propose des saveurs originales, notamment une ale à la griotte et une *imperial stout* au goût de café, chocolat et cassonade. La pâte à frire du cabillaud-frites est préparée avec la *pale-ale* de la brasserie.

Renseignements

Spokane Area Visitor Information Center (☎888-776-5263, 509-744-3341 ; www.visitspokane.com ; 620 W Spokane Falls Blvd ; ⏲10h-19h juin-sept, 10h-18h le reste de l'année). Près de la rivière, une mine d'informations sur la ville et la région.

Depuis/vers Spokane

Spokane International Airport (www.spokaneairports.net). Les compagnies Alaska, American, Delta, Frontier, Southwest et United proposent toutes des liaisons directes vers de grandes villes américaines.

Spokane Intermodal Center (221 W 1st Ave). Pour les bus et les trains.

South Cascades

Moins escarpées et repliées sur elles-mêmes que leurs cousines du Nord, les South Cascades sont pourtant plus hautes. Leur point culminant est le Mt Rainier (4 392 m). Vers le sud, on ne présente plus l'explosif Mt St Helens, tandis que le Mt Adams, moins connu, semble bouder plus à l'est.

Mt Rainier National Park

Cinquième pic des États-Unis en dehors de l'Alaska, le majestueux Mt Rainier est aussi l'un des plus beaux. Situés dans un parc national de 953 km², son sommet enneigé et ses versants boisés recèlent de nombreux sentiers de randonnée, de vastes prairies tapissées de fleurs et un pic conique qui défie les aspirants alpinistes.

Le **Mt Rainier National Park** (www.nps.gov/mora ; voiture 30 $, piéton et cycliste 15 $, pass 1 an 55 $) possède quatre entrées. Appelez le 800-695-7623 pour connaître l'état des routes. Le site du National Park Service (NPS) propose des cartes téléchargeables et la description de dizaines de sentiers. Le plus célèbre est le très difficile Wonderland Trail (150 km) qui fait le tour complet du Mt Rainier et nécessite 10 à 12 jours de marche.

Les **campings du parc** (☎800-365-2267 ; www.nps.gov/mora ; empl 20 $) ont l'eau courante et des toilettes, mais ni douche ni branchement pour camping-cars. Les réservations, fortement recommandées en été, peuvent s'effectuer jusqu'à 2 mois à l'avance par téléphone ou en ligne. Pour passer la nuit dans le parc, un permis est nécessaire ; consultez les détails sur le site Internet du NPS.

ENTRÉE DE NISQUALLY

Entrée la plus fréquentée et la plus pratique au Mt Rainier National Park, **Nisqually** se trouve sur la Hwy 706 en passant par Ashford, près de l'angle sud-ouest du parc. Elle est ouverte toute l'année. À **Longmire**, 11 km après l'entrée de Nisqually, se trouve un **musée-centre d'information** (☎360-569-6575 ; Hwy 706, Longmire ; ⏲musée 9h-16h30 tte l'année, renseignements mai-oct) GRATUIT, de nombreux départs de sentiers et le rustique **National Park Inn** (☎360-569-2275 ; Hwy 706 ; ch avec/sans sdb à partir de 203/138 $; ❄), doté d'un excellent restaurant. D'autres randonnées et sentiers d'interprétation démarrent 19 km plus à l'est à **Paradise**, où se situent l'intéressant **Henry M Jackson Visitor Center** (☎360-569-6571 ; Paradise ; ⏲10h-17h tlj mai-oct, sam-dim nov-avr) et le **Paradise Inn** (☎360-569-2275 ; Paradise ; ch avec/sans sdb à partir de 182/123 $; ⏲mi-mai à oct ; 🍽), auberge historique construite en 1916. Les ascensions du sommet du Mt Rainier partent de l'auberge. **Rainier Mountaineering Inc** (☎888-892-5462 ; www.rmiguides.com ; 30027 Hwy 706 E, Ashford ; ascension 4 jours 1 163 $) organise d'excellentes ascensions guidées de quatre jours.

AUTRES ENTRÉES

Les trois autres entrées au Mt Rainier National Park sont **Ohanapecosh**, accessible par la Hwy 123 et la ville de **Packwood**, où vous trouverez des hébergements ; **White River**, près de la Hwy 410, qui passe par le point le plus haut (1 950 m) jusqu'au magnifique point de vue de la **Sunrise Lodge Cafeteria** (Sunrise Park Rd, Sunrise ; plats 6-12 $; ⏲10h-19h juil-août, 11h-15h sam-dim sept) ; et **Carbon River**, la plus éloignée, à l'angle nord-ouest, qui donne accès à la forêt pluviale du parc.

Mt St Helens National Volcanic Monument

Ce qui lui manque en altitude, le Mt St Helens le possède en sinistre réputation : 57 personnes y ont péri le 18 mai 1980, lors d'une éruption d'une force équivalent à l'explosion de 1 500 bombes atomiques. Cette catastrophe a débuté par un tremblement de terre de 5,1 sur l'échelle de Richter, qui a déclenché le plus gros glissement de terrain de l'histoire et enseveli près de 600 km² de forêt sous des millions de tonnes de roche volcanique et de cendres. Aujourd'hui, le paysage de forêts renaissantes, de vallées nouvelles et de versants recouverts de cendres est absolument fascinant. Le droit d'entrée s'élève à 8 $ par personne.

ENTRÉE NORD-EST

En venant de la principale entrée nord-est sur la Hwy 504, faites halte au **Silver Lake Visitor Center** (☎360-274-0962 ; parks.state.wa.us/245/Mount-St-Helens ; 3029 Spirit Lake Hwy ; tarif plein/enfant 5 $/gratuit ; ⏲9h-16h mars à mi-mai et mi-sept à oct, 9h-17h mi-mai à mi-sept, 9h-16h jeu-lun nov-fév ; 👪) 🍃, qui propose des films, des expositions et de la documentation sur la montagne (dont des cartes des sentiers). Pour observer de plus près la puissance destructrice de la nature, rejoignez le **Johnston Ridge Observatory** (☎360-274-2140 ; 24000 Spirit Lake Hwy ; 8 $; ⏲10h-18h mi-mai à oct), au bout de la Hwy 504, et regardez directement dans la bouche du volcan. Appréciable dans un secteur pauvre en hébergement, l'**Eco Park Resort** (☎360-274-7007 ; www.ecoparkresort.com ; 14000 Spirit Lake Hwy, Toutle ; empl 25 $, yourte 6 pers 95 $, chalets 150 $; 🐾) propose emplacements, branchements pour camping-cars, et chalets rudimentaires pour deux à quatre personnes.

ENTRÉES SUD-EST ET EST

L'entrée sud-est, accessible par la ville de **Cougar**, sur la Hwy 503, présente de spectaculaires paysages de lave, dont l'**Ape Cave**, une grotte de lave de 3 km de long que l'on peut explorer toute l'année. Préparez-vous à affronter la fraîcheur des lieux, car il y fait 5°C. Apportez deux lampes torches par adulte ou louez des lanternes (5 $) au **Apes' Headquarters** (☎360-449-7800 ; Forest Rd 8303 ; ⏲10h-17h mi-juin à début sept).

L'entrée est se révèle la plus éloignée, mais depuis le point de vue de **Windy Ridge**, particulièrement difficile d'accès, les visiteurs pourront ressentir la puissance dévastatrice de l'explosion. Elle est souvent fermée jusqu'en juin. Quelques kilomètres plus bas, vous pourrez emprunter le **Harmony Trail** (1,5 km ; randonnée n°224) qui parcourt 182 m de dénivelé jusqu'au **Spirit Lake**.

Centre et sud-est de l'État de Washington

Ensoleillées et sèches, rappelant un peu la Californie, les régions centrale et sud-est de l'État de Washington possèdent une arme (relativement) secrète : le vin. Les terres fertiles qui bordent les vallées de la Yakima et de la Columbia sont couvertes de nouveaux domaines qui produisent du raisin de qualité désormais en concurrence avec ceux des vallées de Napa et de Sonoma. Les localités de Yakima et de la plus attrayante Ellensburg étaient traditionnellement en tête, mais aujourd'hui les lauriers vont à Walla Walla.

Yakima et Ellensburg

Les principales raisons de s'arrêter à Yakima sont les nombreux domaines viticoles installés entre cette ville et Benton City ; procurez-vous une carte au **centre d'accueil des visiteurs** (☎800-221-0751 ; www.visityakima.com ; 101 N 8th St ; 8h30-17h lun-ven).

Plus séduisante, la petite bourgade d'Ellensburg, située 58 km au nord-ouest, organise le plus grand rodéo de l'État (chaque Labor Day, en septembre) et son centre compte des bâtiments historiques bien préservés. Prenez un café chez le torréfacteur local **D&M Coffee** (☎509-925-5313 ; www.dmcoffee.com ; 323 N Pearl St ; 7h-20 ;) et mangez à l'original **Yellow Church Cafe** (☎509-933-2233 ; www.theyellowchurchcafe.com ; 111 S Pearl St ; plats déj 12-17 $, plats dîner 14-27 $; 11h-21h lun-jeu, 8h-21h ven-dim ;) ou au fantastique **Red Pickle** (☎509-367-0003 ; 301 N Pine St ; plats à partir de 10 $, cocktail 8 $; 11h-21 mer-dim, 16h-21h mar).

Les bus Greyhound relient les deux bourgades à Seattle, Spokane et d'autres villes sur leur parcours.

Walla Walla

Walla Walla est devenu la zone viticole la plus dynamique en dehors de la Californie. Si le Whitman College est son volet culturel le plus évident, attirant une population d'étudiants, on y trouve aussi des bars insolites et d'agréables salles de dégustation, des témoignages de l'architecture Queen Anne et un des meilleurs marchés fermiers de l'État.

À voir et à faire

Inutile d'avoir abusé du vin pour apprécier le patrimoine historique et culturel de Walla Walla. Main St, sa rue principale, a reçu d'innombrables distinctions. La **Chamber of Commerce** (☎509-525-0850 ; www.wwvchamber.com ; 29 E Sumach St ; 8h30-17h lun-ven) propose des visites guidées, des brochures et des cartes. Des espaces de dégustation (comptez 5 à 10 $) jalonnent Main St et ses environs.

Fort Walla Walla Museum MUSÉE
(☎509-525-7703 ; www.fwwm.org ; 755 Myra Rd ; tarif plein/enfant 9/4 $; 10h-17h mars-oct, 10h-16h nov-fév ;). Un village de pionniers a été reconstitué à l'extérieur de ce musée qui occupe les anciennes écuries du fort. La principale salle d'exposition présente l'expédition de Lewis et Clark, l'agriculture locale et l'histoire militaire, tandis que les 4 grands édifices des écuries abritent des collections d'outils agricoles, une cellule de prison et une réplique en plastique d'un attelage de 33 mules utilisé pour la moisson du blé dans les années 1920.

Waterbrook Wine VIN
(☎509-522-1262 ; www.waterbrook.com ; 10518 W US 12 ; dégustation 5-15 $ 11h-17h dim-jeu, 11h-18h ven-sam). À environ 16 km à l'ouest de la ville, ce vaste domaine viticole, moderne et impeccablement entretenu, dégage une atmosphère un peu guindée et commerciale, mais le personnel est attentionné et, si la journée est ensoleillée, la terrasse à côté de l'étang sera très agréable pour goûter quelques vins parmi une large sélection. Menu complet servi du jeudi au dimanche.

Amavi Cellars VIN
(☎509-525-3541 ; www.amavicellars.com ; 3796 Peppers Bridge Rd ; dégustation 10 $; 10h-16h). Au sud de Walla Walla, au cœur d'un beau paysage composé de vignobles et de pommeraies, dégustez certains des vins les plus appréciés de la vallée (on conseille syrah et cabernet sauvignon). La terrasse a vue sur les Blue Mountains.

Où se loger et se restaurer

Walla Walla Garden Motel MOTEL $
(☎509-529-1220 ; www.wallawallagardenmotel.com ; 2279 Isaacs Ave ; s/d à partir de 72/94 $;). Ce motel accueillant se trouve à mi-chemin de l'aéroport. Idéal pour les cyclistes avec son local à vélos et ses nombreuses cartes de la région.

Marcus Whitman Hotel HÔTEL $$

(☎509-525-2200 ; www.marcuswhitmanhotel.com ; 6 W Rose St ; ch à partir de 159 $; P ❄ 📶 🐾). Emblématique de Walla Walla, ce bel immeuble en brique rouge, construit en 1928 et élégamment rénové, comporte des chambres et des suites spacieuses au mobilier italien. Belles vues sur les Blue Mountains.

Graze CAFÉ $

(☎509-522-9991 ; www.grazeplaces.com ; 5 S Colville St ; sandwichs 8-12 $; ⏰10h-19h30 lun-sam, 10h-15h30 dim ; 🌱). Des sandwichs divins à déguster sur place ou à emporter. Goûtez le panini dinde et poire garni de provolone et de bleu, ou le *flank-steak torta* (steak, piments marinés, avocat, tomate, coriandre et sauce *chipotle)*. Nombreuses options végétariennes.

♥ **Saffron Mediterranean Kitchen** MÉDITERRANÉEN $$$

(☎509-525-2112 ; www.saffronmediterraneankitchen.com ; 125 W Alder St ; pains plats 14-16 $, plats 25-45 $; ⏰14h-21h lun-ven, 12h-21h sam-dim). Il ne s'agit pas ici de cuisine mais d'alchimie : le Saffron transforme les ingrédients locaux en or. Le menu d'inspiration méditerranéenne annonce des plats comme le *flatbread* (pain plat, sorte de *nan*) asperge-*fontina* (fromage italien), les cailles grillées au feu de bois avec dattes et olives et les lasagnes à l'aubergine, à l'agneau et à la poitrine de porc. Les accords mets-vins sont parfaits, dans une ambiance tout aussi délicieuse. Pensez à réserver.

ℹ Depuis/vers Walla Walla

Deux vols quotidiens d'Alaska Airlines desservent Seattle-Tacoma International Airport depuis le **Walla Walla Regional Airport** (www.wallawallaairport.com ; 45 Terminal Loop), au nord-est de la ville par l'US 12.

Un bus Greyhound rallie tous les jours Seattle (47 $, 6 heures) via Pasco, Yakima et Ellensburg ; correspondance pour Spokane à Pasco.

L'OREGON

Impossible de trouver un qualificatif unique qui caractériserait la géographie de l'Oregon, et il en va de même pour sa population. Littoral déchiqueté, denses forêts de conifères, déserts arides parsemés de fossiles, volcans et glaciers le composent. Quant à ses habitants, ils vont des conservateurs en faveur de l'exploitation forestière aux écologistes fervents. Ils ont en commun, toutefois, un esprit indépendant, un véritable amour du grand air et un immense attachement à leur État.

En général, les visiteurs tombent eux aussi rapidement sous le charme du scintillant Crater Lake, des couleurs chatoyantes des Painted Hills à John Day, ou des sentiers de randonnée traversant forêts touffues et cols époustouflants. Sans parler des villes : vous mangerez royalement à Portland, assisterez à des productions théâtrales de haut vol à Ashland et découvrirez un nombre incalculable de brasseries à Bend.

Portland

Le meilleur café, les meilleurs stands de cuisine de rue, les meilleures brasseries artisanales, ou encore le paradis des hipsters. Que de superlatifs pour décrire Portland, une ville à l'esprit indépendant et au charme singulier et discret.

À voir

Downtown (centre-ville)

♥ **Tom McCall Waterfront Park** PARC

(carte p. 412 ; Naito Pkwy). Ce parc qui s'étend sur la rive ouest de la Willamette River fut achevé en 1978 après 4 ans de travaux. Avec ses 2,5 km de trottoirs goudronnés et d'espaces verts, attirant joggeurs, promeneurs et cyclistes, il remplace une ancienne autoroute. En été, le parc accueille de grands événements comme l'**Oregon Brewers Festival** (www.oregonbrewfest.com ; Tom McCall Waterfront Park ; gratuit, pack de 10 jetons dégustation 20 $, jeton supplémentaire 1 $; ⏰fin juil). Empruntez les ponts Steel Bridge et Hawthorne Bridge pour rejoindre l'**Eastbank Esplanade** et faire une boucle de 4 km.

♥ **Pioneer Courthouse Square** LIEU EMBLÉMATIQUE

(carte p. 412 ; www.thesquarepdx.org ; 🚊Lignes rouge, bleue et verte). Cœur du centre-ville, cette place pavée de briques surnommée "le salon de Portland" est le lieu public le plus fréquenté de la ville. Outre les amateurs de bains de soleil ou les employés qui prennent leur pause-déjeuner, la place accueille concerts, festivals, rassemblements, marchés de producteurs, et même des soirées **cinéma** (Flicks on the Bricks ; carte p. 412 ; thesquarepdx.org/events ; ⏰19h ven juil-août).

Oregon Historical Society MUSÉE

(carte p. 412 ; 503-222-1741 ; www.ohs.org ; 1200 SW Park Ave ; tarif plein/enfant 10/5 $; 10h-17h lun-sam, 12h-17h dim ; Lignes rouge et bleue). Le long des **South Park Blocks** (carte p. 412) ombragés d'arbres se dresse le premier musée d'histoire de l'État, où a été inauguré en 2019 un espace interactif de 650 m² dédié à l'histoire, au peuple et aux paysages de l'Oregon. Vous pourrez assister à un atelier de construction de canoës, grimper dans une réplique de chariot bâché ou participer à des jeux de rôles historiques. D'intéressantes sections sont consacrées à différents groupes d'immigrants, aux tribus amérindiennes et à la construction de l'Oregon Trail. Les expositions temporaires occupent le rez-de-chaussée. Consultez le site Internet pour connaître les jours où l'accès est gratuit.

Portland Art Museum MUSÉE

(carte p. 412 ; 503-226-2811 ; www.portlandartmuseum.org ; 1219 SW Park Ave ; tarif plein/-17 ans 20 $/gratuit ; 10h-17h mar-mer et sam-dim, 10h-20h jeu-ven ; 6, 38, 45, 55, 58, 68, 92, 96, NS Line, A-Loop). Également le long des South Park Blocks, ce musée d'art renferme des sculptures amérindiennes, des œuvres asiatiques, européennes et américaines, des photographies et de l'argenterie anglaise. Il abrite aussi le Whitsell Auditorium, une salle de premier ordre appartenant au Northwest Film Center et à son école, où sont projetés des films peu connus, notamment étrangers.

Old Town et Chinatown

Cœur du Portland exubérant des années 1890, Old Town était jadis un quartier malfamé. De nos jours, il abrite quelques charmants bâtiments anciens, des lieux de promenade comme le Waterfront Park et le Saturday Market, ainsi que quelques bonnes adresses où sortir.

Généralement associé à l'ancien Chinatown, Old Town n'est plus aujourd'hui le siège de la communauté chinoise (qui s'est déplacée vers le sud-est de la ville) mais arbore toujours les **Chinatown Gateway** (carte p. 412 ; angle W Burnside St et NW 4th Ave ; 20), une imposante porte de ville, le paisible **Lan Su Chinese Garden** (carte p. 412 ; 503-228-8131 ; www.lansugarden.org ; 239 NW Everett St ; tarif plein/étudiant 11/8 $; 10h-19h mi-mai à mi-oct, 10h-17h mi-oct à mi-mars, 10h-18h mi-mars à mi-mai ; 8, 77, Lignes rouge et bleue) et les **Shanghai Tunnels** (carte p. 412 ; 503-622-4798 ; 120 NW 3rd Ave ; adulte/enfant 13/8 $; 12, 19, 20, Lignes bleue et rouge), des souterrains dont certains se visitent.

L'OREGON EN BREF

Surnom Beaver State (État du Castor)

Population 4 250 00 hab.

Superficie 251 417 km²

Capitale Salem (169 800 hab.)

Autres villes Portland (647 800 hab.), Eugene (169 000 hab.), Bend (94 520 hab.)

TVA Aucune !

Lieu de naissance du président Herbert Hoover, de l'écrivain Ken Kesey, de l'actrice et danseuse Ginger Rogers, de Matt Groening, créateur des *Simpson*, et du réalisateur Gus Van Sant

Patrie de l'Oregon Shakespeare Festival, de Nike, du Crater Lake

Politique Gouverneurs démocrates depuis 1987

Célèbre pour ses forêts, sa pluie, ses bières artisanales, son café et ses manifestants antifascistes

Boisson de l'État Le lait (les laiteries y sont nombreuses)

Route Interdiction de se servir soi-même à la pompe ; Portland-Eugene : 177 km, Portland-Astoria : 155 km

Saturday Market MARCHÉ

(carte p. 412 ; 503-222-6072 ; www.portlandsaturdaymarket.com ; 2 SW Naito Pkwy ; 10h-17h sam, 11h-16h30 dim mars-déc ; ; 12, 16, 19, 20, Lignes rouge et bleue). Flânez le long du front de mer pendant le week-end pour profiter de ce célèbre marché avec ses artisans, artistes de rue et étals de restauration.

Pearl District et Northwest

Couvrant trois quartiers distincts, Northwest Portland abrite d'excellentes galeries d'art, des restaurants tendance et une multitude de commerces – le tout relié par un réseau de rues très agréables à arpenter. À Nob Hill, les vitrines d'anciens ateliers d'artisans sont occupées par des boutiques et des restaurants à l'ambiance de quartier,

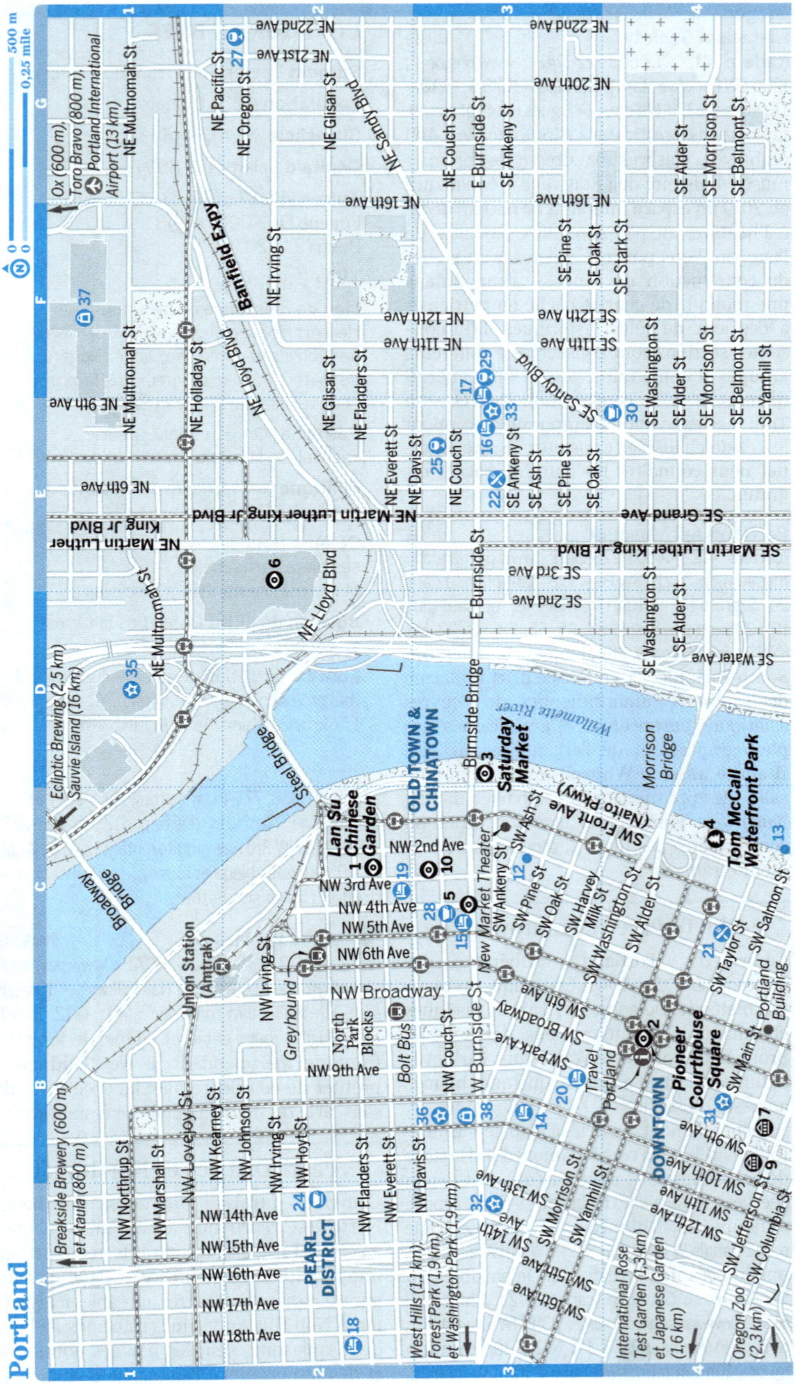
Portland
0 500 m
0 0,25 mile
Ox (600 m), Toro Bravo (800 m), Portland International Airport (13 km)
Ecliptic Brewing (2,5 km) Sauvie Island (16 km)
Breakside Brewery (600 m) et Ataula (800 m)
West Hills (1,1 km), Forest Park (1,9 km) et Washington Park (1,9 km)
International Rose Test Garden (1,3 km) et Japanese Garden (1,6 km)
Oregon Zoo (2,3 km)
PEARL DISTRICT
OLD TOWN & CHINATOWN
DOWNTOWN
Lan Su Chinese Garden
Saturday Market
Tom McCall Waterfront Park
Pioneer Courthouse Square
Union Station (Amtrak)
Greyhound
Bolt Bus
North Park Blocks
Travel Portland
Portland Building
New Market Theater
Willamette River
Broadway Bridge
Steel Bridge
Burnside Bridge
Morrison Bridge
Banfield Expy
NE Multnomah St
NE Holladay St
NE Pacific St
NE Oregon St
NE Lloyd Blvd
NE Irving St
NE Glisan St
NE Flanders St
NE Everett St
NE Davis St
NE Couch St
E Burnside St
NE Sandy Blvd
SE Sandy Blvd
SE Ankeny St
SE Ash St
SE Pine St
SE Oak St
SE Stark St
SE Washington St
SE Alder St
SE Morrison St
SE Belmont St
SE Yamhill St
NE 22nd Ave
NE 21st Ave
NE 20th Ave
NE 16th Ave
SE 16th Ave
NE 12th Ave
SE 12th Ave
NE 11th Ave
SE 11th Ave
NE 9th Ave
NE 6th Ave
NE Martin Luther King Jr Blvd
SE Martin Luther King Jr Blvd
SE Grand Ave
SE 3rd Ave
SE 2nd Ave
SE Water Ave
NW Northrup St
NW Marshall St
NW Lovejoy St
NW Kearney St
NW Johnson St
NW Irving St
NW Hoyt St
NW Flanders St
NW Everett St
NW Davis St
NW Couch St
W Burnside St
NW 18th Ave
NW 17th Ave
NW 16th Ave
NW 15th Ave
NW 14th Ave
NW 9th Ave
NW Broadway
NW 6th Ave
NW 5th Ave
NW 4th Ave
NW 3rd Ave
NW 2nd Ave
SW Front Ave (Naito Pkwy)
SW Ankeny St
SW Ash St
SW Pine St
SW Oak St
SW Harvey Milk St
SW Washington St
SW Alder St
SW Morrison St
SW Yamhill St
SW Taylor St
SW Salmon St
SW Main St
SW Jefferson St
SW Columbia St
SW 6th Ave
SW Broadway
SW Park Ave
SW 9th Ave
SW 10th Ave
SW 11th Ave
SW 12th Ave
SW 13th Ave
SW 14th Ave
SW 15th Ave
SW 16th Ave

au milieu de maisons victoriennes centenaires. Le quartier industriel de Slabtown, où se construisent des tours d'appartements vertigineuses, est en plein essor dans une Portland au développement rapide. Avec ses rues pavées et ses anciens quais de chargement, le quartier jadis industriel de Pearl District est quant à lui désormais l'un des secteurs les plus chics de l'État et s'enorgueillit d'une profusion de galeries, de restaurants et de boutiques.

West Hills

Forest Park PARC

(503-223-5449 ; www.forestparkconservancy.org). Jouxtant le Washington Park, plus soigné, au sud (auquel il est relié par divers sentiers), le Forest Park de 2 000 ha, nettement plus sauvage, est une forêt urbaine du nord-ouest abritant des plantes, des animaux et... une communauté de marcheurs passionnés. La **Portland Audubon Society** (503-292-6855 ; www.audubonportland.org ; 5151 NW Cornell Rd ; 9h-17h, boutique 10h-18h lun-sam, 9h-17h dim ; 20) s'occupe d'une librairie, d'un refuge pour animaux et de 6 km de sentiers dans son sanctuaire de Forest Park.

Washington Park PARC

(www.washingtonparkpdx.org ; ; 63 ; Lignes rouge et bleue). Aménagés et bien entretenus, les 166 ha de verdure du Washington Park comptent plusieurs sites d'intérêt. L'**International Rose Test Garden** (www.waparkrosefriends.org ; 400 SW Kingston Ave ; 7h30-21h ; 63) GRATUIT présente les fameuses roses de Portland qui ont valu à la ville son surnom de Cité des roses ; on peut y admirer plus de 700 variétés de rosiers et jouir d'une superbe vue sur la ville. Plus haut sur la colline, le **Japanese Garden** (503-223-1321 ; www.japanesegarden.org ; 611 SW Kingston Ave ; tarif plein/enfant 16,95/11,50 $; 12h-19h lun, 10h-19h mar-dim mi-mars à sept, 12h-16h lun, 10h-16h mar-dim oct à mi-mars ; 63) est une autre oasis de tranquillité. Enfin, les enfants apprécieront l'**Oregon Zoo** (503-226-1561 ; www.oregonzoo.org ; 4001 SW Canyon Rd ; tarif plein/enfant 17,95/12,95 $; 9h30-18h juin-août, 9h30-16h sept-mai ; ; 63, Lignes rouge et bleue) et le **Portland Children's Museum** (503-233-6500 ; www.portlandcm.org ; 4015 SW Canyon Rd ; 11 $, 9h-12h 2e dim du mois 3 $; 9h-17h ; ; 63, Lignes rouge et bleue).

Portland

Les incontournables

1 Lan Su Chinese Garden C2
2 Pioneer Courthouse Square B4
3 Saturday Market D3
4 Tom McCall Waterfront Park C4

À voir

5 Chinatown Gates C3
6 Oregon Convention Center E2
7 Oregon Historical Society B4
8 Oregon Museum of Science & Industry D6
9 Portland Art Museum B4
10 Shanghai Tunnels C3
11 South Park Blocks A5

Activités

12 Pedal Bike Tours C3
13 Portland Spirit C4

Où se loger

14 Ace Hotel B3
15 Hoxton C3
16 Jupiter Hotel E3
17 Jupiter Next F3
18 Northwest Portland Hostel A2
19 Society Hotel C2
20 Woodlark B3

Où se restaurer

Bullard .... (voir 20)
Clyde Common .... (voir 14)
21 Luc Lac C4
22 Nong's Khao Man Gai E3
23 OK Omens G5

Où prendre un verre et faire la fête

24 Barista A2
25 Cider Riot E3
26 Coava Coffee E5
27 Culmination Brewing G2
28 Deadstock Coffee C3
29 Hey Love F3
30 Push x Pull E4

Où sortir

31 Arlene Schnitzer Concert Hall B4
32 Crystal Ballroom A3
33 Doug Fir Lounge E3
Flicks on the Bricks .... (voir 2)
34 Keller Auditorium B5
35 Moda Center D1
36 Portland Center Stage B3

Achats

37 Lloyd Center F1
38 Powell's City of Books B3

Northeast et Southeast

Sur l'autre rive de la Willamette en venant du centre-ville, la galerie marchande **Lloyd Center** (carte p. 412 ; ☎503-282-2511 ; www.lloydcenter.com ; 2201 loyd Center ; ⊙10h-19h lun, 10h-20h mar-sam, 11h-18h dim ; Lignes rouge, bleue et verte), la plus grande de l'Oregon, est le lieu où Tonya Harding, célèbre patineuse artistique américaine, a fait ses premiers pas sur la glace. Quelques pâtés de maisons plus au sud-ouest se trouvent les "incontournables" tours en verre de l'**Oregon Convention Center** (carte p. 412 ; www.oregoncc.org ; 777 NE Martin Luther King Jr Blvd ; Lignes rouge, bleue, verte et jaune) et, non loin, le **Moda Center** (carte p. 412 ; ☎503-235-8771 ; www.rosequarter.com/venue/moda-center ; 1 N Center Court St ; Ligne jaune) – fief des Trail Blazers, l'équipe de basket-ball professionnelle locale.

En remontant la Willamette, **N Mississippi Avenue**, autrefois bordée d'immeubles décrépits, est désormais un ensemble de boutiques et de restaurants tendance. Au nord-est, **NE Alberta Street** étale sa ribambelle de galeries d'art, boutiques et cafés – la manifestation d'art urbain **Last Thursday** (☎503-823-1052 ; www.lastthurspdx.org ; ⊙18h-21h dernier jeu du mois) est un événement auquel il faut absolument participer. **SE Hawthorne Boulevard** (près de SE 39th Ave) est un territoire bohème huppé avec boutiques de souvenirs, cafés et librairies. À 1,6 km de là vers le sud, **SE Division Street**, bordée de nombreux excellents restaurants, bars et pubs, est devenue une destination prisée des gourmets. Il en va de même pour **E Burnside sur NE 28th Avenue**, où l'atmosphère est cependant plus chic.

Activités

Kayak

Proche de la confluence entre la Columbia et la Willamette, Portland comprend des kilomètres de canaux navigables.

Portland Kayak Company KAYAK
(☎503-459-4050 ; www.portlandkayak.com ; 6600 SW Macadam Ave ; location à partir de 14 $/heure ; ⊙10h-18h lun-ven, 9h-18h sam, 9h-17h dim ; 43). Location de kayaks (2 heures minimum), leçons et circuits, dont une balade de 3 heures autour de Ross Island sur la Willamette River (49 $) tous les jours à 10h

et 14h et au crépuscule (à partir de 18h) de mai à septembre.

Randonnée

Les 2 064 ha du Forest Park (p. 413), au sein de la ville, occuperont bien les randonneurs. Un autre réseau de sentiers parcourt le **Hoyt Arboretum** (503-865-8733 ; www.hoytarboretum.org ; 4000 Fairview Blvd ; sentiers 5h-22h, centre d'accueil des visiteurs 9h-16h lun-ven, 10h-15h sam-dim ; Washington Park) GRATUIT, facilement accessible en *light rail*, ainsi que **Tryon Creek State Natural Area** (503-636-9886 ; www.oregonstateparks.org ; 11321 SW Terwilliger Blvd), une belle zone naturelle à explorer.

Si cela ne suffit pas, des excursions incroyables sur le Mt Hood (p. 423) et dans les gorges de la Columbia River (p. 424) vous attendent à moins d'une heure de route.

Vélo

Portland figure souvent en tête de liste des villes des États-Unis les mieux adaptées aux cyclistes.

Des pistes agréables longent la **Willamette River** dans Downtown, ou rejoignent le faubourg de Boring par le **Springwater Corridor**, long de 33 km.

Les amateurs de VTT apprécieront **Leif Erikson Dr**, ou encore **Hood River** et le **Mt Hood** (tous deux à une heure environ en voiture) pourvus de parcours monotraces et techniques.

Pour admirer la campagne, direction **Sauvie Island** (www.sauvieisland.org ; Hwy 30 ; parking une journée 10 $), 16 km au nord-ouest de Portland.

Everybody's Bike Rentals & Tours VÉLO
(503-358-0152 ; www.pdxbikerentals.com ; 305 NE Wygant St ; location 8-25 $/heure, circuits à partir de 39 $/pers ; 10h-15h ; 6). Le vélo est un moyen idéal pour visiter Portland et ses environs, et cette agence propose des circuits faciles et amusants sur différents thèmes (gastronomie, bière ou parcs). Essayez le circuit "Beyond Portlandia" pour une découverte de la ville hors des sentiers battus. Location de vélos également possible, des vélos électriques aux VTT.

Circuits organisés

Pedal Bike Tours VÉLO
(carte p. 412 ; 503-243-2453 ; www.pedalbiketours.com ; 133 SW 2nd Ave ; circuits à partir de 49 $; 10h-18h ; 15, 16, 51, Lignes bleue et rouge). Circuits sur toutes sortes de thématiques – histoire, beignets, bière – et excursions à la journée à la Columbia Gorge. Le forfait de 3 heures "vélo et bateau" comporte un circuit historique à vélo dans le centre-ville et une croisière avec **Portland Spirit** (carte p. 412 ; 503-224-3900 ; www.portlandspirit.com ; angle SW Salmon St et Waterfront ; croisière panoramique/dîner à partir de 32/78 $; 4, 10, 14, 15, 30).

Portland Walking Tours À PIED
(503-774-4522 ; www.portlandwalkingtours.com ; circuits 23-79 $/pers). Excursions ayant pour fil conducteur la gastronomie, le chocolat, l'underground et même la chasse aux fantômes. Un circuit permet de pénétrer dans les coulisses des créateurs indépendants de Portland : artisanat, travail du bois et du cuir et brasserie. Chaque circuit a son point de ralliement ; réservation conseillée.

Fêtes et festivals

Pickathon MUSIQUE
(www.pickathon.com ; 16581 SE Hagen Rd, Happy Valley ; pass week-end 325 $ gratuit -12 ans ; août). Ce festival de musique qui plaira aux familles remporte un franc succès depuis plus de 20 ans, grâce à une excellente programmation et à une atmosphère ludique et décontractée. Vous aurez accès au camping gratuitement avec le pass week-end. Il est vivement recommandé de venir à vélo. L'événement se déroule à Happy Valley, à 16 km au sud-est du centre-ville.

Feast Portland GASTRONOMIE
(www.feastportland.com ; billets à partir de 25 $; mi-sept). Goûtez les mets et boissons à l'avant-garde de la gastronomie de l'Oregon lors de ce festival regroupant plus de 30 événements plus ou moins importants. Les bénéfices sont reversés à une association de lutte contre la faim. Réservez tôt car certains programmes affichent complets plusieurs mois à l'avance.

Où se loger

Les tarifs indiqués sont ceux de la saison d'été, où il vaut mieux réserver. Les prix des hôtels de catégorie supérieure varient beaucoup en fonction de l'affluence et du jour de la semaine.

Hawthorne Portland Hostel AUBERGE DE JEUNESSE $
(503-236-3380 ; www.portlandhostel.org ; 3031 SE Hawthorne Blvd ; dort 35-39 $, d 77 $; ; 14). Auberge respectueuse de

l'environnement idéalement située dans Hawthorne. Les deux chambres privatives sont agréables et les dortoirs spacieux. L'été ont lieu des soirées scène ouverte dans le jardin. Location de vélos (avec borne et point d'attache). Compost, recyclage, eau de pluie pour les chasses d'eau, et toit du porche végétalisé. Réductions pour les cyclotouristes.

Northwest Portland Hostel AUBERGE DE JEUNESSE $

(carte p. 412 ; ☎503-241-2783 ; www.nwportlandhostel.com ; 425 NW 18th Ave ; dort 36-42 $, d avec sdb commune à partir de 100 $; ❄@📶 ; 🚌77). Très bien située entre le Pearl District, NW 21st Ave et 23rd Ave, cette auberge conviviale et propre occupe 4 bâtiments historiques et comprend de nombreux espaces communs. Les dortoirs sont spacieux et les chambres privatives peuvent valoir celles des hôtels, bien que les salles de bains soient communes et à l'extérieur. Supplément de 3 $ pour les non-membres HI (Hostelling International).

♥ **Kennedy School** HÔTEL $$

(☎503-249-3983 ; www.mcmenamins.com/kennedyschool ; 5736 NE 33rd Ave ; d 135-235 $; 📶 ; 🚌70). Le Kennedy occupe une ancienne école élémentaire ; les chambres sont aménagées dans des salles de classe. L'hôtel comprend un restaurant, plusieurs bars, une microbrasserie et une salle de cinéma. Il y a aussi un bassin pour faire trempette. Comme tous les établissements des frères McMenamin, celui-ci est orné d'un décor coloré inspiré par le passé des lieux.

♥ **Ace Hotel** BOUTIQUE-HÔTEL $$

(carte p. 412 ; ☎503-228-2277 ; www.acehotel.com ; 1022 Harvey Milk St ; s avec sdb commune à partir de 200 $, d à partir de 275 $; P⊖❄@📶🐾). Le représentant local de cette chaîne bien implantée dans le pays mêle adroitement les styles industriel, minimaliste et rétro. Du Photomaton dans le hall aux tissus et meubles recyclés dans les chambres, l'Ace affiche un esprit chic typique de Portland. Sur place, on trouve un café Stumptown, un bar en sous-sol et un restaurant **Clyde Common bistro** (carte p. 412 ; ☎503-228-3333 ; www.clydecommon.com ; 1014 Harvey Milk St ; plats 25-40 $; ⏲18h-23h dim-mer, 18h-minuit jeu-sam, brunch 10h-15h sam-dim) attenant. Emplacement imbattable.

♥ **Society Hotel** BOUTIQUE-HÔTEL $$

(carte p. 412 ; ☎503-445-0444 ; www.thesocietyhotel.com ; 203 NW 3rd Ave ; dort 55 $, d à partir de 130 $; 📶 ; 🚌8, 77, 🚊Lignes rouge, bleue, verte et orange). Ce superbe établissement installé dans le Mariners Building, une ancienne pension pour marins datant de 1881, fait preuve d'un sens inné du détail. Il y a des dortoirs et des chambres privées, un bar animé et un toit-terrasse. Dégustations de vin le mercredi et bingo animé par des drag-queens le jeudi. Certaines chambres d'angle ont d'immenses baies vitrées conçues pour capter le plus de lumière possible.

Jupiter Next BOUTIQUE-HÔTEL $$

(carte p. 412 ; ☎503-230-9200 ; jupiterhotel.com ; 900 E Burnside St ; d à partir de 180 $). Version haut de gamme du **Jupiter Hotel** (carte p. 412 ; ☎503-230-9200 ; www.jupiterhotel.com ; 800 E Burnside St ; d à partir de 149 $; ❄📶🐾 ; 🚌20) attenant, au style rétro années 1960, Jupiter Next apporte une touche de charme dans la partie est du centre-ville de Portland. Les 67 chambres de cet édifice géométrique de 6 niveaux complètement habillé de bardeaux sont pourvues d'immenses fenêtres offrant des vues sur la ville dignes de cartes postales. Service de conciergerie numérique et chocolats au CBD (cannabidiol) déposés à côté du lit.

Hey Love (carte p. 412 ; ☎503-206-6223 ; www.heylovepdx.com ; 920 E Burnside St, Jupiter Next ; ⏲7h-2h), le bar tropical de l'hôtel, propose midi et soir de savoureux plats internationaux ainsi qu'un brunch le week-end.

♥ **Hoxton** BOUTIQUE-HÔTEL $$$

(carte p. 412 ; ☎503-770-0500 ; thehoxton.com/oregon/portland/hotels ; 15 NW 4th Ave ; d à partir de 275 $; ❄📶). La chaîne hôtelière londonienne Hoxton a désormais sa branche américaine, en plein dans le Chinatown Gateway. L'esthétique moderniste et épuré du Nord-Ouest – lignes sobres, matériaux naturels et détails années 1950 – s'exprime dans les vastes espaces communs et les 119 chambres. Quelques exemples du service standard : petit-déjeuner emballé et livré, livres écrits par des auteurs locaux et en-cas anti-fringale vendus à la réception.

♥ **Woodlark** BOUTIQUE-HÔTEL $$$

(carte p. 412 ; ☎503-548-2559 ; woodlarkhotel.com ; 813 SW Alder St ; d à partir de 275 $; ❄📶🐾). Installé dans deux édifices rénovés, inscrits au Registre national des monuments historiques, ce nouvel hôtel-boutique arbore un superbe design et des équipements luxueux. Un mobilier des années 1950 et des plantes tropicales agrémentent le somptueux hall d'entrée tandis que des têtes de lit capitonnées vert sombre et des papiers peints aux imprimés feuillage habillent les 150 chambres. Produits de toilette de luxe à base de plantes, programme de fitness à suivre dans les chambres, piles d'oreillers et livres spirituels sont autant d'attentions appréciables.

Où se restaurer

La scène culinaire de Portland est reconnue au niveau national pour ses nombreux jeunes chefs talentueux qui repoussent les limites des cuisines du monde et régionale et subliment les produits locaux issus de l'agriculture raisonnée.

Luc Lac — VIETNAMIEN $

(carte p. 412 ; 503-222-0047 ; www.luclackitchen.com ; 835 SW 2nd Ave ; plats 9-13 $; 11h-14h30 et 16h-minuit dim-jeu, 11h-14h30 et 16h-4h ven-sam). Ce restaurant vietnamien animé attire la foule du centre-ville à l'heure du déjeuner et les fêtards en fin de soirée, grâce à des classiques superbement exécutés comme le *pho*, les bols de vermicelles et le *banh mi*. Il y a la queue à toute heure de la journée pour obtenir une table dans la salle à manger chic, où des parasols en papier roses sont accrochés au plafond. L'ambiance est plus détendue pendant l'*happy hour* (16h-19h), où l'on sert des petites assiettes à seulement 3 $.

Yonder — SUD DES ÉTATS-UNIS $

(503-444-7947 ; www.yonderpdx.com ; 4636 NE 42nd Ave ; plats 8-17 $; 11h-21h mer-dim). L'excellent poulet frit est servi "dusted" (enrobé d'épices), "dipped" (assaisonné) ou "hot" (juste assez piquant, sans dommages collatéraux), avec du pain de maïs ou un biscuit et du beurre de sorgho doux. Accompagnez-le de macaronis au fromage pimentés ou de chou vert au bacon braisé, et d'un cocktail. Vive les bonnes saveurs du Sud !

Nong's Khao Man Gai — THAÏLANDAIS $

(carte p. 412 ; 503-40-2907 ; www.khaomangai.com ; 609 S2 Ankeny St ; plats 11-16 $; 10h50-21h ; 20). Le stand de rue que tout le monde adorait et où tout a commencé n'existe plus, mais, dans les locaux en brique et ciment de Nong, on est resté fidèle au menu historique : le poulet poché au riz et sa sauce magique. Il y a quelques autres options (y compris végétariennes), des accompagnements, et des plats du jour de temps en temps.

Une annexe est installée au 417 SW 13th Ave.

STREET-FOOD DE PORTLAND

Des *food carts*, littéralement des chariots de cuisine de rue, proches des *food trucks*, concoctent des plats, pour certains, fabuleux. Regroupés partout en ville sur des parkings et autres espaces inoccupés, ils proposent aux passants des plats originaux bon marché et disposent souvent de places assises couvertes si vous n'aimez pas manger en marchant. À Portland, de nombreux restaurants aujourd'hui très prisés ont commencé ainsi : leurs stands de rue rencontraient un tel succès qu'ils durent ouvrir des locaux pour répondre à la demande croissante.

Stammtisch — ALLEMAND $$

(503-206-7983 ; www.stammtischpdx.com ; 401 NE 28th Ave ; petites assiettes 5-9 $, plats 14-24 $; 15h-1h30 lun-ven, 11h-1h30 sam-dim ; ; 19). Une cuisine allemande authentique – tout comme la carte des bières – servie dans un pub de quartier sombre et cosy. Ne manquez pas les *Maultaschen* (gros raviolis garnis de fondue de poireaux dans une sauce au vin citronnée), les palourdes et saucisses *Landjäger* dans un bouillon de vin blanc ou le poulet rôti au paprika.

Bullard — SUD DES ÉTATS-UNIS $$

(carte p. 412 ; 503-222-1670 ; www.bullardpdx.com ; 813 SW Alder St ; plats dîner 16-32 $; 11h-15h et 17h-22h lun-jeu, 11h-15h et 17h-23h ven, 10h-23h sam, 10h-22h dim). Ce restaurant au sein de l'hôtel Woodlark (p. 416) est un clin d'œil aux racines et à la région d'adoption du chef Doug Adams ; le menu carné illustre la rencontre entre le Texas et l'Oregon. Les assiettes "Supper" comportent des plats de côtes de bœuf des Painted Hills fumées pendant 12 heures et servies avec des tortillas ; de la truite arc-en-ciel grillée avec salade de céleri et haricots cornilles ; une côte de porc accompagnée d'une bouillie de semoule de maïs et de chou vert.

Tasty n Daughters — AMÉRICAIN $$

(503-621-1400 ; www.tastyndaughters.com ; 4537 SE Division St ; petites assiettes 3-14 $, plats 12-19 $; ⏲9h-14h30 et 17h-22h). Après 9 ans de labeur, le chef John Gorham, également à la tête du **Toro Bravo** (☎503-281-4464 ; www.torobravopdx.com ; 120 NE Russell St ; tapas 3-17 $, plats 13-24 $; ⏲17h-22h lun-jeu, 17h-23h ven-sam), a déplacé l'excellent Tasty n Sons de N Williams, son ancien emplacement, au sud-est de Portland. La nouvelle version – rebaptisée en référence à l'autre – a conservé des classiques comme la *shakshuka* et les *patatas bravas*, mais il y a désormais des pâtes fraîches et des produits de la mer au menu. La grande nouveauté : l'influence turque, avec une incontournable pizza *pide* au petit-déjeuner.

OK Omens AMÉRICAIN **$$**

(carte p. 412 ; ☎503-231-9959 ; www.okomens.com ; 1758 SE Hawthorne Blvd ; plats 8-18 $; ⏲17h-minuit ; 🚌14). Une valeur sûre, grâce à sa carte des vins légendaire et à ses plats à partager. Les choix les plus prisés sont notamment la salade César épicée au poulet frit au babeurre, les carottes rôties à la sauce barbecue chinoise (hoisin), les beignets fourrés au cheddar, les pâtes au crabe saupoudrées de piments jalapeños finement tranchés et les burgers. Le dimanche, *happy hour* toute la journée.

♥ **Ava Gene's** ITALIEN **$$$**

(☎971-229-0571 ; www.avagenes.com ; 3377 SE Division St ; plats 25-35 $; ⏲17h-22h lun-jeu, 17h-23h ven, 16h30-23h sam, 16h30-22h dim ; 🚌4). Restaurant réputé, de style trattoria, appartenant à Duane Sorenson, le fondateur de la chaîne de brûleries Stumptown Coffee (p. 419). La cuisine italienne traditionnelle domine, avec des plats de pâtes et de légumes. Ingrédients de première qualité, excellente carte des vins et cocktails, et service exceptionnel pour une expérience à se pâmer. Réservez.

♥ **Ox** GRILLADES **$$$**

(☎503-284-3366 ; www.oxpdx.com ; 2225 NE Martin Luther King Jr Blvd ; plats 14-56 $; ⏲17h-22h mar-dim, 17h-23h ven-sam ; 🚌6). Ce grill haut de gamme aux accents argentins est l'un des restaurants les plus prisés de Portland. Commencez par une soupe de palourdes avec os à moelle fumé, suivie d'un faux-filet de bœuf nourri au fourrage. Si vous êtes deux, l'*asado* (barbecue ; 94 $) est un bon choix pour goûter différents morceaux. Réservez.

♥ **Ataula** ESPAGNOL **$$$**

(☎503-894-8904 ; www.ataulapdx.com ; 1818 NW 23rd Pl ; tapas 9-17 $, plats de paella 35-40 $; ⏲16h30-22h mar-sam ; 🚌15, 77). Encensé par la critique, ce restaurant de tapas propose une cuisine remarquable. Si elles sont au menu, essayez les *nuestras bravas* (pommes de terre frites à l'aïoli au lait), les *croquetas* (beignets de morue), la *xupa-xup* (sucette de chorizo) et l'*ataula montadito* (saumon avec mascarpone et miel à la truffe noire). Excellents cocktails. Réservez absolument.

Ned Ludd AMÉRICAIN **$$$**

(☎503-288-6900 ; www.nedluddpdx.com ; 3925 NE Martin Luther King Jr Blvd ; petites assiettes 3-18 $, plats 25-28 $; ⏲17h-21h dim-jeu, 17h-22h ven-sam ; 🚌6). 🍃 Typique de Portland, ce restaurant haut de gamme original au cadre rustique possède un four à bois imposant où cuisent tous les plats. Petites assiettes joliment présentées renouvelées quotidiennement. On vient ici aussi pour tester

PORTLAND AVEC DES ENFANTS

Washington Park est l'endroit le plus intéressant pour les familles avec de jeunes enfants. Il abrite l'excellent Oregon Zoo (p. 413), aménagé dans un bel environnement naturel que les parents apprécieront aussi. À côté, le Portland Children's Museum (p. 413) et le **World Forestry Center** (☎503-228-1367 ; www.worldforestry.org ; 4033 SW Canyon Rd ; tarif plein/enfant 8/5 $; ⏲10h-17h ; fermé mar-mer Labor Day-Memorial Day ; 👪 ; 🚌63, 🚊 Lignes rouge et bleue) proposent d'amusantes expositions et activités pédagogiques.

De l'autre côté de la **Willamette River**, l'**Oregon Museum of Science and Industry** (OMSI ; carte p. 412 ; ☎503-797-4000 ; www.omsi.edu ; 1945 SE Water Ave ; tarif plein/enfant 14,50/9,75 $; ⏲9h30-19h juin-août, 9h30-17h30 mar-dim sept-mai ; 👪 ; 🚌9, 17, 🚋A Loop, B Loop, 🚊 Ligne orange) est excellent avec son théâtre, son planétarium et son sous-marin à explorer. Enfin, plus au sud, testez les montagnes russes, le minigolf et les jeux forains de l'**Oaks Amusement Park** (☎503-233-5777 ; www.oakspark.com ; 7805 SE Oaks Park Way ; forfait manèges 19-41 $, manèges 4,95 $, patins 7-7,50 $; ⏲horaires variables ; 👪 ; 🚌35, 99).

les saveurs éclectiques de cette cuisine de terroir américain.

Où prendre un verre et faire la fête

Café, bière, cidre ou kombucha artisanaux... boire un verre est quasiment une religion à Portland. En hiver, c'est une bonne raison pour s'installer confortablement à l'abri de la pluie ; l'été, un prétexte pour profiter du soleil tant attendu en terrasse. Quel que soit votre nectar préféré, vous trouverez ici sa version artisanale.

Push x Pull CAFÉ
(carte p. 412 ; pushxpullcoffee.com ; 821 SE Stark St ; 7h-17h lun-ven, 8h-16h sam-dim). Gérée avec amour par un groupe d'accros à la caféine, cette brûlerie-café est spécialiste des modes de préparation naturels et propose régulièrement de nouveaux cafés d'origine unique ainsi que des pâtisseries locales. Le lambris en bois clair et les murs peints en turquoise se marient parfaitement au mobilier scolaire vintage et aux machines à expresso, pour composer un espace chaleureux. Les propriétaires et les serveurs sont très sympathiques.

Barista CAFÉ
(carte p. 412 ; 503-274-1211 ; www.baristapdx.com ; 539 NW 13th Ave ; 6h-19h lun-ven, 7h-19h sam-dim ; 77). Propriété de Billy Wilson – *barista* primé –, ce petit café stylé est l'un des meilleurs de Portland. Ses grains proviennent de torréfacteurs spécialisés. Trois autres adresses en ville.

Coava Coffee CAFÉ
(carte p. 412 ; 503-894-8134 ; www.coavacoffee.com ; 1300 SE Grand Ave ; 6h-18h lun-ven, 7h-18h sam-dim ; ; 6, 15, B Loop). Dans un décor néo-industriel, on vous sert de bons cafés filtres, dont un fantastique Java, ainsi que des expressos exceptionnels. Autre adresse au 2631 SE Hawthorne Blvd.

Proud Mary CAFÉ
(503-208-3475 ; proudmarycoffee.com ; 2012 NE Alberta St ; 7h-16h lun-ven, 8h-16h sam-dim). Cette célèbre brûlerie de Melbourne a très bien fait de choisir Portland pour installer sa première succursale aux États-Unis. Outre le délicieux café, vous pourrez commander un petit-déjeuner joliment présenté, un brunch ou un plat à midi, par exemple des crêpes vanille-ricotta, un sandwich à la poitrine de porc fumé sauce satay ou une tourte carnée à la mode australienne. Smoothies et jus de fruits frais.

Deadstock Coffee CAFÉ
(carte p. 412 ; 971-220-8727 ; www.deadstockcoffee.com ; 408 NW Couch St ; 7h30-17h lun-ven, 9h-18h sam, 10h-16h dim). Le café est une véritable drogue au Deadstock, avec des boissons comme le LeBronald Palmer (mélange de café frappé, thé sucré et limonade) et le Fresh Prince (grains éthiopiens légèrement torréfiés). Dans le passé, le propriétaire Ian Williams, au départ agent d'entretien chez Nike, y a travaillé comme créateur de chaussures ; son café est le seul au monde dédié à la culture des baskets.

Stumptown Coffee Roasters CAFÉ
(503-230-7702 ; www.stumptowncoffee.com ; 4525 SE Division St ; 6h-19h lun-ven, 7h-19h sam-dim ; ; 4). C'est dans ce petit établissement qu'a commencé l'histoire du torréfacteur artisanal qui a fait de Portland l'une des capitales du café.

Breakside Brewery BRASSERIE
(503-444-7597 ; www.breakside.com ; 1570 NW 22nd Ave ; 11h-22h dim-jeu, 11h-23h ven-sam ; 8). Réputé pour son IPA et pour ses bières aux fruits, légumes et épices, Breakside a quitté en 2017 son emplacement d'origine au 820 NE Dekum St, dans le nord-est de Portland, pour intégrer un local plus grand à Slabtown. 16 bières à la pression, des plats savoureux et un cadre industriel chaleureux sur deux niveaux (vaste terrasse en prime). Bref, l'une des meilleures brasseries de Portland.

Culmination Brewing MICROBRASSERIE
(carte p. 412 ; 971-254-9114 ; www.culminationbrewing.com ; 2117 NE Oregon St ; assiettes 5-13 $; 12h-21h dim-jeu, 12h-22h ven-sam ; 12). Dans un ancien entrepôt réaménagé en confortable salle de dégustation, découvrez d'excellentes bières (dont la Phaedrus IPA) et de nombreuses variétés de saison (même si vous n'êtes pas amateur des bières aux fruits, goûtez celle à la pêche), et une carte courte mais ambitieuse.

Ecliptic Brewing BRASSERIE
(503-265-8002 ; www.eclipticbrewing.com ; 825 N Cook St ; 11h-22h dim-jeu, 11h-23h ven-sam ; 4). Cette brasserie compense la froideur de son décor industriel par des créations ambitieuses qui connaissent un franc succès (comme la Spica Pilsner,

À NE PAS MANQUER

POWELL'S

Powell's City of Books (carte p. 412 ; ☎800-878-7323 ; www.powells.com ; 1005 W Burnside St ; ⏲9h-23h ; 🚌20), l'une des plus grandes librairies indépendantes des États-Unis, occupe un pâté de maisons entier. On y trouve des livres neufs et d'occasion et il s'y tient des lectures très appréciées. Elle possède une succursale au 3723 SE Hawthorne Blvd (avec une annexe Home and Garden attenante) et une autre à l'aéroport.

récompensée par une médaille). Côté assiette, de la *picatta* d'agneau, des tempuras d'asperges et un sandwich au fromage de chèvre et betterave.

Cider Riot CIDRERIE
(carte p. 412 ; ☎503-662-8275 ; www.ciderriot.com ; 807 NE Couch St ; ⏲16h-23h lun-ven, 12h-23h sam, 12h-21h dim ; 🚌12, 19, 20). La meilleure cidrerie de Portland possède désormais son propre pub où goûter aux Everybody Pogo, Never Give an Inch et Plastic Paddy. Les cidres bruts sont réalisés à partir de pommes de la région.

☆ Où sortir

La musique, en particulier le rock indé, est l'une des premières exportations de Portland. Des concerts de jazz, punk, électro, blues, metal ou encore hip-hop se jouent dans des salles reconnues et dans de modestes bars de quartier. Vous pourrez aussi voir du théâtre, du ballet, du burlesque et des spectacles de drag-queens. En outre, la ville compte de nombreux cinémas et accueille des événements sportifs.

Musique live

Doug Fir Lounge MUSIQUE LIVE
(carte p. 412 ; ☎503-231-9663 ; www.dougfirlounge.com ; 830 E Burnside St ; ⏲7h-14h30 ; 🚌20). Mêlant des éléments futuristes et un cadre rustique en rondins de bois, cette salle a fait du LoBu (Lower Burnside) un quartier chic. Une clientèle variée – des jeunes tatoués y côtoient des cadres de banlieue – vient écouter un son d'excellente qualité. Le restaurant attenant propose un fabuleux petit-déjeuner, un brunch le week-end et un menu de bar (8-13 $) servi jusqu'à la fermeture.

Crystal Ballroom MUSIQUE LIVE
(carte p. 412 ; ☎503-225-0047 ; www.crystalballroompdx.com ; 1332 W Burnside St ; 🚌20). Cette vaste salle de bal historique a accueilli de grands noms, notamment James Brown et Marvin Gaye au début des années 1960, et plus récemment Devendra Banhart. La piste de danse "flottante" vous fera danser sans effort.

Mississippi Studios MUSIQUE LIVE
(☎503-288-3895 ; www.mississippistudios.com ; 3939 N Mississippi Ave ; 🚌4). Une salle intime, parfaite pour découvrir de nouveaux talents. Excellente sonorisation et bon bar-restaurant (hamburgers extras) avec patio à côté.

Arts de la scène

Portland Center Stage THÉÂTRE
(carte p. 412 ; ☎503-445-3700 ; www.pcs.org ; 128 NW 11th Ave ; billets à partir de 25 $; 🚌4, 8, 44, 77). La principale troupe théâtrale de Portland joue au Portland Armory, un édifice restauré du Pearl District.

Arlene Schnitzer Concert Hall MUSIQUE CLASSIQUE
(carte p. 412 ; ☎503-248-4335 ; www.portland5.com ; 1037 SW Broadway ; 🚌10, 14, 15, 35, 36, 44, 54, 56). Belle salle du centre-ville à l'acoustique moyenne, construite en 1928 et accueillant toutes sortes de spectacles, conférences et concerts, entre autres performances.

Keller Auditorium ARTS DE LA SCÈNE
(carte p. 412 ; ☎503-248-4335 ; www.portland5.com ; 222 SW Clay St ; 🚌38, 45, 55, 92, 96). Construit en 1917 et autrefois baptisé Civic Auditorium, le Keller programme un large choix de spectacles : musique country (Sturgill Simpson), représentations du Portland Opera (www.portlandopera.org) et de l'Oregon Ballet Theatre (www.obt.org), mais aussi certaines productions de Broadway.

Achats

Le quartier commerçant du centre de Portland s'étend sur deux pâtés de maisons à partir de Pioneer Courthouse Sq. Le Pearl District est parsemé de galeries ainsi que de boutiques de mode et de décoration haut de gamme. Le week-end, faites un tour au Saturday Market, près de Skidmore Fountain. NW 23rd Ave est une rue commerçante chic et agréable.

L'East Side comprend de nombreuses rues branchées où s'alignent commerces, restaurants et cafés. SE Hawthorne Blvd est la plus grande, N Mississippi Ave la plus récente et NE Alberta St la plus bohème.

Renseignements

MÉDIAS

KBOO 90.7 FM (www.kboo.fm). Actualités et points de vue alternatifs.

Portland Mercury (www.portlandmercury.com). Hebdo gratuit.

Willamette Week (www.wweek.com). Bimensuel gratuit ; actualité locale et culture.

OFFICE DU TOURISME

Travel Portland Oregon (carte p. 412 ; 503-275-8355 ; www.travelportland.com ; 701 SW 6th Ave, Pioneer Courthouse Sq ; 8h30-17h30 lun-ven, 10h-16h sam nov-avr, et aussi 10h-14h dim mai-oct ; Lignes rouge, bleue, verte et jaune). Des bénévoles très sympathiques occupent ce bureau de Pioneer Courthouse Sq. Ce local héberge aussi les bureaux des bus TriMet et du *light rail*.

URGENCES ET SERVICES MÉDICAUX

Legacy Good Samaritan Medical Center (503-413-7711 ; www.legacyhealth.org ; 1015 NW 22nd Ave). Pratique en centre-ville.

Police de Portland (503-823-0000 ; www.portlandoregon.gov/police ; 1111 SW 2nd Ave). Services de police et d'urgences.

Depuis/vers Portland

AVION

Portland International Airport (503-460-4234 ; www.flypdx.com ; 7000 NE Airport Way ; ; Ligne rouge). Cet aéroport assure des vols quotidiens vers tous les États-Unis et vers plusieurs destinations internationales. Il se trouve à l'est de l'I-5 au bord de la Columbia (à 20 minutes de route du centre).

BUS

Bolt Bus (carte p. 412 ; 877-265-8287 ; www.boltbus.com). Relie Portland à Seattle (à partir de 25 $), Bellingham (40 $), Eugene (15 $) et Vancouver (Canada), entre autres. Les bus partent de l'angle entre NW 8th Ave et NW Everett St.

Greyhound (carte p. 412 ; 503-243-2361 ; www.greyhound.com ; 550 NW 6th Ave ; Lignes verte, orange et jaune). Les bus Greyhound relient Portland à des villes situées le long de l'I-5 et de l'I-84. Destinations hors de l'Oregon, Boise, Denver, San Francisco, Seattle et Vancouver (50 $), et même Chicago.

TRAIN

Union Station (800-872-7245 ; www.amtrak.com ; 800 NW 6th Ave ; 17, Lignes verte et jaune). Les trains Amtrak partent de cette gare pour rallier Chicago, Oakland, Seattle et Vancouver.

Comment circuler

DEPUIS/VERS L'AÉROPORT

En *light rail* MAX, géré par Tri-Met, avec la ligne rouge, comptez 40 minutes environ pour relier le centre-ville à l'aéroport (tarif plein/enfant 2,50/1,25 $). Si vous préférez le bus, **Blue Star** (503-249-1837 ; www.bluestarbus.com, aller à partir de 14 $/pers) propose des navettes entre l'aéroport et plusieurs arrêts dans le centre de Portland.

La course en taxi de l'aéroport au centre-ville revient à 35-40 $ environ (pourboire non compris).

SERVICE DE LOCATION

Pour réserver des circuits en bus ou van, essayez **EcoShuttle** (503-548-4480 ; www.ecoshuttle.net, 3h à partir de 500 $). Leurs véhicules fonctionnent entièrement au biodiesel.

TAXI

On peut appeler un taxi 24h/24. On peut parfois en héler dans le centre, et certains bars vous en commanderont un sur demande. **Broadway Cab** (503-333-3333 ; www.broadwaycab.com) et **Radio Cab** (503-227-1212 ; www.radiocab.net) sont deux compagnies fiables. Les services de taxis partagés sont généralement nombreux à Portland.

VÉLO

Clever Cycles (503-334-1560 ; www.clevercycles.com ; 900 SE Hawthorne Blvd ; location 30 $/jour, triporteur 60 $; 11h-18h lun-ven, 11h-17h sam-dim ; 10, 14). Loue vélos pliants, familiaux et triporteurs.

VOITURE

Dans l'est de la ville, on peut généralement se garer sans difficulté. En centre-ville, les garages SmartPark, qui comportent parfois des stations de charge pour voitures électriques, permettent de stationner à prix raisonnable (voir www.portlandoregon.gov/transportation/35272). Les places de stationnement sont payantes dans les quartiers de Downtown, Northwest et Pearl District, et souvent plus difficiles à trouver. Les programmes de voitures partagées sont très populaires.

Dans l'Oregon, les automobilistes sont autorisés à se servir seuls de l'essence depuis 2019 seulement. Dans la plupart des stations-service, des employés s'occupent de tout.

TRANSPORTS PUBLICS

Simple d'utilisation, le *light rail* MAX dessert les principaux quartiers de la ville (et les banlieues). Des bus assurent la correspondance avec de nombreux arrêts.

Willamette Valley

La Willamette Valley, bassin agricole fertile de 96 km de large, fut une terre de cocagne pour les pionniers qui empruntèrent l'Oregon Trail il y a plus de 170 ans. C'est aujourd'hui le grenier de l'État grâce à plus de 100 variétés de cultures, dont les fameux cépages du pinot noir. Salem, capitale de l'Oregon, est à environ une heure de route de Portland à l'extrémité nord de la vallée, et tous les autres sites intéressants de la région peuvent également être visités sur la journée. Au sud, Eugene, ville universitaire, mérite une halte d'un ou deux jours.

Salem

Centre législatif de l'Oregon, Salem est renommée pour ses cerisiers, son Capitole Art déco et la Willamette University.

Installé dans l'université, le **Hallie Ford Museum of Art** (☎503-370-6855 ; www.willamette.edu/arts/hfma ; 700 State St ; tarif plein/enfant 6 $/gratuit, mar gratuit ; ⏲10h-17h mar-sam, 13h-17h dim) possède la meilleure collection d'art du Nord-Ouest pacifique de tout l'Oregon, notamment une impressionnante galerie consacrée à l'art amérindien.

L'**Oregon State Capitol** (☎503-986-1388 ; www.oregonlegislature.gov ; 900 Court St NE ; ⏲8h-17h lun-ven) GRATUIT, construit en 1938, ressemble au décor d'un film de l'âge d'or hollywoodien ; des visites gratuites sont organisées. La vaste **Bush House** (☎503-363-4714 ; www.salemart.org ; 600 Mission St SE ; tarif plein/enfant 6/3 $; ⏲visite 13h-16h jeu-dim avr-sept, ven-dim oct-mars), demeure du XIXe siècle aujourd'hui conservée en tant que musée, possède encore des éléments d'époque comme ses papiers peints et ses cheminées en marbre.

Vous trouverez les renseignements nécessaires au **Visitors Information Center** (☎503-581-4325 ; www.travelsalem.com ; 388 State St ; ⏲9h-17h lun-ven, 10h-16h sam ; 📶). Salem est desservie tous les jours par les bus **Greyhound** (www.greyhound.com ; 500 13th St SE) et les trains **Amtrak** (☎503-588-1551 ; www.amtrak.com ; 500 13th St SE).

Eugene

Surnommée "Track Town" car l'athlétisme (*track and field*) y est une tradition bien ancrée, Eugene possède des kilomètres de sentiers en bord de rivière et plusieurs parcs magnifiques. Mais la ville peut également s'enorgueillir d'une scène artistique dynamique, de festivals animés et d'excellents restaurants. Située à la confluence de la Willamette River et de la McKenzie River, juste à l'ouest de la chaîne des Cascades, elle offre quantité d'activités de plein air, surtout dans les environs de la McKenzie River, de Three Sisters Wilderness et du Willamette Pass.

À voir

Saturday Market MARCHÉ

(☎541-686-8885 ; www.eugenesaturdaymarket.org ; 8th Ave et Oak St ; ⏲10h-17h sam avr à mi-nov). Si vous avez envie de vivre un moment convivial et de découvrir l'atmosphère animée d'Eugene, ne manquez pas ce marché, organisé chaque samedi d'avril à novembre. Des artisans locaux vendent leurs créations tandis que des concerts ont lieu toute la journée sur la scène de l'espace restauration. Entre Thanksgiving et Noël, il est déplacé à l'intérieur du Lane Events Center et rebaptisé **Holiday Market** (☎541-686-8885 ; www.holidaymarket.org ; 796 W 13th Ave, Lane Events Center ; ⏲10h-18h mi-nov à déc).

Alton Baker Park PARC

(100 Day Island Rd). Bordé par le fleuve, ce parc fréquenté de 160 ha est un paradis pour les cyclistes et les joggeurs. Ses pistes cyclables sont reliées au **Ruth Bascom Riverbank Trail System**, un itinéraire de 19 km qui longe les deux rives de la Willamette. On y accède facilement depuis le centre-ville en empruntant le DeFazio Bike Bridge.

University of Oregon UNIVERSITÉ

(☎541-346-1000 ; www.uoregon.edu ; 1585 E 13th Ave). Établie en 1872, l'université de l'Oregon est l'établissement d'enseignement supérieur le plus éminent de l'État, proposant des spécialisations plutôt axées sur les arts, les sciences et le droit. Le campus est parsemé de bâtiments anciens couverts de lierre et comprend le **Pioneer Cemetery**, dont les pierres tombales offrent un aperçu poignant de la vie des premiers habitants de la région. Visites du campus en été.

Où se loger

Eugene possède quelques motels et hôtels de chaîne bon marché, ainsi que plusieurs jolis B&B et une auberge de jeunesse. Les tarifs montent en flèche au moment des matchs de football les plus importants (septembre à novembre) et de la remise des diplômes (mi-juin).

Eugene Whiteaker International Hostel AUBERGE DE JEUNESSE $
(☎541-343-3335 ; www.eugenehostel.org ; 970 W 3rd Ave ; dort/ch à partir de 35/50 $;). Une auberge de jeunesse installée dans une immense demeure ancienne. Ambiance bohème et décontractée, terrasses à l'avant et à l'arrière, idéales pour se détendre, et petit-déjeuner gratuit. Serviettes et draps fournis.

C'est La Vie Inn B&B $$
(☎541-302-3014 ; www.cestlavieinn.com ; 1006 Taylor St ; ch à partir de 180 $;). Cette magnifique maison victorienne, tenue par une aimable Française et son mari américain, est l'adresse phare du quartier. De superbes meubles anciens décorent le salon et la salle à manger, et les 4 chambres joliment aménagées (chacune ayant le nom d'un peintre français) offrent luxe et confort. Petit-déjeuner complet, porto l'après-midi et autres attentions sympathiques.

Où se restaurer et prendre un verre

Krob Krua Thai Kitchen THAÏLANDAIS $
(☎541-636-6267 ; www.krobkrua.com ; 254 Lincoln St ; plats 7-9 $; 11h-21h mar-dim). De sublimes curries thaïlandais, nouilles, salades, soupes et plats au wok sont servis dans ce restaurant partageant l'espace avec **WildCraft Cider Works** (☎541-735-3506 ; wildcraftciderworks.com ; 232 Lincoln St ; 11h30-21h mar-jeu, 11h30-23h ven-sam, 11h30-20h dim). Vous pourrez apprécier votre plat dans la salle de dégustation, avec du cidre. Goûtez les raviolis aux crevettes et crabe de Dungeness, les nouilles au bœuf *krob krua* qui ont donné leur nom au lieu, ou le riz frit au curry vert.

Izakaya Meiji Company IZAKAYA $$
(☎541-505-8804 ; www.izakayameiji.com ; 345 Van Buren St ; petites assiettes 3-13 $; 17h-1h). Au cœur du quartier de Whiteaker, cet *izakaya* (bar japonais servant de petites assiettes) branché attire la foule chaque soir avec des breuvages préparés avec soin – du saké, du shochu et plus de 100 whiskies différents – et des plats à partager évoluant au gré des saisons. Téméraire ? Tentez le *shiokara,* un délice à base de viscères de calamars fermentés et salés ou contentez-vous de nouilles udon au curry.

Beppe & Gianni's Trattoria ITALIEN $$
(☎541-683-6661 ; www.beppeandgiannis.net ; 1646 E 19th Ave ; plats 15-26 $; 17h-21h dim-jeu, 17h-22h ven-sam). L'une des meilleures tables d'Eugene, Beppe & Gianni's sert des pâtes maison et d'excellents desserts. Attendez-vous à une longue file d'attente, surtout le week-end.

Ninkasi Brewing Company BRASSERIE
(☎541-344-2739 ; www.ninkasibrewing.com ; 272 Van Buren St ; 12h-21h dim-mer, 12h-22h jeu-sam). Si vous aimez le houblon, rendez-vous dans cette salle de dégustation pour goûter à la source certaines des créations les plus originales et novatrices de l'Oregon. Des *food trucks* s'installent ponctuellement à côté de l'agréable terrasse ; vous pourrez aussi apporter de quoi manger. Visite de la brasserie à 11h les lundi, mercredi et vendredi et à 16h les mardi, jeudi et samedi.

Renseignements

Centre d'accueil des visiteurs (☎541-484-5307 ; www.eugenecascadescoast.org ; 754 Olive St ; 8h-17h lun-ven). Ce centre n'est ouvert qu'en semaine. Le week-end, passez au centre des visiteurs(☎541-484-5307 ; www.eugenecascadescoast.org ; 3312 Gateway St, Springfield ; 9h-18h) de Springfield, au 3312 Gateway St.

Comment s'y rendre et circuler

Des vols intérieurs sont assurés depuis/vers l'**Eugene Airport** (☎541-682-5544 ; www.flyeug.com ; 28801 Douglas Dr), situé à environ 11 km au nord-ouest du centre-ville Des bus **Greyhound** (☎541-344-6265 ; www.greyhound.com ; 987 Pearl St) desservent Salem, Corvallis, Portland, Medford, Grants Pass, Hood River, Newport et Bend.

Des trains partent de la **gare ferroviaire d'Amtrak** (☎541-687-1383 ; www.amtrak.com ; 433 Willamette St) pour l'Union Station (28 $, 3 heures, 9/jour) de Portland, Seattle et Vancouver, au Canada, entre autres.

Le service de bus locaux est assuré par **Lane Transit District** (☎541-687-5555 ; www.ltd.org). Vous pouvez aussi louer des bicyclettes chez **Paul's Bicycle Way of Life** (☎541-344-4105 ; www.bicycleway.com ; 556 Charnelton St ;

location 24-48 $/jour ; 10h-18h lun-ven, 10h-17h sam-dim).

Columbia River Gorge

Quatrième fleuve des États-Unis par le volume, le puissant Columbia (Columbia River) parcourt 2 000 km depuis sa source dans le village de Canal Flats, en Colombie-Britannique (Canada), et l'ouest d'Astoria, où il se jette dans le Pacifique. Sur ses 497 derniers kilomètres, équipé de nombreux barrages, il marque la frontière entre les États de Washington et de l'Oregon, et traverse les Cascade Mountains via la spectaculaire Columbia River Gorge. Recelant de nombreux écosystèmes, des chutes d'eau et des panoramas splendides, le fleuve et ses abords, classés National Scenic Area, sont fréquentés par les véliplanchistes, les cyclistes, les pêcheurs et les randonneurs.

Non loin de Portland, on trouve les **Multnomah Falls**, une cascade spectaculaire qui attire les touristes, tandis que depuis **Vista House** s'offre une vue imprenable sur la gorge.

Hood River et ses environs

Réputée pour les vergers et les vignobles qui l'entourent, la petite ville de Hood River, à une centaine de kilomètres à l'est de Portland sur l'I-84, est aussi un paradis pour les véliplanchistes et les kitesurfeurs. Les grands vignobles, qui ont envahi la région, ouvrent leurs portes pour de plaisantes dégustations.

À voir et à faire

Mt Hood Railroad CHEMIN DE FER
(800-872-4661 ; www.mthoodrr.com ; 110 Railroad Ave ; adulte/enfant à partir de 35/30 $;). Ce chemin de fer construit en 1906 transportait jadis des fruits et du bois depuis la haute vallée de la Hood River jusqu'à la principale tête de ligne, la ville de Hood River. Les trains d'autrefois promènent désormais les touristes sous le sommet enneigé du Mt Hood et au milieu des vergers odorants. La ligne, longue d'environ 33 km, arrive dans la jolie localité de Parkdale. Horaires et tarifs sur le site Internet. Réservez.

Cathedral Ridge Winery VIGNOBLE
(800-516-8710 ; www.cathedralridgewinery.com ; 4200 Post Canyon Dr ; dégustations à partir de 15 $; 11h-17h). Situé à l'extrémité de la ville, ce beau vignoble produit des rouges caractéristiques plusieurs fois récompensés. Par beau temps, profitez à l'extérieur de la superbe vue sur le Mt Hood. Différentes visites et dégustations possibles.

Hood River Waterplay SPORTS NAUTIQUES
(541-386-9463 ; www.hoodriverwaterplay.com ; I-84 sortie 64 ; cours de planche à voile 99 $ pour 2 h, cours de paddle à partir de 48 $/heure ; mai-oct). Si vous êtes tenté par la planche à voile, le kayak, le paddle ou encore le catamaran, contactez ce prestataire installé au bord de l'eau, qui loue du matériel et propose des cours.

Discover Bicycles CYCLISME
(541-386-4820 ; www.discoverbicycles.com ; 210 State St ; location 40-100 $/jour ; 10h-18h lun-sam, 10h-17h dim). Loue VTT, VTC, vélos électriques, VTT électriques et vélos classiques, et dispense des conseils sur les sentiers des alentours.

Où se loger et se restaurer

Hood River Hotel HÔTEL HISTORIQUE $$
(541-386-1900 ; www.hoodriverhotel.com ; 102 Oak St ; d/ste à partir de 110/152 $;). Situé en plein cœur du centre-ville, cet hôtel de 1913 joliment restauré propose des chambres douillettes, vintage et branchées. Les lits sont confortables mais les salles de bains minuscules. Les suites ont de meilleurs équipements et vue. Kitchenettes également disponibles, excellent restaurant et sauna sur place. En hiver, les chambres sont chauffées au moyen d'anciens radiateurs à vapeur et des chauffages d'appoint.

Columbia Gorge Hotel HÔTEL $$$
(800-345-1921 ; www.columbiagorgehotel.com ; 4000 Westcliff Dr ; ch 149-439 $;). L'hébergement le plus célèbre de Hood River est un hôtel ancien de style espagnol perché sur une falaise dominant les eaux du Columbia. Ambiance élégante, superbe parc et bon restaurant sur place. Lits et mobilier ancien dans les chambres. Celles donnant sur la rivière valent le supplément.

pFriem Tasting Room GASTROPUB $
(541-321-0490 ; www.pfriembeer.com ; 707 Portway Ave ; plats 13-18 $; 11h30-21h). Les bières réputées de cette brasserie accompagnent une carte bien remplie : moules-frites, langue de bœuf, terrine de porc et ragoût d'agneau braisé et de confit de canard. L'établissement est

situé près du bord de l'eau, dans un nouvel ensemble de style industriel chic. Les tables sont installées juste à côté des cuves de brassage.

Renseignements

Chamber of Commerce (☎541-386-2000 ; www.hoodriver.org ; 720 E Port Marina Dr ; ⏲9h-17h lun-ven, 10h-17h sam-dim avr-oct, 9h-16h lun-ven nov-mars). Renseignements sur Hood River et ses environs.

Depuis/vers Hood River

Greyhound (☎541-386-1212 ; www.greyhound.com ; 110 Railroad Ave). Des bus rallient Portland quotidiennement (à partir de 21 $, 1 heure, 3/jour).

Oregon Cascades

La partie de la chaîne des Cascades présente dans l'Oregon est constituée de spectaculaires volcans isolés qui dominent l'horizon à des kilomètres à la ronde. Plus haut sommet de l'État, le Mt Hood, qui surplombe la Columbia River Gorge, offre des pistes skiables ouvertes toute l'année et fait l'objet d'une ascension relativement accessible. En allant vers le sud, on passe devant le Mt Jefferson et les Three Sisters avant d'atteindre Crater Lake, fantôme de l'ancien Mt Mazama qui s'est effondré sur lui-même après une éruption il y a environ 7 000 ans.

Mt Hood

Point culminant de l'État, visible par beau temps depuis la majeure partie du nord de l'Oregon, le Mt Hood (3 425 m) attire de façon presque magnétique les skieurs, les randonneurs et les promeneurs. L'été, les fleurs sauvages tapissent les versants de la montagne et l'eau cristalline des lacs cachés scintille, laissant des souvenirs inoubliables aux marcheurs. En hiver, les visiteurs ne jurent que par le ski, qu'il soit alpin ou de fond.

Le Mt Hood est accessible toute l'année depuis Portland par la Hwy 26 (90 km), et depuis Hood River par la Hwy 35 (70 km). Avec la Columbia River Hwy, ces itinéraires constituent le Mt Hood Loop, une route panoramique très appréciée. Situé au niveau du col du Mt Hood, Government Camp est le centre névralgique de toutes les activités sur le mont.

Activités

Ski

Le Mt Hood est une destination phare pour le ski. Il comprend 6 domaines skiables, dont **Timberline** (☎503-272-3158 ; www.timberlinelodge.com ; Government Camp ; téléphérique adulte/enfant 73/63 $), qui possède la plus longue saison de ski des États-Unis (quasiment toute l'année). Plus proche de Portland, **Mt Hood SkiBowl** (☎503-272-3206 ; www.skibowl.com ; Hwy 26 ; téléphérique 59 $, ski de nuit 43 $), le plus grand domaine skiable en nocturne du pays, est prisé des citadins qui viennent y goûter la poudreuse en fin de journée. **Mt Hood Meadows** (☎503-337-2222 ; www.skihood.com ; téléphérique adulte/enfant 89/44 $) est le plus grand domaine skiable du Mt Hood, bénéficiant des meilleures conditions en termes d'équipement.

Randonnée

La Mt Hood National Forest protège 1 932 km de sentiers. Le Northwest Forest Pass (5 $/jour) vous sera demandé au départ de la plupart d'entre eux.

Une boucle de 11 km débute près du village de Zigzag pour rejoindre les belles **Ramona Falls**, où l'eau dévale sur des blocs de basalte moussus. Un autre circuit part de l'US 26, grimpe sur 2,4 km jusqu'au **Mirror Lake**, contourne le lac sur 800 m, puis rejoint une crête en 3,2 km.

Long de 66 km, le **Timberline Trail** fait le tour du Mt Hood à travers des paysages sauvages. Ses points d'orgue sont notamment la marche jusqu'à McNeil Point et la brève ascension jusqu'à Bald Mountain. Le Zigzag Canyon Overlook est à 7,2 km aller-retour du Timberline Lodge. L'ascension du Mt Hood doit être sérieusement préparée, car des accidents mortels sont déjà survenus. Elle peut se faire durant une longue journée. Contactez **Timberline Mountain Guides** (☎541-312-9242 ; www.timberlinemtguides.com ; ascension 2 jours 780 $/pers) pour louer les services d'un guide.

Où se loger et se restaurer

La plupart des **campings** (☎877-444-6777 ; www.recreation.gov ; empl tente et camping-car 16-39 $) des environs disposent d'eau potable et de toilettes. Mieux vaut réserver les week-ends chargés, même si quelques emplacements sont généralement gardés pour les arrivées de dernière minute.

Renseignez-vous auprès d'un poste de rangers voisin.

♥ **Timberline Lodge** LODGE $$
(☎800-547-1406 ; www.timberlinelodge.com ; 27500 Timberline Rd ; dort 165-221 $, d à partir de 180 $;). Hôtel de légende, ce superbe lodge propose des hébergements allant du dortoir de 10 lits à des appartements luxueux avec cheminée. Piscine extérieure chauffée et ouverte toute l'année, téléphérique à deux pas. Vue exceptionnelle sur le Mt Hood, sentiers de randonnée tout proches, deux bars-restaurants. Tarifs très variables.

Huckleberry Inn AUBERGE $$
(☎503-272-3325 ; www.huckleberry-inn.com ; 88611 E Government Camp Loop ; ch 95-165 $, dort 10 lits 160 $;). Cette auberge rustique, qui jouit d'un emplacement central exceptionnel à Government Camp, propose des chambres simples et confortables, dont des dortoirs de 10 lits. Au restaurant à l'ambiance décontractée (qui fait office de réception) est servi un bon petit-déjeuner. En haute saison, les tarifs augmentent.

Rendezvous Grill & Tap Room AMÉRICAIN $$
(☎503-622-6837 ; www.thevousgrill.com ; 67149 E Hwy 26, Welches ; plats 12-29 $; 11h30-20h mar-dim, 11h30-21h ven-sam). Cet excellent restaurant sert des plats remarquables comme le saumon sauvage aux échalotes caramélisées et hachis d'artichaut ou la côtelette de porc grillée au feu de bois avec chutney de rhubarbe. Au déjeuner : sandwichs, burgers et salades gastronomiques servis sur la terrasse. Excellents cocktails en prime.

Mt Hood Brewing Co CUISINE DE PUB $$
(☎503-272-3172 ; www.mthoodbrewing.com ; 87304 E Government Camp Loop, Government Camp ; plats 12-24 $; 11h-21h). L'unique brasserie-restaurant de Government Camp propose une cuisine de pub (pizza avec lancer de pâte, sandwichs et plates-côtes) dans une atmosphère chaleureuse et familiale.

ℹ Renseignements

Les postes de rangers fournissent cartes, permis et renseignements. Si vous venez de Hood River, adressez-vous à la **Hood River Ranger Station** (☎541-352-6002 ; 6780 Oregon 35, Parkdale ; 8h-16h30 lun-ven). La **Zigzag Ranger Station** (☎503-622-3191 ; 70220 E Hwy 26 ; 7h45-16h30 lun-sam) est plus pratique si vous venez de Portland. À Government Camp, rendez-vous au **Mt Hood Information Center** (☎503-272-3301 ; 88900 E Hwy 26 ; 9h-17h). Le temps change vite dans le secteur ; prévoyez des chaînes pour votre véhicule en hiver.

ℹ Depuis/vers le Mt Hood

Le Mt Hood est à 1 heure de route (90 km) de Portland par la Hwy 26. Sinon, un itinéraire plus long mais plus pittoresque passe par la Hwy 84 jusqu'à Hood River, puis la Hwy 35 vers le sud (1 heure 45, 126 km).

La navette du **Central Oregon Breeze** (☎800-847-0157 ; www.cobreeze.com ; Government Camp Rest Area, Government Camp Loop) circule entre Bend et Portland et s'arrête brièvement à Government Camp, à 9,7 km du Timberline Lodge. Des navettes **Sea to Summit** (☎503-286-9333 ; www.seatosummit.net ; aller-retour à partir de 59 $) régulières depuis Portland desservent les stations de ski en hiver.

Sisters

Ancien relais de diligence et ville de négoce pour les bûcherons et les propriétaires de ranch, Sisters est aujourd'hui une destination touristique animée, dont la rue principale est bordée de boutiques, de galeries d'art et de restaurants cachés derrière des façades évoquant le Far West. Les visiteurs sont particulièrement attirés par les paysages de montagne, les sentiers de randonnée et l'agréable climat des lieux (beaucoup de soleil et peu de précipitations), sans parler des excellentes manifestations culturelles qu'offre la ville.

À l'extrémité sud de Sisters, le **parc municipal** (City Park Camping ; ☎541-323-5220 ; www.ci.sisters.or.us/creekside-campground ; S Locust St ; empl tente/camping-car 20/40 $; avr-nov) dispose d'emplacements de camping sans douches. À l'opposé du point de vue confort, le luxueux **Five Pine Lodge** (☎866-974-5900 ; www.fivepinelodge.com ; 1021 Desperado Trail ; d à partir de 242 $, chalet à partir de 265 ;) vous ouvre ses portes.

Pour un repas sur le pouce, direction le raffiné **Cottonwood Cafe** (☎541-549-2699 ; www.cottonwoodinsisters.com ; 403 E Hood Ave ; petit-déj 9-13 $, plats déj 11-13 $; 8h-15h). Le **Three Creeks Brewing** (☎541-549-1963 ; www.cottonwoodinsisters.com ; 721 Desperado Ct ; plats 12-26 $, pizzas 10-14 $; 11h30-21h dim-jeu, 11h30-22h ven-sam) sert bières maison et plats de pub typiques.

À NE PAS MANQUER

SMITH ROCK STATE PARK

Smith Rock State Park (☎800-551-6949 ; www.oregonstateparks.org ;9241 NE Crooked River Dr ; journée 5 $) est réputé auprès des grimpeurs pour ses falaises orangées culminant à près de 250 m au-dessus de la Crooked River. Les autres profiteront de plusieurs kilomètres de bons sentiers, dont certains nécessitent d'escalader de petits rochers. Non loin, à Terrebonne, vous trouverez un magasin de matériel d'escalade, quelques restaurants et des épiceries. Les formations dans le parc sont tout bonnement spectaculaires.

Il y a un camping juste à côté du parc, et un autre à Skull Hollow (pas d'eau ; emplacements 5 $), 12 km à l'est. Les motels les plus proches sont à Redmond, quelques kilomètres au sud.

Smith Rock Climbing Guides Inc (☎541-788-6225 ; www.smithrockclimbingguides.com ; Smith Rock State Park, Terrebonne ; demi-journée à partir de 65 $/pers) propose divers cours d'escalade (bases, escalade traditionnelle, grande voie, secours et autosauvetage) et des ascensions guidées sur des voies réputées du Smith Rock State Park. Équipement inclus. Les prix varient en fonction de la taille du groupe. Ouvre sur rendez-vous.

Renseignements

Chamber of Commerce (☎541-549-0251 ; www.sisterscountry.com ; 291 E Main Ave ; ⏲10h-16h lun-sam)

Depuis/vers Sisters

Cascades East Transit (☎541-385-8680 ; cascadeseasttransit.com ; aller 1,50 $) relie Sisters à Bend (30 min, 3/jour) et Redmond (25 min, 3/jour).

Bend

Bend est la destination rêvée pour tous les amateurs de sports de plein air : on peut y skier dans la poudreuse le matin, y faire du kayak l'après-midi et y jouer au golf en soirée. Mais les environs se prêtent aussi à la pratique du VTT, à la randonnée, à l'alpinisme, au paddle, à la pêche à la mouche ou à la varappe. Par ailleurs, il est peu probable que le mauvais temps vienne gâcher la journée, puisque la région est ensoleillée presque 300 jours par an.

À voir

High Desert Museum MUSÉE
(☎541-382-4754 ; www.highdesertmuseum.org ; 59800 Hwy 97 ; tarif plein/enfant 12/7 $; ⏲9h-17h mai-oct, 10h-16h nov-avr ; 👪). Cet excellent musée, situé à 5 km environ au sud de Bend, retrace l'exploration et le peuplement de l'Ouest grâce à la reconstitution d'un campement amérindien, d'une mine et d'une vieille ville du Far West. Il est également consacré à l'histoire naturelle de la région. L'exposition sur les serpents, les tortues et les truites plaît particulièrement aux enfants, et regarder les oiseaux de proie et les loutres est toujours amusant. Intéressantes promenades guidées entre autres attractions – ne manquez pas la présentation des rapaces.

Activités

Avec son remarquable réseau de pistes cyclables (plusieurs centaines de kilomètres), Bend est un paradis pour les amateurs de VTT. La *Bend Area Trail Map* (12,99 $; www.adventuremaps.net/shop/product/product/bend-area-trail-map) est une bonne carte disponible, entre autres, à l'office du tourisme Visit Bend.

Les meilleurs itinéraires font partie du réseau **Phil's Trail** (www.bendtrails.org/trail/phils-trail-complex), qui comprend une variété d'excellents sentiers forestiers rapides monotraces à quelques minutes de la ville. Si vous aimez les frissons, optez pour la **Whoops Trail**. Vous pourrez louer un vélo à l'agence **Cog Wild** (☎541-385-7002 ; www.cogwild.com ; 255 SW Century Dr, Suite 201 ; circuit demi-journée à partir de 60 $, location 35-80 $; ⏲9h-18h) qui organise aussi des circuits.

Bend est également la porte d'accès à certaines des meilleures pistes de ski de l'Oregon, à 35 km au sud-ouest de la ville, au **Mt Bachelor Ski Resort** (☎800-829-2442 ; www.mtbachelor.com ; billet remontées adulte/enfant 99/56 $, ski de fond forfait journée 21/14 $; ⏲nov-mai ; 👪).

Où se loger

Motels bon marché, hôtels et services ne manquent pas sur 3rd St (US 97). Souvent, les prix grimpent en flèche le week-end en raison de festivals ou autres manifestations ; réservation recommandée.

Bunk + Brew Hostel AUBERGE DE JEUNESSE **$**
(458-202-1090 ; www.bunkandbrew.com ; 42 NW Hawthorne Ave ; dort 45 $, d 109-139 $;). Cette auberge de jeunesse centrale, conviviale et super douillette est aménagée dans le plus ancien édifice en brique de Bend. Tout est petit mais on se sent comme à la maison : un sauna et des bains étaient en construction lors de notre passage. On peut sympathiser avec d'autres voyageurs dans la cuisine ou dans la salle de cinéma/jeux vidéo, et participer à un "circuit bière" (à pied ou à vélo) qui part de l'auberge.

McMenamins Old St Francis School HÔTEL **$$**
(541-382-5174 ; www.mcmenamins.com ; 700 NW Bond St ; ch à partir de 189 $;). L'un des meilleurs établissements des frères McMenamin, cette ancienne école a été transformée en hôtel chic de 19 chambres, dont 2 possèdent deux baignoires sur pieds côte à côte. Le superbe bain turc d'eau de mer, aux décorations murales de faïence, mérite à lui seul qu'on y séjourne (entrée pour les non-résidents 5 $). Un pub-restaurant, 3 bars, un cinéma et des œuvres d'art complètent le tableau.

Oxford Hotel BOUTIQUE-HÔTEL **$$$**
(541-382-8436 ; www.oxfordhotelbend.com ; 10 NW Minnesota Ave ; ch à partir de 319 $;). Le premier boutique-hôtel de Bend est plébiscité à juste titre. Les plus petites chambres sont immenses (43 m²) et disposent d'éléments respectueux de l'environnement, comme des matelas en mousse de soja et un sol en liège. Les amateurs de high-tech adoreront les iPod docks et les bureaux tactiles. Suites avec cuisine et douche hammam, restaurant chic au sous-sol. Le décor au design moderne et aux couleurs douces et raffinées serait tout à fait à sa place dans une grande ville tendance : on l'apprécie d'autant plus dans une localité moyenne comme Bend.

Où se restaurer

The Bite FOOD TRUCK **$**
(541-610-6457 ; www.thebitetumalo.com ; 19860 7th St, Tumalo ; plats 8-16 $; 11h-21h). Excellent emplacement à Tumalo, entre Bend et Sisters. Commandez une bière à la pression au bar, achetez de la nourriture à l'un des food trucks et installez-vous dehors autour d'une table de pique-nique ou à l'intérieur, au comptoir. Beaucoup de clients se déplacent jusqu'ici pour les savoureux sushis (concoctés avec des poissons sauvages issus d'une pêche durable) du stand de rue Ronin Sushi.

El Sancho MEXICAIN **$**
(458-206-5973 ; www.elsanchobend.com ; 335 NE Dekalb Ave ; tacos 2,75-3,25 $; 11h-22h). Excellent rapport qualité/prix. Dans un cadre agréable évoquant un atrium, ouvert en été et chauffé en hiver, sont servies de délicieuses spécialités mexicaines. Les tacos sont savoureux, quelle que soit la garniture : poulet sauce chipotle ou fromage de Oaxaca et piment vert. En bonus, bananes plantains frites, *tamales*, soupe de poulet aux tortillas, margaritas et pisco sours bien tassés.

Chow AMÉRICAIN **$**
(541-728-0256 ; www.chowbend.com ; 1110 NW Newport Ave ; plats 10-17 $; 7h-14h). Les excellents plats à base d'œufs pochés, spécialités de la maison, associent gâteau de polenta, légumes rôtis, fromage mexicain et tomates à la croûte de farine de maïs (ne ratez pas les sauces piquantes maison). Des sandwichs gastronomiques (au gâteau de crabe ou au *corned beef* braisé) sont servis à midi. La plupart des ingrédients proviennent du jardin. Bons cocktails.

Sunriver Brewing Co GASTROPUB **$$**
(541-408-9377 ; www.sunriverbrewingcompany.com ; 1005 NW Galveston Ave ; plats 12-15 $; 11h-22h dim-jeu, 11h-23h ven-sam). Dans une ville aux innombrables brasseries, Sunriver se démarque par ses bières souvent récompensées (goûtez la Vicious Mosquito IPA, fleuron de la maison), mais aussi par sa nourriture à tomber – *bratwurst* (saucisse) aux choux de Bruxelles ou macaronis au fromage couronnés de saumon rouge, par exemple. Par beau temps, la façade à l'avant s'ouvre sur l'extérieur.

Bos Taurus STEAK **$$$**
(541-241-2735 ; www.bostaurussteak.com ; 163 NW Minnesota Ave ; plats 20-79 $; 17h-22h). Tel un musée du bœuf, Bos Taurus est un rendez-vous inratable pour les amateurs de viande. Les chefs choisissent les élevages après des tests à l'aveugle et le moindre détail est pris en compte. Il y a toujours un plat de poisson et du coq au vin pour satisfaire tout le monde. Service impeccable ; réservez bien à l'avance.

Zydeco AMÉRICAIN $$$
(☎541-312-2899 ; www.zydecokitchen.com ; 919 NW Bond St ; plats dîner 17-38 $; ⏲11h30-14h30 et 17h-21h lun-ven, 17h-21h sam-dim). L'un des restaurants les plus appréciés de Bend, à juste titre. Commencez par les frites "duck fries" (frites cuites dans la graisse de canard) ou la salade de betterave avec fromage de chèvre, suivies d'un plat : thon poêlé, *jambalaya* d'écrevisses ou canard rôti aux champignons. Réservez.

Renseignements

Visit Bend (☎541-382-8048 ; www.visitbend.com ; 750 NW Lava Rd ; ⏲9h-17h lun-ven, 10h-16h sam-dim). Excellent accueil ; plans, livres et forfait loisirs en vente.

Depuis/vers Bend

Les bus de **Central Oregon Breeze** (www.cobreeze.com ; 3405 N Hwy 97, Circle K) desservent Portland au moins 2 fois par jour (52 $ aller simple, réservez à l'avance).

Pacific Crest Bus Lines (☎541-382-4193 ; https://pacificcrestbuslines.com/amtrak-thruway/ ; Hawthorne Station). Les bus de Pacific Crest circulent entre Bend et Chemult, où se trouve la gare ferroviaire la plus proche (à 105 km au sud). Ils rallient aussi Eugene, Ontario et Burns.

Cascades East Transit (☎541-385-8680 ; www.cascadeseasttransit.com), la compagnie de bus régionale de Bend dessert La Pine, Mt Bachelor, Sisters, Prineville et Madras. Elle gère aussi les transports urbains dans Bend.

Newberry National Volcanic Monument

Le **Newberry National Volcanic Monument** (☎541-593-2421 ; www.fs.usda.gov/recarea/deschutes/recarea/?recid=66159 ; Hwy 97 ; 5 $/jour ; ⏲mai-sept) témoigne de 400 000 ans d'activité sismique. Commencez votre visite au **Lava Lands Visitor Center** (☎541-593-2421 ; www.fs.usda.gov ; 58201 S Hwy 97 ; ⏲9h-17h fin mai-oct), à 21 km au sud de Bend. À proximité, vous découvrirez notamment la **Lava Butte**, cône parfait de 152 m d'altitude, et la **Lava River Cave**, le plus long tunnel de lave de l'Oregon. Six kilomètres et demi à l'ouest du Visitor Center, **Benham Falls** est un bon site de pique-nique au bord de la Deschutes River.

Newberry Crater fut l'un des volcans les plus actifs d'Amérique du Nord, jusqu'à ce qu'une forte éruption donne naissance à une caldeira. Non loin, les **Paulina Lake** et **East Lake** sont des plans d'eau profonds riches en truites, dominés par le **Paulina Peak** (2 434 m).

Crater Lake National Park

Attendez-vous à avoir le souffle coupé en apercevant les eaux d'un bleu intense du Crater Lake. Par beau temps, elles reflètent les falaises environnantes comme un miroir. Le paysage est de toute beauté. **Crater Lake** (☎541-594-3000 ; www.nps.gov/crla ; pass véhicule 7 jours hiver/été 15/25 $) est le seul parc national d'Oregon.

Le circuit classique consiste à faire le tour du cratère en voiture (53 km, route ouverte à peu près de juin à mi-octobre), mais le site offre aussi d'exceptionnelles possibilités de randonnées et de ski de fond. L'endroit bénéficiant d'un des plus forts enneigements d'Amérique du Nord, le tour du cratère et l'entrée nord sont parfois fermés jusqu'à début juillet.

On peut passer la nuit aux chalets de **Mazama Village** (☎888-774-2728 ; www.craterlakelodges.com ; d 160 $; ⏲fin mai à sept ; 🚭) ou au majestueux **Crater Lake Lodge** (☎888-774-2728 ; www.craterlakelodges.com ; ch à partir de 220 $; ⏲fin mai à mi-oct ; 🚭 📶), ouvert depuis 1915. Ses installations ont été modernisées mais l'endroit a conservé son charme d'antan. Les campeurs se rendront au **Mazama Campground** (☎888-774-2728 ; www.craterlakelodges.com ; Mazama Village ; empl tente/camping-car à partir de 22/31 $; ⏲juin à mi-oct ; 📶 🐾).

Pour plus d'informations sur le parc, faites un tour au **Steel Visitor Center** (☎541-594-3000 ; www.nps.gov/crla/planyourvisit/visitorcenters.htm ; Park Headquarters ; ⏲9h-17h mai-oct, 10h-16h nov-avr).

Côte de l'Oregon

La Hwy 101 longe ce littoral splendide en traversant villes, stations balnéaires, parcs nationaux (plus de 70) et espaces sauvages. Tout le monde, des campeurs aux gastronomes, trouvera son bonheur dans cette région exceptionnelle, très fréquentée en été (réservez vos hébergements).

Astoria

Située à l'embouchure large de 8 km du Columbia, Astoria (qui doit son nom au premier millionnaire américain, John

LEWIS ET CLARK : LA FIN DU VOYAGE

En novembre 1805, William Clark, son compagnon Meriwether Lewis et quelques dizaines d'autres membres du Corps of Discovery débouchèrent dans une crique abritée du Columbia, à 3 km à l'ouest de l'actuel Astoria-Megler Bridge, au terme de ce qui fut la plus grande traversée continentale de l'histoire des États-Unis.

À l'issue d'un vote, le premier réellement démocratique de la jeune nation américaine (une femme et un esclave noir y participèrent), les explorateurs décidèrent d'installer leur bivouac à 8 km au sud d'Astoria, à Fort Clatsop, où ils passèrent un terrible hiver 1805-1806. Aujourd'hui, le site, rebaptisé **Lewis and Clark National Historical Park** (☎503-861-2471 ; www.nps.gov/lewi ; 92343 Fort Clatsop Rd ; tarif plein/enfant 3 $/gratuit ; ⏱9h-18h mi-juin à août, 9h-17h sept à mi-juin), accueille une copie du fort, un centre d'accueil des visiteurs et des reconstitutions historiques (l'été).

Jacob Astor) fut la première colonie américaine à l'ouest du Mississippi. Riche d'une longue histoire en lien avec la mer, la ville a vu le quartier du vieux port, où vivaient autrefois artistes et écrivains sans le sou, attirer ces dernières années hôtels et restaurants haut de gamme. Vers l'intérieur des terres s'élèvent de nombreuses demeures anciennes joliment restaurées, datant notamment de l'époque victorienne, dont certaines ont été transformées en charmants B&B. Son absence de plage lui confère une ambiance différente des autres villes côtières.

À voir

Autre élément architectural du paysage urbain d'Astoria, l'**Astoria-Megler Bridge** (6,6 km) est le plus long pont continu en treillis d'Amérique du Nord. Il enjambe le Columbia, reliant l'Oregon au Washington. Vous pourrez l'admirer depuis l'**Astoria Riverwalk**, qui suit le parcours du trolleybus. Le **Pier 39** est un intéressant ponton couvert où sont installés un modeste musée de la conserverie et deux restaurants.

Columbia River Maritime Museum MUSÉE
(☎503-325-2323 ; www.crmm.org ; 1792 Marine Dr ; tarif plein/enfant 14/5 $; ⏱9h30-17h ; 👪). Ce musée dont le toit est en forme de vague retrace l'histoire maritime de la ville. Il est difficile de rater le bateau des gardes-côtes, figé en plein sauvetage et visible depuis l'extérieur à travers l'immense baie vitrée. L'accent est aussi mis sur l'industrie de conditionnement du saumon, qui employa pour l'essentiel une main-d'œuvre d'immigrants chinois, sur l'histoire commerciale du fleuve et la mission capitale des pilotes. Vous ressortirez en ayant un bon aperçu des dangers de cette zone, appelée à juste titre "le cimetière du Pacifique".

Fort Stevens State Park PARC
(☎503-861-3170 ext 21 ; www.oregonstateparks.org ; 100 Peter Iredale Rd, Hammond ; journée 5 $). À 16 km à l'ouest d'Astoria, ce parc renferme l'installation militaire qui gardait autrefois l'embouchure de la Columbia River. Près du **Military Museum** (☎503-861-2000 ; visitftstevens.com ; 5 $/jour ; ⏱10h-18h mai-sept, 10h-16h oct-avr) sont enterrées dans le sable des batteries – vestiges intéressants des installations du fort qui ont le plus souffert (visites possibles, en camion et à pied). Une plage populaire accueille la petite épave du *Peter Iredale* (1906) et le parking C offre une belle vue sur l'océan. On trouve aussi dans le parc un camping et près de 20 km de sentiers cyclables.

Où se loger et se restaurer

Fort Stevens State Park CAMPING $
(☎503-861-1671 ; oregonstateparks.org ; 100 Peter Iredale Rd, Hammond ; empl tente/camping-car 22/32 $, yourtes/chalets 46/90 $). À 16 km environ à l'ouest d'Astoria, ce camping fréquenté propose 560 emplacements (essentiellement pour camping-car). Idéal pour les familles ; réservez en été. Entrée à proximité de Pacific Dr.

Commodore Hotel BOUTIQUE-HÔTEL $$
(☎503-325-4747 ; www.commodoreastoria.com ; 258 14th St ; d avec/sans sdb à partir de 164/89 $; P 🚭 📶). Les voyageurs à l'avant-garde de la mode se rueront dans cet hôtel élégant, qui propose des petites chambres agréables au décor minimaliste. Les "deluxe" bénéficient évidemment d'une plus belle vue. Hall d'entrée digne d'un salon, avec café, dégustation gratuite de bières locales (17h-19h) et impressionnant choix de vidéos et disques à disposition.

Bowpicker PRODUITS DE LA MER $

(☎503-791-2942 ; www.bowpicker.com ; angle 17th St et Duane St ; plats 8-12 $; ⏲11h-18h mer-dim). Charmant établissement servant d'excellents filets d'albacore panés à la bière et steaks-frites (et rien d'autre) dans un chalutier de 1932. Selon certains, le meilleur *fish-and-chips* des États-Unis.

Fort George Brewery PUB $

(☎503-325-7468 ; www.fortgeorgebrewery.com ;1483 Duane St ; plats 7-17 $, pizzas 14-26 $; ⏲11h-23h, 12h-23h dim). Fort George est réputée pour être l'une des meilleures brasseries de l'État. La salle de restaurant, pleine de charme, est installée dans un bâtiment ancien, sur le site des premières constructions d'Astoria. On y savoure hamburgers gourmets, saucisses maison, salades et pizzas cuites au feu de bois à l'étage. Rendez-vous à la Lovell Taproom pour découvrir la ligne de production.

Astoria Coffeehouse & Bistro AMÉRICAIN $$

(☎503-325-1787 ; www.astoriacoffeehouse.com ; 243 11th St ; plats petit-déj et déj 6-18 $, dîner 15-32 $; ⏲7h-21h dim, 7h-22h lun-jeu, 7h-23h ven-sam). Petit café apprécié dont le bistrot attenant affiche une carte éclectique (curry rouge de poulet au coco, hamburger au piment *relleno*, tacos au poisson et macaronis au fromage à composer soi-même). Tout est fait maison, même le ketchup. Tables sur le trottoir et succulents cocktails. Attente probable le soir et lors du brunch dominical. La composition de l'excellent petit-déjeuner (5 $) est variable et à midi des plats du jour sont servis quotidiennement.

Depuis/vers Astoria

Northwest Point (☎503-484-4100 ; www.oregon-point.com/route-landing/?route=northwest) Les bus Northwest Point rallient deux fois par jour Seaside, Cannon Beach et Portland ; consultez les horaires sur le site.

Pacific Transit (☎360-642-9418 ; www.pacifictransit.org) Bus en direction de l'État de Washington.

Cannon Beach

Plaisante, Cannon Beach est l'une des stations balnéaires les plus prisées de la côte de l'Oregon. Beaucoup d'hôtels sont réservés à une clientèle aisée, tout comme les nombreuses boutiques et galeries d'art de la ville. L'été, les rues sont pleines de fleurs. Les hébergements y sont onéreux et les rues constamment embouteillées. Quand il fait beau le samedi après-midi, les visiteurs passent une bonne partie de leur temps à chercher une place de parking.

À voir et à faire

Photogénique rocher de 90 m planté dans la mer, le **Haystack Rock** est l'élément le plus spectaculaire de la côte de l'Oregon. Accessible depuis la plage à marée basse, il est entouré de bassins qui restent remplis à marée basse et les oiseaux affectionnent ses falaises.

En allant vers le nord, la côte, protégée à l'intérieur de l'**Ecola State Park** (☎503-436-2844 ; www.oregonstateparks.org ; 5 $, en journée), représente l'Oregon tel que vous l'avez rêvé : rochers dans la baie, vagues déferlantes, plages secrètes et forêts. Ce parc à 2,5 km de la ville renferme de nombreux sentiers dont une portion de l'**Oregon Coast Trail**, qui passe par Tillamook Head et conduit à la ville de Seaside.

Les environs de Cannon Beach se prêtent au surf – mais pas Cannon Beach même. Les meilleurs spots sont **Indian Beach** dans l'Ecola State Park, à 5 km au nord, et **Oswald West State Park**, à 16 km au sud. **Cleanline Surf Shop** (☎503-738-2061 ; www.cleanlinesurf.com ; 171 Sunset Blvd ; location planche/combinaison à partir de 20/15 $; ⏲10h-18h dim-ven, 9h-18h sam) est une enseigne accueillante qui loue des planches et les combinaisons.

Où se loger

Cannon Beach est plutôt sélecte. Les hébergements pour petits budgets sont à 11 km au nord, à Seaside.

♥ Ocean Lodge HÔTEL $$$

(☎503-436-2241, 888-777-4047 ; www.theoceanlodge.com ; 2864 S Pacific St ; d 219-369 $;). Cet établissement somptueux propose des chambres parmi les plus luxueuses de Cannon Beach, avec cheminée et kitchenette ; la plupart ont vue sur l'océan. Petit-déjeuner continental compris, DVDthèque de 800 films et agréables salons à disposition. Sur la plage, à l'extrémité sud de la ville.

Où se restaurer et prendre un verre

On trouve de tout, des cafés aux brûleries doublées d'un bon restaurant. Si vous cherchez juste une *chowder* (soupe aux palourdes) à déguster devant un beau panorama, direction **Mo's** (☎503-436-1111 ; www.moschowder.com ; 195 W Warren Way ; soupe de palourdes 4,25-10 $; ⏲11h-21h ; 🚸).

Irish Table IRLANDAIS $$$

(☎503-436-0708 ; www.theirishtable.com ; 1235 S Hemlock St ; plats 26-30 $; ⏲17h30-21h ven-mar). Excellent restaurant caché à l'arrière de la brûlerie Sleepy Monk. La cuisine fusion irlandaise et nord-pacifique est concoctée à base de produits locaux et de saison. Carte courte de plats simples mais savoureux : tourte du berger végétarienne, filet d'agneau émincé ou noix de bœuf grillée. Si les moules au curry sont au menu, n'hésitez pas.

Sleepy Monk Coffee CAFÉ $

(☎503-436-2796 ; www.sleepymonkcoffee.com ; 1235 S Hemlock St ; boissons et en-cas 2-7 $; ⏲8h-15h lun, mar et jeu, 8h-16h ven-dim). Pour un café bio et certifié commerce équitable, essayez ce petit établissement de la rue principale. Asseyez-vous sur une chaise Adirondack dans le petit jardin à l'avant et dégustez les cafés intenses, tous savoureux et torréfiés sur place. Bonnes pâtisseries maison.

Renseignements

Chamber of Commerce (☎503-436-2623 ; www.cannonbeach.org ; 207 N Spruce St ; ⏲10h-17h). Bonnes informations locales.

Comment s'y rendre et circuler

Northwest Point (☎541-484-4100 ; www.oregon-point.com/route-landing/?route=northwest). Des bus circulent d'Astoria à Portland (et vice versa) tous les matins (aller 18 $, 3 heures) ; ils s'arrêtent à Cannon Beach (2 heures). Achetez vos billets en ligne ou au Beach Store, à côté du Cannon Beach Surf.

Sunset Empire Transit (☎503-861-7433 ; www.ridethebus.org ; 900 Marine Dr ; aller 3 $). Des bus desservent Seaside (1 $, 13 min) ou Astoria (1 $, 30 min) et marquent d'autres arrêts sur la côte. Le bus Cannon Beach circule sur toute la longueur de Hemlock St et jusqu'au bout de Tolovana Beach ; les horaires varient selon les jours et la saison.

Tillamook County Transportation (The Wave ; ☎503-815-8283 ; www.tillamookbus.com). Des bus prennent la direction du sud jusqu'à Manzanita (3 $, 30 min) et Lincoln City (9 $, 2 heures) plusieurs fois par jour.

Newport

Possédant, avec Astoria, la plus grande flotte de pêche commerciale de l'Oregon, Newport est une ville touristique vivante dotée de plusieurs belles plages et d'un splendide aquarium. En 2011, elle est devenue le Pacific Fleet Headquarters de la National Oceanic and Atmospheric Administration ou NOAA (Agence américaine d'observation océanique et atmosphérique). Les bons restaurants – mais aussi les attractions tape-à-l'œil, les boutiques de cadeaux et les otaries bruyantes – sont nombreux dans le quartier historique du front de mer tandis que Nye Beach, plus bohème, offre galeries d'art et atmosphère plus intime. La région fut explorée pour la première fois dans les années 1860 par des pêcheurs qui trouvèrent des bancs d'huîtres à Yaquina Bay.

À voir

L'**Oregon Coast Aquarium** (☎541-867-3474 ; www.aquarium.org ; 2820 SE Ferry Slip Rd ; tarif plein/3-12 ans/13-17 ans 25/15/20 $; ⏲10h-18h juin-août, 9h-17h sept-mai ; 🚸) est un aquarium d'envergure internationale qui comprend un bassin de loutres de mer, des aquariums de méduses et des tunnels au milieu des requins. Non loin, le **Hatfield Marine Science Center** (☎541-867-0100 ; www.hmsc.oregonstate.edu ; 2030 SE Marine Science Dr ; ⏲10h-17h juin-août, 10h-16h jeu-lun sept-mai ; 🚸) GRATUIT est beaucoup plus petit mais mérite tout de même une visite. Pour profiter du paysage marin, rendez-vous dans la **Yaquina Head Outstanding Natural Area** (☎541-574-3100 ; www.blm.gov/learn/interpretive-centers/yaquina ; 750 NW Lighthouse Dr ; véhicule 7 $; ⏲8h-crépuscule, centre d'interprétation 10h-18h) GRATUIT, réserve naturelle qui héberge le plus haut phare de la côte et un intéressant centre d'interprétation.

Où se loger et se restaurer

Pour camper, dirigez-vous vers le vaste et renommé **South Beach State Park** (☎541-867-4715 ; www.oregonstateparks.org ; empl tente/camping-car 21/31 $, yourte 47 $; 🐾), 3 km au sud sur la Hwy 101. Le **Sylvia Beach Hotel** (☎541-265-5428 ; sylviabeachhotel.com ; 267 NW Cliff St ; d 150-260 $; 🚭) se dit être le point de chute idéal pour les amateurs de lecture. Les fans de nautisme, non moins romantiques, choisiront le **Newport Belle** (☎541-867-6290 ; www.newportbelle.com ; 2126 SE Marine Science Dr, South Beach Marina, H Dock ;

d 165-175 $; fév-oct ;), en forme de bateau.

Particulièrement agréable par temps chaud, lorsque la baie vitrée est ouverte sur le port, le **Local Ocean Seafoods** (541-574-7959 ; www.localocean.net ; 213 SE Bay Blvd ; plats 17-35 $; 11h-21h, 11h-20h en hiver) sert sandwichs *po'boys* au crabe, huîtres poêlées et autres produits de la mer.

Renseignements

Centre d'accueil des visiteurs (541-265-8801 ; www.newportchamber.org ; 555 SW Coast Hwy ; 8h30-17h lun-ven)

Yachats et ses environs

L'un des trésors cachés de la côte de l'Oregon, Yachats (prononcez "ya-hots") est une charmante petite ville. Installée au pied du vaste Cape Perpetua, elle offre des paysages mémorables de terres déchiquetées battues par les vents. Les visiteurs viennent ici pour se couper du monde, ce qui est chose aisée sur cette côte relativement préservée.

Le 804 Coast Trail qui longe la ville passe devant des bassins laissés par la mer à marée basse et réserve de fantastiques panoramas sur l'océan. Il rattrape l'Amanda Trail au sud avant de rejoindre la Cape Perpetua Scenic Area.

À voir

Cape Perpetua Scenic Area PARC
(www.fs.usda.gov ; Hwy 101 ; pass journée 5 $). À 5 km au sud de Yachats, cette zone volcanique fut découverte par le célèbre capitaine anglais James Cook en 1778. Connue pour ses formations rocheuses spectaculaires, ses vagues puissantes et sa forêt primaire, la région compte de nombreux sentiers menant à d'anciens amas de coquillages laissés par les Amérindiens et des mares résiduelles. Depuis le cap, le panorama époustouflant embrasse les promontoires du littoral de Cape Foulweather à Cape Arago.

Pour admirer l'océan, remontez Overlook Rd jusqu'au **Cape Perpetua Headland**, le plus haut point de vue de la côte de l'Oregon accessible en voiture.

Creusant la roche volcanique, les vagues créent des phénomènes spectaculaires tels que le **Devil's Churn**, à environ 800 m au nord du centre d'accueil des visiteurs, où elles viennent se fracasser au fond d'un goulet de 9 m. Pour une randonnée facile, empruntez le **Captain Cook Trail** (2 km aller-retour) goudronné conduisant à des bassins laissés à marée basse proches de **Cooks Chasm**, où, à marée haute, un jet d'eau jaillit d'une grotte marine tel un geyser. (On peut aussi se garer le long de la Hwy 101 à Cooks Chasm.)

Le **Giant Spruce Trail** (3,2 km aller-retour) partant de Cape Creek mène à une épinette de Sitka vieille de 500 ans dont le tronc fait 4,5 m de diamètre. Le **Cook's Ridge-Gwynn Creek Loop Trail** (10,5 km aller-retour) s'enfonce dans la forêt primaire le long de Gwynn Creek ; suivez l'Oregon Coast Trail au sud puis remontez le Gwynn Creek Trail, qui passe par Cook's Ridge sur le chemin du retour.

Le **centre d'accueil des visiteurs** (541-547-3289 ; www.fs.usda.gov/siuslaw ; 2400 Hwy 101 ; véhicule 5 $; 9h30-16h30 juin-août, 10h-16h sept-mai) fournit des informations sur l'histoire et la géologie de la zone, et présente une exposition sur la tribu Alsi.

Heceta Head Lighthouse PHARE
(541-547-3416 ; www.hecetalighthouse.com ; parking 5 $/journée ; 11h-15h, 11h-14h en hiver). Construit en 1894 au-dessus de l'océan bouillonnant, ce phare très photogénique à 20 km au sud de Yachats sur la Hwy 101 fonctionne toujours. Visites possibles ; les horaires sont variables, surtout en hiver (appelez avant de venir). Parking au Heceta Head State Park pour profiter de la vue.

Sea Lion Caves GROTTE DES OTARIES
(541-547-3111 ; www.sealioncaves.com ; 91560 Hwy 101, Florence ; adulte/enfant 14/8 $; 9h-17h ;). À 24 km au sud de Yachats, cette immense grotte marine abrite des centaines d'otaries. Un ascenseur descend sur 63 m jusqu'à un espace d'interprétation plongé dans l'obscurité où, derrière une vitre, on peut voir (et sentir) les otaries se disputer les meilleurs rochers. De septembre à novembre, il n'y a pas d'otaries. Les enfants adorent l'endroit. On peut en outre observer de nombreux oiseaux côtiers.

Où se loger et se restaurer

The Yatel MOTEL $
(541-547-3225 ; www.yatelmotel.com ; angle Hwy 101 et 6th St ; d 69-119 $;). Un motel qui ne manque pas de personnalité et propose 8 chambres, dont une pour six personnes (119 $). Toutes sont grandes, propres et certaines avec kitchenette.

Green Salmon Coffee House CAFÉ $
(☎541-547-3077 ; www.thegreensalmon.com ; 220 Hwy 101 ; cafés 2-7 $; ⏲7h30-14h30 ; ✎). Café servant des produits bio issus du commerce équitable. Les gens du cru viennent s'y délecter pour le petit-déjeuner, avec au programme pâtisseries, bagels au saumon fumé, flocons d'avoine maison et boissons chaudes classiques ou originales (café filtre, chocolat chaud parfumé lavande-romarin). Menu végane et service d'échange de livres.

Oregon Dunes National Recreation Area

Étiré sur 80 km entre Florence et Coos Bay, l'Oregon Dunes constitue la plus grande étendue de dunes côtières des États-Unis. Elles peuvent atteindre 150 m de haut et pénétrer jusqu'à 5 km dans les terres pour rejoindre les forêts, abritent de curieux écosystèmes et une vie sauvage abondante, notamment des oiseaux. La région a d'ailleurs inspiré Frank Herbert pour sa célèbre saga de science-fiction *Dune*. Le secteur comprend des sentiers pédestres et équestres ainsi que des aires réservées au bateau et à la baignade ; évitez la zone au sud de Reedsport, envahie par des buggys (4x4) bruyants. Renseignez-vous à l'**Oregon Dunes National Recreation Area Visitor Center** (☎541-271-6000 ; www.fs.usda.gov/siuslaw ; 855 Hwy 101 ; ⏲8h-16h30 lun-sam juin-août, lun-ven sept-mai) à Reedsport.

Parmi les campings des parcs d'État, citons le **Jessie M Honeyman** (☎800-452-5687, 541-997-3641 ; www.oregonstateparks.org ; 84505 Hwy 101 S ; empl tente/camping-car 21/31 $, yourtes 46 $; 🐾), à 5 km au sud de Florence, et l'agréable et boisé **Umpqua Lighthouse** (☎541-271-4118 ; oregonstateparks.org ; 460 Lighthouse Rd ; empl tente/camping-car 19/29 $, yourte/yourte deluxe 43/92 $; 🐾), à 6,5 km au sud de Reedsport. Le secteur compte de nombreux autres campings.

Port Orford

Situé dans un port naturel et doté de nombreux points de vue spectaculaires, le hameau de Port Orford occupe une pointe encadrée de deux magnifiques parcs d'État. Le **Cape Blanco State Park** (☎541-332-2973 ; oregonstateparks.org ; Cape Blanco Rd) GRATUIT, à 14 km au nord, est le deuxième point le plus occidental des États-Unis continentaux, et le promontoire est souvent battu par un vent à 160 km/h. Hormis partir en randonnée, on peut visiter le **Cape Blanco Lighthouse** (☎541-332-2207 ; www.oregonstateparks.org ; 91814 Cape Blanco Rd ; donation bienvenue ; ⏲10h-15h15 mer-lun avr-oct) construit en 1870, le plus haut et le plus vieux phare en fonction de l'Oregon.

À 9,5 km au sud de Port Orford, dans le **Humbug Mountain State Park** (☎541-332-6774 ; oregonstateparks.org ; Hwy 101), mer et montagne s'affrontent dans un grand fracas de vagues. Un sentier de 5 km escalade l'éminence de 533 m en traversant de vieux bosquets de cèdres.

Le **Castaway-by-the-Sea Motel** (☎541-332-4502 ; www.castawaybythesea.com ; 545 W 5th St ; d 110-140 $, ste 140-185 $; 🚭@📶🐾) vous permettra de faire un séjour abordable. Pour un hébergement plus luxueux, allez au **Wildspring Guest Habitat** (☎866-333-9453 ; www.wildspring.com ; 92978 Cemetery Loop Rd ; d 298-328 $; 🚭@📶). Pour un bon repas dans ce village de pêcheurs, rendez-vous à l'élégant **Redfish** (☎541-366-2200 ; www.redfishportorford.com ; Hawthorne Gallery, 517 Jefferson St ; plats 10-32 $; ⏲11h-21h lun-ven, 10h-21h sam-dim) où vous savourerez des fruits de mer frais.

Sud de l'Oregon

Bénéficiant du climat chaud et ensoleillé de la Californie voisine, le sud de l'Oregon est la région tropicale de l'État. Avec ses paysages découpés et isolés, ses rivières sauvages réputées auprès des amateurs de rafting, ses spots de pêche extraordinaires et ses magnifiques itinéraires de randonnée, la région possède bien des attraits.

Ashland

Ashland est le centre culturel du sud de l'Oregon. En effet, la ville sert de cadre au célèbre Oregon Shakespeare Festival (OSF), qui dure huit mois de l'année et attire des centaines de milliers d'amateurs de théâtre venus du monde entier. Ce festival est tellement renommé qu'il constitue la principale curiosité de l'endroit ; en été, grâce à lui, les nombreux hôtels de luxe, B&B haut de gamme et restaurants gastronomiques font le plein.

Le festival mis à part, Ashland est une ville élégante dont le centre à la mode fourmille de passants et de jeunes bohèmes. À la fin de l'automne et au début de l'hiver, pendant la courte période de relâche du festival, le

Mt Ashland voisin attire les skieurs. Quant aux amateurs de vin, ils pourront visiter quelques domaines viticoles intéressants dans les environs.

À voir et à faire

Lithia Park PARC

(59 Winburn Way). Adjacents aux trois splendides théâtres d'Ashland, ces 38 ha qui serpentent le long de l'Ashland Creek au-dessus du centre-ville forment l'un des plus jolis parcs municipaux de l'Oregon. Inscrit au National Register of Historic Places (rares sont les parcs qui le sont), il est orné de fontaines, fleurs, belvédères et d'une patinoire (en hiver seulement) ; il compte une aire de jeux et des sentiers au milieu des arbres.

Schneider Museum of Art MUSÉE

(541-552-6245 ; sma.sou.edu ; 1250 Siskiyou Blvd ; don suggéré 5 $; 10h-16h lun- sam). Si vous aimez l'art contemporain, rendez-vous dans ce musée de la Southern Oregon University qui renouvelle ses expositions pratiquement tous les mois. L'université propose d'autre part ses propres pièces de théâtre et opéras, ainsi que des concerts de musique classique.

Momentum River Expeditions RAFTING

(541-488-2525 ; www.momentumriverexpeditions.com ; 3195 East Main St 2 ; sortie rafting journée 185 $; avr-sept). Ce prestataire propose des sorties rafting d'un à trois jours sur l'Upper Klamath River, fleuve qui à l'inverse de nombreux cours d'eau de l'Oregon dont le niveau baisse en été se targue de rapides puissants même au plus fort de la saison estivale. Également des circuits multisport combinant rafting, VTT, course à pied et camping sauvage.

Où se loger

De mai à octobre, mieux vaut réserver. Les hébergements sont meilleur marché à Medford, 19 km au nord d'Ashford.

Ashland Hostel AUBERGE DE JEUNESSE $

(541-482-9217 ; www.theashlandhostel.com ; 150 N Main St ; dort 30 $, ch 50-139 $;). Auberge de jeunesse centrale et plutôt haut de gamme (pas de chaussures à l'intérieur) installée dans un bungalow inscrit au National Register. La plupart des chambres privatives ont une salle de bains commune ; certaines peuvent être reliées aux dortoirs. Le confortable salon du sous-sol et la véranda ombragée, à l'avant, sont parfaits pour se détendre. Animaux de compagnie, alcool et cigarettes interdits. Téléphonez avant d'arriver, les horaires de la réception étant limités.

Palm BOUTIQUE-HÔTEL $$

(541-482-2636 ; www.palmcottages.com ; 1065 Siskiyou Blvd ; d 141-289 $;). Fabuleux petit motel reconverti en 16 charmantes chambres et suites (certaines avec cuisine) donnant sur un jardin. Près d'une rue fréquentée, c'est une oasis de verdure, avec piscine d'eau de mer au milieu du jardin. Une maison comporte 3 suites spacieuses (à partir de 249 $). Les pratiques y sont écologiques : l'utilisation de l'essence est ainsi bannie et des stations de charge sont mises à disposition gratuitement pour les véhicules électriques.

Où se restaurer et prendre un verre

Morning Glory CAFÉ $

(541-488-8636 ; 1149 Siskiyou Blvd ; plats 10-17 $; 8h-13h15). Ce café coloré à l'ambiance décontractée est l'un des meilleurs d'Ashland à l'heure du petit-déjeuner. Plats créatifs, comme l'omelette au crabe de l'Alaska, les pommes de terre sautées aux piments rôtis et les gâteaux de crevettes aux œufs pochés. Au déjeuner, il sert des salades et des sandwichs gastronomiques. Arrivez tôt ou tard pour éviter une longue attente.

Agave MEXICAIN $

(541-488-1770 ; www.agavetaco.net ; 5 Granite St ; tacos 3,75-6 $; 11h30-20h mar-dim, plus tard en été). Des tacos savoureux et imaginatifs sont préparés dans ce restaurant populaire. On y trouve des classiques tels que *carnitas* (bœuf) et poulet grillé, et d'autres plus exotiques comme le canard effiloché ou le homard poêlé (9,95 $). Il y a également du ceviche, quelques salades et des *tamales*.

Caldera Brewery & Restaurant BRASSERIE $$

(541-482-4677 ; www.calderabrewing.com ; 590 Clover Lane ; plats 10-23 $; 11h-22h ;). Brasserie-restaurant spacieuse et lumineuse en retrait de l'I-5. De l'agréable terrasse extérieure, on a vue sur la campagne. Les enfants sont les bienvenus. Sert pizzas, excellentes pâtes, hamburgers et bonnes salades. Accompagnez cela d'une des 40 bières pression. Autre établissement au 31 Water St, à l'atmosphère cosy de pub, donnant sur la rivière au centre d'Ashland.

À NE PAS MANQUER

LE THÉÂTRE À L'HONNEUR

Alors qu'Ashland venait d'être créée, la ville construisit un bâtiment pour accueillir un programme culturel lancé par l'Église méthodiste, les Chautauqua Series. Mais, dans les années 1930, l'endroit n'était plus qu'une coque en bois abandonnée. Angus Bowmer, professeur de théâtre à l'université locale, notant une ressemblance entre la structure désormais sans toit et des esquisses du théâtre du Globe, de Shakespeare, eut l'idée d'y monter deux pièces du célèbre dramaturge. Il convainquit la ville de financer les représentations (ainsi qu'un match de boxe) à l'occasion des célébrations du 4 juillet 1935, et elles remportèrent un franc succès. L'**Oregon Shakespeare Festival** (OSF ; ☎541-482-4331 ; www.osfashland.org ; angle Main St et Pioneer St ; billets 30-136 $; ⏲mar-dim fév-oct) était né.

Bien que traditionnellement lié au drame shakespearien et élisabéthain, l'OSF programme aussi beaucoup de reprises ainsi que des pièces contemporaines jouées à l'international. Onze productions sont jouées dans trois théâtres : l'**Elizabethan Theatre**, en extérieur (juin à octobre), l'**Angus Bowmer Theatre** et le **Thomas Theatre** à l'ambiance intimiste. Les enfants de moins de 6 ans ne sont pas admis. Les places partent vite, mais il est parfois possible d'en acheter à la billetterie une heure avant le spectacle (avec réduction).

Contactez l'**OSF Welcome Center** (☎541-482-2111 ; 76 N Main St ; ⏲11h-17h mar-dim) pour connaître l'agenda des autres événements (conférences, lectures de pièces, concerts et discours d'introduction). Les visites des coulisses (adulte/enfant 20/14 $) doivent être réservées environ une semaine à l'avance.

Greenleaf DINER **$$**

(☎541-482-2808 ; www.greenleafrestaurant.com ; 49 N Main St ; plats 10-16 $; ⏲8h-20h ; ✎). Prenez place dans un box ou au comptoir de ce *diner* décontracté proposant des recettes inventives à partir de produits issus de l'agriculture raisonnée. Nombreux plats végétariens et plats du jour alléchants sur le tableau, en plus de la carte déjà fournie. Menu sans gluten également.

ℹ Renseignements

Ashland Chamber of Commerce

(☎541-482-3486 ; www.ashlandchamber.com ; 110 E Main St ; ⏲9h-17h lun-ven).

Jacksonville

Cette ancienne petite ville de chercheurs d'or, la plus vieille ville du sud de l'Oregon, est classée monument historique. L'artère principale est bordée d'édifices bien conservés des années 1880, aujourd'hui transformés en boutiques et galeries d'art. Les amateurs de musique ne manqueront pas le **Britt Festival** (☎541-773-6077 ; www.brittfest.org ; angle 1st St et Fir St ; billet 42 $ environ ; ⏲juin-sept), qui accueille en septembre les plus grands interprètes. Renseignez-vous à la **Chamber of Commerce** (☎541-899-8118 ; www.jacksonvilleoregon.org ; 185 N Oregon St ; ⏲10h-15h tlj mai-oct, 10h-14h lun-sam nov-avr).

Jacksonville compte de nombreux B&B élégants ; les motels pour voyageurs à petit budget se trouvent à Medford, à 9,5 km à l'est. Le **Jacksonville Inn** (☎541-899-1900 ; www.jacksonvilleinn.com ; 175 E California St ; ch 159-325 $; ⊖❄📶🐾) est un luxueux hôtel-restaurant qui occupe un bâtiment de 1863 et dont les chambres sont décorées de pièces anciennes.

Oregon Caves National Monument & Preserve

Cette grotte très connue dans la région (il n'y en a qu'une) se trouve à environ 30 km à l'est de Cave Junction sur la Hwy 46. On peut visiter 5 km de passages durant une visite de 90 minutes qui emprunte 520 marches et des excavations dégoulinantes le long de la rivière Styx. Habillez-vous chaudement, portez des chaussures antidérapantes et attendez-vous à être mouillé.

Cave Junction, à 45 km au sud de Grants Pass sur l'US 199 (Redwood Hwy), regroupe les services de la région. Mais l'un des meilleurs hébergements, l'**Out 'n' About Treesort** (☎541-592-2208 ; www.treehouses.com ; 300 Page Creek Rd, Takilma ; maison dans les arbres 150-330 $; ⊖) – des maisons dans les arbres – se trouve à Katilma, 19 km au sud. L'**Oregon Caves Chateau** (☎541-592-3400 ; www.oregoncaveschateau.com ; 20000 Caves Hwy ;

ch 117-212 $; mai-oct ;) est un hôtel plus luxueux juste à côté de la grotte, où l'on se sert des milk-shakes grâce à une fontaine à sodas rétro.

Est de l'Oregon

L'Oregon à l'est des Cascades n'a rien à voir avec sa partie occidentale, géographiquement et culturellement parlant. La région est peu peuplée – Pendleton, la plus grande ville, ne compte que 17 000 habitants – et comprend des hauts plateaux, des collines aux couleurs inhabituelles, des lacs alcalins asséchés et les gorges les plus profondes du pays.

John Day Fossil Beds National Monument

Dans les roches tendres et les sols friables du John Day gît l'une des plus importantes collections de fossiles au monde, formée il y a 6 à 50 millions d'années. Ce parc national de 57 km² comprend trois sites : Sheep Rock Unit, Painted Hills Unit et Clarno Unit, tous dotés de sentiers de randonnée et de panneaux explicatifs.

Visitez l'excellent **Thomas Condon Paleontology Center** (541-987-2333 ; www.nps.gov/joda ; 32651 Hwy 19, Kimberly ; 10h-17h tlj mars-mai, sept-oct, 10h-17h mar-sam nov-fév) GRATUIT, à 3 km au nord de l'US 26 sur le site de **Sheep Rock Unit**. Il présente notamment un cheval à trois doigts et des pelotes de bousier pétrifiées ainsi que de nombreux autres fossiles et des expositions sur l'histoire géologique. Pour marcher un peu, rejoignez le Blue Basin Trail.

Le **Painted Hills Unit**, près de la ville de Mitchell, se compose de collines basses striées de bandes de couleur formées il y a environ 30 millions d'années. Le **Clarno Unit**, plus vieux de 10 millions d'années, comprend des coulées de boue qui recouvrirent une forêt de l'éocène et que l'érosion transforma en falaises blanches surmontées de flèches et de tourelles en pierre.

Le rafting est une activité prisée sur la John Day River, le plus long cours d'eau sans barrage de l'État. **Oregon River Experiences** (800-827-1358 ; www.oregonriver.com ; circuits 4/5/9-jours 675/795/1 395 $/pers ; mai-juin) propose des sorties pouvant durer jusqu'à 9 jours. C'est aussi un bon endroit pour pêcher l'achigan à petite bouche et la truite arc-en-ciel – renseignez-vous auprès de l'Oregon Department of Fish & Wildlife (www.dfw.state.or.us).

La plupart des villes du secteur comptent au moins un hôtel. À Mitchell, vous trouverez l'**Historic Oregon Hotel** (541-462-3027 ; www.theoregonhotel.net ; 104 E Main St, Mitchell ; d avec/sans sdb à partir de 65/55 $;), plein de cachet. La ville de John Day regroupe la majorité des services de la région. Parmi les campings publics des environs, citons ceux de Lone Pine et de Big Bend (emplacements 5 $) sur la Hwy 402.

Wallowa Mountains

Avec leurs pics sertis de glaciers et leurs lacs cristallins, les Wallowa Mountains comptent parmi les plus beaux espaces naturels de l'Oregon. Leur seul défaut est la quantité de visiteurs qu'elles attirent en été, surtout autour du Wallowa Lake. Vous échapperez à la foule sur les longs sentiers menant à l'**Eagle Cap Wilderness**, comme le parcours de 9,5 km jusqu'à **Aneroid Lake** ou les 13 km de l'**Ice Lake Trail**.

Juste au nord de ces montagnes, dans la Wallowa Valley, **Enterprise** est une agréable ville d'arrière-pays dotée de plusieurs motels comme le **Ponderosa** (541-426-3186 ; www.theponderosamotel.com ; 102 E Greenwood St ; ch à partir de 90 $;). Amateurs de bières et de bonne cuisine, ne manquez pas **Terminal Gravity Brewing** (541-426-3000 ; www.terminalgravitybrewing.com ; 803 SE School St ; plats 9-17 $; 11h-21h, 11h-20h dim-lun), la microbrasserie locale. À 9,5 km au sud, **Joseph** est le pendant chic d'Enterprise. De coûteuses galeries de sculptures, des boutiques d'art et de bons restaurants bordent l'artère principale.

Hells Canyon

La puissante Snake River, qui creuse son passage depuis 13 millions d'années dans les hauts plateaux de l'est de l'Oregon, a atteint une profondeur de 2 438 m, créant ainsi la plus profonde gorge des États-Unis.

Pour prendre du recul, parcourez les 48 km vers le nord-est qui séparent Joseph d'Imnaha, où une route gravillonnée de 38 km conduit (lentement) au **Hat Point**. De là, on peut admirer les Wallowa Mountains, les Seven Devils d'Idaho, l'Imnaha River et le canyon. Cette route est ouverte de fin mai aux premières neiges ; prévoyez 2 heures pour l'aller seulement.

Pour pratiquer les sports en eaux vives et admirer un paysage spectaculaire, gagnez le **Hells Canyon Dam**, à 40 km au nord du village d'Oxbow. Quelques kilomètres après le barrage, la route s'arrête au **Hells Canyon Visitors Center** (www.fs.usda.gov ; Hells Canyon Rd, Hells Canyon Dam ; ⌚8h-16h mai-oct), où vous trouverez de bons conseils sur les campings et sentiers du secteur. Au-delà, la Snake River descend 400 m par des rapides praticables uniquement en hors-bord ou en raft. **Hells Canyon Adventures** (☎800-422-3568 ; www.hellscanyonadventures.com ; 4200 Hells Canyon Dam Rd ; circuits en hors-bord tarif plein/enfant à partir de 100/70 $; ⌚mai-sept) est le principal organisateur de sorties en raft et en hors-bord (sur réservation).

La région compte de nombreux campings et davantage d'hébergements en dur. À la sortie d'Imnaha, l'**Imnaha River Inn** (☎541-577-6002 ; www.imnahariverinn.com ; 73946 Rimrock Rd ; s/d sans sdb à partir de 75/135 $), est un B&B rempli de trophées de chasse. Les villes d'Enterprise, Joseph et Halfway offrent plus de services.

Steens Mountain et Alvord Desert

La Steens Mountain, plus haut sommet du sud-est de l'Oregon (2 979 m), fait partie d'un imposant massif de 48 km de long composé de rochers faillés, qui a été formé il y a quelque 15 millions d'années.

La **Steens Mountain Loop Rd**, route gravillonnée de 90 km qui commence à Frenchglen (12 habitants), est la route la plus haute de l'Oregon. Depuis ses points de vue, elle offre des panoramas magnifiques de la chaîne, et conduit à des campings et des sentiers de randonnée. Vous traverserez des étendues recouvertes d'armoise, de genévriers et de forêts de trembles, pour arriver, au sommet, dans une toundra fragile sur sol rocheux. Le **point de vue de Kiger Gorge**, à 40 km de Frenchglen, est particulièrement saisissant. Le circuit nécessite 3 heures de trajet si vous ne vous arrêtez pas, mais consacrez beaucoup plus de temps à cette promenade si vous souhaitez profiter du paysage. Vous pouvez également explorer le versant est des Steens via la **route Fields-Denio**, qui traverse l'Alvord Desert entre la Hwy 205 et la Hwy 78. Faites le plein d'essence et d'eau et préparez-vous à de brusques changements de temps, quelle que soit la saison.

Avec seulement 12 habitants, Frenchglen abrite toujours le **Frenchglen Hotel** (☎541-493-2825 ; www.frenchglenhotel.com ; 39184 Hwy 205 ; d/tr sans sdb 79/87 $, Drovers' Inn d/qua 125/145 $; ⌚mi-mars à début nov ; construit en 1923 : 8 petites chambres, des repas pantagruéliques (réservez pour dîner), une petite boutique qui fait fonctionner une pompe à essence en saison – et pas grand-chose de plus. Plusieurs campings bordent Steens Mountain Loop Rd, comme le joli **Page Springs** (8 $/véhicule, ouvert toute l'année) du BLM (Bureau of Land Management). Il existe quelques autres campings agréables plus loin le long de la route, mais ils ne sont ouverts qu'en été. Tous ces terrains ont l'eau courante. Le camping sauvage (gratuit) est également autorisé dans les Steens.

Comprendre l'Ouest américain

L'Ouest américain aujourd'hui

L'Ouest américain est une fenêtre ouverte sur une nation tourmentée. Les États du Sud-Ouest comme la Californie, le Nouveau-Mexique et l'Arizona sont les premiers concernés en matière d'immigration, tandis que la ligne de division politique du pays semble passer au cœur de l'Ouest. L'environnement occupe de plus en plus de place dans les débats, indépendamment du climat politique. Des désaccords se font jour sur la manière (voire la nécessité) de lutter contre le changement climatique lié à l'activité humaine tandis que l'on constate l'intensification, d'année en année, des épisodes météorologiques extrêmes.

À voir

La Chevauchée fantastique (1939). Et si la vraie star du western de John Ford n'était autre que Monument Valley ?

Butch Cassidy et le Kid (1969). Les aventures de deux hors-la-loi traqués dans l'Utah.

Thelma et Louise (1991). L'échappée (re)belle de deux femmes dans les sublimes paysages du Sud-Ouest.

Las Vegas Parano (1998). Une adaptation du road-movie de l'écrivain Hunter S. Thompson.

The Revenant (2015). Un thriller émouvant dans l'Ouest sans foi ni loi des années 1820.

À lire

Les Raisins de la colère (John Steinbeck ; 1939). Des migrants du Dust Bowl partent travailler en Californie.

Désert solitaire (Edward Abbey ; 1968). Cet essai est un véritable coup de colère contre le tourisme industriel dans le Sud-Ouest.

Cérémonie (Leslie M. Silko ; 1977, Albin Michel, 1992). Un roman inspiré par l'héritage du peuple pueblo.

Wild (Cheryl Strayed ; 2013). L'auteur parcourt seule le Pacific Crest Trail après la mort de sa mère.

The Earth is Weeping (Peter Cozzens ; 2017). Les guerres du XIXe siècle dans l'Ouest américain.

Le débat sur l'immigration

Dans l'Ouest, le débat national sur l'immigration est exacerbé. Les dernières estimations montrent que la Californie, l'Arizona et le Nouveau-Mexique, qui partagent une frontière avec le Mexique, abritent plus de trois millions de migrants sans papiers. De la politique de l'Administration Trump visant à séparer les enfants de leurs parents sans papiers en 2018 à l'apparition de milices anti-immigration et à la menace du président de fermer la frontière avec le Mexique, les vives tensions entourant l'immigration sont tangibles ici plus que nulle part ailleurs. Avec pour conséquences une pression intolérable sur les services sociaux locaux, sur les agences gouvernementales et le commerce transfrontalier dont dépendent ces États. Quant au mur promis par le président Trump, il semble davantage propice à diviser l'opinion qu'à contenir les vagues d'immigrants en provenance du sud. Il est donc probable que, dans les années à venir, ce débat sera suivi avec une attention toute particulière dans le Sud-Ouest.

Lignes de faille politiques

Aujourd'hui, l'Amérique semble plus divisée que durant n'importe quelle période de son histoire récente. Que cette hypothèse soit vraie ou non, les sondages mettent en évidence une profonde scission et l'Ouest ne fait pas exception. Lors de l'élection présidentielle de 2016, Hillary Clinton remporta la Californie avec plus de 29% et triompha sur la côte Ouest, gagnant l'Oregon et Washington avec plus de 10 points d'avance sur Trump, et le Nouveau-Mexique avec une avance de 8,3%. L'inverse se produisit dans l'Idaho, le Montana et le Wyoming, puisque le président Trump remporta chaque État avec plus de 30% des votes, atteignant même une marge de victoire de 70,1% contre 22,5% dans le Wyoming. Les résultats furent serrés dans seulement trois États (le Nevada, le Colorado et l'Arizona). Si on reporte les résultats sur une carte, on s'aperçoit que la très nette ligne de division entre les États bleus (démocrates) et rouges (républicains), entre la côte libérale et l'intérieur conservateur, passe par le cœur même de l'Ouest américain. Dans un tel climat, le décès, le 25 août 2018, du sénateur de l'Arizona John McCain, très respecté des deux côtés de la ligne de faille, a semblé marquer la fin d'une époque.

Changement climatique

Si l'immigration est le sujet le plus clivant dans l'Amérique moderne, le changement climatique n'arrive pas loin derrière. Depuis leur victoire à l'élection présidentielle de novembre 2016, Trump et ses alliés conservateurs ont annulé de nombreuses mesures prises sous le gouvernement Obama pour réduire l'émission de gaz à effet de serre. En juin 2017, le président Trump a annoncé son projet de retrait de l'Accord de Paris, un accord entre 195 nations visant à limiter le réchauffement planétaire. Tenant une position inverse, la Californie a mis en œuvre de nombreuses mesures encourageant des sources d'énergies propres et alternatives ; son objectif est de retrouver en 2050 un niveau d'émission de gaz nocifs correspondant à 80% des émissions de 1990. En 2019, l'Oregon cherchait à devenir le deuxième État à introduire une loi de plafonnement et d'échanges similaire en matière d'émissions de gaz. Le gouverneur de l'État voisin de Washington, Jay Inslee, a quant à lui pris pour thème de sa candidature démocrate à la présidence la lutte contre le changement climatique.

Climat extrême

Durant l'été 2018, dans un contexte de sécheresse et de températures records, la Californie a connu la pire saison d'incendies de son histoire. Exceptionnellement longue et intense, elle a en effet duré de juin à novembre, culminant lors du *Camp Fire*, un incendie qui a tué 86 personnes et détruit la ville de Paradise (26 000 habitants). Au cours de l'hiver qui a suivi, les avalanches ont atteint des niveaux records dans les Rocheuses, en particulier dans le Colorado ; la saison des ouragans a débuté tôt et balayé avec une force rare et souvent dévastatrice la région des Grandes Plaines, et les crues des rivières de l'Ouest ont été terribles dans le Nebraska, le Missouri, l'Iowa et d'autres États du Midwest. Selon l'Agence américaine de protection de l'environnement, les températures ont augmenté de près de 1°C au cours du siècle écoulé, et même si les causes exactes des épisodes climatiques extrêmes ne sont pas clairement identifiées, le changement climatique, le développement des zones résidentielles et la politique du gouvernement pourraient être autant de facteurs aggravants. En octobre-novembre 2019, la population a encore été confrontée à des incendies de grande ampleur.

SUPERFICIE : **3,107 MILLIONS DE KM²**

MONNAIE : **DOLLAR AMÉRICAIN ($)**

PIB : **52 MILLIARDS DE $**

POPULATION : **75,84 MILLIONS**

Sur 100 personnes aux États-Unis

51 sont des Blancs
30 sont des Hispaniques
10 sont des Asio-Américains
6 sont des Afro-Américains
2 sont des Amérindiens
1 est d'autre origine

Religions

(% de la population)

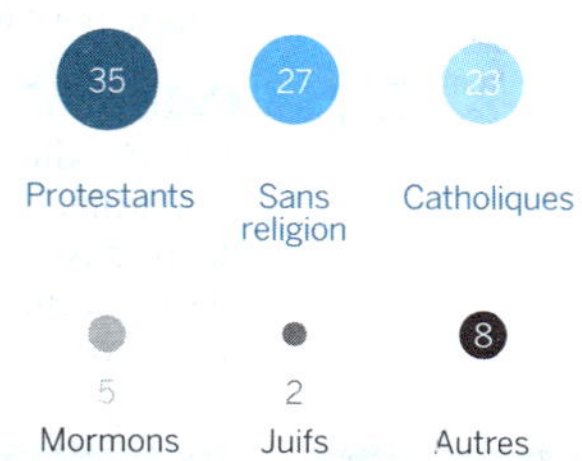

Population au km²

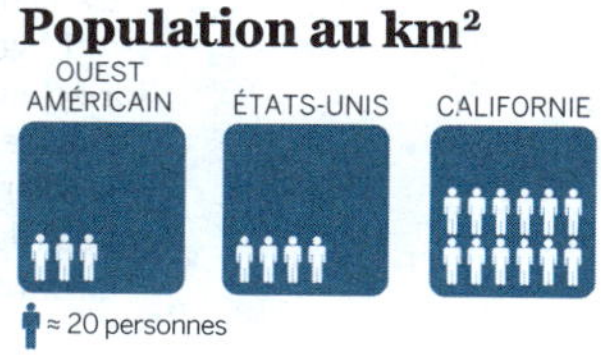

Histoire

L'Ouest a toujours attiré les aventuriers en quête d'une nouvelle vie. L'épopée débuta avec ces populations qui franchirent le détroit de Béring, qui sépare la Russie et l'Alaska actuels, et se dirigèrent vers le sud en s'adaptant à des milieux variés. Puis se succédèrent les Espagnols, des explorateurs comme Lewis et Clark, les prospecteurs de la ruée vers l'or et, aujourd'hui, les immigrés et les défricheurs de nouvelles technologies. Il est quasi certain que l'avenir comptera aussi son lot de pionniers.

Les premiers Américains

Les premiers habitants de l'Amérique de l'Ouest franchirent le détroit de Béring il y a plus de 20 000 ans. À l'arrivée des Européens, quelque 2 à 18 millions d'Amérindiens parlant plus de 300 langues différentes vivaient au nord de l'actuel Mexique.

Nord-Ouest pacifique

Les premiers habitants du Nord-Ouest pacifique chassaient la baleine et l'otarie ou vivaient de la pêche. À terre, ils chassaient le daim et l'élan et récoltaient baies et racines. Ils stockaient la nourriture pour les longs hivers et s'adonnaient à des activités artistiques, religieuses et culturelles. Grâce à leurs canoës, ces Amérindiens purent établir un vaste réseau commercial le long de la côte.

À l'intérieur des terres, les tribus adoptèrent une culture régionale basée sur les migrations saisonnières entre rivières et hautes terres. Au moment du frai des saumons, elles s'installaient près des rapides pour pêcher. Les âpres paysages désertiques du sud de l'Oregon étaient peuplés de tribus nomades qui chassaient et dépouillaient des charognes dans le nord du désert du Grand Bassin.

The Apache Wars: The Hunt for Geronimo, the Apache Kid, and the Captive Boy Who Started the Longest War in American History (Paul Andrew Hutton ; 2016) est un récit remarquable des guerres frontalières du Sud-Ouest.

Californie

À l'orée du XVIe siècle, plus de 300 000 Amérindiens vivaient en Californie. Les communautés de pêcheurs de la côte centrale creusaient des huttes de sudation qui servaient aux cérémonies, aux contes et au jeu. Les chasseurs du Nord-Ouest construisaient des maisons et sculptaient des canoës tandis que les habitants du sud-ouest de la Californie créaient

CHRONOLOGIE

40 000-20 000 av. J.-C.

Les premiers habitants d'Amérique arrivent d'Asie centrale en traversant une langue de terre située entre la Sibérie et l'Alaska (le niveau de la mer était alors moins élevé).

8000 av. J.-C.

Extinction massive des mammifères de l'âge de glace, en raison de leur chasse par les hommes et d'un réchauffement du climat. Transition vers une chasse de gibier plus petit et début de la cueillette des plantes.

1300-1400

Peut-être du fait d'une sécheresse, la civilisation des Pueblos abandonne totalement la Mesa Verde (Colorado), laissant derrière elle une ville troglodyte très élaborée.

des céramiques et des systèmes d'irrigation pour cultiver le désert. Ces peuples tribaux n'avaient pas de système d'écriture mais pratiquaient les contrats oraux et le droit territorial.

En 1769, un siècle après l'arrivée des colons espagnols, les Amérindiens de Californie, frappés par les maladies, le travail forcé et la famine, n'étaient plus que 20 000.

Cattle Kingdom: The Hidden History of the Cowboy West (Christopher Knowlton ; 2017) est l'un des meilleurs ouvrages consacrés à la région, des barons de l'élevage à Teddy Roosevelt en passant par les cow-boys.

Sud-Ouest et sud du Colorado

D'après les archéologues, les premiers habitants du Sud-Ouest étaient des chasseurs. Avec la croissance démographique et la diminution du gibier, ils furent obligés d'ajouter à leur régime alimentaire des baies, des graines, des racines et des fruits. Après 3000 av. J.-C., des contacts avec des cultivateurs installés dans l'actuel centre du Mexique leur permirent d'introduire l'agriculture.

Vers l'an 100, trois cultures dominantes émergèrent dans le Sud-Ouest : les Hohokams du désert, les Mogollons des montagnes du centre et des vallées, et les Pueblos – anciennement appelés Anasazis.

Les Hohokams vivaient dans les déserts d'Arizona, s'adaptant à l'aridité grâce à un incroyable système d'irrigation alimenté par des rivières. Ils construisirent aussi de petites pyramides de terre et salles souterraines. Ils abandonnèrent leurs villages vers 1400 environ. Parmi les nombreuses théories expliquant leur disparition, la plus plausible fait intervenir plusieurs facteurs dont la sécheresse, la surchasse, les conflits entre groupes et la maladie.

Les Mogollons vécurent près de la frontière mexicaine de 200 av. J.-C. à 1400. Ils formaient de petits villages aux maisons creusées dans le sol, souvent établis sur des plateaux isolés ou des crêtes. Bien que pratiquant l'agriculture, ils dépendaient surtout de la chasse et de la cueillette. Vers le XIIIe ou le XIVe siècle, sans doute les Mogollons avaient-ils pacifiquement intégré les Pueblos du Nord.

Ces derniers habitaient le plateau du Colorado, également appelé région des Four Corners ("quatre coins"). Cette culture a laissé des sites archéologiques d'une remarquable richesse et d'anciens villages toujours habités dans le Sud-Ouest. Leurs descendants vivent dans les villages des Pueblos du Nouveau-Mexique. Les Hopis du nord de l'Arizona sont ceux qui ont la plus ancienne ascendance pueblo. Old Oraibi, situé sur la mesa et habité depuis les années 1100, est le plus ancien village d'Amérique du Nord occupé sans interruption, aujourd'hui par les Hopis.

Anasazi, mot navajo signifiant "ancêtres ennemis", est un terme que contestent de nombreux Pueblos de nos jours ; il est tombé en désuétude.

Les Grandes Plaines

La plaine qui commence à l'est des Rocheuses s'étend en direction de l'est à travers le Montana, le Wyoming et au-delà, semblant interminable, a joué un rôle significatif dans l'histoire de l'Ouest américain. De nombreuses tribus amérindiennes vivaient dans les plaines, entre autres

1492	1598	vers 1600	1787-1791
Christophe Colomb "découvre" l'Amérique en cherchant la route des Indes, d'où le nom d' "Indiens" donné aux autochtones.	Des explorateurs espagnols, conduits par don Juan de Oñate, déclarent les terres situées au nord d'El Paso possessions espagnoles et les baptisent Nouveau-Mexique.	Fondation de Santa Fe, plus ancienne capitale américaine. Le palais des Gouverneurs est le seul bâtiment du XVIIe siècle qui subsiste aujourd'hui, le reste de la ville ayant été détruit par un incendie en 1914.	La Convention constitutionnelle de Philadelphie rédige la Constitution des États-Unis. Le Bill of Rights, adopté ultérieurement sous forme d'amendements, énonce les droits des citoyens.

les Sioux Lakotas, Shoshones, Crows et Cheyennes. Avant l'arrivée des Européens et la conquête de l'Ouest, les Grandes Plaines constituaient un vaste territoire régi par des alliances mouvantes et des frontières territoriales. Toutes les tribus établies dans la région chassaient les nombreux bisons, en utilisant parfois des stratégies sophistiquées jusqu'à précipiter des troupeaux entiers au bas d'un ravin. On peut encore avoir une idée de ce qu'était cette technique traditionnelle à un endroit où elle était jadis pratiquée, au **First Peoples Buffalo Jump State Park** (☎406-866-2217 ; stateparks.mt.gov/first-peoples-buffalo-jump ; 342 Ulm-Vaughn Rd ; ⏲8h-18h mi-avr à mi-sept, 10h-16h mer-sam, 12h-16h dim mi-sept à mi-avr), dans le nord du Montana.

En 1680, pendant la révolte des Pueblos, les membres de ce peuple du nord du Nouveau-Mexique s'allièrent pour chasser les Espagnols après une campagne sanglante visant à détruire les objets cérémoniels des Pueblos. Les Espagnols furent repoussés au sud du Rio Grande et les Pueblos tinrent Santa Fe jusqu'en 1682.

Arrivée des Européens

C'est dans les années 1540 que les conquistadors, en quête des fameuses cités d'or, arrivèrent dans le Sud-Ouest. Au XVIIIe siècle s'installèrent les premiers missionnaires, tandis que les Espagnols concrétisaient leurs ambitions sur la côte californienne.

Les Espagnols, conquérants et évangélisateurs

En 1540, Francisco Vásquez de Coronado dirigea la première grande expédition terrestre en Amérique du Nord depuis le sud. Il était accompagné de 300 soldats, de centaines de guides amérindiens et de troupeaux de bétail. Cette expédition correspondit également aux premiers affrontements d'importance, dans la région, entre explorateurs espagnols et indigènes.

Cette équipée avait pour but les légendaires Sept Cités d'or de Cibola. Deux années durant, les explorateurs parcoururent l'actuel Arizona et le Nouveau-Mexique et poussèrent à l'est jusqu'au Kansas. Au lieu d'or et de pierres précieuses, ils ne découvrirent que des villages en pisé, notamment pueblos, qu'ils réquisitionnèrent par la force.

En 1610, les Espagnols firent de Santa Fe la capitale de la province de la Nouvelle-Espagne. La ville est aujourd'hui encore la capitale du Nouveau-Mexique et constitue la plus ancienne capitale fédérale des actuels États-Unis.

Au XVIIIe siècle, lorsque les trappeurs russes et anglais se mirent à faire le commerce des peaux de loutres d'Alta California, l'Espagne mit au point un plan de colonisation et la conquête de la Californie. Pour la gloire de Dieu et afin de remplir les coffres du Trésor, des missions furent construites sur tout le territoire ; dix ans plus tard, c'étaient des affaires rentables gérées par des Indiens convertis.

Le plan de conversion ayant été approuvé en 1769, le franciscain Junípero Serra s'assura des soutiens afin d'installer des *presidios* (postes militaires) à côté de plusieurs missions du nord et du centre de la Californie dans les années 1770 et 1780. Le clergé comptait sur l'armée pour lui fournir les conscrits qui devaient bâtir les missions. En échange de leur travail, les Amérindiens étaient assurés d'un repas par jour et d'une place dans le royaume de Dieu – que beaucoup rejoignaient

1803
Napoléon vend la Louisiane aux États-Unis ; naguère cantonnées au Mississippi, les frontières de la jeune nation s'étendent désormais jusqu'aux Rocheuses.

1803-1806
Thomas Jefferson est à l'origine de l'expédition de Lewis et Clark qui, guidés par l'Amérindienne Sacagawea, effectuent l'aller-retour entre Saint Louis (Missouri) et le Pacifique.

1811
John Jacob Astor, patron de la Pacific Fur Company, fonde Fort Astoria, première ville des États-Unis sur la côte pacifique. Il devient bientôt le premier millionnaire du pays.

1841
Des convois empruntent l'Oregon Trail ; en 1847, plus de 6 500 émigrants gagnent chaque année l'Ouest pour l'Oregon, la Californie et l'Utah, majoritairement mormon.

prématurément après avoir contracté la variole apportée par les Espagnols. De fait, dans le Sud-Ouest, plus de la moitié des Pueblos succombèrent à la variole, à la rougeole et au typhus.

Tous à l'Ouest !

À l'aube du XIXe siècle, la jeune nation américaine manifestait un optimisme à toute épreuve. L'agriculture s'industrialisa et le commerce prit son essor. En 1803, Thomas Jefferson acheta à Napoléon Bonaparte la colonie française de Louisiane, soit un territoire correspondant à La Nouvelle-Orléans et à environ 15 États actuels à l'ouest du Mississippi. L'expansion vers l'ouest pouvait véritablement commencer.

Dans les années 1830 et 1840, la notion de "destinée manifeste" traduisit une ferveur nationaliste grandissante et une idéologie expansionniste partagée par nombre d'Américains. Exploiter les ressources de l'Ouest devint un devoir patriotique. Au début de la conquête du territoire, le transport des biens et des personnes d'est en ouest était très lent. Chevaux, convois de mules et diligences étaient les moyens de locomotion les plus modernes.

Entre 1840 et 1860, on estime que quelque 400 000 personnes entreprirent le grand voyage vers l'Ouest, attirées par les perspectives

On peut suivre l'extraordinaire expédition aller-retour de Lewis et Clark jusqu'au Pacifique sur www.pbs.org/lewisandclark (en anglais), cartes d'époque, albums photo et extraits de leur journal à l'appui.

LEWIS ET CLARK

Après avoir racheté la Louisiane à Napoléon pour 15 millions de dollars d'alors, Thomas Jefferson envoya dans l'Ouest Meriwether Lewis, son secrétaire particulier, afin de cartographier la région. Le but était de découvrir une voie navigable vers le Pacifique, mais aussi d'explorer le territoire nouvellement acquis. Lewis se fit accompagner de son ami William Clark, habitant de la frontière expérimenté et vétéran de l'armée. L'expédition de 40 membres appelée Corps of Discovery, quitta Saint Louis en 1804.

L'expédition se passa relativement bien, en partie grâce à la présence de Sacagawea, une jeune femme shoshone qui avait été mariée de force à un trappeur franco-canadien des environs. Le rôle de Sacagawea fut précieux : guide, traductrice et ambassadrice auprès des Amérindiens de la région, elle donna naissance à un garçon pendant l'expédition. York, l'esclave afro-américain de Clark, contribua aussi à apaiser les tensions entre le groupe et les Amérindiens rencontrés en route.

Les explorateurs parcoururent environ 13 000 km en deux ans, consignant tout ce qu'ils découvraient dans leur journal, notamment quelque 122 animaux et 178 plantes, dont certains observés pour la première fois. En 1805, ils atteignirent enfin l'embouchure de la Columbia River et le Pacifique à Cape Disappointment, puis s'installèrent pour l'hiver, fondant ainsi Fort Clatsop.

Meriwether Lewis et William Clark furent accueillis en héros à Saint Louis à leur retour en 1806.

1844

La première ligne de télégraphe est inaugurée. En 1845, le Congrès vote la construction du chemin de fer transcontinental (achevée en 1869). Le télégraphe et le train repoussent la frontière.

1846-1848

Guerre américano-mexicaine, conclue en 1848 par le traité de Guadelupe Hidalgo, qui attribue aux États-Unis la majeure partie de l'actuel Arizona et du Nouveau-Mexique.

1847

Des mormons fuyant la persécution religieuse en Illinois commencent à arriver à Salt Lake City ; en 20 ans, plus de 70 000 mormons rejoindront l'Utah via le Mormon Pioneer Trail.

1849

Découverte d'or près de Sacramento. Une épique ruée voit l'arrivée de 60 000 "forty-niners" à Mother Lode en Californie. Explosion démographique à San Francisco, qui atteint 25 000 habitants.

d'y trouver or, terres et liberté de culte. Ainsi commença l'ère du "Wild West", chacun (éleveurs, cow-boys, chercheurs d'or et entrepreneurs) s'employant, dans une relative anarchie, à se garantir une part du gâteau. L'ordre et la civilisation n'en prévalurent pas moins, ce que facilitèrent le télégraphe, l'essor du chemin de fer et le flot continu des arrivants.

L'Oregon Trail (piste de l'Orégon) était un des principaux itinéraires. Ce périple à travers six États tenait d'une rude épreuve pour les familles qui l'entreprenaient. Le voyage pouvait durer jusqu'à huit mois. Le Santa Fe Trail et l'Old Spanish Trail étaient aussi des routes importantes entre Santa Fe et le centre de l'Utah et à travers le Nevada jusqu'à Los Angeles en Californie. Des liaisons régulières en diligence le long du Santa Fe Trail apparurent en 1849 et le Mormon Trail atteignit Salt Lake City en 1847.

L'arrivée de ressources et d'individus plus nombreux par train entraîna une exploration plus poussée du territoire et de fréquentes découvertes de gisements miniers. Beaucoup de villes minières de l'Ouest furent fondées dans les années 1870 et 1880 ; certaines, comme Santa Rita, sont aujourd'hui des villes fantômes, mais d'autres sont toujours actives comme Tombstone et Silver City.

On recommandait aux voyageurs empruntant l'Oregon Trail d'emporter du café (15 livres par personne), du bacon (25 livres par personne), une livre de savon, de l'acide citrique pour prévenir le scorbut et une vache sur pied pour le lait et en cas de manque de viande.

Longue Marche et guerres apaches

Au fil des décennies, l'armée des États-Unis avança vers l'ouest en éliminant ou en déplaçant de force les tribus amérindiennes rencontrées sur son passage. L'épisode le plus connu est le déménagement forcé des Navajos en 1864. L'armée, conduite par Kit Carson, détruisit les cultures, vergers et maisons des Navajos et les obligea à se rendre ou à se retirer dans des secteurs isolés du Canyon de Chelly. Affamés, environ 10 000 d'entre eux furent encerclés et durent marcher vers l'est sur 644 km jusqu'au camp de Bosque Redondo, près de Fort Sumner dans le Nouveau-Mexique. Des centaines périrent durant cet exode, que les Navajo appellent "The Long Walk" (la Longue Marche).

Plus au nord dans les Grandes Plaines, des massacres furent perpétrés contre les Shoshones à Bear River (Idaho) en 1863, et contre les Cheyennes et les Arapahos à Sand Creek (Colorado) un an plus tard. En 1876, la victoire d'une coalition amérindienne menée par Crazy Horse, inspiré par Sitting Bull, et composée de Sioux, de Cheyennes du Nord et d'Arapaho lors de la bataille de Little Bighorn, également appelée Custer's Last Stand ("l'ultime résistance de Custer"), constitua la dernière victoire pour les tribus des Grandes Plaines. Les campagnes de représailles furent dévastatrices et décisives, et le massacre des Lakotas (Sioux) à Wounded Knee (actuel Dakota Sud) en 1890 marqua définitivement la fin de la résistance amérindienne dans les Grandes Plaines.

En 2015, le pape François fit du missionnaire Junípero Serra un saint catholique. Cette canonisation fut controversée, car des historiens et des Amérindiens soulignèrent les mauvais traitements infligés aux peuples natifs sous son autorité.

Les derniers conflits d'importance opposèrent l'armée aux Apaches, en partie au motif que le raid correspondait à une pratique initiatique

1861-1865

La guerre de Sécession éclate entre le Nord et le Sud, délimités par la ligne Mason-Dixon. La fin du conflit le 9 avril 1865 sera assombrie cinq jours plus tard par l'assassinat du président Lincoln.

1864

Kit Carson force près de 10 000 Navajos à marcher sur 644 km jusqu'à un camp près de Fort Sumner. Des centaines d'Amérindiens meurent durant ce qu'ils nomment "The Long Walk".

1876

Lors de la bataille de Little Bighorn, une coalition amérindienne menée par Crazy Horse et composée de Sioux, d'Arapahos et de Cheyennes, triomphe de l'armée américaine dirigée par le général Custer.

1881

Les frères Earp (Wyatt, Virgil et Morgan) et Doc Holliday tuent Billy Clanton et les frères McLaury au cours d'un terrible règlement de comptes à OK Corral, à Tombstone (Arizona).

chez les jeunes hommes de ce peuple. À mesure que l'armée américaine et les pionniers avançaient en territoire apache, ils devinrent des cibles de choix pour ces coups de main, et le phénomène perdura sous le commandement de Mangas Coloradas, Cochise, Victorio et Geronimo. Ce dernier se rendit en 1886 et fut un temps enfermé dans une réserve en Arizona. On lui avait assuré qu'il pourrait, ainsi que les autres Apaches, regagner ses terres natales après deux ans d'emprisonnement. Comme de nombreuses promesses formulées à cette époque, elle ne fut pas tenue.

Les Amérindiens furent longtemps traités comme des citoyens de seconde zone. Les Américains issus de l'immigration profitèrent de lacunes juridiques pour s'approprier des territoires appartenant aux réserves. Beaucoup d'enfants amérindiens furent expédiés dans des pensionnats où on les punissait s'ils parlaient leur langue maternelle. Ces pratiques perdurèrent jusque dans les années 1930.

L'émouvante exposition Boarding School Experience au Heard Museum de Phoenix retrace le placement forcé d'enfants amérindiens dans des internats fédéraux aux XVIIIe et XIXe siècles à des fins d'"américanisation."

Changer l'Ouest

Le grand tremblement de terre et l'incendie de San Francisco en 1906 furent le signal d'un changement en Californie. Les fonds publics pour l'eau courante et les bouches d'incendie ayant été siphonnés par des dirigeants corrompus, il ne restait plus à San Francisco qu'une seule source d'eau en état de marche. Quand l'incendie fut éteint, une chose était claire : il était temps que l'Ouest change.

Tandis que San Francisco se reconstruisait au rythme de 15 bâtiments par jour, les réformateurs s'attaquèrent successivement aux politiques de la ville, de la Californie et de l'État fédéral. En 1914, les Californiens, inquiets pour la santé publique et le sort des femmes, appuyèrent l'adoption du Red Light Abatement Act (une loi sur la prostitution) dans leur État. La révolution mexicaine de 1910 à 1920 amena une nouvelle

LE FAR WEST

Bandits armés, voleurs de bétail, hors-la-loi et attaques de trains font partie de la légende de l'Ouest. Les villes minières poussaient comme des champignons, avec leurs saloons et maisons de tolérance. L'éphémère mais non moins légendaire Pony Express (1860-1861) reposait sur des cavaliers et chevaux rapides. Ils transportaient le courrier entre le Missouri et la Californie en seulement 10 jours !

Billy the Kid et le shérif Pat Garrett, tous deux impliqués dans la guerre du comté de Lincoln, furent actifs à la fin des années 1870. Billy the Kid, qui aurait tué plus de 20 hommes au cours de sa brève carrière, fut abattu par Garrett à 21 ans. En 1881, Wyatt Earp, ses frères Virgil et Morgan, et Doc Holliday, abattirent Billy Clanton et les frères McLaury lors d'une terrible fusillade éclair à OK Corral, à Tombstone. Les responsabilités dans l'incident font encore débat.

1882

Le racisme, particulièrement en Californie (où plus de 50 000 immigrants chinois sont arrivés depuis 1848), conduit à l'adoption du Chinese Exclusion Act.

1919

Prohibition. Défendu par le mouvement pour la tempérance, le 18e amendement interdisant l'alcool encourage malgré lui la contrebande et le crime organisé. L'amendement est abrogé en 1933.

1938

La Route 66 devient la première route traversant le pays à être entièrement goudronnée, avec notamment plus de 1 200 km en Arizona et au Nouveau-Mexique.

1945

Premier essai atomique, dans la vallée au nom prédestiné de Jornada del Muerto (Voyage du Mort) dans le sud du Nouveau-Mexique, aujourd'hui champ de tir militaire.

EURÊKA !

Spéculateur immobilier, ancien mormon et éditeur d'un journal, Sam Brannan cherchait à se débarrasser de marécages californiens en 1848 quand il eut vent de rumeurs concernant des paillettes d'or découvertes près de Sutter's Mill, à 193 km de San Francisco. Persuadé que cette nouvelle allait faire vendre ses journaux et grimper le prix de l'immobilier, il divulgua la rumeur en la présentant comme avérée. La nouvelle n'ayant pas déclenché l'excitation escomptée, il publia un autre récit, cette fois confirmé par des employés mormons de Sutter's Mill qui lui avaient fait jurer de garder le secret. Brannan aurait tenu parole en courant dans les rues de San Francisco et en brandissant de l'or qui lui avait été confié pour l'Église mormone en criant : "De l'or dans l'American River !"

D'autres journaux se hâtèrent de faire état de "montagnes d'or" près de San Francisco. En 1850, l'année où la Californie fut admise comme 31e État de l'Union, les non-Amérindiens habitant la Californie étaient passés de 15 000 à 93 000. La plupart des prospecteurs n'étaient pas américains mais péruviens, australiens, chiliens et mexicains, voire chinois, irlandais, hawaïens et français.

vague d'immigration ainsi que des idées révolutionnaires comme la fierté ethnique et la solidarité entre travailleurs. Dans les ports en expansion, les syndicats de dockers déclenchèrent en 1934 une grève historique de 83 jours sur toute la côte Ouest, obtenant finalement des conditions de travail plus sûres et une rémunération plus juste.

Au plus fort de la Dépression de 1935, quelque 200 000 familles de fermiers fuyant la sécheresse provoquée par le Dust Bowl (tempêtes de poussière en série) au Texas et en Oklahoma arrivèrent en Californie ; elles ne trouvèrent dans les grandes exploitations agricoles qu'une maigre paye et des conditions de travail déplorables. Les artistes californiens alertèrent l'Amérique moyenne du calvaire de ces migrants et la nation se rassembla autour des photos de familles pauvres de Dorothea Lange et du roman de John Steinbeck *Les Raisins de la colère* (1939).

Seconde Guerre mondiale et ère atomique

L'Ouest endossa un rôle économique et technologique plus important durant la Seconde Guerre mondiale. C'est en effet dans la ville secrète de Los Alamos que les scientifiques mirent au point la bombe atomique. Les industries liées à la guerre comme la production de bois d'œuvre et les chantiers navals et aéronautiques connurent un grand essor dans le Nord-Ouest pacifique et en Californie.

Los Alamos

En 1943, l'école de garçons de Los Alamos, au Nouveau-Mexique, située sur un plateau à 2 255 m d'altitude, fut choisie comme quartier

1947

Un objet non identifié s'abat dans le désert près de Roswell. Le gouvernement parle d'une soucoupe volante puis d'un ballon-sonde avant d'interdire mystérieusement le secteur.

1964

Le Congrès ratifie le Civil Rights Act, qui interdit la discrimination fondée sur la race, la couleur, la religion, le sexe ou l'origine nationale. C'est l'une des réalisations majeures du président Johnson.

1973

Inauguration du MGM Grand, gigantesque hôtel-casino, qui stimule aujourd'hui encore le boom de la construction le long du Strip de Las Vegas.

1976

Apple commercialise son premier ordinateur. La marque à la pomme devient emblématique de la Silicon Valley.

général top secret du Manhattan Project, nom de code de la recherche et du développement de la bombe atomique. Ce site de 312 ha, desservi uniquement par deux routes de terre battue, ne comportait aucune conduite de gaz ou de pétrole ; il possédait une seule ligne électrique et était entouré de forêts.

Isolation et sécurité étaient les règles maîtresses de la vie sur "la colline". Non seulement les déplacements de ses résidents étaient limités et leur courrier censuré, mais ils n'avaient aucun contact radio ou téléphonique avec l'extérieur. En un peu moins de deux ans, les scientifiques de Los Alamos réussirent à faire exploser la première bombe atomique sur le site de Trinity, devenu depuis le champ de tir de White Sands Missile Range.

Après le lancement de la bombe atomique sur le Japon, le secret de Los Alamos fut révélé au public, mais la ville resta calfeutrée jusqu'à ce que l'interdiction de visite soit levée en 1957.

Everett Ruess, artiste et vagabond âgé de 20 ans, explora la région de Four Corners au début des années 1930. Il disparut dans des circonstances mystérieuses en périphérie d'Escalante, Utah, en novembre 1934. Lisez ses lettres passionnantes dans l'ouvrage *Everett Ruess: A Vagabond for Beauty*, avec une postface d'Edward Abbey.

Main-d'œuvre et industries nouvelles

La main-d'œuvre californienne changea définitivement durant la Seconde Guerre mondiale avec l'embauche de femmes et d'Afro-Américains dans l'industrie de guerre et l'arrivée d'ouvriers mexicains pour combler le manque de main-d'œuvre. Les communications et l'aviation militaires attirèrent une élite internationale composée d'ingénieurs qui lancèrent plus tard l'industrie de la haute technologie californienne. Dix ans après la guerre, la population californienne avait augmenté de 40%, frisant les 13 millions d'habitants.

La guerre fit aussi la fortune du Nord-Ouest pacifique, devenu le plus grand producteur de bois de construction des États-Unis. Les chantiers navals d'Oregon et de l'État de Washington connurent un plein essor, tout comme les chantiers aéronautiques de William Boeing. La région ne cessa de prospérer durant la seconde moitié du XXe siècle, attirant de nouveaux arrivants diplômés et dotés d'idées progressistes venues de l'est et du sud des États-Unis.

Après la guerre, l'industrie prit de nouvelles formes et, dans les années 1990, l'industrie des "dotcom" dans la Silicon Valley attira dans la baie de San Francisco des entrepreneurs de talent. L'industrie du film est toujours très présente à Los Angeles, mais des incitations fiscales ont attiré les cinéastes dans d'autres enclaves occidentales, en particulier le Nouveau-Mexique.

Le 7 novembre 1893, le Colorado devint le premier État des États-Unis – et l'un des premiers du monde – à accorder le droit de vote aux femmes.

Le mouvement des droits civiques en Californie

En 1942, quand 117 000 Américains d'origine japonaise de la côte Ouest furent envoyés dans des camps d'internement par le président Roosevelt, la Japanese American Citizens League basée à San Francisco lança immédiatement une procédure en justice, qui alla jusqu'à la

1994
Lancement à Seattle d'Amazon, l'un des grands pionniers de la vente en ligne. D'abord spécialisé dans la seule vente de livres, il ne devient rentable qu'en 2003.

1999
Le 30 novembre et le 1er décembre, 40 000 manifestants altermondialistes bloquent Seattle lors d'un sommet de l'Organisation mondiale du commerce.

2002
Salt Lake City accueille les Jeux olympiques d'hiver, devenant la ville la plus peuplée à organiser cet évènement. Pour la première fois, les courses de bobsleigh sont ouvertes aux femmes.

2008
Barack Obama devient le premier président afro-américain des États-Unis. Le krach dû à la mauvaise gestion des institutions financières américaines provoque une crise mondiale.

Cour suprême. Ces actions permirent d'établir des jurisprudences révolutionnaires dans le domaine des droits civiques ; en 1992, les prisonniers politiques reçurent des dédommagements et une lettre d'excuse officielle signée par le président George W. Bush.

Adoptant les pratiques de résistance non violentes du Mahatma Gandhi et de Martin Luther King, les syndicalistes César Chávez et Dolores Huerta fondèrent les United Farm Workers en 1962, pour défendre les droits des travailleurs ruraux immigrés. Alors que les leaders des droits civiques marchaient sur Washington, Chávez et des vendangeurs californiens manifestaient à Sacramento, portant à l'attention de la nation la question de l'équité des salaires et des risques de santé liés aux pesticides. Bobby Kennedy se rendit sur place pour étudier la situation et prit parti pour Chávez : les Latinos avaient désormais un rôle à jouer dans le paysage politique des États-Unis.

La diffusion de la série *Silicon Valley* a débuté en 2014 sur HBO pour se terminer fin 2019 . Coécrite par Mike Judge, cette série humoristique suit les réussites et les déboires d'une start-up et de ses fondateurs délicieusement excentriques.

Hollywood et la contre-culture

En 1908, la Californie devint un lieu de tournage cinématographique prisé en raison de son ensoleillement et de la diversité de ses paysages. Elle servait alors surtout de succédané de pays exotiques ou de toile de fond à des films historiques. Elle ne s'en imposa pas moins dans le paysage cinématographique.

À San Francisco, les marins de la Seconde Guerre mondiale réformés pour cause d'insubordination ou d'homosexualité se mirent à fréquenter les clubs de jazz de North Beach, les cafés artistiques et le City Lights Bookstore. San Francisco devint une terre de libres penseurs dont certains furent arrêtés : le poète de la Beat Generation Lawrence Ferlinghetti pour avoir publié *Howl*, le poème d'Allen Ginsberg, le comédien Lenny Bruce pour avoir prononcé un mot obscène sur scène et Carol Doda pour avoir montré ses seins. À la fin du Flower Power, d'autres résistances prirent la relève dans la baie de San Francisco : le Black Power, la Gay Pride et les clubs de marijuana thérapeutique.

Des anecdotes méconnues sur des légendes du Far West assorties de photographies d'époque sont disponibles dans le mensuel *True West* ainsi que sur son site Internet (www.truewestmagazine.com).

Tandis que le nord de la Californie fascinait pour sa contre-culture dans les années 1940 à 1960, le non-conformisme du sud de l'État atteignait l'Amérique en plein cœur. En 1947, le sénateur Joseph McCarthy tenta d'éliminer de l'industrie cinématographique des individus soupçonnés d'être communistes. Après une longue lutte engagée par des auteurs, acteurs et cinéastes contre le maccarthysme, il prit fin en 1962.

Le 28 janvier 1969, un incident de forage valut à quelque 756 000 litres de pétrole de se déverser dans le détroit de Santa Barbara, tuant des dauphins, des phoques et plus de 3 600 échassiers. Les violentes protestations des riverains jouèrent un rôle dans la création, en 1970, de l'Environmental Protection Agency (Agence américaine de protection de l'environnement).

2010

L'Arizona adopte une loi controversée selon laquelle la police peut demander ses papiers à quiconque est soupçonné d'être un immigré clandestin.

2012

Le Colorado et le Washington sont les premiers États à autoriser la consommation de cannabis à des fins récréatives pour les plus de 21 ans.

2015

Dans un arrêt historique, la Cour suprême des États-Unis statue que le mariage homosexuel est garanti par la Constitution. Les 13 États qui l'interdisent doivent se plier à sa décision.

2016

Dans un pays divisé, Donald Trump est élu 45e président des États-Unis à la majorité des grands électeurs, alors même que Hillary Clinton a remporté le vote populaire.

Technologies de pointe

Premier ordinateur personnel à sortir des chaînes de montage de la Silicon Valley en 1968, la "légère" (18 kg) machine de Hewlett-Packard coûtait seulement 4 900 $ (29 000 $ actuels). Afin de démocratiser la puissance informatique, Steve Jobs (âgé de 22 ans) et Steve Wozniak (âgé de 26 ans) présentèrent, à la West Coast Computer Faire de 1977, l'Apple II, doté d'une mémoire et d'un microprocesseur remarquables pour l'époque (4 kB de RAM, 1 MHz).

Vers le milieu des années 1990, le grand secteur des "dotcom" prit son essor à la Silicon Valley ; grâce aux start-up, l'accès au courrier, à l'information, à la politique, aux aliments pour animaux et même au sexe se déplaça vers Internet. Mais quand les profits ne furent pas au rendez-vous, les financements s'évanouirent et des fortunes en stock-options disparurent par un sombre 11 mars 2000. Du jour au lendemain, le chômage frappa aussi bien des vice-présidents de 26 ans que des employés du secteur des services de la baie de San Francisco. Mais les usagers continuèrent de rechercher des informations utiles et de se chercher entre eux sur le Net, déclenchant l'essor des moteurs de recherche et des réseaux sociaux. Entre 2011 et 2015, le géant des réseaux sociaux Facebook est passé de 2 000 à 6 800 employés.

Entre-temps, les biotechnologies ont progressé à grands pas en Californie. Créée en 1976, l'entreprise Genentech a cloné l'insuline humaine et découvert le vaccin contre l'hépatite B. En 2004, les électeurs californiens ont approuvé l'émission de 3 milliards de dollars d'obligations pour la recherche sur les cellules-souches et, en 2008, la Californie est devenue le plus gros financeur de cette recherche et la vedette du nouveau Biotech Index du Nasdaq.

The Engaging Cowgirls: Women of the American West (Teresa Jordan ; 1992). Un ouvrage captivant sur les traces des cow-girls du passé et du présent, qui gèrent des ranchs et participent à des rodéos dans l'Ouest.

Le repli américain

Le 8 novembre 2016, au terme d'une campagne électorale sous haute tension, Donald Trump a créé la surprise en devenant le 45e président des États-Unis. Son programme baptisé "America First" ("L'Amérique d'abord") donne le ton de la nouvelle ère politique américaine, marquée par des relations tendues avec les membres de l'Otan et la renégociation de nombreux partenariats internationaux. Pour autant, tous les Américains ne sont pas nostalgiques d'un illusoire "bon vieux temps". Le 21 janvier 2017, peu après l'investiture de Trump, un demi-million de personnes s'étaient mobilisées pour dénoncer le nouveau gouvernement lors de la Women's March de Washington, rejointes par quelque cinq millions de manifestants partout dans le monde. À cette première mobilisation ont succédé d'autres manifestations, notamment pour la recherche scientifique et la lutte contre le changement climatique. Et, sujet particulièrement sensible dans l'Ouest, l'immigration en

2017

Les États-Unis sortent de l'Accord de Paris, rejoignant les deux seuls pays (Nicaragua et Syrie) ne participant pas à l'accord sur le climat.

2018

Décès de John McCain, héros de la guerre du Vietnam, sénateur de l'Arizona depuis 1987 et candidat républicain à la présidence. Les hommages sont nombreux des deux côtés de l'échiquier politique.

2019

Le président Trump décrète l'urgence nationale afin de mobiliser des fonds, sans l'approbation du Congrès, pour la construction d'un mur frontalier entre les États-Unis et le Mexique.

2019

Le Sénat de l'Oregon (démocrate) cherche à lutter contre le changement climatique ; les sénateurs républicains fuient l'État afin de priver les démocrates du quorum nécessaire au vote.

provenance d'Amérique centrale est devenue une question cruciale de la présidence de Trump.

Le 27 janvier 2017, un décret du président Trump suspendait l'entrée sur le territoire américain aux ressortissants de sept pays du Moyen-Orient et d'Afrique du Nord et limitait de façon drastique l'accueil de réfugiés. Si plusieurs tribunaux en ont suspendu l'application, ledit décret a frappé les esprits à l'étranger, et d'aucuns craignent une fuite des cerveaux dans les hautes technologies, notamment dans la Silicon Valley. Plusieurs grands groupes, dont Google, Expedia et Amazon, se sont d'ailleurs exprimés contre l'initiative présidentielle. Les tirades de Trump contre les immigrés et ses fréquentes joutes verbales avec le Mexique au sujet de l'immigration illégale en provenance d'Amérique centrale ont également eu des conséquences dans le Sud-Ouest. De nombreuses associations ont manifesté contre la politique migratoire du gouvernement et ses conséquences sur les migrants. Parmi celles basées dans la région, citons le Detained Migrant Solidarity Committee, installé à El Paso (www.facebook.com/DMSCElPaso).

La société ouest-américaine

Si l'on en croit les clichés, les gens de l'Ouest sont une bande d'excentriques de tout poil. Habitants de l'Arizona militant vent debout contre l'immigration illégale, riches femmes au foyer se crêpant le chignon dans des téléréalités, mais aussi bons à rien du Colorado s'adonnant au cannabis et hipsters de Portland ne jurant que par le bio. Toutefois, s'il est possible de définir de grandes tendances régionales, il n'en reste pas moins que la plupart de ses habitants mènent leur vie de manière très classique.

Identité régionale

Si le cow-boy se montrait autrefois courageux et débrouillard, c'est qu'il n'avait guère le choix. Les pionniers partis à l'aventure dans cette contrée hostile avaient chaque jour leur lot d'épreuves. Puis, les colons se sédentarisèrent, les temps se firent moins durs et le cow-boy, largement idéalisé, devint un stéréotype. Tout comme changent les mesas, dont la roche rouge s'érode, le caractère de la population a évolué. Les clichés actuels, qu'ils aient ou non un fond de vérité, varient selon la région.

Californie

À en croire les idées reçues, les Californiens seraient décontractés, égocentriques, tolérants, soucieux de leur santé et de la nature et vivent en majorité en bord de mer. Les plages du sud de l'État sont les plus ensoleillées et propices à la baignade, d'où les innombrables clichés sur le surf, le farniente... véhiculés par des séries TV comme *Alerte à Malibu*.

Habilement marketés depuis les années 1970, le développement personnel, la culture physique et la chirurgie esthétique représentent d'importants secteurs économiques dans tout l'État. Sur le plan politique, les républicains ne sont pas vraiment en terrain conquis. En 2018, seuls 25% des électeurs leur étaient favorables, contre 44% de démocrates et 27% considérés comme indépendants.

En matière d'écologie, les habitants du Golden State sont en avance sur le reste de la nation, et la Californie détient le record national de ventes de voitures hybrides. Il faut s'attendre à ce qu'elle soit la première région du monde à légaliser les véhicules totalement autonomes, dans un futur assez proche.

En 2017, 202 700 personnes étaient détenues dans les prisons pour adultes en Californie. Seules les statistiques du Texas étaient plus élevées, avec 218 505 prisonniers.

Nord-Ouest pacifique

Les habitants de l'État de Washington et de l'Oregon sont vus comme plutôt branchés, portés sur l'activisme (notamment en matière d'écologie) et friands de cafés *latte*. Il y a évidemment du vrai. Nombre d'entre eux sont fiers de leur esprit indépendant, professent l'amour de la nature et trient consciencieusement leurs déchets. Sympathiques mais ayant parfois tendance à dénigrer les Californiens, ils en oublient presque qu'ils viennent pour la plupart aussi de cet État. En effet, beaucoup de Californiens ont mis cap au nord pour le paysage, la qualité et la simplicité de la vie. De fait, l'ostentation et le snobisme ont moins cours ici, et l'on peut se rendre en tenue informelle dans la plupart des restaurants, salles de concerts et au bureau.

Plus connue pour ses écrits sur l'Afrique, Alexandra Fuller, qui vit désormais dans le Wyoming, raconte dans *Une vie de cow-boy* (2008) l'histoire vraie d'un cow-boy moderne du Wyoming né sous une mauvaise étoile.

Les Rocheuses

Le fameux cow-boy de l'Ouest – ou son pendant actuel – se croise dans les Rocheuses. L'élevage y est une activité importante, et le cavalier figurant sur les plaques d'immatriculation du Wyoming n'a rien d'un symbole usurpé. Du reste, tirer sa subsistance de ces plaines solitaires et venteuses demande un farouche individualisme, et les voyageurs venus des grandes villes pourront s'y sentir un peu perdus. Outre l'élevage, le principal secteur d'activité du Wyoming est l'énergie ; ses centrales à charbon fournissent près d'un cinquième de l'électricité des États-Unis, et l'État est en passe de devenir l'un des plus gros producteurs d'énergie éolienne.

Politiquement, les Rocheuses du Nord – Wyoming, Montana et Idaho – penchent du côté conservateur, bien qu'on y trouve des enclaves progressistes dans les villes universitaires et touristiques. Si le Wyoming fut le premier État à accorder le droit de vote aux femmes, en 1869, ses idées progressistes sont bien loin : Dick Cheney, vice-président de l'Administration Bush Jr. et républicain controversé, a été élu 6 fois représentant du Wyoming au Congrès.

Chaque année, en septembre, environ 70 000 participants euphoriques affluent dans le désert du Nevada pour le Burning Man, un extravagant festival d'art et une rave party annuels, où la liberté, tant d'expression que sexuelle ou vestimentaire, est encouragée. Un projet controversé prévoit de mettre en vente jusqu'à 100 000 billets.

Le Colorado est l'État le plus contrasté de l'Ouest. À chaque bastion progressiste comme Boulder correspond une enclave profondément conservatrice, telle Colorado Springs. Cependant, la croissance de la population urbaine tend à faire pencher la balance à gauche : le poste du gouverneur du Colorado est occupé par un démocrate depuis 2006 et, à la présidentielle de 2016, Hillary Clinton y devança Donald Trump de près de 3,5 millions de voix. En 2018, les démocrates ont obtenu quatre sièges au Congrès américain contre trois pour les républicains.

Sud-Ouest

Le Sud-Ouest attire depuis toujours des colons intrépides – mormons, gros éleveurs de bétail, prospecteurs –, dont les objectifs diffèrent de ceux de l'Américain moyen. Des scientifiques ont afflué dans les espaces vides pour développer et tester des bombes atomiques et des fusées. Des astronomes ont mis à profit la clarté du ciel et la faible densité de population pour construire des observatoires sur des sommets isolés. Une nouvelle génération d'entrepreneurs idéalistes a transformé d'anciennes villes minières en enclaves New Age ou en attractions touristiques inspirées du Far West d'antan.

LES SPORTS

Dans l'Ouest, on aime le sport (football américain, basket-ball, base-ball...), qu'on le pratique ou qu'on en soit spectateur. Voici quelques-unes des équipes professionnelles de la région :

National Football League AFC West : Denver Broncos, Oakland Raiders, LA Chargers ; NFC West : Arizona Cardinals, Los Angeles Rams, San Francisco 49ers, Seattle Seahawks.

National Basketball Association Western Conference-Pacific : Golden State Warriors, Los Angeles Clippers, Los Angeles Lakers, Phoenix Suns, Sacramento Kings ; Western Conference-Northwest : Denver Nuggets, Portland Trail Blazers, Utah Jazz.

Women's National Basketball Association Los Angeles Sparks, Los Angeles Aces, Phoenix Mercury, Seattle Storm.

Major League Baseball American League West : Los Angeles Angels, Oakland Athletics, Seattle Mariners ; National League West : Arizona Diamondbacks, Colorado Rockies, Los Angeles Dodgers, San Diego Padres, San Francisco Giants.

LE MARIAGE : ÉGALITÉ DES DROITS POUR TOUS

40 000 Californiens étaient déjà enregistrés comme partenaires quand, en 2004, le maire de San Francisco, Gavin Newsom, délivra des actes de mariage à des couples homosexuels, ce qui était alors interdit en Californie. 4 000 couples homosexuels convolèrent aussitôt. La Cour de justice fédérale révoqua cette interdiction en juin 2008, mais en novembre une proposition de loi visa à amender la Constitution de l'État et confirmer l'interdiction de ces mariages. Les militants des droits civiques contestèrent la constitutionnalité de ladite proposition et les tribunaux fédéraux finirent par juger qu'elle violait les clauses sur l'égale protection et l'application régulière des lois. En 2013, la Cour suprême des États-Unis rejeta un appel et des mariages homosexuels furent de nouveau célébrés dans le Golden State. En juin 2015, elle a mis fin au débat dans tout le pays en énonçant que la Constitution garantissait le droit au mariage homosexuel.

Ces dernières années, les appels de certains hauts responsables politiques à en finir avec l'immigration clandestine ont entamé l'esprit du "vivre ensemble" de la région, en particulier dans l'extrême sud de l'Arizona. Le projet du président Trump d'ériger un mur frontalier est un sujet particulièrement controversé dans cette région où cette barrière longue de plusieurs milliers de kilomètres serait bien concrète.

Population et multiculturalisme

La Californie, avec 39,5 millions de résidents, est l'État le plus peuplé des États-Unis. Elle abrite la plus importante population d'origine asiatique et hispanique, respectivement 5,7 et 15,5 millions d'âmes d'après le recensement de 2010. En 2014, les Latinos sont devenus le plus grand groupe ethnique de l'État. Cultures californienne et latino-américaine sont profondément liées dans cet État perçu par la plupart de ses habitants comme une société multiculturelle ouverte où chacun a sa chance de vivre le "rêve américain".

Dans le Colorado, en Arizona et au Nouveau-Mexique, vivent d'importantes populations amérindienne et hispanique, fières de leur patrimoine culturel et de leur identité.

L'immigration illégale n'est pas un concept abstrait dans le Sud-Ouest ; on estime que la seule Californie abritait 1,5 à 2,2 millions d'immigrés sans papiers en 2017 – soit 4 à 5% de la population.

Religion

Les Californiens ne fréquentent pas autant les églises que leurs compatriotes en général. Si un sur cinq s'affirme athée, l'État reste parmi les plus divers du pays en matière de cultes. Un tiers des habitants sont catholiques (principalement parmi ceux de souche hispanique), tandis que les protestants représentent un autre tiers. Environ 1% de la population est musulmane, 2% bouddhiste et 2% hindoue. Los Angeles abrite par ailleurs la 3e communauté juive d'Amérique du Nord après New York et le sud de la Floride.

Dans le Nord-Ouest pacifique, environ un tiers des habitants se disent sans confession. La plupart des croyants adhèrent au christianisme ou au judaïsme. Les Américains d'origine asiatique ont apporté le bouddhisme et l'hindouisme.

Le Sud-Ouest possède ses particularités. En Utah, 67% de la population est déclarée mormone, avec des petites communautés dans l'Idaho (21%), le Nevada (9%) et le Wyoming (9%). Bien que de nombreux Amérindiens et Hispaniques vivent désormais en ville et y font carrière, la famille, la religion et le respect des coutumes restent des valeurs primordiales pour eux. Pour les Hopis, les danses tribales sont sacrées à tel point que les étrangers ne peuvent normalement y assister.

Le seul président des États-Unis né à l'ouest des Rocheuses fut Richard Nixon, né en Californie et président de 1969 à 1974.

Les Amérindiens

D'après le recensement de 2010, la Californie est le premier État amérindien, tandis que l'Arizona et le Nouveau-Mexique figurent parmi les 10 premiers. La communauté des Navajos est la plus grande tribu de l'Ouest, et ne le cède, au rang national, qu'à celle des Cherokees. Culturellement, ces tribus sont aujourd'hui confrontées à des questions essentielles. Comment assurer leur prospérité tout en protégeant leurs traditions et leurs terres ? Comment arracher leurs membres à la pauvreté tout en préservant leur identité et leurs croyances ?

Tribus

Les Apaches

Le Sud-Ouest compte quelques grandes réserves apaches : au Nouveau-Mexique, la Jicarilla Apache Indian Reservation et la Mescalero Apache Indian Reservation (mescaleroapachetribe.com) ; en Arizona, la San Carlos Apache Reservation et les Apaches de la montagne Blanche qui abrite Fort Apache. Toutes ces tribus descendent des Athabascans qui migrèrent du Canada vers 1400. Avant de devenir des guerriers, ennemis des tribus Pueblos et des communautés européennes, les Apaches étaient des nomades vivant de la chasse et de la cueillette. Ils résistèrent farouchement à leur relocalisation dans des réserves.

Le plus célèbre des Apaches est Geronimo, un Apache Chiricahua, qui s'opposa avec l'énergie du désespoir à la saisie des terres indiennes jusqu'à ce qu'il soit finalement arrêté par l'armée américaine, aidée par des éclaireurs apaches de la montagne Blanche.

En 2017, la Californie était l'État américain comptant la plus importante population amérindienne (648 172 d'individus), mais des 48 États contigus, c'est le Nouveau-Mexique qui abritait la plus forte proportion d'Amérindiens par rapport à sa population totale (10,7%). Le Montana arrivait en quatrième position avec 5,67% d'Amérindiens.

Les Havasupais

La réserve indienne Havasupai (www.havasupaireservations.com), en Arizona, jouxte le Grand Canyon National Park, au pied du versant sud du canyon. Supai, son unique village, n'est accessible que par un sentier de 13 km (à pied ou à dos de mule) ou par hélicoptère depuis l'extrémité de la route à Hualapai Hilltop.

Havasupai (prononcez hah-vah *sou* paï) signifie “le peuple de l'eau bleue et verte” et, en effet, la vie de cette tribu a toujours été dominée par la Havasu Creek, affluent de la Colorado River. La présence fiable de cette eau, qui permettait d'irriguer les champs, favorisa un mode de vie saisonnier qui ancrait la population dans le village. Le profond Havasu Canyon protégeait aussi contre toute intrusion étrangère. Ce peuple très pacifique fut préservé de tout contact avec la civilisation occidentale jusque dans les années 1800. Aujourd'hui, il vit du tourisme, grâce aux splendides chutes du Havasu Canyon qui attirent un flux régulier de visiteurs. Les Havasupais sont apparentés aux Hualapais (p. 457).

Le Hopi Arts Trail présente des artistes et des galeries des trois mesas au cœur de la réserve hopi. Carte et liste des galeries et des artistes sur hopiartstrail.com.

Les Hopis

Entourée par la réserve des Navajos au nord-est de l'Arizona, la réserve des Hopis (p. 199) couvre plus de 6 070 km². Les Hopis vivent pour l'essentiel dans 12 villages au pied et au sommet de trois mesas

LE SAVOIR-VIVRE DANS UNE RÉSERVE

Quand vous visitez une réserve indienne, renseignez-vous sur les règles en vigueur et respectez-les. Presque toutes les tribus interdisent l'alcool, certaines restreignent l'usage des appareils photo ou refusent l'accès aux animaux domestiques. Toutes exigent un permis pour le camping, la pêche et d'autres activités. Si les règles ne sont pas affichées à l'entrée du territoire, visitez le bureau de la réserve ou voyez son site Internet. Soyez courtois, respectueux et ouvert.

Demandez la permission avant de prendre une photo Certaines communautés interdisent de prendre des photos ou de faire des croquis. D'autres demanderont d'acheter un permis ou ne permettront pas de filmer les cérémonies ou certains endroits. *Demandez toujours la permission avant de prendre une photo ou de dessiner.* Si vous voulez photographier quelqu'un et qu'il accepte, il est préférable de laisser un pourboire.

Les pueblos ne sont pas des musées Les incroyables structures en adobe sont des maisons particulières. Un panneau annonce les bâtiments publics, dans le cas contraire, c'est une maison privée. Les *kiva*, lieux de cérémonie, sont presque toujours interdits d'accès.

Les cérémonies ne sont pas des spectacles Une cérémonie est un rituel à observer avec respect, en silence. N'applaudissez pas, ne prenez pas de photos, et portez une tenue simple. Si les *pow-wow* sont moins formels, ils sont réservés aux membres de la tribu, à moins d'être annoncés comme performance culturelle.

Respectez les croyances Nombre d'Indiens sont heureux de décrire leurs croyances religieuses, mais pas tous. Les rituels et cérémonies sont souvent considérés comme des sujets personnels. Demandez à votre interlocuteur si vous pouvez aborder ses croyances et respectez sa sensibilité. En outre, il est poli chez les Indiens d'écouter sans faire de commentaires.

qui débordent de la Black Mesa. Old Oraibi, sur la Third Mesa, serait (avec Acoma Pueblo) le plus ancien habitat occupé sans discontinuité de l'Amérique du Nord. Comme tous les Indiens Pueblos, les Hopis descendent des Pueblos ancestraux (appelés autrefois Anasazis).

Hopi signifie "les pacifiques" ou "personne tranquille", et il est vrai que cette tribu est aussi connue pour son mode de vie ancestral, discret et marqué de spiritualité. Les Hopis pratiquent une remarquable technique d'"agriculture sèche" : ils ne labourent pas mais sèment des graines protégées par des "brise-vent" sur les bassins naturels de drainage des eaux. Leur culture principale a toujours été le maïs, qui est au centre de leur mythe sur la Création.

La vie cérémonielle des Hopis est complexe et privée, recouvrant tous les aspects de la vie quotidienne. Suivre la "voie hopi" est essentiel pour faire tomber la pluie qui donne la vie, mais les Hopis croient aussi que leur voie bénéficie au bien-être de l'humanité. Le clan, matrilinéaire, décide du rôle de chacun de ses membres. Même entre eux, les Hopis gardent secrètes certaines des traditions propres à leurs clans.

Ce sont des artisans renommés pour leurs poteries, leurs paniers en spirale, leur travail de l'argent, et pour leurs *kachina*, poupées rituelles.

Les Navajos et les Hopis s'opposent depuis des décennies aux industriels désireux de faire de la Big Mountain sacrée une mine à ciel ouvert. L'association Black Mesa Indigenous Support (supportblackmesa.org) retrace leur combat.

Les Hualapais

La réserve des Hualapais (hualapai-nsn.gov) longe sur 174 km le versant sud du Grand Canyon, couvrant une superficie de 4 000 km². Hualapai (prononcez *ouah*-lah-paï) signifie "le peuple des grands pins". Cette partie du Grand Canyon n'étant pas facile à cultiver, les Hualapais étaient à l'origine semi-nomades et vivaient de cueillette et de chasse de petit gibier.

Aujourd'hui, l'exploitation forestière, l'élevage du bétail, l'agriculture et le tourisme sont leurs sources de revenu. La principale agglomération Hualapai, Peach Springs en Arizona, inspira la ville de Radiator Springs dans le dessin animé *Cars*. Chasse, pêche, rafting et le vertigineux Skywalk sont les principaux attraits.

Pour une introduction à la culture navajo, passez à l'Explore Navajo Interactive Museum (www.explorenavajo.com) à Tuba City, sur la route de Monument Valley depuis le Grand Canyon National Park.

Les Navajos

Quelque 300 000 Navajos vivent aux États-Unis, ce qui en fait la 2e plus grande tribu après les Cherokees. La réserve navajo (www.discovernavajo.com, en anglais) est de loin la plus grande et la plus peuplée des États-Unis. Appelée aussi Navajo Nation ou Navajoland, elle couvre plus de 70 000 km², à cheval entre l'Arizona, le Nouveau-Mexique et l'Utah.

Les Navajos étaient des nomades et des guerriers redoutés qui faisaient du commerce avec les Pueblos mais les pillaient tout aussi bien. Ils s'attaquaient également aux villages des colons et à l'armée américaine. Leurs traditions s'inspirent des autres civilisations : le mouton et le cheval leur viennent des Espagnols, la poterie et le tissage des Pueblos, et l'orfèvrerie des Mexicains. Aujourd'hui, on admire leurs tapis tissés, leurs poteries, leurs bijoux en argent incrustés de turquoises, et leurs peintures de sable élaborées, utilisées pour les rituels de guérison.

Les Pueblos

Le Nouveau-Mexique compte 19 réserves de Pueblos ; des liens et des présentations sont fournis par l'Indian Pueblo Cultural Center (www.indianpueblo.org). Quatre réserves se situent à l'ouest d'Albuquerque : Isleta, Laguna, Acoma et Zuni. Quinze sont dans la Rio Grande Valley entre Albuquerque et Taos : Sandia, San Felipe, Santa Ana, Zia, Jemez, Santo Domingo, Cochiti, San Ildefonso, Pojoaque, Nambé, Tesuque, Santa Clara, Ohkay Owingeh (ou San Juan), Picuris et Taos.

Bien que distinctes les unes des autres, ces tribus partagent une culture commune. Le terme espagnol *pueblo* (village) s'avère pratique pour les désigner puisqu'elles descendent toutes des Pueblos ancestraux et ont hérité de leur style architectural et mode d'agriculture, avec des villages souvent perchés au sommet des mesas.

Parmi les Indiens d'Amérique, les Pueblos se distinguent par leur habitat unique. Leurs maisons en adobe peuvent comprendre jusqu'à 5 niveaux, juxtaposant diverses structures en briques de boue séchée, en pierre, en bois et en plâtre, reliées par des échelles. Sur la place centrale de chaque *pueblo* se trouve la *kiva*, une salle de cérémonie souterraine reliée au monde des esprits. Héritées des missionnaires, des églises catholiques dominent les *pueblos*, fréquentées par des fidèles qui mâtinent leur foi chrétienne de croyances ancestrales.

Les Sioux

Les Sioux sont issus de l'union de trois grandes tribus – les Dakotas de l'Est, les Dakotas de l'Ouest et les Lakotas – parlant des dialectes différents mais partageant une culture commune.

La plupart des Amérindiens (78%) vivent en dehors des réserves et 72% vivent dans un environnement urbain. On estime que 140 000 Amérindiens vivent dans la région de la baie de San Francisco.

Avant l'arrivée des Européens, ils vivaient dans le sud-est du pays, mais les premières rencontres avec les pionniers se firent dans les actuels Minnesota, Iowa et Wisconsin. Les Sioux occupèrent peu à peu des territoires en direction de l'ouest, jusqu'à atteindre les actuels Dakota du Nord et du Sud, le Nebraska et le Montana en 1800.

Les Sioux défendirent farouchement leurs terres, au prix de nombreuses batailles. La plus connue fut la bataille de Little Bighorn (également appelée Custer's Last Stand, "l'ultime résistance de Custer") en 1876, dans l'actuel Montana, au terme de laquelle une coalition de Sioux Lakota, Cheyennes du Nord et Arapahos vainquit l'armée américaine ; Crazy Horse et Sitting Bull étaient tous deux des Sioux Lakota. En 1890, les Sioux menèrent aussi, dans le Dakota du Sud, la guerre des Black Hills et subirent le tristement célèbre massacre de Wounded Knee. En réalité, l'extermination des bisons, qui assuraient leur survie, contribua autant à les priver de leurs terres que les affrontements. Cet esprit de révolte perdure aujourd'hui : les Sioux furent parmi les fondateurs de l'American Indian Movement en 1968.

Aujourd'hui, les Sioux vivent dans le Minnesota, le Nebraska, le Montana, le Dakota du Nord et le Dakota du Sud – ce dernier État abrite la Pine Ridge Reservation (plus de 8 000 km^2), la deuxième plus grande réserve de la nation.

La bataille de Little Bighorn (25-26 juin 1876) fut appelée bataille de Greasy Grass par les Amérindiens. L'écrasante victoire des Sioux Lakota, Cheyennes du Nord et Arapahos fit 274 morts côté américain. Côté amérindien, on estime le nombre de victimes entre 36 et 300.

Les Shoshones

Les Shoshones traversèrent les Rocheuses vers 1500 et devinrent l'une des plus importantes tribus amérindiennes des Grandes Plaines. Leurs terres traditionnelles s'étendent désormais à travers le Wyoming, le sud de l'Idaho, le Nevada et l'Utah. Ils sont répartis en quatre grands groupes linguistiques.

Sous la pression de leurs ennemis traditionnels, les Cheyennes et les Sioux Lakota, les Shoshones se dispersèrent sur de vastes territoires aux XVIIe et XVIIIe siècles ; certains atteignirent même le Texas, où ils devinrent les Comanches. Ceux qui restèrent se retrouvèrent en travers du chemin de l'inexorable expansion des colons blancs et leur résistance fut finalement brisée lors du massacre de Bear River (dans l'actuel Idaho), en 1863, au cours duquel plus de 400 hommes, femmes et enfants shoshones furent tués par les soldats américains. Des attaques shoshones entraînèrent une modification du parcours postal à travers le Wyoming au cours des décennies qui suivirent, mais les tribus restaient confinées dans des réserves et leur nombre se réduisit fortement, comme ce fut le cas pour beaucoup d'autres peuples de la région.

Seuls 1 000 individus environ parlent le shoshone, mais cette langue est enseignée au sein de l'Idaho State University. La communauté shoshone travaille activement à la mise en place de partenariats dans le domaine des énergies renouvelables.

Art traditionnel

En achetant les objets directement auprès des Amérindiens, le voyageur peut avoir un impact positif sur les économies tribales qui dépendent en partie de l'argent du tourisme. L'Indian Arts and Crafts Board (www.doi.gov/iacb) publie la liste des galeries et boutiques gérées par des Amérindiens, État par État – cliquez sur "Source Directory" puis "State and Country Listings".

Poterie et vannerie

La poterie pueblo est peut-être la plus admirée de toutes les poteries amérindiennes. Au départ, c'était la terre locale qui déterminait la couleur ; à Zia la poterie était rouge, à Acoma blanche, à Hopi jaune, à Cochiti noire, etc. Santa Clara est célèbre pour ses motifs en relief et San Ildefonso pour son style noir sur noir, que ressuscita Maria Martinez, une potière de renom mondial. Les Navajos et les Utes produisent une poterie remarquée.

Le roman de N. Scott Momaday intitulé *La Maison de l'aube* (1968), récit d'une jeunesse pueblo et prix Pulitzer, a lancé une vague de renouveau de la littérature amérindienne.

La poterie rime presque toujours avec vie au village alors que les paniers plus transportables sont un art plus prisé des peuples nomadiques. Parmi les communautés qui fabriquent les plus belles vanneries, citons les Apaches Jicarilla (Jicarilla signifie vannier), les Kaibab-Païutes, les Hualapais et les Tohonos O'odham. Les paniers en spirale aux motifs colorés des Hopis, ainsi que les *kachina* (poupées en bois peint représentant les esprits), à l'iconographie très riche, sont également remarquables.

Tissage navajo

Les femmes navajos semblent encore aujourd'hui incarner la femme-araignée qui, selon la légende, aurait enseigné le tissage aux humains. On les voit glisser patiemment leur navette, chargée de laine filée à la main, entre les fils de chaîne de leurs métiers. Le tissage des légendaires tapis navajos, qui étaient à l'origine des couvertures, est si serré qu'ils retiennent l'eau. La laine est toujours préparée à la main, parfois aussi la teinture. Tisser un tapis peut prendre des mois (voire des années).

À juste titre, les authentiques tapis navajos sont chers, allant de quelques centaines à des milliers de dollars. Ce ne sont pas de simples souvenirs mais des œuvres d'art qui vous dureront toute la vie, ornant un mur ou le sol de votre appartement. Avant de vous décider, prenez un peu le temps de comparer les prix et la qualité.

Bijoux en argent incrustés de turquoises

Utiliser pierres et coquillages pour les bijoux est une tradition chez les Amérindiens. Le travail de l'argent n'est apparu que dans les années 1800. Les Navajos, les Hopis et les Zunis, notamment, devinrent des orfèvres réputés combinant à l'argent les matériaux traditionnels, dont les turquoises, le lapis-lazuli, l'onyx, le corail, la cornaline et les coquillages.

Les bijoux authentiques ont un poinçon ou la marque de l'orfèvre, et certains sont vendus avec un certificat de l'Indian Arts & Crafts Board. Renseignez-vous avant d'acheter. Pour se faire une idée des prix, rien de tel que se rendre au Santa Fe Indian Market (p. 239) du mois d'août, réunissant les meilleurs artisans indiens.

Arts et architecture

Qu'il s'agisse des tableaux saisissants de Georgia O'Keeffe, des photos en noir et blanc d'Ansel Adams, du journalisme *gonzo* (reportage façon roman) à la Hunter S. Thompson ou de Brokeback Mountain d'Annie Proulx, les beaux-arts et la littérature de l'Ouest américain sont l'indubitable reflet du multiculturalisme, des paysages grandioses et du fort attachement à la liberté de cette région. Même le grunge de Nirvana est indissociable du gris pluvieux de Seattle. Les œuvres qui en résultent, des productions hollywoodiennes au rock indie exigeant, méritent d'être explorées.

Littérature

Réalisme social

L'auteur californien le plus influent de tous les temps fut sans doute John Steinbeck, lauréat du prix Nobel né à Salinas en 1902. Son chef-d'œuvre du réalisme social, *Les Raisins de la colère* (1939), raconte les épreuves de l'exode des travailleurs agricoles. *Des souris et des hommes* (1937), qui se déroule en Californie, est une autre pépite littéraire et une fenêtre sur l'Amérique de la Grande Dépression, tandis que *Voyage avec Charley* (1962) est une œuvre de non-fiction relatant l'épopée de l'auteur le long des frontières des États-Unis (du moins des 48 États contigus), notamment sur la côte Ouest, dans le Montana et dans d'autres États de l'Ouest.

Roman noir

Dans les années 1930, San Francisco et Los Angeles devinrent les deux capitales du roman noir. Dans *Le Faucon maltais* (1930), Sam Spade, personnage créé par Dashiell Hammett (1894-1961), exerce ses talents de détective à San Francisco tandis que Raymond Chandler (1888-1959), dans *Le Grand Sommeil*, en 1939, campe son Philip Marlowe à Los Angeles. Hammett et Chandler peuplent leurs romans de personnages inquiets, jouets de forces maléfiques qui dominent la ville et finissent par les écraser.

Le genre s'est perpétué sous la plume de Jim Thompson (1906-1977) dans son livre *Le Criminel* paru en 1953, Elmore Leonard (1925-2013) avec *Pronto* (1993) et Walter Mosley (né en 1952), qui situe ses romans comme *Papillon blanc* (1992) dans les quartiers pauvres de Los Angeles. Enfin, James Ellroy (né en 1948), dont le style est aussi mordant et incisif que ses intrigues sont foisonnantes et ses personnages hallucinés, rencontre un grand succès. Parmi ses nombreux livres, on peut citer *Le Dahlia noir* (1987), *Le Grand Nulle Part* (1988) et *L.A. Confidential* (1990), qui dessinent une "Cité des Anges" meurtrie, corrompue et sans illusions. Pour changer de décor tout en restant dans le thriller, lisez *Au cœur du mal* (2007), de Chelsea Cain, qui se déroule à Portland (Oregon).

Fêtard invétéré, Jack London (1876-1916) grandit dans le nord de la Californie et fit ses armes à Oakland. Il publia une incroyable quantité de fictions majeures, notamment *L'Appel de la forêt* (1903), aujourd'hui un classique, dont l'histoire se déroule au moment de la ruée vers l'or du Klondike à la fin du XIXe siècle.

Loin des grandes villes, l'auteur aux multiples prix, Tony Hillerman (1925-2008), originaire d'Albuquerque au Nouveau-Mexique, mêle ethnologie et polar. Il place l'intrigue de nombre de ses romans dans des réserves navajos, hopis et zunis : *L'Homme Squelette* (2004), *Le Cochon sinistre* (2003) ou *Le Chagrin entre les fils* (2006) qui évoque la Grande Marche des Indiens au XIXe siècle.

Reflets d'un monde changeant

Dans les années 1950, les tenants de la Beat generation s'engagent dans une nouvelle écriture, au style court, acéré et vivant. Ils se regroupent à San Francisco et vouent un culte au récit en "prose spontanée" de Jack Kerouac (1922-1969), *Sur la route* (1957). Allen Ginsberg (1926-1997) fut leur chef de file en matière de poésie et son *Howl*, publié en 1956, leur chant de révolte.

L'essayiste et romancière Joan Didion (née en 1934) restitue la soif de bouleversement des années 1960, notamment dans *Un livre de raison* (1977). La contre-culture trouve un autre de ses narrateurs en Tom Wolfe (1931-2018), qui met en scène les Grateful Dead, les Hell's Angels et les Merry Pranksters sur fond de "trip" à l'acide : *Acid Test : chronique* (1968).

Les années 1970 voient Charles Bukowski (1920-1994) mettre en scène Los Angeles dans *Le Postier* (1971), tandis qu'Armistead Maupin offre à partir de 1979 une chronique très joyeuse de San Francisco.

Hunter S. Thompson (1937-2005) entreprit en 1970 une virulente exploration de la fin du rêve hippie avec *Hell's Angels* (1967). *Las Vegas Parano* (1972, adapté à l'écran en 1998 par Terry Gilliam) tient d'une description hallucinée de Las Vegas et de l'Amérique (re)devenue sauvage.

Vous pourrez découvrir les traditions kiowas et navajos et les légendes de l'Ouest sauvage dans *La Maison de l'aube* (1968) de N. Scott Momaday (né en 1934). Écrit par Leslie Marmon Silko (née en 1948), *Cérémonie*, publié en 1977, trace le portrait d'un Indien qui, de retour de la Seconde Guerre mondiale, se penche sur son passé pour exorciser l'horreur vécue lors des combats. Deux auteurs offrent une plongée intéressante dans la vie des Indiens d'aujourd'hui : Sherman Alexie, né d'un père Spokane et d'une mère Cœur d'Alène (*Phoenix, Arizona*, recueil de nouvelles), et Louise Erdrich, romancière et poétesse (*L'Amour sorcier*).

Le roman *Bernadette a disparu* de Maria Semple (2012) s'amuse des stéréotypes de Seattle en partant à la recherche d'une célèbre architecte, fougueuse mais solitaire.

L'Ouest, toujours l'Ouest

Le mythe de l'Ouest américain, avec ses vastes étendues sauvages et ses cow-boys solitaires, a été largement façonné par les écrivains.

Pour une bonne introduction à la littérature du Nord-Ouest, plongez-vous dans *Far West volumes 1 et 2*, journal de l'expédition de Lewis et Clark au début du XIXe siècle. Par ailleurs, le roman *Les Vivants*, d'Annie Dillard (née en 1945), retrace avec un réalisme criant l'arrivée des colons blancs dans le Nord-Ouest au cours du XIXe siècle.

Visiteur-pionnier de la Baie, Robert Louis Stevenson, d'origine écossaise, vécut quelque temps à Monterey et à San Francisco et passa sa lune de miel près d'une mine d'argent abandonnée, à Calistoga. Ce séjour lui inspira, en 1872, *La Route de Silverado : en Californie au temps des chercheurs d'or*.

Misanthrope avoué, Edward Abbey (1927-1989) consigna, en 1968, dans *Désert solitaire* ses expériences dans les canyons désolés de l'Utah, en un "chant d'amour à la sauvagerie du monde et aux merveilles de l'Ouest".

Autrice engagée dans bien des domaines, Rebecca Solnit s'est faite le porte-voix de la défense de l'environnement avec une prose délicate, attentive à la politique et à la géographie, notamment dans son recueil d'essais *A Field Guide to Getting Lost* (2005). L'écrivain, poète et militante écologiste Terry Tempest Williams explore notre relation à la nature sauvage depuis l'Utah où elle vit ; *The Hour of Land : A Personal Topography of America's National Parks* (2016) est son dernier ouvrage en date.

Dans son récit *Wild* (2012), Cheryl Strayed raconte comment son cheminement sur le Pacific Coast Trail lui a permis de se relever des blessures de la vie ; cet ouvrage a contribué à l'essor de la grande randonnée. Le roman *Angle d'équilibre* de Wallace Stegner se déroule dans l'Ouest et a remporté le prix Pulitzer en 1972. Son recueil *Lettres pour le monde sauvage* (1992) donne à voir la complexité de la vie dans l'Ouest.

Originaire de l'Arizona, Barbara Kingsolver (née en 1955) est l'auteur de romans à succès, dont *L'Arbre aux haricots* (1988) et a décrit la vie quotidienne dans cette région avec le recueil de nouvelles *Une île sous le vent* (1989). Avec pour cadre le littoral de la côte de l'Oregon, *Mink River* (2010) de Brian Doyle est une fiction qui puise abondamment dans les mythes et les contes.

Figurant parmi les plus populaires des écrivains américains modernes, Annie Proulx, autrice de *Brokeback Mountain* (2006), a aussi choisi de s'établir dans l'Ouest. Née dans le Connecticut, elle a vécu un temps à Saratoga, Wyoming, et habite désormais à Port Townsend, Washington. Parmi ses recueils de nouvelles, citons *Les Pieds dans la boue* (2001), *Nouvelles histoires du Wyoming* (2009) et *C'est très bien comme ça* (2008). Elle a aussi écrit *Bird Cloud* (2014), sur son expérience d'installation dans l'Ouest.

Louise Erdrich est une autre autrice prolifique et très respectée qui écrit sur l'Ouest. Son œuvre est émaillée d'histoires et de personnages amérindiens – le somptueux *Dans le silence du vent* (2015) a remporté le National Book Award dans la catégorie fiction.

La Consolation des grands espaces de Gretel Ehrlich (1996) est une ode en prose aux plaines et aux grands ciels du Wyoming.

L'une des voix les plus enthousiasmantes à avoir émergé ces dernières années est celle de Tara Westover. Dans son autobiographie *Une éducation* (2019), elle raconte son enfance dans l'Idaho rural sous la coupe d'un père fondamentaliste et abusif, puis son parcours au sein des plus grandes institutions universitaires de la planète. Un véritable tour de force.

Au Museum of Pop Culture (www.mopop.org) du Seattle Center, l'exposition "Nirvana : Taking Punk to the Masses" retrace l'ascension des rockeurs grunge de Nirvana et du chanteur-compositeur Kurt Cobain.

Musique

Taillés dans le rock et la pop

Si l'on remonte aux années 1950, le premier talent régional du genre aura été Ritchie Valens, dont *La Bamba* est la version rock d'un air traditionnel mexicain. Les années 1960 ont vu éclore Joan Baez et Bob Dylan en Californie du Nord, et Janis Joplin a chamboulé San Francisco. À quelques pas de la légendaire boîte **Whisky a Go-Go** (carte p. 276 ; ☎310-652-4202 ; www.whiskyagogo.com ; 8901 W Sunset Blvd, West Hollywood), le quartier Laurel Canyon de Los Angeles s'est fait l'épicentre du folk rock devenu psychédélique, avec par exemple Jim Morrison et les Doors ou les Byrds. N'oublions pas le son rock psychédélique de Jefferson Airplane, groupe de San Francisco, ni Grateful Dead.

Rap et hip-hop

Depuis les années 1980, les rues de Los Angeles sont le principal berceau du rap, du gangsta rap et du hip-hop de la côte Ouest, avec par exemple les Niggaz Wit Attitude, dont l'un des artistes, Dr Dre, cofonde le label Death Row Records. Il découvrira ainsi Snoop Dogg et Tupac (assassiné en 1996). La tendance d'Oakland est plus centrée sur le mouvement du Black Power.

Depuis la fin des années 1990, la baie de San Francisco assiste au développement du mouvement *hyphy*, en réaction à l'aspect de plus en plus commercial du hip-hop. Le genre a également eu une grande influence sur des groupes comme Korn ou Linkin Park, qui associent phrasé hip-hop et rythmiques et sonorités metal et popularisent le genre

Ne manquez pas le Musical Instrument Museum (www.mim.org) à Phoenix, Arizona, qui vous fera découvrir d'incroyables instruments de musique. En tout, plus de 7 000 instruments provenant d'environ 200 pays et territoires.

neo-metal. Également d'Oakland, Michael Franti & Spearhead mêle hip-hop, funk, reggae, folk, jazz et rock dans des messages de justice sociale et de paix.

Le chouchou du moment est Kendrick Lamar, natif de Compton, qui a déjà raflé sept Grammy Awards.

Les meilleurs festivals de musique

- *Telluride Bluegrass Festival, Colorado*
- *Grand Teton Music Festival, Wyoming*
- *Grand Targhee Bluegrass Music Festival, Wyoming*
- *M3F (McDowell Mountain Music Festival), Arizona*
- *Aspen Music Festival, Colorado*

Metal, grunge et alternatif

Au début des années 1980, le heavy metal issu d'Angleterre et porté par des groupes comme Black Sabbath, Judas Priest, Led Zeppelin ou Iron Maiden se radicalise. En Californie, des groupes comme Exodus, Metallica, Slayer ou Megadeth augmentent le tempo et créent le thrash metal, rapide, agressif et aux voix hurlées. Dans le même temps, Mötley Crüe et Poison mettent des paillettes dans leur hard rock et lancent le glam metal.

Dans le sillage du groupe culte des Melvins au milieu des années 1980, l'État de Washington, et Seattle en particulier, a connu nombre de groupes jouant sur la distorsion, un style simple et percutant, une batterie dense. Le grunge explose en 1991 lorsque le label Sub Pop sort l'album *Nevermind*. Nirvana, à qui on a reproché d'accaparer l'attention portée à ce mouvement autodestructeur, ne survivra pas à son succès et la mort – sujette à controverses – de son leader charismatique Kurt Cobain, en 1994, viendra mettre fin à sa courte existence. Mais des groupes comme Soundgarden, Pearl Jam ou Alice in Chains ont également connu – et connaissent encore – une forte popularité.

Artiste à part entière, l'épouse de Cobain, Courtney Love, fut à la tête du groupe de rock alternatif Hole de 1989 jusqu'à la dissolution de la formation en 2002. Le son punk rock de Hole s'adoucit un peu au fil des années : le premier album *Pretty on the Inside* (1991) fut suivi d'un énorme succès, *Live Through This* (1994), et de *Celebrity Skin* (1998). Le groupe se reforma brièvement pour enregistrer *Nobody's Daughter* (2010).

C'est l'une des scènes les plus célèbres du cinéma moderne : dans *Forrest Gump* (1994), Forrest arrête sa course à travers le pays dans la Monument Valley, à la frontière entre l'Utah et l'Arizona.

Certaines villes ont des liens étroits avec la musique indépendante. Outre Seattle, qui a vu naître Modest Mouse, Death Cab for Cutie et The Postal Service, on peut citer Olympia, berceau du rock féministe *riot grrrl*, et Portland, dans l'Oregon, qui peut se glorifier de groupes aussi divers que les Shins, les Dandy Warhols, Blind Pilot, les Decemberists, Pink Martini, ou Talkdemonic, au hip-hop folk électro.

Beirut, un groupe du Nouveau-Mexique, est une rencontre entre le rock indie et la world music orchestrée par le talentueux Zach Condon, natif de Santa Fe. Dans une veine totalement différente, les Meat Puppets sont des rockeurs prolifiques de Phoenix, renommés pour leur punk psychédélique repoussant les frontières des genres.

Cinéma

Naissance d'une industrie

Ce sont les humbles vergers du quartier résidentiel baptisé Hollywood qui ont attiré de jeunes cinéastes, souvent immigrants européens. Carl Laemmle construisit les studios Universal en 1915, la Paramount fut créée en 1916. Quant aux frères Warner, ils fondèrent leurs studios en 1923.

Le temps clément de LA permettait de tourner sans contretemps les scènes en extérieur. Charlie Chaplin et Harold Lloyd acquirent un statut de star, et le premier grand mariage hollywoodien unit en 1920 Douglas Fairbanks à Mary Pickford, marquant le début d'un âge d'or. *Le Chanteur de jazz*, comédie musicale de 1927 produite par la Warner, est communément considéré comme le premier film parlant. Et si, en réalité, seule une courte séquence en avait été sonorisée, l'exploit technique était bien là.

Le rayonnement d'Hollywood

Dès les années 1920, Hollywood devient le noyau dur de l'économie du cinéma, avec Paramount Pictures à Hollywood même et, autour, Culver City (MGM, devenue Sony Pictures), Studio City (Universal) et Burbank (Warner Bros, Disney). Les cinémas et les *drive-in* se multiplièrent ; en 1938, on estima que 65% de la population avaient vu un film. Le public se passionna pour les stars comme Humphrey Bogart, Cary Grant et Katharine Hepburn, que les studios d'Hollywood s'attachaient par des contrats d'exclusivité.

C'est alors que la concurrence de la télé détourna le public et que les autorités fédérales mirent fin au monopole d'Hollywood sur la distribution et la projection. Dans les années 1960, les studios durent réduire leurs coûts, rompre les contrats avec les acteurs et vendre les départements de production.

Après 1970, les studios se tournèrent vers de jeunes auteurs anticonformistes attirés par le réalisme social : Martin Scorsese, William Friedkin, Robert Altman et Francis Ford Coppola produisirent ainsi des films cultes. C'est de la même époque que date le phénomène de la superproduction, due à deux jeunes réalisateurs, Steven Spielberg et George Lucas.

À partir des années 1990, certains films assez atypiques (à commencer par ceux distribués par Miramax, aujourd'hui Filmyard) ont un énorme succès. Les festivals contribuent à faire connaître des films indépendants, et même de gros studios peuvent produire des œuvres d'une réelle originalité, à l'exemple de *Sideways* (2004), qui a pour cadre la route des vins de Californie.

Las Vegas joue un rôle de premier plan dans *Very Bad Trip,* comédie à succès sortie en 2009 qui engrangea plus de 467 $ millions de recettes dans le monde entier. Avec les deux autres volets en 2011 et 2013, les recettes montèrent à 1,4 milliard de dollars.

À Albuquerque, les fans de *Breaking Bad* peuvent faire une visite des lieux de tournage de la série. Le www.visitalbuquerque.org/albuquerque/film-tourism fournit une carte interactive et des détails sur les lieux.

Westerns et lieux de tournage

Bien des westerns ont été tournés en Californie du Sud, et certains sites en Arizona et en Utah ont servi de décor de film tant de fois qu'ils sont devenus emblématiques du Far West. Parmi les "pionniers " du western figurent des hommes qui feront par la suite une carrière exceptionnelle dans le septième art : Henry Hathaway, Cecil B. DeMille, mais aussi et surtout John Ford. On pourra se rendre à Monument Valley, popularisée par ce dernier dans *La Chevauchée fantastique* (1939), mais aussi à Moab (Utah) pour *Thelma et Louise* (1991), au parc Dead Horse Point pour *Mission : Impossible 2* (2000), au Lake Powell pour *La Planète des singes* (1968) et Tombstone (Arizona) pour le film éponyme de 1993, et bien entendu au Bluejohn Canyon, du parc de Canyonlands (Utah), pour *127 heures* (2010).

No Country for Old Men, qui a valu plusieurs Oscars en 2008 à Joel et Ethan Coen, fut tourné dans le désert du Nouveau-Mexique. Les frères Coen y sont revenus avec *True Grit* (2010), pour lequel ils se sont installés à Santa Fe et ont tourné dans plusieurs ranchs de l'État. Reese Witherspoon a remporté un Oscar elle aussi pour son interprétation dans *Wild* (2015), film du Canadien Jean-Marc Vallée, adapté de l'ouvrage autobiographique de Cheryl Strayed et tourné très largement le long du Pacific Crest Trail (p. 52).

L'Arizona est le théâtre de la lutte contre les cartels de la drogue dans *Sicario* (2015), un film de Denis Villeneuve avec Emily Blunt, Benicio del Toro et Josh Brolin. La même année, Seattle servait de décor au blockbuster érotisant *Cinquante nuances de Grey* (2011), réalisé par Sam Taylor-Johnson.

Les meilleurs festivals de cinéma

AFI Fest (www.afi.com)

Outfest (www.outfest.org)

San Francisco International Film Festival (sffilm.org/sffilm-festival)

Sundance Film Festival (www.sundance.org/festivals/sundance-film-festival)

Telluride Film Festival (telluridefilmfestival.org)

Seattle International Film Festival (www.siff.net/festival)

Petit écran

La première chaîne de télévision a commencé à émettre en 1931, à Los Angeles. Pendant les décennies qui suivent, des images plus ou moins idéalisées de la ville sont diffusées dans le monde entier : *Dragnet* (années 1950), *La Loi de Los Angeles* (années 1980-1990), *Beverly Hills*, *Le Prince de Bel-Air* (années 1990). La téléréalité n'est bien sûr pas en reste, avec des émissions comme *Real Housewives of Beverly Hills.*

La Californie du Sud a servi aussi de cadre à des séries comme *Weeds* (205-2012), la série policière *The Closer* (2005-2012), sur une brigade criminelle de Los Angeles, et *The Shield* (2002-2008), une fiction sur la corruption policière dans la Cité des Anges.

Mais la SoCal n'est pas la seule à accueillir des séries. Vince Gilligan, l'ancien scénariste de *X-Files,* a tourné *Breaking Bad* (2008-2013) dans l'étouffante Albuquerque. *Better Call Saul,* dont l'histoire précède celle de *Breaking Bad,* a commencé en 2015. Portland est au centre de *Portlandia*, une œuvre à sketches lancée en 2011, qui tourne en dérision les petites manies des *hispters*, ainsi que de la série fantastique *Grimm* (2011-2017).

Fondé au Nouveau-Mexique par Michael Reynolds, le Earthship (www.earthshipglobal.com) est un fabuleux modèle architectural basé sur la durabilité, l'utilisation de matériaux recyclés et l'harmonie avec l'environnement. Les résultats sont époustouflants et le phénomène se répand partout dans le monde.

Architecture

Les habitants de l'Ouest ont adapté des styles d'importation au climat et aux matériaux disponibles, avec pour résultat des maisons en adobe à Tucson (Arizona) ou d'autres en bardeaux de séquoia résistant à l'humidité à Mendocino (Californie).

Le Sud-Ouest

La région puise ses influences architecturales dans des sources bien à elle, à commencer par les vestiges des Pueblos ancestraux. Aujourd'hui, on reconnaît ces motifs et exemples traditionnels dans le style renaissance Pueblo du New Mexico Museum of Art (p. 235) de Santa Fe et un peu partout dans la ville et la région.

L'adobe est le matériau dominant dans les villes et les paysages du Nouveau-Mexique, tandis que le style architectural des missions des XVIIe et XVIIIe siècles est identifiable dans les édifices religieux et municipaux comme le **State Capitol** de Santa Fe (carte p. 238 ; ☎505-986-4589 ; www.nmlegis.gov/visitors ; angle Paseo de Peralta et Old Santa Fe Trail ; ⏰7h-18h lun-ven, plus 9h-17h sam juin-fin août).

Le grand architecte Frank Lloyd Wright a laissé sa marque aussi dans le Sud-Ouest, et plus précisément dans ce qui fut sa résidence de Taliesin West (p. 173), à Scottsdale (Arizona). Plus près de nous, le kitsch des motels et des néons de la Route 66 est à jamais associé au *road trip* à l'américaine.

California Crazy and Beyond : Roadside Vernacular Architecture (1980) de Jim Heimann est une escapade à travers l'univers loufoque et fantasque de la Californie, avec des stands de limonade ressemblant à des citrons géants et des motels en forme de tipis.

Missions espagnoles et style victorien

Les villages des Indiens Pueblos en adobe dans le Sud-Ouest constituent la seule influence durable exercée par les autochtones sur l'architecture américaine. Les Espagnols s'en approprièrent des éléments, utilisant adobe, grès et herbe et créant un style hybride repris par l'architecture du XXe siècle : en témoignent le style "missionnaire" dans le sud de la Californie et le style pueblo dans le Sud-Ouest. Jetez un coup d'œil à El Pueblo de Los Angeles et à la vieille ville de San Diego.

Au cours du XIXe siècle, les nouveaux riches de la ruée vers l'or importèrent en Californie des matériaux, de façon à imiter l'architecture anglaise du moment, tout en balcons, tourelles, et bois ouvragé. On trouve des exemples d'architecture victorienne, dont les "Painted Ladies" et "gingerbread" dans des villes du nord de la Californie, comme San Francisco, **Ferndale** (☎707-786-4000 ; www.gingerbread-mansion.com ; 400 Berding St ; ch 175-495 $; P ⊜ ᯤ) et Eureka (p. 359).

Certains architectes rejetèrent les styles victoriens chargés pour adopter les lignes simples et classiques de l'architecture coloniale espagnole. On reconnaît ce nouveau style à ses éléments sobres et fonctionnels : portes et fenêtres cintrées, longs porches couverts, fontaines, cours, murs solides et toits en briques rouges.

Arts & Crafts et Art déco

En réaction à la standardisation et aux mutations rapides de la révolution industrielle apparues au tournant du XXe siècle, le mouvement Arts & Crafts, né en Angleterre au milieu du XIXe siècle et influencé par le minimalisme japonais, prône un retour au "fait main" et aux matériaux naturels. Les frères Greene (également responsables de la splendide Gamble House à Pasadena), dans le sud de la Californie, et Bernard Maybeck, dans le nord, popularisèrent le style bungalow, de facture artisanale, en bois, verre et tuiles de céramique de la région. Vous en trouverez de bons exemples à Pasadena et à Berkeley.

Dans les années 1920, le style Art déco, répandu dans de nombreux pays, s'empara d'éléments antiques – glyphes mayas, colonnes égyptiennes, ziggourats babyloniennes – pour agrémenter les façades et gratte-ciel, comme on peut le voir à LA et dans le centre-ville d'Oakland. Les lignes épurées copient les formes aérodynamiques des avions et les ornements sont réduits à leur minimum, comme à l'Union Station (p. 261), à LA.

Au début du XXe siècle, le visionnaire Frank Lloyd Wright développa le concept d'architecture organique et conçut des maisons ouvertes sur l'extérieur, qui se fondent dans l'environnement naturel, les *Prairie Houses*. Les meilleurs exemples de la région sont à voir à Los Angeles, avec **Hollyhock House** (carte p. 262 ; ☎323-913-4031 ; www.barnsdall.org/hollyhock-house/about ; Barnsdall Art Park, 4800 Hollywood Blvd, Los Feliz ; tarif plein/étudiant/enfant 7/3 $/gratuit ; ⊙visite 11h-16h jeu-dim ; P ; M Ligne rouge Vermont/Sunset), et à Scottsdale, dans l'Arizona, où se trouve un de ses studios, Taliesin West (p. 173), qui magnifie le paysage désert alentour.

Modernisme et postmodernisme

Vers le milieu du XXe siècle, les adeptes du Bauhaus, tels Walter Gropius et Ludwig Mies van der Rohe, fuyant l'Allemagne nazie, débarquèrent aux États-Unis, apportant avec eux des conceptions avant-gardistes. Le modernisme, aux lignes épurées et géométriques du design scandinave, se transposa dans les banlieues, notamment en Californie du Sud. Albert Frey, Richard Neutra et d'autres architectes célèbres de ce mouvement ont laissé à Palm Springs une impressionnante collection de maisons privées et d'édifices publics.

Quelques années plus tard, le postmodernisme remit la décoration, la couleur, les références historiques au goût du jour, non sans une touche de fantaisie. Michael Graves et Philip Johnson, premier lauréat du prix Pritzker, se distinguèrent dans ce style. Une autre expression du postmodernisme se trouve dans l'architecture criarde et mimétique qui borde le Strip à Las Vegas, mais certains architectes comme Richard Meier s'inspirent des formes antiques (Getty Center de Los Angeles ; p. 267). L'architecture tout en courbes et lignes brisées du Walt Disney Concert Hall (p. 262), de Frank Gehry, détonne au milieu des gratte-ciel rectilignes de LA et le toit en dents de scie du Broad Contemporary Art Museum, extension du Los Angeles County Museum of Art (p. 267), porte la signature de Renzo Piano. Le Young Museum (p. 337), conçu par les Suisses Herzog et de Meuron, au toit de cuivre virant au vert, s'intègre au paysage du Golden Gate Park (San Francisco ; p. 337). En face, le toit de verdure de la California Academy of Science (p. 337), conçu par Renzo Piano, lui fait écho.

Environnement

Entre les mouvements sismiques, les inondations, les volcans actifs et la glace à perte de vue... l'Ouest américain a été tout sauf paisible des millions d'années durant. Or, de ce pandémonium est né un kaléidoscope de paysages éblouissants, unis par une caractéristique commune : leur capacité à attirer et à inspirer explorateurs, amoureux de la nature, artistes et sportifs. Tous sont séduits par la nature dramatique des Rocheuses, du littoral extraordinaire et des légendaires Grandes Plaines.

Géographie et géologie

Le romancier et essayiste Wallace Stegner, profondément enraciné dans l'Ouest, y distingue dans *Where the Bluebird Sings to the Lemonade Springs* (1992) une demi-douzaine de régions. Le seul facteur quasi commun qu'il y trouve est l'aridité, qui "aiguise la lumière et augmente la clarté de l'air dans presque tout l'Ouest". Elle est également source des conflits autour de l'eau, toujours d'actualité... sauf sur les côtes de l'Oregon et du Washington, réputées pour leur pluviométrie.

Californie

Géologie et séismes

La Californie forme un ensemble géologique complexe, constitué de fragments de roche et de croûte terrestre agglomérés lors de la dérive vers l'ouest du continent nord-américain, qui dura des centaines de millions d'années. Les côtes déchiquetées, la cuvette de la Central Valley et l'altitude toujours en augmentation de la Sierra Nevada sont le témoignage des forces incroyables exercées sur les plaques continentale et océanique poussées l'une vers l'autre.

Les plaques tectoniques du continent nord-américain ne s'entrechoquent plus, mais glissent l'une vers l'autre, ce qui a donné naissance à l'imposante faille de San Andreas. Les à-coups créent des tremblements de terre réguliers. Celui de 1906 détruisit San Francisco, causa plus de 3 000 morts et laissa 250 000 personnes sans domicile. Celui de Loma Prieta en 1989 provoqua l'effondrement partiel du Bay Bridge, et celui de 1994 à Los Angeles détruisit des portions de l'autoroute de Santa Monica, ce qui en fait le séisme américain le plus coûteux en dégâts matériels à ce jour.

Le 5 juillet 2011, une tempête de sable s'est abattue sur Phoenix (Arizona) et ses environs, sur un rayon de plus de 150 km, à une vitesse estimée de 80 à 95 km/h. Ce terrible phénomène se reproduisit le 9 juillet 2018.

De la côte à la Central Valley

Dans sa majeure partie, le littoral californien est longé par les Coast Ranges, chaînes côtières qui captent l'eau des orages d'hiver. Au nord de San Francisco, la côte brumeuse est peu peuplée, mais au sud, le climat clément attire les populations.

À l'extrême nord des Coast Ranges, les sols riches et l'humidité permettent la présence de forêts d'arbres géants. À l'est, ils s'abaissent en un paysage vallonné jusqu'à la Central Valley de 720 km de long, centre agricole produisant plus de 230 types de cultures – noix, fruits, légumes. La région réalise un tiers de la production agricole des États-Unis.

Montagnes

À l'est de la vallée se dresse la Sierra Nevada sur 650 km de longueur pour 80-130 km de largeur, ce qui en fait l'une des plus imposantes chaînes au monde. Elle compte 13 sommets dépassant les 4 000 m et offre un paysage exceptionnel de glaciers, pics de granit aux formes variées et canyons retirés. Ainsi que l'indique son nom de “chaîne enneigée” (en espagnol), la Sierra Nevada reçoit de nombreuses précipitations sous forme de neige, l'eau se déversant ensuite dans les rivières de la Central Valley qui alimentent également San Francisco et Los Angeles.

C'est en Californie que l'on trouve le point le plus haut des États-Unis (Mt Whitney, 4 421 m) et le point le plus bas (Badwater Basin, Death Valley, 86 m au-dessous du niveau de la mer) – et ce à moins de 150 km l'un de l'autre.

Déserts

C'est le versant ouest de la Sierra qui capte la plus grande partie de l'eau, conférant à l'est des paysages désertiques : ils reçoivent moins de 250 mm de précipitations par an. Étonnamment cependant, dans quelques vallées de l'Est situées au pied de la Sierra, de petits cours d'eau ont permis à l'agriculture et à l'élevage de se développer.

Au nord de la Californie, le haut plateau de Modoc, sur la bordure ouest du Great Basin Desert, consiste en un désert froid qui n'a guère pour végétation que des buissons d'armoise tridentée et des genévriers. Les températures montent à mesure que vous gagnez le Sud, avec un passage particulièrement marqué à hauteur du Mono Lake dans l'Owens Valley, à l'est de la Sierra Nevada. Ce désert aride du Sud (partie du désert de Mojave) comprend la vallée de la Mort, l'un des endroits les plus chauds de la planète.

Sud-Ouest

Certaines roches au cœur du Grand Canyon (p. 189), qui font partie des plus anciennes trouvées au monde, attestent que la région était recouverte d'eau il y a deux milliards d'années. Au sud de l'Utah, des couches rocheuses plus jeunes révèlent aussi la présence, au moins périodique, d'eau sur le continent. À la fin de l'ère paléozoïque, il y a environ 286 millions d'années, la collision des continents déforma la croûte terrestre et provoqua des compressions qui donnèrent naissance aux prémices des Rocheuses. Les rivières et dépôts sédimentaires formés par la chaîne commencèrent à donner forme au futur Sud-Ouest des États-Unis. Il y a plus de 60 millions d'années, la collision des plaques pacifique est et nord-américaine acheva de former les Rocheuses et souleva un ancien bassin pour donner l'actuel plateau du Colorado. L'action conjointe des deux plaques acheva la transformation du Sud-Ouest, initialement zone côtière, en un territoire continental.

Par la suite, c'est un mouvement d'extension vers l'ouest qui a caractérisé la croûte terrestre à cet endroit, créant des failles au Texas et au Nouveau-Mexique, la vallée d'effondrement où coule le Rio Grande, mais aussi les plateaux d'Arizona du Nord et d'Utah du Sud.

L'ère glaciaire du pléistocène a vu l'accumulation d'énormes blocs de glace dans le Sud-Ouest. L'un des souvenirs les plus évidents est le Great Salt Lake (Grand Lac salé), mais on peut aussi facilement remarquer des lits de lacs asséchés, encore incrustés de sel le long des routes du Nevada.

Au cours des derniers millions d'années, l'élévation des Rocheuses creusa de grands canyons et de larges rivières qui traversent de nos jours la région, et c'est l'érosion qui a été la force dominante, donnant des formes extraordinaires aux couches sédimentaires tendres, arches et *hoodoos* (cheminées de fées) n'en étant que des exemples.

Consultez www.publiclands.org pour découvrir les possibilités de loisirs sur des territoires gouvernementaux de l'Ouest, indépendamment des prestataires commerciaux. Le site fournit des liens vers les ouvrages et cartes utiles. Il publie aussi des informations sur les restrictions et fermetures liées aux incendies.

Grand Canyon

Creusée par le puissant fleuve Colorado, c'est la gorge la plus connue au monde. Le Grand Canyon (p. 189) reçoit quatre millions de visiteurs

PAYSAGES DU SUD-OUEST : DES CARACTÉRISTIQUES UNIQUES

Badlands "Mauvaises terres". Zones dans lesquelles le ruissellement et la végétation peu dense ont créé de profondes ravines. On en trouve des exemples au Painted Desert dans le Petrified Forest National Park (p. 200), au Capitol Reef National Park (p. 226) et dans les Bisti Badlands (p. 248).

Cheminées de fées Grandes colonnes naturelles de roche façonnées par l'érosion. Vous en verrez au Bryce Canyon National Park (p. 228) et dans l'Arches National Park (p. 223).

Ponts naturels Formés par le passage de cours d'eau à travers des couches de grès. Trois ponts de ce type se dressent au Natural Bridges National Monument (p. 225).

Cous d'oie Profond canyon naturel formé par les méandres d'une rivière. Le plus impressionnant est visible depuis le Goosenecks Overlook dans le Capitol Reef National Park (p. 226).

Mesas Imposantes formations de strates de grès autour desquelles le relief a disparu. Les exemples les plus classiques sont Monument Valley (p. 200) et d'autres sites à la frontière Arizona-Utah.

chaque année ; non seulement sa taille dépasse l'imagination, mais il est aussi le témoignage exceptionnel de deux milliards d'années d'histoire, grâce à un point de vue remarquable sur la douzaine de strates de solidité variable qui le composent. C'est d'ailleurs ici qu'est née la stratigraphie, étude des strates géologiques successives.

L'argile, friable, se trouve plutôt dans les pentes, alors que le grès et le calcaire, plus résistants, forment des falaises. Les couches constitutives des parois du canyon ont été formées lors de l'ère paléozoïque (de -542 à -251 millions d'années). Au fond de la gorge intérieure du canyon, on trouve des roches datant d'il y a un ou deux milliards d'années. Entre les deux se trouve une discordance (la "Great Unconformity") de plusieurs centaines de millions d'années, l'érosion ayant enfoui 4 000 m de roches et laissé un grand mystère.

Plantes et animaux du désert, bandits et Amérindiens, randonnée et vélo : avec le site www.desertusa.com, le désert du Sud-Ouest n'aura plus aucun secret pour vous.

Nord-Ouest pacifique

C'est dans l'est de l'Oregon et dans le Washington que se déroula l'un des premiers épisodes volcaniques du globe, il y a de 13 à 16 millions d'années. L'ouest de l'Amérique du Nord se fendit dans sa majeure partie en des milliers d'endroits, et d'énormes quantités de lave envahirent les terres. Plusieurs fois, le lit du Columbia fut rempli de lave, qui atteignit ainsi la côte de l'Oregon, formant des promontoires rocheux tels que le Cape Lookout. Aujourd'hui, les écoulements de lave durcis se voient aisément sur les spectaculaires falaises et mesas.

Pour ne pas être en reste, lors des ères glaciaires se sont formés d'immenses champs de glace entre le Washington et la Colombie-Britannique (au Canada), ce qui a couvert de glaciers à peu près tous les sommets de la région.

Les Rocheuses et les Grandes Plaines

Les Rocheuses

Les montagnes des Rocheuses s'étendent sur 4 800 km du nord de la Colombie-Britannique au Canada au Rio Grande au Nouveau-Mexique. Plus longue chaîne montagneuse d'Amérique du Nord, les Rocheuses sont en fait constituées de plus de 100 massifs distincts. Parmi les plus importants, citons les monts Sangre de Cristo (Colorado et Nouveau-Mexique), le Front Range (Colorado), le Wind River Range et les monts Big Horn (Wyoming) et les massifs Absaroka-Beartooth (Montana).

Les massifs se formèrent il y a 80 à 55 millions d'années quand une plaque tectonique océanique poussa le plateau continental par en dessous, soulevant la croûte terrestre vers le haut. L'instabilité tectonique et l'érosion glaciaire, des phénomènes qui restent d'actualité, ont façonné les montagnes que l'on voit aujourd'hui. Le **mont Elbert** (www.14ers.com ; ⏲juin-sept) au Colorado (4 401 m) est le point culminant des Rocheuses.

Les premiers habitants des Rocheuses s'établirent à la fin de l'âge de glace, il y a 12 000 ans. Au cours du millénaire qui s'est écoulé depuis, les Rocheuses ont été peuplées par de nombreuses tribus amérindiennes, notamment les Apaches, les Arapahos, les Cheyennes, les Crows, les Shoshones et les Sioux. Suivant un mode de vie semi-nomade, ils passaient le printemps et l'été dans les montagnes, où ils pouvaient pêcher, chasser les cerfs et les élans et ramasser des tubercules et des baies. Quand les températures baissaient à l'automne et en hiver, ils descendaient à la rencontre des grands troupeaux de bisons, dans les plaines.

John McPhee, l'un des auteurs de non-fiction les plus réputés aux États-Unis, a voyagé le long du 40e parallèle pour écrire sur la géologie américaine dans le cadre d'un projet intitulé *Annals of the Former World* (1998). Parmi les résultats de ce travail figurent *Basin and Range* (1982, couvrant l'Utah et la Californie), *Rising from the Plains* (1986 ; Wyoming) et *Assembling California* (1993).

Les Grandes Plaines

Alter ego des Rocheuses, les Grandes Plaines dominent l'intérieur des États-Unis continentaux. S'étendant de l'ouest du Mississippi jusqu'aux Rocheuses, sur 800 km d'est en ouest et plus de 3 200 km du nord au sud, elles sont principalement composées d'étendues herbeuses, les fameuses prairies.

La formation de plaines comme celles-ci dure des millions d'années : elle résulte de l'érosion de collines et de montagnes, causée par la glace et l'eau ruisselant sur les versants et déposant des couches de sédiments. Les Grandes Plaines de l'Ouest américain sont nées de cette manière. Le processus commença il y a environ un milliard d'années. Avant la formation des Rocheuses, qui commencèrent à apparaître il y a 80 millions d'années, le niveau de la mer plus élevé signifiait que les plaines furent un temps recouvertes par des mers intérieures peu profondes. Après l'apparition des Rocheuses, l'eau se retira (ou s'infiltra dans la terre, créant de vastes nappes aquifères) et le phénomène d'érosion et d'accumulation de strates sédimentaires s'intensifia, repoussant les frontières des plaines. Les Plaines étaient complètement formées, du moins temporairement, quand de gigantesques feuilles de glace ou des glaciers les recouvrirent durant l'âge de glace : elles furent ainsi lissées et aplanies.

Les plaines couvrent la totalité des Dakota du Nord et du Sud, du Nebraska et du Kansas, ainsi qu'une grande partie du Wyoming, du Montana, du Colorado, du Nouveau-Mexique, de l'Oklahoma et du Texas.

Faune

Avant l'arrivée des Européens, le nombre d'espèces animales qui vivaient sur le continent était incroyable. L'immensité conjuguée à la diversité biologique fascinaient tellement les Américains du XIXe siècle qu'ils croyaient sincèrement au caractère inépuisable de leurs ressources naturelles.

Or tout cela a disparu. Quelques poches isolées témoignent encore des premiers écosystèmes, actuellement menacés par la pollution, l'extension de l'occupation humaine et l'introduction de nouvelles espèces. Il y a une certaine ironie à constater que la faune et la flore qui subsistent aux États-Unis sont aujourd'hui entièrement encadrées par l'homme. Cependant, il est possible de voir dans l'Ouest – grâce aux parcs nationaux gérés par le National Park Service (NPS), agence fédérale qui a fêté le centenaire de sa création en 2016, et aux zones protégées – une nature qui semble sauvage, et si l'on vient au bon moment, de trouver un nombre appréciable de spécimens intéressants. Nous en évoquons ci-dessous quelques-uns parmi les plus typiques de la région.

Pour en savoir plus sur deux des espèces les plus emblématiques de l'Ouest américain, lisez le récent *Path of the Puma: The Remarkable Resilience of the Mountain Lion* (Jim Williams ; 2018) et *Down from the Mountain: The Life and Death of a Grizzly Bear* (Bryce Andrews ; 2019).

Ours

Le grizzly, qui figure sur le drapeau de la Californie, est une sous-espèce des ours bruns. Il peut évoluer dans un territoire de 1 300 km². À une époque, 50 000 spécimens peuplaient les terres de l'Ouest, notamment la Central Valley, mais en 1975, il en restait moins de 300. Depuis, des programmes de protection ont vu le jour et, en 2016, les scientifiques estimaient entre 674 et 839 le nombre de grizzlys dans la région du parc de Yellowstone. Une étude récente suggère que l'introduction des loups à Yellowstone a peut-être bénéficié aux grizzlys – les loups mangent les élans, et par conséquent les grizzlys ont davantage de baies à consommer.

Selon le California Department of Fish and Wildlife (Département californien des poissons et de la faune sauvage), les forêts de montagne de l'État abritent 30 000 à 40 000 ours noirs. En réalité, leur fourrure n'est pas toujours noire : elle peut être marron foncé, brun clair ou même blonde.

L'ours noir est probablement l'animal le plus célèbre des Rocheuses. Les mâles pèsent entre 125 et 205 kg, les femelles entre 80 et 115 kg. Ils mesurent 1 m à quatre pattes, et jusqu'à 1,50 m lorsqu'ils sont campés sur leurs pattes arrière. Malgré une baisse de la population, l'ours noir est présent dans le Nord-Ouest pacifique, le Sud-Ouest et la Californie. Moins imposants que les grizzlys, ils peuvent survivre dans un espace réduit. Ils se nourrissent de baies, racines, œufs, poissons et petits mammifères, mais il faut faire attention à ne pas laisser de nourriture en vue dans les campings et chalets de montagne.

Les meilleurs endroits pour voir des ours sont le Yellowstone National Park (p. 125) et le Glacier National Park (p. 141).

Loup

Le loup est un symbole puissant du caractère sauvage de l'Amérique. Ce prédateur intelligent et grégaire est le plus gros des canidés – son poids moyen dépasse 45 kg pour près d'un mètre de hauteur au niveau de l'épaule. On estime que 400 000 loups arpentaient jadis le continent d'une côte à l'autre, de l'Alaska au Mexique.

Les loups n'étaient pas vraiment appréciés des colons européens. La première loi en matière de vie sauvage dans les colonies britanniques fut une prime pour leur capture. Quand les Américains du XIXe siècle commencèrent à apprivoiser l'Ouest, ils massacrèrent d'innombrables troupeaux de bisons, wapitis et cerfs, les remplaçant par des moutons ; les loups trouvèrent ces nouvelles créatures tout à fait à leur goût.

Pour empêcher les loups de dévorer le bétail, le gouvernement mit rapidement en place une politique officielle d'élimination. Jusqu'à 1965, pour 20 à 50 $ par animal, les loups étaient tués par balle, empoisonnés, piégés et chassés de leurs tanières ; il ne resta bientôt plus que quelques centaines de loups gris dans le nord du Minnesota et le Michigan.

En 1944, l'écologiste Aldo Leopold réclama le retour du loup. Ses arguments n'étaient pas motivés par la nostalgie, mais bien par l'écologie. Ses études montraient que, dans les écosystèmes sauvages, les prédateurs primaires sont nécessaires au maintien d'une biodiversité saine ; en raison d'une interdépendance complexe, tous les animaux et les plantes souffraient de la disparition du loup.

Doté d'incroyables capacités d'adaptation, le coyote ressemble au loup mais il est deux fois plus petit (7 à 20 kg). Icônes du Sud-Ouest, les coyotes sont partout, même dans les villes.

Malgré l'opposition farouche des chasseurs et des propriétaires de ranchs, le loup gris fut réintroduit dans la région du Greater Yellowstone en 1995-1996 et le loup du Mexique en Arizona en 1998.

Protégées et stimulées, les populations de loup ont progressé de façon remarquable : on compte désormais plus de 6 000 individus dans les États contigus et 8 000 de plus en Alaska. En 2019, le Fish and Wildlife Service (Service des poissons et de la vie sauvage) a proposé de retirer le loup gris de la liste des espèces menacées ; une décision est attendue.

Bison

Animal national des États-Unis, le bison est le symbole de la destruction massive de la faune sauvage dans l'Ouest américain, mais aussi de sa relative renaissance. Il y a 10 000 ans, d'immenses troupeaux de bisons se baladaient de l'Alaska au Nouveau-Mexique, et jusqu'en Floride à l'est. Le bison jouait un rôle important dans la mythologie de nombreuses tribus amérindiennes, qui le chassaient pour sa viande et sa peau. On comptait environ 65 millions de têtes à la fin du XVIIIe siècle – dans des troupeaux si denses qu'ils "assombrissaient toute la plaine", comme l'écrivirent les explorateurs Lewis et Clark. En 1889, il ne restait que 541 bisons aux États-Unis. Alors que l'extinction était proche, de nouveaux troupeaux se développèrent à partir des derniers survivants, si bien qu'on peut encore admirer l'une des plus nobles créatures d'Amérique dans toute sa majesté bourrue. Aujourd'hui, entre 15 000 et 30 000 bisons évolueraient en liberté, avec une population totale d'un demi-million sur des terres privées et clôturées. Les endroits les plus accessibles pour les voir sont le Yellowstone National Park (p. 125), le Grand Teton National Park (p. 130) ainsi que le National Bison Range (p. 136).

En hiver, le bison arbore une longue fourrure hirsute, plus légère en été ; les petits sont d'un brun beaucoup plus clair. Mesurant jusqu'à 2,8 m de long et pesant jusqu'à 1 270 kg, les bisons sont herbivores et paissent dans des prairies, généralement dans le même secteur pendant quelques heures avant de se déplacer ; ils parcourent jusqu'à 3,2 km par jour. Ils peuvent être étonnamment rapides (jusqu'à 65 km/h). Au cours des deux dernières décennies du XXe siècle, les bisons ont blessé plus de personnes que les ours dans le Yellowstone National Park (79 contre 24).

En 2020, quatre barrages hydroélectriques du Klamath vont être détruits afin d'améliorer la qualité de l'eau et le passage des poissons sur ce fleuve coulant de l'Oregon à la Californie. Il existe un espoir de pouvoir classer un jour le Klamath parmi les cours d'eau les plus riches en saumons et en truites arc-en-ciel de l'Ouest.

Écologie

La croissance de l'Ouest ne s'est pas réalisée sans dommages. Destruction quasi irréversible de l'écosystème du fleuve Columbia par la production d'hydroélectricité et la mise en place d'ambitieux projets d'irrigation, abattage de forêts primaires et extension incontrôlée de la banlieue de Portland (Oregon) ou de la zone autour du Puget Sound (État du Washington)... Les États-Unis semblent cependant avoir franchi un cap, la majorité des Américains acceptant désormais la réalité du réchauffement climatique, indépendamment de leurs convictions politiques.

Dans le Sud-Ouest, les controverses tournent autour des centrales, du transport et du traitement des déchets nucléaires, en particulier à Yucca Mountain, à 145 km de Las Vegas. La fracturation hydraulique, une méthode agressive d'extraction d'hydrocarbures, dont le gaz de schiste, est largement utilisée dans l'Ouest, provoquant des mini-booms économiques dans des zones industriellement dévastées, mais aussi de graves problèmes environnementaux, comme la contamination de nappes phréatiques, et même l'explosion d'une maison qui fit une victime dans le Colorado.

Cadillac Desert : The American West and Its Disappearing Water de Marc Reisner est à parcourir si l'on veut un compte rendu détaillé de l'exploitation systématique de l'eau dans l'Ouest... jusqu'à la dernière goutte.

Changement climatique

Selon un rapport publié par la National Academy of Sciences en 2016, les changements climatiques provoqués par l'homme seraient à l'origine de la multiplication exponentielle des incendies dans l'Ouest. Le même rapport affirme que la région la plus menacée est le Nord-Ouest, notamment l'Idaho, le Wyoming, le Montana, l'est de l'Oregon et l'est de l'État de Washington.

Les températures dans la région sont en hausse, tandis que le manteau neigeux diminue. La hausse du niveau des océans et la sécheresse grandissante des forêts affectent l'activité humaine et certains écosystèmes dans leur ensemble. Malgré le retrait des États-Unis de l'Accord de Paris sur le climat en 2017, de nombreux États (dont le Washington, la Californie et l'Oregon) ainsi que de nombreuses villes (dont Los Angeles, Seattle et Denver) s'efforcent de respecter les engagements prévus par l'accord.

L'Ouest américain pratique

Carnet pratique

Ambassades et consulats

Ambassades et consulats des États-Unis à l'étranger

France (☎01 43 12 22 22 ; french.france.usembassy.gov/fr)

Belgique (☎ (32-2) 811-4000 ; belgium.usembassy.gov)

Canada Consulat Montréal (☎514-398-9695 ; montreal.usconsulate.gov) ; Toronto (☎416-595-1700 ; toronto.usconsulate.gov)

Suisse (☎031-357-70-11 ; bern.usembassy.gov)

Ambassades et consulats étrangers aux États-Unis

France Los Angeles (☎310-235-32-00 ; www.consulfrance-losangeles.org) ; San Francisco (☎415-397-4330 ; www.consulfrance-sanfrancisco.org)

Belgique Los Angeles (☎323-857-1244 ; www.belgiumintheusa.be)

Canada Denver (☎303-626-0640 ; www. can-am.gc.ca/denver) ; Los Angeles (☎213-346-2700 ; www. can-am.gc.ca/los-angeles) ; San Francisco (☎415-834-3180 ; www. can-am.gc.ca/san-francisco/) ; Seattle (☎206-443-1777 ; www. can-am.gc.ca/seattle)

Suisse Los Angeles (☎310-575-1145 ; www.eda.admin.ch/la) ; San Francisco (☎415-788-2272 ; www.eda.admin.ch/sf)

Argent

Le dollar américain, familièrement appelé *buck*, est la seule monnaie légale dans le pays.

Un dollar équivaut à 100 cents (¢). Les pièces ont toutes un nom : 1 ¢ (penny), 5 ¢ (nickel), 10 ¢ (dime), 25 ¢ (quarter), celles de 50 ¢ (half-dollar) et de 1 $ sont très rares. Les *quarters* sont les pièces utilisées pour les distributeurs et les parcmètres. Il y a des billets de 1 $, 2 $ (rares), 5 $, 10 $, 20 $, 50 $ et 100 $.

Cartes de crédit

Les cartes de crédit sont acceptées presque partout. Il vous sera difficile de louer une voiture ou de réserver une chambre par téléphone sans carte bancaire. En cas de perte ou de vol, faites une déclaration immédiatement auprès de la compagnie :

American Express (☎800-528-4800 ; www.americanexpress.com)

MasterCard (☎800-627-8372 ; www.mastercard.com)

Visa (☎800-847-2911 ; www.visa.com)

Espèces

La plupart des Américains ont peu d'argent liquide sur eux, préférant la carte bancaire ou le Smartphone pour leurs achats quotidiens, mais mieux vaut en avoir un peu sur vous quand vous êtes sur la route, pour les campings, les cafés et les restaurants.

Change

- Les banques restent le meilleur endroit pour changer des devises étrangères. Dans les grandes villes, la plupart des banques offrent ce service, ce qui n'est pas toujours le cas dans les zones rurales.
- Les bureaux de change des aéroports et des offices du tourisme proposent les taux les moins avantageux ; renseignez-vous sur les commissions et les frais supplémentaires.
- Travelex est une importante société de change, mais les agences American Express offrent souvent des meilleurs taux.

Chèques de voyage

- Les chèques de voyage sont de moins en moins utilisés.
- Les grands restaurants et hôtels ainsi que les grands magasins les acceptent encore (en dollars US uniquement), mais les petits commerces, les marchés et les chaînes de restauration rapide risquent de les refuser.

Distributeurs automatiques de billets (DAB)

- Les DAB (ATM sur place) sont accessibles 24h/24 et 7j/7 dans la plupart des banques, centres commerciaux, aéroports et supermarchés.
- La plupart des DAB prennent une commission de 2,50 $ par opération et il se peut que votre banque rajoute des frais. Renseignez-vous. Certains DAB de Las Vegas prennent des commissions plus élevées qu'ailleurs.
- La plupart des DAB sont reliés aux réseaux internationaux et offrent un taux de change correct.

Pourboires

Laisser un pourboire (*tip*) est pour ainsi dire obligatoire, sauf, bien entendu, si le service est très mauvais. Sachez que la plupart des employés du secteur des services ont un salaire fixe très bas et dépendent beaucoup des pourboires.

Barmen 10% à 15% sur l'addition, 1 $ minimum par consommation

Femmes de chambre 2 à 5 $ par jour, à laisser sous la carte fournie à cet effet

Porteurs dans les aéroports et les hôtels 2 $ par bagage, 5 $ minimum pour un chariot

Réceptionnistes jusqu'à 20 $ pour une réservation de dernière minute dans un restaurant ou une place pour un spectacle qui affiche complet

Serveurs 10-20%, sauf si le pourboire est inclus dans l'addition

Taxi 10 à 15% du prix de la course, arrondis au dollar supérieur

Voituriers au moins 2 $, sur remise des clés

Taxes

- Les États et les comtés sont libres d'imposer leurs propres taxes – de zéro dans le Montana à 7,5% en Californie.
- La taxe de séjour varie selon les villes.

CONSEILS AUX VOYAGEURS

La plupart des gouvernements possèdent des sites Internet qui recensent les dangers possibles et les régions à éviter. Consultez notamment les sites suivants :

Ministère des Affaires étrangères français (www.diplomatie.gouv.fr)

Ministère des Affaires étrangères de Belgique (diplomatie.belgium.be)

Département fédéral des Affaires étrangères suisse (www.eda.admin.ch/eda/fr)

Ministère des Affaires étrangères du Canada (www.voyage.gc.ca)

Assurance

Il est conseillé de souscrire à une police d'assurance qui vous couvrira en cas d'annulation de votre voyage, de vol, de perte de vos affaires, de maladie ou encore d'accident. Vérifiez notamment que les "sports à risques", comme la plongée, la moto ou même la randonnée ne sont pas exclus de votre contrat, ou encore que le rapatriement médical d'urgence, en ambulance ou en avion, est couvert. De même, le fait d'acquérir un véhicule dans un autre pays ne signifie pas nécessairement que vous serez protégé par votre propre assurance.

Les soins aux États-Unis sont excellents mais les coûts exorbitants. L'assurance réglera directement les hôpitaux et les médecins, vous évitant ainsi d'avancer des sommes qui ne vous seront remboursées qu'à votre retour.

Avant de souscrire une police d'assurance, vérifiez bien que vous ne bénéficiez pas déjà d'une assistance par votre carte de crédit, votre mutuelle ou votre assurance automobile.

N'oubliez pas de prendre avec vous les documents relatifs à l'assurance ainsi que les numéros à appeler en cas d'urgence.

Cartes de réduction

America the Beautiful Interagency Annual Pass (www.nps.gov/planyourvisit/passes.htm ; 80 $). Accès gratuit 4 adultes et enfants (-16 ans) à tous les parcs nationaux et les territoires de loisirs fédéraux durant 1 an. Ce pass peut s'acheter en ligne ou dans un bureau d'accueil à l'entrée des parcs nationaux.

American Automobile Association (AAA ; www.aaa.com). Les membres de l'AAA, ou des associations étrangères affiliées (CAA, AA) bénéficient de remises (en principe 5 à 15%) sur : billets de train Amtrak, location de voitures, motels et hôtels, restaurants franchisés, certains magasins, circuits organisés et parcs à thème.

International Student Identity Card (ISIC ; www.isic.fr ; 20 €). Permet à un étudiant ou à toute personne de moins de 26 ans d'économiser sur les billets d'avion, les assurances de voyage et les attractions touristiques locales. Pour les moins de 30 ans non étudiants, l'International

Youth Travel Card (IYTC ; www.isic.fr ; 20 €) procure des bénéfices similaires.

Seniors Les plus de 65 ans (mais parfois moins), ont droit aux mêmes réductions que les étudiants.

Student Advantage Card (www.cardnet.ie ; 22,50 $). Destinée aux étudiants étrangers et américains, permet d'économiser 10% sur le réseau Amtrak et 20% sur les billets de bus Greyhound, ainsi que des réductions dans certaines chaînes de magasins et agences de location de voitures.

Désagréments et dangers

L'Ouest des États-Unis est un lieu relativement sûr. Le plus grand risque que vous courez est l'accident de voiture, surtout de nuit. Les animaux sauvages peuvent constituer un danger dans les parcs naturels si vous ne prenez pas les précautions nécessaires (mauvais stockage de la nourriture, par exemple). C'est à Los Angeles qu'il y a le plus de crimes, mais les touristes sont rarement concernés.

Douane

Pour connaître la réglementation douanière des États-Unis et être averti des changements (fréquents) en la matière, consultez le site officiel de l'administration des douanes, la **US Customs and Border Protection** (www.cbp.gov).

Les douanes américaines autorisent toute personne à entrer aux États-Unis avec :

- 1 litre de vin ou d'alcool (à condition d'avoir 21 ans révolus)
- 200 cigarettes ou 100 cigares (si vous avez plus de 18 ans)
- cadeaux et achats d'une valeur totale ne dépassant pas 200 $ hors taxes (800 $ pour les citoyens américains)
- si vous arrivez avec l'équivalent de 10 000 $ ou plus en espèces, chèques de voyage, mandats-poste ou autres, il est obligatoire de le déclarer

Toute tentative d'importer des substances illicites est punie de lourdes sanctions. Les fruits, légumes et tous aliments ou végétaux doivent être déclarés (sinon, vous risquez une fouille en règle) ou jetés dans les poubelles de la zone d'arrivée.

Si vous entrez aux États-Unis avec un ordinateur portable, une tablette, un Smartphone ou un appareil photo numérique, assurez-vous que la batterie est chargée et que les officiers des douanes pourront en inspecter le contenu s'ils le souhaitent.

Électricité

Les États-Unis utilisent le courant alternatif 110/120 V ; prévoyez des transformateurs pour tout le matériel électronique non américain.

Type A
120 V/60 Hz

Femmes seules

Les États-Unis ne présentent aucun problème particulier pour les femmes voyageant seules ou en groupe.

Le site www.journeywoman.com facilite l'échange de conseils de voyage entre femmes, et fournit des liens vers d'autres sources utiles. Le livret *Voyager au féminin*, publié par le gouvernement canadien, donne de nombreux conseils ; téléchargez le PDF ou lisez-le en ligne sur voyage.gc.ca/voyager/publications. Certaines femmes gardent sur elles un sifflet ou un spray lacrymogène à utiliser en cas d'agression. Si vous achetez un spray, renseignez-vous sur la réglementation locale auprès d'un poste de police, car les lois varient selon les États. La loi fédérale interdit le port d'un spray à bord d'un avion.

En cas d'agression physique, vous pouvez appeler un service d'assistance aux victimes de viol avant d'appeler la police, à moins d'être réellement en danger, auquel cas il faut appeler le ☎911. Sachez que tous les fonctionnaires de police ne sont pas forcément aussi bien formés que les employés des services d'assistance aux victimes de viol, lesquels défendront inlassablement vos droits et feront le lien avec les autres services locaux, notamment les hôpitaux et la police. Les annuaires comprennent des listes de services d'assistance aux victimes de viol. Sinon, contactez la National Sexual Assault Hotline (☎800-656-4673), disponible 24h/24, ou allez directement aux urgences.

Parmi les organismes nationaux pouvant vous être utiles, citons :

National Organization for Women (now.org/). Une association qui défend les droits des femmes.

Planned Parenthood (www.plannedparenthood.org). Planning familial pouvant indiquer des cliniques pour les femmes dans tout le pays.

Formalités et visas

Les conditions d'entrée sur le territoire américain sont susceptibles de changer rapidement. Tous les voyageurs sont invités à vérifier la législation relative aux visas et passeports *avant* de partir pour les États-Unis. Vous pouvez consulter le site du **Département d'État américain** (US Department of State ; www.travel.state.gov) pour obtenir des renseignements, notamment la liste des consulats américains à l'étranger et les délais d'attente pour l'obtention d'un visa, pays par pays, et télécharger des formulaires.

Nous vous conseillons de scanner ou de photocopier tous vos documents importants (pages d'introduction de votre passeport, cartes de crédit, police d'assurance, billets de train/d'avion/de bus, permis de conduire, etc.). Conservez ces copies à part des originaux. Vous remplacerez ainsi plus aisément ces documents en cas de perte ou de vol.

Programme d'exemption de visa et ESTA

Le programme d'exemption de visa (Visa Waiver Program, ou VWP) des États-Unis permet à l'heure actuelle aux ressortissants de 38 pays (dont la France, la Belgique, le Luxembourg et la Suisse) de se rendre aux États-Unis sans visa pour des séjours touristiques ou d'affaires d'une durée maximale de 90 jours (aucune prorogation n'est autorisée).

- Une nouvelle loi entrée en vigueur le 21 janvier 2016 a néanmoins réformé le programme : les voyageurs qui se sont rendus en Iran, en Irak, en Libye, en Syrie, au Soudan, au Yémen ou en Somalie depuis le 1er mars 2011 devront dorénavant faire une demande de visa, de même que les personnes ayant la nationalité iranienne, soudanaise, irakienne ou syrienne.
- Autres conditions : posséder un passeport individuel (pour les enfants aussi) répondant aux normes américaines actuelles et obtenir l'approbation de l'**Electronic System for Travel Authorization** (ESTA ; www.cbp.gov/esta) au préalable. Inscrivez-vous en ligne auprès du Department of Homeland Security sur la page www.cbp.gov/esta au moins 72 heures avant votre arrivée. Une fois l'autorisation de voyage validée, votre inscription est valable pendant 2 ans, mais vous devrez effectuer une nouvelle demande en cas de renouvellement de passeport ou de changement de situation. Les frais, à régler en ligne, sont de 14 $.
- Les Canadiens sont à l'heure actuelle exemptés de cette formalité. Ils peuvent entrer aux États-Unis munis seulement d'un passeport ou d'une autre pièce d'identité officielle.

Visa requis

Vous devez faire la demande de visa auprès d'une ambassade ou d'un consulat américain dans votre pays d'origine si :

- Vous n'êtes pas ressortissant d'un pays relevant du VWP.
- Vous êtes ressortissant d'un pays relevant du VWP mais ne possédez pas de passeport répondant aux normes américaines actuelles.
- Vous êtes ressortissant d'un pays relevant du VWP mais avez voyagé en Iran, en Irak, en Syrie ou au Soudan depuis le 1er mars 2011, ou avez la nationalité de l'un de ces quatre pays.
- Vous souhaitez séjourner plus de 90 jours.
- Vous souhaitez travailler ou étudier aux États-Unis.

Entrer aux États-Unis

Vous devrez remplir un formulaire de déclaration douanière, souvent remis dans l'avion. Remplissez-le avant d'arriver au guichet de l'immigration. À la question "US Street Address" indiquez

UN FIL D'ARIANE EN VOYAGE

Le **portail Ariane** (pastel.diplomatie.gouv.fr/fildariane), mis en place par le Centre de crise du ministère des Affaires étrangères, est un service gratuit permettant au voyageur français à l'étranger d'être contacté par le service consulaire, sur son téléphone portable ou par e-mail, au cas où des événements graves (crise politique, catastrophe naturelle, attentat...) se produiraient dans le pays durant son séjour, ou de contacter rapidement sa famille ou ses proches en France en cas de besoin.

La procédure d'inscription se réalise en ligne, où vous donnez des informations sur votre voyage (date de départ, de retour, numéro de téléphone portable, coordonnées d'éventuels contacts sur place, adresses de séjour et itinéraire prévu, etc.).

Grâce à ce service, vous recevrez en outre, avant votre départ, des recommandations de sécurité par e-mail si la situation dans le pays le justifie.

PRATIQUE

Journaux et magazines Parmi les quotidiens nationaux majeurs figurent le *New York Times*, le *Wall Street Journal* et *USA Today* ; *Time* et *Newsweek* sont des magazines d'information grand public.

Radio et télévision On trouve la National Public Radio (NPR), au début de la bande FM. Les principales chaînes de télévision sont ABC, CBS, NBC, FOX et PBS (chaîne publique). Les principales chaînes câblées : CNN (information), ESPN (sport), HBO (cinéma), Weather Channel (météo).

Cigarette Dans la plupart des États de l'Ouest américain, il est formellement interdit de fumer dans les restaurants, bars et lieux de travail. L'exception est le Nevada – les casinos, en particulier, restent assez enfumés. Il vous arrivera peut-être de tomber sur des adresses petits budgets et des halls d'hôtel où l'on fume, mais le tabac n'a plus droit de cité dans la majorité des hébergements.

Poids et mesures Poids : 1 once ou oz (once) = 28,35 g ; 1 pound ou lb (livre) = 454 g ; 1 ton (tonne). Liquide : 1 fluid once (fl oz) = 0,03 l ; 1 pinte = 0,47 l ; 1 quart (qt) = 0,95 l ; 1 gallon = 3,79 l. Distance : 1 inch ou in (pouce) = 2,54 cm ; 1 foot ou ft (pied) = 30,48 cm ; 1 yard (yd) = 91,4 cm ; 1 mile (mi) = 1,6 km.

Vidéo NTSC (incompatible avec les systèmes PAL ou SECAM). Les DVD sont codés pour la région 1 (États-Unis et Canada uniquement).

l'adresse où vous passerez la première nuit (une adresse d'hôtel suffit).

Indépendamment de ce que votre visa stipule, l'officier de l'immigration est habilité à vous refuser le droit d'entrer aux États-Unis et à mettre des conditions à votre séjour. Il vous demandera quels sont vos projets et si vous avez assez d'argent. Produire un itinéraire, un billet de retour ou vers une autre destination et au moins une carte de crédit est utile. N'insistez pas trop sur le fait que vous avez des amis, de la famille ou des contacts professionnels aux États-Unis, l'agent de l'immigration pourrait en conclure que vous serez tenté de prolonger votre séjour. Être correctement habillé et courtois ne fait pas de mal.

Quitter le pays et y revenir

- Aller faire un petit tour au Canada ou au Mexique est assez facile, mais au retour les non-Américains sont soumis à l'intégralité des formalités d'immigration.
- Ayez toujours votre passeport sur vous pour passer la frontière.
- Les ressortissants de la plupart des pays occidentaux n'ont pas besoin d'un visa pour le Canada.
- Les voyageurs arrivant en bus du Canada sont parfois sérieusement interrogés. Un billet aller-retour calme les craintes des services d'immigration.
- Au moment de nos recherches, la plupart des visiteurs n'avaient pas besoin de visa pour un séjour de courte durée au Mexique (de moins de 90 à moins de 180 jours, selon les nationalités).

Handicapés

- Les États-Unis sont un pays plutôt bien disposé à l'égard des personnes atteintes d'un handicap physique. L'Americans with Disabilities Act (ADA) impose à chaque édifice public ou privé construit après 1993 (notamment les hôtels, restaurants, théâtres et musées) et transports en commun d'être accessibles en fauteuil roulant. Vérifiez au préalable ce qu'il en est par téléphone. Certains offices du tourisme publient des guides détaillés faisant état des zones aménagées.
- Les compagnies de télécommunication fournissent des opérateurs relais, accessibles par des numéros téléimprimeurs (TTY numbers) pour les malentendants. La plupart des banques disposent de DAB avec les consignes d'utilisation en braille, ou possédant une prise écouteurs pour les malentendants. Toutes les grandes lignes aériennes, les bus Greyhound et les trains Amtrak fournissent une assistance aux handicapés. Il suffit d'expliquer ce dont on a besoin en réservant 48 heures à l'avance pour que le nécessaire soit fait. Les chiens guides d'aveugles sont acceptés à bord ; n'oubliez pas leurs papiers.
- Certaines agences de location de véhicules, comme Budget et Hertz, proposent des véhicules adaptés et des fourgonnettes avec élévateur de fauteuil roulant sans surcoût, mais il faut les réserver très tôt. Accessible Vans of America (www.accessiblevans.com) loue des vans adaptés partout aux États-Unis. Dans de nombreuses villes, les bus publics sont adaptés pour les personnes en fauteuil

roulant ; il suffit de prévenir le conducteur que vous avez besoin de la rampe ou de la plateforme d'accessibilité.

➡ Dans de nombreux parcs nationaux, certains parcs d'État et domaines de loisirs, les chemins sont aménagés pour les fauteuils roulants, c'est-à-dire pavés, goudronnés ou recouverts de planches. Le site Rails-to-Trails Conservancy (www.traillink.com/activity/wheelchair-accessible-trails) répertorie et classe par État les chemins de randonnée accessibles en fauteuil roulant.

Sites utiles

Un certain nombre d'organismes sont spécialisés dans les besoins des voyageurs handicapés :

Access Northern California (accessnca.org). Nombreux liens pour des conseils de voyage, visites guidées et transports, activités de plein air, base de données d'hébergements et calendriers d'événements.

Arizona Raft Adventures (azraft.com). Prestataire qui intègre les touristes handicapés aux excursions en rafting dans le Grand Canyon.

Disabled Sports USA (☎301-217-0960 ; www.disabledsportsusa.org). Propose activités sportives et programmes de loisirs, et publie le magazine *Challenge*.

Mobility International USA (☎541-343-1284 ; www.miusa.org ; 132 E Broadway, No 343 Eugene ; ⊙9h-17h lun-ven). Conseille les voyageurs handicapés à destination des États-Unis.

Splore (discovernac.org/programs/splore-outdoor-adventures). Propose des circuits d'aventure accessibles aux handicapés, dans l'Utah.

En France, l'**APF** (Association des paralysés de France ; ☎01 40 78 69 00 ; www.apf.asso.fr) peut vous fournir des informations sur les voyages accessibles. Des sites Internet comme **Yanous** (www.yanous.com), dédiés aux personnes handicapées, mettent régulièrement à jour une rubrique Voyages et constituent une bonne source d'information.

Heures d'ouverture

Banques 8h30-16h30 lun-jeu, 8h30-17h30 ven (et éventuellement 9h-12h sam)

Bars 17h-0h dim-jeu, 17h-2h ven-sam

Discothèques 22h-2h jeu-sam

Postes 9h-17h lun-ven

Centres commerciaux 9h-21h

Magasins 10h-18h lun-sam, 12h-17h dim

Supermarchés 8h-20h, ouverts 24 h/24 pour certains

Heure locale

Les États-Unis sont divisés en quatre fuseaux horaires et observent presque partout l'heure d'été (*Daylight Saving Time*, DST) : les horloges sont avancées d'une heure le deuxième dimanche de mars, puis reculées d'une heure le premier dimanche de novembre. Trois exceptions : l'Arizona (sauf la réserve navajo), Hawaï et la majeure partie de l'Indiana. Quand il est midi à Paris, il est 3h à Los Angeles et 4h à Denver.

➡ Aux États-Unis, on écrit les dates dans cet ordre : mois/jour/année. Ainsi, le 8 juin 2019 devient 6/8/19.

Homosexualité

Le mariage homosexuel est désormais légal dans les 50 États du pays. Dans l'ensemble, les grandes villes et les stations balnéaires sont les destinations les plus tolérantes.

Destinations phares

San Francisco est sans conteste la ville la plus ouverte de toute l'Amérique, comme le sont aussi Los Angeles et Las Vegas. En plein désert, les complexes hôteliers *gay-friendly* de Palm Spring sont très prisés.

Situation de la communauté LGBT

La communauté homosexuelle est présente et active dans la plupart des grandes villes. Dans l'Ouest, la tolérance varie beaucoup d'un endroit à l'autre. Parfois, l'intolérance s'exprime clairement, comme dans certaines zones rurales et dans les enclaves extrêmement conservatrices où réactions violentes et insultes peuvent être de mise. Dans d'autres, on accepte les homos, bi et transsexuels à condition qu'ils "n'affichent" pas leur préférence sexuelle ou leur identité trop ouvertement. En cas de doute, faites-vous discret et ne posez pas trop de questions, les habitants eux-mêmes s'en tiennent souvent à la politique du "Don't ask, don't tell" (Ne pas demander, ne pas dire).

Renseignements

Advocate (www.advocate.com). Site d'information destiné aux homosexuels.

Gay Travel (www.gaytravel.com). Guides de nombreuses destinations aux États-Unis.

GLBT National Help Center (www.glbthotline.org). Numéro national où trouver écoute, conseils et informations.

National LGBTQ Task Force (www.thetaskforce.org). Le site Internet de ce groupe

PAS D'IMPAIR !

Salutations Les Américains ont l'habitude de se prendre dans les bras pour se dire bonjour, même lorsqu'ils ne se connaissent pas. Si vous avez un doute, serrez la main.

Cigarette Nombreux sont les lieux où il est interdit de fumer, même à l'extérieur. Les Américains voient généralement les fumeurs d'un mauvais œil, et la cigarette est souvent interdite dans les parcs, sur les promenades et sur les plages.

Ponctualité Soyez à l'heure. Faire attendre quelqu'un est considéré comme très impoli.

Sourires Les Américains sourient beaucoup. Faites de même ; une attitude enjouée aidera à briser la glace.

national de militants traite de politique et d'actualité.

Out Traveler (www.outtraveler.com). Guides en ligne et informations.

Purple Roofs (www.purpleroofs.com). Répertorie les hôtels et B&B tenus par, et pour, des homosexuels dans le pays.

Internet (accès)

➡ Vous pourrez facilement rester connecté, au pays de la haute technologie. La plupart des hôtels, pensions et auberges de jeunesse ont un accès Wi-Fi (souvent gratuit) ; renseignez-vous lors de la réservation.

➡ La plupart des cafés et certains restaurants proposent un accès Wi-Fi gratuit. C'est aussi le cas de certains parcs et places dans les villes, et vous pouvez toujours compter sur la bibliothèque publique. Vous trouverez des ordinateurs dans la plupart des bibliothèques (avec temps d'utilisation limité), en plus du Wi-Fi.

➡ Si vous emportez votre ordinateur portable, vous aurez besoin d'un adaptateur AC (sauf si c'est un bitension 110/220) et d'un adaptateur pour les prises de courant américaines. Vous en trouverez dans des magasins d'électronique comme Best Buy.

Jours fériés

Durant les jours fériés nationaux (*national public holidays*), les banques, les écoles et les administrations (y compris les bureaux de poste) sont fermées. Les transports, musées et autres services adoptent les horaires du dimanche. Quand le jour férié tombe un dimanche, le lundi suivant est généralement chômé.

Nouvel An 1er janvier

Anniversaire de Martin Luther King Jr (Martin Luther King Jr Day) 3e lundi de janvier

Jour du Président (Presidents Day) 3e lundi de février

Pâques (Easter) Mars ou avril

Memorial Day Dernier lundi de mai

Fête nationale (Independence Day ou Fourth of July) 4 juillet

Fête du Travail (Labour Day) 1er lundi de septembre

Jour de Christophe Colomb (Columbus Day) 2e lundi d'octobre

Jour des Vétérans (Veterans Day) 11 novembre

Thanksgiving 4e jeudi de novembre

Noël 25 décembre

Les élèves et les étudiants disposent d'une semaine de vacances au printemps (mars ou avril). Les vacances d'été vont de juin à août.

Offices du tourisme

Le site de l'office du tourisme américain (www.office-tourisme-usa.com) peut vous aiguiller pour préparer votre voyage. Les sites très complets tenus par les offices du tourisme des différents États fournissent également nombre d'informations.

Il faut savoir que, dans les petites villes, quand l'office du tourisme est géré par la chambre de commerce (Chamber of Commerce), les listes d'hébergements fournies n'incluent que les établissements membres de la chambre : tous les restaurants et hôtels de la ville ne sont donc pas mentionnés. Gardez à l'esprit que de bonnes options, indépendantes, peuvent faire défaut.

De nombreuses villes entretiennent un Convention and Visitor Bureau (CVB) qui peut parfois tenir lieu d'office du tourisme, mais sa vocation première est commerciale. Ces bureaux sont donc moins utiles pour les voyageurs indépendants.

Les centres d'information des visiteurs (Welcome Centers), souvent financés par les États, et en général au bord des autoroutes inter-États, couvrent un plus grand territoire et restent ouverts plus longtemps, y compris le week-end et pendant les vacances.

De même, en ce qui concerne les grandes destinations touristiques, les offices du tourisme privés (Tourist Bureau) sont en fait des agents qui touchent une commission sur les réservations effectuées (hôtels et circuits). Ils peuvent vous obtenir d'excellents tarifs et de très bonnes prestations, mais uniquement avec les établissements pour lesquels ils travaillent.

Les offices du tourisme et centres d'information des visiteurs sont indiqués tout au long de ce guide, dans les chapitres régionaux.

Photo

- On peut trouver des cartes mémoire dans toutes les chaînes de magasins comme Best Buy et Target.
- Sur certains territoires indiens, il est strictement interdit de prendre des photos ou de filmer. Lorsque cela est autorisé, il faut parfois acheter un permis. Demandez toujours l'autorisation pour prendre quelqu'un en photo.

Poste

- L'US Postal Service est fiable et bon marché. Au moment où nous rédigeons ce guide, le tarif *first-class* pour une lettre jusqu'à 28,35 g (1 once) est de 50 ¢ (22 ¢ par once supplémentaire) à l'intérieur du pays et de 35 ¢ pour les cartes postales.
- Pour envoyer des lettres et colis urgents livrés à domicile, voyez auprès de Federal Express et United Parcel Service.
- Tout paquet correctement affranchi pesant moins de 13 onces (360 g) peut être déposé dans une boîte aux lettres bleue. À partir de 13 onces, il faut se rendre au bureau de poste.

Problèmes juridiques

Si vous vous faites arrêter sur la route, sachez qu'il n'y a pas de dispositif permettant de régler une contravention pour une infraction, quelle qu'elle soit, immédiatement. Essayer de la payer au fonctionnaire qui verbalise risque dans le meilleur des cas de vous valoir une remontrance et dans le pire une accusation de tentative de corruption. La police de la route vous expliquera les procédures légales. On dispose généralement de 30 jours pour s'acquitter d'une amende, la plupart pouvant être réglées par courrier.

En cas d'arrestation, vous avez droit à un avocat et le droit de garder le silence. Il n'y a aucune raison de répondre à un officier de police si vous ne le voulez pas, mais ne tentez jamais de vous éloigner sans y avoir été autorisé. Toute personne arrêtée a le droit de passer un appel téléphonique. Si vous n'avez pas les moyens de payer un avocat, un commis d'office vous défendra. Il est conseillé aux étrangers n'ayant ni avocat, ni parent ou ami pour les aider d'appeler leur ambassade. La police fournira le numéro sur demande.

Chaque État a son propre Code civil et pénal : ce qui peut être légal ici peut ne pas l'être ailleurs.

Dans tous les États, le taux maximal d'alcool dans le sang autorisé est 0,08%. Conduire en état d'ébriété ou sous l'influence de drogues constitue un grave délit passible de lourdes amendes, voire d'emprisonnement.

Drogues

La consommation de drogue est punie par la loi fédérale et interdite dans la majorité des États. Il est légalement autorisé d'acheter de la marijuana dans le Colorado, l'Oregon et l'État de Washington, mais la consommation d'herbe reste néanmoins illégale au niveau fédéral en vertu du Controlled Substances Act.

La possession de drogues illégales – cocaïne, ecstasy, LSD, héroïne, haschich – ou de plus de 1 once (28,35 g) d'herbe est un délit pouvant entraîner de longues peines de prison. Pour les étrangers, une condamnation liée à la drogue peut signifier l'expulsion du territoire américain.

Lonely Planet déconseille à ses lecteurs l'usage de drogues, même les plus "douces", qui modifient le comportement.

Santé

Assurance santé

Assurez-vous que vous êtes en bonne santé avant de partir. Emportez vos médicaments dans leur emballage d'origine, clairement étiquetés. Si vous suivez un traitement de façon régulière, avoir sur vous une lettre datée et signée de votre médecin indiquant vos pathologies et médicaments (avec leur nom générique) peut aussi être une bonne idée, ainsi qu'une copie de votre ordonnance. Sachez qu'une ordonnance française ne permet pas l'achat de médicaments aux États-Unis.

N'oubliez pas de prendre avec vous les documents relatifs à l'assurance ainsi

SANTÉ SUR INTERNET

Il existe de très bons sites Internet consacrés à la santé en voyage. Avant de partir, vous pouvez consulter les conseils en ligne du **ministère des Affaires étrangères** (www.diplomatie.gouv.fr), de l'**Organisation mondiale de la santé** (OMS ; www.who.int/fr) ou le site très complet du **ministère de la Santé** (www.sante.gouv.fr). Vous trouverez, par ailleurs, plusieurs liens sur le site de **Lonely Planet** (www.lonelyplanet.fr).

que les numéros à appeler en cas d'urgence.

Disponibilité et coût des soins

➡ En cas d'urgence médicale, composez le 911 et/ou rendez-vous aux urgences de l'hôpital le plus proche.

➡ Si ce n'est pas urgent, appelez un hôpital à proximité et demandez-lui de vous diriger vers un médecin ; cette solution est généralement moins coûteuse que les urgences.

➡ Les centres de soins d'urgence (*urgent care centers*) indépendants à but lucratif fournissent un bon service, mais peuvent être l'option la plus onéreuse.

➡ Les pharmacies sont très bien approvisionnées. Cependant, certains médicaments en vente libre dans d'autres pays sont délivrés uniquement sur ordonnance aux États-Unis. Les soins aux États-Unis sont excellents, mais les coûts exorbitants. De nombreux médecins demandent à être payés sur-le-champ, notamment lorsqu'il s'agit de patients qu'ils ne connaissent pas ou qui viennent de l'étranger.

➡ De même que les soins, l'achat de médicaments peut revenir très cher si vous n'avez pas d'assurance.

Affections liées à l'environnement

COUP DE SOLEIL ET INSOLATION

➡ Sous les tropiques, dans le désert ou en altitude, les coups de soleil sont plus fréquents, même par temps couvert. Utilisez un écran solaire haute protection et pensez à couvrir les endroits habituellement protégés, les pieds par exemple. Les lunettes de soleil sont indispensables.

➡ Sur la plage, un parasol est vivement recommandé, de même que le port d'un chapeau. Évitez de vous exposer aux heures les plus chaudes (12h-16h) et privilégiez l'ombre.

➡ Une exposition prolongée au soleil peut provoquer une insolation. Symptômes : nausées, peau chaude, maux de tête. Dans ce cas, il faut rester dans le noir, appliquer une compresse d'eau froide sur les yeux et prendre de l'aspirine.

COUP DE CHALEUR

➡ De longues périodes d'exposition à des températures élevées peuvent vous rendre vulnérable au coup de chaleur. Cet état grave survient quand le mécanisme de régulation thermique du corps ne fonctionne plus : la température s'élève alors de façon dangereuse. Évitez l'alcool et les activités fatigantes lorsque vous arrivez dans un pays à climat chaud.

➡ Symptômes : malaise général, transpiration faible ou inexistante et forte fièvre (39 à 41°C) et céphalée lancinante, difficultés à coordonner ses mouvements, signes de confusion mentale ou d'agressivité. Il faut absolument hospitaliser le malade. En attendant les secours, installez-le à l'ombre, ôtez-lui ses vêtements, couvrez-le d'un drap ou d'une serviette mouillés et éventez-le continuellement.

FROID

➡ L'excès de froid peut provoquer une hypothermie. Le mieux est de s'habiller par couches : soie, laine et certaines fibres synthétiques nouvelles sont tous de bons isolants. N'oubliez pas de prendre un chapeau, car on perd beaucoup de chaleur par la tête. La couche supérieure de vêtements doit être solide et imperméable, car il est vital de rester au sec. Emportez du ravitaillement de base comprenant des sucres rapides, qui génèrent rapidement des calories, et des boissons en abondance.

MAL DES MONTAGNES

➡ Le mal des montagnes a lieu à haute altitude et affecte la plupart des individus de façon plus ou moins forte. Il survient à des altitudes variables, mais en général il frappe plutôt à partir de 3 500 à 4 500 m. Il est recommandé de dormir à une altitude inférieure à l'altitude maximale atteinte dans la journée.

➡ Symptômes : manque de souffle, toux sèche irritante, fort mal de tête, perte d'appétit, nausée et parfois vomissements. Les symptômes disparaissent généralement au bout d'un jour ou deux, mais s'ils persistent ou empirent, le seul traitement consiste à redescendre, ne serait-ce que de 500 m.

➡ Vous pouvez prendre certaines mesures à titre préventif : ne faites pas trop d'efforts au début, reposez-vous souvent. À chaque palier de 1 000 m, arrêtez-vous pendant au moins un jour ou deux afin de vous acclimater. Buvez plus que d'habitude, mangez légèrement, évitez l'alcool et tout sédatif.

Trousse médicale de voyage

Veillez à emporter avec vous une petite trousse à pharmacie contenant quelques produits indispensables. Certains ne sont délivrés que sur ordonnance médicale. Attention, les liquides et les objets coupants sont interdits en cabine.

➡ des antibiotiques, à utiliser uniquement aux doses et aux périodes prescrites. Il n'est pas absurde de demander à votre médecin traitant de vous en prescrire pour le voyage

- un antidiarrhéique, en cas de forte diarrhée, surtout si vous voyagez avec des enfants
- un antihistaminique en cas de rhumes, allergies, piqûres d'insectes, mal des transports
- un antiseptique ou un désinfectant pour les coupures, les égratignures superficielles et les brûlures, ainsi que des pansements gras pour les brûlures
- de l'aspirine ou du paracétamol (douleurs, fièvre)
- une bande Velpeau et des pansements pour les petites blessures
- une paire de lunettes de secours (si vous portez des lunettes ou des lentilles de contact) et la copie de votre ordonnance
- un produit contre les moustiques, de l'écran total
- une pommade pour soigner les piqûres et les coupures et des comprimés pour stériliser l'eau
- une paire de ciseaux à bouts ronds, une pince à épiler et un thermomètre à alcool
- une petite trousse de matériel stérile comprenant une seringue, des aiguilles, du fil à suture, une lame de scalpel et des compresses
- des préservatifs

Téléphone

Les lignes sont partagées entre les opérateurs locaux, les opérateurs nationaux qui se livrent une concurrence féroce et des compagnies exploitant les portables et les appareils à pièces ou à cartes. C'est un système performant mais un peu complexe et parfois cher. Les appels passés depuis une ligne fixe ou un téléphone portable coûtent en général moins cher que depuis le téléphone d'un hôtel ou une cabine téléphonique. Des services comme **Skype** (www.skype.com) et **Google Voice** (www.google.com/voice) s'avèrent souvent très économiques. Consultez leur site Internet.

Téléphones portables

- Aux États-Unis, les mobiles fonctionnent sur le réseau GSM 1900 ou CDMA 800, qui exploite des fréquences différentes des compagnies étrangères. Si vous avez un GSM tribande, demandez à votre opérateur s'il fonctionne aux États-Unis. Méfiez-vous, avec certains contrats, un appel des États-Unis aux États-Unis sera facturé comme un appel international et sera donc hors de prix. Les iPhones fonctionnent très bien, mais attention aux frais d'itinérance, en particulier pour les données. Vérifiez avec votre opérateur de téléphonie les conditions d'utilisation de votre téléphone aux États-Unis.
- Vous pouvez aussi acheter des téléphones bon marché sans abonnement (carte prépayée) avec un numéro américain et un nombre de minutes donné, rechargeable à volonté. Virgin Mobile, T-Mobile, AT&T et d'autres prestataires proposent des téléphones à partir de 30 $, avec des crédits commençant autour de 40 $ pour 400 minutes.
- Les zones rurales de l'Ouest, surtout dans les montagnes et les parcs nationaux, ne captent pas. Vérifiez la zone de couverture de votre opérateur.

Téléphones portables

- Il y a peu, voire pas de réseau dans les zones isolées ou montagneuses.
- Les cartes SIM sont vendues dans les magasins d'électronique ou de téléphonie mobile. Vous y trouverez aussi des téléphones prépayés bon marché, avec crédit inclus. Verizon et AT&T sont les deux principaux opérateurs téléphoniques aux États-Unis. Verizon propose une meilleure couverture dans les zones rurales.

> **PRIX DES REPAS**
>
> Les catégories de prix indiquées correspondent à un plat principal ; boissons, amuse-gueules, desserts, taxes et pourboires non inclus. Un même plat est généralement moins cher au déjeuner qu'au dîner, parfois jusqu'à moitié prix.
>
> **$** moins de 15 $
>
> **$$** 15-25 $
>
> **$$$** plus de 25 $

Cabines et cartes téléphoniques

Avec l'expansion de la téléphonie mobile, les cabines publiques sont devenues une espèce en voie de disparition. Pour un appel local, comptez 35-50 ¢ pour les premières minutes ; prolonger la conversation revient plus cher.

- Pour les appels longue distance, mieux vaut acheter une carte prépayée, vendue dans les supérettes, supermarchés, kiosques de presse et magasins d'électronique.

Appels nationaux

- Tous les numéros de téléphone à l'intérieur des États-Unis se composent d'un indicatif régional à trois chiffres suivi d'un numéro local à sept chiffres.
- Lorsque vous appelez un numéro du même secteur, vous devez généralement composer le numéro entier à 10 chiffres, mais ce n'est pas toujours nécessaire.

EAU DU ROBINET

L'eau du robinet est potable aux États-Unis.

- Composez toujours le ☎1 avant les numéros gratuits (800, 888, 877, 866). Certains numéros gratuits ne peuvent être appelés que depuis les États-Unis.
- ☎411 Renseignements téléphoniques locaux
- ☎00 Renseignements internationaux

Appels internationaux

- Pour appeler les États-Unis depuis l'étranger, composez le ☎00, suivi du ☎1 (uniquement le ☎1 depuis le Canada ; les communications entre les deux pays sont toutefois facturées comme des appels internationaux).
- Pour appeler l'étranger depuis les États-Unis, composez le ☎011, puis le code du pays (33 pour la France, 32 pour la Belgique et 41 pour la Suisse) et le numéro (sans le 0 initial).

Pour appeler en France, faites le ☎0011-33, puis les neuf derniers chiffres du numéro de votre correspondant. Le Canada est l'exception : il suffit de composer le ☎1 suivi de l'indicatif régional et du numéro.

Toilettes

Les toilettes publiques sont gratuites. Si vous n'en trouvez pas, dirigez-vous vers une station-service, un restaurant ou un café (vous devrez peut-être consommer).

Transports

DEPUIS/ VERS L'OUEST AMÉRICAIN

Arriver aux États-Unis

Si vous arrivez en avion, vous devez vous soumettre aux formalités d'immigration et de douanes dans le premier aéroport où vous atterrissez, même si vous prenez immédiatement une correspondance. Vos empreintes digitales sont relevées et vos renseignements biométriques vérifiés (www.cbp.gov/travel/international-visitors).

Pour plus d'informations sur les formalités et visas, voir p. 479.

Voie aérienne

Aéroport

Principaux aéroports internationaux de l'Ouest américain :

Los Angeles International Airport (LAX ; carte p. 262 ; www.lawa.org/welcomeLAX.aspx ; 📶). Le plus grand aéroport, et le plus fréquenté. Situé à une trentaine de kilomètres du centre-ville de Los Angeles, près de la côte.

San Francisco International Airport (SFO ; www.flysfo.com). Principal aéroport de Californie, il est situé à 22 km au sud du centre-ville, près de la Hwy 101.

Seattle-Tacoma International Airport (SEA ; www.portseattle.org/Sea-Tac ; 📶). Surnommé le "Sea-Tac", il est situé à 20 km au sud de Seattle.

Principaux aéroports régionaux desservis par quelques vols internationaux :

Albuquerque International Sunport (ABQ ; www.abqsunport.com ; 2200 Sunport Blvd SE ; 📶). Dessert Albuquerque et tout le Nouveau-Mexique.

Denver International Airport (DEN ; www.flydenver.com ; 📶). Situé à 38 km à l'est du centre-ville. Dessert le sud du Colorado.

LA/Ontario International Airport (ONT ; ☎909-937-2700 ; www.flyontario.com ; 2500 E Airport Dr ; 📶). Dans le Riverside County, à l'est de Los Angeles.

McCarran International Airport (LAS ; carte p. 156 ; www.mccarran.com ; 5757 Wayne Newton Blvd ; 📶). Dessert Las Vegas (Nevada) et le sud de l'Utah. Las Vegas se trouve à environ 450 km du versant sud du Grand Canyon National Park, et 470 km du versant nord.

Mineta San Jose International Airport (SJC ; ☎408-392-3600 ; www.flysanjose.com). Dans le sud de la baie de San Francisco.

Oakland International Airport (OAK ; ☎510-563-3300 ; www.oaklandairport.com ; 📶 ; Ⓑ Oakland International Airport). À l'est de la baie de San Francisco.

Palm Springs International Airport (PSP ; www.palmspringsca.gov/government/departments/aviation-palm-springs-international-airport-psp). À 5 km à l'est du centre-ville.

Portland International Airport (PDX ; ☎ www.flypdx.com/PDX ; 📶 ; 🚇Red). À une vingtaine de kilomètres du centre-ville de Portland (Oregon).

Salt Lake City International Airport (SLC ; ☎801-575-2400 ; www.slcairport.com ; 📶). Dessert Salt Lake City et le nord de l'Utah ; un bon choix si vous prévoyez de visiter le versant nord du Grand Canyon National Park et l'Arizona Strip.

San Diego International Airport (SAN ; carte p. 290 ; ☎619-400-2400 ; www.san.org ; 📶). À environ 5 km au nord-ouest du centre-ville.

Sky Harbor international Airport (PHX ; carte p. 172 ; www.skyharbor.com ; 📶). Dessert Phoenix et le Grand Canyon ; c'est l'un des 10 aéroports les plus fréquentés du pays. Phoenix se trouve à

TAXE D'AÉROPORT

La taxe d'aéroport est incluse dans le prix du billet.

AVERTISSEMENT

Les informations contenues dans ce chapitre sont particulièrement susceptibles de changements. Vérifiez directement auprès de la compagnie aérienne ou de l'agence de voyages les modalités d'utilisation de votre billet d'avion. N'hésitez pas à comparer les prestations. Les détails fournis ici doivent être considérés à titre indicatif et ne remplacent en rien une recherche personnelle attentive.

environ 350 km du versant sud du Grand Canyon National Park et 540 km du versant nord.

Tucson International Airport (TUS ; www.flytucson.com ; 🛜). Dessert Tucson et le sud de l'Arizona.

Aéroport international de Vancouver (YVR ; www.yvr.ca ; 3211 Grant McConachie Way, Richmond 🛜). Situé à moins d'une dizaine de kilomètres au sud de Vancouver (Canada), sur Sea Island ; entre Vancouver et Richmond.

CONTRÔLE DE SÉCURITÉ

- Une carte d'embarquement et une pièce d'identité avec photo sont nécessaires afin de passer les points de contrôle de sûreté aéroportuaire (30 min en moyenne).
- Certains voyageurs sont susceptibles de faire l'objet d'une seconde inspection, consistant en une fouille corporelle sommaire et un examen du bagage à main.
- Les règles de sécurité aéroportuaires interdisent l'introduction de nombreux objets courants en cabine. Consultez les dernières restrictions en date auprès de la **Transportation Security Administration** (TSA ; www.tsa.gov), l'agence américaine chargée de la sécurité dans les transports.
- Les directives actuelles de la TSA imposent le conditionnement de tous les liquides et gels dans des flacons de 100 ml maximum, regroupés dans une pochette transparente refermable d'une contenance d'un quart de litre. Certaines exceptions sont prévues, notamment pour les médicaments, mais il est nécessaire de le déclarer.
- Les bagages enregistrés sont systématiquement contrôlés afin de déceler la présence d'explosifs, et la TSA peut ouvrir vos bagages pour confirmation visuelle. Ne verrouillez pas vos bagages ou utilisez un cadenas approuvé par la TSA, comme ceux de **Travel Sentry** (www.travelsentry.org), sans quoi les services de sécurité le fractureront.

Depuis la France

Plus l'on réserve tôt, plus les prix sont avantageux. Un vol en milieu de semaine et hors saison – de l'automne au printemps, hors vacances scolaires – sera moins cher, même si la guerre des prix fait rage toute l'année. Les agences en ligne (voir l'encadré p. 493) proposent généralement les tarifs les plus bas.

Air France, XL Airways, Delta Air Lines, United et French Bee proposent des vols directs Paris-San Francisco (11 heures). Comptez à partir de 500 € pour un vol direct en basse saison.

Norwegian propose des vols directs Paris-Los Angeles à partir de 500 € aussi en basse saison. Air France effectue également des vols directs Paris-Los Angeles à partir d'environ 750 €.

Quelques adresses utiles :

Air France (www.airfrance.fr)

American Airlines (www.americanairlines.fr)

Delta Air Lines (www.delta.com)

French Bee (www.frenchbee.com)

Expedia (www.expedia.fr)

Les Connaisseurs du Voyage (www.connaisseursvoyage.fr)

Norwegian (www.norwegian.com/fr)

Nouvelles Frontières (www.nouvelles-frontieres.fr)

Open Skies (www.flyopenskies.com)

Thomas Cook (www.thomascook.fr)

United (www.united.fr)

Voyages SNCF (www.oui.sncf)

Voyageurs du Monde (www.vdm.com)

XL Airways (www.xlairways.fr)

Depuis la Belgique

Il n'existe pas de vols directs vers l'Ouest américain depuis la Belgique. Toutefois, de nombreuses compagnies proposent des vols avec escale(s). Pour un A/R Bruxelles-San Francisco en basse saison, il vous faudra débourser un minimum de 650 €.

Quelques adresses utiles :

Airstop (www.airstop.be)

American Airlines (www.americanairlines.fr)

Brussels Airline (www.brusselsairlines.com)

Connections (www.connections.be).

Delta Air Lines (www.delta.com)

Gigatours/Éole (www.voyageseole.be)

United (www.united.com)

Depuis la Suisse

Swiss et United proposent des vols directs pour San Francisco et Los Angeles au départ de Zurich. Un A/R Zurich-San Francisco en basse saison revient au minimum à 1 500 FS (durée du vol 11 heures 15).

FRANCHIR LA FRONTIÈRE MEXICAINE

Le problème de la criminalité au Mexique fait la une de la presse internationale depuis quelques années. À titre d'exemple, si Nogales, en Arizona, est un lieu sûr pour les voyageurs, Nogales, au Mexique, est un haut lieu du trafic de drogue secoué par la violence. Nous ne vous recommandons pas de traverser la frontière pour un séjour prolongé avant que la situation sécuritaire ne s'améliore. S'y aventurer pour une escapade d'une journée est tout à fait faisable, s'y attarder davantage serait plus risqué.

Consultez le site Internet du Département d'État américain (travel.state.gov) avant de voyager au Mexique. Vous y trouverez les informations de voyage et avertissements à jour, ainsi que les dernières conditions requises pour franchir la frontière. Avant de quitter le pays, les citoyens américains peuvent s'inscrire au programme Smart Traveler Enrollment Program (step.state.gov/step) pour recevoir des mises à jour par e-mail avant leur départ.

Les citoyens canadiens arrivant dans un aéroport des États-Unis depuis le Mexique doivent présenter un passeport en cours de validité. Pour une arrivée par la route ou par bateau, ils doivent être porteurs d'un document en conformité avec le WHTI : passeport, carte-passeport, permis de conduire Plus ou carte de voyage valide (NEXUS, SENTRI, Global Entry ou FAST). Vérifiez les dernières mises à jour de la législation.

Les enfants canadiens de moins de 16 ans sont également admis sur le territoire sur présentation d'un acte de naissance, d'un rapport consulaire de naissance à l'étranger, d'un certificat de naturalisation ou d'une carte d'identité canadienne. Les ressortissants de tous les autres pays doivent présenter leur passeport, ainsi qu'un visa le cas échéant, pour entrer au Mexique et rentrer aux États-Unis. La législation change fréquemment ; consultez les mises à jour sur le site www.cbp.gov.

Quelques adresses utiles :

American Airlines (www.americanairlines.ch)

Delta Air Lines (www.delta.com)

Norwegian (www.norwegian.com)

STA Travel (www.statravel.ch)

Swiss (www.swiss.com)

United (www.united.com)

Depuis le Canada

Des vols quotidiens relient Montréal, Vancouver, Toronto et nombre de petites villes canadiennes à toutes les grandes agglomérations des États-Unis. Les meilleures offres comprennent les billets de charters et les forfaits vers les destinations ensoleillées, comme la Californie ou Las Vegas pour lesquelles les prix augmentent pendant la haute saison hivernale. United et Air Canada assurent des vols quotidiens directs pour San Francisco au départ de Toronto et de Vancouver. Comptez à partir de 700 $C (durée du vol 5 heures 20) au départ de Toronto, et à partir de 400 $C au départ de Vancouver (2 heures 15).

Il revient beaucoup moins cher de voyager par la route jusqu'à la première ville américaine, puis de prendre un vol intérieur.

Adresses utiles :

Air Canada (www.aircanada.com)

Expedia (www.expedia.ca)

Travel Cuts (www.travelcuts.com)

Travelocity (www.travelocity.ca)

United (www.united.com)

Voie terrestre

Passage de frontière

- Quitter les États-Unis vers le Canada ou le Mexique ne pose pas de problème. Dans le sens inverse, vous pouvez connaître des difficultés si vous ne détenez pas tous les documents requis. Les exigences en matière de passeport et de visa changent continuellement : renseignez-vous auprès du **Département d'État américain** (US Department of State ; www.state.gov/travel) avant de partir. La **Custom and Border Protection** (www.cbp.gov), l'agence américaine en charge des douanes et de la protection des frontières, indique les temps d'attente à tous les postes-frontières (certains ouvrent 24h/24).
- Comme toujours, assurez-vous que vos papiers sont en règle, soyez courtois et évitez toute plaisanterie ou familiarité : les agents des douanes n'apprécient pas.
- La violence et la criminalité associées aux cartels de drogue le long de la frontière entre le Mexique et les États-Unis constituent un véritable danger.

Bus

- Greyhound (www.greyhound.com) propose des trajets directs entre le Canada et le nord des États-Unis, mais il se peut que vous deviez changer de bus à la frontière.

➡ Les bus en provenance du Mexique sont parfois retenus à la frontière, lorsque les agents des services d'immigration américains décident de contrôler tous les passagers.

Train

➡ La ligne *Cascades* d'Amtrak (www.amtrakcascades.com) relie tous les jours Eugene (Oregon) et Vancouver (Canada) ; des bus assurent la liaison avec d'autres destinations non desservies par le train.

➡ **VIA Rail** (☎888-842-7245 ; www.viarail.ca) dessert aussi Vancouver, la Colombie-Britannique, ainsi que le nord et l'est du Canada.

➡ Les inspections des services de douanes et d'immigration américains/canadiens ont lieu à la frontière, pas à l'embarquement.

➡ À l'heure actuelle, il n'existe aucune connexion ferroviaire entre l'Arizona ou la Californie et le Mexique.

Voiture et moto

➡ Si vous arrivez aux États-Unis en voiture ou à moto depuis le Canada ou le Mexique, n'oubliez pas le certificat d'immatriculation du véhicule, la preuve de validité de l'assurance et votre permis de conduire national ; le permis de conduire international peut être un plus, mais n'est pas indispensable.

➡ Pour les véhicules de location, vérifiez auprès de l'agence si le passage des frontières mexicaine et canadienne est autorisé ; il est probable que non et il vous faudra en ce cas une autorisation préalable.

DEPUIS/VERS LE CANADA

➡ L'assurance automobile canadienne est valable aux États-Unis, et inversement.

➡ Avec des documents en règle, le passage de la frontière est facile et rapide.

➡ Le week-end et en période de vacances, particulièrement l'été, les files d'attente aux postes-frontières peuvent être très longues.

➡ Il arrive que les autorités de l'un ou l'autre pays décident d'inspecter minutieusement un véhicule.

DEPUIS/VERS LE MEXIQUE

➡ Très peu d'agences de location de voitures autorisent leurs véhicules à traverser la frontière vers le Mexique.

➡ À moins que vous ne projetiez de séjourner longuement à Tijuana, entrer au Mexique en voiture est synonyme de complications inutiles. Privilégiez plutôt le tramway depuis San Diego ou laissez votre voiture aux États-Unis et traversez la frontière à pied.

➡ Les assurances automobiles américaines n'étant pas valables au Mexique, il est nécessaire de souscrire une police mexicaine même pour une courte escapade dans la région frontalière. Vous pourrez vous en procurer pour 25 $ par jour environ à la plupart des postes-frontières, ou auprès de l'American Automobile Association (www.aaa.com).

➡ Pour un séjour plus long en territoire mexicain, il vous faudra un *permiso de importación temporal de vehículos* donné sur Banjercito (permis temporaire d'importation de véhicule, www.gob.mx/banjercito). Attendez-vous à une longue attente à la frontière, sachant que les contrôles de sécurité ont été renforcés et que le nombre de passages augmente chaque année.

Voie maritime

Si vous êtes tenté par une croisière jusqu'en Amérique – entre autres escales –, vous pouvez vous tourner vers Cruise Web (cruiseweb.com), bonne agence de voyages dont c'est la spécialité.

Vous pouvez également embarquer sur un cargo, mais le voyage sera plus long et moins confortable. Toutefois, les cargos sont loin d'être spartiates (certains affichent des équipements du niveau des paquebots de croisière) et reviennent beaucoup moins cher (parfois de moitié). Comptez d'une semaine à deux mois ; les escales dans les ports sont généralement très courtes.

Renseignez-vous auprès de la Cruise & Freighter Travel Association (www.travltips.com), qui répertorie les possibilités de voyages en cargo et sur d'autres navires.

VOYAGES ORGANISÉS

Vous trouverez ci-après une liste de voyagistes offrant des prestations intéressantes pour des circuits dans l'Ouest américain. N'hésitez pas à comparer leurs prix avant de faire votre choix.

Les circuits les plus fréquents sont des parcours à la découverte de la nature et des parcs nationaux de la région. Ces circuits permettent d'admirer des paysages splendides et sont souvent le moyen de mieux connaître les cultures indiennes. L'Ouest américain est également le lieu idéal pour s'adonner à la marche et au trekking. L'offre de circuits plus ou moins sportifs dans la région est importante.

Allibert (www.allibert-trekking.com). Ce spécialiste du trekking propose de nombreux circuits dans les parcs et les déserts de l'Ouest américain.

Arts et Vie (www.artsetvie.com). Circuit culturel dans l'Ouest : Los Angeles, San Diego, San Francisco, Grand Canyon, etc.

Aventuria (www.aventuria.com). Découverte de l'Oregon, du Nouveau-Mexique, de l'Utah, circuit "Sur les traces des pionniers", etc.

Back Roads (www.backroads.fr). Location de voitures et de camping-cars, circuits dont le "Circuit camping Le Meilleur de l'Ouest".

Clio (www.clio.fr). Circuit dans l'Ouest américain (Los Angeles, Monument Valley, Grand Canyon, San Francisco).

Comptoir des voyages (www.comptoir.fr). Propose différents circuits dans l'Ouest américain (Colorado, Terres indiennes, Rocheuses) et ses parcs nationaux.

Equinoxiales (www.equinoxiales.fr). L'un des spécialistes des circuits aux États-Unis.

Huwans (www.huwans-clubaventure.fr). Circuits "Du Pacifique à Yellowstone en passant par les Rocheuses", "La Californie, de San Francisco à Los Angeles en liberté", etc.

Images du Monde (www.images-du-monde.com). Propose notamment un "Parcours nature dans l'Ouest américain".

Jet-Set Voyages (www.jetset-voyages.fr). Excursions dans les parcs ou les villes mythiques de l'Ouest, pour des durées plus ou moins courtes.

La Maison des États-Unis (www.maisondesetatsunis.com). Différents circuits accompagnés, à des tarifs compétitifs, ainsi que des circuits individuels en voiture, avec carnet de route préétabli.

Terres d'Aventure (www.terdav.com). Divers circuits couvrant tous les États de l'Ouest.

Voyageurs du Monde (www.voyageursdumonde.fr). Circuits classiques et voyages thématiques originaux ("Cowboys, de la fiction à la réalité", par exemple).

West Forever (www.westforever.com). Spécialiste des circuits guidés en Harley-Davidson. Propose notamment un périple "USA en Harley : L'Ouest Américain".

Zig Zag (www.zigzag-randonnees.com). Visites des canyons, du Yellowstone, de la côte pacifique, etc.

COMMENT CIRCULER

Avion

Le réseau aérien intérieur est dense et fiable. Prendre l'avion revient généralement plus cher que de voyager en bus, en train ou en voiture, mais reste la meilleure option si le temps vous est compté.

Voir p. 487 pour les dessertes des principaux aéroports de la région.

Compagnies aériennes de l'Ouest

Le transport aérien aux États-Unis est sûr (bien plus que la conduite sur les autoroutes) ; pour des renseignements détaillés par transporteur aérien, consultez www.airsafe.com.

Principaux transporteurs aériens de l'Ouest :

Alaska Airlines (www.alaskaair.com). Dessert l'Alaska et l'ouest des États-Unis, avec des vols pour la Côte Est et Hawaï.

American Airlines (www.aa.com). Couvre l'ensemble du pays.

Delta Airlines (www.delta.com). Couvre l'ensemble du pays.

Frontier Airlines (www.flyfrontier.com). Compagnie de Denver desservant tout le pays, y compris l'Alaska.

JetBlue Airways (www.jetblue.com). Relie directement les villes de la côte Ouest et de la côte Est, ainsi que la Floride, La Nouvelle-Orléans et le Texas.

Southwest Airlines (www.southwest.com). Survole la partie continentale des États-Unis.

Spirit Airlines (www.spirit.com). Compagnie basée en Floride, desservant les principales villes américaines.

United (www.united.com). Dessert l'ensemble du pays.

Virgin America (www.virginamerica.com). Relie les villes de la côte Ouest et celles de la Côte Est, Las Vegas, Austin et Dallas.

Bateau

Il n'existe pas de système de transport fluvial dans l'Ouest, mais vous y trouverez de nombreux petits services de cabotage habituellement gérés par l'État. Les gros ferries assurent le transport de véhicules privés (voitures, motos, vélos).

Au large de la côte de Washington, un service de ferries dessert les superbes San Juan Islands. Certaines îles de l'archipel des Channel Islands sont accessibles en bateau, comme l'île de Santa Catalina au large de Los Angeles. Dans la baie de San Francisco, des services de ferries réguliers circulent entre San Francisco et Sausalito, Larkspur, Tiburon, Angel Island, Oakland, Alameda et Vallejo.

Bus

➜ **Greyhound** (www.greyhound.com) est la principale compagnie de bus longue distance, avec des lignes couvrant l'ensemble du pays et du Canada. Dans un souci d'efficacité et de rentabilité, Greyhound a cessé la desserte de nombreuses petites villes : ses lignes suivent les principaux axes routiers et marquent l'arrêt aux principales agglomérations. Pour rejoindre les petites villes situées sur des routes de campagne, il vous faudra probablement changer de bus, et emprunter une compagnie locale dont Greyhound pourra vous fournir les coordonnées.

- La plupart des bagages doivent être enregistrés ; n'oubliez pas d'y attacher une étiquette indiquant lisiblement vos coordonnées. Les objets volumineux, notamment les skis et les vélos, sont parfois admis moyennant un supplément. Renseignez-vous auprès de Greyhound.
- Le site Internet de Greyhound propose souvent de bien meilleurs prix qu'au guichet pour les mêmes trajets.
- La fréquence des bus est très variable. Malgré la suppression de nombreuses destinations secondaires, les bus Greyhound (hors service express) s'arrêtent encore tous les 80 à 160 km pour prendre des passagers. Des pauses repas sont prévues sur les lignes longue distance, qui sont aussi l'occasion d'un changement de conducteur.
- Les bus Greyhound sont généralement propres, confortables et fiables. Les meilleures places sont celles du devant, loin des toilettes. Les équipements à bord se limitent à la climatisation (souvent trop forte) et à des sièges légèrement inclinables ; quelques bus sont équipés de prises électriques et du Wi-Fi. Il est interdit de fumer à bord.
- Les gares routières sont en général propres et sûres, mais certaines se trouvent dans des zones potentiellement dangereuses ; dans ce cas, sautez dans un taxi ou filez vers votre correspondance dès votre arrivée.

Réservations

- L'achat de billets de bus Greyhound peut se faire par téléphone ou en ligne. Vous pouvez imprimer les tickets vous-même ou les récupérer au terminal via le service "Will Call" (munissez-vous d'une pièce d'identité).
- Les places ne sont pas numérotées : Greyhound recommande de se présenter une heure à l'avance pour choisir sa place.
- Il est demandé aux voyageurs handicapés nécessitant une assistance spéciale d'appeler le ☎800-752-4841 (TDD/TTY ☎800-345-3109) au moins 48 heures avant le départ. Les places pour fauteuils roulants sont limitées, mais ceux-ci peuvent être enregistrés comme bagages de soute. Les chiens-guides sont acceptés à bord.

Tarifs

- Les tarifs varient en fonction du moment de votre trajet et de votre flexibilité ; les tarifs en ligne sont souvent très compétitifs.
- Des réductions sont proposées (sur certaines périodes uniquement) aux étudiants (10%), aux seniors (5%) et aux enfants (variables).
- Le site www.greyhound.com propose souvent des promotions, soumises à conditions.

Lignes de bus pratiques

LIAISON	PRIX	DURÉE
Las Vegas-Los Angeles	à partir de 28 $	5 h 15-7 h
Los Angeles-San Francisco	à partir de 32 $	7 h 30-11 h 30
Phoenix-Tucson	à partir de 12 $	2 h
Seattle-Portland	à partir de 17 $	4 h
Denver-Salt Lake City	à partir de 92 $	10 h 30-12 h 15

Train

La compagnie Amtrak (www.amtrak.com) gère un immense réseau ferroviaire couvrant l'ensemble du pays. Les tarifs varient en fonction des trains et du type de place (avec ou sans réservation, 1re classe, wagons-lits, etc.). Les trains sont confortables quoiqu'un peu lents, et dotés de wagons-restaurants et de wagons-bars sur les lignes longue distance.

California Zephyr Service quotidien entre Chicago et Emeryville (à partir de 138 $, 52 heures) près de San Francisco, via Denver, Salt Lake City, Reno et Sacramento.

Coast Starlight Longe la côte Ouest entre Seattle et Los Angeles tous les jours (à partir de 98 $, 35 heures 30) via Portland, Sacramento, Oakland et Santa Barbara ; les trains sont parfois équipés du Wi-Fi.

Southwest Chief Circule quotidiennement entre Chicago et Los Angeles (à partir de 143 $, 43 heures 30) via Kansas City, Albuquerque, Flagstaff et Barstow.

Sunset Limited Circule 3 fois par semaine entre La Nouvelle-Orléans et Los Angeles (à partir de 173 $, 46 heures 30) via Houston, San Antonio, El Paso, Tucson et Palm Springs.

Forfaits

- Le forfait d'Amtrak USA Rail Pass (www.amtrak.com/rail-passes) permet de voyager en classe économique pendant 15 jours (459 $), 30 jours (689 $) ou 45 jours (899 $) ; les enfants de 2 à 12 ans paient moitié prix. Ces forfaits comportent respectivement 8, 12 et 18 segments. Notez qu'un segment ne correspond pas à un aller simple : un aller comptera pour autant de segments qu'il vous faudra prendre de trains pour atteindre votre destination.
- Il vous faudra réserver bien à l'avance chaque segment de votre trajet. L'achat peut se faire en ligne.
- Si vous voyagez en Californie, le forfait de 7 jours California Rail Pass (adulte/enfant 159 $/79,50 $) peut être intéressant.

Réservations

Les réservations peuvent se faire de 11 mois à l'avance jusqu'au jour du départ. Le nombre de places étant limité dans la plupart des trains, et certaines lignes étant chargées, surtout en été et pendant les vacances, il est préférable de réserver le plus tôt possible.

Tarifs

- L'achat des billets peut se faire à la gare, par téléphone ou en ligne.
- Généralement, les seniors de plus de 61 ans ont droit à 15% de réduction et les étudiants à 10% sur présentation d'une carte ISIC ou Student Advantage Card (voir p. 478). Les enfants de moins de 12 ans (au maximum 2) accompagnés d'un adulte bénéficient de 50% de réduction. Des offres spéciales sont parfois lancées, consultez le site Internet d'Amtrak.

Lignes de bus pratiques

LIAISON	PRIX	DURÉE
Los Angeles-Flagstaff	à partir de 59 $	11 h 30
Los Angeles-Oakland/San Francisco	à partir de 53 $	12 h
San Francisco/Emeryville-Salt Lake City	à partir de 102 $	18 h 30
Seattle-Oakland/San Francisco	à partir de 89 $	22 h 15

Transports urbains

Bus

La plupart des villes offrent un bon réseau de bus urbains. Cependant, ils s'adressent essentiellement aux personnes devant se rendre au travail, et le service est restreint en soirée et le week-end. Comptez en moyenne 2 $ par trajet. Certains trajets sont gratuits dans les zones touristiques.

Desserte des aéroports

Dans la plupart des villes, les navettes (généralement des minibus de 12 places) constituent un moyen de transport pratique et bon marché vers/depuis l'aéroport. Certains respectent un itinéraire et des arrêts précis (incluant les grands hôtels), tandis que d'autres offrent un service porte-à-porte. Comptez entre 15 et 25 $ par personne.

Métro et train

Los Angeles et la région de la baie de San Francisco sont dotées des réseaux les plus étendus. D'autres villes comptent une ou deux lignes ferrées qui desservent essentiellement le centre-ville.

Taxi

Les taxis sont équipés d'un compteur. Le montant de la prise en charge oscille entre 2,50 et 3,75 $, auxquels s'ajoutent 2 à 3 $ par mile (soit 1,6 km). Un supplément pour l'attente et pour les bagages vous sera facturé. Les conducteurs s'attendent à recevoir un pourboire compris entre 10 et 15% du prix de la course.

- Les services de VTC sont une alternative populaire aux taxis.

Vélo

Certaines agglomérations favorisent plus que d'autres l'usage du vélo, mais la plupart sont équipées de pistes cyclables et les vélos sont généralement admis à bord des transports publics.

Vélo

Le vélo est un moyen apprécié pour visiter la région. Il vous faudra emprunter les petites routes secondaires (les vélos sont interdits sur les autoroutes), et votre avancée se calculera sans doute plus en kilomètres par jour qu'en kilomètres par heure. Les cyclistes sont soumis au même code de la route que les automobilistes, mais ne vous attendez pas à ce que votre priorité à droite soit respectée. Le port du casque est obligatoire pour les cyclistes de moins de 18 ans en Californie et dans de nombreuses villes de l'Ouest.

Voici quelques sites intéressants pour les cyclistes :

Adventure Cycling Association (www.adventurecycling.org). Excellent site pour l'achat en ligne de cartes cyclistes et de guides proposant de longs itinéraires.

Better World Club (www.betterworldclub.com). La cotisation annuelle (40 $, plus 15 $ de frais d'inscription) donne droit à une assistance d'urgence, avec transport jusqu'à l'atelier de réparation le plus proche, dans un rayon de 50 km.

Bikepacking (www.bikepacking.com). Renseignements sur des excursions en VTT de plusieurs jours dans la nature.

AGENCES EN LIGNE

Vous pouvez réserver votre vol via une agence en ligne ou vous renseigner auprès d'un comparateur de vols :

- www.bourse-des-vols.com
- www.ebookers.fr
- www.expedia.fr
- www.govoyages.com
- www.illicotravel.com
- www.kayak.fr
- www.opodo.fr
- www.skyscanner.fr
- voyages.kelkoo.fr

TRAINS PITTORESQUES

À travers l'Ouest américain, des trains historiques circulent paisiblement au milieu de massifs montagneux et d'autres paysages pittoresques. La plupart d'entre eux entrent en service à la belle saison et peuvent être extrêmement prisés, d'où l'intérêt de réserver tôt.

Cumbres & Toltec Scenic Railway (☎888-286-2737 ; www.cumbrestoltec.com ; adulte/enfant 2-12 ans à partir de 100/50 $; ⏲fin mai à mi-oct). Un musée vivant qui circule de Chama (Nouveau-Mexique) jusque dans les Rocheuses (Colorado).

Durango & Silverton Narrow Gauge Railroad (p. 114). Compte pour terminus l'ancienne ville minière de Silverton, dans les Rocheuses (Colorado).

Empire Builder (www.amtrak.com). Ce tracé stupéfiant relie Whitefish au Glacier National Park, dans le nord du Montana.

Grand Canyon Railway (p. 187). Un voyage en train rétro à vapeur et diesel entre Williams (Arizona) et le Grand Canyon National Park, avec des animations familiales.

Mount Hood Railroad (www.mthoodrr.com). Circule entre la Columbia River Gorge et le mont Hood, plus au sud.

Pikes Peak Cog Railway (www.cograilway.com). Cette portion de voie ferrée de 14,3 km, aux portes de Colorado Springs, s'élève des plaines jusqu'au sommet de Pikes Peak (4 302 m).

Skunk Train (www.skunktrain.com). Circule au fil des séquoias entre Fort Bragg (Californie), sur la côte, et Willits, plus dans les terres.

Location et achat

- Vous trouverez à louer des vélos à l'heure, à la journée ou à la semaine dans la plupart des grandes villes.
- Les prix de la location oscillent entre 20 $ environ par jour pour un vélo de ville et à partir de 40 $ ou plus pour un VTT ; négociez un rabais pour les locations de plusieurs jours ou plusieurs semaines.
- La plupart des magasins de location réclament un dépôt de garantie par carte bancaire de plusieurs centaines de dollars.
- Pour l'achat d'un vélo neuf, adressez-vous à un magasin spécialisé, à un bon magasin de sport ou à un dépôt d'usine ; pour un vélo d'occasion, consultez les petites annonces affichées dans les auberges de jeunesse, les cafés et les universités.
- Pour acheter ou vendre un vélo d'occasion, consultez les tableaux d'affichage en ligne de type Craigslist (www.craigslist.com).

Transport de vélos

- Certains bus locaux et trains sont équipés de porte-vélos.
- Vous pouvez mettre vos vélos en soute dans les bus Greyhound pour un supplément de 30 à 40 $. Ils doivent être rangés dans une caisse en bois, un sac de toile, ou tout autre contenant sécurisé.
- La plupart des trains *Cascades*, *Pacific Surfliner*, *Capital Corridor* et *San Joaquin* d'Amtrak disposent de porte-vélos sur lesquels vous pourrez attacher le vôtre sans avoir à le ranger dans un conteneur. Pensez à demander un espace lors de la réservation de vos billets (supplément allant jusqu'à 10 $).
- Dans les trains Amtrak dépourvus de porte-vélos, les vélos doivent être rangés dans un conteneur (15 $) et enregistrés comme un bagage (10 $). Le service d'enregistrement de bagages n'est pas disponible à toutes les gares, ni pour tous les trains.
- Pour prendre l'avion, il vous faudra démonter votre vélo et le conditionner comme un bagage de soute. Contactez directement votre compagnie aérienne pour plus de détails, notamment sur les suppléments appliqués (généralement compris entre 150 et 200 $). Les vélos moins encombrants (moins de 23 kg et moins de 158 cm linéaires) sont parfois exemptés de supplément.

Voiture et moto

La voiture est le moyen de transport le plus pratique et celui qui vous donnera le plus de liberté. Il est presque indispensable d'avoir un véhicule pour explorer le vaste territoire de l'Ouest.

Assurance

- Avant de louer une voiture, vérifiez que votre police d'assurance ou votre assurance de voyage vous couvre et dans quelle mesure.
- L'assurance responsabilité civile couvre les personnes et les biens que vous pourriez endommager.
- Pour les véhicules de location, une assurance collision (Collision Damage Waiver – CDW) vous sera proposée pour environ 30 $ par jour. Vérifiez votre police

d'assurance : vous êtes peut-être déjà couvert.

➡ Certaines cartes bancaires incluent une assurance couvrant les dommages en cas d'accident si vous réglez votre location par carte. Il peut y avoir des exceptions pour les locations de plus de 15 jours, les locations de modèles de collection, de jeeps, de camionnettes ou de 4x4. En cas d'accident, vous pouvez être contraint de rembourser l'agence de location avant d'effectuer une demande de remboursement auprès de la société émettrice de votre carte. Lisez attentivement la police de votre carte bancaire avant toute location.

➡ De nombreuses agences de location stipulent que les dommages causés à un véhicule résultant d'une conduite sur route non-goudronnée ne sont pas couverts par l'assurance qu'ils fournissent. Posez la question lors de la réservation du véhicule.

Automobile-clubs

Pour bénéficier d'une assistance d'urgence 24h/24, de cartes gratuites et de réductions diverses (sur le logement, les sorties, la location de voiture, etc).

American Automobile Association (AAA ; www.aaa.com). Voir p. 477.

Better World Club (www.betterworldclub.com)

Carburant

Beaucoup de stations-service de l'Ouest ont des pompes automatiques avec paiement par carte. La plupart vous demandent votre code postal. Si vous payez avec une carte étrangère, il faut souvent payer à l'intérieur avant de vous servir en carburant. Indiquez au caissier combien vous voulez mettre sur la carte. S'il vous reste de l'argent, vous pouvez retourner à l'intérieur vous faire rembourser.

En Oregon, vous serez toujours servi par un employé, sauf en zone rurale.

Code de la route

➡ La conduite s'effectue à droite.

➡ Le port de la ceinture de sécurité et les sièges enfant sont obligatoires dans tous les États. La plupart des agences de location louent des sièges enfant pour environ 12 $ la journée, mais il faut en faire la demande lors de la réservation.

➡ Dans certains États, le port du casque est obligatoire à moto.

➡ Sur les autoroutes interétatiques, la vitesse est parfois limitée à 80 miles/h. En l'absence de signalisation contraire, elle est généralement de 55 miles/h ou 65 miles/h sur autoroute, de 25 ou 35 miles/h en agglomération et de 15 miles/h à l'approche des écoles (à respecter scrupuleusement aux heures de sortie de classe). Il est interdit de doubler un bus scolaire lorsque ses feux clignotent.

➡ À l'approche d'un véhicule de secours ou de police, rabattez-vous prudemment et laissez-le passer.

➡ Il est presque partout interdit de téléphoner au volant ou de se mettre en double file pour téléphoner.

➡ Le taux d'alcool maximum autorisé pour un conducteur est de 0,8 g/l. La conduite en état d'ivresse (ou sous l'influence de drogues) est lourdement sanctionnée. La police peut vous faire descendre de votre véhicule pour vous imposer divers tests visant à vérifier votre sobriété. Si vous échouez, vous devrez vous soumettre à un alcootest, un examen d'urine ou une analyse de sang. Refuser un test est passible des mêmes amendes qu'en cas de résultat positif.

➡ Dans certains États, il est interdit de transporter dans une voiture tout récipient d'alcool ouvert, même vide.

État des routes et sécurité

Les principaux dangers et désagréments sur la route sont les nids-de-poule, les embouteillages et les animaux sauvages.

En hiver, conduire peut être problématique ; certaines voitures sont équipées de pneus neige et les chaînes sont parfois obligatoires sur les routes de montagne. Les agences de location interdisent souvent la conduite sur des chemins de terre ou hors des routes, qui peut d'ailleurs s'avérer très dangereuse sous la pluie.

Dans les déserts et les montagnes, vous verrez parfois du bétail paître à côté de routes non clôturées. Ces zones sont signalées par des panneaux, soit avec l'inscription Open Range, soit avec la silhouette d'un bœuf. Là où le passage de cerfs, d'élans et autres animaux sauvages est fréquent, vous verrez un panneau représentant un cerf en train de bondir. Prenez ces indications au sérieux, surtout la nuit.

Pour des informations sur la circulation routière et les fermetures de routes, consultez le site www.fhwa.dot.gov/trafficinfo.

Pour des informations actualisées sur l'état des routes depuis l'intérieur d'un État, appelez le 511 ; ou depuis l'extérieur :

Arizona (☎888-411-7623 ; www.az511.com)

Californie (☎800-427-7623 ; www.dot.ca.gov)

Colorado (☎303-639-1111 ; www.cotot.gov/travel)

Idaho (☎888-432-7623 ; daho.gov)

Montana (☎800-226-7623)

Nevada (☎877-687-6237 ; www.nvroads.com)

Nouveau-Mexique (☎800-432-4269 ; nmroads.com)

Oregon (☎503-588-2941 ; www.tripcheck.com)

Utah (☎866-511-8824 ; www.udot.utah.gov)

Washington (☎800-695-7623 ; www.wsdot.wa.gov)

Wyoming (☎888-996-7623 ; www.wyoroad.info)

Location

➡ La plupart des agences de location exigent d'avoir au moins 25 ans, d'être titulaire d'un permis de conduire valide et de payer par carte bancaire. Les agences acceptent également de louer leurs véhicules aux conducteurs âgés de 21 à 25 ans, moyennant un supplément de 25 à 30 $ environ par jour.

➡ En réservant, vous trouverez souvent de petites voitures avec kilométrage illimité pour 20 $ par jour environ, auxquels vous devrez ajouter assurance, taxes et commissions. Les agences des aéroports affichent souvent les tarifs les plus bas, mais aussi les plus fortes commissions. Si vous optez pour une formule "avion + voiture", il vous faudra parfois verser des taxes régionales lors du retrait de votre véhicule. Certaines agences du centre-ville proposent des services de navette.

➡ Il n'est pas rare que le kilométrage illimité soit inclus dans le prix (pensez cependant à vérifier s'il y a un plafond), mais attendez-vous à des frais supplémentaires si vous souhaitez enregistrer un deuxième conducteur ou retirer le véhicule dans une ville et le rendre dans une autre. Certaines agences demandent aux clients de payer leur dernier plein de carburant d'avance, ce qui est rarement une bonne affaire.

➡ Vous trouverez de meilleures offres en réservant sur un site de voyages à prix cassé de type Priceline (www.priceline.com) ou Hotwire (www.hotwire.com), ou en passant par un site de réservation de voyage en ligne.

➡ Quelques grandes agences de location (dont Avis, Budget, Enterprise et Hertz) ont une flotte "verte" de voitures hybrides, électriques ou roulant au biodiésel, mais leur nombre est limité. Réservez bien à l'avance. Tentez également votre chance auprès de **Simply Rent-a-Car** (www.simplyrac.com) 🍃 à Los Angeles, qui, selon les endroits, propose un service de navette gratuit pour les locations de plus de 3 jours ; ou auprès de **Zipcar** (www.zipcar.com), présent en Californie (Los Angeles, San Diego et baie de San Francisco) et à Denver, Portland et Seattle. Ce club de partage de voiture facture des frais d'utilisation (à l'heure ou à la journée) incluant le carburant, une assurance (jusqu'à 1 000 $ de franchise), et un kilométrage illimité.

➡ Le site Car Rental Express (www.carrentalexpress.com) permet de comparer les agences de location indépendantes, et peut être particulièrement utile pour trouver des locations à long terme bon marché ou sélectionner des entreprises acceptant de louer aux conducteurs de moins de 25 ans. Vous pouvez aussi aller sur Auto Europe (www.autoeurope.com).

➡ Si vous avez moins de 25 ans et êtes à Los Angeles, San Francisco ou Orange County, passez par Super Cheap Car Rental (www.supercheapcar.com). Un supplément s'applique généralement pour les conducteurs âgés de 21 à 24 ans ; et un supplément journalier pour ceux âgés de 18 à 21 ans.

Location de motos et de camping-cars

Si vous rêvez de traverser les États-Unis en Harley, **EagleRider** (www.eaglerider.com) a des agences dans les principales villes du pays. D'autres véhicules sont également proposés. Attention au prix élevé des assurances et des locations de moto.

Voici quelques agences spécialisées dans la location de camping-cars et de *campers* (camionnettes aménagées) :

Adventures on Wheels (www. adventuresonwheels.com)

Apollo RV (☎800-777-779 ; www.apollorv.com)

Cruise America (www.cruiseamerica.com)

Jucy Rentals (www.jucyusa.com)

Permis de conduire

➡ Dans certains États, la loi américaine autorise les touristes de passage à conduire aux États-Unis avec un permis national pendant 3 mois. Mais d'autres États demandent un permis international (International driving permit, IDP). Il peut s'avérer utile, car il aura plus de poids aux yeux des agents de police américains. Néanmoins, ayez aussi toujours sur vous votre permis national. Vous pouvez obtenir gratuitement un permis international auprès de la préfecture ou sous-préfecture de votre domicile. Il est valable un an pour les touristes de passage, 3 mois pour ceux amenés à rester plus longtemps sur le sol américain. Ces derniers devront alors se présenter dans les centres agréés de "Driving Licences" pour obtenir un permis de conduire américain.

➡ Pour conduire une moto aux États-Unis, il vous faut un permis moto américain valide. Les étrangers ont besoin d'un permis de leur pays d'origine ou d'un permis moto international.

Langue

En raison de leur histoire – les colonisations et les vagues d'immigration successives – et de la diversité de leurs populations, les Américains pratiquent, pour la plupart d'entre eux, plusieurs langues. L'anglais est parlé dans tout le pays, mais n'a pas été désigné comme langue officielle des États-Unis. D'aucuns pensent qu'il faudrait remédier à cette situation, notamment ceux qui s'inquiètent de l'utilisation croissante de l'espagnol.

Dans les zones touristiques, on rencontre peu de gens parlant entre eux une autre langue que l'anglais américain. Cependant, dans les parcs nationaux en particulier, les visiteurs n'auront aucun mal à trouver des brochures en espagnol, allemand, français et japonais.

LANGUES ETHNIQUES

Dans des quartiers entiers de Los Angeles, San Francisco et des agglomérations de la San Joaquin Valley, on ne s'exprime qu'en espagnol, chinois, japonais, vietnamien, coréen ou cambodgien. D'après certaines enquêtes, plus d'un tiers des Californiens ne parlent pas anglais chez eux. Les langues étrangères sont pratiquées essentiellement dans les communautés ethniques des grandes villes, mais les zones rurales du Sud et la Central Valley sont de plus en plus hispaniques, et celles du Nord de plus en plus asiatiques.

Du fait de l'importance de la population hispanique, l'espagnol devient la seconde langue officielle. Jusqu'à présent, aucun hybride hispano-anglais n'est encore apparu dans l'usage populaire, même si tout le monde sait qu'une *bodega* est une petite épicerie.

Dans le Chinatown de San Francisco, les panneaux de signalisation, les affiches et les cartes des restaurants sont rédigés en chinois sans traduction anglaise. En Californie du Sud, la toponymie est souvent espagnole (Santa Barbara, San Diego, La Mesa, El Cajon) mais elle est le reflet de l'histoire et non de la démographie actuelle. Dans les banlieues, les nombreux noms de rues espagnols illustrent le désir des promoteurs de faire plus exotique que Main St ou 5th Ave. Les Américains préfèrent vivre dans Via de la Valle plutôt que dans Valley Road.

L'anglais américain a emprunté des mots à toutes les langues des vagues d'immigrants, que ceux-ci soient originaires d'Allemagne, d'Europe centrale (en particulier, les juifs parlant le yiddish) ou d'Irlande.

Par ailleurs, quelques communautés indiennes parlent encore leur propre langue, même si certains de ces idiomes ne comptent plus qu'une dizaine de locuteurs.

Plusieurs termes indiens, tels que *moccasin, moose, toboggan* et *kayak* ont enrichi le vocabulaire anglais. D'autres proviennent des langues européennes et furent importés par les immigrants. Ainsi, *loafer, hoodlum* et *kindergarten* sont issus de l'allemand ; *boss, stoop* (perron) et *nitwit* du néerlandais ; *schmuck, schmock* et *schmaltz* du yiddish ; *prairie* et *saloon* du français ; *pasta, pizza* et d'autres termes culinaires analogues de l'italien. Les mots *canyon, ranch* et *rodeo* sont tirés de l'espagnol, tout comme les noms de nombreux endroits du Sud-Ouest et de l'Ouest.

POUR ALLER PLUS LOIN

Indispensable pour mieux communiquer sur place : le *Guide de conversation anglais* de Lonely Planet (7,99 €). Pour réserver une chambre, lire un menu ou simplement faire connaissance, ce manuel permet d'acquérir des rudiments d'anglais. Inclus : un minidictionnaire bilingue.

Néanmoins, la plupart des américanismes ont été créés par les Américains eux-mêmes. En effet, l'arrivée de nouveaux produits a entraîné la formation de nouveaux mots pour les désigner et d'un vocabulaire neuf pour les commercialiser. C'est de cette façon que sont nées des expressions comme *soda pop*, *root beer* et *sarsaparilla* (toutes d'origine américaine). Des noms de marques, tels que Coca-Cola, Coke et Pepsi, sont également passés dans le langage courant, de même que certains slogans publicitaires comme "the Pepsi Generation", ou de nouveaux concepts imaginatifs comme la "Coca-Colonization". Quantité de termes proviennent des entreprises, des nouvelles technologies, de l'industrie automobile, du cinéma, de l'armée et du sport.

LE PARLER "SOAL"

Le SoCal (diffère du SoAl, trouvez la différence), le dialecte le plus connu de Californie, celui utilisé dans les chansons et les films, est né sur les plages et dans les centres commerciaux de Californie du Sud. Ce langage familier est surnommé "surfer" ou "valley" (de San Fernando Valley), tous deux très similaires. Les visiteurs parlant anglais auront peut-être du mal à discerner les nuances. En voici un exemple : *The most common zones* (places) *to scope out* (observe) *this lingo* (language) *are on SoCal* (Southern California) *beaches, especially where there is killer* (good) *wave action* (surf) *and a mellow scene* (ambience). Ce genre de langage (*rap*) ne reflète pas tant le niveau d'intelligence ou d'éducation du locuteur que les endroits qu'il ou elle a fréquentés.

Killer, bitchin, awesome, sweet, stylin' et *stellar* signifient "formidable, super". Pour exprimer l'inverse, il faut employer *bunk, nappy, shitty* et *slack*. *Hairy* signifie "effrayant". *Gnarly* et *insane* s'appliquent à n'importe quoi d'extrême, tout comme *totally* ou *hella* placés devant un mot en renforcent le sens. Ainsi, des *gnarly* ou *insane waves* peuvent être *totally killer* ou *totally bunk*.

Des *vibes* sont des sensations ou des signes que vous transmettent une personne ou un lieu. Ces "ondes" peuvent être bonnes (*good*), mauvaises (*bad*) ou étranges (*weird*). Un *dude* est soit mâle soit femelle et est souvent précédé de *hey* (pour "hi"). *To cruise* signifie "aller" à pied, en voiture, à vélo ou en skateboard. *All right* et *right on* confirment que vous et votre interlocuteur êtes bien *on the same wavelenth* (sur la même longueur d'onde).

Le Californien a tendance à simplifier son expression, à laisser tomber la fin des mots, et à glisser sur les syllabes.

Yeah, mmmhmm et *uh-huh* signifient "yes", mais *uh-uh* et *hmmhm* "no". Un hochement de tête significatif vous en dira plus.

"Dirty" se prononce *dirdy*, "do you want to ?" devient *dyawana*, "I don't know" *Idunno*, "all right" *awright* et "what is up ?" ("Qu'est-ce qu'il se passe ?") se limite à un simple *sup* ?

FORMULES DE POLITESSE

Les formules d'accueil sont des plus simples, avec les standards "hello", "hi", "good morning", "good afternoon", "how are you ?". Plus familièrement, on s'interpelle par "hey", "hey there" ou "howdy". Les formules d'adieu sont, en comparaison plus variées, avec "bye", "goodbye", "bye-bye", "see-ya", "take it easy", "later", "take care", "don't work too hard" et l'éternel "have a nice day".

Si les Américains sont avares de "please", ils distribuent généreusement leurs "thank you". Vous entendrez souvent "excuse me" à la place de "sorry". Dans la conversation, l'interlocuteur émettra fréquemment des *mm-hmmm* ou *uh-huh* pour montrer qu'il ne dort pas, qu'il vous écoute, et vous encourager ainsi à continuer. C'est un signe beaucoup plus encourageant que le circonspect *mmm*.

Certains locuteurs ne se satisfont pas de ces *uh-huh* enthousiastes et émaillent leur discours de "y'know" ou de "you hear what I'm saying ?". Ces expressions n'appellent pas forcément de réponse.

TERMES ET EXPRESSIONS UTILES

Tout le monde peut parler une langue étrangère, le tout est d'oser. La grammaire, au final, n'est pas essentielle pour se débrouiller sur place. Pour réserver une chambre, commander un plat ou simplement engager une conversation, voici 99 phrases essentielles qui vous aideront à ne pas rester muet, en toutes circonstances !

Premier contact

Bonjour. Hi.

Au revoir. Bye.

Comment allez-vous ?/Comment vas-tu ? How are you?

Bien, merci. Et vous ?/Bien, merci. Et toi ? Fine thanks. And you?

Je m'appelle... My name is...

Enchanté(e). Nice to meet you.

Voici mon compagnon/ma compagne. This is my partner.

À propos de vous

D'où venez-vous ? Where are you from?

Je viens de... I'm from...

Je suis marié(e). I'm married.

Je suis célibataire. I'm single.

Quel est votre/ton numéro de téléphone ? What's your phone number?

Quelle est votre/ton adresse e-mail ? What's your email address?

Engager la conversation

Quel est votre/ton métier ? What do you do for a living?

Je suis employé(e) de bureau. I'm an office worker.

Je suis ouvrier/ouvrière. I work in a factory.

Je suis un homme d'affaires/ Je suis une femme d'affaires. I'm a business person.

Je suis un(e) étudiant(e). I'm a student.

Je suis un(e) artiste. I'm an artist.

Quel âge avez-vous ?/ Quel âge as-tu ? How old are you?

J'ai (35) ans. I'm (35) years old.

Aimes-tu l'art ? Do you like art?

Aimes-tu le sport ? Do you like sports?

Aimes-tu lire ? Do you like to read?

Aimes-tu danser ? Do you like to dance?

Aimes-tu voyager ? Do you like travelling?

Sensations

J'ai faim. I'm hungry.

J'ai froid. I'm cold.

J'ai chaud. I'm hot.

J'ai soif. I'm thirsty.

Comment te sens-tu ? You're okay?

Transports

Est-ce le bus (pour LA) ? Is this the bus (to LA)?

Est-ce l'avion (pour LA) ? Is this the plane (to LA)?

Est-ce le train (pour LA) ? Is this the train (to LA)?

C'est combien pour aller à... ? How much is it to ...?

Ce taxi est-il libre ? Is this taxi free?

À quelle heure part-il ? What time does it leave?

Où se trouve le centre-ville ? Where is downtown?

Où puis-je trouver un hôtel ? Where's a hotel?

Où se tient le marché ? Where is a farmers' market?

Hébergement

Où puis-je trouver un terrain de camping ? Where is a camp ground?

Pouvez-vous me recommander un logement pas cher ? Can you recommend somewhere cheap?

Pouvez-vous me recommander un logement de qualité ? Can you recommend somewhere good?

Quel est le prix par nuit ? How much is it per night?

Je voudrais réserver une chambre, s'il vous plaît. I'd like to book a room, please.

Achats

Où est le supermarché ? Where's the supermarket?

Où puis-je trouver une banque ? Where's a bank?

Où puis-je acheter... ? Where can I buy ...?

Est-ce que je peux le voir ? Can I look at it?

Quel est votre meilleur prix ? What's your lowest price?

Pouvez-vous écrire le prix ? Can you write down the price?

Puis-je avoir un reçu, s'il vous plaît. I'd like a receipt, please.

Photographie

Je voudrais une carte mémoire pour cet appareil. I'd like a memory card for this camera.

Avez-vous un câble pour cet appareil ? Do you have a cable for this camera?

Où puis-je trouver une batterie pour cet appareil ? Where can I find a battery for this camera?

Je voudrais graver mes photos sur un CD. I'd like to put my photos on a CD.

Combien coûte le tirage papier des photos de cette carte mémoire ? How much is it to print out the photo on this memory card?

Quand cela sera-t-il prêt ? When will it be ready?

Sortir

J'aimerais aller au cinéma.
I feel like going to the movies.

J'aimerais aller au théâtre.
I feel like going to the theatre.

J'aimerais aller à un concert.
I feel like going to a concert.

Où y a-t-il des discothèques ?
Where can I find clubs?

Où y a-t-il des lieux gays ?
Where can I find gay venues?

Où y a-t-il des pubs ?
Where can I find pubs?

Visites touristiques

Quand a lieu la prochaine excursion à la journée ?
When's the next day trip?

L'excursion dure combien de temps ?
How long is the tour?

L'entrée est-elle comprise dans le prix ?
Is the admission charge included?

À quelle heure doit-on rentrer ?
What time should we be back?

Où se restaurer et prendre un verre

Pouvez-vous me conseiller un restaurant ?
Can you recommend a restaurant?

Pouvez-vous me conseiller un café ?
Can you recommend a cafe?

Servez-vous des plats végétariens ?
Do you have vegetarian food?

Y a-t-il un restaurant végétarien par ici ?
Is there a vegetarian restaurant near here?

Je voudrais une table pour (5) personnes, s'il vous plaît.
I'd like a table for (five), please.

Y a-t-il un espace fumeurs ?
Is there a smoking area?

Pouvez-vous me conseiller un bar ?
Can you recommend a bar?

Faire ses courses

Combien coûte (un kilo) ? How much is (a kilo)?

J'en voudrais (200) grammes. I'd like (200) grams.

J'en voudrais (6) tranches. I'd like (six) slices.

Quelle est la spécialité locale ? What's the local speciality?

Commander à manger/ à boire

Puis-je avoir la carte des boissons, s'il vous plaît.
I'd like to see the drinks list, please.

Puis-je avoir le menu, s'il vous plaît.
I'd like the menu, please.

Qu'est-ce que vous me conseillez ?
What would you recommend?

Un café (avec du lait). Coffee with milk.

Un thé (avec du lait). Tea with milk.

L'addition, s'il vous plaît. The check, please.

Au bar

Qu'est-ce que vous désirez ?
What would you like?

Je vous offre un verre.
I'll buy you a drink.

Une bière.
A beer.

Un verre de vin blanc.
A glass of white wine.

Un verre de vin rouge.
A glass of red wine.

Champagne.
Champagne.

Santé ! *Cheers!*

Santé

Au secours ! Help!

J'ai besoin d'un médecin qui parle français.
I need a doctor who speaks French.

Est-ce que je peux voir une femme médecin ?
Could I see a female doctor?

Je n'ai plus de médicaments.
I've run out of my medicine.

Où y a-t-il un dentiste par ici ?
Where's the nearest dentist?

Où est l'hôpital le plus proche ?
Where's the nearest hospital?

Où y a-t-il une pharmacie de garde par ici ?
Where's a 24-hour pharmacy?

GLOSSAIRE

4WD – Four Wheel Drive ; véhicule 4x4.

9/11 –11 septembre 2001 (prononcer "nine, one, one") ; jour des attaques terroristes d'Al-Qaïda, où des avions détournés ont frappé le Pentagone et le World Trade Center de New York.

24/7 – 24h/24, 7 jours/7.

AAA – American Automobile Association, également appelée "Triple A".

Acela – trains à grande vitesse du nord-est des États-Unis.

adobe – matériau de construction mexicain traditionnel, composé de briques de boue et de paille séchée ; structure faite à base de ce matériau.

aka – also known as : aussi connu pour/comme.

alien – terme officiel désignant un citoyen étranger aux États-Unis, qu'il soit visiteur ou résident.

Amtrak – compagnie nationale de chemins de fer consacrée au transport de voyageurs.

Angeleno/ Angelena – habitant de Los Angeles.

antebellum – adjectif désignant la période précédant la guerre civile, c'est-à-dire avant 1861.

antojito – (espagnol) apéritif, snack ou plat léger.

Arts & Crafts – signifiant "arts et artisanat", cette expression désigne un courant qui s'est développé aux États-Unis dans l'architecture et le design dès le début du XXe siècle. Mettant l'accent sur le travail artisanal et la fonctionnalité, il s'est posé en réaction à la mauvaise qualité des objets fabriqués industriellement.

ATF – Bureau of Alcohol, Tobacco & Firearms, agence fédérale chargée de faire respecter la loi.

ATM – Automated Teller Machine ; distributeur automatique de billets (DAB).

ATV – All-Terrain Vehicles ; véhicules tout-terrain, utilisés pour le transport sur des routes non goudronnées ; voir aussi OHV.

back east – expression utilisée par les Californiens pour désigner la Côte Est.

backpacker – randonneur partant camper pour plusieurs jours ; plus rarement, un jeune voyageur à petit budget.

bling-bling – terme du vocabulaire hip-hop désignant des bijoux et des biens très onéreux, symbolisant le succès.

BLM – Bureau of Land Management ; service du département de l'Environnement qui gère de grandes superficies de terre appartenant à l'État.

blue book – abréviation de Kelley Blue Book, équivalent américain de l'Argus pour les voitures d'occasion.

bodega – petit magasin vendant alcool, nourriture et autres articles de base.

boomtown – terme, datant de la ruée vers l'or, désignant une ville qui connaît une expansion économique rapide accompagnée d'un afflux de population.

booster – promoteur enthousiaste d'une ville ou d'une université ; prend parfois une connotation provinciale.

born again – personne ayant trouvé dans le christianisme une forme de renouveau personnel ; par extension, un baptisé.

brick-and-mortar – emplacement géographique d'une entreprise, par opposition à sa présence virtuelle sur Internet.

burro – petit âne utilisé comme porteur.

BYOB – "Bring Your Own Booze", amenez votre propre alcool ; mention figurant sur certaines invitations à des fêtes.

camper – type de caravane.

carded – adjectif signifiant que vous avez dû présenter votre carte d'identité pour entrer dans un bar, acheter de l'alcool ou des cigarettes.

carpetbaggers – opportunistes du Nord venus s'installer dans le Sud après la guerre de Sécession.

CCC – Civilian Conservation Corps ; programme fédéral instauré en 1933 consistant à embaucher des jeunes hommes non qualifiés.

CDW – Collision Damage Waiver ; assurances proposées avec la location d'une voiture.

cell – téléphone portable.

Chamber of Commerce – COC, chambre de commerce ; association d'entreprises locales qui fournit souvent des renseignements touristiques sur la région.

Chicano/Chicana – homme/ femme d'origine mexicano-américaine.

Civil War – guerre civile (ou guerre de Sécession) opposant, de 1861 à 1865, les États confédérés du Sud aux États du Nord et qui aboutit à l'abolition de l'esclavage en 1865.

CNN – Cable News Network ; chaîne d'information 24h/24 du câble.

coach class – classe économique dans les trains et les avions.

coed – coeducational ; terme désignant un endroit ouvert aux femmes et aux hommes. Il est utilisé, par exemple, pour les dortoirs des auberges de jeunesse.

conestoga – grand chariot couvert tiré par des chevaux ou des bœufs, utilisé par les pionniers dans leur voyage vers l'Ouest.

Confederation – ensemble regroupant les 11 États du Sud (appelés les États confédérés) qui firent sécession en 1860 puis en 1861, entraînant la guerre civile.

contiguous states – tous les États américains à l'exception de l'Alaska et d'Hawaï ; on parle aussi des "lower 48".

cot – lit de camp.

country and western – mélange de musique folk du sud et de l'ouest des États-Unis.

coyote – petit chien sauvage, typique des plaines du centre et de l'ouest de l'Amérique ; personne qui aide les immigrants mexicains à franchir illégalement la frontière des États-Unis (passeur).

cracker – dans le sud des États-Unis, terme péjoratif désignant un Blanc sans le sou.

CVB – Convention and Visitors Bureau ; bureau instauré par de nombreuses municipalités afin de promouvoir le tourisme et d'assister les visiteurs.

DEA – Drug Enforcement Agency ; instance fédérale chargée de l'application des lois antidrogues.

DIY –"Do It Yourself", bricolage, pratique d'amateur.

DMV – Dept of Motor Vehicles ; agence fédérale responsable de l'immatriculation des véhicules et de l'attribution des permis.

docent – guide ou gardien dans un musée ou une galerie.

dog, to ride the – voyager dans les bus de la société Greyhound.

downtown – le centre-ville, quartier central des affaires.

DUI – Driving Under the Influence of alcohol ; conduite en état d'ivresse (et/ou sous l'influence de drogues).

efficiency – petit appartement meublé doté d'une cuisine, souvent proposé pour des locations de courte durée.

Emancipation – en référence à l'Emancipation Proclamation, par laquelle Abraham Lincoln, en 1863, déclarait libres tous les esclaves de la Confédération ; en 1865, le 13e amendement de la Constitution des États-Unis abolissait officiellement l'esclavage.

entrée – plat principal d'un repas.

express bus/train – bus ou train qui ne marque que les arrêts principaux et non les arrêts "locaux".

express stop/station – station desservie par les "express buses/trains" ainsi que les "local buses/trains".

flag stop – endroit où les bus ne s'arrêtent que si vous leur faites signe.

foldaway – lit de camp dans un hôtel.

forty-niners – immigrants qui arrivèrent en Californie pendant la ruée vers l'or de 1849 ; également l'équipe professionnelle de football américain de San Francisco (les 49ers).

gated community – zone résidentielle close et à accès contrôlé.

general delivery – poste restante.

Generation X – la jeunesse désœuvrée des années 1980, à laquelle ont succédé les Generations Y et Z.

gimme cap – casquette promotionnelle ornée du logo d'une entreprise ; terme souvent péjoratif pour désigner la culture blanche des classes modestes.

GLBT – Gay, Lesbien, Bisexuel, Transgenre.

GOP – Grand Old Party ; surnom donné au Parti républicain.

graduate study – études postuniversitaires effectuées après le bachelor's degree (équivalent de la licence).

green card – carte attribuée aux détenteurs d'un visa d'immigrant. Elle permet à son possesseur de vivre et de travailler en toute légalité aux États-Unis.

hip-hop – musique rap ; en général, l'ensemble de la culture noire et urbaine.

Hispanic – d'origine latino-américaine (synonyme de Latino/Latina).

HI-USA – Hostelling International USA ; auberges de jeunesse américaines membres de Hostelling International, une association faisant elle-même partie de l'IYHF (International Youth Hostel Federation).

hookup – dans les campings, branchement qui permet aux caravanes de bénéficier de l'électricité, de l'eau courante, et du système d'évacuation des eaux usées ; dans certaines situations, désigne une rencontre romantique.

IMAX – salles de cinéma spécialisées avec écran géant.

INS – Immigration & Naturalization Service ; remplacé depuis 2002 par l'USCIS.

interstate – autoroute commune à plusieurs États, qui fait partie du système national des autoroutes.

IRS – Internal Revenue Service ; le service du département du Trésor américain chargé de la levée de l'impôt.

Jim Crow laws – lois instaurées dans le Sud, après la guerre de Sécession, qui visaient à limiter le droit de vote et les droits civils des Noirs ; "Jim Crow" : ancienne expression péjorative désignant un Noir.

Joshua tree – type de yucca géant, très répandu dans les régions arides du Sud-Ouest.

kiva – chambre ronde souterraine construite par les peuples amérindiens du Sud-Ouest pour des cérémonies ou d'autres événements de la vie quotidienne.

KOA – Kampgrounds of America ; chaîne privée de terrains de camping présente dans tout le pays.

Latino/Latina – homme/femme originaire d'Amérique latine (synonyme d'Hispanic).

LDS – Latter-day Saints ; Église des Saints du Dernier Jour, dénomination officielle de l'Église mormone.

live oak – chêne vert à feuilles pérennes originaire

du Sud. Le bois de chêne vert représente un excellent matériau pour la construction des bateaux.

local – un bus ou un train qui marque tous les arrêts ; voir aussi express bus/train.

lower 48 – Les 48 États contigus des États-Unis continentaux ; tous les États à l'exception de l'Alaska et d'Hawaï.

MLB – Major League Baseball ; fédération professionnelle de base-ball.

MLS – Major League Soccer ; fédération professionnelle de football.

mojito – cocktail cubain (sucre, rhum, citron vert et menthe).

morteros – mortiers ; petites cavités dans la roche où les Indiens avaient coutume de moudre des graines.

Mother Road – surnom de la Route 66, autrefois la seule route reliant Chicago à Los Angeles.

NAACP – National Association for the Advancement of Colored People ; organisation de défense et de promotion des droits des Noirs, fondée en 1910 et qui a joué un rôle majeur dans le mouvement des droits civiques dans les années 1960.

National Guard – armée de réserve de chaque État placée sous la tutelle de l'État fédéral, entrant en action en cas d'urgence.

National Recreation Area – zones géographiques gérées par le National Park Service et présentant un intérêt écologique important. Elles ont été modifiées par l'action des hommes (barrages, par exemple).

National Register of Historic Places – liste de sites historiques établie par le National Park Service ; l'altération de ces sites est étroitement surveillée.

NBA – National Basketball Association ; Fédération professionnelle de basket masculin.

NCAA – National Collegiate Athletic Association ; organe gérant le sport interuniversitaire.

New Deal – ensemble de mesures et de grands travaux entrepris par le président Franklin D. Roosevelt pour sortir de la Grande Dépression.

NFL – National Football League ; Fédération professionnelle de football américain.

NHL – National Hockey League ; Fédération professionnelle de hockey sur glace.

NHS – National Historic Site.

NM – National Monument.

NOW – National Organization for Women ; Association de défense des droits des femmes.

NPR – National Public Radio ; société de radiodiffusion non commerciale, soutenue par les auditeurs, qui produit et distribue des informations et des programmes culturels.

NPS – National Park Service ; division du département de l'Environnement chargée de l'administration des parcs nationaux et de leurs monuments.

NRA – National Recreation Area. Également National Rifle Association, un important groupe de pression pro-armes, empêchant la mise en place de législations restrictives sur l'utilisation des armes à feu.

NWR – National Wildlife Refuge ; réserve naturelle de faune et de flore.

OHV/ORV – Off-Highway Vehicle/Off-Road Vehicle ; véhicule tout-terrain.

outfitter – société fournissant des équipements divers, assurant le transport ou employant des guides pour des activités sportives, telles que la pêche, le canoë, le rafting ou la randonnée.

panhandle – bande de terre étroite se dégageant du territoire principal d'un État. Désigne également l'action de faire l'aumône.

parking lot/garage – place de stationnement.

PBS – Public Broadcasting System, réseau télévisuel non commercial ; l'équivalent télé de la NPR.

PC – politiquement correct ; ordinateur.

pétroglyphe – roche sculptée ; cet art consiste à entailler, limer ou ébrécher la surface de la pierre pour créer un motif.

PGA – Professional Golfers' Association.

pick-up – camionnette ouverte à l'arrière.

pictographe – peinture sur roche.

po'boy – gros sandwich.

pound – monnaie représentée aux États-Unis par le symbole #, et non £.

pow-wow – rassemblement indien.

pueblo – village amérindien du Sud-Ouest composé notamment de demeures en pierre ou en adobe.

ranchero – propriétaire mexicain d'un ranch ; style de musique américano-mexicain aux influences allemande et espagnole.

rancho – petit ranch (en espagnol du Mexique).

raw bar – comptoir de restaurant où l'on sert des fruits de mer crus.

Reconstruction – période qui suivit la guerre civile, durant laquelle les États sécessionnistes ont été placés sous contrôle fédéral avant d'être à nouveau admis dans l'Union.

redneck – terme péjoratif désignant un membre de la classe ouvrière soutenant le Parti conservateur.

ristra – guirlande de piments.

RV – Recreational Vehicle ; camping-car ou caravane.

scalawags – terme péjoratif désignant les sudistes blancs ayant soutenu les États du Nord durant la guerre de Sécession et ayant tenté de s'enrichir sur les ruines du Sud au moment de la Reconstruction.

shotgun shack – petite cabane en bois composée de trois ou quatre chambres attenantes aménagées de telle sorte que l'on pouvait tirer avec un fusil à travers toutes les portes, de l'avant jusqu'au fond ; à l'époque, demeure des pauvres (Blancs ou Noirs) dans le sud des États-Unis.

sierra – (espagnol) chaîne de montagnes.

snail mail – lettre envoyée par courrier, par opposition aux e-mails, rapides (snail signifie escargot).

snowbirds – terme désignant les riches retraités qui passent tous les hivers au soleil, dans le sud des États-Unis (région de la Sunbelt, Floride, Arizona, etc.).

SoCal – abréviation de Southern California.

soul food – cuisine traditionnelle des Noirs américains du Sud (l'andouille, le jarret de porc et le chou vert, par exemple).

SSN – Social Security Number ; code à neuf chiffres sans lequel il est impossible de travailler.

stick, stick shift – boîte de vitesses manuelle/voiture à transmission manuelle.

strip mall – ensemble de sociétés ou de magasins installés autour d'un parking.

SUV – Sports Utility Vehicle ; 4x4 citadin.

swag – articles promotionnels délivrés gratuitement.

trailer – maison transportable ; un "trailer park" fournit des logements bon marché.

TTY, TDD – Telecommunications Devices for the Deaf ; dispositifs de télécommunication pour les sourds.

two-by-four – pièces de bois de dimensions standards : 2 pouces (5 cm) d'épaisseur et 4 pouces (10 cm) de largeur.

Union, the – les États-Unis ; dans le contexte de la guerre civile, l'Union désignait les États du Nord en guerre avec la Confédération des États du Sud.

USAF – United States Air Force ; armée de l'air américaine.

USCIS – US Citizenship & Immigration Services, service rattaché au département de la Sécurité intérieure, chargé de l'immigration, de l'attribution des visas et de la naturalisation des étrangers.

USFS – United States Forest Service ; département du ministère de l'Agriculture chargé des forêts fédérales.

USGS – United States Geological Survey ; agence du ministère de l'Intérieur responsable, notamment, de l'établissement des cartes topographiques de l'ensemble du pays.

USMC – United States Marine Corps ; corps de l'armée chargé de faire respecter les directives américaines en territoire étranger.

USN – United States Navy ; marine américaine.

wash – cours d'eau dans le désert, le plus souvent à sec mais sujet à des crues soudaines et violentes.

Wasp – White Anglo-Saxon Protestant ; terme souvent utilisé pour désigner la classe moyenne blanche américaine.

well drinks – boissons peu chères à base d'alcools forts, par opposition aux "top-shelf drinks".

WNBA – Women's National Basketball Association.

wonk – terme généralement péjoratif désignant une personne obsédée par de petits détails ; personne qui rencontre des difficultés de sociabilité. Équivalent d'un *nerd* ou d'un *geek* de l'informatique.

WPA – Works Progress Administration (puis Works Project Administration) ; programme mis en œuvre à l'époque de la Grande Dépression, et visant à réduire le chômage en finançant des travaux publics.

zip code – code postal de cinq ou neuf chiffres, instauré dans le cadre du Zone Improvement Program.

En coulisses

VOS RÉACTIONS ?

Vos commentaires nous sont très précieux et nous permettent d'améliorer constamment nos guides. Notre équipe lit toutes vos lettres avec la plus grande attention. Nous ne pouvons pas répondre individuellement à tous ceux qui nous écrivent, mais vos commentaires sont transmis aux auteurs concernés. Tous les lecteurs qui prennent la peine de nous communiquer des informations sont remerciés dans l'édition suivante, et ceux qui nous fournissent les renseignements les plus utiles se voient offrir un guide.

Pour nous faire part de vos réactions, prendre connaissance de notre catalogue et vous abonner à notre newsletter, consultez notre site Internet : **www.lonelyplanet.fr**

Nous reprenons parfois des extraits de notre courrier pour les publier dans nos produits, guides ou sites web. Si vous ne souhaitez pas que vos commentaires soient repris ou que votre nom apparaisse, merci de nous le préciser. Notre politique en matière de confidentialité est disponible sur notre site Internet.

UN MOT DES AUTEURS

Amy C Balfour

Merci à Brandon Dekema et Christy Germscheid pour les conseils concernant l'Enchanted Circle et à Angel Fire pour l'hospitalité ! Merci également à Todd Norman, Matt Redington, John White, Marty Robertson, Elizabeth Edgren, Charise May et Ellen McBee. Merci beaucoup à Michael Benanav pour la rencontre et les suggestions concernant le centre du Nouveau-Mexique : en avant ! Je remercie mes talentueux coauteurs – et Chris Pitts pour les informations sur le Nouveau-Mexique – et éditeurs. Enfin, je remercie Ben Buckner pour cette mission fabuleuse.

Becky Ohlsen

Je voudrais remercier l'éditeur Ben Buckner pour ce projet, Celeste Brash pour son travail sur l'édition précédente, Paul Smith parce qu'il est un fantastique compagnon de voyage et tous les bénévoles dévoués dans les innombrables et merveilleux minuscules musées, les parcs nationaux et d'État et campings visités en chemin.

Robert Balkovich

Comme toujours, je remercie mes amis et ma famille pour leur soutien sans faille tandis que je cours dans tous les sens. Un remerciement particulier à Karin, pour avoir partagé avec moi son amour pour Seattle et m'avoir permis de partir du bon pied, et à Lynae pour cette merveilleuse maison où j'étais comme chez moi et dont j'ai gardé d'excellents souvenirs.

Greg Benchwick

Ce livre n'aurait pas pu exister sans ma famille. Papa, Maman, Cara, Bry et bébé Violeta, je vous aime. Merci aux fantastiques éditeurs, cartographes et à toute l'équipe de Lonely Planet pour avoir créé un livre génial. Merci aussi à toutes les personnes qui m'ont aidé sur le terrain, comme Chris de Pine Needles à Durango et la charmante Sara.

Celeste Brash

Merci à mon mari Josh et à mes enfants qui m'ont accompagnée dans tellement de virées en Oregon au fil des années. Merci aussi aux amis, ceux de toujours et les nouveaux, pour leur aide dans ce projet : Ticari, Chris et Ashley, Nathan, Dana, Jon et Kara, Ron et Nisa, Elizabeth, Pattye, Rachel Cabakoff, Amanda Castleman, Dave Nevins, Amy Hunter, tous mes coauteurs à Lonely Planet et Ben Buckner pour sa supervision éditoriale.

Stephanie d'Arc Taylor

Comme d'habitude, je ne ferais rien sans le soutien et l'inspiration de Queen Xtine. Mon équipe à la maison : Maya G, A&E, Daniel et Danielle. Carlo, *grazie*. Les sympathiques rangers du parc de Great Basin et le personnel de Kerouac's (je ne vous traque pas, promis). Le gars de Napa Auto Parts à Lone Pine. Chez Lonely Planet : Ben Buckner, Lauren Keith, Alicia Johnson, Martine Power et Sasha Drew pour votre attention. À mon défunt père, merci de m'avoir montré la paisible beauté du Basin and Range.

Michael Grosberg

Mes remerciements chaleureux à tous ceux qui ont partagé leurs expériences, leur savoir et leur profonde passion pour le Glacier, Whitefish et le Waterton, notamment Brian Schott, Greg Fortin, Riley Polumbus, Rhonda Fitzgerald, Chris Schustrom, Cricket Butler, BJ Elzinga, Marc Ducharme, Michelle Gaudet, Kimmy Walt, Angel Esperanueva et Monica Jungster. Et à Carly, Rosie, Willa et Boone pour avoir maintenu le contact pendant que j'étais en pleine nature sauvage.

Ashley Harrell

Merci aux éditeurs Sarah Stocking et Martine Power, à mes coauteurs pour leur travail assidu sur ce guide, à Freda Moon pour ses conseils sur Mendocino, à Amy Benziger pour avoir supporté mes détours à Tahoe (et en géneral), au sympathique couple norvégien qui s'est arrêté à Sequoia pour embarquer deux auto-stoppeurs tout sales et à Steven Sparapani et Osa Peligrosa qui m'ont rejointe pour une splendide épopée de 4 800 km à travers le nord de la Californie.

John Hecht

Mille mercis à tous les gens croisés dans l'Utah pour leur aide, que ce soit dans les brasseries, sur les chemins ou ailleurs. Je souhaite aussi remercier l'éditeur Ben Buckner, mes coauteurs et ma charmante épouse Lau pour leur soutien.

Adam Karlin

Merci à Ben Buckner pour m'avoir ajouté à l'équipe, et à Rachel, Sanda et Isaac pour leur amour et soutien perpétuels.

Christopher Pitts

Merci aux habitants incroyablement gentils de l'Arizona, en particulier à ma mère, à Michael et Maddie à Scottsdale, et à Ellen et Norman pour leurs fabuleux conseils. Au Cochise Stronghold, merci à Tolin pour avoir ouvert la voie sur le Sheepshead. À la maison, j'embrasse comme d'habitude mes *partners in crime* adorés, Perrine, Elliot et Celeste.

REMERCIEMENTS ET CRÉDITS PHOTOGRAPHIQUES

Carte climatique adaptée de Peel MC, Finlayson BL et McMahon TA (2007) "Updated World Map of the Köppen-Geiger Climate Classification", *Hydrology and Earth System Sciences*, 11, 1633-44.

Illustration p. 335-336 de Michael Weldon.

Photographie de couverture : Coucher de soleil sur la McDowell Sonoran Preserve, Scottsdale, Arizona ; Tom Mackie/AWL Images ©

À PROPOS DE CET OUVRAGE

Cette 10e édition du guide *Ouest américain* de Lonely Planet a été réalisée par Anthony Ham, Amy C Balfour, Becky Ohlsen et Lauren O'Connell, avec les contributions d'Anthony, Amy, Becky, Robert Balkovich, Greg Benchwick, Andrew Bender, Alison Bing, Celeste Brash, Stephanie d'Arc Taylor, Michael Grosberg, Ashley Harrell, John Hecht, Adam Karlin, MaSovaida Morgan, Christopher Pitts et Andrea Schulte-Peevers. L'édition précédente avait été rédigée par Hugh McNaughtan, Brett Atkinson, Loren Bell, Greg Benchwick, Andrew Bender, Sara Benson, Alison Bing, Cristian Bonetto, Celeste Brash, Jade Bremner, Nate Cavalieri, Michael Grosberg, Ashley Harrell, Carolyn McCarthy, Becky Ohlsen, Christopher Pitts, Liza Prado, Josephine Quintero, Andrea Schulte-Peevers, Helena Smith, John A Vlahides, Benedict Walker et Clifton Wilkinson.

Traduction
Vincent Guilluy, Pierre-Yves Raoult, Jeanne Robert

Direction éditoriale
Didier Férat

Adaptation française
Charlotte Renaud

Responsable prépresse
Jean-Noël Doan

Maquette
Sébastienne Ocampo

Cartographie
Cartes adaptées en français par Eduardo Yanes-Blanches

Couverture Adaptée en français par Laure Wilmot

Remerciements à
Angélique Adagio, Rose-Hélène Lempereur et Claire Rouyer pour leur précieuse contribution au texte. Merci à Hugo Gadroy pour sa préparation du manuscrit, à Vahagn Terzian pour son travail de référencement. Enfin, un grand merci à Dominique Spaety pour son aide, ainsi qu'à Clare Mercer et Imogen Harrison du bureau LP Londres et à Glenn van der Knijff, Jacqui Saunders et Brad Smith du bureau LP Australie.

Index

Référence des **cartes**
Référence des **photos**

Référence des **cartes**
Référence des **photos**

Q

R

S

Référence des **cartes**
Référence des **photos**

T

U

Référence des **cartes**
Référence des **photos**

Légende des cartes

À voir

- Château
- Monument
- Musée/galerie/édifice historique
- Ruines
- Église
- Mosquée
- Synagogue
- Temple bouddhiste
- Temple confucéen
- Temple hindou
- Temple jaïn
- Temple shintoïste
- Temple sikh
- Temple taoïste
- Sentō (bain public)
- Cave/vignoble
- Plage
- Réserve ornithologique
- Zoo
- Autre site

Activités, cours et circuits organisés

- Bodysurfing
- Plongée/snorkeling
- Canoë/kayak
- Cours/circuits organisés
- Ski
- Snorkeling
- Surf
- Piscine/baignade
- Randonnée
- Planche à voile
- Autres activités

Où se loger

- Hébergement
- Camping

Où se restaurer

- Restauration

Où prendre un verre

- Bar
- Café

Où sortir

- Salle de spectacle

Achats

- Magasin

Renseignements

- Banque
- Ambassade/consulat
- Hôpital/centre médical
- Accès Internet
- Police
- Bureau de poste
- Centre téléphonique
- Toilettes
- Office du tourisme
- Autre adresse pratique

Géographie

- Plage
- Refuge/gîte
- Phare
- Point de vue
- Montagne/volcan
- Oasis
- Parc
- Col
- Aire de pique-nique
- Cascade

Agglomérations

- Capitale (pays)
- Capitale (région/État/province)
- Grande ville
- Petite ville/village

Transports

- Aéroport
- Poste frontière
- Bus
- Téléphérique/funiculaire
- Piste cyclable
- Ferry
- Métro
- Monorail
- Parking
- Station-service
- Station de métro
- Taxi
- Gare/chemin de fer
- Tramway
- Métro et U-Bahn
- Autre moyen de transport

Les symboles recensés ci-dessus ne sont pas tous utilisés dans ce guide

Routes

- Autoroute à péage
- Voie rapide
- Nationale
- Route secondaire
- Petite route
- Chemin
- Route non goudronnée
- Route en construction
- Place/rue piétonne
- Escalier
- Tunnel
- Passerelle
- Promenade à pied
- Promenade à pied (variante)
- Sentier

Limites et frontières

- Pays
- État/province
- Frontière contestée
- Région/banlieue
- Parc maritime
- Falaise
- Rempart

Hydrographie

- Fleuve/rivière
- Rivière intermittente
- Canal
- Étendue d'eau
- Lac asséché/salé/intermittent
- Récif

Topographie

- Aéroport/aérodrome
- Plage/désert
- Cimetière (chrétien)
- Cimetière (autre)
- Glacier
- Marais/mangrove
- Parc/forêt
- Site (édifice)
- Terrain de sport

John Hecht

Utah Natif de Los Angeles, John a participé à plus d'une douzaine de guides Lonely Planet, avec une prédilection pour l'Amérique latine et les États-Unis. Il a mis le cap au sud jusqu'au Mexique il y a plus de vingt ans et continue de vivre le rêve mexicain dans son pays d'adoption.

Adam Karlin

Yellowstone, Grand Teton, Zion, Bryce Canyon et Grand Canyon National Parks Adam a participé à des dizaines de guides Lonely Planet, couvrant la planète de A à Z, des îles Andaman au Zimbabwe. En tant que journaliste, il s'est rendu sur tous les continents, sauf en Antarctique (un jour, c'est sûr !).

MaSovaida Morgan

Oregon Journaliste de voyage, MaSovaida a suivi ses envies d'évasion dans plus de 50 pays à travers les sept continents. Elle a contribué à des guides Lonely Planet pour des destinations à travers l'Asie du Sud-Est, le Moyen-Orient, l'Europe et les Amériques.

Christopher Pitts

Arizona La toute première expédition de Chris fut un échec : il s'agissait de rallier la Pennsylvanie à la Chine en creusant, et il avait six ans. Il a cependant persévéré, et des études de chinois à l'université lui ont permis de vivre plusieurs années dans l'empire du Milieu. Après plus de dix ans à Paris, il a succombé au ciel bleu, aux grands espaces et autres nombreux charmes du Colorado.

Andrea Schulte-Peevers

Californie Andrea a grandi en Allemagne et fait ses études à Londres et à l'université de Californie. Ses voyages dans quelque 75 pays lui ont fait parcourir la distance Terre-Lune à ce jour. Elle vit depuis plus de 20 ans de ses écrits de voyage, avec près de 100 titres Lonely Planet au compteur.

Robert Balkovich

Washington Robert est né et a grandi dans l'Oregon, mais est établi à New York depuis près d'une décennie. Quand il était enfant, pendant que d'autres familles passaient leurs vacances dans des parcs à thème ou chez mamie, il se rendait à Mexico et explorait l'Europe de l'Est en train. Il est devenu un auteur et voyageur enthousiaste, en quête d'expériences sortant un peu de l'ordinaire, juste assez pour mériter d'être relatées. Instagram : oh_balky.

Greg Benchwick

Colorado Auteur de longue date chez Lonely Planet, Greg a parcouru la jungle bolivienne et fait le chemin de Saint-Jacques-de-Compostelle en Espagne, interviewé des présidents et des artistes primés, pêché le saumon en Alaska, et entre-temps gravi plusieurs sommets, grands et petits.

Andrew Bender

Californie Journaliste spécialiste du voyage et de la gastronomie primé pour son travail, Andrew Bender a collaboré à une bonne trentaine de guides Lonely Planet (d'Amsterdam à Los Angeles en passant par l'Allemagne, Taïwan et plus de 10 ouvrages sur le Japon) et écrit très régulièrement pour lonelyplanet.com.

Alison Bing

Californie Après plus de 10 guides et 20 ans à San Francisco, cette autrice a passé plus de temps à Alcatraz que bien des détenus, est devenu fan de drag-queens et de burritos et a pris l'habitude dans le bus de ne faire aucun cas des panneaux "Interdit de parler au chauffeur".

Celeste Brash

Oregon Celeste est auteur de guides pour Lonely Planet depuis 2005, et ses articles sur le voyage paraissent dans de nombreux médias, de *BBC Travel* à *National Geographic*. Elle travaille actuellement sur un ouvrage tiré des cinq années qu'elle a passées sur une ferme perlière des Tuamotu.

Stephanie d'Arc Taylor

Nevada Née à Los Angeles, Stephanie a publié des textes dans le *New York Times*, le *Guardian*, *Roads & Kingdoms* et *Kinfolk Magazine* (entre autres) et a co-fondé Jaleesa, une entreprise à dimension sociale, à Beyrouth.

Michael Grosberg

Glacier National Park Michael a contribué à plus de 50 guides Lonely Planet. Parmi ses autres emplois à l'étranger, il a notamment œuvré pour le développement de Rota dans le Pacifique Ouest et enseigné à Quito, en Équateur. En Afrique du Sud, il a enquêté et écrit sur les violences politiques et a formé les représentants du gouvernement nouvellement élus.

Ashley Harrell

Californie Après des études de journalisme et un début de carrière comme reporter, Ashley a beaucoup voyagé et fréquemment déménagé, d'une studette new-yorkaise à un immense ranch californien en passant par un bungalow au Costa Rica, où elle a débuté sa collaboration avec Lonely Planet. Depuis, sa passion du voyage n'a pas faibli, bien au contraire.

LES GUIDES LONELY PLANET

Une vieille voiture déglinguée, quelques dollars en poche et le goût de l'aventure, c'est tout ce dont Tony et Maureen Wheeler eurent besoin pour réaliser, en 1972, le voyage d'une vie : rallier l'Australie par voie terrestre via l'Europe et l'Asie. De retour après un périple harassant de plusieurs mois, et forts de cette expérience formatrice, ils rédigèrent sur un coin de table leur premier guide, *Across Asia on the Cheap*, qui se vendit à 1 500 exemplaires en l'espace d'une semaine. Ainsi naquit Lonely Planet, dont les guides sont aujourd'hui traduits en 13 langues.

NOS AUTEURS

Anthony Ham

Idaho, Montana, Wyoming Auteur free-lance, Anthony arpente le monde en quête d'histoires. Il est particulièrement passionné par la faune et la flore, les lieux sauvages et les grands espaces de la planète, des Grandes Plaines des États-Unis à l'Amazonie en passant par l'Afrique du Sud et de l'Est, et l'Arctique. Il écrit pour des magazines et des journaux du monde entier et son ouvrage de narration non-fictive consacré aux lions d'Afrique sera publié en 2020. Anthony a également rédigé les chapitres *Préparer son voyage*, *Comprendre l'Ouest américain* et *Carnet pratique* de ce guide.

Amy C Balfour

Nouveau-Mexique Amy a exercé le droit en Virginie avant de déménager à Los Angeles pour tenter de percer en tant que scénariste. Si vous tendez l'oreille, vous pourrez encore entendre les cris horrifiés de ses parents à travers le continuum espace-temps. Après un job d'assistante sur la série *New York, police judiciaire*, elle a commencé à écrire en free-lance, en se concentrant sur le voyage, la gastronomie et les activités de plein air.

Becky Ohlsen

Washington Critique, éditrice et journaliste free-lance, Becky vit à Portland, dans l'Oregon. Pour Lonely Planet, elle a pour destinations favorites la Scandinavie, et sa ville Portland.

PAGE 527 AUTEURS (suite)

Ouest américain
10e édition
Traduit et adapté de l'ouvrage *Western USA, 5th edition, April 2020*

92 avenue de France - 75013 Paris
Photographes © comme indiqué 2020
Dépôt légal Septembre 2020
ISBN 978-2-81618-609-3
Imprimé par Grafica Veneta, Trebaseleghe, Italie
Réimpression 03, octobre 2022

En Voyage Éditions | un département édi8